Die Goslarischen Statuten

mit einer systematischen Zusammenstellung der darin enthaltenen Rechtssätze und Vergleichung des Sachsenspiegels und vermehrten Sachsenspiegels

herausgegeben

von

Dr. Otto Göschen,
außerordentlichem Professor der Rechte an der Friedrich-Wilhelms-Universität zu Berlin.

Berlin,
gedruckt und verlegt bei G. Reimer.
1840.

Herrn Professor Dr. Karl Lachmann

mit Dank und mit Verehrung

der Herausgeber.

Einleitung.

Die goslarischen Statuten sind bereits zu Anfang des vorigen Jahrhunderts herausgegeben worden. Leibnitz hat sie unter seine Brunsvicensia aufgenommen [1]). Demungeachtet ist ein neuer Abdruck nicht überflüssig, denn der bisherige ist nur nach einer Handschrift besorgt und für die allgemeinere Beachtung, welche die Statuten verdienen, zu wenig verbreitet.

Die älteste bekannte Gestalt des goslarischen Rechts giebt ein Privilegium Friedrichs des zweiten von 1219 [2]), in welchem neben mancherlei Vorrechten eine ziemliche Anzahl von Rechtssätzen als statuarisches Recht bestätigt wird. An dieser Gestalt scheint sich bis zum Jahr 1275 nichts Bedeutendes verändert zu haben, denn ein Privilegium Rudolphs des Habsburgers von diesem Jahre wiederholt nur die Worte Friedrichs des zweiten [3]). In welche Zeit die vollständige Aufzeichnung der Statuten falle, wie sie in Folge eines von dem Rathe und den städtischen Genossenschaften gefaßten Beschlusses geschah [4]), ist nicht genau zu sagen. In den Handschriften der Statuten, welche benutzt worden sind, findet sich entweder überall kein oder doch kein lesbares Datum [5]). Einigermaßen läßt sich die Zeit bezeichnen nach dem Alter der mit goslarischer Geschichte und goslarischem Rechte genau zusammenhängenden rammelsbergischen Gesetze, deren Herausgabe ebenfalls durch Leibnitz besorgt worden ist [6]). In diesen Gesetzen wird mehrfach auf das goslarische Stadtbuch verwiesen [7]). Die Handschrift derselben [8]) hat auf dem ersten Blatte oben die Zahl 1306 und zu Ende des Blattes die Notiz, daß die Familie von Gowisch den Zehnten des Rammelsberges mit der dazu gehörigen Gerichtbarkeit 1356 an die Sechsmänner von Goslar, d. i. an den Rath der Stadt, verkauft habe [9]). Beide Zahlen

1) Leibnitz scriptorum Brunsvicensia illustrantium Hanoverae 1711. fol. tomus III. pag. 484—535. 2) unten pag. 111—116. 3) Heineccius in seinen Antiquitates Goslarienses pag. 290 4) s. unten pag. 1. 5) s. unten pag. X. 6) s. Leibnitz a. a. O. pag. 535—558. 7) s. a. a. O. namentlich pag. 538 Art. 34. 8) s. unten pag. XI Note 2 und Leibnitz a. a. O. in der Vorrede pag. 18. 9) s. unten §. 11.

sind von sehr später Hand der Handschrift hinzugefügt, und verdienen daher an sich keinen vollen Glauben. Die letztere Notiz indeß ist aus andern Gründen unzweifelhaft, denn theils ist die Urkunde durch welche die Herzöge von Braunschweig, die den betreffenden Zehnten und die Gerichtbarkeit an jene Familie verpfändet hatten, deren Verkauf an den Rath bestätigten, in beglaubigter Abschrift vom Jahre 1359 erhalten [1]); theils heißt es einmal in den rammelsbergischen Gesetzen, daß die Gerichte in demselben Recht, in welchem sie vor diesem Kauf des Rathes gewesen wären, verbleiben sollten [2]). Hiernach fällt die Abfassung des Stadtrechtsbuchs spätestens in das Jahr 1359. Mehr läßt sich mit Sicherheit nicht sagen [3]). Die letzte Veränderung hat das Stadtrecht gegen Ende des vierzehnten Jahrhunderts erfahren. Um diese Zeit sind einige abändernde Bestimmungen aus einem Privilegium des Kaisers Wenzel den Statuten an den betreffenden Orten einverleibt worden [4]). Andere Veränderungen und Zusätze scheinen ohne besondere kaiserliche Bestätigung gemacht worden zu sein. Die Gültigkeit dieses Stadtrechts hat sich formell bis gegen Ende des siebzehnten Jahrhunderts erhalten, um welche Zeit die alten goslarischen Statuten ausdrücklich aufgehoben wurden, und das Kaiserliche gemeine Recht allein zu gebrauchen anbefohlen wurde. Die Abschaffung des Herwede und Gerade ist dabei besonders hervorgehoben [5]).

1) s. von Dohm über Goslars Bergwerke u. s. w. im hercynischen Archiv pag. 423 — 425, unten 216 Note 1. 2) s. bei Leibnitz a. a. O. pag. 545 Art 34. 3) Leibnitz läßt in seiner Vorrede zu den Statuten pag. 17 ihr Alter ganz ungewiß, nur daß er sie für jünger als die unmittelbar vor den Statuten bei ihm abgedruckten leges Cellenses hält. Diese sind von 1301. Alle nähern Altersangaben beruhen nur auf Vermuthungen oder Mißverständnissen, die sich auf die oben gegebenen Thatsachen gründen; s. die folgende Note. 4) s. unten pag. 122 die Noten. Hieraus ergiebt sich, daß Heineccius a. a. O. pag. 363 sich irrt, wenn er die Aufzeichnung der Statuten in das Jahr 1392 setzt. Das Stadtrecht, welches a. a. O. Heineccius beschreibt, ist trotz dem, daß er es ziemlich spät setzt, für ein von dem bei Leibnitz abgedruckten noch verschiedenes älteres gehalten worden. Daher werden zuweilen zwei goslarische Stadtrechte aus verschiedenen Jahrhunderten angegeben. Auf diese Irrthümer ist schon an mehreren Stellen des hercynischen Archivs aufmerksam gemacht, s. hercynisches Archiv pag. 152. 153. 186. 188. 191 Note 2. 3. 346 Note 9. Von den am letzten Ort citirten Schriften ist mir Koppes Magazin für gesammte Rechtsgelehrsamkeit nicht zur Hand gewesen. In Dreyers Berichtigungen und Zusätzen (bei Schott, Sammlungen zu den deutschen Land- und Stadtrechten I, 1—16 habe ich keine Notiz von Goslar gefunden. 5) s. Johann Jakob Moser's Reichsstädtisches Handbuch Th. 1. pag. 801 folgende, woselbst ein Auszug eines Vergleichs zwischen dem

Die goslarischen Statuten verdienen nicht bloß die Beachtung, welche jedem Stadtrecht zugewendet werden darf, sondern noch eine besondere Aufmerksamkeit [1]), weil die Stadt Goslar Oberhof für eine Anzahl Städte, besonders für sächsisch-thüringische Städte gewesen ist, in denen man entweder die goslarischen Statuten ganz angenommen hat oder in welchen man sich wenigstens Rechtsbelehrungen von Goslar ertheilen ließ. Aus dieser größern practischen Bedeutung des goslarischen Rechts erklärt sich auch, daß es mit dem Sachsenspiegel zur Grundlage eines Rechtsbuches des vierzehnten Jahrhunderts gemacht worden ist, des vermehrten Sachsenspiegels nämlich, oder, wie es auch genannt wird, des Rechtsbuchs nach Distinctionen. In diesem wird es in der Regel mit dem Worte Kaiserweichbild angeführt, dem das Landrecht und das gewöhnliche Weichbildrecht entgegen gestellt wird [2]).

In dem goslarischen Stadtrechtsbuch sind nach dem Obigen Veränderungen und Zusätze des ältern Textes bemerkbar. Die Handschriften lassen sich nach diesem Umstande in zwei Classen eintheilen. Einige Handschriften geben nur die ältere, andere nur die neuere Redaction.

Eine einzige Handschrift vereinigt regelmäßig gewissermaßen beide Redactionen, indem entweder die nur aufgehobenen

Rath und der Stadt Goslar von 1682 abgedruckt ist. Von der Aufhebung der alten Statuten ist gleich zu Anfang der Seite 801 die Rede. Vgl. Grefe's hannoversches Privatrecht Theil 1. Beilage 3, und Munds Beschreibung von Goslar Seite 250. 1) Vergl. Riccius zuverlässigen Entwurf von Stadtgesetzen pag. 55. 56. 2) Ueber diese Punkte erspare ich mir Nachweisungen zu geben, da diese bereits von Ortloff in seiner Vorrede zu dem Rechtsbuch zusammengestellt worden sind pag XXIII — XXVIII. Als Ergänzung zu ihnen mag dienen, daß ich auf das Hercynische Archiv pag. 442. 443 und namentlich auf einen pag. 345 abgedruckten Revers des Rathes zu Altenburg vom 1sten Mai 1354 aufmerksam mache, in welchem er sich zu goslarischen Recht bekennt und es beizubehalten verspricht, so lange Altenburg stehen würde. Die geehrten Herrn Hecht und Schlemm in Halberstadt haben mich unterrichtet, daß in dem halberstädtischen Stadtarchive einzelne Originale von goslarischen Rechtserkenntnissen sich finden, und daß der Professor Dieck in Halle einen Codex gegenwärtig inne habe, der goslarische Rechtserkenntnisse aber nicht die goslarischen Statuten selbst enthalte. Die genannten Herrn haben auch die große Güte gehabt mir von diesen Rechtserkenntnissen mitzutheilen. Da aber die Rechtserkenntnisse überhaupt ausgeschlossen worden sind, um die Arbeit nicht zu sehr auszudehnen, habe ich auch die bisher ungedruckten nicht mitgetheilt. Herr Professor Homeyer hierselbst hat Fragmente eines aus Quedlinburg herrührenden Pergament-Codex in Händen, welcher einzelne Sätze goslarischen Rechts enthält. Vielleicht daß auch zwischen Quedlinburg und Goslar ein Rechtszusammenhang war.

Bestimmungen durch Ausradiren oder das dabeigesetzte Wort „vacat" deutlich gemacht sind, oder (wenn sie zugleich durch neue Bestimmungen ersetzt werden) durch Ueberschreiben der ausradirten Stelle, und falls der alte Platz nicht ausreichte, durch Zuschreiben auf die am Ende jedes größern Abschnitts freigelassenen Blätter. Dies Letztere ist auch geschehen mit Bestimmungen die reine Zusätze zu dem bisherigen Texte sind. Die Handschrift welche ich hier eben bezeichne, ist der Schrift nach die älteste, d. h. sie mag etwa in der Zeit geschrieben sein, wo auf das Späteste überhaupt die Statuten aufgezeichnet sind. Der Herr Hofrath Bergmann in Göttingen, dem diese Handschrift gehört, hat sie mir zur Benutzung überlassen, wofür ich ihm mit dem größten Dank verpflichtet bin. Der Text derselben ist bei dem nachfolgenden Abdruck zum Grunde gelegt, und in dessen Noten mit dem Buchstaben **A** bezeichnet worden. Die Handschrift ist auf Pergament geschrieben in kleinem Quartformat und enthält nur das goslarische Stadtrecht, wenn man von einigen Kirchenstücken absieht, welche zu Ende der Statuten von sehr neuer Hand, und zwar derselben hinzugeschrieben sind, von welcher das letzte Stück der Vorrede herrührt. Sie handeln von Kirchstühlen, Leichensteinen und Seelenlichten. Das Stadtrecht ist in fünf Bücher vertheilt. Jeder der kleinen Abschnitte, in welche diese Bücher zerfallen, ist auf einem spätern Titelblatt als ein besonderes Buch gezählt worden, mit den Worten: „Dyt bok der von Gosler Stadrecht ist gedeylet in twelff bocke. Dat vindes tu aldus" und dann folgen jene zwölf kleineren Abschnitte. Diese sind dann wieder in einzelne numerirte Stellen getheilt worden.

Eine zweite Handschrift ist in dem Abdruck mit **A**[a] bezeichnet worden. Sie ist ebenfalls auf Pergament geschrieben, in großem Quartformat und gehört dem Archive von Goslar an, aus welchem sie mir gütig genug von den Behörden der Stadt Goslar auf einige Zeit zur Benutzung überlassen worden ist. Sie enthält nicht bloß das goslarische Stadtrecht, sondern neben diesem noch allerhand, aber fast nur Goslariensia. Die innere Seite des Deckels enthält einen Rathsbeschluß von 1397 [1]). Auf der ersten Seite folgt die **Reformatio Friderici imperatoris iudicio-**

1) Unten pag. 109, 19.

rum secretorum de anno 1442 [1]). Alsdann eine Formel, die Aufnahme in die Gilden betreffend. Drei päpstliche Schreiben von Bonifacius dem 7ten, deren eines ein zu bestätigendes Privilegium des Kaisers Wenzel von 1391 enthält. Dann Aufzählung der Rechte und der Geschäfte, welche der Rath und Einzelne in Bezug auf den Rammelsberg haben, aus dem Anfang des 15ten Jahrhunderts. Dann die Copie einer Urkunde des Herzogs Ernst des jüngern von Braunschweig von 1359, rammelsbergische Verhältnisse betreffend. Allerhand processualische Formulare des 16ten und 17ten Jahrhunderts. Eine Urkunde über Jagdgerechtigkeit. Dann folgt das Stadtrecht der neuern Redaction regelmäßig ohne Unterschied der Schrift. Nur einige Zusätze sind von neuerer Hand und daher auch als solche in der Handschrift selbst erkennbar [2]). Nach dem Stadtrechte folgen die schon vorhin in der Handschrift A beschriebenen Kirchenstücke. Ein Rechtsgutachten über die Bedeutung der Siegel und deren Unverletzbarkeit mit Benutzung von Stellen des römischen uud canonischen Rechts. Dann eine Verfügung des Rathes von 1370 [3]). Bestimmungen über Zoll und Wegelohn. Zwei Aufsätze über die Competenz des Schultheißen [4]) und des Marktmeisters. Rangordnung der goslarischen Kirchen bei Processionen. Auf der letzten Seite ist im September 1837 die Bemerkung gemacht worden: Dieser Codex des alten goslarischen Stadtrechts, welcher dem hiesigen Archive gehört, enthält 406 Seiten. Mit der eben beschriebenen Handschrift stimmt, was das Stadtrecht angeht, mit wenigen Ausnamen überein eine Pergamenthandschrift desselben Formats, welche ich erst nach vollendetem Druck erhalten habe. Sie enthält nur das goslarische Stadtrecht und ist dem Herrn Dr. Bruns in Tübingen zugehörig, dem ich sehr danke, daß er sie mir zur Ansicht noch überlassen hat.

Eine dritte Handschrift ist mir durch die bereitwilligste

1) Vgl. Eichhorns deutsche Staats- und Rechtsgeschichte 4te Ausg. pag. 422 Note x. 2) s. unten pag. 3, 18—24. 4, 12—21. 7, 11—14. 71, 19—21. 35—38. 90, 25—36. 102, 15—20. Dahin gehören jedoch nicht die Stücke, auf welche unten pag. 138 Note 6 und 271 Note 3 Bezug genommen worden vom Repräsentationsrecht und der fräulichen Gerechtigkeit aus dem 16ten Jahrhundert, die erst mit ganz später Hand und nicht da eingetragen sind, wohin sie ihrem Inhalte nach gehörten. Sie sind daher gar nicht Stück der Statuten geworden. Ein Rathsbeschluß von 1351 der kurz vor der zu den Statuten gehörigen Hochzeitsordnung sich findet, ist unten pag. 109, 1 abgedruckt. 3) s. unten pag. 109, 7. 4) s. unten pag. 110, 6—42.

Güte des Herrn Dr. und Bibliothekar Schönemann von Wolfenbüttel zugesandt worden. Sie ist mit dem Buchstaben B von mir bezeichnet. Sie enthält nur das goslarische Stadtrecht, ist ebenfalls auf Pergament geschrieben [1]), in kleinem Quartformat und hat zu Anfang die Worte „Aliis inserviendo consumor. 17. Julii Dux Julius Brunsvicensis Anno 1567. Zu Ende die Worte: „Dit boik höret" das Uebrige und namentlich die hinzugefügte Jahreszahl ist nicht vollständig leesbar. Von sehr neuer Hand ist hinzugeschrieben „Omnia si perdas, famam servare memento, qua semel amissa, postea nullus eris. J. Osterwaldt." Die Handschrift giebt nur die ältere Redaction. Sie ist, obwohl an keiner bedeutenden Stelle, defect indem ein Blatt ausgeschnitten ist [2]).

Eine vierte Handschrift auf der Bibliothek des Domgymnasiums zu Halberstadt befindlich und von mir mit C bezeichnet, enthält die goslarischen Statuten in der ältern Redaction hinter dem Sachsenspiegel und ist schon anderweitig beschrieben und benutzt worden [3]). Das darin enthaltene Stück vom Mustheil ist nicht goslarisches Recht [4]).

Eine fünfte Handschrift auf Papier in Folio, dem Herrn Professor Homeyer hierselbst gehörig, enthält zunächst das goslarische Stadtrecht mit an einer Stelle eingeschalteten Freydankschen Versen [5]) und dann das sogenannte kleine Kaiserrecht. Das Stadtrecht ist jedoch um mehrere Blätter zu Anfang [6]), und noch einmal weiterhin defect [7]). Die Handschrift giebt die neuere Redaction und ist mit E bezeichnet worden.

Eine sechste Handschrift ist die von Leibnitz benutzte. Sie gehört der wolfenbüttler Bibliothek und ist mit der folgenden ebenfalls durch die Güte des Herrn Dr. Schönemann mir zur Benutzung überlassen worden. Es ist eine Papierhandschrift in kleinem Quartformat, welche außer dem goslarischen Stadtrecht und den Rammelsbergischen Gesetzen noch enthält: ein Reliquienverzeichniß der Mün-

1) unten 104, 24. 2) Bruns im Hercynischen Archiv 443 — 450 und Kamptz Provincialrechte Th. 1 pag. 369 — 378. Homeyers Verzeichniß deutscher Rechtsbücher No. 191. 3) s. unten pag. 108, 15. 145 Note 7. 157 Note 8. 206 Note 1. 271 Note 3. 4) Bruns in einer Anzeige von der beabsichtigten Ausgabe des goslarischen Rechts im allgemeinen literärischen Anzeiger von 1801 pag. 70 — 72 erwähnt eines Codex des goslarischen Rechts, in welchem Stücke vom Freydank stünden. 5) s. unten pag. 1. 6, 20. 6) s. unten 10, 4. 14, 5. 7) s. oben V, 5.

sterkirche, welches bei Leibnitz unter dem Titel „Catalogus reliquiarum ecclesiae collegiatae goslariensis vulgo das munster dictae" abgedruckt ist [1]); ferner eine niedersächsische Paraphrase einer Chronik des goslarischen Simonsstiftes, die ebenfalls bei Leibnitz abgedruckt ist unter dem Titel: „Chronicon breve principum Romanorum qui Goslarie aut in vicina egerunt . . ." [2]); endlich ein Verzeichniß der „fursten, graven unde fryhen de up dem dage myt dem allerdorchluchtigsten fursten unde hern keyser Frederiken dem dridden to der erwelung des . . . Maximilianus . . . to eynem romischen koning erschenen sint." Diese drei Stücke gehen in der angegebenen Ordnung den Statuten voran, die rammelsbergischen Gesetze machen den Schluß. Die Handschrift giebt die neuere Redaction des Stadtrechts und ist mit D bezeichnet worden.

Eine siebente schon mehrfach beschriebene Handschrift auf Papier in Folio, ebenfalls der wolfenbüttler Bibliothek gehörig, enthält die Statuten hinter dem Sachsenspiegel und ist mit F bezeichnet worden. Sie giebt die ältere Redaction der Statuten [3]).

Außer diesen sieben Handschriften, welche für den Druck benutzt worden sind, werden noch andre namentlich von Bruns, der sich mit einer Herausgabe der Statuten beschäftigte, an verschiedenen Orten erwähnt [4]). Ich habe nur von einer derselben durch die Güte des Herrn Regierungsdirector Delius in Wernigerode, des Herrn Oberlandesgerichtsraths Hecht und des Herrn Criminaldirectors Schlemm in Halberstadt etwas Genaueres erfahren. Bruns redet nemlich von einem Codex, der auf dem Rathhause zu Halberstadt sich befinde, und in welchem in einigen Stellen der Statuten Goslar mit Halberstadt vertauscht sei. Nach den Nachrichten jener Herren ist ein Pergament dieser Art in der westphälischen Zeit abhanden und erst später wieder, aber nur in einzelnen Blättern, zu Tage gekommen. Von diesem besitzt Herr Oberlandesgerichtsrath Hecht 25 Blätter. Auch Herr Professor Wiggert in Magdeburg scheint etwas davon zu haben.

1) Leibnitz a. a. O. pag. III. 431. II. 533. 534. 2) A. a. O. III. pag. 426 — 40. 751—754. II. pag. 535. 536 unten pag. 235 Note 6. 7.
3) Bruns Beiträge pag. 133. 169—173. 346—358. Derselbe im Hercynischen Archiv pag. 443. Homeyer Verzeichniß deutscher Rechtsbücher No. 494. Wegen des darin enthaltenen Stücks vom Mustheil oben N. X, 3.
4) s. oben X. und Note 4 u. im Archiv pag. 441. 442. Homeyer Verzeichniß deutscher Rechtsbücher No. 114. Kamptz Provinzialrecht Th. 3. pag. 379.

Dies wäre zu sagen von dem für den Text der Statuten benutzten Material. Dasjenige was diesem unter dem Titel „Anhang" beigefügt ist, ist geschöpft aus der Handschrift A[a] und einem 328 Pergamentblätter enthaltendem Copiebuch in Folio des goslarischen Archivs, welches der Stadt ertheilte kaiserliche Privilegien, päpstliche Schreiben und Urkunden über Verhältnisse mit Fürsten und Herrn in Abschrift giebt. Die kaiserlichen Privilegien sind fast ohne Abweichung chronologisch geordnet und rühren von Friedrich dem 1sten, dem 2ten, Rudolph von Habsburg, Wilhelm von Holland, Adolph von Nassau, Ludwig dem Baiern, Carl dem 4ten, von Wentzel, von Ruprecht, von Sigismund, Friedrich dem 3ten, Maximilian dem 1sten und Carl dem 5ten her. Diejenigen dieser Privilegien, die mir für meine Arbeit brauchbar schienen, habe ich, wiewohl wegen Kürze der Zeit, etwas eilig abgeschrieben und abdrucken lassen [1]).

Von der Behandlung der Handschriften für den Text ist zu sagen, daß es mir darauf ankam, die Stellen der alten und neuen Redaction äußerlich bemerkbar zu machen. Die letztern sind daher mit Cursivschrift gedruckt. Ich hätte auch die Stellen der alten Redaction, welche nicht durch neuere Stellen ersetzt, sondern eben nur aufgehoben sind, im Text auszeichnen sollen. Es ist dies letztere aber aus Versehen nur in den Noten, welche die Varianten geben, geschehen. Bei der Bezeichnung der Varianten ist die Abkürzung f. für „fehlt" gebraucht worden. Ein Anderes, worauf es mir ankam, war das Verhältniß des vermehrten Sachsenspiegels zu der älteren Redaction der Statuten, welche allein in ihm benutzt worden ist, gleich bei dem Texte deutlich zu machen, daher habe ich in dem ersten Notenabsatz über den Varianten die Paralelstellen des vermehrten Sachsenspiegels nach seinen beiden Ausgaben von Ortloff und Böhme (O. B.) jederzeit angegeben.

Endlich zuletzt wollte ich gern, daß man die Citate der Statuten, welche bisher nach der Ausgabe von Leibnitz gemacht worden sind, bequem auch in der meinigen finden könnte. Ich habe daher unter der Abkürzung L. diese Ausgabe über jeder Seite meiner Ausgabe angeführt. Die erste Ziffer giebt die Seitenzahl des dritten Bandes von Leibnitz Brunsvicensia, die zweite, die Zahl der einzelnen Stelle.

1) s. unten pag. 111 — 124.

Uebersicht des Inhalts.

Die Goslarischen Statuten.

De rad der stat to Goslere is to rade gheworden mit endrechtigher vulbort der koplüde unde der woltwerchten unde der ghelden der sülven stat, dat se ere recht in dit boch willet bringhen, uppe dat it deste redelekere si, mallikem na rechte to to vorschedene.

Iowelk rad scal bi eden dat bewaren dat men in dit boch nen recht ne scrive, it ne si ghelutteret vore van koplüden unde berchlüden unde den ghelden, of it recht si, wu werliken se dat doch wisten dat it recht were. Ok ne scal men nen recht lutteren in dit boch to bringhende, it ne si dat it to der tid nemanne an ne trede, uppe dat men des deste beschedeliker unde endrechliker overköme. Welk recht men ok in dit boch bringhen wel, dat scal men bi de anderen scriven de dar to drepet de dar vore inne stad.

Dit boc scal men oc alle iar twen ratmannen bevelen to bewarende. De scolen bewaren dat men dar nen recht in ne scrive, it ne si vore van deme rade unde van den de de koplüde unde de woltwerchten unde de ghelden dar to hebbet gesant, geexamineret to der tid alse it nemende an ne trede. Ok ne scolen se nicht staden dat ienich ut dissem boke ienich recht scrive oder scriven late ane des rades orlof. Weme de rad orlóvet dit boc to hebbende, de scolen bi eden nenne gast dat lesen laten sunder des rades orlof.

Die ersten Blätter fehlen E, welche erst unten pag. 6,20 mit Alle scult unde klaghe beginnt. 1—20. A A^a F; f. BCD. 1. 2. Mit eyndrechticheyt wulborde F. 4. to f. F. 13—20. AA^a, A von neuerer Hand; f. F. 17. alle it A.

INCIPIT PRIMUS LIBER.

Wu men erve schal nemen unde gheven, van vormuntscap, van hustinse unde van ervegude.

Van erve.

De neyste nimt dat erve.

Söne unde döchtere sint like na, erve to nemende. War dochter noch sone ne is, alle de ghelic an der sibbe sin an liker stat, de nemet dat erve ghelike. Is aver erer eneme dat gherade oder herwede an irstorven, dat nimt de to voren.

Vader unde moder nemet erve vor suster unde broder.

Heft de vader edder moder ere kindere aff gedeilet, wat der kindere sterft, ere erve valt uppe eren broder unde suster de ungetweyt sin van vader und moder. Wan aver de leste suster edder broder sterft, sin erve valt uppe vader edder moder. Hedde sek aver der kinder ienich bemannet edder bewivet und störve, de ervede vort uppe sinen echten gaden unde kindere.

Kindes kint nimt erve vor vader, moder unde suster unde broder.

Half broder, half suster nemet erve vor suster kint unde broder kint, de unghetweyet sin.

Nemet twene brödere twu süstere unde de dridde broder en vromede wif, ere kindere sint doch like na, erve to nemende, erer iogheweik des anderen.

Unghetweyede suster unde broder nemet erve vor de getweyet sin van vader oder van moder. Unghetweyede suster unde broder nemet erve vor den eldervader unde vor de eldermoder. De eldervader oder eldermoder nemet erve vor suster unde vor broder de ghetweyet sin van vader oder van moder.

Uppe den mönik noch beghevene nünnen ne valt erve, noch herwede, noch gherade.

Enes veddere, oder meddere, oder om, oder weseke, oder broder kint, oder suster kint, de ungehtweyet sin van vader oder

2—5. D. I. 6, 1 = B. I. 4 pr., nur daß B. der letzte Satz fehlt. 6. 7. vader bis broder D. I. 6, 2 = B. I. 4, 1. 20—29. D. I. 6, 4—8 = B. I. 4, 2—5. 30. 31. D. I. 7, 7 = B. I. 5, 5. 32 — pag. 3, 11. D. I. 6, 9—11 = B. I. 4, 6. 7, nur fehlt B. auf pag. 3, 7—11.

2. War] Dar AªBCDF. 3. gelike na in der sibbe an geliker stad B. 6. 7. vader bis broder ABCF, A ausradirt; f. AªD. 6—18. heft bis kindere AAªD, A von neuerer Hand über der ausradirten Stelle. 19. vor vader unde moder (unde suster unde broder fehlt) C. 20. 21. unde broder kint f. CF. 33. hinter broder f. kint C.

van moder, de sin alle like na, erve to nemende. Dar aver tweyunghe an is, de is deme erve vernere.

Enes vedderen oder medderen oder weseken oder omes, kindes kint; oder sines vader oder moder, vedderen oder medderen oder omes, kint; de unghetweyet sin van vader oder van moder, sint like sibbe sin erve to nemende.

Enes broder oder siner suster kindes kint, oder sines vedderen oder medderen oder omes oder weseken kint, de sin alle like sibbe sin erve to nemende, dar nen tweyunghe ane is van vader oder van moder. Dar aver tweyunghe an is van vader oder van moder, de is deme erve vernere.

De eldeste sone nimt sines vader herwede unde is siner brödere unde süstere vormunde, wente se to iren iaren komen. Is he aver en kröpel oder stum oder blint oder maselsüchtech, so nimt it de de neyst eme de eldeste ist. De eldeste unde de neyste swertmach nimt dat herwede, dar nen sone ne is, unde is der kindere vormunde wente se to eren iaren komen.

Wanne eyn unser börgere sterfft, de eldeste syn sone nympt dat herwede: en is dar neyn sone, so nympt dat de eldeste sin broider: en is ok dar neyn broider, so nympt dat de vader eff de denne noch levede. Wanne aver dusser dryger dar neyn en were, so valt dat an uns, den rad: unde so mögen de erven dat lösen van deme rade vor eyne mark unser stad weringe, unde de eldeste swertmach scal vormunde wesen, alse dyt boick innen holt.

To deme herwede hört dat beste perd getömet unde gesadelet, unde de besten wapene alle de to enes mannes live höret alse he in den strit scolde mede komen, unde siner besten cledere eyn par mit alleme tüghe alse men to ener tyd pleget an to thende. Heft he aver mer cledere eder wapene, de höret to deme erve. Ok höret to dem herwede en herpole, eder en bedde, en küssen, en linlaken, eyn deckelaken, unde eyn dischlaken, en dwele, unde en eren gropen, en ketel dar men ene

schilt, ysern hod, wapen hanschen, swerd und de besten wapene de van yserne edder van stale gemaket sin, de to eynes mannes live hörd. Des dar aver nicht bestorven ne is, des ne darf me nicht gheven; it ne were dat des in sükebedden mid vrevele wat entfernt were: den men dar ume schuldeget, de moyt dar ume antworden.

12—17. D. I. 8, 2. 3 = B. I. 6, 1. 26—pag. 4, 3. dat beste perd bis mit enem vote D. I. 8, 1 = B. I. 6, pr.

4. vaders C. 5. 6. sint gelike na sin erve to nemende B. 10. 11. Dar bis vernere f. B. 13. wente dat se C. 14. hinter maselsüchtech fügt hinzu edder eyn dore C. 18—24. Wanne bis holt von neuerer Hand A[a]; f. ABCDF. 26—pag. 4, 3. dat beste perd bis mit enem vote ABCF, A ausradirt; f. A[a] D. 26—36. schilt bis antworden A A[a] D, A von neuer Hand über der ausradirten Stelle 26—pag. 4, 3; f. BCF. 32. alse man] alse dat eyn man CF. 37. linlaken] laken CF. 39. eren gropen] hergrope CF.

schülderen inne seden möghe, unde en sulveren kop mit enem vote.

De eldeste dochter nimt dat gherade. Is se aver ut gheradet, so nimt it de andere de nicht ut gheradet is. Ne is dar nen dochter, so nimt it de sone de pape is oder pape werden wel. Is he aver to eneme leyen betermelet wanne dat gherade besterft, wel he denne pape werden dat he dat gherade mede irkrighe, des ne scal nicht sin, he ne vorwissene dat he pape blive. Ne is dar nen dochter, noch sone de pape werden wille, so nimt it ere neyste unde eldeste nichtele, de ere al van vrowen halven an gheboren is.

Wan eyn unser börgerschen sterfft, de eldeste or dochter nympt dat gerade unde de nicht uth geraden is, eft dar mer döchtere weren. Is dar neyn dochter, so nympt dat de sone de to enem papen betermelt is edder rede pape sy unde de neyn geistlik len en hefft, eff der sone mer papen weren. En is dar aver wer dochter edder sone also vorschreven is, so valt dat uppe de eldesten or suster: unde en were dar neyn suster, so valt dat uppe de moider. Wenne aver der vere dar neyn en were, so valt dat an uns, den rad, unde so mögen de erven dat van deme rade vor eyne mark unser stad weringe lösen.

Sterft en vrowe de nene dochter ne heft, heft se enne papen to sone de en gheystlik len heft, de ne scal ire gherade nicht nemen: of se enne anderen echten sone heft de nen gheystlik len heft, de pape is oder werden wel, de scal dat nemen. Ne hevet se des nicht, noch der dochter, so nimt it de pape wol de gheystlik len heft.

To deme gherade hört der vrowen besten cledere en par, mit alleme tüghe, mantel, rok, sorkot unde mantelsnor: ne is dar nen mantel, so hört dar to der vrowen beste hoyke, ere beste ruchlin, ere beste lilaken, en deckelaken, en bedde, en küssen, en dischlaken, en keste, en hövetgolt, twe armgolt, al ere vingerne unde bratzen.

hoyke unde rok unde wat dar up geneyt is van smyde. Wat aver dar up gespannen were unde nicht gehechtet, dat me af spannen möchte, dat ne hörd dar nicht to. Ok ne schal me mid vorsate nicht aff snyden, dat dar up geneyt is.

4—11. D. I. 9, 2 = B. I. 7, 3. 4 und D. I. 17, 3 = B. I. 11, 1 und unten pag. 5, 12—15. 22—27. D. I. 9, 2 = B. I. 7, 3—5. 29—37. mit alleme tughe bis bratzen D. I. 9, 1 = B. I. 7, pr.

2. unde en sulveren kop, icht ed dar sy met eynen vote C, hinzugefügt ist Sünder nü is hir to Wernigrode eyn willekör gesat, dat me hir tho herwede gyfft der besten cleydere eyn par unde de besten wapene alse to eynes mannes live behören, unde nicht mer.
9. sin] scheyn C. 12—21. von neuerer Hand A^a, f. ABCDF. 29—37. mit alleme tüghe bis bratzen ABC, A ausradirt; f. A^aD ganz und F von mantel, rok, sorkot, an. 30. unde mantelsnor f. C. 31. 32. to der fügt vor vrowen hinzu C; f. B. 33. ruchlin] rüchchelen C. lilaken] lynlaken C. 35. 36. hinter dischlaken fügt hinzu eyn twele, ein badelaken C, und hinter hövetgolt, eyn halsgolt. 29—36. hoyke bis geneyt is A A^a D, A von neuerer Hand über der ausradirten Stelle 29—37; f. BCF.

Des dar aver nicht bestorven ne is, des ne darf men nicht gheven, it ne were dat des in süchedden mit vrevele wat untvernet were. Den men dar umme sculdighet, de mot dar umme antworden.

Sterfft emme manne sin wif oder der vrowen ere man, dat se nicht wen en eynich bedde ne hebbet, unde en eynich küssen, en eynich par slaplakene, en eynich dischlaken, en eyniche dwelen, des ne darf men to herwede noch to gherade nicht gheven, dar ne werde vreveliken bi to weghe ghevaren. Wat to herwede oder to gherade hört des dar nicht ne is, vor alle stücke det men en recht.

Is en to emme papen betermelet alse en herwede besterft, wel he denne leye werden uppe dat he dat herwede irkrighe, des ne scal nicht sin, he ne vorwissene dat he leye blive. Is ok en to emme leyen betermelt wan en gherade besterft, wel he denne pape werden uppe dat he dat gherade mede irkrighe, des ne scal nicht sin, he ne vorwissene dat he pape blive.

Herwede noch gherade ne mach men in sükebedden nicht vorkopen noch vorsetten noch vorgheven, wenne dor lives not. Det men dat aver, so mot men dat an den hileghen irweren, dat man dat dor lives not nicht beholden ne möghe.

Man ne scal an herwede nen half perd gheven, noch nener leye ding dat half enes mannes si, noch an gherade.

We weyghert erve, herwede oder rade to ghevene na dem dritteghesten, de mot dar umme wedden deme richtere, unde dem kleghere buten; unde ne mach dar vore nicht inne sitten. Besterft en herwede oder gherade, dat vorkofft oder vorgheven oder bekomeret is to unrechte also alse men dat mit rechte nicht don ne möchte, we des erve nimt van deme dat herwede oder gherade bestorven is, de scal dat irleghen na minnen oder mit rechte, oder he scal sich des untsculdighen dat it mit unrechte nicht gheschen ne si.

Bestörve en gherade oder en herwede, dat en vorwissende dat men dat helde iar unde dach, of ieman dar en binnen queme de dar nar were; störve de dar en binnen de sic dar to ghetoghen hedde unde vorwissenet, van deme doden scolde men nemen en herwede oder en gherade welker sic ghebörede. Dat andere hört to dem erve, of dar neman binnen deme iare ne kumt, de sic dar nar to ten möghe.

Bekomeret en sin gherade oder sin herwede bi sinem sunden

4—8. D. I. 9, 3 = B. I. 7, 6. 8. 9. D. I. 17, 1 = B. I. 11, pr. 12—15. oben pag. 4, 6—9. 16—19. D. I. 9, 4 = B. I. 7, 7. 20. 21. D. I. 17, 2 = B. I. 11, 1. 22—24. D. I. 17, 4 = B. I. 11, 2. 24—30. D. I. 17, 5 = B. I. 11, 3. 31—38. D. I. 17, 6—8 = B. I. 11, 4. 5.

1—3. des bis antworden f. F. 3. dar umme antworden] dar to antwerden im rechten C, und fügt hinzu Sünder nü is hir to Wernigrode eyn willekör gesat, dat me hire to gerade gyfft der frawen besten cleydere eyn par, unde alse de frawe an deme pasche dage geyt, unde nicht mer. 4—8. Sterfft bis ghevaren ABCF, A am Rande von neuerer Hand vacat; f. A^a D. 6. en eynich dischlaken f. B. 17. wenne] wenne alleyne dorch C. 20. nen bis noch ABCF, A ausradirt; f. A^a D. 21. hinter si fügen hinzu geven AA^aD, A von neuerer Hand. 25. dat vor statt dat vorkofft A. 29. 30. nicht sy gescheyn by ome C. 33. nar] neger C.

live, sterft he dar na er dat ghelöst werde; wel de dat hebben uppe dene dat bestorven is, de scal dat lösen, oder he scal dat nemen dat dar nochten is in den weren dat unbekomeret is.

Wat boven deme herwede oder gherade is, dat höret allet to deme erve an varender have unde an ervegude, sunder lengut.

We erve nemen wel, de scal des doden scult ghelden, des erve he nemen wel. Scult der en vor ghcrichte bekant, of he sterft, der ne möghen sine erven nicht vorsaken. Bekant men emme wes vor gherichte, schult oder ander ding, dat den erven unwitlik were, unde en duchte dat men dat umme nicht ne dede, wenne men en dat darmede untvernen wolde, so scolde de de des bekant heft unde de deme des bekant is, vor gherichte spreken wur vore unde wur af dat were, unde dat dar nen vrevel unde nen unrecht mede ne were, unde scolden dat an den heylighen beyde irweren of men dat van en eschede. Ne welden se des nicht don, so ne möchte men de erven mit der bekantnisse nicht vorwinnen. Weren ok de erven so iung dat se dat nicht eschen ne kunden, so möchten dat ere vrunt eschen van erer weghene: den scolde men antworden, alse hir vor ghesproken is.

Alle scult unde klaghe de en to vörderende heft, de vörderet sin erve of he sterft. We ede lövet binnen bundener tit, sin erve scal de don of he sterft, of men de van ime eschet: oder he is der scult vorwunnen.

Van morgengave, van gherade, van herwede ne ghilt men nicht. Van liftucht ne ghilt men nicht, de en man sinem wive maket *dar se mede gescheden is van des mannes erve.*

Nemet twene man en erve up, manlik scal ghelden na marktale. Wes erve en nicht ne nimt, vor den ne darf he nicht ghelden, he ne hebbe de scult selve ghelovet. We vorsaket dat he erve up ghenomen hebbe, dar he af ghelden scole, mach men ime dat bewisen, so mot he ghelden oder des erves vortyen: so esche men de scult uppe dat erve.

Sterft en de ervegut hevet, des erven nicht ghelden ne willet unde des erves dorch dat vortyet, dat ervegut scal men vorkopen unde manlikeme ghelden na siner marktale.

Düve noch rof noch dobelspel ghilt de erve nicht, noch vredebrake, dar ne si sone over ghegan unde dar ghelt vor ghelovet si dat men bewisen möghe: dat moten de erven ghelden.

Of twene brödere en erve hebbet unde sin sculdich dar af,

1—5. D. I. 17, 6—8 = B. I. 11, 4. 5.   24. 25. Van bis maket D. I. 17, 10 = B. I. 11, 6.

5. ervegude] ervegödere C.   8. hinter erven, dar na C.   11. darmede f. C.   11. 12. de des bekant heft unde de f. B.   12. unde ok de deme C.   20. hier beginnt E mit den Worten Alle scult unde klaghe. hinter en fügt hinzu mynsche C.   22. of he sterft f. C F.   25. 26. dar se bis erve A A[a] D E, A von neuerer Hand; f. B C F.   31. so esche] unde so eschet C.   32. dat B C D F, dar A A[a] E.   36. Düve] Wyne D.   rof] roffgud C. ghilt de erve nicht] en gildet me nicht de erven C.   37. dar ne si sone over ghegan] dar neyne sone sy over gedan C.   39. dar af] dar van C.

unde wel de ene nicht ghelden unde wel doch dat erve nicht laten, den scal men dwinghen mit ghericlite.

Nimt en en erve sines maghes de ime vernere besibbe is denne suster oder broder, des scult scal he ghelden, unde vor de scult ne mach he nicht inne sitten. Wat man up enne to klaghende heft van scult weghene oder van scaden, of he sterft, dar mot sin erve vor antwarden to deme selven rechte alse he selve scolde of he levede: sunder of he vredebrake ghedan hedde, dar ne antwardet he nicht vore; it ne were dat he de vredebrake hedde ghedan, des he scaden hedde an sineme gude: den scaden moste de erve irlecghen. *Were aver de dode schult schuldich gebleven de den erven unwitlik were unde dar de erven nicht vore sweren en welden, de schult möchte de klegere beholden sülff dridde unbesprokener lüde to den hilgen.*

Wert en man börghe umme scult unde bekant unde maket dach, sterfvet de man dar binnen, de kindere moten de scult ghelden unde beholden den dach.

Uppe wene en erve irsterft de unse börghere nicht ne is, de scal vorwissenen dat he de scult ghelde, de de dode sculdich was unsen börgheren, des erve he nimt; oder der scult sic untsculdighen alse recht is.

Sterft en unser börgere eder burgerschen, des erve up enne gast valt,

de gast schal laten den dridden pennigh des erves deme rade, to hulpe to der stad nod tornen muren unde graven. Unde de anderen twene dele scolde me deme volgen laten, so he sek des vorwillekörde vor ghерichte, alse dat de rad unde de börgere des bewaret weren, dat he on dar vorder nicht umme to spreken ne wolde noch nemend van siner wegen. Wolde aver de gast to Gosler wonen unde dat deme

18—21. D. I. 17, 10 = B. I. 11, 7. 22. 23. und pag. 8, 7. 8. D. I. 17, 10 = B. I. 11, 7.

3. besibbe] besibbet C. 7. rechte] richte B E. 8. 9. dar bis ghedan f. D. 11—14. Were bis hilgen A A^a E, A A^a von neuerer Hand; f. BCDF. 15. hinter umme fügt hinzu sine C. hinter bekant fügt hinzu der C. 16. 17. de bis dach] so motet de kindere sölke schult gelden unde beholden den sülven dach C.
19. ghelde] ghelden wille B. 20. des erve he nimt] de dat erve nymt B. hinter oder fügt hinzu mod C. 22. 23. Sterft bis valt ausradirt und von neuerer Hand wieder hergestellt A.
24—pag. 8, 6. de gast schal laten den dridden pennigh des erves deme rade bis Valt also eyn erve uppe eynen gast A A^a D E, A von neuerer Hand; f. BCF. 36—pag. 8, 5. unde bis medebörgere] so stadet me ome to deme erve alse enem anderen unseme medebörgere, sunder he moste dat deme rade sweren eder vorwissenen dar to blivende D.

sweren edder vorwissenen dar to blyvende, alse dat en genogliede; so stadet me ome to deme erve alse eyneme anderen unseme medebörgere. Valt also eyn erve uppe eynen gast,

des erve mach men besetten vor de scult de de dode unsen börgheren sculdich is, de dat erve nemen wel.

Is en gast unsen börgheren sculdich, valt uppe dene en gherade oder herwede, dat mach men bekomeren vor de scult, wente sic de gast untwere. Störve en unse börghere de nene kindere noch vader noch moder noch suster noch broder ne hedde, und he enne oder mer maghe hedde, de en gast were, uppe den sin erve vallen were, ne wolde he des doden scult nicht ghelden, so sculde de rat unde de voghet van eme eschen dat he de scult gülde. Weygherde he des, so sculde men dat gut, wat he ghelaten hedde, ervegut, varende gut oder welker leye dat were, üteren unde ghelden manlikeme na siner marktale. Lepe dar wat over, dat sculde men antwarden dem erven, *so de rad den dridden deil aff genomen hedde.*

Morghenghave betüghet man mit twen bederven mannen unbesculden an irme rechte, de to der hochtit hebbet ghewesen, sunder gherichte. Neman mach up den anderen morghenghave irtüghen, denne de brodegham uppe de brut unde de brut uppe den brodegham. *Eyn man mach sin wif bemorgengaven mid sinem lengude, so he dat mid syns lenheren willen do. Aver ander gud en mach he or to morgengave nicht geven wenne se dare doch erve to is.*

De pape nimt erve mit deme brodere unde suster, sunder lengut; de mönik noch de nünne nen, de begheven sin. Onecht kint ne nimt nen erve, sin erve aver nimt sin neyste. Heft et ene moder, de nimt dat to voren. Is se dot, so nimt it sin neyste van vader oder van moder halven.

We tu ervedelinghe gan wel, de scal in bringhen dat he up ghenomen hevet, sunder kledere oder gherade oder herwede unde of he in kost gheholden is.

Krighet twene edder mer lüde umme en erve, de dat under sich hevet, de scal dat behalden. Wente dat vorscheden wert, so scal he dat antwarden deme dat böret.

20—24. s. unten L. 528, 31. 32. D. I. 14, 3 und IV. 47, 5. 6 = B. I. 9, 9 und IV. 17, 18. 19. 28—31. D. I. 16, 1 = B. I. 10, pr. 35—37. D. I. 20, 1 = B. I. 14, pr.

10. wente] also lange dat C. 13. enne oder mer maghe] frunde edder mage C. 13.14. uppe bis were f. B. 17. ervegut] dat were ok ervegud effte C. 19. so bis hedde A A^a D E, A von neuerer Hand; f. B C F. 21. de to der hochtit hebbet ghewesen] de de do to der tyd by der wertscop hebben gewesen C. 23. denne] wenne alleyne C. unde] oder A^a C. 24—26. Eyn man bis erve to is A E, A von neuerer Hand; f. A^a B C D F, s. jedoch unten pag. 14, 30—34. 29. sin erve aver] sunder sin erve C. 36. Wente dat vorscheden wert] so lange dat se des irscheyden werden unde wanner dat irscheyden is C.

Wat ervelos irsterft, erve, herwede oder gherade, des underwint sich de voghet unde halt dat iar unde dach. Ne kumt dar binnen neman de sich dar tu ten möghe mit rechte, so kere dat de voghet in sine nüt. Kumt aver de rechte erve ,dar binnen, deme scal man dat antwarden.

Eschet en erve van lövedes halven, dat is unrecht; de rechten erven ne hebben dat ghewilleköret, dat men betüghen möghe alse recht is. Vorghift en wat, of he sterve dat men dat dar denne antwarde, de wile he leve so wille he des gheweldich sin, dat ne is nen gave.

Gheve de vader deme sone en ors oder perde oder harnasch unde wapene to der tid alse he se bederven möchte, des ne darf he nicht in bringhen, it ne si ghewilleköret.

En mach mit sineme ghewunnenen gude dun wat he wil, sunder in sükebedde, unde in godeshus to ghevende, eder papen unde begevenen lüden.

Eyn mach van sineme ghewunnen gude testament setten, he sy ghesund edder in sükebedden: unde dat testament scholdeme bryngen vor den rad. Wat de des over gheven, dat schal also gan; wat se aver des nicht over en geven, dat ervet gelik alse ander gut dar neyn testament von gesat ne is.

In suchtbedden mach en nicht vergheven ane erven lof: *he mach aver testament setten alse dit bock utwiset.* Hevet he aver unrecht gut, dat let he wol, unde sine scult de ghilt he ok wol, ane erven lof.

Wanne en sek wert oder krangk, also dat he in der süke sterft oder vare heft van der krangheit dat he sterve, dat het en sükebedde.

Of en sterft, sin ghesinde scal men van deme erve holden wente to deme dritteghesten, unde ere lon gheven, dat se hebben wente uppe de tid vordenet. Wel aver de erve, so scolen se ere tid vul denen unde vul lon nemen. Is en ok mer lones ghegheven, denne se vordenet hebben alse men in orlof ghift, dat ne dörven se nicht weder gheven, it ne si bescheden.

Sterft maghet oder knecht er he sin lon verdene, wat ime böret wente uppe de tid dat he starf, dat scal men sinen erven gheven. We uppe gnade denet sunder beschet, de scal sich an der gnade ghenoghen laten de men ime deyt.

1—10. D. I. 20, 2—4 = W. I. 14, 1—3. 14—18. dun wat bis lüden D. I. 20, 5 = W. I. 14, 4. 24—27. D. I. 20, 4 = W. I. 14, 3.

2—4. unde halt bis voghet f. D. 11. en ors] eynen ossen D. 14—18. En mach bis lüden A B C F, A ausradirt; f. Aa D E. 14—23. En mach bis gesat ne is A Aa D E, A von neuerer Hand über der ausradirten Stelle 14—18; f. B C F. 17. hinter unde fügt hinzu anderen C. 19. hinter dat fügt hinzu dat E. schal D, f. A Aa E. 24. 25. he mach bis utwiset A Aa D E, A von neuerer Hand; f. B C F. 38. hinter erven fügt hinzu antwerden unde C.

Beghift sich en de to sinen iaren komen is, sin neyste nimt sin erve de dat nemen scolde of he dot were. Kumt he ok weder ut, he ne mach sin erve nicht weder an gripen. Nen erve ne mach ok seder up ine vallen, of men ene des vortüghen mach mit den möneken oder mit seven bederven mannen de ine in mönikes oder in nünnen clederen unde dar to bescoren hebben gheseen unde darinne were beghеven. Beghift man en kint, kumt it ut binnen sinen iaren, it beholt lenrecht unde lantrecht. Beghift sic en ane sines echten wives dangk in ene ordene, vörderet ene sin wif ut deme levende mit rechter klaghe, sin lantrecht unde wikbelderecht heft he beholden.

En vrowe vor lüst mit irer unküsheyt ire ere, ir erve vorlüst se aver dar mede nicht. Of sic en dödet oder verdelet wert vor gherichte, sin neyste nimt sin erve.

Wat in enes weren besterfft, dat sin was do he levede wente an sinen dot, dat is al erve; sunder herwede, gherade oder lengut.

Wint ene vrowe en kint na ires mannes dode na irer rechten tid, dat mach men beschelden an sineme rechte.

Uppe de maselsüchtighen man unde uppe altvile unde uppe dwerghe unde uppe kröpel ne ervet nen erve; we aver ire erve is, de scal se halden na deme dat de stade ires gudes is dat uppe se ghevallen were. Wert en kint gheboren handelos oder votelos oder blint oder stum, dat is erve na wikbelde rechte.

War brödere oder andere lüde ire gut to samene hebbet, wat se irwervet, dat is irer aller: wat emme aver mit sineme wive wert, des ne delet he mit in nicht. Wur brödere oder andere lüde ere gut to samene hebbet, wur mede se dat beteret, de vrome is erer aller: dat selve is de scade, of dat sic ergheret. Wat aver enem wert mit sinem wive, des ne darf he mit den anderen nicht delen. Vordobelet ok erer en wat oder vorghift he wat, den scaden ne dorven se ok nicht liden.

Wert en wif van ireme manne scheden, der he nicht hebben ne mot, dat ire ghelovet is to irer liftucht, dat behalt se, unde ire kledere; unde dat inghedöme half, dat se to ime brachte, dat dar noch is. Ne is ire nen liftucht ghemaket, so behalt se wat se to dem manne brachte. Is des wat vordan, dat scal men ire irlecghen, of dat dar wesen mach. Is des dar nicht, so nimt se half dat dar is, unde de kindere delet se ghelike.

1—11. D. I. 19, 2—4 = B. I. 13, 1. 2. 13. 14. D. I. 40, 2. 3 = B. I. 33, 1. 2. 19—23. D. I. 5, 10 = B. I. 3, 9. 24—31. D. I. 20, 6. 8 und I. 42, 1 = B. I. 14, 5. 7 und I. 35, pr. 32—38. D. I. 22, 1 = B. I. 16, pr.

1. hinter sich en fügt hinzu in den orden C. 7. von ut binnen an fehlen wieder mehrere Blätter E, welche erst unten pag. 14, 5 mit den Worten dene de dat let wieder beginnt. 13. verdelet] vor ördelt C. 16. sunder] utgenomen C. 17. wint] gewynnet C. 19. altvile] oltvile C. 21. stade] schade D. 25. hinter irer aller fügt hinzu dat selve is de schade, of dat sek ergerde B. 26. delet he mit in nicht] darf he mit den anderen nicht delen B. 26—30. Wur brödere bis nicht delen f. B. 28—30. Wat aver bis delen f. C. 30. oder vorghift he wat f. D. 31. ok f. D. 33. dat ire] wat or denne C. 33. 34. unde ire kledere; unde dat] unde beholt dat to ire kledere und ok ore C. 35—37. Ne is ire bis wesen mach] is des wat vordan,

Heft en man sinem wive liftucht gemaket unde is se bi eme bekindet, na sineme dode nymt se erve an egene unde an varender have, se en hebbe sek vore willeköret.

dar se van sime erve nicht mede vorscheden is, starft de man unde is se by eme bekindet, wanne se denne delet mid eren kinderen, so schal se inbringen ere liftucht unde de schal me werdigen to dem erve unde also mid den kinderen like delen unde to kindes dele gan an eghem unde an varender have, se en hebbe sek des vorwillköret; wente men nich let sin wif beliftuchtigen mid al sime gude dar umme, icht he aff ginge ane sone, dat dat nicht los en worde. Were aver dar schult, de scholde me gelden van dem erve unde nicht van des wives liftucht.

Sterft ener vrowen ere man, der he liftucht hevet gemaket dar se van sinem erve mede vorscheden is, de vrowen scal men holden van dem erve in der were bente na dem dritteghesten: seder tere se van irer liftucht. Ok ne scal ere nicht mer volghen denne inghedöme dat se to ime brachte, wat des dar is, unde halsgolt unde bratzen unde vingherne de se to ime brachte oder ir ghegeven sin.

En vrowe ne mach ir erve noch ervegut noch ere liftucht noch ire anwardinghe nicht laten an eres echten mannes willen. Det se aver dat unde vorswighet dat ere echte man iar unde dach, dat he dat nicht wedersprickt, seder ne mach he dat nicht wederspreken, it beneme eme echte not. Wederspreke he dat ok binnen iar unde daghe, so ne were dat nicht dat se daran ghedan hedde. Were he ok binnen landes wol, welde he sin recht dar to don dat he des nicht ne wiste, so ne were dat aver nicht.

Sterft en de sinem wive liftucht ghemaket heft dar se van sinem erve mede vorscheden scal wesen, sin erve mot wol to der wedewen up de were varen, to bewarende dat des nicht vorbistert ne werde des an en bestorven is.

Dödet ein den anderen, wat ome van deme an irsterfft, dat heft he vorloren, it ne sy van notwere edder an synen danck edder mid rechte gescheyn.

2—5. unde is se bis willeköret O. I. 23, 4 = B. I. 17, 3. 20—25. O. I. 23, 5 = B. I. 17, 4. 26—33. O. I. 20, 10 = B. I. 14, 15. 34—37. O. I. 23, 6 = B. I. 17, 5.

dat scal men ire ir leoghen. Is or ok neyn lyfftucht gemaket, so beholt se wat se to deme manne brachte; of dat dar wesen mach C.
2—5. unde is se bis willeköret A B C F, A ausradirt; f. A^a D.
2—19. dar se van bis liftucht A A^a D, A von neuerer Hand über der ausradirten Stelle 2—5; f. B C F. 23. halsgolt] halsgold D.
25. hinter brachte fügt hinzu wat des dar is D. 29. 30. seder bis spreken f. B. 30. hinter not fügt hinzu daghe D. 30. 31. Wederspreke bis daghe f. D. 36. up dat erve B. vorbistert] vorstoret B.
38—40. Dodet bis gescheyn A A^a C D F, A von neuerer Hand; f. B.

Sterſt en man oder vrowe unbeerſt, wat dar varendes gudes is, dat erſt uppe den anderen. Heſt aver de dode ervegut, dar behalt de levendighe sine liſtucht ane. Na sineme dode valt dat up des neysten erven des dat hadde ghewesen.

Sterſt man unde wif de kindere to samene hebbet, de wile de levendighe nenen anderen gaden nymt, ne darf he mit den kinderen nicht delen, de vader eder de moder.

Sterft ein man de ein echte wif hinder sek lete, de kindere to samede hebben, de wile dat wif nenen anderen gaden nimt ne darf se mid den kinderen nicht delen. Wan se aver enen anderen gaden nymt, so schal se mid den kinderen delen, unde schal to vore nemen alle ore kledere de se to orem live heft unde dat gesmyde alse se to orem manne gebracht heft edder also gud gesmyde of id dar besterft. Und wat dar over vorder van erve is, dar schal de frouwe mid den kinderen to kindes dele gan. Störve ok eynme manne sin wif, de kindere hinder sek lete, und neme de man eyn wif, de en darf mid sinen kinderen nicht delen. Werft he kindere, so schullen de ersten kindere mit den lesten like gud recht hebben to ores vaders erve. Unde wane de man sterft, so mögen de ersten kindere deil.eschen van orer stefmoder. Hedde ok de vader der kinder iennich beraden edder afgedelet, dat doch van deme erve nicht gelaten en hedde, welde de delinge nemen, de scholde inbringen wat ome geworden were; ane de frowe ore kledere unde smyde, unde de man ane ors, perde und harnsch; alse dat dit bok utwiset.

Nimt de vrowe ene beteringhe umme eres mannes dotslach unde dreghet ein kint, dat scal de sune holden.

1—4. D. I. 23, 7 = B. I. 17, 6. 5—10. Sterſt man unde wif bis moder D. I. 23, 8 = B. I. 17, 7. 41. 42. s. unten L. 498, 19.

3. vor na fügt hinzu sünder C. 5—10. Sterſt man unde wif bis moder A B C F, A ausradirt; s. Aa D. 5—40. Sterſt ein man de ein echte wif bis alse dat dit bok utwiset A Aa D, A von neuerer Hand über der ausradirten Stelle 5—10; s. B C F. 41. de] en D. eres] enes ores D. 42. sune] sone C.

En ne darf sin gut nicht delen mit sinen stefkinderen,

dat he mit orkunde heft ingebracht unde mit gerichte.	*heft he aver gud dat siner stefkindere is, dat schal he one volgen laten.*

Wert en kint levendich gheboren, dat men betügen mach mit ver vrowen, de dat hebbet ghehört dat it de ver wende bescryede, de der moder to irme arbeyde hulpen, so is it erve.

Welik kint sterft binnen sinen iaren, wat ime böret von sinem lengude dat vorscult were, dat scal men antworden sinem erven; it ne si in des kindes nüt komen, oder de lenherre dat nicht gheleghen ne hedde unde he des silve en vormunde were.

Heft en man unde en wif kindere, de onecht sin to samene, al en sic de na to echte nemen, de kindere de se vore hadden er se sic to echte nemen ne nemet doch nen erve unde blivet onechte kindere.

We klaghet uppe lengut, de scal de lenherre vorscheden de dat gut liet. Heft en lengut allene untfanghen, dat mot he delen mit alle den de dar recht to hebbet, oder he mot en dat ir orsaten. Is emme kinde sunderliken tinsgut bescreven van sines vader oder moder weghene, dat scal it mit den anderen kinderen delen oder se des mit anderem gude ir orsaten.

Heft en man unde en wif echte kindere to samene, sterft der en unde nimt de levendighe enne anderen gaden unde delet sine kindere van sic unde bi deme gaden bekindet, wat de beholt van ervegude, dat mach he vorköpen oder vorgheven, dat dat de vörderen kindere nicht wederspreken ne möghen. Wat seder ervegudes up ine valt, dat ne darf he mit den vörderen kinderen nicht delen. Wat se ok seder irwervet, dat ervet en uppe den anderen alse he sterft, oder uppe de lateren kindere.

Wur en erve oder herwede oder gherade besterft van emme unsem börghere oder börghereschen, dar en gast de neyste mach to were, de nicht vri ne were, de ne scal des nicht nemen: so scal it nemen de de vri is unde de neyste de sic van bort weghene dar to ten mach mit rechte. Were ok en gast hir in ghevaren unde de börgherescap ghewunnen hedde, unde he binnen siner rechten tid gheeschet wörde van siner herscap weghene der he bestunde, des men ene overwinnen möchte, de ne mach doch nenes unses börgheres oder börghereschen erve noch herwede noch gherade nemen.

1—3. En ne darf bis gerichte D. I. 24, 1 = W. I. 18, pr. 8—15. D. I. 24, 2. 3 = W. I. 18, 1. 2. 16—21. D. I. 25, 3—5 = W. I. 19, 2—4. 22—29. D. I. 24, 4 = W. I. 18, 3. 30—39. D. I. 25, 1. 2 = W. I. 19, pr. und 1.

2. 3. dat he bis gerichte A B C F, A ausradirt; f. A^a D. heft he bis laten A A^a D, A von neuerer Hand; f. B C F. 3. is] hört D. 12. de onecht sin to samene f. B. 13. al en] wywol C. vor de kindere, allike wol C. 14. ne] de C. 16. untscheden] B. 17. untfanghen] entfangen C. 18. ir] er C. orsaten] orsaken B. 20. kinderen f. C F. 21. des f. B. irsaten D, irstaden B. 24. vor bi, ok C. 27. vörderen] anderen D. 37. overwinnen] overtügen B. 38. noch herwede f. C F.

Let en man oder sat he ut erflich gut oder so dan gut dar he oder sin wif tins oder anwardinghe ane heft, dat mach sin wif binnen iare unde daghe wederspreken.

Weme men enes eghenen vrede warcht vor gherichte, so scal de richtere vraghen dene de dat let of he des vulborde: so scal he des bekennen, unde scal upstippen mit deme vinghere: darmede scal he der were vortyen. Unde deme men dat eghenet, scal upstippen mit dem vinghere: dar mede undfed he de were. Dar na scal eme de richtere des vrede werken. Worde des vorgheten dat men dar to nicht up ne stippede, dat ne scadet nicht, efte de de dat let, mit worden af lete de dar behört werden.

Were en vor gherichte, dar men van enes anderen weghene eneme enes eghenen vrede werchte oder eme to pande sette, unde he des nicht ghevraghet worde of he des vulbort gheve, unde he des nene vulbort ne gheve, binnen iar unde daghe mochte he dat wederspreken, of he dar wat rechtes ane hedde. Vorswighet he aver dat dar na iar unde dach, seder ne mach he dat nicht wederspreken.

Bestörve en erve oder gherade oder herwede dat men spreke de dar to hörde de were dot, de andere partye spreke he levede noch, uppe dat men deme dat darmede vernede de hir binnen landes were, so scolde de erve de binnen landes were dat deme rade vorwissen, of iene to lande queme dat men eme dat antwarden welde, unde scolde sic des denne underwinden.

Bestörve en erve herwede oder gherade van unsem börghere oder börghereschen dar en gast de neyste mach to were de nicht vri ne were, welde sic de gast na der tid vrien uppe dat he dat erve mede irkreghe, des ne scal nicht sin. Wente he nicht vri ne was do it bestarf, des ne mach it uppe ene nicht vallen.

Wert en dot gheslagen, weme de klaghe bört to rechte to voremundene, of he sterft, de erft de sake uppe senne neysten. Were dere ok mer denne en, uppe de en dotslach oder vredebrake ghevallen were to vormundene, sterft der en, de erft sin del der klaghe uppe sinen neysten. Wert de dot gheslaghen de en echte wif unde bi er echte kindere heft, delet de vrowe de kindere van sic, wel men den man seder der tid beteren, so scal de vrowe nemen dat half dat von der sone valt, unde de kindere half.

wat van der sone valt. Heft se aver kindere, so schal se mid den kinderen to kindes deile gan van deme dat van der sune valt.

4—18. D. I. 31 = B. I. 25. 19—24. D. I. 28, 1 = B. I. 22, pr. 25—29. D. I. 28, 2 = B. I. 27, 1. 30—38. Wert en dot bis dat half dat von der sone valt, unde de kindere half. D. I. 41, 2 = B. I. 34, 2.

1. Let] Vorlet C. 4. Weme] wenne C. 5. mit den Worten dene de dat let tritt E wieder ein, s. oben pag. 10, 7. 7. 8. scal bis dar mede f. CDF. 21. vor noch, jo C. vernede] verde D. 21. 22. de bis were f. B 27. vrien] vrien laten B. 29. do he starf BDE. bestarft A. dar umme ne mach dat ok C. 30—34. An dieser Stelle hat A[a] Eyn man mach sin wif bemorgengaven, s. oben pag. 8, 24—26. 37. 38. dat half bis half ABCF, A ausradirt; f. A[a] DE. 37—40. wat bis valt A A[a] D E, A von neuerer Hand über der ausradirten Stelle 37. 38; f. BCF.

Worde en ghesunt gheboren unde worde de in ere vangnisse ghelemet oder in erre süke oder van wunden dat he dar van en kröpel worde, de nimt erve unde up den valt erve also uppe enne anderen.

Nimt en enne gaden to echte unde he vor enne anderen gaden heft, de lateren kindere de se to samene winnet sin alle onechte kindere.

Nimt en en wif oder iuncvrowen der he nicht hebben ne mot van sibbe oder van vadderscap oder van anderen dinghen, alle ere kindere de se telet er der tid dat se ghescheden werdet oder mit gheystlikem gerichte se des bedraghen werdet oder vorwunnen alse recht is, de sin vulkomen an al erem rechte. De se aver seder telet alse se des vorwunnen sint, de sin alle onecht.

Sculdighet en den anderen dat he des sines wat hebbe dat up ene gheerft si, bekant he des unde sprict it si eme ghegheven, der ghift mot he vullenkomen, dat it ime de ghegheven hebbe de des macht hedde to vorghevene also alse recht is. Ne det he des nicht, so mot he eme dat weder gheven de darup klaghet.

Sterft ener vrowen ire man, de kindere heft, wanne de enne anderen man heft ghenomen, eschet de kindere oder der kindere vormunde, of se binnen eren iaren sin, ere ervedelinghe, de scal men en don. Ok ne scal de moder, seder der tid dat se delinghe gheeschet hebbet, nene cost mer draghen noch vorgheven van der kindere gude, men irstade en dat alse recht is.

Welk vrowe na eres mannes dode ere kindere af delen wel, de behalt to voren al ere kledere de se to ireme live heft unde al ir güldene ghesmide. Heft se aver kledere oder gülden ghesmide dat ere to pande steyt oder unstan is, dat hört to deme erve. Hedde ok ere man gülden ghesmide ghehat dat eme untstan were oder sunderliken ghekoft hedde unde sinem wive nicht ghegheven ne hedde bi sineme levendighen live, dat hört to dem erve.

We sin gut emme to sineme live vorkoft oder let also bescheliken, wanne sin to kort wert dat it weder up ene valle, de dat vorkoft oder ghelaten heft, of he sterft er it eme ledich werde, de anwardinghe de he dar an heft de erft he vort uppe sinen erven. Sterft de erve aver, de erft de anwardinghe de up en ghevallen is vort uppe sinen erven.

Wanne ein user börgere sterft de eyne echte husfrowen let, wel de frouwe thein in clostere, spettal edder convend, de schal laten den dridden deil alle ores gudes, wur se dat heft an gulde, an redem gude edder an erve, deme rade to hulpe to der stad nod. Dar na schullen sek ore erven underwinden des anderen dridden deiles uppe

1—4. D. I. 41, 3 = gB. I. 34, 3. 14—18. D. I. 28, 3 = B. I. 22, 2.
19—31. D. I. 29, 1. 2 = B. I. 23, pr. und 1. 32—37. D. I. 30, 1 = B. I. 24, pr.

1. ere] einer D. 5. he vor] to voren D. 11. ghерichte] rechte BD. 13. vorwunnen] overwunnen C. 15. gheerft] ersterfft D. 19. de kindere heft] von deme se heft hindere B. 25—31. ABCF, A von neuerer Hand die Randbemerkung vacat; f. A[a] D E. 28. steyt] were gesat B. untstan] entstan B. 32. let also bescheliken] ome op lete in solker wysz C. 35. erft he] irsterft D. 38—pag. 16, 22. A A[a] E, A von neuerer Hand; f. BCDF.

dat on dat erve nicht enfernt werde. Mid dem lesten dridden deile mach se thein in clostere, spettal edder convent wur se wel. Ok en sterft on neyn erve noch gerade an alse an mönneken noch nünnen, alse dat dit sülve bok ok utwiset. Dit scholde iowelk frowe sweren, icht de rad dat van on eschet: und welk orer des nicht en dede, ore gud scholde van stunden an deme rade vorvallen sin.

Ok schal iowelk frowe deme rade sweren alle iarlikes alse andere börgere, icht de rad dat van on eschet.

Wanne ok eyner frowen or man sterft, welde se denne von Gosler thein anderswur to wonende, so scholde se erst deilen mid den kinderen eyr se enwech töge, gelik icht se eynen anderen man neme, und des gudes scholde sek der kindere eldeste swerdmach underwinden alse ein vormunde, so he borger to Gosler were, na deme alse dat andere capittel utwiset van vormuntschop.

We mit os hir to Gosler denet umme kost und umme lon, vruwe, namen edder mansnamen, he si van buten her edder hir binnen geboren, wen de sterft, de ghift wer herwede noch gerade, unde mach dat geven unde bescheden wur unde weme ome dat gut duncket. Aver hedde he mer erves, dat volgede sineme negesten erven, alse unser stadrecht is. Und velle wat up one dar he recht to hedde, dat mach he wol nemen so he hire bliven wille und holden dat, alse unser stadrecht utwiset.

Van vormuntscap.

De wile de vrowe nenne anderen gaden ne nimt, so is se irer kindere vormunde, *icht se to Gosler wont.*

Sterft en wif oder man de kindere heft, de wile de ire vader oder moder nenne anderen gaden nimt noch de kindere af gheleghet ne werdet, sterft der kindere ienicht dar en binnen, dat levendich blift nimt doch dat erve half, wanne men delen scal.

Wanne en vrowe enen anderen gaden nimt, so valt irer kindere vormuntscap an iren neysten und eldesten swertmach. *Wanne de eldeste unde de neyste swerdmach to Gosler borger nicht en is, so mach de rad dar wene to setten de mid en wonde, de kindere to vormundende: edder se möchten den utman to der vormundschop staden unde sich de vorwissenen laten, wu en dat duchte vor de kindere wesen.*

Wanne en vrowe oder en man enne anderen gaden nimt oder se ire kindere af delet, sterft der kindere ienich dar na, dat erft uppe vader oder moder.

23. 24. D. 1. 40, 3., f. B.

5. on] ir E. 10. Gosler] N. E. 11. vor icht, alse A^a. 13. Gosler] N. E. 15. We bis mansnamen] Welk frawes namen oder mansnamen denet umbe kost unde umbe lon E. 19. erves] erven E. 24. icht bis wont A A^a E, A von neuerer Hand; f. BCDF. Gosler] N. E. 25—28. A B C F, A von neuerer Hand die Randbemerkung Vacat; f. A^a D E. 26. af ghelegħet] af gedelet B. 30—35. Wanne de eldeste bis wesen A A^a D E, A von neuerer Hand; f. B C F. 31. Gosler] N. E. 36—38. A B C F, A hat von neuerer Hand die Randbemerkung Vacat; f. A^a D E.

Wanne en frowe enne anderen gaden nimt, so mot se mit den kinderen delen of se dat eschet. Let en sin vader oder sine moder sitten mit willen in vormuntscap, wanne he delinghe eschet, de scal men ime don, alset den is alse he dat eschet, it hebbe sic gheergheret oder ghebeteret.

Delet en sine kindere af, unde nicht al, de nicht afghedelet ne sin nemet dat erve half, it ne si anders ghewilkört.

De eldeste sone nimt sines vader herwede unde is siner brödere unde süstere vormunde bente se to iren iaren komen. Is he aver en kröpel oder stum oder blint oder maselsüchticht, so nimt et de de neyst eme de eldeste is.

Irsterft up enne vormuntscap, de scal dat vorwissenen dat he dar bi do also recht is. Hedde he ok breke an sinen vif sinnen unde also dorhafticht were dat dem rade duchte dat he dat nicht vormunden ne kunde, so scolde dat de don de na ime de neyste unde de eldeste swertmach were, *unde to Gosler wonde, icht de rad dar anders nemande to setten, de en duchte bequemer wesen den kinderen.*

Irsterft kindere vormunscap uppe enne, de scal se vorwissenen dat he dar bi do also recht is, unde scal en ere nottorft gheven na redeliken dinghen. Wente se to iren iaren komen, so scal he in ere gut al weder gheven dat he upghenomen hevet, it ne were hus oder boden oder ander dingh dat van brande ane sinen dangk vorlorn were. Worde des iares wat boven der kindere nottorft van irme gude de wile se binnen eren iaren sin, dat scal he al in ere nut keren.

Hebbet lüde lengut in samender hant, sterft der en de lenerven hevet de binnen iren iaren sin, wat men van ireme gude upnemet, dat scal men in weder gheven wanne se to iren iaren komet; it ne were dat kost up dat gut ghedraghen were de men redeliken bewisen mochte, der men nicht umme gan ne mochte, des scolen se ire del ghelden. Bedorven is aver de kindere de wile to irer nottorft er se to iren iaren komen, so scal men in gheven wat to irme dele vallet to irer nottorft.

Scal en vormunde en recht don van der kindere weghene de binnen eren iaren sin, dat scal he selve don: sin se aver to iren iaren ghekomen, so scolen se dat selve don.

8—11. D. I. 8, 2 = B. I. 6, 1. 12—16. Irsterft bis swertmach were D. I. 49, 7 = B. I. 42, 5; wo die Stelle beginnt Ersterbet kindern (uff kindir B.) vormundeschaft, dy sy selber nicht gethun mogen, wer der neste dornoch ist, also vorgeschreben is, der sal vormunde sin. 19—26. D. I. 49, 6 = B. I. 42, 4. 26—34. D. I. 49, 8 = B. I. 42, 6. 35—pag. 18, 3. D. I. 49, 9. 10 = B. I. 42, 7. 8.

2. sin vader oder ABCF, A ausradirt; f. A^{a}DE. 3. he delinghe] he erve delinghe B. 4. alset den is alse] also id denne is dat alse D. 5. hinter ghebeteret fügt hinzu so mach he id beholden D. 7. half ABCF, A ausradirt; f. A^{a}DE. 9. unde süstere f. B. bente] also lange wente dat C. 12. enne steht auf einer radirten Stelle A, dafür hat kinde B. 16. unde de eldeste f. B. 16—18. unde to Gosler bis kinderen AA^{a}DE, A von neuerer Hand; f. BCF. 16. Gosler] N. E. 19. se] he B. 23. hus bis brande f. B. 27. 28. de len erven hevet f. C.

Wanne dat kint to sinen iaren komen is, so mach it kesen to vormunden wene it wel, sek oder sine brödere oder süstere to vormunden.

Welk kint to sinen iaren nicht komen is, ne mach sich nicht vorloven to echte ane sines vormunden willen.

Wanne dat kint to sineme drittegheden iare komen is, so is it to sinen iaren komen. Wanne dat kint erst gheboren wert, van der tid scal men eme rekenen sine iartale.

Meghede unde wif scolen vormunden hebben an irer klaghe, ire edhe scolen se aver selve don. Tüt en vrowe oder iuncvrowe de en gast is uppe iren vormunden, de scal wissenhet don umme also vele alse se vor vorklaghet is, dat se iren vormunden to rechter tid vore bringhe. Ne brinkt maghet oder wif iren vormunden nicht vore to rechter tid, so moten se selve antworden, deme voghede wedden unde deme kleghere sine bute gheven.

Hete en vormunde en kint des vormunde he is sin ervegut uplaten unde vortyen, dat it in sines selves nüth des vormunden kome vor gherichte, des ne scal nicht sin, de wile dat kint binnen sinen iaren is, it ne si mit der anderen des kindes maghe vulbort unde rade.

Nen vormunde scal ok ervegut noch lengut des kindes vorkopen noch bekomeren de wile it binnen sinen iaren is ane der anderen des kindes maghe willen. Scüt it ok mit der vormunden unde der maghe willen, so scal men eme vorwissenen, dat dar van valt, dat men dat deme kinde antwarde alse it to sinen iaren komen is. Were ok dat en vormunde bi enes kindes gude dat binnen sinen iaren were so redeliken nicht ne dede alse dat deme rade düchte gut wesen, so sculde de rat sik vorwissenen laten, dat men dar bi dede also recht is.

Bestörve en gherade oder herwede up en kint, unde des vormunde dat to sik neme unde dat vorköfte bi des kindes sunden live, dor des kindes vromen unde nut mede to sceppene, unde dat kint dar na störve, dat gut dar dat umme vorkoft were dat ne dochte men nicht to herwede noch to gherade gheven. Wat is aver unvorkoft were, dat moste men gheven, oder dat dat kint selve to sineme live hedde ghehat, of des andern dar nicht bleven ne were. Wat is aver in ghelt oder in ander ding ghebracht were, dat worde des kindes neysten erven.

Sterft en man unde en vrowe de kindere hinder sek latet de nicht mündich sint, dar scal de neyste unde de eldeste swertmach

9—15. D. I. 40, 11. 12 = B. I. 42, 9. 10, wo die letztere Stelle beginnt Czuth sich fruwe oder iungfruwe uf oren vormunden, der eyn gast ist. 16—pag. 20, 11. D. I. 50 = B. I. 43.

2. 3. to vormunden f. B. 7. 8. van der tid] van der sülven tid unde stunde C. 8. eme rekenen] an rekenen C. 11. de en gast is uppe iren vormunden] up enen gast de or vormunde is D. 16. Hete] Vorleyte C. ervegut] erve B. 19. it ne si mit der anderen] ane der anderen B. 23. Scüt] geschüt C. 24. der maghe willen] der anderen maghe willen B. 29. dede] vore B. 32. dor] dorch CF. 34. dochte] dorfte BC. 40. unde de eldeste f. B.

vormunde sin, unde scal dat herwede unde gherade upnemen, unde scal dat penninghen truweliken unde wol, so he dürest mach, unde holden dat in vormunscap mit deme erve wente de kindere to eren iaren komen, unde scal bewissenen den erven unde deme rade der stat, dat he de penninghe von deme herwede unde gherade mit dem erve weder antwarde, dar dat to rechte böre, alse gut alset eme gheantwardet is. Is aver hir also sunderlich erve mede, vorghinghe dat van brande oder van anderem unghelücke, dar ne darf he nene not umme liden.

Heft ok enes kindes vormunde van des kindes weghene in sine were ghenomen perde oder ve oder swine, de ghestorven oder verbrant oder eme vorstolen oder af gherovet weren ane sine scult, dat ne darf he nicht irleghen. Sculdighet men aver ene dat he dar ane wat vreveliken vorsumt hebbe, dar mot he umme antwarden.

Were en kint beneden sinen iaren, dat so vele nicht ne hedde dar sin vormunde eme siner nottorft af pleghen mochte, so scal men nemen de anderen des kindes neysten maghe unde de wisesten, wes de to rade werdet mit dem vormunden, also mach men dar bi varen; efte men dat vor gherichte witlik do, des se dar umme to rade worden sin.

Heft en man sine kindere in sinem brode unde in siner vormunscap de binnen eren iaren sin, wat de det mit sinem erve dat ne möghet de kindere nicht wederspreken

de binnen eren iaren sin. Were aver eyn wif der kindere moder dot unde en hedde he nenen anderen gaden genomen, so ne mochte dat nicht sin, it ne were mit der kindere vulbort unde willen. Ok en mochte de moder des nicht don ane der kindere mage vülbord unde wille. Were aver der kindere eyn to sinen iaren komen, dat mochte de vulbort wol wederspreken, allene dat it in des vader brode unde siner vormuntscap were.

de moder en mochte aver des nicht don, wanne se enne anderen gaden genomen hedde, ane der kindere mage vulbord unde willen. Were aver der kindere ein to sinen iaren komen, dat mochte dat wol wedderspreken, allen it in der moder brode unde vormunscap were

We ervedelinghe eschet van deme de an sinem erve in vormunscap gheseten heft, de scal de scult ghelden de he van der vormunscap weghene gemaket heft, de ene antrid. Düchte eme

5.6. mit dem erve f. B. 6. antwerde BCDF. antwarden AA[a]E. 12. oder eme bis weren f. D. 20. hinter worden sin fügt hinzu unde holde dat so C. 24—37. de binnen eren iaren sin bis in des vader brode unde siner vormunscap were ABCF, A ausradirt; f. A[a]DE. 24—32. de moder en mochte bis in der moder brode unde vormunscap were AA[a]DE, A von neuerer Hand über der ausradirten Stelle; f. BCF. 26. nenen] enen F. 29. kindere vulbort] kindere mage vulbort CF. 36.37. brode unde siner f. B. 38.39. in vormunscap gheseten] in vormundeschup wegene ghemaket D. 40. antrid] anspreket B.

aver dat men eme unredeliken scult rekende, dar moste de vormunde sin recht to don, dat de scult so ghemaket were dat he de to rechte scolde ghelden, sin del, de dat erve eschede.

Sterft en uppe den en vormunscap is ghevallen, de vormunscap ne erft he nicht uppe sinen erven, mer weme dat van kindes swertmaghen de vormunscap denne böret, de scal sic der denne underwinden, *so he borger to Gosler were.*

De rechtelose man ne mach nemannes vormunde wesen denne sines wives unde siner kindere. Irsterft aver en vormunscap uppe ine, der ne scal he sic nicht underwinden, mer de neyste ime vormunde wesen mach, de scal sik der underwinnen.

Van hustinse.

Of en en hus vormede, unde de de up der were is to eneme iare vort sine medinge beholt weder senne willen, so behalt he weder up ienen of he wel twevalden tins den dat hus pleghet to ghevende. Sculdeghet ene de deme he dat hus hadde vormedet, deme scal he gheven enne iartins vor senne scaden. Ok moste he dat an den hilleghen irweren dat he dat beholden hedde weder sinen willen unde ane sine vulbort, of men dat van eme eschet.

En mach sine medinghe to eneme iare wol beholden uppe den hilleghen: so mach de andere weder dar up twevalden tins beholden.

Veret en van der were de sinen hustins nicht beret ne hevet, binnen deme ersten iare dar na mach men enne iartins up in behalden, na deme iare mach he sik des untsculdighen. Welde he sik aver untsculdighen, dat he up der were nicht ghewonet ne hedde, dat mach he don, so ne mach men nenne tins up ene behalden, men ne möghes ine overwinnen alse recht is.

En man behalt sinen tins bat uppen hilleghen denne men eme untsegghen möghe to eneme iare. Sculdighet men enne umme mer tinses denne van emme iare, des mach he sich untschüldighen, it ne si dat men ene des overthügen möghe also recht is.

De tins de vore vorscult is, dene mach en beholden na redeliken dinghen alse der kunscap witlik is dat men to eneme iare dar af pleghet to ghevene.

Of emme sin tins wert untseten, so scal he nemen den sculteten unde twene bederve man: mit den scal he gan unde kündeghen den neyberen boven unde benedene. Dat scal he don also dicke alse ime an sinem tinse borst wert. So ne mach men ime des nicht vorsaken.

27—30. D. II. 4, 3 = B. II. 2, 2.

5. mer] sünder CF. 6. böret] vort B. 7. so he borger to Gosler were AAªE, A von neuerer Hand; f. BCDF, Gosler] N. E. 8—11. AAªBCEF, f. D. 9. kindere steht auf einer radirten Stelle A: brödere B. 13. vort sine medinge beholt weder senne willen] vor sine medinge behalt he wol weder sinen willen des dat hus is B. 21. Veret] Weret CDF. beret] bereydet C. 23. 24. welde bis untsculdighen f. CEF. 27. uppen hilleghen] uppen hilleghen alse recht is B. 28. eme untsegghen] eme des untsegghen D. 29. denne bis iare f. D. 34. untseten] entseten BC. 37. dicke] vaken C. borst] brok CD.

Weme sin hustins wert untseten, de mach dene panden up der were. Vint he aver dar nicht to pandene, so neme he den richtere unde twene neybere oder andere guder lüde twene oder mer dar to unde bewise en dat he dar nicht to pandene vinde vor sinen tins. Wert eme nu sin tins nicht untworren binnen emme verndel iares na der tid dat he dat alsus gheeschet heft mit gherichte, so scal he sek des huses underwinnen mit gherichte unde scal sek dat laten eghenen unde vredewerken unde besitten dat alse der stat recht is. Seder der tid ne heft iene der nicht mer an, des dat hus ghewesen hadde.

Gheyt ut emme huse tweyerleye tins oder dryerleye unde wert de untseten, de den lateren tins hevet, de scal den vorderen tins untweren binnen rechter tid of he wel, unde underwinde sek des huses. Ok scal et eme de den vorderen tins heft witlik don mit gherichte, dat he senne ersten tins endwere. Ne welde he des nicht don, so underwindes sek de den vorderen tins daran hebbe, alse hir vore bescreven is, unde si von den anderen ledich.

Heft en en half hus oder en dridde del oder en verde del enes huses, wert ime sin tins dar af untseten, dat ne scadet deme nicht de den anderen del dar an hevet.

Of emme sin tins wert untseten, des he vulkomen mach alse recht is, we sek der were seder underwindet unde up dar veret to wonende, de mach men panden vor den tins.

Men ne scal nemanne umme hustins panden, denne den wert oder de werdinnen oder den de dar in ghemedet heft unde selve up der were wonet. Wörde ok de inghemedede man umme mer tinses ghepandet denne he wente uppe de tid deme werde ghelovet hedde alse men ene pandet, dat scolde eme de wert irlekghen, unde dar ne mochte eme de wert nicht vore inne sitten.

Hevet en en wesent ghemedet in emme huse, dar he sin korn oder ander ding inne heft, unde selve up der were nicht ne wonet, dene mach men nicht panden an sinem korne oder gude umme mer tinses denne also vele tinses he vor dat wesent ghelovet oder vorscult hevet wente to der tid dat men ene pandet.

Heft en en hus to ervemtinse, wel he dat ergheren, oder vorkopen broutouwe oder ander ding dat dar to hört, des ne mach he nicht don weder des willen des dat eghen is oder de dar ghelt an heft.

Hevet en man en eghen unde vormedet he dat eneme manne, vorkoft he dat eghen, de man behalt sine medinghe dar an en iar uppen hilleghen of he wil. So behalt disse, de dat eghen ghekoft hevet, weder sinen tins.

35 — pag. 23, 13. D. II. 4, 4—15 = B. II. 2, 3—14.

1. untseten] vorseten B, ensettet D. 1.2. de mach bis were] dene mach men dar vor panden, dene men up der were vint B. 3. neybere] bederve man B. 5. binnen] bi F. 6. alsus] hus BD. 7. so schal bis gherichte f. B. 8. besitten] besetten B. 29. wert nicht] wert yo nicht C. 31. unde bis wonet] unde up der selven were nicht en wonet B. 36. broutouwe A Aⁿ, bruwtowe B, alse brawe geveyte C, brauttauwe D, broutowe E, browetowe F. 41.42. de

En pandet uppe siner were umme sinen tins ane gherichte.

We umme hustins panden wel, of men ime dat weret, so neme he den sculteten unde twene neybere oder andere guder lüde twene dar to. Weret men ime denne dat pant, so rope he dat gheröchte: dar mach he de umme vorvesten de ime dat pant hebbet gheweret. Ok ne mögen se nenne husvrede beholden, wente se den husvrede ghebroken hebbet.

Of men uppe der were nicht ne vint to pandene vor den tins, so mach men den wert oder de werdinnen, de dat erve ghemedet heft, wol vore upholden: dar mot aver de richtere unde twene neybere oder andere bederve lüde bi sin.

Neman mach panden umme hustins denne de de dene daran hevet oder sin ghesinde. Were he aver sek oder ghevanghen oder buten landes, de nen ghesinde ne hedde, des vrunt möchte den tins wol ut panden, of he vorwissende dat it des sakwolden wille were.

Beslüt men emme de wesende, dat he vor sinen tins nicht panden ne mach, so scal he nemen den sculteten: de scal ime de wesenden openen: dar scal he twene börghere to nemen: we denne dat pant weret, de deyt ene vredebrake.

We umme hustins pandet dar he to rechte nicht panden ne mach, allen dat he dat mit gherichte do, he mot deme richtere wedden unde deme kleghere sine bute gheven.

Wel en panden umme sinen hustins, unde sprikt de wert oder de werdinne, he wille antwarden vor dat pant, des scal men eme staden: dat scal aver to hant gheschen vor gherichte. Welk erer sines rechtes nedervellich wert, de mot dar umme wedden unde deme kleghere sine bute gheven. Beholt aver de de den tins dar an heft, so mach he vort umme senne tins panden. Ne wel he aver nicht to hant vor gherichte komen, so mot he dat panden liden.

Untveret en dem anderen van der were mit sineme hustinse weder sinen willen, dene mach he dar umme vorvesten. Hadde he aver vorboden mit gherichte dat he van der were nicht ne brechte, de tins ne were beret, hevet he dat dar en boven ghedan, wanne he dar umme vorvestet wert, so ne mach he umme de scult nenne husvrede beholden.

Medet en vrowe en hus oder en wesent, vor den tins scal ere echte man mit der vrowen antwarden, of he mit ir ghewonet heft up der were.

Wel en en gut upgheven dat he heft to ervemtinse, dat mach he don, of he dat an den hilleghen irwere dat he den tins nicht leng von armude gheven möghe; dat scal he aver deme des dat gut is en half iar vore weten laten, dat he dat möghe ut don. Den tins aver de vorscult is wente to der tyd alse men dat up nimt, dene scal he gheven, it ne were dat it gut in emme anderen gherichte leghe buten der stat gherichte.

Wes dat hus is, de dar inne mach graven unde breken mit

dat eghen ghekoft hevet] dat egen de dat ghekofft hefft wedder sinen tins D. dat eghen] dat to eghen C. 5. gheweret] gewcygert CF. 10. unde] eder B. 21. allen] wywol C. 30. Untveret] Entwerd C, Untfernet D.

rechte, de scal de wortpenninghe gheven. Wes de were is oder se hevet ghemedet, deme beteret men dat dar uppe ghescüt an husvredebrake.

Hebbet mer lüde en hus, dar blift ieghewelk man uppe na siner marktale, en vore, de andere na: dar scolen se umme lozen we dat erst beholde.

Heft en en del an emme hus oder boden, de mach sin del vorköpen oder utsetten ane des willen de de anderen dele dar an heft, it ne were dat it ervegut were unde de dat andere del hedde dar erve he to were. He scoldet ok witlik don deme de de anderen del dar ane hedde. Welde de dat ghelt dar an legghen, dar he it umme vorköpen oder vorsetten welde, so scolde men ene des gunnen.

En mach wol under des anderen ovesen buwen, of he sine want noch ovesen nicht ne wunde.

Heft en man ene müren oder ene want twischen sik unde sinem neybere, valt de dar neder oder en del, de scal he weder laten maken, dat sinem neybere nen scade dar af ne scüde. Ne dede he des nicht, böde he ime mit gherichte unde mit twen mannen, ne dede he denne des nicht unde scüde sinem neybere dar af scade, dene sculde he irleghen.

Wur men den waterganck der Ghose oder beke nicht bewarede, dar men dene nicht hebben ne möchte de dat bewaren scolde to rechte, so sculde de dat don de up der were sete, oder de neybere den dat scadede de scolden dat don, of dar nemet uppe ne wonede, unde scolden de kost up dat erve slan, unde scolden dat van dem ersten tinse nemen.

Iowelk man scal deme pipwatere den ougangk bewaren dar it ime böret, dat de de beneden ime dat hebbet bekösteghet nicht ghehinderet ne werden. Ne dede he des nicht, so scolde men ene dwinghen mit gherichte, unde dar ne möchte he nicht vore inne sitten.

Men ne scal nen hus noch eghen noch ghelt an eghene in papen oder goddeshuse were bringhen ut der stat were, sunder des rades orloph.

Buwet en neyber uppe sines neyberes eghen ane sinen willen, he mot it af don unde baten. Vorbüt het aver mit gherichte, det het vord mer, so is it en vredebrake.

Wat en buwet uppe des anderen eghen, des ne darf he nicht ghelden, de des dat eghen is, he ne hebbe dat ghewilköret.

Wel en man wat buwen unde heft sik sines neyberes gebuwe vortreden boven sin vullemet oder boven senne sülle, de scal eme rümen alse verne alse men dat mit deme löde bewisen mach dat it sik boven dat sin vortreden hebbe.

1 – 3. Wes de bis husvredebrake D. II. 3, 3 = B. II. 1, 2. 33 — 35. D. II. 6, 1 = B. II. 3, 3. 41 — pag. 24, 5. D. II. 2, 8. 9 = B. I. 45, 8. 9.

4. mer lüde] twene lüde eder meher D. 5. lozen A A^a B, loten C E F, losen D. 14. ovesen] öszen C. of he] so verne C. 18. scude A A^a, sche BCDEF. 19. nicht, böde] nicht, unde böde BC. 28. pipenwatere C D E F. 34. ut] in D. 42. vullemet] vulmat C. 43. alse verne] also vaken D. 44. vortreden] overhengen effte vortreden C.

We mit sinem buwe kumt up des anderen eghen, wel iene sin ghebuwe höghere buwen, so scal eme de rümen mit sinem buwe dar he mede up dat sin komen is, he ne möchte des vullenkomen, alse recht is, dat dat vor willeköret were. Wat ok des sines to broken wörde, dat scolde men weder maken.

Koft en man en hus oder en del enes huses oder ene boden oder tins an emme huse oder an erre bode, wat tinses ghehöret wente uppe de tyd dat it ghelaten wert unde des eme vrede is ghewarcht, de böret deme de dat heft vorkoft, it ne si vore anders bescheden.

Heft en en hus to pande oder en del enes huses oder ander ervegut, unde vorkoft he dar tins an, er he dat hebbe upgheboden unde er he dat hebbe in sine were ghebracht alse der stat recht is, wert de tins eme dre iar untseten, deme de dene ghekoft hevet, darmede irwerft he dat recht dat he dar ane hadde de eme den tins dar an vorkofte. Des aver dat eghen is unde dat utghesat hevet, de ne mach sin recht also nicht vorlesen mit eme, er it ime de mit rechte af ghewunnen hebbe, de den tins dar ane vorkofte.

Sat en en hus ut oder boden oder en del enes huses oder gülde dar an, dat ne mach he nicht mer bekomeren, he ne hebbe dat ghelost: he ne mach it ok nicht vormeden, denne bente uppe de tyd dat it up gheboden wert unde des vrede ghewarcht is unde beseten alse der stat recht is. Wanne dat al overgan is, so ne mach is de nicht leng gheweren de dat ut ghesat heft an medinghe oder an anderen dinghen, it ne si vore ghewilkört, des men mit gherichte möghe vulkomen, oder of de medinghe gheschen is er der sattinghe. *Is aver de medinghe geschein eyr der sattinghe*, dat mot he deme irlekghen deme he de sattinghe ghedan heft.

En hus oder bode oder ghelt oder del an husen oder an boden, dat scal men nicht vorsetten noch uplaten, of dat vorsat were, sunder up der were dar möchte ene de voghet wol to velighen, of he nicht wanderen mochte unde unvorvestet were. Were he aver vorvestet, so scolde men eme dat gherichte lekghen, dar he komen müchte vor den richtere unde dinglüde, de dar richtere is dar dat gut lit: mit beyder partye wilköre möchte dat dar wol wesen.

We en hus vorkoft oder ene boden, wat dar ane is ertvast unde neghelvast, dat hört dar to, it ne si anders ghewilköret.

Binnen verteyn nachten na dem paschedaghe oder verteyn nacht na sanne Michahelis daghe so scal manlik deme anderen se medinghe rümen.

Wert emme hantwerchten wat gheantwardet in sine were,

6—28. D. II. 4, 16—18 = B. II. 2, 15—17. 11—18. s. unten pag. 27, 41. 37. 38. s. unten pag. 26, 23.

5. men weder] men io weder C. 9. höret] behöret C. vorkoft] vore ghekofft D. 12. upgheboden] opgenomen CF. 14. eme dre iar ABD, A ausradirt; f. AᵃCEF. 18. dar ane vorkofte] dar af kofte B. 27. Is aver de medinghe gescheіn eyr der sattinghe A AᵃDE, A von neuerer Hand auf einer ausradirten Stelle; f. BCF. eyr] na D. 40. se] sine BCDEF.

ghewant, buntwerk oder ander dingh, dat he rede maken scal umme lon, dat gut ne mach men umme nenne hustins panden uppe der were, wen um also vele lones alse de wert dar an vordenet heft de den tins vorscult hevet.

Düsse nabeschrevenen twe capittele sint genomen ut dem privilegio Wenszlai, und is de seste articul.

We ock an der börger hüser gülde oder tinse hedde, de mag de borger afkopen, itlik mark geldes mit thein mark, idt ne were dath dat de bewisen kondte, dath wer dar mer vor gegeven hedde. Were ock dat de tinsz gröter oder miner weren, de mag men lösen na antele, alse sick dat geböhret to rekende, mit thein mark eine aftokopende, uppe dat de huse nicht vorfallen unde der stadt nöde dragen an stüre und an wachte.

Unde idt en schall nümmer nein ervetins stein uppe der börger huse, ift he wol alrede umme gelt gekoft were oder noch gekoft werde. Wath aber geistliche lüde von egendomes wegene van alder ervestinses gehabt hedden, dat blive bi sinem rechte.

Van ervegude.

Wes ervegut ghelaten oder bekomeret wert, de wile he buten landes is, dat scal he wederspreken, wanne he weder binnen landes kumt, binnen iar unde daghe. Deyt he des nicht, seder ne mach he dat nicht wederspreken.

Dit hetet binnen landes: twischen der Elve unde der Wesere unde twischen Döringen unde der sehe.

Iar unde dach is en iar unde ses weken unde dre daghe.

Wanne men en eghen ansprikt, dat scal men don mit gherichte unde mit dinglüden, unde vulvorderen de ansprake. Deyt he des nicht, so ne is it nen ansprake.

Weme men en eghen ansprikt, dat ime mit rechte gheeghenet is, unde he dat iar unde dach hevet ghehat in sinen weren ane rechte wedersprake, dat behalt he mit sines enes hant uppe dem sülle. We en erve up dem sülle behalden wel, dat he ghekoft heft, de scal den vörderen vut up den sülle setten unde de hant up de hilleghen lekghen unde spreken: Dat ik dit eghen oder dit ghelt (oder wat he an deme gude hevet, dat scal he benömen) hebbe in mine were ghebracht mit richteren unde mit twen ratmanne unde mit dinglüden unde mit vorspreken unde mit ordelen, unde minen vredeschilling dar up gheghеven hebbe unde hebbe dat seder iar unde dach ane rechte wedersprake in minen weren ghehat also alse ek des to rechte gheneten scal: dat me god also helpe unde de hilleghen. Wel en ervegut up dem sülle beholden, dat eme an

18—21. D. I. 42, 2 = B. I. 35, 1. 22—24. D. I. 34, 1. 2 = B. I. 28, pr. und 1. 25 — pag. 26, 16. D. I. 43 = B. I. 36.

1. ghewant] alse want C. 5—17. A A[a] von neuerer Hand; f. BCDEF. 23. sehe] see in Sassen C. 26. 27. Deyt bis ansprake f. D. 27. nach ansprake fügt hinzu Des sülven gelik wat me vorbeyden wel, dat scal me don met gerichte, so bindet ed C. 36. mit ordelen] mit minen olderen B.

gheerst is, de ed scal aldus luden: Dat dit hus oder dit ghelt (wat he daran heft scal he benömen) min erve is unde in mine were komen is, als ek des to rechte gheneten scal: dat mek god also helpe unde de hilleghen.

Weme men enes eghenen vrede warcht alse recht is, heft he dat dar na iar unde dach in sinen weren ane rechte wedersprake, dat ne mach ime neman anspreken, de binnen deme iare hevet binnen landes ghewesen, he ne hedde denne in vangnisse gheleghen, dat he it nicht wederspreken ne mochte.

Welk man mit unrechte gut ansprikt, he mot dat weder don mit bute unde mit wedde. We emme sin gut ansprikt, de ansprake scal he vulvörderen, it si an welker hande gude dat si. Ne det he des nicht, he mot dar umme antwarden unde mot deme voghede wedden unde deme sakwolden sine bute gheven. Ok ne mach he dar vore nicht inne sitten. We sik ervegudes underwint oder ansprikt na deme dat it im vordelet is vor ghberichte, dat is en vredebrake.

Weme men enes eghenen vrede warcht, dat scal men don uppe der were vor gherichte unde vor dinglüden unde mit vorspreken unde mit ordelen unde vor twen ratmannen.

We en erve vorkoft, de scal des weren iar unde dach vor rechter ansprake: so is he ledich; it ne si, de dat anspreken mach, dat de buten landes si.

We en hus vorkoft oder ene boden, wat dar ane is ertvast unde neghelvast, dat hört dar to, it ne si anders ghewilleköret.

Of en en erve vorkoft dar he nicht an ne hedde, noch nen vormund an ne were, of he de dat koft wol iar unde dach behol- den hedde in sinen weren ane ansprake, dat ne hilpt ime nicht, he ne mochte des vulkomen alse recht is, dat it mit sinem willen were, de sik dat eghen mit rechte to ten mochte.

En kint dat to sinen iaren nicht komen is, dat mach sin erve vorköpen unde laten oder vorgheven mit sines vormunden willen unde siner erven.

Nen eghen mach men laten ane gherichte: wat men aver vor deme rade lovet oder bekant, dat scal men holden.

Welk ervegut uppe enne is gheerst, dat het sin ervegut: dat he aver ghekoft hevet, dat het sin wunnene gut.

Men ne mach nen ervegut laten ane der erven lof sunder li- ves not. Nen erve mach men bekomeren oder vorköpen ane *der vormunden willen unde* der erven lof; men ne wille dat irweren uppen hileghen, dat it ime lives not do: so vorkoft het oder be- komeret it wol. Wel aver de erve ime sine nottorst gheven unde sine scult ghelden, de behalt dat erve.

Wat en vorkoft oder vorsat van varendem gude oder van er-

17—32. O. I. 44 = B. I. 37. 23. 24. s. oben pag. 24, 37. 33—42. O. I. 45 = B. I. 38. 43 — pag. 28, 39. O. I. 46 = B. I. 39.

6. dar na] dar ane D. 26. of he] wywol dat de ienne C. 29. were, de sik] were, des iennen de sik C. 31. unde laten f. B. 35. Welk bis gheerst] Welk ervegud up ene is de ervet D. 37. sunder] unde des D. 38. 39. der vormunden willen unde A A[a] E, A von neuerer Hand; f. CDF. ane der vormunden willen unde der erven lof] ane der vormunden willen B.

vegude oder van lengude, wert dat anevanghet oder anspraket, de dat heft vorkoft oder vorsat oder dar vore ghelovet to werende, scolen dat untweren unde ne möghen dar vore nicht inne sitten. Is aver dat se des bedörven, so scal se de voghet dar to velighen vor gherichte dat se dat untweren, of se unvorvestet sin.

Vorkoft en erflik gut oder lengut dat wur mede beworen oder bekomeret is, dat witlik were, eschet men dat van deme de dat heft vorkoft, oder van sinen erven, dat he dat untwere, dat scal he don. Weygherde he des, dar ne mach he nicht vore inne sitten, it ne were in dem kope bescheden, des men mochte vullenkomen.

Wert en eghen utghesat, de dat binnen iare unde daghe nicht weder ne sprikt, de ne mach dat seder nicht wederspreken, it ne were of he buten landes hedde ghewesen, oder of it ime echt not beneme, de he bewisde alse recht is.

Weme en eghen wert ghesat, dat scal he upbeden mit deme sculteten unde dinglüden unde scal sik des laten vrede werken vor gherichte unde vor twen ratmannen unde den vredeschilling dar up gheven unde dat besitten dre dage unde dre nacht, he oder sin bode. We ervegut upgheboden heft, de scal dat dar na holden dre daghe unde dre nacht er he sik des late vrede werken. Ne wert it dar en binnen nicht untworren, so mach he sik des laten vrede werken unde scal it dar na besitten, he oder sin bode, dre daghe unde dre nacht. Na den ses daghen ne heft de dar nen recht mer an deme dat upgheboden is.

We en erve erworven heft also der stat recht is, unde sich dar up heft ghevort laten, unde he dat besitten wel oder sin bode dre daghe unde dre nacht alse recht is, of ene sine wedersate dar weder af vören let oder senne boden, so neme he den scultechten unde twene man dar to tüghe unde esche van eme dat he vor gherichte kome unde do dat recht si. Dat moste eme de scultechte wol kündighen in der lüttiken richte emme. Unde ne welde he sich nicht vinden laten, so scolde men dat kündighen to huse unde to hove dar he pleghet to wonende. Weygherde he des alse he des mochte vulkomen, wanne he des were vullenkomen, so scolde he sich dar weder up vören laten, alse recht is. Unde nen voghet noch scultechte noch neman scolde ene weder af wisen. Wisde ok ene iemand af mit silvolde, deme scolde he volghen mit ghescreye unde mit der veste. Ok ne mochte he nenne husvrede beholden, wente he den husvrede ghebroken hedde. Leghe ok dat in den lütteken gherichte, so mochte de voghet don also hir bescreven is.

Heft en en hus to pande oder en del enes huses oder andere ervegut oder vorkoft he dar tins an, er he dat hebbe upgheboden unde er he dat hebbe in sine were ghebracht alse der stat

41 — pag. 28, 6 f. oben pag. 24, 11.

17.18. unde den vredeschilling dar up gheven f. CF. 23. de] se D. 27.28. of ene bis boden] of denne sin wedersate sek dar weder upvören lete eder sinen boden B. 29. dar to tüghe] dar to to rugge D. 31. in der lüttiken richte emme] in deme lüttiken richte B. 33. alse he des] des men B. 34. wanne he des were vullenkommen f. BCD. wanne] unde wanne F. 37. silvolde AE, sulf wolde BCF, sulf volde D.

recht is, wert de tins eme unseten deme de dene ghekoft hevet, dar mede irwerft he al dat recht, dat de dar ane hadde, de eme den tins dar ane vorkofte. Des aver dat eghen is unde dat ut ghesat heft, de ne mach sin recht also nicht vorlesen mit eme, er it ime de mit rechte af ghewunnen hebbe, de den tins dar ane vorkofte.

We enne weren vore bringhet an ervegude, dat under eme gheanspraket is, ne mach ine de nicht gheweren, dar umme mot he de unrechten were buten unde wedden: so sprict de kleghere sin ervegut vor bat an.

Wert ervegut gheanspraket, des de sakwolde senne weren vore bringt vor gherichte, tüt de were vort uppe enne anderen weren, oder wert de klaghe gheverstet mit ordelen oder mit anderen dinghen, so scal men vorwissenen weder vor gherichte to komende, recht to nemende unde recht to ghevende, of men dat eschet.

We ervegut in weren heft, oder varende gut, allen dat de were unrecht si, men scal se doch breken mit rechte.

Of en en ervegut oder ander gut vorkoft, des he nicht gheweren ne mach, dat mot he weder don mit bute unde mit wedde. Is eme ok dat vor gherichte in sin antwarde vordelet, dat he des nicht gheweren ne mach, det he dat dar na, so is dat en vredebrake, of men ine des vor overwinnen mach alse recht is.

Vorkoft en ervegut oder sat he dat ut, unde breket dat sine erven mit rechte, dat he dar umme ghenomen heft dat mot he weder gheven: sterft he aver er dat gesche, sin erve mot de scult irleghen, unde he noch sine erven ne möget dar vore nicht sweren, of der scult vor gherichte bekant is.

Let en ervegut oder bekomeret he dat dat sin neyste erve vulbordet, de an der sibbe vernere is, de mach dat nicht weder spreken: is aver der erven twene oder dre oder mer de to dem erve like sibbe sin, de ne wilkören dat alle, so ne mach he des nicht laten.

Of men enes gastes erve bekomeret oder enes börgheres de en wech ghevaren were unde hir nen börghere ne bleve, unde men spreke dat dat erve wur mede bekomeret were den to scaden de dar up klagheden, des ne scal men nicht staden, it ne si gheschen vor gherichte er men dar up klaghede, des men vulkomen möghe alse recht is, sunder vrevel unde vluchtsale. Is dar aver vrevel oder vluchtsale mede, so möste men dat weder don.

En wif ne mach ane ires echten mannes vulbort nicht vorköpen noch vorwillekören, de wile he ere ire nottorft ghift.

Kumt en vrowe unde en man to samene de ervegut hebbet, sterft ir en umbekindet, de liftucht de he an des anderen erve be-

40 — pag. 30, 2. D. I. 47 = B. I. 40.

1. eme untseten] eme dre iar untseten, die Worte dre iar durchstrichen Aa, s. oben pag. 24, 14. deme bis hevet] deme he dene vorkoft heft B. 5. 6. dar an vorkofte] dar af kofte B. 16. allen] wywol C. 23. sat he dat ut] vorsat he dat B. 25. gheven] leggen B. 43. umbekindet] unbekummered unde bekindet D.

halt de ne mach he nicht bekomeren denne to sineme live; de uppe denne dat erve na sinem dode valt, de ne wilkört.

Man unde wif de to samene komet unde ervegut hebbet, sterft irer en, de andere behalt sine liftucht an des anderen ervegude.

Winnet en man unde en vrowe gut to samene, de wile se beyde levet is dat ire wunnene gut: sterft ir en, so ervet dat up den anderen unde is dar na er ervegut.

Koft en vrowe unde en man en hus, sterft de man unbeerft, nimt de vrowe enne anderen man unde sterft denne de vrowe umbeerft, de man beholt sine liftucht an deme hus.

Kumt en vrowe unde en man to samene to elighen dinghen unde winnet de en echt kint oder mer to samene, bringhet se ervegut to samene, of de kindere alle stervet, so möghet de vrowe unde de man beyde bi ireme sunden live wol vorköpen oder bekomeren dat ervegut dat se to samene hebbet. Wörde aver der tweyger enes to kort unde de andere levendich bleve, de ne mochte denne dat ervegut nicht vorköpen noch bekomeren sunder des willen de sin neyste erve is. Is erer ok mer de ime like sibbe sint, mit der vulbort mot dat ok ghescheu.

Nimt en en wif oder en wif enne man to echte, de vore onechte kindere to samene hebbet er se sik so echte nemen, unde winnet se seder der tyd dat se sik to echte nemen nen echt kint to samene, sterft erer en, de levendighe ne mochte an des doden ervegut nicht mer beholden denne sine liftucht, it ne were alse de man storve dat de vrowe mit erre bort were unde sine levendighen bort unde sin recht men betüghen mochte alse recht is.

En wif ne mach ane eres echten mannes vulbort ervegut noch liftucht noch tinsgut laten noch bekomeren sunder dor lives not. Det se dat unde wert se dar umme besculdighet, dat se dar umme ghenomen ode ghenoten heft, dat mot se weder gheven. Heft se aver varende have oder varende gut vorkoft oder bekomeret oder vorgheven, dat mot men weder gheven. De aver dar wat umme gheven oder ghelovet heft, den scaden den he des heft dene mot men eme irleghen na minnen oder na rechte.

Of en man sinem wive untveret unde ere nicht ne let dar se ere nottorft af hebben möghe, de ervegut heft dat se to ime heft ghebracht oder dat se to samene hebbet ghekreghen, dat mach se wol bekomeren dat se ere nottorft af hebbe na redeliken dinghen, efte se vor deme rade dat witlik do unde vor gherichte dat an den hilleghen irwere dat se des vor lives not nicht unberen ne möghe. Undveret en man sineme wive unde ne let he ere ire nottorft nicht, nemet de vrowe danne des mannes scult wat up dor ire nottorft, des is man van deme manne ledich, wen man unde wif nen ghetweyet gut ne hebbet.

Ghift en man sinem wive ervegut, dat bekomeret he wol oder vorkoft dat dor sine nottorft, of he dat irwere mit sinem ede dat it ime lives not do. Mach men aver im bewisen dat he sine not-

5. gut] ervegut A[a]BCDEF. 9. 10. de vrowe umbeerft] de vrowe ok umbeerft C. 25. erre bort] eyn frucht C. 26. men f. BDF. 27. ervegut f. BD.

torft hebben möghe, so ne mach he des nicht don. Dat selve det de vrowe, of ire ere man ere nottorft nicht ne ghift.

Hevet en gut dar en ander liftucht ane hevet, des dat gut is, de erft dat uppe sinen erven. Iene behalt aver sine lifftuch an dem gude.

Wert en pape ghedelet van sinem erve mit ervegude, dat ne mach he nicht laten noch bekomeren denne to sineme live ane erven lof sunder lives not.

Of en emme papen oder emme beghevenen minschen oder emme gaste ghelt an ervegude vorkoft, wanne de sterve de liftucht dar an heft, dat it weder up dene valle des dat ervegut is oder uppe sinen erven, dat mach unser stat voghet in sinen breven bescriven. Aver to eghenende oder mit ienighen sodanen dinghen to bekomerende, dar deme rade unde der stat ere recht mede ghebroken mochte werden, des ne scal he nicht bescriven. Dede he aver dat dar en boven, so ne hedde dat nene macht dat he dar an dede.

Nemme gast noch nemme papen scal men ervegut noch tins an ervegude eghenen dat in user stat ghērichte lit sunder des rades orlof: men mach it aver en wol setten weder to lösene oder liftucht dar an vorköpen.

De rat ne scal sine opene breve uppe ervegut dat binnen der stat gherichte lit nicht gheven, de sake ne trede se selven an: de voghet mach aver dat wol don. Dar scrive men de scultechten unde de tüghe in, de dar over ghewesen hebbet.

Iowelk inkomen man untfeyt erve in der stat to Goslere na der stat rechte, unde nicht na sineme rechte, van welkeme lande he ok gheboren is.

Wat an ervegut trid dat men van bort weghene oder mit gherichte nicht untrichten ne kan, des scal men gan uppe de kunscap. Tweyet de kunscap an der sake, der men uppe se gheyt, wat de merer del der kunscap sprikt, des scal men volghen. Se scolen aver ere ede dar to don dat dat also si, of men dat eschet.

Wanne men wes up de kunscap gheyt, so scal men nemen de neybere boven unde beneden unde ok andere gude lüde, dar men sik des vormodet dat in de sake witlik si. Dat het de kunscap.

Of men tweyet umme ene müren oder um ene want de twischen twen husen lit, under wes dake de müre oder de want lit, des is se. Leghe se ok buten dake unde hedde se en klene dak, dat nicht bredere ne were denne dat de müre mede bedecket were, in wes weren de ovese valt, des is de müre. Ne were se ok mit nemme dake bedecket, weme se de kuntscap to delede, dat scolde also bliven. Ne were der kunscap dar af nicht witlik, so scolde men se en beyden to delen unde scolden ere beyde bruken.

3 — 32. O. I. 48 = B. I. 41.

11. up dene valle] up dene papen valle B. **13. 14.** to bekomerende] mede to bekennende B. **20.** dar an vorköpen] dar ane to vorköpende B. **23.** scultechten] sakwolden B. **25.** Goslere] N. E. **27.** gheboren] ghekomen BD. **28.** ervegut trid] erve tüt B. **31.** merer] meyste CF. volghen] volghen laten B. **38.** dake] dakes C. **39.** müre] müre efte want B. **40.** ovese] ösze C.

Neman ne mot sine ovesen uppe des anderen were bringhen dar se vore nicht up ghegan heft, noch bredere noch lenghere maken denne se vore ghewesen heft.

Wes bomtelghe up des anderen eghen gat eme to scaden, de scal ime umbeden, des se sint, mit gherichte, dat he se af houwe: ne det he des nicht, so mach he se selven af houwen, alse verne alse se up dat sin gat.

Iowelk hemlicheytgangh scal dre vute verne wesen van des anderen eghene. Heft he aver van oldinghes dar nar ghewesen, so mach he also bliven.

We senne hof unde sine were nicht bewarcht alse he̅ to rechte scal, scüt eme scade van perden oder van swinen oder van ve, dene ne darf men nicht irleghen, it ne were buten der stat garden oder korn oder hechgras oder an graven.

LIBER SECUNDUS.

Van vredebrake, van husvrede, van overhöre, van vestinghe.

Van vredebrake.

Wert en vor gherichte beklaghet umme ene campördighe wunden, dat scal men bewisen alse recht is dat se campördich si: so mot he sic der untsculdighen silve sevede guder lüde, vulkomen an ireme rechte: de wile aver dat nicht bewist ne is dat se campördich si, so mach he sic des untsculdighen mit sines enes hant. Were he aver in hanthaftigher dat upgheholden, so ne mach he sic also nicht untsculdighen.

Welk wunde nagheles dep is unde ledes lang, de is kampördich. We tüghen wel dat de wunde kampördich si, de scal den artzet bringhen vor gherichte: dar scal de sweren uppen hilleghen dat de wunde negheles dep si unde ledes lang, so is he des vulkomen: dat scal de artzet don de de wunden hebbe gebunden. Swore de artzet oder spreke he bi sinem ede vor gherichte, alse he des dar van gherichtes weghene ghevraghet wörde, dat de wunde nicht

22. Ꝺ. IV. 5, 1 = 𝔚. III. 4 pr.

5. umbeden] enbeden CDF, untbeden B. 8. 9. wesen bis eghene f. D. 10. he also] se vort so C. 11. bewarcht] bewaret B. 14. hechgras] hegegras B. 15. beklaghet] geladet B. campördighe] kampwerdighe B. 17. vulkomen] vullenkomener lüde D. 23. artzet] arst C, arsten D. 26. 27. de artzet] it de artzet vor gerichte B. 27. sinem ede vor gherichte] sinen waren worden B. 28. dat de] unde de B.

kampwördich ne were, unde möchte men dat mit der wunden bewisen dat se kampördich were, dat moste men liden: so were de artzet menedich unde rechtlos, unde de kleghere vulvöre doch mit siner klaghe, wanne he dat bewist hedde dat se kampfwerdich were. Of de artzet nicht sweren ne welde dat de wunde kampwerdich were, oder men des artzedes nicht hebben ne möchte, so bewise men dat mit der wunden dat se kampördich si: de wile dat nicht bewist ne wert dat se kampördich si, so untsculdeghet he sek wol mit sines enes hant.

War en vorwundet wirt, also manich wunde kampördich is, also manich man mot sic selve sevede untsculdighen; de anderen mit ires enes hant.

Umme ene wunden beklaghet men enne man; mer lüde mach men sculdighen umme den rat.

Wörde en vor gherichte gheladet umme ene kampwördighe wunden, unde queme he vor gherichte unde he nicht ne wiste dat de wunde kampördich were, wanne eme dat bewist wörde dat se kampwördich were, ne hedde he der nicht bi sich mit den he sich untsculdeghen möchte, so scolde he dat don over de dweren nacht to dingtid: he scolde aver dat deme kleghere unde dem richtere also vorwissenen dat en ghenöghede: ne dede he des nicht, so scolde men ene in der hachte beholden: ne untseghede he sich des over de dweren nacht vor middeme daghe nicht, so were he des vorwunnen, men ne hedde eme denne rechtes gheweygheret. Wörde he aver mit hanthaftigher dat upgheholden, so ne möchte he sich also nicht untschuldighen, noch umme den dotslach. Sculdighede men enne vor gherichte umme enne dotslach, welde he sich des untsculdighen unde ne hedde he der bi sich nicht dar he sich des mede untsculdighen möchte, des ne möchte he sich na nicht irhalen.

We erst klaghet, deme scal men erst richten.

Wur lüde an beyden siden vorwundet sin, de de vorklaghe heft to dem voghede oder in des voghedes huse, de scal se beholden. We de vorklaghe heft van rechte, weygheret ime de voghet des bi to stande, dat mot de voghet beholden mit sinem ede, of men dat van ime eschet. Men mach deme voghede in kerken oder in kerchoven oder wur he is wol vredebrake klaghen, dar men de ersten klaghe mede krighe.

Klaghet en umme wunden oder umme dotslach van enes anderen weghene, de mot dar vore ware don vor alle de de sich mit rechte to der klaghe to voremundene ten möghet, of men dat eschet.

Umme enne dotslach mach sich iowelik man ut ten selve sevede.

10—26. War en vorwundet wirt bis noch umme den dotslach D. IV. 5, 8. 9. 15 = B. III. 4, 7. 8. 13. 31—40. D. IV. 5, 16—19 = B. III. 4, 14—17.

1. möchte men dat] möchte he dat B. 3. menedich] menet B. 10. wunde kampördich is] wunde alse der kampwerdich is B. 17. bewist] bewust C. 21. vorwissenen] bewissenen B. 22. hachte] hafte C, hechte D. 37. krighe] vorbringe B, erkrige C, bringhe D. 38. enes] des B. 39. ware] eine wären C. 39. 40. mit rechte f. B. 40. of men dat eschet f. C.

Sleyt en enne dot in notwere de ine anverdighet hevet, ne darn he nicht bi eme bliven, he sende to deme voghede er wen dat overnechtich werde, unde bidde den voghet dat he ine veleghe vor unrechter ghewalt, he wille sine klaghe vulvörderen. Weygherde ime des de voghet, he söke dat an deme rade.

Wert en dot gheslaghen de en wif hevet unde nene kindere, unde wel men den man beteren mit ghelde, dat ghelt nimt sin wif. Nimt en vrowe ene beteringhe umme ires mannes dotslach, unde dreghet se en kint, dat scal de sone holden.

Wert en dot gheslaghen oder so sere vorwundet dat he vor gherichte nicht komen ne mach sin recht to vorderende, so mach it don en sin neyste swertmach oder sin echte wif, of he de hedde: ne hedde he der nen, so möchte dat don siner anderen maghe en.

Sterft en an deme en vredebrake is gheschen, oder of he dot gheslaghen wert, sinem neysten erven scal men dat beteren: is erer mer de ime like sibbe sin, de nemet de sone ghelike.

Wörde en dot gheslaghen oder so sere ghewunt dat he vor gherichte nicht komen ne möchte sine not to vulvörderende, de ok nene maghe ne hedde, so möchte dat don sin hofherre oder sin wert dar he inne wonede. Worde ok de vredebrekere dar umme vorvestet, de veste scolde bliven iar unde dach, of de man dot were, of siner maghe ienich queme dar binnen de sich der klaghe underwunde. Na iare unde daghe mach de voghet mit des rades vulbort van des mannes sone nemen wat dar van valt: dat scal he aver iar unde dach holden. Ne kumt dar binnen neman van sinen maghen de sich dar to te, so mach it de voghet in sine nüth keren; it ne were dat men wiste van welker ieghende de man hedde ghewesen: dar scolde men senden unde bi siner maghe rade dar bi don dat recht is.

Heft en en echte wif unde heft he vore echte kindere, unde wert de dot gheslaghen, de vörderen kindere nemet doch de sune half, se sin afghedelet oder nicht, unde de latere vrowe half: hedde se ok echte kindere bi eme, se ne nemet doch nicht denne de sune half.

Wörde en dot gheslaghen vor sinem hus dar he inne wonede, dat he up der straten dot bleve, welde men de vredebrekere sculdighen dat se husvrede an in ghebroken hedden, also dat se ene ut deme hus gethoghen hedden, des möghet se sek untsculdighen up den hilleghen, manlik mit sines enes hant, unde men scolde in dat gherichte lecken dar se komen möchten dat se sik des untscüldegheden. Wörde he aver irslaghen dat he in sineme hus dot bleve unde ghewunt, dar he inne wonede, unde worden se denne umme

1—5. D. IV. 6, 2 = B. III. 5, 1. 10—20. D. IV. 6, 3—5 = B. III. 5, 2. 3.

1. enne] den anderen B. anwerdighet ADE. 7. nimt yo dat wif C. 11. vorderende] werende CF. 24. des mannes BD, des manne corr. A, deme manne A[a] CEF. 33.34. se ne nemet bis half] so nemet se doch de sone half B. 35. vor sinem hus] vor sinem egenen hus B. 37. an in] an eme BCDF. 39. vor manlik, of ir mer wen en is B.

husvrede ghescüldighet, des mösten se sik untsculdeghen mallik selve sevede unbesprokener lüde up den hilleghen. Wörde aver ir ienich in hanthaftigher dat upgheholden, de ne möchte sich des nicht untsculdighen.

Det en ene vredebrake an wunden oder an anderen dinghen, wert de upgheholden in hanthaftigher dat, dat trid ime an den hals, unde ne mach des nicht unschuldich werden, of men de vredebrake bewisen oder betüghen mach also recht is.

Wur en vredebrake ghescüt oder düve oder rof, wert en dar upgheholden oder in der vlucht, dat het hanthaftich dat.

Wert en begrepen mit hanthaftigher dat, der ne mach he nicht unsculdich werden, of men dat bewisen mach, unde de vredebrake.

Det en börghere ene vredebrake unde vlüt in en hus dar he nicht inne ne wonet, besit ine de kleghere unde sine vrunt dar inne unde de voghet dre daghe unde dre nacht, dar na möghen se ene ut deme hus nemen unde mit ime don dat recht si: kumt he dar binnen in en ander hus, dat hevet dat selve recht. Weygherde ime de voghet des rechtes bi to stande, dat scolde he bringhen an den rat, de scal ime denne helpen to sineme rechte.

Deyt en ene vredebrake an emme unsem börghere oder an sinem ghesinde, dar he umme vervestet wert in unsem gherichte, deme ne mach men nen hus noch boden inne to wonende vormeden in deme selven gherichte dar he inne vorvestet is, seder der tid dat he den bröke dede, he ne wille antworden vor de veste.

Welk gast vredebrake deyt an unsen borghere oder borgheresehen oder borgheres ghesinde, de ne hevet nenne vrede in huse in hove in kerken noch in kerchoven. We enne bröke deyt up den anderen, de ne hevet nenne vrede in huse in hove in kerken noch in kerkhoven.

We en swert tüt up enes anderen scaden, dat swert scal he deme voghede antwarden unde dar to deme voghede sestich schillinghe wedden. Tüt en en meszet up enes anderen mannes scaden, dat meszet is des voghedes, unde nicht de schede of se mit sulvere beslaghen is: ok mot he deme voghede dar to wedden.

Anverdighet ok en den anderen unde in der notwere ienen vorwundet unde doch upgheholden wert, unde de de dar bi hebbet ghewesen, dat he ene rechte notwere hebbe ghedan, willen tüghen, wanne se dat hebbet getüghet, so is he des ledich unde los,

30—34. D. IV. 35 = B. IV. 6. 35 — pag. 35, 11. D. IV. 18 = B. III. 16.

8. bewisen] bewiset BD. 9. düve] duvereye C. 9. 10. dar upgheholden] dar umme gcholden B. 10. vlucht] vlucht begrepen B. 11. he nicht] he io nicht C. 12. of men dat] of men de dat B. 16. 17. kumt he dar] kumt he aver dar B. 19. scal] scolde B. sineme f. B. 22. iane] ime A. 26. hinter vrede fügt D nergen hinzu. 30. 31. scal he deme] scal men deme B. 31. antwarden] antwordech D. 32. wedden] geven unde wedden D. Tüt bis scaden] Tüt en en messer ut uppe enes anderen mannes D. 33. meszet] mest C, metzet BF, messer DE. 35. 36. notwere ienen vorwundet] notwere ene B. 37. ghewesen] ghewesen unde geseyn C.

unde so mot men ime antwarden umme dat unrecht dat an ime gheschen is.

Wert en gheaneverdighet mit vredebrake unde röpt he dat ghcröchte unde wundet he ienen in der notwere unde kricht iene de vorklaghe, kumt he vore unde mach he dat irtüghen mit twen mannen de vullenkomen sin an erme rechte, de de aneverdeghinghe ghesen hebbet unde dat gheröchte ghehört, so mot men eme erst antwarden. Anverdighet ok en den anderen unde dot ime so we dat he nicht ropen ne mach, ne mach he ok dar nicht bi bliven dat he sine not kündeghe, willet de de dar bi hebbet ghewesen de anverdinghe tüghen, des mot men ene staden.

We enne anverdighet den de rat hevet gheveleghet mit vredebrake, de ne hevet nenne vrede in huse in hove in kerken noch in kerkhove.

We des rades vorwort brikt sunder vredebrake, de scal deme rade buten.

Ene anverdighinghe tüghet men mit bederven unbesprokenen mannen twen de de anverdeghinghe hebbet ghesen unde dat röchte hebbet ghehört. Were en anverdighet mit vredebrake in emme gherichte, mit den dar he de anverdeghinghe in deme gherichte mede irtüghen mach, mit den selven irtüghet he wol de in den anderen gherichten unser stad unde up dem hove unde up der Reperestraten.

We ene sune oder ene orveyde irtüghen wel, de scal hebben enne richtere unde twene borghere oder ses man de ires rechtes unvorleghet sin.

Wert en upgheholden unde in de hachte gebracht, we deme ut der hachte hilpt mit rade oder dat, weder der kleghere willen unde des richteres, dat is en vredebrake.

Worde en gheaneverdighet mit vredebrake unde he dat gheröchte selve nicht ne repe, unde en bi eme were oder en sin vrunt de dar to lepe unde dat gheröchte repe, de aneverdeghinghe möchte men wol tüghen, efte men dar twene bederve man to tüghe to hedde, de de anverdinghe hedden ghesen unde de vredebrake, unde dat röchte ghehört.

Is emme gaste vrede ghegheven, unde anverdighet de enne unsen börghere oder borgheres ghesinde mit vredebrake, unde ropt de dat gheröchte, an deme de vredebrake ghescüt, unde irweret sic der vredebrake, de ne det nenne bröke, efte men dat betüghe alse recht is, dat de gast ine erst mit vredebrake anverdighede.

12—16. O. IV. 19, 1. 2 = B. III. 17 pr. und 1. 27—29. O. IV. 19, 3 = B. III. 17, 2. 36—40. O. IV. 19, 4 = B. III. 17, 3.

1. unde so mot bis unrecht] so mot men den anderen umme dat unrecht schuldegen B. 4. kricht] begript B. 5. 6. twen mannen] twen bederven mannen B. 8. unde dot ime so we] umme dat ime so we dot E. 14. kerkhove] kerkhöffen C. 18. anverdeghinghe] anverdinge BCDEF. 27. hachte] hechte BD. 31. repe] reipe C. 32. lepe] leype C. 34. de anverdinghe] sölke anverdinghe C. 36. ghegheven] gelovet B. 38. vredebrake ghescüt] vrede gebroken wert B. 39. sic der vredebrake] sic mid der vredebrake D. efte men dat betüghe] deste men dat betügen D.

Wert en man ghescüldighet umme düve, he vorlüset den hals unde nicht sin gut. Wert he vore vluchticht unde büt sin antwarde to hant, dat scal men nemen: ne deyt he des nicht, so scal men ine vorvesten.

Wes men enne sculdighet, des mach he sic untsculdighen mit sines enes hant, men ne moghes ene overwinnen mit gherichte unde mit twen bederven mannen; sunder sune unde orveyde: de tüghet men selve sevede ane gherichte.

Men ne mach nenne man de börghere is to Goslere in der selven stad gherichte anspreken noch scüldighen noch utwinnen mit nenerleye scult des men ine mit gherichte oder mit deme rade nicht overwinnen ne mach, he untscüldighe sic des wol mit sineme rechte, dat nen hanthaftig dat ne is: utlüden det men aver dat wol mit des rades vulbort.

We enne misdedighen man utwinnen wel, de scal ine ghebunden mit ghescreye vor gherichte bringhen unde ine umme de scult beklaghen unde bidden der sattinghe. Wanne he ghesat is, so swere de sakwolde uppen hilleghen uppe des beklagheden mannes hövede, unde spreke dat de man osten westen suden unde norden der hoghen veme vorscult hebbe, also alse he to rechte sin lif vorwarcht hebbe: dar na sweren ses man, dre vore unde dre na, de vullenkomen sin an ireme rechte, dat de ed reyne si unde unmenedich, dat in god also helpe unde de hilleghen: dar na vraghe men wudane wis men over ene richten scole: so vinde men na den scülden, alse he beklaghet is.

Wert en begrepen bi slapender det, den scal men vor gherichte bringhen: wurvore men ene schüldighet, dar vore scal he antwarden.

Ok ne scal de voghet nemanne ledich laten de umme düve upgheholden is, ane des rades orlof, of it ime vorboden is.

Holt en enne up umme düve, dene mot he wol ledich laten de wile he ghespannen oder ghebunden oder bewarcht nicht ne is; is he aver bespannen oder ghebunden oder bewarcht, so ne mot hes nicht don. Deyt he dat dar en boven, so mot he deme voghede dar umme wedden.

Holt en man enne misdadighen man up in sineme huse, de scal it deme voghede kündighen so he erst mach: lete he dat benachten, dar mot he deme voghede umme wedden.

We enne uphalt, dene ne scal he nicht spannen sunder des voghedes orlof, sunder overhöreghe lüde: he scal it aver deme voghede witlik don so he erst mach.

26—28. D. IV. 9, 8 = B. III. 8, 7. 31—38. D. IV. 9, 6. 7 = B. III. 8, 5. 6.

2. unde büt] unde gebüd C. 13. dat] so verne alse dat C. 17. sattinghe] sattunge B, sattinghe in de bachte C. 20. hoghen] hogesten B. 22. ed f. D. 22. 23. unmenedich] ummeyne B. 24. 25. na den scülden] dar na B. 26. det] deyt BF, deith C, tyd DE. 27. scal] mot B. 30. upgheholden] begrepen F. 38. voghede] richtere CF. 41. witlik don] kunt don E.

We des nachtes bearbeydet holt oder gras nimt, dat is düve: nimt he dat des daghes, so is dat en rof.

We emme ene bordene holtes oder stöcke ut sinem holte untdreghet, dene mach he panden vor ses penninghe: heft he aver mer scaden ghedan, dar mot he umme antwarden. Mach men aver eme bewisen dat de scade grotere si, so ne mach he dar vore nicht sweren: mer also grot alse he dene bewisen mach mot he dene irlechghen. Is it aver belovet holt oder bearbeydet holt, nimt he dat des nachtes, so is it en düve: nimt he dat des daghes, so is it en rof.

We stelet dat vif schillinghe wert is, de vorscult des galghen: is des min, so scal men ine durch de tenen bernen unde to ter stupe slan; it ne si dat he vore ok besproken si: so scal men richten mit der weden.

Wert en büdelsnidere begrepen mit minnerer dat denne vif schillinghe wert, de enes dumen oder der oren nicht ne hevet oder dor de tene ghebrant is oder sodane tekene de misdadighe lüde pleghet to hebbende an sich hevet, oder dat man van ime bi warheyt wiste dat he misdedich were oder hedde ghewesen, dene scal men henghen.

Under weme unrecht mate oder unrecht wichte ghevunden wert, dat steyt an deme rade wu he dat keren wille.

Under welkeme manne de börghere is to Goslere valsche penninghe ghevunden werdet, de se ime ghegheven heft dene scal he bewisen, of he mach, unde mit den selven penninghen to deme gan de se ime ghegheven hevet: ne mach he des nicht don, so scal he sweren dat he an den penninghen nicht valsches ne wiste to nemende unde to ghevende: so scal men se tosniden unde ime wedergheven. Dat ne scal nicht dikkere gheschen an emme man denne to dren malen; scüt it ime to deme verden male, so is he des valsches overwunnen unde men scal over ene richten also over enne velschere.

Werdet under deme müntere valsche penninghe ghevunden dar he se ut ghift, ne mach he dene nicht hebben de se ime ghegheven heft, so scal men umme dat valsch over ine richten, unde hevet sine hant vorlorn, he ne moghe an deme gherichte gnade vinden dat he se löse. De gnade ne scal ime nicht dickere gheschen denne enes. Disse vare ne dreghet neman sunder de müntere de van sulvere penninghe maken kan.

Werdet under emme gaste de vulkomen is an sineme rechte en schilling vunden valscher penninghe, de penninghe heft he vor-

1—10. D. IV. 9, 11. 12 = B. III. 8, 11. 12. 11—14. D. IV. 9, 2 = B. III. 8, 1. 15—20. D. IV. 9, 9 = B. III. 8, 8. 23—32. D. IV. 17, 9 = B. III. 15, 8. 40 — pag. 38, 2. Werdet bis bringhen möghe D. IV, 17, 8 = B. III. 15, 7.

7. also grot] also gut D. 11. vorscult] schult B. 17. tekene] teyke C. 21. ghewunden A, ghewnden BF, ghevunden D, ghefunden E. 22. he dat] he deme dat C. keren wille] betteren schulle D. 30. denne to dren malen] wenne dries B, wan dries D. scüt] schege C. 31. valsches] valschen E. 36. gherichte] richtere D.

lorn unde nicht mer. Is irer aver mer, it gheyt ime an de hant; he ne hebbe irer weren de he vore bringhen möghe, oder he ne vinde gnade an dem richte. Werdet under emme gaste, de sin recht vorlorn heft mit düve oder mit anderen dinghen, verdehalf valsch penning vunden, he vorlüst de hant, he ne hebbe irer weren den he vore bringhe.

Löst de velschere de hant, he is doch rechtlos unde erelos, van tüghe vorleghet.

Nu vornemet wu men iowelk ungherichte richten scal. Den def scal men henghen, dar de düve vif schillinghe wert is. Is dar aver min, so gheyt it to hut unde to hare; it ne si dat he anröchtich si oder dat he teken an sik hebbe dat misdadighe lüde pleghet to hebbene: so scal men ine henghen. Unde we penninghe verleset unde de swaren ut den lichten tüt, dat is en düve. Alle mördere unde de kerken unde kerkhof rovet oder bernet oder mortbernere, oder de se vörderet to der dat, de scal men radebraken. De enne dödet, oder wundet, oder vet, oder rovet, oder bernet sunder mortbrant, oder wif oder maghet nottoghet, oder we den vrede brikt, deme scal man dat hövet afslan. Dene vorradere unde dene velschere scal men in kopen bernen. Welk kersten minsche unghelovich were, oder mit tovere oder mit vorghiftnisse umme ghinghe, des he overwunnen wörde, den scolde men up ener hort bernen. Welk wif oder maghet mit düve oder mit vredebrake ire lif vorwarcht, de scal men levendich begraven. We ok disser enen to dissen dinghen vörderet mit rade oder mit hülpe, kumt men des boven ine, dat selve recht scolde over ine gan dat over dene gan scolde de den bröke dede. De ok sek selve dödet, dene ne scal men to der rechten döre nicht utbringhen, mer under dem sülle scal men ine utbringhen oder ut deme venstere unde up dem velde ine bernen: dat scal de voghet don laten.

Dödede sek en van süke weghene, dar ne hevet dat gherichte nen recht an, mer des doden recht is an allen dinghen alse enes anderen doden.

Neman mach vorwerken enes anderen gut.

Wert emme unsem börghere wat vorstolen, dat mot he wol

3—6. Werdet bis bringhe D. IV. 17, 7 = B. III. 15, 6. 7. 8. D. IV. 17, 10 = B. III. 15, 9. 13. 14. Unde we bis düve D. IV. 17, 13 = B. III. 15, 12. 14—16. Alle bis radebraken D. IV. 13, 1 = B. III. 12 pr. 18. 19. wif bis afslan D. IV. 10, 5 = B. III. 9, 4. 20—23. Welk bis bernen D. IV. 14, 1 = B. III. 13 pr. 23. 24. Welk wif bis begraven D. IV. 14, 4 = B. III, 13, 3. 31—33. D. IV. 14, 3 und I. 40, 3 = B. III. 13, 2 und I. 33, 2. 35 — pag. 39, 10. D. IV. 9, 13. 14 = B. III. 8, 13. 14.

3. richte] richtere D. 6. den he vore bringhe] to bringende C. 7. Löst] behölt D. 8. van tüghe] unde ok van tüghe C. vorleghet] vorlecht C, irleget D. 10. def] deyff C. 11. hut] hude DE. 11. 12. anröchtich] anvechtich D. 15. 16. oder mortbernere] eder mordere eder mortbernere D. 17. wundet] vorwundet B; f. D. vet] vanget CF, fleit E. 19. vorradere] vorredere CDE. 20. kersten] cristine C. 21. unghelovich] unlövich C. tovere] toverie D; f. F. 22. ghinge] geyt D. overwunnen] overvündich C. 28. 29. sülle scal] sülle dorch scal C. 29. vestere A. 31. van süke] van süke edte van krankheit C. 32. mer] wente C.

weder nemen de wile dat he deme voghede nicht beklaghet ne heft. Heft he dat beklaghet, he mot dat doch wol wedernemen, efte he sine klaghe vulvöre, of dat de voghet eschet. Ok ne wert deme voghede de dridde del nicht.

Wert en gut vorstolen unde wert dat up enes waghen ghelegghet, kumt men de wile dar up, in des hode de waghen is de mot darvore antwarden, of he des nenne afnemere ne heft: den waghen unde de perde ne mach men dar nicht vore bekomeren, wente se den scaden nicht ghedan ne hebbet. Weren aver de perde des selven mannes unde de waghen dar de düve uppe ghevunden were, unde he vluchtich worde, so möchte men de perde unde den wagen wol upholden, uppe dat men ine mede to antwarde bringhe, de vor vlüchtich is worden. Ne mach men aver ene nicht to antwarde bringhen, so scal men ene vorvesten, perde unde waghen scal men los laten, unde iene des dat gut is scal sek dar to ten, also recht is.

Were en gheveliget unde det in der selven velicheyt ene vredebrake oder düve oder rof, unde wert de upgheholden mit handhaftigher dat unde over ine gherichtet wert alse recht is, dar ne det men nen unrecht an, efte men dat bewise alse recht is, of men dat eschet mit rechte.

Klaghet men deme voghede umme düve oder umme rof de gheschen is, wert der ienich upghehalden de mit der scult besproken oder vordacht is, dene ne scal de voghet nicht ledich laten an des willen unde witscap an deme de scade gheschen were.

Wert gut vorstolen, welkeme iuden men dat weten let unde eme de düve benömt wert unde dar umme ghebeden wert, de ne scal dar nicht mer up don denne dat verde del dat dat gut ghelden möchte, of men dat vorköpen sculde. Det he dar mer up, dat dar boven is dat heft he vorlorn, oder he mot sin recht dar to don dat he sine penninghe oder sin ghelt dar up hedde ghedan er it ime ghekündighet worde, oder dat eme dar af nicht to wetene ne were dan, dat he dar so sculde bi varen.

Wert en gut vorstolen, it si welkerleye dat si, vraghet men dar umme dar men sich des vormodet, it si en kersten oder en iode, vorseket he des, so is he sculdich an der düve of men des boven ine kumt. Wert it ime seder dat he dar umme ghevraghet is, dat scal he openbaren deme de ine dar umme vraghede: ne mach he des nicht hebben oder ne wet he nicht we de is, so kündighe he dat deme voghede unde deme rade. Ne deyt he des

22—25. D. IV. 9, 15 = B. III. 8, 15. 34 — pag. 40, 5. D. IV. 9, 16 = B. III. 8, 16.

1. beklaghet] gheclaget B. 2. efte A, deste BD, effte E, eft F: und so öfter. 5. wert] wörde C. 13. mach] mochte C. 16. alse recht is] met rechte C. 18. 19. mit handhaftigher dat] in handhaftigher dat B. 19. dat] daat C. nach alse recht is fügt hinzu icht me dat eschet C. 21. dat] datte C. 23 24. besproken oder vordacht] begrepen eder bedacht B. 25. an des willen] ane des willen D. gheschen were] gheschen is BD. 32. wetene] wettende CDE. 32. 33. dat eme dar nicht af were to wetene worden B. 35. kersten] kristen F. 36. vorseket] vorsaket BCDE.

nicht, so is he aver sculdich an der düve, of men des boven ine kumt, dat he it in sinen weren hebbe. Sprikt he aver it si ime unwitlich, he wille alle sine slot öpenen unde staden to sökende, vint men dat wol, dat ne scadet ime to sinen eren nicht noch to sineme rechte nicht.

Scal sic ok en iude vredebrake untsculdighen oder gut behol- den dat he gheanevanghet heft, dat mach he don mit anderen iuden echt geboren unde de unbesculden sin an irme rechte.

Brickt en den vrede in der kerken mit düve oder mit vredebrake oder up deme kerkhove, of men dene dar upholt unde in de hachte bringkt oder over ene richtet, dar ne deyt men nenne bröke an.

Wert en man ghescüldighet dat he den tollen vreveliken to unrechte beholden hebbe, des scal men sich untscüldighen uppe den hilleghen. Bekant he aver des oder hold men ene up mit deme gude dat unvortollet is, so scal he deme voghede ine achtevolt ghelden unde ime vor iowelken lutteken penningh sestich schillinghe wedden lutteker penninghe.

We sin gud in de stad bringhet unde nicht ne koft noch vorkoft, de is tollen los: wat he aver koft oder vorkoft, dat mot he vortollen.

Nen borghere van Goslere ne ghift tollen to Goslere, sunder van unghewarchteme koppere.

Scüt an emme en vredebrake, al ne weren dat nene wunden, unde blift de klaghe overnechticht, de voghet scal den vredebreker vor sich laten laden: ne mach men sin nicht hebben, so scal men eme dat kündighen to huse unde to hove, oder in de herberghe, of he en gast is: ne kumt he nicht vore to rechtem antwarde, so scal men ine vorvesten.

Wert en vrede ghebroken an wunden unde ane dotslach, dar en heft vor ghelovet, dem borgen ne mach men dar umme an den hals nicht spreken, of he rades unde dat unsculdich were. Den scaden aver dar de vrede an ghebroken is, dene mot de borghe irleghen na minnen oder na rechte. Wert en vrede ghebroken dar en vore lovet heft, de borghe ledighet sic mit des doden wergheldе oder des vorwundeden mannes, of he rades unde dat unsculdich si. Is he aver rades oder dat sculdich, so trid it ime an den hals.

Sterft en dene men vore bringhen scal, bringhet men dene dot vore, men is des ledich unde los.

Deyt en waghen scaden oder tret he en quek, men mach den waghen wol upholden ane gherichte uppe der vart.

Deyt ok en scaden an gude an sinen dank, den scal he irleghen na minnen oder na sineme werde ane bute unde ane wedde.

40. 41. f. unten L. 516, 64.

1. boven] over CF. 4. vint men dat wol] wywol me denne dat vinde C. to sinen eren nicht noch f. B. 12. an] ane in den stedden C. 22. Goslere] N. E. 24. al ne weren dat] wywol dat weren C. 28. kumt] keyme C. 29. men ine] men io ine C. 36. dat] dades D. 37. trid] tred E. 40. tret] trid D. 42. Deyt ok en scaden] Deyt en wagen schaden D. 42. 43. he irleghen] he io irleghen C. 43. na sineme werde] na rechte B. ane bute f. B.

Of en kint lepe under enne waghen oder under en pert oder van anderem unghelücke scüde dat en scaden dede an sinen dank, dar en dot bleve oder ghewundet wörde, de moste selve sevede vulkomener lüde dat an den hilleghen irweren, dat it an sinen dank gheschen were. So ne tredet ime an dat lif nicht: mer mit ienes wergheelde scolde he dat irleghen.

Roft oder sleyt en den bodel dar umme dat he ene vore büt, he scal deme bodele buten unde deme rade scal he gheven vif mark. Stikt he ene oder houwet he ene dorch dat he ene vore büt, he scal denne gheven teyn mark.

Wur en tweyginghe ghescüt sunder wunden unde wartscare unde blotrone, wert der en oder mer dar umme upgheholden umme de vredebrake in hanthaftiger dat, unde wel he sic des untscüldighen, dat mach he don. Is aver dar dat gheröchte gheropen unde willet de de dar bi ghewesen hebbet irtüghen dat se dat gheröchte ghehört hebben unde vredebrake ghesen van eme, so ne mach he sich des also nicht untsculdighen of he in der hanthaftigen dat upgheholden wert: kumt he aver enwech unde in der dat oder in der vlucht upgheholden wert, so ne mach he sich des nicht also untsculdighen.

Wert en tweyunghe under lüden unde holt erer en de anderen up unde brinkt he ene to des voghedes hus unde klaghet over ene ene vredebrake, untghet he eme des mit siner untscult, so scal he deme voghede dar umme wedden unde deme kleghere sine bute umme gheven. Hedde he aver ene ghewundet oder gheslagen oder anderen broke an eme ghedan, dar moste he umme antwarden.

Scüde emme scade up der alreden vor des keyseres hus, alse se begoten were an spotte oder an spele alse men dar ploghet, dar ne gheyt nen gherichte over, of sik de sakwolde vreveles unde vorsate untsculdighe alse recht is.

Wanne torney oder forest oder behort uppe dem markede oder anderes wur up dem velde is, dar men bi bunghet, welk kipere to vute oder to perde dar neder wert ghereden unde ime we ghedan wert, dar ne geyt nen ghericht over, of de dat deyt sich des untsculdighe dat it unvreveliken ane sinen dangk ghescüde.

Wanne torney oder forest oder behort up dem markede is, er de de dat spel öven willet mit der bunghen up den market komet, we enen dar neder rede de wile, unde eme we dede, dat moste

5. tredet ime an dat lif] trit it eme an den lif B. 7. Roft] Roift E. 8. buten] böyten C. 9. Stikt] Steket D. dorch] dot BD. 10. hinter teyn mark fügt hinzu deme rade C. 11. tweyginghe] tweyunge BCE. wartscare] wachschare C, watscare F. 12. blotrone] blot rynnen C. 15. ghewesen hebbet] ghewesen sint C. 17. he sich] he io sich C. 17—20. Of he bis untsculdighen f. B. 21. tweyunghe] twenighe D. 24. he deme] he yo deme C. 30. gheyt nen] gheyt yo nen C. 32. forest] forist B. 33. bunghet] bringet C. kipere] pipere D. 37. forest] forist B. er] eder B. 39. hinter rede fügt hinzu unde eme D. de wile f. B. 39 — pag. 42, 2. de wile bis de enen f. D. 39. hinter eme we dede fügt hinzu de wile de bungen uppe den market nicht komen were B.

he irleghen na minnen oder na rechte. Dat selve möste de don de enen dar neder rede unde eme we dede, wanne se mit der bunghen van dem markede ghereden weren.

We en kint sleyt beneden sinen iaren, of he dat nicht blotronich ne make noch ime to der sunt ne scade, de blift is ane scaden, efte he sin recht dar to do, dat he dat umme nicht ne dede denne dor des kindes missedat.

Kindere binnen iren iaren noch doren noch sinnelose lüde de ne möghen ire lif nicht vorwerken: dot se aver scaden, dar mot ire vormunde vore antwarden. Ne hevet aver de sinnelose nenne vormunden, so scal ine de voghet laten beholden dat he nenne scaden ne do, oder scal ene enwech senden.

En kint ne mach binnen sinen iaren sin lif nicht vorwerken. Deyt it scaden an dotslaghe oder an wunden, den beteret it na des doden oder na des vorwundeden mannes wereghelde: det it anderen scaden, dene beteret it na sineme werde. Wel it den scaden minneren mit sinem ede, den scal de vormunde vor dat kint don. Wat aver deme kinde böret to irleghende, dat scal sin vormunde don van des kindes gude.

Deyt en nottoch an wive oder an maghet, dat scal men beseryen in verscher dat, oder van der stad dar de not is gheschen mit gheröchte kündighen den de dar neyst sin, unde so vor dat gherichte in der hanthaftighen dat volghen. So ne mach men der dat nicht unsculdich werden, of de vredebreker in hanthaftigher dat begrepen wert: kumt he en wech, so mot he sic selve sevede untscüldighen. Ne kündeghet men de not nicht alse hir vore bescreven is, so untsculdighet he sich mit sines enes hant, of he vulkomen is an sineme rechte.

An siner amyen mach en nottoch began.

Umme nochtoch scal men over nemende richten, denne over de de in der dat sculdich sin oder de dar to ghehulpen hebbet an rade oder an vulleste. Nen buwe ne scal men ok dar umme upbreken noch upsliten.

Kumt en enes morghenes oder des avendes oder des nachtes in enes hus na emme wive oder na ener maghet, welde men dene upholden unde dene dar to dwinghen dat he sich de maghet oder dat wif gheven lete, des ne scal nicht sin: mer wat se dar na prime beyde mit gudem willen don welden, des mochte men ene staden. We dat breke, dat he enne dar to dwunghe, unde alle de dar to hulpen, de scolden dat beteren na des rades gnaden.

4—7. D. IV. 15, 3 = B. III. 14, 2. 8—12. D. IV. 14, 5 = B. III. 13, 4; f. unten L. 526, 247. 13—19. D. IV. 15, 1 = B. III. 14 pr. 20—28. D. IV. 10, 3 = B. III. 9, 2. 29. D. IV. 10, 2 = B. III. 9, 1. 30—32. bis vulleste D. IV. 10, 4 = B. III. 9, 3.

4.5. blotronich] blotrunstich C. 7. hinter denne fügt hinzu von nodt E. missedat] willen C. 22. so] se D. 23. volghen] komen B. 24. dat nicht] dat io nicht C. 31. de in der] deme dar D. 32. vulleste A Aa D E, wueste B, wuste C, wulste F. buwe] gebuwe C. 32.33. upbreken] to breken C. 37. hinter sin fügt hinzu oder de dar to ghehulpen hebben D. 38. prime] preme B

Wes ve oder perde scaden dot, halt he dat over nacht na deme dat de scade beklaghet is, he mot den scaden irleghen na minnen oder na rechte. Let he aver dat ut sinen weren unde vortyet des er dat it overnechtich werde, darmede ledeghet he sic: so mach is sich iene underwinden vor sinen scaden.

Wes ve oder perde oder swine en pandet in sineme korne oder hechgrase, dat hovet vor ses penninghe mach he besatten: hevet it aver mer scaden dan, dene irleghet men uppe recht oder men untseghet ine mit rechte.

Pandet en ve oder swine, den scal he pleghen irer nottorft an etende unde an drinkende unde an stallinghe: ne dede he des nicht, wat sich denne dat ergherde, den scaden möste he irleghen alse recht is. Wanne men ok dat löst, so scal man de kost ghelden de it heft vordan.

Welk ve vor den herde ghedreven wert, ne bringkt de herde dat nicht weder in de stat wanne he ander ve to hus drift, scüt eme scade dat it de wulve bitet oder verlorn wert oder eme ander scade scüt, dene scal de herde irlecghen. Scüt ime ok scade de wile it in siner hode is, dat it de wulve beten oder rövere nemet, dat scal he bescryen efte he unghevanghen blive. Ne det he des nicht, he mot it ghelden. Det ok en ve deme anderen scaden vor deme herde oder wert it ghebeten oder ghetret, de herde scal benömen dat ve dat den scaden dede unde scal sweren dar to: so scal de des dat ve is dat wundede ve holden wente it to velde gan möghe. Sterft it dar en binnen, he mot it ghelden na sinem werghelde. Sculdeghet men aver den herde dat he dat ve nicht to hus ghebracht hebbe, des mach he sich untscüldighen mit sinem ede. We aver to hant den herde sculdighet alse he sines ves vormisset, deme mot he sin ve ghelden, he ne bewise wur it bleven si, dar he nene scult an ne hebbe.

Sleyt en enne hunt dot oder hert oder enne ber oder beren dat ne darf he nicht irleghen, of he sin recht dar to do dat it ime not dede.

Wes ve oder perde scaden dut, de in des hode se sin, de scal dar vore antwarden: wörde de aver vor vluchtich dat men ene nicht to antwarde bringhen ne möchte, so mochte men de perde oder dat ve dar vore upholden ane ghérichte vor den scaden: queme aver dat ve oder de perde en wech unde de kleghere den scaden orkundeliken beklaghede uppe der were dar dat ve oder de

1—14. D. II. 8, 1—3 = W. II. 6 pr.—2. 1—5. s. unten L. 526, 258. 15—30. D. II. 7, 4—7 = W. II. 4, 3 und 4. 34 — pag. 44, 11. D. II. 8, 4 und 5 = W. II. 5, 3 und 4.

1. Wes] Welke D. 6. Wes] We BD. en f. BD. 7. besatten] beschatten CF, panden D. 10. hinter ve fügt hinzu oder perde BDF, swine f. B. 14. hinter heft vordan haben BD schon hier die Stelle pag. 46, 16—18, die sie dort dann wiederholen. 17—20. statt eme ander bis efte hat D ome schaden de wile it in siner hode is dat id de rovere nemen dat schal he bescryen deste. 17. ander f. B. 18. herde] hirde B. 21. ve f. D. 28. to hant] van stunt C. 31. ber] beyr C, boer F. 36. so mochte] so moste D, moghe E. 37. hinter scaden fügt hinzu orkundeliken beclagede D.

perde komen weren, helde men dat dar na over nacht, in des weren dat were, de möste den scaden irlegken na minnen oder na rechte. Welde men ok den scaden irlegken na minnen oder na rechte, dar mede ledeghet men de perde oder dat ve.

Wes perde scaden dut, worde de vor vluchtich in des hode de hedden ghewesen do se den scaden deden, unde de perde dar umme bekomeret worden, unde de des de perde weren dat moste untweren, wanne he dene hebben mach to rechtem antwarde in des hode de perde weren do se den scaden deden, de mot eme den scaden irlegken dar he de perde mede untworren heft, oder he mot sich des untsculdighen of he mach.

Wert en beklaghet vor gherichte umme vredebrake, det men ime de ware umme de klaghe, de scal men holden in allen steden. Hedde men ine vorklaghet vor anderen unser stat richteren er de ware gheeschet wörde, unde eschede denne de richtere dat men de klaghe vulvörderede, dar ne breke men nicht an of men dat dede: were aver de klaghe na der ware begunt, so moste men dat beteren alse recht is.

Wert en klaghe mit ördelen vor den rat ghetoghen de an den lif gat, den voghet unde den kleghere scal men vorwissenen, dat he weder vore kome up dene de klaghe gheyt, oder men scal ine de wile in der hachte beholden.

We nicht wis noch ne is, de mot börghen setten sine klaghe to vulvörderende: ne hevet he der borghen nicht, de voghet scal ine beholden umme de vredebrake.

Wur men enne borghen wel deme de klaghe an den hals gheyt, wel sich de kleghere unde de voghet bewaren, so scolen se ene vor sodane penninghe unde uppe sodane wissenheyt to borghe don dat se des seker sin dat he weder inkome, oder men beholde ene in der hachte.

En mach nicht van gherichte gan up en hus, dar de klaghe an den hals geyt.

Dede en vredebrake unde helde dene up an deme he de vredebrake ghedan hedde unde brechte ene to des voghedes hus, de voghet scal se beyde sic beholden wente men dat luttere dat mallikeme rechte sche.

Eschede men to deme voghede dat he enne vor gherichte brechte de mit unrechte in de hachte bracht were, weygherde he des, so scal it ime de rat beden to donde: weygherde he aver des, so is dat en vredebrake.

Wörde en ok mit unrechte in börghen hant ghebracht, eschede

2. minnen] mynneren D. 3. minnen] mynneren D. 5. hinter perde fügt hinzu eder ve B. 10. Wert] Wer B. 13. hinter umme fügt hinzu den schaden F. 15. gheeschet wörde] gheschen were B. 17. de] dere F. 19. 20. den lif] dat lif D. 23. wis] gewisse C, wisse F. noch] ghenoch B. 24. scal] mach D. 27. gheyt] gat B. 33. helde] heylde C. 34. brechte] brochte Aa D. 35. hinter voghet fügt noch hinzu mochte D. beyde sic ABDE, beyden sit Aa, beydentsiden F, tho beydent syden C. 35. 36. mallikeme] islikem C. 38. brechte] bröchte C. 39. des] is D.

de rat oder des mannes vrunt dat men umme de sake vor ghe-richte queme to rechtem antwarde, dat scolde men don.

Wanne dem voghede to wetende worde dat en mit unrechte in de hachte ghebracht were, so scolde he deme beden de ene in de hachte ghebracht hedde dat he sine klaghe vulvörderde: ne dede he des nicht, so scolde eme de voghet unde des mannes vrunt volghen mit rechte.

Wert en upgheholden dar de klaghe an dat lif gheyt, des scal de kleghere oder sine vrunt mit deme voghede woldich wesen, of se wellet dene to bewarende.

Wur men enne upholt umme ene vredebrake, dar scal men den kleghere ok beholden, oder men scal sodane wissenheyt van eme nemen dat men des wis si dat he de klaghe vulvördere. Ne dörste he van vörchten oder ne welde he dor vruntscap sine klaghe nicht vulvörderen, so scolde men eme beden van rechtes weghene dat he sine klaghe vulvörderde. Ne möchte men sin nicht hebben, so scolde men ime dat kündighen to huse unde to hove dar he wonede oder dar he hedde gewonet: ne vulvörderde he denne sine klaghe nicht, so mach men eme volghen mit der veste. Mochte men ok dat betüghen mit twen oder mit dren bederven mannen unde mit deme voghede oder mit dem scultethen dat it deme voghede geklaghet were, so mochte ine de voghet in der hachte beholden, wente he den broke irleghede na minnen oder na rechte. Ne hedde men aver nenne kleghere, unde ne möchte men nicht irtüghen alse hir vore ghesproken is dat it deme voghede gheklaghet were, so moste de voghet mit sinem ede dat war maken unde de dar to hülpen, dat se dat vor dat hedden dat he sodanen bröke ghedan hedde dar men ene to rechte umme in de hachte bringhen scolde: ok scolde men ene ledich ut der hachte laten. Wanne he ok ledich wert, so ne mach he noch neman van siner weghene de dar umme scüldighen de en upgheholden hebbet, of men dede also hir vor ghesproken is.

Scüt en tweyunghe in erre tavernen oder andereswur dar we ghewundet wörde, unde de kleghere dar na queme mit deme voghede unde helde de up, de dar umme beklaghet were, were he unsculdich, so sculde he sin antwarde beden umme sine untscult: dat scolde men van eme nemen. He scolde aver vorwissenen dat he sich des untscüldighede: ne möchte he des nicht vorwissenen, so scolde men ene in der hachte beholden bente to ter dingtid, dat he sich untsculdighede of he moghe. Were he aver in hanthaftigher dat upgheholden oder umme den bröke vor vlüchtich were

4. beden] gebeyden C. 9. 10. of bis dene] icht se den willen C. 10. dene] denne D. 12. wissenheyt f. C. 13. wis si f. D. 14. van vörchten] vor vörchten B. 15. rechtes] richtes B, gherichtes D. 23. wente] so lange dat C. 24. Ne hedde men] Ne hedde he B. hinter möchte fügt hinzu men nenne clegere hebben unde en mochte B. men nicht] men des nicht C. 26. unde dar] unde de dar BCD. 27. dat he] dat se B. 28. hedde] hebbe D. 33. erre] ener BCD. 36. unsculdich] schuldich D. 40. hinter sich fügt hinzu des B. of he moghe f. D.

worden unde men eme in hanthaftigher dat ghevolghet hedde unde he also upgheholden worde, so ne mochte he sich also nicht untscüldighen.

Sculdighet en den anderen vor gherichte umme scheltwort, mach he des vullenkomen also recht is, he mot deme kleghere buten unde dem voghede wedden: sprikt he aver he hebbe enen meynen ed ghesworen, dat is en vredebrake.

Sculdighet men enne dat he ene truwelos hebbe ghekündighet to unrechte, wel iene benömen de stede unde de tid unde de scult dar ime borst an worden is unde swere dat he dar rechte an ghesproken hebbe, so blift he des sunder wandel: ne deyt he des nicht, so mot he dat beteren.

En borghere ne scal den anderen borghere nicht to campe an spreken: mer wes en den anderen to sculdighene hevet, dat scal he don mit gherichte.

Sculdighet en den anderen dat he an ime vredebrake ghedan hebbe, de scal spreken an welken dinghen unde wudane wis dat gheschen si, of men dat eschet.

We des bekant dat he sin ghewardet hebbe unde vredebrake an im ghedan welde hebben, dat is en vredebrake.

Bekant en vor gherichte dat he emme ghedrowet hebbe, dar mot he deme richtere umme wedden unde deme kleghere sine bute gheven: ne welde he aver der drowe sich nicht afdon he ne welde eme io scaden, dat moste he deme kleghere vorwissenen dat he des nicht ne dede, of men des nicht unberen ne welde.

Welk kolmester oder hüttelüde oder schidere emme woltwerchten de wist untvört, wur he dene vint dene mach he angripen sunder gherichte, it ne were dat ine de rat gheveilghet hedde. Hedde aver de rat ine gheveilghet, helde he ine denne up, irwerede he dat an den hilleghen dat he des nicht ne wiste, so bleve he sunder bröke.

Neman antwordet vor sinen knecht oder maghet, he ne hebbet vor se ghelovet: dot se aver scaden, des mot he sich untsculdighen dat he rades unde dat unde vulbort unsculdich si, of men dat van ime eschet.

We enes ghesinde sleyt oder anverdighet, deme oder sinen erven mot men beteren: sineme herren oder vrowen mot men antworden dat it ime to scaden noch to lastere nicht gheschen ne si. Hevet he aver des scaden, dene mot men ine irleghen oder untsekghen mit rechte.

Arbeydet lüde to samene an borende oder an draghende oder an anderen dinghen, scüt dar van unghelücke, dat dar under en dot bleve oder ghewundet wörde, dar ne darf de nene not umme liden

19—25. D. IV. 12 = B. III. 11.

7. ghesworen] ghedan D. 10. he dar] he darane BC. an f. BC. 13. to f. C. 14. wes en] wes ir en B. 16—18. f. oben pag. 43, 14. 23. 24. he bis scaden f. BCF. 24. dat moste] so moste B. 27. untwort] entföret C. 29. Hedde bis gheveilghet f. BÇF. 34. dat] dades D. 39. 40. untsekghen] entschuldigen C. 41. borende] heven, boren C. oder an draghende f. CF.

de in demo arbeydo mede ghewesen heft: wene men aver dar umme scüldeghet, dat he vrevel dar an ghedan hebbe, de mot sich des untscüldighen.

Arbeydet en umme lon, scüt deme arbeydere scade an des herren willen, men ne darf deme arbeydere nicht buten van des herren weghene.

Of men enne pandet dar he to rechte nicht panden ne mach, de scal dat röchte ropen unde bewisen de stede den de dar neyst sin. Mach he des vullenkomen mit twen vromen mannen, so mot men dat wederdon mit bute unde mit wedde: hevet he aver ine gheslaghen oder ghewunt, so is dat en vredebrake.

Wert en ghewundet unde wert de klaghe overnechtich unde wert dat deme voghede gheklaghet, so scal de voghet dene vredebrekere vore laden to antwardene: ne mach he ine nicht hebben, he scal it ime kündighen laten to huse unde to hove dar he pleghet to wonende oder to der herberghe of he en gast is: ne kumt he nicht vore, so scal men ine vorvesten.

Welk vredebrake ghescüt de des selven daghes alse se ghescüt oder des nachtes nicht beklaghet ne wert, de is overnechtich: scüt se ok des nachtes unde ne wert se des neysten daghes nicht beklaghet, so is se aver overnechtich.

Kumt en man den anderen an de ime scaden ghedan hevet na deme dat et overnechtich is, dar mot he ene umme sculdighen.

We deme voghede ene vredebrake beklaghet, of sich de vredebrekere vorliket mit deme kleghere, de mot sich mit dem voghede ok vorlikenen. De wile aver dat dat deme voghede nicht beklaghet ne is, so ne darf men dat deme voghede nicht irleghen.

Ropt en dat gheröchte in bolghenem mode to unrechte over enne, dar mot he umme deme voghede wedden unde deme kleghere sine bute gheven of he dat klaghet, it ne were en dore oder en sinnelos minsche.

Wert an emme de vrede ghebroken de ane wergheIt is, deme ne darf men nen weregheIt gheven: were aver de vrede bi ghelde besat, dat mot men gheven. Wene men aver scüldighet umme de dat oder rat, de mot sich des untscüldighen oder he mot beteren na vredes rechte.

Wur en sune ghedan wert dar men ghelt vore lovet, ne wert dat nicht beret to der tid alse it ghelovet is, dar ne mach de sakwolde noch de borghe nicht vore inne sitten, wente de veyde darmede anderwarve irhaven mochte werden.

Scüt scade ut der stat ut enes mannes huse oder dar in, of men den rat oder de stad dar umme sculdighet, so scolen se dene de den scaden ghedan heft to rechte setten: ne vormochten se des nicht, so sculden se im volghen mit rechte. Ok sculden twene

7. he] men B. 9. twen f. D. vromen] bedervcn B. 10. ine] eynen D. 15. laten f. B C. 17. hinter vorvesten fügt hinzu met dem gerichte C. 28. bolghenem] vorbolgenem B C, vorbolghem F. 33. hinter vrede fügt hinzu vore B. 37. sune] zone C, soyne E. 39. wente] wenne B. 40. anderwarve] anderwerve BF, anderwerff C. irhaven] irhoven F.

man ut deme rade vor den rat antwarden, dat se der sake an rade unde an dade unsculdich sin. Dar mede hebbet se den rat unde de stat van der scult gheledighet.

Scüt scade in emme huse oder dar ut oder ut der stat ghe-richte, dar umme ne mach men dat hus nicht beswaren.

Wert en tid bescheden dat sich en vor gherichte ener vrede-brake untsculdighen scal, unde ne kumt de kleghere to der rech-ten benömden tid nicht vore, so scal sich de beklaghede man der klaghe laten vrede werken unde ne darf nene not dar mer umme liden, it ne beneme eme echte not, de he mit sinem boden, to der tid alse he vore wesen sculde, kündighe unde he de na irwere up den hilleghep.

Det en ene vredebrake de nicht in hanthaftigher dat upghe-holden wert unde van denne kumt, dene ne mach men umme de dat seder nicht upholden, icht he antwarden wel, he ne si so vorder vorklaghet mit rechte dat he in veste ghebracht si.

We emme senne win oder ber oder spise untdreghet weder sinen willen oder eme wat untdreghet dar he lon ane vordenet heft, oder welkerleye ding he eme untdreghet, deme scal he dat röchte na ropen unde de neybere dar to tüghe to nemen: so mach he ene dar umme vorvesten.

Slöghe en unse börghere enne anderen unsen börghere oder borgheres ghesinde in den hals, dar scolde he deme rade vif lo-deghe mark umme gheven, it ne were dat eme de rat begnaden welde: ok is dat en vredebrake. Sloghe aver de vader den sone oder en sinen broder de iunghere were denne he oder enne des vormunde he were in den hals, of he unbilliken spreke oder wat unbillikes dede, de ne dochte dar nene not umme liden, efte he sin recht dar to do dat he dat umme nicht ne dede denne siner missedat to stürende.

Welk gast enne anderen gast vorwundet buten unseme ghe-richte, dar umme ne darf men in unsem gherichte nicht antwarden, it ne were in dem ghesworenem vrede dene unse börghere mede ghesworen hedden unde dat also ghestalt were dat men dat van vredes weghene don sculde oder dat de de vorwundet were hedde enne vader oder moder oder suster oder broder oder kint de unse börghere were: deme scolde men der veste staden. Ok mach de rat de veste wol orlöven. Were he ok unses borgheres meyer oder keper oder kolmester oder sin bewistede man, so scolde men ok der veste staden.

1. der sake f. B. 3. van der scult f. B. 4. oder ut] oder dar in in B, oder in CF. 5. beswaren] besweren C. 11. sculde, kun-dighen AA[a]DE, scolde, kundighen lete B, scholde, kundige F. 14. denne] deme C. umme f. C. 15. 16. so vorder vorklaghet] vore vervolget B, verne vervolget C. 16. vorklaghet] vorvolget F. veste] de hechte F. 17] untdreghet] entdrecht C. 25. en vrede-brake] en recht vredebrake BC. Sloghe] Sluge B. 26. sinen bro-der] siner brodere enne B. enne] ennes B. 27. unbilliken] um-bilke BC. 28. unbillikes] umbilkes BC. dochte] dörfte BC. 35. vredes] rechtes B.

Let en man sich en echte wif gheven unde nimt he en ander wif de wile de levet de he vore to echte genomen hadde, kumpt men des boven ene, de heft sin lif vorböret. Dat selve recht heft de vrowe de sich enne echten man gheven let de wile ere vördere echte man levet.

Wur en tweyunghe schüt under usen börgheren, so wanne dat erst weme ut deme rade witlik wert, so scal de ratman to sek nemen enne siner kumpane, oder enne anderen bederven man of he nenne ratman hebben mach, unde scholen de lüde under den de schelinghe is uppe beyde sit heten in ere herberghe gan unde dar nicht ut, de rad en orlövet en bi erem boden vor sek to komende: unde an weme dat unrecht denne vunden wert, de schal dat wederdon na des rades hete: unde we nicht in sine herberghe ghinge wanne et alsus gheheten würde alse vore ghescreven steyt, oder ut ghinge er en de rad ladede, des lif unde gut scholde in des rades ghewalt stan wu se dat holden welden.

Sleyt en use börghere enne user borghere dot unde wert de vredebrekere in hanthaftigher dat upgheholden, over den scal men richten, unde nenerleye gnade noch bede ne scholet eme to hülpen komen: et en si denne in notwere oder mit rechte gheschen, dat he bewisen mach. Kumpt he aver en wech, so scal ene de rat vorvesten laten to hundert iaren.

Erslöghe ok en ghast enne user börghere dot, de ne hedde nenne vrede in huse in hove in kerken noch uppe kerchöven, unde de rat scholde ene ok vervesten laten to hundert iaren. Erslöghe aver user börghere en enne gast dot, dat scholde in sodanem rechte bliven alset wente her to ghestan heft; also dat de rat dar nene veste umme don scholde, et ne were denne dat de rat den gast ghevelighet hedde.

Verwundet en user borghere den anderen mit kampordighen wunden oder belemet he ene mit sleghen oder mit stöten, so scal de rat den vredebrekere vervesten laten to twintich iaren. Dedet ok en gast emme useme börghere, deme volghede dat sulve recht.

User borghere gesinde, de in öreme deghelikes brode sin, scal men disse stücke holden lik usen börgheren.

Welk user börghere den anderen mit kampe ansprickt, de scal deme rade vif lodeghe mark. We ok den anderen roft, dat scal en vredebrake sin.

1. Let] Heft E. gheven] gheven laten E. 2. de levet] de erste levet C. de he bis hadde f. C. 6. die Stellen von hier bis zu Ende des Abschnitts, obwohl AAa sie von neuerer Hand haben, fehlen doch nur B, in welcher der Abschnitt mitten auf der Seite schließt und dann ein Blatt ausgeschnitten ist. 10. sit] partye C. 15. ladede] loyde C. 16. hinter dat fügt hinzu met öm C. 30. kampordighen] kamphordighen F. 32. Dedet] Dödet C, Dodet DEF. 37. hinter mark fügen hinzu gheven DEF. ok] aver E. hinter roft fügt hinzu in ernste C.

Van husvrede.

Husvrede scal men holden dem armen unde dem riken, sunder an sodanen dinghen alse men mit rechte utnemen mach unde men an disseme boke bescreven vint.

We den husvrede brict, de ne hevet nenne vrede in huse in hove in kerken noch in kerkhove.

Wes de were is oder se heft ghemedet, deme beteret men de husvredebrake de dar uppe ghescüt.

Socht en enne in emme hus oder in ener boden mit vorsate unde an ime vredebrake deyt, ropt de dat gheröchte an deme de vredebrake scüt, unde halt up den vredebrekere, so ne mach he des nicht unsculdich werden, of men de vredebrake bewise mit wunden oder mit wartscare. Kumt he aver en wech, so untredet he sich des wol mit sineme rechte.

Men ne scal nemanne in tavernen uphalden, sunder binnen den ver wenden, ane des rades orlof, unde vor deme tappen.

Kumt en up ene were uppe nemannes scaden, wert he dar mit emme tweyende, dar brict he nenne husvrede an.

In emme huse oder boden mach de voghet oder richtere mit des rades orlove enne man soken unde upholden oder ander ding dat beklaghet is. Ok mach dat de rat oder ere boden van erer weghene don ane gherichte.

De voghet ne scal nicht söken in enes borgheres hus noch nen richtere ane des rades orlof, sunder hilleghen want unde böke unde kelke de to godes denste höret unde valsche pennighe.

In welkeme huse de rat vorneme dar misdedighe lüde inne weren, so mochte de rat deme voghede wol orlöven dat he de ut deme hus neme dar he richtere over were. Ane des rades orlof ne scolde he aver des nicht don.

In deme veylen stoven oder stofhuse mach men wol vorvestede lüde unde overhörighe lüde upholden.

In berhusen dar ber veyle is to deme tappen dar de rode steket, dar mach men vorvestede lüde unde overhörige lüde wol upholden binnen den ver wenden unde vor deme tappen liker wis alse in der ghemeynen straten.

In welkeme huse ok en pape wonet, it si en wedeme oder nen, holt men dar tavernen, de taverne ne hevet nen ander recht denne alse andere tavernen.

Enes papen hus dat en leye ghemedet heft unde inne wonet,

6. 7. D. II. 3, 3 = B. II. 1, 2; s. oben pag. 23, 1—3.

2. sodanen] sölken C. 3. an] in BC. 5. kerkhove] kerkhöffen C. 8. Socht bis emme] Schüt emant weme in sinem C. 9. ropt] röppet C. 11. bewise] bewist B. 12. wartscare] watschare C. 17. emme tweyende] emme sek tweyende C. 19. soken] soyken C. 22. 23. noch nen richtere f. C. 23. orlof] orloffe C. 24. godes] goddes B. 25. vorneme] vorneyme C. 27. richtere] eyn richtere C. 31. berhusen] beyrhusen C. rode] roude C. 34 in der] an den C. 35. wedeme] weddeme C. 36. tavernen] taffernen C.

dat ne hevet nen ander recht denne enes anderen leyen hus de wile de leye dar inne wonet unde wert dar inne is.

Wert ok en tweyunghe in emme berhus, wel men de roden in ten uppe dat de voghet oder sin ghesinde dar nicht inne komen, komet se er de tweyunghe ghestillet si, se scolen doch dar in komen unde recht vulvorderen also ok de rode dar stekede, do sich de tweyunghe irhof unde men des tüch hebbe an twen bederven mannen.

Welde men ok dorch dat de roden in ten, den ires rechtes to werende, dat is unrecht: se scolen doch ire recht vulvören of se des tüch hedden an twen bederven mannen dat de rode dar stekede do se in dat hus ghinghen.

De wile de rode to dem berhuse steket oder dat vat oder de trül vor deme veylen tappen steyt unde dat mat, so ne is dar binnen den ver wenden noch vor deme tappen nen husvrede. In anderen steden des huses heft men husvrede: unde des avendes alse de gheste sin ghegan unde men de döre to slut, so is dar husvrede.

Wanne dat vat oder de trül unde dat mat van deme tappen ghenomen is unde de rode in ghetoghen unde de geste upgherekenet hebbet of se dar sin, so is dar husvrede.

In tavernen, hevet dar ok en veyle ber to deme tappen, al ne steket dar nen rode, binnen den ver wenden noch vor deme tappen ne is doch nen husvrede.

We in emme huse medinghe hevet unde darinne wonet, de unde sin ghesinde scal darinne hebben also guden vrede alse de wert selve oder sin ghesinde, dar si veylinghe oder nen.

Wonet lüde to samene in emme hus unde worden de tweyende buten deme hus unde weke der en in dat hus dar se beyde in woneden unde volghede eme de andere in dat selve hus unde dede dar inne ene vredebrake an eme, de breke ok den husvrede.

En vorvestet man oder en overhörich man heft uppe siner were dar he wonet vrede sine rechten tyd, allen si dar en taverne.

Det en ene vredebrake up emme eghene mit werpene oder mit schetene oder mit stoten oder wudane wis dat were, allen he dar vore bleve unde selve up de were nicht ne queme, de breke doch husvrede.

Buwet en neyber up sines neyberes eghen an sinen willen, he

37 — pag. 52, 2 f. oben pag. 23, 36—38.

3. wel] wolde C. 4. ten] theyn C. inne komen] in ne keme B. 6. ok de rode] of de rude A[a], noch de rode B. 7. tuch] getuchnisse C. an] met C. 9. dorch dat] dar umme C. 10. hinter to werende fügt hinzu de in deme huse eyne tweyunge makeden B. is] were C. se scolen doch] unde schullen allike wol C. 11. tuch] tuge C. 12. ghinghen] kemen B. 14. trül] trüll C. veylen f. B. steyt] stet B. 17. sin ghegan] sin en wech ghegan C. men bis slut] unde de dören to gesloten werden C. 20. hinter dar sin fügt hinzu denne mer C. 22. ver] vier B. 26. weylinghe A, velinge BC. 27. de] sek C. 30. ok f. B. 34. schetene] slende B, schetende C, allen] allen dat F. 37. sines neyberes] des anderen neybures B.

mot it af don unde buten. Vorbüdet het ime aver mit gherichte deyt he it dar en boven, so is it en vredebrake.

Van overhöre.

We vore boden wert van deme scultechten oder van deme bodele oder wilköret vor to komende, ne deyt he des nicht, he mot dar umme wedden, unde dene mach men in overhöre bringhen.

We enne in overhöre bringhen wel, de scal dene voghet bidden dat he sin bodel hete dat he deme dat crüse up dat hus steke dar he pleghet to wonende: dar scal he twene neybere oder andere gude lüde twene to nemen, unde scal ine under der löven, alse men de klocken lut, in overhöre kündighen laten, he oder sin bode oder en sin vrunt: so mach he ene upholden unde nicht er.

Wel men enne in overhöre bringhen in dem groten gherichte, de dar inne nicht ne wonet, dene ne darf men nicht becrücighen laten, mer under der löven scal men ene mit witscap in overhöre kündighen, alse men de klocken heft ghelut.

Welk man in den richten over deme watere oder up deme hove nicht vore ne kumt alse he to rechte scal, dene scal men in deme richte becrüzeghen dar he nicht vore komen ne is, of he dar inne wonhaftich is, unde vor der dingbank ine in overhöre kündighen: ne wonet he aver in dem richte nicht dar he weygheret vore to komende, so ne darf men ene nicht becrücighen, mer vor der dingbank mit witscap scal men ine in overhöre kündighen.

Enne gast dene darf men nicht becrücighen laten, mer under der löven, alse men de klocken lut, so scal men ine in overhöre kündighen: so mach men ine upholden.

Worde en vore boden umme scult de nicht vore queme, dene mochte men in overhöre bringhen umme de scult: so scolde de kleghere den voghet bidden dat he den scultheten oder senne bodel mit eme senden wolde to deme beklagheden manne van siner weghene, de eme kündeghede of he der scult sek icht ledighen welde: so scolde der sculthete oder de bodel, welkerem it de voghet hete, van gherichtes weghene mit deme sacwolden gan to des beklagheden mannes hus, oder to siner herberghe of he en gast were, unde scal twene man oder dre dar to nemen to tüghe, unde scal eme dar beden to huse unde to hove, dat he beklaghet si van deme manne um also vele scult (de scult scolde men dar benömen): dar welde men ene in overhöre umme bringhen. Welde he sek der scult ledeghen al oder en del, dat scolde he don binnen den neysten verteyn nachten: dar scolde ene de voghet to velighen of he des bedorfte, dat he sek des untsculdeghede unde velich

3—5. s. unten pag. 64, 30—32. D. III. 3, 1 = B. II. 10 pr.

1. Vorbüdet] Vorbud C. 7. sin AD, sinen BEF. crüse ADE, cruce BF. 9. anderer guden lüde B, ander gude lüde D, ander guder lüde E, ander gudere lüde F. 14. laten f. F. 22. kündighen] bringen CF. 27. bringen] kündeghen B. 28. hinter bidden fügt hinzu umme de scult B. 39. velighen] veylegen BF. 40. des untsculdeghede] der untsculdeghede CF. veylich BF.

weder to hus vor anderer klaghe of he desser scult en del bekende dar he de overhöre umme liden welde: untsculdeghede he sek der benömden scult nicht binnen desser tid, so ne mochte he sek derna nicht untsculdighen of he dar umme in overhöre upgheholden worde, et ne beneme eme echt not dat he nicht vore komen möchte, de he bewisde alse recht is. Were he hir ok nicht to hus, alse men eme dat weten lete to hus unde to hove, wanne he erst to hus queme so scolde he bi den neysten verteyn nachten don alse hir vor bescreven is.

Wil en man gan up sin eghen vor scult dar he vor in overhöre is, dat scal he deme voghede kündighen unde deme sakwolden vore weten laten, er he ut ga, mit twen borgheren.

Wel en up en hus gan in overhöre oder van gherichte uppe sine dre daghe, dat mot he ledich unde los in sinen weren hebben ghebracht mit rechte er en de bodel vore bode.

Wert en man vore boden unde ne kumt he nicht vore unde kumt in overhöre unde gheyt up en hus, eschet de sakwolde dat he de scult benöme, dat scal he to rechte don.

Wert en man in overhöre bracht unde wel antwarden in der overhöre, unde sprict he hebbe en eghen hus, des nicht ne is, unde kumt ut der overhöre, wert he des vorwunnen, he blift dar inne unde mot dar umme wedden unde dem sakwolden buten.

Gheyt en in overhöre unde wel de antwarden, de ne mach van gherichte up nen hus gan uppe sine dre daghe.

Gheyt en in overhöre up en hus, kumt de vor gherichte, de mot antwarden wes men ine sculdighet: mer de voghet ne mach ine nicht anspreken binnen iare unde daghe umme de overhöre dar he umme up sin eghen gheyt; de sakwolde ne si dar ieghenwardich unde klaghe up ine: so mot he deme voghede unde dem sakwolden antwarden.

Of en up en hus iar unde dach hevet ghegan in overhöre, des huses scal sich de voghet underwinden unde scal deme kleghere dar sine scult van ghelden. Dat it betere is, dar scal de voghet sine wedde an hebben: is dat nicht betere denne de scult, brict ine ichtes, dar vore mach he ine uppe nen hus mer in overhöre gan, unde de kleghere scal dat hus, dat it ghelden mach, van siner scult rekenen.

Gheyt en in overhöre in emme gherichte, it si dat grote oder dat lütteke, up en hus dat in dem anderen gherichte lit, alse iar unde dach umme komet, so scal de voghet unde de kleghere de sake an den voghet bringhen in des richte dat hus lit: de scal en helpen sodanes rechtes alse hir vore bescreven is.

De voghet oder sine knechte scolen overhörighe lüde upholden, al ne si de sakwolde dar nicht bi.

1. wedder C. dusser DF. scult] claghe B. 8. bi] binnen B. 10. up] oppe CF. 12. weten] weren D. 20. des nicht ne is] unde en is nicht also C. 22. buten] boten B, böyten C. 24. van] na CF. 26. mer] aver C. 29. sakwolden] sakewoldigen C. 33. van ghelden] af ghelden BE. 34. is dat bis scult f. B. brict] gebrickt CF. 36. van] an B. 37. rekenen] reken E. 43. scolen] moghet unde scolet B. 44. al ne si] wywol C. bi] bi is C.

En mach deme anderen sinen overhörighen man wol helpen upholden.

En mach sinen overhörigen man wol upholden, al ne si de voghet oder sin ghesinde nicht bi eme.

Enes brodede ghesinde mach eme sinen overhörighen man wol upholden.

Of de voghet enne overhörighen man upholt oder enne vorvesteden man, dene ne mach he nicht ledich laten ane des willen deme he in overhöre oder vorvestet is.

Holt de voghet oder sine knechte enne up oder wert he im ghebracht in sine were de in mer overhören is denne in erre, den ne scal he nicht ledich laten, it ne si mit der anderen willen den he in overhöre is.

Ok ne mach de voghet nemende ut der veste noch ut der overhöre laten ane des klegheres willen.

Wur danz is, dar mach men binnen den ver wenden vore beden: nenne overhörighen man mach men dar upholden.

Wur danz is, dar ne mach men binnen deme hus nenne vervesteden man upholden, men ne vare dar bi alse recht is.

Up deme kerchove noch in der kerken scal men nenne overhörighen man upholden.

Velighet de rat enne overhörighen man, dat scal man stede holden.

Holt en enne overhörighen man up in deme vrede de ime ghegheven oder ghekündighet is, de mot sich des untscüldighen uppe den hillegheen, dat he des nicht ne wiste dat he vrede hadde. Wanne he dat hevet ghedan, so is he ane bröke: ne wel he sich des nicht untsculdighen, so is dat en vredebrake.

Wert en man upgheholden in ener overhöre unde untlopt, he mot doch de scult ghelden.

Wert en man gheantwardet vor scult eneme vor gherichte oder ine in der overhöre uphalt, dene scal he halden mit spise ghelik sinem ghesinde. Mit ener helden mach he dene spannen; nicht to kolde noch to warme noch to nate scal he enne setten. Störve he dar en binnen oder scüde ime scade an siner macht, des blift he ane scult, of he sin recht dar to do dat he nicht ine to arghe ghedan ne hebbe, men ne möghes ine overwinnen. Untlopt he darmede, he ne wert der scult nicht ledich: sine kost mot he ok ghelden.

Wert en emme gheantwardet mit gherichte vor scult oder holt he ene up in der overhöre, dene ne scal he nicht setten up enne gangh oder swinekoven dar it stinke, eme to lastere. In reyne stede scal he ene setten. Wanne ok siner vrunde welk to eme wel

14. s. unten pag. 61, 16. 31 — pag. 55, 15. D. III. 9, 3—5 = B. II. 16, 2—4.

2. hinter upholden fügt hinzu unde he deme weder B. 7. Of] Wur C. 15. ane] denne mit B. 29. untlopt] entloppet C. 33. nicht] noch B. 34. noch] noch nicht F. noch to warme f. B. 35. he dar] he ok dar B. scüde] geschege C. hinter scade fügt hinzu wure C. 37. hinter ine fügt hinzu mit rechte B. Untlopt] Entloppet C. 42. swinekoven] swinekoffen C. 43. wel] willet B.

gan, des scal he staden. Ne were he dar nicht to hus, sin wif oder sin ghesinde scolde des staden. Weygherde men des, so scolde men dat eschen mit gherichte: weygherde men des denne, so moste men dar umme wedden unde buten also dicke alse men des weygherde. Der anderen eschinge scolde men aver warden io wente in den anderen dach. Ne were he nicht hir to hus, sin wif oder sin ghesinde scolden dar vore antwarden dene men dar umme sculdighede.

Holt en gast enne unsen borghere up in erre overhöre oder börgheres ghesinde oder wert he ime antwardet vor scult vor gherichte, dene scal he in der stat holden alse ene en börghere holden scolde, unde ne scal ene ut der stat nicht vören.

Holt en gast enne anderen gast up in erre overhöre oder wert he ime gheantwardet vor scult, dene scal he in user stat gherichte holden alse ene en ander börghere holden scolde.

Wel en senne overhörighen man upholden, unde weret sek des de overhörighe man also dat he ene steke oder houwe, so rope he dat gheröchte unde were sek der vredebrake unde holde ene nochten up of he möghe: undkumt he eme wol, unde mach he betüghen mit twen bederven mannen de dat röchte ghehört hebben unde de vredebrake ghesehn hebben van deme overhörighen manne, de he an eme ghedan hebbe, so ne scal de overhörighe man nenne vrede hebben in huse in hove in kerken oder kerkhoven: dar scal de voghet deme kleghere to helpen dat eme recht ghesche. Ne welde he des nicht don, so söke he dat an deme rade: de scolde eme helpen to sineme rechte, wes se mochten. Kumt he ok en wech unde ne mach ene de kleghere nicht der vredebrake vortüghen, also hir vor ghesproken is, so untsculdeghet he sek wol, of he wel, wunden, wartscare oder vredebrake, alse recht is. Dar scolde one de voghet to velighen dat he sek dere untsculdighede. Ne welde he aver darvore nicht antwarden wanne he beklaghet were, so ne hedde he aver nenne vrede in huse in hove in kerken oder kerkhoven. Wörde he ok in hanthaftigher dat upgheholden, so ne mochte he sek also nicht untsculdeghen.

Helde en senne overhörighen man up de sek des nicht ne werede unde mit willen mit eme ghinghe, wundede oder slöge he dene dar en boven dor vrevel oder dor hat, dar scolde he umme antworden alse recht is, of men dat eschet. Unde dat ne scolde deme overhörighen manne to der orveyde nicht scaden, of he oder sin vrunt dat escheden dat men dar umme antwordede. Mochte

1. hinter wif fügt hinzu unde sine kindere B. 12. unde ne scal ene] he scal ene aver B. 17. steke] steyke C. houwe] hawede C. 19. undkumt] entkummet C. 20.21. unde de vredebrake ghesehn f. B. 26. to sineme rechte] to sinen noden B. ok] aver B. 27. vortüghen] overtügen C. 28. of he wel f. B. 29. wunden] der wunden C. 30. dere] des B. 31. darvore f. CE, statt dessen hat der vorclage B. beclaghet] vorclaget B. 32. oder] noch in B. 33. upgheholden] begrepen B. 35. Helde] holt C. des f. BF. 35.36. ne werede] entwerede C. 36. mit willen] mit gudem willen B. 37. dor] durch B, dorch CD. 39. to] an A^a C.

men aver bewisen mit twen bederven mannen dat de overhörighe man sek to were ghesat hedde mit unvoghe, mit swerde oder mit messede, unde iene dat gheröchte ropen hedde unde ene denne ghewundet oder gheslaghen hedde, dar ne dochte he nene not umme liden.

Wert en in erre overhöre upgheholden, der scult ne mach he nenne dach beholden dar he in overhöre up ghingk, he ne moghes vullenkomen mit gherichte unde dinglüden.

Wert en in erre overhöre upgheholden (in wumanigher overhöre he is, der men ene vorwinnen mach, alse manighe sestich schillinghe weddet he deme voghede) der ne mach he sich nicht untscüldighen: der anderen untscüldighet he sich wol mit sinem ede.

We in erre overhöre upgheholden wert, wanne de sich vorliket, so scal he ene orveyde sweren to holdene, unde alle de de dorch ene don unde laten willen, ewichliken mit worden unde mit werken an alle den de darmede begrepen sin.

Wert en in den rat ghekoren de in overhöre is, dene ne scal men den rat nicht sweren laten, he ne si der overhöre ledich unde los.

Welde en enne in overhöre kündighen laten unde lete de den schulteten sin antworde beden, dat antworde scolde he to hant don to der neysten dinghtit: en dede he des denne nicht, dar scholde he deme sackewolden umme boten unde deme voghede wedden: unde wenne men aver de klocken ludde, so mochte men ene in overhöre kündighen, of he dar binnen des sakewolden willen nicht en makede. Unde he en mach sin antworde nicht dickere beden emme manne, sunder enes, dar he de overhöre mede leten möghe.

Van vestinghe.

We antwarden wel, dene ne darf men nicht vorvesten.

Sunder bi namen ne mach men nemanne vorvesten.

We enne vorvesten wel, de scal den richtere bidden dat he den vredebrekere mote bescryen: dat scal he eme orlöven: so scal he dat gheröchte over ene drye ropen unde ene bi namen benomen. Dar na bidde he enes vorspreken: de scal vraghen wu de kleghere varen scole bi den vredebrekere dene he bescryet hebbe umme de vredebrake (de scal he benömen de he an eme ghedan hevet): so vinde men dat men ine vorladen scal to antwarde: so

28. D. IV. 21, 1 = B. III. 19, 1. 29. D. IV. 20, 3 = B. III. 18, 4.
30 — pag. 57, 30. D. IV. 21, 2—5 = B. III. 19 pr. — 2.

2. unvoghe] ungevöge C. 3. unde iene dat] dat iene dat B. 4. dochte] dorfte BC. 6—8 f. B. 9. wumanigher] womanghber B. 14. unde] he unde A[a]C. 16. begrepen] bescreven B. 17. 18. dene ne scal men den rat nicht] den scal de rat nicht B. 20—27 findet sich in allen Handschriften, obwohl von neuerer Hand in A A[a]. 22. neysten] vestinghe F. 24. ludde] ludt C. so mochte] so mach C. 26. makede] hedde C. 27. leten] lecgen B, letten CF, laten DE. 33. enes] eynen C. 34. varen] vraghen E. 36. vorladen scal] vorlate beden B. vorladen] vorbeden E.

scal men ene drie laden. Wanne dat gheschen is, ne is dar neman de van siner weghene to der klaghe antwarde, so vraghe men, wente de man drie gheladet si unde he dar to antwarde nicht ne kome noch nemende sine not scheneghe, wu men dar bi varen scole: so vinde men dat men ene to borghe beden scal: so scal men ene drie to borghe beden. Dar na vraghe men, wente de man to borghe boden is unde dar neman si de ene borghen wille, wu men bi der klaghè varen scole dat men rechte do unde nen unrecht: so vinde men dat men den vredebrekere vorvesten scal. So vraghe de richtere de dinglüde of se des vulborden: so scal de richtere unde de dinglüde mit eren vingheren upstippen to enem orkunde dat he mit rechte in de veste ghebracht si. So vraghe men welken vrede de kleghere hebben scole umme de klaghe: so vinde men to rechte bi dem halse. So bidde men den richtere dat de kleghere unde sine vrunt den vorvesteden man moten upholden: dat scal he orlöven. Ok scal men bidden, of de kleghere ieneghen man mer vreschede de an der vredebrake ghewesen hebbe, dat he deme ok mit rechte volghen mote: dat scal men eme orlöven.

Kumt ok ienich man, de enne borghen wel er dat laste ordel over gan si, deme scal men ene to borghe don unde ne scal de veste denne nicht over gan laten, de en sodan erve heft dat he enne man bi borghen mach, unde scal ene vore bringhen over de dweren nacht.

Also manich hus en ledich hevet, also manighen man borghet de wol de vorvestet sin in emme gherichte.

De in mer richten denne in emme is vorvestet, dene mach en up en hus borghen in emme richte, in dem anderen richte nicht up dat selve hus; he ne hebbe ene in dem anderen gherichte vore bracht unde sich dar hebbe ghiedighet: so mach he dat echt wol don.

In wumanighen gherichte en vorvestet is, in den allen mot he sich ut ten alse recht is.

We sich ut der vestinghe ten wel, de scal sich borghen laten enne de en eghen hus unde hof hevet unbekomeret, dar nicht af ne ga denne de wortpenninghe: de scal in vore bringhen over de dweren nacht.

Wel en sich ut der veste ten, weygherde eme des de voghet oder de sakwolde, dat kündeghe he deme rade: de scal eme dar to helpen dat eme rechtes ghestadet werde.

We sich ut der veste heft ghetoghen oder ghebeteret hevet dar he umme vorvestet is, de scal sich den voghet weder in sin

40 — pag. 58, 12. D. IV. 21, 6. 7 = B III. 19, 3. 4.

1. dat gheschen is] he gheeschet is B. 2. to der klaghe f. B. 3. wente] na dem C. antwarde f. B. 5. beden] dun B. 6. wente] nach dem alse C. 8. men bi] men vort bi C. 9. vinde] vint B, 13. umme] vor B. 14. vinde] vindet B. 15. unde] eder BE. moten] mogen C. 17. mer f. B. vreschede] vresgede F. an] in B. 19. laste] leste BDE. 26. De] We BCE. 29. echt] aver C. 33. vestinghe ten] vesten ghethen D. 35. in vore bringhen] ene aver weder vorbringen B.

recht bringhen laten: dat mach de voghet don wur he in deme gherichte is dar he inne vorvestet is, sunder in kerken unde in ghewigheden kerkhöven: he scal aver dar dinglüde to nemen unde scal dat don mit rechten ordelen.

Welk voghet enne vorvesteden man in sin recht bringhen scal, de scal vraghen enne dingman an enem ordele, of he dat moghe don: so vinde men dat, he moghe wol. Wente he de ghewalt hebbe, so neme he den man bi siner slippen unde spreke: dissen man bringhe ich weder in sin recht, ene warve, ander warve, dridde warve: unde bede dat ene neman umme de sake anverdighe, he ne kome vor gherichte unde irwerve dat mit rechter klaghe. So scal de sakwolde deme voghede sinen vredeschillingh darup gheven.

Wert en man vorvestet van mer lüden umme ene scult, den mach men borghen up en hus, so he en allen antwarde.

Wert en vorvestet umme hustins, wanne he dat ghelt bereden wel, dat scal men van eme nemen. Weygherde des de kleghere to nemende, so scolde he sich borghen laten unde scolde vore komen. Ok scolde men dat deme kleghere weten laten. Ne queme he nicht vore, oder ne welde he sich nicht bereden laten, so scolde he deme voghede mit witscap dat ghelt bereden to des klegheres hant unde deme voghede sestich schillinghe wedden unde sich der klaghe laten vrede werken. Ok mochte he deme kleghere sine bute gheven, of he de eschede. Wörde he aver in der veste upgheholden, so moste he liden der veste recht.

Wert en buten ghebundenen daghen vorvestet, de ne mach sich in den bundenen daghen nicht borghen laten noch ut ten.

Wert en binnen den ghebundenen daghen vorvestet, de mach sich in den ghebundenen daghen wol borghen laten, unde ut ten to deme eddaghe des lateren daghes.

Borghet en man den anderen vor gherichte, bringhet he ene to rechter tid nicht vore, he scal wedden deme voghede sestich schillinghe lüttiker penninghe unde deme sakwolden to bute gheven drithich schillinghe lüttiker penninghe, unde sweren deme voghede unde dem sakwolden dat he den man osten unde westen suden unde norden nerghen ne wete dat he ene hebben möghe also alse he ene to rechte vore bringhen möghe. Is he aver bi ghelde gheborghet, dat mot men gheven.

Borghet en enne vor gherichte in to bringhene, sterft de dar en binnen, bringhet he den doden vore, de börghe is ledich unde los.

25—29. D. IV. 21, 8 = B. III. 19, 5. 38. 39. s. oben pag. 40, 38. 39.

1. bringhen] setten B. 2. dar he inne vorvestet is f. B. 3. ghewigheden f. B. 7. Wente] Nach deme alse C. 10. bede] gebidde F. 15. en] em E. 18. hinter klegher fügt hinzu vore B. 20. dat ghelt f. C. 22. mochte] moste A[a] B C. 25. Wert] Were B. 26. in] binnen B. 27. Wert] Were aver B. 29. to deme ed daghe f. B. 32. 33. unde dem bis penninghe f. B. 33. drithich] dertich E. 34. unde dem sakwolden f. C. dat he] dat se C. 34. 35. osten bis norden ohne Verbindung durch unde B C. 35. ne wete] wiste B. 38. vor in hat ene B, one C. 39. vore] vor gherichte B.

We enne vorvesteden man anverdighet in deme gherichte dar he inne vorvestet is, de ne deyt nenne bröke ieghen dat gherichte, sunder dar men husvrede holden scal.

We des rades vorvestede man is unde de dene upholt it si wur dat si, de ne hevet ieghen den rat noch ieghen unse gherichte nenen bröke, of dat dar nicht ne sche dar men der stat husvrede holden scole.

Wert en man vorvestet unde sleyt ene en ander in der veste in deme gherichte, he blift ane not van ienes vrunden.

Wert en in der veste begrepen, de vestinghe nimt ime dat lif, al were he ok mit unrechte dar in ghekomen, of men de vestinghe irtüghet alse recbt is; it ne were dat he sich welde ut ghetoghen hebben unde ime rechtes were gheweygheret.

We uppe enne de veste bringhen mach, de hevet ene der scult vorwunnen dar he umme vorvestet is, of he in der veste begrepen wert; it ne si dat he sich vore welde hebben ut ghetoghen unde men ime rechtes hedde gheweygheret, des men möchte vullenkomen.

Scal men ene veste betüghen de in der stat boc nicht bescreven ne is, dat scal men betüghen mit deme richtere unde mit twen bederven mannen de dar over ghewesen hebbet dar de veste gheschen si. Is aver der welk dot oder de richtere van henen ghevaren were, so do men dar bi alse men in dissem boke vint bescreven.

Men ne mach nemanne mit ener veste vorwinnen in eneme anderen gherichte dar he nicht vorvestet ne is.

We enne van gherichte untvört, de is like sculdich to antwardene umme de scult de he uppe ienen klaghet.

We enne vorvesteden man heghet unde holt in deme gherichte dar he inne vorvestet is, de is like scüldich, he ne wille ene to rechte vore bringhen.

We den anderen scüldighet dat he sinen vorvesteden man heghe unde holde in sineme huse, des mot he sich untsculdighen up den hilleghen mit siner hant.

Wert emme to wetene wur sin vorvestede man is, de scal mit gherichte dene eschen van der were; des scal de des de were is sich untscüldighen mit sineme ede dat he dar nicht ne si noch he ine dar nerghen ne wete. Ne wel he des nicht don, so scal he deme kleghere staden ine to sokene in allen sinen wesenden unde winkelen: weygherde men des, so ne mach he des nicht unsculdich werden, he ne hebbe den vorvesteden man geheghet unde ghehol-

1—7. D. IV. 21, 9. 10 = B. III. 19, 6. 7. 10—26. D. IV. 21, 12—15 = B. III. 19, 9—12. 29—31. D. IV. 21, 16 = B. III. 19, 13. 36 — pag. 60, 4. D. IV. 21, 17. 18 = B. III. 19, 14. 15.

3. dar] dat B. 6. nenen bröke] nicht gebroken B. 11. al were] wywol C. 13. hinter gheweygheret fügt hinzu des he mochte vullenkomen B. 14—18 f. B. 22. henen] bynnen BC. 27. untvort] wel untvören B, entföret C. like sculdich] plichtich B. 28. de he] deme de F. 31. rechte] gherichte A[a]. 34 mit siner hant] mit sines eynes hant CF. 40. men des] he des nicht B.

den. Des mot men aver den richtere unde twen man to tüghe hebben dat he nicht ne stadede to sökene.

Wur danz is, dar ne mach men binnen deme hus nenne vorvesteden man upholden, men ne vare dar bi alse recht is.

En vorvestet man oder en overhörich man heft uppe siner were dar he wonet vrede sinen rechten tid, allen si dar en taverne.

En vorvestet man ne darf nene not liden sunder in deme gherichte dar he inne vorvestet is, sunder vor deme rade. In welkeme huse en man wonet de vorvestet is, is dat sin eghen, dar mach he inne bliven. Ist ok sin medinghe, dar blift he inne sine tid siner medinghe.

Wes ghesinde oder de mit ine wonet wert vorvestet, dene ne mach he nicht lengher holden denne also langhe ire beschet was to samene to blivene er he den scaden dede, he ne wille antwarden vor de veste.

En mach sinen sone oder dochter de van eme unvorscheden sin, of se vorvestet werdet, wol heghen unde holden uppe sineme eghene oder uppe sinem erventinsgude oder dat he heft to sinem live dat he heft ghekreghen er de vorvestet wart: dat he aver seder ghekreghen heft dat he vorvestet wart, dar ne mach he ene nicht uppe heghen, he ne wille ene to rechte vore bringhen. Vader unde moder unde suster unde broder mach he alsus nicht heghen. Wu langhe he ok sine medinghe ghemedet hadde er he vorvestet wart, also langhe mach he ene ok dar uppe heghen.

Wert en vorvestet, wel de seder up sin eghen varen alse ime dat ledich wert unde dar uppe wonen, dat mach he don, dat vore sin was mit allem rechte er he den scaden dede: heft het aver seder ghekreghen, so ne mach des nicht sin.

Det en ene vredebrake unde wonet de in emme hus dat eme to pande ghesat is, dar mach he uppe bliven. Wanne aver dat van ime ghelöst wert, so ne mach he in der veste nicht leng dar inne bliven: ne wonede he ok dar nicht inne do he de vredebrake dede, so ne mach he dar seder nicht up varen to wonende.

Welk man vorvestet is unde in der veste det noch ene vredebrake, de ne heft nenne vrede in huse in hove in kerken noch in kerkhove.

Wanne de rat enne eren börghere vorvesten wel umme dat he in wederstrevich is, so scal en ratman oder en ere bode under de loven vor gherichte vraghen an enem ordele, wu de rat emme erem börghere volgen scole de en rechtes wederstrevich si: so vinde men to rechte dat men ene in de veste bringhen scole. So

12—24. D. IV. 21, 9—21 = B. III. 19, 16—18. 34—36. D. IV. 21, 22 = B. III. 19, 19.

2. to] one to F. 3. 4. deme bis upholden] den ver wenden nemende upholden de vorvestet is B. 6. sinen rechten tid f. B. allen si dar] wywol dat dar si C. 10. Ist] Isset E. 18. dat he bis live f. CF. 19. 20. dat bis wart f. B. 24. heghen] holden CF. 28. sin] gesin F. 29. Det] Begeyt B. 30. uppe] inne B. 30—32. Wanne bis bliven f. B. 39. de] der BCEF. an enem ordele f. B. 40. si] is D. 41. men to] men en to B.

scal men ene dar na mit ordelen umme den bröke in de veste bringhen, also dit boc hir vore sprict.

De rat ne mach nemanne velighen de vorvestet is ane des klegheres willen. Were aver dat dat ding also ghestalt were dat se emme welden vrede gheven dar it in düchte nütte wesen, unde nicht ne wisten we ene vorvestet hedde, deme scolde men bi namen mit der klocken under der löven vrede kündighen laten. Den vrede scolde men ine holden. Helde ine de kleghere up unde ne wiste nicht dat he vrede hedde, welde he sich des untscüldighen mit sinem rechte, so were he sunder bröke. Ok scolde he ine to hant ledich laten, wanne he dat vreschede dat he vrede hedde. Ne welde he aver des sich nicht untscüldighen dat he des nicht ne wiste dat he vrede hedde, so were dat en vredebrake.

De voghet ne mach nemanne dach gheven noch ledich laten ane des sakwolden willen.

Ok ne scal de voghet nemende ut der veste noch ut der overhöre laten ane des klegheres willen.

Wert en upgheholden de in mer vestinghe is denne in erre, dene ne scal de voghet nicht ledich laten, it ne si mit al der willen den he vorvestet is.

De voghet ne scal nemme utmanne der veste staden sunder des rades orlof, dat in utwendighem richte is gheschen.

Is an emme utmanne oder an emme gaste vredebrake oder scade gheschen in emme unser stat gherichte, dar mot de voghet wol der veste ane staden sunder des rades orlof, efte de broke sodan si dar der veste mede vorscult si.

Weygherde de voghet emme unsem börghere der veste, so ga he vor den rat: de scal eme dar to helpen, na den dinghen alse dat ghestalt is.

Nen voghet ne scal der veste in den lütteken richten staden, se ne si in dem richte erst over ghegan. Scüde aver en vredebrake in der lüttiken richte emme, so ne sculde de voghet doch der veste nicht staden, he ne hedde de gheladet to antwarde de dar umme beklaghet were. Ne queme he nicht vore alse he gheladet were, so sculde men eme volghen mit der veste wente men dar nene klocken lut.

In berhusen, dar veyle ber is, to deme tappen, dar de rude steket, dar mach men vervestede lüde unde overhörighe lüde wol upholden binnen den ver wenden unde vor deme tappen.

We vorvestet is oder in overhöre is, deme ne darf neman ant-

3. 4. De rat bis willen D. IV. 21, 23 = B. III. 19, 20. 16. 17. ſ. oben pag. 54, 14. 15. 18—20. D. IV. 21, 24 = B. III. 19, 21. 23—26. D. IV. 21, 25 = B. III. 19, 22. 37 — pag. 62, 4. D. IV. 21, 26—28 = B. III. 19, 23—25.

2. sprict] gesproken C. 4. were bis ghestalt were] were aver dat de ding also gheschapen weren B, weret aver also gelegen C. 7. kündighen] werken B. 11. vreschede] irfreschede C. 25. ane] umme B. 28. 29. alse dat ghestalt is] dat se ghestalt sin B. 31. richte] groten B. 32. in der lüttiken richte emme] in dem lutteken richte B. 34. were] weren B. queme he] kemen se B. alse he] alse se B. 35. eme] ene B. 36. lut] lot C. 38. steket] utsteket B.

warden in deme gherichte dar he inne vorvestet oder in overhöre is, he ne hebbe sich der scult untsculdighet.

En vorvestet man ne mach nicht tüghen in deme richte dar he inne vorvestet is.

Wert en man vorvestet unde kumt de to deghedinghen unde büt sune, he is dar mede unvorwunnen.

Welk vorvestet man sich mit dem kleghere vorliket, de wile he sich mit dem voghede nicht vorliket unde in sin recht nicht ghebracht ne is, so is he en vorvestet man.

Wert en bedingstadelet unde gheyt van ghérichte er he to rechte gan möte, de kleghere scal im dat röchte na ropen drye, dat it de horen de dar bi sin: so mach he ine vorvesten.

Of en man enne vorvestet unde de kleghere weder na vorvestet wert, de wile he vor ghérichte nicht komen ne mach, so scal sin neyste swertmach sine klaghe vulvörderen in siner stat mit vulleme rechte, de to sinen iaren komen si, efte he umme de selven scult weder antwarde: andere scult ne mach he van siner weghene nicht vörderen.

Wert en vorvestet unde wert besproken umme andere vredebrake, de scolde deme voghede unbeden, of he unsculdich were, dat men ime dar ghérichte leghede dar he komen möchte, he welde sich des untscüldighen: dat scolde men don in des hus oder anderswur dar he komen mochte. Volghede men aver ime uppe hanthaftigher dat unde worde begrepen, so ne mochte he sich nicht untscüldighen. Worde he ok beklaghet to deme voghede alse dat overnechtich were, dat scolde de voghet ime weten laten, dat he sich des untsculdighede of he welde unde möchte.

Were en vorvestet unde worde sin ervegut dar en binnen bekomeret oder anghespraket oder eme en pant wert upgheboden, de wile he vor ghérichte nicht komen ne mach, so scal he senden to deme voghede unde bidden dat men eme dat ghérichte lecgke dar he komen möghe: weygherde men eme des, so ne mach men dar nicht an don, de wile he dat tüghen mach, dat men eme des richtes weygherde unde he dar vor ghérichte nicht komen ne mach, dat eme to sinem rechte scaden möghe. Wanne he aver ut der veste kumt, so scal he vor ghérichte komen unde de sake untweren, oder he wert sines rechtes nedervellich.

Wel sich en dotslaghes oder kampordigher wunden untsculdighen, der he dar to hebben scal to sineme rechte, de scal ime de voghet velighen of se des bedörven, of se unvorvestet sin.

7—9. D. IV. 21, 29 = B. III, 19, 26. 13—27. D. IV. 21, 30—32 a = B. III. 19, 27—29. 28—37. D. IV. 21, 33 = B. V. 37, 34. 38—40. D. IV. 21, 36 = B. V. 37, 37; f. unten L. 526, 249.

10. 11. to rechte] van rechte A[a] C. 15. stat] stedde C. 17. antwarde] antwarden wille B. 17. 18. van siner weghene f. CF. 24. worde] worde he B. 28. Were en] Worde en man B. 34. richtes] rechtes C. 38. dotslaghes] eynes dotslaghes C. 39. der] de BF.

LIBER TERTIUS.

Van gherichte unde klaghe.

Wanne men ludet de ersten klocken to mettene to dem markede, so mach de bodel wol vore beden: unde wanne men de wechterklocken ludet allererst, so ne scal men nemende mer vore beden, sunder gheste.

Gheste mach men vor mettene unde na wechterklocken wol vore beden unde besetten.

De scultheten ne möten nenne börghere noch ere ghesinde wenne up dem markede vore beden.

De bodel ne mot vor der döre de to is nicht kloppen noch de klinken up don: kloppet aver en ander oder det de klinken up, mit deme mot he wol in gan unde vore beden.

In berhusen dar de rode steket, dar ne mach de bodel nemende vore beden wanne de de dar vore inne wonende weren er dat veyle ber worde to deme tappen.

Wene men in den berhusen vore beden mach, dene mach men ok vor deme tappen vore beden.

Wur danz is, dar mach men binnen den ver wenden vore beden.

In husen dar papen inne wonet unde werde inne sin, dar ne mach de bodel nicht inne vore beden.

In welkeme huse en pape wonet unde wert inne is, dar ne mach de bodel nicht inne vore beden. Heft aver en leye dar to eme inghemedet oder he mit eme in kost were umme sine penninghe mit deme silven papen, dene mach men vore beden binnen den ver wenden unde sin ghesinde unde gheste gut under en besetten. Andere lüde unde des papen brodede ghesinde ne mach men dar nicht vore beden noch under en besetten mit werlikem gherichte.

Worde en ghast vor den voghet gheboden oder vor den scultechten, welde he to hant antworden, dat scolde men van eme nemen: ne dede men des nicht, so scolde men deme kleghere dat weten laten mit deme scultechten oder mit deme bödele unde twen bederve man dar to nemen, dat he is nicht vorsaken möchte. Ne neme he denne sin antworde nicht, so ne dochte he nicht vore wesen, he ne lete ene anderwarve vore beden.

12—14. D. III. 2, 2 = B. II. 9, 1. 17. D. III. 2, 3 = B. II. 9, 2. 18—27. D. III. 2, 5 = B. II. 9, 4.

1. ludet] lodt C. 1. 2. markede] markte C. 3. wechterklocken] wachteklocken C. 4. sunder gheste f. C. 5. vor mettene] vor der mettene des morgendes C. 6. unde besetten f. C. 8. wenne] sunder AaCF. 13. wonende] wonhaft B. 26. werlikem] wertlikem CDEF. 33. dochte] dorffte C.

In ghemeynen stoven unde stofhusen ne mach men nemende vore beden denne de de dar plegliet to wonende.

Gheyt de bodel up der straten unde süt ene up dem venstere, dene mach he wol vore beden.

Is de bodel up enem venstere unde süt enne in der straten, dene mach he wol vore beden.

Is en venster so sit dat en bodel dar in sen mach, dat he dar nicht to ne stighe, wene he dar binnen den ver wenden süt, dene mach he wol vore beden.

Sprikt en, he si to unrechte vore boden, des scal he sich untscüldighen mit sineme rechte up den hillegliem: dar scal ine de voghet to velighen mit sinen boden, dat he sich untscüldighe.

Wert en man vore gheboden van mer lüden, bekant he des, he scal antwarden: bekant he des nicht, he det in allen umme dat vore beden en recht.

Is en vore'boden unde vorliket sich de mit dem kleghere er he vore kome, des scal de richtere staden: men scal it aver deme richtere kündighen er der dingtid dat it gheschen si: so blift he des sunder scaden.

Is en vore gheboden unde vorliket sich de mit dem kleghere er der dingtid, des scal de richtere staden unde scal it aver eme er der dingtid weten laten. Is it aver de andere klaghe oder de dridde, so behalt der richtere sin recht an sinem wedde.

Wert en des morghenes vor den scultechten gheboden, de scal vor middaghe vore komen. Wert he dar na middaghe vor ene gheboden, so scal he vore komen wanne men to der marketkerken nassang lut. Wert he na nassanghe vore boden, so scal he bi schinender sunnen vore komen. Wert he na schinender sunnen vore boden, so scal he des anderen daghes vor middaghe vore wesen.

We vore boden wert van deme bödele oder van deme scultechten oder wilköret vore to komende, ne det he des nicht, he mot dar umme wedden unde dene mach men in overhöre bringhen.

Of en nicht vore ne kumt de vore boden is, de mot deme richtere wedden. Ok mot de wedden de ene hevet laten vore gheboden unde selve nicht vore ne kumt.

Wert ok en vore gheboden unde kumt he vor ghērichte unde sprikt, de man heft ene laten vore gheboden: wanne de kumt, deme bekenne ek disser scult: des ne darf de kleghere nicht liden, he ne kome ime vore to rechter tid dar he to antwarde si. Welde de kleghere unde de voghet aver des mit willen staden, dat moghet se don.

1. 2. D. III. 2, 4 = B. II. 9, 3, 3—6. D. III. 2, 9 = B. II. 9, 8. 10—23. D. III. 3, 2—4 = B. II. 10, 1—4. 30—32. s. oben pag. 52, 3—5. D. III. 3, 1 = B. II. 10 pr. 33—35. D. III. 3, 6 = B. II. 10, 6.

7. so sit] also syde C. 8. to ne stighe] en dorve to stigen C. 21. er der dingtid] er he vore kome F. unde] men F. 22. weten laten] to wetene dun B. 25. na] na to C. 27. nassang] nachtsangk B. lut] lödt C. 29. vor] to vor F. vore wesen] vorkomen A[a]CF. 36. vor kumt hat ADE ne, welches BCF fehlt. 37. ene] me A[a]F, mek C.

We vor deme voghede vor gherichte wesen scal, de scal dar vor middaghe wesen: kumt he aver na middaghe, so mot he dem voghede wedden. Cumt he ok vor middaghe unde heft de voghet dat richte upgheseghet unde de kleghere dar heft ghewesen, so scal de voghet na deme kleghere senden.

Wert en vore gheboden van enes mannes weghene de de van der stat weghene ute is, dene mach en sin vrunt oder sin knecht umme de scult wol van siner weghene beklaghen, wente de kleghere in des rikes deneste is, oder de voghet scal eme beden, wanne iene to hus kome, dat he eme denne antwarde.

We vor gherichte wesen scal, of ene de rat ut sant van der stad weghene, dar ne brict he nicht an, wente he in des rikes deneste is, efte he vor ghekome wanne he to hus kumt to der neysten dinghtid unde men dat deme kleghere vore weten late.

Wert en man vore gheboden unde ne kumt he nicht vore, unde kumt he in overhöre unde ghet up en hus, eschet de sakwolde dat he de scult benöme, dat scal he to rechte don.

Scal de bodel in emme huse wat besetten, so mot he wol kloppen oder de klinken up don: to der stunt ne scal he aver nemende vore beden.

Wanne men to storme lut dat men vor de dör to der were komen scal, dar ne scal men up der reyse ut noch in nenne overhörighen man upholden noch nemende vore beden, oder alse men to storme lut to vüre to komende.

Ne mochte men ok des scultechten nicht hebben wanne man enne gast besetten oder panden welde, so mach it de bodel don.

In den richten over deme watere dar scal de voghet oder sin bödel besetten: ne möchte men aver der nenne hebben, so scolde dat de sculteclite don. Sculdighede men dene kleghere oder den sculterhten dar umme, welde de kleghere sich des untsculdighen dat he den voghet noch den bodel nicht hebben ne mochte, dar mede ledighede he sich unde den scultechten oder den voghet oder den bodel, of de ime helpet.

De scultechte scal pant upbeden unde vrede werken, unde nicht de bodel.

Weygherde de scultechte emme rechtes, des scal de voghet richtere sin: weygheret de voghet emme rechtes oder der lütteken vöghede en, dat scal men soken an deme rade.

De gheystlike richtere scal papen unde klosterlüde gut besetten: ne welde he aver des nicht don, so scolde dat de werlike richtere don.

1 — 5. 𝔇. III. 3, 7 = 𝔅. II. 10, 7. 6 — 14. 𝔇. III. 3, 5 = 𝔅. II. 10, 5. 21 — 24. 𝔇. III. 3, 8 = 𝔅. II. 10, 8. 25 — 33. 𝔇. III. 4, 1 = 𝔅. II. 11 pr. 39. 40. De bis besetten 𝔇. III. 4, 2 = 𝔅. II. 4, 1.

5. na] wedder na C. **11. 12.** van der stad weghene f. B. 13. ghekome] gerichte kome A^{a} C. wanne] wente B. 19. 20. to bis beden f. C. **24.** wure A, füre CF. 25. des] den E. 33. helpet] hilpt C. **40. 41.** ne welde bis don durchstrichen A, f. BCF.

En gast ne mach den anderen gast nicht besetten; orlovede aver dat de rat, so mochte dat wol sin.

In enes woltwerchten huse noch hove ne scal men ire werklüde noch kolmestere besetten noch bekomeren: in anderen steden mach men in dat so wol don alse anderen lüden.

Wert under emme enes gastes gut besat unde ne wel he dar nicht vore stan unde wel he deme dat antworden de dat under eme besat heft, ne wel he des nicht nemen, so ne darf he nene not dar umme vorbat liden, of he dat betüghen mach dat he dat nicht nemen ne welde, do men eme dat bot to antwardene.

Under weme wat besat wert, des heft he dach verteyn nacht unde ne mach dar vore nicht inne sitten.

Is en gast emme unsem borghere sculdich, kumt sin meygher in user stat gherichte, de sines herren gudes wat bi sich oder in sinen weren hedde, dat mochte man under eme besetten, oder sin herre moste dat untweren.

Ener vrowen kledere de se umme unde ane heft, de ne mach men nicht besetten umme eres mannes scult noch eres selves: wat se aver anderes dinghes heft, dat besat men wol vor ere scult oder eres mannes, of se gheste sin. Ok ne darf se um eres mannes scult nene not liden de wile dat he levet, se ne hebbe de silve ghelovet.

Bringhet en gast sin gut in en wöste hus dar nen wert inne ne is de dar van antwarden wille of dat dar inne besat wörde, deme gude scal de kleghere volghen mit rechte, liker wis alse up der straten.

Were en gast emme unsem borghere wat sculdich unde besette de borghere enes anderen gastes gut in deme wane dat he wunde dat dat gut sin were de eme sculdich were, unde he dat irworve mit der stat rechte van deme under deme he dat besat hedde, dat ne scadet deme nicht des dat gut is, of he binnen den neysten verteyn nachten alse dat besat were nicht nntworre. Wenne he aver queme, so scolde men staden dat he sich to sineme gude toghe alse recht is.

Besette en enes gastes gut unde welde de gast antwarden vor sin gut, weygherde des de kleghere, so scolde men eme beden bi dem sultechten oder bi dem bodele dat he vor gherichte queme: ne dede he des nicht, so scolde men deme gaste sin gut untsetten: ne wunde men sin nicht, so scolde men eme dat kündighen to huse unde to hove: of he denne binnen daghe unde nacht nicht vor gherichte ne queme, so scolde men dat gut untsetten, of he hir to hus were. Ne were ne hir to hus nicht, wanne he to hus queme, so scolde men don alse hir ghesproken is.

1. 2. 𝔇. III. 4, 3 = 𝔅. II. 11, 2. 6—12. 𝔇. III. 4, 4 = 𝔅. II. 11, 3. 13 — pag. 67, 13. 𝔇. III. 4, 5—11 = 𝔅. II. 11, 4—10.

2. mochte dat wol sin] mochten se dat yo denne wol don C. 9. dar umme] mer B. 13. sculdich] wat sculdich C, 21. levet] an dem levede is C 24. wille BCF, willen ADE. 28. wunde] wonede B, meynde C. 29. de eme sculdich were f. A a C. 32. untworre] entworen C, untvoren F. 39. wunde] vunde B, funde C. 40. nicht f. B. 41. ne f. B. 41. 42. of he hir to hus were f. C.

Wert under emme unsem borghere enes gastes gut besat, of eme de gast dat gut untvernet mit ghewalt oder düfliken oder en ander, des blift he sunder scaden efte he sin recht dar to do dat it ane sinen dang unde ane sinen rat gheschen si. He scal aver deme volghen mit rechte de eme dat heft also untvernet, deme dat to hulpe de dat under eme besat hadde, of he dat wet we dat heft ghedan.

Besat de scultechte wat in emme hus, al ne were de dar nicht ieghenwardich under deme dat besat wörde, dat ne scadet nicht. Vorsöke de aver der besettinghe under deme dat besat were, hedde de scultechte twene man to sich to tüghe, dat he dar to huse unde to hove ghekündighet hedde, so mochte he der besettinghe nicht vorsaken.

Veret en van hennen van scult weghene, de wile he sich anders wur nicht neder ne let to wonende, unde ene de rat vor eren borghere vordeghedinghet, so ne mach men ime des sines nicht besetten. Hedde he aver ervegut unde welde he dat vorköpen unde unsen börgheren den he sculdich were nicht afghelden manlikeme na siner marktale, des ne scal men nicht staden. Lete he sich aver anderswur neder to wonende, dat ine de rat vor nenne borghere vordeghedinghede, so mochte men sin gut wol besetten. Wat he ok hedde van ervegude, dar mochte men den tins alle iar af nemen bente de scult unsen börgheren al vorgulden wörde.

Veret en unse borghere en wech unde let he wif unde kindere hir unde deyt he doch börgheres recht, des gut ne mach men nicht besetten, de wile ene de rat vor borghere hevet.

Let en borghere emme anderen borghere en pant upbeden vor gherichte, dat scal he ime to rechte holden dre daghe er he sich des late vrede werken.

Let en börghere eme gaste en pant upbeden, he scal it ime holden verteyn nacht.

Let en gast emme unsem börghere en pant upbeden, dat scal he holden verteyn nacht er he sich des late vrede werken.

Let en iude emme börghere oder emme gaste en pant upbeden, he scal it ime holden ses weken unde dre daghe er he sich des vrede werken late.

In allen steden binnen sime gherichte mach de scultechte pant upbeden, sunder in kerken unde up ghewigheden kerkhoven. Dat selve mach men in anderen richten don.

Scal en emme gaste en pant upbeden, dat scal men don in der herberghe dar he pleghet in to wanderende. Ne wet men siner herberghe nicht, so scal men dat upbeden under der löven alse men de klocken lut.

4. siner rat AD. 5. dat nach deme f. B. 8. 9. al ne bis ieghenwardich] wywol de dar nicht ieghenwardich en were C. 15. let] lecht BC, leid E. 18. 19. manlikeme] iszlikem C. 19. Lete] Leget B, Leyde C. 23. bente] went B, wente dat C, wente D. 24. unse] user B, unser CE. 26. hevet] holt C. 27—29 f. B. 28. hinter scal f. he AA^a E, CDF haben es. 38. ghewigheden] ghewieden B. 39. men in] men ouch in B, men ok in E. 43. lut] lot C.

Is emme en pant ghesat unde ne wel he des nicht to losene gheven, dar ne mach he nicht vore inne sitten; it ne were dat he dat na der stat rechte irworven hebbe.

Lost men van emme en pant unde ne wel he des nicht weder gheven, dar ne mach he nicht vore inne sitten: wel he aver des sich untscüldighen dat it nicht ghelost ne si, dar scal ine de voghet to velighen dat he sich des untscüldighe.

Heft en en pant dat he heft weder ghelovet to antwardene wanne dat van ime lost werde, dat ne mach men under eme nicht besetten.

En pant dat en in sinen weren heft, dar mach he sine scult up beholden, of he dat mit sineme ede beholde dat it ime dar vore to pande si ghesat.

Scal en up en pant scult beholden der men eme vorsaket, de scult scal he vore beholden. Wanne he de beholden heft uppe den hilleghen, so scal men eme de scult bereden stander stede.

Scal men emme borghere en pant upbeden des men nicht vinden ne kan, so scal men nemen den richtere unde twene bederve man unde scal eme dat pant upbeden to huse unde to hove dar he pleghet to wonende: so ne mach he des upbedenes nicht vorsaken.

Det en en recht pant, of dat dar binnen sterft oft it ve is, des blift he ane scaden de dat heft ghepandet, efte he dar sin recht to do dat ime van siner weghene nicht arghes gheschen ne si unde he dat in plaghe ghehalden hebbe alse it billich si.

Pandet en ve oder perde oder swine, den scal he pleghen erer nottorft an etene unde an drinkene unde an stallinghe. Ne dede he des nicht, wat sich denne dat ergherde, den scaden möste he irlegken alse recht is. Wanne men ok dat lost, so scal men de kost ghelden de it heft vordan.

Wes ve oder perde oder swine en pandet in sineme korne oder hechgrase, dat hovet vor ses penninghe mach he bescatten. Hevet it aver mer scaden dan, dene irleghet men uppe recht oder men untseghet ine mit rechte.

Sterft ve oder perde dat men vore bringhen scal, men bringhe de hut vore unde si ledich: is dat aver bi ghelde bescheden, dat mot men lesten. Is ime aver mit vrevele wat gheschen dar it van ghestorven oder gheergheret si, dar mot men umme antwarden.

Welde de richtere enes gastes gut upholden, oder de bödel, of men des richteres nicht hebben ne möchte, unde welde men eme

26—30 s. oben pag. 43, 10—14. O. II. 8, 3 = B. II. 5, 2. 31—34 s. oben pag. 43, 5—9. O. II. 8, 2 = B. II. 5, 1. 39 — pag. 69, 2. O. III. 4, 15 = B. II. 11, 14.

1. nicht] nicht weder B. 3. hebbe] hedde BC. 8—10 f. A[a], welche diese Stelle erst am Ende des Buchs hat und hier dahin verweist; s. unten L. 526, 263, wo ABDE, nicht aber CF diese Stelle wiederholen. 11—13 hier A[a]BCF und corr. A, vor 8 ADE. 16. stander] standender B. 22. Det] Het E. hinter pant fügt hinzu van sek C. 25. billich si] bilk unde recht sy C. 29. lost] löszet C. 35. 36. is dat bis lesten f. B. 35. lesten] leysten CE. 37. dat it A.

dat weren mit ghewalt oder mit anderem unrechte, of men dat werede dat des nicht scude, dar ne dede men neu unrecht an.

Deyt en waghen scaden oder tred he en quek, men mach den waghen upholden ane ghérichte uppe der vart.

We erst klaghet, deme scal men erst richten.

Wes en den anderen sculdighet vor ghérichte, des scal he bekennen oder versaken.

En werlik minsche de nemme gheystliken prelaten horsam ghedan ne heft, de scal antwarden vor werlikem ghérichte wes men ene sculdighet.

Is en in dem banne, deme scal men doch antwarden vor ghérichte, it ne were dat ine de rat van des bannes weghene vorwist hedde.

We vorvestet is oder in overhöre is, deme ne darf neman antwarden in deme ghérichte dar he inne vorvestet oder in overhöre is, he ne hebbe sich der scult untsculdighet.

Wu manighe scult men emme ghift vor ghérichte to ener tid, der aller scal he sich untscüldighen mit emme rechte.

Vorderet en scult vor ghérichte, de scal spreken wur vore oder wur af de scult si, of men dat eschet.

Welk man den anderen sculdighet umme scaden, de scal spreken wur af dat si, of men dat eschet: de wile he aver des nicht benömt, so ne darf he ime nicht antwarden umme den scaden.

Nen leye ne scal den anderen vor gheystlikem richte vorklaghen.

Welk unse borghere enne anderen unsen borghere vor gheystlikem richte vorklaghet, dat scal he dem sakwolden unde dem rade irlegken unde ne mach dar vore nicht inne sitten. Wat he ok eme mit gheystlikem rechte beswaret, dat mot he weder don unde deme voghede dar umme wedden.

Vorspreke scal sin iowelk dinghplichtich man.

Wat en selve sprikt vor ghérichte dat van dem richtere unde dinghlüden behort is, dat ne mach he nicht wederspreken: dat aver sin vorspreke sprikt, dat mach he wol wederspreken. Des he aver an sines vorspreken wort gut, dat ne mach he seder nicht wederspreken. Sprikt ok de vorspreke wat dat he nicht weder ne sprikt, dat ne mach he seder nicht wederspreken.

Wilköre brickt recht, des men mit deme richte unde dinglüden vulkomen mach.

Wes men mit ghérichte unde dinghlüden vulkomen mach, dat

3. 4. s. oben pag. 40, 40. 41. 8—10. O. III. 8, 1 = B. II. 15 pr. 11—13. O. III. 8, 3 = B. II. 15, 2. 14—16. s. oben pag. 61, 40 — pag. 62, 2. O. IV. 21, 27 = B. III. 19, 24. 24. O. III. 8, 2 = B. II. 15, 1.

1. unrechte] rechte E. 2. scude] schege C. 3. tred] treddet C. 4. uppe der vart f. C. wart A, vart Aa BCDEF. 8. werlik] wertlik CEF. minsche] mensche B. 12. vorwist] vorvestet C. 17. hinter scult fügt hinzu dar E. 19. hinter en fügt hinzu welke C. 20. of] dat E. 22. dat si] de si C. 26. dem sakwolden unde f. CF. 30. scal] dat scal C. 32. behort] ghehort E. 32. 33. dat aver bis spreken f. B. 33. Des] Wes E. 34. wort] werd E. gut] guth B, geyt CF. 35. 36. Sprikt bis wederspreken f. B.

mot men liden, men ne moghes sich untreden mit richteren unde dinghlüden.

Umme welkerhande gut en den anderen scüldighet, of he des bekant unde ne mach he des nicht hebben, so scal it de kleghere werdighen also gut alse dat was. Dene men darumme vorklaghet, de ghift deme kleghere also vele alse it wert was, unde do sin recht dar to dat it nicht betere ne were, unde si des los.

Neman mach des anderen scult vörderen mit gherichte, he ne si von deme kleghere to vormunden ghekoren unde wille weder vor ine antwarden. Kumt aver enes gastes ware bode, deme mot men antwarden, efte he vorwissene dat de weder antwarde na rechte van des weghene he klaghet.

Sculdighet en enne umme scult, der scult mach he en iar dach beholden unde nicht leng uppen hilleghen, of ime de mit willen ghegheven is. Mach men aver des mit gherichte vulkomen dat he eme leng ghegheven si, des mot men staden.

Wert en beklaghet vor gherichte umme scult in den ghebundenen daghen, wel de der scult dach krighen mit sinem ede, dene edh scal he don al to hant vor gherichte, of men dat eschet.

We up den anderen scult beholt vor gherichte up den hilleghen oder mit tüghe irwerft, dat scal men bereden stander stede, oder men scal dene dar vore deme kleghere antwarden up dene de scult beholden is; it ne si dat de scult also beholden oder betüghet werde dat men ere leng dach hebben scole.

Wat en mit rechte vor gherichte irwerft, dar umme ne darf he nene not umme liden in emme anderen gherichte, noch in deme selven.

Wert en man gheantwardet vor scult eneme vor gherichte oder ine in der overhöre uphalt, dene scal he halden mit spise ghelik sinem ghesinde. Mit ener helden mach he dene spannen: nicht to kolde, nicht to warme noch to nate scal he ene setten. Störve he dar en binnen oder scüde eme scade an siner macht, des blift he ane scult, of he sin recht dar to do dat he nicht ime to arghe ghedan hebbe, men ne möghes ine overwinnen. Untlopt he dar mede, he ne wert der scult nicht ledich: sine kost mot he ok ghelden.

Wert en gheantwardet vor scult van richtes halven, spant he dene oder nimt he dene mit sich in sin beholt, wanne he sich vorliket, so scal he ene orveyde loven unde sweren al den de dar mede begrepen sin.

3—27. D. III. 10, 2—7; s. B. 28—36. s. oben pag. 64, 31—39. D. III. 9, 3 = B. II. 16, 2.

4. bekant bis hebben] nicht hebben ne mach B. 6. wert] werdich C, vore E. 11. vorwissene] vor wisse C. weder f. B. 12. van bis klaghet f. B. 13. en] me C. 15. vulkomen f. C. 16. he eme leng] eme lenger B. 19. he] men B. al to hant] to handes B. dat] dene B. 21. irwerft] erwarfft E. hinter bereden fügt hinzu myt D. 24. ere] irer B. 35. der scult f. B. 37. richtes] rechtes F. 39. loven] loven laten B.

Wert en emme gheantwordet mit ghérichte vor scult oder holt he ene up in der overhöre, dene ne scal he nicht setten up enne gangh oder swinekoven dar it stinke, eme to lastere. In reyne stede scal he ene setten. Wanne ok siner vrunde welk to eme wel gan, des scal he staden. Ne were he dar nicht to hus, sin wif oder sin ghesinde scolden des staden: weygherde men des, so scolde men dat eschen mit ghérichte: weygherde men des denne, so moste men dar umme wedden unde buten also dicke alse men des weygherde. Der anderen eschinghe scolde men aver warden io wente in den anderen dach. Ne were he nicht hir to hus, sin wif oder sin ghesinde scolden dar vore antwarden, de men dar umme sculdighede.

Is en twyerleye scult sculdich oder dryerleye, beret he des wat, dat steyt an ime van welker scult he dat rekenen wille, unde nicht an deme dem he sculdich is oder de se hevet untfanghen.

Wert en man borghe umme scult unde bekant unde maket dach, sterft de man dar binnen, de kindere motet de scult ghelden unde beholden den dach.

Wert ok eyn man borge vor schult unde worde deme rechten sakewolden dach gegeven an des borgen wisschup unde vulbord, so ys de borge des loffles los.

Wert en man ghesculdighet dat he nicht en holde dat he ghelovet hebbe in sinem breve, vorsaket he des ingheseghéles, unde sprikt it ne si sin nicht, de rede si eme unwitlik, he ne hebbe des breves nicht ghegheven, der scult mach he sich untsculdighen mit sines enes hant. Bekant he aver des ingheseghéles unde sprikt he bekenne des, it si sin, it si aver ane sinen willen unde witscap an den bref gehengt, he ne si der scult nicht sculdich, he ne hebber ok nicht ghelovet, der scult mot he sich untsculdighen selve dridde unbesprokener lüde up den billeghen. Bekant he aver ok des breves unde des ingheseghéles, unde sprikt de scult si beret, des mut he vullenkomen na unser stat rechte mit ghérichte unde mit twen mannen. Na lantrechte aver vulkumt he des wol selve dridde guder lüde de dat saghen unde borden dat he vorgalt. *Welde eyn ok synes ingesegels vorsaken unde mocht men denne breve bringen de mid deme sulven ingesegele besegelt weren unde loven gedan hedden, dat men bewisen konde, so en mochte he des ingesegeles nicht vorsaken.*

1—12 s. oben pag. 54, 40 bis pag. 55, 8. D. III. 9, 3 = B. II. 16, 2. 13—18. D. III, 10, 8. 9 und III. 12, 1—4; f. B. 16. s. oben pag. 7, 15. 22—34. D. III. 11, 1. 2; f. B.

1—12 f. CF, welche nach pag. 54, 40 — pag. 55, 8 zurückweisen. 5. hinter sin wif fügt hinzu unde sine kindere eder sine kindere B. 9. warden] waren E. warden io] io warden B. 11. de men] offe men de B. 13. oder dryerleye f. B. 14. van] an B. rekenen] bereden B. 16. unde] unde des C. 19—21 AA^aDE, AA^a von neuerer Hand; f. BCF. 20. wisschup] witscap D, witschupp E. 29. hebber] hebbe ir B, hebbe der C, hebbe EF. 31. unde des ingheseghéles f. B. 35—38 AA^aDE, AA^a von neuerer Hand; f. BCF.

Is en man scult sculdich dar he sinen bref up ghift, oder dat de voghet beseghelet dat he der scult bekant hebbe in richtes stat, wert he na dar umme sculdighet unde bekant he sines breves oder wert he des vortüghet mit des voghedes breve unde mit dinghlüden, vor de scult ne mach he nicht inne sitten unde de voghet mach ene dar vore panden mit des rades orlove in sinem hus. Ne vint he aver uppe dem sineme nicht to pandene, so mach de richtere ene selven deme kleghere antworden vor de scult; beieghende he ok ierghen deme kleghere up der straten in user stat gherichte, dar mochte he ene wol upholden ane den richtere unde vor gherichte bringen to antworde, of he dat also ervolghede also hir vore bescreven is.

Wert en man beklaghet vor gherichte umme scúlt, unde sprikt de beklaghede man: ich was de scult sculdich, de hebbe ich ghegulden; dar mede ne mach he sich nicht ledighen, he ne hebbe des dat gherichte to tüghe dat he de scult vorgulden hebbe: oder he scal sunder bekantnisse sich der scult untsculdighen up den hilleghen.

Wert en ghesculdighet vor gherichte, unde sprikt de beklaghede man: ich bekenne des mit dissem underschede, unde benömt wudanwis dat underschet si, unde sinen ed dar to do dat it also si, des scal men eme ghelöven, men ne moghes ene overtüghen alse recht is: he ne mach aver der dinghe dar men ene umme beklaghet nicht leng dach krighen mit sinem ede denne en iar, it ne si bescheden des he vullenkomen möghe alse recht is. Also scal sich ok en untsculdighen dat he den kop anderes nicht ghekoft ne hebbe, of men ene dar umme to unrechte sculdighet.

Of men enne wes sculdighet des he sich untreden wel, dene mach de voghet vor sich velighen mit dem bodele, of he wol in overhöre were. Is he aver vorvestet, so ne mach he des nicht don.

Of de voghet enne velighet umme scult der he sich untsculdighen wel, of he der scult bekant al oder en del, so is de velicheyt ute.

Uppe en hus dat enne hof hevet unde unbekomeret is unde dar ok nicht af ne gheyt denne de wortpenninghe, dar mach men de ersten unde de anderen klaghe van gherichte up gan, de dridden aver nicht.

We en hus heft binnen der müren to Goslere dar he enne vorvesteden man up borghen mach, in welkeme richte dat lit, he mach doch dar up in dem anderen gherichte gan uppe sine dre daghe. Ok mochte he enne vorvesteden man in deme anderen gherichte dar up borghen unde mochte dar up in overhöre gan.

1—12. 𝔇. III. 11, 3, f. 𝔅. 13—27. 𝔇. III. 13, 12 = 𝔅. II. 17 pr. 1.

6. vore] umme E. orlove] orkunde B. 11. ervolghede] vorvolghede C, irvolge F. 15. ledighen] untsculdegen B. 16. scult f. C. 17. 18. up den hilleghen f. B. 22. overtüghen] verwinnen B. 23—25. he ne bis alse recht is f. B. 27. to f. C. 28. wes f. C. 29. 30. in overhöre were] in ener overhöre is eder were B. 34. Uppe en] Is eyn C. 35. denne de] denne alleyne de C. 38. to Goslere f. CF.

Worde ok dit alsus in emme anderen ghérichte beworren, so scolde de voghet in des richte dat hus lit, deme anderen voghede unde deme kleghere helpen, wanne des tid were also dit bok sprikt dat recht si.

En mach nicht van gherichte gan up en hus, dar de klaghe an den hals gheyt.

Iowelk hussittende man scal des iares to dren echten dinghen komen.

Dries in deme iare scal men echte dingh sitten, unde vor middaghe. Wanne men ok dat sitten scal, so scal de scultechte vraghen an enem ördele, of de tid si dat he en echt dingh heghen unde sitten möghe under koninghes banne: so vinde men to rechte, dat he möghe wol. Wente he ghewalt hebbe, so spreke de scultechte: alse mi to rechte vunden is, also heghe ich hir en echt dingh under koninghes banne, unde vorbede bi koninghes banne al unrecht unde unlust. Seder mach mallik eschen mit rechte wat he dar to eschende hevet.

Vormit sich en vor gherichte to komende unde ne mach he van echter not, so scal se sinen boden to deme richtere sinden unde echten not scheneghen. Ok mot he dat mit sineme rechte vorstan dat dat also were, of men dat van ime eschede: ne dede he des nicht, so dede he unrechte. Were he aver ghevanghen oder sek, dat he sich nichtes vorsunne oder nenne boden senden ne mochte, dar bleve he unghevaret mede, of he sin recht dar to dede dat it also were.

Vier sake sin de echte not hetet: sükedaghe, vangnisse, pelegrimaze buten landes, des rikes denest dat deme manne gheboden were oder van des rades weghene in des rikes bederf. Scüldighet men aver enne dat he an dissen dinghen vreveliken hedde ghedan, des scolde he sich untsculdighen mit sineme rechte.

Wert emme en dinghtid bescheden vor gherichte, welde he denne bedevart varen unde sich dar mede untsculdighen wolde of he nicht to der dinghtid vore ne queme, des ne scal nicht sin, he ne bedeghedinghe dat vore mit vulbort.

Wert en beklaghet unde wel de beklaghede man ienen weder vorklaghen, des ne mach he nicht don, he ne si allererst van ime mit rechte komen. Wel ok de kleghere sine sculde entelen kla-

18—34. D. III, 7 = B. II, 14. 35 — pag. 74, 6. D. III. 13, 4 = B. II. 17, 3. D. III. 15, 1 = B. II. 19 pr. D. IV. 39, 1 = B. IV. 10 pr.

2. richte] an gherichte B. 12. möghen A, möghe BCDEF. 13. Wente he] Nach deme alse he de C. 14. mi] mek hir C. vunden] gefunden C. ich] ek B. 15. under] bi F. al] alle C. 18. Vormit] Vormet C. 19. van echter not] von gerichtes weghene B. hinter not fügt hinzu dar nicht komen C. to f. B. sinden] senden BCDF. 20. mit f. E. 23. sek bis vorsunne] also gewant dat he sek nicht vorsynnen konde C. sich bis oder f. B. 25. hinter also fügt hinzu dar umme C. 26. 27. pelegrimaze] pelgrimaze B, pelegrematze E. 28. bederf] denste were B. 32. bedevart] bedevarde B. 34. bedeghedinghe] bedinge C. 36. 37. van ime bis komen] mit ieneme vor gherichte komen eder von eme mit rechte ghekomen B. 37. entelen] entlene B.

ghen, enes daghes ene, des anderen daghes de anderen, uppe dat he ieneme sine wederklaghe mede lettede, dat is unrecht. Eschet de beklaghede man dat iene sine sculde al benömede de beklaghet sin, dat scal he don. Wanne he dere af kumt, so mot iene ime weder antwarden. De he ok dar vorswighet, dar ne darf he nicht umme antwarden, he ne hebbe ime weder gheantwardet.

Wel ok de kleghere sine klaghe vortoghen, uppe dat men ene nicht weder vorklaghe, so mach de beklaghede man ienen dar to dwinghen mit gherichte dat he van ime neme dat recht si. Ne wel he des nicht don, so moste he dem beklagheden manne doch antwarden.

Wert en vorklaghet vor gherichte unde wel he den kleghere weder vorklaghen stander stede, so mot he sin recht dar to don dat it nen wederwrake ne si, of men dat eschet. Wert aver de klaghe overnechticht, so ne darf men des nicht don.

We den anderen sculdighet dat he to unrechte unde mit vrevele unde mit vorsate gheweygheret hebbe vor gherichte to komende uppe sinen scaden; bekant hes, he mot dat wederdon, oder he mot sich des untsculdighen.

We vor gherichte is dem de richtere drie but to antwardene, ne det he des nicht to dem dridden male, so mot he deme richtere darumme wedden. Is he ok umme vredebrake beklaghet, so scal eme de richtere na dem wedde to dem verden male beden dat he antwarde na rechte: ne det he denne des nicht, so mach ene de richtere angripen unde de sakwolde unde dwinghen ene to rechteme antwarde, oder andere lüde van des richteres hete.

De kleghere unde uppe dene de klage gheyt moten wol umme iowelke rede der achte bidden: de scal men ene gheven. Deme aver de klaghe an den hals gheyt, de scal vorwissenen weder van der achte vor gherichte to komende.

We nicht wis noch ne is, de mot borghen setten sine klaghe to vulvorderende. Ne hevet he der borghen nicht, de voghet scal ine beholden umme ene vredebrake.

Is en beklaghet vor gherichte dar de klaghe an den hals gheyt, ne wolde de beklaghede man nicht vorwissenen dat he ut der achte weder vor gherichte köme, so mot ene de kleghere unde sine vrunt wol bewaren dat he en nicht undkome, oder des richteres knechte oder andere lüde van des richteres orlove.

We vor gherichte beklaghet wert unde he dat mit ordelen irwerft wanne he van deme kleghere komen si dat he eme weder antwarde, ne det he des nicht, so mach he eme mit rechte volghen liker wis alse he eme van gherichte untgan were.

20—26. D. IV. 45, 18 = B. IV. 16, 14. 39—42. D. III. 15, 3 = B. II. 19, 2.

2. lettede] lenge B. 3. beklaghet] bedaghet A^aCF. 4. dat scal he don f. E. dere] der aller B. ime f. B. 7. vortoghen] vortöchen C, vortagen F. 8. ienen dar] ienen yo dar C. 23. verden] virdde F. 26. hete] geheite F. 31. wis] gewisse C. noch] ghenoch B, nuch F. setten A[a]BCDEF, stetten A. 38. orlove] weghene B.

Gheyt en in overhöre up en hus, kumt de vor gherichte, de mot antwarden wes men ine sculdighet: mer de voghet ne mach ine nicht anspraken binnen iar unde daghe umme de overhöre dar he umme up sin eghen gheyt: de sakwolde si dar ieghenwardich unde klaghe up ine: so mot he dem voghede unde dem sakwolden antwarden.

Gheyt en in overhöre unde wel de antwarden, de ne mach van gherichte up nen hus gan uppe sine dre daghe.

Wert en bedingstadelet unde gheyt van gherichte er he van rechte gan mote, de kleghere scal ine dat röchte na ropen drie, dat it de horen de dar bi sin: so mach he ine vorvesten.

Van welkeme gherichte en man vreveliken gheyt, wanne he bedingstadelet is, in deme gherichte mach men dene vorvesten unde anders nerghen umme de sake.

We vor gherichte bedingstadelt is, gheyt de van gherichte er he to rechte gan möghe, ropt eme de kleghere dat gheröchte drie na, so mach he ene des anderen daghes vorvesten. Kumt he aver weder vor gherichte to antwarde er der veste, so scal men sin antwarde nemen: he mot aver deme voghede wedden unde deme kleghere sine bute gheven. Ne heft aver ene de kleghere nicht bescryet, so mach men ene in overhöre bringhen unde nicht vorvesten. Ne were he ok vor gherichte in de dingbanck nicht komen, so ne trede dat nicht wanne up de overhöre. Trede aver de klaghe an den hals, so mochte men ene vorvesten to hant, alse he to rechte nicht vore komen ne were.

We sin gut in de stat bringhet unde nicht ne koft noch vorkoft, de is tollen los: wat he aver vorkoft oder koft, dat mot he vortollen.

Wert en man ghescüldighet dat he den tollen vreveliken to unrechte beholden hebbe, des scal men sich untscüldighen uppe den hilleghen: bekant he aver des oder holt men ene up mit dem gude dat unvertollet is, so scal he deme voghede ine achtevolt ghelden unde ime vor iowelken lutteken penningh sestich schillinghe wedden luttiker penninghe.

Wur lüde lovede to samene untfat, lestet man dat deme sakwolden, men is van in allen ledich unde los: trit it aver se alle ghelike an, men mot in allen ghelike lesten, it ne si to voren bescheden weme men dat lesten scole.

Ne welde men den voghet oder de scultechten up de were nicht laten recht to vorderende oder dat se to rechte don möchten unde scolden, so scolde he de neybere dar to nemen oder andere gude lüde unde in de venstere stighen oder over de müren, oder

1—8 s. oben pag. 53, 22—30. 9—11 s. oben pag. 62, 10—12. 15—20 bis gheven O. III 15, 4 = B. II. 10, 3. 26—34. s. oben pag. 40, 13—21.

1—8 f. CF, welche nach pag. 53, 22—30 zurückweisen. 4. si] ne si A^a B, de si E. 9. bedinstadelet A. 9. 10. van rechte f. B. 12. gheyt] ghet B. 24. to hant] al to hant B. 27. tollens lohs F. oder koft f. B. 27. 28. dat mot he vortollen] dar mot he vore tollen B. 32. dat unvertollet is f. B. 33. lutteken f. F. 35. lovede] gelövede C. untfat] entfangen C. dat] dat to E. 36. is] is des C.

van enem anderen huse: ne mochte men des nicht don, so scolde he de döre öpenen wu he möchte unde recht vulvörderen.

Were en gast in utwendigheme gherichte rechtlos ghemaket, des men vulkomen mach alse recht is, wert he des beseghet in disseme gherichte, so scal men in dat gherichte senden dar dat gheschen is. Irtüghet de richtere dat unde de dinglüde mit ireme openen breve, so is men des vullenkomen: ne dut se des nicht, so mot de dar umme wedden de eme des heft gheteghen unde ieneme sine bute gheven. Nenne unsen borghere mach men alsus vortüghen mit utwendighem gherichte, it ne were gheschen er he hir börghere wörde.

Wene men onecht seghet, des scal men gan up de kunscap dar he ghetoghen unde gheboren is. Tüghet dat de kunscap, so is men des vullenkomen: ne bekennet se des nicht, so mot de dar umme wedden de ene des heft gheteghen unde dem sakwolden sine bute gheven.

Swene men onecht seghet van bort weghene, dat mach up ene tüghen de dat up ene sprict mit der kunscap dar he gheboren is selve sevede vulkomener lude an erme rechte. Doch mach de man uppe den men sprikt sin echt unde sin recht bat beholden mit ghelikem tüghe denne man it mit ghetüghe up ene bringhen moghe. Welde men ok spreken up enne doden dat he unecht ghewesen hedde, den scal sin neyste swertmach vorstan an siner stat na rechte.

Welde aver en unse borghere kopen ene inninghe erre ghelden in user stat, unde de vormunden der ghelden spreken he were onecht gheboren, he ne vughede en nicht to emme gheldebrodere, deme is gnade ghedan of he heft to sek twene bederve man de mit eme dat up den hilleghen sweret dat he echt gheboren si van vromen luden: so scolden se ene nicht verspreken. Nemen aver de vormunden des edes nicht van on unde leten ene erer ghelden bruken, unde mochte men des na mit warhaftigher kuntscap boven ene komen dat he onecht were, so scolde he der ghelden enberen unde dat ghelt vorloren hebben dat he dar umme gaf. Hedden se aver den edh van on ghenomen, so ne mochten se ene na nicht verleckghen. Brechte he ok des ener stat opene breve oder herren van dennen he gheboren were, de deme rade düchten gude noch sin, so ne scolden se ene ok nicht verspreken.

Nen wert noch neman scal up enne unsen börghere an dobelspele mer gheven denne sine kledere unde ander dingh wert is dat he bi sich heft, noch up ene an dobelspele winnen. We dat dar boven det, so mot he dat van eme vorderen vor gherichte. Spenne he ene oder behelde he ene dar en boven, dat moste he wederdon deme voghede mid wedde unde dem sakwolden mid bute.

2. vulvörderen] to vulvorderende B. 8. eme] ene B. 17. Swene] Wene BCE. 20. bat] beth E. 21. denne man it] wenne dat me dat C. 25. erre] effte C. 28. bederve] unbesprokene B. 31. leten] leyten C. 32. bruken] gebruken C. 32. 33. unde bis komen] und he des dar na overwunnen wörde alse vor bescreven steyt A[a] C F. 33. enberen] umberen B. 37. dennen] dar C. 38. noch] ghenoch B. 41. noch up ene] unde B.

Wert emme wat ghedan in sine were to behaldene to truwer hant, ghewant oder buntwerk oder ander dingh, untvernet he dat deme de dat ime ghedan hevet, dar ne mach he nicht vore inne sitten. De voghet unde de rat scolen deme kleghere helpen dat ime sin scade irleghet werde: dat scolen se don in sineme huse oder in siner medinghe. Ne hevet he uppe siner were so vele nicht eghenes dat men dat utpanden moghe, de rat unde de voghet scolen ene van der were deme kleghere antwarden.

Wat en koft umme rede ghelt, dar ne mach he nicht vore inne sitten: dat scal de rat deme kleghere helpen dwinghen. Wel aver he sich des untsculdighen mit rechte, dat mach he don, men ne moghes in overtüghen dat he rede ghelt ghelovet hebbe.

Ne mach men enne vor gherichte nicht bringhen umme sodane sake dar he nicht vore inne sitten ne mach, alse men in dissem boke bescreven vint, deme scal de voghet dat kündighen to huse unde to hove dat he vor gherichte kome to antwarde umme de sake, wan he dar nicht vore inne sitten ne moghe. Weygherde he des, so scal de rat mit deme voghede sine boden dar to senden unde eme van der were des sines also vele nemen dat men de klaghe mede irlegke. Ne is des dar so vele nicht, so scolen se ene van der were nemen unde ene to rechtem antwarde bringhen deme kleghere: dat ne scal aver nen voghet don ane des rades orlof unde des rades bode ne si dar bi.

Umme welke sake en nicht inne sitten ne mach, umme de selven sake ne mach sin erve ok nicht inne sitten, of he sterft.

Welk sake also ghestalt is dar de sakwolde nicht vor inne sitten ne mach unde sine borghen, were dat van den borghen gheeschet dat se dat irleckhet, ne wolde de sakwolde de borghen des nicht irlecken, he ne mach en dar vore nicht inne sitten: se moghet dat up ene vörderen alse de kleghere mochte vore up den sakwolden.

Wert en tweyunghe under unsen börgheren oder unses börgheres ghesinde, dar de rat twene ratman to sende to vorschedene, wu de tweyunghe vor den twen ratmannen vorscheden wert mit beyder partye vulbort, dat scal men holden. We dat nicht holden ne wel van des weghene dat ghedeghedinghet is vor den twen ratmannen de de rat dar to hedde ghesant, de ne mach dar vore nicht inne sitten.

We der stat rechtes ghenüth, de scal der stat rechtes ghebruken, it si wedewe oder we dat si.

We enne sculdighet dat he ghelovet hebbe ene to echte no nemende, et si man oder wif oder maghet, dat mot he wol vörderen vor gheystlikem gherichte.

Wert en maghet oder wif beklaghet, de mach ten uppe iren vormunden: den scal se vore bringhen over drye verteyn nacht, se ne vormetes sich er. Wel se aver selve antwarden, dat mach se don.

6. wele A. 12. overtüghen] overgan B. 19. nemen] antworden B. 23. ne si] ne sy yo C. 31. salwolden A. 35. dat] des C. 37. ne] ene C. 38. vore] vore io C. 44. de mach] de mach, de mach C. nach A. 46. selve] sulves C.

Wel en wif klaghen de enne echten man heft, der ne darf men nicht antwarden, se ne vorwissene dat men des van deme manne los si. Is aver der vrowen de scult allene ghelovet, so mot men ire antwarden.

Wert en vrowe oder iuncvrowe ghesculdighet vor gherichte de unse borgheresche is, tüt de up iren vormunden, de ne darf nene wissenhet don dat se ene vore bringhe, mer bi der scult, so se dat loven dat se ene vore bringhen, of men dat eschet. Ne bringhet se ene to rechter tid nicht vore, so is se der scult vorwunnen, it ne beneme ere echte not de men bewise alse recht is.

Of en vrowe de en kint dreghet enne edh don scal, dene ne scal se nicht don er se des kindes is ghenesen unde in kerken is ghegan. Welde se dat ok deste leng töghen, dat se nicht in kerken ne ghinghe den edh mede to töghende, des ne scal nicht sin. Wanne se ok des kindes is ghenesen, so ne scal se bi eren man nicht gan, se ne hebbe den edh ghedan, of se des edes verst mit der bort ghekreghen heft.

Koft en vrowe oder iuncvrowe wat umme rede ghelt, ne beret se den kop nicht unde wert se dar umme vor gherichte ghesculdighet, dar ne mach se up eren vormunden nicht umme ten dat se ses weken dach mede krighe, se untsecke sich des erst up den hilleghen dat se nen rede ghelt noch penninghe ghelovet hebbe.

Wert en vrowe oder iuncvrowe ghepandet umme hustins oder umme ander dingh dar men se to rechte umme panden mach, wel se vor dat pant antwarden, so ne mach se der klaghe up eren vormunden nicht ten dar se dreye verteyn nacht dach mede krighe.

We enne edh don scal, de scal sweren, de scult de men ime ghift dat he der unsculdich si; dat ime god also helpe unde de hilleghen.

Welk iude enne edh don scal, de scal sine vorderen hant leghen in de vif buke Moyseses, unde scal spreken, de scult de men ime ghift dat he der unsculdich si; dat ime god also helpe unde de vif buke Moyseses unde de e de god gaf Moysi up dem berghe to Synay, de god de himel unde erden lof unde gras berch unde dal ghescapen hevet.

Wert en edh gheverstet, wel de dene don scal des af komen, de kleghere scal ine ledich laten oder den edh van eme nemen.

Wes men enne sculdighet, des mach he sich untsculdighen mit sines enes hant, men ne moghes ene overwinnen mit gherichte unde mit twen bederven mannen; sunder sune unde orveyde: de tüghet men selve sevede ane gherichte.

11—14. D. IV. 43, 16 = B. IV. 14, 14. 30—35. D. III. 17, 46 = B. III. 1, 46. 36. 37. D. IV. 43, 3 = B IV. 14, 2. 38. 39 bis gherichte. D. IV. 43, 1 = B. IV. 14 pr.; s. unten L. 528, 24.

8. vore bringhen] vore bringhen wille C. 12. is] sy C. 14. to töghende] vor to töghende B. 19. hinter gherichte fügt hinzu laden unde E. 21. untsecke] untsette E. 28. ghift] tyget E. 31. Moyseses] Moyses BCDF. 33. e] ee CE. 34. de god] dar god F, de sulve god C. lof unde gras f. B. 36. de dene] de de dene A[a]F, de ienne de den C. 40. sune] soene E.

Wilköret oder vulbordet de kleghere umme sine scult enne edh to nemende, seder ne mach he nenne tuch dar over don. Vorsaket men ime der scult er he den edh wilkörede, so mach he verst krighen over de dweren nacht, unde neme denne den edh oder vormete sich denne tüghes, of dar nen ware ghedan ne is.

Wur en enne edh vor nimt, uppe de scult ne mach seder nenne tuch mer don, of men dat betüghen mach dat de edh vor de scult ghedan si. Ne queme ok de kleghere nicht to der tid alse de edh ghelovet were, he do sinen edh unde si der scult ledich, it ne beneme deme klegher echt not de he bewise alse recht is.

Wes en vor deme rade bekant, des ne mach he nicht vorsaken noch sine erven.

Men ne mach nenne man de börghere is to Goslere in der selven stat gherichte anspreken noch sculdighen noch utwinnen mit nenerleye scult des men ine mit gherichte oder mit deme rade nicht overwinnen ne mach, he untsculdighe sich des wol mit sineme rechte, dar nen hanthaftich dat ne is: utlüden det men dat wol mit des rades vulbort.

En mach sineme knechte oder siner maghet ire lon bat untseghen uppen hilleghen denne se it beholden möghen.

Scal en enne edh don to bescedener tid, ne kumt de kleghere nicht to rechter tid noch neman van siner weghene de dat bewise dat it eme echt not beneme, so do he den edh mit witscap des richteres unde der dinglüde unde si der sake ledich unde los dar de edh vore ghelovet was.

Welk sake buten den ghebundenen daghen mit gherichte begrepen is, kumt de sake to eden, de mot men wol don binnen den ghebundenen daghen.

Dit hetet ghebundene daghe, dat men nene ede sweren ne mot vor scult van des ersten sunnavendes dat de advent beghint wente to deme edhdaghe, dat is de erste mandach na twelften daghe; echt van des sunnavendes dat men alleluia leghet wente des ersten mandaghes na der pascheweken; aver van des sunnavendes vor der crüceweken wente des mandaghes na pinkesten. Ok ne sweret men nene ede des sunnavendes noch in hilleghen avenden, et ne were alse hir na bescreven is.

1. 2 bis don. O. IV. 43, 4 = B. IV. 14, 3. 6—10 und 21—25. O. IV. 43, 5. 6 = B. IV. 14, 4. 11 12. O. IV. 43, 2 = B. IV. 14. 1. 13—18. ſ. oben pag. 36, 9—14. 19. 20. ſ. unten L. 532, 10. 26—28. O. III. 6, 2 = B. 13, 1. 29—34 bis pinkesten O. III. 6, 1 = B. II. 13 pr.

2. tuch] tüchnisse C. 4. over de dweren nacht f. B. 7. tuch] tüchnisse C. 10. beneme] do B. 11. he nicht] he yo nicht C. 13. Goslere] Halberstad CF. 15. oder mit deme rade] unde mit den dingluden B. 16. rechte] ede B. 20. denne] wenne C. 21. hinter bescedener tid f. ne kumt de kleghere B. 22. to] vore to E. 23. edh f. A[a] C. 29. sweren] dun B. 30. dat de] dat men de B. advent] adventus E. 31. edhdaghe] elsodaghe E. na twelften] na deme twelften C. 32. daghe f. B. leghet] lecht BC. 33. oppe den ersten mandagh C. van deme sunnavende C. 34. pinkesten] pingestweken C. 35. an deme sunnavende C. in] des E. avendes E.

Wert aver en beklaghet vor gherichte umme scult, biddet de denne der ware um de klaghe unde but dar na enne edh vor de scult, den edh mot he to hant don, of man dat eschet, et si in den ghebundenen daghen oder nicht.

Scüldeghede men ok enne vor ghérichte dat he enne kop ghekoft hedde umme rede ghelt, welde he sich des untsculdighen mit sinem rechte, den edh scolde he ok don to hant, et were in den ghebundenen daghen oder nicht.

Wolde en ok en pant ledeghen mit sinem rechte dat he dat ghelöst hedde, den edh scolde he ok to hant don.

Heft sich en to enem ede gheboden unde deghedinghet en sin vrunt dene edh af mit deme kleghere, dar ne brikt de nicht an de den edh don scolden. Sculdighet aver ene de richtere dat it van sime hete oder anwisinghe si gheschen, des mot he sich untsculdighen: ne welde he des nicht don, so mot he dar umme wedden.

Of lüde to deghedinghen komet de sich under anderen vorliket na erer beyder wilköre, dar ede under anderen ghesworen worden, des scal de voghet staden. Is aver de sake dar men den edh umme ghedan heft vor ghérichte beklaghet, so ne mach des nicht sin ane des richteres orlof. Scüt it aver doch an des richteres orlof, so mot de wedden de den edh heft ghedan unde de dene heft untfanghen.

Wat en man varendes gudes vorkoft, des scal he ewichliken vor rechteme anevanghe, oder sine rechten erven, gheweren.

Wel en senne weren er vore bringhen denne over drye verteyn nacht, dat scal he spreken vor ghérichte, dar he sich des vormit, stander stede, unde wanne.

Wert emme borst an sineme gheweren dene he vore bringen scal, he mot deme voghede wedden unde deme kleghere bote gheven.

Dryer dinghe scal men weren an enem perde, it werde bescheden oder nicht; anevanghes, starblint unde hovetsek: vor hövetsek weret men verteyn nacht, vor starblint weret men ver weken.

Koft en en pert dat hovetsek is, dat scal he kündighen deme de dat eme vorkofte binnen verteyn daghen: is it starblint, so scal he eme dat kündighen binnen ver weken: so mot he dat perd weder nemen unde weder gheven dat he darvan upghenomen heft. Kün-

1—4. D. IV. 43, 7 = B. IV. 14, 5. 16—22. D. IV. 43, 8 = B. IV. 14, 6. 23. 24. s. unten L. 531, 17. D. IV. 42, 12 = B. IV. 13, 11. 31 — pag. 81, 5. D. IV. 42, 23. 24 = B. IV. 13, 19. 20.

2. der] de D. ware] were C. 4. hinter daghen fügt hinzu icht C. 5—8 f. C. 9. rechte] ede B. 10. ghelöst] ghekofft E. hinter don fügt hinzu dat sy in gebundenen dagen edder nicht C. 12. de nicht] he nicht B. 13. scolden] scholde BCDEF. 16. anderen] ander E. 17. ede] welke ede C. anderen f. C, ander E. 19. ghedan heft] deyt B. 20.21. Scüt it bis orlof AE, A durchstrichen; f. A^a BCDF. 28. emme] emande C. borst] brok CF, vorst E. 30. hinter gheven wiederholt die Stelle, welche oben pag. 79, 21—25 steht, B und von erster Hand A, in welcher sie aber ausgelöscht und durch Z. 28—30, die ursprünglich fehlten, ersetzt ist. 31. enem perde] perden CF. it werde] dat en werde C. 35. daghen] nachten B,

dighet he aver dat na der vorbenömeden tid, so mot he dat pert beholden. De dat heft vorkoft, de mot sich des untsculdighen dat he des vlammeres an dem perde nicht ne wiste do he dat vorkofte. Ne welde he sich des nicht untsculdighen, so mot he dat pert weder nemen, unde weder gheven dat he darvan upghenomen heft.

Wart en iude vorkoft, wert dat gut anevanghet unde bekant de iude des kopes vor gherichte, des scal he to rechte ghewere sin: de iude ne lidet nene not vorbat, sunder he mot weder gheven dat gut dat he dar vore upghenomen heft.

Welkerleye gut en in sinen weren heft, it si ervegut oder varende gut, dar scal he vore antworden billiker denne de de der were darvet.

Wat men in enes weren bewisen mach, des he woldich is, dar mot he vore antwarden.

We der ware biddet vor gherichte umme scülde der he bekant, dat mot he wol don stander stede. Des he vorsaket, des scal he sich untscüldighen mit sineme rechte, it si in den ghebundenen daghen oder dar en buten: mach aver de kleghere de scult betüghen mit gherichte, dat scal he don over drye verteyn nacht, he ne vormetes sich er: dit scal he benömen stander stede, wanne he den tuch don wille.

Welk man ene ware deyt in emme gherichte unde brickt he eme de in emme anderen gherichte, he vorlüset den vingher of men dat betüghen mach: de ware tücht dat grote richte in dat lütteke, unde dat lütteke in dat grote.

We de ware deyt, de scal se holden in allen steden: hevet he aver der scult in emme unser stat gherichte bekant, des men ine overgan mach in deme gherichte also recht is, of men dat uppe ine in deme gherichte bringhet mit gherichte, dar deyt men nenne bröke an.

We de ware brickt de he heft ghedan vor gherichte, de weddet sinen vingher dar he de ware mede dede, of he des bekant oder men des ine overgan mach alse recht is.

Sculdighet en gast enne unsen borghere oder borgheres ghesinde, de scal de ware vorwissenen na redeliken dinghen of men dat eschet, oder men ne darf ime nicht antwarden. Is aver de kleghere der klaghe selven en sakwolde unde wel he sweren dat he de ware eweliken in allen steden holden wille, so mot men ime antwarden, unde he de ware anderes nicht vorwissenen ne moghe.

We der ware biddet vor gherichte, deme ne darf de nicht antwarden deme he de heft vorseghet to der tid alse he de ime vorseghet.

6—9. f. unten L. 531, 21. D. IV. 42, 22 = B. IV. 13, 18. 15 — pag. 82, 7. D. IV. 44 = B. IV. 15.

5. darvan] dar vore van B. 17. rechte] ede B. 22. ware] were C. 23. eme f. B. 24. betüghen mach] betuget B. de ware tücht f. B. 31. ware] were C. 33. hinter mach fügt hinzu in dem gherichte B. 36. dat] dat von eme B. ime] vor ene B. 36—39. Is aver bis antwarden unde] wene he schuldeget of B. 39. nicht f. B. 41.42. to bis vorseghet f. B.

Wörde en beklaghet vor gherichte unde wörde dar de ware ghedan umme de klaghe unde weke de beklaghede man van ghe-richte ane des klegheres willen unde des richteres er he deme kleghere dede dat recht were, darumme scolde men ene drye be-scryen unde möchte ene dar umme vorvesten. Ok möchte de kleghere sine klaghe angripen wur he rechtes over ene bekomen mochte, unde dar ne breke he nene ware an.

Wert en ware ghedan vor gherichte unde mach de kleghere de scult betüghen mit deme rade oder mit twen ratmannen de de rat to der sake ghesant hebbe, des scal men vor den rat komen unde laten sich des vorscheden of men den tüch vor gherichte nicht hebben ne mach.

We dem anderen des sines wat liet mit willen, behalt men ime dat vore, dat ne mach he nicht anevanghen: mer ienen deme he dat lech, dene mot he dar umme sculdighen.

Wat emme wert ghesat oder gheleghen, vorlüst he dat, dat mot he ghelden na minnen oder na sinem werde.

Of en sines heren gut oder siner vrowen övele tobringt oder vordobelet, to deme gude mach de here oder de vrowe sich ten in der stat gherichte, liker wis also alse it ime vorstolen were: deme voghede ne wert aver de dridde del nicht van deme gude.

Deyt men emme wat to truwer hant to behaldene, untvernet he dat oder wert it ime untvernet van sime ghesinde weder sinen willen, dar mach de sich to ten deme dat unvernet is, also alse it ime vorstolen were: deme voghede ne wert aver de dridde del nicht.

We emme wat bringht in sine were, oder det he dat eme to behaldene, wert eme dat vorstolen, dar ne darf he nene not umme liden, efte he dat an den hilleghen irwere dat he dat in hode hebbe ghehat like sineme eghenen gude. Wel men aver ene sculdighen dat he an rade oder an dat dar an sculdich si, des mot he sich untscüldighen: ne welde he sich des nicht untsculdighen, so möste he den scaden irlecken (oder of it eme afgherovet were), he ne hedde dat over velt ghesant oder ghevört des eme nicht bevolen ne were.

Dat grote gherichte unde dat lütteke dat schedet sich af iene sit der Aghetucht to deme Rammesberge wort.

Nen gherichte ne mach nen nye lövede setten ane des rades orlof.

13—15. s. unten L. 530, 7. D. IV. 42, 5 = B. IV. 13, 4. 18—21. s. unten L. 530, 8. 18—20 bis vorstolen were D. IV. 42, 4 = B. IV. 13, 3. 22—25 bis vorstolen were D. IV. 42, 6 = B. IV. 13, 5.

2. weke] wyket C. 6. bekomen] komen E. 9. betüghen] bewisen B. 10. men f. D. 18. ovele] gud C. 19. in] binnen B. 20. also f. B. 21. dridde del] derde penning E. 23. wert] wörde C. 24. to ten] to ten to E. 24. 25. also bis were f. B. 28. hode] houde C. 31. sich des nicht untsculdighen] des nicht don C. 32. he ne] of he C. 35. 36 f. CF, C hat statt dessen Wor dat grote richte endet unde dat lütteke. 36. to deme Rammesberghe wort f. B. wort] wert E. 37. Nen gherichte] Den richtere Aa. Nen] Unde in neneme B, mit welchen Worten ohne Absatz an das vorhergehende Aghetucht angeknüpft ist. nye lövede] nyge gelövöde C. 38. hinter orlof fügt hinzu unde vulbord C.

De voghet ne scal nicht söken in enes borgheres huse noch nen richtere ane des rades orlof, sunder hileghen want unde böke unde kelke de to goddes deneste höret unde valsche penninghe.

In emme huse oder boden mach de voghet oder richtere mit des rades orlove enne man söken unde upholden oder ander dingh dat beklaghet is. Ok mach dat de rat oder ere bode van erer weghene don ane gherichte.

Welk voghet deme rike nicht ghehüldeghet ne heft, de scal tüghen mit sineme edhe: de deme rike ghehuldeghet hevet, de scal tüghen bi des rikes hülden.

De voghet ne schal nemanne ledich laten de umme düve oder umme rof upgheholden is, ane des rades willen, of it ime de rat vorboden hevet.

De voghet ne mach nemanne dach gheven ane des sakwolden willen.

De rat mach wol lüden dach gheven unde vrede ane des sakwolden willen in der stat gherichte of se darinne unvorvestet sin.

Nen voghet noch nen richtere ne scolen nemanne to klaghe dwinghen, de rat mach aver dat wol don.

We over den voghet klaghen wel, de schal ine bidden dat he enne richtere in sine stat sette: de schal enne unsen borghere to richtere setten: de scal eme to vullem rechte richten: weygherde he des, so scolde de kleghere dat deme rade klaghen: de scolde ime rechtes helpen over den voghet. Ok ne scal he nemanne van sinem ghesinde to der sake to richtere setten. Ok mach ime de scultechte over ine richten alse over enne anderen man.

Welken richtere de voghet sat, alse men over ene klaghet, oder alse he over enne anderen klaghet, de heft an der sake vullenkomen richteres recht: ok weddet men ime alse dem voghede selve. Weygherde de richtere rechtes, dat scolde men deme rade klaghen: de scolde deme kleghere rechtes helpen.

Wat men deme vöghede nicht beklaghet, des ne darf he nicht richten. Were aver en ungherichte vor sinem vorvaren beklaghet oder en vredebrake, de moste he wol eschen dat men dat vulvorderede. Scüt aver en sake de men nicht beklaghede, de deme rade düchte dat des not were dat men se beklaghede, of se dat escheden oder eschen leten, des scolde men volghen.

De voghet ne schal dor vruntscap der stat gherichte nicht krenken. Scüde aver en vredebrake oder en andere dingh dat deme voghede hörede to eschende, dar scolde he der stat ere recht

1—7. ſ oben pag. 50, 18—24. 4—7. D. IV. 45, 4 = B. IV. 16, 2. 8—10. D. IV, 45, 2 = B. IV. 16, 1. 11—13. ſ. oben pag. 36, 29. 30. 14. 15. D. IV. 45, 8 = B. IV. 16, 4. 18 — pag. 84, 8. D. IV. 45, 9—14 = B. IV. 16, 5—9.

2. want] vant A, gewand CF. 3. hinter penninghe fügt hinzu effte munte C. 4. boden] bouden C. 6. dat vor de BCF, f. ADE. 14. voghet] rad E. 15. hinter willen fügt hinzu unde vulbord C. 16. hinter rat fügt hinzu aver B. unde vrede f. B. 17. darinne unvorvestet] in der stad vorvestet B. unvorvestet] vorvestet F. 18. nemanne] enen man B. 21. stat] stedde C. 23. de kleghere] kleghere A, he B. de scolde] de scolen B. 24. scal he] scolen se B. 25. ime f. C. 26. anderen BCF, f. ADE. 40. to eschenden A.

ane vormunden: welde he aver dor vruntscap des enberen des eme dar af werden mochte, dat mochte he don, efte he dat also vormundede dat men na nicht spreken ne mochte dat it dor recht under weghene ghelaten were.

Welkem unsem borghere oder borgheres ghesinde de voghet to unrechte wat af scattet dat deme rade vorswighet worde, wanne deme rade dat to wetene wert, dat sculde he wederdon of dat de rat eschede, allen were he wol van der vöghedye komen.

Welken voghet de rat sat, de schal deme rade vorwissenen de len to ghevende; unde wat de rat spreke dat recht si, dat he sich daran ghenöghen late: unde worde ieman van unsen borgheren oder borgheres ghesinde umme broke in de hachte ghebracht, wu van des mannes weghene ghedeghedinghet worde, dat scolde men holden. Scattede aver de voghet emme hemliken wat af ane siner deghedingheslüde willen unde witscap, dat scolde de voghet wederdon. Ne dorste he aver oder ne welde he dat nicht eschen, escheden dat sine vrunt oder de rat, dat scolde de voghet wederdon, al were he wol van der voghedie komen.

Welk voghet van der voghedie komen is, de ne mach de ghewedde nicht eschen, de he vore nicht in ghemanet ne heft noch vorwissenet ne sin. Wat he ok broke oder anderes dinghes walt, dat an dat gherichte tryd dat he binnen siner tyd nicht in ne kricht, dat ne mach he seder nicht vorderen: is it aver vorwissenet, so mach he dat wol eschen.

Des voghedes wedde is sestich lutteke schillinghe.

Des sacwolden bute is drittich lutteke schillinghe.

Des sculthechten wedde is vere lutteke schillinghe.

Des voghedes in dem lutteken richte wedde is drittich lutteke schillinghe.

Klaghet mer lüde denne en uppe ene samentklaghe, wert uppe dene en wedde irdelet, de weddet umme ene sake en wedde unde ghift in allen ene bute. Klaghet se manlik sunderliken, alse mannich wedde unde bute, of se irworven werdet alse recht is.

Klaghet en uppe mer lüde denne uppe enne, wert uppe de

19—33. D. IV. 45, 15—17 = B. IV, 16, 10—13.

3. ne mochte dat it dor] ne dorste dat dar C, ne mochte dat dar F. 6. af] ane F. dat bis worde f. B. vorswighet] vorswegen CF. 8. allen bis komen] wywol he van der vöghedye komen were C. 10. dat recht si f. B. 14. emme f. C. 16. hinter nicht fügen hinzu weder BCF. 19. hinter voghet fügt hinzu de de C. 21. Wat bis walt] Wat ok van broken oder anderes dinghes valt C. 25. sestich schillinge lutker penninge C. 26 durchstrichen, von neuerer Hand die Randbemerkung vacat, A; f. A[a] BCDEF. 28. 29 AB, A durchstrichen, von neuerer Hand die Randbemerkung vacat; f. A[a] CDEF. 30. Klaget mer lüde up enen wen en samder klage B. uppe bis klaghe] uppe wene to sammender klaghe C, uppe einen eine samende klaghe F. wert] wörde C. 31. dene en wedde] de en ghewedde B. irdelet] gedeylet C. 32. manlik] malk C. 33. hinter wedde fügt hinzu boret uppe se B. unde bute f. B. of se] of dat B. 34. lüde] ludes B.

wedde oder bute irdelet, alse mannich man uppe dene de klaghe gheyt, also manich wedde unde bute.

Wedde schal men bereden over verteyn nacht, bute dar na over verteyn nacht. Is aver de bute er dem wedde irworven, so scal men se erst bereden.

Wu dicke en sodanen bröke deyt dar he wedde unde bute mede vorscult, also dicke mot he wedden unde buten, of men dat eschet, oder he scal sich des untsculdighen of he mach.

Vorböret ok en gast wedde, de mot deme richtere vorwissenen er he van ghérichte ga, of eme de richtere nicht ghetruwen wel.

Welk borghere oder borghersche oder ere ghesinde wedde vorboret, der heft he dach sine rechten tid unde ne darf de nicht vorwissenen. Wert he aver na der tid dar umme beklaghet, so mot he se vorwissenen, of he nen erve ne heft dar he van gherichte up gan möghe.

Enes borgheres bute van Goslere is drittich schillinghe lutteker penninghe, sin wereghelt is achteyn punt pündigher penninghe.

Werghelt scal men bereden over ses weken na der tid dat it ghewunnen wert: men schal it aver vorwissenen deme de dat irworven heft.

Ener vrowen oder iuncvrowen ghift men vulle bute unde half werghelt.

Vor ene kampördighe wunden oder en oghe oder en let oder lemede ghift men half werghelt.

Uppe wene en werghelt wert ghebracht, de ne is dem voghede nicht mer plichtich, sunder gheweddet eme sestich schillinghe luttiker penninghe.

Wert uppe twene börghere oder dre oder mer werghelt ghebracht umme ene sake, de losit sik alle mit eneme werghelde.

Allen den de hir to Goslere nicht gheboren ne sin noch hir to börgheren nicht untfanghen ne sin, de vulkomen sin an ireme rechte, allen dat se hir denet oder hir arbeydet umme ire lon, den ghift men drittich schillinghe lüttiker penninghe to bute, ire werghelt na irer bort unde na ireme rechte.

3—5. D. IV. 45, 19 = B. IV. 16, 15. 9. 10. D. IV. 45, 20 = B. IV. 16, 16. 16. 17. s. oben pag. 84, 26. 16—29. D. IV. 45, 21. 22. 24. 26. 29. 28 und IV. 32, 3. 4 = B. IV. 16, 17. 18. 20. 22. 25. 24 und IV. 2, 3. 4.

1. irdelet] gedeilet C. 2. hinter bute fügt hinzu boret uppe se B, behört C. 3. 4. bute dar na over verteyn nacht f. B. 4. dem] deme BEF. 5. bereden] geven C. 6. en] dat en C. unde bute mede] umme B. 7. mot] scal B. 9. vorwissenen] bewissen B. 12. de] des C. 13—15. Wert bis möghe] er he von gherichte gha, of eme de richter nicht getruwen wel B, in welcher dann ein Absatz gemacht und eine Stelle hinzugefügt ist, die mit den Worten 11. 12. Welk bis tid zwar wieder beginnt, aber mit den Worten schließt wert he aver dar umme na der tyd beclaget, so mot he vorwissenen, heft he neyn erve. 16. van Goslere f. BCF. 18. over ses weken] ver weken B. 23. let] geleth C. 24. lemede] lemenisse C. 26. sunder gheweddet eme] sunder dat he öme weddet C. 29. losit] loszen C. 30. Goslere] Halberstad CF. 32. allen dat se hir] wywol dat se hir C. 34. bort] gebord C.

Onechten lüden unde spellüden den ghift men drittich schillinghe lüttiker penninghe to bute, de der stat ghesinde sin. Se sint ok ane werghelt. We aver den vrede an irer eneme brikt, over dene richtet men na vredes rechte.

Twene besmen unde ene schere is der bute de ire recht mit düve oder mit rove oder mit meynedhen oder mit anderen dinghen vorwarcht hebbet, des men se overtüghen mach mit deme rade oder mit ghërichte alse recht is. Ok sint se sunder werghelt. We aver an irer eneme den vrede brikt, over dene richtet men na vredes rechte.

De richtere ne scal nen ordel vinden noch schelden.

Wanne de voghet ghërichte sit, so ne schal he sin ghesinde noch den sakwolden nene ordele vraghen.

Wanne de voghet ghërichte sit, so ne schal he ok nemanne ordeles vraghen, he ne si borghere oder borgheres ghesinde.

Nen richtere schal nemende ordele vraghen dar de sake sinen herren an trede des brödede ghesinde he is.

Wat men vor ghërichte untrichten mach, dat ne schal men vor den rat nicht ten.

Welk ordel men vor ghërichte nicht vinden ne kan, dat schal men vor den rat ten.

Wert en klaghe mit ordelen vor den rat getoghen de an den lif gat, den voghet unde den kleghere schal men vorwissenen dat de weder vore kome up dene de klaghe gheyt, oder men schal ine de wile in hachte beholden.

Wert men beworren umme en ordel, wat de rat sprikt dat recht si, dar schal sich de voghet ane ghenoghen laten unde de sakwolde.

Wur men tweyet umme en ordel, de minnere del schal volghen dem mereren dele an dem ördele.

We en ordel schelden wel, dat schal he don stander stede unde schal en rechtere vinden. Tüt he ok des vor den rat, vulkomt men des vor deme rade dat he dat to unrechte ghesculden hebbe, he mot dar umme wedden unde büten.

Welk ordel vor ghërichte nicht ghesculden wert, unde de vulbort dar over gheyt, dat ok vor den rat nicht ghetoghen ne is, dat ne mach men seder nicht schelden, dat it an der sake schaden möghe dar it to vromen to ghevunden is.

Wert ok en ördel vunden unde biddet en der achte de up ene

2. lüttiker penninghe f. CF. 5. besmen] bessemen C. 9. an irer eneme f. B. 13. hinter sakwolden fügt hinzu umme B. 15. ordeles] umme ordel B. hinter borghere fügen hinzu alhir to Halberstad CF. 16. ordele] enes ordeles B. 19. ten] bringen B. 20. 21 f. B. 20. hinter ordel fügt hinzu des C. 23. gat] geyt BCF. 24. de] se ABDE. kome] komen ADE, komen mit deme B. up dene] up deme D. 26. Wert men beworren] Wanne men ok beworren is B. sprikt] spreke C, 29. 30 hat C erst zwischen Zeile 38 und 39 mit dem Anfange Wert ok en twydracht. 31. stander] standender B. 32. unde schal bis vinden f. B. 36. gheyt f. C. is] wert B. 37. schaden] icht schaden B. 38. dar it bis is f. B. 39. up ene] up de ene C.

sit vorspreke is, dat mach he don: alse he weder in kumt, so mach he nochte dat ordel schelden.

Of de rat enes ordeles ghevraghet worde unde de rat dat ordel ut gheve unde bede en dene dat trede dat men dat in der stat boke lese of it dar inne stunde, dat scolde men don: wu men dat dar inne vünde, also schal men dat holden.

Wörde men beworren umme en ördel dat men lese ut dem boke, dat en partye anders vorstünde denne de andere, wu de rat spreke dat men dat vorstan scolde, dat scolde also bliven. Tweyede ok de rat daran, wat de merere del des rades spreke, dar scolde men sich ane ghenöghen laten.

Wert en klaghe oder en ordel van gherichte an den rat ghetoghen, dat schal men vorwissenen an beyden halven, of men dat eschet, dat men weder vor ghekome unde de sake vulbringhe.

Scilt men en ordel, de dat hevet ghesculden, de mot deme voghede wedde.nunde deme sakwolden buten deme dat ordel to vromen ghevunden is sine bute gheven, of he des wederdreven wert dat he dat to unrechte ghesculden hebbe.

Scüldighet en den anderen vor gherichte umme scheltwort, mach he des vulkomen also recht is, he mot böten deme kleghere unde deme voghede wedden. Sprikt he aver he hebbe enne menen eyd gheswοren, dat is en vredebrake.

En borghere ne schal den anderen borghere nicht to kampe anspreken: mer wes en den anderen to sculdighende hevet, dat schal he don mit ghericlite.

Scüldighet en enne vor gherichte dat he ime wat vorstolen hebbe, vulkumt he des nicht, he mot deme richtere wedden unde dem sakwolden sine bute gheven.

We enne tyet dat he sin vordüvede gut in sinen weren hebbe oder sin rovede gut, des mot he bekennen oder versaken. Vorsaket he des unde kumt men des boven ine, so is he sculdich an der düve: bekant he des, he mot dat weder don unde weder gheven: dat he dar umme gaf, dat hevet he vorlorn.

Koft en vorstolen gut oder gherovet oder wert it eme ghegheven, let he dat ut sinen weren, er it under eme gheanevanghet oder beklaghet oder besat werde, dar ne darf he nene not umme liden, efte he dar sin recht to do dat he to der tyd do he dat kofte oder eme ghegheven wart, nicht ne wiste dat it vorstolen oder gherovet was.

We enne scüldighet vor gherichte dat he ene gherovet hebbe, ne mach he des nicht vullenkomen, he ne darf dar umme nicht buten noch wedden.

19—25 s. oben pag. 46, 4—7 und 13—15.   34—39. D. IV. 42, 21 = B. IV. 13, 17.

4. en dene] deniennen den C.   trede] antrit B, antreyde CD. 7. lese] leysze C.   10. merere] meyste E.   14. ghekome] ghericlite kome BCE.   16. buten f. CF.   17. is] is, unde E.   21. menen] gemeynen C.   38. wiste] wüste C.   41. 42. he ne darf bis wedden] so ne darf he dar umme nene not liden: bekant he des he mot dar umme liden dat recht is, eder he mot dat wederdun na minnen eder na rechte B.

Welk gast enne anderen gast vorklaghet unsem gherichte dat he ene gherovet hebbe, bekant he des, he mot dar umme liden dat recht is, oder he mot dat wederdon na minnen oder na rechte.

Wert emme unsem börghere sin gut ghenomen dat eme de rat het ut borghen oder ander lovede vor ene lovede dar he den rat nicht af ne neme, of de rat oder ere boden des mannes gut oder ene selven upholden oder van enes weren oder van sines selves weren nemen, dar ne deden se nenne broke an tighen dat gherichte.

Wert en man begrepen bi slapender det, den schal men vor gherichte bringhen: wur vore men ene sculdighet, dar vore schal he antwarden.

Wert en man ghesculdighet umme düve, he vorluset den hals unde nicht sin gut: wert he aver vorllüchtich unde but sin antwarde to hant, dat schal men nemen: det he des nicht, so schal men ine vorvesten.

Holt en enne up umme düve, dene mot he wol ledich laten de wile he nicht ghespannen oder ghebunden oder bewarcht ne is. Is he aver ghespannen oder ghebunden oder bewarcht, so ne mot he des nicht don. Deyt he dat aver dar en boven, so mot he deme voghede dar umme wedden.

Holt en man enne misdadighen man up in sineme huse, de schal it deme voghede kündighen so he erst mach: lete he dat benachten, dar mot he deme richtere umme wedden.

We enne upholt, dene scal he nicht spannen sunder des voghedes orlof, sunder overhörighe lüde: he scal it aver deme voghede witlik don so he erst mach.

Under weme ienegher hande dingh vunden wert dat valsch is oder dat nicht so gheve ne is alse dat van rechte wesen schal, heft he iemanne des wat vorkoft, den schaden den de daran ghenomen heft, dene schal he eme irlechken: den bröke aver de daran gheschen is, den mot he irlechken na des rades gnaden unde na den dinghen alse dat ghestalt is, of ne des nenne weren ne heft: heft he ok des gheweren, so schal de were vor ene antwarden.

Under weme unrecht mate unde wichte ghevunden wert, dat steyt an deme rade wu he dat keren wille.

We en swert tüt up enes anderen scaden, dat swert schal he deme voghede antwarden unde dar to deme voghede sestich schillinghe wedden.

Neman mach vorwerken enes anderen gut.

War en vorwundet wirt, also manich wunde kampordich is, also manich man mot sich selve sevede untscüldighen; de anderen mit ires enes hant.

9—26. s. oben pag. 36, 1—4 und 31—40. 16—23. O. IV. 9, 6. 7 = W. III. 8, 5. 6. 34 — pag. 89, 21. s. oben pag. 37, 21. 34, 30. 38, 34. 32, 10. 46, 21. 43, 31. 42, 8. 62, 38. 40, 38. 58, 38. 58, 30.

1—3 f. B. 4. unsem] user B. eme f. B. 5. het] let B. vor ene] dar he B. dar] dat B. 8. tighen] weder B, kegen F. 28. heft he] of B. 29. he iemanne] he ok iennigem manne C. 29—31. den de bis irlechken] scal he eme wederleggen den iene daran ghenomen heft B. 34. unde] oder C. 35. keren wille] wilt keren C. 39. Neman] De man B.

We des bekant dat he sin ghewardet hebbe unde vredebrake an im welde hebben ghedan, dat is en vredebrake.

Sleyt en enne hunt dot oder hert oder ber oder beren, dat ne darf he nicht irlegken, of he sin recht dar to do dat it ime not dede.

Kindere binnen iren iaren, noch doren, noch sinnelose lüde, ne möghen ire lif nicht vorwerken: dot se aver schaden, dar mot ire vormunde vore antwarden. Ne hevet aver de sinnelose nenne vormunden, so schal ine de voghet laten beholden, dat he nenne schaden ne do, oder schal ene en wech senden.

Wel en sich enes dotslacghes oder kampordigher wunden untschüldighen, de he dar to hebben schal to sinem rechte, de schal eme de voghet velighen, of se des bedörvet, of se unvorvestet sin.

Borghet en enne vor gherichte in to bringhende, sterft he dar en binnen, bringhet he den doden vore, de borghe is ledich unde los.

Borghet en man den anderen vor gherichte unde ne bringht he ene to rechter tyd nicht vore, he schal wedden deme voghede sesticht schillinghe lüttiker penninghe, unde dem sakwolden to bote drithticht schillinghe, unde sweren deme voghede unde deme sakwolden dat he den man osten unde westen suden unde norden nerghen ne wete dat he ene hebben möghe also alse he ene to rechte vore bringhen möghe. Is he aver bi ghelde borghet, dat mot men gheven.

Borghet en enne vor gherichte vor scult der he bekant heft, sterft de dar en binnen, de scult mot he irleghen na minnen oder na rechte, oder den doden vore bringhen.

We enne van ghérichte untvört, de is like sculdich to antwordene umme de scult de men uppe ienen klaghet.

Nen man antwardet vor sinen knecht oder maghet, he ne hebbe vor se ghelovet. Dot se aver schaden, des mot he sich untsculdighen dat he rades unde dat unde vulbort unsculdich si, of men dat van ome eschet.

We antwarden wel, dene ne schal men nicht vorvesten.

Kumt en man den anderen an, de ime schaden ghedan hevet, na deme dat he overnechtich is, dar mot he ene umme sculdighen.

Welk man vorvestet is unde in der veste det noch ene vredebrake, de ne heft nenne vrede in huse in hove in kerken noch kerchoven.

Wes ve oder perde schaden dot, halt he dat over nacht na deme dat de schade beklaghet is, he mot den schaden irlegken na minnen oder na rechte. Let he aver dat ute sinen weren unde vortyet des er dat overnechtich werde, dar mede ledeghet he sich: so mach is sich iene underwinden vor sinen schaden.

5—9. D. IV. 14, 5 = B. III. 13, 4. 25—41. s. oben pag. 59, 27. 46, 32. 56, 28. 60, 34. 43, 1. 37—41. D. II. 8, 1 = B. II. 5 pr.

1. sin] eynes C. 4. dar to do] to dun wille B. 6. dot] don C. schaden] weme schaden C. 10. enes f. BC. kampordighen AE, s. jedoch oben pag. 62, 38. 12. of se] unde D. 13—21 fehlen hier CF, die auf pag. 58, 38 und 30 zurückweisen. 19. weten ADE, s. jedoch oben pag. 58, 35. 19. 20. ne wete dat he ene] vinden noch hebben B. 25. untvort] entföret C. 27. Nen] De B. hinter maghet fügt hinzu nicht B. 31 f. CF. 33. dat he] dat ed BCF.

En wif de ene wunden ghebunden heft, de ne mach nicht tüghen dat de wunde kampordich si.

Vorwarcht en wif ere lif de en levendich kint dreghet, unde wert de begrepen, over de ne scal men nicht höghere richten denne to hut unde to hare. Wanne aver dat kint gheboren is, dar na mach men over se wol mit rechte richten. Blift ok dat kint levendich, dat schal de rat ten laten wente dat it ver iar olt wert.

Wert en upgheholden over dene men richten wel unde schal, dene schal men bichten laten. Goddes lichham to nemende noch to olighende ne schal men nicht staden, wente men over se denne nicht richten ne mochte; it ne were dat de voghet unde de kleghere dat orloveden unde se eme dat lif gheven welden: so mochte men des wel staden.

Wert emme gheboden mit ghcrichte dat he sin ghebuwe, dat vallen wel, make dat dar nen schade van ne sche, ne det he des nicht unde scüt schade na der tid dat it eme gheboden is mit gherichte, dat dar lüde van dot blivet oder ghewundet werdet, dat schal men böten mit des doden oder vorwundeden werghelde. Anderen schaden böt he na sinem werde. Scüt aver dar van schade er dat eme vorboden werde mit gherichte, den ne darf he nicht irlecghen.

Heft en en pant dat he weder ghelovet heft to antwardene wanne dat van ime ghelost worde, dat ne mach men under eme nicht besetten.

Nemet is plichtich vor synen knecht edder maget to antwordende vorbat mer wen ore lon gewaret, he en hebbe vor se gelovet. ***Dit vint men ok van vredebrake capitulo CXXIII. et in folio precedenti.***

Gift eyn synem knechte edder siner maget orloff eyr der tid dat se ore lon vordenet hebbe, etc. ***Dat vint men van mengerhande rechte capitulo X.***

Entgeit ok de knecht edder de maget deme heren edder der frowen deme se in denste syn mit motwillen sunder redelke sake eyr der tid alse se sek vormedet hadden, de schal dem heren edder der frowen alse vele geven alse one lones gelovet was: unde wat se van lone upgenomen hedden, dat scholden se twevolt wedder geven.

Is ok dat de knecht edder maget ut ores heren edder frowen denste entgeit mid motwillen unde sunder redelke sake, we de in-

3—5 bis to hut unde to hare D. IV. 14, 4 = B. III. 13, 3. 22—24. s. oben pag. 68, 8—10. 25—27. s. oben pag. 89, 27. 28 und 46, 32. 33.] 28—30. s. unten L. 532, 10.

3. Vorwarcht] Vorboret B. 5. Wanne aver] Dar na aver dat B. 6. wol mit rechte f. B. Blift bis levendich f. B. 7. dat schal] dat kint schal B. 9—13. Goddes bis staden] Neme he aver ok Goddes licham edder wörde geoliget, so ne möchte men nicht over one richten CF. 9. lichham] lichnam D, licham E. noch] unde ok E. 10. olighende] olgende B. se] ene B. 12. welden f. B. so] se B. 15. make] wedermake B. 17. werdet] worden A^a. 18. men] he A^a. 21. irlecghen] gelden B. 22—24 f. CF, s. jedoch oben pag. 68, 8—10. 25 — pag. 91, 36. AA^aDE, AA^a von neuerer Hand; f. BCF. 25. Nemet] Nemant D.

neme to denste edder dem heren edder frowen toweddere dem de entgan were, unde iennen dat vorboden worde mid gerichte, helde denne de ienne den knecht edder de maget dar en boven, dar vore scholde he deme rade eyne mark geven ane gnade. Unde en konde de deme de knecht edder maget erst entgan were, on sulven dat gelt nicht affmanen, alse he one gelovet edder gegeven hadde unde na antale wedder borede, so mochte de dat gelt deme iennen affmanen de se ingenomen hedde.

Welk knecht eyn eylik wiff nympt edder eyn vormunderschup an ersterft van kinderen de bynnen oren iaren syn, de mot wol ute synes heren denste gan, unde deme schal me geven so vele lones alse ome geboret wente an de tid dat he ute deme denste geit. Is aver ome mer gegeven, dat schal he wedder geven ane wandel.

Welk maget eyliken man nympt edder in godeshus sek begeve, de mot wol ute deme denste gan unde beholt also vele lones alse ore geborede wente an de tid dat se dar ut geit: unde is ore mer gegeven, dat schal se wedder geven ane wandel.

Overhöre, dar eyn bute edder wedde ane vorschult hedde, slichte scheltwort unde misschandelinge edder wat sus eyn dem anderen mid slichtem sülffwolde edder unrechtem anefange dede, dat nemande an syn liff edder ere edder gude gerochte ginge, dat schal men vorbuten na older wonheit, alse deme clagere mid achtehalvem schillinge lüttiker penninge unde deme vogede XV schillinge wedden.

We deme anderen mid frevele in torne mid hastmude sunder vorsate wat dede edder up on spreke edder betege, dat om an syn liff ere unde gude gerochte ginge, des he up on nicht vulbringen konde alse recht were, unde sek vorsate dar ane entleddigen wolde, eff men dat van om esschede, de scholde deme clegere buten mid drittich schillinge unde deme vogede wedden sestich schillinge lüttiker penninghe.

We aver in hate edder mid vorsate unde mid vorbedachtem mode weme wat dede edder up on spreke dichtede edder beteghe, dat an syn liff ere unde gude gerochte ghinge, des he up on nicht vulbringen konde alse recht is, unde der vorsate sek dar ane nicht entleddigen mochte, de scholde deme clegere boten mid drittich schillinge unde deme vogede wedden sestich schillinghe lüttiker penninghe: dartho schal dat an deme rade stan, wu de om dat umme de vorsate keren wolden.

36. E allein fügt noch folgendes hinzu. Umme openen vorsegelden breffe en darff men nene were don. Wente wanne breve myt rechte loset werdet, so mach men de breken, wente recht is dat eyn so los werde also he schuldich wert; unde eyn were is eyn vorwissinge der vorben. schult, unde wes eyn wis is, des ne darf men andere (vertilgt) nicht vorwissenen. Wente wis is wanne breve myt rechte broken sint, so en kan men dar in rechte nicht mede manen. Aver umme ander schulde de nicht vorbrevet edder vorsegelt syn, wes des schuldebreffe inne holden, dar vore mot men de were don alse recht is unde eyn wonheyt is des landes.

LIBER QUARTUS.

Van tüghen unde anevanghe.

Van tüghen.

Wat men tüghen schal, dat tüghet men mit emme richtere unde mit twen bederven mannen.

We ene sune oder ene orveyde irtüghen wel, de schal hebben enne richtere unde twene börghere oder ses man de eres rechtes unvorleghet sin.

Ene anverdinghe tüghet man mit bederven unbesprokenen mannen twen, de de anverdinghe hebbet ghesen unde dat röchte ghehört.

Wur men mit gherichte enne tüch don schal, dar schal de voghet vore sweren oder de scultechte up den hilleghen, dat de sake also si unde he des hebbe en richtere ghewesen: dat ime god also helpe unde de hilleghen. Heft aver de voghet deme rike ghehuldighet, so schal he tüghen bi des rikes hulden. So scolen de dinglüde sweren dat de des en richtere hebbe ghewesen unde se dinglüde unde tüghe (unde benömen de sake): dat in god also helpe unde de hilleghen.

Welk voghet in den lütteken richten voghet is, wanne de tüghen schal, de schal sweren up den hilleghen liker wis alse de dinglüde.

Schal men enne tuch don binnen ghebundenen daghen, den edh mot men binnen den ghebundenen daghen wol don.

Nen richtere mach tüghen in richtes stat, he ne si der sake in richteres stat ghewesen oder gheladet.

Neman mach dem richtere helpen tüghen, he ne si to der sake to tüghe gheladet dar de richtere in richteres stat hebbe ghewesen oder dar to richtere si gheladet. Men ne schal nenne richtere in hemlike oder vorborghene stede setten to tüghende: we dat dar boven deyt, so is dat unrecht, unde de richtero ne tüghet an der sake nicht.

Is en voghet en wech ghevaren, dat men sin nicht hebben ne mach to tüghende vor gherichte, de tüghet wol mit sinem openen

1. 2. D. IV. 46, 1 = B. IV. 17 pr. 3—7. D. IV. 46, 9. 10 = B. IV. 17, 7. 8. 8—15. D. IV. 46, 2. 4 = B. IV. 17, 1. 2. 21 — pag. 93, 22. D. IV. 46, 5—8 und 11—13 = B. IV. 17, 3—6 und 9—11.

1. tüghen] ertügen C. tüghet] betüget C. 4. twene börghere] unde twene bederve man dat twene borgere sin B. 6. Ene] An der C. unbesprokenen f. B. 8. tüch] claghe B. 11. hinter hilleghen fügt hinzu dat de sake also si B. 16. dem lütteken richten A, dem lütteken richte BE. wanne] unde C. 17. sweren] tügen unde sweren C. 29. ghevaren] getogen CF. 30. tüghende] tüghen CF.

breve, of de sake de he tüghen schal unde de wort also he tüghen schal dar inne bescreven sin.

Neman ne mach tüghen, he ne si vullenkomen an alle sineme rechte.

Keveskindere unde menedighe lüde unde de düve ghebot hebbet oder utghelopene mönike, noch de besculden sin an ireme rechte, ne moghen nicht tüghen, oder de dufrof hebben ghebot.

Kindere binnen iren iaren noch doren noch sinnelose lüde noch iuden noch wives namen ne moghen nicht tüghen.

Löst de velschere de hant, he is doch rechtlos unde erenlos unde van tüghe vorleghet.

Enes mannes brodede ghesinde ne mach ime nicht helpen tüghen: de aver mit ime in kost is umme sine penninghe, de hilpt ime wol tüghen.

Enes mannes bewissede man oder deme he wekenpenninghe ghift, of he vullenkomen is an sineme rechte, de hilpt eme wol tüghen.

Des voghedes knechte de vullenkomen sin an irme rechte, de moghet emme wol helpen tüghen; dem voghede aver nicht, in des brode se sin.

Welk bodel echt gheboren is unde sin recht hevet beholden, de mach wol tüghen dar men des bedarf.

Welk man vullenkomen is an sineme rechte, de dar to gheladet wert dat men tüghe meren unde vornyen wel, unde he dat süt unde hört dat dat vulbracht wert alse der stat recht is, so mach he dat tüghen also wol alse he van ersten dar over ghewesen hebbe. Wanne he aver de sake tüghen scolde, so scolde he tüghen dat he an der sake gheladet wörde den tuch to merende unde to vornyende, unde spreke, Dar horde ich unde sach dat de richtere unde twene man (de schal men alle bi namen benömen: de sake schal men ok benömen to tüghende alse der stat recht is): dat sach ich unde horde; dat mi god also helpe unde de hilleghen.

Neman mach tüghen de sake dar he over ghewesen heft er he to sinen iaren komen were; it ne were dat men ene dar to gheladet hedde seder der tid dat he to sinen iaren komen were, dat men de tüghe an der selven sake merede unde vornyede alse recht is: wat he dar seghe unde horde, dat möchte he tüghen.

Were ok en unse borghere vor ghorichte to tüghende gheladet unde worde he seder en pape oder en begheven man, unde ne

10. 11. s. oben pag. 38, 7. 23—32. D. IV. 47, 1 = B. IV. 17, 15. 33 — pag. 94, 7. D. IV. 46, 16. 15 = B. IV. 17, 14. 13.

1.2. also he tüghen schal f. B. 5. ghebot] vorbod C. 7. oder bis ghebot f. B, in welcher die Stelle 10. 11 sich unmittelbar an Z. 7 anschließt und die Stelle 8. 9 verbunden ist mit der Stelle 12—14. 10. Löst] Löszet C. de] eyn BC. he is doch] io doch allike wol is he C. unde erenlos f. CF. 11. tüghe vorleghet] tüchnisse irlecht C. 12.13. Enes mannes bis tüghen f. B. 13.14. hilpt ime wol tüghen] mach eme wol helpen tughen B. 15—17 f. B. 15. bewissede] bewistede CF. 29. dar] dat C. 31. ok] ok bi namen C. to tughende] tugeden F. 32. mi] me ADF. 34. were, it] is, it CF. 34.35, ne were bis komen f. CF.

mochte men der anderen tüghe nicht hebben, de möchte vor werlikem richte tüghen in enes tüghes stat, of men des bedorfte unde he in dem ordene bleven were. Were he aver ut deme ordenen ghelopen, so ne mochte he seder nemende helpen tüghen, al were he seder in den ordenen weder komen efte men des tuch hedde dat he ut dem ordenen ghelopen were na der tid dat he to sinen iaren komen were.

Wilköre brict recht, des men mit gherichte unde dinglüden vullenkomen mach.

Wes en bekant, des ne darf men ine nicht vortüghen.

Wes men enne sculdighet, des mach he sich untscüldighen mit sines enes hant, men ne moghes ene overwinnen mit gherichte unde mit twen bederven mannen. Sunder sune unde orveyde: de tüghet men silve sevede ane gherichte.

Wes men mit ghcrichte unde dinglüden vullenkomen mach, dat mot men liden, men ne moghes sik untreden mit richteren unde dinglüden.

Mit gheystlikem gherichte ne mach men nenne leyen vor werlikem gherichte nene sake vortüghen, sunder dat uppe echt trit.

Wert en vor gheystlikem richte vortüghet mit twen mannen als in deme gherichte recht is, dat ne schadet ime an werlikem rechte nicht.

Wert en man erre sake overtüghet mit gherichte dat he to rechte holden schal dat sin vader oder moder oder sin vormunde ghedan hebbe ane sine witscap, dar umme ne wert he nicht erenlos noch rechtlos. Dat he aver selven ghedan hevet seder der tid dat he to sinen iaren komen is, wert he des vortüghet mit gherichte unde borgheren also recht is, de is rechtlos unde erenlos, of he des hevet vor gherichte vorsaken.

Wur en richtere in richtes stat over ghewesen heft, dat schal he tüghen of men des bedarf, al ne were eme nen orkunde dar up ghegheven. Is aver dar nen orkunde up ghegheven, so mot he deme voghede vif lütteke schillinghe gheven. Dar umme schal he eme gunnen den tuch to donde uppe de sake. Heft he aver uppe de sake sin orkunde ghegheven, so ne det he des nicht.

Wat men tüghen schal up ervegut, dat mot men tüghen mit gherichte unde mit besetenen lüden. Ander dingh tughet men wol mit anderen bederven luden. Hedde he aver inne seten wesen do he to tüghe gheladet wart, unde is he ut ghevaren so he tüghen schal, den tuch deyt he doch wol.

8. 9. s. oben pag. 69, 37 D. IV. 46, 14 = B. IV. 17, 12. 11—17. s. oben pag. 78, 38 und 69, 39. 11. 12 bis gherichte D. IV. 43, 1 = B. IV. 14 pr. 18—22. D. IV. 47, 10 = B. IV. 17, 26. 23—26 bis rechtlos D. IV. 47, 11 = B. IV. 17, 27. 30—35. D. IV. 47, 8. 9 = B. IV. 17, 24. 25. 36—38. Wat bis luden D. IV. 47, 4 = B. IV. 17, 16,

2. richte] rechte D. 4.5. al were he seder] wywol he sedder were C. 12—14. unde bis gherichte f. B, in welcher die folgende Stelle 15—17 unmittelbar an das Wort gherichte in Z. 12 angeschlossen ist. 18. nennen BEF. 19. nener B. 26. rechtlos f. E; hinter rechtlos fügt hinzu of he des vor gherichte heft vorsaken B. selven] seder B. 31. al ne] wywol dat C. up] umme B. 38. he aver] ok en B. wesen f. B.

Morghenghave tüghet men mit twen bederven mannen unbesculden an irme rechte, de do to der hochtid hebbet ghewesen, sunder gherichte. Neman mach up den anderen morgenghave irtüghen, denne de brodegam uppe de brut oder de brut uppe den brodegam.

We sich enes tüghes vormit, den schal he don over drye verteyn nacht, he ne vormetes sich er.

Welk iude sich tüghes vormit mit gherichte, de schal tüghen mit deme richtere unde mit kerstenen lüden de de vulkomen sin an irme rechte.

We sich tüghes vormit, vulbringt he dene nicht, he mot dar umme wedden unde buten, it ne beneme eme echte not de he bewise alse recht is.

Weme tüghes borst wert, de is in der sake ghevallen, of he sich vor gherichte des heft vormeten.

Wat men tüghen schal mit deme richtere de dot is, der dinglüde twene de dar over hebbet ghewesen, gan uppe sin graf unde sweren dat de sake also si: des hebbe he en richtere ghewesen unde se dinglüde: dat en god also helpe unde de hilleghen. We dat süt unde hort, de mach seder der sake tüch sin liker wis alse to dem ersten he hebbe dar over ghewesen.

Of men de stede bi warheyt nicht ne wet dar de richtere begraven is de dot is, mit den men tüghen wel (oder alse men tüghe meren oder vornyen welde) so ga men up den kerchof dar men bi warheyt wet dar he uppe begraven is (unde de der sake tüch sin), unde sweren up den hilghen, dat de sake also si: des hebbe de man en richtere ghewesen de up den kerkhove begraven is (unde benömen en bi namen unde de sake), unde se dar to dinglüde: dat en god also helpe unde de hilghen. Alle de dat set unde höret, de möghet unde scolet de sake seder betüghen liker wis alse bi dem ersten se darover hedden ghewesen.

Sint ok de tüghe dot uppe den richtere unde enne dinghman alse men tüghen schal, so ga de richtere unde de dinghman uppe der anderen dinghlüde graf, unde sweren dat de sake also si (unde benömen de sake), dat he mit en dar over hebbe ghewesen to tüghe: dat in god also helpe unde de hilleghen. Alle de dat set unde höret, de möghet der sake tüch wesen liker wis alse se van ersten over der sake hebben ghewesen.

Of tüghe vorstervet unde wel men de vornyen unde meren, weygheret des de richtere unde dinglüde, de dar vore over ghewe-

1–5. s. oben pag. 8, 20. O. I. 14, 3 und IV. 47, 5. 6 = W. I. 9, 9 und IV. 17, 18. 19. 6. 7. O. IV. 47, 3 und 7 = W. IV. 17, 16 und 20. 11–15. O. IV. 47, 3 = W. IV. 17, 16. 16 – pag. 96, 24. O. IV. 47, 1. 2 = W. IV. 17, 15.

4. denne] wenne alleyne C. brodegam] brudegham Aa. 6. hinter vormit fügt hinzu to donden C. 11. dene] des BC. 14. borst] brok CF. 16. hinter is fügt hinzu so schullen C. 20. 21. alse to dem ersten he] alse he von ersten B. 23. de dot is f B. dot] vorstorven C. 24. meren] vormeren C. vornyen] vornygen C. 25. dar he] dat he B. 26. unde f. B. 27. 28. unde bis sake f. B. 29. 30. Alle bis betüghen f. B. 29. set] seyn C. 31. darover] darbi B. 32. uppe] wente uppe BC. 36–38. Alle bis ghewesen f. B.

sen hebbet, de schal men darto dwinghen mit rechte dat se den tüch don vor den mit den men tüch meren wel. Ne mochten de oder ne welden se nicht darto komen, so scolde de rat de dar to dwinghen unde velighen, dat de sakwolde sines rechtes nicht nedervellich ne wörde. De richtere unde de dinglüde scolen aver ere edhe darto don dat de sake also si de se tüghet.

We tüghe vornyen wel, de scal nemen den richtere unde de dinglüde de over der sake ghewesen hebbet, unde do den tüch alse recht is. Weygheret des de richtere unde de dinglüde de dar over weren to donde, so schal se de sakwolde mit gherichte dar to dwinghen, of is ime not is. Alle de de dar over sin, de möghet de sake helpen tüghen unde scolen van rechte, alse se van ersten dar over hebben ghewesen.

Betüghet en ene sake vor gherichte alse der stat recht is, unde worde des seder not dat men de sake echt tüghen scolde, unde de vorderen tüghe af ghegan weren dat men erer nicht hebben ne möchte, de dar over ghewesen hebbet, de moghet alle der sake na tüch wesen lik dem ersten tüghe, of se vulkomen sin an ereme rechte. Ere edh schal aver alsus gan, dat de (de sake schal men ok benömen) hebbe betüghet mit gherichte unde mit twen mannen (de schal men alle dre benömen) hebbet betüghet alse recht is: dar hebben se over ghewesen unde hebben dat ghesen unde ghehört: dat en god also helpe unde de hilleghen. Ok scolet se den richtere benömen vor deme de tüch ghewesen is.

Welk sake de vor gherichte ghehandelet wert, welk vulkomen man an sineme rechte dat süt unde hört, de mach der sake tüch wesen, al ne worde he dar nicht umme ghebeden dat he der ghedenken welde; it ne were dat it trede up ervegut dat binnen der stat gherichte leghe: dat ne mach neman tüghen denne börghere de in der stat besetten sin oder hedden gheseten wesen do se to tüghe darto wörden gheladet.

Weygherden emme sine tüghe to helpende, de voghet schal se dar to dwinghen unde velighen. Weygheret se des deme voghede, de des scaden nimt, dene möten se irlecken mit bute, oder se möten sich des untschüldigen mit irme rechte dat in dar nicht witlik van ne si.

Welk man enne medet umme lon to tüghende, kumt men des boven ine, so is he ghevallen an der sake, unde mot deme richtere wedden unde deme sakwolden sine bute gheven, unde de valsche tüch is rechtlos unde erenlos.

We enne tüch heft ghedan mit emme sodanen manne dene

32—40. 𝔇. IV. 47, 12. 13 = 𝔅. IV. 17, 28. 29.

1. mit rechte f. B. 2. vor den f. B. meren] vernyen B. 3. se f. B. 5. wörde] were Aa. 8.9. alse recht is f. B. 9. de richtere unde f. B. 12. van rechte f. B. alse] so B. 14. vor] mit AaF. 15. echt] aver C. 19.20. scal men ok benömen] unde benömen se C. 21. de bis benömen f. B. 24. ghewesen] gescheyn C. 27.28. der ghedenken] des denken B. 35. nicht] nichtes C. 39.40. unde de bis erenlos] nnde si los B. 40. erenlos] erlosz C.

men mit rechte van tüghe irlecken mach, de is aver an der sake ghevallen dar he den tuch ane ghedan heft, efte men dat bewise alse recht is. Heft he aver sine tüghe dem sakwolden benomt unde bewist, er se den tüch deden unde ghesproken, of se der jenghen irlecken welden unde mochte, so welde he sich des irhalen mit emme anderen: wörde he eme denne irleghet wol, dar na so mochte he sich des irhalen mit emme anderen.

Welkerleye sake men up de kuntschap gheyt, we sinen edh dar to nicht don ne wel dat he dar to sprict dat dat also si, de ne tüghet nicht an der sake. Ok schal men ene dar to dwinghen, dat he spreke wat eme dar van witlik si unde sinen edh dar to do. Wel he sich des weren, so ne mach he dar vore nicht inne sitten.

Sint emme sine tüghe vorstorven uppe de de buten de stat ghevaren sin to wonende, so scal he sine tüghe meren unde vornyen alse dit bok sprickt.

We up den anderen scult beholt vor gherichte up den hilghen oder mit tüghe, dat schal men bereden stander stede oder men schal dene dar vor dem kleghere antwarden up den de scult beholden is; it ne si dat de scult also beholden oder betüghet werde dat men ere leng dach hebben scole.

Wes en vor deme rade bekant, des ne mach he nicht vorsaken.

Sant ok de sittende rat twene man to dinghen to vorschedene, wat vor den van beyder partye weghene vorscheden wert mit irer beyder wilköre des men mit den twen ratmannen vullenkomen mach, dat schal men holden.

Sant ok de rat twene ratman to eneme den se to sculdighende hebbet, wes de vor den twen ratmannen bekant, des ne mach he nicht vorsaken na der tid dat se dat weder an den rat hebbet ghebracht.

Wel en ene sake betüghen mit deme rade oder mit twen ratmannen de de rat to der sake ghesant hebbe to vorschedene, he schal gan vor den rat unde bidden dat se den rat up den he tüt vor sich komen laten oder de twene ratman. Wes de bekenden, dat schal men holden. Ne dede des de rat nicht binnen der tid dat he sich des tüghes vormeten hedde mit in, dat it deme rade ummöte beneme oder dat se dat vorsümden, dar mede ne vorlore de kleghere nicht: mer de rat scolde dat vullenbringhen so se erst möchten.

Wel ok en mit twen ratmannen vullenkomen, so scolde men de anderen ratlüde dar umme vraghen of se van erer weghene to der sake ghesant weren: bekenden se des, so möchten se dat wol

16—20. s. oben pag. 70, 20. 21. 22. s. oben pag. 79, 11. 12. D. IV. 43, 2 = B. IV. 14, 1. 23—26. D. IV. 47, 20 = B. IV. 17, 36.

4. of se] of he F. 5. welden] welde F. mochten B. 6. hinter anderen fügt hinzu tughe B. 6. 7. von wörde an f. B. 13. vorstorven] nicht vorstorven F. 20. ere] der vort noch C. 23. to dinghen] um sake B. 24. vor] von B. 33. unde bis rat f. BCF. 34. komen laten] laten halen B. 36. deme rade] ene B. 40. Wel] Wes C. vullenkomen] vullenkomet C.

tüghen; vorsoken se des, so ne möchten se dat nicht tüghen ane gherichte.

Werdet twene ratman to saken oder to tweyunghe ghesant van des rades weghene, unde en darto bevolen dar under to deghedinghende; ne möchten se to dem ersten male dat nicht to ende bringhen, dar na wanne se dat möchten up ende bedeghedinghen mit beyder partye vulbort unde se dat weder an den rat hebbet ghebracht, dat möghet se denne tüghen; it ne were dat de sake so lange vortoghet wörde, dat de tid ut ghegan were de se den rat ghesworen hedden.

Scolden twene ratman tüghen dar se over ghewesen hedden van des rades weghene, dat scolden se irweren an den hilleghen dat dat also were also se spreken, of men se des nicht irlaten ne welde.

Van anevanghe.

Men ne mach nicht anevanghen denne vordüvet gut oder ghe-rovet.

We wat anevanghen wel, de schal dat don mit gherichte unde schal dat selve dridden guder lüde beholden uppe den hilleghen.

We en gut beholden wel dat he gheanevanghet heft, de schal spreken, do he dat gut nilkest seghe, dat it do sin were unde noch sin si: dat ime god also helpe unde de hilleghen. Dar na scolen twene bederve man sweren dat de edh reyne si unde ummenedich: dat in god also helpe unde de hilleghen.

Ne möchte men ok des schultechten nicht hebben alse en sin gud anevanghen welde, so mach dat de bodel don bente men den scultechten hebben moghe.

En mach sin vordüvede gut oder sin rovede gut wol upholden bente he na deme richtere sende. Ne mochte men ok des voghedes noch des bodeles nicht hebben alse men in dem lütteken richte gut anevanghen wel, so mochte de grote voghet oder sin bodel oder de scultechte deme kleghere wol rechtes helpen bente an den voghet de in deme richte voghet is.

Wat men vordüvedes gudes oder rovedes anevanghet, des schal deme voghede werden dat dridde del, of men dat nicht untredet, sunder van unser borghere gude.

We dem anderen des sines wat liet mit willen, behalt men ime dat vore, dat ne mach he nicht anevanghen: mer ienem deme he dat lech dene mot he dar umme sculdighen.

11—14. D. IV. 47, 19 = B. IV. 17, 35. 15—23. D. IV. 42, 1. 3 = B. IV. 13 pr. 2. 27—32 und 36 — pag 99, 9. D. IV. 42, 2. 5. 4. 6 = B. IV. 13, 1, 4. 3. 5. 36 — pag. 99, 9 f. oben pag. 82, 13—15. 18—25.

6. dar na bis ende] so möchten se darna dat to ende C. 7. vulbort] wilkore B. 9. deme rade BCF. 10. hinter hedden fügt hinzu to holden C. 13. also se] dat se B. irlaten] vorlaten E. 19. gheanevanghet CDF, anevanghet B, gheanevanghen A, anefangen E. 20. nylikest F. 21. 22. unde noch sin si f. CF. 21—23. Dar bis hilleghen f. B. 24. alse] wanne C. 34. dat] de C. 36. Von den Stellen 36—38, pag. 99, 1—4 und 5—9 haben CF nur die Anfangsworte und verweisen für das Uebrige auf pag. 82, 13—15. 18—25. 36. willen] gudeme willen C.

Of en sines heren gut oder siner vrowen ovele to bringt oder verdobelet, to deme gude mach de herre oder de vrowe sich ten in der stat gherichte liker wis also alse it ime vorstolen were. Deme voghede ne wert aver de dridde del nicht van deme gude.

Deyt men emme wat to truwer hand to behaldene, untvernet he dat oder wert it im untvernet van sinem ghesinde weder sinen willen, dar mach de sich to ten deme dat untvernet is, also alse it im vorstolen were. Deme voghede ne wert aver de dridde del nicht.

Wert emme wat gheanevanghet, unde sprict he, he hebbe dat ghekoft, he ne wete van weme, dat gut mot he weder gheven sunder bute: sine penninghe de he dar umme gaf heft he vorlorn, of iene sich dar to te alse hir vor ghesproken is. Tüt he aver uppe sinen weren, den scal he vore bringhen over drye verteyn nacht, he ne vormete sich des er.

Wert under emme wat gheanevanghet de uppe nenne weren ne tüt, de de dat anevanghet heft, schal dat doch holden drye verteyn nacht. Ne kumt iene to der tid nicht vore deme dat gheanevanghet is, he beholde doch sin gut unde te sich dar to alse recht is.

Wert gut gheanevanghet, de dat in den weren heft, schal dat vorwissenen dat he dat to rechter tid vore bringhe: unde ne welde he des nicht don, so scolde it don de dat gheanevanghet hedde, unde scolde dat nemen in sine were.

Wert emme en pert oder ve gheanevanghet des men sich vormit vor gherichte to bringhende, sterft it dar en binnen, de dat in weren heft beholden, mot also gut also dat pert oder ve was, do it gheanevanghet wart, oder dat ghelt dar it up ghescattet wart, vor gherichte bringhen to dem selvem rechte alse men dat perd oder ve vore bringhen scolde.

Wu dicke en en pert oder ve oder ander dingh anevanghet unde eme dat nicht unttoghen wert mit rechte, so ne darf he dar nicht umme wedden noch büten, dat he dat gheanevanghet heft: wanne aver eme dat mit gherichte af ghewunnen wert, so mot he dar umme wedden unde büten.

Wert wat gheanevanghet des men uppe manighen weren tüt, wene men dar umme sculdighet dat he untruweliken oder unrechte dar bi vare, de mot dar umme antwarden: bekant he des, he mot dat wederdon.

Wel en senne weren er vore bringhen denne over drye verteyn nacht, dat schal he spreken vor gherichte dar he sich des vormit stander stede unde wanne.

Wat en man varendes gudes vorkoft, des schal he ewichliken vor rechteme anevanghe oder sine rechten erven gheweren.

10—24. D. IV. 42, 7—10 = B. IV. 13, 6—9. 36—39. D. IV. 42, 11 = B. IV. 13, 10. 43. 44. s. oben pag. 80, 23. 24. D. IV. 42, 12 = B. IV. 13, 11.

10. emme] under emme B. he hebbet dat A. 17. ne] sek C. 21. gut] welk gut C. 23. so scolde it don f. E. 27. weren] sinen weren Aa. 44. hinter erven fügt hinzu dem anderen des C.

Sterft en de weren schal, sin erve scal weren an siner stad.

Bringhet en senne weren an gude dat ime gheanevanghet is, so anevanghet men dat anderwarve unde driddewarve unde also langhe bente dat up dene kome de dat van ersten van der ioghet in sinem stalle ghetoghen hebbe, of dat perd is oder ve is; oder of dat ander dingh is, de dat van ersten hebbe getüghet mit sineme gude. Des mot he aver twene bederve man to tüghe hebben den dat witlik si, de ime dat up den hilleghen helpen beholden.

We senne weren an ervegude bringhet vor gherichte dat under eme gheanevanghet is, de is des ledich unde los, it ne were dat he silve an der dat an rade oder an dat sculdich were.

Wat en iode vorkoft, wert dat gut anevanghet unde bekant de iode des kopes vor ghterichte, des schal he to rechte were sin: de iode ne lidet nene not vorbat, sunder he mot weder gheven dat gut dat he dar vore upghenomen hevet.

Binnen den ver wenden ne mach men deme ioden nicht anevanghen, he ne beholde sine penninghe dar an. Kelke böke gherewant unde wat to goddes denste hört, ne schal he nicht to pande nemen, he ne hebbe des gude weren. Nimt he ok kelke missebuke oder gherewant to pande, dat ne schal he in sinen weren nicht beholden, mer emme kerstenen manne deme he wol truwe, schal he dat beholden laten to siner hant.

We emme tyet dat he sin vordüvede gut in sinen weren hebbe oder sin rovede gut, des mot he bekennen oder vorsaken: vorsaket he des unde kumt men des boven ine, so is he sculdich an der düve: bekant he des, he mot dat wederdon unde mot dat weder gheven: dat he dar umme gaf, dat hevet he vorlorn.

We wat neme sime ghelik, of he dat openbare holde unde of men dar na vraghe dat men des nicht vorsake, unde of men des nicht unberen ne wille dat he sin recht dar to do dat het vor dat hedde dat it sin were, so blift he des ane schaden. Hevet he des aver wat ghenoten, of dat ve is, dat mot he irleghen.

12—15. s. oben pag. 81, 6—9. D. IV. 42, 22 = B. IV. 13, 18. 16—22. D. III. 17, 5 = B. III. 1, 5.

1. hinter de fügt hinzu deme anderen C. 3. unde dridde warve f. B. 6. getughet] betughet E. 8. vor witlik fügen hinzu bekant unde BC. 12. wert] und worde C. 15. hinter hevet fügt hinzu unde nicht mer C. 17. 18. gherewant] missewant C. 18. unde bis hört f. B. 21. beholden] hebben B. 23. emme] enen B, eyme D, eneme E, eyneu F. in] an B. 26. düve] düvereie C. unde mot dat f. A[a]. 28. neme] nimt A[a]. hinter neme fügt hinzu eyneme anderen C. 32. of dat ve is f. B.

LIBER QUINTUS.

Van manigherhande rechte.

Wanne men den rat küset, de minnere del volghe dem mereren. Eschet aver de minnere del dat men kese bi eden, dat schal men don. Keset aver dre enne unde de anderen dre den anderen, so scolen se ere wisesten to sich nemen: wat de merere del spreke bi waren worden, des scolde men volghen.

Wat men deme rade scoldich is dat de stat an trit na der tid dat sich de nye rat heft ghesat, dat mach de olde rat eschen unde utpanden unde beholden mit vullem rechte, alse se mochten do se selve in des rades stole seten.

Welk unse börghere oder borgheresche des rades win halen let, ne ghilt he des nicht na der tyd binnem enne verndel iares, seder ne mach he dar vore nicht inne sitten.

Welk gherende man oder wivesname emme unsem borghere van emme utmanne wert ghesant, vor de sande ne schal he in nicht gheven denne twene schillinghe goslerscher penninghe, he si der stad ghesinde oder nicht. De dar bricht de scal deme rade ene mark gheven.

Nimt en gast enne unse borghereschen, de lodere de de gast unsen borgheren sant, se sin unser stad ghesinde oder nicht, dene mot men wol mer gheven denne twene schillinghe.

Welk unse borghere ridet in örloghe, de schal wif unde kindere unde ghesinde sich volghen laten ut unser stad ghorichte. Ne dede he des nicht, nimt dar umme ienich unser borghere schaden, dene schal he irleghen unde de de sin wif unde kindere unde ghesinde heghet unde halt.

We mit uns nicht ne scotet, de is en gast unde nen börghere.

Nen borghere van Goslere ne ghift tollen to Goslere, sunder van unghewarchteme koppere.

De ydele waghen schal rümen dem gheladenen, de min gheladene schal rümen deme svareren.

Ghift en sineme knechte oder maghet orlof er he sin lon vordenet hebbe, wat ime lones ghelovet was bente uppe de tid dat

27. 28. s. oben pag. 40, 22. 23. 31 — pag. 102, 4 s. oben pag. 90, 28—30.

1. E schickt diesem Buch Verse voran, die ein ganzes Blatt füllen. küset] kesen wel B. volghe] volget E. 4. to sich] darto B. 5. hinter worden fügt hinzu dat scolde men dun unde B. 11. binnem enne] bi enē B, binnem eÿne D, bynnen enē E, binnen eineme F. 15. goslerscher] N. E. 16. De dar] De dat B. 18. lodere] lode C. 22. 23. Ne dede he des nicht f. B. 23. nimt] neyme C. 31 — pag. 102, 4. Einen zu dieser Stelle gehörigen Satz von neuerer Hand hat A[u] unter dem Stück Pergament, das unten pag. 102, 15 — 20 erwähnt wird. Er lautet: Schuldiget eyn den anderen umme vordenet lon des

he ene ghemedet hadde, dat mot he eme al gheven; it ne were dat he dat mit undat vorwarcht hedde, oder dat men sodan dingh an eme wiste oder vorneme de witlik weren, dar sin billiken en gut man umme enbere.

We uppe gnade denet sunder beschied, de schal sich an der gnade ghenoghen laten de men ime deyt.

Mit welkeme börghere de rat nicht ne vormach ene to rechteme antwarde to settende, dene ne schal de rat vor borghere nicht vordedinghen.

Wert en samentname ghenomen, wert des wat ghegulden, dat schal men under in delen na marktale. Vorsoke men aver weme der name, deme ne dochte men nicht ghelden. Gülde men aver emme sunderliken mit underschede, de ne dochte mit den anderen nicht delen.

Wur eyn man unde eyn frowe edder iuncfrowe sek sammeden in deme echten levende, de sek to beidentsiden vromeliken gcholden hedden unde unberochtiget weren, unde samentliken kindere teleden, worde der elderen iennich na der kindere bord mid undad berochtiget dat witlik unde openbar were, des ne dochten de kindere nicht entgelden.

Of en bot dat he heft ghewukeret, darmede ne heft he sin recht nicht vorlorn noch sine ghelde: sin gherochte is dar aver mede ghekrenket.

Welk kint to sinen iaren nicht komen is, ne mach sich nicht vorloven to echte ane sines vormunden willen.

Ok ne schal nen man ghelt erghere bernen laten noch selve bernen, denne it vore is.

Welk goltsmet de in der stat ghérichte to Goslere werken wel, de schal sweren dat he nen erghere ghelt ne werke denne bi halvem lode, unde mit nemme schilder golde vorgülden ne scolet, mer mit overgulde oder mit clenen Florentinen. Ok ne scolet se nen golt erghere maken denne it en gheantwardet wert.

Nen gast ne schal hir in der stat swine oder ve kopen dat he binnen der tolnye oder buten sla unde here to markede bringhe.

5. 6. f. oben pag. 9, 39. 40. 24. 25. f. oben pag. 18, 4. 5. 28—32. D. V. 10, 1 = B. V. 10 pr.

de besculdigede nicht en bekand, des is he negher sek to entleddigende wen de kleghere sy up one to beholdende. Derselbe Rechtssatz findet sich oben pag. 79, 19. 20, nur mit anderen Worten. 3. de witlik weren f. B. dar] dat B. 5. sunder beschied] sunder bescheden lon B, ane bescheyden C. 11. in] en ander B. Vorsoke] Vorsaket E. 12. ghelden] gheven CF. 14. hinter delen fügt hinzu de name C. 15—20. AAªDE, AAª von neuerer Hand und zwar die letztere auf einem aufgenähten Stück Pergament, D erst hinter Z. 23 und E erst hinter Z. 25; f. BCF. 27. hinter is fügt hinzu gewesen an siner werde C. 28. to Goslere f. C. 29. ghelt] gold C. 30. vorgülden ne scolet] scal he vorgulden Aª. ne scolet f. B. 31. over golde C. ne scolet se] ne scal he AªB.

Welk gast here vlesch bringht dat buten der tolnye gheslaghen is, dat mot he wol vorkopen vor middeme daghe. Wat he to middaghe nicht vorkoft heft, dat ne schal he in den herberghen noch nerghen in der stat seder mer vorkopen.

Wat ok here kumt van vromeden krameren, de moghet hir stan up dem meynen markede oder vor der kerken, irer iowelk dre daghe in deme iare.

Dit is recht, welk man sine kopenscat also holt alse hir na bescreven is, den ne moghen de kramere nicht besculdighen.

Neman de der kramere ghelde nicht ne hevet ne mot vorkopen nenerleye siden want, noch yresch noch enghelsche dünne lakene, noch remesche döke verwet oder ungheverwet, noch tzeter, sunder in gansen stücken alse men ute den steden bringhet dar men se maket hevet. Sunder yresche lakene moten de wantsnidere wol mede sniden.

Welk man ok specirye here brinkt, de ne schal is nicht min vorkopen denne en punt, he ne brechtes min. Et ne schal ok nen unser borghere in der stat nene enthele specirye kopen, de he weder wille vorkopen bi punden.

Mandelen unde ris schal neman min vorkopen wen eyn half verndel, et ne were dat he es min brechte.

Neman ne mot ok vorköpen min siden wen eyn half punt.

Swe parcham veyle brinkt, de mot wol eyn ganz vorkopen unde nicht min.

We ok hir brinkt oder maket hovetkledere, alse doke unde wumpelen, de mot he wol ganz vorkopen de stücke alse se sint.

Goltdrat unde sulverdrat ne scal neman min vorkopen denne vif unde twintich spillen, dar uppe iowelker spillen twey hundert elne si, he ne maket selve.

Allerleye büdele unde hüde unde hantschen unde goltvel unde silvervel unde wat sek to der dosin tale dreghet, dat schal men bi gantzen dosinen vorkopen, he ne maket selve.

Neman ne mot ok min wasses vorkopen den vor ene lodeghe mark, et ne si dat et eme van sines selves benen werde, oder he ne bringhes min.

Börden unde linde unde gördele ne mot neman vorköpen wenne de kramere, et ne si dat he se sulven make.

Hernz ne mot neman min vorköpen denne eynen rep de teyn elne langh si.

Twelk oder middelere oder belkere ne mot neman min vorkopen denne teyn repe de hundert elne langh sin.

5—7. D. V. 9, 23 = B. V. 9, 20. 10 — pag. 104, 12. D. V. 9, 5—20 = B. V. 9, 2—17.

8. kopenscat] kopenscop C. 11. Noch yresch f. B. 12. Noch remesche] Noch yresche, noch bemesche B. 12 13. Noch tzeter f. B. 13. tzeter] czetir F. bringhet] vöret C. 17. brechtes] bruges B. 18. specirye] spitzerye C. 24. unde nicht min f. B. 30. hüde] gördele B, höde CF. 31. silverver A, sulver DE. 36. Börden unde] Worden B. linde] binden B. 37.38. wenne de kramere bis vorkopen f. B. 38 Hernz] Hernet C, Harras E. rep] reip C. teyn] twelf B. 40. belkere] koghelere B.

Losche ne mot neman vorkopen, denne eyne kunne, dat sint vif vel.

Bomwulle ne mot neman min vorkopen denne eyn verndel, dat sint vif unde twinticht punt.

Erech unde permet oder wat sek to der dekere tale dreghet, dat schal men vorkopen bi gantzen dekeren, he ne maket selve.

Tekende hosen mot man wol vorkopen bi halven dosinen up en minneste, sunder de wantsnidere.

Bleket garn unde allerleye verwet garn ne schal me nicht min vorkopen denne bi gantzen punden.

Missinghwerk unde then unde ysern dat schal men vorkopen bi gantzen cinteneren.

Bly schal men vorkopen bi gantzen cinteneren, et en si dat en eyn borghere sulven to siner hutten werken late.

Stal schal men bi ganzen hunderden vorkopen also daner stücke alse men dar warcht dar met erst maket.

Neman mot ok min neghele vorkopen denne hundert scok, et ne si dat he sülve se ghesmedet hebbe.

Welk gast here brot bringhet, dat mot he wol vorköpen wente to middaghe.

Wan de schepel wetes ghilt anderhalven verdingh lodich, so schal dat penningbrot wittes brodes weghen, de weckghe dridde halve mark, de semele elven verdinghe, dat stockbrot dre mark: dat vat beres dat schal men gheven umme ses penninghe.

Wanne man koft den schepel rockghen umme eynen verdingh, so schal dat penningbrot weghen ses mark, to sodaner tid wanne dridde half punt penninghe gheldet ene lodeghe mark.

Welk smed der smede ghelde nicht en heft, de mach smeden sunder vare al dat men pleghet to vortenende, unde slot, unde helden, unde haken, unde hespen, unde wat to dören unde to vensteren hört. Yserne aver, dar men kellervenstere unde andere venstere mede beslinghet, ne mot he nicht smeden. Yserne to glasvensteren mot he wol smeden. Scharpe neghele de men in holt slan mach, dorslach, prenen, nene ghere, grope yserne unde grellen, glavien yserne, unde pile, unde kornvorken, unde vleysghellen, unde henghe to gropen, unde to vöghen ketelen, unde menele unde bende to ratborn unde to schufflen mot he wol smeden. Envolde henghe vor ses penninghe, enne klofhamer vor enne schillingh, unde ene harst vor enne schillingh, unde nicht betere, mot he

19—27. D. V. 3, 1. 2 = B. V. 3 pr. 1. 28 — pag. 105, 17. D. V. 11 = B. V. 11.

1. hinter neman fügen hinzu min A^a BF. 2. vel] welle C. 4. unde twintich f. CF. 5 permet] permunt B, permynt EF. 13. Bly bis cinteneren AA^a CDEF, hinein corrigirt A; f. B. 19. Werlk A. veyle bringhet C. 20. hinter middaghe fügt hinzu unde nicht lengk C. 21. lodich] lodiges sulveres B. 22. wittes] wetenes B. wegen, unde de wegge F. 24. vat] mat C. 34 — pag. 106, 2. mach bis dar binnen f. B, in welcher an dieser Stelle ein Blatt ausgeschnitten ist. 36. unde henghe to gropen] gropen hengen C. 37. ratborn] schuffkarren C. schufflen] yseren schuffelen C. 38. volde] voldige C. klofhamer] kopperhamer C.

wol smeden. Perdescrapen mot he wol smeden; al ander grofwerk unde wat to waghenen unde to ploghen hört unde hofslach ne mot he nicht smeden. Scharpe neghele de men in holt slan mach de mot he wol to waghenen unde to plöghen smeden. Ok ne mot nen gast metzede vorköpen, wenne dre daghe in deme iare. Bil noch barden, exen, noch side, noch sesnen, noch sekelen, noch nen egghetowe mot he smeden. Sunder metzede, cratzehamer, noch kylhacken, merghelyseren, noch bicken, helm, ketelhot, platenyserne, platen, brantyserne, ketelhaken, sveve, noch saghen, bylyserne, hacken, grote menele noch grote hente, houvorken, noch mesgrepen, tanghen, noch munter hamer, noch anebot, noch berchyserne, noch mezele, noch balken dar men mede weghet ne mot he nicht smeden. Noch grotere henghe dar men dor an henghet, noch klockenklepele ne mot he nicht smeden. Wat he aver disser dinghe to sines selves not bedarf unde nemme anderen ne smedede, dat moste he wol don. Bycken, kylhacken, cratzehamer, hacken mot he wol scherpen oder stalen alse se ghestumpet weren.

We dem anderen ene last kopperes vorkoft, de schal eme weghen sesteghede halven cintenere, den cintenere van hundert punden. Hedde he aver bescheden ene sware last, so scolde men dar twene cintenere to weghen, den cintenere bi hundert punden.

We dem anderen vorkoft enne cintenere kopperes oder twene oder mer, de schal eme weghen hundert punt kopperes vor den cintenere, it ne si anderes bescheden. Ysern, unde bli, missingh, er, smer, spek unde al ander dingh dat men pleghet to weghene mit dem cyntenere, des schal men vor den cyntenere weghen teyn punt unde hundert; vor den halven cyntenere unde vor dat verndel unde vor dat halve verndel alset sich dar an gheboret, it ne si vore anderes bescheden.

Vor ene last sceversteynes schal men weghen achtheghede halven cyntenere, de cyntenere bi hundert punden. Dar schal de rat van ioghewelker groven twene man to sweren laten up den hilleghen, de den steyn weghen unde setten io over enne hop. Also liken steyn de to deckene döghe, we dat ok eschet dat men den sten eme anderweyde weghe, wanne he dene vaten wel, dat schal men don. Wanne ok der ienich afghinghe, so scolde de rat dar andere to sweren laten van dere groven dar se afghingen, de deden alse hir vore bescreven is.

Wat en vint, perd oder ve oder welkerleye ander dingh dat is, dat schal he up beden laten under der löven unde in allen parren. Kumt ieman binnem emme iare de sich selve dridde dar to ten möghe alse recht is, de unbesculdene lüde an ereme rechte sin, deme schal men dat antwarden. Dat it vordan heft, dat schal men

8. 9. noch bicken bis brantyserne f. C. 9. platen] spaden A[a] F. 12. hinter berchyserne fügen hinzu pannen ysern CF. dar men mede weget] in de wage C. 13. 14. henghet] genghet F. 33. hop] hoip F. 40. laten f. E. 41. binnem emme] binnem eyme D, bynē ennē E, bynnen eineme F. 43. hinter vordan fügt hinzu unde vorteret C.

emo ghelden, of it perd is oder ve oder swin sint. Ne kumt aver dar binnen neman de sich dar to te, so nimt de voghet twene dele, unde de dat heft ghevunden den dridden del. Dat scal aver de vorwissenen de dat heft ghevunden. Ne wel he des nicht don, so schal it de voghet vorwissenen dat men dar bi vare alse hir vor bescreven is.

Welk user borghere den anderen wes to schuldighende heft, de scal vor ghērichte van eme nemen dat recht is. Ne welde he des nicht unde böde eme iene to antwordene umme sine schülde vor deme rade oder vor deme voghede des recht were: wes he dar bekende, dat welde he vul don: wes he nicht bekende, des welde he sek untschuldighen of he möchte. Nöghede aver eme dar nicht an unde vöre boven dat van hennen unde töghe usen borghere to deghedinghen vor utwendighen herren, des ne schal nicht sin. Scheghe dat aver, so scholde de rad den man to borghere nicht weder nemen, eme ne were denne rechtes gheweygheret vor ghērichte dat he bewisen möchte alse recht is.

Gheve en use borghere de borgherschop up, uppe dat he nicht mit os schoten ne dörfte, dede he dat en verndel iares vor schotes tid, so ne scholde de rad der borgerscup nicht up nemen, he ne vorwissende den rad dat he also dan schot, alse andere use borghere gheven, betalen welde uppe de tid alse men schotet, went he dat rede vorschült hedde. Ne welde he des nicht don, so mochte de rat dat söken an sinem erve, of he dat hedde: ne hedde he des nicht, so mach men ene dar umme vorvesten. Ok ne scholde de rad den man nicht to börghere nemen, he ne gheve al sin schot dat he deme rade vorseten hedde de wile he ute ghewesen hedde unde darto de plicht de men vor de borgerschop ghift.

Gheve en use borghere de borgerschop up dor schult willen de eme use borghere schuldich weren, unde kreghe des herren de vor ene beden dat men eme de to rechte sette, dat scolde men don also vorde alse der de rad macht hedde unde se use borghere wesen wolden. De scholden eme antworden umme sine schult, unde he scholde one weder antworden vor gherichte na user stad rechte binnen den neysten veyr weken alse he de borgherscup up ghegheven hedde, unde ne scholde hir na der tid nicht lengh wonen. Ne mochte men aver use börghere eme binnen ver weken nicht al to rechte bringhen, unde schuldeghede he dar na umme, alse he en wech ghetoghen were, unde bede den rad dat se eme ere borghere to daghen vorden to antwordene umme sine scult, oder bede dat men eme dach gheve in de stad to komende (he welde dar gherne antworde nemen unde gheven vor usem gherichte), des scholde de rad wol mechtech sin, verteyn nacht oder dre weken oder lengh dach to ghevende, dat he vor usem gherichte antworde neme unde gheve, uppe dat de rad use börghere to daghen

7. das Folgende bis zum Schluß der Statuten von anderer Hand A.
18. Gheve] Ghyfft C. 20. nicht] van ome nicht C. welden A.
26. nemen] weder nemen Aa. 28. darto] dar AD. 29. Seghede B, corrig. A. 40. vorden] voren C. 43. de f. AD. 45. to daghen f. B.

buten de stad nicht vören dorften. Seghede ok de vorbenömde man de borgherschup up en verndel iares vor der schotes tyd, so ne scholde de rad der borgherscup nicht up nemen, he ne vorwissende den rat dat he sin schot to der neysten schottyd welde gheven alse andere use borghere, went he dat rede vorschult hedde. Ne welde he des nicht gheven, so mochte en de rad dwinghen bi sinem erve, of he dat in der stad hedde: ne hedde he des nicht, so mochte men eme mit rechte volghen. Ok ne scholde de rad den man binnen iare unde daghe nicht weder to borghere nemen, umme dat he use börghere boven user stat recht ghedrunghen hedde. Aver na der tyd mach de rad en wol weder nemen, of he gheve al sin schot dat he dem rade untseten hedde, de wile he nen borghere wesen hedde, unde darto de plicht de men vor de borgherscup ghift.

De rad der stad to Goslere is to rade worden, mit endrechtigher vulbort der koplüde, der woltwerchten unde der ghelden der sülven stad, dat nen rad schult maken oder schullet borghen, se ne moghen unde willen de ok bi erer tyd ghelden unde weder gheven. Were aver dat se des van sunderliker unde openbarer not weghene nicht mochten don, dar scholden en de koplüde woltwerchten unde ghelden to raden unde helpen dat de schult gheghulden worde, wu so dat der stad aller bequemest were. Dat scholde denne io gheschen unde wort ghesat werden bi des rades tyden unde er den se ut rade ghinghen.

Welk user borghere ene iuncvrowen oder wif nimpt deme men hundert lodeghe mark ghift, de mach hebben gheste to veftich schotelen unde nicht mer, ane vif drosten unde vif schenken unde spellüde.

Ghift man eme achthentich mede, so mach he to vertich schotelen hebben.

Ghift man eme sesticht mark mede, so mach he to drithtich schotelen hebben.

15—24. D. V. 1, 13 = B. V. 1, 7. 25 — zum Schluß D. V. 23 und 24 = B. V. 23 und 24.

1. Ghevede] Secht C, Seghede D. 2. schotes] schotel E. 4. dat he f. C. schot] schotel C. 4. 5. welde gheven] to gevende C. 10. 11. umme bis nemen f. B. 13. wesen hedde] gheweset en hedde B. 15—17. De rad bis maken] Nein rad ne schal schult maken CF. 16. der woltwerchten] der N. E. 20. 21. de koplüde, woltwerchten unde f. CF. woltwerchten] N. E. 24. E allein fügt noch Folgendes hinzu. Na Sassen rechte dar wy beyden syd unde alle dusse land mede begrepen synd, etc. Welk man de syn kint in wicbelde uth beradet unde eme synes gudes mede gifft so vele he ome gan, dat kint moeth na des vaders dode uth beraden bliven unde mach myt den kinderen de in der were besterven nicht to delinghe gan. 25. das Folgende bis zum Schluß f. B. wif] vrowen A[a]. 26. hinter mark fügen hinzu mede EF. gheste] köste C. 29. hinter achthentich fügt hinzu mark C.

Weme man vertich mark oder min wan vertich mark mede ghift, wu luttik des is, de mach to dem meysten to twintich schotelen hebben. Doch schal men to der schotelen nicht mer wenne twen lüde setten, unde men schal des avendes hebben vif richte unde nicht mer, des morghenes ses richte unde nicht mer.

De brodegham ne schal nene ghave utgheven, wen der brut, oreme vadere unde modere unde susteren unde broderen. Deme ghelik ne scal de brut ok nicht gheven, wenne deme brodeghamme unde sinem vadere unde modere, sustere unde brodere. Ne hedde se aver der nicht, so mochte de brodegham gheven der brut unde dar to veren de der brud neysten weren, unde de brut deme brodeghamme unde dar to veren sinen neysten.

De rad ne schal ok nenen ghernden gheven, of se en ghesant werdet.

Men ne schal ok nene gherde hebben to der hochtyd, wenne de user stad ghesinde unde borghere sin.

De brodegham ne schal ok orer nenne dickere vorsenden, wenne tweyes.

We disser dinghe alsus nicht en holt, de schal deme rade vif lodeghe mark gheven.

12. sine AD. 13. hinter ghernden fügt hinzu van sanden A[a]. 13. 14. gheven bis werdet] van sanden geven icht se one gesant werden C. 15. hochtich A. Zwischen 18 und 19 schiebt C ein einen Artikel des Sachsenspiegels (I. 26) und das Stück vom Mustheil, s. Homeyers Verzeichniß deutscher Rechtsbücher pag. 21. Beide Stücke hat auch F, aber in umgekehrter Ordnung und erst hinter Z. 20, von den Statuten abgesondert durch einen Zwischenraum und die Ueberschrift: hir begint sik van musdele effte wu me erve delen schal. C allein hat folgenden Schluß: Uthgenomen itlike stücke unde artikele disses vorgescreven capittels van der herwede unde gerade: wente dar is hir to Wernigerode eyn willekor op gesat alse vorane hir in disseme boke von herwede unde gerade gescreven steyt. (s. oben pag. 4, 2 und pag. 5, 3.) Hir endet sek de V böyke des goszlerschen rechtes. E hat hinter Z. 20 noch ein Register und Glossar und zuletzt unter der Ueberschrift Stadrecht dat nige van herwede, van gherade die schon oben pag. 3, 18—24 und pag. 4, 12—21 gegebenen Stellen mit dem Zusatz: Herwede unde gherade scal men nicht uth der stad gheven. 19. de rade A.

Anhang.

I.

Anno domini 1351.

De olde rat unde nye rat unde ut den ghelden sint des to rade worden dat iowelk rad schal dat bewaren dat Hannes Unrowe in den rad nicht mer en kome, umme de unvoghe de he deme rade bewisede, do he der kindere siner brodere kesten brak, binnen des dat de rad de kesten unde slotele in orer hode hadden, to der selven kindere hand.

De rad der stad to Goslere sind to rade worden dat neyn orer borghere nerghen anderswor sek keren en schal to wonende wanne in der stad to Goslere unde dar sülves al borgeres recht plicht unde wonheyt to donde, twysche hir unde wynachten neyst to komende vort over dre iar. Unde welker borghere des alse nicht ut en helde edder en wolde, de scholde gheven to der stad schuld also vele gheldes alse ome na antal synes gudes gheboren mochte. Unde we disses brokhaftigh worde, dat willen de rad an deme soken unde an al syneme gude, wor he dat heft, wu se kunnen unde moghen. Dit is gheschen na goddes bord dritteyn hundert iar in deme seventigesten iare des neysten sonnavendes vor sunte Martens daghe des hilghen biscoppes.

Anno domini 1397 in adventu domini quam de rad upp eyn dat me alle iarlikes, wan de ghilden unde de meynheyt deme rade sweren, dit alse hir na gescreven steyt on witlik don schal, unde se scullet dat in ore ede nemen.

We syn kint monneken wel, de schal de menheyt der stad bewaren dat se nene ansprake lyden dorven an oreme rechten van erve van herwede unde van gherade; alse se dat vor recht gehat

19 — pag. 110, 5 f. oben pag. 2, 30. pag. 8, 28 und pag. 10, 1—11.

hebben wente her to, dat on dat hilghe rike ghegheven heft unde unse hilghe vader de paves gheconfirmeret unde bestedeghet hefft. Unde wen he syn kint monneken welde, dat scolde he don mit witschup des sittenden rades. We dat vorbreke, syn lyff unde syn gud scolde in des rades hant stan, he were vrowe edder man.

To des schulteten ammechte ghebören besunderen disse articuli de de hir na beschreven syn.

De schultete dinget bi koninges banne drye in deme iare, unde nicht de voghet.

De schultete scal richten over hud unde har unde schal de lüde in de overhöre kündeghen unde in de veste don in der richtestat dar he dinget under koninges banne, unde nicht de voghet.

De schultete mach eynen iowelken gast, edder eynen borgher de de uppe der vluchtsalen were, besetten edder vor syn ghérichte laden wu dat to rechte van ome gheesschet worde, unde nicht de bodel. Mochte me aver des schulteten nicht hebben, so mach de besate de bodel don, unde wat ome loves dar aff börde, dat scholde he dem schulteten ghelike halff gheven. Welde aver de beklaghede man, ifft de eyn gast were, antworden to der besate van stunden an, dat scholde me don vor des schulteten gherichte: dar scholde de klegher dat antworde nemen van stunden an.

Unse borghere icht ör ghesynde en schal de schultete neynen vor syn gherichte laden to antwordene, sunder uppe dem markede.

We de vor des schulteten richte wesen schal, de mot des warden wanne me prime ichte nachtsangh pleghet to ludende to der marketkerken, welker desser tyd eyn ome van dem schulteten bescheden worde.

We der schulteten richte versmadet eder vor syneme gerichte brikt, de weddet deme schulteten veer keyserschillinge, unde dene mach me vervolghen mit der overhöre under der lövene, unde de voghet schal ön in sin bok scriven unde upholden in aller wise alse icht he vor synen gherichte vervolget were.

De schultete schal pande upheden unde dar na eghenen unde vrede werken alse recht is, unde nicht de bödel.

De schultete schal eghenen unsen borgheren ervegud hus unde hoff ichte ander erve, beleghen in unser stad gherichte, unde vrede werken alse recht is. Aver dat scholde he don mit witschup unde van hetendes weghen des rades.

De schultete schal eynen iowelken deme des not were helpen ut panden synen hustyns, unde nicht de bodel.

Mochte me aver des schulteten nicht hebben, so mach de voghet alle stukke richten unde handelen vullenkomeliken alse de schultete.

8. 9. s. oben pag. 73, 9—17. 13—17 bis bodel don s. oben pag. 65, 25. 26. 18. Welde bis 21. s. oben pag. 66, 35—43. 22. 23. s. oben pag. 63, 7. 8. 24—27. s. oben pag. 64, 24—29. 29. de weddet bis keyserschillinge s. oben pag. 84, 27. 33—38. s. oben pag. 25, 36. 27, 15—24. 65, 34. 35 und 67, 37—39. 39. 40 s. oben pag. 22, 2—4.

II.

Fredericus dei gratia Romanorum imperator universis imperii fidelibus presentibus et futuris presentem paginam inspecturis gratiam suam et omne bonum.

Quia dilectis civibus nostris Goslariensibus ad statum bonum consulere nos convenit, utque eos nostris promciores habeamus obsequiis, ab aliorum eos iniuriis et angariis liberare praesenti cartula duximus exprimendum, quod fidelis princeps noster Bernardus illustris Saxonum dux in provincia nostra apud Germrohde constituta, dum predicti cives Goslarienses super multis serenitatem nostram pulsarent querimoniis et de thelonio in Ertineborch clamor nimius haberetur, eos ibidem absolvit et in manum nostram dexteram fidelitatem promisit quod deinceps nullus predictorum civium apud Ertineborch per eum vel per suos thelonium persolvere compelletur aut iniusta quavis molestabitur exactione.

Hanc ergo paginam ad memoriam facti conscriptam sigilli nostri impressione muniri precepimus, subscriptis testibus qui facto interfuerunt. quorum hec sunt nomina. Everardus Merseburgensis episcopus, Thidericus Halverstatensis episcopus, Bartoldus Citensis episcopus, Iohannes imperialis aule cancellarius, Conradus Goslariensis praepositus, Adelgerus comes de Hohenstein, Sybodo comes de Schartfeld, Burchardus comes de Hartisburg et Folcmarus advocatus Goslariensis, et alii quam plures.

Datum in Germrohde anno dominice incarnationis mclxxxviii indictione vii. xii kalend. Decembris.

In nomine sanctae et individuae trinitatis Fredericus divina favente clementia Romanorum rex et semper augustus et rex Siciliae.

Imperialis providentiae benignitas exposcit uberiorem eis nos gratiae nostrae favorem impendere, qui ad nostrum imperiique honorem promovendum maiori prae ceteris devotione deserviunt, et (ut) ita studeamus singulorum meritis respondere, quatinus apud deum et apud homines memoria nostra sit in benedictione. Hinc est quod ad universorum Christi fidelium tam futurorum quam praesentium notitiam pervenire volumus, qualiter civitas Goslariensis, quam non immerito speciali prae ceteris dilectione amplectimur, ab antecessoribus nostris divae memoriae regibus et imperatoribus funditus constructa, sacrarum legum constitutionibus fuerit elegantissime privilegiata. Unde nos attendentes eiusdem civitatis burgenses ob honoris nostri promotionem ac inviolatae fidei suae conservationem multa corporum pericula diversasque rerum iacturas ab inimicis imperii pertulisse, de condigna eorum remuneratione solliciti, iura praedictae civitatis, quae ab antiquis imperatorum et regum donationibus eis indulta, sed a quibusdam ipsius civitatis habitatoribus immutata et in abusionem fuerunt deducta, postulante hac ipsorum burgensium devotione renovare decrevimus et confirmare, dignum ducentes ea iura quae in diversis rescriptis sparsim habuerunt notata, diligenter in unum colligere, atque ad maiorem cautelam scripto commendata sigillatim duximus hoc ordine describenda.

Quicunque manens in civitate Goslariensi et a nemine quamdiu vixit de servili conditione convictus est, post mortem ipsius nullus eum in servum appellare vel in servitutem redigere praesumat.

Si quis vero extraneus civitatem iam dictam ad inhabitandum intraverit, et sic in ea annum et diem perstiterit, quod de servili conditione nunquam fuerit accusatus convictus vel confessus, communi aliorum burgensium gaudeat libertate, et post mortem suam nullus eum in servum audeat sibi vendicare.

Quicunque super alium voluerit testimonium proferre, dabit quinque solidos advocato civitatis pro reliquiis et pro causidico, ut in eum, super quem probare vult, secundum ius civile valeat profiteri. Qui vero de pace dei se expurgare voluerit, nec pro reliquiis nec pro causidico quicquam est daturus.

Si quis autem ad producendum super aliquem testimonium vilem et infamem personam pretio conduxerit, reus iudicetur.

Si quisquam impubes, qui videlicet ad annos discretionis non pervenerit, in civitate Goslariensi manens possessionem seu haereditatem suam de consensu tutoris sive mundiburdii sui cuiquam dare voluerit, libere hoc faciet, et factum idem iure suo firmum et stabile permaneat.

Si aliquis burgensis domum suam pignori obligare voluerit, (si) tres vel duos veraces suos vicinos cum iudice civitatis adhibuerit, sufficere iudicamus.

Si quis de pignore sibi obligato coram iudice confessus fuerit, postmodum negare non valebit.

Quicunque alicuius domum conduxerit sive gratis ei concessa fuerit inhabitanda, nullam in eadem domo proprietatem, mentiendo suam esse, sibi vendicare poterit, nisi forte coram burgensibus suis eam iuste acquisierit.

Si quis aliquem pro debitis in iudicio convenerit, is qui convenitur nullam recusationem faciet, nisi quod neget debitum vel quod confiteatur. Nec aliquis mentiendo dicat, se in alio loco sub aliquo iudice debitum persolvisse: tamen si voluerit eiusdem debiti solutionem probare, faciat hoc cum iudice uno et duobus vel tribus burgensibus.

Praeterea nullus regum vel principum imperii vel extraneorum hominum super aliquem burgensium Goslariensium extraneum debet adducere testimonium, sed per burgenses civitatis suam probare tenetur intentionem.

Nullus imperatorum seu regum cuiquam praedictorum burgensium sub obtentu gratiae suae praecipere debet ut aliquem bur-

10—14. s. oben pag. 13, 34—39. 15—19. pag. 94, 30—35. 20. 21. pag. 96, 37—40. 22—26. pag. 18, 21—29. 26, 30—32. 27—29. pag. 94, 36—40. 30. 31. pag. 28, 26. 27. 79, 11. 12. 32—35. pag. 25, 28—40. 36—41. pag. 69, 6. 7. 72, 13—18. 42—45. pag. 76, 3—11.

gensem suum accuset apud ipsum et dampnum ei faciat, nisi forte aliquis advocato civitatis contumax fuerit et rebellis, et tunc debet dominus imperator sive rex sub obtentu gratiae suae, si ita sit, burgenses interrogare.

Ipsi quoque burgenses Goslariae cum nullo principe contra alium principem contendere debent seu guerram facere, nec cum aliquo bellicam movebunt expeditionem, nisi pro defensione patriae ad locum qui dicitur Hildegesborch, ibique quatuordecim diebus in propriis permanebunt expensis.

Habebit eadem civitas pacem firmam in domibus suis, ut nullus ad eas fugiens inde violenter extrahatur. Si vero proscriptum quemquam in domum suam quis receperit, si ab advocato et actore super eo fuerit incusatus, proscriptum restituet ad iustitiam, aut ipse cum burgensibus duobus certum faciat advocatum et ceteros burgenses in reliquiis, se ignorare si in aliquo domus angulo proscriptus habeatur. Licet etiam unicuique hominem proscriptum in taberna vini aut cerevisiae repertum occupare et conprehendere, sicut in platea deprehensum.

Quicumque in eadem civitate manens ita demum obierit quod toto vitae suae tempore nunquam ab aliquo fuerit excommunicatus vel denuntiatus, ipsum non debet aliquis post mortem suam excommunicatum denuntiare.

Nullus accusare debet mulierem in synodo nisi maritus eius, nec virum aliquis nisi uxor eiusdem.

Si quis duas uxores vel plures duxerit, dos primae uxoris firma debet permanere.

Nullius filia sororve, quae nondum pubertatis annos impleverit, desponsationem cum aliquo faciat, nisi de consensu mundiburdii sui fiat.

Et nullus mulierem vel virginem cum aliena substantia deducat: et si fecerit, quaecunque detulit praeter vestes eius restituat; et hoc ita, si confiteatur factum: si vero neget de hoc, sola manu se tenetur expurgare.

In eadem etiam civitate nulli ius quo burgenses gaudeant concedatur, nisi ipse similiter ius eorum observet.

Sub quocunque mercatorum eiusdem loci vel alio quolibet burgense praeter monetarium falsi nummi fuerint reperti, cum eisdem (eisdem) nummis, si poterit, ad eum qui eos sibi tradidit tendat et eum exhibeat: sin autem, iuramento firmare debet quod eosdem nummos falsos ignoraverit accipiendo dando: et ita demum incisi debent ei restitui. Quod tantum erit tribus vicibus faciendum: si vero circa unum et eundem hominem quarto contigerit, tenetur respondere de falso.

Si vero sub monetario falsi nummi fuerint deprehensi, ubi eos alicui dat, si non poterit exhibere illum qui eosdem nummos sibi dederit, de falso convictus esse iudicatur. Quod si gratiam apud iudicem invenerit, auro argento vel cupro seu quocunque censu

10—18. pag. 50, 1—3. 34, 13—19. 59, 29 — 60, 3. 50, 31—34. 27 — 29. pag. 18, 4. 5. 102, 24. 25. 34. 35. pag. 77, 39. 40. 36 — pag. 114, 4. pag. 37, 23—39. 38, 7. 8. 93, 10. 11.

poterit, manum redimat: quod tamen non saepius quam semel ei facere licebit.

Quod si falsarius manum redemerit, exlex vel infamis erit, quod vulgariter echlos dicitur, ac si pro falso manum perdidisset.

In nullius autem domo vel cista res aliquae sunt quaerendae, praeterquam falsi denarii et res divino cultui consecratae; quod per se facere burgenses debent aliquo ex iudicibus civitatis secum assumpto.

Cuiuslibet etiam monetae denarii dandi sunt in civitate Goslariensi iuxta valorem suum.

Nullus praeterea burgensis Goslariensis alicubi iudicio stare debet praeterquam in ipsa civitate in palatio imperii sub quo habitat: nec aliquis ex iisdem civibus alium concivem suum extra civitatem sive ad curiam nostram vel successorum nostrorum seu ad alium locum ad iudicium trahere praesumat, super aliquibus ei responsurum, nisi forte actor a reliquis burgensibus testimonium habeat quod ille quem convenire vult advocato civitatis contumax extiterit et rebellis.

Ceterum nec advocatus nec iudex nec quisquam alius furem seu quemlibet alium in civitate comprehendat, nisi praesens sit is qui contra eum ponere vult actionem.

Mercatoribus etiam iam saepe dictae civitatis, sicut et antecessores nostri fecerunt, perpetua stabilitate concedimus quatinus per totum imperium mercaturas et negotia sua exercentes ab omni thelonio liberi existant et absoluti, praeterquam in tribus locis, id est Colonia Thile et Bardewich.

Nullus quoque in civitate Goslariensi alicuiusmodi vincula vel ergastula nisi publica tantum, quae regalia dicuntur, habere praesumat, nec (ne) causam suam perdat et tam advocato quam vinculato satisfaciat.

Item advocatus civitatis nullius haereditatem debet accipere praeterquam histrionum ioculatorum et advenarum. Sed haereditatem advenae per unius anni circulum in manu alicuius burgensis salvam faciet observari: infra quod tempus si nemo venerit qui eam petat, tunc demum ipsam haereditatem advocatus sibi retinebit.

Idem etiam advocatus cum praesidet iudicio, nullum eorum quos iudices statuit nec patronum causae nec aliquem de familia sua de ulla sententia debet interrogare, et quatuor tantum habebit sub se iudices et non plures. Nec aliquem illorum in sua tenere debet procuratione. Neminem quoque iam dictus advocatus de aliqua sententia interrogabit nisi unum ex burgensibus: et eandem sententiam ipse advocatus non reprehendet nec repellet, sed unus tantummodo burgensis, et idem invenire debet meliorem. Cuinscunque vero sententiae maior pars burgensium assensum praebuerit, eius sententia praevalebit.

Praeterea datum est regali praecepto quod nulla sit coniuratio nec promissio vel societas, quae theutonice dicitur eyninge vel

5—8. pag. 50, 22—24. 83, 1—3. 13—18. pag. 82, 1—7. 106, 12—17. 19—21. pag. 53, 43. 44. 27—30. pag. 36, 39—41. 88, 24—26. 31—35. pag. 9, 1—5. 36—45. pag. 83, 20—26. 86, 11—15. 29—34. 46 — pag. 115, 2. pag. 1, 2. 107, 16.

ghilde, nisi solum monetariorum ea de causa ut caveant de falsis monetis.

Si quis vulneratus alium de vulnere suo convenerit, qui se dicat innocentem, is qui convenitur cum septem burgensibus qui proprias habent domos se debebit expurgare.

Praecipimus ut omne ius absque captione, quod vulgo vare dicitur, observetur tam de extraneis quam de burgensibus.

Si quis de subtractione thelonii fuerit incusatus et factum negaverit, sola manu se expurgabit. Si vero convictus fuerit vel confessus, ipsum thelonium et praeterea octuplum restituat, et advocato civitatis pro quolibet denario sexaginta solidos vadiabit.

Quod si aliquis res suas in civitatem duxerit et nichil emerit vel vendiderit, liber absque thelonio recedet. Si vero vendendo vel emendo aliquid commutaverit, tenetur thelonium solvere constitutum.

Nullus burgensium de aliqua substantia sua extra civitatem deducenda thelonium dabit, nisi tantum de cupro non fabricato.

Nullius burgensis vel silvani bona pro beneficiis de advocatia solvendis pandari (debent), nisi tantum bona ipsius civitatis advocati. Qui etiam cum venali foro civitatis nichil debet disponere, nisi per burgenses trahatur ad ipsum.

Ius est quod a burgensibus quatuor iudices eligantur, pro quo sunt daturi sex marcas advocato, nichil minuentes vel nichil addentes.

Nulli licitum est dare domum suam ecclesiae, nisi vendatur et ecclesiae argentum tribuatur, ut etiam regi ius suum non detrahatur.

Omnes in civitate redditus ad negotia burgensium debent adiuvare, praeterquam bona clericorum et ecclesiarum.

Ius est quod advocatus nullum incuset nisi actore praesente et consilio burgensium.

Haec sunt iura silvanorum, quod si quis ex servientibus ipsorum pretium, quod vulgo wist vocatur, cuiquam eorum detulerit, in quocunque loco eum viderit, ipsum absque iudice vel eius nuncio libere comprehendet. Iidem etiam silvani in bonis suis non debent pandari pro aliqua causa, nisi tantum pro redditibus imperii, quos de follibus solvere tenentur. Silvani qui casas habent in locis campestribus de duobus follibus qualibet hebdomada lot. argenti solvere tenentur imperio, hac de causa ut liceat eis carbones adducere de quocunque loco ipsis est opportunum.

Si qua virgo vel mulier conqueratur quod sit violenter abducta et vim passa, nisi recens sit causa, nullatenus audiatur.

Ut autem haec nostra constitutio debitam in posterum obtineat firmitatem, praesenti pagina sigilli nostri appositione signata confirmamus, statuentes quod nulla omnino persona huic nostrae donationis privilegio praesumat ausu temerario contraire. Huius rei testes sunt Albertus archiepiscopus Magdeburgensis, Otto episcopus Herbipolensis, Conradus episcopus Metensis imperialis aulae

3—5. pag. 32, 10—12. 94, 36—40. 6. 7. pag. 32, 38—40. 44, 11—15, 80, 1—4. 81, 15 — 82, 12. 8—17. pag. 40, 13—23. 75, 26—34. 101, 27. 28. 25. 26. pag. 9, 14—18. 23. 33—35. 30, 9—20. 29. 30. pag. 83, 18. 19. 32—37. 31—35 bis pro aliqua causa pag. 46, 26—31. 66, 3—5. 40. 41. pag. 42, 20—28.

cancellarius, Fridericus Halberstådensis episcopus, Engelhardus Nuenburgensis episcopus, Ludevicus dux Bavariae, Albertus marchio Brandenburgensis, Henricus dux Saxoniae, Hermannus marchio Veronensis, Hermannus et Henricus comites de Woldenberch, et alii quam plures.

Actum anno incarnationis dominicae cIↄo CCo XIXo Datum apud Goslariam III. idus Iulii, indictione septima.

Wilhelmus dei gratia Romanorum rex semper augustus universis sacri imperii fidelibus presentem paginam inspecturis gratiam suam et omne bonum.

Cupientes ex affectu benigno et benignitate regia fidelium nostrorum providere commodis et quieti, notum facimus universis quod nos concilio et universis civibus Goszlariensibus ad devotionem ecclesiae et fidelitatem nostram reversis, dilectis fidelibus nostris, conservabimus omnem libertatem et iura que iuste ab antiquis imperatoribus hactenus habuerunt.

Nec faciemus in ipsa civitate exactiones contra aliquem speciales, nisi ex culpa demeruerit speciali, que culpa moderanda est iuxta regium honorem et ius civitatis predicte.

Ad hec nullam indebitam molestiam sive captivitatem Iudei civitatis sustinebunt a nobis, et defendemus ipsos amicabiliter et benigne tamquam specialis camerae servos: sed sicut debitum est, servient nobis tamquam domino suo et Romanorum regi.

Praeterea super talliis faciendis, quod ungelt dicitur, relinquemus concilio civitatis et sacramento ipsorum, quod iuxta honorem imperii et nostrum ac profectum civitatis exigant et requirant ipsas, quando ipsis videbitur expedire.

Adiicimus etiam quod clericalis libertas et honestas non debeat per nos diminui sed augeri, nec ornamenta divino officio consecrata per nos distrahentur vel ad alios transferentur.

Insuper permisimus dictis civibus quod ipsos vel civitatem predictam nunquam debemus alienare seu committere sine voluntate civium, vel aliquo titulo obligare, sed in nostra semper et imperii potestate consistet.

Preterea omnia sacramenta et iuramenta pro bono pacis et statu terrae facta inter ipsos cives et Hildenzemenses ac Brunszwicenses civitates grata habemus et rata.

Ad hec volumus ut advocatus quem prefecerimus ipsi loco, expediat de redditibus feudorum omnes ab imperio legittime infeudatos.

Ut autem huius facti dubietas ab omnibus auferatur, presens scriptum exinde conscribi et sigillo maiestatis nostrae iussimus communiri, presentibus hiis testibus, H. Spirensi electo, nobilibus viris de Waldecke et de Solmese comitibus, abbate sancti Trudonis Wernero de Bollandia, Ar. de Wesmale et aliis compluribus.

Datum Brunszwigk III. Nonas Aprilis indictione decima anno domini MCCLII.

Rudolphus dei gratia Romanorum rex semper augustus universis imperii Romani fidelibus presentem literam inspecturis graciam suam et omne bonum.

Decet maiestatem regiam quieti fidelium subditorum diligenter intendere et ne iniustis calumpniae fluctibus involvantur eorum immunitatibus proinde providere. Noverit igitur presens etas et successura posteritas quod nos integre fidei puritatem et sincerae devotionis affectum quem dilecti fideles nostri universi cives Goslarienses ad regiam maiestatem et ad imperium incessanter habere dinoscuntur, benignius intuentes, attendentes quoque fructuosa non minus quam grata que nobis hactenus impenderunt obsequia et adhuc impendere poterunt graciora, omnes immunitates indulgencias gratias libertates et iura eisdem civibus a divae recordacionis Frederico ultimo Romanorum imperatore predecessore nostro ante latam in eum papalis excommunicacionis sententiam et ab aliis imperatoribus et regibus Romanorum antecessoribus suis rite et provide tradita et concessa de benignitate regia liberaliter innovamus confirmamus et huius scripti patrocinio communimus;

Ita tamen quod iura nostra tam de Iudaeis quam aliis in eadem civitate regali fisco de consuetudine et de iure cedencia nobis servent et servari faciant illibata.

Nulli ergo omnino hominum hanc paginam nostre innovacionis et confirmationis liceat infringere vel eidem in aliquo ausu temerario contraire; quod qui facere presumpserit gravem nostre indignacionis offensam se noverit incursurum.

In cuius rei testimonium presentem literam exinde conscriptam maiestatis nostre sigillo iussimus communiri.

Volumus tamen et edicto presenti mandamus quatinus si huiusmodi gracie nostre concessio aliquibus de universitate displiceat, decimo kalend. Februarii apud Herbipolim in provincia nostra compareant, causam huiusmodi displicencie percensuri.

Datum Nurenberge quinto kalend. Decembris indictione tertia anno domini M.CCLXXIIII, regni vero nostri anno secundo.

Rudolphus dei gracia Romanorum rex semper augustus universis Iudeis Goszlariensibus camere sue servis graciam suam.

Cum vos pro reparacione palacii nostri Goszlariensis sex marcas singulis annis persolvere debeatis, quas aliquibus annis solvere prout intelleximus neglexistis, devotioni vestre firmiter et districte precipiendo mandamus precise volentes quatinus deinceps annis singulis dictas sex marcas cum refusione neglecte pecunie ad reparacionem et structuram dicti palacii predictis nostris civibus assignare nullatenus ommittatis.

Datum Brisaci kalend. Septembris, regni nostri anno duodecimo.

Rudolphus dei gracia Romanorum rex semper augustus universis principibus comitibus nobilibus baronibus ministerialibus civitatibus sub pace generali constitutis graciam suam et omne bonum.

Vos universos et singulos tenore presentium volumus non latere, quod prudentes viri cives Goszlarienses fideles nostri dilecti coram nostre maiestatis presentia iurisiurandi sacramentum prestiterunt super pacis observantia generalis, parati de se querelantibus quibuscunque iusticie reddere complementum, volentes etiam quod eisdem de sibi iniuriantibus fiat iusticia pari forma.

Quare vestram fidelitatem fervido precum studio requirimus et rogamus, quatinus vos universi et singuli dictos nostros cives et imperii de Goslaria in omnibus suis factis et negociis dirigentes eosdem studeatis efficaciter promovere, in hoc nostre celsitudini graciosum obsequium impensuri.

Datum Erfordie II idus Iunii, indictione III, anno domini M.CCLXXXX, regnj vero nostri anno septimo decimo.

Rudolphus dei gracia Romanorum rex semper augustus universis presencia visuris sive audituris graciam suam et omne bonum.

Cum regie sollicitudinis existat iura imperii augmentare precipue hiis qui semper et in omnibus imperio videntur obedire, concedimus donamus itaque prudentibus viris civibus Goslariensibus nostris et imperii fidelibus dilectis graciam que subsequitur specialem;

Quotiescunque quibuscunque agricultoribus bona sua locaverint seu applicaverint, quod agricultores huiusmodi cuiusque condicionis sint, nullis penitus principibus comitibus baronibus advocatis seu personis aliis, cuiuscunque gradus aut dignitatis existant, servire parere seu obedire quomodolibet teneantur;

Inhibentes igitur universis et singulis tam presentibus quam futuris, precipue nostris et imperii fidelibus, ne cives Goslarienses fideles nostros et imperii antedictos seu bonorum suorum agricultores adversus presentis nostre institutionis donacionis seu gracie indultum in toto vel in parte impedire seu molestare presumant quoquo modo vel attemptent, immo verius studeant eosdem penes tenorem praesentium favorabiliter confovere, sub pena centum marcarum puri auri, quas ab eo qui contra facere vel venire presumpserit aut attemptaverit sub banno regio irremissibiliter exigi et requiri volumus et nostre aut successorum nostrorum regalis camere usibus applicari.

Datum Erffurdie III idus Augusti, anno incarnationis dominice millesimo CC nonagesimo, regni vero nostri anno septimo decimo.

Nos Adolphus dei gracia Romanorum rex semper augustus prudentibus viris civibus Goszlariensibus fidelibus nostris dilectis privilegio concedimus speciali quod omnes possessiones seu predia urbana vel rustica universa que infra septa civitatis vel limites territorii Goszlariensis existencia oneri sturarum vel precariarum ab antiquo fuere vel nunc sunt supposite vel supposita, per translacionem earundem seu eorundem in quascunque personas ecclesiasticas vel civiles, donacionis vendicionis vel cuiuscunque alienacionis titulo factam hucusque vel de cetero faciendam, ab huiusmodi sturarum seu precariarum onere nec eximantur nec exempte aliquoties censeantur, sed cum suo huiusmodi onere remaneant devoluta.

Presentium testimonio literarum nostre maiestatis sigilli robore munitarum datum in castro ante Burne III kalend. Decembris, indictione VII, anno domini MCC nonagesimo quarto, regni vero nostri anno tertio.

Ludewicus dei gracia Romanorum rex semper augustus universis quibus praesentes exhibite fuerint graciam suam et omne bonum.

Accedentes ad serenitatis nostre presenciam prudentes viri cives Goszlarienses fideles nostri dilecti nobis humiliter supplicarunt ut universa privilegia iura gracias emunitates et libertates ipsis a divis imperatoribus et Romanorum regibus predecessoribus nostris illustribus indulta seu concessa approbare innovare et confirmare ex innata nobis clemencia dignaremur. Nos vero cupientes iustis ac rationabilibus eorum petitionibus non deesse sed consensum praebere favorabilem et assensum, omnia privilegia iura gracias emunitates et libertates ab universis predecessoribus nostris sacris imperatoribus seu regibus Romanorum, prout rite et racionabiliter ipsis concessa indulta seu donata sunt, approbamus innovamus et auctoritate regia confirmamus.

Ad hec ex speciali benivolentia graciam adiicimus graciis publicatis edicto perpetuo sancientes ut si qua questio ipsis civibus a quocunque hominum cuiuscunque status seu condicionis super indultis sive concessis per nos seu predecessores nostros privilegiis iuribus graciis emunitatibus moveatur, hec in maiestatis regie presencia et coram nullo alio iudice decidatur.

Nulli ergo omnium hominum liceat hanc nostre approbationis innovacionis et confirmacionis paginam infringere vel ei in aliquo ausu temerario contraire; quod qui facere presumpserit gravem nostre maiestatis offensam se noverit incursurum.

In cuius rei testimonium presentes literas conscribi et nostre maiestatis sigillo iussimus communiri.

Datum in Arensteten nonis Augusti, anno domini M.CCC vicesimo tercio, regni nostri anno nono.

Ludevicus dei gracia Romanorum imperator semper augustus suis et sacri imperii devotis et fidelibus, clericis et religiosis quibuslibet, concilio et communi, in districtu civitatis nostre Goszlarie morantibus graciam suam et omne bonum.

Vulgare proverbium refert quod non bonus est hospes per quem repellitur hospes: et hoc utique nobis contingeret et successoribus nostris imperatoribus vel regibus Romanorum, si obligatio illustri Henrico duci Brunswicensi de vobis in spiritalibus et temporalibus, in personis et in rebus, nobis et sacro imperio in districtu Goszlarie competentibus per nos facta perduraret.

Set quia per sapientes nostros edocti sumus et evidencia facti clare probat quod id nobis et successoribus nostris imperatoribus et regibus Romanorum indecens est et iniquum, idcirco predictam obligacionem in spiritalibus et temporalibus, in personis et in rebus, per maiestatem nostram dicto duci et heredibus suis factam presentibus omnino revocamus et literas serenitatis nostre desuper confectas auctoritate presencium viribus vacuamus, promittentes vobis firmiter per presentes quod nos aut successores nostri nullo vos umquam tempore nec civitatem vel iura alia nobis et sacro imperio debita spiritaliter vel temporaliter in personis aut in rebus alienabimus obligabimus aut alio quovis titulo de nobis et sacro imperio transferemus, nisi forte pro aliqua urgenti necessitate vel evidenti utilitate nostra et sacri imperii vobis ipsis hoc facere decernamus, dantes vobis in testimonium presentes literas maiestatis nostre sigillo communitas super eo.

Datum in Nurembergh VI idus mense Iunii, anno domini M.CCC tricesimo primo, regni nostri anno decimo septimo, imperii vero quarto.

Ludewicus dei gracia Romanorum imperator semper augustus spectabilibus viris Borchardo de Manszvelt et Conrado in Werningerode comitibus suis et imperii fidelibus dilectis graciam suam et omne bonum.

Commissionem civium et civitatis nostre Goszlarie vobis per maiestatem nostram factam certis ex causis et de nostra certa sciencia presentibus revocamus; requirentes fidelitatem vestram, ne revocacionem nostram recipiatis dolenter aut sinistre, quia vobis in simili vel maiori, ubi oportunum fuerit, nostra serenitas complacebit;

Volentes insuper quatinus revocacione predicta non obstante dictos cives et civitatem nostros omni consilio et auxilio quo valueritis efficaciter promoveatis, nostrum ob honorem pariter et amorem.

Datum in Nurenbergh in die beati Viti martiris, anno domini MCCCXXXI, regni nostri anno decimo septimo, imperii vero quarto.

Wir Wentzlaw van gotes gnaden romischer konningh zu allen tzyten merer des reichs unde koningh zu Beheim, bekennen unde thun kunt offintlichen mit dissem brieve allen den de ine sein oder horen lesen.

Nach dem male datz de stadt Goszler ghelegen ist vor dem Hartze, dar keyne kopstrasse zu en gheit, unde van unseren vorvaren romischen keyseren unde konninghen dorch ghelécht is umb der ertze willen der berchwerke, das lange zyt her vorwustet is; van den ertzekulen unde hutten de selben unsere vorvaren vorwiset hatten zinse, datz vogteygelt gheheisen was, do die artzekulen ginge unde unvorwustet waren, unde de selben tzinse in unse unde des reichs camer ghehorten, de der voget der stadt zu Goszler unde der rathe daselbest van unsern vorvaren in bevelinge hatten utz zu manende van des reichs wegen, die wiel dar was vel; de bevelinge wir van in wider uffghenomen unde datz widerroufen haben, umb der vorwustinge willen der ertzekulen; umbe de tzinse unde vogteygelth doch de selben unsere unde des reiches liben ghetruwen rad unde burger der stad to Gosler zu grotem armute gekomen syn unde drengnisse unde sware vorvolgnusse gheliden haben unde noch liden mannicherley, also wir vornomen haben, van vil luthen de nicht anseyn god noch dat rechte, datz man umb der vorwustunge willen nicht plichtich ist, unde de selben rad unde burger des ouch ny schuldener gewest syn noch en sein, wenn datz szie datz in bevelinge hatten alse vorghescriben steyt, unde so werden an dussen stucken unde an anderen gnaden, die sie van dem heiligen reiche haben, manicherley weise vorunrechtiget, des datz se keyne beschirmunge en haben, wenn alse van uns, alse van dem heiligen reiche, haben moghen; dar umme so geben wir ine myt wolbedachten mute gutem rathe unde rechter wissen disse na beschreven gnaden;

Datz se sollen unde moghen kysen also dicke alse in des note is eynen oder mer de se unde ire privilegia trewelichen beschirmen vorbitten unde vortegedingen van unsz unde unsen nachkomelingen wegen, alse des heiligen reiches, zu alle irem behove note unde rechte gen aller meynlichen.

Unde wen se dar zu kyset, der sey furste, here, ritter, knecht oder welcherleye wyrde der were, den oder de mechtigen wir in crafft disses brieves, unde sunderlichen den erwerdigen bisschuffen van Hildesheim der io zu der tzeite were, wen se datz van im heischen, se zu beschirmende alse vorscriben steyt unde in den sachen zu richtende in voller macht alse unsern unde des heiligen reichs richter ammechtman oder ammechtlude. Unde se sollen des van uns also ghenslichen geweret sein. Unde de vorgenanten rathe mogen sie wandelen alse dicke alse in datz beqweme duncket.

Unde weres datz iemandt de vorgenanten unsen burgere unde de stad Gosler vorunrechtigede, unde se unde de ienne de se also dar zu gekoren hetten böden recht zu wesende alse in datz in dem rechten gheborde, unde de ienne de se also vorunrechtigede dar en boven sine ere an in bewaren wolden unde enböde oder scribe in ire vynde zu wesende, oder in welcher weise er de bewarunge tete noch des landes ghewonheyt unde louffe in brieven oder in worten, de bewarunge solden untuchlich sein unde unkrefftich, unde de ienne solden gheleiche wol in den schaden wider thun van ere unde van rechtes wegen, ob in oder dem schade gheschein were, den se van unser wegen also zu ammechtmanne ghekoren hetten, unde dar en solde de bewaringe nicht ane schelen.

Wer ouch den burgeren der stad Gosler van oder zu furd oder bringet korn kouffmanschafft oder andere dinge, de moget sie unde sollet beschirmen ir libe unde ör gute uff dem velde zu unde van.

Queme ouch iemant dar nach utz, de ienne zu bescheddigende, oder ab se iemant anvertigete oder angriffe, de in also van unnd zu furten, was die burger van Gosler unde de ire, oder ab se dar iemande zu laden oder de in dar behulplich zu weren, den iennen dar ober oder dar umb teten an irem libe oder gute, dar sollen se den, oder ab de iemant vortegedinget, nichtes umb plichtich sein van ere wegen noch van rechte, ab der anvertiget wol offinbar vynde weren der ienner de in van oder zu furten, wen alle strasse unse sein zu beschirmen unde zu befriten.

Ouch so geben wir in, alse se itzund vor ghewonheit haben, wan eyn erbe oder gute in der stad besterbet, unde velle datz an uszwendige luthe de das vorderen wolden, den sol man datz gans volgen latzen, so sie vorwissenen deme rathe, datz in genoige, mid in zu wonende unde der stad note zu tragende geleich anderen iren burgeren unde burgerynnen, deme reiche zu eren.

Welde der ienne abir dar nicht wonen, so sol unde magh der rad sich underwinden des dritten deles des erbes unde gutes, zu hulffe den tornen mauren unde anderen notdorfftigen dingen der stad, unde iennen volgen latzen de zwene teyle: der sol sich der ane ghenoigen latzen.

Ouch mach iglich burger unde burgerynne testament setzen by ghesundem libe oder in suchtbetten von synem ghute, so deme rathe gotlich unde redelich duncke. Unde wie se das zu satzen, also sol datz krafft haben, uff datz gote io sein teil werde.

Ouch alse se vor ghescreven recht haben, datz muniche unde nunnen keyn erbe en nemen, datz bestedigen wir sunderlichen: unde ab de muniche oder nunne van unseren vorfaren oder van uns dheine privilegia oder gnade hetten de dar en geven weren, de don wir ab mit krafft disses brieffs, unde sollen gegen disse unkrefftich unde untuchlich sein.

Wer ouch an der burger huse gulde oder zinse hedde, de mag der burger ab kouffen, itliche march geldes vor zhen mark; nur en were datz der bewisen konde datz man dar mer vor gegeben hette. Were ouch datz de tzinsze grosser oder mynner were, den mach man losen nach antal alse sich datz geburet zu rechende, myt zhen marchen eyne abe zu kouffen, uf datz de huser nicht vorvallen unde io der stad note tragen an stewer unde an wachte.

20—30. s. oben pag. 7, 24 — pag. 8, 6. 31—34. s. oben pag. 9, 14—23. 35—40. s. oben pag. 8, 28 und pag. 10, 3—7 41 — pag. 123, 5 s. oben pag. 25, 5—17.

Unde id en sol nummer keyn erbtzinse stein uff der burger huse, ab er wol gereit umb ghelt gekoufft were oder noch ghekofft worde.

Was aber geistliche luthe van eigenthums weghen von alder erbes tzinses ghehat hetten, datz blibe bey seinem rechten.

Wurde ok iemant ghehyndert de des todes vorschult hette, in wellicher weis datz were, unde duchte deme rathe das se unde de burger umb des todes willen den der vorschuld hette zu unwillen unde zu schaden komen mochten, mit dem mochten se datz holden, oder eyn ander wrag edder tode an leggen, wie in dat nutzlichst unde vor der gemeyn burger duncket sein, so se datz dorch keyner gabe noch frunschafft willen en teten, dar sie ere ede zu tun wolden. Anders sollen se alle zeite richten nach gewonheyt ires rechten.

Ouch alse in unsere vorvaren gegeben haben datz man se unde de stad Goszler nymmer van dem heiligen reiche entfremden, bevelen oder in keinerley weise vorsetzen en solle, sunder datz sie ewichliken in des heiligen reichs gewalt beleiben sollen, also bestetigen wir datz van nuwes, unde wollen datz datz ewichliken blibe, unde sollen ouch van keynem anderen fursten oder heren nicht beswerет werden wedder mit gaben noch huldunge noch keynerley weise.

Unde disse gnade alle vorgeschreven in iren artikelen sollen gebrouchen alle de de burger zu Gosler sein, se wonet dar oder nicht, so se dem rathe ghelobet oder ghesworen haben der stad unde burger beste zu thunde dem reiche zu eren.

Wer ouch datz gegen disse vorscreben artikelen oder irer itzlichen besunderen icht gheschege oder ghetan wörde, wie dicke wy lange datz gheschege, datz van irer vorsumpnusse oder unmechtycheit oder in welcher weise datz zu queme, das sol dissen artikelen noch keynen irer privilegia keynen schaden thun, noch keyn vorlopinge der zeite datz in dem rechten eyn prescriptio gheheiszen is, sunder se sollen allezeit unde ewichliken in voller macht bliben.

Unde weres sache datz in kunfftigen zeiten dheine brieve vore qwemen de dissen vorscriben unseren gnaden wyderstunden, oder dheynnerley irresal machen oder bringen mochten, meynen wir unde willen datz se dessen gegenwerdigen gnaden unde iren privilegien keynerleygen schaden brengen oder widerstein sullen, sunder disse ghenslichen abe unde untuchlich sein.

Ouch sol disse unsere gnade keynen schaden brengen den gnaden unde brieven de se van uns unseren vorvaren unde dem heiligen reiche vor haben unde noch irwerben mogen in dheinerley wise.

Unde gebeten dar umme ernstlichen unde vestichlichen mit diesem brieve bey unsern unde des reichs hulden allen unde itzlichen fursten, geistlichen unde wertlichen, graffen, frigen heren, deinstluden, ritteren, knechten, steden unde allen anderen unsern unde des reichs undertanen unde getruwen, in welcherleye werden oder wesen de sein, datz se vorgenanten rad unde burgere zu Gosler an sulchen unsern gnaden nicht hinderen oder irren in dheinerley weyse, sunder se dobey unde darzu hanthaben beschutzen unde beschirmen sollen.

Wann wer dar wider tete, der were vorfallen in unserer unde des reichs swere ungnade unde dar zu eyne pene vunfftich mark goldes, de halbe in unsze unde reichs camer unde datz ander halbe teyl den vorgenanten dem rade unde der stad Gosler genslichen ghevallen sollen. Datz sollen se unde moghen van unsz unde des reichs wegen inmanen.

Mit urkunt disses brieves vorsigelt myt unser koniglichen maiestat insigel geben zu Praghe, noch Cristes geburth dritzenhundert iare unde dar noch in deme newuntzigesten iare an sante Martins dage, unser reiche, des behemischen in dem acht und zwentzigesten, unde des romischen in dem vunfftzenden iare.

Systematische Zusammenstellung

der

in den goslarischen Statuten enthaltenen Rechtssätze.

In der Hauptsache findet sich die Sonderung der Lehren schon in den Statuten selbst. In dem ersten Buche ist ziemlich alles über die Vermögens- und Familien-Verhältnisse der einzelnen, in dem zweiten Buche das Wichtigste über Verbrechen zusammengestellt. Das dritte und vierte Buch enthält das gerichtliche Verfahren *). Nur das fünfte Buch steht, wie sein Titel schon ankündigt, außer dem System. Ich habe diese Ordnung in der Hauptsache beibehalten und bin nur in Einzelheiten abgewichen. So habe ich die Lehren von der Overhöre und der Verfestung mit der Schilderung des gerichtlichen Verfahrens verbunden und einen besonderen Abschnitt für Stadtverfassung und Polizei gemacht. Die Einzelheiten des fünften Buchs sind den Lehren zugewiesen, zu welchen sie gehören.

*) Die Ordnung ist die der systematischen Sachsenspiegel; s. Wilda im Rhein. Mus. Bd. VII. S. 296.

I.

Von Erbe, von Erbgut und von Vormundschaft.

§. 1. Von Erbe.

Mit dem Ausdruck Erbe im weiteren Sinn werden alle Gegenstände bezeichnet, die sich bei dem Tode des Erblassers in dessen Were befinden. Ausnahmsweise gehören nicht zum Erbe: Herwede, Gerade und Lehngut [1]). Nur einmal wird Lehngut mit unter dem Ausdruck Erbe verstanden [2]) und ein andermal Herwede und Gerade [3]). Auch gehören nicht zum Erbe die Gegenstände, die sich zwar in der Were des Erblassers befinden, aber nicht sein waren, oder doch nicht bis an seinen Tod geblieben sind [4]).

Im Sachsenspiegel wird der Ausdruck Erbe auch für den Nachlaß überhaupt ohne irgend eine Beschränkung gebraucht [5]). Jene zuletzt genannte genauere Bezeichnung findet sich den Worten nach überhaupt nicht darin, versteht sich aber der Sache nach von selbst. Doch unterliegt der allgemeine Ausdruck „die sein waren" einer mehrfachen Interpretation [6]).

Gewiß sind hierdurch vom Erbe ausgeschlossen gestohlne und geraubte Sachen [7]), desgleichen alle, die dem Erblasser nur zu einem vorübergehenden Zweck überlassen worden sind. Denn obwohl er solche Sachen durch Anfang verfolgen kann [8]), paßt doch auf sie nicht die Bestimmung, daß sie bis an des Erblassers Tod sein geblieben seien; denn diese setzt eine Veräußerungs-Befugniß voraus. Aus diesem letzteren Grunde kann auch Morgengabe und Leibzucht nicht zum Erbe gerechnet werden, wenngleich sie nicht wie Herwede, Gerade und Lehngut, mit denen sie sonst zusammen genannt werden, ausdrücklich dem Erbe entgegengesetzt sind [9]).

Die Abgränzung des Begriffs von Erbe ist wichtig, weil die Personen, welche es erhalten, von denen, die Herwede, Gerade oder Lehngut empfangen, verschieden sein können, und weil nur mit dem Erbe die Facta des Verstorbenen prästirt werden.

1) pag. 6, 4. 5. 2) pag. 8, 27. 28. 3) pag. 16, 15—21. 4) pag. 10, 15. 16. 5) S. I. 6, 1. 6) Schw. c. 253, §. 4. Albrecht De probationibus §. 33. und die Gewere §. 10. 7) S. II. 31, 2. 8) Albrecht Die Gewere §. 10 und unten §. 9 9) pag. 6, 24—26 und unten §. 3, wo die Lehre von Morgengabe und Leibzucht im Zusammenhange mit den übrigen ehelichen Güterverhältnissen erörtert wird.

Personen, welche unfähig wären ihren Verwandten [1]) ihr Vermögen zu hinterlassen, also der passiven Erbfähigkeit entbehrten, werden nicht genannt, sondern nur Personen aufgezählt, von denen man vermuthen könnte daß ihnen diese passive Fähigkeit abginge.

1. Unechten Kindern, d. h. unehlichen, obwohl sie nach dem Sachsenspiegel [2]) nicht beerbt werden, wird nach städtischen Rechten succedirt. So nach lübischem und magdeburgischem Rechte. In dem ersteren [3]) heißts allgemein, daß die Erben des unehlichen seine nächsten Magen seien; nach dem letzteren [4]) können die ehlichen Kinder eines Pfaffensohns diesem succediren. Erst in deren Ermangelung fällt das Vermögen des Unehlichen an die königliche Gewalt; erst dann also ist es erblos. Bestimmter und ausgedehnter ist eine Stelle des goslarischen Rechts [5]), die auch in den vermehrten Sachsenspiegel übergegangen ist. Zunächst soll die Mutter succediren; nach ihrem Tode der nächste von Vater oder Mutter halben. Von der Descendenz des Verstorbenen und vom Vater desselben wird nichts gesagt; und doch kann man nicht wohl eine Ausschließung dieser Personen annehmen, zumal da, was den Vater angeht, die Personen, welche nur durch ihn ein Recht haben, genannt sind.

2. Die Erbschaft eines histrio und eines ioculator fällt nach Friedrichs des zweiten Privilegium dem advocatus civitatis zu [6]); und sonach würde solchen Personen allerdings die passive Erbfähigkeit ganz fehlen, wenn nicht in den Statuten selbst diese Zurücksetzung der Spielleute aufgehört hätte. Denn jene ganze Stelle des Privilegii hat bei der Aufnahme in die Statuten eine veränderte Gestalt erhalten.

3. Selbstmörder und hingerichtete Personen werden übereinstimmend mit dem Sachsenspiegel wie alle übrigen Personen beerbt [7]); und namentlich macht es keinen Unterschied, ob die That in gesundem oder krankem Zustande geschehen ist. Dies kommt nur in Betracht bei der Frage, ob der Todte ein ehrliches Begräbniß haben soll [8]). Der vermehrte Sachsenspiegel dagegen

1) Von der Succession nach Testamenten oder Verträgen wird bei der Frage, in wiefern die Facta des Verstorbenen von den Verwandten anerkannt werden müssen, weiter unten in diesem § geredet werden. — Das Recht des Vogts auf das Gut, das den Verwandten nicht zufallen kann, wird nicht als Erbrecht betrachtet; er erhält nur erbloses Gut, von dessen Schicksalen ebenfalls unten nachzusehen ist. — Von den Vermögensverhältnissen des einen Ehegatten nach dem Tode des andern s. unten §. 3. 2) S. I. 51, 1. 3) Westphalen, monumenta inedita tom III. pag. 642, XXVI. 4) Gaupp, magdeburgisches Recht pag. 315. Art. 136. 5) s. oben pag. 8, 28—30. 6) s. oben pag. 114, 31—35 und unten pag. 132 No. 6. 7) s. oben pag. 10, 13. 14. 36, 12. 88, 12. 13. S. II. 31, 1. 8) s. oben pag. 38, 27—33 und unten §. 5.

spricht auch da, wo er von der Beerbung des Selbstmörders handelt, nur von dem, der sich in Krankheit tödtet, so daß man annehmen muß, jedes andern Selbstmörders Gut sei erblos, was auch durch eine Stelle des Richtsteigs des Landrechts unterstützt wird [1]).

4. Diejenigen Personen, welche in ein Kloster treten, verlieren nach canonischem Recht die Fähigkeit beerbt zu werden, weil sie das ganze Vermögen, das sie zur Zeit des Eintritts haben, dem Kloster zubringen [2]). Nicht so nach dem Sachsenspiegel und unsern Statuten [3]). Es ist so gut als wäre die Person, die in den Orden aufgenommen ist, gestorben, und es tritt sofort eine gewöhnliche Erbfolge ein. Doch darf man das Eintreten in einen Orden nicht verwechseln mit dem Fall, da jemand nur seinen Wohnort in einem Kloster nimmt. Hierauf bezieht sich eine neuere Stelle der Statuten. Wenn eine Ehefrau nach dem Tode ihres Mannes in ein Kloster oder auch nur in ein Hospital in dieser Absicht ziehen will, so soll sie nur ein Drittel ihres Erbes zu ihrer Disposition behalten dürfen; das zweite Drittel erhalten ihre Erben, und das dritte zur Verwendung für das gemeine Beste der Rath, der auch das Recht hat wegen Erfüllung dieser Verbindlichkeit sich von jeder Frau eine eidliche Versicherung geben zu lassen, deren Verweigerung damit bestraft wird, daß sofort ihr Gut überhaupt an den Rath fällt [4]).

Eine anticipirte Erbfolge nach der eigentlichen Aufnahme in den Orden findet natürlich nur statt, wenn der Eintritt in denselben gültigerweise geschehen ist. Daher findet sie nicht statt, wenn ein Ehemann ohne seiner Frauen Willen das Gelübde abgelegt hat und von ihr mit rechter Klage, d. h. mit geistlichem Gericht, dem Kloster abgefordert wird [5]). Nur die Lehnsfähigkeit und also die Lehne, die der Mann gehabt hat, erhält er nicht wieder. Die Statuten sagen dies letztere nicht ausdrücklich, sondern nur, ein solcher habe Landrecht und Weichbildrecht behalten; woraus denn nur stillschweigend folgt, daß er Lehnrecht nicht behalten habe [6]). Daß es so gemeint ist, sieht man daraus, daß unmittelbar vorher von dem unter seinen Jahren dem Kloster

1) Senckenberg, Corpus iuris germanici tom. I. pars I. pag. 223.
2) c. 7. 8. C. 20 qu. 3. 3) S. I. 25, 3. 5 und oben pag. 10, 1. 2.
4) s. oben pag. 15, 38 — pag. 16, 6. Die Stelle setzt drei Fälle einander gleich. Die Frau geht entweder in das Kloster oder in das Hospital oder in den Convent. Der letzte Ausdruck scheint in Goslar vorzugsweise gebraucht zu sein für das Kloster Neuwerk, der Ausdruck Kloster könnte dann auf das Frankenberger Kloster gehen, und unter Hospital mag das Johannishospital gemeint sein. Heineccii antiquitates Goslarienses pag. 163. 238. 252. 274. 309. Mundts Beschreibung der Stadt Goslar p. 438.
5) S. I. 25, 4 und darüber Sydow, Erbrecht des Sachsenspiegels p. 64. s. oben pag. 10, 9—11 und unten §. 6. 6) s. oben pag. 10, 10.

übergebenen Kinde gesagt worden ist, es behalte Landrecht und Lehnrecht.

Nach canonischem Recht sowohl als nach dem Sachsenspiegel und den Statuten wird nämlich zur Gültigkeit der professio auch ein bestimmtes Alter gefordert. Jenes verlangt [1]), daß das Gelübde nicht vor erreichter Pubertät, wie sie das römische Recht bestimmt, abgelegt werde; diese [2]) gestatten die professio schon dann, wenn der Profitent zu seinen Jahren gekommen ist, d. h., ohne nach dem Geschlecht einen Unterschied zu machen, das dreizehnte Jahr erreicht hat, wie die Statuten es ausdrücklich erklären [3]), während der Sachsenspiegel die Bedeutung dieses technischen Ausdrucks als bekannt voraussetzt. Diese Zeitbestimmungen behalten auch dann ihren Sinn, wenn die Kinder von den Eltern dem Kloster übergeben werden. Die bloße parentum devotio reicht nicht hin, um die Kinder zu verpflichten, obwohl mehrere Stellen des Decrets dieselbe der propria professio gleichstellen; denn spätere Stellen sagen das Gegentheil [4]). Ein goslarischer Rathsbeschluß [5]) von 1397 verlangt sogar von den Eltern, daß sie die Kinder nur mit Wissen des Rathes in den Orden sollen aufnehmen lassen; widrigenfalls soll ihr Leib und Gut in des Rathes Hand stehen. Durch diesen Beschluß soll jedoch nicht sowohl Zwang gegen die Kinder, als vielmehr verhindert werden, daß nicht dem Kloster doch etwa trotz der statutarischen Bestimmung das Erbe zugewandt werde. Im übrigen ist weder im canonischen noch im deutschen Recht eine besondere Form der professio vorgeschrieben. Sie kann ausdrücklich und stillschweigend geschehen, und zwar unter andern schon durch die bloße Annahme der eigentlichen Ordenstracht, selbst wenn sie noch während des Probejahrs angelegt wird [6]). Daher verlangen denn auch unsere beiden deutschen Quellen nur, daß durch Zeugen dies bewiesen werde. Doch ist hierbei nicht außer Acht gelassen, daß es Mönchsorden giebt, in welchen in der bloßen Annahme der Ordenstracht während des Probejahrs noch keineswegs eine professio tacita gefunden wird. Dies sind nämlich alle die Orden, die keine besondere Novizenkleidung haben [7]). Der Sachsenspiegel giebt ein Beispiel davon, indem er die grauen, d. h. die Cistercienser Mönche nennt, bei denen die anfänglich auch gebräuchliche No-

1) cap. 8. 11. 12. X. de regularibus. 2) S. I. 25, 2. 5 und oben pag. 10, 7. 8. 3) s. oben pag. 18, 6. 7. 4) s. die citirten Stellen des S. und der Statuten, cap. 12. 14. X. de regularibus. c. 3. 10. C. 20. qu. 1. c. 1. 2. C. 20. qu. 2. und hierüber Heise und Cropp, juristische Abhandlungen Bd. 1. pag. 303. 5) s. oben pag. 109, 19. 6) Reiffenstuel, ius canonicum Tom. 3. Lib. 3. Tit. 31. Nr. 177. cap. 8. 23. X. de regularibus. 7) cap. 22. 23. X. de regularibus. Das Tragen der Ordenstracht über das Probejahr hinaus verpflichtete auch bei diesen Orden, im Kloster zu bleiben. cap. 22 cit.

ritzentracht schon früh wieder abgekommen zu sein scheint [1]). Der Cistercienser Novize konnte seitdem, selbst wenn er die Mönchskleidung angelegt hatte, während des Probejahrs noch immer austreten und hierdurch mit allen weltlichen Rechten, den Grundsätzen des canonischen Rechts gemäß [2]), auch die Disposition über sein Vermögen wieder gewinnen. Mit diesem letztern steht der Sachsenspiegel in Widerspruch [3]), der dem Rückkehrenden auch in diesem Fall Land- und Lehnrecht nicht wiedergiebt; womit die Statuten übereinstimmen, indem sie sagen, auch ein solcher dürfe sein Erbe nicht wieder „angreifen" [4]).

5. Von der passiven Erbfähigkeit unfreier Personen ist nirgend in den Statuten die Rede. Dagegen wohl von Knechten und Mägden, d. h., übereinstimmend mit dem Sprachgebrauch des Sachsenspiegels [5]), von denen, die um Kost und Lohn dienen, also von Gesinde. Sie sind vollkommen an ihrem Recht und hinterlassen Erbe wie alle anderen Personen [6]).

6. Daß der Erblasser einheimisch sein müsse, wird in Bezug auf Knechte und Mägde ausdrücklich in Abrede gestellt [7]). Ob sie in der Stadt geboren oder erst eingezogen sind, ist gleichviel. Aber selbst ein bloßer Gast wird nicht anders beurtheilt, wie Bürger und deren Gesinde; denn, was in dem Privilegium Friedrichs des zweiten nur über die haereditas des histrio, ioculator und advena gesagt wird [8]), ist bei der Aufnahme in die Statuten in einen allgemeinen Grundsatz verwandelt und so auch in den vermehrten Sachsenspiegel aufgenommen worden [9]). Der Sachsenspiegel enthält über diesen Punkt keine Bestimmung [10]).

Unter den Personen, welche die active Erbfähigkeit überhaupt nicht oder doch nur beschränkterweise haben, sind zu nennen

1. wieder unechte Kinder. Der Sachsenspiegel redet nicht davon, inwiefern sie fähig sind Erbe zu empfangen, und man kann es nur daraus folgern, daß ihnen sogar die passive Erbfähigkeit abgesprochen wird [11]). In den Statuten correspondiren

1) Nur in Deutschland hießen die Cistercienser Mönche „graue" (grisei) Angeli Manrique annales cistercienses. Lugduni 1642. fol. tom. 1. pag. 35. 36. 68. 2) cap. 21. X. de regularibus. 3) s. die articuli reprobati in dem Gärtnerschen Sachsenspiegel pag. 529, No. 16, 4) S. I. 25, 3. II. 22, 3. und oben pag. 10, 2. 3. 5) Der Sachsenspiegel braucht jedoch den Ausdruck Knecht und Magd auch für unfreie Personen, S. I. 20. 1. 6) S. I. 22, 2. II. 32. 33 und oben pag. 9, 30—40. 16, 15—22. 85, 31. 32. 90, 25 — 91. 17. Eigenthümlichkeiten finden nur statt in Bezug auf Herwede und Gerade, wovon weiter unten in diesem §. geredet wird. 7) s. oben pag. 16 16. 17. 8) s. oben pag. 114, 31—35. 9) s. oben pag. 9, 1—5 und pag. 129 No. 2. 10) Sydows Erbrecht pag. 23. 11) S. I. 51, 1 und darüber Sydow Note 142. 157.

sich diese beiden juristischen Eigenschaften indeß nicht [1]). Vielmehr, obwohl einer unehlichen Person sehr wohl succedirt werden kann, so steht doch ohne Ausnahme fest, daß sie kein Erbe empfangen kann; daher succedirt einem unehlich Gebornen nur seine ehliche Descendenz, und seine Eltern nur sofern sie ihrerseits ehlich [2]) geboren sind.

Für ehlich aber gelten nur die, welche während die Ehe schon oder noch bestand geboren oder erzeugt sind. Nach den Statuten schadet es daher den Kindern nicht, wenn der Act der Zeugung vor die Eingehung der Ehe fällt, sobald nur mit der Geburt die Ehe vorhanden ist. Die Bestimmung des Sachsenspiegels über zu früh geborne Kinder fehlt in den Statuten [3]). Der Grundsatz aber, daß ein Kind, um ehlich zu sein, nicht zu lange nach dem Tode des Ehemanns geboren werden dürfe, ist recipirt [4]); so wie auch das, was sich im Sachsenspiegel von selbst versteht, ausdrücklich ausgesprochen ist, daß eine Legitimation durch nachfolgende Ehe unmöglich ist [5]). Der vermehrte Sachsenspiegel dagegen beruft sich wegen der Möglichkeit der Legitimation bereits auf päpstliches und kaiserliches Recht, welches hierin von Landrecht und Weichbildrecht verschieden sei.

Es ist indeß nicht genug daß ehliche Verbindung und Geburt zu rechter Zeit zusammentreffen: es dürfen auch der Ehe keine vernichtenden Ehehindernisse entgegenstehen. Der Sachsenspiegel bezeichnet als solche das Verbrechen des Ehebruchs, der Nothzucht und die Verwandtschaft [6]). Die Statuten heben nur die letztere und bereits vorhandene andere Ehe besonders hervor [7]). Ob dies geschicht, weil das canonische Recht den Ehebruch und die Nothzucht, oder allgemeiner gesprochen, die Entführung als Ehehindernisse nicht kennt [8]), ist nicht ersichtlich.

Das Vorhandensein von Ehehindernissen verhindert jedoch nicht durchaus, daß die Kinder als ehliche betrachtet werden, sondern nur dann, wenn die Eltern von den Ehehindernissen Wissenschaft hatten. Diese Wissenschaft haben sie unbezweifelt, sobald sie mit geistlichem Gerichte geschieden, oder des Ehehindernisses doch schon überführt oder auch nur desselben beschuldigt „bedraghen" sind [9]); denn bereits von der Beschuldigung an müssen sie auf Ueberführung und Scheidung gefaßt sein und dürfen als Ehegatten nicht mehr mit einander leben; daher werden alle Kinder, welche sie von dem Augenblick der Anschuldigung an

1) s. oben pag. 8, 28. 29 und pag. 129 No. 1. 2) Gaupp, magdeburgisches Recht pag. 315. Art. 136. 3) S. I. 36, 1. 4) s. oben pag. 10, 17. 18. S. I. 36, 2. 5) s. oben pag. 13, 12—15. 29, 20—26. 6) S. I. 37. III. 27. 7) s. oben pag 15, 5—13.
8) cap. 6. 7. X. de eo qui duxit in matrimonium, quam polluit per adulterium. cap. 7. X. de raptoribus. 9) s. oben pag 15, 8—13.

zeugen „telet", als unehliche geboren, sobald nur hinterdrein auch wirklich die Scheidung ausgesprochen worden ist. Auf diese Weise scheint die Stelle des goslarischen Rechts mit dem Begriff der putativen Ehe, den der Sachsenspiegel hat [1]), vereinbar, obwohl sie nicht ausdrücklich verlangt daß man ohne Kenntniß des Ehehindernisses die Ehe schon müsse geschlossen haben.

Wenn bisher von Scheidung der Ehe gesprochen worden ist, so ist natürlich der Ausdruck nicht gemeint in dem Sinn, wie man ihn auch braucht, für bloße Trennung der Ehegatten quoad torum et mensam [2]); denn es wird ja grade vorausgesetzt, daß überhaupt nur eine Scheinehe bestand. Daher versteht es sich auch von selbst, daß jeder der getrennten Ehegatten wieder anderweit sich verheirathen darf, so daß auch eine Stelle des vermehrten Sachsenspiegels nicht bloß auf eine Möglichkeit der Wiederverheirathung zu deuten scheint, sondern als bekannt annimmt, daß die wegen vernichtender Ehehindernisse geschiedene Person eben so gut wieder heirathen dürfe, als die durch Tod des Ehegatten frei gewordene [3]).

2. Die Stelle des Sachsenspiegels, daß eine Frau durch Unkeuschheit zwar wohl ihre Ehre, aber nicht ihr Erbrecht verliere, findet sich auch in den Statuten [4]). Eine solche Frau hat daher, obwohl die Rechtsquellen meinen, daß man ein anderes vermuthen könnte, ihre active Erbfähigkeit so gut wie alle übrige Personen.

3. Der Sachsenspiegel [5]) spricht demjenigen das Erbrecht ab, der seinen Vater, Bruder oder sonstigen Verwandten, auf dessen Eigen oder Lehn er wartet, getödtet hat, sobald dies der Erbe nicht in Nothwehr oder „ane sinen dank" thut, d. h. wohl, ohne Absicht thut, so daß der Erbe, auch wenn die Tödtung nicht rein zufällig, sondern culposerweise geschehen sein sollte [6]), dennoch sein Recht auf die Erbschaft behält. Unsere Statuten [7]) fassen den Satz allgemeiner, und fügen außerdem zu den Ausnahmen, wo der Verlust des Erbrechts nicht eintreten soll, noch hinzu, wenn die Tödtung mit Recht geschehen sei.

4. Während von der passiven Erbfähigkeit der Pfaffen eben wie im Sachsenspiegel [8]) so auch in den Statuten nichts gesagt wird, so werden sie in Ansehung der Fähigkeit Erbe zu empfangen, mit den Mönchen und Nonnen verglichen. Von den Pfaf-

1) S. III. 27. 2) Eichhorns Grundsätze des Kirchenrechts Bd. 2. pag. 454. 3) D. I. 22, 2 = B. I. 16, 1 und hierüber Weiske, Grundsätze des teutschen Privatrechts nach dem Sachsenspiegel pag. 18 in der Note. 4) S. I. 52 und oben pag 10, 12. 13. 5) S. III. 84, 3. 6) s. die Variante zu der citirten Stelle des S. und Sydow hierüber pag. 60. 7) s. oben pag. 11, 38—40. 8) Nur in Ansehung der Gerade hebt der Sachsenspiegel etwas besonders hervor, was sich indeß auch von selbst versteht. Sydow pag. 20.

fen wird gesagt, sie nehmen Erbe [1]) wie alle andere Personen; den Mönchen und Nonnen dagegen wird diese Fähigkeit ganz abgesprochen, nicht bloß wenn sie das Gelübde schon gültigerweise abgelegt haben, sondern auch wenn sie während des Probejahrs noch wieder in die Welt zurückkehren; denn wie sie schon dann ihr ganzes **bisheriges** Vermögen zum Besten ihrer Erben eingebüßt haben, so sind sie auch unfähig in Zukunft überhaupt etwas und namentlich Erbschaften zu erwerben [2]). Der Hauptgesichtspunkt bei dieser Bestimmung ist natürlich wieder nicht, diesem einzelnen als solchem den Erwerb zu wehren, dessen er schon wegen des votum paupertatis unfähig ist, sondern zu verhindern daß nicht durch ihn dem Kloster etwas zuwachse, und daher paßt der schon früher angeführte Rathsbeschluß von 1397 auch auf diesen Fall [3]). Den Mönchen und Nonnen werden in dieser Beziehung nach einer neueren Stelle der Statuten gleichgestellt die Frauen, die nach dem Tode des Mannes in ein Kloster oder Hospital ziehen. Obwohl sie kein votum paupertatis ablegen, fällt ihnen doch kein Erbe an [4]).

5. Knechte und Mägde, also das Gesinde, empfangen Erbe ganz nach dem Stadtrecht [5]). Da jedoch von jedem Nichtbürger verlangt wird, daß er, bevor er die Erbschaft erhält, Gewißheit verschaffe „vorwissene" darüber, daß er die Schulden des Erblassers an die Bürger bezahlen werde, so ist auch das Gesinde durch diese Bestimmung beschwert und insofern nicht unbeschränkt berechtigt Erbe zu nehmen [6]). Nur ist die Beschränkung gering, da schon in dem eidlichen Versprechen, in der Stadt bleiben zu wollen, die verlangte Gewißheit gefunden wird [7]).

6. Was vorhin von Gästen schon in Ansehung ihrer passiven Erbfähigkeit gesagt ist, gilt nach der älteren Redaction der Statuten und dem vermehrten Sachsenspiegel im Allgemeinen auch, sofern ihnen eine Erbschaft anfällt [8]). Doch wird vorausgesetzt, daß sie frei sind, und zwar zu der Zeit, da der Erblasser stirbt [9]). Es hilft den Gästen nichts, wenn sie, sofern sie zu dieser Zeit der Freiheit entbehren, sich nun noch frei zu machen wissen; die Erbschaft fällt ihnen demungeachtet doch nicht zu [10]). Ein Glei-

1) S. I. 25, 1. s oben pag. 2, 30. 31. 8, 25. 26. 2) s. oben pag. 130 No. 4 und pag. 10, 4—7. S. I 25, 1 und hierüber Sydow Note 208. s. auch Eichhorns Kirchenrecht Th. 2. pag. 590. Goslarische Rechtserkenntnisse im Hercynischen Archiv pag. 447. 448. v. Kamptz statutarische Rechte Th. 1. pag. 376. No. 41. 3) s. oben pag. 131, No. 4 und pag. 109, 19. 4) s. oben pag. 130, No. 4 und pag. 16, 2—4. 5) s. oben pag. 16, 20 21. Es ist auch nicht einmal von Herwede und Gerade hier etwas Eigenthümliches zu bemerken, s. oben pag. 132, Note 6 und weiter unten in diesem §. 6) pag. 7, 18—21. 7) pag. 16, 21 und pag. 7, 35 bis pag. 8, 2. 8) pag. 7, 23. 24 und pag. 8, 7. 8. 9) pag. 13, 30—34. Daß der Sachsenspiegel über diesen Punkt nichts enthält, darüber s. Sydow pag. 68. 10) s. oben pag. 14, 25—29.

ches gilt von den Personen, die in die Stadt gezogen sind, auch bereits Bürgerschaft gewonnen haben, aber innerhalb der rechten Zeit noch von jemand zurückverlangt werden, der zu beweisen vermag, daß der Eingewanderte ihm angehöre [1]). Die rechte Zeit aber, eine solche Person in die Unfreiheit zurückzufordern, ist die von Jahr und Tag, wie man schon im Zweifel voraussetzen kann, zum Ueberfluß aber auch noch besonders aus dem Privilegium Friedrichs des zweiten lernt [2]). An die Stelle des wegen seiner Unfreiheit unfähigen Gastes tritt der, der nach ihm der nächste in der Verwandtschaft ist; das Gut also wird noch nicht erblos [3]).

Nur in einer Beziehung ist die Lage des erbenden Gastes lästiger nicht nur als die der Bürger, sondern auch als die des Gesindes. Das Gesinde ist bereits wohnhaft in der Stadt, und man ist daher auch sicher, die Schulden bezahlt zu erhalten, wenn man sich nur des fortdauernden Aufenthaltes vergewissert. Dies paßt natürlich nicht auf den Gast. Dasjenige, was allein factisch in den Händen der Bürger ist und eine Sicherheit gewährt, ist eben nur das Erbe selbst. Dies wird daher auch in Beschlag genommen [4]) und nun der Gast zur Zahlung der Schulden aufgefordert [5]). Im Fall der Weigerung ergeht eine zweite Mahnung von Rath und Vogt. Ist auch diese vergeblich, so wird ohne weiteres die Masse zum Besten der Gläubiger veräußert, und erst der dann noch etwa bleibende Ueberschuß dem Erben übergeben. Nur die nächsten Verwandten des Verstorbenen scheinen mit dieser raschen Execution verschont zu werden, nämlich die Descendenten, Ascendenten und Geschwister [6]).

So verhielt sich die Sache bis zu einem Privilegium Kaiser Wenzels von 1390 [7]), aus welchem die betreffende Stelle gehörigen Orts in die Statuten eingetragen ist [8]). Der Gast erhält hiernach nur zwei Drittel des Erbes; auf das dritte Drittel muß er zum Vortheil des Rathes, der es für das gemeine Beste zu verwenden hat, gerichtlich verzichten. Die Sicherheitsmaaßregeln wegen der Schuldenbezahlung muß der Gast sich außerdem noch gefallen lassen. Nur wenn er seine Wohnung in der Stadt nimmt, erhält er das g a n z e Erbe und vermeidet das rasche Verfahren, falls er die Schulden zu zahlen verweigert. Er hat dann nur, da er durch das bloße Wohnen doch noch nicht Bürger von Gos-

1) s. oben pag. 13, 34—39. 2) pag. 112, 10—14. 3) pag. 13, 32—34. 4) pag. 7, 22. 23 und pag. 8, 7. 8. 5) pag. 8, 11—19. Der vermehrte Sachsenspiegel hat das Genauere über das Verfahren nicht aufgenommen. Er hat nur die Worte „Man mag daz erbe auch wol vorseczen vor dii schulth." D. I. 17. 10 = B I. 11. 7. 6) Diese Personen sind auch noch sonst in ihrer Stellung als Erben bevorzugt, s. oben pag. 7, 3. 7) pag. 122, 20—30. 8) pag. 7, 24 — pag. 8, 6. 19. Eine ähnliche Bestimmung enthält die Aude Schrae der Stadt Soest, s. Emminghaus, memorabilia Susatensia pag. 193. Auch ist zu vergleichen pag. 245 eben da.

lar wird, durch eidliches Versprechen oder sonst, wie man es für angemessen hält, für die Fortdauer seines Aufenthalts in der Stadt eine Garantie zu geben.

7. Die Erfordernisse des Sachsenspiegels und anderer Quellen in Betreff der Lebensfähigkeit und körperlichen Gesundheit der Erben finden sich auch in unsern Statuten.

Der Beweis der Lebensfähigkeit wird nach den Statuten schon durch vier Frauen geführt, die der Mutter in den Kindesnöthen beigestanden und gehört haben daß das Kind die vier Wände beschrien hat. Der Sachsenspiegel verlangt dagegen das Zeugniß von vier Männern und zwei Frauen. Daß die Lebensfähigkeit des Kindes grade aus dem Beschreien der vier Wände solle erkannt werden, findet sich im sächsischen Lehnrecht; das Landrecht nennt dieses Merkmal nicht [1]).

Von Maselsüchtighen, Altvilen, Dwerghen und Kröpeln, also von Aussätzigen und an ihrer Gestalt unvollkommenen Personen wird gesagt, daß sie kein Erbe empfangen können [2]). Zu den letztern gehören jedoch nicht die, welche ohne Hände, ohne Füße, blind oder stumm geboren sind [3]). Diese haben vielmehr „nach Weichbildrecht" ein Successionsrecht. Der Gegensatz von Weichbildrecht ist hier wohl Lehnrecht; denn nach Lehnrecht können allerdings auch solche Personen nicht succediren [4]), während ihnen nach Landrecht nicht minder als nach Weichbildrecht Erbe zufallen kann [5]). Fähig zum Erbe sind auch abweichend vom Sachsenspiegel diejenigen, die erst nachdem sie bereits geboren waren, durch Gefangenschaft, Krankheit oder Wunden Krüppel geworden sind [6]), denn der Sachsenspiegel redet nur von dem in den Statuten nicht berührten Fall, da jemand als ein Gesunder bereits Erbe oder Lehn empfangen hat, und nun hinterdrein maselsüchtig, stumm, blind, hand- oder fußlos wird, aber von Kröpeln ist auch hier nicht die Rede. Ein solcher soll nicht nöthig haben, das an Erbe oder Lehn bereits Empfangene nun wieder herauszugeben [7]).

An die Stelle der wegen Gebrechen ausgeschlossenen Personen tritt nicht der nächste Erbe des Erblassers, sondern der eigene Erbe des Gebrechlichen [8]), der die Erbschaft mit der Last bekommt, den, in dessen Stelle er tritt, zu unterhalten, so weit das angefallne Gut reicht „na deme dat de stade ires gudes is dat uppe se gevallen were." [9])

1) s. oben pag. 13, 5—7. S. I. 33. S. Lehnrecht c. 20. §. 1. Sydow pag. 55—57. Grimms deutsche Rechts-Alterthümer pag. 75. Goslarische Rechtserkenntnisse bei Förstemann, neue Mittheilungen des thüringisch-sächsischen Vereins Bd. 1. Heft 3. pag. 57. 2) s. oben pag. 10, 19. 20. S. I. 4 und hierüber Sydow pag. 58. 67. 3) pag. 10, 22. 23. 4) S. I. 4. 5) S. I. 4. 6) s. oben pag. 15, 1—4. 7) S. I. 4. 8) S. I. 4. „Sve denne de erven sint unde ire nesten mage." 9) S. I. 4 heißts nur allgemein „de scolen se

Die **Ordnung**, nach welcher die erbfähige Verwandtschaft berufen wird, ist sowohl in den Principien wie in Einzelheiten von der des Sachsenspiegels verschieden. Weder die Lineal-Gradual-Erbfolge ist es, die zum Grunde liegt, noch finden sich dieselben Bestimmungen über den Vorzug der vollen vor der halben Geburt, noch ist ein Vorzug des Geschlechts da, noch hat die Abtheilung dieselben Wirkungen, welche ihr der Sachsenspiegel beilegt. Der vermehrte Sachsenspiegel folgt in der Hauptsache den Statuten, unterläßt es aber nicht, Bestimmungen aus dem Sachsenspiegel mit einzumischen und so das System zu stören [1]).

Das vorherrschende Princip unserer Statuten ist das der **Gradesnähe** [2]), von welchem die Hauptausnahme, wie zu erwarten, die in Ansehung der Descendenz des Verstorbenen ist. Daher begegnet man gleich zu Anfang dem allgemeinen Princip „de neyste nimt dat erve" [3]); daher werden die Descendenten [4]) zwar in infinitum vor allen übrigen Verwandten berufen (denn daß nur Sohn, Tochter und Kindeskind ausdrücklich genannt werden, ist, weil überhaupt nicht alle Verwandtschaftsgrade aufgezählt sind), aber doch unter einander streng nach dem Grade geordnet, so daß auch nicht einmal wie im Sachsenspiegel [5]) zum Besten der Enkel, welche der Verstorbene durch die Söhne hatte, ein Repräsentationsrecht stattfindet [6]); daher werden Vater und Mutter vor Bruder und Schwester berufen [7]), und daher ist es

halden in irer plage." Der vermehrte S. dagegen fügt hinzu „also verne als daz gud daz getragen mag." D. I. 5, 10 = B. I. 3, 9.

1) s. Sydow pag 112 und Note 353 darüber, daß der vermehrte Sachsenspiegel die Linealgradualfolge mit der zweiten Linie verläßt. 2) Von einer Gradzählung kommt nichts vor, daher auch nichts von dem Aufhören der Verwandtschaft mit einem bestimmten Grade; es werden nur die **Namen** der Verwandten genannt, die zugleich succediren sollen.

3) s. oben pag. 2, 1. 4) pag. 2, 2. 19. 5) S. I. 5, 1 und hierüber Sydow pag. 77 und folg. 6) Der vermehrte S. hat dies aus dem Sachsenspiegel aufgenommen. D. I. 6, 1 = B. I. 4, 1; s. jedoch unten pag. 140 Note 7. In den Handschriften AA[a] findet sich von sehr neuer Hand Folgendes nachgetragen: Nota dasz auff vorgehatte communication mit den freunden vonn gilden und gemein ein erbar rath anno 97 den 3 Decemb. sich des reichs constitution zu Worms anno 21 in erbfellen da der abgestorbener, bruder oder schwester, bruder und bruders oder schwester kinder, so woll auch alleine bruder und schwester kinder vorlesset, aufgerichtet accomodiret: auch hiemit accomodiren setzen ordnen und wollen dass in künfftigen fellen die bruder und schwester kinder mit des verstorbenen bruders brudern und schwestern in stirpes, und bruder und schwester kinder ihres verstorbenen vaters oder mutters brüdern und schwestern in capita succediren und erbtheil nehmen sollenn. Daß hier nur von dem Repräsentationsrecht der Kinder der **Geschwister** des Verstorbenen die Rede ist, beweist wohl nicht, daß auch im 16ten Jahrhundert noch kein Repräsentationsrecht zum Besten der Enkel stattgefunden habe, sondern nur etwa, daß dies durch Gewohnheit bereits eingeführt war. 7) pag. 2, 6. 7.

als Ausnahme zu betrachten, wenn die Großeltern erst nach und nicht mit den Geschwistern succediren [1]), während dies im Sachsenspiegel durchaus der im Linealgradualsystem enthaltenen Regel gemäß geschieht [2]); daher treten ferner in gleiche Reihe Geschwisterkinder einerseits und Vaterbruder (vedder), Vaterschwester (weseke), Mutterbruder (om) und Mutterschwester (medder) anderseits, obwohl die zuletzt genannten Personen bereits der dritten Linie angehören; denn die letztern sind, wenn man die einzelnen Zeugungen zählt, nicht entfernter vom Erblasser als die erstern [3]). Daher ferner werden mit einander berufen Geschwisterenkel und Kinder von Veddern, Meddern u. s. w. [4]), und würden endlich neben einander gerufen werden, wenn, wie schon bemerkt, nur überhaupt Vollständigkeit in der Aufzählung wäre, die Geschwister-Urenkel, die Enkel des Vedder, der Medder u. s. w. des Erblassers und die Kinder des Vedder, der Medder u. s. w. des Vaters oder der Mutter des Erblassers, denn sie sind alle von dem Erblasser nur fünf Zeugungen entfernt, obwohl sie aus drei verschiedenen Linien sind: es werden jedoch nur die beiden letzten Arten Personen genannt, und die Geschwister-Urenkel ausgelassen [5]), wohl weil sie nicht leicht zugleich mit jenen zusammen am Leben waren.

Die bisher gegebenen Regeln finden jedoch nur dann unbedingte Anwendung, wenn in Ansehung der vollen und halben Geburt kein Unterschied unter den Verwandten stattfindet. Der Sachsenspiegel kennt einen Vorzug der vollen vor der halben Geburt so [6]), daß die vollbürtigen Geschwister vor den Halbgeschwi-

1) s. oben pag. 2, 26. 27. Daß sie vor Geschwisterkindern daran kommen, sagt ausdrücklich ein Rechtserkenntniß bei Förstemann I. 3, 30.
2) Es wird jedoch der Großeltern als Successoren im Sachsenspiegel nicht ausdrücklich gedacht. Sydow pag. 136. 3) pag. 2, 32 bis pag. 3, 2. Die entsprechenden Stellen des vermehrten Sachsenspiegels scheinen etwas corrumpirt zu sein, indem es daselbst statt Enes veddere . . . oder brodeikint . . . u. s. w. heißt Mines fettern . . . so daß man kint auch mit auf fetter beziehen muß. Versteht man dann das Gleichsein zum Erbe von der gleichzeitigen Berufung aller dieser in der Distinctio genannten Personen, so werden ungleiche Grade zugleich berufen, und zu dieser Interpretation ist man geneigt, da nach einer Lesart auch Vedder- und Vaterveddерkinder u. s. w. zusammen berufen werden. Demungeachtet scheint eine andere Auslegung besser, weil sonst wieder nicht paßt, daß Geschwisterenkel und Vedderkinder u s w. auf gleicher Stufe stehen. Vielleicht soll nämlich in D I. 6, 9 = B. I. 4, 6 nur gesagt werden, daß kein Unterschied nach dem Geschlecht stattfinde, daß es also gleichviel sei, ob Bruder- oder Schwesterkind, Vaterbruderkind oder Vaterschwesterkind u. s. w. da sei. In D. I. 6, 10 müßte dann, wie B. I. 4, 7 auch hat, in Zeile 39 gelesen werden statt kinth, kindeskint. 4) s. pag. 3, 7—10 und die vorige Note. 5) pag 3, 2—7. 6) Ueber die Ansicht, daß auch im Sachsenspiegel der Vorzug der vollen vor der halben Geburt ein durchgreifender sei, Sydow pag. 142—144.

stern, die Kinder von vollbürtigen Geschwistern oder vielmehr Brüdern mit ihnen succediren [1]). Nach den Statuten ist der Unterschied ein durchgreifender und findet sich überall, wo er nicht schon durch seinen Begriff, wie bei den Descendenten des Verstorbenen, ausgeschlossen ist, jedoch nicht so stark wirkend, daß dadurch auch der entferntere Grad Concurrenz oder gar Vorzug gewönne, sondern nur so, daß dadurch der gleiche Grad Vortheil hat. Daher müssen die halbbürtigen Geschwister weichen den vollbürtigen Geschwistern und den Großeltern, aber nicht den Kindern jener [2]); daher müssen ferner einerseits die Kinder halbbürtiger Geschwister weichen den vollbürtigen Geschwistern der Eltern des Erblassers, und anderseits die halbbürtigen Geschwister der Eltern des Erblassers den Kindern der vollbürtigen Geschwister desselben [3]); daher haben die Enkel der vollbürtigen Geschwister des Erblassers den Vorzug vor den Kindern der halbbürtigen Geschwister der Eltern des Erblassers, und findet das Gegentheil für den Fall des umgekehrten Verhältnisses statt [4]); und so endlich treten die Urenkel halbbürtiger Geschwister zurück gegen die Enkel und Kinder von vollbürtigen Geschwistern der Eltern und Großeltern des Erblassers [5]). Darin aber stimmen die Statuten mit dem Sachsenspiegel überein, daß kein Unterschied gemacht wird zwischen solchen, die den Vater, und solchen, die die Mutter mit einander gemein haben [6]). Dies kann in den Statuten um so weniger auffallen, als überhaupt gar kein Unterschied nach dem Geschlecht gemacht wird, während nach dem Sachsenspiegel die Töchter nicht bloß den Söhnen, sondern auch den durch sie gezeugten Enkeln des Erblassers, die Schwestern und Schwesterkinder desselben seinen Brüdern und Bruderkindern nachstehen, und der Vater vor der Mutter berufen wird [7]). Nur bei

1) S. II. 20, 1 und hierüber Sydow pag. 106. 143. 144. Der vermehrte Sachsenspiegel läßt ebenfalls vollbürtige Geschwisterkinder concurriren mit Halbgeschwistern. D. I. 6, 4 = B. I. 4, 2.
2) pag. 2, 20. 21. 25—29. Der vermehrte S. läßt namentlich auch den Großeltern vor halbbürtigen Geschwistern den Vorzug, so wie er überhaupt den durchgehenden Vorzug der vollen Geburt vor der halben mit aufgenommen hat. 3) pag. 2, 32 — pag. 3, 2. Der Ausdruck lautet ganz allgemein „Dar aver twejunghe an is, de is deme erve vernere." 4) pag. 3, 7—11. 5) pag. 3, 3—6. 6) Sydow pag. 106. 7) S. I. 17, 1. I. 13, 1. I. 5, 1. 3. II. 20, 1. und hierüber Sydow pag. 77 folg. und pag. 105. 106. 108—110. Der vermehrte Sachsenspiegel folgt darin, daß das Geschlecht keinen Unterschied macht, den Statuten. Dies scheint sogar in Ansehung des Repräsentationsrechts der Fall zu sein, das gar nicht aus den Statuten, sondern eben aus dem Sachsenspiegel entlehnt ist, denn bei der Aufnahme von S. I. 5, 1 ist der letzte Satz Disses ne mach den dochtere kinderen nicht geschin weggelassen. D. I. 6, 3 = B. I. 4, 1. Soll die Stelle überhaupt auf das Repräsentationsrecht bezogen werden, so muß statt mit enander oder statt mit den andirn

der Beerbung des Unehlichen findet in den Statuten sogar das Umgekehrte statt, daß nämlich die Mutter vor dem Vater, wie schon oben erörtert, berufen wird [1]).

Es ist noch übrig, von den Wirkungen zu reden, welche das Abtheilen, das Beraden und das Vorausgeben einzelner Vermögensstücke hat, wenn es von Seiten der Eltern in Ansehung der Kinder geschieht.

Abgetheilt [2]) werden Kinder, wenn einer der Eltern stirbt. Der überlebende Parens nämlich muß dann die Vermögensobjecte, die während der Ehe vereinigt waren, früher oder später für sich und die Kinder von einander sondern [3]). Die Abtheilung bezieht sich also zunächst nur auf eine schon angefallne Erbschaft und ist insofern von einer gewöhnlichen Erbschaftstheilung nicht verschieden [4]). Sie äußert indeß auch Wirkungen in Bezug auf die noch künftige Erbschaft des abtheilenden Parens selber. Nach der älteren Redaction scheint die Erbschaft dann halbirt worden zu sein, so daß ohne Rücksicht auf die Zahl der abgetheilten oder unabgetheilten Kinder jene die eine und diese die andere Hälfte erhielten [5]). Nach der neueren Redaction succediren die Kinder, die nicht abgetheilt sind, allein [6]); die abgetheilten Kinder also verzichten dadurch, daß sie sich abtheilen lassen, auf ihr Erbrecht an dem Nachlaß des abtheilenden Parens. Im Zweifel wenigstens wird der Abtheilung diese Auslegung gegeben; doch ist es allerdings zuläßig, durch Vertrag etwas anderes festzusetzen, also sich das Erbrecht zu reserviren. Dann aber sind die Kinder auch verpflichtet, wenn sie später die Erbtheilung wirklich verlangen, das, was sie erhalten haben, einzubringen, mit Ausnahme gewisser Gegenstände, die überhaupt nie conferirt werden [7]).

Die neuere Redaction beschränkt ferner die Wirkung der Abtheilung nicht auf das Erbrecht der Kinder gegen den abtheilenden Parens, sondern giebt ihr auch eine Bedeutung umgekehrt in Bezug auf das Erbrecht der Eltern gegen die Kinder [8]). Haben

kindern gelesen werden mit den andern vettern; s. bei D. die Varianten zu dieser Stelle. 1) s. oben pag. 8, 28—31 und pag. 129 No. 1. 2) s. oben pag. 2, 6. 7. pag. 12, 31. 32. pag. 13, 23. 24. pag. 15, 25. pag. 16, 26. 27. pag. 17, 6. 7. 3) Von den Voraussetzungen und nach welchen Regeln die Theilung selbst geschieht, s. unten §. 3. die Lehre von den ehlichen Güterverhältnissen.
4) s. pag. 15, 21, wo der Ausdruck „ervedelinghe" auch gebraucht wird. 5) pag. 17, 6. 7. Das Wort half steht nur in den Handschriften, welche die ältere Redaction haben. 6) pag. 17, 6 7. „half" ist in A ausradirt und fehlt in den Handschriften, welche nur die neuere Redaction geben, ganz. 7) pag. 17, 7 „it ne si anders ghewilkört." pag. 12, 33—40, wo es von dem abgetheilten Kinde heißt „dat doch van deme erve nicht gelaten en hedde." Das Kind hatte sich also bei der Abtheilung sein Erbrecht reservirt; s. unten pag. 142 Note 1. 6.
8) Ueber die ältere Redaction s. pag. 2, 6. 7 und 15, 36—38. In der

die Eltern nämlich alle [1]) ihre Kinder abgetheilt, so stehen sie der Regel zuwider, wenn eines der Kinder stirbt, gegen die übrigen Kinder, also gegen die Geschwister des Verstorbenen, jedoch nur wenn diese vollbürtig sind, zurück.

Von der bisher beschriebenen Abtheilung ist verschieden die Beradung, d. h. die Ausstattung der Kinder aus dem, was das künftige Erbe des noch lebenden Parens bilden würde. Es wird nur in einer und zwar der neuern Redaction angehörigen Stelle [2]) erwähnt, darf nicht mit der Ausstattung der Tochter durch die Verabfolgung dessen, was künftig die Gerade bilden würde, verwechselt werden [3]), und scheint ganz die Folgen der Abtheilung zu haben [4]).

Von Abtheilung und Beradung ist wiederum verschieden, da eines der Kinder nur einzelne Vermögensstücke, sei es bei welcher Gelegenheit es sei, von dem Parens erhält. Dadurch, daß es diese annimmt, verzichtet es noch nicht auf die Erbschaft, aber wohl wird es verpflichtet, wenn es nachher die Erbtheilung verlangt, das Erhaltene zu conferiren [5]). Ausnahmsweise werden nicht conferirt von Töchtern Geschmeide und Kleider, vom Sohn Streitroß, Pferd und Rüstung; und von beiden nicht die Kost, die sie erhalten haben, wenn nicht auch in Ansehung dieser Gegenstände das Gegentheil etwa besonders ausgemacht ist [6]). Auch Gerade und Herwede wird ausdrücklich ausgenommen, obwohl es sich von selbst versteht, daß sie nicht eingeworfen werden, da sie nicht zum Erbe gehören [7]).

Auch im Sachsenspiegel kann man Abtheilen Beraden und Vorausgeben einzelner Stücke, wenn auch nicht den Ausdrücken,

letzten Stelle wird ausdrücklich gesagt, daß das Erbe auch abgetheilter Kinder auf Vater oder Mutter komme. Die Stelle findet sich aber auch nur in den Handschriften der ältern Redaction und ist in A als ungültig bezeichnet. 1) Daß nur, wenn alle Kinder abgetheilt seien, die obige Folge eintrete, kann man aus der Vergleichung von pag. 2, 6—18. pag. 16, 36—38 mit pag. 17, 6. 7 schließen; dort heißt es schlechtweg, wenn die Eltern ihre Kinder abgetheilt haben; hier, wenn die Eltern ihre Kinder abtheilen, aber nicht alle. S. über die Bestimmungen des hamburgischen Rechts, das auch so verstanden werden zu müssen scheint, Sydow Note 317. 2) s. oben pag. 12, 31—40. vgl. 107, 24 Note. Nur von dem Vater, der die Kinder absondert, ist die Rede; s unten pag. 143 Note 1. 3) s. oben pag. 4, 4. 5 und weiter unten in diesem §. 4) pag. 12, 31—40 5) pag. 8, 32—34 6) pag. 8, 33. 34. pag. 9, 11—13. pag. 12, 31 - 40. In der letztern Stelle werden von Sohn und Tochter die Ausdrücke Frau und Mann gebraucht, so daß man versucht ist, an die Eltern zu denken. Indeß theils paßt auf sie nicht alse dat dit bok utwiset, theils ist nur von dem Vater, der abtheilt, die Rede. 7) Mir scheint diese Erklärung natürlicher als die bei Sydow, der die entsprechende Stelle des Sachsenspiegels erläutert, s. pag. 93, zumal da das dort Gesagte nur auf die Gerade paßt, und hier in den Statuten auch das Herwede genannt wird; s. übrigens auch oben pag. 2, 4. 5. Ueber Vorausgeben von Grundstücken weiter unten.

doch der Sache nach unterscheiden [1]). Indessen tritt die Wirkung, die die Statuten den beiden erstern allgemein beilegen, nur in einem einzelnen Fall ein. Die Enkel nämlich verlieren dadurch das ihnen sonst zustehende Repräsentationsrecht [2]), und grade dieses Recht kommt in den Statuten nicht vor [3]).

Abgesehen hiervon verwandelt die Abtheilung und sonstige Absonderung das Erbrecht nur aus einem unbedingten in ein bedingtes, d. h. es kann nur geltend gemacht werden, sofern das Gut, womit abgetheilt wurde, zuvor conferirt wird. Der Fall des Abtheilens u s w. ist daher regelmäßig von dem des Vorausgebens nur einzelner Stücke gar nicht verschieden [4]). Wie aber nach den Statuten ausdrücklich das Successionsrecht reservirt werden kann, so kann umgekehrt nach dem Sachsenspiegel ausdrücklich allerdings auf das Erbrecht verzichtet werden [5]); und wie nach den Statuten gewisse Dinge überall nicht conferirt zu werden brauchen, so ziemlich dieselben Dinge auch nicht nach dem Sachsenspiegel [6]). Daß der regelmäßige Vorzug der Eltern vor den Geschwistern durch Abtheilung sämmtlicher Kinder von den Eltern verloren gehe oder auch nur an Bedingungen geknüpft sei, ist dagegen eine Eigenthümlichkeit der Statuten [7]).

Der vermehrte Sachsenspiegel hat in dieser Lehre aus den Statuten nichts aufgenommen, sondern folgt in der Hauptsache dem Sachsenspiegel [8]).

Von der Art und Weise, wie eine Erbschaft **erworben** wird, und von den Regeln, nach welchen sie unter gleich nahe Erben, abgesehen von den besondern Verhältnissen, die aus dem Güterrecht der Ehegatten hervorgehen, **vertheilt** wird, ist nichts als dieses zu merken. Anfall und Erwerb der Erbschaft sind nicht verschieden [9]), d. h. mit dem Anfall der Erbschaft ist sie auch erworben. Hiervon kann nicht als Ausnahme betrachtet werden, daß, falls ungewiß ist, ob der Erbe, der die Erbschaftssachen zu sich nimmt, auch wirklich der nächste sei, er bereit sein muß, für

1) S. I. 11, 13. II. 19, 1 und hierüber Sydow pag. 87 folgd. Es wird bei dem, was vorhin Beradung genannt ist, nur der Vater genannt, der den **Sohn** absondert; s. oben pag. 142 Note 2. 2) S. I, 5, 1. 3) s. oben pag. 138. 4) S. I. 13, 1. 5) S. I. 13, 2. 6) Daß auch nach dem Sachsenspiegel was man als Kost erhalten hat nicht conferirt wird, sieht man daraus, daß es bei der Absonderung und deren Folge nicht darauf ankommt, ob man sich auch in Ansehung der Kost zweiet oder nicht. S. I. 13, 1. Kleider, von denen in den Statuten nur in Bezug auf die Töchter die Rede ist, werden in S. I. 11 auch bei Söhnen genannt. 7) Sydow pag. 98.
8) D. I. 20, 10. 11 = B. I. 14, 9. 10 Die Stelle von den einzelnen Stücken, die nicht zu conferiren seien, ist nicht aufgenommen, also nicht S. I. 10. 9) s. Sydow pag. 311 folgd, daß namentlich nicht der Ausdruck „Erbe nehmen" mit adire hereditatem gleichbedeutend sei, und oben die Stellen pag. 2.

den Fall des Vorhandenseins eines nähern Erben innerhalb Jahr und Tag das Erbe wieder herauszugeben. Wird behauptet, daß der nächste Erbe außer Landes sei, so soll sogar dem Rath eine Caution gestellt werden [1]), daß man dem Rückkehrenden die Erbschaft wieder herausgeben wolle. Ungeachtet des Gesagten ist eine Ausschlagung der Erbschaft zulässig. Dies Ausschlagen ist an keine bestimmte Zeit gebunden, denn selbst wenn der Erbe sich des Erbes bereits erwiesener Weise bemächtigt dat erve upghenomen hat, so hat er die Wahl, ob er als Erbe handeln, also die Schulden bezahlen oder auf die Erbschaft verzichten will [2]), wie er das, wenn er Lust hat, schon bei Lebzeiten des Erblassers thun kann [3]).

Die Vertheilung unter gleich nahe Erben kann bei dem strengen Princip der Gradesnähe, welches nicht einmal durch irgend ein Repräsentationsrecht modificirt wird [4]), nicht anders als nach Köpfen geschehen; demgemäß wird auch gesagt, daß alle, die an gleicher Stelle der Sibbe stehen, das Erbe gleichermaaßen nehmen [5]). Auch die doppelte Verwandtschaft giebt hier keine größere Rechte, wie aus der Reception der entsprechenden Stelle des Sachsenspiegels erhellt [6]).

Im Sachsenspiegel gelten überhaupt in Bezug auf die Vertheilung der Erbschaft dieselben Grundsätze, außer inwiefern die Abweichung von dem Princip der Gradesnähe auch eine Abweichung für die Vertheilung erfordert. Daher theilen ausnahmsweise die Enkel durch die Söhne, wenn sie mit Söhnen concurriren, und die Kinder vollbürtiger Brüder, wenn sie mit Halbbrüdern succediren, nach Stämmen und nicht nach Köpfen [7]). Diese Abweichungen hat der vermehrte Sachsenspiegel ebenfalls [8]), wogegen ihm sowohl wie den Statuten eine besondere Form, die erforderliche Theilung selbst zu bewerkstelligen, unbekannt ist [9]).

Ein Mehreres ist zu sagen von den Folgen des erworbenen Erbes, sofern der Erbe sein Recht geltend machen und fortdauernd üben will [10]).

Die vollständige Ausübung seines Rechts steht dem Erben während der ersten dreißig Tage nach dem Tode des Erblassers nicht zu. Dies erkennt man zwar nicht, wie im Sachsenspiegel, aus einem allgemeinen Ausdruck [11]), aber doch (und so ist es

1) s. oben pag. 5, 31—37. 2) s. oben pag. 6, 30—32. 3) s. oben pag. 17, 6. 7 und pag. 141. 4) s. oben pag. 138. 5) s. oben pag. 2, 3. 4. 6) s. oben pag. 2, 22—24. S. I. 3, 3 und hierüber Sydow pag. 141. 142. 7) S. I. 5, 1 und hierüber Sydow pag. 86, 113. 8) D. I. 6, 3. 4 = B. I. 4, 1. 2 und oben pag. 138 Note 6. 9) S. III. 29, 2. Der Aeltere theilt, und der Jüngere wählt. 10) s. oben pag 6, 40 — 7, 2. 11) S. I. 22, 1. So wie die Stelle überhaupt bei der Aufnahme in die Statuten etwas geändert ist, so ist auch namentlich der Satz weggelassen „anders ne sal he nene gewalt hebben an'me gude bit an den drittegesten."

auch nur im vermehrten Sachsenspiegel) aus zwei einzelnen Bestimmungen. Die eine ist fast wörtlich aus dem Sachsenspiegel entlehnt. Nach ihr soll der, der sich weigert dem Erben Erbe herauszugeben, nur dann Wette und Buße bezahlen, wenn die Weigerung nach dem Dreißigsten geschieht [1]). Die andere Bestimmung ist eigenthümlicher, indem sie der Wittwe des Verstorbenen, wenngleich diese durch Vertrag von jeder Theilnahme am Erbe ausgeschlossen sein sollte, dennoch bis nach dem Dreißigsten Anspruch auf Alimente giebt [2]). Eigenthümlicher ist diese Bestimmung, weil der Sachsenspiegel überhaupt keine Rechte der Frau am Erbe kennt, also auch nicht von dem besonderen Fall reden kann, da die Frau vertragsmäßig davon ausgeschlossen ist. Dagegen scheint das Allgemeine in dieser Bestimmung, daß nämlich die Wittwe bis nach dem Dreißigsten aus dem Erbe Unterhalt nimmt, auch Recht des Sachsenspiegels zu sein [3]), denn der Erbe hat ja nach ihm in dieser ersten Zeit überhaupt nur Mitbesitz und Aufsicht [4]), und die Frau erhält ja sogar einen Theil der nach dem Dreißigsten noch übrig bleibenden Hofspeise [5]). Ob die Wittwe wie im Sachsenspiegel so auch in den Statuten unter allen Umständen das Recht habe, während der ersten dreißig Tage auch im Besitz des Erbes zu bleiben, ist nicht ganz klar. Gesagt wird es nur für den Fall, da sie durch Vertrag mit einer Leibzucht für ihre Rechte am Erbe abgefunden ist [6]); hier bleibt die Frau natürlich überhaupt im Besitz des Grundstücks, an welchem sie Leibzucht hat, zugleich aber auch für die ersten dreißig Tage in Besitz des darauf befindlichen Erbes; nur muß sie für diese Zeit den Erben den Mitbesitz gestatten, damit diese verhindern können, daß von dem, was ihnen anbestorben ist, etwas verschleudert werde [7]). Ohne Zweifel hat die Wittwe das Recht

1) s. oben pag. 5, 22—24 S. III. 15, 2. 2) s. oben pag. 11, 20—23. 3) Die ebenfalls in die Statuten aufgenommene Bestimmung des Sachsenspiegels, das Gesinde bis zum Dreißigsten aus dem Erbe zu unterhalten, würde dann in beiden Quellen weniger für die Erben als für die Wittwe eine Beschränkung sein. S. I. 22, 2 und oben pag. 9, 31. 32. 4) S. I. 22, 1 und hierüber Sydow Note 975. 5) S. I. 22, 3. 6) s. oben pag. 11, 34—37 7) Die Zeit des Mitbesitzes der Erben wird allerdings in der citirten Stelle pag. 11, 34—37 nicht ausdrücklich auf dreißig Tage beschränkt; es folgt aber, wenn man sie mit pag. 11, 20—23 in Verbindung setzt und versteht sich überhaupt von selbst, da man sonst annehmen müßte, daß die Leibzucht der Wittwe immer nur als ein durch Mitbesitz der Erben beschränktes Recht erschiene, nur damit die Erben das etwa im Grundstück befindliche Erbe beaufsichtigen könnten, während sie doch nach dem Dreißigsten das viel einfachere Sicherungsmittel haben, der Wittwe das Erbe ganz und gar fortzunehmen. Unsere Statuten kennen aber nur Leibzucht an Grundstücken und nicht (Sydow pag. 271) an fahrender Habe, denn das dafür angeführte Stück vom Mustheil ist nicht goslarisches Recht; s. oben die Vorrede und pag. 108 Note.

des Besitzes noch vielmehr, wenn sie selber Miterbin ist und die übrigen Erben dann noch vielmehr das Recht des Mitbesitzes, denn je größer die Rechte der Wittwe sind, desto mehr Ursache haben die Erben zur Controlle.

Nach Ablauf von dreißig Tagen zeigen sich die vollständigen Wirkungen der Nachfolge darin, daß der Erbe alle Rechte des Erblassers üben kann und alle Verpflichtungen desselben erfüllen muß. Dies wird theils in allgemeinen Sätzen ausgesprochen, theils aus einzelnen Bestimmungen erkannt, ist jedoch keineswegs ohne Ausnahme.

Die Regel vom Uebergang der Rechte, welche im Sachsenspiegel [1]) und vermehrten Sachsenspiegel so gut gilt wie in den Statuten, wird in den letztern so ausgedrückt: alle Schuld und Klage, die Jemand zu fordern hat, fordert nach seinem Tode sein Erbe [2]). Mit „Schuld" sind die obligatorischen Ansprüche, wenigstens die auf Vertrag gegründeten, gemeint [3]), und das sonst ganz allgemein gebrauchte Wort Klage [4]) bezieht sich hier nur auf Ansprake und Anfang, und wenn Schuld in jenem engern Sinn genommen wird, auch auf die Klagen „van scaden weghene," sie mögen nun aus Delicten oder auf andere Art entstanden sein [5]). Einzelne Anwendungen dieser Regel sind, daß die Erben eines Dienstboten von dem Herrn den Lohn fordern können, den jener bis zu seinem Tode bereits verdient, aber noch nicht ausgezahlt bekommen hatte. Dagegen können sie nicht begehren in den Dienstvertrag überhaupt einzutreten, während allerdings umgekehrt die Erben des Dienstherrn das Recht haben, das Gesinde so lange zu behalten, als der Vertrag besagt, sobald sie nur auch den vollen Lohn zu zahlen bereit sind [6]). Ferner erhalten Besserung wegen begangener Verbrechen die Erben so gut wie der Erblasser selber, und namentlich wird von dem Gesinde wieder gesagt, wie es selber auf die Besserung ein Recht habe, so hätten dies auch seine Erben [7]). Ferner stehen die eigenthümlichen processualischen Vortheile, die der Erblasser als Beklagter gehabt haben würde, auch seinen Erben zu. Der Vortheil des „inne sitten," von dem bei der Overhöre geredet werden wird, kommt auch den Erben zu

1) S. I. 6, 4. III. 31, 2 und hierüber Sydow pag. 328. 329. 2) s. oben pag. 6, 20. 21. 3) In diesem Sinn wird der Ausdruck in einer Reihe von Stellen gebraucht, s. oben pag. 69, 6 — 72, 23. 4) Daß der Ausdruck Klage für jede gerichtliche Verfolgung und namentlich auch für Verfolgung durch Ansprake und Anfang gebraucht wird, darüber s. oben pag. 28, 11—15. 74, 34. 75, 1—4. 98, 27—32. 5) s. oben pag. 7, 5—11. Die Stelle spricht zwar von den Verpflichtungen der Erben, erläutert aber doch den Sprachgebrauch für die Worte scult und scaden. 6) s. oben 9, 33. 34. 37—40. S. I. 22, 2 und Sydow hierüber Note 1114 und pag. 357. 7) s. oben pag. 33, 14—16. 46, 36—40.

Gute, aber freilich nur den nächsten Verwandten, denn die, welche ferner stehen als Schwester und Bruder, büßen den Vortheil schon ein [1]). Endlich heißt es von einer einem Dritten bestellten Leibzucht, daß auf die Erben und Erbeserben dessen, der sie gegeben habe, das Recht sich forterbe, die Leibzucht nach dem Tode jenes Dritten wieder mit dem Gute zu consolidiren [2]).

Ausnahmsweise geht nicht auf die Erben über das streng persönliche Recht der Altersvormundschaft, d. h. stirbt der Vormund eines Kindes, so erhält die Vormundschaft nicht der Erbe des Vormundes, sondern sie fällt auf des Kindes nächsten Schwerdtmagen [3]). Anders ist es mit der Vormundschaft für Verwundete und Erschlagene, welche der Vormund auf seine eigenen Erben vererbt [4]), worin jedoch kein Widerspruch gegen das vorhin Gesagte liegt, daß die Besserung den Erben des Erschlagenen zukomme [5]), denn eine Klage anstellen und die Vortheile einer Klage sich aneignen dürfen, sind verschiedene Dinge [6]). Dies sieht man namentlich deutlich, wenn der Erschlagene oder Verwundete keine Verwandten hinterläßt. Der Hofherr oder der Wirth, wo jener wohnte, *klagen* dann statt seiner und seiner Verwandten; der Vogt aber kehrt die Sühne in *seinen Nutzen* [7]).

Der Sachsenspiegel enthält keine Stellen über die Vererbung der Vormundschaft und kennt überhaupt keine Vormundschaft für Getödtete [8]), während der vermehrte Sachsenspiegel in der Hauptsache die in den Noten citirten Stellen der Statuten in sich aufgenommen hat.

Für den Uebergang der *Verpflichtungen* auf den Erben geben die Statuten abweichend vom Sachsenspiegel eine eben so allgemeine Regel wie für den Uebergang der Rechte [9]), und der vermehrte Sachsenspiegel folgt hierin den Statuten, zwar nicht so, daß er die allgemein sprechenden entscheidenden Stellen aufgenommen hätte, aber doch auch ohne die Beschränkung des Sachsen-

1) s. oben pag. 7, 3—5. 77, 24. 25. Von diesem Vortheil ist weder im Sachsenspiegel noch im vermehrten Sachsenspiegel die Rede, denn beiden Rechtsbüchern ist Overhöre unbekannt. 2) s. oben p. 15, 32—37 und Sydow pag. 321. Albrecht, die Gewere p. 225. Oben 30, 9—16 ist weniger interessant, weil darin von dem Forterben des Anspruchs auf Consolidirung der Leibzucht geredet wird, als für den Begriff der Leibzucht an und für sich; s. unten §. 2. 3) s. oben p. 20. 4—7 und Krauts Vormundschaft p. 198. 4) s. oben p. 14, 30-40. 32, 38-40. s. auch Bruns Beiträge pag. 189, No. 22 und Rechtserkenntnisse bei Förstemann I. 3. pag. 34. d. 5) s. oben pag. 146 Note 7. 6) Anderer Meinung scheint Kraut, Vormundschaft pag. 167 Note 8 und Sydow pag 169. 7) s. oben pag. 33, 17—29. Das Genauere über diesen Punkt s. unten §. 3. Von der Vormundschaft s. auch Kraut a. a. O. pag. 11 Note 6 und pag. 31, 40. 8) Vormundschaft für Verwundete, um sie durch Kampf zu vertreten, kennt der Sachsenspiegel; Kraut a. a. O. pag. 11 Note 5 und S. I. 49. 9) s. oben pag. 6, 6. 7 und pag. 7, 5—7.

spiegels zu haben, daß der Erbe nur mit der fahrenden Habe hafte [1]). In dieser letztern Beschränkung ist eigentlich schon enthalten, was im Sachsenspiegel noch ausdrücklich hinzugefügt wird, daß der Erbe mit seinem eigenen Vermögen gar nicht hafte, sondern nur sofern er, was er an Schulden bezahlt, durch die Fahrniß des Erblassers wieder erhält. Auch dies scheint den Statuten unbekannt zu sein. Der Erbe bezahlt alle Schulden des Erblassers mit dessen fahrender Habe und mit dessen Erbgut, und wenn das nicht reicht, mit seinem eigenen Vermögen. Dies folgt theils daraus, daß der Erbe bezahlen soll nach demselben Recht, wie der Erblasser müßte, wenn er noch lebte [2]), und daß recht hervorgehoben wird, wie er, falls er die Schulden nicht bezahlen wolle, auf die Erbschaft Verzicht leisten könne, in welchem Fall dann zum Besten der Gläubiger selbst zum Verkauf des **Erbguts** geschritten werden kann [3]).

Aus dieser strengen Verpflichtung des Erben erklärt sich eine eigenthümliche Bestimmung der Statuten, die indeß nicht in den vermehrten Sachsenspiegel aufgenommen ist. Obwohl nämlich den allgemeinen Regeln gemäß auch nach goslarischem Recht der Erbe sich dieselben Beweismittel muß gefallen lassen wie der Erblasser [4]), und man namentlich auch gegen den Erben sich auf des Erblassers gerichtliches Bekenntniß berufen kann [5]), so ist doch das etwas Besonderes [6]), daß der Erbe oder wenn er zu jung ist dessen Verwandte [7]) bei Lebzeiten des Erblassers Controlle zu führen berechtigt sind über das, was dieser einem Dritten gerichtlich bekennt. Der Erblasser und der Dritte müssen sich vor Gericht über die juristischen Thatsachen erklären, die dem Zugeständniß zum Grunde liegen (vor gherichte spreken wur vore unde wur af dat were) [8]), und müssen ihre Erklärungen, sofern es verlangt wird, sogar eidlich bestärken [9]), damit der Erbe sieht, daß das Bekenntniß nicht lediglich um ihm zu schaden [10]) gemacht wird.

1) Parallelen der in der vorigen Note citirten beiden Stellen finden sich nicht im vermehrten Sachsenspiegel, doch aber heißt es gelegentlich, daß ein auswärtiger Erbe für Bezahlung der Schulden des Todten Sicherheit leisten müsse, und an einer andern Stelle, daß der Erbe nur gegen Bezahlung der Schulden die Veräußerung des Erbguts anfechten könne. O. I. 17, 10 = B. I. 11, 7 und O. I. 45, 3 = B. I. 38, 1. s. auch oben pag. 136 Note 5. Ueber das Recht des Sachsenspiegels s. S. I. 6, 2 und Sydow pag. 332 Note 1036. 2) s. oben pag. 7, 7 to deme selven rechte alse he selve scolde of he levede. Auch hier läßt sich eine einzelne Parallele des vermehrten Sachsenspiegels nicht angeben, sondern nur anführen, daß er auch den Zusatz des Sachsenspiegels „wande der he wederstadinge untving" (S. I. 6, 2) nicht hat. 3) s. oben pag. 6, 29—35 und pag. 8, 16—19 und hierüber Albrecht, Gewere pag. 224 Note 594 und oben pag. 136. 4) s unten §. 9. 5) S. I. 7. 6) s. oben pag. 6, 6—19. 7) s. oben pag. 6, 16—19. 8) s. oben pag. 6, 12. 13. 9) s. oben pag. 6, 14. 15. 10) s. oben pag. 6, 10. 11.

Verweigern jene die geforderten Erklärungen, so kann nach dem Tode des Erblassers der Erbe von dem Gläubiger nicht mehr durch Berufung auf das gerichtliche Bekenntniß überführt werden [1]).

Wie diese Eigenthümlichkeit aus dem strengen Haften des Erben hervorgeht, so ebenfalls die auch dem vermehrten Sachsenspiegel bekannte, daß die auswärtigen Erben wegen Zahlung der Schulden Sicherheit leisten müssen [2]).

Von der allgemeinen Regel, daß der Erbe alle Verpflichtungen übernehmen müsse, giebt es indeß eine allgemeine Ausnahme. Er haftet übereinstimmend mit dem Sachsenspiegel [3]) nie wegen der Verbrechen, welche der Erblasser begangen hat [4]), es wäre denn, daß aus ihnen ein reiner Vermögensanspruch hergeleitet werden könnte. Ein solcher aber ist einmal begründet, wenn der Erblasser sich mit dem Verletzten über dessen Ansprüche verglichen und eine Summe Geldes versprochen hat [5]); dann aber auch, sofern durch ein Verbrechen des Erblassers der Verletzte an seinem Gute Schaden erlitten hat [6]). In jenem Fall kann die gelobte Summe Geldes, in diesem der Ersatz des Schadens auch von den Erben begehrt werden [7]). Endlich versteht sich von selbst, daß der Erbe insofern immer aus Diebstahl und Raub haftet, als er auf Herausgabe der gestohlnen und geraubten Sachen selber belangt werden kann, da diese gar nicht zum Erbe gehören [8]).

Im Einzelnen wird die Regel vom Uebergang der Verpflichtungen hauptsächlich bestätigt dadurch, daß der Erbe gehalten ist die vertragsmäßigen Verbindlichkeiten zu erfüllen. So wird der Fall gesetzt [9]), der Erbe verlange eine Sache von derem Besitzer, weil sie zu seinem Erbe gehöre. Der Besitzer erkennt diese Behauptung für wahr, beruft sich aber darauf, daß ihm die Sache gegeben sei von dem, der „des macht hedde to vorghevene also alse recht ist" [10]), d. h., meine ich, von dem Erblasser oder dem, der diesen zu vertreten berufen war, also etwa von dem

1) s. oben pag. 6, 15. 16. 2) s. oben pag. 7, 18 — pag. 8, 19 und pag. 135. 136. 148 Note 1. 3) S I. 6, 2. II. 17, 1. Die Stellen sind nicht so allgemein gefaßt wie in unsern Statuten, wo nicht bloß düve rof dobelspel, sondern auch der allgemeinere Begriff vredebrake aufgezählt wird. Siehe auch hierüber Sydow pag. 364 folg. 4) s. oben pag. 6, 36—38 und pag. 7, 8—11. 5) s. oben pag. 6, 37, wenn „sone over ghegan unde dar ghelt vor ghelovet" ist. Hieraus folgt, daß auch, im Fall bereits der Erblasser in Besserung, Buße oder Wette verurtheilt war, der Erbe zahlen mußte. s. Sydow pag. 367. 6) Das Aussprechen eines Princips in den citirten Stellen ist auch hier wieder den Statuten eigenthümlich, und auch dies ist wieder nicht in den vermehrten Sachsenspiegel übergegangen. 7) s. oben pag. 7, 10. 11. 8) s. oben pag. 128. S. II. 31, 2 und hierüber Sydow pag. 366. 9) s. oben pag. 15, 14—18. Der Fall findet sich nicht im Sachsenspiegel. 10) s. oben pag. 15, 16. 17.

Vormunde [1]) desselben. Ist der Beklagte im Stande, diese Behauptung zu beweisen, so behält er die Sache; oder mit andern Worten, der Erbe muß die Gabe, den Vertrag des Erblassers, anerkennen [2]). Der Zusatz „also alse recht is" bezieht sich auf die Form des Geschäfts, wie man namentlich aus der Veränderung sieht, die diese Worte im vermehrten Sachsenspiegel [3]) erfahren haben, wo es heißt „unde dy gabe mit rechte gegeben wer an der stad do is craft hette." Die Stätte würde nach goslarischem Recht das Gericht oder der Rath sein, denn die ältere Redaction der Statuten gestattet regelmäßig keinen Beweis durch bloße Privatzeugen [4]).

Für den Uebergang der Verbindlichkeiten aus dem Kaufvertrag finden sich besondere Stellen. Sofern sich dieser auf unbewegliche Sachen bezieht, sind jedoch die Erben nur unter gewissen Voraussetzungen gehalten, den Verkauf und die danach etwa erfolgte Veräußerung anzuerkennen [5]). Nur nach einer Stelle [6]) scheint die Verpflichtung der Erben eine unbedingte, indem es schlechtweg heißt, daß der Verkäufer eines erblichen Gutes oder Lehngutes oder seine Erben gehalten seien, das Gut zu „entweren," wenn es mit etwas belastet „beworen" oder wenn es verpfändet „bekomeret" war. Hier ist ein Doppeltes auffallend, einmal, daß überhaupt die Erben den Kaufvertrag anerkennen sollen, und dann, daß sie auch noch dem Käufer Eviction leisten müssen, wenn das Gut nicht ganz frei von Beschwerungen ist; denn auch diese Beschwerungen sind ja für die Erben unverbindlich [7]). Indeß wird hier offenbar an einen Kauf und an Beschwerungen gedacht, in welche die Erben gewilligt haben oder die aus Noth geschehen sind. Für die Belastung und Verpfändung folgt dies aus der Stelle selbst, indem hinzugesetzt ist „dat witlik were" [8]). Diese Worte sind jedoch zunächst nicht sowohl auf die Erben zu ziehen als auf die „kunscap." Obwohl es nämlich Regel ist, daß alle Ansprüche an Erbgut nur durch Erbfolge oder Gericht gerechtfertigt werden können, so kann ausnahmsweise der Beweis doch auch durch die bloßen Aussagen der Nachbarn ge-

1) Ueber einen Fall dieser Art s. oben pag. 18, 35. 36. 2) s. oben pag. 15, 15. 16. 3) O. I. 28, 3 = B. I. 22, 2. Die Stelle ist hier in einen geschicktern Zusammenhang gebracht als in den Statuten. 4) s. unten §. 9. 5) s. oben pag. 26, 37—42 und unten §. 2., wo die Lehre vom Recht der nächsten Erben am Erbgut im Zusammenhang vorgetragen wird. 6) s. oben pag. 27, 6—9. 7) Nach Sydow muß der Erbe selbst nach dem Recht des Sachsenspiegels Eviction immer insoweit leisten, als ihn die fahrende Habe dazu in Stand setzt. Sydow Note 694. Eine Beweisstelle wird nicht angeführt. 8) s. oben pag. 27, 7. In der entsprechenden Stelle des vermehrten Sachsenspiegels fehlen im Text bei Ortloff die Worte dat witlik were und später die Worte van sinen erven, finden sich aber in den übrigen Handschriften.

führt werden, denen „de sake witlik" ist [1]). Was aber diesen bekannt geworden ist, kann auch den Erben nicht unbekannt geblieben sein, und kann mithin auch ihre Einwilligung oder doch eine Beschwerung des Gutes aus Noth vermuthet werden. Mit dieser Verbindlichkeit der Erben, unter Umständen auch die Geschäfte über Immobilien anzuerkennen, darf indeß natürlich nicht verwechselt werden die auch im Sachsenspiegel ausdrücklich hervorgehobene Verpflichtung, falls der Verkauf angefochten wird, das Kaufgeld, was der Käufer bereits gezahlt hatte, wieder herauszugeben, denn die Aufhebung des Contracts kann begreiflicher Weise keine bloß einseitige sein [2]). Ein Kaufcontract über bewegliche Sachen verpflichtet die Erben jederzeit, sie sollen so gut wie der Erblasser die Gewähr gegen etwaigen Anfang dritter Personen übernehmen [3]).

Ausnahmsweise gehen Verbindlichkeiten aus Verträgen, die einen besonders persönlichen Character haben, nicht über, so wenig wie nachtheilige persönliche Eigenschaften überhaupt. Von dem letztern ist ein nur in den Statuten vorkommender Beleg, daß Kinder, die aus einer ehlichen Verbindung geboren sind, an ihrem Rufe dadurch nicht leiden, daß nach ihrer Geburt einer der Eltern durch „undad berochtiget" wird [4]). Von dem erstern ist ein Beweis die Verpflichtung aus der Bürgschaft. Es wird zwar nicht ausdrücklich gesagt, daß die Bürgschaftspflicht nicht auf die Erben des Bürgen überginge, wohl aber wird des Uebergangs nur unter gewissen Voraussetzungen erwähnt. Wenn nämlich der Bürge, so wird gesagt, bereits belangt ist, die Bürgenschuld auch schon gerichtlich bereits zugestanden und zu deren Zahlung einen Termin angesetzt hat, dann müssen seine Kinder ebenfalls bezahlen, und zwar gerade an dem von ihm gesetzten Termin [5]); ist dagegen ein solcher Termin ohne des Bürgen Wissen und Einwilligung von dem Hauptschuldner angesetzt, so sind so wenig seine Erben verpflichtet daraus, daß sogar der Bürge selber davon befreit wird [6]). Der Sachsenspiegel hat weder diese Bestimmungen, noch überhaupt eine Stelle über die Erblichkeit oder Nichterblichkeit der Bürgschaft. Für die letztere spricht

1) s. oben pag. 30, 28—35. 2) s. oben pag. 28, 23—27. S. I. 9, 5 und hierüber Sydow pag. 348. 3) s. oben pag. 80, 23. 24. 99, 43. 44. 100, 1. Rechtserkenntnisse bei v. Kamptz pag. 375 No. 36 und im Hercynischen Archiv pag. 444. 4) s. oben pag. 102, 15—20. Der vermehrte Sachsenspiegel hat diese Stelle nicht, da sie der neueren Redaction angehört. 5) s. oben p. 7, 15—17 und p. 71, 16—18. Wollte man zweifeln, daß es so gemeint ist und etwa umgekehrt aus diesen Stellen herleiten einmal, daß überhaupt die Bürgschaft auf die Erben überginge, und dann auch die Verpflichtung an dem bestimmten Termin gerade zu zahlen, so erhält man Gewißheit mit der entsprechenden Stelle des vermehrten Sachsenspiegels, D. III. 10, 9 f. B. 6) s. oben pag. 71, 19—21. Dies ist eine Stelle der neuern Redaction und fehlt dem vermehrten Sachsenspiegel. s. auch Bruns Rechtserkenntnisse pag. 248 No. 37.

hauptsächlich ein Kapitel des vermehrten Sachsenspiegels, zu dessen Ende besonders hervorgehoben wird, wie alles darin Enthaltene Landrecht sei [1]).

Andere Verträge und Geschäfte überhaupt sind unverbindlich für die Erben, weil zum Nachtheil ihres Erbrechtes über das Vermögen darin verfügt ist, wovon ein Beispiel schon vorhin gegeben ist, bei dem Kaufvertrag. Außerdem wird noch besonders geredet von Erbvertrag und von Testament. Diese Geschäfte haben verschiedene Bedeutung, je nachdem sie sich auf unbewegliches Gut oder auf fahrende Habe beziehen. In Betreff beider Arten von Sachen hat eine neuere Redaction das alte Recht der Statuten abgeändert. Nach diesem letztern verhält es sich so. Fordert Jemand „van lovedes halven" ein „erve", d. h. hier speciell ein Erbgut und zwar ein solches, was der Erblasser selbst schon durch Erbrecht erhalten hatte, so muß er mit diesem Anspruch zurückgewiesen werden, wenn er nicht darzuthun vermag, daß die Erben zugestimmt haben [2]). Fordert dagegen Jemand auf Grund eines Vertrages gewonnenes Gut, d. h. ein Grundstück, was der Erblasser selber erst gekauft hatte [3]), so dringt er mit seinem Anspruch durch, denn mit solchem Gut kann der Erblasser trotz der Erben thun, was er will, wenn er nur nicht zum Vortheil von Gotteshäusern, Pfaffen und begebenen Leuten handelt. Nur wenn er im Siechbette liegt, d. h. in einer zum Tode gefährlichen Krankheit, ist auch die Verfügung über gewonnenes Gut ohne die Erben nicht zuläßig [4]). Die bisher beschriebenen Verträge kann man insofern Erbverträge nennen, als, wie nachher der Vergleich mit dem Sachsensp. ergeben wird, erst nach des Erblassers Tode eine Klage angestellt werden kann. Bestimmter ist der Begriff bezeichnet in Bezug auf fahrende Habe, denn nur auf sie, denke ich, kann der Ausdruck „gave" bezogen werden. Fahrende Habe kann jeder nach Gutdünken unter Lebenden veräußern. Dies versteht sich so sehr von selbst, daß dieser Fall gar nicht besonders berücksichtigt ist, außer da, wo ganz ausnahmsweise auch eine solche Veräußerung verboten ist. Veräußerung nämlich von fahrender Habe unter Lebenden auf dem Siechbette ist ohne der Erben Erlaubniß unzuläßig, also auch für sie unverbindlich [5]). Eine Veräußerung aber von Todes wegen, da also Jemand etwas fortgiebt so, daß es erst nach seinem Tode überantwortet werden soll, „de wile he leve so wille he des gheweldich sin," ist unter allen Umständen nichtig [6]). So weit die alte Redaction. Die neue gründet sich

1) O. III. 12. f. großentheils B. s. O. pag. 461. Ueber andere Meinungen s. Sydow pag. 361. 2) s. oben pag. 9, 6—8 und pag. 26, 20—22 und 35. 36. 3) Ein Rechtserkenntniß bei Bruns pag. 182 No. 8 macht den Unterschied zwischen gewonnenen und ererbten Gut auch bei fahrender Habe. 4) s. oben pag. 9, 14—18. 5) s. oben pag. 9, 24. 6) s. oben pag. 9, 8—10. Bruns a. a. O. No. 11.

auf ein Privilegium Kaiser Wenzels [1]), in welchem den Bürgern das Recht gegeben wird, mit Erlaubniß des Raths Testamente zu machen, von Erbverträgen wird nicht geredet. Das Privilegium selbst gesteht jenes Recht ganz unbeschränkt zu, die entsprechende Stelle in den Statuten redet aber von der Möglichkeit des Testaments nur bei gewonnenem Gute und bei fahrender Habe. Ob der Testator krank oder gesund ist, macht weder nach dem Privilegium noch nach den Statuten einen Unterschied. Es kommt nur darauf an, daß man das Testament vor den Rath bringt und dieser es genehmigt. Insofern dieser nicht seine Zustimmung giebt, „wat se (de rad) des nicht over en geven," findet die gewöhnliche Erbfolge statt. Dieser letzte Zusatz, so wie daß die Vergebung von fahrender Habe im Siechbette dem Testament darüber entgegengesetzt wird, zeigt deutlich, daß unter Testament eine Verfügung von Todeswegen und zwar eine einseitige gemeint ist, wenn gleich keine, durch welche über das Erbe im weiteren Sinn als über ein juristisches Ganze verfügt würde, denn selbst jenes Privilegium gestattet doch nur Testament „von synem ghute," also offenbar auch nur, wie die Statuten selber, eine Verfügung über einzelne Stücke [2]).

Vergleicht man die ältere Redaction mit dem Sachsenspiegel, denn die neuere Lehre von den Testamenten ist ihm völlig unbekannt, so sieht man zunächst, daß die Statuten ihre Bestimmungen über Erbgut aus ihm geschöpft haben. Nur erscheint die entsprechende Stelle des Sachsensp. [3]) in den Statuten etwas verändert oder vielmehr genauer bestimmt. Nach dem Spiegler ist es unrecht, anders als auf Grund der Sippe, also auf Grund eines Vertrags, Erbe anzusprechen. Die Statuten lassen das „von sibbe halven" fort [4]). Hierdurch wird wohl am Sinn im Ganzen nichts geändert. Der Zusammenhang, in dem die Stelle in den Statuten überhaupt sich findet, und namentlich der unmittelbar folgende Satz ergiebt doch, daß von dem Fall geredet wird, da Jemand das Erbe nach seinem Tode einem Fremden zugesagt hat [5]).

1) s. oben pag. 122, 31—34. 2) s. oben pag. 122, 32. 9, 14—25 und Albrecht in der Gewere pag. 216 und 217 Note 564 und 565. Nach ihm ist zweifelhaft, ob Testament eine einseitige letzte Willensordnung hier sei, und wahrscheinlich, daß es sich nur auf Seelgeräth bezogen habe. Wirklich ist auch in dem Privilegium Wenzels oben pag 122, 33. 34 hinzugefügt Unde wie se das zu satzen, also sol datz krafft haben, uff datz gote io sein teil werde. In die Statuten ist dies aber nicht mit übergegangen und wohl absichtlich nicht, da die alte Redaction Gotteshaus u. s. w. zu bedenken ausdrücklich verboten hatte. Demungeachtet können nach einem Rechtserkenntniß bei Förstemann I. 3 pag. 29 und 30 die Erben ein Seelgeräth nicht anfechten s. auch Beseler, Vergabungen von Todes wegen pag. 258. 3) S. II. 30. 4) s. oben pag. 9, 6. 5) s. auch hierüber Beseler, Vergabungen von Todes wegen pag. 133 Zeile 7—12 von oben.

Daher hat auch der vermehrte Sachsenspiegel, der beide Stellen, des Sachsenspiegels und der Statuten, und zwar an verschiedenen Orten benutzt hat, in der einen Stelle, wo der Zusammenhang es nicht von selbst ergab, das „von sibbe halven" wieder aufgenommen, wogegen es in der andern sich nicht findet [1]). Wichtiger als dies scheint mir die Art, wie die zweite Hälfte des Artikels des Rechtsbuchs in den Statuten gewissermaßen übersetzt wird. Statt „man ne moge getügen, dat dat gelovede vor gerichte gestedeget si" heißt es „de rechten erven ne hebben dat ghewilleköret, dat men betüghen möghe alse recht is." Hiernach würde die hinzugefügte Beschränkung nicht soviel heißen als, es wäre denn, daß eine gerichtliche Investitur gemacht wäre, sondern es wäre denn, daß die Erben gerichtlich zugestimmt hätten [2]). Die Statuten brauchen nur statt „gerichtlich" einen allgemeinen Ausdruck, weil man eben so gut wie vor Gericht so auch vor dem Rath Verträge schließt [3]). Daß eine Investitur vorgenommen wäre, würde somit für die Gültigkeit des Vertrags an sich ganz gleichgültig sein und nur von Wichtigkeit für die Frage, ob der Dritte nach dem Tode des Disponenten eine bloße Schuldklage oder schon eine Ansprake habe. Hiergegen kann auch nicht ein anderer Artikel des Sachsenspiegels angeführt werden, nach welchem der Erbe zur gerichtlichen Auflassung von Grundstücken (von Grundstücken aber, glaube ich, ist überhaupt nur die Rede, wie dies aus dem Zusammenhang, in welchem die Stelle in den Statuten steht, hervorgeht), die der Erblasser versprochen habe, nicht verpflichtet sei, denn es wird ausdrücklich hinzugefügt „he (der Erbe) ne hebbet selve gelovet oder bürgen vor gesat" [4]). Hiezu kommt, daß auch in einer mehrfach besprochenen [5]) Stelle des Schwabenspiegels [6]) der Investitur nur als eines Mittels gedacht wird, das Recht des Dritten s i c h e r e r zu machen [7]), und außerdem die Einwilligung der Erben wieder ausdrücklich erwähnt wird, die man v o r [8]) der etwaigen Investitur einzuholen habe, also auch schon zu dem bloß obligatorischen Vertrage. Endlich zuletzt heißt es noch im vermehrten Sachsenspiegel „ez en sy denn das man geczuge muge das dy gelubde besteliget sin vor gerichte mit erben glubde. Unde ruret wickpilde und l a n t r e c h t" [9]) und in der andern Parallele „dy rechten erben haben is denne willekort mit ge-

1) D. I. 32, 3 = B. I. 26, 2 und D. I. 20, 3 = B. I. 14, 2.
2) s. jedoch Albrecht, die Gewere pag. 189 und Beseler, Vergabungen von Todeswegen pag. 132 u. folgd. 3) s. unten § 9. 4) s. jedoch Sydow Note 1075 und Beseler pag. 136. 5) s. Albrecht pag. 198. Sydow pag. 308. Beseler pag. 137. 6) Senkenberg, Schwäbisches Landr. Art. 311. 7) Schw. a. a. D. No. 2. 8) Schw. a. a. D. No. 3. die Variante. 9) D. I. 32, 3 = B. I. 26, 2.

richte, so daz man is zcu lantrechte geczugen magk mit den richtern unde mit den dingkphlichtigen [1]).

Auch die Stellen über die fahrende Habe gründen sich auf den Sachsenspiegel. Die Stelle der Statuten, daß man etwas nicht vergeben könne, so daß man selbst nichts, vielmehr nur die Erben etwas einbüßten, scheint wenigstens dem Princip nach aus dem sächsischen Lehnrecht genommen [2]). In den vermehrten Sachsenspiegel ist sie ganz so übergegangen, wie sie in den Statuten steht. Daß die Vergebung unter Lebenden im Siechbette (obwohl dieser Ausdruck nicht gebraucht, sondern nur ein Zustand geschwächter physischer Kraft überhaupt beschrieben wird) ungültig, stützt sich auf eine Stelle des sächsischen Landrechts [3]), in der auch, was in den Statuten und im vermehrten Sachsenspiegel, freilich nur weil es sich von selbst versteht, nicht geschieht, besonders noch gesagt wird, daß außerdem die Veräußeruug von fahrender Habe ohne Erlaubniß der Erben gestattet sei. Gemeinschaftlich ist allen drei Quellen, daß diese Bestimmungen nicht auf den Fall gehen, da Jemand unrechtes Gut wieder an den rechtmäßigen Besitzer zurückgiebt [4]). Die Statuten und der vermehrte Sachsenspiegel fügen hier nur das Besondere hinzu, daß man auch seine Schulden auf solche Weise ohne der Erben Erlaubniß bezahlen dürfe. Hiermit kann jedoch schwerlich etwas vom Sachsenspiegel Abweichendes gemeint sein, da ja auch nach diesem der Erbe mit der fahrenden Habe, und von ihr ist ja nur die Rede, für die Schulden des Erblassers aufkommen muß.

Die Bestimmung der Statuten über gewonnenes Gut ist natürlich dem Sachsenspiegel fremd, der überhaupt den Unterschied zwischen Erbgut und gewonnenem Gut nicht kennt. Der vermehrte Sachsenspiegel hat dagegen auch diese Bestimmung aufgenommen, und noch etwas Genaueres über die Form hinzugefügt, dies nämlich, daß um gewonnenes Gut an Gotteshäuser u. s. w. zu geben, der Erben Erlaubniß allein nicht zureichend, sondern auch die des Rathes erforderlich sei. In der That verhält es sich so, wie schon früher erwähnt, wenn man andere Stellen der Statuten vergleicht [5]), ist jedoch weniger aus einer Begünstigung der Erben, als aus einem allgemeinen polizeilichen Gesichtspunkt zu erklären [6]). Die neuere Lehre von den Testamenten ist dem vermehrten Sachsenspiegel so gut wie dem Sach-

1) D. I 20, 3 = B. I. 14, 2. 2) S. Lehnrecht Art. 62. s. auch Albrecht pag. 202 und Note 511. Beseler pag. 155. Sydow Note 956.
3) S. I. 52, 2. Albrecht Note 513. Das Wort „süke" kommt nachher in dem §. 4 desselben Artikels vor. 4) s. oben pag. 9, 25—27. S. I. 52, 3. Förstemann, Rechtserkenntnisse I. 3, 30. g. Der Grund ist der, weil solche Sachen überhaupt nicht zum Erbe gehören, s. oben pag. 128. 5) s. oben pag. 30, 9—16 und pag. 109, 19—110, 5.
6) s. oben pag. 131 und pag. 135.

senspiegel selbst fremd, da er, wie schon öfter bemerkt, der ältern Redaction folgt.

Einzelne Belege zu dem allgemeinen Satz von dem Uebergange der Verpflichtungen auf den Erben sind zuletzt noch, daß er verpflichtet ist, denen die zu Herwede oder Gerade berechtigt sind, es ihnen zu ersetzen, wenn es mit Unrecht veräußert ist, falls er sich von dem Vorwurf der ungehörigen Veräußerung nicht frei zu machen im Stande ist [1]), und ferner daß auf den Erben die Verpflichtung übergeht, den Eid zu leisten, zu welchem der Erblasser sich bereits erboten hatte, wenn er nicht für überwunden gelten will [2]).

Das Vorhandensein mehrerer Erben ändert an den bisherigen Grundsätzen über die Leistung der Verbindlichkeiten des Erblassers nichts ab. Jeder von ihnen trägt, wie er gleichen Theil mit den übrigen erhält, auch gleichmäßig zu den Schulden bei [3]). An dieser Gleichheit der Theilung wird auch dann nichts geändert, wenn einer der Erben von dem Erblasser etwas vorausbekommen hat, denn entweder, er hat grade dadurch einen Vortheil erhalten sollen, oder er muß conferiren, oder der Voraus ist ungültig [4]), oder er succedirt überhaupt nicht mit, weil er durch das Vorausgeben abgefunden ist. Ist die Erbberechtigung zweifelhaft, so bezahlt ohne Frage der eine, der im Besitz des Erbes ist, einstweilen die Schulden allein, denn er hat bis zur Entscheidung des Processes den Vortheil, allein im Besitz bleiben zu können, und somit gewiß auch allein einstweilen bis dahin die Lasten zu tragen [5]). Wollen die mehreren Erben sämmtlich nicht zahlen und doch nicht auf das Erbe verzichten, so kann wie auch sonst zum Verkauf selbst des Erbguts geschritten werden [6]). Wenn dagegen nur einer der mehreren Erben seinen Verbindlichkeiten nicht nachkommen will, so soll das Erbgut dieserhalb, damit die andern daraus keinen Nachtheil erfahren, nicht verkauft werden, sondern nur der eine mit Gericht zur Bezahlung gezwungen werden [7]). Die hierher gehörige Stelle redet jedoch nur von zwei Brüdern, so daß die Begünstigung wohl nur auf sie und die noch nähern Verwandten bezogen werden kann, die ja überhaupt sich einiger Vortheile zu erfreuen haben [8]). Hieraus folgt dann, daß

1) s. oben pag. 5, 24—30. Das Nähere weiter unten in diesem §. bei diesen Instituten und in §. 9. 2) s. oben pag. 6, 21—23 und das Nähere unten §. 9. 3) s. oben pag. 6, 27. 28 und pag. 144.
4) wie bei Erbgut, wegen der Rechte der nächsten Erben überhaupt. Man sieht dies recht deutlich aus der Stelle oben pag. 13, 16—20, wonach der, der Lehn oder Zinsgut vorweg erhalten hat, doch mit den anderen theilen oder ihnen das, was sie verlieren, ersetzen muß. s. unten §. 2 und oben pag. 142 die Note 7. 5) s. oben pag. 8, 35—37. 6) s. oben pag. 6, 33—35. 7) s. oben pag. 6, 39—7, 2.
8) s. oben pag. 136 Note 6 und pag. 146

im Fall anderer Erben auch der zur Zahlung Willige nur dadurch sich den Besitz des Gutes erhalten kann, daß er es selber kauft, wobei ihm denn auch niemand zuvorkommen mag, da er ja ein Vorkaufsrecht hat [1]).

Von diesen auf die Voraussetzung mehrerer Erben sich beziehenden Stellen hat der Sachsenspiegel und der vermehrte Sachsenspiegel [2]) keine als nur die, da die mehreren Erben, wer zum Erbe berechtigt sei, mit einander streiten. Im Sachsenspiegel [3]) lautet indeß die Stelle etwas anders, indem erst noch angedeutet ist, daß innerhalb des Dreißigsten überhaupt gar kein Anspruch geltend gemacht werden könne, und daß nachher der Besitzer wenigstens verpflichtet sei, das Gut selber bis zur Entscheidung zu behalten, es wäre denn, daß der Richter es begehrte, um es seinerseits bis zur Entscheidung aufzubewahren.

Den Gegensatz von Erbe machen hauptsächlich Gerade und Herwede [4]).

Nach dem Sachsenspiegel wird Gerade genommen sowohl aus der Hinterlassenschaft einer Frau [5]) als aus der eines Mannes. Letzteres jedoch nur, sofern die Ehefrau [6]) Anspruch auf die zur Gerade gehörigen Stücke hat, denn die Succession der sonst zur Gerade berechtigten Personen in diesen Anspruch, falls die Ehe durch den Tod der Frau gelöst worden ist, ist natürlich wieder nur Succession in den Nachlaß einer Frau, zu welchem jener Anspruch gehört [7]) Den Statuten ist die Gerade der Ehefrau [8]) unbekannt, denn es ist anderweitig viel vortheilhafter für sie gesorgt, und die Gerade der Verwandten scheint auch nicht mehr denselben Character zu haben, da sie bei weitem weniger umfaßt als im Sachsenspiegel. Vielleicht daß in ihm die Zurücksetzung der Frauen gegen den Mannsstamm bei Succession in das Erbe die Gerade gewissermaßen des Ersatzes halber erweiterte, während sie sich mit dem Verschwinden dieser Zurück-

1) s. oben pag. 26, 42. 43. 2) D. I. 20, 1 = B. I. 14 pr. 3) S. III, 15 und hierüber Sydow p. 325. Der Artikel des S. I, 12 und oben p. 10, 24 gehören nicht hieher, weil sie sich gar nicht auf ein Erbrechtsverhältniß beziehen; s jedoch Sydow p. 319 Dagegen ist der Satz von Vorausgeben von Lehn allerdings aus dem Sachsenspiegel gradezu entnommen und auch in den vermehrten Sachsenspiegel übergegangen. S. I. 14 §. 2. s. unten § 2. 4) s oben pag. 128. Von Lehngut s. unten §. 2. Von Morgengabe und Leibzucht s. unten §. 3.
5) S. I. 27. 1. 6) S. III. 74, 1. III. 76, 1. 7) S. I. 31, 1. III. 38, 5. s. auch im allgemeinen über die Gerade Sydow pag. 171 folgd. 8) s. oben pag. 11, 23—25 und unten §. 3 Das von Sydow für die Gerade der Ehefrau citirte Stück vom Mustheil ist wie schon oben pag. 145 Note 7 bemerkt kein goslarisches Recht.

setzung [1]) in den Statuten verringert. Die ältere Redaction derselben ist indeß noch etwas freigebiger [2]) als die spätere, insofern sie außer zwei vollständigen Kleidungen noch von alle dem, was eine Frau zum täglichen Gebrauch ihres Leibe hat, ein Stück oder ein Paar giebt, und nur die Ringe und „Bratzen" sämmtlich. Die neuere Redaction giebt nur zwei vollständige Kleidungen und von Geschmeide nur das, was darauf so angeheftet ist, daß man es, um es loszulösen, abschneiden müßte [3]). Im Sachsenspiegel [4]) gehört bekanntlich alles dazu, was zum Gebrauch des Weibes diente und ihrer Obhut untergeben zu sein pflegte.

Die Fähigkeit Gerade zu hinterlassen haben nach dem bereits Gesagten in den Statuten nur Frauen, nach dem Recht des Sachsenspiegels auch der Ehemann [5]), aber sonst kein Mann und namentlich auch nicht die Pfaffen [6]), von denen man das Gegentheil meinen könnte, da sie Gerade zu nehmen berechtigt sind. Indeß auch Frauen hinterlassen keine Gerade, wenn sie in Goslar als Gesinde dienen, gleichviel ob sie von außen her gekommen sind, oder in der Stadt geboren sind. Eine Bestimmung, die der Sachsenspiegel und der vermehrte Sachsenspiegel nicht haben [7]). Außerdem sind alle Frauen fähig, Gerade zu geben, und es wird nicht einmal für nöthig erachtet, wie bei dem Erbe besonders zu versichern, daß man auch von solchen Personen, von denen man das Gegentheil vermuthen möchte, Gerade erhalten könnte [8]).

Die active Fähigkeit, Gerade zu erwerben, fehlt

1. unechten Kindern, wie man daraus entnehmen muß, daß sie kein Erbe und zwar selbst von der Mutter und deren Verwandten nicht nehmen [9]).

2. Aus eben dem Vergleich mit der Erbfähigkeit kann umgekehrt auch einer Frau, die sich durch Unkeuschheit verunehrt hat, das Recht auf die Gerade nicht abgesprochen werden [10]).

3. Noch unzweifelhafter ist auf den, der die Person, aus deren Hinterlassenschaft er die Gerade erhalten soll, tödtet, die auch beim Erbe schon vorgekommne Bestimmung anzuwenden, denn die Statuten sprechen ganz allgemein „wat ome van deme an irsterfft" [11]).

1) s. oben pag. 140. 2) s. oben pag. 4, 28—37. D. I. 9, 1 = W. I. 7 pr.—2 stellt die verschiedenen Geraden des Landrechts und des Weichbildes nach dieser ältern Redaction unserer Statuten einander gegenüber. 3) s. oben pag. 4, 28—36 und pag. 5, 3 die Note, wo in ähnlicher Art die Gerade von Wernigerode angegeben ist. s. auch oben p. 108, 18 Note. 4) S. I. 24, 3 und Sydow hierüber p. 258 und p. 259. 5) s. die in Note 6 der vorigen Seite citirten Stellen. 6) S. I. 5, 3 und hierüber Sydow pag. 20; desgleichen oben pag. 134 Note 8. 7) s. oben pag. 16, 15—20 und pag. 132 Note 6. 8) s. oben pag. 129 — pag. 132. 9) s. oben pag. 132 — pag. 134. 10) s. oben pag. 134 No. 2. 11) s. oben 134 No. 3.

4. Daß Pfaffen Gerade nehmen erklärt sich freilich nicht aus ihrem Recht auf das Erbe, sondern ist eine Besonderheit, da ja sonst alle Männer von der Succession in die Gerade ausgeschlossen sind. Von Mönchen, Nonnen und solchen Frauen, die in ein Kloster oder Hospital ziehen, gilt dagegen wieder, daß sie wie an Erbe so auch an Gerade keinen Anspruch haben [1]).

5. Dem weiblichen Gesinde wird zwar nicht ausdrücklich Recht auf Gerade gegeben, aber wohl von Gesinde überhaupt gesagt, daß sie alles nehmen können, was ihnen anfällt [2]). Es findet daher bei Gesinde dieselbe Eigenthümlichkeit statt wie bei Pfaffen, daß sie zwar Gerade nehmen, aber nicht geben. Von einer Caution, in der Stadt bleiben zu wollen, wie sie beim Erbe, wie von allen Nichtbürgern so auch vom Gesinde gefordert wird, kann hier nicht die Rede sein, da die Gerade für die Schulden nicht haftet [3]).

6. Fällt die Gerade auf Gäste, so gelten in der Hauptsache die für das Erbe gegebenen Regeln [4]). Zweifeln kann man, ob auch ein Drittel der Gerade an den Rath abgegeben werden muß, wenn der Gast sich nicht dazu verstehen will, seine Wohnung in der Stadt zu nehmen. Obwohl die Statuten selber allerdings nur von Erbe reden [5]), so müssen sie doch wohl auch auf die Gerade [6]) bezogen werden, da es in dem Wenzelschen Privilegium, aus welchem der ganze Rechtssatz hervorgegangen ist, nicht bloß heißt „wan eyn erbe," sondern „wan eyn erbe oder g u t e in der stad besterbet", [7]). Dagegen finden die besondern Sicherheitsmaaßregeln, die gegen Gäste bei einem Erbfall genommen werden, auf die Gerade, da ja diese für die Schulden des Erblassers überhaupt nicht haftet, keine Anwendung [8]). Wohl aber muß sich ein Gast gefallen lassen, daß man, wenn er selber den Bürgern etwas schuldig war, die Gelegenheit wahrnimmt, um sich sicher zu stellen, und daher auch die ihm anfallende Gerade so lange einem Pfandrecht unterwirft „bekomeret," bis er die Schuld bezahlt hat [9]).

7. Körperlich fehlerhafte Personen scheinen nur von Erbe [10]) und Herwede [11]) ausgeschlossen zu sein, wenigstens wird nur bei ihnen die Ausschließung ausdrücklich ausgesprochen. Dagegen ist wohl Lebensfähigkeit zum Erwerb auch der Gerade erforderlich, trotz dem daß sie nur bei Erbe hervorgehoben wird, denn der Natur der Sache nach muß sie sogar eine Bedeutung für Rechtsfähigkeit überhaupt haben, wenngleich sich das Practische davon nur im Erbrecht zeigt.

1) s. oben pag. 134 No. 4. 2) s. oben pag. 16, 20—23. 3) s. oben pag. 135 No. 5 und pag. 6, 24. 4) s. oben pag. 135 No. 6. 5) s. oben pag. 7, 22 — pag. 8, 8. 6) vgl. auch Sydow Note 544 und 545. 7) s. oben pag. 122, 21. 8) s. oben pag. 136, 9) s. oben pag. 8, 9—11. 10) s. oben pag. 137 No. 7. 11) s. oben pag. 3, 12—14 und weiter unten in diesem §.

In der **Ordnung**, nach welcher die der Gerade fähigen Personen berufen werden, steht obenan die Tochter, dann folgt der Sohn, wenn er geistlich ist oder werden will. Bestimmt er sich erst beim Anfall der Gerade dazu, um zu ihrem Erwerb fähig zu sein, so erhält er sie nur gegen Sicherheitsleistung, geistlich bleiben zu wollen [1]). Nach Abgang dieser beiden Personen tritt dann die nächste weibliche Verwandte ein, die mit der Verstorbenen durchweg nur durch Frauen verwandt ist „ere neyste . . . nichtele, de ere al van vrowen halven an gheboren is." Fehlt es an einer solchen, so findet, wenn auch andre weibliche Verwandte da sein sollten, überhaupt keine Geradesuccession statt [2]). Die nächste aber nach der Tochter ist der Analogie vom Erbe gemäß die Mutter [3]), dann die Schwester, dann die Großmutter u. s. w. Diese Personen erhalten die Gerade ganz ohne Rücksicht darauf, ob sie in das Erbe succediren oder nicht. Thun sie es, so erhalten sie die Gerade vorweg, und haben sie sie bereits vor dem Tode des Erblassers bekommen, so brauchen sie sie nicht zu conferiren [4]). Sind mehrere gleich nahstehende Personen vorhanden, so wird die Gerade nicht wie das Erbe getheilt [5]), sondern die älteste von ihnen nimmt sie alsdann allein [6]). Nur unter mehreren Söhnen entscheidet nicht das Alter, sondern der Mangel einer Pfründe. Wer kein geistliches Lehn hat, hat den Vorzug vor dem Pfründner [7]).

So wie bisher beschrieben ergiebt sich die Ordnung aus der älteren Redaction der Statuten. Eine neuere [8]) indeß scheint daran sehr wesentlich geändert zu haben, indem sie nicht mehr die **Gesammtheit** der weiblichen Verwandten beruft, sondern nur vier **einzelne** Personen angiebt, nämlich Tochter, geistlichen Sohn, Schwester und Mutter, und zwar in dieser Ordnung, welche gegen die Analogie des Erbes ist, also auch eine Abänderung des ältern Rechts enthält. Zwar wird auch in der ältern Redaction nur die Tochter [9]) genannt und nicht die weibliche Descendenz überhaupt [10]), aber die übrigen Verwandten werden doch in einen allgemeinen Ausdruck zusammengefaßt [11]) und man kann schwerlich annehmen, daß durch sie die Descendenz der

1) s. oben 4, 9 — 5, 15. Aus diesem Zusatz, daß er Sicherheit leisten solle, im geistlichen Stande zu **bleiben**, geht hervor, daß nur an die minores ordines gedacht ist, welche keinen **unvertilgbaren** Character begründen; s. jedoch Sydow Note 535. 2) s. oben pag. 4, 4—11. 3) s. oben pag. 138. 4) s. oben pag. 2, 4. 5 und pag. 142. 5) s. oben pag. 144. 6) s. oben pag 4, 4—11. 7) s. oben pag. 4, 21—27. 8) s. oben pag. 4, 12—21. 9) s. oben pag. 4, 4. 10) Von der Descendenz des Sohnes kann auch wenn er, bevor er in den geistlichen Stand getreten ist, ehliche Kinder erzeugt haben sollte, natürlich nicht die Rede sein, weil diese der Mutter dann durch einen Mann verwandt wären. 11) s. oben pag. 4, 10. 11.

Verstorbenen wäre ausgeschlossen worden. Dagegen heißt es in jener neuen Stelle ausdrücklich „wenne aver der **vere** dar neyn en were," so solle die Gerade an den Rath fallen [1]), jedoch den Erben, d. h. denen die das Erbe haben, gestattet sein [2]), sie von ihm mit einer Mark städtischer Wärung zu lösen. Vielleicht kam es dem Rath bei dieser Bestimmung weniger darauf an, seine Einkünfte zu vermehren, als die den Gläubigern nachtheilige Sonderung von Vermögensstücken aus dem Erbe allmälig zu beschränken, wie denn dergleichen in andern Stadtrechten bekannterweise viel früher schon geschehen ist [3]).

Ob unter mehreren zur Gerade berechtigten Seitenverwandten die **volle** Geburt einen Vorzug vor der **halben** gebe, ist aus den Statuten selber mit Bestimmtheit nicht zu ersehen. Man sollte, da das Recht auf die Gerade nur von Frauen, also nur von einer Seite hergeleitet wird, und in den Statuten beim Erbe überall, bei der Gerade aber nirgends jenes Unterschiedes gedacht wird, meinen, es komme derselbe hier überhaupt nicht in Betracht. Demungeachtet giebt ein Rechtserkenntniß dem **jüngern** Sohne eines **vollbürtigen** Bruders ein stärkeres Recht auf Herwede als dem **ältern** Sohne eines **halbbürtigen** Bruders. Diese Bestimmung müßte auch wohl auf die Gerade angewandt werden, würde aber freilich überhaupt nur für das Recht der spätern Zeit beweisend sein [4]).

Durch die **Ausradung**, d. h. hier durch Verabfolgung dessen, was künftig bei dem Tode des zu Beerbenden zur Gerade gehören würde [5]), verliert die ältere ausgeradete Tochter ihren Vorzug zum Besten der jüngern nicht ausgeradeten Tochter [6]). Eine Ausradung von Söhnen, so daß sie eine Wirkung äußerte auf deren Recht zur Gerade, wird gar nicht erwähnt. Man könnte sich eine solche auch wohl nur vorstellen, insofern sie sich zugleich auf Erbe **und** Gerade bezöge, da zu einer Vorausgebung allein von Geradestücken doch nicht leicht eine Veranlassung sein konnte, wie bei der Tochter die Verheirathung [7]). Dagegen hat, sofern mehrere Söhne concurriren (denn mit Töchtern concurriren ja nach der vorhin angegebenen Ordnung die Söhne überhaupt nie), der Besitz einer Pfründe dieselbe Wirkung wie unter Töchtern die Ausradung [8]). Daß auf die übrigen Verwandten der

1) s. oben pag. 4, 18. 19. 2) Daß unter Erben in der eben citirten Stelle nicht die Personen verstanden sind, die außer jenen vieren sonst noch zur Gerade berechtigt waren, ergiebt sich besonders deutlich aus der entsprechenden Stelle beim Herwede, s. unten pag. 170. 3) Eine Aufzählung solcher Statuten s. bei Sydow Note 455. 4) Bruns Beiträge pag. 180 No. 2 und unten pag. 170; s. auch Sydow Note 479 b. 541 b. 5) s. oben pag. 142. 6) s. unter den früher schon angeführten Stellen namentlich pag. 4, 13. 14. 7) s. Sydow Note 542 und namentlich die dort citirte Stelle der Soester Statuten. 8) s. oben pag. 141.

Begriff der Ausradung keine Anwendung findet, ist etwas den Grundsätzen beim Erbe Analoges, in Bezug auf welches ebenfalls nur die Rechte von Descendenten (wenigstens nach der ältern Redaction) durch Abtheilung und Beradung verändert werden. Daß aber Ausradung in den in den Noten angeführten Stellen Vorausgebung von Geradestücken heiße, und nicht etwa Abtheilung nur von Erbe, wird dadurch bewiesen, daß die Rechte auf Erbe und Gerade ihre besonderen Wege gehen, indem, wie schon vorhin angeführt ist, die Geradestücke ohne Einfluß auf die Succession in Erbe nicht bloß nicht conferirt werden, sondern auch bei der Theilung des Nachlasses vorweg genommen werden [1]).

Im Sachsenspiegel finden sich über die Fähigkeit Gerade zu erwerben eben so wenig ausdrückliche und nicht einmal so allgemein gefaßte Stellen wie in den Statuten [2]), daher auch in ihm die Analogie von Erbe aushelfen muß [3]). Hiezu seine Zuflucht zu nehmen ist man um so mehr geneigt, als in dem Rechtsbuch mehr als im Stadtrecht auch im übrigen über Gerade und Erbe gleiche Grundsätze gelten, indem jenes eben so gut Mehreren anfallen und unter sie vertheilt werden kann wie dieses, was daraus erhellt, daß gesagt wird „De pape nimt gelike dele der süster in der muder rade" [4]).

Auch über die Ordnung giebt im Sachsenspiegel wie in den Statuten nur die Analogie des Erbes Auskunft, wenn man von dem absieht, was über das Verhältniß der Tochter zum Sohn gesagt wird [5]). In Ansehung dieses letztern ist die für Geradesuccession erforderliche Qualität eines Geistlichen etwas anders bestimmt als in den Statuten. Nicht, daß nur die Priesterweihe [6]) oder doch nur die höhern Weihen [7]) dazu befähigten, denn es genügt schon, daß jemand überhaupt zum Pfaffen, d. h. zum clericus [8]) geschoren, gelehrt und geweiht sei, sondern dies allein liegt in den Worten, daß er nicht ein bloß Tonsurirter oder noch nicht einmal ein solcher sei, oder gar erst durch den Anfall der Gerade bewogen werde, zu erklären, daß er sich zum geistlichen Stande „betermele" bestimme [9]). Die Statuten, welche

1) s. oben pag. 142 und namentlich Note 7 daselbst und pag 160. Daß die pag. 142 Note 6 citirten Stellen noch besonders neben der Gerade von Kleidern und Geschmeide reden, die auch nicht conferirt zu werden brauchten, ist natürlich, da nicht alle Kleider und nicht alles Geschmeide zur Gerade gehören, s. pag. 158. 2) s. oben pag. 158 No. 3. Die daselbst citirte Stelle ist allgemeiner gefaßt als die entsprechende des Sachsenspiegels, s. auch oben pag. 134 No. 3. 3) In Bezug auf Gäste fehlt es selbst an dieser Analogie, s. oben pag. 135 Note 9 und pag. 159 Note 6. 4) S. I. 5, 3 und hierüber Sydow Note 536. 5) s. Sydow pag. 175. 177. 6) wie Sydow zu meinen scheint, s. pag. 375.
7) s. oben pag. 160 Note 1 und Sydow Note 535. 8) S. I. 5, 3. Daß Pfaffe soviel heiße als clericus, darüber s. Haltaus Glossarium unter diesem Wort. 9) s. oben pag. 168. To emme papen und to eneme

nicht allein die Tonsur schon, sondern auch jenes letztere für zureichend halten [1]), entsprechen insofern mehr als der Sachsenspiegel den Grundsätzen des canonischen Rechts, als nach diesem die Tonsur schon gewissermaaßen einen niederen ordo [2]) und mit ihm die Qualität eines clericus und seine Vorrechte ertheilt.

Ueber den Einfluß des Unterschieds der vollen und halben Geburt schweigt auch der Sachsenspiegel. Was sich davon sagen läßt, ist schon vorhin bei dem Recht der Statuten bemerkt worden [3]).

Die Ausradung hat im allgemeinen im Sachsenspiegel die Bedeutung, welche sie im Stadtrecht hat, und ist daher auch in ihm nicht mit der Ausradung vom Erbe zu vermengen [4]). Es wird auch in ihm nur der Ausradung der Töchter gedacht [5]), die jedoch abweichend von den Statuten auch auf die Rechte der Söhne Einfluß hat. Beiden Rechtsquellen dagegen gemeinschaftlich ist, daß der Besitz einer Pfründe die Wirkung der Ausradung hat, insofern nämlich, als die unausgeradete Tochter nicht, sondern nur die ausgeradete mit dem bepfründeten Sohne theilt; insofern aber in den Statuten Söhne überhaupt nicht mit den Töchtern concurriren und die Gerade Majorat ist, hat auch der Besitz der Pfründe wieder eine vom Recht des Sachsenspiegels verschiedene Wirkung.

In dem vermehrten Sachsenspiegel ist wie die Lehre von der Gerade überhaupt, so auch die über deren Erwerb und Successionsordnung zugleich aus den Statuten und dem Sachsenspiegel geschöpft. Die verschiedenen Grundsätze beider Quellen sind aber nicht etwa mit einander verschmolzen, sondern nur eben neben

leyen beternelet sein kommt vor in den Statuten, s. oben pag. 4, 7 und 5, 10, wofür in den entsprechenden Stellen des vermehrten S. (D. I. 9, 2 und I. 17, 3 = B. I 7, 3 und I. 11, 1) sich findet getermet und getirmet, ohne daß ein Grund wäre es mit gefirmet (Sydow Note 540 a) zu vertauschen. 1) s. oben pag. 160. 2) cap. 11. X de aetate et qualitate et ordine praeficiendorum. Van Espen ius ecclesiasticum universum P. 1. Tit. 1. cap. 1. S. auch oben pag. 160 Note 1. 3) s. oben pag. 161 und Sydow Note 541 b. 4) s. oben pag. 142 Note 2. 3. 7 und pag. 161. Sydow pag. 93. 94. 5) s. jedoch Sydow Note 539, der sich auf den 57sten Artikel des sächsischen Weichbildes beruft. Allerdings redet dieser Artikel von dem Fall, da Söhne vom Nachlaß überhaupt, also von Erbe und Gerade zugleich ausgeradet sind (s. oben pag. 161). Diese sollen durch den Sohn, der in der Gewere also in jeder Beziehung unausgeradet geblieben ist, ausgeschlossen werden. Es soll ein solcher unausgeradeter Sohn in Ermangelung von Töchtern die Gerade allein erhalten. Daß die Nifteln dem ausgeradeten geistlichen Sohn vorgingen, scheint mir in dem Artikel, der durchweg nur von Descendenten redet, nicht enthalten zu sein, und würde auch gegen alle Analogie nicht bloß der Statuten, sondern auch des Sachsenspiegels sein, welche von der Ausradung bei Erbe und Gerade immer nur in Bezug auf Descendenten sprechen.

einander gestellt, und auch dies ist nicht wie doch beim Begriff der Gerade [1]) geschehen, so daß die Quelle angegeben wäre; daher man denn auf den ersten Blick durch die widersprechenden Bestimmungen irre gemacht wird [2]). Die den Statuten entsprechenden Stellen sind fast wörtlich dieselben [3]). Eine kleine Veränderung besteht darin, daß unter mehreren Söhnen, auf welche die Gerade gefallen ist, auch in Betracht gezogen wird das Verhältniß der Söhne verschiedener Ehen. Selbst der Sohn zweiter Ehe, wenn er kein geistlich Lehn hat, geht dem Sohn erster Ehe, der ein solches hat, in der Geradesuccession vor [4]). Auch von der dem Sachsenspiegel entsprechenden Stelle gilt, daß sie wörtlich aufgenommen ist. Eigenthümlich ist nur der Zusatz zu Ende jedes Satzes, dies sei Landrecht und Weichbildrecht. Man muß sich aber hüten den letzten Zusatz auf goslarisches Recht gerade zu beziehen, das damit nur stimmt, sofern es heißt, daß die Ausradung von Gerade an sich keinen Einfluß auf das Recht am Erbe habe [5]).

Außer den bisher bezeichneten Erfordernissen der Geradesuccession giebt es noch andere von der persönlichen Fähigkeit des Berechtigten unabhängige.

Nachdem einmal die Gerade erworben ist, verliert sie den Charakter der Gerade eben der Person, von der sie ursprünglich angefallen ist, wenn nicht der, welcher die Gerade erworben hatte, in der Unmündigkeit gestorben ist [6]). Nach der ältern Redaction soll ferner, im Fall eine Frau überhaupt nur die allerunentbehrlichsten zur Gerade gehörigen Stücke und auch deren jedes nur eines hinterläßt, keine Geradesuccession stattfinden [7]). Diese zwar dem vermehrten Sachsenspiegel [8]) bekannte, aber dem Sachsenspiegel fremde Bestimmung ist in der neuern Redaction aufgehoben, weil nach dem neuern Begriff der Gerade in den Statuten [9]) die in jener ältern Stelle aufgezählten Stücke gar nicht mehr zur Gerade, sondern zum Erbe gehören. Dasselbe gilt nach einem dem vermehrten Sachsenspiegel eigenthümlichen Zusatze, wenn die vorhandenen Gegenstände nicht zum persönlichen Gebrauch, sondern

1) s. oben pag. 158 Note 2. 2) Daher erklärt sich, daß Sydow s. Note 542 dem vermehrten Sachsenspiegel Inconsequenz vorwirft.
3) O. I 9, 2 = W I. 7, 3—5. 4) In dem in der vorigen Note citirten Texte von Ortloff sind noch andere aber freilich unbedeutendere Abweichungen, wie gheystlich leben statt gheystlik len und dy neste nistel statt ere neyste unde eldeste nichtele, worüber pag. 351 die Varianten bei Ortloff zu vergleichen sind. Vgl. auch O. I. 17, 3 = W. I. 11, 1.
5) s. oben pag. 142 Note 3 und 7 und pag. 143 Note 1, und über eine andere Auslegung der entsprechenden Stellen des Sachsensp. Sydow pag. 89 und pag. 93. 6) s. oben pag. 5, 31—37 und pag. 18, 30—38.
7) s. oben pag. 5, 4—8. 8) s. hierüber Weiskes Grundsätze des teutschen Privatrechts nach dem Sachsenspiegel pag. 79. 9) s. oben pag. 4, 28—36 und pag. 158.

einem Gewerbe gedient haben [1]). Dem Sachsenspiegel ist auch die den Statuten und vermehrten Sachsenspiegel gemeinschaftliche Bestimmung fremd, daß Gegenstände, die nur zur Hälfte, also wohl überhaupt solche, die nur zum Theil der Frau gehören, nicht Gegenstand der Geradesuccession sind [2]). Dieser Satz an sich ist auch in der neuern Redaction stehen geblieben und nur eine Nebenbestimmung gestrichen worden, die in die Lehre von Herwede gehört [3]).

Wichtiger als die bisherigen Beschränkungen ist der allen drei Quellen wenigstens der Sache nach bekannte Satz, daß die geradeberechtigten Personen nur Anspruch haben, soweit die Gerадestücke selbst in der Hinterlassenschaft sich noch vorfinden, so daß sie also namentlich den Geldeswerth der nicht mehr vorhandenen Stücke nicht begehren dürfen [4]), wenngleich es ihnen gestattet ist, die nur „bekomereten" Geradestücke für ihr Geld wieder von dem Gläubiger einzulösen [5]). Dieser Satz ergiebt sich schon von selbst aus der regelmäßig freien Veräußerlichkeit der fahrenden Habe, um so mehr als unter denselben Voraussetzungen, unter welchen diese überhaupt versagt wird, auch die der Gerade insbesondere verboten ist. Im Siechbette nämlich soll auch die Gerade nicht veräußert werden. Die genaueren Bestimmungen weichen etwas von denen über die übrige fahrende Habe ab. Bei dieser heißt es schlechtweg, man solle sie nicht „vergeben" [6]), bei der Gerade wird außerdem noch gesagt, man solle sie nicht verkaufen noch „versetzen" [7]). Hier ist wohl keine andere Verschiedenheit, als daß dort allgemeiner und hier specieller geredet wird. Bei der fahrenden Habe heißt es, man könne sie auch im Siechbette mit der Erben Willen, und um unrecht Gut und Schulden zu bezahlen, vergeben; bei der Gerade es könne nicht geschehen, außer wegen Leibesnoth [8]). Es ist wohl kein Zweifel, daß mit Erlaubniß der Geradeberechtigten auch die Gerade im Siechbette veräußert werden kann, zumal da der allgemeine Ausdruck Erbe recht gut auch auf jene bezogen werden mag [9]). Dagegen ist gewiß nicht zuläßig, die Gerade nur wegen einer juristischen Nothwendigkeit zu veräußern (und eine solche ist doch die, um Schulden zu bezahlen), denn die Gerade haftet nicht für die Schulden.

1) Ein solches Princip ist freilich nicht in O. I. 9, 2 = B. I. 7, 5 ausgesprochen, sondern nur gesagt, Gastbetten in Gasthöfen gehörten nach Weichbild (was wieder nicht auf goslarisches Recht zu ziehen ist, s. oben pag. 164) nicht zur Gerade. S. auch Weiske a. a. O. pag. 29.
2) s. oben pag. 5, 20. 21 und Weiske a. a. O. pag. 38. 3) s. oben pag. 5, 20 und die Variante dazu, s. auch unten pag. 171. 4) s. oben pag. 5, 1 und O. I. 9, 1 = B. I. 7 pr. Desgleichen Sydow pag. 173. 5) S. I. 24, 4 und hierüber Sydow Note 1117. 6) s. oben pag. 9, 24. 7) s. oben pag. 5, 2. 16. 17. 8) s. die in Note 6 und 7 angeführten Stellen. 9) s. oben pag. 9, 4. 5.

Während umgekehrt gewiß das Recht wegen factischer Noth (lives not) zu alieniren gewiß auch in Ansehung der übrigen fahrenden Habe außer der Gerade zuläßig ist, denn zum körperlichen Schaden des Erblassers sollen doch gewiß die Erben nicht begünstigt sein. Doch wird von dem Erblasser verlangt, daß er eidlich versichere, wie er nur aus Noth jene Sachen veräußert habe. Daß unrecht Gut unter allen Umständen zurückgegeben werden könne, also auch wenn es ein zur Gerade gehöriges Stück ist, brauchte bei dieser deshalb nicht besonders wiederholt zu werden, weil fremde Sachen überhaupt nicht Gegenstand der Succession sind [1]).

Der Sachsenspiegel spricht überall nicht ausdrücklich von den Folgen der veräußerten Gerade, sondern redet immer nur von fahrender Habe überhaupt, und somit fehlen ihm denn auch alle eben gegebene Einzelheiten [2]), während der vermehrte Sachsenspiegel die citirten Stellen der Statuten in sich aufgenommen hat [3]).

Die Folge einer angeblich unerlaubten Veräußerung der Gerade ist nach den Statuten und vermehrtem Sachsenspiegel, denn auch hiervon schweigt natürlich der Sachsenspiegel, die Verpflichtung des Successors in das Erbe, jene nach einem Vergleich oder gerichtlichem Ausspruch zu ersetzen, falls er nicht eidlich zu leugnen vermag, daß die Veräußerung mit Unrecht geschehen sei [4]). Verschieden hiervon ist der Eid, den die Berechtigten vom Erben begehren können, daß die Geradesachen, welche verlangt würden, nicht in der Hinterlassenschaft vorhanden seien, womit noch nicht gesagt ist, daß sie nicht vielleicht ungehöriger Weise veräußert und eben deshalb nicht da seien, denn man will sich durch diesen Eid zunächst nicht sowohl gegen die unerlaubten Handlungen des Erblassers, als gegen die des Erben sicher stellen, der die Sachen ja leicht vernichtet oder über die Seite gebracht haben kann [5]). Diese Bestimmungen haben natürlich nur dann eine Bedeutung, wenn der Successor in das Erbe und der, welcher die Gerade erhält, verschiedene Personen sind.

Von der Form des Geradeerwerbs gilt dasselbe was vom Erbe gilt, d. h. mit dem Anfall ist die Gerade auch erworben [6]), und auch hier kann nicht als Ausnahme gelten die Verpflichtung, für die Herausgabe der Gerade an den besser Berechtigten, der sich innerhalb Jahr und Tag melden würde, Sicherheit zu leisten [7]). Von Vertheilung der Gerade kann natürlich in den Sta-

1) s. oben p. 128. 2) s. die Citate p 165 Note 4 und oben p. 152 und 155. 3) s. oben p. 165 Note 4 und D. I. 9, 4 = B. I. 7, 7. 4) s. oben pag. 156 und unten §. 9., so wie umgekehrt der Erblasser, falls er selbst noch der unerlaubten Veräußerung beschuldigt wird, den Behauptungseid schwören muß, daß die Veräußerung gültig geschehen sei, s. oben pag. 165 Note 7. 5) s. oben pag. 5, 8. 9. 6) s. oben pag. 143 Note 9. 7) s. oben pag. 144 Note 1 und oben pag. 14, 19—24.

tuten nicht die Rede sein [1]), sondern nur im Sachsenspiegel und den ihm entsprechenden Stellen des vermehrten Sachsenspiegels etwas erwartet werden. Auch hier findet man sich indeß auch nur auf die Analogie vom Erbe beschränkt [2]).

Die Folge der erworbenen Gerade kann noch weniger als beim Erbe die Nothwendigkeit sein, sie zu behalten [3]), denn während auf den Erben regelmäßig alle Verpflichtungen übergehen [4]), so haftet die Gerade für die Schulden des Erblassers überhaupt nicht [5]). Ein Grundsatz, der obwohl nicht so schlechtweg hingestellt wie in den Statuten und dem vermehrten Sachsenspiegel, doch auch dem Sachsenspiegel angehört [6]).

Uebereinstimmend mit dem Erbe ist ferner, daß nach allen drei Rechtsquellen während der ersten dreißig Tage nach dem Tode des zu beerbenden die Ausübung des Geraderechts suspendirt bleibt. Erst nach dem Ablauf dieser Zeit kann bei Wette und Buße die Herausgabe der Gerade begehrt werden [7]). Derjenige, von dem die Herausgabe verlangt wird, wird regelmäßig der Erbe sein. Es können aber auch andere Personen sein, welche die Geradestücke inne haben, ohne daß diese aufgehört haben Theil des Nachlasses zu sein, wie wenn sie jenen Personen nur zu einem vorübergehenden Gebrauch überlassen worden, oder auf eine unrechtmäßige Art an sie gelangt sind [8]).

Der Begriff des Herwede, welchen die Statuten haben, stimmt wesentlich durchaus mit dem Sachsenspiegel überein, d. h. das Herwede besteht wie dort so hier in einer Anzahl einzelner Sachen, und nicht sowohl in einer solchen Universitas von Gegenständen wie die Gerade im Sachsenspiegel [9]). Da nun die Gerade in den Statuten ebenfalls sich nur auf Einzelheiten beschränkt, so ist sie dadurch dem Herwede noch näher gerückt, zumal da die Beschränkung der neuern Redaction auf noch weniger Gegenstände das Herwede nicht minder betroffen hat wie die Gerade. Nach der ältern Redaction [10]) zählte zu jenem das beste Pferd gesattelt und gezäumt, die besten für den wirklichen Kampf

1) s. oben pag. 160. 2) s. oben pag. 144 Note 7. 8 9 und Sydow pag. 176. 177. 3) Eine ausdrückliche Stelle, welche die Freiheit, die Gerade auszuschlagen, erwähnte, giebt es nicht. Wegen des Erbe s. oben pag. 144 zu Anfang. 4) s. oben pag. 147—157. 5) s. oben pag. 6, 24 und oben pag 159 No. 5 und No. 6. 6) s. Sydow Note 1036. 7) s. oben pag. 5. 22—24 und pag. 145 Note 1. S. III. 15, 2. Daß man wegen der Verbindlichkeit zur Herausgabe der Gerade nicht inne sitten könne, fehlt den beiden Rechtsbüchern, wovon später im Zusammenhang bei der Overhöre geredet wird. 8) Von der Natur der hier anzustellenden Klage s. unten im dritten Hauptabschnitte; einstweilen möge hier die ganz allgemein gefaßte Stelle oben pag. 5, 22 - 24 genügen. 9) s. oben pag. 158. 10) s. oben pag. 3, 25 — pag. 4, 3. Die Bezeichnung des Herwedes ist genauer als die der Gerade (s. oben pag. 158), insofern ausdrücklich auch noch hinzugefügt wird,

bestimmten Waffen, zwei vollständige Rüstungen, und von solchen Dingen, die der Mann sonst zu seines Leibes Gebrauch hat, je ein Stück. Da es nun, wie schon gesagt, so etwa auch im Sachsenspiegel ist [1]), so hält auch der vermehrte Sachsenspiegel es nicht, wie er es doch bei der Gerade thut, für nothwendig, die verschiedenen Herweden des Landrechts und Weichbildrechts einander gegenüber zu stellen. Die neuere Redaction, die natürlich der vermehrte Sachsenspiegel wieder nicht kennt, giebt nichts als die besten Waffen von Eisen und Stahl [2]).

Die Fähigkeit, Herwede zu hinterlassen, haben nach allen drei Quellen nur Männer. Der Sachsenspiegel redet nur von solchen, die von Ritterart seien [3]). Eine Beschränkung, die den Statuten unbekannt ist, in welchen nur wie bei der Gerade dem Gesinde diese passive Fähigkeit abgesprochen wird [4]). Eine Stelle des vermehrten Sachsenspiegels setzt auseinander, daß jenes Erforderniß insofern auch in den Städten gelte, als Bürger und Bürgerskinder ohne Ritterschaft im Verhältniß gegen das Reich zu bekommen, doch den Heerschild empfangen und dann deshalb Herwede hinterlassen können [5]). Anderweitige Bestimmungen über Personen, welche Herwede hinterlassen können, finden sich nicht, und kann daher nur auf das verwiesen werden, was schon bei Erbe und Gerade gesagt ist [6]).

Wegen der activen Fähigkeit Herwede zu erwerben kann in der Hauptsache auf das bei der Gerade Gesagte verwiesen werden, da die dort citirten Stellen sich meist auch auf das Herwede beziehen [7]). Nur Einzelnes ist besonders hervorzuheben. Dem Sachsenspiegel unbekannt und nur aus den Statuten in den vermehrten Sachsenspiegel übergegangen sind die Stellen, nach welchen nicht bloß der, welcher schon Pfaffe ist, von dem Herwede

was nicht zum Herwede gehört. „Heft he aver mer cledere eder wapene de höret to deme erve." 1) S. I 22, 4. 2) s. oben pag. 3, 25—36. Unter dem oben gebrauchten Ausdruck Waffen verstehe ich alles, was irgend zur Rüstung gehörte. In der citirten Stelle der Statuten wird „wapene" in engerer Bedeutung gebraucht, und Schild, Schwert u. s. w. noch besonders aufgezählt. Bemerkenswerth sind auch die über Herwede vorhandenen Rechtserkenntnisse. In Bruns Beiträgen pag. 180, 1 wird ähnlich wie bei der Gerade gesagt, daß an Geschmeide alles das zum Herwede gehöre, was auf die Kleider aufgeheftet sei, s. oben pag. 158 und Bruns Beiträge pag. 227, 5. Außerdem sind noch zwei Rechtserkenntnisse da, deren eines der alten Redaction gemäß ein Pferd und ein Herpole zum Herwede rechnet (Bruns pag. 190, 23), während das andere die neue Redaction im Sinn habend ein Pferd nicht zum Herwede rechnet (Bruns pag. 182, 7); s. auch Sydow Note 461.

3) S. I. 27, 2. 4) s. oben pag. 3, 12 18 28 und pag. 16, 15—18.

5) D. I. 20, 14 = B. I. 14, 13. Die Worte „an ritterschaft" habe ich übersetzt „ohne Ritterschaft." Ueber den Heerschild in Goslar s. unten §. 2. bei der Lehre vom Lehngut. 6) s. oben pag. 129. 158 und Sydow pag. 20. Note 455. 7) s. oben pag 158. 159.

ausgeschlossen bleibt, sondern auch der, welcher es erst werden will. Nur freilich steht es bei ihm, wenn das Herwede anfällt, seine Gesinnung wieder noch zu ändern und dann gegen Caution, nun auch wirklich Laie bleiben zu wollen, das Herwede zu empfangen [1]). Abweichend von Gerade und übereinstimmend mit Erbe bleiben auch die körperlich fehlerhaften Personen von Herwede ausgeschlossen, was wenigstens im Sachsenspiegel nicht ausdrücklich gesagt wird [2]). Auffallend erscheint, daß Gesinde eben so gut Herwede wie Gerade nimmt, wo denn auch namentlich wieder nicht außer Acht zu lassen, daß dies nicht der Bestimmung über die passive Fähigkeit entspricht. Der Sachsenspiegel und der vermehrte Sachsenspiegel enthalten im Erbrecht überhaupt keine besondere Bestimmungen über das Gesinde, also auch nicht in diesem Fall [3]). Endlich zuletzt ist besonders hervorzuheben, daß die oben auf Seite 159 No. 6 über Gerade enthaltenen Bestimmungen auch auf das Herwede Anwendung finden.

Von der Ordnung, nach welcher die Berechtigten eintreten sollen, wird nur dies gesagt, daß erst der Sohn, also überhaupt die Descendenz, und dann der nächste Schwerdtmage (natürlich wohl nach den vom Erbe geltenden Grundsätzen, die unmittelbar vorangehen) succediren solle [4]). Im Sachsenspiegel wird nicht einmal der Sohn besonders genannt, sondern nur der nächste Schwerdtmage [5]), dafür wird aber der Begriff des Schwerdtmagen, daß es nämlich die durch Männer verwandten Männer seien, gegeben, während dies in den Statuten als bekannt vorausgesetzt wird [6]). Diese Personen erhalten das Herwede ganz ohne Rücksicht darauf, ob sie in das Erbe succediren. Thun sie es, so erhalten sie wie die zur Gerade berechtigten Personen die Gerade, so das Herwede vorweg, oder brauchen es, wenn sie es schon erhalten haben, nicht in das Erbe zu conferiren [7]). Sind mehrere gleich nah stehende Personen da, so wird ebenfalls wie bei der

1) s. oben pag. 5, 10—15. Diese Bestimmungen sind ganz analog denen bei Gerade, s. oben pag. 162 und namentlich Note 9. 2) s. oben pag. 3, 13—15 und pag. 17, 9—11. D. I. 17, 3 = B. I. 11, 1 und oben pag. 159 No. 7. 3) s. oben pag. 132 No. 5. pag. 135 No. 5. pag. 158 und pag. 159 No. 5, desgleichen oben pag. 16, 15—22. Auffallend ist die Bestimmung, weil man hier mehr wie bei Gerade erwartet, daß die Eigenschaft eines Bürgers gefordert werde wegen des Heerschildes, dessen der vermehrte Sachsenspiegel auch beim Weichbildrecht gedenkt (s. oben pag. 168), gar nicht davon zu reden, daß nach Landrecht (S. I. 27, 2) Rittermäßigkeit auch für den Successor gefordert wird, denn dies liegt schon darin, daß nur ein rittermäßiger Mann Herwede hinterläßt. S. Sydow pag. 157. 4) s. oben pag. 3, 12—17 und pag. 17, 8—11. 5) S. I. 27, 2 und hierüber Sydow pag. 156 und 157. 6) S. III. 15, 4. Doch würde diese Definition auch, abgesehen von allem Uebrigen, schon aus der Analogie der Gerade folgen, s. oben pag. 160. 7) s. oben pag. 160 Note 4.

Gerade das Herwede nicht getheilt, sondern der älteste von ihnen nimmt es allein [1]). Im Sachsenspiegel wird dagegen das Herwede getheilt wie das Erbe, nur bekommt der älteste unter gleich nahen ein Präcipuum [2]).

Der vermehrte Sachsenspiegel hat in Bezug auf die Ordnung Statuten und Sachsenspiegel neben einander benutzt, ohne, eben wie bei der Gerade, die widersprechenden Bestimmungen mit einander zu vereinigen, oder auf die Verschiedenheit der Quelle aufmerksam zu machen [3]). Nur die Definition der Schwerdtmagen im Sachsenspiegel, so wie die ausdrückliche Bestimmung der Statuten, daß Herwede nicht conferirt zu werden brauche, hat er nicht aufgenommen.

So wie bisher beschrieben ergiebt sich die Ordnung aus der älteren Redaction der Statuten. Eine neuere, dem vermehrten Sachsenspiegel unbekannte, hat dieselbe Veränderung für das Herwede wie für die Gerade gemacht. Nicht eine Gesammtheit von Verwandten, sondern nur drei einzelne Personen werden noch berufen. Erst der älteste Sohn, dann der älteste Bruder, dann der Vater, und wenn von diesen dreien niemand da ist, fällt es an den Rath, von dem es die Erben, d. h. die das Erbe haben, lösen können. Daß die entfernteren Schwerdtmagen nicht unter dem Worte „Erben" verstanden sind, erhellt aus dem Schluß des Satzes „unde de eldeste swertmach scal vormunde wesen, alse dyt boick innen holt" [4]).

Inwiefern unter mehreren zum Herwede berechtigten Seitenverwandten die volle Geburt einen Vorzug vor der halben gebe, ist schon bei der Gerade bemerkt worden [5]).

Von einer Ausradung von Herwede in dem Sinn, wie man von einer Ausradung von Gerade reden kann [6]), ist weder in den Statuten noch Rechtsbüchern eine Spur. Dies wird kein zufälliger Mangel sein, sondern erklärt sich vielleicht daraus, daß Herwede nach allen drei Quellen, wie schon vorhin gesagt, nur in gezählten einzelnen Stücken, nicht aber in der Art wie die Gerade in einer Universitas rerum besteht. In den Statuten freilich, wie auch schon bemerkt, findet dieser Unterschied zwischen Gerade und Herwede nicht mehr statt, und somit hätte auch bei jener der Begriff der Ausradung wegfallen müssen. Dies würde, denke ich, geschehen sein, wenn man mit mehr Ueberlegung hier den

1) s. oben pag. 3, 12—17 und pag. 17, 8—11 und Sydow Note 480.
2) S. I. 27, 2 die Variante und S. I. 22, 5 und hierüber Sydow pag. 159 und Note 481. 3) Den Statuten entsprechen O. I, 8 = B. I, 6 und O. I. 17, 3 = B. I. 11, 1; dem Sachsenspiegel O. I. 20, 14 = B. I. 14, 13 and O. I. 11, 3 = B. I. 8, 6. s. auch oben pag. 163.
4) s. oben pag. 13, 17—24 und pag. 161. 5) s. oben pag. 161. Der Sachsenspiegel und vermehrte Sachsenspiegel enthalten hierüber keine Stellen, s. Sydow Note 479 b. 6) s. oben pag. 161.

Sachsenspiegel benutzt hätte, weil man alsdann bemerkt haben würde, daß Begriff und Wirkung der Ausradung nur auf die Gerade des Sachsenspiegels, nicht aber auf die der Statuten zweckmäßig anzuwenden seien. Daß gewisse Sachen, die denkbarerweise auch zum Herwede gehören könnten, in der That aber Stücke des Erbe sind, wenn sie dem Sohne vorausgegeben sind, in das Erbe nicht conferirt zu werden brauchen, gehört nicht hierher und ist schon bei der Lehre vom Erbe bemerkt [1]). Pferd, Harnisch und Waffen nämlich hat der Sohn nicht einzubringen [2]), nach dem Sachsenspiegel auch nicht Kleider [3]). Diese gehören ja aber nach der vorhin gegebenen Definition des Herwede immer zum Erbe, sobald es nicht die besten Stücke gerade sind [4]).

Alles dasjenige, was von den außer der Fähigkeit der Personen nöthigen Erfordernissen für die Succession in Gerade und von den Formen und Folgen ihrer Erwerbung oben gesagt ist [5]), gilt auch von dem Herwede, das in den dort citirten Stellen mit der Gerade immer zugleich genannt ist. Namentlich also, daß ein Anspruch nur auf diejenigen Stücke des Herwede stattfinde, welche bei dem Tode des zu beerbenden noch vorhanden sind, und daß der Erbe sich eidlich wegen der nicht vorhandenen Stücke reinigen müsse [6]). Hierbei ist zu bemerken, daß diese Bestimmung, wie doch bei der Gerade nicht, sich ausdrücklich auch im Sachsenspiegel findet, demungeachtet aber in den Statuten erst der neuen Redaction angehört, während dasselbe bei der Gerade schon altes Stadtrecht ist [7]). Dagegen fehlt auch für das Herwede im Sachsenspiegel das ausdrückliche Verbot, es nicht im Siechbette zu veräußern, sondern es folgt wieder nur aus den allgemeinen Regeln über die fahrende Habe [8]). Die Stelle, daß diejenigen Stücke, die nur theilweise dem Manne zugehört haben, nicht zum Herwede zu rechnen, ist, um sie der neuen Redaction über das, was zum Herwede gezählt wird, anzupassen, etwas verändert worden, indem „uen half perd" weggelassen ist, denn ein Pferd gehört nicht mehr zum Herwede [9]). Zuletzt mag nur noch das besonders

1) s. oben pag. 142. 2) s. oben pag. 8, 32. 9, 11—13. 12, 36—40. 3) S. 1. 10 und oben pag. 143 Note 6. Daß der vermehrte Sachsenspiegel diese Stellen nicht hat, s. oben pag. 143 Note 8. 4) s. oben p. 3, 33—35. 5) s. oben p. 164—167. 6) s. oben p. 3, 30—36 und pag. 5, 8. 9. 7) Damit soll nicht gesagt sein, daß materiell genommen dieser Satz beim Herwede erst später eingeführt sei. Vielleicht hielt man bei der Gerade die formelle Erklärung deshalb für nöthiger, weil sie eben im Sachsenspiegel sich **nicht** fand, und gab dann erst später, als man überhaupt die Stelle vom Herwede änderte, dieser auch, um jedem Zweifel vorzubeugen, denselben Schluß wie der Stelle über Gerade, s. oben pag. 5, 1—3. S. I. 22, 4 und hierüber Sydow pag. 155 Note 463. 8) s. oben pag. 3, 33 und pag. 5, 16. 17 und pag. 165. 166. 9) s. oben pag. 5, 20 und pag. 3, 25—36 und pag. 168.

hervorgehoben werden, daß Herwede so wenig wie Gerade für die Schulden des Erblassers haftet [1]).

Erbloses Gut heißt alles Gut, Erbe, Gerade oder Herwede, für dessen Erwerb keine fähigen Verwandten da sind. Solches Gut fällt dem Vogt zu [2]). Dieser Satz ist dem ältesten Recht der Stadt, nämlich dem Privilegium Friedrichs des zweiten, unbekannt. In diesem wird ausdrücklich gesagt, daß der Stadtvogt niemandes hereditas nehmen dürfe [3]). Ohne Zweifel war statt seiner der Rath der Stadt dazu berechtigt. Dies kann man einmal daraus schließen, daß unter gewissen Voraussetzungen der Vogt sein Recht nur mit Genehmigung des Rathes ausüben soll [4]), dann aber auch daraus, daß der Rath, wenigstens nach Stellen der neuern Redaction des Stadtrechts, ebenfalls Rechte in Ansehung der Hinterlassenschaft ausübt [5]), und außer ihm und dem Vogt niemand da ist, welchen man eher für berechtigt in diesem Fall halten könnte. Dies gilt wenigstens unter der Voraussetzung, da zu dem Erbe keine fähigen Verwandten da sind. Anders schon ist es bei Gerade und Herwede, die dem Erbe hätten zuwachsen können, wenn es an Weiberstamm oder Schwerdtmagen fehlte [6]). Von Gerade und Herwede redet jenes Privilegium überhaupt nicht, wohl aber werden davon, daß der Vogt niemandes hereditas nehme, zwei Ausnahmen gemacht, in denen also gewissermaaßen nach dem Bisherigen eine Beeinträchtigung des Rathes lag. Die Haereditas der histriones, ioculatores und advenae nämlich soll der Vogt allerdings nehmen. Die Erbschaft der beiden ersten unbedingt, so daß sie also überhaupt passiv erbunfähig sind; und die Erbschaft der letztern, wenn nicht inner-

1) s. oben pag. 6, 24 und pag. 167; desgleichen Sydow Note 1036.
2) s. oben pag. 9, 1—5. pag. 129 No. 1 und 2. pag 132. No. 6. Sydow pag 298. Wenn für die Succession in Lehngut keine erbfähigen Verwandten da sind, so ist es nicht erblos, sondern kommt an den Lehnherrn, s. unten §. 2 bei der Lehre vom Lehngut und S. I. 38, 2. 3) s. oben pag. 114, 31—35. 4) s. oben pag. 33, 23—25 und unten pag. 174. 5) s. oben pag. 161 und pag. 170, desgleichen unten pag. 173. 6) Es scheint mir keinem Zweifel zu unterliegen, daß eben dann auch das Recht der königlichen Gewalt auf Gerade und Herwede sich zeigte, wenn es den vorhandenen Successoren in das Erbe an den für diese Stücke der Hinterlassenschaft erforderlichen besonderen Fähigkeiten fehlte, denn indem diese Stücke in das Erbe fallen, verlieren sie auch ihren besonderen Character, und dann kann man nicht mehr von erbloser Gerade oder erblosem Herwede reden, und insofern kann man nicht sagen, daß die Worte S. I, 28 doppeldeutig wären, oder wenn sie es sind, so sind sie in Bezug auf Gerade nicht minder doppeldeutig wie in Bezug auf Herwede; s. Sydow pag. 160. Bei der Gerade wird dieser Punkt nämlich von Sydow nicht berührt.

halb Jahr und Tag sie jemand, d. h. doch ein Verwandter, einklagt [1]). Die erste Bestimmung haben die Statuten nicht aufgenommen, also das Erbe der Spielleute ist nicht mehr erblos [2]), und die zweite Bestimmung ist zur allgemeinen Regel geworden, sowohl in Ansehung des Erbe wie der Gerade und des Herwede [3]). Melden sich keine fähigen Verwandten zu einem dieser drei innerhalb Jahr und Tag, so kann der Vogt sie zu seinem Vortheil verwenden [4]). Diese nach der ältern Redaction der Statuten dem Vogt zustehende Befugniß ist indeß durch die neuere Redaction, wenigstens in Ansehung von Herwede und Gerade, wieder aufgehoben. In jenes succediren überhaupt nur Sohn, Bruder und Vater [5]), in dieses nur Tochter, geistlicher Sohn, Schwester und Mutter [6]), mithin müßte in deren Ermangelung eigentlich nun der Vogt eintreten, denn es fehlt an successionsfähigen Verwandten. Nichts desto weniger fallen diese Stücke dann an den Rath und verbleiben ihm, wenn sie nicht von dem gewöhnlichen Erben eingelöst werden [7]).

Neben den bedeutenderen Veränderungen, die jene Stelle des Privilegii in den Statnten erfahren hat, ist auch die unbedeutendere zu erwähnen, daß während der Zeit von Jahr und Tag das vermuthlich erblose Gut nicht mehr einem Bürger, also einem Unbetheiligten [8]) zur Verwahrung übergeben, sondern schon jetzt dem Vogt selber provisorisch anvertraut wird [9]).

Wenn bisher von erblosem Gut und namentlich von dem Erbe, das erblos sei, geredet ist, so sind damit nicht bloß die körperlichen Sachen, sondern auch die mit der Erwerbung des in Rede stehenden Guts verbundenen Befugnisse gemeint gewesen. Daher kann es auch geschehen, daß der im Erbe enthaltene Anspruch auf Wehrgeld von dem Vogt geltend gemacht und das Wehrgeld von ihm genommen wird, weil das ganze Erbe erblos geworden und so mit allen seinen Rechten an ihn gekommen ist [10]). Als etwas Besonderes aber ist es anzusehen, daß der Vogt das Wehrgeld auch dann erhalten kann, wenn das Erbe als ganzes überhaupt nicht erblos geworden ist, sondern nur für die Klage auf das Wehrgeld grade niemand sich gefunden hat. In der hieher gehörigen Stelle wird folgender Fall gesetzt [11]). Es

1) s. oben pag. 114, 31—35. 2) s. oben pag. 129 No. 2. In anderer Beziehung wird der Spielleute gedacht s. oben pag. 86, 1.
3) s. oben pag. 9, 1—5. 4) Diese Bestimmung ist nur eine einzelne Anwendung des allgemeinen Princips (s. oben pag. 144), daß jedem innerhalb Jahr und Tag sich meldenden näher Berechtigten das Erbe wieder herausgegeben werden müsse. 5) s. oben pag. 170. 6) s. oben pag. 160. 7) s. oben pag. 170 und pag. 161. 8) s. oben pag. 114, 33. 34. 9) s. oben pag. 9, 1. 2 „des underwint sich de voghet unde halt dat iar unde dach." 10) s. oben pag. 146 Note 7.
11) s. oben pag. 33, 16—31.

ist jemand getödtet worden und es sind keine Verwandte [1]) da, um das gerichtliche Verfahren einzuleiten. Alsdann sollen der Hofherr des Getödteten oder der Wirth, wo er wohnte, vor Gericht kommen, „sine not to vulvörderende" [2]). Wenn dies geschieht, so kann es sich ereignen, daß sich hinterdrein doch noch Verwandte ansinden, die den Prozeß aufnehmen, sich der Klage unterwinden wollen. Hiezu haben sie nicht bloß ein Recht, sondern es scheint auch sogar, als wenn ohnedies regelmäßig kein Urtheil auf Wehrgeld gefällt werden könnte [3]). Nur für den Fall, da der des Friedbruchs Beschuldigte verfestet worden ist, mag der Vogt, nachdem die Verfestung Jahr und Tag gedauert hat, wenigstens mit Genehmigung des Rathes ein Urtheil auch über die Bezahlung der Sühne sprechen und einstweilen auch sie einziehen [4]). Jedoch auch wieder nur einstweilen, denn er soll alsdann, ehe er das Empfangene in seinen Nutzen wendet, wiederum erst noch einen zweiten Ablauf von Jahr und Tag abwarten, ob nicht vielleicht doch noch sich Verwandte melden möchten. Ja sobald man weiß, daß Verwandte des Getödteten vorhanden und an welchem Orte sie sind, soll selbst nach Ablauf dieser zweiten Frist das Wehrgeld noch nicht zur Disposition des Vogtes stehen, vielmehr er verpflichtet sein, zu den Verwandten zu senden und nach ihrer Ansicht in dieser Sache zu verfahren.

Im Sachsenspiegel findet sich diese Lehre vom erblosen Gut, wie es sich für ein Rechtsbuch schickt, im Ganzen vollständiger als in den Statuten, wenngleich diese offenbar ihre Hauptstelle aus ihm geschöpft haben [5]). Zunächst erscheint das Recht auf erbloses Gut nicht bloß als eine zufällige Befugniß einer einzelnen Obrigkeit, sondern überhaupt als ein wesentliches Recht der öffentlichen Gewalt, welches nur nach Umständen bald von dieser, bald von jener einzelnen Obrigkeit geübt wird. Der König, der Graf, der Schultheiß, jeder Richter und der Frohnbote nehmen, je nachdem der Fall ist, das erblose Gut [6]). Ferner werden genauer und anders die Bedingungen angegeben, unter welchen die Verjährungsfrist, deren es zum sichern Erwerb bedarf, ablaufen müsse. Genauer, insofern als gesagt wird, daß Jahr und Tag nicht früher anfangen zu laufen, als bis das, was den Erben zu klagen

1) Jeder Verwandte hat das Recht, in diesem Fall aufzutreten, nur sind die Schwerdtmagen zunächst, und dann vor den übrigen Verwandten erst noch die Ehefrau berechtigt, s. unten §. 3. und §. 6. und oben pag 147. 33, 10—13 und Sydow p. 168—171. 2) s. unten §. 10. 3) Wohl weil der Anspruch auf Wehrgeld ein Civilanspruch, also eine Privatsache ist, s. oben pag. 85, 18—20 und 25—27. 4) Diese Folge tritt also ein als eine Strafe für den Verfesteten, s. unten §. 7. 5) S. I. 28. Durch diese Stelle eben mag die Veränderung der Bestimmung Friedrichs des zweiten veranlaßt sein, s. oben pag. 173. 6) S. I. 28. III. 80, 1. III. 56, 3. Sydow pag. 295—303.

hinderte, beseitigt sei [1]). Anders wird die Verjährung bestimmt, insofern Grundstücke erst nach ein und dreißig Jahren, sechs Wochen und drei Tagen erblos werden [2]). Endlich wird auch die Form der Ausübung des Rechts genauer angegeben. Nach dem dreißigsten Tage erst ist der Richter berechtigt, das, was einstweilen für erblos gehalten wird, zu fordern. Dies ist freilich nichts als die Wiederholung der ganz allgemeinen Bestimmung, daß jeder Erbe dreißig Tage mit der Ausübung seines Rechts sich gedulden müsse [3]), und insofern versteht sich dieses Recht des Richters auch in den Statuten, die es bei dem erblosen Gut nicht wiederholen, von selbst. Eines haben im Gegensatz gegen das Bisherige die Statuten vor dem Sachsenspiegel voraus, nämlich die Stelle von dem besondern Recht des Vogts auf das Wehrgeld [4]).

Der vermehrte Sachsenspiegel hat die wichtigste Stelle [5]) vom Recht des Richters nicht in der Gestalt, worin sie der Sachsenspiegel, sondern so wie sie die Statuten haben, aber freilich mit einem auch ihnen fremden Zusatz, in welchem noch genauer die Qualitat des Richters (denn dieser Ausdruck wird für Vogt gebraucht) bezeichnet ist, dahin, daß nur ein solcher der sein Gericht vom König hat, das erblose Gut in seinen Nutzen wenden dürfe. Ist das nicht der Fall, so zieht er das Gut nur ein, um es vielleicht erst noch durch Zwischengerichte an die königliche Gewalt gelangen zu lassen [6]). Hiermit scheint die aus dem Sachsenspiegel aufgenommene Stelle [7]) nicht in Widerspruch zu stehen, daß erbloses Eigen von kleinerm Umfang an das Schultheißenthum oder an die Grafschaft falle [8]), denn dies verhält sich zu jener Bestimmung wie die Ausnahme zur Regel. Und dasselbe möchte gelten von dem ebenfalls aufgenommenen Recht des Fronboten [9]). In Ansehung der vorhin erwähnten Verjährungsfristen hat der vermehrte Sachsenspiegel die eigenthümliche Bestimmung des Sach-

1) S. I. 28 und Sydow Note 983 und pag. 301. Die einzelnen Fälle der „echten not" kommen in den Statuten erst bei Gelegenheit der gerichtlichen Fristen überhaupt vor, s. oben pag 73, 26 und unten §. 6.
2) Diese Bestimmung schließt sich ganz allgemein gefaßt unmittelbar an die von fahrender Habe an (S. I. 29), obwohl nicht ausdrücklich gesagt wird, daß Grundstücke auch erst nach dieser Zeit erblos würden. S. Sydow Note 925 und unten §. 2.
3) S. I. 28 und oben pag. 144. 145. 167. Die Bestimmung des S. II. 31, 2, daß gestohlne und geraubte Sachen, die sich in dem Nachlaß finden, nach Jahr und Tag dem Richter zufallen, falls sich niemand während dieser Zeit gemeldet, gehört nicht zur Lehre vom erblosen Gut. S. Sydow Note 921 und oben pag. 128 Note 7 und unten §. 5.
4) s. oben pag. 173.
5) S. I. 28 und oben pag. 9, 1—5.
6) s. D. I. 20, 2 = B. I. 14, 1 und D. I. 7, 2 = B. I. 5. 2. Sydow pag. 296 und 297 und Eichhorns Rechtsgeschichte § 374 Note g.
7) D. I. 36, 4 = B. I. 30, 3.
8) S. III. 80, 1.
9) S. III. 50, 3 und D. VI. 21, 6 = B. VI. 22, 4.

senspiegels von ein und dreißig Jahren, sechs Wochen und drei Tagen in Bezug auf unbewegliche Sachen, wiewohl nicht in dem äußern Zusammenhang wie dieser sie hat, recipirt [1]). Dagegen ist, was über den Anfang der Frist erst nach Beseitigung etwaiger Hindernisse gesagt ist, wie in den Statuten erst zu finden, wo von den gerichtlichen Fristen überhaupt geredet wird [2]), und eben so ist aus den Statuten die Stelle von der Succession in Wehrgeld in dies Rechtsbuch übergegangen und zwar so, daß nicht bloß auf das Weichbildrecht deswegen Bezug genommen wird, sondern auch auf Landrecht, in welchem die bei Ausübung dieses Rechts zu übende Controlle, die im Weichbild dem Rathe zustehe, von den Schöffen des Gerichts geübt werden solle [3]).

§. 2. Von Erbgut.

Der Ausdruck „Gut" hat eine ganz allgemeine Bedeutung und bezeichnet bewegliche Sachen eben sowohl als unbewegliche, einzelne Gegenstände nicht minder als eine Gesammtheit von Sachen [4]). Auch das Wort „Erbe" wird in einem weitern [5]) und in einem engern Sinn gebraucht. Im engern Sinn ist es gleichbedeutend mit „Erbgut" [6]). Dieses Wort wird gebraucht für jedes im Vermögen jemandes befindliche Grundstück, er mag es nun ererbt oder unter Lebenden erworben haben [7]). Nur wenn besonders genau geredet wird, wird das letztere als „gewonnenes Gut" dem erstern, also dem Erbgut in einem engeren Sinn entgegengesetzt [8]). Ob bloßer Grund und Boden oder ob

1) S. I. 29. D. I. 34. 1 = B. I. 28 pr. Sydow Note 922. Albrecht in der Gewere pag. 116. 117 und unten §. 2. 2) D. III. 7 = B. II. 14. 3) Sydow Note 922 führt wegen des Wehrgeldes auch Magdeburger Schöffenurtheile an. 4) s. oben pag. 8, 16—18. 9, 14—23. 10, 24. 13, 1—3. 17. 15, 32—37. 40. 41. 16, 12. 17, 30. 18, 33. 29, 43. 44 und so viele Stellen. 5) s. oben pag. 128 und 11, 26. 30, 6 wo Erbe als Nachlaß überhaupt dem Erbgut ausdrücklich entgegengesetzt wird. 6) s. oben pag. 152. 25, 31. 27, 25 und öfter. 7) s. oben pag. 25, 40 — 26, 1, auch pag. 26, 35. 36 und 28, 16. 17. Daß Erbe, wenn es überhaupt Grundstück bezeichnet, namentlich auch für ein gekauftes Grundstück gebraucht wird, beweist pag. 27, 25. S. jedoch auch oben pag. 152 Note 3. 8) Schon wer zuerst das Grundstück ererbt hat, hinterläßt es als Erbgut im engern Sinn, Sydow pag. 183. Siehe oben pag. 16, 35. 36 und 29, 5—7. Ueber diese Stelle s. Carl Wilhelm Pauli, Darstellung des Rechts der Erbgüter nach älterm Lübischen Rechte, Lübeck 1837 Note 34 und 44, desgleichen pag. 23 und pag. 81. 82, in welcher letzteren Stelle gezeigt wird, daß Erbgut nicht bloß das von Verwandten, sondern auch das von Ehegatten ererbte Gut sei, und

ein Gebäude, sei es nun ein vollständiges Haus oder nur eine Kaufbude [1]), in Rede steht, ob das Grundstück getheilt ist oder nicht [2]), ist für die Anwendung dieses Worts gleichviel [3]), nicht aber von welcher Art Rechten an Grundstücken gesprochen wird, denn unter Erbgut wird nur das Gut verstanden, an welchem man Eigenthum hat, wie aus den Gegensätzen Lehngut, Zinsgut, Leibzucht erkannt wird [4]). In dieser Beziehung ist es mit Eigen gleichbedeutend [5]), denn dieses wird sogar hauptsächlich gebraucht, nicht sowohl das Grundstück selbst als das Eigenthumsrecht daran zu bezeichnen [6]), womit denn auch zusammenhängt, daß „eigen" als Adjectiv in diesem Sinn mit Haus verbunden wird [7]) und „eigenen" Eigenthum übertragen heißt [8]). Wenn Eigen und Erbgut einander entgegengesetzt werden, so bedeutet jenes soviel als gewonnenes Gut, und dieses hat die vorhin angegebene engere Bedeutung [9]).

Im Sachsenspiegel ist dieselbe Terminologie zu bemerken in Bezug auf das Wort Gut wie in den Statuten [10]). Dasselbe gilt von dem Ausdruck Erbe, der auch im Sachsenspiegel den Nachlaß überhaupt und Grundstücke insbesondre bezeichnet [11]). Das Wort Erbgut kommt im Sachsenspiegel überhaupt nicht vor [12])

die goslarischen Statuten namentlich dafür angeführt werden. S. auch unten §. 3. die Lehre von den ehlichen Güterverhältnissen. 1) Die in den Statuten häufig vorkommenden „boden" scheinen erst allmählig aus beweglichen Buden sich in Häuser verwandelt zu haben. Siehe hierüber Mundts Beschreibung der Stadt Goslar pag 145. 146 und Haltaus Glossarium unter dem Wort Bude. 2) s. oben pag. 23, 6—13. 3) s. die vorige Note und oben pag. 24, 11. 12. 27, 41 und die vorhin (pag. 176 Note 8) angeführte Schrift von Pauli pag. 24. 25. 4) s. oben pag. 26, 43. 29, 26. 27 und öfter. Statt Erbgut kommt auch vor „erflik gut" oben pag. 14, 1—3 und 27, 6. 5) Daß Eigen regelmäßig überhaupt nur von Grundstücken gebraucht wird, beweist unter andern p. 11, 1—5, wo es der fahrenden Habe entgegengestellt wird, ganz so wie oben pag. 12, 1—4 das Erbgut. Doch findet sich auch eine Stelle, wo Eigen für bewegliches Gut gebraucht wird (s. oben pag. 77, 6—8), insofern es in Jemandes Eigenthum ist. 6) Daher wird Eigen auch gebraucht als Gegensatz von „medinghe" oben pag. 21, 30 und bei dem Nachbarrecht, wo es darauf ankommt, die ausschließliche Herrschaft über das Grundstück gegen die Nachbaren zu bezeichnen, s. oben pag. 23, 36—40 und pag. 24, 1—5. 31, 4—10. 60, 16. Namentlich findet sich auch der Ausdruck „Ansprake" auf Eigen, s. oben pag. 25, 25 — pag. 26, 4. Der Ausdruck „egendom" ist erst aus dem Privilegium Wenzels entlehnt, s. oben p. 123, 4. 25, 16, von welchen Stellen noch weiter unten in diesem §. geredet werden wird. 7) s. oben p. 53, 20. Vgl. jedoch Albrechts Gewere Note 13 und oben p. 82, 29. Daher sind Haus und Eigen auch nicht Gegensätze, sondern verhalten sich wie das Specielle zum Generellen, s. oben pag. 23, 33 und 53, 25—30. 8) s. oben pag. 21, 8. 25, 28. 30, 13. 9) s. oben pag. 25, 28 — 26. 4 und pag. 27, 15—24. 10) s. Homeyers Register zu seiner Ausgabe des S. unter diesem Wort. 11) s. Homeyer a. a. O. unter dem Wort Erbe. 12) „erve gut" für ererbte fahrende Habe kommt vor, s. Homeyer a.

und entstand also vielleicht erst als Gegensatz von gewonnenem Gut, denn dieser Unterschied ist dem Sachsenspiegel unbekannt [1]), und daher auch der damit zusammenhängende verschiedene Gebrauch von Erbe und Erbgut einerseits und Eigen andererseits [2]). Insofern aber stimmen die Statuten wieder mit dem Sachsenspiegel überein, als Eigen nur Grundstücke [3]) und das Eigenthumsrecht daran vorzugsweise und somit ebenfalls den Gegensatz von Lehngut, Zinsgut und Leibzucht bezeichnet [4]).

Der vermehrte Sachsenspiegel stimmt mit den Statuten auch in demjenigen überein, in welchem sie von dem Sachsenspiegel abweichen, d. h. hauptsächlich darin, daß er den Unterschied zwischen gewonnenem Gut und Erbgut aufgenommen hat, und zugleich auch den speciellern Gebrauch des Wortes Eigen für jenes [5]).

Betrachtet man die bisher nur angedeuteten Rechte an Grundstücken genauer, so erscheint, wie natürlich, das Eigen in der Bedeutung von Eigenthumsrecht als der Grundbegriff, dessen Merkmale Unbeschränktheit und Ausschließlichkeit sind. Für die Unbeschränktheit läßt sich eine Stelle anführen, welche von dem, dem ein Haus gehört [6]), sagt, er könne darin „graven unde breken mit rechte" [7]). Die Ausschließlichkeit ergiebt sich außer aus dem Vergleich mit den geringeren Rechten an Grundstücken [8]) aus den Sätzen, welche von dem Verhältniß benachbarter Grundeigenthümer und von Miteigenthümern reden. Jemand, der auf

a. O. unter dem Wort Erbe, ist also nicht mit „erflik gut" in den Statuten zu verwechseln, s. oben p. 177 Note 4. 1) s. oben p. 153. Damit soll nicht gesagt sein, daß es nach dem Sachsenspiegel juristisch genommen ganz einerlei sei, ob das Eigen ererbtes oder erst neu erworbenes sei. Für den Beweis des Rechts an Eigen ist dies allerdings von Bedeutung S. II. 43, 1. 2 und unten §. 9. 2) Dagegen wird Erbe dem Eigen gerade so entgegengesetzt, wie in den Statuten dem Erbgut. S. I. 5, 3 und oben p. 176 Note 5. 3) Doch heißt eigen auch soviel wie leibeigen, s. die folgende Note. Die oben p. 177 N. 5 angeführte Stelle, in der Eigen bewegliches Gut bezeichnet, insofern es in Jemandes Eigenthum ist, gehört den Statuten allein an. 4) s. Homeyer a. a. O. unter den Wörtern Eigen und Eigenthum. 5) Vergl. die Parallelen, welche bei den vorhin angeführten Stellen der Statuten angegeben sind, besonders aber D. I. 44—46 und I. 7, 2 = B. I. 37—39 und I. 5, 1 „Eygen im wichbilde ist sogetan gud, daz eyn man gekouft had mit sines selbes gute unde nicht uf on geerbet is von sinen eldern." Diese Stelle ist der Form nach nicht aus den Statuten, sondern wohl nur aus zwei Stellen derselben abstrahirt (s. oben pag. 25, 28 — 26, 4 und pag. 27, 15—24), in welchen dieser engere Begriff von Eigen (s. oben p. 177 N. 9) implicite allerdings enthalten ist. 6) „Eigenthümer" wäre kürzer zu sagen, wenn dieses Wort den Statuten bekannt wäre. Es heißt aber nur, „wes dat hus is" oder „des dat eghen is" oder „des dat gut is", oder von in des Nachbars Luftraum hineinreichenden Baumzweigen „des se sint", s. oben pag. 21, 10. 37. 22, 46. 23, 40. 24, 16. 28, 3. 30, 3. 11. 38. 40. 7) s. oben pag. 22, 46. 8) s. z. B. oben pag. 21, 35—37 und weiter unten in diesem §.

des Nachbars Eigen ohne dessen Willen gebaut hat, muß das Gebäude wieder niederreißen und Buße zahlen [1]), und wenn der Nachbar das Gebäude behalten will, so braucht er dem, der gebaut hat, dafür keine Entschädigung zu geben [2]). Der Eigenthümer braucht auch nicht zu dulden, daß des Nachbars Gebäude sich nach seinem Grund und Boden herüberneige, sofern er (der Eigenthümer) dadurch verhindert wird, nach Gefallen entweder überhaupt oder doch höher zu bauen [3]). Eine Bestimmung, nach welcher man nicht willkührlich nah bis an die Gränze seines Grundstücks bauen könnte, findet sich nur in Bezug auf den „hemlicheytgangh," der wenigstens drei Fuß von des andern Eigen entfernt gehalten werden soll, wenn er nicht von Alters her schon der Gränze näher gewesen ist [4]). Außerdem ist es gestattet, selbst bis unter die „ovese," d. i. die Traufe [5]) des Nachbarn (natürlich ohne diese oder die Nachbarswand selbst zu beschädigen) zu bauen [6]). Diese Bestimmung hat nur dann einen Sinn, wenn unserm Nachbar das Recht zusteht, die Traufe in unsern Luftraum hineinragen zu lassen [7]). Ein solches Recht versteht sich aber nicht von selbst, sondern muß besonders erworben sein [8]). Daher hat man denn auch nicht nöthig, des Nachbars Baumzweige in seinem Luftraum zu dulden. Nur ist man nicht ohne Weiteres berechtigt, sie selbst abzuhauen, so weit sie herüber reichen, sondern erst, wenn man den Nachbar gerichtlich vergeblich aufgefordert hat, daß er seinerseits die Baumzweige abhauen möge [9]). Aehnlich wird der Nachbar gerichtlich aufgefordert, die auf seinem Boden stehende Gränzmauer oder Gränzwand, wenn sie ganz oder theilweis eingestürzt ist, wieder herzustellen, oder den dem Eigenthümer des benachbarten Grundstückes etwa erwachsenen Schaden zu ersetzen [10]).

Von allen diesen Bestimmungen gilt, daß sie nur eine subsidiäre Bedeutung haben, d. h. durch Vertrag abgeändert werden können [11]).

1) s. oben pag. 23, 36—38 und pag. 51, 37. 2) s. oben pag. 23, 39. 40. 3) s. oben pag. 23, 41—44 und pag 24, 1—5. Es scheint mithin der Eigenthümer nicht berechtigt, aus bloßem Eigensinn das Herüberneigen des nachbarlichen Gebäudes zu verhindern. 4) s. oben pag. 31, 8—10. 5) s. Homeyer a. a. O. unter ovese. 6) s. oben pag. 23, 14. 15. 7) s. oben pag 31, 1—3. 8) In der in der vorigen Note angeführten Stelle scheinen die Worte „dar se vore nicht up ghegan heft" anzuzeigen, daß, wie beim Heimlichkeitsgang, ein Besitzstand von Alters her eine Ausdehnung der nachbarlichen Rechte begründen könne. Daß man im Zweifel Herr des über dem Eigen befindlichen Luftraums sei, geht auch aus der Bestimmung hervor, daß der, unter dessen Dach eine Mauer oder Wand liegt, oder auf dessen Boden die Traufe des kleinern auf der Mauer selbst befindlichen Daches fällt, Eigenthümer der Mauer oder der Wand sei. S. oben pag. 30, 36—40 9) s. oben pag. 31, 4—7. 10) s. oben pag. 23, 16—21. 11) s. oben pag. 23, 39. 40 und pag. 24, 1—5.

Die Stellen, welche von Miteigenthum reden, beweisen insofern für den Begriff der Ausschließlichkeit des Eigenthums, als jeder von mehreren Miteigenthümern in Ansehung seiner Eigenthumsquote als völlig unabhängig von der der anderen dargestellt wird. Jeder kann seinen Theil verkaufen oder „utsetten," ohne daß er der Einwilligung der Uebrigen dazu bedürfte, wenn sie nicht etwa zugleich die nächsten Erben sind. Dies schließt jedoch nicht das Recht der Uebrigen aus selbst in den Vertrag, durch welchen veräußert werden soll, durch Bezahlung der geforderten Geldsumme einzutreten, oder mit andern Worten ein Näherrecht zu üben [1]). Dies ist ein gesetzliches Recht der Miteigenthümer und braucht nicht erst durch Vertrag besonders erworben zu werden, wie nach einem Rechtserkenntniß scheinen könnte [2]). Eine andere Beweisstelle der Unabhängigkeit der Miteigenthümer von einander kann nicht verstanden werden, ohne daß man weiß, in welcher Art Mehrere ihr Recht an einem gemeinschaftlichen Hause ausüben. Nicht zu gleicher Zeit wohnen die Mehreren im Hause, sondern nach einander, der eine länger, der andere kürzer, je nach der Größe seines Antheils [3]). Die Größe des Zeitraums, welche nach dem Maaße des Antheils zerlegt wird, wird nicht angegeben, wird aber wohl die eines Jahres sein, denn auf so lange wird im Zweifel vermiethet [4]). Wer zuerst sein Recht ausüben soll, wird durch das Loos bestimmt [5]). Gesetzten Falls nun, daß jemand für seine Zeit das gemeinschaftliche Haus vermiethet und von dem Miether den Miethszins nicht erhalten hätte, so ist er befugt, jeden, der sich nachher der „were underwindet unde up dar veret to wonende," des „entsessenen" Zinses halber zu pfänden [6]), mit Ausnahme des Miteigenthümers, der mit der Ausübung seines Rechts an der Reihe ist [7]). So wenigstens scheinen die Worte

1) s. oben pag. 23, 7—13. 2) s. die Stelle in der vorigen Note und Bruns pag. 185 No. 16. In dieser Stelle ist von einer zweien gemeinschaftlichen Mühle die Rede, deren jeder dem andern ein Vorkaufsrecht vertragsmäßig vor dem Rath zugesichert hat. Hieraus würde freilich noch nicht folgen, daß die Meinung sei, ohne Vertrag sei überhaupt kein Vorkaufsrecht da, wenn nicht die entsprechende Stelle des vermehrten Sachsenspiegels ebenfalls hierauf und also zu der Ansicht führte, daß das gesetzliche Näherrecht sich später wieder verloren habe (D. II. 4, 15 = B. II. 2, 14 und weiter unten). Daß die Stelle der Statuten selbst das Näherrecht nur dem Miteigenthümer gebe, der zugleich ein Erbrecht habe, widerlegt sich durch den Zusammenhang der Stelle. Jenes Rechtserkenntniß bei Bruns ist noch dadurch interessant, daß der Miteigenthümer sich auch gegen den Dritten, dem er seinen Theil verkauft hatte, wegen der Nichterfüllung auf den Vertrag mit dem Miteigenthümer berufen kann. 3) s. oben pag. 23, 3—6. Die entsprechende Stelle des vermehrten Sachsenspiegels hat einen vollständig anderen Sinn bekommen, s. weiter unten. 4) s. oben pag. 20, 19. 20. 27—30. 5) s. oben pag. 23, 5. 6. 6) s. oben pag. 21, 21—23. 7) s. oben pag. 21, 18—20.

verstanden werden zu müssen „*heft en en half hus . . . . wert ime sin tins dar af untseten, dat ne scadet deme nicht de den andern del dar an hevet.*"

In den bisher erwähnten Stellen wird das Verhältniß des Miteigenthums bezeichnet durch „*heft en en half hus oder en dridde del oder en verde del enes huses*" oder „*en del an emme huse oder boden*" u. s. w. 1); es finden sich aber auch zwei Stellen, in deren einer es heißt „*war brödere oder andere lüde ire gut to samene hebbet*" 2), während in der andern gesagt wird „*wert en samentname ghenomen*" 3). Diese Stellen reden nicht von einem Miteigenthum an Grundstücken oder von dem, was man wohl Gesammteigenthum daran nennt, sondern von einer Gemeinschaft in Vermögensverhältnissen überhaupt, diese möge nun veranlaßt sein, wodurch es sei 4). Die Folge einer solchen Gemeinschaft, wenn sie sich wie in der ersten Stelle auf ein ganzes Vermögen bezieht, ist, daß Vortheile und Nachtheile, welche das gemeinschaftliche Vermögen treffen, auch gemeinschaftlich getragen werden, sofern der Nachtheil nicht etwa durch den Leichtsinn eines der Mitberechtigten, nämlich durch Verspielen und Verjubeln, entstanden ist. Auch wird jeder mit dem gemeinschaftlichen Vermögen an sich nicht zusammenhängende Erwerb gemeinschaftlich, also z. B. auch Erbschaften, die einer der Mehreren thut, denn es wird ausdrücklich nur ausgenommen dasjenige, was man von der Ehefrau erwirbt. Die zweite Stelle bezieht sich nur auf ein einzelnes mehreren Personen gemeinschaftliches obligatorisches Verhältniß, und gehört also gar nicht hieher 5).

Im Sachsenspiegel findet sich über den Begriff des Eigenthums an Grundstücken nicht die aus den Statuten für die Unbeschränktheit angeführte Stelle und auch keine ähnliche. Dagegen haben die Statuten die Stellen über die Verhältnisse benachbarter Grundeigenthümer zum Theil aus dem Sachsenspiegel geschöpft. So die Stellen von der Traufe, vom Heimlichkeitsgang und vom Ueberhang 6). Doch sind auch diese Sätze etwas verändert und namentlich genauer bestimmt worden bei Aufnahme in die Statuten, denn z. B. von den überhängenden Baumzweigen heißt es im Sachsenspiegel überhaupt nur, daß sie nicht zum Schaden des Nachbars über dessen Zaun gehen sollten 7). Die Bestimmungen über Miteigenthum sind dem Sachsenspiegel unbekannt, dagegen ist die eine Stelle „*war brödere oder andere lüde ire gut to sa-*

1) s. oben pag. 21, 18. 23, 7. 24, 6. 11. 19. 29. 27, 41. 2) s. oben pag. 10, 24. 3) s. oben pag. 102, 10. Von Lehngut „*in samender hant*" s. oben pag. 17, 27 und weiter unten in diesem §.
4) Daß die Stellen sich nicht bloß auf den Fall einer gemeinschaftlich erworbenen und noch nicht getheilten Erbschaft beziehen, darüber s. oben pag. 157 Note 3. 5) s. unten §. 6. 6) S. II. 49—52.
7) S. II. 52, 2.

mene hebbet" fast wörtlich aus dem Sachsenspiegel [1]). Nur zweierlei ist in ihm anders, einmal nämlich wird nur das aus dem gemeinschaftlichen Vermögen selbst Erworbene wieder gemeinschaftlich [2]), und dann wird besonders bemerkt, daß auch das Verspielte und Verjubelte gemeinschaftlich verloren werde, wenn die Interessenten consentirt hätten [3]).

Der vermehrte Sachsenspiegel hat bei dem, was von Eigenthumsrecht an Grundstücken bis jetzt gesagt ist, wieder sehr regelmäßig die Statuten benutzt. Nur jene Stelle, welche als Beweis für die Unbeschränktheit des Rechts angeführt ist, fehlt auch ihm, wohl deshalb, weil die Hauptabsicht der Stelle ist anzugeben, wer die „wortpenninghe" von Grund und Boden zu entrichten habe, denn diese Verpflichtung hat nur für die besondern städtischen Verhältnisse eine Bedeutung [4]). Die nachbarlichen Rechte sind im Ganzen noch viel genauer angegeben, obwohl auch eine oder die andere Stelle, ohne daß sie einen nur localen Werth hätten, ganz ausgelassen oder anders gestaltet worden ist [5]). Auch die Bestimmungen vom Miteigenthum hat das Rechtsbuch aus den Statuten. Das Näherrecht wird indeß dem Miteigenthümer entschieden nur zugestanden, sofern er zugleich ein Erbrecht hat [6]). Die eigenthümliche Art der Ausübung des Miteigenthumsrechts findet sich aber nicht, vielmehr ist die entsprechende Stelle einmal von mehreren Miethern statt von mehreren Eigenthümern verstanden und dann noch folgendermaßen verändert worden. Der zuerst gemiethet hat, hat das stärkere Recht, und die zugleich gemiethet haben, wohnen zu gleicher Zeit im Hause [7]) und vertheilen die Gemächer unter sich nach dem Loos. Mit dieser Veränderung hängt zusammen, daß dem vermehrten Sachsenspiegel fehlt, was vorhin von dem Fall gesagt ist, da dem Miteigen-

1) S. I. 12. S. auch oben pag. 157 Note 3 und hierüber Sydow pag. 319. Daß hier auch nicht einmal vorzugsweise von ungetheilt gebliebener Erbschaft die Rede ist, sagen schon die Worte „svar brudere oder andere lüde." 2) In den Statuten (oben pag. 10, 24) fängt das dem Sachsenspiegel Entsprechende erst mit Zeile 26 an. Um so mehr aber muß dem unmittelbar vorangehenden eine besondere Bedeutung gegeben werden, s. oben pag. 181. 3) Dies versteht sich von selbst, und insofern konnte diese Bemerkung in den Statuten auch leicht wegbleiben. 4) Daß die Stelle absichtlich und nicht zufälligerweise fortgeblieben ist, sieht man daraus, daß die unmittelbar vorhergehenden und unmittelbar nachfolgenden Stellen, eben weil sie ein allgemeineres Interesse haben, aufgenommen sind. D. II. 4, 13 und 14 = B II. 2, 12 und 13 und D. II. 2, 9 und 3, 3 = B. I. 45, 9 und II. 1, 2. 5) So fehlen die Bestimmungen s. oben pag. 179 N. 6. 8 und von den Baumzweigen heißt es, das was der Nachbar von ihnen zu sich herüberziehen könne, das sei sein, was denn weder dem S. noch den Statuten ganz entspricht, s. D. II. 2, 14 = B. I. 45, 14. 6) s. oben p. 180 Note 2. 7) s. oben pag. 180 Note 5 und D. II. 4, 14 = B. II. 2, 13.

thümer sein Miethszins entsessen worden war [1]). Von einer Vermögensgemeinschaft mehrerer Personen spricht das Rechtsbuch auch, hält sich aber weder ganz an die Statuten, noch ganz an den Sachsenspiegel, und namentlich wird entschieden nur an den Fall einer durch Erbschaft begründeten Vermögensgemeinschaft gedacht [2]).

Der Erwerb des Eigenthums an Grundstücken kann in Folge einer freiwilligen Uebertragung, durch Beerbung und in Folge einer richterlichen Handlung geschehen [3]). Nur von den beiden ersteren wird hier geredet werden.

Die Erfordernisse für die Uebertragung des Eigenthums sind formeller und materieller Natur. Der Mangel der ersteren ist durch keinen Ablauf von Zeit wieder gut zu machen; der Mangel der letzteren nach Umständen durch Ablauf von Jahr und Tag, welcher also nicht sowohl eine selbständige Erwerbart ist, als vielmehr die Uebertragung in ihren Wirkungen nur ergänzt.

Der formellen Erfordernisse sind drei, „eghenen," „vredewerken," „besetten" [4]). Unter „eghenen" scheint vorzugsweise die Erklärung des Veräußernden, das Recht übertragen zu wollen, verstanden zu werden [5]). Diese wird durch „vorspreken," d. i.

1) s. oben pag. 180 Note 7. 2) In O. I. 20, 6 = B. I. 14, 5 fehlt der Vordersatz, wodurch die ganze Stelle erst verständlich wird, erst die nachfolgenden Distinctionen geben den Commentar und in ihnen ist immer von erbegaten (coheredes, s. Halthaus Glossarium), die Rede. In O. I. 42, 1 = B. I. 35 pr., welches dem S. I. 12 entspricht, ist ausgelassen „oder andere lüde" und wird hinzugefügt die Voraussetzung außer Landes gemachten Erwerbes, der, um Erbtheilung zu verlangen, conferirt werden müsse. 3) s. unten §. 7. 4) s. oben p. 21, 8. In dem Privilegium Friedrichs des zweiten (oben p. 112, 34. 35) heißt es nur, daß niemand sich das Eigenthum vindiciren könne, der es nicht „coram suis burgensibus iuste" erworben habe. Die Stelle redet eigentlich von dem Beweise des Eigenthums durch Eid und welchen Inhalts der Eid sein müsse, um Erwerb des Eigenthums damit darzuthun. Natürlich liegt darin auch indirect eine Vorschrift über die Formen des Erwerbs, und so findet es sich in den Statuten öfter in Stellen, die nachher angeführt werden sollen (s. auch Bruns Rechtserkenntnisse pag. 131 No. 1 und unten §. 9). Ausnahmsweise genügt die bloße Erklärung vor dem Rath, s. oben p. 153 und weiter unten. 5) s. oben pag. 14, 7. Ich sage vorzugsweise wird eghenen so gebraucht, denn freilich wird, sobald nicht genau geredet wird, auch die Thätigkeit des Richters mit diesem Wort beschrieben. Hierfür kann nicht oben pag. 21, 8 angeführt werden, denn daselbst ist von einem Fall die Rede, wo der Richter in die Stelle des säumigen Schuldners tritt (s. unten §. 7.), wohl aber kann dafür angeführt werden oben pag. 110, 35 (s. auch unten p. 184 Note 7). Eghenen ist (s. oben p. 177 Note 8) der speciellere Ausdruck, insofern damit die Eigenthumsübertragung gerade bezeichnet wird; das allgemeinere Wort ist „laten" und „uplaten," s. oben pag. 14, 11. 24, 30. 25, 18. 26, 33. 37. 28, 28. 29, 27. In mehreren dieser Stellen wird laten nur dem bekomeren oder vorsetten entgegengesetzt, so daß also alle übrigen Veräußerungen in laten enthalten sind. Doch wird freilich bekomeren auch als Gegensatz von eghenen gebraucht, s. oben pag. 30, 13.

durch Stellvertreter erklärt, und hierauf die Partei selbst von dem Richter befragt, ob sie hierzu ihre Zustimmung gebe [1]). Diese soll mit hörbaren Worten ausgesprochen und in der Regel (denn dieses Letztere ist nichts Nothwendiges) durch „upstippen mit deme vinghere," als ein Zeichen, daß man „der were vortye" auf das Recht verzichte, bekräftigt werden. In derselben Weise soll auch die Gegenerklärung abgegeben werden als Zeichen des Empfangs „darmede undfed he de were" [2]).

Das Friedewirken ist der zweite递Haupttheil der ganzen Form und Sache des Richters [3]). Wie dieser hierbei sich zu benehmen habe, wird indeß nur insofern beschrieben, als gesagt wird, es solle geschehen „uppe der were," also auf dem Grundstück selbst [4]), und „mit ordelen," d. h. mit ordentlichem gerichtlichen Verfahren [5]). Wer unter dem Ausdruck Richter gemeint sei, steht nicht in den Statuten selbst, wohl aber in einem ihnen angehängten Aufsatze, der von des Schultheißen „ammechte" redet [6]). Dieser nämlich ist zunächst unter dem Ausdruck Richter zu verstehen [7]). Der Vogt übernimmt das Friedewirken nur in Subsidium [8]) und dem Rath

1) Wegen der vorspreken s. oben pag. 25, 36 und 26, 18. In der Stelle (oben pag. 14, 4—11) wird der vorspreken nicht ausdrücklich gedacht, indeß finde ich sie durch den Ausdruck angedeutet „so scal de richtere vraghen dene de dat let of he des vulborde." 2) s. oben pag. 14, 4—11. Der Ausdruck mit den vingheren upstippen kommt überhaupt als Zeichen der Bekräftigung in den Statuten vor, s. oben pag. 57, 11, wo Richter und Dingleute „mit eren vingheren upstippen to enem orkunde," daß jemand in die Verfestung gebracht sei, und so giebt ferner einen Beleg oben pag. 81, 31—33. S. auch hierüber Grimms Rechtsalterthümer pag. 141 und Albrechts Gewere die Noten 130 und 137. 3) s. oben pag. 14, 4—11. 4) s. oben pag. 26, 17—19. Auf die Worte uppe der were vor gherichte würde ich mich noch nicht verlassen, wenn nicht der vermehrte Sachsenspiegel (s. weiter unten) ausdrücklich das Beides sich entgegensetzte „uf der gewer" und „an rechter dingestad," und in Bezug auf jenes sagte, es sei Kaiserrecht, womit öfter goslarisches Recht bezeichnet wird, s. oben die Vorrede und D. I. 44, 1 = B. I. 37 pr. Auf die Worte „dach selbin" in D. I. 31, 1 = B. I. 25 pr., um zu beweisen, daß nach Landrecht das Friedewirken im Gericht selbst geschehen sei, darf wohl kein solches Gewicht gelegt werden (s. Albrechts Gewere Note 136), da eine Variante im Text von Ortloff zeigt, daß diese Worte einen ganz andern Sinn haben. Der Satz heißt dort nämlich so: „Dornoch sol ome der richter frede wercken selber; doch mag daz ouch thun der fronebothe von gerichtes wegen." Eine Nebenfrage ist, ob nicht nach den Statuten die ganze Handlung der Uebertragung Eghenen und Friedewirken auf dem Grundstück vorgenommen sei. Ich wäre der Meinung, wenigstens steht in der Stelle oben pag 26, 17—19 nichts davon, daß bloß zum Behuf des Friedewirkens ein Theil des Gerichtspersonals sich auf das Grundstück begeben habe (s. Albrechts Gewere pag. 68 und unten pag. 186 Note 2). 5) s. Homeyers Register zum Sachsenspiegel unter dem Wort Urtheil. 6) s. oben pag. 110 und hierüber die Vorrede. 7) s. oben pag. 110, 35. 8) s. oben pag. 110, 41. 42.

steht es überhaupt nicht zu [1]), wiewohl die ganze Handlung seiner Aufsicht unterworfen ist und nicht ohne sein Geheiß [2]) oder wenigstens doch nicht ohne sein Wissen [3]) vorgenommen wird. Daher müssen denn auch jederzeit zwei Rathmannen bei der Uebertragung gegenwärtig sein [4]). Außer dem Richter aber und zweien Rathmannen werden auch noch die Dingleute genannt [5]). Dieses geschieht, weil der Richter überhaupt allein gar nicht das Gericht ausmacht, wie er denn überall nie als Richter allein handelt, sondern immer noch durch andere unterstützt wird [6]). Endlich wird noch bestimmt, daß der Richter für sein Friedewirken einen Friedeschilling erhalten müsse [7]).

Das Besitten ist der dritte Haupttheil der ganzen Erwerbform. Von ihm ist in einigen Stellen der Statuten nur obenhin die Rede, indem sie ganz unbestimmt die Nothwendigkeit des Besittens erwähnen [8]). Zwei Stellen dagegen beschreiben dasselbe genauer.

Ich interpretire zuerst die von ihnen, welche ganz allgemein von jedem Eigenthumsübergang redet [9]). Hat jemand ein Erbe, also überhaupt irgend ein Grundstück [10]) dem Recht der Stadt

1) s. oben pag. 26, 33. 34. Obwohl man Eigen, so verstehe ich die Stelle, nicht ohne Gericht auflassen könne, so sei man doch berechtigt, sobald nur wenigstens vor dem Rath der obligatorische Contract geschlossen oder zugestanden sei, auf dessen Erfüllung, d. h. auf die Auflassung zu klagen, ohne befürchten zu müssen, daß der Contract eidlich abgeleugnet und deshalb die Auflassung versagt werde (s. oben pag. 79, 11. 12 und unten § 9). Da nun hiernach vor dem Rath nicht aufgelassen werden kann (s. jedoch oben p. 183 Note 4), so erklärt sich auch, daß der Rath nicht berechtigt ist, „opene breve uppe ervegut" auszufertigen (s. oben p. 30, 21—24), wenn es nicht ihn selber etwa unmittelbar angeht, sondern hiezu ist nur der Vogt befugt, der dann den Schultheißen und die Zeugen in dieses Schreiben verzeichnet. Hierin liegt eine Bestätigung von der Behauptung, daß der Schultheiß gerade regelmäßig den Frieden wirkte, denn es kommt auch sonst vor, daß der Vogt den schriftlichen Beleg über eine Handlung des Schultheißen ausfertigt, s. oben pag. 110, 31. 32. 2) s. weiter unten in diesem § und oben pag. 30, 17—20. 3) s. oben pag. 110, 37. 38. 4) s. oben pag. 25, 35 und 26, 19 und über das ganze Verhältniß zwischen Rath, Vogt und Schultheiß unten § 11. 5) s. oben pag. 25, 36 und 26, 18. 6) s. unten §. 8. 7) s. oben pag. 25, 27 und 27, 17 Auf diesen Friedeschilling wird solches Gewicht gelegt, daß in dem Eid, durch welchen der Erwerb des Eigenthums bewiesen werden soll, auch enthalten sein muß, daß man den Friedeschilling bezahlt habe. Von einer solchen dem Richter zukommenden Gebühr ist auch die Rede oben pag. 94, 30—35. S. auch unten §. 8. 8) s. oben pag. 21, 8 und 24, 23 9) s. oben pag. 27, 25—40. Ich nehme die Stelle etwas ausführlicher durch, weil sie schon Gegenstand der Auslegung gewesen ist und auf den ersten Blick nicht recht mit der nachher zu erörternden Stelle zu passen scheint. S. Albrechts Gewere pag. 71—78 und Beselers Vergabungen von Todes wegen pag 33 Note 10. 10) Ich meine, gleichviel ob ererbtes oder gewonnenes Gut.

gemäß erworben, also mit Eigenen und Friedewirken, so läßt er sich in das Grundstück einführen. Es wird nicht gesagt, durch wen diese Einführung geschehe, vermuthlich aber geschieht sie zunächst nicht (wie gleich deutlich gemacht werden soll) durch den Richter, sondern durch den Veräußerer selbst [1]). Auch darüber, wann sie geschehen solle, giebt die Stelle keine Auskunft, gewiß aber wird sie sich in der Regel unmittelbar an das Friedewirken angeschlossen haben, da ja dieses sowohl wie die ganze Uebertragung auf dem Grundstück selbst vorgenommen wurde [2]). Nach der Einführung soll der Erwerber selbst oder sein Stellvertreter (bode) drei Tage und drei Nächte das Grundstück besitzen, und dann das Recht des Veräußerers völlig aufgehoben und dem Besitzer erworben sein [3]). Indeß schon während dieser Zeit wird insofern ein Recht des Besitzers anerkannt, als der Veräußerer nicht befugt ist, ihn mit Gewalt (mit silvolde) aus dem Grundstück wieder fortzuweisen. Denn alsdann wird der Veräußerer wie jeder andere, der sich einen gewaltsamen Angriff erlaubt, behandelt, d. h. verfolgt „mit ghescreye unde mit der veste" [4]), und da er gerade den Hausfrieden gebrochen hat, so verliert er auch diesen, den sonst die wegen anderer Friedensbrüche Verfesteten noch behalten [5]). Das heißt nichts anderes als, gegen gewaltsame Wegweisung vom Grundstück kann sich der Besitzer nicht bloß eigenmächtig vertheidigen, sondern er ist auch befugt, eigenmächtig den ihm entzogenen Besitz sich wieder zu verschaffen [6]). Dieses Recht hat er nicht, sobald der Veräußerer ihn während jener Zeit mit Schultheiß oder mit Vogt aus dem Grundstück weisen läßt [7]). Hier bleibt ihm nichts anderes übrig, als nach Um-

1) Anderer Meinung ist Albrecht a. a. O. pag. 66 und 68. Wenn dagegen der Veräußerer die Einführung seinerseits verweigert, so geschieht sie nun (s. unten p. 187 Note 5) vom Richter. 2) s. oben p. 184 Note 4. 3) Dies erhellt nicht unmittelbar aus unserer Stelle, aber doch mittelbar einmal daraus, daß nachdem der Erwerber heruntergewiesen und dann wieder aufgeführt war (s. unten pag. 187), ihn niemand wieder wegweisen konnte, dann aber aus der nachher zu erklärenden Stelle (s. unten pag. 187) und aus oben pag 24, 23 – 27. S. hierüber Albrechts Gewere Note 339 4) s. unten §§. 4. 7. 10. 5) s. unten §. 7. und oben pag. 50, 4 5 und pag. 60, 5. 6. 6) s. Albrecht a. a. O. pag. 71, der anderer Meinung ist. Er meint, Hausfriedensbruch werde erst dann gegen den Besitzer von Fremden oder vom Veräußerer begangen, wenn nach der Wiederheruntenweisung der Erwerber wieder auf das Grundstück durch das Gericht geführt sei, denn alsdann sei Eigensgewere entstanden. Diese aber ist für den Begriff des Hausfriedensbruchs ganz gleichgültig, s oben pag. 50, 6. 7 und pag. 51, 24—26 und unten §. 4. In jenen Stellen wird zwar nur vom Miether, der selbst im Hause wohnt, gesagt, daß gegen ihn Hausfriedensbruch begangen werde. Gewiß aber muß der, welcher schon zum Behuf des Eigenthumserwerbs besitzt, mindestens dem Miether gleich geachtet werden. 7) Daß nur von einer in dieser Form geübten Herunterweisung die Rede ist, sieht man

ständen den Schultheißen oder den Vogt und noch zwei Männer zum Zeugen dieser Wegweisung zu nehmen und dann gerichtlich sein Recht zu verfolgen. Weiß der Beklagte hierauf zu verhindern, daß die auf Verlangen des Klägers ergangenen Aufforderungen des Schultheißen oder Vogtes an ihn gelangen [1]), oder verweigert er der Aufforderung ein Genüge zu thun [2]), so wird der Kläger nun vom Schultheiß oder Vogt [3]), sofern er den gehörigen Erwerb durch Eigenen und Friedewirken darzuthun vermag, in das Grundstück wieder eingeführt, und kann dann auch nicht einmal mehr mit ihrer Hülfe wieder heruntergewiesen werden. In diesem letztern Theil des Verfahrens scheint mir der Beweis dafür zu liegen, daß die Einführung zum Besitten überhaupt nicht durch den Richter geschieht [4]), sobald die Partei nur selbst ihre Pflicht zu thun bereit ist; denn gewiß handelte auch dann, wenn von Anfang an schon der Veräußerer die Einführung zum Besitten verweigerte, der Richter an seiner Statt [5]).

Die andere Stelle, welche das Besitten beschreibt, redet von dem besonderen Fall, da ein Grundstück jemandem „ghesat" worden war und auf Verlangen des Gläubigers mit Schultheiß und Dingleuten aufgeboten wird [6]), weil es zu gehöriger Zeit nicht eingelöst worden ist. Nach dem Aufbieten ist das Verfahren verschieden, je nachdem die Rede ist von Eigen [7]) im engern Sinn des Worts, d. h. von gewonnenem Gut, oder von Erbgut im engern Sinn des Worts, d. h. von ererbtem Gut [8]). Bei je-

einmal daraus, daß es heißt „of ene sine wedersate dar weder af vören let" und Zeile 35 in der citirten Stelle „unde nen voghet noch scultechte noch nemand scolde ene weder af wisen." 1) ne welde he sich nicht vinden laten. 2) Es geschieht sehr oft in den Statuten, daß dicht hinter einander gebrauchte Pronomina auf verschiedene Personen bezogen werden, so ist es auch in der citirten Stelle Zeile 33 und 34. Weygherde he (der Veräußerer) des, alse he (der Erwerber) des mochte vulkomen. Diese letzten Worte sind wohl, wie auch oben im Text geschehen ist, auf den Beweis des ganzen Erwerbverfahrens zu beziehen und nicht auf den Beweis der Weigerung, wo es keines Beweises bedarf. 3) Das ganze Verhältniß der Beamten und Behörden des Schultheißen, kleinen und großen Vogtes, des kleinen und großen Gerichtes wird in §. 6 und 11 auseinandergesetzt werden. 4) Denn sonst wüßte man nicht, warum gesagt würde, weygherde he (der Veräußerer) des . . ., so scolde he sich upvisen laten. 5) Vielleicht war dann überhaupt das Wiederherunterweisen nicht möglich, denn dann geschah ja gar nichts Neues, wenn der Richter noch einmal aufführte. Dieselbe Sicherheit, die man dadurch erlangen sollte, hatte man ja schon. 6) Von der Bedeutung des Aufbietens wird weiter unten p. 190 noch geredet werden. 7) s. oben pag. 177 Note 9. 8) s. oben pag. 177 Note 9. Dieser Gegensatz wird auf das allerbestimmteste hervorgehoben und besonders durch den vermehrten S. bestätigt (s. oben p. 178 N. 5 und unten p. 190 Note 5). Nur freilich hat der Verfasser desselben die Statuten nicht sorgfältig benutzt. Er spricht zunächst vom Eigen und erwähnt bei ihm die drei Tage gar nicht, und dann vom Erbgut und bei

nem wird gleich nach dem Aufbieten der Friede gewirkt und dann drei Tage und drei Nächte besessen. Nicht so bei Erbgut. Bei diesem wird nach der Aufbietung noch drei Tage und drei Nächte gewartet, ehe der Friede gewirkt wird, ob der Schuldner etwa jetzt noch das Grundstück einlösen wolle [1]). Thut er dies nicht, so wird nun erst auch hier der Friede gewirkt, und folgen dann die gewöhnlichen drei Tage und Nächte des Besittens nach, während welcher von einem Einlösungsrecht keine Rede mehr ist [2]). Ob dem Schuldner auch während dieser drei Tage und Nächte das Recht der Herunterweisung von dem Grundstück in der Art zustehe, wie es vorhin beschrieben worden ist und ob es deshalb heiße „na den ses daghen ne heft de dar nen recht mer an dem dat upgheboden is," könnte zweifelhaft sein, da ja hier die ganze Uebertragung schon durch den Richter geschieht, wenn es sich nicht denken ließe, daß der Schuldner sich doch noch dazu verstünde, die Einführung in den Besitz selbst vorzunehmen [3]).

Der Sachsenspiegel stimmt in der Hauptsache mit den Statuten über die Formen des Erwerbs überein. Denn sowohl das Eigenen oder Auflassen von Seiten des Veräußerers vor Gericht ist nothwendig [4]), als auch das Friedewirken von Seiten des Richters [5]) und das dreitägige Besitzen [6]) von Seiten des Erwerbers. Doch wird von alle diesem viel weniger ausführlich gehandelt als in den Statuten. Die Form des Eigenens wird weiter nicht beschrieben, und namentlich weder der Vorsprecher noch des Upstippens mit dem Finger gedacht. Die Person des Richters ist insofern angegeben, als nur im echte Ding und auch vor dem König aufgelassen werden kann [7]). Das Erforderniß des echte Dings

diesem erwähnt er die sechs Tage mit dem Bemerken, daß dies aber nur Kaiser=Weichbild sei. O. I 46, 4. 5 = B. I. 39, 3—5. s. unten pag. 190 N. 5. 1) Lediglich in diesem Sinn sind diese drei Tage zu nehmen, und ich glaube daher auch, daß sie überhaupt nur, wenn in Folge der Satzung Eigenthum überging, vorkamen, und nicht z. B. bei einfachem Kauf S. auch oben p. 187, 6 und unten p. 190 die Noten 1. 5 6 über die Veränderungen, welche diese Stelle überhaupt im vermehrten S. erfahren hat.
2) Denn es heißt ausdrücklich in der angeführten Stelle Zeile 21 von den ersten drei Tagen „ne wert it dar en binnen nicht untworren."
3) s. oben pag. 187 Note 5. Zu warnen ist noch, daß man oben pag. 67, 27—36 nicht von verpfändeten Grundstücken verstehe. Diese Stellen reden von verpfändeter fahrender Habe, wie der ganze Zusammenhang ergiebt. Das Eigenthümliche ist, daß auch hier drei Tage nach der Aufbietung des Pfandes gewartet und dann Friede gewirkt wird. S. hierüber unten §. 6 und über ähnliche Behandlung der fahrenden Habe in andern Quellen Albrechts Gewere §. 14 und pag. 63.
4) S. I. 9, insbesondere §. 1 und 5. I. 52, 1. II. 30. S. hierüber oben p. 154. Beselers Vergabungen von Todes wegen pag. 132 und Albrechts Gewere pag. 188. 5) S III. 20, 3 und III. 56, 3 und hierüber Albrecht a. a. O. pag. 18. 19. 6) S. III. 83 und hierüber Albrecht p. 77. 7) S. I. 52, 1 und I. 34, 3. Vom Friedeschilling (oben pag. 185 Note 7) findet sich im S. nichts.

fällt natürlich in den Statuten fort, da nach diesen die ganze Handlung auf dem Grundstück selbst vorgenommen wird, und eben daher erklärt sich auch, daß die Einweisung in den Besitz in den Statuten nicht [1]) wie im Sachsenspiegel [2]) von dem Richter, sondern wenigstens in der Regel von der Partei selbst geschieht [3]). Ueber das Verhältniß, in welchem nach der Einweisung während der drei Tage der Veräußerer zum Erwerber steht, giebt der Sachsenspiegel keine Auskunft. Es heißt nur ganz allgemein einmal, wenn jemandem vom Nichteigenthümer ein Gut gegeben und er gerichtlich eingewiesen sei, so könne der wahre Eigenthümer ihm nur mit gerichtlichem Verfahren das Gut abgewinnen [4]). Das besondere Verfahren bei Erbgütern im engern Sinn im Gegensatz von Eigen im engern Sinn ist wie der ganze Unterschied dem Sachsenspiegel fremd [5]).

Der vermehrte Sachsenspiegel hat wie in andern Lehren so auch hier neben den Statuten und dem Sachsenspiegel noch andere Quellen benutzt, so jedoch, daß die aus jenen aufgenommenen Stellen mehr als sonst verändert worden sind, um sie mit abweichenden Quellen in Uebereinstimmung zu bringen. Das Eigenen und Friedewirken ist das, was als das allen benutzten Quellen Gemeinschaftliche erscheint. Das Besitten dagegen soll zum Theil Landrecht und Weichbildrecht sein, zum Theil aber wieder nicht. Um die Form des Eigenen zu beschreiben, wird die Hauptstelle der Statuten paraphrasirt [6]). Die symbolischen Formen mit Gebrauch der Finger werden, wiewohl ebenfalls als unwesentlich, beschrieben [7]); der Vorsprecher wird gedacht, aber nicht da, wo der ganze Hergang ausführlich beschrieben wird, sondern sie werden nur gelegentlich an einer andern Stelle erwähnt [8]). Das Friedewirken soll der Richter und in seinem Auftrag der Fronbote vornehmen [9]), während die Statuten es diesem letztern ausdrücklich versagen. Von dem Ort des Friedewirkens wird gesagt, daß er nur nach Kaiserrecht, also hier goslarischem Recht, das Grundstück selber, sonst aber, wie der Sachsenspiegel ja auch bestimmt, die rechte Dingstadt sein müsse [10]). Das dem Friedewirken selbst vorausgehende Aufbieten, wodurch die etwa gegenwärtigen Interessenten zur Wahrnehmung ihrer Rechte aufgefor-

1) s. oben p. 184 Note 4 und 186. 2) S. III. 82, 2 und hierüber Albrechts Gewere p. 70. 3) s. oben p. 187 Note 5. 4) S. III. 82, 2 und hierüber Albrecht Note 142; vergl. auch oben pag. 25, 25—27. 5) s. oben pag. 178 N. 1 und pag. 188. 6) s. oben pag. 14, 4—11 und D. IV. 31 = B. IV. 25. 7) Es wird auch noch „eynes hutes adder hantschus" gedacht. Statt upstippen mit deme vinghere wird gesagt recken dy linger. 8) D. I. 44, 1 = B. I. 37 pr. und oben pag. 184 Note 1. 9) s. oben pag. 184 Note 4 und pag. 65, 34. 35 und 110, 33. 34. 10) s. die Note 8 und oben pag. 184 Note 4.

dert werden, ist dem vermehrten Sachsenspiegel allein bekannt [1]). Die Statuten kennen es, wiewohl auch in einem andern Sinn, nur in einem Fall, nämlich in dem, in welchem zugleich das dreitägige Besitten etwas genauer beschrieben wird, also in dem Fall, da ein Grundstück „ut ghesat" war und vom Eigenthümer nicht zu gehöriger Zeit eingelöst wird [2]). Hier scheint das Aufbieten [3]) eine Aufforderung nur an den Verpfänder zu sein, jetzt noch das Gut einzulösen oder zu gewärtigen, daß der Friede gewirkt werde. Beim Eigen im engern Sinn kann das Friedewirken nur durch sofortige Einlösung verhindert werden, bei Erbgut im engern Sinn werden noch drei Tage und drei Nächte nach der Aufbietung vergönnt, ehe mit der Friedewirkung das Einlösungsrecht verloren geht [4]). Der vermehrte Sachsenspiegel, der die Aufbietung in eine zu jeder Veräußerung gehörige Form in dem vorhin angegebenen allgemeinern Sinn verwandelt hat, hat auch der nur von dem Fall der Satzung redenden Stelle einen allgemeineren Charakter gegeben [5]), und eben so der Bestimmung, welche die Verhältnisse des Veräußerers zum Erwerber während der drei Tage nach der Friedewirkung beschreibt [6]). Niemand, heißt es, kann den, der gehöriger Weise ein Erbe erworben hat und in den Besitz gewiesen ist, eigenmächtig herauswerfen, widrigenfalls er mit Gerichte verfolgt und verfestet wird [7]). Von

1) D. I. 31, 1 = B. I. 25 pr. unde bite daz hie uf zcu eynem male, zcum andern mole, zcu deme dretten male; had ymant doruf zcu sprechene waz, der la lute sine ansproche adder swige stille, had her nicht rechtes doran. Wert denne nicht anesproche, so spreche he vort ... Nach diesen Worten kommt erst das eigentliche Friedewirken. 2) s. oben pag. 188 Note 1. 3) Das Aufbieten wird noch in einigen andern Stellen erwähnt, aber immer nur im Zusammenhang mit Verpfändung; s. oben p. 24, 11—28. 27, 41 — 28, 6. Diese Stellen sprechen von Aufbieten des verpfändeten Grundstücks; von Aufbieten beweglicher Sachen, die verpfändet sind, oben pag. 67, 26—44. p. 188 N. 3. Ganz allgemein redet oben pag. 110, 33. 34. 4) Nur von dem Verpfänder, dessen Recht verloren gehe, ist die Rede; anderer Personen (s. jedoch Albrecht a. a. D. Note 158) wird gar nicht erwähnt. So heißt es oben pag. 24, 23. 24: Wanne dat al overgan is, so ne mach is de nicht leng gheweren de dat ut ghesat heft, und oben pag. 27, 21 Ne wert it dar en binnen nicht untworren, welcher Ausdruck doch nur auf den Verpfänder gehen kann. S. oben pag. 188 Note 2 5) Dies ist in Bezug auf das Eigen dadurch geschehen, daß der Satz beginnt mit den Worten Wen eygen wert vorkouft adder vorseczt, und dann folgt die Aufbietungsformel so wie sie vorhin angegeben ist (s oben Note 1). Die drei Tage des Besittens nach der Friedewirkung, die hier die Statuten haben, werden mit Stillschweigen übergangen und erst beim Erbgut im Zusammenhang mit den drei andern Tagen erwähnt. Zugleich heißt es bei diesem statt „ne wert it dar en binnen nicht untworren." „und wert her denne in der czit nicht angesprochin." S. oben p. 187 Note 8. 6) s. oben pag. 186. 7) D. I. 46, 6 = B. I. 39, 6. Gewiß hat dem Verfasser des vermehrten Sachsenspiegels dabei

diesem Satz wird behauptet, er sei Kaiserweichbildrecht, Landrecht und sächsisches Weichbildrecht. Hiermit ist nicht in Widerspruch, wenn kurz vorher gesagt wird [1]), nach den letztern beiden sei Einweisung in den Besitz nicht erforderlich, um das Recht zu erwerben, denn wenn sie auch nicht erforderlich ist, so ist sie doch die gewöhnliche und natürliche Folge der Auflassung. Ehe schon könnte jene andere aus dem Sachsenspiegel entlehnte Stelle [2]) widersprechend scheinen, nach welcher Jedermann gemäß Landrecht und Weichbild das, was ihm gegeben wird, drei Tage besitzen müsse [3]). In der That reimt sich diese Stelle auch nur dann mit den andern, wenn man in dem Ausdruck „unseme" [4]) Landrecht einen Gegensatz gegen das Landrecht des Sachsenspiegels [5]) findet, und in dem Weichbild „sächsischer Art" einen Gegensatz gegen Weichbild im weitern Sinn [6]).

Der Mangel der bisher beschriebenen formellen Erfordernisse kann, wie schon zu Anfang bemerkt ist, durch keinen Ablauf von Zeit wieder gut gemacht werden [7]). Dies erhellt zunächst aus einer den Statuten allein angehörigen Stelle [8]), die recht eigentlich von diesem Fall redet. Wenn jemand, heißt es, ein Erbe kauft von einer Person, die gar kein Dispositionsrecht darüber hat, weder ein selbständiges noch in Eigenschaft eines Vormundes, so hilft es ihm nichts, wenn er auch Jahr und Tag dies Erbe ohne Ansprake in seinen Weren gehabt hat, es wäre denn, daß er zu beweisen vermöchte, die Veräußerung sei mit des Eigenthümers Einwilligung geschehen. Der Fehler liegt hier nicht darin, daß vom Nichteigenthümer veräußert worden ist, sondern darin, daß nicht gerichtlich aufgelassen worden ist. Daß aber demungeachtet der Eigenthümer keine Ansprake haben soll, wenn er in die nicht gerichtliche Veräußerung gewilligt hatte, ist, weil er natürlich obligatorisch aus seinen Contracten auch ohne Ablauf von Jahr und Tag verpflichtet ist. Zudem wird in einer andern Stelle ausdrücklich gesagt, daß, auch wenn ohne Zustimmung des Eigenthümers Friede gewirkt ist, nach Jahr und Tag von ihm kein Widerspruch mehr möglich sei [9]). Außer jener aus-

die Stelle des Sachsenspiegels III. 82, 2 vorgeschwebt, die er an einem andern Ort auch noch außerdem wörtlich aufgenommen hat. O. I. 38, 1 = B. I. 31 pr., s. auch oben pag. 189 Note 2. In O. I. 46, 6 wird als Grund der Verfestung in diesem Fall angegeben „umbe die tumplichen (raupliche) tad."

1) O. I. 46, 5 = B. I. 39, 5.

2) S. III. 83, 1.

3) O. I. 38, 2 = B. I. 31, 1.

4) O. I. 46, 5 = B. I. 39, 5.

5) s. die Note 3 citirte Stelle.

6) s. die Note 3 und 4 citirten Stellen.

7) s. oben pag. 183.

8) s. oben pag. 26, 25—28.

9) s. oben pag. 14, 12—18. Es ist auch nicht zu übersehen, daß in der in Note 8 citirten Stelle „ansprake" gebraucht wird, und hier der Ausdruck „wederspreken," denn dies letztere hat nur einen Sinn, im Fall der Friede gewirkt ist oder gewirkt werden soll.

drücklichen Stelle kann aber hier auch die angeführt werden, welche die Statuten mit dem vermehrten Sachsenspiegel, wiewohl nicht mit dem Sachsenspiegel theilt, in welcher die Eidesformel gegeben wird, nach welcher, um das Recht auf Eigen zu beweisen, geschworen wird [1]). Ferner gehören hierher auch alle diejenigen Stellen, welche hauptsächlich nur von den Befugnissen der Personen sprechen, deren Rechte durch die Uebertragung verletzt werden, oder mit andern Worten die, welche von den materiellen Erfordernissen der Eigenthumsübertragung handeln.

Zunächst versteht es sich nach allen drei Rechtsquellen von selbst, daß regelmäßig nur der Eigenthümer zur Uebertragung befugt ist [2]). Wenn daher jemand als Stellvertreter des Eigenthümers im Gericht erscheint, um in dessen Namen einem andern das Eigenthum zu übertragen, so hat der Richter den Eigenthümer zu fragen, „uf he des vulbort gheve" [3]), und wirkt den Frieden nicht, wenn der Eigenthümer nicht zustimmt [4]). Diese Frage geht insofern jederzeit der Friedewirkung voran, als auch für den Fall, da der Eigenthümer selbst übertragen will, durch Vorsprecher gehandelt wird [5]). Nothwendige Form ist indeß nur, daß der, der im Gericht handelt, sei es nun kraft eigenen Rechts oder kraft vorher erhaltenen Auftrags, nachdem der Vorsprecher geredet hat, auf Befragen seine Einwilligung erkläre; denn wenn die Befragung des im Gericht gar nicht erschienenen Eigenthümers ganz unterlassen wird, so ist dies kein Fehler in der Form, sondern in der Sache. Daher genügt auch dann die nach der gerichtlichen Handlung nur irgendwie erklärte Einwilligung des Eigenthümers, und hilft, wenn sie gar nicht erfolgt, der Ablauf von Jahr und Tag aus [6]).

Des Eigenthümers Wille ist indeß zur Eigenthumsübertragung keineswegs immer hinreichend. Nach dem Privilegium Frie-

1) In dieser Stelle wird sogar auch verlangt, daß die Bezahlung des Friedeschillings beschworen werde, s. oben pag. 25, 27—40 und Albrecht a. a. O. pag 104. 105, s. auch oben pag. 185 Note 6. Wenn auch diese besondere Stelle dem Sachsenspiegel fehlt, so mangelt es doch auch in ihm nicht an Beweis für das Obige, s. S. II. 44. 2) Die hieher gehörigen Stellen stehen mit der Lehre von der Verjährung in Verbindung uud werden weiter unten bei dieser citirt werden. 3) s. oben pag. 14, 12—18. In dieser Stelle ist wie oft zweifelhaft, auf wen das he in Zeile 14 geht. Ich habe es auf den Eigenthümer bezogen, der vermehrte Sachsenspiegel aber bezieht es auf den Mandatar, der gefragt werden müßte, ob her des gancz macht hette zcu gebene unde he des keyne vulbort hette des en sal nicht sin bis also lange bis daz her ionen dorczu brenget der is von rechtes wegeu ufgeben sal (also den Eigenthümer). Der Sachsensp. hat diese Stelle überhaupt nicht.
4) Diese Bestimmung habe ich mir entnommen aus dem Ende der in voriger Note citirten Stelle des vermehrten S. 5) s. oben pag. 184 Note 1. 6) s. oben pag. 14, 14—18.

drichs des zweiten [1]) ist der Eigenthümer eines Hauses nicht berechtigt, es an die Kirche zu geben, weil hierdurch der König an seinem Recht würde verkürzt werden [2]). In den Statuten selbst wird statt des Königs der Rath genannt, ohne dessen Erlaubniß niemand sein Grundeigenthum Gotteshäusern, Geistlichen, begebenen Leuten und Gästen übertragen soll, weil hierdurch Rath und Stadt beeinträchtigt werden [3]). Dem Stadtvogt ist es daher untersagt, über solche Veräußerungen Briefe auszufertigen, und wenn er es dennoch thut, so ist seine Handlung nichtig [4]). Dies muß auch wohl von dem Friedewirken des Schultheißen [5]) gesagt werden, und daraus würde folgen, daß man auch Jahr und Tag nach der gerichtlichen Auflassung nicht sicher sei gegen die Anfechtung der Veräußerung durch den Rath [6]). Eine ausdrückliche Stelle indeß findet sich hierüber in den Statuten nicht.

Dem Sachsenspiegel sind diese Bestimmungen fremd, wogegen der vermehrte Sachsenspiegel [7]) sie den Statuten entlehnt aber in einem allgemeinern Sinn aufgefaßt und auch in etwas verändert hat. Als Berechtigte werden genannt entweder ein Rath oder ein Gericht [8]), so jedoch, daß sie nicht ohne Zustimmung der Gemeinde, welcher sie vorstehen, die Erlaubniß zur Veräußerung und Briefe darüber geben dürfen [9]). Von Gästen besonders wird gesagt, daß sie Eigen erwerben könnten, wenn sie des Herrn oder

1) s. oben pag 115, 25. 26. 2) Nur das steht dem Eigenthümer frei, das Haus an irgend jemand zu verkaufen und dann das aus dem Verkauf gelöste Geld der Kirche zuzuwenden. Vgl. hierüber Paulis Darstellung des Rechts der Erbgüter nach ältern Lübischem Recht Note 166. 3) s. oben pag. 9, 13—18. 14—23. 23, 33—35. 30, 9—20. Vergl. auch pag 152 und 153 Note 1 und pag 155 Note 5. Die Gäste sind neu hinzugekommen, eben weil nun nicht mehr der König, sondern der Rath als berechtigt erscheint. Ein Beispiel davon, daß Gütererwerb der Kirche dem Rath schädlich ist, giebt das Privilegium oben pag 115. 27. 28; ein anderes die Statuten oben pag. 65, 39—41 Von den Rechten des Raths überhaupt s. unten §§ 6. 10 11. Temporäre Verleihungen von Rechten an Pfaffen u. s. w, wie z. B. die der Leibzucht, sind zulässig, s. oben pag. 30, 9—12 und weiter unten in diesem §. 4) s. oben pag. 30, 13—16 Der Vogt wird hier deshalb genannt, weil er überhaupt regelmäßig der ist, der in Bezug auf die Geschäfte über Grundstücke Briefe ausfertigt, denn dem Rath steht dies nur zu, wenn es ihn unmittelbar angeht; s. oben pag. 30, 21—24 und pag. 185 Note 1 und unten § 11. 5) s. oben pag. 184 Note 7. 6) s. unten pag. 194 Note 5 und pag. 204 Note 7. Es wird freilich nicht leicht geschehen, daß der Rath nicht sofort, wenn die Friedewirkung geschehen soll, widerspricht, da ja zur nothwendigen Form derselben die Gegenwart von zwei Rathmannen gehört. S. oben pag 185 Note 4. 7) Der vermehrte Sachsenspiegel hat zwei Kapitel über diesen Gegenstand, D. I. 48. II. 6 = B. I 41. II. 3. 8) D. I. 48, 3 = B. I. 41, 2. 9) s. die Stelle der vorigen Note und D. I. 48, 5 = B. I. 41, 4. Hier wird also auch der Rath als eine Behörde genannt, von welcher Briefe in diesen Angelegenheiten ausgefertigt würden, s. oben pag. 185 Note 1.

der Stadt „Recht gewonnen" hätten, d. h. doch in die Stadt oder Herrschaft mit des Herrn oder des Raths Erlaubniß gezogen seien. Diese specielle Bestimmung ist den Statuten nicht bekannt, wohl aber findet sich in ihnen [1]) das allgemeine aus dem Sachsenspiegel genommene [2]) Princip ausgesprochen (was auch der vermehrte Sachsenspiegel an einem andern Ort wiederholt hat) [3]), daß jeder, der in die Stadt gezogen sei, „iowelk inkomen man" Erbe nach der Stadt Recht erwerbe, womit denn auch zusammenstimmt, daß nach der neuern Redaction ein Gast, sobald er nur in die Stadt zieht, die volle ihm angefallene Erbschaft erhält, und also nicht, wie sonst Gäste thun müssen, dem Rath ein Drittel der Erbschaft zu überlassen genöthigt ist [4]).

Die Nothwendigkeit der Genehmigung des Raths zu Veräußerungen kommt noch aus einem andern als dem bisher gegebenen Gesichtspunkt vor. Dieser war das Interesse des Raths und der Stadt selbst [5]). Andere Veräußerungen beaufsichtigt der Rath, um die Rechte Einzelner zu wahren. Es sind die durch Errichtung von Testamenten gemachten Veräußerungen [6]). Zwar hat man auch von diesen anzunehmen, daß sie nicht zum Besten von Gotteshäusern u. s. w. gemacht werden dürften, und insofern fallen sie unter den vorigen Gesichtspunkt [7]); aber es wird auch zugleich von den Erben geredet, welchen die Erbschaft gegeben werden müsse, sobald ein Testament vom Rathe nicht genehmigt sei [8]). Ein solches Testament kann sich auf Grundstücke nur beziehen, sofern sie neu gewonnen sind [9]), und auf fahrende Habe. Die Wirkung des Testaments für den Berechtigten wird nicht genauer angegeben, gewiß aber darf man annehmen, daß nicht bloß ein persönlicher Anspruch gegen die Erben daraus stattfinde, sondern daß dereinst das vermachte Gut bei jedermann verlangt werden dürfe durch Ansprake oder Anfang. Wenn dies in Bezug auf

1) s. oben pag. 30, 25—27 und unten §. 3. 2) S. I. 30. Die Statuten haben nur gesetzt statt „binnen deme lande to sassen na des landes rechte" „in der stat to Goslere na der stat rechte" und statt „na des mannes" „na sineme rechte" und statt „he si beier oder svaf oder vranke" „van welkeme lande he ok gheboren is." 3) D. I. 48, 6 = B I. 41, 5, in welcher Stelle jedoch hervorgehoben wird, daß dies Princip nicht Landrecht und Kaiserrecht sei, denn darnach werde zwar allerdings jemand auch nach dem Wohnort beurtheilt, außerdem aber noch zugleich nach seinem Geburtsrecht, wie denn auch allerdings bekannterweise zwischen Sachse und Schwabe in Sachsen unterschieden wird, z. B. S. I. 29. 4) s oben pag. 136. Aus dem Gesichtspunkt, daß der Gast zwar Erbe sein, aber doch nicht die darin enthaltenen Grundstücke erwerben könne, erklärt sich auch D. II. 6, 4 = B. II. 3, 6, wonach der Gast mit der Erben Erlaubniß die Grundstücke dann verkaufen soll. 5) Vergl. oben pag. 155 Note 5 und 6. 6) Vgl im allgemeinen oben pag. 152 und 153. 7) s. oben pag. 153 Note 2 und pag. 155 Note 5 und 6. 8) s. oben pag. 153. 9) s. oben pag. 152 Note 3. Vergl. auch Pauli a. a. O. Note 90.

Grundstücke der Fall ist, und nur von ihnen soll eigentlich hier geredet werden, so würde darin, daß nur auf die Erklärung des Erblassers vor dem Rath und dessen Genehmigung bei dem Tode des Erblassers eine Ansprake gegründet werden könnte, eine Ausnahme liegen von der allgemeinen Regel, daß nur durch gerichtliche Auflassung Rechte an Grundstücken entstehen könnten [1]). Es träte also in diesem Fall die Erklärung vor Rath und die Genehmigung desselben an die Stelle von Eigenen und Friedewirken, die hier, weil es an dem Empfänger fehlt (denn das Testament ist ja eine einseitige Disposition) [2]), gar nicht passen würden. Daher müßte denn auch ein solches Testament, wenn es vom Nichteigenthümer errichtet wäre, genügend sein, um eine Verjährung beginnen zu lassen, während umgekehrt auf ein nicht vom Rath genehmigtes Testament auch nach dem Ablauf von Jahr und Tag weder dem wirklichen Eigenthümer noch den Erben gegenüber ein Recht würde gegründet werden können, da der Mangel einer Form überhaupt nicht durch Verjährung verbessert wird [3]). Daß aber die Erben überall nur das Testament sich müssen gefallen lassen, liegt eben darin, daß es sich gerade von gewonnenem Gute handelt [4]).

Eine fernere Beschränkung des Veräußerungsrechts des Eigenthümers findet statt, sofern er noch „binnen sinen iaren is." Alsdann kann theils der Vormund ohne des Eigenthümers Einwilligung, theils dieser seinerseits nicht ohne des Vormundes Zustimmung veräußern [5]). Diese Beschränkung fällt mit der durch die nächsten Erben schon deshalb nicht zusammen, weil die Succession in die Vormundschaft nach andern Regeln geht als die in das Erbe [6]).

Unter den Personen, die kraft Erbrechts befugt sind, die Veräußerung von Grundstücken zu beschränken, hat man sich nicht bloß die Magen zu denken, sondern auch die Ehegatten [7]). Von diesen wird indeß hier nur gelegentlich und erst im folgenden Paragraphen ausführlich geredet werden. Was die Verwandten angeht, so zeigen sich Rechte derselben sowohl bei ererbten als bei gewonnenen Grundstücken, und bei nothgedrungenen Veräußerungen nicht minder als bei freiwilligen, und bei Veräußerungen von Todes wegen so gut als bei denen unter Lebenden. Aber freilich haben diese Rechte nicht unter allen Voraussetzungen eine gleiche Bedeutung. Schon früher ist gezeigt worden, daß gewonne-

1) Dieser Ausnahme ist schon gedacht oben pag. 183 Note 4. Vgl. auch über die Concurrenz des Raths hiebei Albrecht a. a. O. Note 564
2) s. oben pag. 153. 3) s. oben pag. 191 Note 7 und 8. 4) s. oben pag. 152 und weiter unten pag. 196 Note 2 und p. 204 Note 6 von der Verjährung. 5) s. oben pag. 18, 21—29. 26, 36—42 und das Nähere unten in §. 3. 6) s. oben pag. 147. 7) s. oben pag. 176 Note 8.

nes Gut außer dem Siechbette ganz unabhängig vom Willen der Erben veräußert werden könne [1]), und selbst diese Beschränkung ist in Ansehung testamentarischer, d. h. einseitiger letztwilliger Dispositionen in der neuen Redaction verschwunden, indem es bei ihnen, wie vorhin gezeigt ist, jederzeit nur darauf ankommt, daß man die vorgeschriebene Form vor dem Rath beobachtet [2]). Für Verträge und namentlich Erbverträge ist das alte Recht nicht geändert, so daß im Siechbette durch sie auch über gewonnenes Gut nicht disponirt werden kann, wenn die Erben nicht einwilligen. Haben sie aber nicht eingewilligt, so ist das Schicksal des Vertrages den Umständen nach verschieden [3]). War ein Erbvertrag abgeschlossen ohne gerichtliche Auflassung, so kann der Gläubiger, er mag nun in den Besitz eingewiesen sein oder nicht, den Erben des Grundstücks gegenüber nie irgend ein Recht, auch nicht ein obligatorisches, geltend machen [4]). Ist aber eine gerichtliche Auflassung vorgenommen, so ist wenigstens nach Ablauf von Jahr und Tag der Gläubiger gegen den Widerspruch der Erben gesichert. Dies wird auch der Fall sein, wenn gewonnenes Gut an Gotteshäuser, Pfaffen und begebene Leute veräußert wird, obwohl man es an diese weder im Siechbette noch sonst ohne die Erben veräußern darf [5]).

Bei Erbgut im engeren Sinn sind die Rechte der Erben viel bedeutender, obwohl auch bei ihnen nicht unter allen Voraussetzungen dieselben. Daß Testamente sich überall nicht auf sie beziehen können und eben so wenig Erbverträge, geht schon aus dem Bisherigen hervor [6]) und hängt mit der allgemeineren Regel zusammen, daß die Erben Veräußerungen, wenn sie nicht aus Noth geschehen, unter keinen Umständen anzuerkennen brauchen [7]). Geschehen sie jedoch aus Noth, so ist das Recht der Erben beschränkterer Art. Eine nothwendige Veräußerung aber ist jede durch factische oder juristische Gründe gebotene, also sowohl die für die Erhaltung der physischen Existenz erforderliche als die, welche vorgenommen wird, weil ohne das die Schulden nicht bezahlt werden könnten [8]). Denn obwohl zunächst nur geredet wird von „lives not" so heißt es doch auch wieder, der Erbe könne die Veräußerung in diesem Fall verhindern und das Erbgut selbst behalten, wenn er dem Erblasser „sine nottorst gheve unde sine scult ghelde" [9]). Außerdem aber folgt freilich die Zulässigkeit der Veräußerung, um den Gläubigern gerecht zu werden, auch

1) s. oben pag. 152 und 153. 2) s. oben pag 153 und pag. 195 Note 4. 3) s. unten p. 200 N. 4. 4) s oben pag. 26, 25—29 und p 201 Note 6. 5) s oben p 154, woselbst auch bereits diese Bestimmungen der Statuten mit denen der beiden Rechtsbücher verglichen sind. Vgl. auch weiter unten p. 204 N. 9 und p 208 N. 1 6) s. die vorige Seite und oben pag. 152 7) s oben pag 26, 37. 38. 8) s. oben pag 155 und pag 165 über den Unterschied zwischen Leibesnoth und juristischer Nothwendigkeit. 9) s. oben pag. 26, 41. 42.

aus den Stellen, die ganz allgemein von dem Uebergang der Verbindlichkeiten des Erblassers auf die Erben und davon namentlich sprechen, daß auch mit Erbgütern wegen der Schulden gehaftet würde, so daß die Gläubiger sogar gegen den Willen des Erblassers auf deren Verkauf dringen könnten [1]). Es versteht sich jedoch von selbst, daß die Erben den Beweis sowohl der factischen wie der juristischen Noth begehren können. Jenes geschieht einfach durch den Eid des Erblassers „dat it ime lives not do" [2]), womit indeß dem Erben nicht das Recht genommen wird seinerseits umgekehrt darzuthun, daß der Erblasser „sine nottorst hebben möghe" [3]). Die juristische Noth wird bewiesen wie jede Schuld, doch ist schon früher darauf aufmerksam gemacht worden, welche Maaßregeln der Erbe gegen die Gefahr muthwillig etwa vom Erblasser zugestandener Schulden ergreifen könne [4]). Daß in dem Recht der Erben, das Erbe unter den vorhin genannten Bedingungen zu behalten, ein gewöhnliches Näherrecht enthalten sei, kann man eigentlich nicht sagen, denn von einem Eintreten in den etwa schon geschlossenen Kaufvertrag ist nicht die Rede, sondern eben nur davon, daß der Erbe die Schulden, derenthalben man zu verkaufen dachte, übernehme und außerdem nach Umständen die „nottorst," also etwa die Alimentation des Erblassers. Die Erfüllung dieser Bedingungen kann je nach den Verhältnissen lästiger und vortheilhafter sein als die Ausübung eines Näherrechts. In dieses verwandelt sich das Recht der Erben gewissermaßen nur zufälligerweise, wenn der Schuldner selber gar nicht veräußern will, sondern sich statt dessen von dem Gute lossagt, so daß statt seiner die Gläubiger auf den Verkauf dringen. Obwohl hier das Recht der Erben an sich nicht verändert wird, so konnte doch die Form der Ausübung jetzt keine andere sein als die, das Gut vor allen andern Personen kaufen zu dürfen, denn es ist ja niemand da, der Schulden und Alimente bezahlt haben will [5]). Nur in einem Fall hat vielleicht der Erbe, auch wenn der Schuldner selbst veräußern will, ein eigentliches Näherrecht, nämlich wenn er zugleich Miteigenthümer ist [6]).

Bisher war vom Recht der Erben überhaupt geredet und die besondere Stellung der einzelnen Erben nicht berücksichtigt worden. Hier wäre zunächst hervorzuheben, wie unter Umständen die Stellung der Kinder des Erblassers eine andere sein kann als die der Seitenverwandten, und wie überhaupt die ehlichen Güter-

1) s. oben pag. 148. 2) s. oben pag. 26, 39. 40. 3) s. oben pag. 29, 45 — 30, 2 und die Goslarischen Rechtserkenntnisse bei Förstemann a. a. O. §. 7. pag. 27. 4) s. oben pag. 148 Note 6 und 7. 5) s. oben pag. 157 Note 1, wo die Rede ist von dem Fall, da die Erben eine Erbschaft nicht annehmen wollen und nun der Schulden halber die darin befindlichen Grundstücke veräußert werden sollen. 6) s. oben pag. 180 Note 2 und pag. 182 Note 6 und unten pag. 208 Note 5.

verhältnisse die Rechte der Erben verändern könnten, indeß dies wird besser im Zusammenhang mit den ehlichen Güterverhältnissen überhaupt erörtert werden [1]) und es wird daher jetzt nur darauf ankommen, die davon unabhängigen Verhältnisse mehrerer Erben unter einander deutlich zu machen. Es wird nur gefordert [2]), daß die zur Zeit der Veräußerung nächsten Erben ihre Zustimmung ertheilen, alsdann sind die ferneren Erben nicht zum Widerspruch berechtigt. Sind mehrere gleich nahe Erben vorhanden, so müssen sie sämmtlich gefragt werden und consentirt haben, wenn die Veräußerung gültig sein soll [3]). Daher auch die Veräußerung dadurch an sich nicht gültiger wird, daß an einen der nächsten Erben selbst veräußert wird [4]). Für die Frage danach, ob auf die Erben der bei der Veräußerung nächsten Erben das Recht zu widersprechen nach ihrem Tode transmittirt werde, wenn sie nicht consentirt und nicht widersprochen hatten, oder ob die dem Veräußerer dann nächsten Erben die Berechtigten seien, findet sich keine Antwort in den Statuten [5]). Nach allgemeinen Grundsätzen muß sie wohl zum Vortheil der Letztern beantwortet werden. Auf die ersteren geht nur dann das Recht über, die Veräußerung zu revociren, wenn ihre Erblasser bereits widersprochen hatten, so wie umgekehrt deren Consens sicher macht gegen den Widerspruch ihrer Erben nicht minder als der bei ihrem Tode nächsten Erben des Veräußerers [6]). Die Rechte mehrerer gleich naher Erben ändern sich auch nicht dadurch, daß sie das bereits gemeinschaftlich Ererbte unter sich theilen, indem jeder an dem Erbgut, was dem andern zugetheilt worden ist, doch seine Rechte als Erbe behält. Dies wird zunächst zwar nur gesagt von dem Fall, da ein Pfaffe durch Erbgut seinen Erbtheil erhalten hat, kann aber unmöglich als etwas bei den Pfaffen Eigenthümliches angesehen werden, sondern wird gewiß nur deshalb in Bezug auf sie besonders hervorgehoben, weil man die Besorgniß hatte, die Kirche könnte hier gelegentlich einmal ein anderes Recht geltend machen wollen [7]). Für den besondern Fall, da die zur Zeit der Veräußerung nächsten Erben binnen ihren Jahren sind, genügt die Zustimmung der Vormünder allein noch nicht. Dieses geht nicht

1) s. oben p. 129 Note 1 und unten §. 3. 2) s. oben p. 28, 28—32.
3) s. oben pag. 28, 31. 32. 4) s. die unten Note 7 citirte Stelle.
5) s. hierüber Pauli a a. O. pag. 150—154 und unten p. 200 N. 1 und p 203 Note 1. 6) s. oben pag. 28, 28—32. 7) Gerade über den Fall, da ein Pfaffe mit Erbgut abgetheilt ist, findet sich ein interessantes Rechtserkenntniß bei Förstemann a. a. O. § 7 pag 25—27. Ein Priester mit einem Bruder und einer Schwester war dem Vater succedirt. Das ihm gewordene Erbgut hatte er dem Bruder ohne Wissen der Schwester verkauft, die später den Verkauf ihres Bruders Kindern gegenüber, da er selbst gestorben war, angriff. Die Stelle ist auch interessant für die Berechnung der Verjährung, s. unten pag. 202 Note 2.

bloß daraus hervor, daß der Vormund die eigenen Güter des Kindes nicht veräußern darf ohne der andern Verwandten Zustimmung [1]), sondern es wird auch ausdrücklich erklärt, daß der Erblasser nicht ohne der Vormünder Willen und der Erben Zustimmung verkaufen dürfe [2]).

Die Frage danach, welche Formen bei Einholung des Consenses zu beobachten seien, muß nach den allgemeinen Regeln von dem Beweise juristischer Handlungen beantwortet werden [3]). Jede Handlung, die nicht mit Rath, Richter oder Zeugen bewiesen werden kann, kann eidlich abgeleugnet werden. Dies gilt namentlich auch von der Zustimmung, welche die Erben den durch Erbverträge gemachten Veräußerungen [4]) gegeben haben sollen, den einzigen Veräußerungen, bei welchen in den Statuten überhaupt der Form des Consenses gedacht wird. Die Regel gilt aber ferner auch dann, wenn von Veräußerungen aus Noth [5]) und dem Beweise die Rede ist, daß den Erben Gelegenheit gegeben sei [6]), unter den bekannten Bedingungen das Erbe zu behalten. Wird hier nur schlechtweg behauptet, daß man es ihnen zu wissen gethan habe, so sind sie befugt, dies eidlich in Abrede zu stellen. Doch ist allerdings nicht außer Acht zu lassen, daß unter Umständen überhaupt die Einwilligung der Erben vermuthet wird [7]). Inwiefern dies geschehe, wenn sie ohne Widerspruch zu thun bei der gerichtlichen Auflassung gegenwärtig gewesen sind, soll im Zusammenhang mit der Verjährung erörtert werden [8]). Aus dem Bisherigen ergiebt sich schon von selbst, daß es gleichgültig sein muß, ob die Erben ihre Einwilligung ertheilt haben, so lange der Contract noch ein obligatorischer war, oder ob die Zustimmung bei der gerichtlichen Auflassung selbst oder nachher erfolgt ist. Im ersten Fall hat die Zustimmung vollständig dieselbe Wirkung wie in den beiden letzten Fällen [9]) Nur insofern ist es nicht gleich-

1) s. oben pag. 18, 21—26. pag. 26. 30. 31 und pag. 195 Note 5. 6.

2) s. oben pag. 26, 38. 39. Die Worte „der vormunden willen" finden sich nur in einigen Handschriften und auch in ihnen nur mit neuerer Hand. Dadurch wird man aber nicht berechtigt anzunehmen, daß bis zu diesem Zusatz gerade der Vormünder Einwilligung nicht nöthig gewesen wäre und man sich also mit der Einwilligung der nächsten Erben des Kindes begnügt habe. Vielmehr verstand sich die Nothwendigkeit der Einwilligung des Vormundes von selbst, und das Neue ist nur, daß um allem Zweifel vorzubeugen, dies noch ausdrücklich ausgesprochen wird. Siehe das Nähere unten §. 3.

3) s. unten §. 9.

4) s. oben pag. 154 und p. 196 Note 5.

5) Wie die Noth bewiesen wird s. oben p. 197 Note 2.

6) s. oben p. 23, 10. Ueber diese schon öfter erwähnte Stelle, die hauptsächlich von dem Näherrecht der Miteigenthümer redet, s. oben p. 180. 182 und p. 197 Note 6.

7) s. oben pag. 151 Note 1 von dem Fall, da jemand sein Recht auf ein Grundstück durch „kunscap" beweist.

8) s. weiter unten pag. 203 Note 6.

9) Dies folgt eben daraus, daß überhaupt keine bestimmte Form der Consenserklärung begehrt wird. S. auch Sydow pag. 195.

viel, ob zu dem bloß obligatorischen Vertrage erst consentirt war, als die so consentirt habenden Erben vor der Vollziehung des Contracts durch gerichtliche Auflassung mit Tode abgehen können und nun ihre nächsten Erben nicht zugleich auch die nächsten Erben des Veräußerers sind [1]). Ist das Letztere dagegen der Fall, so ist der Consens der Verstorbenen natürlich für sie verbindlich [2]).

Ueber die Wirkungen einer Veräußerung, welche geschehen ist ohne gehörige Berücksichtigung der Rechte der nächsten Erben, giebt es nur eine Stelle in den Statuten [3]). Nach dieser können die Erben den Verkauf eines Erbguts brechen mit Rechte, d. h. mit Klage denselben revociren, und zwar noch bei Lebzeiten des Verkäufers, von dem ausdrücklich gesagt wird, daß er in diesem Falle verpflichtet sei, dasjenige, was er für das Gut erhalten hatte, wieder herauszugeben. Auch heißt es ferner, daß falls die Revocation erst nach seinem Tode geschähe, selbst der Erbe angehalten werden müsse, das Erhaltene zurückzuzahlen [4]). Hieraus kann nicht hergeleitet werden, daß in dieser Stelle nur von der Ausübung eines Näherrechts die Rede sei, denn diese letztere Verpflichtung tritt ja eben nur dann ein, wenn die ganze hereditas auf den Revocirenden übergegangen ist. Doch wird natürlich selbst in diesem Fall vorausgesetzt, daß der Käufer den Kauf beweisen könne (denn das Gut könnte ihm ja auch geschenkt worden sein) [5]), und hier gilt dann wieder, daß, wenn es an einem gehörigen Beweise fehlt, die Schuld gerichtlich abgeleugnet werden kann. Inwiefern die Erben bei einer Revocation bei Lebzeiten des Veräußerers das Gut für sich zugleich auch behalten dürfen, erhellt nicht deutlich. Es scheint indeß in dem Ausdruck „breken mit rechte" eben nur das Recht der Revocation zu liegen, nach welcher dann der Veräußerer, wenigstens sofern er sich keines Unrechts schuldig gemacht hat, wieder in das Gut eintritt [6]). Dies paßt natürlich nur für den Fall einer reinen Revocationsklage, da also eine freiwillige Veräußerung stattgefunden hatte, denn unter der Voraussetzung einer Veräußerung aus Noth besteht ja gerade das Recht der Erben darin, das Gut gegen Geld an sich zu bringen und zu behalten. An einer Stelle, welche genauere Auskunft über dieses Retractrecht gäbe, fehlt es indeß auch ganz.

1) s. oben pag. 19? Note 5. In der Hauptstelle oben pag. 28, 28, heißt es ausdrücklich „Let en sin ervegut . . . dat sin neyste erve vulbordet." Also auf die bei der Auflassung gerade nächsten Erben kommt es an. Daß unter gewissen Voraussetzungen auch die im Voraus schon gegebene Einwilligung alle Erben bindet, darüber siehe ein interessantes Beispiel des lübischen Rechts bei Pauli a. a. O. pag. 163. 2) s. oben pag. 148 die allgemeinen Grundsätze von der Prästation der Facta des Verstorbenen und oben pag. 196 Note 4 3) s. oben pag. 28, 23—27. 4) s. oben pag. 151 Note 2. 5) Von Schenkungen gilt das über Erbverträge oben pag. 194 Note 5 Gesagte. 6) Vergl. hierüber Pauli a. a. O. pag. 131 und namentlich Note 220.

Die Verpflichtung des Veräußerers nach der Anfechtung durch die Erben besteht in etwas Doppeltem. Er ist einmal verpflichtet Buße und Wette zu bezahlen [1]), dann aber auch verbunden, dem Erwerber dasjenige zurückzugeben, was er von ihm in Folge des Kaufs oder der Verpfändung empfangen hatte [2]). Nur von den beiden letztgenannten Geschäften, also nur von onerösen Verträgen ist die Rede. Im Fall einer Schenkung könnte wohl höchstens von Bezahlung der Buße und Wette gesprochen werden. Beide Verbindlichkeiten, die Letztere und die Zurückerstattung des Erhaltenen, gehen auf die Erben über, sofern sie ihre Zustimmung gegeben haben [3]), oder aus Noth veräußert ist und sie selbst nicht das Gut zu übernehmen Lust hatten [4]). Nur die Pflicht der Zurückerstattung des Erhaltenen geht über, wenn der Verkäufer selbst die Erfüllung derselben nicht geleistet hat, weil die Erben erst nach seinem Tode die Veräußerung angefochten haben [5]). Dies erklärt sich nicht, wie schon früher bemerkt worden ist, daraus, daß der Erbe wenigstens den obligatorischen Contract anzuerkennen habe, sondern daraus, daß ohnedies eine bloß einseitige Aufhebung des Geschäftes lediglich zum Schaden des Käufers stattfinden würde [6]). Daher fand denn auch wohl die Zurückzahlung des Geldes nur insoweit statt, als dieses noch vorhanden war [7]). Wird von den Erben nur kraft Näherrechts die Veräußerung angegriffen, so kann, wie schon vorhin bemerkt, der Verkäufer zwar nicht zur Rückzahlung des Kaufgeldes angehalten werden, zur Bezahlung von Buße und Wette aber ist er natürlich verpflichtet [8]). Hiezu können indeß auch andere Personen verbunden sein, sobald sie ausdrücklich „dar vore ghelovet to werende" [9]).

Wenn es an einem dieser materiellen Erfordernisse zur Uebertragung des Eigenthums fehlt, so kann nach Umständen dieser Fehler durch Verjährung, d. h. durch einen Ablauf von Jahr und Tag verbessert werden [10]). Mit diesem Ausdruck wird der Zeitraum von einem Jahr sechs Wochen und dreien Tagen bezeichnet [11]). Der Anfangspunkt dieser Zeit ist regelmäßig der

1) s. oben pag. 28, 18. 19. 2) s. oben pag. 28, 23. 27 und pag. 200 Note 3. 3) Von einem solchen Fall ist zu verstehen oben pag. 27, 6—10 und pag. 150 Note 6, und so kann auch oben pag. 26, 43 bis 27, 5 unter dem, der „dar vore ghelovet to werende," ein consentirender Erbe verstanden werden. 4) Nach der allgemeinen Regel von dem Uebergang der Verbindlichkeiten s. oben pag. 148 5) s. oben pag. 28, 23—27 und pag. 200 Note 4. 6) s. oben p 151 Note 2. 7) s oben p. 28, 23—27. Diese Stelle entscheidet zwar hierfür nichts, vgl. aber Pauli p. 124. 8) s. oben p. 28, 6—10. 18. 19. 9) s. oben p. 26, 43 bis 27, 5 und oben Note 3. Vergl. auch darüber, daß diese Bürgen im Lübischen Recht in der Regel die Verwandten und zwar die entfernteren waren, Pauli a. a. O. pag. 145—147. 10) s. oben p. 183. Daß der bloße Besitz kein Anfangspunkt der Verjährung sein könne, darüber s. oben pag. 191 Note 7. 11) s. oben pag. 25, 24.

Augenblick der gerichtlichen Auflassung und nicht etwa der Augenblick des Todes des Veräußerers. Dieses geht schon daraus hervor, daß den Erben gestattet ist, noch bei Lebzeiten des Verkäufers die Veräußerung zu brechen [1]). Außerdem aber läßt sich hierfür auch ein schon anderweitig benutztes Rechtserkenntniß anführen [2]). Zwei Brüder und eine Schwester theilen unter sich das väterliche Erbe. Der eine der Brüder (ein Priester) verkauft den auf ihn gefallenen Theil des Erbguts an den andern Bruder und läßt es ihm in aller Form gerichtlich auf. Nach dieser Auflassung verlaufen Jahr und Tag. Alsdann stirbt der Erwerber des Guts und hinterläßt es seinen Kindern. Danach stirbt auch der Priester, und ehe noch nach dessen Tode Jahr und Tag vorüber sind, tritt die Schwester auf, um das Gut zu revociren, indem sie beweist, daß die Veräußerung ohne ihr Wissen geschehen sei. Demungeachtet wird sie abgewiesen, weil nach der gerichtlichen Auflassung Jahr und Tag das Gut gewährt worden sei.

Ausnahmsweise kann der Anfangspunkt der Verjährung auch ein späterer sein als die gerichtliche Auflassung. Dies ist der Fall, wenn der Beeinträchtigte zur Zeit der Auflassung nicht im Lande, d. h. nicht in dem District gegenwärtig ist, der zwischen Elbe und Weser, Thüringen und der See liegt. Der Zeitpunkt beginnt alsdann erst mit der Rückkehr [3]). Gleichbedeutend mit der Abwesenheit von jenem District ist, wenn jemand zwar in ihm sich befindet, aber demungeachtet nichts von der gerichtlichen Auflassung erfahren hat. Es wird ihm gestattet sein Nichtwissen durch eidliche Versicherung zu beweisen [4]). Von derselben Wirkung ist ferner, wenn den Anwesenden echte Noth verhindert [5]) den Widerspruch auszuüben, wie wenn er im Gefängniß oder krank liegt, welche Umstände er wieder später durch seinen Eid bewahrheiten kann [6]). Für diejenigen Erben, die zur Zeit der Veräußerung noch nicht die nächsten sind, läuft natürlich die Zeit erst von dem Augenblick an, wo sie dieses werden, denn erst dann haben sie

1) s. oben pag. 200 Note 3. Förstemann a. a. O. pag. 25—27.
2) In dem Rechtserkenntniß beruft man sich auf oben pag. 26, 5—9.
3) s. oben pag. 25, 18—23 und pag. 26, 5—9. 27, 11—15. Vergl. auch Albrecht a. a. O. Note 249. 4) s. oben pag. 11, 32. 33. Ueber die Veränderung der Stelle im vermehrten Sachsenspiegel s. weiter unten. Vgl. auch Albrecht a. a. O. pag. 115 und Pauli a. a. O. pag. 176—178 und namentlich Note 304 und 305. 5) s. oben p. 11, 30. 26, 8. 27, 13. 14 und Pauli a. a. O. Note 307 a. Davon, daß durch echte Noth nicht der Anfangspunkt herausgeschoben würde, sondern nur das Recht des Widerspruchs nicht verloren ginge, der dann unmittelbar mit der Aufhebung der echten Noth geschehen müßte, habe ich keine Andeutung gefunden. S. jedoch Albrecht a. a. O. pag. 115 und weiter unten bei dem Vergleich der Statuten in dieser Lehre mit dem vermehrten S. 6) s. oben pag. 175 Note 1 und unten §. 6 Unterholzners Verjährungslehre Theil 1. pag. 278 und pag. 292.

überhaupt ein Widerspruchsrecht [1]). Sind die interessirten Personen unmündig, so beginnt die Verjährung erst mit erreichter Mündigkeit und zwar ohne Rücksicht darauf, ob der Vormund und die übrigen Erben eingewilligt haben in die Veräußerung oder nicht [2]).

Aus dem Bisherigen ergiebt sich eigentlich schon, daß das Nichtwissen keineswegs ein allgemeines Erforderniß ist [3]), wenn der Anfangspunkt der Verjährung hinausgeschoben werden soll, und eben so wenig, daß eine allgemeine Präsumtion für die Wissenschaft gelte, wenn man „binnen landes" gewesen ist, denn es wird ja auch in diesem Fall ausdrücklich eine Beweisführung gestattet, daß man keine Wissenschaft gehabt habe [4]). Vielleicht erklärt sich das daraus, daß den Statuten das feierliche Aufbieten und die Auflassung in rechter Dingstadt unbekannt ist [5]). Doch kann nie ein eidliches Ableugnen der Wissenschaft vorkommen, wenn der Erbe bei der Auflassung gegenwärtig war, denn dies paßt überhaupt nur in Ermangelung von Zeugen, und an diesen fehlt es ja dann nicht [6]).

Die Form des Widerspruchs scheint nur die der Klage zu sein [7]), denn die Ausdrücke wedersprake und ansprake werden mit einander vertauscht [8]). Die wedersprake ist eben nur die ansprake, in welcher eine unerlaubte Veräußerung gerade als Grund derselben angegeben wird. Von der ansprake aber wieder heißt es, sie müsse geschehen mit Gericht und mit Dingleuten, sonst sei es keine ansprake, also keine förmliche Klage, und habe mithin auch nicht deren Wirkungen [9]), mithin wird ohne das unter andern auch nicht die Verjährung unterbrochen.

Außer dem Anfangspunkt der Verjährung ist wichtig die Beschaffenheit der Gewere an der Sache während des Ablaufs von Jahr und Tag, also die Beantwortung der Frage, ob der, welchem das Gut aufgelassen ist, auch zugleich während jener Zeit müsse besessen haben [10]). Daß irgend einen Theil der Verjährungszeit der Erwerber müsse besessen haben, ist gewiß, denn um auch nur den Anfangspunkt der Verjährung erreichen zu können, muß man ja schon jene drei Tage wenigstens besitzen, welche mit

1) s. oben pag. 198 Note 5. 2) s. oben pag. 19, 30—37 und hierüber Krauts Vormundschaft Band 1. pag. 119 Note 11 und 12. Desgleichen Albrecht a. a. O. Note 251 und Pauli a. a. O. Note 279. S. auch oben pag. 199 Note 2 und das Nähere unten §. 3. 3) s. oben pag. 202 Note 5. 4) s. oben pag 202 Note 4 Vgl. auch Albrecht Note 250 und Pauli a. a. O. pag. 175—179. 5) s. oben pag. 190 Note 1 und Note 3 und p. 186 N 2. Vgl auch Pauli a. a. O. p. 176. 6) s. oben p. 199 N. 6. 8 7) s jedoch Albrecht p. 110. 8) s. oben pag. 26, 5—9. 20—23. 9) s. oben pag. 25, 25—27. Diese Stelle schließt sich unmittelbar an die ganz allgemein von der Verjährung und dem Widerspruch redenden Stellen an. 10) Vgl. hierüber Albrecht a. a. O. pag. 111 Nr. 2.

zur nothwendigen Form des Erwerbes gehören [1]). Es scheint aber auch außerdem nothwendig zu sein der Besitz während des ganzen Zeitraums von Jahr und Tag. Nach der Eidformel nämlich, deren der Beklagte zum Beweis seines Rechts sich zu bedienen hat, muß er auch schwören, „dat ik dit egben hebbe in mine were ghebracht mit richteren . . . . . unde hebbe dat seder iar unde dach ane rechte wedersprake in minen weren ghehat" [2]). Der Ausdruck „were" scheint hier deshalb soviel als Besitz zu bedeuten, weil er ebenfalls in Verbindung mit Jahr und Tag an einem Ort wiederkehrt, wo nur von einer aus dem bloßen Besitz hervorgehenden were die Rede sein kann [3]). Es ist dies die früher schon erörterte Stelle, in welcher die Möglichkeit einer Verjährung, die nicht mit gerichtlicher Auflassung begonnen hat, in Abrede gestellt wird; es helfe dann, heißt es, dem Käufer nichts, wenn er das Gut „iar unde dach beholden hedde in sinen weren ane ansprake." Wenn diese Argumentation überhaupt richtig ist, so ist auch gleichviel, ob die Ursache des Nichtbesitzes gewesen ist, daß der Veräußerer selbst wieder oder daß irgend ein Dritter die Sache besessen hatte [4]).

Diese Verjährung dient, wie schon bemerkt worden, um den Mangel materieller Erfordernisse der Uebertragung zu ergänzen [5]). Zu diesen Erfordernissen gehören nun nach dem Bisherigen nicht die Genehmigung des Raths zu Testamenten [6]), wohl aber seine Genehmigung bei Veräußerungen an Gotteshäuser u. s. w., in welchem letzteren Fall jedoch ausnahmsweise überhaupt keine Verjährung zulässig scheint, da die Veräußerung aus einem Gesichtspunkt des öffentlichen Interesses verboten ist [7]). Aus diesem letztern Grunde wird auch wohl eine ohne den Vormund gemachte Veräußerung durch Ablauf von Zeit nicht unangreifbar, wenigstens nicht so lange, als der Veräußernde unmündig ist [8]). Dagegen wird der Fehler des mangelnden Consenses des wahren Eigenthümers oder der nächsten Erben jederzeit durch Ablauf von Jahr und Tag verbessert und zwar in Ansehung der Erben namentlich auch dann, wenn man versäumt hat ihre Einwilligung zur Veräußerung neugewonnener Güter an Gotteshäuser u. s. w. einzuholen [9]). Nur wenn Unmündige die nächsten Erben waren, deren Vormünder statt ihrer consentirten, beginnt wenigstens die Verjährung erst mit der Mündigkeit [10]).

Zum Schluß ist noch zu bemerken, daß es nicht als Ausnahme von den bisher gegebenen Regeln betrachtet werden könne,

1) s. oben pag. 185. 2) s. oben pag. 25, 33—40. 3) s. oben pag. 191 Note 8. 4) Vergl. namentlich hierüber Albrecht a. a. O. Note 247 und 248 5) s. oben pag. 200 Note 1. 6) s. oben pag. 195 Note 3. 7) s. oben pag. 194 Note 5. 8) s. oben pag. 195 Note 5 und unten § 3. 9) s. oben p. 192 Note 6, p. 193 Note 6 und pag. 196 Note 5. 10) s. oben pag. 203 Note 2.

wenn es jemand gestattet wird, sein Recht durch Kundschaft der Nachbaren zu beweisen für den Fall, da ihm nicht möglich ist durch Gericht oder von Geburts wegen sein Recht darzuthun [1]); denn hier wird eine dieser beiden Entstehungsarten, sofern die Kundschaft das Recht anerkennt, vermuthet. Es ist also nur eine besondere Form des Beweises, worin hier die Ausnahme liegt [2]).

Der Sachsenspiegel weicht in der Lehre vom Recht der nächsten Erben, wie schon öfter bemerkt, in dem Hauptpunkt von den Statuten ab, daß er in dieser Beziehung [3]) keinen Unterschied unter den Grundstücken macht [4]). Das Recht der Erben zeigt sich in Bezug auf ererbtes und gewonnenes Eigen gleich stark, und ebenso ist es für sie gleichgültig, ob die Veräußerung freiwillig oder nothgedrungen von dem Erblasser geschehen ist [5]). Auf die Frage, welche Erben im einzelnen Fall zu consentiren hätten, findet sich im Sachsenspiegel überhaupt keine Antwort. Die hierauf bezügliche Stelle der Statuten ist ihnen also eigenthümlich [6]). Ueber die Form des zu erklärenden Consenses findet sich auch im Sachsenspiegel nichts, als was aus den oben angegebenen allgemeinen Grundsätzen sich folgern läßt [7]). Ueber die Wirkung der ohne Consens der Erben vorgenommenen Veräußerung hat der Sachsenspiegel die den Statuten fremd gebliebene Stelle [8]), nach welcher der Veräußerer als gestorben fingirt wird und nun in Bezug auf das Gut eine anticipirte Erbfolge eintritt. Dies gilt wohl nur von dem Fall, da der Erblasser absichtlich die Rechte der Erben gekränkt hatte [9]), während z. B. bei Unbekanntschaft mit dem Vorhandensein der Erben eben nur eine Revocation, wie sie oben schon beschrieben ist, stattfand [10]). Was über die Lage des Verkäufers gegen den Käufer in den Statuten sich findet, ist aus dem Sachsenspiegel entlehnt [11]). Die entsprechende Stelle lautet aber doch etwas anders. In dem Rechtsbuch wird eigentlich nur von dem Fall geredet, da die Erfüllung des Kaufvertrags dem Verkäufer unmöglich wird, weil schon vor der Auflassung die Were des Käufers gebrochen wird, während die Statuten ganz allgemein nur von Verkauf reden. Umgekehrt sprechen die Statuten von dem besondern Fall, da die Were gerade durch die Erben gebrochen wird, während der Spiegler hier allgemeiner

1) s. oben pag. 151 Note 1. 2) s. unten §. 9. die Lehre vom Beweise. 3) In einer andern Beziehung wird ein Unterschied gemacht, s. oben pag. 178 Note 1. 4) s. oben pag. 155 und die in voriger Note citirte Stelle. 5) s. hierüber Sydow Note 695. 6) s. hierüber Sydow pag. 199 und Pauli pag. 140 folgd. und oben pag. 198 Note 2. 7) s. oben pag. 189 Note 3 und Sydow pag. 192.
8) S. I. 52, 1 und hierüber Sydow Note 688 und Albrecht pag. 36.
9) s. oben pag. 200 Note 5 und Pauli pag. 131. 10) s. oben pag. 200 Note 4. 11) s. oben pag. 201 Note 6 und S. I. 9, 5. 6 und hierüber Sydow Note 1077.

redet, daher fehlt denn auch bei ihm die ausdrückliche Bestimmung, daß wie der Verkäufer so auch dessen Erbe das zurückzahlen müsse, was der Käufer bereits gezahlt habe [1]). Es folgt nur stillschweigend daraus, daß es nachher heißt, zur Auflassung sei der Sohn nicht verpflichtet, wenn er nicht mitcontrahirt oder Bürgen gestellt hat. Um so weniger aber darf dann angenommen werden, daß der Erbe mit der fahrenden Habe des Erblassers dessen Facta prästiren müsse [2]). Daß von dem Verkäufer außer der Geldsumme auch Buße und Wette bezahlt werden müsse, wird nicht ausdrücklich im Sachsenspiegel gesagt [3]). Daß auch dritte Personen für die Gewährleistung verpflichtet werden, erhellt aus dem bereits schon angeführten Artikel [4]).

Die Lehre von der Ergänzung der Fehler der Uebertragung durch Verjährung stimmt mit der der Statuten in Ansehung der Größe des Zeitraums nicht völlig zusammen [5]), insofern der Sachsenspiegel neben einer Verjährung von Jahr und Tag auch eine von dreißig Jahren und Jahr und Tag kennt [6]). Diese letztere scheint sich jedoch nur auf einen einzelnen hierher nicht gehörigen Fall zu beziehen, nämlich auf den eines erblosen Eigens, auf welches der Richter nicht wie auf fahrende Habe schon nach Jahr und Tag, sondern erst nach ein und dreißig Jahren und Jahr und Tag ein Recht erwirbt [7]). Daß dieser größere Zeitraum als ein continuum tempus neben dem utile tempus von Jahr und Tag bestehe, kann wenigstens aus dem Sachsenspiegel selbst nicht begründet werden [8]), da jenen einzelnen Fall ausgenommen immer nur von Jahr und Tag die Rede ist, durch dessen Ablauf nach einer gerichtlichen Auflassung des Grundstücks, sofern kein Widerspruch geschehen, die rechte Gewere begründet werde [9]). Was man unter Jahr und Tag aber zu verstehen habe, wird als bekannt vorausgesetzt, und insofern ist die Stelle der Statuten, welche dies genau angiebt, ihnen eigenthümlich [10]).

Der Anfangspunkt der Verjährungszeit ist wie in den Sta-

1) s. oben pag. 201 Note 5. 2) s. oben pag. 151 Note 2 und pag. 201 Note 6 und Sydow Note 693. 694. 1078. 3) s. oben pag. 201 Note 1. 4) S. I. 9, 5. 6 „oder bürgen vor gesat.“ 5) s. oben pag 201 Note 10. 6) s. oben pag. 175 Note 2. S. I. 29 und hierüber Albrecht pag. 116—118 und Sydow Note 925. 7) s. oben pag. 175 Note 2 und Weiske, Grundsätze des deutschen Privatrechts nach dem Sachsenspiegel pag. 83. 8) Albrecht a. a. O. pag. 117 beruft sich außer auf den Schwabenspiegel auf den vermehrten S., von dessen Bestimmung hierüber weiter unten noch geredet werden wird. 9) Nach Sydow a. a O. Note 925 würde Jahr und Tag nur bei der Fahrniß erwähnt, einzelne Ausnahmen abgerechnet. S. jedoch Homeyers Register zu seiner Ausgabe des S. unter dem Artikel „Jahr und Tag“ und Sydow selbst a. a. O. pag. 225—228. 10) s. oben pag. 201 Note 11. Es verhält sich also mit diesem Ausdruck wie mit dem „zu seinen Jahren gekommen sein,“ s. oben pag. 131 Note 3.

tuten regelmäßig die gerichtliche Auflassung [1]), und ebenso tritt ausnahmsweise der Anfangspunkt später ein, wenn echte Noth an der Wahrnehmung des Rechts hindert [2]). Dies folgt jedoch nur aus einem ganz allgemeinen Artikel von den Wirkungen der Versäumniß eines gerichtlichen Termins und aus einer Stelle, die von einem hierher nicht gehörigen Fall redet, nämlich von dem, da ein „vertheiltes" Eigen einzulösen ist [3]). Inwiefern der Beginn der längern Frist von ein und dreißig Jahren sechs Wochen und drei Tagen von dem Vorhandensein eines Hindernisses abhänge, ist nicht ersichtlich [4]). Die übrigen Ausnahmen werden nicht angegeben, denn auch das außerhalb Landes sein wird nicht als ein selbständiges Hinderniß angeführt, sondern nur sofern es wegen „godes dinst" geschieht [5]). Inwiefern das Wissen oder Nichtwissen der Veräußerung einen Einfluß habe, ist im Rechtsbuch auch nicht gesagt, so daß also auch die dahin gehörige Stelle der Statuten ihnen eigenthümlich ist [6]). Die Form des Widerspruchs der betheiligten Personen ist ebenfalls nur die Klage [7]). Die Beschaffenheit der Gewere während der Verjährungsfrist scheint ganz dieselbe zu sein wie in den Statuten. Denn nicht bloß, daß man mit einem dreitägigen Besitz beginne [8]), sondern daß man die ganze Zeit über besessen habe, wird auch hier verlangt, und letzteres noch viel deutlicher als in den Statuten [9]). Dagegen gehört das, was zuletzt von den einzelnen Fällen, da eine nach dem allgemeinen Princip sonst zulässige Verjährung überhaupt nicht läuft, gesagt ist, nur den Statuten an [10]).

Der vermehrte Sachsenspiegel unterscheidet wie die Statuten zwischen gewonnenem und ererbtem Gut, und bestimmt ebenfalls danach die Rechte der Erben verschieden [11]). Hervorzuheben ist, daß bei der Veräußerung gewonnener Güter an Gotteshäuser, Pfaffen und begebene Leute nur im vermehrten S. auch der Einwilligung der

1) s. oben pag. 192 Note 1. 2) S. II. 7. I 38, 2. 3) S. I. 28 bezieht sich nur auf fahrende Habe, s. oben pag. 175 Note 1. 4) s. oben pag. 206 Note 8. 5) S. II 7. Dies hängt damit zusammen, daß in dieser Stelle überhaupt nur davon die Rede ist, inwiefern ein Nichterscheinen vor Gericht entschuldigt werden könne, s. auch oben pag. 73, 26 und unten §. 6. 6) s. oben pag. 203 Note 4. 7) s. oben pag. 203 Note 7 und S. I. 52, 1 und hierüber Sydow Note 685. Es ist hier natürlich nur von dem Fall die Rede, da die bereits laufende Verjährung unterbrochen werden soll, denn bei der gerichtlichen Auflassung selbst würde natürlich der Widerspruch der Interessenten in Form einer Klage gar nicht passen S. II. 6, 4. 8) s. oben pag. 188 Note 6. 9) S. III 83, 2, zu welchem namentlich die Variante interessant ist „Svat he aver koft dat scal he besitten iar unde dach, of he ene were dar an hebben wil" s. auch S. I 34, 2 und hierüber Albrecht Note 244 und Homeyer a. a. O. unter dem Wort Gewere No. 4, c. 10) s. oben pag. 204 Note 5. 10. 11) s. oben pag. 155 und 178 Note 5 und pag. 195 Note 1. 6.

Erben **neben** der des Raths **ausdrücklich** gedacht wird, während es sich in den Statuten nur aus dem Zusammenhang, in dem die betreffende Stelle steht, stillschweigend ergiebt [1]). Dasselbe könnte man vielleicht behaupten in Ansehung einer dem vermehrten Sachsenspiegel angehörigen Stelle, die den Statuten ganz fremd ist, nämlich daß sie der Sache nach auch in ihnen stehen könnte; denn die Worte „Wer eygen adder fromde habe vorkouft, der sal des gewer sin dywile daz her lebet" können so verstanden werden, daß bei Verkauf von Eigen, d. h. von gewonnenen Grundstücken, der Verkäufer nicht bloß während Jahr und Tag, sondern überhaupt den Käufer gegen die Erben zu vertreten habe, die etwa unter dem Vorwande, daß das Gut ererbtes Gut sei, die Veräußerung anfechten wollten. Damit würde denn auch „fromde habe" recht gut zusammenstimmen, denn bei dieser kann von Rechten der nächsten Erben überhaupt nicht die Rede sein, also kann es immer nur darauf ankommen, gegen die wahren Eigenthümer zu schützen [2]). Bei ererbtem Gut wird dann aber wie in den Statuten auch unterschieden zwischen freiwilligen und nothwendigen Veräußerungen [3]), und findet bei den letzteren nur ausnahmsweise ein eigentliches Näherrecht statt [4]), wovon ein Beispiel hier ist das Recht des Miteigenthümers, welcher Erbe ist. Nach den Statuten scheint ein Zusammentreffen dieser Eigenschaften die Rechte der Erben nicht zu verändern [5]), vielmehr treten sie wohl wie sonst, nicht in einen Kaufcontract ein, wenn verkauft werden soll, sondern geben die „nottorft unde ghelden sine scult." Im vermehrten Sachsenspiegel dagegen übernehmen sie entschieden die Bedingungen des Geschäfts, und es scheint auch, als wenn nicht ein nothgedrungener Kauf vorausgesetzt würde, sondern selbst bei freiwilligen Verkäufen im Fall des Miteigenthums nur Näherrecht statt hätte [6]). Unter den Erben sind auch hier nach der aus den Statuten aufgenommenen Stelle immer nur die nächsten, die gleich nahen aber alle um ihren Consens zu befragen [7]), und ebenso müssen auch hier in derselben Weise die Vormünder berücksichtigt werden [8]). Ueber die Form des Consenses enthält auch der vermehrte Sachsenspiegel keine be-

1) s. oben pag. 153 Note 3, pag. 155 und pag. 196 Note 5.

2) Was **gegen** die oben gegebene Interpretation hauptsächlich spricht, ist, daß die Stelle aus dem S. III. 83, 3 entlehnt ist, so daß man entweder auch in ihm hierin eine Spur finden müßte vom Unterschied zwischen gewonnenen und ererbten Grundstücken, oder annehmen müßte, daß der Verfasser des vermehrten S. sie in einem andern Sinn aufgefaßt hätte, als sie ursprünglich gemeint wäre. Ueber andere Interpretationen der Stelle s. Unterholzers Verjährungslehre Bd. 2. pag. 306 Note. 3) s. oben pag. 196 Note 7. 4) s. oben pag. 197 Note 6. 5) s. oben pag. 180 Note 2 und pag. 182 Note 6. 6) D. II. 4, 15 = B. II. 2, 14. 7) s. oben pag. 198 Note 3. 8) s. oben pag. 204 Note 8. 10 und weiter unten bei der Verjährung.

sonderen Stellen [1]). Die Wirkung der Veräußerung wird nicht mit der strengen Stelle des Sachsenspiegels, sondern mit der der Statuten bezeichnet [2]); und eben so redet das Rechtsbuch über die Lage des Veräußerers nach der Anfechtung des Geschäfts mit den Worten der Statuten [3]), denn die Worte im Text bei Ortloff [4]) „unde spricht, es sy sin erbe mit rechte" sind doch wohl nur, wie auch die dazu gehörenden Varianten zeigen, durch Corruption des ursprünglichen Textes entstanden [5]). Auch die von Buße und Wette redenden Stellen sind aufgenommen [6]) und daß auch außer dem Veräußerer andere Personen Gewähre geloben [7]).

Die zwiefache Verjährungszeit von Jahr und Tag und dreißig Jahren und Jahr und Tag findet sich auch im vermehrten Sachsenspiegel, und zwar nicht bloß wie im Sachsenspiegel so, daß man die letztern nur auf erbloses Eigen und die Verjährung der richterlichen Rechte daran beziehen könnte, sondern ganz allmein neben die gewöhnliche Zeit von Jahr und Tag hingestellt [8]). Hier macht sich doch wohl schon der Einfluß des fremden Rechts bemerkbar, auf welches ja sogar in andern Stellen ausdrücklich Bezug genommen wird [9]). Dies findet vielleicht darin eine Bestätigung, daß die Worte nur in den Pölmanschen Distinctionen „iar und iar unde tag" heißen [10]), während im vermehrten S. selbst die unterstrichenen Worte fehlen [11]), wodurch die Zeitbestimmung sich schon mehr der römischen nähert. Denn freilich müßte auch hier der Ausdruck „Tag" künstlich, wie er unmittelbar vorher erklärt wird, d. h. für sechs Wochen und drei Tage verstanden werden [12]). Das Verhältniß zu der Frist von Jahr und Tag kann dann wohl schwerlich ein anderes sein als das eines continuum zu einem utile tempus [13]). Der Anfangspunkt der Verjährung ist auch hier regelmäßig die gerichtliche Auflassung [14]). Ausnahmen treten dann ebenfalls ein für den, welcher nicht „in deme lande" ist. Von diesem Ausdruck werden mehrere Erklärungen gegeben und zuletzt auch die der goslarischen Statuten [15]).

1) s. oben pag. 193 Note 3. 4 und pag. 205 Note 7. 2) s. oben pag. 200 Note 3. 6 und 205 Note 8. 3) s. oben pag. 205 Note 11 und 206 Note 1. 4) O. I. 46, 12 = B. I. 39, 11. 5) s. bei Ortloff pag. 394 die Varianten zu der in der vorigen Note citirten Stelle. 6) s. oben pag. 201 Note 1. 8 und 206 Note 3. Vgl. O. I. 46, 1. 2. 11 = B. I. 39, pr. 1 10 und oben pag. 150 Note 8. 7) s. oben pag. 201 Note 9 und 206 Note 4 und O. I. 46, 1 = B. I. 39 pr. 8) s. oben pag. 206 Note 6—8. 9) s. oben pag. 133 wegen der Legitimation Unehlicher. 10) s. Albrechts Gewere pag. 117 und Sydow Note 925, wo die Worte so abgedruckt sind, wie sie oben im Text stehen. 11) O. I. 34, 1 = B. I. 28 pr. und bei O. die Varianten zu dieser Stelle pag. 380. 12) s. oben pag. 201 Note 11 und 206 Note 10. 13) s. oben pag. 206 Note 8. Die Worte selbst lassen kaum eine andere Interpretation zu, s. jedoch Sydow Note 925. 14) s. oben pag. 202 Note 1 und 207 Note 1. 15) s. oben pag. 202 Note 3.

Darin aber zeigt sich eine Abweichung, daß von einem solchen Abwesenden noch ein besonderer Beweis des Nichtwissens um die Veräußerung gefordert wird, während dies in den Statuten nur den trifft, welcher „binnen landes" gewesen ist oder vielmehr ein Recht desselben ist. Die entsprechende Stelle im vermehrten Sachsenspiegel lautet hier ganz so wie in den Statuten, nur daß statt der Worte „binnen landes" „usz deme lande" gelesen wird [1]). Hiermit steht in Verbindung, daß wenn etwa dem Verletzten gegenüber behauptet wird, er sei während Jahr und Tag irgend einmal im Lande gewesen (denn schon dies genügt, daß der Ablauf von Jahr und Tag ohne Unterbrechung zu Ende gehe), ihm frei stehe zu beschwören, wie er in „der vorgenanten iarzcal ny were in daz lanth komen." Dieser Eid kann aber freilich nur dann geschworen werden, wenn nicht das Gegentheil durch Zeugen zu erweisen ist [2]). Diese ganze Veränderung steht mit der den Statuten unbekannten feierlichen Aufbietung bei der gerichtlichen Auflassung in genauem Zusammenhang, denn die Worte nach der Aufbietung lauten: wer hyrzcu kegenwertigk ist unde nu swiget, der sal ouch ummer swige; wer ouch hy nicht en ist unde hir in zcu sprechen had, deme bescheyde ich vor daz recht bi siner rechten iarczal; wer dorobir swiget, der sal ummer swigen [3]). Die einzelnen Stellen, welche von der Aufschiebung der Verjährung wegen echter Noth reden, haben keine Veränderung erfahren [4]). Die Stellen, nach welchen gegen Unmündige die Verjährung nicht läuft, finden sich auch in dem vermehrten Sachsenspiegel [5]), und außerdem noch einige den Statuten unbekannte, auf welche indeß erst im folgenden §. 3. Rücksicht genommen werden wird [6]).

Von der Form des Widerspruchs gilt das oben [7]) Gesagte, denn die dort citirten Stellen kehren im Rechtsbuch wieder [8]), was nicht von der hierauf sich beziehenden Stelle des Sachsenspiegels gilt [9]). Die Beschaffenheit der Gewere während der Verjährungszeit ist auch nach dem vermehrten Sachsenspiegel die des Besitzes. Die den Statuten entsprechenden Stellen weichen in nichts Wesentlichem ab, denn wenn statt ane rechte wedersprake in minen weren gelesen wird in mynen rechten gewern, so ist das nur ein kürzerer Ausdruck für dieselbe Sache [10]).

1) s. oben pag. 202 Note 4. D. I. 20, 16 eile 162 = B. I. 14, 15. Vgl. auch D. II. 1, 1 = B. I. 44 pr. 2) D. I. 34, 2 = B. I. 28, 2. 3) D. I. 46, 4 = B. I. 39, 3 u. oben p. 203 Note 4—6. 4) s. oben pag. 202 Note 5. 6. 5) s. oben pag. 203 Note 2 und D. I. 50, 8 = B. I. 43, 7 und pag. 191 Note 1 und 2. 6) D. I. 45, 4 = B. I. 37, 3 und D. II. 1, 1 = B. I. 44 pr. 7) s. oben p. 203 Note 7—9. 8) D. I. 43, 1. 5 = B. I. 36 pr. 3 und D. I. 44, 2 = B. I. 37, 1. 9) s. oben pag. 207 Note 7. 10) s. oben pag. 204 Note 1—4 und unter den zu den dort angeführten Stellen gehörenden Parallelen hauptsächlich D. I. 43, 3 = B. I. 36, 2.

Die zweite Art des Eigenthumserwerbs an Grundstücken, die in diesem Paragraph zu erörtern ist, ist die durch Beerbung [1]). Auch hier ist zu bemerken, daß der Mangel des nächsten Erbrechts durch Ablauf von Jahr und Tag gut gemacht werden kann, so daß wiederum auch hier die Verjährung keine selbständige, sondern nur ergänzende Wirkung hat.

Die Erfordernisse sind vor allen Dingen Erbrecht und daß die Grundstücke schon Eigenthum des Erblassers waren, letzteres nach der allgemeinen Regel, daß fremde Sachen überhaupt nicht zur Erbschaft gehören, und daß unrechtes Gut immer ohne Verletzung der Erben an den rechtmäßigen Besitzer zurückgegeben wird [2]). Nur sofern der Erblasser selbst einen Besitz bereits begonnen hatte, den er durch ungestörten Ablauf von Jahr und Tag zu vollem Eigenthumsrecht würde ergänzt haben, insofern muß den Erben auch an fremden Grundstücken ein Recht eingeräumt werden, so daß sie also die von einem Erblasser angefangene Verjährung zu vollenden befugt sind [3]). Dies folgt wieder nur aus den allgemeinen Grundsätzen von dem Uebergang aller Rechte auf den Erben [4]), denn an einer speciellen Stelle hierüber fehlt es in den Statuten. Allein in diesem Fall, wo zu den Erfordernissen des Erwerbs der fortdauernde Besitz auch für den Erblasser gehört haben würde, bedarf es einer Besitzergreifung für den Erben. Außerdem aber ist sie hier zum Eigenthumserwerb nicht nothwendig, da ja die Erben schon bei Lebzeiten des Erblassers, wo sie doch entschieden nicht besitzen, ihr Erbrecht geltend machen können [5]). Dies brauchte nicht besonders bemerkt zu werden, wenn nicht eine Stelle der Statuten auf den ersten Blick wenigstens die entgegengesetzte Ansicht zu rechtfertigen schiene [6]). Es werden daselbst die Eidesformeln, die der Beweisende zu sprechen hat, angegeben. Der sein Recht auf Vererbung gründet, soll schwören „Dat dit hus . . . min erve is unde in mine were komen is, als ek des to rechte gheneten scal," mithin wird nicht bloß der Beweis des Erbrechts an sich, sondern auch noch der der were, was hier im Gegensatz des Rechts doch nichts anders als der Besitz sein kann, gefordert. Dies erklärt sich daraus, daß von dem Eide die Rede ist, den der Erbe zu schwören hat, der zugleich der Besitzer ist. Hier wäre es wohl möglich, daß er sich diesen Besitz trotzend auf sein gutes Recht statt durch Gericht mit Gewalt verschafft hätte (wozu man niemals befugt ist) [7]), daher muß er von diesem Verdachte sich reinigen.

Ist jemand nicht der nächste Erbe, so ist er doch nach Ablauf von Jahr und Tag gegen die Ansprüche des nähern Erben

1) s. oben pag. 183 Note 3. 2) s. oben pag. 128 Note 4 und pag. 155 Note 4. 3) s. Albrecht pag. 106 oben. 4) s. oben pag. 146 Note 1—5. 5) s. oben pag. 200 Note 4. 6) s. oben pag. 26, 1—4. 7) s. oben pag. 28, 16. 17.

gesichert. Die Stellen, welche hierher gehören, reden von der Erbschaft überhaupt und sind ihrer Zeit schon berücksichtigt worden [1]). Nur darauf ist hier noch aufmerksam zu machen, daß die hier in Rede stehende Verjährung wohl nur dann stattfinden könne, wenn der nähere Erbe nicht schon nach dem Tode des Erblassers besessen hatte. War dies der Fall und er hat dann nur wieder den Besitz verloren, so ist er doch gewiß auch dem entferntern Erben gegenüber dem Eigenthümer gleich zu achten, dessen Grundstück ohne gerichtliche Auflassung in den Besitz eines Fremden gekommen ist und der hierauf allein nie durch Verjährung geschützt wird [2]). Außerdem reden auch die beiden hierher gehörenden Stellen [3]) nur von dem Fall, da man entweder von einem nähern Erben gar nichts weiß, oder doch die behauptete Wissenschaft durchaus unbewiesen ist. Die letztere Stelle, nach welcher der binnen landes befindliche Erbe dem Rath für die Herausgabe des Erbe an den außer Landes etwa befindlichen Erben Sicherheit stellen soll, beweist nichts dagegen, daß Jahr und Tag immer erst mit der Rückkehr beginnen [4]), denn die Sicherheit ist hier nur als eine Verstärkung des Rechts des Abwesenden zu betrachten, wodurch er den Vortheil erwirbt, im Fall der Rückkehr einen weitläuftigen Proceß zu spaaren [5]). Ebenso wird auch, wo vom erblosen Gut gesprochen wird, zu dem sich also überhaupt kein Erbe findet, offenbar an den Fall gedacht, da derselbe überall zu keiner Zeit seit des Erblassers Tode sich im Besitz gefunden hat, denn sonst könnte es nicht heißen „wat ervelos irsterft" [6]). Daß aber auch hier während der ganzen Zeit von Jahr und Tag bei dem Erwerbenden der Besitz der Grundstücke gewesen sein müsse, liegt deutlich in den Worten „unde halt dat iar unde dach" und verwende es dann in seinen Nutzen [7]).

Daß das Recht eines von gleich nahen Erben nicht durch eine Veräußerung des Erblassers zum Besten des andern Erben geschwächt werden kann, ist schon früher gesagt worden. Der andere Erbe wird hier behandelt wie eine fremde Person, aber auch nur so, daher jener freilich durch eine Verjährung von Jahr und Tag ebenfalls sein Widerspruchsrecht verliert, sofern nur eine gerichtliche Auflassung stattgefunden hatte [8]). Nur in einem Fall findet eine Ausnahme statt, da nämlich eines von mehreren Kindern allein Lehn oder Zinsgut empfangen hat, wo dann die Uebrigen nur entweder Theilung oder Ersatz begehren dürfen, zwischen welchen beiden das bevorzugte Kind wählen kann [9]).

1) s. oben pag. 144 Note 1, pag. 166 Note 7 und pag. 173 Note 4. 2) s. oben pag. 191 Note 8 und pag. 201 Note 10. 3) s. oben pag. 5, 30—37 und 14, 19—24. 4) s. oben pag. 202 Note 3. 5) Ueber die Berechnung überhaupt s. oben pag. 202. 6) s. oben pag. 9, 1—5. 7) s. oben pag. 9, 2 und pag 5, 32. 8) s. oben pag. 198 Note 4. 9) s. oben pag. 13, 16—21 und pag. 142 Note 7,

Dem Sachsenspiegel fehlt die vorhin angeführte Eidesformel, die zum Beweis des Erbrechts dient [1]), und was über die während der Verjährungszeit zu leistende Sicherheit gesagt ist [2]), wogegen ihm die ausdrückliche Stelle, wie man zum Erwerb des Ererbten des Besitzes nicht bedürfe, eigenthümlich ist [3]). Dies gilt auch von der Bestimmung über Grundeigenthum, welche der Erblasser an eines seiner Kinder zum Nachtheil des Erbrechts der übrigen gegeben hat [4]). Diese muß jedoch zum völligen Verständniß in Verbindung gesetzt werden mit der über Lehngut (von Zinsgut sagt das Rechtsbuch nichts) [5]), welche in die Statuten allerdings, wiewohl nicht ohne Veränderungen zu erfahren, übergegangen ist [6]). Wie hier einerseits die benachtheiligten Erben die Pflicht haben [7]), den begünstigten, sofern er das Grundstück an die Erbschaft wieder abgiebt, nach den gewöhnlichen Grundsätzen zu derselben zuzulassen, so haben sie anderseits das Recht ihn zu zwingen, daß er mit ihnen das voraus erhaltene Grundstück theile [8]), denn sie brauchen keine Art der Veräußerung von Grundstücken und in keiner Weise anzuerkennen [9]). Es kann jedoch in diesem Fall der begünstigte Erbe nicht genöthigt werden durch einen Eid noch zu manifestiren, daß er nur das in Rede stehende Grundstück gerade empfangen habe, wie dies seine Pflicht ist, wenn es sich von der Collation fahrender Habe handelt, denn ob jemand ein Grundstück in Händen habe oder nicht, kann immer anderweit, was nicht von fahrender Habe gilt, ermittelt werden [10]). Umgekehrt ist es ein Recht des begünstigten Erben, wenn die zurückgesetzten Erben behaupten, er habe für das Erhaltene auf die Erbschaft Verzicht geleistet, dies eidlich in Abrede zu stellen, wenn der Verzicht nicht gerichtlich geschehen ist. Ist dieses aber geschehen, so fällt für die übrigen Erben auch die Verpflichtung fort, jenen zur Erbschaft gegen Collation zuzulassen, so daß sie dann darauf eben nur ein Recht haben [11]).

Der vermehrte Sachsenspiegel hat sowohl die Stellen des Sachsensp. wie die der Statuten recipirt, und zwar so sehr, daß

pag. 156 Note 4. Die Stelle gehört eigentlich noch nicht hieher, insofern sie einmal nicht von Eigenthum redet, dann aber auch besondere Verwandtschaftsverhältnisse voraussetzt, von denen erst §. 3. geredet werden wird. 1) s. oben pag. 211 Note 6. 2) s. oben pag. 212 Note 3. 3) s. oben pag. 211 Note 5. 6 und oben pag. 188 Note 6 und Albrecht pag. 34. 4) s. oben pag. 212 Note 9. Vergl. im allgemeinen oben pag. 141—143. 5) s. oben pag. 000 Note 0. 6) S. I. 13. 14 und oben pag. 212 Note 9 und pag. 143 Note 1. 4—6. S. unten pag. 218 Note 8—11. pag. 119 Note 1—4 von Lehngut und §. 3. 7) S. I. 13, 1 „willet se (die Abgetheilten) an ir erve deil spreken . . .“ 8) S. I. 14, 2 „se (die Zurückgesetzten) gedvinget in dar wol mit ordelen to rechter dele.“ 9) s. oben pag. 205 Note 3—5; s. jedoch Sydow Note 312. 10) S. I. 13. 11) S. I. 13 und hierüber Sydow Note 289 und oben pag. 143 Note 5.

er auch das einander Widersprechende, wiewohl an verschiedenen Orten, aufgenommen hat [1]). Was zunächst die eben genauer erörterte Stelle angeht [2]), so ist dem vermehrten Sachsenspiegel eigenthümlich, daß er bestimmt angiebt, was eigentlich unter „andere gut" im Gegensatz von „varende gut" zu verstehen sei, nämlich „gut an eygen an erbe an zcinse" [3]), an welchem letztern Worte man die Benutzung der Statuten durchmerkt [4]). Widersprechendes ist insofern aufgenommen, als die Stellen der Statuten dem Begünstigten freie Wahl, ob er conferiren oder Ersatz geben wolle, zu gestatten scheinen [5]), während diese Wahl nach dem Sachsenspiegel dem Zurückgesetzten gegeben wird [6]). Das Nähere über diesen Punkt in den Statuten bleibt, wie schon bemerkt, dem Güterrecht der Ehegatten im folgenden Paragraphen aufbehalten [7]).

Der Begriff des Lehnguts [8]) (beneficium [9]), feudum [10]) in den kaiserlichen Urkunden) wird in den Statuten im allgemeinen vorausgesetzt, indem seine Merkmale sich eigentlich nur aus dem, was ihm entgegengesetzt wird, erkennen lassen. Als ein solcher Gegensatz kann zunächst der Ausdruck „gheistlik len" [11]) betrachtet werden, worunter man die geistliche Pfründe zu verstehen hat, desgleichen Eigen, Erbgut, Zinsgut, Leibzucht, Gerade, Herwede und Erbe [12]), denn nur einmal wird das letzte Wort auch auf Lehngut mit erstreckt [13]). Wie nun alle diese Rechte Gegenstand entweder des Landrechts oder Weichbildrechts sind, so werden auch diese beiden Ausdrücke dem Lehnrecht entgegengestellt, das es eben nur mit dem Lehn zu thun hat [14]).

Von den zum Lehnsverhältnisse gehörigen Personen wird eigentlich noch weniger geredet als von den Lehnssachen. Der Ausdruck Lehnsherr kommt einigemal vor [15]) und der Vogt wird als die Person genannt, welche dem Rath Sicherheit stellen müsse dafür, daß er die ihm zur Verwaltung anvertrauten Lehne auch wirklich ausleihen wolle [16]). Die Lehnsbesitzer werden gar nicht

1) D. I. 20, 11. 12 = B. I. 14, 10. 11 und D. I. 25, 4. 5 = B. I. 19, 3. 4. 2) s. oben p. 213 Note 1—11. 3) D. I. 20, 11 = B. I. 14, 10, in D. Zeile 101. s. auch bei D. pag. 363 die Varianten zu Zeile 94 95 derselben Stelle. 4) Doch findet sich auch die völlige Stelle der Statuten vom Zinsgut D. I. 25, 5 = B. I. 19, 4. 5) s. oben pag. 212 Note 9, pag. 156 Note 4 und pag. 157 Note 3.
6) s. oben pag. 213 Note 8. 7) s. oben pag. 198 Note 1 und §. 3., von Lehngut unten pag. 219 Note 3. 4. 8) s. oben pag. 10, 16.
9) s. oben pag. 115, 18. 10) s. oben pag. 116, 39 und unten p. 215 Note 5. 11) s. oben pag. 4, 15. 23. 24. 27. pag. 161 Note 8. pag. 164 Note 4 12) s. oben pag. 177 Note 4. 13) s. oben pag. 128 Note 2. 14) s. oben pag. 130 Note 6. 15) s. oben pag. 8, 25. 13, 10. 16. 16) s. oben p. 84, 9. 10 und unten §. 11.

mit technischen Ausdrücken genannt, sondern nur beschrieben mit Worten wie Leute, die Lehngut haben [1]), Unmündige, denen ein Lehn gebührt [2]), Lehnerben [3]). Von einer besondern persönlichen Fähigkeit zum Lehnsverhältniß ist nirgend in den Statuten die Rede [4]), wohl aber findet sich in einer kaiserlichen Urkunde Ludwigs des Baiern, die indeß nicht unter den oben (Anhang No. II.) abgedruckten befindlich ist, folgende hierauf bezügliche Stelle [5]). „Cupientes in publicam omnium verum deduci notitiam; nostros imperiique fideles videlicet burgenses civitatis Goslarie ad nostre maiestatis presenciam deduxisse, ipsos presseuras diversas nec non iniurias pati multiformes specialiter in hoc, quod aliqui illos suis feodis illicite privare presumant et attemptent, presupponentes, quod hoc iure, quod vulgo Heerschild vocatur careant et huius occasione dictis feodis suis non uti debeant sed carere; quod nos, non immerito erigentibus constitutionibus sacrarum legum quibus a nobis et predecessoribus nostris elegantissime privilegiati sunt, contradicimus presentibus reclamantes etc. Volentes praeterea eos in ipso iure Heerschild nuncupato, quoad omnia feoda tam a dominis superioribus ad quoscunque per alicuius sui inferioris obitum devoluta fuerint, recipienda habenda et tenenda, habiles dignos et incolumes et firmiter observari etc. Vos attente requirimus presentibus et rogamus vobis universis et singulis sub obtentu gracie nostre precipiendo mandantes, ut si qui temerario ausu aliquo premissorum presumpserit contraire, vel saepe dictis Goslariens. occasione Heerschildes, quo eos semper gaudere volumus molestaverit, quovis modo bannum imperialem gravem nostre indignationis offensam se noverint incursuros etc. Datum in Stouff. tertia die mensis Nov. A. Dn. MCCCXL regni vero nostri anno vicesimo sexto, imperii vero tertio decimo."

Um dieses Privilegium zu verstehen hat man sich die bergrechtlichen Verhältnisse in Goslar deutlich zu machen. An und für sich war das Bergrecht Regal [6]), und daher mußten, obwohl das Recht im allgemeinen der Stadt übertragen worden war [7]),

1) s. oben pag. 17, 27. 2) s. oben pag. 13, 9. 8. 3) s. oben pag. 17, 27. 28. 4) s. oben pag. 168 Note 5 und pag. 169 Note 3. 5) Die Stelle findet sich ganz so wie sie folgt, d. h mit Ausnahme des Eingangs, auch nicht etwa vollständiger in G. F. Hartmanns specimen iuris publici Goslariensis de iure austregarum legalium liberae ac imperiali reipublicae Goslar. competente. Goslariae 1721. 4. 6) Hartmann a. a O. p. 11. 7) s. hierüber von Dohms Abhandlung über Goslar, seine Bergwerke, Forsten und schutzherrlichen Verhältnisse im Hercynischen Archiv von Holzmann, Halle 1805. 8. pag. 382. Der Verfasser beruft sich für die Behauptung, daß die Stifter der Stadt und die Stadt selbst sehr früh in den Besitz des Rammelsberges kraft kaiserlicher Verleihung gekommen seien, auf kaiserliche Urkunden und sehr alte Nachrichten, welche sich im goslarischen Archive befänden, hat sie aber nicht abdrucken lassen. Es verdient aber das in dem Aufsatz Gesagte Glauben, weil v. Dohm im

allerhand Abgaben davon entrichtet werden. Dahin gehörte zunächst der Zehnte, der indeß schon sehr früh dem Hause Braunschweig lehnbar verliehen wurde [1]), ferner der Schlagschatz und Kupferzoll [2]) und das Voigteigeld (redditus advocatiae, redditus imperii, Zins) [3]), bestehend in 350 Mark Silbers [4]). Das Recht, diese letzten beiden Einkünfte zu ziehen, war dem Reichsvogt übertragen worden, jedoch ohne daß der Kaiser deshalb die Dispositionsbefugniß darüber aufgegeben hätte [5]). Daher geschah es häufig, daß wenigstens das Voigteigeld zum Theil andern Personen und zumal der Stadt [6]) selbst lehnbar verliehen wurde. Außerdem aber war es auch der benachbarte Adel, dem das Recht auf 30, 25 u. s. w. Mark von jenen 350 Mark zu Lehn gegeben ward [7]). Von diesen wurde dann oft das empfangene Recht subinfeudirt [8]) und das subfeudum noch wieder durch fernere Afterbelehnung weiter gegeben und gelangte so, zumal gegen Kaufgeld [9]), auch in die Hände von Bürgern, die dann in einem Lehnsverhältniß standen, zunächst freilich nur zu den einfach rittermäßigen Personen, von denen unmittelbar sie es empfangen hatten. Wenn jedoch ihre nächste lehnsherrliche Familie ausstarb, so kamen sie nun unter die superiores domini [10]) zu stehen, denen, sofern sie die

Jahr 1802 nach der preußischen Occupation Goslars Organisations-Commissarius (s. a. a. O. pag. 178) und also das Archiv der Stadt durchaus zu seiner Disposition war. 1) s. die Anlagen zu der eben angeführten Abhandlung pag. 419—425, woselbst zwei hierher gehörige Urkunden abgedruckt sind. Die eine ist die auch anderweit (s. Böhmers Regesten pag 186) abgedruckte Belehnungsurkunde Friedrichs des zweiten von 1235 an Otto von Lüneburg, die andere eine Bestätigunsurkunde eines Verkaufs des Zehnten an das Collegium der Sechsmannen in Goslar, die der Vormund des Rammelsberges genannt werden. Die Urkunde ist ausgestellt von Herzog Ernst dem Aeltern von Braunschweig 1359.
2) Leibnitz scriptores rerum brunsvicensium Tom. III. Leges metallicae montis Rammelii pag. 548 No 168. „Des rikes voget en mach upp ene hutten nicht mer beholden wen eynen sleyschat und ene koppertoln."
3) s. oben pag. 115, 35. 121, 10—17 und Hartmann a. a. O. p. 12.
4) s. Hartmann a. a. O. p. 21, wo eine Stelle eines Privilegii Carls des vierten von 1357 abgedruckt steht: Quod bona feodalia imperii videlicet trecentas et quinquaginta marcas argenti Goslariensis in advocatia ibidem quibuscunque personis a felicis memorie divis Romanorum imperatoribus sive regibus nostris predecessoribus concessa collata vel obligata seu impignorata, quod ipsi consules, cives, ipsorum heredes et successores possint et valeant eadem omnia et singula in parte vel in toto, simul vel successive prout potuerunt suis ppriis pecuniis a possessioribus et detentoribus eorundem liberare acquirere et sibi attrahere. 5) s. oben p. 116, 38—40. 6) s. oben p. 121, 11—14 und Hartmann a. a. O. p. 13, wo es freilich in Note dd nur heißt: „Varia antiquitatis monumenta Msta luculenter hoc commonstrant." 7) Hartmann a. a. O. p. 15 zählt die einzelnen Personen auf, denen solche Lehne gegeben wurden. 8) Auch die Subvasallen werden bei Hartmann a. a. O. pag. 16 genannt. 9) Hartmann a. a. O. pag. 17. 10) s. oben pag. 215.

Afterbelehnung anerkennen mußten, die Hoffnung auf Consolidation des Lehns verloren ging [1]). Daher sträubten sie sich häufig, jene Bürger als Vasallen anzunehmen, indem sie vorwendeten, daß die Bürger keinen Heerschild hätten [2]). Diesen Vorwand hoffte die Stadt durch Erwirkung des Ludowicischen Privilegii ein für allemal zu beseitigen [3]). Bei denjenigen Lehn dieser Art, welche die Stadt selbst ihren Bürgern verlieh, kam natürlich ein solcher Streit nie vor, und insofern wurde auch nie darüber ein Zweifel erhoben, ob die Bürger lehnsfähig seien, also den Heerschild hätten oder nicht. Erst in einem sehr späten Privilegium, nämlich in einem von Maximilian dem ersten von 1506, wird von Ritterlehn ganz allgemein gesagt, daß sie nur „Rathspersonen wie andere rittermäßige Leute tragen, haben und empfahen können" [4]).

Mit dieser Lehre von der Lehnsfähigkeit überhaupt steht natürlich in Verbindung die von der Lehnsfolgefähigkeit. Den Pfaffen wird sie ausdrücklich abgesprochen [5]), und in Ansehung der Frauen geht es wenigstens stillschweigend aus einer Stelle der Statuten hervor, und wird außerdem noch besonders in einem Rechtserkenntniß gesagt [6]). In jener heißt es nämlich, der Mann könne mit Zustimmung des Lehnsherrn der Frau das Lehngut zu Morgengabe geben, nicht aber anderes Gut, sofern sie in dieses schon ohne Morgengabe daran zu erhalten succedire [7]). An anderen Bestimmungen fehlt es ganz und namentlich findet sich nichts über die passive Fähigkeit Lehn zu hinterlassen. Dies erklärt sich daher, daß der Mangel einer solchen Fähigkeit sich gerade darin zeigt, daß das fragliche Gut erblos wird [8]). Erblos aber wird ein Lehn nie, denn im Fall aus irgend welchem Grunde eine Vererbung desselben nicht möglich ist, findet Consolidation statt, d. h. Vereinigung der getheilten Rechte in der Person des Lehnsherrn [9]). Dies würde z. B. der Fall sein, wenn mit des Lehnsherrn Willen der Ehefrau das Lehn zu Morgengabe gegeben wäre [10]), denn wenn sie stirbt, kann sie das Lehn doch nicht vererben [11]).

Von den juristischen Verhältnissen der Lehnspersonen findet sich sehr wenig in den Statuten. Wer „uppe lengut" klagen will, der soll seine Entscheidung bei dem Lehnsherrn, der das Lehngut geliehen hat, suchen [12]), wobei natürlich vorausgesetzt wird, daß die Eigenschaft des Lehns im allgemeinen unbestritten ist.

1) Hartmann a. a. O. pag. 20. 2) Hartmann a. a. O. pag. 17. 3) s. auch im allgemeinen von diesen öffentlichen Verhältnissen unten §. 11. s. oben pag. 215. 4) s. Hartmann a. a. O. pag. 19 Note tt. 5) s. oben pag. 8, 27. 28. 6) Bruns Beiträge pag. 225 No. 1 „des wettet, dat vrowen an lengude neyn recht en hebben." 7) s. oben pag. 8, 20—26. 8) s. oben pag. 129 Note 4. 9) s. oben pag. 172 Note 2. 10) s. oben Note 7. 11) Sächsisches Lehnrecht Art. 2 „und (sie) en erben ez an ire kindere nicht." Vergl. auch Albrecht Note 632. 12) s. oben pag. 13, 16. 17.

Ueber Veräußerungen des Lehns ist schon früher gelegentlich geredet worden, insofern aus einigen das Lehn zunächst allein betreffenden Bestimmungen ein Princip auch für das Eigen hergeleitet werden konnte [1]). Dies war um so eher zuläßig, als die allgemeinen Grundsätze über Eigen in den Statuten selbst auch umgekehrt auf Lehn bezogen werden, sowohl was die Veräußerungen [2]) selbst angeht, als auch die obligatorischen Ansprüche dessen, an welchen veräußert und dem die Veräußerung angefochten worden ist [3]). Es wird auch schwerlich einen Unterschied machen, ob es sich handelt von zu Lehn gegebenen Grundstücken oder lehnbar verliehenen Einkünften, wohin die vorhin erwähnten Voigteigelder gehören [4]). Man kann sich indeß wundern, daß in der betreffenden Stelle der Lehnsherr nicht auch als zur Einwilligung berechtigt erwähnt wird, sondern daß es nur heißt, der Vormund solle nicht „ane der anderen des kindes maghe willen" veräußern [5]). Nur in dem Fall, wo ein Mann seine Frau mit einem Lehngut „bemorgengaven" will [6]), wird der Nothwendigkeit des lehnsherrlichen Consenses gedacht. Dies geschicht jedoch weniger, weil es dessen überhaupt bei einer Veräußerung bedürfte, als weil die Frau respective lehnsunfähig ist [7]). Demungeachtet kann man nur von einer Veräußerung mit Sicherheit behaupten, daß sie auch ohne des Lehnsherrn Einwilligung gültig sei, von der Afterbelehnung nämlich. Eine solche muß dem schon erörterten Privilegium Kaiser Ludwigs gemäß von dem Oberlehnsherrn anerkannt werden, sobald der Aftervasall nur den Heerschild hat, also lehnsfähig ist [8]). Umgekehrt aber werden auch wenigstens die Rechte der nächsten Erben gegen die allgemeinen Grundsätze von dem Lehnsherrn beschränkt, denn dieser ist befugt unter mehreren gleich nahen Successoren einen sich auszusuchen und ihn allein zu belehnen [9]) und so die andern ihres Erbrechts zu berauben. Hiermit hängt zusammen, daß auch der Erblasser noch bei seinen Lebzeiten den Lehnsherrn angehen kann, das Gut dem einen seiner Söhne allein schon jetzt gerichtlich aufzulassen [10]). Doch hängt es freilich jederzeit vom Lehnsherrn ab, ob er diesem Angehen willfahren will. Wenn er ihm nicht willfahren will, so ist die Veräußerung schon deshalb nicht möglich, weil ja gar kein anderes Gericht als eben das lehnsherrliche zu einer das Lehn betreffenden gerichtlichen Auflassung competent ist [11]). Vielleicht erklärt es sich hieraus,

1) s. oben pag. 213 Note 4—11. 2) s. oben pag. 18, 21—23. 3) s. oben pag. 201 Note 1—9, pag. 205 Note 11 und pag. 209 Note 3. 4) Hartmann a. a. O. pag. 15 bezeichnet dieses Lehn mit dem Ausdruck „Kammerlehn." 5) s. die Note 2 citirte Stelle. 6) s. oben pag. 217 Note 7. 7) s. oben pag. 217 Note 10. 11. 8) s. oben pag. 217 Note 2. Vergl. auch Albrecht Note 634. 9) s. oben pag. 13, 17. 18. Vergl. auch Albrecht Note 666. 10) s. unten pag. 221 Note 2—4. 11) s. oben pag. 217 Note 12 und unten pag. 221, 8—10.

daß in den Statuten dieses letztern Falls also da eine Veräußerung vom Vater geschieht zum Besten eines seiner Söhne, gar nicht besonders gedacht wird [1]), denn er fällt mit dem da der Lehnsherr veräußert eigentlich zusammen. Statt dessen reden die Statuten nur von Zinsgut, das einem Kinde von seinem Vater „sunderliken . . . bescreven" würde [2]). Ganz und gar verlieren indeß die auf jene Weise zurückgesetzten Lehnerben ihre Ansprüche doch nicht. Sie verwandeln sich nur aus dinglichen Rechten in bloß obligatorische, d. h. der Begünstigte ist verpflichtet in irgend einer Weise (in welcher scheint wenigstens nach den Statuten in seiner Wahl zu stehen) [3]) die Zurückgesetzten zu entschädigen, sei es nun, daß er ihnen den Mitbesitz des Lehns selbst einräumt, also reell mit ihnen theilt, oder sei es, daß er sie in Geld abfinde [4]). In jenem Fall werden sie natürlich doch keine eigentlichen Lehnsmannen, denn der Lehnsherr ist natürlich befugt, auch eine solche reelle Theilung zu ignoriren.

Im Fall die Lehnerben unmündig [5]) sind, hängt es von dem Lehnsherrn ab, ob er das Gut dem Kinde, so lange es unmündig, verleihen will oder nicht. Hat er es dem Kinde nicht verliehen und ist er daher in Ansehung des Lehns des Kindes Vormund, so kann nicht etwa das Kind mit der Mündigkeit oder, wenn es selbst in der Unmündigkeit sterben sollte, seine Erben die während jener Vormundschaft gezogenen Früchte verlangen. Auf diese hat vielmehr der Lehnsherr selbst ein Recht. Hatte er dagegen dem Kinde das Lehn trotz seiner Unmündigkeit dennoch verliehen, so kann dann allerdings das Kind mit seiner Mündigkeit auf die während der Unmündigkeit gezogenen Früchte Anspruch machen, wenn diese nicht schon sofort zu seinem Nutzen verwendet worden sind. Ist das Letztere nicht geschehen, so geht der Anspruch auf die Erben des Kindes über, wenn es sterben sollte, ehe es denselben geltend gemacht hätte. Anders werden die Verhältnisse, wenn mehrere Leute „in samender hant" ein Lehngut haben [6]) und nur einer von ihnen mit Hinterlassung unmündiger Lehnerben stirbt. Hier ist gar kein Erbfall vorhanden, denn die gesammte Hand an sich erfährt dadurch keine Veränderung, daher ist auch von einem besondern Recht des Lehnsherrn gegen die Unmündigen hier keine Rede, sondern nur von dem Verhältniß der übrigen Lehnerben zu ihnen. Diese verwalten das Recht der Unmündigen und zwar so, daß, wenn die Letztern es bedürfen, ihnen sogleich das Nöthige verabreicht wird. Außerdem aber wird ihnen

1) Wie doch im Sachsenspiegel s. unten pag. 221 Note 4. 2) s. oben pag. 13, 19—21 und weiter unten in diesem §. 3) s. oben pag. 212 Note 9. 4) s. oben pag. 13. 16. 17. 5) s. oben pag. 13, 8—11. Vgl. auch Albrecht pag. 243. 244. 6) s. oben pag. 17, 27—34. Vgl. auch Albrecht pag. 241—243.

das während der Unmündigkeit für sie Gewonnene erst übergeben, wenn sie zu ihren Jahren kommen. Nur müssen sie sich gefallen lassen, daß ihnen soviel abgezogen wird, als von den nothwendigen zum Besten des Lehns selbst gemachten Auslagen auf ihren Antheil fällt.

So wenig wie in den Statuten findet sich im sächsischen Landrecht und Lehnrecht eine eigentliche Definition des Lehns. Diese ergiebt sich auch hier aus einzelnen Bestimmungen und den Gegensätzen [1]), die hier noch bestimmter hervorgehoben werden [2]). Dies gilt namentlich auch von den Ausdrücken Landrecht und Lehnrecht, denn in einer dem Sachsenspiegel entsprechenden Stelle findet sich zwar im Resultat dieselbe Bestimmung, aber der dort zuvor gemachte Vergleich „Al si't lenrecht .... it n'is doch nicht lautrecht" ist in den Statuten fortgeblieben [3]). Für die Lehnspersonen kommen die Ausdrücke Herr und Mann vor, der Ausdruck Lehnsherr ist daher den Statuten eigenthümlich, welches dagegen das Wort Mann für den Vasallen nicht kennt [4]). Das Wort Lehnerbe aber ist in dem sächsischen Landrecht und Lehnrecht ebensowohl wie in den Statuten zu Hause [5]). Von einer Belehnung durch den Vogt im Sinn des Stadtrechts kann natürlich in den Rechtsbüchern sich nichts finden [6]). Was vorhin von dem Heerschild gesagt ist, ist nur aus kaiserlichen Privilegien entnommen, die sich auf specielle städtische Verhältnisse beziehen, und leidet daher auch keine Vergleichung mit dem sächsischen Land- und Lehnrecht [7]). Daß Frauen unfähig sind, ist dagegen ein allgemeiner Satz [8]), nur freilich ist die specielle Stelle, in welcher er implicite enthalten ist, den Statuten eigenthümlich. Aehnliche Fälle werden jedoch im sächsischen Lehnrecht erwähnt [9]). Das über die passive Lehnsfähigkeit Gesagte paßt natürlich auch hier [10]). Daß über die juristischen Verhältnisse der Lehnpersonen selbst im Landrecht des Sachsenspiegels sich viel vollständigere Bestimmungen finden als in den Statuten, läßt sich erwarten, denn in ihnen finden sich ja nur ein paar einzelne verlorne Stellen [11]). Diese aber sind zum Theil aus jenen Rechtsbüchern geschöpft. So wird in dem Fall, da zwei ein Lehn von demselben Herrn sich zusagen, dem Herrn das Recht der Entscheidung eingeräumt [12]). Ueber die Rechte der nächsten Erben am Lehn findet sich wenig-

1) s. oben pag. 177 Note 10. 2) Unter andern in S. II. 44 3. 3) s. oben p. 213 N. 6 und S. I. 14, 1. 4) s. oben p. 214 N. 15. 215 N. 1. 2 und Homeyers Register zu seiner Ausgabe des Sachsensp. unter den Worten Lehnsherr und Lehnsmann. 5) s. Homeyer a. a. O. unter dem Wort „Lehnerbe" und oben pag. 215 Note 1—3. 6) s. oben pag. 214 Note 16. 7) s. oben pag. 215—217. 8) S. Lehnr. Art. 2. 9) Vgl. hierüber Albrecht pag. 226—229. 10) s. oben pag. 217 Note 8. 9. 11) s. oben pag. 217 Note 12. pag. 218 Note 9. pag. 219 Note 5. 6. 12) S. II. 42, 4.

stens im sächsischen Lehnrecht auch eine ausdrückliche Stelle, nach welcher sie Verträge darüber nicht anzuerkennen haben, und zugleich wird in ihnen auch dem Lehnsherrn das Recht abgesprochen, ohne den Consens jener über das Lehn zu disponiren [1]). Der Lehnsherr durfte daher dem Vater, der veräußern wollte, die gerichtliche Auflassung gar nicht gestatten und die Belehnung nicht ertheilen. Von dieser Regel findet nur die in die Statuten übergegangene Ausnahme statt [2]), daß der Lehnsherr befugt ist aus mehreren Erben einen zu begünstigen und ihm allein die Belehnung zu ertheilen [3]). Daß ein selbständiges Recht des Vaters, einen Sohn zu bevorzugen, obwohl das sächsische Landrecht ein solches von dem des Lehnsherrn noch unterscheidet [4]), eigentlich nicht stattfinde, ist schon vorhin bemerkt worden [5]) und wird dadurch unterstützt, daß die eine entsprechende Stelle des sächsischen Lehnrechts von einem Recht des Vaters überall nicht redet [6]) und die andere in der That einen ganz andern Fall vor Augen hat [7]). Wenn nämlich, heißt es in dieser, ein Vater sein (allodiales) Gut einem andern aufträgt, damit dieser es als Lehn dem Sohne wieder zurückgebe, so ist dies deshalb noch kein Erblehn, sondern ein neues Lehn. Zu einem Erblehn wird es nur, sofern es als Lehn durch Tod des Vaters auf den Sohn gekommen ist. Daß der Lehnsherr bei der Veräußerung des Lehns vor allen Dingen gefragt werden müsse, liegt, obwohl in den Statuten keine bestimmte Stelle darüber sich findet [8]), schon in der Nothwendigkeit, die Investitur vor seinem Gericht vorzunehmen [9]), wird aber außerdem auch noch ausdrücklich gesagt, d. h. es wird noch ausdrücklich bemerkt, daß auch außergerichtliche Veräußerungen des Lehns ohne den Lehnsherrn unzuläßig sind [10]). Die Wirkung derselben ist aber nicht sofortiger Verlust des Lehns, denn sobald der Lehnsmann nur das Lehn sich wieder verschafft von dem, an welchen er veräußert hat, so wird ihm das Lehn gelassen [11]). Von dieser Regel macht, wie schon vorhin ebenfalls bemerkt ist, die Afterbelehnung eine Ausnahme, zumal da hier der, welcher sie ertheilt, als Lehnsherr auch ein Lehnsgericht hat, und also auch gerichtliche Auflassung möglich ist [12]).

Der Stelle, welche die Statuten von der Lehnsvormundschaft

1) S. L. Art. 58. 62 zu vergleichen mit S. I. 9. Im allgemeinen ist hierüber nachzusehen Eichhorns Einleitung in das deutsche Privatrecht §. 353 Note 9. Albrecht Note 817. Phillips deutsches Privatrecht Band 2. pag. 159 Note 70. 2) s oben pag. 218 Note 9. 3) S. I. 14. 4) S. I. 14, 2. 5) s oben pag. 219 Note 1. 6) S. L. 31. 7) S. L. 39. 8) s. jedoch oben pag. 217 Note 7 daß eine Leibzucht nicht ohne des Lehnherrn Einwillignng zu bestellen unten pag. 266 Note 4. 9) s. hierüber Phillips a. a. O. pag. 144. 10) S. L. Art. 62 63. 11) s. Eichhorn a. a. O. §. 226 Note f. und die vorige Note. Desgleichen Phillips a. a. O. pag. 146 Note 54. 12) s. oben pag. 218 Note 8 und Albrecht Note 633 und 634.

haben, entspricht eine Stelle im sächsischen Lehnrecht [1]). Diese ist viel ausführlicher. Zunächst wird die eigentliche Lehnsunmündigkeit unterschieden von dem Alter, da man noch nicht zu seinen Tagen gekommen, d. h. noch nicht ein und zwanzig Jahre alt ist. In der Zeit zwischen dem Termin, da man zu seinen Jahren und da man zu seinen Tagen gekommen ist, bedarf man zwar auch noch eines Vormundes, aber doch nur für gerichtliche Handlungen [2]). Die Jahre aber werden erst gerechnet von dem Augenblick der Geburt und nicht von dem Augenblick der Empfängniß an, und der Termin der erreichten Mündigkeit wird bewiesen durch Eid des Kindes des Vormundes oder eines Mitvasallen.

Fürs zweite wird unterschieden Verleihung des Lehnes selbst an das Kind und Verleihung des Angefälle.

Zur Verleihung des Lehns selbst ist der Lehnsherr jederzeit verpflichtet das Kind mag noch so jung sein. Es ist nur erforderlich, daß der gewöhnliche Vormund des Kindes die Verleihung des Lehns für das Kind von dem Herrn erbittet [3]). Die Wirkung dieser Verleihung ist, daß die Aftervasallen nur verpflichtet sind innerhalb der gesetzlichen Pflicht von dem Kinde das Lehn zu muten und den Dienst, der ihnen vom Kinde oder dessen Vormunde angesagt wird dem Oberlehnsherrn zu leisten [4]). Dagegen ist das Kind noch nicht verpflichtet dem Herrn das Gut „zu benomene" [5]). Sind mehrere Kinder vorhanden und der Vormund sucht nur für eines derselben die Verleihung bei dem Herrn nach, so muß er Bürgen stellen, daß nicht auch die Uebrigen den Lehnsherrn des Lehns halber gerichtlich angehen [6]). Diese Bestimmung hat nur dann eine Bedeutung, wenn diese Kinder ebenfalls unmündig sind. Denn, wenngleich die Regel gilt, daß der Lehnsherr überhaupt nur einen von mehreren Lehnsfolgern und zwar

1) S. L. Art. 28. 2) Art. 28. doch bedurfen sie ez darnach ab sie ieman beteidingen wil umbe ir lehen di wile sie zu iren tagen nicht komen sin daz ist zu eime iare und zu zwentzigen, so muzen sie wol vormynden nemen einen ires herren man der sie verste zn lenrechte. Im sächsischen Landrecht (I. 23, 2), daß dieser Vormund auch solle „sinem herren in des kindes stat na des kindes rechte denen de wile it sik selve nicht bedenken kan van siner dorheit oder kinheit oder von unkraft sines lives" ist wohl (Sydow Note 749) von keiner Lehnsvormundschaft die Rede, s. jedoch Homeyers Register zum S. unter Vormund. Vgl. auch Krauts Vormundschaft pag. 225. pag. 146. 149. 162 Note 7. 8. Rudorffs Vormundschaft Bd. I. pag. 109 Note 2. 3) Wie iunk daz kint is nah sines vater tode ab ez sin vormunde zu me herren bringet und sines lenes nah rechte an deme herren sinnet, der herre sal ime sin gut lihen. 4) Wenne daz kint binnen sinen iaren belenet wird, dar get zu hant an der manne iarzale . . . Vgl. Krauts Vormundschaft pag. 122 Note 16. Rudorff a. a. O. Bd. 3. pag. 260 bezieht diese Stelle auf den Fall, da das Angefälle verliehen ist. 5) Diewile daz kint . . . daz angevelle nicht en hat . . . ist ez nicht phlichtig daz gut deme herren zu benomene. . . 6) Man sal aber deme herren burgen seczen, ab der kinder mer ist den ein, daz sie den herren umbe daz len unbeteydinget lazen.

nach seiner Wahl zu belehnen verpflichtet ist [1]), so findet doch eine Ausname statt zu Gunsten unmündiger Successoren, welche das Recht haben durch ihre Wahl dem Lehnsherrn den zu bestimmen, der von ihm belehnt werden soll [2]). Hat der Herr auf dieses Wahlrecht keine Rücksicht genommen und nach seinem Gutdünken einen der Unmündigen belehnt, so bleibt den Uebrigen unbenommen mit erreichter Mündigkeit dieses Wahlrecht noch geltend zu machen [3]). Diese Befugniß scheint auch dann statt zu finden, wenn nur eines von den Kindern mündig oder gar schon zu seinen Tagen gekommen ist. Denn wenn dieser eine Successor die Belohnung allein verlangt, soll sie ihm der Herr nur gegen die Versicherung ertheilen, daß die Brüder Verzicht geleistet hätten und dem Herrn späterhin daher nicht lästig fallen würden [4]). Auf die Wahrheit dieser Versicherung wird solches Gewicht gelegt, daß falls sie dereinst durch die Brüder mit Ansprache angegriffen wird, der Herr den, welcher die Unwahrheit gesagt, mit Urtheil seines Rechts für verlustig zu erklären hat, falls die Kläger nicht noch jetzt zum Verzicht zu bewegen sind [5]).

Die Verleihung des Angefälle ist in der Regel eine Sache der Gnade des Herrn [6]) und hat keinen andern Sinn als den, dem Kinde, welches das Lehnrecht selbst schon durch jene erste Verleihung erhalten hat, auch noch den Fruchtgenuß zuzuwenden [7]). Dieß ist wichtig für das Verständniß der Stelle der Statuten. Da es sich in dieser nur davon handelt, wer die Früchte des Lehns ziehen könne, so sieht man daraus, daß die Verleihung des Angefälle gemeint ist, und nicht die Verleihung des Gutes selbst, obwohl dieser letztere Ausdruck in der Stelle gerade gebraucht wird. Ausnahmsweise kann auch eine Verpflichtung des Herrn da sein, das Angefälle dem Kinde zu verleihen. Die näheren Voraussetzungen, unter welchen diese Verpflichtung eintrete, giebt die Stelle nicht an [8]). Das dem Kinde geliehene Angefälle scheint keine

1) S. L. Art. 31. Kumt ez (das Kind) aber uz der jarzale, so stet ez an dez herren kure wilch iren her belenen welle. 2) S. L. Art. 31. svenne der vater stirbet, binnen der kindere iarzale (vgl. Albrecht N. 666) stet daz in irme kure, daz der herre belene swilchen si wollen. 3) S. L. Art. 31. Lihet der herre einem kinde gut nach sinen willen unde nicht nach rechte, ez en schadet den andern nicht ir gut zu entphahene. 4) S. L. Art. 31. Sinnet eines mannes sun der zu sinen tagen komen ist gutes an sine herren und hat he brudere die noch binnen iren iahren sin, her muz sine herren geloben, daz sine brudere des gutes verzihen. 5) S. L. Art. 31. Brechen diez die kindere und vorderen si deme herren daz gut an zu leurechte, der herre sal beide in und ieneme vortegedingen di ir ausprache verlobet hat, und verteile ime sin gut, ab iene die ansprache nicht nider en leget. 6) S. L. Art. 28. Diewile daz kint von gnaden oder von rechte daz angevelle nicht en hat. . . 7) Der herre ist iemer des kindes vormunde an deme gute, daz ez kint von ihme hat, diwile erz angevelle unverlihen hat, und sal das geld des gutes nehmen. Vgl. auch Krauts Vormundschaft pag. 215 Note 26. 8) s. oben in Note 12 die Worte „von rechte." Vgl. Rudorffs Vormundschaft Bd. 3 pag. 260.

von dem gewöhnlichen Vasallenverhältniß verschiedene Stellung zu begründen. Dieß ist namentlich nicht den Aftervasallen gegenüber der Fall, welchen das Kind mit dem Vormunde richterliche Entscheidung geben kann [1]). Wird dem Kinde das Angefälle nicht verliehen, so behält es entweder der Herr für sich selber oder verleihet es einem andern und dieser kann namentlich der Vormund des Kindes sein, der alsdann auch die Verflichtung hat mit des Kindes Namen über die Klagen, welche auf das Lehn angestellt werden zu entscheiden, während dieß sonst, nämlich wenn das Angefälle überall gar nicht verliehen ist, der Herr selber mit des Kindes Mannen thut [2]). Damit würde ein goslarisches Rechtserkenntniß stimmen, wonach der Oberlehnsherr mit sieben Lehnsmannen des Kindes, statt des Kindes Recht sprechen soll [3]). Daß in diesem Falle der Oberlehnsherr dem Kinde das Angefälle nicht verliehen hatte, wird nicht bemerkt, wenn man es nicht etwa daraus schließen will, daß der Oberlehnsherr Vormund genannt wird. Die Wirkung des einem andern als dem Kinde geliehenen Angefälles ist, keine Folge und keine Vererbung, denn das Angefälle hört mit dem Tode und der Unjährigkeit des Kindes auf [4]).

Was zum dritten in der hauptsächlich hier erörterten Stelle ausgesprochen wird, ist der allgemeine Satz, daß gegen ein Kind innerhalb seiner Jahre keine Verjährung laufe [5]), und daß ein unmündiger Lehnsherr, dem unter der Bedingung ein Lehn zurückgegeben wird, daß er es einem andern leihe, diese Bedingung zwar, zu seinen Jahren gekommen, doch nicht zu erfüllen brauche, dann aber auch dem, welcher es ihm zurückgab, dasselbe, damit er es behalte, wiedererstatten müsse [6]).

Die Bestimmung für die Unmündigen, die mit andern das Lehn in gesammter Hand haben, steht im sächsischen Landrecht und Lehnrecht nicht [7]). In dem Hauptartikel von der gesammten Hand findet man die Bestätigung des vorhin bei den Statuten Gesagten, daß durch den Tod eines der Gesammthänder kein Theil vacant wird, den der Herr etwa nur einem der Zurückgebliebenen, wenn er wollte, zu verleihen brauchte [8]).

Darüber, daß die Landerben der Lehnsperson, die keine Lehnerben hinterläßt, auch ihrerseits nach dem Tode derselben einen Anspruch auf die jenen zukommenden Früchte des Lehns haben, hat das säch-

1) S. L. Art. 28. Wie so ez kint len sprichet binnen sinen iaren des man ime nicht en bekennet, daz muz der herre bescheiden in des kintes stat mit des kindes mannen, oder des kindes vormunde ab deme kinde oder ime selben daz angevelle gelegen ist. 2) s. die vorige Note Rudorffs Vormundschaft Bd 3. pag. 260. 3) Förstemann pag. 20 d. unten pag. 374 Note 4. 4) S. L. Art. 28. Dar en ist aber nich ein volge an, man en erbet ez ouch nicht an den son; ez nimmet ouch ende wenne daz belente kint stirbet oder zu sinen iaren kumt. 5) S. L. Art. 28 Niemane en mac eine rechte gewere gewinnen an... eines kindes gute, binnen sinen iaren... 6) s. den Schluß des Art. 28. 7) s. oben pag. 219 Note 6. 8) s. oben pag. 219 Note 6. S. L. Art. 34.

sische Landrecht einen vollständigen Artikel [1]), der also die Grundlage der statutarischen Bestimmungen ist, in welchem denn auch namentlich hervorgehoben wird, wie mit der Mündigkeit das Recht des Lehnsherrn auf die Früchte erlösche, und im Fall das Angefälle, welchen Ausdruck die Statuten wie schon bemerkt nicht haben, nicht gegeben sei, weder dem Kind noch seinen Erben ein Recht auf die Früchte zukäme [2]).

Dem vermehrten Sachsenspiegel eigenthümlich ist eine schon früher angeführte Stelle vom Heerschild [3]), ohne daß sie jedoch in Verbindung mit Lehnsfähigkeit gesetzt wäre. Die Bestimmung, inwiefern Lehn zu Morgengabe gegeben werden könne, ist ihm, da sie der neuern Redaction des Stadtrechts angehört, unbekannt, und die vom Vogt, welcher belehnen solle [4]), weil sie sich auf specielle städtische Verhältnisse bezieht. Dagegen findet sich alles Uebrige über diesen Punkt fast wörtlich in dem Rechtsbuche wieder wie in den Statuten, obwohl dieses zum Theil mit den aus dem Sachsenspiegel ebenfalls aufgenommenen Bestimmungen im Widerspruch steht [5]).

Der Ausdruck **Zinsgut** findet sich nur in einigen Stellen der Statuten [6]), und Erbzinsgut [7]) kommt gar nur einmal vor. Gewöhnlicher ist es zu sagen: Gut, Haus, Bude, Erbgut, Erbe, Eigen, an welchen jemand Zins, Gulden oder Geld hat [8]), oder welches er hat zu Erbenzins [9]), oder es heißt schlechtweg Erbzins, Hauszins, Gulden, Wortpfennige, Wortzins [10]). Diese Ausdrücke bezeichnen jedoch keineswegs immer dieselben juristischen Ver-

1) S. Landrecht II. 58. Vollständig ist dieser Artikel, weil genau aufgezählt wird, welche Früchte und Einkünfte den Landerben zukämen.
2) s. die eben citirte Stelle §. 3. zu Ende. 3) s. oben pag. 168 Note 5. 4) s. oben pag. 214 Note 16 und pag. 220 Note 6.
5) s. oben pag. 214 Note 5 und 6 und pag. 219 Note 3. 6) s. oben pag. 13, 19. 29, 27 und unter den Rechtserkenntnissen in Bruns Beiträgen pag. 181, 4. 7) s. oben pag. 60, 18. 8) s. oben p. 14, 2. Die Rechtserkenntnisse bei Förstemann I. 3. pag. 39, c. s. oben pag. 21, 37. 38. 23, 33. 24, 5. 11. 12. 19. 20. 29. 30. 27, 42. 30, 10. 16. 17. 67, 22. 23. 122, 41. Bruns a. a. O. pag. 190, 24. 9) s. oben pag. 21, 35. 22, 39. (Möschell) Kurtze diplomatische und gründliche Geschichte von dem Kaiserlichen unmittelbaren Reichsstifte auf dem Petersberge vor und in Goslar. Hildesheim 1757. 4. pag. 13 und 39.
10) s. oben pag. 20—25 den ganzen Abschnitt „Van hustinse" und außerdem pag. 25, 14. 17. 123, 1. 5 und Förstemann a. a. O. I. 3. p. 23 §. 4. S. auch oben pag. 23, 1. 57, 35. 72, 34. Bruns a. a. O. p. 185, 15. In Leibnitz scriptores rerum brunsvicensium tom. 3. eine goslarische Chronik pag. 427 in der Mitte. J. D. Lichtenstein, Abhandlung von des kaiserlichen freien unmittelbaren Stifts der Heiligen Simon und Judas in Goslar Gerichtsbarkeit. Braunschweig 1754. 4. pag. 68 und unten pag. 234 Note 6. 235 Note 4—7. 236 Note 5.

hältnisse, denn bald hat man sich ein Miethsverhältniß, bald das einer Rente, bald das eines dominium utile, bald endlich nur eine Abgabe zu denken, welche auf den Grundstücken der Stadt überhaupt haftet.

Betrachtet man zunächst das Miethsverhältniß, die „medinghe" 1), so hat der Miether, Wirth oder Wirthin geheißen 2), nur ein obligatorisches Recht, womit nicht in Widerspruch steht, daß er wegen Hausfriedensbruch Besserung verlangen kann 3), wohl aber ist es etwas Besonderes, daß auch der Käufer und Pfandgläubiger des vermietheten Grundstücks die Miethe anzuerkennen hat, also nicht die Rechtsparömie gilt, „Kauf bricht Miethe" 4). Natürlich erhält er mit der Anerkennung des Contracts dann auch das Recht auf den Miethszins 5). Der Contract wird im Zweifel auf ein Jahr geschlossen, und die Größe des versprochenen Zinses bestimmt sich nach einer durch „kunscap" zu beweisenden Gewohnheit. Bleibt der Miether wider des Vermiethers Willen länger als ein Jahr in dem Hause 6), so kann der Vermiether den doppelten Zins verlangen. Für den Fall, daß er bereits das Haus weiter vermiethet hatte und nun sich außer Stande findet, dem neuen Miether das Haus zu verschaffen, muß er diesen mit dem Jahrszins entschädigen, also das Einfache jenes doppelten Zinses ihm zur Entschädigung abgeben 7). Auf Verlangen muß er auch beschwören, daß jener erste Miether wider seinen Willen das Haus zurückbehalten habe. Die hieher gehörende Stelle der Statuten ist nicht so deutlich als eine von demselben Fall sprechende der Rammelsbergischen Gesetze 8): „Sit en man upp ener hutten unde wel he de lengh beholden wenne ome de huttehere bekennich sy, so beholt he sine medinghe to eneme iare mit sines enes hant bat wanne me ome dat enthein moghe. Dar entigen mach de huttehere weder up on beholden twevolden iartinsz, den overtinsz schal he deme mede delen, deme he de hutten vormedet hadde nude ome nicht ghewaren en mochte." Hat der Miether das Haus verlassen 9) („veret en van der were"), ohne seinen Hauszins zu be-

1) s. oben pag. 20, 13. 19 und öfter. 2) s. oben pag. 22, 9. pag. 21, 25 setzt den Fall einer Aftermiethe, und daher den, welcher „dar in ghemedet hest," entgegen dem Wirth oder der Wirthin. 3) s. oben pag 186 Note 6 4) s. oben pag. 21, 39—42. Die nach der Satzung erst eingegangenen Miethscontracte braucht der Pfandgläubiger nicht anzuerkennen. Albrecht Note 798. 799, s. oben pag. 24, 19—28 und weiter unten in diesem §. 5) s. oben pag. 21, 41. 42. 6) s. oben pag. 20, 12—20. 7) Oben pag. 20, 19. 20 setzt zum Verständniß voraus, daß der Miether die Jahresmiethe durch Eid bewiesen und dann doch länger als ein Jahr im Hause geblieben ist, dann hat der Vermiether auch das Recht, den doppelten Zins zu beschwören, s. unten die Lehre vom Beweise §. 9. 8) Leibnitz scriptores rerum brunsvicensium Tom. III. pag. 547 No. 165. 9) s. oben pag. 20, 21—26. Mit diesem Falle ist nicht zu verwechseln der, da der Eigenthümer eines

zahlen, so hat der Vermiether sich vorzusehen, daß er nicht ein Jahr hingehen lasse, ohne seine Forderung geltend zu machen. Denn thut er dies, so verliert er den Vortheil, mit bloßem Eide das Recht auf den Jahrszins darzuthun, und der Miether dagegen erwirbt das Recht, sich mit einfachem Eide von der Forderung los zu schwören. Jene erste Bestimmung findet jedoch nur dann Anwendung, wenn der Miether den Miethscontract nicht ganz und gar in Abrede stellt, nicht sich „untsculdighet, dat he up der were nicht ghewonet ne hedde." Denn alsdann muß der Vermiether erst anderweitig den Contract selbst darthun, sonst kann er „nenne tins up ene behalden." Ganz ebenso verhält es sich, wenn mehr als einjährige Vermiethung vom Vermiether behauptet wird; auch diese kann nur durch Zeugen erwiesen werden, denn die Vermuthung, wenn der Contract überhaupt zugegeben wird, streitet nur für einjährige Miethe [1]). Sofern der Anspruch auf Miethszins erwiesen ist, ist der Vermiether auch berechtigt, deswegen die Sachen des Miethers oder Aftermiethers zu pfänden [2]). Daß diese Pfändung den Miteigenthümer nicht treffe, der nach Abgang eines Miethers, welcher dem andern Miteigenthümer Zins schuldig geblieben, in das Haus einzieht, ist schon früher bemerkt worden [3]). Außerdem aber ist der erste Vermiether für seinen ganzen Zins überhaupt nur dann den zweiten Miether zu pfänden befugt, wenn dieser das ganze Haus, nicht aber, wenn er nur einzelne Räume desselben zur Aufbewahrung von Sachen gemiethet hat, so daß er also nicht selbst darin wohnen will [4]). Hier kann nur für soviel Zins gepfändet werden, als er selber schuldig geworden ist. In jedem andern Fall dagegen muß er sich Pfändung für den ganzen Zins gefallen lassen, welcher dem ersten Vermiether geschuldet wird, und hat für das Zuviel nur einen Entschädigungs-Anspruch gegen seinen unmittelbaren Vermiether [5]). Daß die Pfändung von dem Vermiether selbst vorgenommen werde, ist nicht erforderlich. Immer kann statt seiner das Gesinde pfänden, und falls er krank, gefangen, außer Landes oder ohne Gesinde ist, ein Verwandter, sobald er Sicherheit stellt, daß es des Vermiethers (sakwolden) Wille wäre [6]). Jede Erschwerung oder Verhinderung der Pfändung kann zur Verfestung führen [7]), namentlich auch dann, wenn der Miether trotz eines gerichtlichen Verbots die pfand-

Grundstücks dies verläßt und außerhalb der Stadt seine Wohnung nimmt, ohne seine Schulden bezahlt zu haben. Hier wird das Gut in Beschlag genommen und zum Besten der Gläubiger so lange vermiethet, bis sie durch den Miethszins allmälig befriedigt worden sind; s. oben pag. 67, 14—23 und unten §. 6. 1) s. oben pag. 20, 27—30 und pag. 180 Note 4. 2) s. oben pag. 21, 21—23. 3) s. oben pag. 180 Note 7 und pag. 181 zu Anfang. 4) s. oben pag. 21, 24—34. 5) s. oben p. 21, 26—29. 6) s. oben p. 22, 12—15. 7) s. oben p. 22, 2—7. 16—19. Ueber die Zeit der Miethsräumung oben p. 24, 39—41.

baren Gegenstände mit sich von der Were genommen hat [1]). In diesem Fall verliert der Verfestete sogar den Hausfrieden, der durch die Verfestung an sich sonst noch nicht verloren geht [2]), d. h. es können ihm auch noch jetzt, wo er sich auf der Were des Vermiethers nicht mehr befindet, jene Sachen gepfändet werden, ohne daß es dabei einer gerichtlichen Concurrenz bedürfte, während sonst die Regel ist, nur auf „siner were" pfändet man „umme sinen tins ane ghericlite" [3]). Befindet sich der Miether noch auf der Were, ist aber dennoch nichts da, was man pfänden könnte, so kann man ihn in Gegenwart von Richter und Zeugen „upholden," d. h. in persönliche Haft bringen [4]). Alles dieses geschieht jedoch natürlich nur dann ohne Gefahr, wenn der Vermiether in seinem Recht ist [5]). Ist dieses nicht der Fall, dann mag die Pfändung gerichtlich oder nicht gerichtlich geschehen, er muß doch dem Richter Wette bezahlen und Buße dem Kläger, d. h. dem, welcher wegen der unrechtmäßigen Pfändung hernach klagbar geworden ist. Unrechtmäßige Pfändung ist aber auch dann vorhanden, wenn der Miethsmann für das Pfand sofort zu „antwarden" sich erbietet. Kann er seine Vertheidigung nicht durchsetzen „wert he sines rechtes nedervellich," so muß er dann seinerseits dem Richter Wette und dem Kläger Buße bezahlen. Dieser aber vollführt alsdann seine Pfändung ebenso, wie er es gethan hätte, wenn jener gar nicht oder nicht sofort auf gerichtliches Verfahren gedrungen hätte [6]).

Wenn das bisher beschriebene Miethsverhältniß schon darin als ein bloß obligatorisches Verhältniß [7]) erkannt werden kann, daß einer gerichtlichen Auflassung des Miethszinses nicht gedacht wird, so wird umgekehrt ein Zins, welchen der Eigenthümer selber zu bezahlen hat, schon darin als ein mit dem Grundstück selber eng verbundenes und insofern dingliches Recht erkannt, daß solcher Zins an Grundstücken wie Eigenthum an Grundstücken gerichtlich aufgelassen wird. Dies erhellt daraus, daß nicht bloß neben Auflassen von gekauften Häusern und Friedewirken darüber, gesprochen wird von Auflassen eines gekauften Zinses und Friedewirken darüber [8]), sondern daß auch geradezu für Auflassen von

1) s. oben pag. 22, 30—35. 2) s. oben pag. 186 Note 5. 3) s. oben pag. 22, 1. 4) s. oben pag. 22, 8—11. Das Nähere über das Verfahren bei der Pfändung s. unten §. 6. 5) s oben pag. 22, 20. 21. 6) s. oben pag. 22, 23—29. Die Anknüpfuug durch die Worte „Beholt aver de de den tins dar an heft" an den vorigen Satz „de mot dar umme wedden unde dem kleghere sine bute gheven" verführt auf den ersten Blick an eine vom Kläger verschiedene Person zu denken, und dann bleibt der ganze Satz unklar. Vergl. auch über das Haften dessen, der gepfändet hat, in Ansehung der gepfändeten Sachen ein Rechtserkenntniß im Hercynischen Archiv pag. 448 No. 42. v Kamptz statutarische Rechte Theil I. pag. 377 No. 43. 7) s. oben pag. 226. 8) s. oben pag. 24, 6—10.

Zins am Gute gesagt wird, Auflassung eines Gutes, woran man Zins hat [1]). Daß jene Uebersetzung dieser letztern Rede richtig ist, ergiebt der Zusammenhang der Stelle, insofern erst das Auflassen eines erblichen Guts schlechtweg, also des Eigenthums daran, genannt wird, und dann das Auflassen eines Gutes folgt, woran man nur Zins, mithin Eigenthum **nicht** hat. Somit kann denn auch in dieser Stelle nicht gemeint sein, woran man allenfalls denken könnte, das Auflassen eines bereits vorhandenen dominium utile in dem Sinne, in welchem man diesen Ausdruck gegenwärtig zu brauchen pflegt [2]), zumal da ein solches Recht in einer andern Stelle durch andere Gegensätze anders bezeichnet wird. In dieser [3]) werden nämlich drei Personen unterschieden, der, welcher das Erbzinsgut hat, der, welcher das Eigen daran hat, und der, welcher Geld daran hat. Außer durch die gerichtliche Auflassung wird der Zins an Grundstücken diesen selber gleichgestellt auch dadurch, daß die Satzung desselben ohne Bedenken neben die Satzung von Grundstücken gestellt wird [4]) und Geld an Eigen eben so wenig Gästen, Pfaffen, begebenen Leuten und Gotteshäusern ohne des Raths Erlaubniß verkauft werden kann wie das Eigen selbst [5]). Nur die Satzung und Leibzucht, deren Bedeutung ja ist, daß sie an ihre Besteller durch Einlösung oder Tod zurückkehren, sind in diesem Falle zuläßig, während das Eigenen, ein Ausdruck, der also wiederum auch auf den Zins mit bezogen wird und mithin wiederum seine Gleichstellung mit den Grundstücken selber zeigt, ungültig ist [6]). Für diese Gleichstellung ist endlich noch ein Beweis die Eidesformel, mit welcher der, der Ansprüche auf Grundstücke macht, zu schwören hat [7]). In dieser heißt es zunächst, wenn einer gekauftes **Erbe** behalten wolle, solle er schwören: „Dat ik dit eghen oder dit **ghelt**" u. s. w., also unter dem Ausdruck Erbe, was in diesem Zusammenhang nur auf Grundstücke geht, ist Geld an Erbe mit enthalten. Ferner heißt es späterhin, wenn einer **Erbgut** im engeren Sinne, mithin ererbtes Eigen behalten wolle, so solle er schwören: „Dat dit hus oder dit **ghelt**," mithin ist wiederum unter dem Ausdruck Erbgut Geld am Erbgut mit enthalten. Aus diesem Sprachgebrauch folgt dann auch von selbst, daß wie bei Grundstücken unterschieden wird zwischen gewonnenen und ererbten Gütern [8]), so auch zu unterscheiden sind ererbte Renten von gewonnenen Renten, und somit müßten auch auf sie die Rechte der nächsten Erben sich beziehen, obwohl es an andern ausdrücklichen Stellen darüber fehlt [9]). Hierin wird man einmal

1) s. oben pag. 14, 1—3. 2) s. unten pag. 234 Note 1. 3) s. oben pag. 21, 35—38. 4) s. oben pag. 24, 19. 20. 29. 30.
5) s. oben pag. 23, 33—35. pag. 30, 9—20 und pag. 193 Note 3.
6) Vgl. oben p. 193 Note 3. 5 und weiter unten in diesem §. 7) s. oben p. 25, 28 — 26, 4 und p. 183 Note 4. Förstemann I. 3. pag. 23. §. 4. Bruns 181, 4. 8) s. oben p. 176. 177. 9) s. oben p. 195 folgd.

dadurch bestärkt, daß eben wie bei Veräußerung von Grundstücken so auch bei der durch Zinsverkauf die Rechte des Raths erwähnt werden [1]), dann aber auch dadurch, daß in jener Eidesformel auch die Versicherung vorkommt, wie man nach der gerichtlichen Auflassung sein Recht Jahr und Tag ohne Widerspruch gehabt habe. Also auch die Verjährung findet Anwendung auf die Rente. Es ergeben sich jedoch gerade in Bezug auf diese, Modificationen der früher gegebenen allgemeinen Regeln [2]) aus der Natur des Rechtsverhältnisses. Von einem Besitz zunächst, in welchem man sich während einer ganzen Zeit befunden, kann natürlich nicht die Rede sein [3]). Dieser könnte doch höchstens liegen in der Ausübung des Rechts durch die Zinserhebung, und eine solche könnte, da überhaupt der Zins nur jährlich erhoben wird, nur etwa einmal vorgekommen sein. Außerdem aber darf die Verjährung des Rentekäufers nicht als eine ganz selbständige gedacht werden, vielmehr ist sie durchaus von der des Renteverkäufers abhängig. War dieser der Nichteigenthümer des Grundstücks, der durch Ablauf von Jahr und Tag die rechte Gewehre sich erworben hat, und kann zugleich der Rentekäufer behaupten, daß bereits Jahr und Tag ohne Widerspruch verstrichen wären, seit ihm die Rente aufgelassen sei, so kann er die Rente auch vom eigentlichen Eigenthümer, der etwa später wieder in den Besitz des Grundstücks gekommen ist, begehren. Für diese Abhängigkeit des Rentekäufers in Ansehung der Verjährung von dem Renteverkäufer läßt sich eine Stelle anführen, die, wenn sie auch nicht gerade den gegebenen Fall enthält, doch den allgemeinen Satz beweist, wie der Rentekäufer nur soviel Recht erwerben könne, als der Renteverkäufer seinerseits hatte [4]). Ein Pfandgläubiger verkauft Zins an dem ihm verpfändeten Hause, ehe er durch Aufbietung und die Beobachtung der übrigen Formen es in seine Were gebracht hat, darmede irwerft he (der Zinskäufer) dat recht dat he dar ane hadde de eme den tins dar an vorkofte, also der Pfandgläubiger. Dies Recht besteht aber darin, daß der Pfandgläubiger, wenn nicht innerhalb der gehörigen Zeit die Schuld bezahlt wird, dem Schuldner das Eigen mit Recht abgewinnen kann [5]). Daß dieses Recht nicht ohne Weiteres auf den Zinskäufer übergeht, versteht sich von selbst, denn sein ganzes Recht besteht ja an und für sich nur in dem Anspruch auf einen Zins, und wegen dessen hält er sich natürlich zunächst an seinen Contrahenten. Wenn er aber von diesem während dreier Jahre keinen Zins bekommt, so würde er nun, wenn der Pfandgläubiger Eigenthümer wäre, sich des Hauses mit Gericht unterwinden

1) s. oben pag. 229 Note 5 und pag. 193. 2) s. oben pag. 201 folgd. 3) s. oben pag. 203 Note 10. 4) s. oben pag. 24, 11—18. 27, 41 bis 28, 6. Vgl. Albrecht Note 335. 5) s. oben pag. 188 Note 1—3.

können [1]), und hier fragt es sich, ob er dies auch gegen den Schuldner des Pfandgläubigers thun dürfe, „des dat eghen is unde dat utghesat bevet." Nach den zuerst angeführten Worten könnte man dies denken, wenn es nicht hierbei nachher ausdrücklich hieße: der Eigenthümer mag sein Recht „also nicht verlesen mit eme (dem Zinskäufer) er it eme de mit rechte af ghewunnen hebbe, de den tins dar ane vorkofte." Mit andern Worten kann man dies so ausdrücken: der Zinskäufer, der vom Nichteigenthümer kauft, gewinnt nur ein obligatorisches Recht, und es hängt dann alles davon ab, ob dieser Nichteigenthümer hinterdrein noch das Eigenthum gewinnt; und selbst dann wird er nach allgemeinen Grundsätzen [2]), sofern ihm nicht der Zins gerichtlich aufgelassen war, nicht mehr als ein obligatorisches Recht haben.

Die enge Verbindung des beschriebenen Zinses mit dem Grundstück und also seine juristische Natur einer unbeweglichen Sache [3]) läßt erwarten, daß es nicht bei dem Verpflichteten allein stehen werde, ob er ihn ablösen wolle oder nicht. Die ältere Redaction der Statuten redet von der Möglichkeit einer solchen Ablösung gar nicht. Erst seit einem Privilegium des Kaisers Wenzel, welches dadurch, daß es die Ablöslichkeit einführt, die Unablöslichkeit in früherer Zeit bestätigt [4]), findet sich in den Statuten eine Stelle darüber, die sich ausdrücklich auf das Wenzelsche Privilegium beruft [5]). Im Zweifel soll jede Mark eines Zinses mit zehn Mark abgekauft werden können, und zwar ganz ohne Rücksicht darauf, ob der Zins bereits (zur Zeit des Privilegii) vorhanden war, oder ob er erst jetzt gekauft werden würde. Nur der Zins, den geistliche Leute bereits haben, soll unablöslich bleiben können. Der Zins, von welchem das Privilegium redet, wird Erbzins genannt, und die Möglichkeit der Ablösung ausgedrückt durch „idt en schall nummer nein ervetins stein uppe der börger huse," d. h. nicht soviel als es soll überhaupt kein Zins mehr vererbt werden, sondern nur, es kann durch Abkaufen die Vererbung eines Zinses, welcher Eigenthum [6]) des Berechtigten gewesen ist, verhindert wer-

1) s. unten pag. 232. 233. 2) s. oben pag. 191, 7. 8. 3) Vergl. hierüber Albrecht Note 364. 402 und wegen des lübischen Rechts Pauli a. a. O. pag. 30 und folgende, wonach Weichbildrenten eben nur Immobilien sein können, es keineswegs aber immer sind, sondern geradezu auch als fahrende Habe vorkommen und ohne Consens der Erben und ohne echte Noth frei veräußert werden. Hierüber s. namentlich pag. 37 a. a. O. 4) s. oben pag. 122, 41 — pag. 123, 5. 5) s. oben pag. 25, 5—17. Vgl. auch Pauli a. a O. Note 76 und Albrecht Note 387. Als Grund der Einführung der Ablöslichkeit giebt das Privilegium an „uppe dat de huse nicht vorfallen unde der stadt nöde dragen an stüre unde an wachte." Statt des letztern Ausdrucks könnte auch mit einem Rechtserkenntniß bei Förstemann zu lesen stehen (I. 3. pag. 38 b.) an „thorhute." 6) Daher heißt es auch in der citirten Stelle der

den. Nur bei diesem bedurfte es einer besondern Bestimmung, denn Zins, an welchem man nur Satzung oder Leibzucht hat, war nach der Natur dieser Rechte nie dauernder Art [1]), sei es nun, daß von Anfang an nur Satzungs- oder Leibzuchtszins bestand [2]), oder daß ein bereits vorhandener Erbzins von dem Eigenthümer desselben gesetzt oder zu Leibzucht gegeben wurde [3]).

Die Rechtsmittel, welche dem Zinsberechtigten wegen Ausbleibens der Zinszahlungen zu Gebote stehen, sind Pfändung und Entziehung des ganzen zinspflichtigen Gutes. Aus jenem ersten Recht erklärt sich, daß der Zinspflichtige nicht befugt ist, von dem auf dem Gut befindlichen Inventar etwas zu verkaufen ohne des Zinsberechtigten Einwilligung [4]). Das Verhältniß der Pfändung dieses Inventars zur Unterwindung des Gutes scheint nicht eigentlich ein subsidiäres zu sein, so daß erst jene unter allen Umständen versucht werden müßte, sondern es scheint dieses zu sein. Wenn der Zins drei Jahre hinter einander nicht gezahlt ist [5]), so kann der Zinsberechtigte, auch wenn er, weder bei jedem einzelnen Jahre noch nach Ablauf der ganzen Zeit, versucht hätte, sich durch Pfändung Befriedigung zu verschaffen, doch sich des Gutes unterwinden, sobald er nur die dreimalige Nichtzahlung zu beweisen vermag [6]), und eben deshalb soll er „also dicke alse ime an sinem tinse borst wert" sich mit gehörigen Zeugen versehen, daß er wirklich trotz dem, daß er den Zins jedesmal „upgesecht" [7]) gefordert hätte, derselbe ihm doch nicht gezahlt worden sei. Versucht aber der Zinsberechtigte gleich bei der ersten Nichtzahlung die Pfändung, wiewohl vergeblich, indem er nichts zu pfänden

Statuten: „Wath aber geistliche lüde von egendomes wegene van alder ervestinses gehabt hedden." 1) s. oben pag. 229 Note 5. 2) Von einem solchen Fall reden ein Rechtserkenntniß bei Bruns p. 181, 5 und eines im Hercynischen Archiv pag. 447, 40 und bei v. Kamptz pag. 376, 41. 3) Von einem solchen Fall redet die oben schon (pag. 229 Note 5) angeführte Stelle der Statuten pag. 30, 16—20. Vergl. hierüber Albrecht Note 390. 413, der den in der Stelle vorkommenden Ausdruck „setten" für einen technischen hält, für die erste Bestellung eines ablöslichen Zinses, womit dann aber nicht stimmt, daß Note 417 dieselbe aus den Statuten in den vermehrten S. übergegangene Stelle für die Möglichkeit der Verpfändung eines bereits vorhandenen Zinses angeführt wird, was dann also mit der im Text ausgesprochenen Ansicht zusammentreffen würde. 4) s. oben p. 21, 35—38 und unten p. 239 Note 3. Als Inventar wird namentlich genannt brontouwe im vermehrten S. „bruegeschirre." 5) s. oben pag. 230 Note 4 und pag. 24, 11—18. p. 27, 41 — 28, 6. Die drei Jahre, welche hier genannt werden, haben in der erst citirten Stelle nicht alle Handschriften, und in der zweiten nur eine Handschrift und auch diese ausgestrichen. Ist hieraus zu schließen, daß dieses ganze Verfahren später abgeschafft sei, so müßte eigentlich auch die Stelle gestrichen werden oben pag. 20, 34—38, die nur dann einen Sinn hat, wenn es auf mehrmalige Nichtzahlung ankommt. 6) s. oben pag. 20, 34—38. 7) Diesen Ausdruck braucht ein Rechtserkenntniß bei Bruns pag. 190, 24.

findet, so soll er für dieses Factum wiederum mit Zeugen sich versehen, noch einmal unter Beistand des Richters die Zahlung begehren, und wenn er, von diesem letztern Begehren an gerechnet, ein viertel Jahr gewartet hat, schon dann sich des Gutes mit den gehörigen Formen unterwinden können [1]). Daß auch gegen den Pfandgläubiger, der die Sache besitzt, dieses Pfändungsrecht gerichtet werden könne, folgt aus einem Rechtserkenntniß [2]). Davon aber, daß es auch gegen den Miether des zinspflichtigen Hauses gehe, steht nichts in den Statuten. Die Stelle, welche man dafür anführen könnte [3]), redet von dem Verhältniß des Vermiethers zum Miether und Aftermiether, wie der Ausdruck Wirth und Wirthin beweist [4]). Man bedarf auch des Rechtes gegen diese Personen nicht, denn wenn man nichts auf der Were findet, das dem zinspflichtigen Eigenthümer gehört, so hat man ja eben jenes viel bessere Recht, sich des Gutes selber zu bemächtigen. Ebenso bezieht auch eine andere Stelle sich nur auf ein Miethsverhältniß [5]), wie aus dem Zusammenhang hervorgeht, in welchem sie sich befindet, die nämlich, nach welcher, wie vorhin bemerkt, Gesinde oder Verwandte statt des Vermiethers die Pfändung vornehmen dürfen. Man könnte aber freilich meinen, daß diese Bestimmung analogerweise wenigstens auch auf das Verhältniß des zinspflichtigen Eigenthümers anzuwenden sei, obwohl dies wegen der Ungleichheit der Folgen, falls keine pfandbaren Gegenstände da sind, bedenklich erscheint. In dem einen Fall tritt persönliche Verhaftung ein, und daß auch diese vorzunehmen das Gesinde befugt sei, wird in einer andern Stelle ausdrücklich gesagt [6]). In dem andern Fall ist die Folge Unterwindung in Ansehung des Gutes, und daß auch diese durch das Gesinde geschehen könne, wird wenigstens nirgends in den Statuten ausdrücklich bemerkt [7]).

Von den Verhältnissen mehrerer Zinsberechtigten wird gesagt [8]), daß der, welcher sein Zinsrecht aus einer spätern Zeit

1) s. hierüber Albrecht Note 370 No. 3 und Dunckers Lehre von den Reallasten, Marburg 1837 pag. 73. 2) Förstemann I. 3. pag. 39 d. „Is ome (dem Pfandgläubiger) czins mit rechte abegewonnen von des husz wegin, den czins mag he uff das hus slan . . .“ 3) Albrecht Note 404 a führt die Stelle dafür an. 4) s. oben pag. 226 Note 2. 5) s. oben pag. 227 Note 6. Ueber die Veränderungen, welche diese Stelle bei der Aufnahme in den vermehrten S. erfahren, s. unten p. 238 Note 13 und Albrecht Note 406 6) s. oben p 54, 5. 6. 7) Aus der Vergleichung dieser beiden Fälle scheint mir die Richtigkeit der Dunckerschen Ansicht, daß das Expulsionsrecht des Rentgläubigers nicht sowohl wie Albrecht (S. 159) will, mit dem Rechte des Gutsherrn, den säumigen Hintersassen zu vertreiben, verglichen werden könne, als vielmehr eine streng consequente Anwendung des ältern Schuldverfahrens sei. Duncker a. a. O. pag. 72. 8) s. oben pag. 21, 11 — 18 und hierüber Albrecht Note 371 und pag. 161 und Duncker pag. 81. 82.

herleitet, für den Fall, da der Pflichtige nicht zahlt, sich zunächst des Hauses unterwinden könne, aber dafür auch verpflichtet sei, dem, welcher sein Zinsrecht aus früherer Zeit schon herleitet, seinen Zins zu zahlen, sobald ihn dieser gerichtlich zur Zahlung aufgefordert hat. Ohne Zweifel ist damit gemeint, daß jener überhaupt in die Stelle des frühern zinspflichtigen Eigenthümers treten solle auch für die Zukunft, und nicht etwa nur für den bereits aufgelaufenen Zins; ausdrücklich gesagt wird es indeß nicht. Weigert sich der spätere Zinsberechtigte, so unterwindet sich der frühere statt seiner des Hauses, jener aber verliert dann seine Zinsberechtigung ganz und gar.

Die dritte Art des Zinses, deren die Statuten gedenken, wird an denjenigen gegeben, der ein Gut einem andern zu erblichem Recht aufgelassen, sich aber doch das Eigenthum zurückbehalten hat. Hievon redet sehr deutlich eine schon früher erwähnte Stelle [1]), indem sie dem, der ein Haus zu „ervemtinse" hat, also ein dominium utile, um mit dem gegenwärtigen Sprachgebrauch zu reden, entgegensetzt dem „des dat eghen is" und dem „de dar ghelt an hest," und so wird an einer andern Stelle wieder der, welcher ein „gut . . . hest to ervemtinse" dem „des dat gut is" gegenübergestellt [2]). Für das Gut selbst kommt das Wort Erbzinsgut und Zinsgut schlechtweg vor [3]). Von dem juristischen Verhältniß zwischen dem Innehaber des Guts und dem Gutsherrn findet sich nur Weniges. Jener soll das Gut nicht schmälern (ergheren) und von dem Inventar des Gutes nichts veräußern dürfen ohne Einwilligung des Letztern [4]). Inwiefern der Innehaber das Gut selber veräußern dürfe, erfährt man indeß nicht, wenn man nicht dahin rechnen will, daß ihm gestattet wird das Gut mit der eidlichen Versicherung, wie er wegen Armuth nicht länger den Zins zu bezahlen vermöchte, dem Gutsherrn selber zurückzugeben [5]). Doch wird auch in diesem Falle verlangt, daß ein halbes Jahr vorher schon gekündigt werde, damit der Gutsherr sich noch nach einem anderen umthun könne, dem er „dat möghe nt don." Außerdem ist der bisherige Innehaber des Gutes auch verpflichtet, wenigstens den bis zur Zeit der wirklichen Annahme des Gutes fällig gewordenen Zins zu entrichten. Nur falls „dat gut in eneme anderen gherichte leghe buten der stat gherichte" soll diese letztere Verpflichtung nicht stattfinden. Hierin liegt wohl eine **Begünstigung** goslarischer Bürger, welche Güter zu Erbenzins hatten, gegen auswärtige Gutsherren und besonders gegen die Stifter Goslars [6]). Wer

1) s. oben pag. 21, 35—38. 2) s. oben pag. 22, 39—45. 3) s. oben p. 60, 18. 29, 27. 13, 19. 4) s. oben p. 21, 35—38 und unten p. 239 N. 4. 5) s. oben p. 22, 39—45. Duncker a. a. O. Note 121. 6) Hiervon redet (Möschell) kurze diplomatische und gründliche Geschichte

diesen Personen das Gut zurückgab, scheint sich dadurch von jeder Verbindlichkeit gegen sie frei gemacht zu haben. Von einem Pfändungs- und Entsetzungsrecht wegen nicht gezahlten Zinses ist nur in den allgemein gefaßten Stellen [1]) die Rede, die vorhin auf den Rentekäufer bezogen worden sind. Eine Stelle handelt auch von dem Verhältniß des Gutsinnehabers zu seinen Erben. Es ist die schon mehrmals angeführte, wonach eines von mehreren Kindern, welchen vom Vater oder der Mutter „tinsgut sunderliken bescreven is," dennoch mit den andern Kindern theilen oder ihnen, was sie durch diese Bevorzugung verlieren, ersetzen muß [2]). Der Ausdruck „bescreven" statt eines allgemeineren braucht nicht zu befremden, da ja in den Statuten der vom Vogt über Grundstücke ausgefertigten Briefe öfter gedacht wird [3]).

Zuletzt ist noch des Wortzinses [4]) oder Wortpfenniges [5]) zu gedenken. Er kommt nur in drei Stellen der Statuten und auch da nur gelegentlich vor. Er wird in einer Stelle einer Chronik des goslarischen Simonsstifts census arearum gloriosus genannt, welchen Heinrich der dritte durch die ganze Stadt Goslar dem Stift verliehen habe und den man gewöhnlich wazschare nenne [6]). Dieser Ausdruck ist offenbar corrumpirt, denn in einer niedersächsischen Paraphrase der genannten Chronik heißt es in demselben Zusammenhang, dieser Kaiser habe „denne worttyns over de gantzen stad" dem Stifte verliehen [7]). Diese Notizen werden unterstützt durch zwei kaiserliche Urkunden [8]), deren eine an den Decan und das Capitel des genannten Stiftes gerichtet ist, während die andere den Vogt und die Bürger der Stadt Goslar anredet. Diese letztere ist die ältere. Sie ist vom König Heinrich den 15ten August 1223 zu Nordhausen ausge-

von dem kaiserlichen unmittelbaren Reichsstifte auf dem Petersberge vor und in Goslar, Hildesheim 1757. 4. pag. 13. Die hierher gehörige Urkunde von 1338 ist abgedruckt pag. 39, in welcher der Vogt zu Goslar bestätigt, daß ein goslarischer Bürger dem Petersstift zu Goslar das Gut aufgelassen hätte, welches er von ihm zu Erbenzins gehabt hatte.

1) s. oben pag. 227 Note 2—6. 2) s. oben pag. 142 Note 7. 156 Note 4. 212 Note 9. 214 Note 4 und pag. 13, 19—21. 3) s. oben pag. 185 Note 1 und pag. 234 Note 6. 4) Dieser Ausdruck kommt in den Statuten selbst nicht vor, sondern nur in der unten Note 7 citirten Chronik. 5) s. oben pag. 23, 1. 57, 35. 72, 34. 182, 4. Bruns pag. 185, 15. Albrecht Note 426. s. auch unten §. 7.

6) Leibnitz scriptores rerum brunsvicensium tom. II. pag. 535 zu Ende der Seite und Haltaus unter dem Wort „Watschar." 7) Leibnitz a. a. O. tom. III. pag. 427 etwa in der Mitte der Seite. Diese Paraphrase jener Chronik steht in der Handschrift D der Statuten, und in ihr ist der Ausdruck „worttyns" auf das Deutlichste zu lesen. 8) Diese Urkunden stehen nicht in Heineccius goslarischen Antiquitäten, sondern in J. G. Leuckfeldi antiquitates historicae selectiores vol. I. in dem Anhang zu den Antiquitates Poeldenses.

stellt [1]), der mit Berufung auf frühere kaiserliche Privilegien [2]) und namentlich auch auf eine von seinem Vater Friedrich gemachte Verleihung [3]) dem Stift das Recht auf den census arearum in der Stadt Goslar bestätigt, und um allen ferneren Beschwerden ein Ziel zu setzen, dem Vogt anbefiehlt, jährlich an dem bestimmten Tage den Zins einzutreiben und die in der Zahlung Säumigen mit einer Strafe von sechszig Solidi zu belegen. Die andere an das Stift selbst gerichtete Urkunde ist von demselben König am 20sten Juni 1234 zu Altenburg errichtet [4]). Das Neue, was darin enthalten, ist zunächst die wiederholte Bestätigung des census arearum „quia eaedem areae ad ecclesiam... spectant," ein Ausdruck, der doch unmöglich von einem dinglichen Recht an den Höfen selbst verstanden werden kann. Außerdem wird das Besondere bestimmt, daß die Vereinigung mehrerer Höfe in einem Besitzer an der Zinsberechtigung nichts abändern solle, sondern nach wie vor von jedem der früher getrennten Höfe ein besonderer Zins solle erhoben werden. Endlich zuletzt erfährt man noch, daß die im Fall der Säumniß erhobene Strafe zwischen der Kirche und dem kaiserlichen Fiskus getheilt werden solle. Die späteste Notiz, die ich über diesen census gefunden habe, steht in einem Vertrage, welchen der Rath der Stadt Goslar mit dem Simonsstift geschlossen hat. Dieser Vertrag ist im Jahr 1617 geschlossen, und es heißt darin, „die von E. Ehrwürdigen Dohmcapittul gefürderte genandte Wortpfenning .... belangent, weil sich kein Theil des Wortpfennigs und was es eigentlich sei erinnern kann: als hat sich E. Ehrwürdiges Dohmcapitull solches Wortpfennigs ... gutwillig ergeben" [5]).

Kehre ich nun nach Erörterung der juristischen Verhältnisse selbst noch einmal zu der Terminologie zurück, so ergiebt sich aus den zu dem Obigen angeführten Stellen, daß der Ausdruck Zins ein ganz unbestimmter ist, und daß das Wort Hauszins doppeldeutig ist, d. h. Miethszins und gekauften Zins bedeuten kann, während Geld oder Gulden an Häusern sowie Erbzins jederzeit einen gekauften Zins bezeichnet. Eben so wenig kann auch Gut oder Haus zu Erbenzins, Erbenzinsgut und Zinsgut mißverstanden werden. Der letztere Ausdruck jedoch nur, wenn man allein die Statuten vor Augen hat, denn in einem Rechtserkenntniß

1) Das Datum bei Leuckfeld selbst ist falsch, s. Böhmers Regesten No. 3602. 2) Dies würde mit der in der (pag. 235 Note 6) angeführten Chronik aufgestellten Behauptung passen, daß schon Heinrich der dritte ein solches Privilegium gegeben habe. 3) Von diesem Privilegium habe ich nirgends sonst etwas gefunden. 4) s. auch hierüber Böhmers Regesten No. 3763. 5) Diese Urkunde ist abgedruckt bei Joachim Dieterich Lichtenstein, Abhandlung von des kaiserlichen freien unmittelbaren Stifts der Heiligen Simon und Judas in Goslar Gerichtbarkeit. Braunschweig 1754. 4 pag 67—70. s. oben pag. 225 Note 10.

wird auch Zinsgut genannt das Gut, von welchem man gekauften Zins verlangen kann [1]). Endlich zuletzt ist von unzweifelhafter Bedeutung der Wortzins oder die Wortpfennige.

Dem Sachsenspiegel scheint überhaupt nur eine Art von Zins [2]) bekannt zu sein, der Pachtzins nämlich, der also von einem Grundstück, welches zur Bebauung hingegeben ist, entrichtet wird. Der Vertrag, durch welchen das Pachtverhältniß entsteht, scheint auch keine Alienation zu enthalten, selbst nicht, wenn das hingegebene Gut „erve tinsgut" [3]) ist oder „ervetinsrecht" [4]) daran gegeben wird, d. h. es nicht bloß „to besceidenen jaren" [5]) überlassen ist, und insofern scheint auch das Erbzinsgut der Statuten von dem des Rechtsbuchs verschieden zu sein, denn in jenen wird einmal der Rechte der nächsten Erben am Zinsgut gedacht [6]), dann aber auch von einer Auflassung in Bezug auf Zinsgut gesprochen [7]), während dieses beides im Sachsenspiegel nicht vorkommt, vielmehr statt von Auflassen nur von Austhun [8]) und Geben des Gutes und Lassen [9]) desselben in einem vulgären Sinne die Rede ist. Die Ausdrücke, welche für das Gut außer den bereits genannten sich finden, sind: Gut, von welchem man Zins giebt [10]), Land, welches man zu Zins austhut [11]), Zinsgut [12]). Der Zins selber heißt auch Geld [13]), welches vom Gut gelobt ist, und die Personen werden genannt Mann [14]), Zinsmann, Herr [15]), während die Statuten umschreibende Ausdrücke brauchen [16]). Ueber das Pfändungsrecht werden ähnliche Grundsätze wie in den Statuten aufgestellt [17]), und der Zins muß auch besonders von dem Herrn eingefordert werden [18]). Zum Beweise

1) Bruns pag. 181, 4. 2) Nur die Worte (S. II. 58, 2) sind so allgemein, daß jede nur denkbare Abgabe in Geld darunter verstanden werden kann. „Geld von molen unde von tolne unde von münte unde von wingarden is verdenet, svenne die tins dach kumt, di ime to geldene bescheiden is." 3) S. I. 54, 5. 4) S. III. 79, 1. 5) S. III. 77, 1. 6) s. oben pag. 235 Note 2. 7) s. oben pag. 29, 27. 28. In dieser Stelle wird zwar nur gesagt, eine Frau solle Zinsgut nicht „laten" und dieser Ausdruck brauchte nicht nothwendig von gerichtlichem Auflassen verstanden zu werden, indeß er bezieht sich zugleich auch auf das in demselben Satz vorkommende Erbgut und bildet den Gegensatz zu dem nachher folgenden „vorgheven" von fahrender Habe. Außerdem aber liegt ein Beweis für die Nothwendigkeit einer gerichtlichen Auflassung auch in der (oben pag. 234 Note 6) angeführten Urkunde, nach welcher der bisherige Innehaber des Guts, um es wieder zurückzugeben, dem Stift das Gut „upgeladen heft," und dies setzt doch voraus, daß das Gut früher durch eine eigentliche Veräußerung gerade auf den Erbzinsmann übertragen worden sei. 8) s. über diesen Ausdruck Homeyers Register zu seiner Ausgabe des S. unter „Dun." s. auch oben pag. 234 Note 5. 9) S. II. 59, 1. 10) S. II. 53. 11) S. III. 77, 1. 12) S. I. 54, 5. 13) S. I. 54, 4. 14) S. II. 53. 15) S. I. 54, 1. 5. II. 59, 1 16) s. oben pag. 234 Note 1. 2. 17) S. I. 54, 4 und oben pag. 228 Note 3. 18) S. I. 54, 3 und oben pag. 232 Note 7.

der Zinsforderung mit Eid ist auch im Sachsenspiegel der Zinsherr näher, so daß der Beklagte sich nicht von der Verbindlichkeit durch seinen Eid frei machen kann [1]). Nur die nähere Bestimmung, daß dies Vorrecht des Zinsherrn allein für einen Jahreszins gilt' [2]), ist wenigstens nicht ausdrücklich im Sachsenspiegel ausgesprochen, eben so wenig wie der Grundsatz, daß Kauf Miethe nicht breche [3]). Dagegen ist den Statuten unbekannt die Strafe der Verdoppelung des Zinses im Fall der Säumniß [4]), denn sie kennen nur eine Verdoppelung desselben aus dem Gesichtspunkt der Entschädigung [5]).

Der vermehrte Sachsenspiegel kennt die verschiedenen Arten des Zinses, welche die Statuten haben, mit Ausnahme der Wortpfennige [6]). Es sind auch, wie fast immer geschehen ist, die Stellen des Stadtrechts wieder beinahe wörtlich aufgenommen. Eine Ausnahme hiervon macht die vom Erbzinsgut [7]) handelnde Stelle, welches der Zinsmann dem Herrn wegen Verarmung zurückgeben dürfe. Hier soll nicht nur der Zinsmann ein halbes Jahr vorher kündigen [8]), sondern er soll auch dann, wenn der Herr das Gut bereits wieder an sich genommen hat, verpflichtet sein, noch ein ferneres halbes Jahr auf dem Gute zu bleiben, „dorusse siczen" [9]), falls er den rückständigen Zins noch nicht bezahlt haben sollte [10]), damit der Herr diesen Zins „besiczen," nach einer andern Leseart „beseteziu" könne [11]). Eine andere Stelle, die verändert worden ist, bezieht sich auf die Pfändung des Hauszinses, d. h. Miethszinses [12]). Hierzu sei berechtigt außer dem Eigenthümer, also dem Vermiether und dessen Gesinde und Verwandten, der, der sein Geld darauf habe „in gerichtes saczunge." Mir scheint, daß man diesen letztern Ausdruck nicht sowohl auf den Rentekäufer beziehen müsse, der wegen seiner Rente auch den Miethsmann pfänden könnte [13]), als vielmehr auf den Pfandgläubiger, so daß der Ausdruck Geld dann auf das Capital ginge, wegen dessen das Grundstück selbst jenem gerichtlich zu Pfand bestellt worden war [14]). Eine dritte Stelle, welche Veränderung erfahren hat, ist die von der Eidesformel zum Beweis des erworbenen Rechts [15]), welche lautet: „daz ich dis eygen adder erbe mit sogetanen gelde" in meine Gewer gebracht habe, wie wenn das Kaufpretium da-

1) S. I. 54, 3, oben pag. 226 Note 7 und unten §. 9. 2) s. oben pag. 227 Note 1. 3) s. oben pag. 226 Note 4. 4) S. I. 54, 3. 5) s. oben pag. 226 Note 7. 6) s. oben pag. 182 Note 4. 7) s. oben pag. 234 Note 5. 8) D. II. 4, 13 = B. II. 2, 12 Zeile 119. 120. 9) s. a. a. O. Zeile 112 und 113. 10) a. a. O. Zeile 116—118. 11) Vergl. überhaupt die zu dieser Stelle angeführten Varianten bei Ortloff. 12) s. oben pag. 227 Note 6. 13) Auch dies würde mit den Statuten nicht übereinstimmen, s. oben pag. 233 Note 5 und vergl. hierüber Albrecht Note 406. 14) s. weiter unten in diesem §. 15) s. oben pag. 227 Note 7.

mit angegeben werden sollte. Da indeß gleich nachher folgt „der eyd sal also sagen: daz dit gud adder gelth"[1]), so kann man wohl eine Corruption der Stelle annehmen. Ferner ist bemerkenswerth, daß dem vermehrten Sachsenspiegel eigenthümlich ist die Bestimmung, daß ein zweiter Zins am Gut nicht ohne Genehmigung des ersten Zinskäufers verkauft werden könne[2]), wenn man dies in den Statuten nicht schon in dem allgemeinen Princip finden will, daß der Besitzer das zinspflichtige Gute nicht ohne seinen Willen „ergheren" könne[3]). Endlich zuletzt ist zu erwähnen, daß das Rechtsbuch seinen Hauptabschnitt über den Zins mit einigen vorhin erwähnten Stellen des Sachsenspiegels schließt[4]).

Mit dem Wort Leibzucht[5]) wird jedes Recht bezeichnet, welches auf die Lebensdauer des Befugten beschränkt ist. Sein Inhalt wird in den Statuten nicht näher beschrieben. Nur soviel ist gewiß, daß das Recht sich nur auf Grundstücke beziehen kann[6]). Es erscheint aber keineswegs nur als ein das Eigenthum beschränkendes Recht[7]), sondern Leibzucht kommt auch vor an gekauftem Zins[8]) und an Lehn[9]), ja gewissermaaßen sogar an Leibzucht selber, insofern der Leibzüchter Zins von seiner Leibzucht verkaufen kann. Die Stelle[10]), welche dieses letztern Falls gedenkt, redet aber freilich nicht von einem Verkauf des Zinses auf die Lebensdauer des Käufers, sondern das Temporäre des neuen Verhältnisses liegt allein darin, daß der Verkäufer selbst nur ein temporäres Recht hat. In der betreffenden Stelle nämlich, welche von Veräußerungen an Pfaffen, begebene Leute nnd Gäste handelt, heißt es „of en enne papen . . . . ghelt an ervegude vorkoft," so soll der Vogt hierüber keine Briefe ausfertigen, wenn nicht ausdrücklich ausgemacht wird, daß der verkaufte Zins an den Eigenthümer des Gutes oder an dessen Erben zurückfallen solle zugleich mit der Leibzucht desjenigen, der den Zins verkaufte, „wanne de (der Verkäufer) sterve, de liftucht dar an heft," denn ein Leibzüchter kann schon nach der Natur seines Rechts nicht über seinen Tod hinaus disponiren. Daher hat man denn auch aus dieser Bestimmung nicht zu schließen, daß der Zinsverkauf von Seiten des Leibzüchters dann, wenn der Vogt seiner Pflicht gefehlt und ohne

1) D. I. 43, 3. 4 = B. I. 36, 2. 3 Zeile 25 und 34. 2) D. II. 4, 19 = B. II. 2, 18. Vgl. auch Albrecht Note 375. 3) s. oben pag. 232 Note 4. 4) D. II. 4, 20. 21 = B. II. 2, 19. 20 = S. II. 21, 1. II. 59, 1. 2. 5) s. oben pag. 177 Note 4. 6) s. oben pag. 145 Note 7. 7) s. oben pag. 30, 3—5. 8) s. oben pag. 229 Note 5 9) Förstemann I. 3. pag. 23 h und unten § 3. bei den ehlichen Güterverhältnissen, wo überhaupt von der besondern Leibzucht des Ehegatten gehandelt wird. 10) s. oben pag. 30, 9—12 und pag. 193 Note 3.

jene Verabredung treffen zu lassen Briefe ausgefertigt hätte, auch auf die Dauer geltend wäre. Diese Verabredung hat vielmehr nur die Bedeutung einer Caution, welche man Geistlichen und Gästen gegenüber für besonders gerathen hielt, wie denn auch schon früher erwähnt worden ist, daß von Pfaffen allein es ausdrücklich gesagt werde, wie sie Erbgut, das ihnen als Erbtheil zugefallen sei, nicht ohne der Erben Erlaubniß oder echte Noth veräußern dürften, obwohl dies eine alle Personen gleichmäßig treffende Beschränkung sei [1]).

Wenn nun nach dem Bisherigen die Leibzucht immer mit Grundstücken in Verbindung steht, so folgt daraus auch die Nothwendigkeit einer gerichtlichen Auflassung, wenn sie gegeben werden soll, wie dies daraus erhellt, daß das „Laten" einer Leibzucht mit dem eines Erbguts zusammengestellt wird [2]). Daher kann man sich auch in der schon öfter erwähnten Eidesformel [3]) unter den Worten „oder wat he an deme gude hevet, dat scal he benömen" auch sehr wohl die Leibzucht denken, welche jemand an dem Gute zu haben behauptet. Es geht auch ferner aus dieser Verbindung der Leibzucht mit Grundstücken hervor, daß ohne die Erben [4]) eine Leibzucht nicht bestellt werden kann, und daß der Ablauf von Jahr und Tag auch hier eine ergänzende Wirkung hat. Hieran darf auch nicht irre machen eine Stelle, welche davon redet, daß den Erben und Erbeserben der Anspruch zukomme auf Consolidation der Leibzucht mit ihrem Eigenthum nach des Leibzüchters Tode „wanne sin to kort wert" [5]), wie wenn sie eben nur diesen Anspruch hätten, denn hier wird gerade an einen Fall gedacht, wo die Leibzucht gültigerweise aufgelassen worden war.

Der Sachsenspiegel gedenkt nur des gewöhnlichsten Falls der Leibzucht, nämlich der Leibzucht der Ehefrau, von der erst im folgenden §. 3. geredet werden wird, der vermehrte Sachsenspiegel aber hat die eben angeführten Stellen der Statuten in sich aufgenommen [6]).

Die Statuten kennen ein Geschäft, durch welches dem Gläubiger das Recht gegeben wird, sich von dem Richter über das Grundstück des Schuldners den Friede wirken zu lassen, falls der Schuldner nicht zu gehöriger Zeit seine Schuld bezahlt hat [7]). Dies Geschäft heißt „Sattinghe" [8]), und die Handlung selbst, in welcher die Satzung enthalten ist, versetzen, aussetzen, „bekomeren" [9]). Dieser letztere Ausdruck hat jedoch eine allge-

1) s. oben pag. 198 Note 7. 2) s. oben pag. 29, 27. 28. 3) s. oben pag. 227 Note 7. 4) s. oben pag. 30, 6—8 und pag. 28, 41 bis 29, 2. 5) s. oben pag. 15, 32—37. Haltaus unter „Kurtz." 6) Vgl. Albrecht Note 599. 600. 7) s. oben pag. 27. 15—24. 8) s. oben pag. 24, 27. 9) s. oben p. 14, 1. 18, 21.22. 23, 7. 13.

meinere Bedeutung, insofern damit nicht bloß eine eigentliche Verpfändung [1]), sondern auch jede Schmälerung der Rechte an Grundstücken wie an Sachen überhaupt bezeichnet zu werden scheint [2]).

Die Satzung kann sich auf alle die Rechte an Grundstücken beziehen, welche bisher erörtert worden sind, auf Eigenthum nämlich, auf Lehn, auf Zinsgut, auf gekauften Zins und auf Leibzucht [3]), und kann wie diese Rechte selbst nicht ohne gerichtliche Auflassung entstehen. Dies wird theils ausdrücklich gesagt [4]), theils muß man es daraus folgern, daß fast in allen Stellen, wo vom Lassen oder Verkaufen des Eigens, der Häuser, der Erbgüter die Rede ist, zugleich auch des Bekümmerns oder der Satzung derselben [5]) und des Widerspruchsrechts der Interessenten, welcher innerhalb Jahr und Tag geltend zu machen wäre [6]), gedacht wird.

Bei der Frage nach den Wirkungen der Satzung ist zunächst für die Zeit vor der Aufbietung zu bemerken, daß der Besitz der Sache und mit ihm alle Nutzung derselben bei dem Verpfänder zurückbleiben [7]); denn es wird ihm ausdrücklich gestattet, das verpfändete Haus bis zur Aufbietung zu vermiethen, und ist der Miethscontract bereits vor der Satzung geschlossen worden, so scheint zwar das Aufbieten deshalb nicht verschoben zu werden, aber dann ist der Pfandgläubiger genöthigt, den Miethscontract auch seinerseits zu halten. Dasselbe findet statt, wenn jener sich ausdrücklich durch Vertrag zur Anerkennung solcher Contracte, wie die Miethe ist, verpflichtet hat, so daß dann also auch die nach der Satzung geschlossenen Contracte, welche sich auf die verpfändete Sache beziehen, für den Pfandgläubiger bindend sind. Auf diese Vermiethung oder Einräumung eines Besitzes in Folge eines ähnlichen Contractes scheint sich auch eine andere Stelle zu beziehen,

1) s. oben p. 24, 19. 21 und hierüber Albrecht Note 270 p. 2) s. oben p. 28, 33. 30, 13. 57, 33—36. 62, 28. 29. 72, 34—37. s. oben das p. 228 Note 6 a. Rechtserkenntniß und Förstemann I. 3. p. 30 k. 31 b. 35 b. vergl. mit oben p. 68, 10. Albrecht Note 294. 296. Krauts Vormundschaft p. 230. 3) s. oben p. 18, 21. 22. 24, 19—28. 27, 1—5. 29, 10—19. Vgl. über Verpfändung von Renten Pauli Note 167 a. Ueber das Versetzen von fahrender Habe s. unter andern oben p. 5, 25. 26. 38. 29, 20—34. 188 Note 3 und unten §. 9. Von einem generellen Pfandrecht s. Bruns p. 242, 32. Albrecht Note 358 a. 4) Noch nicht im Privilegium (oben p. 112, 27—29), s. jedoch oben pag. 14, 12. 13. Vergl. Albrecht Note 320. 5) s. die oben pag. 240 Note 9 angeführten Stellen. 6) s. oben pag 25, 18—21. 28, 23—32. 26, 37—42. 27, 11—14. 229 Note 5. 6 und Förstemann I. 3. pag. 27. Vgl. auch Pauli Note 167. 7) s oben pag. 226 Note 4 und pag. 24, 19—28 und hierüber Albrecht Note 339. Die Stelle wird hier natürlich angeführt nach dem Abdruck bei Leibnitz, der auch in dieser Stelle correct ist, denn die Handschrift hat allerdings ebenfalls „ghekoft" was Albrecht durch den Zusatz (wedder) ghekoft erläutert. In dem von mir gegebenen Text heißt es Zeile 21 „ghelost," welches dem Sinne angemeßner ist. Aus Versehen ist unter die Varianten jene Abweichung nicht aufgenommen.

nach welcher das versetzte Grundstück zwar nicht noch einmal jemandem versetzt oder gar aufgelassen werden, ein Schutz aber auf der Were des Gutes trotz der Verpfändung allerdings in Anspruch genommen werden kann [1]). Jenes kann erst dann geschehen, wenn das Pfand wiederum eingelöst worden ist [2]), widrigenfalls kann binnen Jahr und Tag der Pfandgläubiger die Veräußerung anfechten [3]). Ausnahmsweise kann es jedoch geschehen, daß dem Pfandgläubiger selber zugleich das Wohnen auf dem verpfändeten Grundstück gestattet worden [4]), also ein Pignus im engeren Sinn, um einen römischen Ausdruck zu brauchen, gegeben worden ist. Von den besondern obligatorischen Verhältnissen, die alsdann zwischen Schuldner und Pfandgläubiger entstehen, redet mit einiger Vollständigkeit ein Rechtserkenntniß [5]). Es sollen dem Pfandgläubiger hiernach sämmtliche Auslagen an Schoß und öffentlichen Lasten und die gezahlten Renten ersetzt werden, dafür aber auch er für die verschuldete Verschlechterung des Gutes dem Pfandgläubiger seinerseits haften. Ob während des Besitzes der letztere dann auch den Nießbrauch der Sache habe, erfährt man indeß nicht, wohl aber, daß er verpflichtet ist, jederzeit dem Vertrage gemäß die Einlösung des Pfandes sich gefallen zu lassen, „wie eyn hus adir hoff het czu phande vor gelt, des man ome bekenuen oder irwisen mag als recht ist, daz sal he czulosene thun vor daz gelt czu al sotauen cziiten und in al so daner wiso, als daz gedeidinget is." In demjenigen, was bisher als Beschränkung der Rechte des Schuldners genannt ist, und in dem, was für den Fall des Pignus dem Pfandgläubiger zusteht, bestehen denn bis zur Aufbietung überhaupt seine Rechte, und namentlich steht ihm keine Art von Verfügung über das verpfändete Gut zu, wovon schon früher als Beleg angeführt ist, daß der Verkauf eines Zinses vor der Aufbietung dem Zinskäufer nur ein obligatorisches Recht gebe [6]). Die Aufbietung selber kann natürlich nur dann geschehen, wenn nicht zur gehörigen Zeit eingelöst worden ist, obwohl dieses gerade nicht ausdrücklich gesagt wird, sondern nur aus der Natur des Verhältnisses von selbst folgt [7]). Wie schon früher [8]) erwähnt, ist die Aufbietung etwas verschieden, je nachdem ein Eigen oder ein Erbgut verpfändet worden ist. In jenem Fall ist das Verfahren noch rascher wie in diesem, denn freilich ist die ganze Procedur überhaupt schon sehr summarisch. Wie eigentlich das Aufbieten geschehe, erfährt man nicht, sondern nur, daß nach

1) s. oben p. 24, 29—36 und unten §. 7. 2) s. die oben p. 241 Note 7 citirte Stelle. 3) s. oben pag. 27, 11—14. 4) s. oben pag. 60, 29—33. 5) s. Förstemann I. 3. pag. 39 c. und oben pag. 231 Note 5. 6) s. oben pag. 230 Note 4 und unten bei der Vergleichung mit dem vermehrten S. 7) Vgl. hierüber Albrecht Note 354. 8) s. oben pag. 190 Note 3 und 4.

demselben, dem Friedewirken und einem drei- oder sechstägigen Besitz der Schuldner „dom dat upgheboden is" kein Recht mehr an dem Gute habe. Gewissermaaßen kann als Ausnahme hiervon betrachtet werden, daß die vor der Satzung geschehene Vermiethung des Schuldners anerkannt worden, dafür aber freilich auch dem Pfandgläubiger eine Entschädigung gegeben werden muß [1]). Von der Herausgabe des Ueberschusses, wenn das Gut die Schuld übersteige, ist nicht die Rede [2]). Ein Ablauf von Jahr und Tag ist an und für sich nicht erforderlich, sondern nur, um gegen die Ansprüche dritter Personen sicher zu sein, wie gegen die wahren Eigenthümer, die nächsten Erben und den frühern Pfandgläubiger, und gegen diese ist man bereits dann gesichert, wenn von der gerichtlichen Satzung selber an gerechnet Jahr und Tag verlaufen ist [3]). Es ist jedoch nicht zu übersehen, daß auch im Fall einer Bekümmerung die Rechte der nächsten Erben nicht jederzeit gleich stark sind, denn wenn sie aus Noth geschieht, haben sie wie bei dem gänzlichen Verkauf nur ein Näherrecht in der früher schon beschriebenen Art [4]).

Der Sachsenspiegel redet zwar von Satzung und Versetzen, Setzen, Aussetzen, aber fast nur in Bezug auf fahrende Habe [5]). Nur einmal wird auch der Verpfändung von Eigen gedacht [6]), aber ohne daß etwas Näheres über die juristische Bedeutung des Geschäfts gesagt wird. Im sächsischen Lehnrecht findet sich dagegen mehr von der Satzung [7]), doch scheint das Geschäft hier von dem der Statuten insofern verschieden zu sein, als der Gläubiger immer Besitz und Genuß an der verpfändeten Sache erhielt [8]).

Der vermehrte Sachsenspiegel beschreibt genau das Aufbieten, das in den Statuten nur erwähnt wird [9]), und entbehrt dafür eine der Stellen, die vorhin für das Recht des Schuldners auf den Besitz des Pfandes angeführt sind [10]). Eine andere Stelle hat im Rechtsbuch einen etwas abweichenden Schluß erhalten und zwar (sie findet sich, wie in den Statuten auch [11]), an zwei verschiedenen Orten in einem verschiedenen Zusammenhang) einmal [12]) insofern, als nicht dem Eigenthümer, an dessen Grund-

1) s. die oben pag. 241 Note 7 angeführten Stellen. 2) Vergl. Albrecht pag. 152. 153. 3) s. die oben pag. 241 Note 6 und pag. 242 Note 3 angeführten Stellen und Albrecht Note 345. 4) s. oben pag. 26, 37—42 und vergl. oben pag. 196. 197. 5) s. Homeyers Register zu seiner Ausgabe des Sachsenspiegels unter „Setten" und „Versetzen." 6) S. I. 8, 1. „Svar man aver egen gift oder sat." 7) Sächsisches Lehnrecht Art. 59. 8) Albrecht Note 320. 328 a. 9) s. oben pag. 190 Note 1, wo von dem Aufbieten als einer auch bei der Uebertragung des Eigenthums von Seiten des Eigenthümers vorkommenden Form gesprochen wird. 10) s. oben pag. 242 Note 1. 11) s. oben pag. 230 und 231. 24, 11—18. 27, 41 — 28, 6. 12) D. II. 4, 17 = B. II. 2, 16.

stück der Pfandgläubiger vor der Aufbietung Zins verkaufte, das Gut von dem Pfandgläubiger abgewonnen werden soll, sondern diesem selber vom Zinskäufer, was denn freilich am Ende nur ein Unterschied im Ausdruck ist, da es sich dann von selbst versteht, daß der Pfandgläubiger seinerseits wieder, um jenem zu genügen, dem Eigenthümer die Sache abzugewinnen hat. Das andere Mal [1]) wird zwar wie in den Statuten gesagt, daß der Eigenthümer durch den Zinsverkauf nichts verlieren könne, dann aber hinzugefügt „es wer om denne mit rechte an gewonnen (statt „af ghewunnen") [2]) unde es bewiset in deme lantrecht [3]), do man uns leret wer ome an eyme gut ander recht czusaget, wenne her dorane had, der vorluset (vorkauffe) beide recht." Das „an gewunnen" paßt nicht auf den Eigenthümer, sondern nur etwa auf den Zinskäufer, und der Schluß könnte allenfalls so viel heißen, als der Verkäufer verpflichte sich jenem zu zweierlei, zur Zinszahlung und zur Verschaffung einer Realsicherheit für diese Zinszahlung durch Gewinnung des Grundstücks.

Die wichtigste Abweichung des vermehrten Sachsenspiegels liegt in der Bestimmung, daß der Ueberschuß des Pfandwerths über die Schuld dem Verpfänder herauszugeben sei, wobei denn etwas Näheres über die Ermittelung des Werthes der Sache gesagt wird [4]).

---

§. 3. Von Vormundschaft.

Sofern die Vormundschaft eine Folge der Ehe ist, erstreckt sie sich über die Ehefrau und über die Kinder oder über die letzteren allein, und hängt auf das Genauste mit den ehlichen Güterverhältnissen zusammen, mit welchen sie nachher geschildert wird [5]). Zuförderst werden die verschiedenen Arten der Vormundschaft erörtert, die mit der Ehe in keiner unmittelbaren Verbindung stehen.

Unter Vormundschaft stehen die Personen, welche noch nicht zu ihren Jahren gekommen sind [6]). Zu ihren Jahren aber sind

1) D. I. 46, 7 = B. I. 39, 6 und hierüber Albrecht Note 335, der das wert denne deme der zeins mid rechte enczucket (entsagit B. untseten haben die Statuten) auf den Eigenthümer bezieht, wozu auch die Worte „mid rechte," die aber in den Statuten fehlen, Grund geben. Vergl. oben pag. 230 zu Ende. 2) Die Statuten haben „af ghewunnen" allein, denn in den Varianten bei Ortloff sind nur sie dafür angeführt. 3) Die Worte unde es bis dorane had bilden bei Ortloff im Text einen neuen Satz. Dies scheint auch nothwendig, wenn der Nachsatz der vorluset u. s w fehlt, wie dies dort der Fall ist, denn er findet sich nur unter den Varianten angegeben. 4) D. III. 4, 1 = B. II 18 pr. und hierüber Albrecht Note 348. 5) s. weiter unten den zweiten Abschnitt dieses §. 6) s. oben pag. 3, 1. 2.

diejenigen noch nicht gekommen, die das dreizehnte Jahr noch nicht erreicht haben [1]). Die Berechnung dieser Zeit beginnt mit dem Augenblick der Geburt des Kindes, also nicht mit dem der Conception [2]). Diese Vormundschaft ist ein untheilbares Recht, welches unmittelbar mit dem Tode des Vaters oder der Mutter, sofern nicht eine Vormundschaft des überlebenden Parens eintritt [3]), dem ältesten Sohne zufällt, der dann also über seine Brüder und Schwestern die Vormundschaft hat [4]). Ist überall kein Sohn da, so fällt die Vormundschaft dem nächsten Schwerdtmagen des Unmündigen zu. Wer dieser sei, wird für das Recht zur Vormundschaft nicht besonders gesagt. Da es indeß mit dem Recht auf Herwede zusammen übergeht, so unterliegt es keinem Zweifel, daß die von jenem früher schon aufgestellten Grundsätze der Gradesnähe auch auf das Recht zur Vormundschaft angewendet werden müssen [5]). Aus welchem Grunde es an dem nächsten Berechtigten fehlt, gilt gleichviel. Sei es, daß er durch Tod an der Fortübung der einmal erworbenen Vormundschaft verhindert werde, sei es, daß der zunächst Berufene sonst unfähig sei, jederzeit tritt der nächste Schwerdtmagen des Unmündigen selber an seine Stelle. Es findet also keine Vererbung der Altersvormundschaft statt [6]), und darum kann auch aus einem Rechtserkenntniß, in welchem davon geredet wird, daß ein Unmündiger die Vormundschaft wegen Todtschlags auf seine Erben vererbe, nicht gefolgert werden, daß einem solchen auch überhaupt eine Vormundschaft und namentlich eine Altersvormundschaft zustehen könne [7]). Vielmehr wird er derselben eben so wenig fähig sein wie rechtlose Personen [8]) und wie körperlich Gebrechliche. Die auf die letztern Personen bezügliche Stelle [9]) könnte zweifelhaft erscheinen, da die Worte „so nimt it" nur auf Herwede gehen können, wenn nicht in dem unmittelbar vorhergehenden Satze die Vormundschaft als eine Folge des Herwedeerwerbs genannt würde, die also mit dem Verlust desselben ebenfalls entbehrt werden muß. Außerdem aber kann auch der Ausdruck, wer „breke an sinen vif sinnen" [10]) habe, könne nicht Vormund sein, bezogen werden auf körperliche Ge-

1) s. oben p. 112, 22—26. 18, 6. 7 und Krauts Vormundschaft Band 1. pag. 114. oben pag. 131 Note 3. 2) s. oben pag. 18, 7. 8. Kraut a. a. O. pag. 162 Note 7. 3) Von dieser weiter unten in diesem §. 4) s. oben pag. 18, 39 — 19, 1. 3, 12—17. 17, 8—11. Förstemann I. 3, 20 d. Kraut p. 189. 196 Note 19 5) s. oben p. 3, 12—17 und p. 169. 170. Dies gilt jedoch nicht von der Bestimmung oben p. 3, 19—24. 170 Note 4. 6) s. oben pag. 17, 19 die Varianten nnd 147 Note 3. 7) s. oben pag. 147 Note 4. s. jedoch Kraut a. a. O. pag. 197, wo eine Stelle abgedruckt ist, nach welcher Altersvormundschaft auch Unmündigen zusteht; s. auch unten pag. 253 Note 9. 8) s. oben pag. 20, 8—11. Der Rechtlose kann nur seiner Frau und Kinder Vormund sein, s. weiter unten in diesem §. 9) s. oben pag. 3, 12—17. 17, 8-11. s. auch Kraut pag. 57. 10) s. oben pag. 17, 12—18.

brechen, obwohl er nach dem Zusammenhang zunächst auf geistige Gebrechlichkeit zu gehen scheint. Auch diese verhindert an Uebernahme der Vormundschaft, und die Untersuchung über die gehörige geistige Qualification ist ein Recht des Raths. Er soll zunächst entscheiden können, ob die in Rede stehende Person wirklich „also dorbastieht" wäre, daß sie unfähig zum Vormund sei. Eine neuere Redaction geht noch weiter, indem auch nicht einmal das Recht des nach dem geistig Unfähigen nächsten Schwerdtmagen ein unbedingtes ist, vielmehr der Rath in diesem Fall auch ihn zurückzuweisen befugt ist und selbst eine gar nicht verwandte Person, sobald sie nur in Goslar wohnt, zum Vormund ernennen kann. Es kommt nur darauf an, daß dem Rath dies für die Kinder vortheilhaft zu sein scheint. Die Anforderung aber, daß ein Vormund überhaupt in Goslar wohnen müsse, ist auch erst neueres Recht [1]). Nach diesem tritt indeß nicht in die Stelle des auswärtigen Schwerdtmagen der dann nächste einheimische, sondern wiederum ist es der Rath, der, sofern er es den Kindern vortheilhaft hält, entweder irgend eine Person, verwandt oder nicht verwandt, die in der Stadt wohnt, einsetzen, oder auch den auswärtigen Schwerdtmagen troß jener Regel dennoch zulassen kann. Nach den Worten der betreffenden Stelle sollte man meinen, es wäre, um Vormund zu sein, nicht genug in der Stadt zu wohnen, sondern auch, daß man Bürger wäre, erforderlich. Indeß in einer andern Stelle wird ausdrücklich gesagt, daß wenn einem Knecht, also einem der Gesindedienste thut, Vormundschaft „anersterbe" [2]), er deshalb des Herrn Dienst verlassen könne, und Bürger und Bürgers Gesinde wird sich immer entgegengestellt [3]). Ist nach dem Bisherigen die Berechtigung des Vormundes an sich vorhanden, so kann sie auch ohne Weiteres geübt werden, obwohl dem Rathe, den Erben und den bevormundeten Kindern selber wegen Verwaltung und dereinstiger Herausgabe des Gutes Sicherheit zu stellen ist, und zwar wie es scheint allen Dreien zu gleicher Zeit [4]). Dem Rathe wird jedoch ganz besonders dann cavirt, wenn er einen Auswärtigen zur Vormundschaft zuläßt [5]) und wenn er Verdacht hat [6]). Daß aber, nur weil es an dieser Sicherheit fehlt, die Ausübung der Vormundschaft nicht verhindert werde, sieht man daraus, daß sobald die Vormundschaft angestorben ist, man sich ihrer unterwinden kann. Ein Ausdruck, der auch gebraucht wird, wenn der Vormund des Kindes Vermögen an sich nimmt [7]).

Während der Vormundschaft gilt für die Verwaltung des Vermögens die Regel, daß der Vormund den Kindern nur das

1) s. oben p. 16, 30—35. Kraut p. 107 N. 10. 2) s. oben p. 91, 9—13 und Kraut p. 231. 3) s. z. B. oben p. 137 unter No. 5. 4) s. oben pag. 17. 12. 13. 19. 20. 19, 45. 5) s. oben pag. 16, 30—35. Kraut p. 107 N. 10. 6) s. oben pag 18, 26—29 und Kraut pag. 94. 7) s. oben pag. 20, 4—11. 16, 9—14. Kraut pag. 226. 288.

Nothwendigste verabreichen soll [1]). Was nach dem Ablauf je eines Jahres von den Einkünften dann übrig bleibt, kommt den Kindern zu Gute, in deren Nutzen es zu verwenden ist [2]). Ist aber umgekehrt nicht einmal so viel Vermögen vorhanden, daß die Nothdurft des Kindes damit bestritten werden kann, so sollen der Vormund und die nächsten und verständigsten Verwandten des Kindes sich über das, was hierbei zu thun sei, berathen. Den Beschluß, welchen sie fassen, sollen sie dem Gericht zu wissen thun und dann demgemäß verfahren. Daß der Rath, etwa nachdem man sich an ihn gewendet, diese Besprechung des Vormundes mit den Verwandten veranlasse, steht nicht in den Statuten [3]). Aus diesen Bestimmungen über die Verwendung der Einkünfte und dem vorhin erwähnten Inhalt der Sicherheit ergiebt sich schon von selbst der Grundsatz, daß die eigentliche Substanz des Vermögens nicht verringert werden dürfe. Damit ist jedoch nicht gesagt, daß überhaupt nichts davon veräußert werden sollte, vielmehr wird es in Ansehung des Herwede und der Gerade dem Vormund sogar zur Pflicht gemacht, sie möglichst theuer zu Gelde zu machen [4]). Dies gilt jedoch nur von den Herwede- und Geradestücken, die zu dem Vermögen des Kindes selbst gehören. Diejenigen, welche von ihm neu ererbt werden während der Vormundschaft, scheint der Vormund nur veräußern zu dürfen, nicht aber die Pflicht zu haben [5]). Es versteht sich aber freilich von selbst, daß es nur zum Frommen des Kindes geschehen darf und nur „bi des kindes nuden live." Denn wie fahrende Habe überall nicht, wenn der Eigenthümer im Siechbette liegt, veräußert werden darf, weder von ihm selber noch von seinem Vormunde, so namentlich auch nicht Herwede und Gerade [6]). Sofern es aber gültigerweise geschieht, so tritt dann, was man dafür einnimmt, nicht in die Stelle jener Vermögensstücke, so daß es wie sie selber Gegenstand einer besondern Erbfolge wäre, sondern es gehört zu dem Erbe und ist Gegenstand der gewöhnlichen Vererbung [7]). Was insbesondere die Veräußerung von unbeweglichem Gut betrifft, so wird unterschieden, ob der Vormund veräußere oder ob das Kind selbst die Alienation vornehme. Geschieht das letztere, so kann es sein, das Kind veräußert an den Vormund selbst oder an dritte Personen. Beides ist zuläßig, sobald das Kind nicht allein handelt. Sofern jedoch an den Vormund selbst veräußert werden soll [8]), müssen die andern Verwandten (denn der Vormund ist regelmäßig

1) s. oben pag. 17, 19—21. 2) s. oben pag. 17, 24—26. 3) s. oben pag. 19, 15—21. Kraut pag. 91 Note 24 und weiter unten über die Veränderung dieser Stelle im vermehrten S. 4) s. oben pag. 18, 39 — 19, 9. 5) s. oben pag. 18, 30—35. 6) s. oben pag. 155. 166. 7) s. die in Note 5 angeführte Stelle. 8) s. oben pag. 18, 16—20.

ja selbst ein Verwandter) [1]) um Rath gefragt sein und ihre Zustimmung erklärt haben, und es scheint, wenn man die hierher gehörige Stelle mit der andern vergleicht, wo ebenfalls so zu sagen von einem Familienrathe die Rede ist [2]), dann nicht bloß auf die Meinung derer anzukommen, die zugleich die nächsten Erben sind. Dagegen genügt zur Gültigkeit einer Veräußerung des Kindes an Dritte die Zustimmung des Vormundes und die der nächsten Erben [3]). Ist aber der Veräußernde der Vormund, so scheint es wiederum nicht sowohl auf den Consens der Verwandten anzukommen, die die nächsten Erben sind, als vielmehr auf die Genehmigung jenes Familienrathes [4]). Welche Formen [5]) indeß auch zu beobachten sind, immer muß dem Kinde das etwaige Kaufgeld gesichert werden, und kann es innerhalb Jahr und Tag von seiner Jährigkeit angerechnet der Veräußerung widersprechen. Eine andere Frage ist, ob überhaupt die Verjährung, wenn der Vormund oder der Familienrath nicht consentirt haben, laufen könne. Eine entscheidende Antwort findet sich hierauf in den Statuten nicht, vielleicht weil wegen der höhern Beaufsichtigung, der die vormundschaftliche Verwaltung überhaupt unterworfen war, nicht leicht eine Uebergehung jener Formen vorkommen konnte [6]).

Zu den Rechten, welche dem Vormunde in Ansehung der Person des Unmündigen zustehen, kann gerechnet werden, daß er für ihn die Eide schwört, da der Unmündige zum Eide unfähig ist [7]). Dies Recht bezieht sich jedoch nicht auf jeden Eid, den der Unmündige, falls er bereits zu seinen Jahren gekommen wäre, selber schwören müßte, nämlich nicht auf den Zeugeneid [8]) und den Reinigungseid gegen die Beschuldigung eines Verbrechens, denn ein Verbrechen kann von einem Unmündigen nicht begangen werden [9]). Damit ist jedoch nicht gesagt, daß nicht wegen Wehrgeld und wegen eines angerichteten Schadens geklagt werden könnte, denn der Anspruch hierauf ist Civilanspruch, gleichviel auf welche Thatsache er sich gründet [10]). Daher kann aber auch gegen diese Ansprüche der Vormund statt des Kindes schwören [11]), und nur sofern nach allgemeinen Regeln überhaupt kein Losschwören statt-

1) s. jedoch oben pag. 245 Note 10. 246 N. 1. 2) s. die oben p. 247 Note 3 angeführte Stelle. 3) s. oben pag. 26, 30. 31. 112, 22—26. 4) s. o. p. 18, 21—23. 5) s. o. p. 18, 23—26. Darüber, daß der Vormund des Kindes Zustimmung selber bei Veräußerungen von Immobilien haben müsse, findet sich nur eine Stelle, die sich auf die elterliche Vormundschaft bezieht, und von dieser s. weiter unten in diesem §. 6) s. namentlich oben pag. 18, 20—29. Vgl. über diesen ganzen Punkt oben p. 195 Note 5. 6. pag. 199 Note 1. 2. pag 203 Note 1. 2. p. 204 Note 8. 7) s. oben pag. 17, 35—37. Kraut pag. 378. 8) s. oben pag. 93, 8. 3. 33—37 und unten §. 8. 9) s. oben pag. 42, 8. 9. Bruns pag. 234 zu Anfang. 10) s. oben pag. 42, 9. 10. 14—16. s. Kraut pag. 340. 341 Note 7. 11) s. oben pag. 42, 16. 17.

finden kann [1]), ist er verpflichtet aus des Kindes Gut was sich gebührt zu bezahlen [2]). Mit der Straflosigkeit des Unmündigen hängt zusammen, daß nicht bloß der Vormund [3]), sondern jedermann [4]) das Recht hat, ihn seiner „missedat" halber zu züchtigen, sobald nur das gehörige Maaß dabei beobachtet und eidlich versichert wird, daß es eben nur deshalb geschehe. Ein Recht über die Person ist ferner, daß der Unmündige sich ohne des Vormundes Einwilligung nicht verloben kann. Dies wird in den Statuten ganz allgemein ausgesprochen [5]), während es in dem Privilegium Friedrichs des zweiten nur von filia und soror gesagt wird [6]). Bei einem andern die Person betreffenden Gelöbniß, dem Klostergelübde nämlich, scheint die Einwilligung des bloßen Altervormundes gar nicht in Betracht zu kommen. Nur der Eltern und des Rathes wird gedacht, deren Zustimmung indeß auch das Gelübde noch nicht unwiderruflich macht, indem das Kind immer noch, so lange es unter seinen Jahren ist, zurücktreten kann [7]).

Die in Rede stehende Vormundschaft geht gänzlich zu Ende, wenn das Kind zu seinen Jahren kommt [8]), oder doch für den Vormund, wenn dieser unfähig wird [9]). Die Wirkungen der Beendigung sind, daß das Vermögen vollständig so herausgegeben werden muß, wie es dem Vormund überliefert ist, entweder in natura oder in der Gestalt dessen, was in die Stelle des etwa Veräußerten getreten ist [10]). Dies gilt namentlich von dem für alienirte Herwede, Gerade und Grundstücke eingenommenem Gelde [11]). Nur sofern durch Zufall oder Diebstahl und Raub Sachen des Kindes untergegangen oder verloren gegangen sind, ohne daß der Vormund etwas dabei versäumt hätte, ist er von seiner Verpflichtung frei [12]). Wie nun der Vormund keinen Gewinn von der Vormundschaft hat, so hat er auch keinen Nachtheil, denn alles, was er als Vormund gethan, muß von dem Kinde anerkannt werden [13]). So heißt es ausdrücklich, wer eine Erbtheilung verlangt

1) s. unten §. 10. 2) s. oben pag. 42, 18. 19 und Förstemann I. 3. pag. 36. 37. Vgl. auch im Allgemeinen Kraut pag. 378 folgd. und zumal über das Verhältniß des Eides des Vormundes zu dem väterlichen Recht des „Ausnehmens." Siehe auch weiter unten in diesem §.
3) s. oben pag. 48, 25—30. 4) s. oben pag. 42, 4—7. 5) s. oben pag. 18, 4. 5. 102, 24. 25. Kraut pag. 323. 6) s. oben pag. 113, 27—29. Vgl. über diesen ganzen Punkt Kraut pag. 123 und folgd. 7) s. oben pag. 131. 8) s. oben pag. 18, 1—3.
9) Besondere Stellen hierüber können nicht angeführt werden. Aus den oben pag. 245 und pag. 246 für die Fähigkeit gegebenen Bestimmungen folgt das im Text Gesagte von selbst. 10) s. oben pag. 17, 21. 22.
11) s. oben pag. 18, 24—26. 19, 5—7. 12) s. oben pag. 17, 22—24. 19, 7—14. 13) Eine Ausnahme ist, daß die Veräußerung von Grundstücken innerhalb Jahr und Tag nach erlangter Mündigkeit noch widerrufen werden kann, in welchem Fall dann natürlich auch das

von dem, der seinen Erbtheil mit dem eigenen in Vormundschaft gehabt hat, muß die Schuld, die von Vormundschafts wegen gemacht ist, bezahlen [1]), sobald der Vormund bereit ist, den etwa geforderten Eid über die Richtigkeit der Schuld zu schwören. In einer andern Stelle heißt es, man könne dessen durch Zeugen überführt werden, was der Vormund gethan habe, aber freilich, wenn man es vorher gerichtlich geleugnet hätte, so sei man deshalb nicht recht- oder ehrlos, wie es der Fall sein würde, wenn man ein eigenes Factum in Abrede gestellt hätte [2]).

Nach dem Bisherigen ist klar, daß mit dem zu Jahren kommen die bisherige Vormundschaft aufhört. Zweifelhaft aber ist es, ob nicht eine andere Vormundschaft beginnen müsse, denn darüber, daß eine Vormundschaft auch über Mündige stattfinden könne, findet sich eine ausdrückliche Stelle, nach welcher der zu seinen Jahren Gekommene nicht bloß sich selbst, sondern auch seinen unmündigen Geschwistern einen Vormund zu wählen befugt ist [3]). Nimmt man, um zu entscheiden, ob diese zweite Vormundschaft nothwendig sei, zum vermehrten Sachsenspiegel seine Zuflucht, so sieht man, daß es nach ihm nur ein Recht des Mündigen ist, denn er kann sich auch selber, heißt es da, zum Vormund wählen. Ganz entscheidend aber ist dies freilich nicht, denn einmal finden sich überhaupt öfter Aenderungen des Aufgenommenen in diesem Rechtsbuche, und dann ist gerade diese Stelle auch sonst verändert, da von einem Recht, auch den Geschwistern einen Vormund zu wählen, sich nichts darin findet [4]). Wie lange das Recht oder die Pflicht dieser zweiten Vormundschaft dauere, erfährt man nicht, und namentlich nicht, daß, wer achtzehn Jahr alt sei, aufhöre, in dieser Vormundschaft zu sein [5]). Ueber die Bedeutung derselben ist nur zu sagen, daß der Vormund nicht mehr für den Bevormundeten die Eide leistet [6]). Dies gilt auch von den nur des Geschlechts wegen bevormundeten Weibern [7]), und daher mag auch wohl im Uebrigen eine Verwandtschaft mit diesen Bevormundeten stattfinden.

Frauen und zu ihren Jahren gekommene Jungfrauen haben, wenn sie nicht in ehlicher oder elterlicher Vormundschaft sich befinden, einen Vormund wegen ihres Geschlechts [8]). Ob zu dieser Vormundschaft irgend einer der Verwandten berechtigt sei, oder ob diesen Vormund nach ihrer Willkühr die Frauen sich wählen kön-

für das Grundstück Gezahlte zurückgezahlt werden muß; s. oben pag. 248 Note 1—6 und pag. 201. 1) s. oben pag. 19, 38 — 20, 3. 2) s. oben pag. 94, 24—29. 3) s. oben pag. 18, 1—3 und Kraut p. 135. 148. 219. 4) s. Kraut p. 219. 5) s. jedoch Rudorffs Recht der Vormundschaft Band I. pag. 111 Note 20, wo für eine andere Meinung Haltaus pag 998 und 999 angeführt wird. 6) s. oben pag. 17, 36. 37. Kraut pag. 378. 7) s. oben pag. 18, 10. Kraut pag. 378 Note 24. 8) s. oben pag. 18, 9 und Bruns pag. 233, 16.

nen, wird nicht ausdrücklich bemerkt. Für das Letztere spricht, daß von dem Bruder ausdrücklich gesagt wird, er sei seiner Schwester Vormund, bis sie zu ihren Jahren komme [1]), und daß die vorhin erwähnte Stelle von dem Recht der Wahl mit den erreichten Jahren ganz allgemein lautet [2]). Der Vormund scheint auch überhaupt nur bei einzelnen Handlungen, nämlich bei der Führung von Processen gebraucht zu werden, und auch bei diesen ist es nur unter der Voraussetzung, daß die Frau klagend auftritt, nothwendig, sich des Vormundes zu bedienen [3]). Wird dagegen die Frau beklagt, so mag sie es halten, wie es ihr gut dünkt [4]). Erklärt sie, sich des Vormundes bedienen zu wollen, so gewinnt sie sechs Wochen Zeit, welche ihr gegönnt werden, um den Vormund herbeizuschaffen [5]). Nur in gewissen begünstigten Fällen brauchen sich die Kläger eben wegen jenes Verzuges die Vertheidigung durch den Vormund nicht gefallen zu lassen [6]). Außerdem wird ein Unterschied gemacht zwischen den Frauen, die Gäste und denen, die Bürgerinnen in Goslar sind. Jene [7]), wenn sie durch Vormund auftreten wollen, müssen, daß sie zur rechten Zeit den Vormund schaffen werden, für den ganzen Betrag der in Rede stehenden Schuld Sicherheit leisten. Dies hat nicht den Sinn, daß diese Schuld, wenn der Vormund zur rechten Zeit nicht da wäre, nun ohne weiteren Proceß bezahlt werden müßte, sondern nur den, daß dann die Frau Wette und Buße bezahlen muß und das Recht einbüßt, den Vormund zu brauchen, indem sie nun selbst Rede stehen muß. In dieser Beziehung ist man gegen die einheimische Frau [8]) strenger, von der man zwar nicht die eben beschriebene Sicherheit verlangt, sie dagegen aber auch ohne weiteres für der Schuld überführt halten läßt, sobald der Vormund zu rechter Zeit nicht erscheint und keine echte Noth bewiesen werden kann, die sein Erscheinen verhinderte.

Die übrigen Vormünder außer Ehemann und Eltern sind die Vormünder der Innungen, von welchen bei der städtischen Verfassung geredet werden wird [9]); ferner die für Anstellung von Klagen besonders gekornen Vormünder, denn es hat ein jeder das Recht, durch einen Vormund klagbar zu werden [10]), sobald nur der Vormund bereit ist, auch dem Beklagten nachher Rede zu ste-

1) s. oben pag. 3, 13. 2) s. oben pag. 18, 1—3 und pag. 250 Note 3. 3) s. die pag. 250 Note 5 angeführte Stelle. 4) s. oben pag. 77, 46. 5) s. oben pag. 77, 45. 78, 19. 20. 6) s. oben pag. 78, 18—26. 7) s. oben pag. 18, 9—15. Man vergleiche auch die zu Zeile 11 gegebene Variante, mit welcher der vermehrte Sachsenspiegel übereinstimmt; s. hierüber weiter unten. Diese Stelle redet ganz allgemein und nicht etwa vorzugsweise von Klagen wegen Ungericht; s. jedoch Kraut pag. 370. 8) s. oben pag. 78, 5—10. 9) s. unten §. 11. und vergl. Bruns pag. 192, 28 und überhaupt wegen der Vormundschaft über moralische Personen Kraut pag. 18. 10) s. oben pag. 70, 8—12.

hen, was vielleicht hauptsächlich auf eine etwa beabsichtigte Widerklage sich bezieht [1]). Bei einem Gaste, dessen „ware bode" als Kläger für ihn auftritt, muß außerdem auch noch Sicherheit geleistet werden, daß der Gast selber, wegen dessen Antwort man sonst gar keine Sicherheit hat, mit Recht dem Beklagten antworten werde.

Die Vormundschaft, welche stattfindet, wenn ein Todtschlag, eine Verwundung oder überhaupt ein Friedbruch geschehen ist, unterscheidet sich dadurch von der eben beschriebenen Vormundschaft, daß sie, wie die erste Altersvormundschaft auch, von der Willkühr des zu Bevormundenden unabhängig ist, indem sie wiederum als ein Recht der Vormünder erscheint [2]). Es ist schon früher bemerkt worden, daß man das Vormundschaftsrecht zu unterscheiden habe von dem Recht auf die Besserung [3]), und daß es nur zufällig sei, wenn diese beiden Rechte einer Person zustünden. Eben so zufällig, wie wenn die Vormundschaft wegen Todtschlags zusteht demjenigen, der auch die Vormundschaft über die Kinder des Getödteten hat [4]). Das Institut dieser Vormundschaft scheint aus der Tendenz erklärt werden zu müssen, daß man, da einmal in peinlichen Sachen regelmäßig wenigstens nicht von Amtswegen [5]) eingeschritten wurde, doch so viel wie möglich das Recht der Anklage über die Person des Verletzten selbst hinaus erweiterte [6]). Dies ist besonders wichtig für den Fall des Todschlags, wo die Anklage ohnedem ganz hätte unterbleiben müssen, und außerdem bedeutend für alle Fälle, wo der Verletzte aus irgend einem Grunde [7]) und namentlich wegen empfangener Wunden wenigstens nicht sogleich mit seiner Anklage auftreten konnte, da doch handhafte That behaupten zu können wegen der dann dem Angeklagten erschwerten Vertheidigung sehr erheblich war [8]). Als Berechtigte nun zu dieser Vormundschaft werden genannt einer der nächsten Schwerdtmagen, also ohne dem ältesten von mehren gleich nahen einen Vorzug einzuräumen. Wer eben von ihnen zuerst auftrat, mochte die Klage anstellen [9]). Alsdann wird die Ehefrau genannt und zuletzt die übrigen Verwandten, zu welchen

1) s. oben pag. 74, 7—11 und unten §. 6. 2) s. oben pag. 14, 30—38 und pag. 32, 38 — 33, 34. Vgl. oben pag. 147. 173. 174. 3) s. oben pag. 147. 4) So steht nach einem Rechtserkenntniß bei Bruns pag. 189, 22, wenn die Mutter vom Vater getödtet worden ist, die Vormundschaft wegen des Todtschlages ihrem gemeinschaftlichen Kinde zu, zu deren Ausübung das Kind gegen seinen Vater durch den Großvater von Mutterseite, an welche die Vormundschaft in diesem Fall vererbt wird, unterstützt wird. Kraut pag 40 44. 197 Note 22 und oben pag. 245 Note 7. 5) s. oben pag. 83, 32—37 und unten § 6. Ueber die Veränderung dieses Princips in späterer Zeit Kraut pag. 68. 6) s. wegen einer andern Erklärung dieser Vormundschaft Kraut pag. 31—33. 101. 7) s. unten pag. 253 Note 7. 8) s. unten §. 10. 9) s. oben pag. 33, 10—13.

also auch die weibliche Verwandtschaft gehört [1]). Alle diese Personen aber vererben auch ihr Recht (was, wie vorhin schon erwähnt ist, mit der Altersvormundschaft nicht geschieht) auf ihre Erben [2]). Ist keine der genannten Personen vorhanden, so kann selbst der Hofherr (womit sowohl der Eigenthümer eines Erbzinsguts als der erste Vermiether gemeint sein kann) [3]), oder der Wirth (womit der Aftervermiether bezeichnet zu werden pflegt) [4]), bei welchem er wohnt, als Ankläger auftreten. Ja noch mehr, es scheint jedermann zu der Anklage zugelassen zu werden, sobald er nur auf Verlangen „ware" thut wegen aller derer, die sich zur Vormundschaft dieser Klage mit Recht ziehen könnten [5]). Daß aber diese Vormundschaft einen so allgemeinen Charakter habe, wird theils ausdrücklich durch das allgemeine Wort „Friedbruch" [6]) bewiesen, theils kann es daraus gefolgert werden, daß dem nächsten Schwerdtmagen [7]) in einer andern Stelle das Recht eingeräumt wird, gegen einen Beklagten, der aus irgend welchem Grunde verfestet ist, die Klage fortzusetzen, die der Kläger nicht fortsetzen kann, weil er selber nachher verfestet worden ist. Es wird nur erfordert, daß jener, sein Schwerdtmagen, zu seinen Jahren gekommen ist und sich auch anheischig macht, dem Beklagten Rede zu stehen. Mit dem hier genannten Erforderniß der Jährigkeit steht wohl nicht in Widerspruch ein Rechtserkenntniß, nach welchem diese Vormundschaft auch auf unmündige Kinder kommen kann [8]), denn in ihr ist nur vom Recht der Anklage überhaupt die Rede, während in unserer Stelle an das unmittelbare Vornehmen processualischer Handlungen überhaupt gedacht wird, deren natürlich ein nicht zu seinen Jahren gekommenes Kind nicht fähig ist, vielmehr zu der Ausübung seines Anklagerechts eines besondern Beistandes bedarf [9]). Aus diesem Rechtserkenntniß lernt man auch, daß die in Rede stehende Vormundschaft nicht jederzeit auf die beim Tode des Vormundes vorhandenen Schwerdtmagen desselben vererbt werde, indem diese unter Umständen nicht bloß nicht die zunächst Berechtigten sind, sondern auch ganz und gar von dieser Succession ausgeschlossen werden [10]).

Zum Schluß dieser Vormundschaft wegen Friedbruchs [11]) mag noch das Verhältniß [12]) derselben zum Recht und zur Klage auf

1) Vergl. auch oben pag. 252 Note 4 und unten pag. 254 Note 5. 2) s. oben pag. 14, 30—38 und Bruns pag. 189, 22. 3) Vergl. oben pag. 234. 4) s. oben pag. 233 Note 4. 5) s. oben pag. 32, 38—40. 6) s. oben pag. 14, 32. 7) s. oben pag. 62, 13—18. 8) Kraut scheint nach pag. 337 anderer Meinung. 9) s. oben pag. 000 Note 0. 10) s. oben pag 252 Note 4. 11) Dieser allgemeine Name darf nach dem Bisherigen gebraucht werden. Die Vormundschaft wegen Todtschlags und wegen Verwundung erscheinen nur als die vornehmsten Beispiele. 12) s. hierüber im allgemeinen Kraut §. 36. und besonders das pag. 337 Gesagte und das daselbst abgedruckte mag=

Besserung, oder was dasselbe sagt, auf Sühne[1]) (Wehrgeld hat nur eine engere Bedeutung) genauer bezeichnet werden. Es lassen sich hier vier Fälle denken[2]). Zunächst kann es sich ereignen, daß überhaupt nur eine Anklage auf die öffentliche Strafe stattfindet (Seite 174 Note 3); dann daß der auf öffentliche Strafe klagende Friedbruchsvormund (der aber wieder entweder selbst oder durch Beistand klagen kann) zwar zugleich auch die Besserung eintreibt, diese aber doch andern Personen, nämlich dem Beleidigten selbst oder dessen Erben, auszahlen muß[3]); es kann ferner sein, daß eine völlige Trennung beider Rechte stattfindet, sowohl in Anstellung der Klagen wie in dem Vortheil der Besserung selbst, indem die öffentliche Anklage von dem Friedbruchsvormund ohne Rücksicht auf die Besserung angestellt wird, und diese von den Erben selbst durch eine Schuldklage eingefordert wird[4]); endlich zuletzt, es kann die Vormundschaftsqualität mit der des Erben zusammenfallen und dann dieselbe Person nicht nur mit einem Proceß beide Ansprüche durchsetzen, sondern auch den Gewinn desselben für sich behalten[5]), in welchem Fall sich nichts Wesentliches ändert, wenn mehrere Erben da sind.

Eine Vormundschaft über geisteskranke Personen (doren, sinnelose lüde) findet, wenn sie nicht auch abgesehen von ihrer Geisteskrankheit in Vormundschaft sich befinden, nicht statt. Dem Vogt wird nur auferlegt dafür zu sorgen, daß solche Personen keinen Schaden thun, was entweder dadurch geschieht, daß er sie in Gewahrsam nimmt, oder daß er sie zur Stadt herausbringen läßt[6]). Daß er ihnen einen Vormund, sei es für einzelne etwa gerichtliche Handlungen oder für beständig geben könne, wird ihm nicht eingeräumt. Auch des Rathes wird nicht gedacht als zur Einsetzung des Vormundes berechtigt, während man dies wohl erwarten könnte, da er erstlich einmal doch überhaupt eine Aufsicht über die Vormundschaften der Unmündigen führt, und dann namentlich auch das Recht ausübt, unter Umständen einen beständigen Vormund einzusetzen, und noch dazu statt dessen, der sonst kraft Verwandtschaft eintreten würde[7]). Als ein Beweis jener Auf-

deburger Schöffenurtheil; s. jedoch auch die oben pag. 147 Note 6 angeführte Stelle des Krautschen Buchs. 1) s. oben pag. 33, 14—16 und pag. 174 Note 3. 2) s. im allgemeinen oben pag. 32, 5—29 und pag. 14, 30—34. 3) s. oben pag. 12, 41. 42. 33, 8. 9 und die folgende Note. 4) s. oben pag. 33, 10—16. Von den Erben ist hauptsächlich die Rede im Fall eines Todtschlags. Im Fall der Verwundung nimmt der Verwundete natürlich seine Besserung regelmäßig selbst. 5) s. oben pag. 14, 30—35. Von der Einwirkung der ehlichen Güterverhältnisse auf das Recht zur Besserung weiter unten. 6) s. oben pag. 42, 8—12 89, 5—9 und Kraut pag. 11 Note 3. 7) s. oben pag. 246 Insofern dürfte wohl das, was Kraut (p. 222 N. 3) sagt, zu allgemein gefaßt und gegen pag. 107 Note 10 seines Buchs sein.

sicht des Rechts kann auch noch dienen der oben [1]) abgedruckte Rathsbeschluß von 1351, nach welchem der Rath Sachen des Mündels unter seiner Obhut haben kann.

Der Sachsenspiegel ist in der Lehre von den bisher erörterten Vormundschaften in den Statuten sehr benutzt und öfter wörtlich ausgeschrieben. Die Grundsätze über die Altersvormundschaft namentlich sind im wesentlichen durchaus dieselben, obwohl der Endpunkt der Jährigkeit nicht wie in den Statuten genau angegeben wird [2]). Der älteste Schwerdtmagen erhält die Vormundschaft ebenfalls als ein untheilbares Recht allein [3]), obwohl abweichend von den Statuten das Herwede getheilt wird [4]). Die Stelle, wonach die in Rede stehende Vormundschaft nicht vererbwird, ist dem Rechtsbuch unbekannt [5]), dagegen ihr eigenthümlich die ausdrückliche Bemerkung, daß man Vormund eines andern sein könne, sobald man zu seinen Jahren gekommen sei, woraus dann folgt, daß Unmündige diese Vormundschaft nicht haben können [6]). Unter den übrigen Erfordernissen zu dieser Vormundschaft kennt nur der Spiegler das der Ebenbürtigkeit des Vormundes, so wie daß Rechtlose nicht nur keine Vormünder sein (dies ist auch statutarisch), sondern auch keine Vormünder haben können, wenigstens keine gerichtlichen [7]). Das was oben [8]) gesagt ist über die Unfähigkeit körperlich und geistig Gebrechlicher so wie fremder Personen und von den Rechten des Rathes dabei, findet man im Sachsenspiegel nicht, wogegen die Stelle über die Fähigkeit des Gesindes dem Sachsenspiegel wörtlich entlehnt ist [9]). Die Ausdrücke „der Vormundschaft sich unterwinden" gehören nur den Statuten an, und ebenso die den Kindern und dem Rath zu leistende Sicherheit [10]), vielmehr heißt es ausdrücklich, der Vormund habe niemand Sicherheit zu leisten, wenn er selbst der Erbe sei, denn nur den Erben sei er überhaupt Caution schuldig [11]). Dies Recht der Erben nun findet sich freilich in den Statuten auch [12]), aber einmal nur neben dem der Kinder und des Rathes, und dann auch nicht so vollständig wie im Sachsenspiegel, welcher die Vormünder zu einer jährlichen Rechnungsablage an die Erben verpflichtet. Die genaueren Stellen über die Verwaltung der Vormundschaft fehlen dem Sachsenspiegel und namentlich die über die Veräußerungen, indem von dem Vormund nur verlangt wird, daß

1) s. oben pag. 109, 1—6. 2) s. oben pag. 131 Note 3, 3) S. I. 23, 1. Kraut pag. 193. 4) s. oben pag. 170 Note 2 und vgl. Kraut pag. 194 Note 13. 5) s. oben pag. 147 Note 8. 6) S. I. 42, 2. Kraut pag. 56. 146. 228. 7) S. I. 23, 1. Kraut pag. 61. S. III. 16, 2. I. 48, 1. Kraut pag. 51. 8) s. oben pag. 245 Note 9 und pag. 246 Note 1. 9) S. II. 33 = oben pag. 91, 9—13. Kraut pag. 231. 10) s. oben pag. 246 Note 4 und Note 5. 11) S. I. 23, 2. Kraut pag. 93. 12) s. oben pag. 246 Note 4.

er die Sachen des Mündels nicht verthun solle [1]). Daß der Vormund für den Mündel schwören und dieser nicht ohne jenes Einwilligung heirathen solle, wird im Sachsenspiegel auch nicht gesagt, wohl aber ist die eine Stelle über die Züchtigung und Straflosigkeit Unmündiger fast wörtlich aus dem Sachsenspiegel entlehnt [2]). Nur daß für ein Kind unter seinen Jahren, wenn es getödtet wird, volles Wehrgeld bezahlt werden müsse, steht im Sachsenspiegel mehr, und eben so, wiewohl bei einer andern Gelegenheit, daß der Unmündige nicht pflichtig sei dem Gerüchte zu folgen [3]). Inwiefern die Bestimmungen über den Eintritt in das Kloster dem Sachsenspiegel entlehnt seien, ist schon früher erörtert worden [4]). Hervorzuheben ist außerdem von den die Disposition über den Unmündigen selbst betreffenden Stellen als dem Sachsensp. eigenthümlich die, daß Unmündige, wenn sie eigen sind, von ihrem Herrn zu Morgengabe gegeben werden können [5]). Bei dem Ende der Vormundschaft braucht wie in den Statuten der Vormund das zufällig Untergegangene und Verlorne nicht zu ersetzen [6]). Für die Nothwendigkeit, die Handlungen des Vormundes anzuerkennen, fehlen die oben [7]) aus den Statuten angeführten Belege.

Die Vormundschaft über zu ihren Jahren gekommene Personen, wenn sie sich einen Vormund wählen, ist im Sachsenspiegel insofern genauer behandelt, als einmal entschieden gesagt wird, daß von seinen Jahren an noch einen Vormund zu haben nur ein Recht, aber keine Pflicht sei [8]); dann insofern, als bestimmt angegeben wird, daß ein unbeschränktes [9]) Recht einen Vormund zu haben nur bis zu den Tagen, d. h. bis zum vollendeten ein und zwanzigsten Jahre dauere und dann wieder mit dem vollendeten sechszigsten Jahre beginne [10]); ferner insoweit als von dem zu seinen Jahren Gekommenen dem Gerüchte zu folgen verlangt wird [11]), während das Recht und die Pflicht, nun selbst Eide zu leisten, nicht besonders erwähnt wird [12]); endlich insoweit als dem bisherigen gewöhnlichen Vormund es auch noch ferner als eine Pflicht auferlegt wird, den bisherigen Mündel im Lehnrecht, wenn es nöthig ist, zu vertreten [13]).

Die Vormundschaft der Frauen und Mädchen ist entschieden ein Recht der Verwandten [14]), und auch wenn es im einzelnen Fall an diesen fehlt und sie doch (wie zur Anstellung einer Klage;

1) S. I. 23, 1. I. 11. 2) S. II. 65 = oben pag. 42, 4—19. 89, 5—9. Kraut pag. 361. 3) S. II. 65, 2. II. 71, 3. 4) s. oben pag. 131. 5) S. I. 20, 1. 6) S. I. 11. I. 23, 1. 7) s. oben pag. 250 Note 1. 2. 8) S. I. 42, 2. Kraut pag. 56. 9) So daß man es ausübt, ohne Wehrgeld und Buße zu schmälern, s. die folgende Note. 10) S. I. 42, 12. Kraut pag. 145. 11) s. die in Note 3 angeführte Stelle. 12) s. oben pag. 248 Note 7. 13) S. I. 23, 2. s. oben pag. 222. 14) S. I. 23, 1. I. 45, 1. Kraut pag. 185.

welche sie wie in den Statuten nicht selbst anbringen können) eines Vormundes bedürfen, haben sie nicht das Recht der Wahl, sondern müssen sich vom Richter zu diesem einzelnen Proceß einen besondern Vormund bestellen lassen [1]). Die Eide müssen sie ebenfalls wie nach den Statuten selbst thun [2]). Dagegen ist das Geloben der Gewere, welcher Punkt in den Statuten, im Fall bevormundete Personen processiren, nicht besonders erwähnt wird, Sache des Vormundes [3]). Die besonderen Stellen über Frauen, wenn sie beklagt werden, die Herbeischaffung des Vormundes betreffend, stehen nicht im Sachsenspiegel [4]). Besonders aber hervorgehoben wird, daß Frauen zu Veräußerungen ihres (rechten) Vormundes Einwilligung nur insofern bedürften, als er ihr Erbe sei [5]). Wenn umgekehrt der Vormund den Frauen den Besitz ihrer Güter entzieht, ohne sich darüber zu rechtfertigen, so kann er für einen schlechten Vormund und daher seiner Vormundschaft für verlustig erklärt werden, die dann auf den Richter übergeht [6]). Diese Beendigungsart der Vormundschaft wird in den Statuten nirgends, auch nicht bei der Altersvormundschaft, erwähnt, obwohl doch bei dieser mehrfach eines Aufsichtsrechts des Rathes gedacht wird.

Ein Gildenvormund wird im Sachsenspiegel wie zu erwarten nicht genannt [7]). Auch von einem Friedbruchsvormund in dem Sinne der Statuten findet sich nichts. Eine Vormundschaft wegen Todtschlags kommt überhaupt nicht vor, denn das Recht der Magen eines bei Ausübung eines Verbrechen Getödteten, denselben gegen den Vorwurf dieses Verbrechens durch Kampf zu vertheidigen, kann höchstens als eine Vormundschaft für den Getödteten betrachtet werden [8]), und ebenso ist es mit der im Fall einer Verwundung vorkommenden Vormundschaft [9]), die sich ebenfalls im Kampf für den Verwundeten zeigt und von der Kampfvormundschaft für Frauen und Lahme nicht verschieden ist [10]). In all diesen Fällen ist die Vormundschaft nicht ein selbständiges in öffentlichem Interesse geltend zu machendes Recht der Verwandten, wie dies in den Statuten der Fall zu sein scheint. Daher kann denn auch in dem Sachsenspiegel von einer besondern Vererbung solcher Vormundschaft nicht die Rede sein, vielmehr scheint

1) S. I. 43. 44. Kraut pag. 76. 2) S. I. 47, 1. Kraut p. 378. 3) S. I. 47, 1. Kraut pag. 377 folgd. 4) s. oben pag. 251 Note 4—8. 5) S. I. 45, 2. Kraut pag. 161. 6) S. I. 41. Kraut pag. 397 folgd. 7) s. oben pag 251 Note 9. Inwiefern für einzelne Fälle ein Vormund gewählt werden könne (gekorner Vormund), geht hervor aus den oben Note 1 und unten Note 9 und 10 angeführten Stellen. 8) S. I. 64 und oben pag. 147 Note 8, wo der Ausdruck, daß es keine Vormundschaft für Getödtete im S. gebe, zu allgemein ist. 9) s. oben pag. 147 Note 8. 10) S. I. 43. I. 48, 2. Kraut pag. 62. 219.

wenigstens das Recht, wegen Todtschlag das Wehrgeld zu fordern, von der eigentlichen Anklage unzertrennlich zu sein, obwohl es geschehen kann, daß jemand, der Wehrgeld bezahlen muß, vom Richter doch von der öffentlichen Strafe freigesprochen wird [1]).

Die Stelle über die Vormundschaft geisteskranker Personen ist fast wörtlich aus dem Sachsenspiegel entlehnt, d. h. es wird gesagt, über einen Thoren und sinnlosen Mann soll man nicht richten, und für Schaden, den sie thun, soll der Vormund bezahlen. Der Zusatz, wie es gehalten werden solle, wenn der Geisteskranke keinen Vormund habe, fehlt [2]).

Der vermehrte Sachsenspiegel bestimmt für das Ende der Altersvormundschaft denselben Zeitpunkt [3]) (ist das kind czu sinen iaren komen boben sinen czwelff iaren), ohne daß jedoch der Anfangspunkt der Berechnung angegeben wird [4]). Berechtigt zur Vormundschaft sind dieselben Personen und namentlich wird bestimmt „Von wip halben en mag keyn man vormunde gesin" [5]). Von Unmündigen wird ausdrücklich gesagt, daß sie keine Vormundschaft haben können, vielmehr statt ihrer der dann nächste Schwerdtmagen eintrete [6]). Nur von der Fähigkeit oder Unfähigkeit des Gesindes zur Vormundschaft findet sich nichts [7]). Dagegen wird ausdrücklich, was in den Statuten und Sachsenspiegel nicht geschieht, den Pfaffen und Mönchen das Recht zur Vormundschaft abgesprochen [8]). Ueber Rechtlose finden sich die Stellen aus den Statuten und dem Sachsenspiegel [9]). Ein Recht des Raths zeigt sich nur insofern, als er entscheidet, ob eine Gebrechlichkeit, die an der Führung der Vormundschaft verhindere, da sei, nicht aber wie die neuere Redaction der Statuten bestimmt, auch in der Einsetzung eines andern statt dessen, der nach dem Unfähigen der nächst Berechtigte wäre. Ebenso fehlt die Bestimmung für den Fall, da die Vormundschaft an einen Fremden fällt, ganz [10]). Unter den zur Sicherheitsleistung Berechtigten wird der Rath nicht genannt, sondern nur die bevormundeten Kinder selbst und die Erben oder überhaupt die Verwandten, welchen beiden jährlich Rechnung abgelegt wird. Der Vormund wird auch nicht von dieser Rechnungsablage frei, wenn er selbst Erbe wird, denn er könnte ja vor dem Kinde sterben und dann würde nachher ein anderer der Erbe sein [11]). Zeigt sich während der

1) S. II. 14, 1. 2) S. II. 3 und oben pag. 254 Note 6. 3) s. Kraut pag. 114 Note 25. 4) s. oben pag. 245 Note 2. 5) D. I. 49, 5 = B. I. 42, 3. Kraut pag. 195. 6) s. oben pag. 17 die zu Zeile 12 im ersten Noten-Absatz angegebene Variante. 7) s. oben pag. 246 Note 2. Die Stelle gehört in den Statuten, obwohl sie aus dem Sachsenspiegel geschöpft ist (S. II. 33), der neuern Redaction an. 8) D. I. 49, 1 = B. I. 42 pr. Kraut pag. 57. 9) s. unten pag. 259 Note 6. 10) s. oben pag. 246 Note 1. 11) D. I. 49, 6 = B. I. 42, 4.

Vormundschaft eine schlechte Verwaltung, so sollen die Verwandten nun vor Gerichte „gute gewisheyt" sich geben lassen, und wenn sie sie nicht erhalten können, so soll der nach dem bisherigen Vormund nächste Schwerdtmagen sich ohne Weiteres der Vormundschaft unterwinden [1]). Von der Verwaltung gelten in der Hauptsache dieselben Grundsätze. Eigenthümlich ist, daß auf Rath der Erben und Verwandten das Geld des Bevormundeten zur Anschaffung von Grundstücken verwandt werden soll, wie denn überhaupt die hieher gehörige Stelle bei der Aufnahme in die Statuten verändert worden ist, namentlich auch, was die Behandlung des Herwede und der Gerade betrifft [2]). Im Uebrigen sind keine Abweichungen von den Statuten zu bemerken, außer daß wie im Sachsenspiegel so auch hier die Bestimmung, daß ohne den Vormund keine Verlobung geschehen solle, vermißt wird. Daß die Vormundschaft über den zu seinen Jahren Gekommenen nach dem vermehrten Sachsenspiegel nur ein Recht des Bevormundeten sei, ist schon vorhin [3]) bemerkt worden. Hervorgehoben mag hier außerdem noch sein, daß so wenig wie in den Statuten eines Zeitpunkts erwähnt wird, bis zu welchem sie bestehe. Von der Vormundschaft über Frauen findet man nur den allgemeinen Satz, daß Frauen einen Klagvormund haben müssen, ihre Eide aber selber thun [5]). In der die Caution wegen Herbeischaffung des Vormundes betreffenden Stelle ist (wofür auch die Autorität einer Handschrift der Statuten selber spricht) die Verschiedenheit zu bemerken, daß nicht die Frauen die Gäste sind, sondern die Vormünder, deren sich die Frauen bedienen wollen [6]). Der Gildenvormund wird im vermehrten Sachsenspiegel nicht erwähnt, wohl aber der zum einzelnen Fall gekorne [7]). Ueber Friedbruchs- und Kampfvormund findet man die Stellen der Statuten und des Sachsenspiegels mit Ausnahme der über Vertheidigung eines in Ausübung eines Verbrechens Getödteten [8]). Bei dem Vormund Geisteskranker fehlt ebenfalls wie im Sachsenspiegel der besondere Zusatz der Statuten [9]).

Der Ehemann ist der Vormund seiner Frau [10]) und darum gehört die Lehre von der Ehe in die von der Vormundschaft, obwohl mit der Vormundschaft an sich noch nicht die vollen Wirkungen der Ehe eintreten, denn nach einem Rechtserkenntniß er-

1) D. I. 50, 3 = B. I. 43, 2. 2) s. oben pag. 247 Note 3. 4. Im Landrecht übt der Richter statt des Raths die Aufsicht. 3) s. oben pag. 250 Note 4. 5) s. oben pag. 250 Note 5—7. D. I. 49. 11. IV. 26, 13 = B. I. 42, 9. VI. 4, 13. 6) s. oben pag. 251 Note 7. 7) s. oben pag. 251 Note 10. 8) D. I. 49. 4. IV. 23. 10—14 = B. I. 42, 1. 2. IV. 1, 11—14. 9) s. oben pag. 254 Note 6. 10) s. oben pag. 20. 8. 9.

hält die Jungfrau, die sich ein Mann „vortruwen unde geven leyte," dennoch nach seinem Tode, wenn sie noch nicht in sein Bett gekommen ist, kein Recht an seinem Gut [1]). Von diesem Vortruwen, welches ohnfehlbar der Geschlechtsvormund vornahm, obwohl er nur bei denen, die unter ihren Jahren waren, ein eigentliches Recht der Einwilligung zur Ehe hatte [2]), muß indeß unterschieden werden das, was man im canonischen Recht sponsalia de futuro nennt, denn auch von solchen und wie man sie vor geistlichem Gerichte geltend zu machen habe, ist in den Statuten die Rede [3]). Von den persönlichen Verhältnissen der Ehegatten wird gar wenig gesagt. Man kann dahin rechnen, daß ausdrücklich hervorgehoben wird, wie auch ein Rechtloser Vormund seiner Ehefrau sein könne [4]), und wie seine Verpflichtung zum Gesindedienst mit Beginn der Ehe aufhöre [5]); ferner daß nach Friedrichs des zweiten Privilegium nur der Ehegatte selber „in synodo" den andern anklagen dürfe [6]), was doch wohl nur von Anklage wegen Ehebruchs verstanden werden kann; ferner daß der Eintritt in ein Kloster ohne der Frauen Einwilligung ungültig ist [7]), und endlich, daß unter gewissen Voraussetzungen die Frau [8]) für den Mann handelt [9]). Dies ist namentlich der Fall, insofern auch die Frau zur Friedbruchsvormundschaft berechtigt ist.

In welchem Verhältniß diese zu dem Recht auf die Besserung stehe, ist oben [10]) im allgemeinen erörtert worden. Was insbesondere das Verhältniß der Ehefrau zu den Kindern in diesem Punkte betrifft [11]), so hat jene nach der ältern Redaction eine stärkere Berechtigung als diese, insofern sie, gleichviel wieviel Kinder da sind, ein Halb der Sühne erhält [12]). Nach der neuen Redaction dagegen bekommt sie nur Kindestheil [13]). Die Theile werden nur für den Fall bezeichnet, da die Kinder bereits abgetheilt sind von der Mutter und nun die Sühne bezahlt werden soll. Hieraus hat man wohl nicht zu schließen, daß die Kinder

1) Bruns im Hercynischen Archiv pag. 446, 38. v. Kamptz 376, 39 und über die Bedeutung des vortruwen oder getruven als eines Uebergebens der Braut an den Bräutigam, wodurch die Vormundschaft dem Ehemann begründet wurde, Kraut p. 176. 2) s. oben pag. 249 Note 5 und 6. 3) s. oben pag. 77, 41—43. 4) s. oben pag. 259 die in Note 10 angeführte Stelle und Kraut pag. 107 Note 9; s. auch oben pag. 245 Note 8. 5) s. oben pag. 91, 9—17. 6) s. oben pag. 113, 23. 24. 7) s. oben pag. 130 Note 5. 8) Von dem Manne braucht dies nicht gesagt zu werden, denn daß dieser überhaupt für die Frau handelt, versteht sich von selbst. 9) s. oben pag. 54, 40 — 55, 8. Diese Stelle wird passender in der Lehre von der Overhöre unten §. 7. erörtert werden. 10) s. oben p 252 — 254. 11) s. oben p. 254 N. 5. Sind keine Kinder da, so hat die Frau für den Gewinn aus dem Friedbruch, also abgesehen von dem Recht die Klage anzustellen, immer den Vorzug vor allen übrigen Verwandten, s. oben pag 33, 6. 7. 12) s. oben pag. 14, 34—38. 13) s. oben pag. 14, 38—40. Förstemann pag. 34 d.

überhaupt nur dann, wenn sie schon abgetheilt seien, ein Recht auf die Besserung hätten, sondern nur, daß vorher von einer besondern Berechnung nicht die Rede ist, weil die Besserung, so lange die Kinder unabgetheilt sind, in die gemeinschaftliche Vermögensmasse bezahlt wird, und einmal hineingezahlt ihren besondern Charakter verliert und nachher mit allem Uebrigen vertheilt wird. Eben so wenig darf man sich durch eine andere Stelle [1]) irren lassen, nach welcher umgekehrt scheinen könnte, die Frau hätte gar kein Recht auf die Besserung und stünde dem Kinde also nach. Die Stelle spricht wohl nur aus, daß selbst das noch in utero matris beim Tode des Ehemanns sich befindende Kind nach seiner Geburt Anspruch auf die Sühne habe, nicht aber, daß es sie allein und die Ehefrau, welche die Besserung bereits vor des Kindes Geburt genommen hat, nichts davon behalten solle. Man kann dies um so weniger annehmen, als selbst die zweite Ehefrau [2]) im Gegensatz der Kinder erster Ehe ihr Recht auf die Besserung nicht einbüßt. Die Abtheilung, welcher in dieser Stelle gedacht wird, ist wohl nicht wie die in der vorhin erwähnten zu beziehen auf die Frau, hier also Stiefmutter der frühern Kinder, sondern auf den verstorbenen Mann, von welchem seine Kinder bei seiner zweiten Ehe Abtheilung verlangen konnten [3]). Von dem Verhältniß der zweiten Ehefrau zu ihren Kindern wegen der Besserung erfährt man nichts. Nur das wird gesagt, daß diese Ehefrau den Vorkindern gegenüber nie mehr als die Hälfte, also nach der neuen Redaction als Kindestheil, in Anspruch nehmen könne, es mögen nun Kinder aus der zweiten Ehe da sein oder nicht [4]).

Ausführlicher besprochen werden die Wirkungen der Ehe auf das Vermögen, wovon schon die eben gegebenen Grundsätze über die Besserung ein Beispiel sind. Mann und Weib haben kein gezweiet Gut ist das Princip [5]), d. h. es findet während der Ehe keine gesonderte Verwaltung des Gutes der Eheleute statt, sondern die ganze Masse wird von dem Manne administrirt. Die Frau hat regelmäßig überhaupt kein Verfügungsrecht [6]). Weder obligatorische Verträge, welche sie schließt, haben Gültigkeit, noch Veräußerungen, welche sie macht, gleichviel ob sie sich auf unbewegliche oder bewegliche Sachen beziehen, ob Eigenthum übertragen oder ein geringeres Recht gegeben wird, ob die Veräußerung gegen Entgelt oder ob sie durch Schenkung geschieht. Es versteht sich jedoch von selbst, daß sofern der, mit welchem contrahirt oder an welchen veräußert ist, der Frau etwas seinerseits versprochen

1) s. oben pag. 12, 41. 42 und 33, 8. 9. 2) s. oben pag. 33, 30—34. 3) s. weiter unten in diesem §. 4) s oben pag. 33, 33. 34. 5) s. oben pag. 29, 43. 44. Förstemann I. 3. pag. 34 c. 6) s. oben pag. 11, 26. 27. 28, 40. 41. 29, 27—34.

oder gegeben hat, dies ihm zurückgegeben und auch der etwaige Schaden ihm erstattet werden muß. Dies beweist unter andern [1]) recht deutlich ein Rechtserkenntniß [2]), wonach der Ehemann auch ein ohne seinen Willen gesetztes Pfand einlösen muß, wenn er es wieder haben will, „wente de ienne dem dat pand gesad were en dorfte daromme yo sines geldes nicht vorlustig wesen . . .". Die gegebene Regel ist jedoch nicht ohne Ausnahme. Die Frau kann Klagen anstellen, d. h. die Schuldner sind verpflichtet sich auf ihre Klagen einzulassen unter zwei Voraussetzungen, wenn die Schuld der Frau allein gelobt war und wenn sie Sicherheit leistet, daß der Schuldner von dem Manne frei sein solle [3]). Außerdem wird der Mann verpflichtet aus den Verträgen der Frau, aus welchen er selber auch Vortheil zieht [4]). Endlich ist die Frau zu jeder Disposition auch über des Mannes Vermögen berechtigt, wenn der Mann ihr nicht soviel verabfolgt, als sie nothwendig bedarf. Hier kann sie, um sich das Unentbehrliche zu verschaffen, nicht bloß Verträge schließen [5]) und ohne Sicherheit wegen des Mannes Zustimmung zu leisten was dem Manne geschuldet wird eincassiren [6]), sondern auch unbewegliches Gut in jeder Art veräußern [7]), sei es nun, daß das unbewegliche Gut ihr Eigenthum und nur dem Manne zugebracht ist [8]), oder daß sie es während der Ehe von dem Manne erhalten hat [9]), oder daß sie es gemeinschaftlich während der Ehe mit ihm erworben hat [10]), oder sei es, daß das Gut nur dem Manne gehört [11]). Im letzteren Fall ist jedoch die Veräußerung nur dann möglich [12]), wenn zwar Kinder aus der Ehe da gewesen, gegenwärtig aber bereits gestorben sind. Denn sind die Kinder noch am Leben, so können diese als nächste Erben des Mannes widersprechen [13]), und ebenso,

1) s. oben pag. 29, 27—34. 2) Bruns im Hercynischen Archiv pag. 448, 41. v. Kamptz pag. 377, 42. 3) s. oben pag. 78, 1—4. Insofern unterscheidet sich die Ehefrau von den unter Geschlechtsvormundschaft stehenden Frauen, die gerade zur Klage eines Vormundes bedürfen (s. oben pag. 251 Note 3). Man müßte denn annehmen, daß in der Stelle zunächst nur hervorgehoben werden solle, wie die Ehefrau des ehlichen Vormundes nicht gerade immer bedürfe. 4) Wie wenn er mit der Frau in dem von ihr gemietheten Hause wohnt, s. oben pag. 22, 36—38 und hierüber Heise und Cropps juristische Abhandlungen Band 1. pag. 33 Note 5. 5) s oben pag. 28, 40. 41. Berck, über das Bremische Güterrecht der Ehegatten Note 55. 60. 6) s. oben pag. 29, 41 — 44. Sydow Note 805. Heise und Cropp Bd. 2. pag. 438 Note 16. 7) s. oben pag. 29, 27—30. 35—41. Berck Note 249. Sydow Note 805. Finsler de obligatione uxoris circa solvenda mariti debita secundum ius germanicum medii aevi, Gottingae 1822 pag. 14 Note 8. 8) s. oben pag. 29, 35—41. 9) s. oben pag. 29, 45 bis 30, 2. Bruns Rechtserkenntnisse in seinen Beiträgen pag. 181, 6. 10) s. oben pag 29, 37. 11) s. oben pag. 29, 45 — 30. 2. 12) s. oben pag. 29, 11 — 19. Förstemann I. 3. pag. 37 c. Pauli Note 146. 13) s. das Nähere weiter unten bei der Vormundschaft der Eltern und unten pag. 264 Note 5.

wenn nie Kinder da waren, die nächsten Seitenverwandten. Bei Veräußerung ihres eigenen Grundstücks bedarf die Frau des Consenses dieser Personen natürlich nicht, da ja vorausgesetzt wird, daß sie aus Noth veräußert. Sie würde nur durch das Näherrecht der Erben beschränkt sein [1]). Es ist hierbei auch gleichgültig, aus welchen Gründen die Frau das Nothdürftigste nicht erhält. Liegt der Grund darin, daß der Mann eben nur was der Frau gebührt zurückhält, so bedarf es bloß eidlicher Bekräftigung der Nothdurft [2]), liegt er aber darin, daß der Mann die Frau verlassen hat, so muß außerdem auch der Rath davon in Kenntniß gesetzt werden, daß der Mann flüchtig geworden sei [3]).

Im Gegensatz gegen die Frau hat der Mann ein sehr freies Dispositionsrecht über das während der Ehe vereinigte Gut. Man sieht dies indeß, abgesehen von den Stellen, welche der Frau das Dispositionsrecht absprechen und also nur indirect beweisen, nur aus einer einzigen Stelle [4]). In dieser wird geredet von den Voraussetzungen, unter welchen man des Ehegatten Sachen mit Arrest belegen könnte. Hiezu ist man überhaupt nur unter gewissen Voraussetzungen berechtigt, denn nicht jedermanns Sachen, den man beklagen kann, darf man mit Arrest belegen, wohl aber wird umgekehrt angenommen, daß man gegen jeden, dessen Sachen man arretiren darf, einen Anspruch habe. Erwägt man dies, so sagt die angeführte Stelle nicht soviel als: nur wenn die Ehegatten Gäste sind, hafte die Frau auch für des Mannes Schulden; sondern: jederzeit haftet die Frau dafür, aber dem Arrest unterliegen ihre Sachen nur, wenn sie (die Ehegatten) Gäste sind. Ganz unbeschränkt haftet jedoch die Frau für des Mannes Schulden nie. Nur wenn sie sich selbst mit verpflichtet hat, kann man unbedingte Erfüllung der Verbindlichkeit begehren, selbst wenn sie deshalb „not liden" müßte. Doch auch selbst in diesem Fall hat man nicht das Recht, um wegen der Befriedigung der Forderung sicher zu sein, falls sie ein Gast ist, ihre unentbehrlichsten Kleider mit Arrest zu belegen. In Gegensatz gegen das Bisherige steht der Mann bei Veräußerungen von Immobilien nicht freier als die Frau [5]), denn er soll ebenfalls weder seiner Frauen Grundstücke noch seine eigenen irgendwie ohne der Frauen Einwilligung veräußern. Es mag bei dieser Gelegenheit auch auf die Bedeutung des „Laten" einer „anwardinghe" aufmerksam gemacht werden, dessen auch bei den Veräußerungen durch

1) s. oben pag. 195 folgd. 2) s. oben pag. 29, 45 — 30, 2.
3) s. oben pag. 29, 38—41. 4) s. oben pag. 66, 17—22 und hierüber Finsler a. a. O. pag. 22 Note 14. Das Nähere unten §. 6 und 7.
5) s. oben pag. 14, 1—3. Berck Note 51c. Finsler pag. 34 Note 5. Oben pag. 29, 45 — 30, 2 und die vorhin für die Beschränkung der Frau angeführten Stellen.

die Frau als einer ohne des Mannes Willen ungültigen Disposition gedacht wird [1]). Unter Anwartung wird wohl nichts anderes verstanden als Erbrecht [2]), und man sieht nicht recht ein, wie ein bloßes Erbrecht Gegenstand sein solle einer gerichtlichen Auflassung. Vielleicht ist hier an den Fall gedacht, da Kinder mit dem, was sie von dem verstorbenen Parens ererbt haben, in der Vormundschaft des Ueberlebenden bleiben, der sich wieder verheirathet hat [3]). Der neue Ehegatte mag dann ein Widerspruchsrecht haben, auch wenn der aus der früheren Ehe Uebriggebliebene nur der Kinder Grundstücke veräußert, in die er succediren und dadurch auch dem neuen Ehegatten etwas zuwenden könnte. Wie aber ausnahmsweise die Frau Grundstücke veräußern kann, so auch und zwar aus demselben Grunde der Mann, also wenn es ihm Noth thut [4]), in welchem Fall er denn auch alle Arten von unbeweglichen Gütern, die seiner Frau sowohl wie die seinigen, zu veräußern befugt ist. Durch die nächsten Erben sind jedoch auch diese Veräußerungen des Mannes beschränkt. Und zwar wiederum, sofern Kinder da sind, durch diese, obwohl selbst sie unter gewissen Voraussetzungen nicht zum Widerspruch berechtigt sind [5]). Sind keine Kinder gegenwärtig vorhanden, weil sie bereits wieder verstorben sind, so haben die Seitenverwandten dennoch kein Recht des Consenses. Sie sind nur dann berechtigt, wenn die Ehe gänzlich kinderlos geblieben ist. Auch hier darf indeß nicht vergessen werden, daß vorausgesetzt wird, der Mann veräußere aus Noth, mithin bedarf es wiederum des Consenses jener Personen, abgesehen vom Näherrecht, nur bei Veräußerungen der Grundstücke, die nicht sein Eigenthum sind. An diesen Rechten der nächsten Erben ändert sich natürlich auch nichts, wenn beide Ehegatten gemeinschaftlich veräußern [6]), und umgekehrt wird durch den Consens der Verwandten nicht der Consens des Ehegatten überflüssig gemacht. Die Ehegatten werden vielmehr selbst gegen einander wie nächste Erben betrachtet und können wie diese innerhalb Jahr und Tag der Veräußerung widersprechen [7]), ja sie sind viel stärker berechtigt, da sie gegen einander sich nicht auf den Unterschied zwischen gewonnenem und Erbgut berufen können. Dies paßt nur gegen die Erben kraft Verwandtschaft. Diesen aber gegenüber gilt für Erbgut auch das vom Ehegatten Erworbene [8]) und hat auch die Bestimmung, daß selbst gewonnenes Gut nur

1) s. oben pag. 11, 27. 14, 1—3. 2) s. oben pag. 15, 35 und das Bremisch-niedersächsische Wörterbuch unter diesem Wort. 3) s. weiter unten in diesem § die elterliche Vormundschaft. 4) s. oben pag 29, 45 bis pag. 39, 2. 5) s. oben pag. 29, 11—19 und unten die elterliche Vormundschaft. 6) s. oben pag. 29, 14. 7) s. oben pag. 11, 26—30. Finsler a. a. O. pag. 13 Note 5. 8) s. oben pag. 29, 5—7 und pag. 176 Note 8. Heise und Cropp Bd. 2. pag. 557. Note 224.

bei gesundem Leib veräußert werden dürfe, wieder Bedeutung [1]), während sie unter den Ehegatten wegen der viel größern Beschränkungen, die außerdem bestehen, nicht in Betracht kommt.

Mit der Beendigung der Ehe hört natürlich auch die ehliche Vormundschaft auf. Die Ursachen der Beendigung sind vernichtende Ehehindernisse, als welche Verwandtschaft und bereits vorhandene andere Ehe genannt werden, während der mangelnde Consens des Vormundes [2]), sofern der Ehegatte unter seinen Jahren sich verlobte, als solches wohl nicht angesehen wurde [3]). Der Hauptfall der Auflösung der Ehe ist aber freilich der Tod des Ehegatten und diesem steht gleich der Eintritt eines Ehegatten in ein Kloster, sofern er mit des andern Ehegatten Einwilligung geschieht [4]). Im ersten Fall, also im Fall der Scheidung [5]), kann natürlich von einem Erbrecht nicht die Rede sein, wohl aber wird ausdrücklich gesagt [6]), daß die Frau (des Mannes wird nicht gedacht) die ihr gelobte Leibzucht behalte. Die Leibzucht tritt also nicht als ein gesetzliches Recht ein, sondern nur, sofern sie durch Vertrag bestellt ist, wovon weiter unten [7]) noch gesprochen werden wird. Außer dieser Leibzucht erhält sie ihre Kleider und die Hälfte des eingebrachten und noch vorhandenen „inghedöme" [8]). War ihr dagegen keine Leibzucht bestellt, so erhält sie alles Eingebrachte und zwar entweder in natura oder ersetzt, wenn so viel da ist, daß dies möglich ist; wo nicht, so erhält sie die Hälfte wie es scheint alles überhaupt vorhandenen Vermögens also, das des Mannes mit eingerechnet; und das Uebrige bleibt den Kindern [9]). Aus dieser Bestimmung sieht man, daß die Verpflichtung der Frau zur Anerkennung der Handlungen des Mannes nur im Fall einer vollgültigen Ehe vorhanden ist.

Wird die Ehe durch Tod aufgelöst, so ist besonders wichtig, zu unterscheiden zwischen beerbten und unbeerbten Ehen. Ist die Ehe beerbt, also sind Kinder in der Ehe erzeugt worden und bei dem Tode des einen Ehegatten noch am Leben [10]), so wird zunächst gefragt, ob der verstorbene Ehegatte (gleichviel ob Mann oder Frau) [11]) dem überlebenden eine Leibzucht bestellt hatte oder nicht. Es ist schon vorhin bemerkt, daß diese Leibzucht (dos) [12]) kein gesetzliches, sondern nur vertragsmäßiges und also zufälliges Recht ist, und es ist namentlich nicht richtig, daß nach goslarischem Recht eine Verpflichtung der Verwandten der Frau bestehe, für

1) s. oben pag. 29, 14 und pag. 196. 2) s. oben pag. 49, 1—5. 113, 25. 26. 133 Note 7 und 9. 3) s. oben pag. 249 Note 5 und Kraut pag. 130. 4) s. oben pag. 130 Note 5. 5) s. oben pag. 134 Note 2 und 3. 6) s. oben pag. 10, 31—38. 7) s. unten p. 266 Note 1. 8) Grupen von der teutschen Frau Göttingen 1748. 4. p. 128 und unten p. 266 N. 8. 9) s. oben p. 10, 31—38. Finsler p. 24 N. 10. 10) Von dem Fall, da die Kinder wieder sterben, unten p. 269 N. 4. 11) s. oben p. 28, 42 — 29, 2. 12) s. oben p. 113, 25.

die Bestellung der Leibzucht Sorge zu tragen [1]), so wie auch, daß sie an andern Sachen als an Grundstücken stattfinden könne. Es wird namentlich in Abrede gestellt, daß die Leibzucht am ganzen Vermögen des Ehegatten bestellt werden könne, indem dann im Fall einer unbeerbten Ehe kein Vermögen für die Bezahlung der Schulden da sei [2]). Daß zur Bestellung einer Leibzucht oder, was dasselbe sagt, eines Leibgedinges, der Erben, und wenn das Grundstück Lehn ist, auch des Lehnsherrn Einwilligung erforderlich sei, wird zwar nicht in den Statuten [3]), wohl aber in einem Rechtserkenntniß gesagt [4]). Ist die Leibzucht aber gültigerweise bestellt, so können dann weder der Ehegatte, von dem dies geschah, noch die Erben und der Lehnsherr die Leibzucht veräußern oder anfechten [5]).

Angenommen also, der verstorbene Ehegatte hinterläßt den Ehegatten, dem er eine Leibzucht bestellt hat, mit Kindern, so wird, wenigstens sofern die **Frau** die überlebende ist, unterschieden, ob die Absicht gewesen ist, sie durch die Leibzucht von der Erbschaft völlig abzufinden [6]). Alsdann erhält die Frau außer der Leibzucht nur das dem Mann zugebrachte „inghedöme" [7]), so weit es noch vorhanden ist, und alles Geschmeide, sie möge es nun in die Ehe gebracht oder während derselben vom Manne bekommen haben. Sie ist also vortheilhafter gestellt wie im Falle der Scheidung [8]), auch abgesehen davon, daß sie im gegenwärtigen Fall auch noch bis nach dem Dreißigsten aus dem Erbe alimentirt werden muß [9]). Ist aber die Frau mit der Leibzucht **nicht** [10]) vom Erbe abgefunden, oder ist der überlebende Ehegatte der **Mann**, bei dem eine Abfindung vom Erbe durch Leibzucht überall nicht vorzukommen scheint, so hat man die ältere Redaction der Statuten von der neuen zu sondern. Nach dem **älteren** Recht erhält der überle-

1) s. oben pag. 10, 33 — 11, 1. 20. 34. s. jedoch Sydow Note 972 a. Die hier aus Bruns Beiträgen pag. 173 angeführte Stelle gehört dem s. g. Stück von Mustheil an (s. oben pag. 108 die Note zu Zeile 18) und enthält kein goslarisches Recht. Vergl. auch oben pag. 239 Note 6. 2) s. oben pag. 11, 12—19 und unten pag. 269 Note 7. 3) Die oben pag. 240 Note 4 angeführten Stellen beweisen nur mittelbar, denn sie reden nicht von der dem Ehegatten bestellten Leibzucht, sondern von dem Fall, da der überlebende Ehegatte seine bereits vorhandene Leibzucht einem Dritten überträgt. Dies hat ohne der Erben Einwilligung nur Gültigkeit, so lange der Verleiher lebt. 4) Förstemann I. 3. p. 23 b. 5) s. oben pag. 261 Note 6 und pag. 263 Note 5. 6) s. oben pag. 11, 20—25. 34—37. Vergl. auch Berck Note 147 b. Finsler pag. 51 Note 14 Heise und Cropp Bd. 2. pag. 447 Note 31. p. 448 Note 33. p. 450 Note 38. 7) s. Bremisch-niedersächsisches Wörterbuch unter „Ingedomte" No. 3., wo es erklärt wird mit „der Hausrath nebst dem, was in Kisten und Schränken ist;" s. auch Haltaus unter „ingedöm" und Finsler pag. 88 Note 9; oben p. 265 Note 8. 8) s. oben pag. 265 Note 5. 9) s. oben pag. 145 Note 2—7. 10) s. oben pag. 11, 1—5 im Gegensatz gegen die sich daran anschließenden Stellen.

bende Ehegatte die **Hälfte**. Man sieht dies außer aus einem Rechtserkenntniß [1]) aus mehreren Stellen der Statuten. In der einen heißt es [2]), daß wenn von den hinterlassenen Kindern eines sterbe, ehe eine Abtheilung erfolgt sei, bei der dereinstigen Theilung dann dennoch dem übriggebliebenen Kinde die Hälfte der Erbschaft gegeben werden müsse, so daß also dann der Ehegatte die andere Hälfte erhielte, die er aber auch, wenn **beide** Kinder noch am Leben wären, würde bekommen haben. Außerdem ergiebt sich diese Hälfte der ältern Redaction aus den früher schon angeführten Stellen über die Besserung wegen Todtschlags des Ehemanns [3]), und vielleicht hängt mit dieser Hälfte auch zusammen die Halbirung der Erbschaft zwischen abgetheilten und unabgetheilten Kindern [4]) und die bei der Scheidung unter gewissen Voraussetzungen erwähnte Hälfte [5]). Die Masse, von welcher die in Rede stehende Hälfte berechnet wird, ist das ganze während der Ehe vereinigt gewesene Vermögen beider Ehegatten. Dies sieht man daraus, daß nur vom Stiefparens gesagt wird, er brauche das Gut, was er **eingebracht** habe in die Ehe, nicht mit den Stiefkindern zu theilen, woraus sich ergiebt, daß der rechte Parens allerdings dazu verpflichtet sei [6]). Ist die Frau die Ueberlebende, so erhellt das Gesagte aber auch daraus, daß ihr zwar ein **Voraus** gegeben wird, aber doch nur in Ansehung gewisser Stücke des besondern Vermögens, so daß also wiederum hieraus folgt, daß in Ansehung der übrigen Stücke keine Bevorzugung stattfinde. Dieser Voraus [7]) besteht nach der ältern Redaction (denn auch in dieser Beziehung ist später etwas geändert worden) [8]) in den sämmtlichen Kleidern der Frau, die sie für ihren Leib hat, und in all ihrem goldenen Geschmeide, sobald sie nur nicht ein bloßes Pfandrecht daran hat oder hatte, denn auch dann gehören jene Sachen nicht zu ihrem Voraus, wenn es verfallne [9]) Pfänder sind. Dagegen ist es sonst gleichgültig, auf welchem Wege jene Sachen von der Frau erworben sind, namentlich gleichgültig, ob sie sie von dem Manne gerade bekommen hat und wie dieser dazu gelangt ist, und es wird ausdrücklich hervorgehoben, daß auch die ihm verfallnen Pfänder dieser Art, sobald er sie nur der Frau noch bei seinen Lebzeiten gegeben hat, zu diesem Voraus gehören können. Geschieht die Theilung nicht gleich beim Tode, so werden die Portionen berechnet nach dem Bestande des

1) Bruns Beiträge pag. 192, 29. 2) s. oben pag. 16, 25—28 in Verbindung mit Zeile 36—38 und die Noten dazu. Vergl. auch oben pag. 141. 3) s. oben pag. 260 Note 12. 4) s. oben pag. 141 Note 5. 5) s. oben pag. 265 Note 9. 6) s. oben pag. 13, 1—4 und Bruns Beiträge pag. 192, 29. 7) s. oben pag. 15, 25—31 und die Note hiezu. 8) s. unten pag. 268 Note 7. 9) „unstan" bei O. I. 29, 2 = B. I. 23, 1. „vorstanden" und hierüber s. Haltaus unter „verstanden Pfand."

Ganzen zur Zeit der Theilung [1]). Ein besonderes Recht der Frau scheint es endlich noch zu sein, daß sie, selbst wenn sie bei der Bestellung der Leibzucht nicht vom Erbe abgefunden ist, doch noch auf das Erbe verzichten kann [2]). Ein Recht ist dies, insofern sie hierdurch, da die Leibzucht für die Schulden nicht haftet [3]), im Fall eines insolventen Vermögens sich von den Gläubigern ganz frei machen kann, denen sie sonst als Miterbin zu Recht stehen müßte. Da nun jeder Erbe sich der Erbschaft wenn er will enthalten darf [4]), so lernt man aus der angeführten Stelle nur das Besondere, daß durch jene Weise der Leibzuchtsbestellung an den allgemeinen Grundsätzen nichts geändert wird. Hat aber die Frau einmal auf die Erbschaft verzichtet, so entsteht daraus dann natürlich auch ein Recht der Kinder, vermöge dessen sie die Mutter nun, auch wenn sie wieder erben wollte, von der Theilnahme an der Erbschaft zurückweisen können.

Nach dem neueren Recht erhält der nicht durch die Leibzucht abgefundene Ehegatte Kindestheil [5]), denn auch hier muß, wenn die Frau die Ueberlebende ist, unterschieden werden, ob sie durch die Leibzucht vom Erbe abgefunden war [6]) oder nicht. Nur für den letztern Fall enthält die neuere Redaction etwas besonderes, dies nämlich, daß die Leibzucht, ehe die Theile vom Erbe berechnet werden, in das Erbe conferirt werden muß. Der Voraus der Frau wird auch etwas anders bestimmt, indem in Ansehung des Geschmeides verfügt wird, daß sie entweder alles Geschmeide, was sie einbrachte, oder alles Geschmeide, was bei dem Tode des Mannes vorhanden ist, erhalten solle [7]). Ohne Zweifel also hat die Frau die Wahl zwischen dem, was ihr das Vortheilhafteste ist, so etwa, daß ihr, wenn sie auf das Eingebrachte Anspruch macht, das nicht mehr Vorhandene ersetzt wird. Von einem Unterschied zwischen solchen Gegenständen, an welchen nur Pfandrecht und solchen, an welchen Eigenthum stattfand, wird nichts bemerkt. Für den Fall, da der Mann der Ueberlebende ist, wird nirgends ausdrücklich in der neuern Redaction sein Theil als Kindestheil bezeichnet. Es folgt dies aber von selbst, da abgesehen von jener Art, die Leibzucht zu bestellen [8]) und jenem Voraus kein Unterschied zwischen Mann und Frau hervorgehoben wird [9]), obwohl doch unmittelbar nach dem von der Erbportion der Frau die Rede gewesen ist, auch von der des Mannes gehandelt wird [10]).

1) s. oben pag. 17, 4. 5. Vergl. Heise und Cropp Bd. 2. pag. 452 Note 42. 2) s. oben pag. 11, 4 „se en hebbe sek vore willeköret." 3) s. weiter unten pag. 271 Note 3. 4) s. oben pag. 144 Note 1—3. 5) s. oben pag. 11, 1—19. 12, 5—39. 14, 34—40. Finsler pag. 97 Note 11. 6) s. oben pag. 266 Note 6. 7) s. oben pag 12, 13—17. 8) s. oben Note 6. 9) s. oben pag. 6, 14—18 10) s. oben pag. 12, 21.

Die bisher beschriebenen Vermögensverhältnisse treten ein, wenn Kinder vorhanden sind, wobei natürlich vorausgesetzt wird, daß die Kinder gerade geboren sind in der in Rede stehenden Ehe, so daß namentlich auch die von den Ehegatten vor Eingehung ihrer Ehe mit einander erzeugten Kinder nicht können in Anschlag gebracht werden [1]), mit andern Worten, es giebt, wie schon früher bemerkt, keine legitimatio per subsequens matrimonium [2]). Dagegen ist hinreichend, die Ehe zu einer beerbten zu machen, wenn die Frau bei dem Tode des Mannes schwanger ist, sobald nur hinterdrein die lebendige Geburt und sein „recht," d. h. daß das Kind wirklich von dem Manne erzeugt sei, bewiesen werden kann [3]). Wenn aber Kinder zwar in der Ehe geboren worden, nachher aber wieder gestorben sind, so treten eigenthümliche Folgen ein [4]), insofern als nun der überlebende Ehegatte das ganze während der Ehe vereinigt gewesene Vermögen allein erhält. Dies erhellet daraus, daß gesagt wird, die Ehegatten könnten beide in Gemeinschaft auch das zusammengebrachte Erbgut verkaufen, sofern sie nur bei gesundem Leibe seien, denn hieraus geht hervor, daß jeder der Ehegatten des andern nächster Erbe sei, zumal da es hernach heißt, daß nach des andern Tode nur mit der Personen Einwilligung veräußert werden könne, die dann des Ueberlebenden nächste Erben sind, so daß wenn ihrer mehrere gleich nahe seien, sie sämmtlich um ihre Einwilligung befragt werden müßten [5]). Außerdem heißt es auch in einem Rechtserkenntniß [6]) noch ausdrücklich: „bekindet dy frouwe bey deme manne, ab die kinde wol storben, waz die erbegutis or eyn czu deme andern bracht hette, als hus eddir haff, die erbit daz uff sinen neysten erbin, darumme daz sy bekindet sint."

Der zweite Hauptfall ist, wenn die Ehe gänzlich ohne Kinder geblieben ist. Hier erhält der überlebende Ehegatte die ganze fahrende Habe [7]), welche während der Ehe vereinigt war, und außerdem behält er die Leibzucht, wenn sie an einem Erbgute des andern Ehegatten von diesem ihm bestellt war, sofern nämlich, wie schon früher bemerkt, die berechtigten Personen consentirt haben, und selbst dann darf über das Leibzuchtsgut von dem Ueberlebenden, wie dies im Begriff der Leibzucht liegt, nie so disponirt werden, daß dadurch das Erbrecht der nächsten Erben litte, wenn diese nicht hiezu ihren besondern Consens geben [8]). Zweifelhaft

1) s. oben pag. 29, 20–26. 2) s. oben pag. 133 Note 5. 3) s. oben pag. 133 Note 4. Bruns Beiträge pag. 228, 6. Vergl. Berck Note 360. 4) s. oben pag. 262 Note 12 und pag. 264 Note 5. 5) s. oben pag. 29, 11—19 und Pauli Note 146. 6) Förstemann I. 3. pag. 37 c. 7) s. oben pag. 12, 1—4. Vergl. Finsler pag. 47 Note 9. 51 Note 13. Berck Note 305 a. Heise und Cropp Band 2. pag. 440 Note 20 zu Ende und 447 Note 32. 8) s. oben pag. 28, 42 bis 29, 2. 20–26. Heise und Cropp Bd. 2. pag. 448 Note 33.

kann es erscheinen, welches Schicksal die während der Ehe erworbenen Grundstücke erfahren, denn in der vorhin angeführten Hauptstelle [1]) werden nur erwähnt die fahrende Habe und Erbgüter, und dieser letztere Ausdruck ist (wie früher auseinandergesetzt worden ist) [2]) in den Statuten doppeldeutig. Man erkennt indeß aus einer zunächst nur von der Leibzucht sprechenden Stelle [3]) deutlich, daß die errungenen Grundstücke auch auf den Ehegatten vererbt werden, so gut wie die fahrende Habe. Wenn die beiden Eheleute, heißt es, ein Haus kaufen, die Ehe unbeerbt bleibt und der Mann stirbt, so behält der zweite Mann der Frau seine Leibzucht an diesem Hause. Dies setzt natürlich voraus, daß die Frau Eigenthümerin des Hauses geworden war, zugleich lernt man aber auch, daß dies errungene Gut nun nicht mehr als solches, sondern als Erbgut betrachtet wird [4]). Von diesen während der Ehe gewonnenen Gütern läßt sich dann auch wohl schließen auf die in die Ehe gebrachten Güter, welche gewonnene Güter der einzelnen Ehegatten waren, daß sie nämlich auch auf den Ehegatten werden vererbt worden sein, zumal da der ganze Zusammenhang, in welchem jene Stellen, die von der Leibzucht am Erbgut reden, stehen, ergiebt, daß der Ausdruck Erbgut in dem engeren Sinne gebraucht ist [5]).

Wenn in dem Bisherigen als Eigenthümlichkeit der Succession, falls die Frau die Ueberlebende ist, schon hervorgehoben ist, daß sie einen Voraus bekommt und mit der Leibzucht von dem Erbe abgefunden werden kann, so ist in dieser Hinsicht nur noch die Morgengabe [6]) übrig, und inwiefern die Frau mit dem, was sie nach des Mannes Tode erhält, zu den Schulden beiträgt. Von der Morgengabe erfährt man sehr wenig. Daraus, daß Lehngut, sofern nur der Lehnsherr consentirt, der Frau zu Morgengabe gegeben werden kann [7]), sieht man, daß sie auch in Grundstücken bestehen kann. Bei andern Grundstücken als Lehn hat dies indeß nur dann eine Bedeutung, wenn die Frau nicht ohnedies Erbe dazu ist, und dies ist sie außer bei Erbgütern wenigstens zum Theil immer, und an Erbgütern erhält sie in der Regel Leibzucht. Es versteht sich jedoch von selbst, daß wenn schon zur Leibzuchtsbestellung an Erbgütern der Erbenconsens erforderlich ist, dies noch vielmehr nothwendig ist, wenn sie zu Morgengabe gegeben werden sollen. Mit der Morgengabe [8]) dürfen nicht

1) s. oben pag. 269 die in Note 7 angeführte Stelle. 2) s. oben pag. 176 Note 8. 3) s. oben pag. 29, 8—10. 4) s. oben pag. 264 Note 8. 5) s. oben pag. 28, 2 — 29, 26 und Förstemann I. 3. pag. 37 b. 6) s. oben pag. 8, 20—25. 95, 1—5. 7) s. oben pag. 217 Note 7. 10 und pag. 218 Note 6. 8) Von der Eigenthümlichkeit, die Morgengabe zu beweisen s. die in Note 6 angeführten Stellen und weiter unten in §. 9. Vergl. Finsler pag. 53 Note 18 und Albrecht Note 765.

verwechselt werden die Geschenke, welche sich gegenseitig beide Brautleute zur Hochzeit zu machen pflegen, welche mit denen zusammen genannt werden, die der Bräutigam den Verwandten der Braut und umgekehrt diese den Verwandten des Bräutigams zu machen gewohnt sind [1]). Von diesen wird in der den Statuten angehängten Hochzeitsordnung [2]) zusammen mit alle dem gehandelt, was man aus dem Gesichtspunkt einer Luxuspolizei nur in einem gewissen beschränkten Maaße zuließ.

Zu den Schulden des Mannes trägt die Frau mit der Morgengabe und mit der Leibzucht entschieden nicht bei [3]). Dies ändert sich auch in Ansehung der Leibzucht nicht, wenn die Frau dadurch von dem Erbe **nicht** abgefunden ist. Man könnte dies allenfalls denken, weil wenigstens in der neuern Redaction es ausdrücklich heißt, „van listucht ne ghilt men nicht . . . dar se (die Frau) mede gescheden is van des mannes erve," wenn nicht auch in der Stelle, wo von dem entgegengesetzten Fall „dar se van sime erve **nicht** mede vorscheden is" zuletzt hinzugefügt würde, daß die Schulden nur mit dem **Erbe** zu bezahlen seien und nicht mit der Leibzucht [4]). Inwiefern die Frau hafte mit dem Voraus von Kleidern, Geschmeide, Ingedöme u. s. w., ergiebt sich aus dem obigen von selbst, da sie ja unter gewissen Voraussetzungen nicht bloß nicht als zur Bezahlung der Schulden verpflichtet angeführt wird, sondern sogar auf Ersatz des etwa nicht mehr Vorhandenen Anspruch machen kann [5]).

Die Frage, inwiefern der überlebende Mann für der Frauen Schulden haftet, beantwortet sich von selbst aus seiner vormundschaftlichen Eigenschaft während der Ehe, und es wird daher auch gar nicht besonders gesagt, daß er mit seiner Leibzucht den Gläubigern der Frau nicht verpflichtet sei, denn daß er dies nicht sei versteht sich von selbst, weil er überhaupt die rechtlichen Handlungen der Frau nicht anzuerkennen braucht oder wenigstens nur in einem sehr beschränkten Sinn. Eben daher aber ist er auch mit dem übrigen Vermögen, was ihm nach dem Tode der Frau verbleibt, obwohl er in Bezug auf dieses als Erbe betrachtet wird, den Gläubigern nur unter den früher angegebenen Voraussetzungen, unter welchen er auch bei Lebzeiten der Frau haftet, verpflichtet [6]).

Im Sachsenspiegel findet sich wie in den Statuten nicht gar viel von dem **persönlichen** Verhältniß der Ehegatten. Der

1) s. oben pag. 108, 6—12. 2) s. oben pag. 107, 25 — 108, 20.
3) s. oben pag. 6, 24—26. 11, 1—19. Vergl. auch Finsler pag. 100 Note 15 und Albrecht Note 791. S. auch oben die Vorrede wegen einer neuen den Statuten nicht einverleibten Bestimmung der Hdschr. AA[a].
4) s. die in der vorigen Note citirten Stellen. 5) s. oben pag. 266 Note 9 und pag. 268 Note 7. 6) s. oben pag. 262. 263.

Trauung, mit welcher die Vormundschaft beginnt, wird gedacht [1]), Verlöbnisse (sponsalia de futuro) werden nicht erwähnt, und natürlich auch nicht, was oben von der accusatio in synodo gesagt ist [2]). Daß der Rechtlose Vormund seiner Frau sein könne, findet sich nicht, wohl aber, daß auch ein nicht der Frau Ebenbürtiger doch ihr Vormund sein könne [3]). Diese Bestimmung ist eben sowohl wie die, daß erst mit der Betretung des Betts die Standesgenossenschaft, in welche die Frau mit dem Mann kommt, beginne [4]), den Statuten unbekannt. Daß Männer, welche Gesindedienste thun, wenn sie heirathen ihren Contract aufheben können, ist, obwohl der neuern Redaction der Statuten angehörig, doch aus dem Sachsenspiegel entlehnt [5]), jedoch mit einem Zusatz vermehrt, indem dasselbe auch von der Magd, welche heirathet, noch gesagt wird. Das vom Auftreten der Frau für den Mann und das über Friedbruchsvormundschaft und damit Zusammenhängende über Vertheilung der Besserung gehört nur den Statuten an [6]).

Für die **Vermögensverhältnisse** der Ehegatten haben die Statuten das **Princip** [7]) aus dem Sachsenspiegel, so abweichend auch die Einzelheiten des Güterrechts sind, entlehnt. Die Rechte des Mannes **während** der Ehe werden unter dem den Statuten unbekannten Ausdruck „Gewere zu rechter Vormundschaft," in welche er das Gut der Frau nehme, zusammengefaßt [8]). Durch diese wird sie wie in den Statuten so beschränkt, daß sie ohne des Mannes Willen keine Veräußerung und namentlich keine in Ansehung von Grundstücken vornehmen darf [9]). Selbst die von dieser Regel in den Statuten gemachten Ausnahmen finden sich nicht im Sachsenspiegel und namentlich auch nicht, daß sie unter irgend einer Voraussetzung selbständig als Klägerin auftreten könne [10]). Was umgekehrt die Dispositionsfähigkeit des Mannes betrifft, so ist sie ebenfalls so frei wie in den Statuten, denn es wird, was jedoch in ihnen nicht besonders gesagt wird, ausdrücklich bemerkt, wie die Frau nicht berechtigt sei, den (selbst ab-

1) S. III. 45, 3. Vgl. oben pag. 260 Note 1. 2) s. oben pag. 260 Note 6. 3) S. I. 45, 1. Kraut pag. 61. Darüber, daß der Mann, um Vormund seiner Frau sein zu können, nicht mehr unter seinen Jahren sein dürfe, s. S. I. 42, 2 und Kraut pag. 129. 4) S. III. 45, 3. Kraut pag. 178. 5) S. II. 33 = oben pag. 91, 9–17. Ueber den Eintritt eines Ehemanns in ein Kloster nach dem Sachsenspiegel s. oben pag. 130 Note 5. 6. 6) s. oben pag. 260 Note 11.
7) S. I. 31, 1 = oben pag. 29, 43. 44. Vergl. auch im Allgemeinen Hasses Skizze des Güterrechts der Ehegatten in der Zeitschrift für geschichtliche Rechtswissenschaft von Savigny, Eichhorn und Göschen, Band IV. Heft 1. pag. 72–86. 8) S. I. 31 §. 2. 9) S. I. 31, 1. I. 45, 2. Die Vormundschaft ist also viel strenger wie die nur wegen des Geschlechts, s. oben pag. 257 Note 5 und 6. 10) s. oben pag. 262 Note 3–7 und pag. 263 Note 2. 3.

gesehen von dem ehlichen Verhältniß) unrechtmäßigen Veräußerungen des Mannes, nämlich den „binnen siner süke" gemachten, zu widersprechen [1]). Daß die Veräußerungen des unbeweglichen Gutes der Frau ihm nicht gestattet seien, wird nicht ausdrücklich bemerkt, d. h. es wird nicht ausdrücklich gesagt, wie es doch in den Statuten geschieht, daß er zu diesen der Einwilligung der Frau bedürfe [2]), denn die Rechte der nächsten Erben werden allerdings besonders gewahrt und zwar wiederum so allgemein, daß ebenfalls an die in den Statuten erwähnten Ausnahmen nicht gedacht werden darf [3]).

Von den Ursachen, weshalb nach dem Sachsenspiegel eine ehliche Verbindung vernichtet wird oder aufhört, ist schon anderwärts [4]) geredet. Die Wirkung einer Scheidung [5]) stimmt insofern mit der der Statuten überein, als die Frau ihre Leibzucht behält und ihr Eingebrachtes wieder bekommt. Dies letztere erhält sie nach dem Sachsenspiegel ganz wieder, wenn nichts besonderes bei Eingehung der Ehe ausgemacht ist, und außerdem die Gerade und Mustheil, welche beide Vortheile der Ehefrau den Statuten gänzlich unbekannt sind [6]). Dafür sind dem Sachsenspiegel ganz unbekannt die in den Statuten bei der Scheidung gemachten Unterschiede zwischen dem Fall, da eine Leibzucht bestellt und dem, da dies nicht geschehen ist; ferner daß das „Inghedöme" als ein besonderer Theil des Eingebrachten hervorgehogen wird, und ebenso, daß besonders von den Kleidern der Frau geredet wird, was sich aus der Unbekanntschaft mit der Gerade erklärt. Darüber, daß unter irgend einer Voraussetzung die Frau Ersatz für das etwa bei der Scheidung nicht mehr vorhandene Eingebrachte begehren könne, findet sich ebenfalls nichts im Sachsenspiegel [7]). Wird die Ehe aufgelöst durch Tod und zwar durch den der Frau, so zeigt sich ein eigenthümliches den Statuten unbekanntes Recht des Mannes auf einige Stücke der Gerade, die also den dazu im übrigen berechtigten Personen entzogen werden [8]). Außerdem erhält er die gesammte fahrende Habe [9]), zu welcher auch noch die nach dem Tode erst percipirten Früchte von Grundstücken der Frau gehören können [10]). Einer Leibzucht des Mannes, die nach allgemeinen Grundsätzen des Sachsenspiegels eben so gut wie in den Statuten gedacht werden könnte, wird

1) S. I. 52, 4. 2) S. I. 31, 2. Hasse a. a. O. pag. 7 und hierüber Heise und Cropp Bd. 2. pag. 440 Note 20. 3) s. oben pag. 264 Note 5. 6. 4) s. oben pag. 130 Note 5. 6 und pag. 133 Note 6. Ueber die Gültigkeit der Ehe eines unter seinen Jahren Befindlichen s. oben pag. 272 Note 3. 5) S. I. 21. § 2. und III. 74. 6) s. oben pag. 157 Note 8 und pag. 265—271. 7) s. oben pag. 265 Note 9 und die oben Note 5 angeführte Stelle. 8) s. oben pag. 157 Note 7. 9) S. I. 31, 1. Dieser Stelle widerspricht nicht S. I. 11. Hasse a. a. O. pag. 82. 10) S. III. 76, 5.

nirgend erwähnt [1]). Wird die Ehe gelöst durch Tod des **Mannes**, so bekommt die Frau wie in den Statuten eine Leibzucht an den Grundstücken des Mannes, wenn ihr eine solche bestellt ist. Bei dieser Bestellung, die auch in Bezug auf das Lehn vorkommt, wird außer den Erben noch des Beistandes eines Vormundes erwähnt [2]), der in den Statuten hierbei nicht genannt wird, so wenig wie in ihnen sich die Bestimmungen über Verbesserung und Verschlechterung des Leibzuchtsguts finden und daß die Leibzucht durch Mißbrauch verloren gehe, und wenn die Frau fälschlich vorgiebt, das Leibzuchtsgut sei ihr Eigen [3]). Daß mit dem Tode der Frau die Leibzucht zu Ende geht und an die Erben des Mannes, nicht aber an ihre Erben vererbt wird, liegt im Begriff der Leibzucht nach dem Sachsenspiegel sowohl wie nach den Statuten [4]). Von der Alimentation, die die Wittwe bis nach dem Dreißigsten verlangen könne, und von der Hofspeise ist schon anderweitig geredet [5]). Die letztere gehört zum Musttheil [6]), das der Frau außer Leibzucht, Eingebrachtem [7]), Gerade [8]), Morgengabe und was ihr sonst noch besonders gelobt [9]) ist, gebührt. Die Morgengabe erhält die Frau, und dies stimmt mit den Statuten überein, nur im Fall der Auflösung durch **Tod**, nicht wenn sie durch **Scheidung** beendigt wurde [10]). Dagegen ist die Morgengabe an Lehn den Statuten eigenthümlich, denen aber freilich dafür alle übrigen Bestimmungen des Sachsenspiegels über dieses Institut fehlen [11]).

Was angeht die Verpflichtung des Ueberlebenden, die Schulden zu bezahlen, so ergiebt sich für den Mann auch nach dem Sachsenspiegel aus seiner vormundschaftlichen Eigenschaft, daß er für keine Verpflichtungen der Frau haftet, obwohl die fahrende Habe derselben auf ihn vererbt wird [12]). Die Frau dagegen steht natürlich anders als in den Statuten, da sie ja von des Mannes Erbe gar nichts, sondern nur die vorhin angegebenen Vermögensobjecte erhält, von denen jedoch nirgends, wie es doch in den Statuten geschieht, ausdrücklich gesagt wird, daß sie nicht für die Schulden hafteten. Es folgt dies nur daraus, daß sie dem Erbe, aus welchem die Schulden bezahlt werden müssen, ent-

1) s. oben pag. 240 zu Ende der Lehre von der Leibzucht. 2) S. II. 21, 3. III. 75 und oben pag. 266 Note 3. 4. S. I. 21, 1. I. 44. 3) S. II. 21, 3. I. 21, 3. I. 32. 4) S. II. 21, 3. III. 38, 4. 5) s. oben pag. 145 Note 5. 6) S. I. 24, 2. 7) S. III. 74. Dies ist freilich nur die schon oben pag. 273 Note 5 für den Fall der Scheidung angeführte Stelle. An einer ausdrücklichen Stelle für den Fall des Todes fehlt es im Sachsensp. Vgl. Sydow Note 815 b, s. jedoch Albrecht Note 744. 8) s. oben pag. 157 Note 6. 9) s. die oben pag. 273 Note 5 angef. Stelle und hierüber Hasse a. a. O. pag. 81. 10) S. III. 74 und Homeyers Register zu seiner Ausgabe des Sachsensp. unter Morgengabe. 11) s. die bei Homeyer a. a. O. zusammengestellten Citate. 12) s. oben pag. 273 Note 9.

gegengestellt werden [1]), und kann das Gegentheil namentlich nicht daraus geschlossen werden, daß von einer Einlösung verpfändeter Geradestücke gesprochen wird. Diese ist vielmehr als ein Recht der Frau zu betrachten, da eigentlich die Regel gilt, daß überhaupt nur, was von Geradestücken beim Tode des Mannes noch vorhanden war, von der Frau verlangt werden kann [2]).

Das kurze Resultat aus der ganzen bisherigen Vergleichung der Statuten mit dem Sachsenspiegel würde sein: einmal, daß der Sachsenspiegel keinen Unterschied zwischen beerbten und unbeerbten Ehen macht; dann, daß die Frau keine Rechte an der fahrenden Habe des Mannes erhält, außer inwiefern sie in dem Rechte auf Gerade u. s. w. enthalten sind; endlich daß das Rechtsbuch keine Rechte des einen Ehegatten an den Grundstücken des andern außer der Leibzucht [3]) kennt, deren auch nur als eines Rechts der Frau gedacht wird. Dies hängt zusammen damit, daß der Sachsenspiegel, was die Rechte der nächsten Erben betrifft, nicht unterscheidet zwischen ererbten und gewonnenen Gütern [4]).

Im vermehrten Sachsenspiegel findet man ebenfalls die volle Wirkung der Ehe an die Betretung des Betts geknüpft [5]). Die für sponsalia de futuro aus den Statuten angeführte Stelle ist nicht aufgenommen [6]), wohl aber die Bestimmung, daß auch ein Rechtloser seiner Frauen Vormund sein könne. Daß Gesinde den Dienst wegen Heirath verlassen dürfe, wird, obwohl dies schon im Sachsenspiegel vorkommt, nicht erwähnt, so wenig wie die accusatio in synodo [7]). Daß auch nach dem vermehrten Sachsenspiegel die Frau den Mann unter gewissen Voraussetzungen vertrete, kann, obwohl die darauf bezügliche Stelle den Statuten entlehnt ist, dennoch nicht behauptet werden, da gerade die hierfür entscheidenden Worte nicht mit recipirt sind [8]). Nur in Ansehung der Friedbruchsvormundschaft ist, wie oben schon bemerkt [9]), das statutarische Recht aufgenommen mit den Bestimmungen über die Besserung. In Ansehung dieser werden dreierlei Rechte neben einander gestellt, Landrecht, dem auch einige Weichbildrechte folgen, Weichbild, da man dritten Theil giebt, und Kaiserweichbild, d. h. goslarisches Recht. Nach Landrecht wird im Fall des Todtschlags „dy forderunge" auf die Kinder des Getödteten und in deren Ermangelung auf seine nächsten Schwerdtmagen ver-

1) s. oben pag. 176 Note 5. 6. 2) s. oben pag. 165 Note 5.
3) Man müßte denn die Morgengabe an Gebäuden dahin rechnen, S. I. 20 und Hasse a. a. O. pag. 78. 4) s. oben pag. 178 Note 1.
5) O. IV. 32, 5 = B. IV. 2, 5. 6) s. oben pag. 260 Note 3.
7) s. oben pag. 260 Note 5. 6. Wegen des Eintritts in den Orden s. oben pag. 130. 8) O. III. 9, 3 = B. II. 16, 2. In Zeile 26 bei O. fehlen die Worte „sin wif oder" 9) s. oben pag. 259 Note 8.

erbt [1]), die Frau dagegen hat nach Landrecht gar kein Recht auf die Besserung [2]). Nach Weichbild, da man dritten Theil giebt, erhält die Frau von der Besserung nur dann etwas (ohnfehlbar den dritten Theil), wenn sie „ungescheyden is von oren kindern usz des mannes guthe," außerdem aber geht sie leer aus wie im Landrecht. Bei der Vertheilung wird ein Kind, mit dem sie noch schwanger geht, so gut in Anschlag gebracht, wie die bereits gebornen. Nach Kaiserweichbild tritt die Frau unter allen Umständen zugleich mit den Kindern ein und zwar so, daß sie die Hälfte der Besserung bekommt, wie es die alte Redaction der Statuten, welcher der vermehrte Sachsenspiegel jederzeit folgt, feststellt [3]). Von der Stellung einer zweiten Frau gegen die Vorkinder wegen der Besserung wird nicht geredet [4]).

Der eben bezeichnete Unterschied von dreierlei Rechten im vermehrten Sachsenspiegel wird besonders wichtig in Ansehung der Vermögensverhältnisse der Ehegatten. Das Gütersystem unserer Statuten und das des Sachsenspiegels und das von Stadtrechten, da man dritten Theil giebt, stehen neben einander [5]), treffen aber in dem einen Satz, daß Mann und Weib kein gezweiet Gut haben, zusammen [6]).

In Ansehung des goslarischen Rechts wird, wie schon bemerkt, die ältere Redaction gegeben, obwohl noch weniger deutlich die Hälfte herauszuerkennen ist [7]), welche statt des neueren Kindestheils dem Ehegatten zusteht, und auch im Einzelnen allerhand Aenderungen zu bemerken sind. So wird das Recht der dritten Personen, mit welchen die Frau ohne des Mannes Willen contrahirt hatte, auf Schadenersatz nicht anerkannt, vielmehr „iener (der dritte) musz den schaden dulden, durch daz daz hers wedder recht genomen had" [8]). Nur im Fall der Veräußerung aus Noth „blibet der ane nod der is so entphangen had," obwohl auch hier dem Manne wenigstens ein Einlösungsrecht zuzustehen scheint, denn es heißt „dornoch ledige is or man ab he wulle" [9]). Von der Eintreibung einer Schuld durch die Frau gegen Caution und wenn sie ihr selber gelobt war [10]), sagt der vermehrte Sachsenspiegel nichts, und bei dem Fall der Entwei-

1) D. I. 40, 1 = W. I. 33 pr. 2) D. I. 41, 1 Zeile 3 = W. I. 34 pr. 3) s. oben pag. 260 Note 12. D. I. 41, 2 Zeile 20—23 = W. I. 34, 2. 4) s. oben pag. 261 Note 2. 5) s. über dieses letztere System die Vorrede zur Ortloffschen Ausgabe des vermehrten S. oder, wie es in dieser Ausgabe genannt wird, des Rechtsbuchs nach Distinctionen pag. xxxv Note 90. 6) D. I. 47, 10 = W. I. 40, 9.
7) Die Stelle oben pag. 16, 25—28 fehlt dem vermehrten Sachsensp.
8) s. oben pag. 262 Note 1. s. jedoch die bei Ortloff zu dieser Stelle gegebene Variante „dem aber das was gegeben oder gelobt, der muz sinen schaden vorclagen." 9) s. oben pag. 263 Note 3. 10) s. oben pag. 262 Note 3.

chung des Mannes ist an die Stelle der Verpflichtung der Frau zur Anzeige an den Rath die zur Anzeige bei dem Gericht gesetzt [1]). Zum Beweise der oben [2]) gegebenen Bedeutung des Wortes „anwardinghe" dient die von dem Spiegler durch „anefal" [3]) gegebene Uebersetzung. Die auf den Fall der Scheidung gemachte Bestimmung ist geändert insofern als die Frau ihr eingebrachtes „Ingethüme" nicht bloß zur Hälfte, sondern ganz zurück erhalten soll, und ferner insoweit, als wenn ihr keine Leibzucht bestellt sein sollte und das Eingebrachte nicht vorhanden ist, sie zunächst durch Grundbesitz (erbe) entschädigt werden soll, und erst in Ermangelung desselben mit fahrender Habe [4]). Auch die Stelle, welche Rechte die mit der Leibzucht vom Erbe nicht abgefundene überlebende Ehefrau habe, hat durch Vertauschung des Wortes „vore willeköret" mit „vorwercket" einen andern Sinn erhalten [5]), und vor allen die Bestimmung über die vor der Ehe gebornen Kinder [6]). Nach dem vermehrten Sachsenspiegel nämlich hat auch ein unehliches Kind zweier Personen, die sich nachher verheirathet, jedoch keine ehlichen Kinder gewonnen haben, Successionsrecht und beschränkt also das Recht des Ehegatten, so jedoch, daß an Erbgut dem Kinde nur Leibzucht zusteht. Sind dagegen während der Ehe Kinder geboren, so erhalten die vor der Ehe gebornen doch nur ein Sechstel Kindestheil des Erbguts; an diesem aber, wie es scheint, nicht bloß das Recht der Leibzucht. Dieses Sechstel wird als eine Beschränkung des Erbrechts der vorgebornen Kinder eben nur für die Succession in Erbgut genannt, und beweist daher ihre Gleichheit mit den eigentlich ehlichen Kindern in Ansehung der übrigen Erbschaft. Der Spiegler sagt von diesem Grundsatz nur, er sei geistliches Recht, „aber in allem wicpilde und lantrechte volget den unelichen kinden nicht, noch da man gibt dritteil" [7]). Zuletzt ist von der Morgengabe noch zu merken, daß die Statutenstelle über Morgengabe vom Lehn, die der neuen Redaction angehört, sich im vermehrten Sachsenspiegel nicht findet [8]).

Aus dem Sachsenspiegel findet sich in der oben beschriebenen Weise das ganze System von den Rechten während und nach der Ehe und namentlich von Leibzucht, Morgengabe, Mustheil, Gerade und Eingebrachtem [9]). Unter allen hieher gehörigen Stellen mag nur eine von der Dispositionsfähigkeit der Frau, die

1) s. oben pag. 263 Note 3. 2) s. oben pag. 264 Note 2. 3) O. I. 30, 2 = B. I. 24, 1. 4) s. oben pag. 265 Note 5—9. 5) s. oben pag. 268 Note 2; s. jedoch die Variante hiezu bei Ortloff. 6) s. oben pag. 269, 20—26. 7) O I. 47, 7 = B. I. 40, 6. Vgl. auch oben pag. 133. 8) s. oben pag. 225 Note 4. 9) O. I. 13 = B. I. 9, 2—5. O. I. 20, 15—18 = B. I. 14, 15—17. O. I. 22, 2 = B. I. 16, 1. O. I. 23, 3 = B. I. 17, 2. O. I. 26, 3 = B. I. 20, 1. O. I. 35 = B. I. 29. Vgl. auch oben pag. 163 und 164.

für die Lehre von der Verjährung wichtig ist, hervorgehoben werden: „Keyn wip en magk ores gutes nicht vorgeben an ores mannes willen daz her is durch recht dulden durffe; noch lantrecht. Adder noch wichbilde . . . .“ und nun folgt die oben angeführte Stelle von dem Verlust des Widerspruchsrechts nach Ablauf von Jahr und Tag, das hiernach dem Sachsenspiegel fremd gewesen zu sein scheint, insofern nämlich, als es kein durch Verjährung beschränktes war, so daß etwa gegen den Erwerber, der die Ehefrau, welche veräußert hat, als solche kannte, jederzeit revocirt werden konnte.

In den Weichbildrechten, wo man dritten Theil giebt, sind fürs erste die Rechte beider Ehegatten außer während [1]) der Ehe sich einander völlig gleich, d. h. jederzeit bekommt der Ueberlebende außer seinem eigenen Vermögen ein Drittel von dem Vermögen des Verstorbenen. Gewöhnlich wird zwar nur die Frau, welche ein Drittel nehme, genannt, weil es bei dieser wegen der mancherlei einzelnen Berechtigungen, die ihr nach den beiden andern Systemen zustehen, des Gegensatzes halber wichtiger ist. Doch fehlt es auch nicht an einer entscheidenden Stelle für das Drittel des Mannes [2]). Dieses Drittel wird nicht berechnet, wie doch die Portionen der goslarischen Statuten von dem ganzen während der Ehe vereinigt gewesenen Vermögen, vielmehr bekommt der überlebende Ehegatte sein eigenes Vermögen voraus, so weit es noch da ist. Dies erhellt in Ansehung des Mannes aus dem weitern Verfolg der eben angeführten Stelle [3]). In Ansehung der Frau wird es öfter [4]) gesagt, und man könnte höchstens für den Fall der Scheidung zweifelhaft sein, wo nicht ganz allgemein gesagt wird, daß sie alles Eingebrachte vorweg nehme, sondern gewisse Sachen nur genannt werden, welche sie zum Voraus erhalte, nämlich „alle or gewant, alle or ingetüme, daz sy zcu

1) s. oben pag. 276 Note 6. Einen besonders deutlichen Beweis für die freie Disposition des Mannes während der Ehe auch in dieser Gattung von Statuten geben D. I. 5, 5 zu Ende = B. I. 5, 4. „Were abir der fruwen gutes icht vorkouft by des mannes leben, adder sins ersten gutes, do en had widder dy fruwe, noch dy ersten kinder, keyne erstatunge an;“ ferner D. I. 18, 2 = B. I. 12, 1. „Waz abir dor anerstorben ist, daz nempt or man wol in fromdeschaft (vormundeschafft B.) unde in sinen genisz, dy wile sy lebet.“ 2) D. I. 23, 1 = B. I. 17 pr. „. . . unde sterbet denne daz wib, der man behilt alle des wibes recht in der farnde habe, ane daz gebuwe unde ane gerade. Dit ist lantrecht unde wichbilde. Abir wo man den wiben dritten teyl gibt, do folget deme manne nicht mer wen eyn dretten teyl usz der kindere gute unde usz der farnder habe . . .“ 3) Hier heißt es „Hat her (der Mann) icht benin bracht, daz nemmet her usz zcuvorn.“ 4) D. I. 5, 5 = B. I. 3, 3. „unde sterbet he vor der fruwen, sy nemmet doch ore dritteteyl an des mannes gut zcuvor unde waz sy czu ome bracht had . . .“ s. ferner D. I. 5, 6 = B. I. 3, 5.

orem manne bracht had, unde waz or zcu der hochezid worden ist" [1]). Indessen es scheint fast, als verstünde sich auch hier die Vorwegnahme des andern Eingebrachten von selbst und als würde das Genannte nur aufgezählt, weil man wegen der besonders nahen Beziehung, die wenigstens die beiden letzteren Arten von Sachen zur Ehe haben, anderer Meinung sein könne. Die Rechte an diesen Arten von Sachen vertreten gewissermaaßen das Drittheil an dem Vermögen des Mannes, wenn die Ehe durch seinen Tod gelöst wäre, denn es heißt später [2]) in der angeführten Stelle: „Worde aber hirunder bruch, daz sy sich des nicht kunden voreynen noch orer beyder genuge, so soll man or reychen eyn dretten teyl an des mannes guten . . ." Daß das Drittel sich auch auf Grundstücke und namentlich Erbgut beziehe, wird theils durch die schon gemachten Citate bewiesen, theils besonders deutlich ausgedrückt in einer Stelle, nach welcher nur das Lehngut von den übrigen Erben vorweg genommen wird, und auch dieses nicht immer, insofern unter Umständen ein Drittel des Lehns, wenn auch nicht in natura, doch in Gelde oder anderweitig dem Ueberlebenden verschafft werden muß [3]). Von einem Unterschied zwischen beerbten und unbeerbten Ehen findet sich in den in Rede stehenden Weichbildrechten nichts [4]). Nur sofern eine Frau (allein von dieser wird es gesagt) bereits in zweiter Ehe lebt, macht es einen Unterschied, ob sie dann „bekindet" oder „unbekindet" stirbt. Im letzteren Fall wird das ihr aus der früheren Ehe angestorbene Drittel (nur von diesem scheinen die Stellen zu reden) an ihre Verwandten und nicht an den Mann oder dessen Verwandte vererbt, während es im Fall der beerbten Ehe mit allem übrigen Vermögen der Frau unter Mann und Kinder nach den gewöhnlichen Grundsätzen vertheilt wird, so daß also dann der Mann sein Drittel vom ganzen Nachlaß erhält [5]).

1) O. I. 22, 2 Zeile 30—33 = B. I. 16, 1. 2) Die oben im Text folgenden Worte des vermehrten S. schließen sich nicht unmittelbar an das in voriger Note Erwähnte. Zwischen beiden stehen die Worte „Unde had or ores mannes vater gelt gelobet zcu or unde he on wedder unde ist geleyst, daz sol on beydersyth fulgen." 3) O. I. 11, 1 = B. I. 8, 2. 3. „. . . an lengute, daz nemen dii lenerben zcuvor. Is or (der Frau) abir len mete getan, so suln or dii lenhern (lenerben) erstatunge thun eyns dritten teyls noch werschaft." 4) O. I. 5, 6 = B. I. 3, 5. „Sterbet aber der vater unde en had keyn kinth mit der frouwen elichen, dy frowe nemmet oren dritten teyl zcuvorn usz . . ." Ferner O. I. 47, 5 = B. I. 40, 4. In dieser Stelle finden sich zunächst die aus den Goslarischen Statuten (s. oben pag. 29, 8—10) entlehnten Worte mit dem Zusatz „noch keyserwicpilde und sechsischem wicpilde. Da man aber dritteil gibt, da en ist des nicht, wen wy eyn man siner frawe dritteil in syne gewere enpfangen hat, also behelt er ez erblich," also ohne alle Rücksicht auf beerbte oder unbeerbte Ehe.
5) O. I. 14, 4 = B. I. 9, 10 in Vergleich mit O. I. 18, 2 = B. I. 12, 1.

Zum Schluß der Weichbilde, die das Drittel geben, ist noch zu merken, daß sie weder Leibzucht, noch Morgengabe, noch Mustheil, noch Gerade kennen [1]). Nur in Ansehung der Leibzucht würde man wegen einer Stelle [2]) anderer Meinung sein können, wenn nicht alle übrigen Stellen und eine andere Leesart in jener einen Stelle selbst entgegen wären [3]).

Sowohl der Vater wie die Mutter werden Vormund ihrer Kinder genannt [4]), und von den Kindern heißt es, sie sind in des Vaters oder der Mutter Vormundschaft [5]). Hierbei wird jedoch vorausgesetzt, daß die Kinder ehlich geboren sind, denn es hängt diese Vormundschaft so gut wie die Alters- und ehliche Vormundschaft, mit dem gegenseitigen Erbrecht dieser Personen aufs Genaueste zusammen [6]), und ein solches wird nur durch ehliche Geburt begründet [7]), weshalb denn auch der Begriff der Ehlichkeit bereits oben in der Lehre von der Erbfähigkeit gegeben worden ist [8]). Die Vormundschaft der Mutter beginnt natürlich erst mit der Auflösung der Ehe durch Tod des Vaters, da sie bis dahin selbst der ehlichen Vormundschaft unterworfen ist, und selbst dann ist es etwas besonderes, daß ihr die Vormundschaft zusteht, denn regelmäßig [9]) sind Frauen überhaupt keiner Vormundschaft fähig

1) D. I. 14, 4 = B. I. 9, 10. „Abir in wichbilde der stad do man dritten teyl gibt, do en is dez nicht; wen alle frouwen sin ane lipgedinge, ane morgengabe, ane gerade vorscheyden mit oren dritten teyl, daz er recht eygen ist . . . .“ D. I. 11, 1. 14, 1 und 20, 13 = B. I. 8, 2. 9, 6 und 14, 12. Ueber die Ausdehnung der Leibzucht auch auf Geld, nach Landrecht und den Weichbilden, welche sie überhaupt kennen D. I. 12 = B. I. 9 pr. und 1. S. auch oben pag. 266. Ueber Brautschatz s. D. I. 15 = B. I. 9, 11. 12. 2) D. I. 23, 7 = B. I. 17, 6 und hierüber Finsler a. a. D. p. 46 Note 6. 3) s. namentlich die in Note 1 zuerst angeführte Stelle und D. I. 47 = B. I. 40; ferner die in Note 2 citirte Stelle und Ortloffs Varianten zu Zeile 74.
4) s. oben pag. 20, 8. 16, 23. 24. 5) s. oben pag. 17, 3. 19, 32. 37. 6) Vgl. über diesen Zusammenhang der Vormundschaft mit dem Erbrecht Kraut pag. 53 Note 3. 7) s. oben pag. 132 No. 1. 158 No. 1. 168 Note 7. 269 Note 2. Beerbt werden können unehliche Kinder allerdings, s. oben pag. 129 Note 5. 8) s. oben pag. 133. 134. Desgl. pag. 237 Note 1. Zu den daselbst angeführten Stellen mag hier noch die Anführung eines Rechtserkenntnisses in Bruns Beiträgen pag. 228 No. VI. nachgeholt werden, worüber Berck a. a. D. Note 360 zu vergleichen ist. Ueber den Beweis der ehlichen Geburt s. oben pag. 76, 12—38 und unten §. 9. 9) Die Regel ergiebt sich außer aus den oben pag. 245 Note 4 und pag. 258 Note 5 angeführten Stellen aus oben pag. 91, 9—17, wo zuerst von dem Knecht gesagt wird, daß er den Dienst verlassen könne, wenn er heirathe und wenn ihm Vormundschaft anersterbe, und dann von der Magd nur, wenn sie heirathe. Ausnahmen sind außer der obigen die Friedbruchsvormundschaft Vergl. über diesen Punkt Kraut pag. 55.

und bedürfen sogar in gewissen Fällen, auch wenn sie ihre Kinder in Vormundschaft haben, selbst noch eines Vormundes.

Von dem persönlichen Verhältniß der Eltern zu den Kindern wird ähnlich wie bei den Ehegatten wenig gesagt [1]). Die Rechtlosigkeit des Vaters hindert ihn nicht, seiner Kinder Vormund zu sein [2]), und der Eltern „undad" nach der Kinder Geburt schadet diesen nicht, so wenig wie sie recht- oder ehrlos werden, wenn sie eine ohne ihr Wissen geschehene Handlung der Eltern ableugnen [3]). Von den Rechten der Eltern, wenn die Kinder ins Kloster gehen oder sich verheirathen wollen, ist bereits geredet [4]). Züchtigung der Kinder, sofern sie noch unter ihren Jahren sind, ist kein dem Vater eigenthümliches Recht, indem hiezu, wie früher schon bemerkt ist, unter bestimmten Voraussetzungen jedermann berechtigt ist [5]). Dagegen ist etwas besonderes, daß der Vater seinen Sohn auch ohne Rücksicht auf ein bestimmtes Alter schlagen darf. Ein Recht, welches jedoch auch dem älteren Bruder gegen den jüngeren zusteht und von Vater wie Bruder ebenfalls durch einen Eid, wie man nur gezüchtigt habe „siner missedat to stürende" gerechtfertigt werden muß [6]). Dagegen sind die Eltern allein befugt [7]), Sohn oder Tochter, die verfestet worden sind, auf ihrem Eigen, ihrem Erbenzinsgut oder Leibzuchtsgut oder dem von ihnen gemietheten Hause zu „heghen unde holden," sofern sie diese Grundstücke nur vor der Verfestung bereits erworben oder gemiethet hatten und die Kinder noch „unvorscheden," also unabgetheilt von ihnen sind. Sie sind dann bei den Eltern eben so sicher, wie sonst verfestete Personen nur auf ihrer eigenen Were es sind [8]). Dagegen sollen weder umgekehrt die Kinder ihre verfesteten Eltern, noch Bruder und Schwester ihre verfesteten Geschwister „alsus . . . heghen" dürfen [9]), so daß dann die Regel eintritt, daß jeder, der einen verfesteten Mann beherberge, sich seines Vergehens mit schuldig mache [10]). Außer aus den Statuten selbst lernt man für das persönliche Verhältniß auch noch etwas aus zwei Rechtserkenntnissen, in deren einem eine Vormundschaft vorkommt, durch welche das Kind gegen seinen väterlichen Vormund selber unterstützt wird [11]); nach dem andern läßt man den Vater, welcher sein Kind an einen Juden verkauft, „op eyn rath setten" [12]).

1) s. oben pag. 260. 2) s. oben pag. 20, 8—11. Kraut pag. 107 Note 9 und oben pag. 245 Note 8. 3) s. oben pag. 151 Note 4 und pag. 250 Note 2. 4) s. oben pag. 249 Note 6 und 7. 5) s. oben pag. 249 Note 3. 4. 6) s. oben pag. 48, 22—30. 7) s. oben pag. 60, 16—24 und Kraut pag. 388 Note 48. 8) s. oben pag. 60, 5. 6. pag. 186 Note 5 und unten §. 7. 9) s. die in Note 7 angeführte Stelle. 10) s. oben pag. 59, 29—31 und unten §. 7. 11) s. oben pag. 252 Note 4. 12) Bruns in seinen Beiträgen pag. 193 No. 30 und Kraut pag. 298 Note 2.

In Ansehung der Vermögensverhältnisse sollte man meinen würden wesentlich verschiedene Grundsätze gelten, je nachdem die Ehe durch Tod schon gelöst ist oder noch besteht. In dem letzteren Fall können die Kinder weder an dem Vermögen der Mutter noch an dem des Vaters in der Hauptsache andere Rechte als die der nächsten Erben haben [1]), und anderes Vermögen als das der Eltern wird während der Ehe meist nicht vorhanden sein, da, so lange diese besteht, die Eltern zu jeder Erbschaft, die von dritten Personen herkommen könnte, näher sind als die Kinder [2]). Anders in dem ersteren Fall, gleichviel wer von dem Elternpaar der Ueberlebende ist. Hier hat der Parens nicht nur sein eigenes Vermögen unter sich, sondern auch das der Kinder, da nach dem Tode des einen Ehegatten jederzeit die Kinder mit ihm, wenn nicht gar ausschließlich, succediren [3]). Demungeachtet scheinen auch hier die Rechte der Kinder nicht viel stärker zu sein, als sie schon durch das Erbrecht bestimmt werden. Dies schließe ich einmal daraus, daß die den Kindern zukommenden Portionen immer nach dem Bestande des Vermögens im Augenblick der Theilung sich bestimmen [4]), und dann daraus, daß es von der Mutter heißt, sobald die Theilung begehrt sei, solle sie nichts mehr von der Kinder Gut „vorgheveu" außer gegen Erstattung. Hieraus folgt, daß die Mutter bis zu dem Zeitpunkt der verlangten Theilung ohne Verpflichtung zum Ersatz auch der Kinder Gut veräußern dürfe [5]). Ohne Zweifel jedoch wird hierbei eine Veräußerung vorausgesetzt, die unter den Gesichtspunkt einer Administration des Vermögens fällt, also z. B. nicht eine bloße Schenkung. Hierfür kann als Beleg angeführt werden eine schon früher benutzte Stelle, die zwar von Vormundschaft im allgemeinen redet, doch aber die elterliche Vormundschaft wohl vorzugsweise betrifft, da sie sich unmittelbar an eine Stelle anschließt, die von der väterlichen und mütterlichen Vormundschaft handelt. In ihr wird von dem Vormund, der den Ersatz einer bei der Verwaltung gemachten Schuld fordert, eidliche Versicherung über die Rechtlichkeit der Schuld verlangt [6]). Eine fernere Abweichung von dem bisher Gesagten, daß nämlich die Kinder regelmäßig den elterlichen Vormündern gegenüber nur die Rechte nächster Erben hätten, ist, daß die Töchter, welche sich verheirathen, nach einer Stelle des Privilegii Friedrichs des zweiten wenigstens ihre Kleider, obwohl sie vielleicht nicht ihr Eigenthum sind, mit sich nehmen dürfen [7]), und daß die Kinder überhaupt, bestehe die Ehe

1) s. oben pag. 19, 21—37. 2) s. oben pag. 138 Note 7 und pag. 142 Note 1. 3) s. oben pag. 267 Note 1—5. 268 Note 5. 266 Note 6 und 7. 4) s. oben pag. 268 Note 1. 5) s. oben pag. 15, 22—24. 6) s. oben pag. 250 Note 1. 7) s. oben pag. 113, 30—33.

noch oder sei sie aufgelöst, Alimentation verlangen können. Dies erkennt man einmal daraus, daß die Mutter von dem Augenblick der begehrten Theilung an „nene cost mer draghen scal" [1]), und dann aus der Redensart, die Kinder „in sinem brode unde in siner vormunscap" haben [2]). Endlich sind die Rechte der Kinder als nächster Erben verschieden, je nachdem sie noch unter ihren Jahren sind oder schon zu ihren Jahren gekommen sind. Die ältere Redaction [3]) scheint zu unterscheiden zwischen dem echten Parens und einem Stiefparens. Von jenem wird gesagt, er könne mit seinem Erbe verfahren, ohne daß seine in seiner Vormundschaft befindlichen unmündigen Kinder ihm widersprechen dürften. Von diesem dagegen, also vom Stiefparens, heißt es, daß er der unmündigen Kinder Zustimmung oder nach einer andern Lesart der Einwilligung der Verwandten der Kinder zu der Veräußerung bedürfe. Wie aber auch die Verhältnisse sind, immer können die bereits zu ihren Jahren gekommenen Kinder der Veräußerung widersprechen, sei es nun, daß sie schon zur Zeit der Veräußerung mündig waren, oder daß sie es erst hinterdrein geworden sind. Diese Stelle ist befremdend, weil eine Vormundschaft des Stiefparens als möglich gedacht wird, und in der That sind auch die Worte nicht ganz klar und ich stütze mich nur auf „were aver eyn wif der kindere moder dot," in welchem alle Handschriften übereinstimmen, obwohl man statt „eyn" „sin" erwartet, und dann auf die entsprechende Stelle des vermehrten Sachsenspiegels, welche namentlich auch unter der in der Stelle erwähnten Mutter die Stiefmutter versteht. Demungeachtet bleibt die Stelle zweifelhaft und daher setze ich der genauern Vergleichung halber die Stelle des Rechtsbuchs hierher [4]): „Had eyn man kinder an sinen brote, unde sin wip tod ist, doch so heyst he siner kinder vormunde unde sine kinth sin mit ome ungecweyget an geborth; der mag an der kinder loube mit sime gute thun, waz her wel. Ist abir do czweygunge an, so mag des nicht gesin; wen daz dy muter mit den kindern zcu ome brachte, do en mag her von der vormundeschaft (wegen fügt B. hinzu) nicht abegetun, ez en sy denne mit der kinder willen ader irre erben. Glicherwisz en magk ouch dy muter (frouwe) nicht getun by ores mannes kindern, ab der gestorben wer, ane der moge unde erben volborth. Were abir der kinder eyns zcu sinen iaren komen, daz muchte in des stifvater vormundeschaft daz wol wedersprechen. Unde ist lantrecht unde wichbilde." Wenn hiernach die Stelle der Statuten wirklich auch von des Stiefvaters

1) s. oben pag. 282 die in Note 5 angeführte Stelle. 2) s. oben pag. 19, 21—37. 3) s. oben pag. 19, 21—37 und Kraut pag 119 Note 11. Vgl. Sydow Note 627a. 4) O. I. 50, 8 = W. I. 43, 7 und hiezu die bei Ortloff angegebenen Varianten und Kraut pag. 249 Note 16.

Vormundschaft redet, so wird doch vorausgesetzt, daß er nach der Frau Tode nicht wieder geheirathet habe. So wenigstens scheinen mir die Worte „unde en bedde he nenen andern gaden genomen" verstanden werden zu müssen, denn hat er dies gethan, so findet überhaupt seine Vormundschaft nicht mehr statt. Die neuere Redaction [1]) hat, wenn die bisherige Interpretation des alten Textes richtig ist, die Vormundschaft der Stiefeltern stillschweigend aufgehoben, denn sie redet überhaupt nur von den echten Eltern und unterscheidet nur zwischen Vater und Mutter dahin, daß der Vater, er mag wieder heirathen oder nicht, wenn er die Kinder in der Vormundschaft behält, ohne deren Einwilligung sein Erbe veräußern darf und zwar so, daß wenigstens die erst nachher mündig gewordenen nicht widersprechen dürfen. Die Mutter dagegen kann nur, wenn sie nicht wieder geheirathet hat, frei veräußern. Hat sie sich aber wieder verheirathet und die Kinder in der Vormundschaft behalten, so bedarf sie der Einwilligung der Verwandten der Kinder, und immer können die zu ihren Jahren gekommenen Kinder selbst der Veräußerung widersprechen.

Die Beendigung der elterlichen Vormundschaft tritt außer durch Tod und durch Heirath der Töchter nur ein mit Abtheilung und Beradung [2]). Diese können eine Folge des guten Willens der Eltern sein [3]), oder es kann die Abtheilung (auf die Beradung findet das Folgende keine Anwendung) von den Kindern unter gewissen Voraussetzungen erzwungen werden. Eine neuere Redaction hat für diesen letzteren Fall wiederum das alte Recht geändert. Nach diesem wird nicht unterschieden, ob bei Auflösung der Ehe durch den Tod der Vater oder die Mutter der überlebende Theil sei [4]), denn es heißt ausdrücklich, weder Vater noch Mutter brauche eher zu theilen, als bis sie einen zweiten Gatten nähmen, worin denn natürlich liegt, daß wenn sie zur zweiten Ehe schreiten, sie zur Abtheilung verpflichtet sind. Dies wird in Ansehung der Mutter auch noch so ausgedrückt: es falle, wenn sie einen zweiten Gatten nehme, die Vormundschaft der Kinder an deren ältesten und nächsten Schwerdtmagen [5]). Es hängt jedoch von den Kindern ab, ob sie nicht trotz dieser zweiten Ehe den Vater oder die Mutter, wenn diese ihrerseits dazu geneigt sind [6]), in der Vormundschaft sitzen lassen wollen, wenigstens sofern die Kinder schon zu ihren Jahren gekommen sind [7]) Für

1) s. oben pag. 19, 21—32 und vgl. wegen der Einwilligung der Kinder in die Veräußerung oben pag. 198 Note 1. 204 Note 10. 248 Note 5 und 264 Note 5. 2) s. oben pag. 260 N. 1. 2. 141, 142. 3) s. oben pag. 107 Note 24. Bruns Beiträge pag. 182 No. 11 und oben pag. 15, 25. 4) s. oben pag. 12, 5—10. Bruns Beiträge pag. 192 No. 29 zu Ende. 5) s. oben pag. 16, 29. 30. 6) Vergl. die Note 4 angeführte Stelle bei Bruns. 7) s. oben pag. 17, 1—5.

unmündige Kinder haben die Vormünder zu sorgen [1]), so daß also dann auch nur von ihrem Willen abhängt, ob sie Abtheilung verlangen wollen oder nicht [2]). Diese Stellen, welche zwischen unjährigen und jährigen Kindern in dieser Beziehung unterscheiden, sind zugleich ein Beleg dafür, daß die erlangte Mündigkeit an sich noch nicht berechtigt, die Abtheilung und somit Aufhebung der elterlichen Vormundschaft zu begehren. Die neuere Redaction [3]) unterscheidet zwischen Vater und Mutter. Ist die letztere die überlebende, so sind die Kinder nach wie vor berechtigt, mit der zweiten Ehe auf Abtheilung zu dringen. Ja es ist ihr Recht sogar erweitert [4]), insofern noch eine zweite Ursache angegeben wird, um derentwillen die Mutter zur Abtheilung verpflichtet ist, wenn sie nämlich die Stadt verläßt, um einen andern Wohnsitz zu nehmen. Dies soll dem Falle gleich stehen, da sie einen zweiten Gatten nimmt. Sie muß also ebenfalls mit den Kindern theilen, und der älteste und nächste Schwerdtmagen ist es wiederum, der sich des Gutes der Kinder unterwindet, vorausgesetzt natürlich, daß die Kinder unmündig sind [5]). In dieser neuen Bestimmung liegt um so mehr etwas Eigenthümliches, als selbst nach der neuern Redaction für die Altersvormünder die einheimische Qualität nicht durchaus nothwendig ist, vielmehr der Rath auch den ausländischen Schwerdtmagen zur Vormundschaft zuzulassen berechtigt ist [6]).

Der Vater ist dagegen nach neuerem Recht überhaupt nicht mehr mit der zweiten Ehe zur Abtheilung verpflichtet [7]), was außer aus der angeführten Hauptstelle auch aus derjenigen Bestimmung erhellt, durch welche die Möglichkeit der Vormundschaft eines Stiefparens aufgehoben ist [8]). Hierbei mag auch darauf aufmerksam gemacht werden, daß diese frühere Vormundschaft des Stiefparens nicht in Widerspruch stand mit der ebenfalls aufgehobenen Verpflichtung des echten Vaters zur Abtheilung, da es ja geschehen mochte, daß die Kinder, so gut wie sie sich die Vormundschaft des letztern, obwohl sie nicht dazu verpflichtet waren, gefallen ließen, auch, was sie wiederum nicht nöthig hatten, duldeten, daß nach Beendigung der zweiten Ehe der überlebende Stiefparens die Vormundschaft fortsetzte.

1) Vgl. oben pag. 284 die in Note 6 angeführte Stelle. 2) s. oben pag. 15, 19—24. 3) s. oben pag. 12, 5—40. Vgl. Berck Note 73. 4) s. oben pag. 16, 9—14. 24. 5) Vgl. oben pag. 284 die in Note 5 angeführte Stelle. 6) s. oben pag. 246 Note 1. 5. 7) s. oben pag. 12, 21—25 und pag. 17, 2. Hier sind die Worte „sin vader oder" in der neuern Redaction ausradirt, denn nach dem neuern Recht haben die Kinder gar nicht mehr das Recht, vom Vater Abtheilung zu verlangen, so daß es nicht mehr bei ihnen steht, ob sie den Vater noch in Vormundschaft wollen sitzen lassen oder nicht. 8) s. oben pag. 283 Note 3.

Die Wirkung der Abtheilung und Ausradung ist nicht bloß, daß die Vormundschaft dadurch zu Ende geht, sondern auch, daß das Erbrecht verändert wird [1]). Inwiefern dies geschehe in Ansehung der Kinder einer und derselben Ehe ist schon in der Lehre vom Erbe auseinandergesetzt [2]). Auch hier hat man altes und neues Recht von einander zu sondern, und zwar in diesem Fall um so aufmerksamer, als hier nicht, wie es doch sonst geschehen ist [3]), auch diejenigen Stellen, die, wenn auch nicht völlig, doch in etwas durch die gänzliche Veränderung einer andern Bestimmung betroffen sind, corrigirt worden sind [4]). Wenn der überlebende Ehegatte, gleichviel ob Vater oder Mutter, sagt eine ältere Stelle [5]), wieder heirathet, die Vorkinder von sich abtheilt und in der zweiten Ehe wiederum Kinder gewinnt, so verlieren die Vorkinder jedes Erbrecht, so daß sie weder den Veräußerungen des Erbgutes, was in Folge der Abtheilung bei dem Parens verblieben ist, widersprechen dürfen, noch auch auf Theilung desjenigen Erbgutes Anspruch haben, was nach jener Abtheilung der Parens ererbt hat. Vielmehr wird mit dem durch die Abtheilung dem Parens allein zugefallenen Gut auch jeder künftige Erwerb auf den andern Ehegatten und auf die Nachkinder vererbt [6]). Mit dieser Stelle stimmt sehr gut überein die schon mehrmals erwähnte ebenfalls ältere Bestimmung [7]), daß Kinder, sofern sie nur zu ihren Jahren gekommen sind, den Veräußerungen der Eltern widersprechen dürfen, denn wenn durch die Abtheilung ein Widerspruchsrecht verloren geht, so wird vorausgesetzt, daß es vorher vorhanden war. Diesem ältern Recht steht das spätere Recht zunächst darin entgegen, daß wenn der Vater der überlebende ist und in Folge einer zweiten Ehe Vor- und Nachkinder da sind, dennoch auch nach der Abtheilung, wie es sonst nur bei Kindern derselben Ehe ist, ein Erbrecht der Vorkinder gegen den Vater stattfindet, sobald sie nur nicht ausdrücklich darauf verzichtet haben und zur Collation des Erhaltenen bereit sind. Nur wenige Stücke sind es, welche nicht conferirt zu werden brauchen [8]). Das spätere Recht steht aber auch insofern entgegen, als nach diesem selbst die zu ihren Jahren gekommenen Kinder die Veräußerungen des Vaters, so lange er Vormund ist, also nicht abgetheilt hat, nicht widerrufen können, wenigstens nicht, wenn die Veräußerungen noch geschehen sind, während die Kinder unmündig waren [9]).

1) Inwiefern die Eltern das Recht haben, das Erbrecht der Kinder an Grundstücken durch besondere Bestimmungen zu ändern, s. oben pag. 219 Note 2 und 235 Note 2. 2) s. oben pag. 141. 142. 3) Vergl. oben pag. 285 Note 7. 4) Vergl. unten Note 9. 5) s. oben pag. 13, 22—29. 6) Vgl. oben pag. 264 Note 5. 7) s. oben pag. 283 Note 3 und pag. 284 Note 1. 8) s. oben pag. 12, 29—40 und pag. 142 Note 6. 9) s. oben pag. 283 Note 3 und pag. 284 Note 1. Die Uebereinstimmung der Stelle oben pag. 13, 22—29 mit

Der Sachsenspiegel kennt natürlich eine Vormundschaft der Eltern über die Kinder auch nur, sofern die Kinder ehlich sind [1]). Von dem Vater wird ausdrücklich gesagt, er halte seine Kinder in Vormundschaft. Von der Mutter heißt es nur, sie müsse nach des Vaters Tode den Kindern Gut herausgeben, wie jeder Vormund von Kindern es müsse), mithin fällt auch ihre Güterverwaltung unter den allgemeinen Begriff der Vormundschaft, obwohl sie in höherem Grade als es in den Statuten ist selber einer Vormundschaft, auch wenn sie Wittwe geworden ist, unterworfen ist [3]).

Ueber die persönlichen Verhältnisse finden sich insofern Eigenthümlichkeiten, als sie sich aus dem Begriff einer den Statuten unbekannten ungleichen Ehe ergeben [4]). Von dem Rechtlosen wird nicht gesagt, daß er der Kinder Vormund sein könne, wohl aber, daß ihm von seinem ehlichen Weibe ebenbürtige Kinder geboren würden [5]). Der Bestimmung der Statuten über die Folgen der „undad" der Eltern kann verglichen werden, daß der Sohn nicht für Ungericht des Vaters antwortet [6]). Inwiefern jemand ohne Nachtheil seiner Eltern Handlungen gerichtlich ableugnen könne, wird nur in den Statuten besonders bemerkt. Dagegen kann als eine entsprechende Stelle betrachtet werden, daß der Vater den noch nicht von ihm gesonderten Sohn durch eidliche Betheuerung der Unschuld des Sohns „ausnehmen" kann [7]). Entsprechend ist diese Stelle der Bestimmung über das Recht, verfestete Söhne und Töchter auf dem Eigen u. s. w. zu halten [8]). Ueber Vormundschaft gegen den väterlichen Vormund giebt der Sachsenspiegel keine Auskunft, wenn man nicht den 44sten Artikel des ersten Buchs auch auf diesen speciellen Fall ziehen will. Des Verkaufens der Kinder wird nicht gedacht [9]), und eben so wenig redet der Sachsenspiegel besonders von dem Züchtigungsrecht des Vaters oder Bruders [10]).

Ueber die Vermögensverhältnisse fehlt es an genaueren Bestimmungen. Die schon vorhin angeführte Stelle, nach

den neuern Bestimmungen würde durch eine Correctur, durch welche die Erwähnung des Mannes (oder des Vaters) fortgeblieben wäre, erreicht sein, denn in Ansehung der Frau (oder Mutter) stimmt sie auch mit dem neuern Recht vollkommen zusammen. 1) Vgl. oben pag. 280 Note *. Weiske, Grundsätze des deutschen Privatrechts nach dem Sachsenspiegel pag. 23. S. I. 11. 3) s. oben pag. 256 Note 14. Ueber diese ganze mütterliche Vormundschaft ist zu vergl. Heise und Cropp Band 1. pag. 283—313. 4) Vergl. oben pag 272 Note 4. S. III. 73. §. 1. 2. I. 16, 2. 5) Vgl. oben pag. 272 Note 3. S. I. 51. 1. 6) s. oben pag. 281 Note 3 und pag. 149 Note 3. 7) S. I. 17, 2. Vgl. oben pag. 249 Note 2. 8) s. oben pag. 281 Note 7. 9) Das oben pag. 281 Note 12 angeführte Rechtserkenntniß wird auf den Schwabenspiegel zurückzuführen sein, s. Schwabensp. bei Senckenberg cap. 412. 10) s. oben pag. 256 Note 2.

welcher Vater, Mutter und überhaupt jeder Vormund den Kindern ihr Vermögen nur insoweit bei der Absonderung herausgeben müssen, als es noch da sei sobald es nicht verschuldeterweise verringert sei, so wie daß die Frau, wenn sie nicht gleich beim Tode des Mannes theile, alles dasjenige, was ihr überhaupt zukomme, nur insoweit bekomme, als es zur Zeit der Theilung vorhanden sei, gehören eigentlich allein hierher [1]); denn was man sonst noch anführen könnte, bezieht sich nur auf den Begriff der Absonderung und die Verpflichtung, bei künftigem Erbfall zu conferiren [2]). Desgleichen fehlen auch Bestimmungen über die Beendigung der elterlichen Vormundschaft und namentlich unter welchen Voraussetzungen hiezu ein Zwang der Kinder gegen die Eltern stattfinden könne. Man müßte denn aus dem negativen Satz [3]), daß eine schwangere Wittwe nicht ehe sie des Kindes genesen aus dem Gute des Mannes gewiesen, also abgetheilt werden dürfe, die positive Folgerung ziehen wollen, daß sofern nur die Wittwe nicht schwanger sei und ihr Recht auf Mitbesitz bis nach dem Dreißigsten nicht verletzt werde [4]), jederzeit die Abtheilung ohne besondere Gründe erzwungen werden könne. Der zweiten Ehe wird zwar, sowie auch der dritten und vierten gedacht, aber nur um zu bemerken, daß solche Ehen zulässig seien und ohne in Ansehung des Erbrechts einen Unterschied zwischen den Kindern der verschiedenen Ehen zu machen [5]). Dies stimmt insofern mit den Statuten überein, als auch in ihnen nur durch Abtheilung das Erbrecht der Vorkinder aufhört, während wenn diese nicht stattgefunden hat, ebenfalls „de ersten kindere mit den lesten like gud recht hebben to ores vaders erve" [6]). Auch ist soviel nach dem Sachsenspiegel so gut wie nach den Statuten gewiß, daß die zweite Ehe kein absolutes Hinderniß der Fortdauer der elterlichen Vormundschaft ist [7]). Eigenthümlich dem Sachsenspiegel ist die Bemerkung, wie auch bei der Absonderung das Zusammenleben nicht gerade aufzuhören brauche, denn von diesem wird doch der Ausdruck „sich in Ansehung der Kost nicht zweien" verstanden werden müssen [8]). Die hier gemeinte Stelle redet von dem Vater. Eine andere läßt die Mutter nach der Theilung mit dem Sohn auf dessen Gute wohnen, und umgekehrt auch den Sohn auf der Mutter Gut [9]). Tod der Eltern und Verheirathung der Töchter verstehen sich auch hier von selbst als Gründe der Beendigung [10]).

1) s. oben pag. 287 die in Note 1 angeführte Stelle; S. I. 20, 3 und pag. 256 Note 1. 2) S. I. 13. s. oben pag. 143 Note 4 und 5. Vgl. oben pag. 213. 3) S. III. 38, 2. Vgl. auch S. I. 33. 4) s. oben pag. 145. 5) S. II. 23. 6) s. oben pag. 286 Note 6 und 8. 7) S. III. 76, 2 und hierüber Sydow Note 859 und 890. 8) S. I. 13 und oben pag. 143 Note 6. Vergl. auch Weiske pag. 23. 9) S. I. 20, 4—7. 10) S. I. 31, 2, dazu Homeyers Varianten.

Der vermehrte Sachsenspiegel nennt Vater [1]) und Mutter den Statuten folgend Vormünder ihrer Kinder, hat aber einen etwas andern Begriff der Ehlichkeit derselben [2]). In Ansehung der Mutter redet die entsprechende Stelle [3]) noch etwas genauer wie die Statuten, insofern es heißt: „In keyserwichbilde ist eyn iczlich bederwip formunde orer kinder, dy sich erlich unde recht-fertig hilth an orer kusheyt [4]) unde nicht unphlegelich vortunde ist, unde dywyle sy ouch nicht mannes nempt." Nur der in den Statuten gemachte Zusatz „icht se to Gosler wont" findet sich nicht, weil er späteres Recht ist, weshalb auch die Bestimmung über die Folgen der „undad" der Eltern für die Kinder fehlt [5]), während daß ein Rechtloser auch Vormund seiner Kinder sein könne, recipirt ist [6]). Daß jedermann unter gewissen Voraussetzungen unjährige Kinder züchtigen dürfe, hat das Rechtsbuch mit den Statuten und Sachsenspiegel gemein, und ist deshalb oben bei der Vormundschaft des vermehrten Sachsenspiegels nicht besonders gesagt worden [7]); dagegen ist ihm wie dem Sachsenspiegel das besondere Recht des Vaters oder älteren Bruders in dieser Beziehung fremd [8]). Daß der Vater den Sohn „ausnehmen" dürfe, ist aus dem Sachsenspiegel unverändert aufgenommen [9]), die ähnliche Stelle der Statuten aber durchaus umgewandelt worden, denn sie heißt [10]): „Kein man mac auch sin kint vorhalden an sinen geweren daz umb fridebruch vorvestent ist, ez sy gesundert oder ungesundert, er wolle ez denne vorsten czu dem rechten." Unter keiner Voraussetzung also sollen die Eltern verfestete Kinder in ihrer Gewer haben dürfen, ohne von den gewöhnlichen Folgen der Beherbergung Verfesteter betroffen zu werden. Von Vormundschaft gegen die Eltern und Verkauf der Kinder findet sich im Rechtsbuch nichts, wohl aber aus dem Sachsenspiegel die Lehre von den ungleichen Ehen [11]).

Ueber das Vermögensrecht, obwohl mehrere der vorhin angeführten Stellen [12]) fehlen, gelten dieselben Sätze wie in den Statuten [13]), und namentlich ist schon oben eine der alten Redaction der Statuten entsprechende Stelle des Rechtsbuchs zur Erklärung

1) s. unten die in Note 5 angeführte Stelle und D. I. 50, 8 = B. I. 43, 7. 2) s. oben pag. 280 Note 7. 3) s. oben pag. 16, 23. 24. D. I. 49, 3 f. B. 4) Hierbei hat man sich daran zu erinnern, daß eine Frau durch Unkeuschheit wenn auch nicht ihr Erbrecht doch ihre weibliche Ehre verliert, s. oben pag. 134 No. 2. 5) s. oben pag. 151 Note 4. 6) s. oben pag. 281 Note 2. 7) s. oben pag. 258. 259. 8) s. oben pag. 281 Note 6. 9) Ebenso wie die, daß der Sohn nicht für Ungericht des Vaters hafte. D. IV. 27 = B. VI. 5. 10) D. IV. 21, 20 = B. III. 19, 17. 11) D. I. 36 = B. I. 30. 12) s. oben pag. 282 die in Note 2—4 gemachten Citate. 13) s. oben pag. 282 Note 1 und pag. 283 Note 1. Zu der am letzten Ort angeführten Stelle wird bemerkt: „Unde ist lantrecht, wichbilde unde keyserrecht."

derselben gebraucht worden [1]). Der hauptsächlichste Fall der Beendigung der elterlichen Vormundschaft, der der Abtheilung, findet sich ebenfalls und zwar wie oft mit den Stellen des Sachsenspiegels nicht minder wie der Statuten, auch wenn die beiden Quellen widersprechende Rechtssätze enthalten. Ein besonders guter Beleg hierfür ist das, was von der Wirkung der Abtheilung der Vorkinder gesagt wird. Nach der den Statuten entlehnten Stelle [2]) nämlich fährt der Spiegler fort: „Daz ist keyserrechten, unde czweyget sich mit lantrechte unde wichbilde, wen in unseme rechte erbet der vater alle sin gud uf alle sine kindere, uff dy ersten, unde uf dy mittelsten, unde uf dy leczten, dy yme rechten ome ebenbortigk sinth" Von den Voraussetzungen, unter welchen die Eltern zur Abtheilung genöthigt werden können, ist dem Spiegler das Verändern des Wohnorts unbekannt [3]) und ebenso die der neuern Redaction angehörige Bevorzugung des Vaters vor der Mutter. Dagegen ist ihm eigenthümlich, daß nicht bloß der Altersvormund, sondern jeder Verwandte für die unjährigen Kinder die Abtheilung verlangen kann [4]). Unter anderen dem Sachsenspiegel entnommenen Bestimmungen [5]) findet sich auch die, die schwangere Wittwe nicht eher aus des Mannes Gute zu weisen, bis sie des Kindes genesen, mit dem Zusatze „unde ist wichbilde unde lantrecht" [6]).

1) s. oben pag. 283 Note 4. 2) s. oben pag. 286 Note 5. Hiermit hat man zu vergleichen die dem Sachsenspiegel unmittelbar entlehnte Stelle (oben pag. 288 Note 5) O. I. 27, 2 = B. I. 21, 1. 3) Vgl. oben pag. 289 Note 2. 4) O. I. 29, 1 Zeile 3. 4 = B. I. 23 pr. Vgl. auch die von Ortloff gegebene Variante. 5) s. oben pag. 288 Note 3 und pag. 288 Note 9. O. I. 20, 10. 11 = B. I. 14, 9. 10. O. I. 23, 1 = B. I. 17 pr. 6) O I. 35, 1 = B. I. 29 pr.

II.

Von Verbrechen.

§. 4. Von Verbrechen im allgemeinen.

Der Begriff eines Verbrechens wird durch den Ausdruck Friedbruch bezeichnet. Dieses Wort wird in verschiedenem Umfang gebraucht. Im weitesten Sinne wird darunter jede Handlung verstanden, die nicht bloß mit Wette und Buße bestraft wird und die eine Verfestung zur Folge haben kann [1]). Der Gegensatz dieser Handlungen sind entweder eben die, für welche nur gewettet und gebüßt wird, oder welche nur zum Schadenersatz oder zu Besserung oder Wehrgeld oder polizeilichen Geldstrafen verpflichten, oder nur rechtlos und ehrlos machen. Den Charakter eines Friedbruchs hat eine Handlung entweder, weil sie an sich schon in den Statuten als strafbar in dem eben bezeichneten Sinne betrachtet wird, oder weil sie in dem einzelnen Fall, welcher vorliegt, wegen eines darauf bezüglichen Ausspruchs des Richters oder Raths diese Eigenschaft erhalten hat. Die hauptsächlichsten Friedbrüche der ersten Art sind mit der dazu gehörigen Strafe an einen Ort zusammengestellt, während man sich, wie schon zu erwarten, die Friedbrüche der zweiten Art aus den verschiedenen Rechtsmaterien erst zusammensuchen muß. Es gehören dahin, da der Miether sich der durch den Schultheißen und zwei Bürger vorgenommenen Pfändung widersetzt, welche, um dem Vermiether den Miethszins zu verschaffen, erforderlich ist [2]). Ferner wenn man dem Nachbarn unter Beistand des Richters die Fortsetzung des Baues, den er auf dem fremden Eigenthum begonnen hat, untersagt und er dennoch fortfährt, so begeht er einen Friedbruch [3]). Auch derjenige, der nachdem ihm ein Erbgut durch richterliches Urtheil bereits abgesprochen, sich dennoch dessen unterwindet oder es anspricht, begeht einen Friedbruch [4]). Weigert ferner der Vogt eine Person, die mit Unrecht in die „hachte" gebracht ist, vor Gericht zu bringen, nachdem es ihm erst die Partei und dann auch der Rath anbefohlen hat, so begeht er einen Friedbruch [5]).

Die Handlungen, welche an sich schon für Friedbrüche gelten, werden entweder mit dem speciellen Namen bezeichnet, der

1) Von der Verfestung s. unten §. 7. 2) s. oben pag. 227 Note 7. 3) s. oben pag. 23, 36—38. Vgl. oben pag. 179 Note 1. 4) s. oben pag. 26, 15. 16. 5) s. oben pag. 44, 37—40.

sich aus der verbrecherischen Thätigkeit von selbst ergiebt, oder eben nur mit dem allgemeinen Ausdruck Friedbruch, der vorzugsweise für die Verbrechen gebraucht wird, die keinen ganz bestimmten Charakter haben. Die Hauptstelle [1]) für die ersten bedient sich des Ausdrucks „Ungericht,“ der außerdem nur noch einmal in den Statuten und zwar als Gegensatz von Friedbruch, doch ohne sonstige genauere Begriffsbestimmung, vorkommt [2]). Diebstahl, Raub, Mord, Todtschlag, Verwundung, Gefangennehmung, Brandstiftung, Mordbrand, Nothzucht, Verrätherei, Fälschung, Unglauben, Zauberei, Vergiftung, Selbstmord und da man den Frieden bricht [3]), werden in jener Stelle besonders aufgezählt. Der letzte Ausdruck ist nicht als ein genereller zu betrachten, unter welchen alle nicht besonders aufgezählten Friedbrüche begriffen werden, sondern hat eine ganz specielle Bedeutung, denn die Strafe der Enthauptung steht darauf und man kann doch unmöglich annehmen, daß alle übrigen zum Theil sehr unbedeutenden Friedbrüche [4]) mit Enthauptung bestraft würden. Man hat hier zunächst nicht außer Acht zu lassen, daß es nicht heißt, „oder wer einen Friedbruch thut,“ denn Friedbruch thun und den Frieden brechen ist nicht völlig gleichbedeutend, wie aus der Redensart erhellt, „den Frieden mit Friedbruch brechen“ [5]), vielmehr wird Friede für den durch unerlaubte Fehde verletzten und den in Haus und Hof und Kirchen und Kirchhöfen vorzugsweise, wenn gleich nicht ausschließlich [6]), gebraucht. Die Folge dieses besonders heilig gehaltenen Friedens ist eine doppelte, indem sowohl die nur an Sachen verübten Verbrechen als die gegen die Person gerichteten strenger bestraft werden. Das erstere gilt jedoch nur von dem Frieden der Kirchen und Kirchhöfe, und auch da nur in Bezug auf Raub. Für diesen wird es in der in Rede stehenden Stelle, schon ehe von dem eigentlichen „Friede brechen“ gesprochen wird, besonders gesagt [7]). Der Ausdruck scheint daher im engsten Sinn genommen nur auf die Störung des Haus- und Kirchenfriedens durch Angriff auf die Person zu gehen, dieser Angriff möge nun in einem Verbrechen bestehen, das bereits an sich einen bestimmten Character hat, oder ein Friedbruch in jenem weiteren Sinne sein und durch den Ort der Begehung erst den besondern Charakter von Haus- oder Kirchenfriedensbruch erhalten [8]). Außer in der eben besprochenen Hauptstelle [9]) finden sich von Verbrechen bestimmterer Art in den Statuten und Rechtserkenntnissen noch erwähnt Bigamie [10]) und Verkauf eines Kindes an einen Juden [11]).

1) s. oben pag. 38, 9—30. 2) s. oben pag. 83, 32—37. 3) s. oben pag. 38, 18. 19. 4) Vgl. oben Note 2—4. 5) s. oben pag. 40, 9. 10. 6) s. oben pag. 40, 30—37 und unten pag. 299 Note 14. 7) s. oben pag. 38, 15. 8) s. das Nähere unten §. 5. Ueber den geschwornen Frieden s. auch unten §. 6. 9) s. oben Note 5. 10) s. oben pag. 49, 1—5 und Bruns in den Beiträgen pag. 233, 16. 11) s. oben pag. 281 Note 12.

Handlungen, welche keinen ganz bestimmten Charakter haben und daher vorzugsweise nur Friedbrüche schlechtweg genannt werden, sind: Vorwurf des Meineides [1]), ferner wenn jemand einen andern aus der „hachte" durch Rath oder That hilft, ihn aus dem Gericht entführt oder einen Verfesteten beherbergt [2]). Diese Handlungen sind jedoch weniger besondere Friedbrüche als Beihülfe zu dem Friedbruch des in die Haft vor Gericht oder in Verfestung Gebrachten, denn wenigstens in den letzten beiden Fällen soll der Begünstiger „like scaldich" wie der Thäter selber sein [3]). Die Entweichung des Miethers wegen rückständigen Hauszinses [4]) wird zwar nicht geradezu ein Friedbruch genannt, wohl aber gesagt, daß er deshalb verfestet werden könne, und Verfestung setzt jederzeit Friedbruch voraus [5]). Aus demselben Grunde muß unter Umständen das unzeitige Verlassen des Gerichts, vor welches man bestellt war, als Friedbruch betrachtet werden. Es wird zunächst vorausgesetzt, daß man „vreveliken" das Gericht verlassen habe, und dann, daß der Kläger das „röchte" gerufen habe [6]). Hier ist der Kläger berechtigt [7]), ihn Tags darauf zu verfesten, mit anderen Worten, alsdann wird das Verlassen des Gerichts als Friedbruch betrachtet. Da nun das Gerüfte zu rufen lediglich vom Kläger abhängt, so kann man auch sagen, es hänge von dem Kläger ab, ob er ein solches Benehmen des Beklagten als einen Friedbruch oder nur als eine gewöhnliche Schuldsache behandeln wolle. Daher heißt es denn auch in der angeführten Stelle: „Ne heft aver ene de kleghere n i c h t bescryet, so mach men ene in o v e r h ö r e bringhen unde nicht v o r v e s t e n [8]), und dasselbe gilt, wenn der Beklagte überall gar nicht vor Gericht erschienen ist, auch dann „trede dat nicht wanne up de o v e r h ö r e" [9]). Die Schlußworte [10]) der in Rede stehenden Stelle können glauben machen, als bedürfe man auch bei Handlungen, die ganz unabhängig davon, wie der Kläger sie ansehen wolle, schon Friedbrüche seien, erst noch seiner ausdrücklichen Erklärung durch Erhebung des Gerüftes, um die Verfestung eintreten lassen zu können, und als könne bei gänzlichem Ausbleiben aus dem Gerichte der Beklagte überhaupt nur in die Overhöre gekündigt werden. Abgesehen davon, daß dies der ganzen unten genauer zu betrachtenden Natur der Overhöre und Verfestung widersprechen würde [11]), nöthigt auch unsere Stelle keineswegs zu einer solchen Auslegung. Man muß nur den Wor-

1) s. oben pag. 46, 6. 7. Bruns in den Beiträgen pag. 248, 36. Vgl. auch oben pag. 91, 17—36. 2) s. oben pag. 35, 27—29. 59, 27—31. 89, 25. 26. 3) s. unten pag. 297 Note 11. 4) s. oben pag. 22, 30. 31. Vergl. oben pag. 228 Note 1. 5) s. oben pag. 56, 35 und unten §. 7. 6) s. oben pag. 75, 9—14. 7) s. oben pag. 75, 15—25. 8) s. oben pag. 75, 20. 21. 9) s. oben pag. 75, 22. 23. 10) s. oben pag. 75, 23—25. 11) s. unten §. 7.

ten „to hant" den Nachdruck geben, dann ist der Sinn des Ganzen dieser: bei Schuldsachen und geringen Friedbrüchen kann nach Erhebung des Gerüftes nicht sogleich, sondern erst des Tages darauf verfestet und mithin durch gehörige Antwort des Beklagten die Verfestung von diesem noch vermieden werden; bei Friedbrüchen aber, die an den Hals gehen, kann sogleich verfestet werden. Der Fall, wie es werden solle, wenn der wegen irgend eines Friedbruchs Beklagte überall nicht vor Gericht erschienen ist, wird gar nicht in der Stelle berührt. Interessant ist ein auf diese Stelle Bezug nehmendes Rechtserkenntniß [1]), weil es ein Beispiel giebt, aus welchem Grunde der Beklagte „vrevelken" das Gericht verlassen kann. Wenn jemand den andern eines Diebstahls geziehen hat und dieser ihn deshalb vor Gericht fordert, wo er auch erscheint, um den Eid (recht) zu leisten [2]), zu welchem er sich gegen den Kläger erboten hat, so haftet er bloß für Wette und Buße, wenn er, ohne daß sogleich Gerüfte gerufen wäre, sich um den Eid nicht schwören zu müssen aus dem Gerichte entfernt, und kann nur in Overhöre gebracht werden. Der Inhalt des Eides wird in dem Rechtserkenntniß nicht erwähnt, kann aber nicht wohl in einem Ableugnen des Factums, daß man den andern des Diebstahls geziehen habe, bestehen, da es ausdrücklich heißt, er „worde nedervellich" also sachfällig. Der Inhalt wird vielmehr sein, daß man sich „vorsate dar ane entleddigen wolde," denn dies wird in einer Stelle der Statuten für solche Fälle vorgeschrieben, wenn der beleidigte Theil es verlangt [3]).

Aus dem Umstande, daß in dem beschriebenen Fall das Gerüfte gebraucht wird, um die Handlung zum Friedbruch zu stempeln, darf man jedoch nicht die allgemeine Regel bilden, daß überall, wo dem Kläger das Gerüfte zu rufen gestattet sei und er es auch wirklich rufe, ein Friedbruch vorhanden sei, denn es wird ein andermal in den Statuten ausdrücklich gesagt, daß der, welcher an einem Orte pfände, wo er nicht pfänden dürfe, also z. B. auf fremder Were [4]), beschrien und dann allein zu Buße und Wette verurtheilt werden könne, wenn er nicht etwa geschlagen oder verwundet habe, denn dann sei die Handlung auch Friedbruch [5]). Man sieht aus dieser Stelle zugleich, daß bloßes Schlagen bereits Friedbruch ist. Dies wird außer durch andere Stellen [6]) auch durch eine unterstützt, nach welcher, selbst wenn nur eine „tweyginghe . . . sunder wunden, wartscare unde blotrone" ge-

1) Bruns in seinen Beiträgen pag. 186, 17. 2) Die Anmerkung von Eisenhardt zu dem angeführten Rechtserkenntniß (pag. 209 a. a. O.) versteht den Ausdruck „recht" unrichtig. 3) s. oben pag. 91, 24—36 und unten in §. 5. 4) s. oben pag. 228 Note 3. 5) s. oben pag. 47, 7—11. Vgl. auch unten die §§. 9. 10. 6) s. oben pag. 48, 25. 49, 37. 38. Vgl. oben pag. 281 Note 5. 6.

schicht, dennoch ein Friedbruch vorhanden ist [1]). Nur zwei Stellen scheinen entgegen zu stehen. In einer derselben [2]) wird des Falls gedacht, da der Büttel von der Partei, welche er vorladet, geschlagen wird. Hier müsse, heißt es, dem Büttel Buße und dem Rath Strafe gezahlt werden; davon, daß es ein Friedbruch sei, wird nichts gesagt. Indessen gewiß soll in dieser Stelle eben nur das Eigenthümliche dieses Falls hervorgehoben werden. Daß ein Friedbruch vorhanden sei, versteht sich von selbst. Dies ist noch deutlicher, wenn man auf den Schluß der Stelle sieht, welche selbst für den Fall, da der Vorgeladene den Büttel „stikt... oder howet" nur von der Geldstrafe an den Rath spricht. Mit einer anderen [3]) Stelle verhält es sich ähnlich. Im Fall einer „tweyunghe" unter Bürgern soll der, welcher im Unrecht ist, nach des Raths Geheiß „wederdon," und erst dann, wenn einer der Bürger dem nach der „tweyungh" erlassenen Befehle des Rathes einstweilen „in sine herberghe" zu gehen und daselbst zu bleiben, nicht gehorcht, soll des Ungehorsamen Leib und Gut in des Rathes Hand stehen. Auch hier wird gewiß nur das Eigenthümliche des Falls hervorgehoben und die Friedbruchsnatur stillschweigend vorausgesetzt, denn es wird ja überhaupt jedes sich an dem andern Vergreifen als ein Friedbruch betrachtet. Dahin gehört, wenn man jemanden, ohne dazu aus besonderen Gründen berechtigt zu sein, arretirt, um ihn vor Gericht zu bringen, gleichviel ob es geschieht wegen eines Friedbruchs, den der Aufgehaltene gethan hat, oder wegen einer Schuldsache [4]). Die hierfür unten angeführten Stellen sind um so beweisender, als sie von Fällen reden, wo man selbst gegen overhörige und verfestete Personen sich durch „upholden" eines Friedbruchs schuldig macht. In der Form eines allgemeinen Princips erscheint das vorhin Gesagte insofern, als jedes „anverdighen" von Personen als ein Friedbruch betrachtet wird. Anverdighen heißt angreifen [5]) und „anverdighinghe" Angriff, und wird weniger deshalb in den Statuten öfter erwähnt, um zu sagen, daß es ein Friedbruch sei, als um, wenn die betheiligten Personen handgemein geworden sind, zu bezeichnen, wer von jenen Personen den ersten Angriff gemacht habe, damit darnach bestimmt werden könne, wer aus Nothwehr gehandelt habe [6]). Um überhaupt nur Friedbruch zu bezeichnen, wird der Ausdruck außer in den Statuten [7]) auch in dem Wen-

1) s. oben pag. 41, 11—20. 2) s. oben pag. 41, 7—10. 3) s. oben pag. 49, 6—16. 4) s. oben pag. 54, 24—28 und 61, 3—13. Vergl. Albrechts Gewere Note 103 b. Krauts Vormundschaft pag. 383 Note 38. 5) Haltaus unter „anfertigen." Albrechts Gewere pag. 49. 50 Note 95. 182. 6) s. oben pag. 35; vergl. unten §. 10. 7) s. oben pag. 35, 10. 11. 59, 1—3. 92, 6. 7 und die pag. 294 Note 6 und oben Note 1 gegebenen Citate.

zelschen Privilegium von 1390 gebraucht [1]). Oefter jedoch wird das Wort „anverdighen" nicht schlechtweg gebraucht, sondern auch wohl die an sich nur rein factische Bedeutung des Worts noch juristisch bestimmter durch den Zusatz „mit vredebrake" bezeichnet [2]).

Nachdem in dem Bisherigen die einzelnen Handlungen, welche unter den allgemeinen Begriff des Friedbruchs fallen, etwas genauer bezeichnet sind, mag noch einmal bemerkt werden, daß, wenn der Ausdruck Friedbruch neben einem bestimmter bezeichneten Verbrechen, wie Todtschlag oder Verwundung steht, eben jederzeit alle jene andern nicht besonders genannten Friedbrüche darunter verstanden werden können, und namentlich nicht etwa daraus geschlossen werden dürfe, daß das besonders genannte Verbrechen nicht unter den Begriff Friedbruch falle [3]).

Zu dem Begriff des Friedbruchs gehört indeß nicht allein eine bestimmte äußere Thatsache, sondern auch ein damit in Verbindung stehender verbrecherischer Wille. Dieser ist so wichtig, daß schon die durch vorbereitende Handlungen entschieden ausgesprochne Absicht, einen Friedbruch zu begehen, selber Friedbruch ist; denn wer bekennt, daß er des andern gewartet habe, um einen Friedbruch an ihm zu begehen, hat schon dadurch sich eines Friedbruchs schuldig gemacht. Wenn er dagegen nur bekennt, ihm gedroht zu haben, so ist nur von Wette und Buße die Rede [4]). Diese Stellen sind die einzigen der Statuten, in welchen von dem Versuch eines Verbrechens gesprochen wird [5]). Wegen jenes Erfordernisses der Absicht sind unfähig Friedbruch zu begehen unmündige Kinder und sinnlose Personen [6]). Allgemein aber wird das Princip so ausgedrückt, wenn einer Schaden thäte „au sinen dank dar en dot bleve oder ghewundet wörde . . ." so geht es nicht ans Leben, sondern nur, wie dies auch der Fall ist, wenn unmündige oder sinnlose Personen gehandelt haben, das Wehrgeld oder der Schade werden bezahlt und vergütet [7]), und selbst das nicht, wenn der Unfall sich bei einem Spiele ereignet hat [8]), denn dann „ne gheyt nen ghericlite over," sobald man nur auch hier sich „vreveles unde vorsate" entschuldigen kann. Bei dieser Gelegenheit mag bemerkt werden, daß Frevel in den Statuten nicht die Handlung selber, sondern immer nur die Gesinnung [9]) bezeichnet, und insofern ist das Wort gleichbedeutend

1) s. oben pag. 122, 12. 2) s. unter andern oben pag. 35, 19—30. 3) s. unter andern oben pag. 14, 32. 33, 14. 15. 35. 36. 34, 5. 9. 39, 17. 18. 4) s. oben pag. 46, 19—25. 89, 1. 2. Vgl. Bruns in seinen Beiträgen p. 238 No. 23 am Ende. 5) s. unten p. 300 N. 5. 6) s. oben pag. 248 Note 9. 10. 254 Note 6. Vgl. auch oben pag 47, 30. 31. 7) s. oben pag. 40, 42 — 41, 6. Vgl. auch Krauts Vormundschaft pag. 341 Note 7. 8) s. oben pag. 41, 28 — 42, 3. Vgl. auch Förstemanns Rechtserkenntnisse I. 3 pag. 76. 9) s. oben pag. 41, 30. 47, 2. 2838. 55, 37. 68, 37. 74, 17. 91. 24.

mit „sculd," sofern dies, wie es doch zuweilen geschieht 1), in Beziehung auf Friedbrüche gebraucht wird, denn regelmäßig wird der Ausdruck Schuld von Civilsachen verstanden 2).

Mit diesem Erforderniß des verbrecherischen Willens hängt zusammen der allgemeine Grundsatz, daß niemand des andern Gut verwirken kann 3), wovon eine wichtige Folge ist, daß die Erben nur zum Schadensersatze und nicht einmal zu Besserung, Buße und Wette verpflichtet sind, wenn nicht darüber schon bei des Erblassers Leben Vergleich oder Urtheil vorhanden gewesen sind 4). Aehnlich verhält es sich mit den Bürgen. Diese haften eben nur wegen des Schadens und wegen des Wehrgeldes, denn daß sie dies ersetzen und bezahlen wollen, ist eben Gegenstand ihres Versprechens 5). Ein Gleiches gilt von dem Herrn, der für die Handlungen des Gesindes, wenn er sich nicht besonders dazu verpflichtet hat, nicht einsteht. Nur die neuere Redaction verpflichtet ihn wenigstens, soweit der Lohn reicht 6). Dies wird deshalb besonders versichert, weil man aus dem Umstande, daß man dem Herrn oder der Frau bei Friedbruch gegen das Gesinde Rede stehen muß, „dat it ime to scaden noch to lastere nicht ghescheen ne si" das Gegentheil schließen könnte 7). Bei einem einzelnen Verbrechen wird ebenfalls ausdrücklich ausgesprochen, daß niemand als die Thäter bestraft werden solle, nämlich bei der Nothzucht 8), für welche im Sachsenspiegel sich die Bestimmung findet, daß alles dabei gegenwärtige Lebende enthauptet werden solle 9). Ebenso ist den Statuten auch fremd, die Gebäude zu brechen und zu schleifen, in welchen Nothzucht begangen ist 10). Von der allgemeinen Regel, daß niemand für des andern Verbrechen hafte, ist gewissermaßen eine Ausnahme, daß die Gehülfen, die da fördern, „mit rade oder mit hülpe" ganz ebenso bestraft werden sollen, wie die eigentlichen Thäter 11). Aus diesem Gesichtspunkt kann denn namentlich auch die Bürgen und den Herrn die eigentliche Friedbruchsstrafe treffen. Bei den letztern wird gewissermaßen vermuthet, daß sie „rades oder dat sculdich" seien, wenn man von ihnen fordert, daß sie sich eidlich reinigen, wie sie in Ansehung der Handlungen ihres Gesindes „rades unde dat unde vulbort unsculdich" seien 12).

1) s. oben pag. 39, 23. 79, 15. 2) Vgl. oben pag. 146 Note 3—5. 3) Vergl. auch in Hudtwalckers criminalistischen Beiträgen Cropp, der Diebstahl nach dem ältern Rechte der freien Städte Hamburg u. s. w. pag. 278 Note 14. 4) s. oben pag. 149 Note 4—8. 5) s. oben pag. 40, 30—37. 6) s. oben pag. 90, 25—27. 7) s. oben pag. 46, 36—40. 89, 27. 28. 8) s. oben pag. 42, 30—33. 9) S. III. 1, 1. 10) s. oben pag. 42, 33. 34. S. III. 3, 1. 11) s. oben pag. 38, 24—27. 42, 31. 47, 34—36. 12) s. oben pag. 46, 32—35. 89, 27—30.

Die Strafen, welche in den Statuten die Friedbrecher treffen, sind zunächst Todesstrafen: Rädern, Verbrennen, Enthaupten, Hängen und Lebendig begraben [1]). Diese letztere ist die eigenthümliche Todesstrafe für Frauen und Mädchen [2]). Eine Milderung tritt für sie ein, wenn sie schwanger sind, indem sie alsdann nicht mit höherer Strafe als zu Haut und Haar gerichtet werden sollen. Dies gilt aber nur während der Schwangerschaft, denn mit der Geburt des Kindes tritt für die Mutter die volle Strafe ein [3]). Allgemeine Ausdrücke für Todesstrafen sind: es geht oder tritt an den Hals oder an das Leben, und das Leben verwirken [4]) Daß an den Hals treten so viel heiße, wie mit dem Tode bestraft werden, sieht man unter andern daraus, daß einmal von dem, der getödtet hat, gesagt wird [5]), er solle enthauptet werden, und ein andermal von dem Gehülfen, den immer gleiche Strafe trifft, es trete ihm an den Hals. Daß „lif vorwercken" gleichbedeutend mit durch Tod bestraft werden, erhellt unter andern aus der Hauptstelle von den einzelnen Friedbrüchen und ihren Strafen [6]). Den Gegensatz gegen die Todesstrafen bilden die des Verlustes der Hand, des Fingers und namentlich des Daumen, der Ohren, des Brandmarkens, des Staupenschlagens [7]). Diese Strafen scheinen mit Ausschluß der Strafe, da man die Hand verliert, unter dem allgemeinen Ausdruck der Strafen zu Haut und Haar verstanden zu werden [8]). Außer den den Körper unmittelbar treffenden Strafen kommt noch die Verfestung [9]) und die Recht- und Ehrlosigkeit als Strafe vor [10]).

Im Sachsenspiegel ist der Begriff des Friedbruchs, wofür aber hier der allgemeine Ausdruck „ungherieht" öfter vorkommt [11]), zwar nicht so ausgedehnt wie in den Statuten, wohl aber in eben so genauer Verbindung mit der Verfestung. In Ansehung des letzteren Punktes ist es nur scheinbar, als wenn die Verfestung allein möglich wäre, wenn die Klage an das Leben und die Hand gehe, also allein bei den erheblichen Friedbrüchen stattfände; vielmehr kann auch, wer nur eine Strafe zu Haut und Haar verschuldet hat, verfestet werden [12]). Die Ausdehnung des Be-

1) s. oben pag. 38, 9—30. 2) s. oben pag. 38, 23. 24 und Cropp a. a. O. pag. 330 Note 50. 3) s. oben pag. 90, 3—6 und Cropp a. a. O. pag 330 Note 49 und 340 Note 77. Des Kindes, wenn es leben bleibt, nimmt sich der Rath an, bis es vier Jahr alt wird.
4) s. oben pag. 34, 7. 36, 1 44, 28. 32. 57, 14. 73, 5. 74, 29. 88, 12. 41, 5. 42, 9 45, 8. 49, 3 89, 6. 5) s. oben pag. 38, 17—19; vgl. mit oben pag. 40, 30—37. 6) s. oben pag. 38, 23 24. 7) s. oben pag. 37, 36. 38, 1—8. 93, 10. 81, 23. 31. 8) s. oben pag. 38, 11. 90, 5. 110, 10. Vgl. auch oben pag. 38, 11 mit oben pag. 37, 11—20. 9) s. oben pag. 49, 16. 33 und das Nähere unten §. 7. 10) s. das Nähere in dem folgenden §.
11) s. Homeyers Register zu seiner Ausgabe des Sachsenspiegels unter „ungericht." 12) S. I. 68, 1. 4. vgl. mit S. I. 67.

griffs des Friedbruchs ist zuförderst insofern geringer, als nur ein Fall vorkommt statt der mehreren der Statuten, in welchem etwas, was an sich nicht Friedbruch sein würde, wegen eines darauf bezüglichen gerichtlichen Acts Friedbruch wird. Wer nämlich auf fremdem Lande ackert, kann sein Leben deshalb verwirken, wenn das Land ihm vor Gericht abgesprochen und Friede darüber gewirkt war [1]). Ferner zählen auch die unbedeutenden Vergehen überall nicht zu den Friedbrüchen, und namentlich nicht das bloße Schlagen und Raufen [2]), wenn es nicht in seiner Wirkung den Verwundungen gleich kommt oder der Tod dadurch herbeigeführt ist [3]). Von den übrigen oben aufgezählten Fällen der Friedbrüche unbestimmterer Art findet sich außer der Entführung eines Beklagten keiner, man müßte denn als Beispiel der Anfertigung hieher rechnen, daß ein Schwerdt ziehen zu jemandes Schaden als Ungericht bezeichnet wird [4]). Dies geschieht auch in den Statuten [5]), scheint aber gerade nicht als Friedbruch betrachtet zu werden, indem nur von der Wette an den Richter die Rede ist. Bei der Aufzählung der einzelnen Friedbrüche oder Ungerichte bestimmterer Art ist der Sachsenspiegel die Grundlage gewesen [6]). Außer den vorhin [7]) genannten hat der Sachsenspiegel in dieser Stelle das Verbrechen derer, die eine Botschaft zu eigenem Vortheil ausrichten [8]), die Overhure, d. h. den Ehebruch, statt dessen die Statuten, wiewohl an einer andern Stelle, der Bigamie erwähnen [9]). Die Verwundung kommt umgekehrt in dem Rechtsbuch nicht an dieser Stelle vor, sondern wird nur sonst öfter genannt [10]). Eigenthümlich dem Sachsenspiegel ist, daß der Richter, der nicht richten will, desselben Verbrechens, das man vor ihm verfolgen will, schuldig sein soll. Ueber die Bestimmungen der Statuten für dieses und ähnliche Vergehen des Richters wird späterhin noch geredet werden [11]). Von Selbstmord wird bei den Ungerichten gar nicht, sondern nur im Gebiet des Erbrechts gesprochen [12]). Ueber die Bedeutung des Friede brechens im engern Sinne, auf welches Enthauptung steht [13]), scheint nach dem Sachsenspiegel ungefähr das Nämliche wie nach den Statuten gesagt werden zu können. Es wird darunter zu begreifen sein die unerlaubte Befehdung [14]) und jeder

1) S. III. 20, 3. Vgl. oben pag. 291 Note 4. 2) S. III. 37, 1. 3) S. I. 68, 2. 3. 4) S. III. 9, 5. Für Beherbergung eines Verfesteten wird nur gewettet. I. 2, 4. I. 62, 2. 5) s. oben pag. 34, 30—34 und §. 5. 6) S. II. 13, 1—7 = oben pag. 38, 9—23. 7) s. oben pag. 292 Note 3. 8) s. Homeyer a. a. O. unter „Botschaft.“ 9) s. oben pag. 292 Note 10. 10) Z. B. S. II. 16, 2. s. auch den folgenden §. 11) s. unten §. 6 und 11. 12) s. oben pag. 129 Note 7. 13) s. außer S. II. 13, 5 auch S. II. 71, 1 und III. 36, 2. III. 45, 11. 14) Vgl. hierüber Carpzow Practica rerum criminalium. 1652. Pars I. quaest. 35 No. 10 und quaest. 37 No. 1.

Friedbruch im weitern Sinne des Worts an den besonders befriedeten Orten [1]). Nach einer Stelle des Rechtsbuchs scheint's, als wenn der besonders gelobte Friede jederzeit mit dem Tode bestraft würde und also mindestens mit unter jenem Ausdruck Friede im engern Sinn verstanden müßte [2]). Demungeachtet könnte diese Stelle doch auch anders verstanden werden, insofern nämlich der Nachdruck nicht sowohl auf die Worte „it gat ime an den hals," als auf die Worte „den he vor sik selven lovet" zu legen sein dürfte, im Gegensatz dessen, der für einen andern den Frieden gelobt hat und überall keiner Leibes-, sondern nur einer Vermögensstrafe unterworfen wird.

Von den allgemeinen Erfordernissen jedes Friedbruchs findet sich auch im Sachsenspiegel die verbrecherische Absicht [3]), daher denn sinnlose und unmündige Personen ebenfalls nur zu Schaden und Wehrgeld verpflichtet sind [4]). Des Versuchs eines Verbrechens wird nicht gedacht, wenn man nicht etwa dahin die vorhin angeführte Stelle vom Ziehen des Schwerdts zu eines Mannes Schaden rechnen will [5]). Der Ausdruck „scult" kann wie in den Statuten auch auf Verbrechen gehen [6]). Der Gebrauch des Wortes Frevel ist ihnen aber eigenthümlich.

Wie die Gehülfen eines Verbrechens zu behandeln und daß sie namentlich ebenso zu bestrafen seien, wie die eigentlichen Thäter, wird im Sachsenspiegel nicht so allgemein als im Stadtrecht ausgesprochen, sondern nur, daß Diebeshelfer und Hehler wie die Diebe selber zu bestrafen [7]), daher wird denn auch bei den Bürgen, die für den Frieden eines andern gelobt haben, nicht besonders bemerkt, daß es auch ihnen, wenn sie „rades" schuldig seien, an den Hals gehe, sondern nur ihrer Verpflichtung zur Besserung gedacht [8]). Von den Erben ist das Recht des Sachsenspiegels auch schon früher da gewesen [9]). Ueber das Verhältniß des Herrn zum Gesinde haben die Statuten aus dem Rechtsbuch geschöpft, und zwar wiederum, wie schon einigemal bemerkt ist, gerade die neuere Redaction derselben [10]), daher der Reinigungseid des Herrn, daß er Rathes unschuldig sei, nicht vorkommt, denn dieser findet sich nur bei der dem ältern Recht angehörigen Stelle [11]). Die Bestimmung, daß man dem Herrn wegen Verletzung des Gesindes Rede stehen müsse, ist aus dem Sachsenspiegel, in welchem das Einzelne darin noch weiter ausgeführt ist [12]).

1) S. II. 66, 1. Wegen des geschworenen Friedens S. II. 71, 2 und überhaupt das Nähere im folgenden §. 2) S. III. 9, 3.
3) S. II. 38. 4) S. III. 9, 3. 5) s. oben pag. 299 Note 4. 5.
6) s. Homeyer a. a. O. unter „scult." 7) S. II. 13, 6. Wegen der Eigenthümlichkeiten bei der Nothzucht s. oben pag. 297 Note 9. 10.
8) S. III. 9, 2. 9) s. oben pag. 149 Note 3 und 287 Note 6.
10) S. II. 32, 1 = oben pag. 90, 25—27. 11) s. oben pag. 297 Note 12. 12) S. II. 34, 1 = oben pag. 46, 36—40.

Unter den Strafen kennt das Rechtsbuch das Lebendig begraben nicht, wohl aber die andere auf schwangere Frauen bezügliche Eigenthümlichkeit [1]). Unter den geringeren Strafen wird das Abhauen von Finger und Daumen, der Ohren, das Brandmarken, der Staupenschlag nicht genannt, sondern nur der allgemeine Ausdruck „zu Haut und Haar" gebraucht [2]). Inwiefern Verfestung dem Sachsenspiegel als Strafe bekannt sei und über die Ehrenstrafe wird späterhin noch gesprochen werden.

Der vermehrte Sachsenspiegel hat in der Hauptsache einen mit den beiden bisher betrachteten Rechtsquellen übereinstimmenden Begriff des Friedbruchs. Die Art der Strafe und die Möglichkeit einer Verfestung sind auch hier entscheidende Merkmale. Wegen der letztern ist die hierher gehörige in der Lehre von der Verfestung genauer zu beleuchtende Stelle besonders interessant [3]). Wegen des Begriffs stimmt der vermehrte Sachsenspiegel insofern mit den Statuten mehr überein, als er auch zum Theil jene Fälle kennt, in denen ein Friedbruch durch Hinzutreten einer gerichtlichen Erklärung entsteht [4]). Daß jemand Friedbruch begehe, der gegen gerichtliches Verbot fortbaut, und daß der Richter Friedbrecher sei, der auf Befehl des Raths der Haft nicht entlassen will, ist den Statuten eigenthümlich [5]). In den dem vermehrten Sachsenspiegel ebenfalls bekannten Fall des Friedbruchs durch Unterwindung einer abgeurtheilten Sache wird der Grund angegeben, der in den Statuten vermißt wird, daß der Richter hierüber ja Frieden gewirkt habe. Auch wird hinzugefügt, daß dies Landrecht, Kaiserrecht und Weichbildrecht sei, womit denn auch gut zusammenstimmt die in der Hauptsache entsprechenbe Stelle des Sachsenspiegels [6]). In Ansehung der Handlungen, die an sich schon Friedbrüche sind, stimmt das Rechtsbuch insofern mehr mit dem Sachsenspiegel überein, als Raufen, Schlagen, Blutrunst, sobald es nicht mordliche Schläge sind, nicht als Friedbruch angesehen, sondern nur gebüßt werden [7]). Doch wird bei ihnen dann wieder auch „schlechte Buße und Frevelbuße" unterschieden [8]), wovon weiter unten in der Lehre von den Bußen noch mehr gesagt werden wird [9]). Die Aufzählung der einzelnen Ungerichte ist ausführlicher, denn die einzelnen Sätze des Sachsenspiegels und der Statuten dehnen sich hier zu Capiteln aus. Des

1) S. III. 3. 2) s. Homeyer a. a. O. unter diesem Ausdruck, sowie wegen der bedeutendern Strafen unter „Hals" „Hand" Leben."
3) O. IV. 20, 1 = B. III. 18 pr. und 1 und unten §. 7. 4) O. II. 4, 6 = B. II. 2, 5 und hierüber Albrechts Gewere Note 47 u. 152.
5) s. oben pag. 291 Note 3 5. 6) O. I. 43, 8 = B. I. 36, 6 und hierüber Albrechts Gewere pag. 19 und Note 47. 7) O. IV. 1, 1. 2 = B. III. 2 pr. und 1. O. IV. 1, 2. 3 = B. III. 2, 3—10. Von „mortliche slege" O. IV. 4, 5 = B. III. 3, 4. 8) O. IV. 1, 3 = B. III. 2, 7. 9) s. unten §. 5.

Ehebruchs wird auch hier wie im Sachsenspiegel außer der Nothzucht noch gedacht [1]), aber nicht der Bigamie, wie in den Statuten. Eigenthümlich ist dem vermehrten Sachsenspiegel die Erwähnung des Kinderraubs [2]), obwohl der Zusammenstellung nach mit dem Ehebruch und einer Variante gemäß, wonach die Worte heißen würden: „Wer den andern berouhet der ere sines kindes," hier nicht sowohl an Raub als Verführung oder Entführung gedacht werden kann [3]). Das den Statuten fremde Verbrechen derer, die „ore botschaft ungetruelich werben noch ores selbist mutwilleu unde uicht noch yens willen," ist aus dem Sachsenspiegel aufgenommen [4]), und das Verbrechen des Selbstmords aus den Statuten [5]).

Die besondere Bezeichnung des Friedbruchs in dem engeren Sinn, wie er vorhin genommen worden ist, vermißt man [6]). Eigenthümlich ist dem Rechtsbuch die Erwähnung von „wegeloge," wenn man nicht unter diesem Ausdruck das verstehen will, was vorhin bei dem Recht der Statuten als ein Versuch eines Verbrechens bezeichnet worden ist [7]). Auch der Meineid kommt nur im vermehrten Sachsenspiegel vor [8]). Wenigstens wird er nur in ihm direct als ein Friedbruch durch die dafür bestimmte Strafe charakterisirt. Eine indirecte Erklärung findet sich insofern in den Statuten, als unter den Friedbrüchen unbestimmterer Art, was im vermehrten Sachsenspiegel indeß nicht geschieht, auch der Vorwurf des Meineids genannt wird [9]). Von den auf die unbestimmten Friedbrüche sich beziehenden Stellen hat eine eine etwas veränderte Gestalt erhalten. Der nämlich, welcher das Gericht freventlich unzeitig verläßt, kann nicht ohne Weiteres mit Gerüfte verfolgt werden, sondern erst nach einem nochmaligen Gebot des Richters vor Gericht zu erscheinen. Ist dies indeß vergeblich, so kann nun sogleich nach dem Gerüft verfestet werden. Der Overhöre wird nicht erwähnt, statt dessen aber gesagt, es könne „also wol umbe schult also umbe ander sache" geschehen. Daß Schläge überall nicht als Friedbrüche hier betrachtet werden, ist schon vorhin erwähnt worden. Ueber Anfertigen finden sich zwei besondere Capitel [10]), und hierin liegt, daß auch das Aufhalten als Friedbruch betrachtet wird, obwohl die beiden vorhin angeführten Stellen nicht in das Rechtsbuch übergegangen sind [11]).

Das allgemeine Erforderniß jedes Friedbruchs, das des verbrecherischen Willens, findet sich auch hier, obwohl wieder nicht

1) O. IV. 11, 1 = B. III 10, 1. 2) O. IV. 11, 3 = B. III. 10, 3. 3) s. bei Ortloff die Varianten. 4) O. IV. 13, 1 = B. III. 12 pr. 5) O. IV. 14, 2 = B. III. 13, 1. 6) s. oben pag. 292 Note 8 und unten §. 5. 7) s. oben p. 296 Note 4 und O. IV. 12 = B. III. 11. 8) O. V. 27 = B. V. 27. 9) Ueber Entführung vom Gericht O. IV. 37 = B. IV. 8. 10) O. IV. 18. 19 = B. III. 16. 17 und Albrechts Gewere Note 95. 11) s. oben pag. 295 Note 4.

die einzelnen angeführten Stellen [1]). Es wird noch besonders unterschieden zwischen den Fällen, da etwas geschicht „danckes von willen" und „undanckes von notwere" und von „ungeschichtigen dingen" [2]). Bloßes Drohen ist wie in den Statuten kein Friedbruch [3]), und ebenso, wenn nur ein Schwerdt gezogen ist [4]). Was von Erben zu sagen ist, inwiefern sie nach dem vermehrten Sachsenspiegel aus des Erblassers Vergehen haften, ist ebenfalls schon im Erbrecht da gewesen [5]). Von Bürgen, die für einen andern Friedbruch-Gelübde thun, findet sich nichts, denn das von der Bürgschaft sprechende Kapitel redet nur von „schultburgen" und namentlich nur von „wergelt eyner sache" [6]). Die Bestimmungen über Herrn und Gesinde sind, wie sie im Sachsensp. und den Statuten stehen aufgenommen, außer daß nicht ausgesprochen wird, wie der Herr bis auf den Belauf des Lohns für das Gesinde hafte [7]). Von Gehülfen bei Verbrechen findet sich auch nicht so allgemein, wie in den Statuten gesagt, daß sie ebenso zu bestrafen seien wie die eigentlichen Thäter; sondern es wird nur ausdrücklich bemerkt bei Gehülfen zu Straßenraub, Diebstahl [8]) und Nothzucht, obwohl bei der letzteren nicht, wie der Sachsenspiegel es thut, die Tödtung alles Lebendigen gefordert wird, sondern nur, was die Statuten ausdrücklich untersagen, das Abbrechen des Gebäudes, in welchem die Nothzucht geschehen ist [9]). Demungeachtet ist auch das Princip gleicher Bestrafung des Hauptthäters und der Gehülfen zu erkennen aus einem besondern Kapitel von „fulge aller ungerichte" [10]). Der Ausdruck „fulge" wird in dieser Weise definirt: „wan eyner, czwene, dry, fir, adder mer lute, mit eyme zculoufen, wen her eynen beschedigen wel sines libes" [11]). Alsdann wird unterschieden, ob ein Schade geschieht oder nicht. Im letzteren Fall wird von den Gehülfen nur gewettet und gebüßt, und dies gilt auch von dem Hauptthäter, denn auch er ist noch kein Friedbrecher, da in dem bloßen Versuch in der Regel wenigstens noch kein Verbrechen enthalten ist [12]). Geschieht dagegen Schade an Todschlag oder an Wunden, so muß der Folger sich selbsieben wie der Hauptthäter selber entschuldigen [13]), und die Klage geht auch nach Umständen auf Hals oder Hand [14]). Der Begriff der Folge, wie er eben gegeben ist, fällt

1) s. oben pag. 296 Note 6. 7. 2) D. IV. 1 = B. III. 2. D. IV. 5, 3 = B. III. 4, 2. D. IV. 15 = B. III. 14. s. auch unten §. 10. 3) s. oben pag. 302 Note 7. 4) s. oben pag. 300 Note 5. 5) s. oben pag. 149 Note 6 und pag. 297 Note 4. 6) D. III. 12 f. B. Vgl. oben pag. 152 Note 1. 7) D. IV. 36 = B. IV. 7 und namentlich dort Dist. 3 und hier Dist. 2. 8) D. IV. 9, 1. 2 = B. III. 8 pr. 1. 9) D. IV. 10, 6 = B. III. 9, 5. 10) D. IV. 8 = B. III. 7. 11) s. Dist. 1 oder pr. der eben citirten Stelle. 12) s. jedoch oben pag. 296 Note 4. 13) a. a. D. Dist. 1 oder 2. 14) a. a. D. Dist. 6 oder 5.

jedoch ganz fort, wenn man einem Verwandten zu seinem verbrecherischen Vorhaben gefolgt ist, denn dann ist man „nicht ein volger," sondern „ein sachwalde" [1]).

Von den Strafen findet sich ebenfalls das Rädern, Verbrennen, Enthaupten, Hängen und Lebendig begraben. Das Letztere jedoch noch in einer andern Art angewandt als in den Statuten, nämlich nicht bloß als die eigenthümliche Todesstrafe der Frauen überhaupt, sondern auch für ein bestimmtes Verbrechen, nämlich für die Nothzucht, welche nach Landrecht und Weichbild mit dem Schwerdte, nach Kaiserrecht aber (was nicht auf Goslarisches Recht gehen kann) mit Lebendig begraben bestraft werde [2]). Von Verlust der Hand und Finger [3]) ist auch hier die Rede, und besonders interessant ist die genauere Definition der Strafen zu Haut und Haar: „daz ist zcu der stuppe geslagen unde daz har pobin den oren abgesneten; in lantrechte unde in wichbilde. In keyserrechte: durch dy backen gebrant adder dy orn abegesneten" [4]). Von der Verfestung als Strafe und von der Rechtlosigkeit und Ehrlosigkeit wird nachher gesprochen werden [5]).

§. 5. Von einzelnen Verbrechen.

Bei dem Verbrechen der Tödtung wird zwischen Mördern und Todtschlägern unterschieden. Jene trifft die Strafe des Rades und diese werden enthauptet [6]). Die Strafe eines Selbstmörders besteht darin, daß er auf eine verächtliche Weise begraben wird, denn der Vogt soll dafür sorgen, daß der Selbstmörder nicht zur rechten Thüre aus dem Hause herausgebracht werde, sondern unter der Schwelle oder zum Fenster soll man ihn herausbringen und ihn dann auf dem Felde verbrennen [7]). Hierbei wird jedoch vorausgesetzt, daß der Selbstmörder zurechnungsfähig war, denn wer sich in einer Krankheit tödtet, wird wie jeder andere Todte behandelt [8]).

Das Verbrechen der Verwundung wird nach der Hauptstelle der Statuten, welche die einzelnen Verbrechen aufzählt, wie Todtschlag, d. h. mit Enthauptung bestraft [9]), womit eine andere Stelle, daß Rath oder That bei Verwundung sowohl als bei Töd-

1) a. a. O. Dist. 5 oder 4. 2) O. IV. 10, 5 = W. III. 9, 4 und unten §. 5. 3) O. IV. 44, 2 = W. IV. 15, 1. 4) O. IV. 9, 2 = W. III. 8, 1. 5) s. unten §. 5. 6) s. oben pag. 38, 14—19. 7) s. oben pag. 38, 27—30 und hierüber Cropp in den criminalistischen Beiträgen pag. 329 Note 48 und Klenzes Lehrbuch des gemeinen Strafrechts p. 68. 8) s. oben pag. 38, 31—33. Vgl. auch oben pag. 129 Note 8. 9) s. oben pag. 38, 17—19.

tung an den Hals trete, übereinstimmt [1]). Es kann jedoch unmöglich die Meinung sein, daß jede Verwundung mit Enthauptung bestraft werde. Unter Verwundung wird vielmehr hier sicherlich nur eine bedeutendere und zwar eine solche verstanden, die auch in anderen Dingen dem Todtschlag gleichgestellt wird. „Campördighe wunden" werden gewöhnlich mit Todtschlag zusammengenannt [2]). Campördighe wunden aber sind die, welche „nagbeles dep" und „ledes lang" sind [3]). Diese haben im Beweisverfahren mit dem Todtschlag das Gemeinschaftliche, daß der Beklagte sich nicht durch seinen alleinigen Eid davon frei macht, sondern außer seines Eides noch fremder Eide, um von der Beschuldigung los zu werden, bedarf [4]). Den campördighen wunden aber wird wenigstens in Ansehung des Wehrgeldes wieder gleichgestellt Verlust des Auges oder eines Gliedes oder Lähmung [5]). Von diesen vieren nur würde daher anzunehmen sein, daß sie mit Enthauptung des Thäters bestraft würden. Daß nicht jede Verwundung so bestraft werde, erhellt indeß, außer daß es in der Natur der Sache liegt, auch daraus, daß es in einer Stelle der Statuten heißt [6]), ein Friedbruch an Wunden oder andern Dingen trete, wenn der Thäter auf handhafter That aufgehalten sei, diesem an den Hals. Hierdurch ist doch ausgesprochen, daß ein Friedbruch durch Wunden nicht immer an den Hals trete, sondern daß es Wunden gäbe, welche nicht an sich, sondern nur unter gewissen erschwerenden Nebenumständen, die später noch beim Beweise der Verbrechen genauer betrachtet werden sollen, mit dem Tode bestraft würden [7]).

Die Nothzucht kann an Frauen so gut als an Mädchen begangen werden [8]). Auch wer seiner Beischläferin Gewalt thut, macht sich des Verbrechens der Nothzucht schuldig [9]). Die Strafe des Verbrechens ist Enthauptung [10]). Daß, etwa zur Herstellung der Ehre der Beleidigten, der Nothzüchter gezwungen werden könne, sie zur Ehe zu nehmen, wird ausdrücklich in Abrede gestellt [11]), und es hängt von dem Rath ab, wie er diejenigen, die den Verbrecher dennoch dazu zwingen oder zu diesem Zwang helfen würden, dies Vergehen bessern lassen will. Damit ist jedoch nicht gesagt, daß überhaupt die Ehe zwischen dem Verbrecher und der

1) s. oben pag. 40, 30—37. Vergl. auch oben pag. 296 Note 7. 2) s. oben pag. 62, 38. 39. 89, 10. 3) s. oben pag. 31, 22. 4) s. oben pag. 31, 15—21. 32, 41. 42 und unten §. 10. 5) s. oben pag. 85, 23. 24 und weiter unten in diesem §. 6) s. oben pag. 34, 5—8. 7) Unter gewissen erschwerenden processualischen Voraussetzungen treten überhaupt bei jedem Friedbruch andere und strengere Strafen ein. S. unter andern oben pag. 49, 16—22 und 30—34. S unten §. 7 und 10. 8) s. oben pag. 38, 18. 42, 20. 35. 9) s. oben pag. 42, 29. 10) s. oben pag. 38, 18. 19. 11) s. oben pag. 42, 34—40 und Förstemanns Rechtserkenntnisse I. 3. pag. 32. §. 14.

Genothzüchtigten unmöglich sei. Sobald beide aus freiem Willen sich dazu entschließen, soll man ihnen die Ehe gestatten [1]). Mit andern Worten, die Nothzucht ist kein vernichtendes Ehehinderniß [2]).

Was für ein Verbrechen der Fälschung es sei, das mit Verbrennen in „kopen" [3]) bestraft wird [4]), ist nicht recht klar. Das nächste, woran man zu denken hat, ist Münzfälschung, die schon in dem Privilegium Friedrichs des zweiten vorkommt [5]). Was daselbst gesagt ist, ist fast wörtlich in der Uebersetzung in die Statuten übergegangen [6]), nur findet sich in dem Privilegium nicht zwischen Gästen und Bürgern der Stadt unterschieden, wie dies in den Statuten geschicht. Dagegen ist es nach dem Recht des Privilegii und des Stadtrechts nicht gleichgültig, ob ein Münzer oder nur irgend ein Bürger des Verbrechens verdächtig wird. Im letzteren Fall kann der Beschuldigte die drei ersten Male, da falsches Geld bei ihm gefunden wird, sich durch Nachweisung eines andern, von dem er das Geld empfangen hat, oder durch einen Reinigungseid, daß er weder beim Empfang noch beim Ausgeben des Geldes, daß es falsch sei, gewußt habe, von der Strafe befreien, und erhält sogar die falschen Münzen, nachdem sie zerschnitten worden sind, wieder zurück. Findet man dann noch ein viertes Mal falsches Geld bei ihm, so gilt er der Münzfälschung für überführt, und man soll über ihn wie über einen Fälscher richten. Im erstern Fall, also da man bei einem Münzer falsches Geld findet, scheint es nur darauf anzukommen, daß er die falschen Münzen auch wirklich ausgegeben hat. Ist dies geschehen und er kann keinen Autor, von welchem er das falsche Geld empfangen, nachweisen, so soll sofort wegen Verfälschung über ihn gerichtet, also kein Reinigungseid mehr ihm gestattet werden [7]). Als Strafe für einen solchen Münzer aber wird bezeichnet Verlust der Hand, und selbst hiervon kann er sich mit „gnade" des Gerichts loslösen, wodurch er jedoch seine Ehre nicht rettet [8]). Ein Gast wird insofern milder beurtheilt, als bei ihm darauf gesehen wird, wieviel falsches Geld sich bei ihm findet. Ist es nicht mehr als ein Schilling falscher Pfennige, so büßt er eben nur das Geld ein. Ist es aber mehr, oder sind es auch nur „verdehalf valsch penning" der Gast aber hat sich bereits anderer Verbrechen schuldig gemacht, so geht es ihm, wenn er keinen Weren vorzubringen

1) s. die eben citirte Stelle Zeile 37—39. 2) Vgl. oben pag. 133 Note 7. 8 und pag. 265 Note 2. 3. 3) Kope ist nach dem Bremisch-niedersächsischen Lexicon unter diesem Wort Grube oder Kessel. 4) s. oben pag. 38, 20. 5) s. oben pag. 113, 36 — 114, 10 und pag. 114, 46 — 115, 2. 6) s. oben pag. 37, 23 — 38, 9. 7) s. oben pag. 37, 33—39 und Klenzes Lehrbuch des gemeinen Strafrechts pag. 190. 8) s. oben pag. 38, 7. 8. 93, 10. 11.

oder keine Gnade von dem Richter zu erwirken vermag, ebenfalls an die Hand [1]).

Neben der Münzfälschung wird noch unrechtes Maaß und Gewicht erwähnt, aber ohne genauere Bestimmung und ohne feststehende Strafe. Vielmehr bleibt es dem Rath überlassen, „wu he dat keren wille" [2]). Dies letztere ist auch der Fall, wenn sonst im Handel und Wandel Betrug vorkommt oder etwas, was verkauft wird, auch nur nicht so „gheve" ist als es sein soll, denn auch dann soll man, außer daß man den Schaden ersetzt, nach des Raths Willen den Umständen gemäß den „bröke irlechken." Doch kann man auch in diesem Fall sich auf seinen Gewehren berufen und so die Verantwortung auf ihn wälzen [3]).

In einem Rechtserkenntniß [4]) kommt ferner das Verbrechen des Spiels mit falschen Würfeln vor, oder vielmehr nur, daß nächtlicher Zeit auf der Straße Personen, die falsche Würfel bei sich haben, ergriffen werden [5]). Der Rath giebt wegen der Strafe zur Antwort, „unde mochten on darumme laten bernen na unser stat rechte." Die Stelle des Stadtrechts, die hier gemeint ist, kann wohl nur die vorhin schon angeführte sein, wonach der Fälscher „in kopen" verbrannt werden soll [6]). Dies wäre dann aber der einzige Fall von Fälschung, bei welchem diese größere Strafe ausdrücklich auch ausgesprochen würde, wenn man nicht „bernen" mit brandmarken übersetzen will, wogegen aber spricht, daß bernen in diesem Sinn sonst immer mit der genauern Bezeichnung des Gliedes, welches gebrannt werden soll, verbunden wird [7]).

Endlich können zu dem Verbrechen der Fälschung im weitern Sinn noch gerechnet werden das Brechen der gelobten Gewere [8]) und das falsche Zeugniß. In jenem Fall verliert oder wettet man seinen Finger, in diesem Fall wird nur gesagt, der falsche Zeuge sei recht- und ehrlos [9]), und insofern gehört dies letztere nicht hieher [10]). Das Verbrechen, welches darin liegt, daß man Perso-

1) s. oben pag. 37, 40 — 38, 6. 2) s. oben pag. 37, 20. 21. 88, 34. 35 Cropp in den criminalistischen Beiträgen pag. 40 Note 43. Klenzes Lehrbuch des gemeinen Strafrechts pag. 224 3) s. oben pag. 88, 27—33. 4) Bruns im Hercynischen Archiv pag. 443 und in den Beiträgen pag. 190 No. 25. 5) Nach Eisenhardts Anmerkungen zu den Goslarischen Rechtserkenntnissen in Bruns Beiträgen pag. 215 ist in dem eben angeführten Rechtserkenntniß von noch schlimmeren Dingen die Rede, nämlich davon, daß die Stadtwache des Nachts auf Personen mit mancherlei Stangen (worpele) stößt, unter welchen sich sogar eine mit zwei Schneiden (sessen), eine mit zwei Wiederhaken (tzinken) und noch eine mit zwei Handgriffen (quatteren) befindet. Nach dem wie das Erkenntniß oben im Text genommen ist, sind was man findet Würfel mit zwei Sechsen, Fünfen, Vieren. 6) s. oben pag. 306 Note 3. 7) s. oben pag. 298 Note 7. 8) s. oben pag. 81, 22—25. 30. 31 und Krauts Vormundschaft pag. 374 Note 14. pag. 375 Note 17 und 18. 9) s. oben pag. 96, 37—40. 10) s. weiter unten in diesem §.

nen zum Zeugniß dingt, wird besser im Zusammenhang mit dem Beweisverfahren betrachtet werden [1]).

Um den Begriff des Diebstahls als eines Friedbruchs festzustellen, ist nicht nur erforderlich ein nah verwandtes Verbrechen, den Raub nämlich, davon abzusondern, sondern auch die Handlungen davon zu unterscheiden, welche ohne daß sie Friedbrüche sind, doch in Ansehung der gerichtlichen Verfolgung der gestohlnen Sache gleiche Wirkung hervorbringen, wie der Diebstahl im eigentlichen Sinn.

Zum Begriff des Diebstahls gehört die Heimlichkeit, da unterschieden wird, ob Holz oder Gras am Tage, oder ob es des Nachts genommen wird. Nur das letztere wird „düve" genannt, während das erstere „en rof" ist [2]). Die unten angeführte Stelle giebt zugleich ein ander Merkmal des Diebstahls, das des Forttragens der Sache nämlich. Von diesem Forttragen wird anderweitig [3]) ganz allgemein geredet, ohne daß jedoch das darin liegende Verbrechen Diebstahl genannt wird. Daß überhaupt hier von einem Verbrechen es sich handelt, sieht man daraus, daß Gerüfte und Verfestung gegen den, der „untdreghet," angewandt werden dürfen, und dann kann unmöglich an ein ander Verbrechen hier gedacht werden, als an Diebstahl oder etwa Raub. Hiernach ist einmal der Diebstahl auf bewegliche Sachen beschränkt, dann aber auch das bloß diebliche Behalten ausgeschlossen, wenigstens von dem Begriff des eigentlichen Diebstahls [4]). Ein drittes Merkmal ist das Bewußtsein, daß man eine fremde Sache nehme; denn wer etwas dem Seinigen gleich nimmt und es ganz offenbar bei sich hat, wie wenn es das Seinige wäre, macht sich keines Diebstahls schuldig [5]). In welcher Eigenschaft der Bestohlne, dem die Sache fortgetragen ist, die Sache gehabt haben müsse, wird nicht besonders auseinandergesetzt. Es folgt aber daraus, daß der, der dem andern etwas geliehen hat, nicht gegen den dritten Besitzer auftreten kann, daß auch gegen den Diebstahl begangen wird, der nicht als Eigenthümer besitzt, denn sonst würden ja verliehene Sachen ungestraft gestohlen werden können, nur weil es an einer zur Anklage berechtigten Person fehlt [6]). Außerdem wird auch einmal ausdrücklich gesagt, daß der, dem eine Sache, an welcher er Lohn verdient hat, fortgetragen wird, das Gerüfte rufen und verfesten

1) s. die oben pag. 307 Note 9 angeführte Stelle, pag. 112, 20. 21 und unten §. 9. 10. 2) s. oben pag. 37, 1. 2. 8—10. 67, 1—7. Cropp in den criminalistischen Beiträgen pag. 11 Note 6, pag. 30 Note 28 und unten pag. 311 Note 2. 3) s. oben pag. 48, 17—21. 4) Von den Fällen des dieblichen Behaltens s. unten pag. 310 und 311 5) s. oben pag 100, 23—32. Bruns in den Beiträgen pag. 194 No. 32.
6) s. oben pag. 98, 36—38. Nur der selber, dem geliehen worden ist, begeht keinen Diebstahl durch Unterschlagung oder Weiterveräußerung; s. unten pag. 311 Note 1. Vgl. Cropp a. a. O. pag. 241.

dürfe [1]). Zweierlei jedoch ist eine Ausnahme von dem regelmäßigen Begriff des Diebstahls. Einmal nämlich ist dann kein Diebstahl vorhanden, wenn einer einem „ene bordene holtes oder stöcke ut sinem holte untdreghet." Hier soll man nur einen Schadensersatz begehren können und zwar so, daß man bis zu einem Werth von sechs Pfennigen pfänden kann. Die Existenz eines größern Schadens aber muß besonders bewiesen werden, wenn sie nicht eidlich in Abrede gestellt werden soll. Den Gegensatz gegen eine „bordene holtes" u. s. w. bildet „belovet holt oder bearbeydet holt," in Bezug auf welches dann ein eigentlicher Diebstahl begangen wird [2]).

Eine andere Ausnahme ist, daß ein Verbrechen, welches man an und für sich aus dem Gesichtspunkt des Betrugs betrachten würde, geradezu Diebstahl genannt wird, das nämlich, da jemand „penninghe verleset unde de swaren ut den lichten tüt" [3]). Daß unter gewisser Voraussetzung derjenige als Dieb gilt, dem ein Forttragen der Sache nicht erwiesen ist, gehört nicht hierher, sondern in die Lehre vom Beweis [4]).

Die Strafe des Diebstahls ist eine verschiedene, je nachdem der Diebstahl größer oder kleiner ist und je nachdem er begangen ist von einem solchen, der bisher unbescholten war oder nicht. In Ansehung des ersten Punkts ist der Werth von fünf Schilling der entscheidende. Wer weniger stielt, dem geht es nur an Haut und Haar, d. h. er wird gebrandmarkt und muß den Staupenschlag dulden [5]). Wer mehr stielt als fünf Schillinge an Werth oder gerade soviel, verschuldet den Galgen oder wird mit der Weden gerichtet, oder mit andern Worten, er wird gehangen [6]). Dieselbe Strafe tritt ein, wenn jemand anrüchtig ist, gleichviel durch welchen Friedbruch er dies geworden ist, aber namentlich dann, wenn man die Zeichen der Brandmarkung an ihm findet. Diese Anrüchtigkeit allein ist Ursache des Hängens, so daß es dann auf die Größe des Diebstahls nicht mehr ankommt [7]). Wenn es an einer andern Stelle, als der eben unten angeführten heißt, der, welcher des Diebstahls beschuldigt werde, verliere den Hals [8]), so ist nach dem Bisherigen natürlich nicht jeder Diebstahl, sondern nur der große und der eines Anrüchtigen gemeint.

1) s. oben p. 308 Note 3. Vgl. Cropp a. a. O. p. 245—248. 2) s. oben pag. 37, 3—10. Vgl. Cropp pag. 30. 31 Note 28. 29. 3) s. oben pag. 38, 13. 14. Vgl. Bruns pag. 358 Note i. 4) s. unten §. 10. 5) s. oben pag. 37, 11—14 und 38, 10. 11. Vergl. Cropp in den criminalistischen Beiträgen pag. 334 Note 58 und 326 Note 42. Klenzes Lehrbuch des gemeinen Strafrechts pag. 61 und 142. 6) s. oben pag. 37, 11. 38, 9. 10. Klenze a. a. O. pag. 142. Cropp a. a. O. pag. 326 Note 42. Ueber den Ausdruck Wede insbesondere Cropp a. a. O. pag. 322. 7) s. oben pag. 37, 13—20. 38, 11—13. Cropp a. a. O. pag. 334 Note 58 und pag. 340 Note 78. 8) s. oben pag. 36, 1. 2. 88, 12. 13. Vgl. auch Cropp a. a. O. pag. 343 und 344.

Mit der Strafe dessen, welcher gestohlen hat, ist indeß nicht etwa zu vermengen, daß der Bestohlne, sofern er das gestohlne Gut durch Anfang verfolgt und wiedererhält, dem Vogt gewissermaaßen zur Belohnung dafür, daß er ihm wieder zu seiner Sache verholfen hat, den dritten Theil des Gutes abgeben muß [1]). Die bloße Anstellung der Klage verpflichtet daher noch nicht, vielmehr bleibt der Kläger, sofern der Angeklagte sich von der Anklage los macht, von dieser Verpflichtung frei. Die ganze Verpflichtung findet auch nur dann statt, wenn ein Auswärtiger gestohlenes Gut durch Anfang verfolgt. Bei gefundenem Gut ist eine ähnliche Bestimmung. Der Finder, der den Fund öffentlich aufbieten lassen muß, damit der Berechtigte sich innerhalb eines Jahres noch zu der Sache ziehen könne, erhält sogar nur ein Drittel des Fundes und muß dem Vogt zwei Drittel abgeben [2]). Uebrigens steht doch insofern jene Bestimmung in genauem Zusammenhang mit dem eigentlichen Diebstahl, als in den andern oben schon angedeuteten Fällen, da eine Handlung nur in Ansehung der gerichtlichen Verfolgung ähnlich wie der Diebstahl, der eigentliche behandelt wird, jenes Drittel an den Vogt nicht abgegeben zu werden braucht. Diese Fälle sind [3]), da das Gesinde der Herrschaft Gut veruntreut hat und da der, dem man etwas „to truwer hand to behaldene" gethan hat, dies unterschlagen hat. In beiden Fällen hat der den Nachtheil hat, d. h. der Deponent [4]), das Recht, das Gut, wie wenn es ihm gestohlen wäre, was es doch in der That im eigentlichen Sinne nicht ist, durch Anfang zu verfolgen, ohne daß er jedoch verpflichtet wäre, dem Vogt nach Wiedererlangung der Sache etwas davon mitzutheilen. Wie es für den Fall stehe, da jemand verlornes Gut unterschlagen habe, erfährt man nicht aus den Statuten. Es wird dieses Falls nur in einem Rechtserkenntniß gedacht und auch in ihm in einer andern Beziehung [5]). Zweifelhaft kann man sein, wie es mit dem Recht des Vogts auf das Drittel stehe, wenn man gegen den klagt, der durch einen Mißgriff in den Besitz unserer Sache statt in den der seinigen gekommen ist [6]). Auch hier kann in Ansehung der gerichtlichen Verfolgung Diebstahl stattfinden, obwohl er nicht als Friedbruch behandelt wird. Erwähnt wird des Drittels gar nicht hierbei, weder daß es gegeben, noch daß es nicht gegeben werde. Zuletzt mag noch, um den Begriff der dem Diebstahl in seinen Folgen nur gewissermaßen ähnlichen Handlungen bestimmter abzugränzen, noch bemerkt

1) s. oben pag. 98, 33—35. Vgl. im allgemeinen hierüber Cropp a. a. O. pag. 280—282. 2) s. oben pag. 105, 39 — 106, 6 und unten §. 11. 3) s. oben pag. 82, 18—25 und pag. 99, 1—11. 4) Vgl. oben Note 1, unten pag. 319 Note 6. 5) Bruns in seinen Beiträgen pag. 194 No. 34. 6) s. oben pag. 100, 28—32 und pag. 308 Note 5. Vgl. auch Cropp a. a. O. pag. 59.

werden, daß die Unterschlagung vom Eigenthümer geliehenen Gutes in keiner Weise als ein Diebstahl betrachtet wird [1]).

Vom Raub unterscheidet sich der Diebstahl durch die Heimlichkeit, und wie es scheint nur durch diese, denn schon allein deshalb, weil etwas nicht des Nachts sondern am Tage fortgenommen wird, wird die Handlung als Raub dem Diebstahl entgegengesetzt [2]). Wichtig ist es, die beiden Begriffe auseinander zu halten, weil bei dem Raube der Werth des Genommenen für die Größe der Strafe gleichgültig ist. Jederzeit trifft den Räuber die Strafe der Enthauptung [3]). Nur dann tritt eine Verstärkung der Strafe ein, wenn Kirchen oder Kirchhöfe beraubt worden sind. Hier wird der Räuber gerädert [4]). In allen übrigen Punkten werden Diebstahl und Raub auf gleiche Weise behandelt [5]) und namentlich darin, daß unter denselben Voraussetzungen geraubtes wie gestohlenes Gut durch Anfang verfolgt werden kann [6]), und daß auch von geraubtem und durch Anfang wieder erlangtem Gut dem Vogt ein Drittel abgegeben werden muß. Nur bei den Ausnahmen, da der Vogt das Drittel nicht erhält, kann freilich eine Bezugnahme auf den Raub nicht erwartet werden, da sie sich auf den Fall des dieblichen Behaltens beziehen und das Wesen des Raubes gerade in dem offenen Wegtragen besteht [7]).

Das Verbrechen derer, die den Frieden brechen in dem schon bei den allgemeinen Grundsätzen über Verbrechen bezeichneten Sinn [8]), wird mit Enthauptung bestraft. Der eine hierher gehörige Fall soll nach dem früher Gesagten die unerlaubte Befehdung sein [9]). Dies ist jedoch nur so zu verstehen, daß unter „Friede brechen" im engern Sinne auch die unerlaubte Fehde nach allgemeinen Grundsätzen verstanden werden könne, denn es wird ihrer in den Statuten als eines Friedbruchs sonst überhaupt nicht gedacht, man müßte denn etwa dahin rechnen, daß allgemein gesagt wird, kein Bürger dürfe den andern mit Kampf ansprechen, da er alles das, womit er den andern beschuldigen wolle, nur mit Gericht geltend machen solle [10]). Wer es demungeachtet thut, hat dem Rath eine Geldstrafe zu bezahlen [11]). Wie es stehe für den Fall, da es wirklich zum Kampf kommt, wird nicht gesagt, und außerdem ist es auch noch die Frage, ob die unten angeführten Stellen nicht bloß von dem Kampfe als einem Beweismittel reden [12]). Sofern die Fehde nicht gegen Bür-

1) s. oben pag. 98, 36—38 und Cropp a. a O. p. 62 und unten p. 319 Note 6. §. 6 und §. 9. 2) s. oben pag. 37, 1. 2. Cropp a. a. O. pag. 11 Note 6. 3) s. oben pag. 38, 17—19. 4) s. oben pag. 38, 14—16. 5) s. oben pag. 39, 18. 22. 82, 32. 87, 34. 100, 24. 6) s. oben pag. 98, 15. 16. 33—35. 7) s. oben pag. 310 Note 3. 8) s. oben pag. 292 Note 8. 9) s. oben pag. 292 Note 6. 10) s. oben pag. 46, 13—15. 87, 23—25. 11) s. oben pag. 49, 36—38. 12) s. unten §. 10 und Albrechts

ger gerichtet ist, ist sie eigentlich noch kein Verbrechen, denn es wird von dem Bürger, der in „örloghe" reitet, nur verlangt, daß er Weib und Kind mit sich nehme, damit nicht, wenn diese in der Stadt blieben, deshalb der Stadt oder ihren Bürgern ein Schade zugefügt würde. Und auch dieses Mitnehmen der Familie ist keine Nothwendigkeit, sondern verpflichtet nur, falls deshalb wirklich Schade zugefügt sein sollte, den ausgezogenen Bürger oder den, welcher die Familie beherbergt, den Schaden zu ersetzen [1]). Nur wo nach allgemeinen Grundsätzen die Fehde verboten ist [2]) muß sie natürlich von dem Rath auch als Verbrechen behandelt werden, und dies wird unter andern dann geschehen, wenn der „geschworne Friede" gebrochen wird.

Dieses geschwornen Friedens wird in den Statuten selber auch nur einmal gedacht [3]) und ohne daß man einen deutlichen Begriff von seiner Bedeutung dadurch erhielte. Dafür aber finden sich in den kaiserlichen Urkunden einige bestimmtere Stellen, aus denen sich dann auch etwas für das Friede brechen überhaupt ergiebt. In einem Privilegium Rudolphs von Habsburg wird den gegenwärtigen Ständen erklärt, daß die goslarischen Bürger auf die Beobachtung des allgemeinen Landfriebens einen Eid geleistet und demgemäß erklärt hätten, wie sie jedem Kläger zu Recht stehen wollten, sobald man nur auch umgekehrt ihnen wiederum zu Recht stehen würde [4]). Offenbar ist damit gesagt, man werde nicht befehden, sobald man selbst nur nicht befehdet würde. Obwohl dies nun ein geschworner Friede ist, so ist doch wohl in jener Stelle der Statuten eine andere Art geschworner Friede gemeint, denn es ist von einem Frieden die Rede, „dene unse börghere mede ghesworen hedden," also mit andern zusammen, und eines solchen wird in einer Urkunde des Königs Wilhelm gedacht, in welcher die „pro bono pacis et statu terrae" zwischen Goslar, Hildesheim und Braunschweig geschwornen Eide bestätigt werden [5]). Diese besonderen Frieden haben, außer daß sie sich nur auf die Contrahenten allein beziehen, einmal das Eigenthümliche, daß sie specielle Arten von Streitigkeiten vor Augen haben, und in der Regel wohl die über das schon früher erwähnte Voigteigeld [6]). Dann aber ist auch das eigenthümlich, daß der Richter nicht der gewöhnliche Landrichter zu sein braucht, welcher in Goslar sich befand und für die Verletzun-

pars prior de probationibus secundum ius germanicum medii aevi pag 57. 1) s. oben pag. 101, 21—25. Ueber „örloghe" s. das Bremisch-niedersächsische Wörterbuch unter „oorlog." 2) s. oben pag. 299 Note 14. 3) s. oben pag. 48, 31—40. 4) s. oben pag. 118, 4—9. 5) s. oben pag. 116, 35—37. 6) s. oben pag. 216 und pag. 217. Vergl. auch oben pag. 111, 4—14 und 121, 5—30 und Hartmann de iure austregarum legalium Goslariae competente pag. 20. 21.

gen des gemeinen Landfriedens competent war [1]), sondern es kann irgend ein willkührlich von den Parteien bestimmter sein [2]), und eben daher hat die kaiserliche Bestätigung noch eine ganz besondere Bedeutung.

Als der andere Hauptfall des Friedebrechens ist schon im vorigen Paragraphen genannt worden das des Friedens der Kirchen und Kirchhöfe und des Hausfriedens [3]). Mit dem erstern ist der Gottesfrieden, „pax dei," den das Privilegium Friedrichs des zweiten erwähnt [4]), nicht zu verwechseln, denn dies ist der, welcher dadurch gebrochen wird, daß an den von der Kirche für befriedet erklärten Tagen dennoch Fehde geschieht [5]), und gehört also unter die eben erörterten Fälle. Was hier gemeint ist, ist die Störung des Friedens, den der Ort hat. Das eigentliche „Friede brechen" geschieht hier, wie ebenfalls schon bemerkt [6]), wohl nur durch Angriff auf die Person, so daß namentlich nicht der in Kirchen und Kirchhöfen begangene Raub [7]) und der im Hause begangene Diebstahl, von dem überhaupt gar nicht besonders geredet wird [8]), dahin gerechnet werden kann. Auch darf nicht übersehen werden, daß der Haus- wie Kirchenfrieden anderweitig gestört werden kann, als durch Friedbruch gerade, und daß dann der Fall überhaupt nicht hierher gehört. Demungeachtet müssen für den Begriff dieses Friedens auch die Stellen angeführt werden, welche nur von irgend einer Verletzung desselben reden. Etwas besonderes wird in dieser Beziehung nur von dem Hausfrieden gesagt [9]), wie es denn freilich auch nur bei ihm nöthig ist, da ein Haus nicht wie die Kirchen und Kirchhöfe an sich schon eines stärkeren Friedens genießt, sondern nur sofern es zu einer Person in einer gewissen Beziehung steht.

Sofern von Hausfrieden die Rede ist, wird zunächst ein bewohntes Haus verstanden. Dies schließe ich daraus, daß es von dem Gut eines Gastes heißt, es könne, der gegen den Gast klagen wolle, dasselbe eben so wohl anhalten, wie er es auf der Straße könnte, wenn der Gast das Gut „in en wöste hus, dar neu wert inne ne is" gebracht hätte [10]). Dann ist auch ein Hausfriede nur vorhanden, sofern das Haus ein Privathaus ist. Daher ist kein Hausfriede in „tavernen" [11]), in „veylen stoven

1) s. unten §. 6 und §. 11 und Hartmann a. a. O. pag. 22—25.

2) Hartmann a. a. O. pag. 38. 39 und unten §. 6 und §. 11.

3) s. oben pag. 292.

4) s. oben pag. 112, 18.

5) Vgl. Eichhorns deutsche Staats- und Rechtsgeschichte, 4te Ausgabe, §. 323.

6) s. oben pag. 292.

7) s. oben pag. 292 Note 7 und pag. 311 Note 4.

8) Vgl. Kropp a. a. O. pag. 27.

9) s. oben den besondern Abschnitt „Van husvrede" pag. 50—52.

10) s. oben pag. 66, 23—26.

11) s. oben pag. 50, 14.

oder stofhuse" [1]) und „wur danz is" [2]). Jedoch kommt es jederzeit darauf an, welcher Theil des Hauses zum öffentlichen Gebrauch dient, nur dieser büßt den Hausfrieden ein [3]) und auch dieser nur für die Zeit, da der öffentliche Verkehr stattfindet [4]). Diesen aber kann man freilich nicht willkührlich jeden Augenblick aufheben, um sich die Vortheile des Hausfriedens zu sichern. Man kann zum Beispiel nicht die Ruthe, das Zeichen des Bierhauses, im Fall eines entstandenen Haders einziehen, um ein Recht zu haben, den Vogt oder sein Gesinde, die zur Aufrechthaltung der Ordnung Einlaß begehren, zurückzuweisen, wozu man, wenn der Streit, nachdem das Bierzeichen schon entfernt war, ausgebrochen ist, allerdings befugt ist [5]). Dieser Mangel des Hausfriedens öffentlicher Häuser wird auch nicht dadurch gehoben, daß ein Geistlicher in ihnen wohnt, selbst dann nicht gehoben, wenn das Grundstück der Kirche gehört [6]), denn nur die Kirchen und Kirchhöfe selbst sind befriedete Orte [7]). So wie die Häuser, sofern sie für den allgemeinen Gebrauch sind, keinen besonderen Frieden haben, so findet dieser natürlich noch weniger statt auf der Straße, die ja recht eigentlich der Gegensatz des Hauses ist, wie es denn auch namentlich schon in dem Privilegium Friedrichs des zweiten heißt [8]), daß man jemanden eben so gut in Wein- und Bierhäusern wie auf der Straße arretiren dürfe.

Wenn schon vorhin [9]) bemerkt ist, daß ein „wüstes Haus" keinen besondern Frieden genieße, so ist das Verhältniß nun noch näher anzugeben, in welchem eine Person zu einem Hause stehen müsse, um auf Hausfrieden Anspruch zu haben. Es kommt hier nur auf das Factum des Wohnens an, denn dem Miether muß der Hausfriedensbruch gebessert werden, so gut wie dem Eigenthümer. Diesem letzten aber auch nur, wenn er darauf wohnt [10]). Dies sieht man außer aus der eben angeführten Stelle auch daraus, daß, wenn vermiethet ist, es gar nicht wegen des Rechtes des Hauses, auf die besondern Eigenschaften des Eigenthümers ankommt. Das Haus eines Geistlichen, was an einen Laien vermiethet ist, wird ganz wie jedes weltliche Besitzthum behandelt [11]).

1) s. oben pag. 50, 29. 30; s. hierüber Albrechts Gewere Note 94 und vgl. Paulis Darstellung des Rechts der Erbgüter nach älterem lübischem Recht Note 97. 2) s. oben pag. 54, 18—21. Vgl. auch Albrechts Gewere Note 94. 3) s. oben pag. 50, 14. 15. 33. 34. pag. 51, 13—17. 4) s. oben pag. 51, 13—17. 5) s. oben pag. 51, 3—12. 6) s. oben pag. 51, 35—37. Ueber den in dieser Stelle gebrauchten Ausdruck „wedeme" s. das Bremisch-niedersächsische Wörterbuch unter „wedem" 7) s. oben pag. 313 Note 3. Daher es auch häufig heiße „ghewighede kerkhove," z. B. oben pag. 67, 38. 8) s. oben p. 113, 10—18 und die hierzu in der Note angegebenen Parallelstellen der Statuten. Vgl. auch Albrechts Gewere Note 94. 9) s. oben pag. 66, 23—26. 10) s. oben pag. 50, 4. 5. Vgl. auch oben pag. 186 Note 6. S. auch unten pag. 316 Note 9. 11) s. oben pag. 50, 37 — 51, 2.

Außer dem Eigenthümer oder Miether genießt des Hausfriedens auch deren Gesinde [1]), nicht aber deren Eltern, Geschwister oder Kinder, wenigstens nicht immer, denn die beiden erstgenannten können, im Fall sie verfestet sind, auf gar keinen Schutz, die Kinder nur dann darauf Anspruch machen, wenn das in Rede stehende Grundstück bereits vor der Verfestung erworben oder gemiethet ist, und die Kinder von ihren Eltern noch nicht abgetheilt sind [2]). Zuletzt ist noch hervorzuheben, daß nicht bloß auf physische Personen der Begriff des Hausfriedens Anwendung findet, sondern auch auf juristische, wenigstens scheint der in einer Stelle vorkommende Ausdruck „der stat husvrede" so verstanden werden zu müssen [3]).

Die Form, wie der Hausfriede verletzt wird, ist nicht bloß, daß jemand unrechtmäßigerweise in ein Grundstück eindringt, sondern kann durch Werfen, Stoßen, Schießen geschehen, auch wenn der Friedbrecher das Eigen selber nicht betritt [4]). Umgekehrt kann es geschehen, daß jemand, der in dem Hause eines andern mit diesem Zwist hat, den Hausfrieden nicht verletzt. Es kommt darauf an, in welcher Absicht er das Grundstück betreten hat. Ist er ohne bösliche Absicht in das Haus gekommen und also nur zufällig gewissermaaßen in Streit mit dem Besitzer gerathen, so ist der Hausfriede nicht gebrochen. Dagegen ist allerdings dann eine Verletzung des Hausfriedens vorhanden, wenn man schon außerhalb des Hauses bereits uneinig geworden ist, und nun den flüchtigen Besitzer in sein Haus verfolgt und dort durch Friedbruch ihn verletzt [5]). Nach dieser Stelle sollte man glauben, daß überhaupt Verletzung des Hausfriedens nur durch Friedbruch geschähe, während dies nur ein einzelnes Beispiel der Verletzung ist. Die Stelle redet jedoch von dem ganz speciellen Fall, da der Verfolger und Verfolgte beide in demselben Hause wohnen, daher denn freilich das bloße Eindringen des Verfolgers für ihn noch nichts Unerlaubtes ist.

Die Bedeutung des Hausfriedens zeigt sich nun, wie eben schon gesagt, nicht bloß darin, daß Friedbrüche nicht auf dem Grundstück vorgenommen werden dürfen, denn sie sollen überhaupt nicht geschehen, noch allein darin, daß die auf Friedbrüchen sonst stehende Strafe nur durch den Ort der Begehung todeswürdig werden, sondern namentlich auch darin, daß man vor gewissen processualischen Handlungen sicher ist. Unter processualischen Handlungen aber verstehe ich hier vor Allem das „Upholden" overhöriger und verfesteter Personen. Diese sind, wo sie wohnen,

1) s. oben pag. 51, 24—26. 2) s. oben pag. 281 Note 7—10. 3) s. oben pag. 59, 4—7 und unten §. 7. 4) s. oben pag. 51, 33—36. 5) s. oben pag. 51, 27—30.

vollkommen vor dem arretirt werden sicher [1]), gleichviel ob das Arretiren vom Richter oder von der Partei geschieht. Ja auch sofern sich jene oder „misdedige lüde" in eines andern Hausfrieden als in ihrem eigenen befinden, sind sie insofern wenigstens vor dem Anhalten sicher, als der Vogt nicht Nachsuchung nach ihnen halten darf. Man kann höchstens eidliche Ableugnung verlangen, daß die gesuchte Person sich nicht auf der Were befinde [3]). Noch vielmehr gilt dies von Personen, die nicht overhörig und verfestet sind, und ferner auch in Ansehung der in den Häusern befindlichen Sachen. Nur nach geweihten Sachen und falschem Gelde darf der Vogt in den Häusern Nachsuchung halten [4]). Allein dem Rath steht das Recht zu, ausnahmsweise den Hausfrieden in diesem Sinne aufzuheben, und namentlich dem Vogt auch Haussuchungen zu gestatten [5]).

Die Strafe des Hausfriedensbruchs, ohne Rücksicht darauf, ob er mit einem Friedbruch zusammentrifft, ein Fall, der eigentlich nicht hierher gehört, ist außer der Besserung der Verlust des Friedens an den besonders befriedeten Orten, also des Friedens in Haus und Hof und in Kirche [6]) und Kirchhof, und zwar so, daß man nun nicht bloß jene processualischen Handlungen sich muß gefallen lassen [7]), sondern auch gewaltsamen Angriff einer Privatperson, sobald diese nur ein materielles Recht auf den Besitz des fraglichen Grundstücks hat [8]) oder auf den darauf befindlicher Sachen hat. Es darf nämlich der während der drei Erwerbstage Besitzende, wenn er von dem Veräußerer eigenmächtig aus dem Grundstück geworfen wird, sich den entzogenen Besitz eigenmächtig wieder verschaffen, braucht also keinen Hausfrieden des Eigenthümers mehr anzuerkennen [8]). Umgekehrt braucht der Eigenthümer den Hausfrieden des Miethers nicht mehr zu berücksichtigen, wenn dieser sich der Pfändung des Eigenthümers wegen nicht gezahlten Miethszinses widersetzt, denn soweit behält der Eigenthümer auch nach der Vermiethung sein Recht über das Haus und seinen Hausfrieden darüber, der also insofern neben dem des Miethers besteht, daß er pfänden darf [9]). Eben deshalb scheint auch dann ein Hausfriedensbruch angenommen zu werden, wenn der Miether, ehe noch der Eigenthümer die gerichtliche Pfändung versucht hat, wenn gleich ein gerichtliches Verbot, keine pfandbaren Gegenstände mit von der Were zu nehmen, bereits an den Mie-

1) s. oben pag. 51, 31. 32 und das Nähere unten §. 7. 2) s. oben pag. 50. 14. 15. 3) s. oben pag. 50. 25—28. 59. 32—34 und das Nähere unten §. 6 und 7. 4) s. die eben angeführten Stellen. Vgl. auch Cropp in den criminalistischen Beiträgen pag. 360 Note 6. 5) s. die eben angeführten Stellen. 6) s. oben pag. 22. 6. 7. 23, 1—3. 50, 4—7. Cropp a. a. O. pag. 238 Note 6. 7) s. oben die Noten 1—5. 8) s. oben pag. 186 Note 6. 9) s. oben pag. 22, 2—7. pag. 227 Note 7 und pag. 314 Note 10.

ther ergangen ist, dem Pfändungsversuch dadurch zuvorkommt, daß er dennoch mit seinen Sachen davon zieht [1]). Die Strafe des Hausfriedensbruchs an sich scheint nicht verschieden zu sein von der, da der Frieden der Kirchen und Kirchhöfe gestört wird, d. h. man verliert eben wie im ersteren so auch im letzteren Fall den besonderen Ortsfrieden. Dies erhellt einmal daraus, daß überhaupt Haus- und Kirchenfrieden fast immer zusammengenannt werden [2]), und dann daraus, daß eine Stelle ausdrücklich sagt, der Friedbrecher in Kirchen und Kirchhöfen kann, ohne daß man sich eines Verbrechens schuldig macht, in den Kirchen und Kirchhöfen arretirt werden [3]).

In dem Bisherigen ist der Verlust des besondern Ortsfriedens als eine Strafe für den genannt worden, der ihn seinerseits verletzt hat. Es ist zuletzt noch zu bemerken, daß diese Strafe auch eine Folge von Friedbrüchen überhaupt sein kann. Jeder Friedbruch eines Verfesteten beraubt ihn des Friedens der besonderen Orte, den er bei der Verfestung an sich noch nicht einbüßt [4]). Auch der Friedbruch eines Overhörigen hat unter gewisser Voraussetzung diese Folge [5]). Ein Gleiches gilt von Friedbrüchen der Gäste und gegen Personen, die der Rath „gheveilighet" hat [6]). Die Strafe hat jedoch hier nur eine secundäre Bedeutung, und kann insofern der Strafe der Rechtlosigkeit und Ehrlosigkeit, von der noch weiter unten zu reden ist, gleichgestellt werden.

Außer den einzelnen Verbrechen, die in diesem Paragraphen erörtert worden sind, werden keine in den Statuten erwähnt, von denen sich etwas besonderes sagen ließe. Für die Verräther wird eben nur die Strafe genannt, daß man sie „in kopen bernen" soll [7]). Der Unglauben, die Zauberei und die Vergiftung werden ebenfalls mit Verbrennen bestraft. Der Verbrecher wird hier auf einer „hort" Scheiterhaufen verbrannt [8]). Mordbrenner werden gerädert, und ebenso Brandstifter an Kirchen und Kirchhöfen [9]). Den gewöhnlichen Brandstifter trifft nur die Strafe der Enthauptung; eine Strafe, die auch gegen den zur Anwendung kommt, der sich des Verbrechens der Gefangennehmung eines andern schuldig gemacht hat [10]).

1) s. oben pag. 22, 30—35 und pag. 228 Note 1—3. Vgl. auch oben pag. 291 Note 2 und pag. 293 Note 4. 2) Namentlich geschieht dies in den beiden Abschnitten der Statuten von der Overhöre und Verfestung, s. oben pag 52—62 und unten §. 7. 3) s. oben pag. 40, 9—11. 4) s. oben pag. 60. 34—36. 89, 34-36 und unten §. 7. 5) s. oben pag. 55, 16—34 und unten §. 7. 6) s. oben pag. 34, 25. 35, 12—14 und unten §. 11. 7) s. oben pag. 38, 19. 20 und pag. 306 Note 3. 8) s. oben pag. 38, 20—23. Ueber „hort" s. Homeyers Glossar unter diesem Wort. 9) s. oben pag. 38, 14—16. 10) s. oben pag. 38, 17—19.

Der Sachsenspiegel unterscheidet ebenfalls zwischen Mord und zwischen Todtschlag [1]). Daß des Selbstmordes nicht bei den Ungerichten gedacht wird und also auch nicht der vorhin [2]) angeführten Strafe der Statuten, ist schon im vorigen Paragraphen gesagt worden [3]). Auf Verwundung steht höchstens nur die Strafe des Abhauens der Hand [4]) und nie die der Enthauptung. Bei der Verwundung einzelner Glieder richtet sich die Strafe nach dem Gliede, welches verwundet worden ist [5]). Die Nothzucht wird an denselben Personen begangen wie in den Statuten. Außer der „amien" wird nur noch „fahrendes Weib" genannt [6]). Die Stelle, aus welcher erhellt, daß Nothzucht kein Ehehinderniß ist, ist den Statuten eigenthümlich, der Sachsenspiegel sagt gerade das Gegentheil: „Sve . . . wif oder maget nodeget, nimt he se dar na to echte, echt kint ne wint he nimmer bi ere" [7]). Die Enthauptung trifft, wie schon erwähnt, nicht bloß den Nothzüchter selbst, sondern abweichend von den Statuten auch alles dabei gegenwärtige Lebende [8]). Von einem Verbrechen der Fälschung, welches die Statuten mit „in kopen bernen" bestrafen, hat der Sachsenspiegel nichts; die Münzfälschung [9]) insbesondere aber ist ihm bekannt und die Statuten haben im Wesentlichen ihre Bestimmungen aus ihm entlehnt. Es wird nämlich auch zwischen Münzer und jedem andern unterschieden. Bietet jener falsche Pfennige aus, um damit zu kaufen, so geht es ihm an den Hals, und nicht bloß an die Hand, wie in den Statuten. Bei jedem andern kommt es, also ohne daß wie in den Statuten ein Unterschied zwischen Gästen und andern Personen gemacht würde, darauf an, wie viel falsches Geld bei ihm gefunden wird, und ob der Beschuldigte schon sein Recht durch Diebstahl oder Raub verwirkt habe. Auch darin, daß der Beschuldigte sich durch Ziehen auf einen Gewerен von der Beschuldigung frei machen könne, stimmen die Statuten mit dem Rechtsbuch überein. Nur bei dem Münzer gedenkt der Sachsenspiegel dieses Rechtes nicht, so wenig wie er der Möglichkeit gedenkt, daß der Münzer, wenn das Gericht es gestatten wolle, die eigentliche Strafe ablösen könne. Und ebenso ist ihm die Bestimmung fremd, daß andere Personen als der Münzer sich die drei ersten Male, wo falsches Geld bei ihnen gefunden wird, von der Beschuldigung, auch wenn sie keinen Geweren anzugeben vermögen, dennoch frei machen können durch einen Reinigungseid. Unrecht Maaß und falscher Kauf werden im Sachsenspiegel zusammengestellt und für sie das Gericht des

1) S. II. 13, 4. 5. 2) s. oben pag. 304 Note 7 und 8. 3) s. oben pag. 299 Note 12. 4) S. II. 16, 2. Vgl. auch oben pag. 299 Note 10. 5) S. II. 16, 8. 6) S. II. 46, 1. 7) S. I. 37. s. oben pag. 133 Note 6. 8) s. oben pag. 297 Note 9 und 10. 9) S. II. 26.

Bauermeisters für competent erklärt, der nicht höher als zu Haut und Haar mit drei Schillingen zu lösen richten darf [1]). Auch von dem Fall des Bruchs der gelobten Gewere redet der Sachsenspiegel, wofür eine Werbuße gegeben werden müsse, „dat is sine vordere hant, dar he die gewere mede lovede“ [2]).

Zum Begriff des Diebstahls gehört auch nach dem Sachsenspiegel die Heimlichkeit [3]). Die unten angeführte Stelle ist indeß allerdings nicht so entscheidend wie die der Statuten. Umgekehrt sagt der Sachsenspiegel deutlicher als das Stadtrecht, wie das Fortbringen aus der Were eines anderen im Gegensatz des bloßen dieblichen Behalten allein eigentlich nur Diebstahl sei [4]). Auch wird ausdrücklich ausgesprochen, daß wenn dem Commodatar und Faustpfandgläubiger die geliehene oder verpfändete Sache gestolen oder geraubt würde, der Commodant oder Verpfänder nur gegen seinen Contrahenten solle klagen können [5]). Die Stelle der Statuten redet allein vom Commodat und auch hierbei nur ganz allgemein davon, daß verliehene Sachen nicht durch Anfang verfolgt werden könnten. Sie bekommt aber freilich durch die bald folgende Stelle [6]) vom Deponenten, dem ausdrücklich auch das positive Recht, die ihm durch den Depositar oder dessen Gesinde entfernte Sache als eine gestohlne zu verfolgen, eingeräumt wird, eine bestimmtere Bedeutung. Diese Besonderheit ist dem Sachsenspiegel unbekannt [7]). Auch fehlt ihm die Stelle der Statuten, in welcher vom Forttragen von Speis und Trank und solchen Dingen die Rede ist, an welchen man Lohn verdient hat [8]). Daß man wissen müsse, daß die Sache eine fremde sei, wenn man für einen Dieb gelten solle, wird dagegen auch gesagt, denn wer irrthümlich genommenes Gut unverholen hält [9]) oder es auf gemeinem Markte [10]) gekauft hat, kann keines Diebstahls beschuldigt werden. Statt des letztern heißt's in den Statuten nur, wenn einer nicht wisse, von wem er gekauft habe [11]), wo er gekauft hat scheint gleichgültig zu sein. Der Bestimmung der Statuten, daß das Forrtragen von „bordene oder stöcke holtes“ nur zum Schadensersatz verpflichte, kann an die Seite gesetzt werden, wenn

1) S. II. 13, 3 und hierüber Cropp in den criminalistischen Beiträgen, pag. 39 und pag. 40 Note 43, wo auch die Stelle der Statuten mit dem Sachsenspiegel zusammengestellt wird. 2) S. II. 15 und hierüber Krauts Vormundschaft pag. 375 Note 17. 3) S. II. 39 und hierüber Cropp a. a. O., wo ebenfalls mit den Statuten verglichen wird. 4) S. II. 29. 5) S. II. 60 und Cropp a. a. O. pag. 241. 6) s. oben pag. 310 Note 3 uud pag. 98, 36—38. 99, 5—9. Vergl. auch Cropp a. a. O. pag. 282 Note 25. In Albrechts Gewere wird Note 172 interpretirt, als wenn der Eigenthümer selber dem Depositar die Sache gestohlen hätte. s. unten §. 6. 7) s. unten p. 321 Note 2. 8) s. oben pag. 309 Note 1. 9) S. III. 89. 10) S. II. 36, 4. 11) s. oben pag. 99, 10. 11. Cropp a. a. O. pag. 283 Note 26.

das Rechtsbuch Reisenden, die Korn verzehren, nur Ersatz des Werthes auferlegt [1]). Was oben [2]) von dem „Verlesen" von Pfennigen gesagt ist, ist dem Sachsenspiegel fremd.

Die Strafe des Diebstahls bestimmt sich verschieden, je nachdem die gestohlne Sache drei Schillinge werth ist oder weniger. Im letztern Fall [3]) geht die Strafe, wenn der Diebstahl am Tage verübt ist, nur zu Haut und Haar, und selbst diese Strafe kann mit Bezahlung von drei Schillingen abgelöst werden. Beides, die Zeit und daß der Diebstahl ein kleiner sei, muß wohl zugleich vorhanden sein, obwohl an einer Stelle nur das erstere Erforderniß genannt wird [4]). Daß der beschriebene begangene Diebstahl nicht als Raub betrachtet wird, weil er doch am Tage begangen ist, braucht nicht zu befremden, denn auch der am Tage begangene kann ein heimlicher sein, wenn gleich er im Zweifel wohl für einen offnen und also für Raub gelten möchte [5]). In allen übrigen als den angegebenen Fällen wird der Dieb gehängt [6]). Der große Diebstahl ist hiernach anders bestimmt als in den Statuten, und von höherer Strafe, weil jemand bereits anrüchtig ist, weiß der Sachsenspiegel nichts [7]), während umgekehrt den Statuten die Möglichkeit, die Strafe des kleinen Diebstahls abzulösen, unbekannt ist.

Das Recht des Vogts oder des Richters auf den dritten Theil der einem Nichtbürger gestohlnen Sache ist dem Sachsenspiegel fremd. Statt dessen hat er die Bestimmung [8]), daß der, welcher dem Dieb die gestohlne Sache wieder abjagt und aufbietet, so daß der Bestohlne sie nun zurückerhält, als Belohnung ein Drittel bekommen soll, wenn er aus einem andern Gerichtssprengel als der Bestohlene ist. An derselben Stelle, wo dies gesagt wird, wird auch verfügt [9]), daß sechs Wochen nach vergeblicher Aufbietung die Sache unter Richter und dem, der sie dem Diebe wieder abgenommen hat, so getheilt werden solle, daß jener zwei Drittel und dieser ein Drittel erhalten solle. Dies entspricht nur gewissermaaßen einer Bestimmung der Statuten [10]). Gewissermaaßen nur, weil die Statuten schlechtweg bloß von gefundenen Sachen sprechen, gleichviel ob sie durch Diebstahl oder anderweit verloren gegangen waren, und weil in ihnen statt sechswöchentlicher Einlösungsfrist eine jährige gesetzt ist. Auch ist dem Sachsenspiegel eigenthümlich, daß gesagt wird, das Ableugnen gefundener Sachen, wohin auch die gehören, die uns zufließen, mache sie zu diebischem Gut, so daß also darin, wenn auch kein eigentlicher

1) S. II. 39, 2. 2) s. oben pag. 309 Note 3. 3) S. II. 13, 1.
4) S. II. 28, 3. Vergl. auch Cropp a. a. O. pag. 326 Note 41.
5) s. oben pag. 319 Note 3 und S. II. 28, 3 vgl. mit S. II. 39, 1.
6) S. II. 13, 1 und II. 39, 1. 7) Vgl. Cropp a. a. O. p. 342.
8) S. II. 37, 1. 2. 9) S. II. 37, 3. 10) oben pag. 310 Note 2.

Diebstahl, doch ein diebliches Behalten gesehen wird [1]). Dafür aber ist die Bestimmung, daß die Veruntreuung des herrschaftlichen Gutes durch das Gesinde eben so betrachtet werden soll, als wenn das Gut gestohlen wäre, den Statuten eigenthümlich, und ebenso mindestens der ausdrückliche Unterschied zwischen Depositar und Commodatar, nach welchem in der Unterschlagung von Seiten des erstern allerdings, nicht aber in der von Seiten des letztern diebliches Behalten gefunden wird [2]). Für eine entschiedene Gleichheit beider Personen nach dem Rechtsbuch kann aber auch nicht angeführt werden, wenn es heißt [3]): „svat so man enem man liet oder düt to behaldene openbare, mach he dat getügen selve dridde, man ne mach ime düve noch roves tien dar an," weil hierdurch nur gesagt sein soll, daß das Vorhandensein fremder Sachen in unserer Were uns noch nicht des Diebstahls überführe. Der Beweis so zu sagen einer insta causa des Besitzes beseitigt den Verdacht des Diebstahls. Endlich gilt auch nach dem Sachsenspiegel das Behalten einer Sache, in deren Besitz man nur durch einen Mißgriff gekommen, allein für ein diebliches Behalten [4]).

Inwiefern der Begriff des Raubes im Sachsenspiegel und die Strafe desselben mit den Statuten übereinstimmt, erhellt eigentlich schon aus dem Bisherigen [5]). Doch trifft die Strafe des Rades nicht bloß die, welche Kirchen und Kirchhöfe, sondern auch die, welche den Pflug und Mühlen berauben [6]).

Was von dem Friede brechen der Sachsenspiegel sagt, ist schon oben kurz berührt worden [7]). Nachgeholt mag hier nur noch werden, daß das statutarische Verbot des kämpflichen Ansprechens eine Abweichung von dem Rechtsbuch ist [8]). Das Besondere, was vorhin von dem geschwornen Frieden gesagt ist, findet sich natürlich im Sachsenspiegel nicht, obwohl dieser Ausdruck darin vorkommt [9]). Von Hausfrieden ist auch keine Rede, wohl aber von dem der Kirchen und Kirchhöfe, welcher mit dem der königlichen Straße und dem Frieden eines Dorfes „binnen siner gruve unde sime tune" gleichgestellt wird [10]). Die Königsstraße darf daher nicht mit der gemeinen Straße der Statuten, die gerade eines besondern Friedens nicht genießt, nicht verwechselt werden [11]). Der Gottesfrieden wird, obwohl ohne diesen Ausdruck, doch der Sache nach, in der eben angeführten Stelle ebenfalls

1) S. II. 37, 1 und II. 29. 2) S. II. 60, 1. 3) S. III. 5, 1 vgl. mit S. III. 22, 2. 4) S. III. 89. 5) s. oben pag. 320 Note 5 und über die Worte „it gat ime an den hals" (S. II. 39) Cropp a. a. O. pag. 11 Note 6 vgl. mit S. II. 13, 5. 6) S. II. 13, 4. 7) s. oben pag. 299 Note 13 bis pag. 300 Note 2. 8) s. Homeyers Glossar unter Kampf. 9) s. oben pag. 300 Note 1. 10) S. II. 66, 1. 11) s. oben pag. 314 Note 8.

hervorgehoben [1]). Die Verletzung des besondern Friedens ohne eine Handlung, die schon an sich Friedbruch wäre, kommt in dem Sachsenspiegel nicht vor, insofern läßt sich auch von keiner eigenthümlichen Strafe hierfür sprechen, außer inwiefern sie in der Erhöhung einer geringeren Strafe bis zur Todesstrafe enthalten ist, und in dem Verlust des Vortheils, an den befriedeten Orten nicht arretirt zu werden [2]). Wie den Statuten so sind auch dem Rechtsbuch Voraussetzungen bekannt, die des besondern Friedens berauben, ohne daß man gerade dadurch, daß man ihn verletzt, sich vergangen hat, denn jeder Gerichtete und Verfestete verliert, ohne daß es jedoch wie in den Statuten erst noch eines neuen Friedbruchs bedürfte, den besonderen Frieden [3]). Von den Wirkungen der handhaften That in dieser Beziehung wird später noch geredet werden [4]).

Unter den übrigen zuletzt oben [5]) genannten Verbrechen ist die Verrätherei hervorzuheben, weil sie nach dem Sachsenspiegel nicht mit Verbrennen, sondern mit dem Tode durch das Rad gestraft wird [6]). Dagegen ist für Unglauben, Zauberei und Vergiftung dieselbe Strafe wie in den Statuten bestimmt, das Verbrennen nämlich auf dem Scheiterhaufen [7]). Eigenthümliches bei diesem Verbrechen hat der Sachsenspiegel nur insofern, als er die darauf gesetzte Strafe auch ausdrücklich auf Frauen bezieht. Stillschweigend versteht es sich freilich von selbst, da das Rechtsbuch keine besondere Art von Todesstrafe für Frauen kennt [8]). In den Statuten dagegen, die sonst die entsprechende Seelle fast wörtlich aufgenommen haben, heißt es nicht: „welk kersten man oder wif ungelovich is," sondern nur „welk kersten minsche ungheloviche" u. s. w., und gleich darauf folgt der allgemeine Satz, wie ein Weib, welches das Leben verwirke, immer mit Lebendig begraben bestraft werde [9]). Mordbrenner werden ebenfalls gerädert, und gewöhnliche Brandstifter und die sich des Verbrechens der Gefangennehmung eines andern schuldig machen, enthauptet, Brandstifter aber an Kirchen und Kirchhöfen gar nicht besonders genannt [10]). Dafür wird die Strafe des Ehebruchs nur im Sachsenspiegel hervorgehoben, Ehebrecher nämlich werden enthauptet [11]). In den Statuten wird des Ehebruchs überhaupt nur gedacht, sofern man sich derselben in Form der Bigamie schuldig macht [12]), und von dem Verbrecher dann nur ganz allgemein gesagt, „de heft sin lif vorböret." Aus einem Rechtserkenntniß [13]) indeß sieht

1) S. II. 66, 1 2) S. II. 10, 4. 3) S. II. 62, 2. 4) s. unten § 10. 5) s. oben pag. 317 Note 7—10. 6) S. II. 13, 4. 7) S. II. 13, 4. 8) s. oben pag. 301 Note 1. 9) s. oben pag. 298 Note 2. 10) S. II. 13, 4. 5. 11) S. II. 13, 5. 12) s. oben pag. 292 Note 10 und 299 Note 9. 13) Bruns in den Beiträgen pag. 233 No. 16.

man, daß die Art der Todesstrafe eben wie im Sachsenspiegel die Enthauptung war, für den Mann nämlich, denn von dessen Ehebruch nur wird in jenem Rechtserkenntniß gesprochen. Für Frauen ist ja ein für allemal das Lebendig begraben werden die Todesart [1]).

Im vermehrten Sachsenspiegel findet sich in Ansehung der Tödtung ebenfalls der Unterschied zwischen Mord und Todtschlag. Nur freilich werden beide Verbrechen nicht in dem Zusammenhang, wie im Sachsenspiegel und den Statuten, neben einander genannt [2]). Bei dem ersteren ist das Besondere, daß was eigentlich Rädern sei beschrieben wird [3]), bei dem letztern wird die Strafe statt durch „Haupt abschlagen" mit den Worten „mit dem swerte richten" bezeichnet [4]). Des Selbstmordes wird ungefähr in derselben Weise wie in den Statuten gedacht, d. h. es wird gesagt [5]), daß der Selbstmörder, wenn er nicht etwa in Krankheit sich den Tod gegeben habe, „an eyner weyscheyden" begraben werden solle, also an einem ungeweihten Orte. Die Stelle, nach welcher der Selbstmörder auf eine verunehrende Art aus dem Hause, in dem etwa er sich getödtet hat, herausgeschafft werde, ist nicht recipirt.

Für Verwundungen kommt die Strafe der Enthauptung [6]) im vermehrten Sachsenspiegel so wenig wie im Sachsenspiegel selber vor, denn die Stelle beider Rechtsbücher, wonach im Fall der Ueberführung des Verbrechens durch Kampf gerade die Verwundung „an den hals" oder „an dat lif" tritt [7]), bringe ich hier nicht in Anschlag, weil hier die Erhöhung der Strafe eine besondere nur processualische Ursache hat [8]). Ausgezeichnet ist der vermehrte Sachsenspiegel dadurch, daß die einzelnen denkbaren Verwundungen und Lähmungen aufgezählt werden [9]). Der Begriff der Nothzucht ist insofern anders, als darunter nicht die Gewalt fällt, die jemand seiner Beischläferin anthut [10]). Gewalt gegen ein fahrendes Weib aber wird auch hier dem Sachsenspiegel gemäß als Nothzucht angesehen [11]). Inwiefern Nothzucht ein Ehehinderniß sei, wird nicht durch die oben angeführte Stelle der Statuten bestimmt [12]), sondern durch den an zwei verschiedenen Orten [13]) wiederkehrenden Satz des Sachsenspiegels. Doch wird

1) s. oben pag. 298 Note 2. 2) D. IV. 6, 6 = B. III. 5, 4 vgl. mit D. IV. 13, 1 = B. III. 12 pr. 3) D. IV. 13, 2 = B. III. 12, 1. 4) s. die in Note 2 zuerst angeführte Stelle Zeile 65. 66. 5) D. I. 40, 3 = B. I. 33, 2 und D. IV. 14, 2. 3 = B. III. 13, 1. 2. Vgl. auch oben pag. 129 Note 8 und pag. 130 Note 1. 6) s. oben pag. 318 Note 4. 7) S. II. 16, 2 = D. IV. 7, 5 = B. III, 6, 4. 8) s. oben pag. 305 Note 7. 9) D. IV. 7, 1 = B. III. 6 pr. 10) D. IV. 10, 2 = B. III. 9, 1. 11) s. oben pag. 318 Note 6 und D. IV. 10, 1 = B. III. 9 pr. 12) s. oben pag. 305 Note 11. 13) D. I. 21, 3 = B. I. 15, 4 und D. IV. 11, 1 = B. III. 10 pr. In der letzteren Stelle giebt nur die zu Zeile 4 gehörende Variante den

allerdings das eine Mal hinzugefügt: „Noch geystlichen rechte mogen sy sich doch zcu der ee nemen.“ Auf das Goslarische Recht dagegen wird auch nicht einmal mit dem Ausdruck „Kaiserrecht,“ wie sonst so oft geschieht, Bezug genommen [1]). Ueber eine eigenthümliche Stelle in Ansehung der Strafe der Nothzucht ist oben schon geredet worden [2]).

Ueber das in den Statuten nicht hinreichend bezeichnete Verbrechen der Fälschung, welches mit „in kopen bernen“ bestraft wird, findet sich im vermehrten Sachsenspiegel eine bestimmtere Stelle [3]). Diese redet allerdings von der Münzfälschung und zwar von der durch den Münzer selber begangenen Fälschung. Sie lautet: „Velchet der munczere sine pfenninge unde en heldet is nicht noch irme gesaczten rechten, kumt man dez uber in, man schol in brinnen in einer kufen; noch lantrecht und noch wicpilde. Noch keyserrecht schol man in siden in einem kessel anderhalber ellen tif, daz man yn durch dy ringe mit stricken an ein stange, dy man durch dez kesselz ringe gestozen mach, gebinde mnge, und schol in in ole und in wine siden.“

Nach dieser Stelle trifft also die Strafe des Verbrennens den Münzer, der Geld fälscht, und zwar nach Landrecht, Weichbild und Kaiserrecht gleichermaaßen. Die beiden ersteren unterscheiden sich nur darin von dem letzten, daß sie den Verbrecher „brinnen in einer kufen,“ während das Kaiserrecht ihn läßt „siden in einem kessel.“ Dies letztere kann keine Verweisung auf die Statuten sein, weil in ihnen das „in kopen bernen“ sich findet, und das erstere nicht, weil die Stelle, die diesen Ausdruck hat, ganz allgemein und nicht von dem Münzer insbesondere redet, der Geld fälscht [4]). Dieser wird ja vielmehr nur mit dem Verlust der Hand bestraft [5]), denn es wird ja in Ansehung der Größe der Strafe zwischen Münzer und Nichtmünzer nicht einmal der Unterschied gemacht, den doch der Sachsenspiegel und ihm folgend anderweit auch der vermehrte Sachsenspiegel macht, daß nämlich dem Münzer es an den Leib, oder was dasselbe sagt, an den Hals geht, während jeder andere höchstens die Hand einbüßt [6]). Troß dem aber gestattet auch der vermehrte Sachsenspiegel wie die Statuten selbst dem Münzer, seine Strafe zu lö-

richtigen Sinn, wonach nicht gelesen wird „ab he sy offenbar bekindet had,“ sondern „ab he sy offenbar behuret had.“ 1) Vgl. hierüber namentlich oben pag. 133 Note 8. 2) s. oben pag. 304 Note 9. 3) D. IV. 17, 4 = B. III. 15, 3. Vgl. auch die hiezu gegebenen Varianten bei Ortloff und oben pag. 306 Note 4. 4) s. oben pag. 306 Note 4. 5) s. oben pag. 306 Note 8. 6) S. II. 26, 2 = D. IV. 17, 2 = B. III. 15, 1. Nach einer Lesart im vermehrten S. heißt es „lip“ statt „hals.“ Von dem Fall der Strafe an die Hand D. IV. 17, 8 = B. III. 15, 7.

sen [1]), wenn gleich bei ihm eben so wenig wie im Sachsenspiegel des Rechtes, sich auf einen Geweren zu ziehen, was jedem andern eingeräumt wird [2]), gedacht wird [3]). Von einem Unterschied zwischen Gästen und Bürgern hat das Rechtsbuch nichts [4]). Es sind hier nur die Bestimmungen des Sachsenspiegels recipirt worden [5]). Nur was die Statuten von dem Recht des nochmaligen Losschwörens sagen, ist, wiewohl mit dem besonderen Bemerken, daß es Weichbild und Kaiserrecht sei, neben die Bestimmungen des Sachsenspiegels gestellt worden [6]). Was der letztere und die Statuten von unrecht Maaß und Gewicht und von Betrug im Handel und Wandel haben, fehlt dem vermehrten Sachsenspiegel, wenigstens so allgemein gefaßt, wie es oben [7]) angegeben ist. Dagegen heißt es allerdings [8]): „der goltsmed, noch der silberborner sollen keynerley gewichte haben denne eynerley, so daz sy an eyme innemen unde an deme andern weder uszgeben. Wer des oberkommen wurde, der hette falsch unde dube begangen, darumb mac man richten noch valschez recht oder noch dipheit." Vom Brechen der gelobten Gewere und Leiden der „gewerbusse daz ist dy hant adder der finger, domete her dy gewer gelobet had," ist auch hier die Rede [9]).

Bei der Lehre vom Diebstahl sind die Statuten und der Sachsenspiegel wieder ziemlich gleichmäßig benutzt. So findet sich für das eine Hauptmerkmal der Heimlichkeit die Stelle der Statuten, wo das Fortnehmen von Holz am Tage Raub genannt wird [10]), neben der Bestimmung des Sachsenspiegels, nach welcher das Fortnehmen am Tage nicht gerade nothwendigerweise immer für Raub gilt, sondern nur unter andern ein Merkmal des Raubes sein kann [11]). Daß das Fortbringen aus der Were zum Begriff des eigentlichen Diebstahls gehöre und nicht das nur diebliche Behalten genüge, wird in der Hauptsache mit den Worten des Sachsenspiegels gesagt [12]); die Stelle aber der Statuten vom Forttragen von Speis und Trank oder solchen Dingen, woran man Lohn verdient hat, fehlt beiden Rechtsbüchern [13]). In Ansehung der Qualität, in welcher der Bestohlene die Sache gehabt

1) D. IV. 17, 10 = B. III. 15, 9 und oben pag. 306 Note 8 und pag. 318 zu Ende. 2) s. oben pag. 318 zu Ende. 3) s. die eben angeführte Stelle. 4) s. oben pag. 318. 5) s. oben pag. 318 Note 9. 6) D. IV. 17, 9 = B. III. 15, 8. 7) s. oben pag. 307 Note 2 und 3 und pag. 319 Note 1. 8) D. V. 10, 6 = B. V. 10, 5. Vgl. auch oben pag. 307 Note 2. s. auch weiter unten beim Diebstahl. 9) D. IV. 44, 2 = B. IV. 15, 2. s. oben p. 307 Note 8 und pag. 319 Note 2. 10) s. oben pag. 308 Note 2 und D. IV. 9, 11 = B. III. 8, 11. 11) s. oben pag. 319 Note 3. 320 Note 5 und D. IV. 9, 2 = B. III. 8, 1. 12) s. oben pag. 319 Note 4 und D. IV. 42, 13 = B. IV. 13, 12 und hierüber Cropp in den criminalistischen Beiträgen pag. 8 Note 1. 13) s. oben pag. 319 Note 8.

haben müsse, wenn er sich als solcher solle betrachten dürfen, wird ebenfalls in derselben Weise wie in den Statuten zwischen Commodatar und Depositar unterschieden [1]). Die von Commodatar und Pfandgläubiger redende Stelle des Sachsenspiegels hat aber deshalb keine andere bestimmtere Gestalt erhalten [2]). Das dritte Merkmal des Diebstahls, das Bewußtsein fremder Sachen, wird durch die Reception der Stellen der Statuten und des Sachsenspiegels anerkannt [3]). Die Stelle vom irrthümlich als Eigenthum genommenem fremdem Gut findet sich im vermehrten Sachsenspiegel weder aufgenommen in der Gestalt, wie sie in den Statuten steht, noch in der, wie sie im Sachsenspiegel enthalten ist [4]).

Die oben angegebenen Ausnahmen [5]) von dem regelmäßigen Begriff des Diebstahls sind auch hier zu nennen. Vielleicht wird, da jemand „penninghe verleset unde de swaren ut den lichten tüt," mit demselben Rechte ein Diebstahl genannt, wie in der oben abgedruckten Stelle die Betrügerei eines Goldschmidts bei dem Gebrauch seiner Gewichte [6]). Die Strafe des Diebstahls bestimmt sich wie in den Statuten nach der Größe des Werths des Gestohlenen und darnach, ob der Dieb bereits anrüchtig ist oder nicht [7]). Den ersten Punkt anlangend scheint die gleichzeitige Benutzung des Sachsenspiegels und der Statuten Ursache eines Versehens zu sein. Einerseits nämlich wird der Begriff des großen Diebstahls nach dem Sachsenspiegel bestimmt, er beginnt also mit dem Werth von drei Schillingen [8]), und anderseits heißt es doch, daß die Strafe des Hängens einen Anrüchtigen treffe, auch wenn er weniger als fünf Schillinge an Werth gestohlen hätte [9]). Des Ablösungsrechts der Strafe beim kleinen Diebstahl wird indeß im vermehrten Sachsenspiegel nicht gedacht [10]), und hierin liegt dann wieder eine Uebereinstimmung mit den Statuten. Eine Abweichung von dem Sachsenspiegel liegt auch darin, daß der nächtliche Diebstahl, der, wie bemerkt, nicht immer Raub zu sein braucht, als solcher nicht schon mit dem Hängen bestraft wird, sondern auch bei ihm kommt es auf die Größe des Werths des gestohlenen Gegenstandes an, denn „wer dorobir (über drei Schillinge) stelt tages adder nachtes, dy sal man hengen" [11]).

1) s. oben pag. 319 Note 6 und O. IV. 42, 5. 6 = B. IV. 13, 4. 5.
2) s. oben pag. 319 Note 5 und O. IV. 42, 14 = B. IV. 13, 13. s. auch Albrechts Gewere Note 185. Cropp in den criminalistischen Beiträgen pag. 240 Note 8 und 9. 3) s. oben pag. 319 Note 11 und O. IV. 44, 7 = B. IV 13, 6; desgleichen oben pag. 319 Note 10.
4) s. oben pag. 310 Note 6 und pag. 319 Note 9. 5) s. oben pag. 309 Note 2 und 3. 6) s. oben pag. 325 Note 8. 7) s. oben pag. 309. 8) s. oben pag. 320 Note 6 und O. IV. 9, 2 = B. III. 8, 1. 9) s. oben pag. 309 Note 7 und 320 Note 7. O. IV. 9, 9. = B. III. 8, 8. 10) s. oben pag. 320 Note 7. 11) O.

Das Recht des Vogtes oder des Richters auf den dritten Theil der einem Nichtbürger gestohlenen Sache ist auch dem vermehrten Sachsenspiegel fremd [1]), und eben daher fehlt auch den Stellen der Statuten, wo von den Fällen eines nur uneigentlichen Diebstahls die Rede ist, der Zusatz, daß dem Vogt hierbei nicht der dritte Theil werde [2]). Dafür ist ihm die Bestimmung des Sachsenspiegels, daß der Fremde, der dem Diebe die Sache wieder abjagt, ein Drittel erhalte, bekannt [3]). Eben daher findet sich in unserm Rechtsbuch auch nicht die Stelle der Statuten über gefundene Sachen, welche oben angeführt ist [4]), wohl aber ist aus dem Sachsenspiegel aufgenommen, daß das Ableugnen gefundener Sachen wenigstens diebliches Behalten sei [5]). Daß in Ansehung des Begriffs des dieblichen Behaltens auch die nur den Statuten angehörige ausdrückliche Unterscheidung zwischen Commodatar und Depositar gemacht werde, und daß die Veruntreuung durch das eigene Gesinde sowohl wie durch das des Depositars ebenfalls als diebliches Behalten angesehen werde, erhellt schon aus den vorhin gemachten Bemerkungen [6]).

In Ansehung des Raubes ist einmal zu merken, daß sich im Rechtsbuch widersprechende Stellen finden in Bestimmung der Art der Todesstrafe. In einer Stelle nämlich heißt es [7]): „Alle roubere, mordere unde ouch phlugrouber unde dy molu burnen adder rouben adder kerchove brechen adder kerchen rouben . . . ., dy sal man alle radebreche," mithin würde jeder Räuber mit dem Rade bestraft, was weder mit den Statuten [8]) noch mit dem Sachsenspiegel [9]) zusammenstimmt, noch mit zwei andern Stellen unseres Rechtsbuchs, in deren einer es heißt [10]), „wer eyne strasse roubet, es sy wening adder fel, wert der in hanthafter tad vorwunden, man sal ome sin houbt abeslan," und deren andere [11]) mit Worten der Statuten vom Stehlen des Holzes am Tage oder des Nachts zwar beginnend [12]), doch auf eine abweichende Weise so schließt [13]): „Daz schol man richten noch des holcz oder noch dez graz wertschafft, ob ez czum swerte oder czum galgen vorbort, oder czu richten uber hut und uber har." Hiernach giebt

IV. 9, 2 Zeile 13—15 = B. III. 8, 1 und Cropp in den criminalistischen Beiträgen pag. 326 Note 41. 1) s. oben pag. 310 Note 1 und pag. 320 2) s. oben pag. 310 Note 3. 3) s. oben pag. 320 Note 8 und D. IV. 9, 5 = B. III. 8, 4 und Cropp a. a. O. pag. 56 Note 26. 4) s. oben pag. 320 Note 10. 5) s. oben pag. 321 Note 1 und D. IV. 9, 5 = B. III. 8, 4 und D. IV. 42, 13 = B. IV. 13, 11. 6) s. oben pag. 326 Note 1. 2 und oben Note 2. 7) D. IV. 13, 1 = B. III. 12 pr. 8) s. oben pag. 311 Note 3. 9) s. oben pag. 321 Note 5. 6. 10) D. IV. 9, 1 = B. III. 8 pr. 11) D. IV. 9, 11 = B. III. 8, 11. 12) s. oben pag. 308 die in Note 2 zuerst angeführte Stelle. 13) s. Zeile 116—119 der in Note 11 angeführten Stelle.

es doch Räuber, welche nur enthauptet werden, und daher ist gewiß die in den Varianten bei Ortloff angegebene andere Lesart der ersten Stelle, nach welcher zwischen „alle" und „mordere" das „roubere" ganz fortfällt, vorzuziehen, und das um so mehr, als der Inhalt der Stelle selbst, in der ja nachher noch besondere Arten des Raubes aufgezählt werden, dies fordert. Das zweite, was zu merken ist, ist, daß auch beim Raube es auf die Größe des Werths der geraubten Sache ankommt, wovon in den Statuten und im Sachsenspiegel sich keine Andeutung findet [1]). Es ergiebt sich dies aus den oben abgedruckten Stellen ebenfalls, denn bei dem Straßenraub soll, wie für den Fall der handhaften That, es nicht darauf ankommen, ob wenig oder viel geraubt sei, sondern jederzeit Enthauptung die Strafe sein; und bei Holzdiebstahl wird ja ganz ausdrücklich gesagt, daß nach dem Werth des Gestohlnen entweder durch Schwerdt, nämlich im Fall des Raubes, oder durch Galgen, oder aber, also bei kleinem Raub und kleinem Diebstahl, zu Haut und Haar gerichtet werde. Dies stimmt auch sehr gut zusammen mit der früher schon erwähnten Bestimmung, daß auch beim Diebstahl, er geschehe bei Tage oder bei Nacht, doch immer noch auf die Größe des Werths des Gestohlnen gesehen wird [2]). Die hierher gehörigen Worte des Rechtsbuchs fehlen, wie schon bemerkt, den Statuten [3]), und sind also ein indirecter Beweis für die Richtigkeit der Behauptung, daß den Statuten der Unterschied zwischen kleinem und großem Raube unbekannt ist, obwohl nicht, wie aus den oben abgedruckten Stellen ebenfalls erhellt, der zwischen gewöhnlichem und an befriedeten Orten und Sachen begangene [4]).

Der Ausdruck „Friede brechen" in der besondern Bedeutung findet sich, wie schon bemerkt [5]), im vermehrten Sachsenspiegel nicht. Auch die einzelnen Stellen der Statuten, die denkbarerweise von dem einen Fall des Friede brechen, der unerlaubten Befehdung nämlich, verstanden weeden könnten, weil sie kämpfliches Ansprechen verbieten, fehlen dem Rechtsbuch [6]), das ja freilich auch, dem Sachsenspiegel folgend, den Kampf noch als Beweismittel kennt [7]). Von „in örloghe" reiten und geschwornem Frieden der Bürger findet sich auch nichts [8]), so wenig wie die Stelle des Sachsenspiegels, die von geschwornem Frieden redet [9]). Von Verletzung des besonderen Ortsfriedens wird dagegen auch im vermehrten Sachsenspiegel geredet, und namentlich auch von dem Hausfrieden. Dieser wird folgendermaaßen definirt [10]): „Ffri-

1) s. oben pag. 311 Note 3 und pag. 321 Note 5. 2) s. oben pag. 326 Note 11. 3) s. oben pag. 327 Note 13. 4) s. oben pag. 311 Note 4. 5) s. oben pag. 302 Note 6. 6) s. oben pag. 311 Note 10—12. 7) O. IV. 22 = B. VI. 1 pr. — 6. 8) s. oben pag. 312 Note 1 und folgende. 9) s. oben pag. 321 Note 9. 10) O. II. 3, 1 = B. II. 1 pr.

heyth unde frede des huses is, daz nymant den andern, tages noch nachtes in sin husz louffen sal frevelich, noch keyne obirlast wedder mit worten noch mit wercken thun sal." Die Verletzung des Hausfriedens wird „heymsuche unde fredebruch des huses" genannt [1]). Ein „wüstes" Haus darf es jedoch auch nicht sein [2]) und eben so wenig ein Wirthshaus [3]). Die Personen, welche den Hausfrieden haben, sind auch hier Eigenthümer oder Miether [4]), und jener behält in gewissem Sinne den Hausfrieden neben dem des Miethers [5]). Inwiefern auch die Kinder von dem Hausfrieden der Eltern nach dem Rechtsbuch Nutzen ziehen können, ist schon früher gesagt worden [6]). Was Form, Bedeutung und Strafe des Hausfriedensbruchs betrifft, so werden drei Hauptfälle von einander unterschieden, und dies ist dem Rechtsbuch ganz eigenthümlich [7]). „Dy erst ist dy: der den andern louft fur sin hus frevelich mit gewopenter hant unde heyscht on erns." Dieses Erste ist kein Friedbruch, und insofern ist in dieser ersten Art des Vergehens ein reiner Hausfriedensbruch enthalten. Man erkennt dies daraus, daß nur von Wette und Buße die Rede ist, die beide eben so oft bezahlt werden müssen, als man den Bewohner des Hauses „heruszheyscht." Was sonst noch von diesem ersten Fall gesagt wird, gehört in die Lehre vom Beweise. Dann aber fährt der Spiegler fort: „Dy ander uszheyschunge unde fredebruch ist, der deme andern louft mit gewopenter hand unde unrechter gewalt, unvorclaget vor sime richtere, des tages adder nachtes, vor sine gewer, unde vet ome disser in hanthafter tad . . . . so wert ome erteylt, daz her ome den halsz uf der sweln abslahet uszwert, ..." Also die Bedrohung des Hauses mit gewaffneter Hand wird mit Enthauptung bestraft, denn die Enthauptung tritt gewiß nicht bloß im Fall handhafter That ein. Die besondere Folge dieser scheint nur die *sofortige* Enthauptung an Ort und Stelle zu sein, denn diese ist es, deren Form besonders beschrieben wird. Hier ist also ein Friedbruch in Verbindung mit einem Hausfriedensbruch, und dieser wird entsprechend den Statuten mit Enthauptung bestraft [8]). Sonach würde nur der technische Ausdruck „Friede brechen" im vermehrten Sachsenspiegel fehlen [9]), nicht aber die Sache selbst. Endlich: „Dy dritte uszheyschunge ist: wer do louft frevelichen, eyner adder mer luthe, an eynes husz, unde stormen do geweldiglichen an mit ufhouwen, mit ufstossen torn, unde fenstere abezcurissen." Hier tritt im Fall der handhaften That dasselbe rasche Verfahren ein,

1) O. II. 3, 2 = B. II. 1, 1.
2) O. III. 4, 7 = B. II. 11, 6.
3) O. II. 3, 4 = B. II. 1, 2.
4) O. II. 3, 3 = B. II. 1, 2.
5) O. II. 4, 6 = B. II. 2, 5.
6) s. oben pag. 289 Note 10.
7) O. II. 3, 2 = B. II. 1 pr.
8) s. oben pag. 311 Note 8.
9) s. oben pag. 328 Note 5.

was eben beschrieben ist, und das Besondere bei diesem unter noch schwereren Umständen als das zu zweit genannte begangenen Verbrechen, was hinzugefügt wird, geht allein den Beweis an, indem auch berücksichtigt wird, wie es mit dem Beweis stehe, wenn die Verbrecher, statt ergriffen zu sein, davon gekommen seien [1]). Was in den Statuten noch als besondere Strafe des Hausfriedensbruchs an sich angegeben ist, der Verlust nämlich des eigenen Hausfriedens, ist auch in das Rechtsbuch übergegangen [2]), so wie namentlich auch die Stellen, aus welchen die Bedeutung des verlornen Hausfriedensbruchs sich ergiebt [3]).

Inwiefern der Hausfriede hier auch wie in den Statuten [4]) vor processualischen Handlungen schützt und mit ihm auch dieser Schutz verloren geht, mag lieber im Zusammenhang mit dem gerichtlichen Verfahren deutlich gemacht werden. Zuletzt ist noch zu merken, daß das Rechtsbuch recipirt hat, was von dem Verlust des Hausfriedens als einer secundären Strafe in den Statuten vorkommt [5]). Nur die Stellen vom Friedbruch Overhöriger [6]) und daß Gäste durch jeden Friedbruch an Bürgern oder deren Gesinde und durch jeden zweiten Friedbruch den Hausfrieden einbüßen, fehlt dem vermehrten Sachsenspiegel [7]). Dagegen ist die Bestimmung vom Friedbruch an Personen, die vom Rath „ghevelighet" sind, noch allgemeiner gefaßt worden, indem es heißt: „Wer eyn anfertiget mit fredebruche, den eyn herre adder eyn rad gesichert had adder geleytet" [8]). Diese Stellen des Rechtsbuchs reden indeß nicht nur von dem Verlust des Hausfriedens, sondern auch von dem der Kirchen und Kirchhöfe, so daß also überhaupt in Ansehung des besonderen Ortsfriedens eine Uebereinstimmung mit den Statuten stattfindet. Nur „der stat husvrede" kommt nicht vor, denn der Schluß der betreffenden Stelle, wo diese Worte stehen, ist in dem Rechtsbuch weggelassen worden [9]).

Verrätherei wird nicht wie in den Statuten mit „in kopen bernen," sondern wie im Sachsenspiegel mit Rädern bestraft [10]). Dagegen ist die Strafe für Unglauben, Zauberei, Vergiftung und Mordbrennen in allen drei Rechtsquellen gleich [11]). Die Er-

1) s. unten §. 10. 2) s. oben pag. 316 Note 6 und O. II. 4, 6 Zeile 46—48 = B. II. 2, 5. 3) s. oben pag. 316 Note 8. 9 und pag. 190 Note 7. O. II. 4, 6 = B. II. 2, 5. s. oben p. 317 Note 1 und O. II. 4, 11 = B. II. 2, 10. 4) s. oben pag. 314 Note 1—8 und unten §. 7 und 8. 5) s. oben pag. 317 Note 4 und O. IV. 21, 21 = B. III. 19, 18. 6) s. oben pag. 317 Note 5. 7) s. oben pag. 317 die zuerst in Note 6 angeführte Stelle. Ob die Worte dieser Stelle Zeile 27—29 „We enne bröke deyt up den andern . . ." nur auf Gäste gehen oder ganz allgemein zu nehmen seien, kann jedoch zweifelhaft erscheinen. 8) s. oben pag. 317 die zweite in Note 6 angeführte Stelle und die Parallele dazu. 9) s. oben p. 315 Note 3. 10) s. oben pag. 317 Note 7 und oben pag. 322 Note 6. 11) s. oben pag. 317 Note 8 und 9.

wähnung der einfachen Brandstiftung mit der einfachen Strafe der Enthauptung, wie sie die Statuten und der Sachsenspiegel haben, hat das Rechtsbuch nicht [1]), wohl aber übereinstimmend mit den Statuten die der Brandstiftung an Kirchen mit der Strafe des Rades [2]). Das Verbrechen der Gefangennehmung eines andern kommt zwar im Rechtsbuch vor, aber an einer andern Stelle [3]) als wo die einzelnen Ungerichte aufgezählt werden, und ohne daß von der im Sachsenspiegel und den Statuten erwähnten Strafe der Enthauptung die Rede wäre [4]). Beim Ehebruch, dessen nur in unserm Rechtsbuch und dem Sachsenspiegel gedacht wird [5]), ist als eine dem erstern angehörige Eigenthümlichkeit zu merken, daß dem Ehemann das Recht eingeräumt wird, sein Weib und den, welcher mit ihr die Ehe gebrochen hat, wenn er sie auf der That begreift, zu tödten [6]). Hieraus ergiebt sich dann von selbst, daß die Strafe des Ehebruchs der Tod sein muß, obwohl die von der Strafe der Enthauptung redende Stelle des Sachsenspiegels nicht in das Rechtsbuch aufgenommen ist [7]), sondern nur die sich findet, nach welcher der Ehebruch ein Ehehinderniß ist [8]).

Der Begriff des Friedbruchs ist dadurch bestimmt worden, daß ihm alle Handlungen entgegengesetzt wurden, die nur mit Wette und Buße bestraft werden [9]). Die Angabe dieser Art von Vergehen wird daher dazu dienen, den Begriff des Friedbruchs noch deutlicher zu machen. Ein Gleiches gilt von den Handlungen, die nur zum Schadensersatz, zu Besserung oder Wehrgeld und zu polizeilichen Geldstrafen verpflichten, oder durch welche man nur rechtlos oder ehrlos wird [10]).

Zu den Handlungen, welche nur mit **Wette** und **Buße** bestraft werden, gehört zunächst, wenn jemand „in bolghenem mode to unrechte" das Gerüfte gerufen hat. Dem Kläger muß er dann seine Buße und dem Vogt seine Wette geben, wenn er nicht etwa wahnsinnig war [11]). Allgemeiner gefaßt ist eine der neuern Redaction angehörige Stelle [12]). Zwei Fälle werden hiervon einander unterschieden. Wenn jemand durch „slichte schelt-

1) O. IV. 13, 1 = B. III. 12 pr. 2) s. oben pag. 317 Note 9 und pag. 322 Note 10. 3) O. IV. 40, 1 = B. IV. 11 pr. vergl. mit S. III. 31, 3. 4) s. oben pag. 317 Note 13. 5) s. oben pag. 302 Note 1 und pag. 322 Note 11. 6) O. IV. 11, 1 = B. III. 10, 1. 7) s. oben pag. 322 Note 11. 8) s. oben pag. 137 Note 6 und O. IV. 11, 1 = B. III. 10 pr. 9) s. oben pag. 291 Note 1. 10) s. oben pag. 291. 11) s. oben pag. 47, 28—31. 12) s. oben pag. 91, 18—36. Vgl. auch Bruns in den Beiträgen pag. 247 No. 35 und im Hercynischen Archiv pag. 450 und v. Kamptz in den Provinzialrechten pag. 377 No. 43.

wort unde missehandelinge" oder überhaupt mit „slichtem sülfwolde edder unrechtem anefange" sich vergeht, wird, sobald nur, was man thut, dem andern nicht an Leben, Ehre und guten Ruf geht, nur eine gewisse geringere Buße und geringeres Gewette bezahlt. Geht dagegen, das ist der zweite Fall, dem Verletzten das, was geschieht, an Leben, Ehre und guten Ruf, so wird wiederum unterschieden, ob der, welcher sich vergeht, in „hastmude," d. h. in der Uebereilung, oder mit Vorsatz handelte. Im Fall der Uebereilung wird größere Buße und Wette bezahlt, im Fall des Vorsatzes tritt zu dieser noch hinzu eine besondere Strafe, deren Bestimmung jedoch der Willkühr des Rathes überlassen bleibt. Darüber, ob Vorsatz vorhanden gewesen sei oder nicht, entscheidet der Eid dessen, der verletzt hat. Bei dieser Stelle könnte man sich darüber verwundern, daß überhaupt nur von Buße und Wette oder auch nur von arbiträrer Strafe die Rede ist, da es doch an Leben, Ehre u. s. w. geht. Indeß obwohl im Beginn der Stelle der Ausdruck etwas zweideutig ist, so ist doch aus dem weitern Verfolg derselben sehr deutlich, daß von Verläumdungen die Rede ist, durch welche dem andern Verbrechen, die an Leben, Ehre u. s. w. gehen, vorgeworfen werden, denn es heißt nachher: „We.... wat dede edder up up on spreke edder belege, dat om an syn liff . . . ginge, des he up on nicht vulbringen konde, alse recht were." Daß aber Vorsatz gerade gefordert wird, um außer Buße und Wette noch Strafe verlangen zu können, liegt in dem allgemeinen Princip, daß ein verbrecherischer Wille da sein müsse, um einen Friedbruch annehmen zu können [1]). Friedbruch aber ist gewiß in dem zuletzt genannten Falle da, obwohl es nicht ausdrücklich gesagt wird, denn auf den Vorwurf des Meineids paßt doch gewiß, daß er an Ehre und guten Ruf gehe, und von diesem wird im Gegensatz der Beschimpfung mit bloßem Scheltwort bemerkt, daß es ein Friedbruch sei [2]). Auch werden in einem Rechtserkenntniß die beiden betreffenden Stellen in Verbindung mit einander gebracht [3]).

Mit diesen Stellen scheint in Widerspruch zu stehen eine andere [4]), nach welcher der, der einen andern vor Gericht beschuldigt, „dat he ime wat vorstolen hebbe," falls er seine Beschuldigung nicht zu beweisen vermag, nur Wette und Buße bezahlen soll, denn hier ist doch der Vorwurf eines Verbrechens, das an Leben, Ehre und guten Ruf geht, und zwar wird er „mid vorbedachtem mode" gemacht. Dieser Vorsatz indeß geht ja nicht darauf, den andern beleidigen zu wollen, und von einem solchen ist doch offenbar die erst besprochene Stelle zu verstehen, sondern

1) s. oben pag. 296 Note 4—9. 2) s. oben pag. 293 Note 1. 3) s. oben pag. 331 Note 12 die Stelle in Bruns Beiträgen. 4) s. oben pag. 87, 26—28.

Hauptzweck des Klägers ist, die gestohlne Sache wieder zu erhalten, und wenn er auch nicht in Uebereilung handelt, so handelt er doch wenigstens im Irrthum, und eben darum ist er auch nur zu Wette und Buße verpflichtet. Wenn es aber an einer noch andern Stelle heißt [1]), daß der, welcher einen andern vor Gericht beschuldige, „dat he ene gherovet hebbe," wenn er das nicht zu beweisen vermöge, weder Buße noch Wette zn geben nöthig habe, so ist das weder mit der zuletzt noch mit der zuerst genannten Stelle zu vereinigen, zumal als überhaupt der allgemeine Satz gilt, daß, wer einen Beweis verfehlt, darum wetten und büßen muß [2]). Es ist daher die Variante nicht außer Acht zu lassen, nach welcher es nur ganz allgemein heißt, „so ne darf he darumme nene not liden." Das vorhin Gesagte wird auch noch dadurch unterstützt [3]), daß man Wette und Buße verschuldet, wenn man einen Gast zeihet, daß er in einem auswärtigen Gericht rechtlos gemacht sei, und nachher doch kein Zeugniß des betreffenden Gerichtes hierüber beizubringen vermag. Aehnlich ist es [4]), wenn man jemand „onecht van bort weghene seghet." Wenn ihn „de kunscap . . . des nicht bekennet," so muß ebenfalls von dem, der jenen Vorwurf gemacht hat, Wette und Buße bezahlt werden. So heißt es ferner in einem Rechtserkenntniß, daß wenn ein unbescholtener Mann einen andern unbescholtenen Mann „schöken sone" nenne, so sei er zu nichts anderem als zu Wette und Buße verpflichtet [5]).

In jener Hauptstelle [6]), welche hier erörtert wird, wird auch der Buße und Wette gedacht, deren jemand an einer „overhöre" verschuldet hätte, und hiervon wird weiter unten noch geredet werden [7]). Dann ferner der „missehandelinge," mit welchem Ausdruck eben alles bezeichnet wird, wodurch man den andern verletzt, ohne Friedbruch zu begehen, und der auch in einem Rechtserkenntniß vorkommt [8]). Aehnlich verhält es sich mit dem Ausdruck „slichtem süllfwolde," womit jede unerlaubte nicht gerade in Friedbruch übergehende Selbsthülfe bezeichnet werden wird, und von der nur ein einzelnes Beispiel ist „der unrechte Anfang," denn es wird bei diesem Wort vielleicht weniger an eine vergeblich angestellte Klage als daran gedacht, wenn man ohne Recht, d. h. ohne Gericht, eine Were bricht, selbst wenn diese Were eine unrechte sein sollte [9]). Doch kann freilich auch wenigstens die wis-

1) s. oben pag. 87, 40 41. 2) s. oben pag. 95, 11—13. Vergl. auch Bruns in seinen Beiträgen pag. 240 No. 29 und Förstemanns Rechtserkenntnisse pag. 35 c. 3) s. oben pag. 76, 3—11. 4) s. oben pag. 76, 12—16. 5) Bruns in seinen Beiträgen pag. 193 No. 31. Wegen schöke s. unter Schoke im Bremisch-niedersächsischen Lexicon. Vgl. auch Förstemann a. a. O. pag. 29 oben. 6) s. oben pag. 331 Note 11. 7) s. unten §. 7. 8) s. Bruns in seinen Beiträgen pag. 244 No. 34. 9) s. oben pag. 28, 16. 17 und 211 Note 7.

fentlich mit Unrecht angestellte Klage darunter verstanden werden, denn unter Umständen wird ja eine Ansprake sogar als ein Friedbruch behandelt [1]). In dem rein factischen Sinn aber scheint der Ausdruck „anevanghen" gebraucht zu sein in einer Stelle, welche sagt, daß man niemals Wette und Buße zu bezahlen habe deshalb, weil man ein Pferd oder Vieh „anevanghet" hat, wie oft man dies auch gethan hat, so lange es einem nicht „unttoghen wert mit rechte," also mit Gerichte, wie es auch ein paar Zeilen nachher heißt [2]).

Andere Fälle, da Buße und Wette gegeben wird, sind schon oben als Gegensätze gegen den Friedbruch erwähnt, wie wenn jemand sich an einem Orte, wo ihm keine Pfändung zustand, eine solche erlaubt hat [3]). Unter gewissen Voraussetzungen kann es aber auch als Friedbruch betrachtet werden [4]). Ferner gehört dahin, wenn jemand nur bekennt, einem andern gedroht zu haben [5]). Noch nicht erwähnt ist, daß wenn jemand auf seines Nachbars Eigen ohne dessen Willen baut, er dafür, so lange ihm das Bauen noch nicht unter Concurrenz des Richters untersagt ist, nur zur Buße verpflichtet ist [6]). Wette und Buße soll ferner zahlen, wer nach dem Dreißigsten die Herausgabe von Erbe, Herwede und Gerade verweigert [7]). Wer des Rathes Vorwort bricht, ohne eigentlich Friedbruch zu begehen, soll wenigstens dem Rathe dafür büßen [8]). Derjenige, der einen andern in seinem Privatarrest hat, soll den Verwandten des Gefangenen den Zugang zu ihm nicht verwehren. Thut er es dennoch und beharrt auch nach gerichtlicher Aufforderung bei seiner Weigerung, so soll er büßen und wetten [9]). Und so überhaupt, wenn man das allgemeine Recht, unter gewissen Voraussetzungen in Arrest zu halten, mißbraucht [10]). Wie schon in dem Bisherigen einige Fälle enthalten sind, in welchem nur eine Buße erwähnt wird [11]), so giebts umgekehrt deren welche, wo nur der Wette erwähnt wird. Diese besteht jedoch nicht immer allein in baarem Gelde, sondern auch zugleich in den Gegenständen, mit welchen man sich vergangen hat. Hiermit ist gemeint, daß jemand das Schwerdt und das Messer, mit welchem er andern zu Leibe hat gehen wollen, nebst der Wette dem Vogt ausliefern muß [12]). Gewissermaaßen kann man hier-

1) s. oben pag. 291 Note 4. 2) s. oben pag. 99, 31—35. 3) s. oben pag. 22, 20. 21 und pag. 294 Note 4. 4) s. oben pag. 294 Note 5. 5) s. oben pag. 296 Note 4. 6) s. oben pag. 23, 36—38 und pag. 291 Note 3. 7) s. oben pag. 5, 22—24 und pag. 145 Note 1. 167 Note 7. 171 Note 5. 8) s. oben pag. 35, 15. 16 und unten §. 11. 9) s. oben pag. 54, 40 — 55, 8 und 71, 1—12. 10) s. oben pag. 76, 39—45 und unten §. 6. 11) s. oben Note 6. 8. 12) s. oben pag. 34, 30—34. 88, 36—38. Bruns in seinen Beiträgen pag. 251 No. 43. Vgl. auch oben pag. 299 Note 5 und 300 Note 4.

her auch rechnen, daß der Finger gewettet wird [1]). Die andern Fälle der bloßen Wettepflicht sind, da jemand einen bereits arretirten Dieb wieder ledig läßt, oder einen „misdadighen man," den er in seinem Hause ergriffen hat, über Nacht bei sich behält, ohne dem Vogt davon Anzeige zu machen [2]).

Als eine ganze Klasse von Fällen, in denen Wette und Buße gegeben wird, müssen ferner noch genannt werden die als Strafen bei dem gerichtlichen Verfahren selbst oder bei damit zusammenhängenden Handlungen vorkommenden Wetten und Bußen. Einige hierher gehörige Fälle sind schon vorher gelegentlich erwähnt worden, nämlich der, da man wegen vergeblich durch Anfang oder Ansprake angestellter Klage Buße und Wette zu entrichten hat, und der, da man den Beweis nicht zu führen vermocht hat [3]). Im allgemeinen läßt sich sagen, daß Wette und Buße im Proceß bezahlt wird, wenn die Haupt- oder Nebenpersonen in demselben Ursache sind, daß das Verfahren verzögert wird oder seinen Zweck nicht erreicht, wobei es nicht einmal immer darauf ankommt, ob der Fehler absichtlich oder auch nur verschuldeterweise begangen ist. Wer daher in den gerichtlichen Terminen nicht erscheint, gleichviel ob Kläger oder Beklagter, muß mindestens wenn auch nicht immer Buße, doch Wette bezahlen [4]). Zu dieser kann unter Umständen der Beklagte selbst dann verpflichtet sein, wenn er sich mit dem Kläger vor dem Termin wegen seiner Verpflichtung verglichen hat [5]). Wer ferner ein Urtheil schilt und zwar mit Unrecht schilt, muß deshalb Wette und Buße zahlen [6]). Was einer „mit gheystlikem rechte beswaret" in Dingen, für welche nur der weltliche Richter competent ist, muß er nicht bloß wieder herausgeben, sondern auch dafür dem weltlichen Richter wetten [7]). Personen, welche sich für einen andern, daß er im Gericht erscheinen werde, verbürgt haben, müssen, sofern sie den Verbürgten zu rechter Zeit nicht herbeizuschaffen vermögen, entweder eine besonders bedungene Summe, oder Wette und Buße bezahlen, und zwar ohne Rücksicht darauf, ob sie das Nichterscheinen verschuldet haben oder nicht, es wäre denn, daß der Verbürgte gestorben wäre [8]).

Aehnlich wie mit den Bürgen verhält es sich mit dem, der einen Geweren vorbringen soll und dies nicht vermag, er muß wetten und büßen [9]). Ebenso muß der, der eine Sache verkauft hat und die Gewehr, zu der er selber unmittelbar nun verpflichtet

1) s. oben pag. 307 Note 8. 2) s. oben pag. 56, 31—38 und 88, 16—23. Vergl. auch Cropp in den criminalistischen Beiträgen pag. 377 Note 35. 3) s. oben pag. 333 Note 2 und pag. 333 Note 9. 4) s. oben pag. 56, 20—27. 64, 30—35. 74, 20—26. 80, 11—22. 5) s. oben pag. 64, 16—23. s. das Nähere unten §. 6 und 7. 6) s. oben pag. 87, 15—18. 7) s. oben pag. 69, 27—29. 8) s. oben pag. 58, 30—39 und 89, 13—21. 9) s. oben pag. 80, 28—30.

wäre, nicht leisten kann, wetten und büßen [1]). Ja diese Unfähigkeit zu gewehren kann unter Umständen selbst ein Friedbruch sein [2]), dann nämlich, wenn die verkaufte Ssche, für die er gewehren müßte, früher schon ihm gerichtlich „in sin antwarde," d. h. in seiner Gegenwart [3]), abgeurtheilt worden war, und man ihn dessen überführen kann. In dieser Bestimmung ist eigentlich nichts enthalten, als was oben schon von der Ansprake auf ein Grundstück gesagt ist, das dem, welcher die Ansprake thut, bereits gerichtlich abgesprochen ist [4]).

Zuletzt ist noch zu bemerken, daß die Bezahlung von Wette und Buße sehr wohl neben anderen Strafen und zwar nicht bloß wegen processuarischer Fehler vorkommen mag, wie denn dies auch schon früher in der Lehre vom Begriff des Friedbruchs geltend gemacht worden ist [5]).

In dem Bisherigen sind die Fälle angegeben, in welchen Wette und Buße oder nur eines von beiden bezahlt wird. Es bleibt noch übrig zu sagen, worin diese Strafen eigentlich bestehen. Unter Wette wird eine Geldstrafe an den Richter verstanden, und unter Buße eine Geldstrafe an die Partei oder den Verletzten [6]). Nur in einem Rechtserkenntniß wird Buße wie für das, was an den Verletzten zu bezahlen ist, so auch für die Wette an das Gericht verstanden [7]). Die Größe der Wette bestimmt sich, je nachdem der Richter ist und je nachdem das Vergehen ist, verschieden [8]), wird jedoch dadurch nicht vervielfacht, daß mehrere Kläger in einer und derselben Sache in Gemeinschaft auftreten [9]), wogegen umgekehrt mehrere Beklagte nicht mit Zahlung einer Wette davon kommen, vielmehr jeder derselben verpflichtet ist, für sich seine volle Wette zu bezahlen [10]). Aehnlich verhält es sich, wenn jemand mehreremal einen „bröke deyt, dar he wedde mede vorscult," d. h. er muß sie so oft bezahlen, als das Vergehen begangen worden ist [11]).

Die Wette muß innerhalb einer bestimmten Zeit bezahlt werden, nämlich vierzehn Tage nachdem man sie verwirkt hat [12]), und Gäste, denen der Richter nicht vertrauen will, müssen, ehe sie das Gericht verlassen, für die richtige Bezahlung der Wette Sicherheit leisten [13]). Bürger dagegen und Gesinde von Bürgern sind während der „rechten tid," d. h. während der vierzehn Tage, die

1) s. oben pag. 28, 18. 19. 2) s. oben pag. 28, 19—22. 3) s. Homeyer in seinem Glossar zum Sachsenspiegel unter „antwert."
4) s. oben pag. 334 Note 1. 5) s. oben pag. 295 Note 2 und 3.
6) s. oben pag. 84, 25—29. 7) s. Bruns in seinen Beiträgen pag. 252 No. 47. 8) s. die in Note 6 angeführte Stelle und §. 6 und 11 und oben pag. 331 Note 12. Förstemanns Rechtserkenntnisse p. 35 c.
9) s. oben pag. 84, 30—33. 10) s. oben pag. 84, 34 — 85, 2.
11) s. oben pag. 85, 6—8. 19) s. oben pag. 85, 3. 4. 13) s. oben pag. 85, 9. 10.

dem Wettepflichtigen überhaupt vergönnt sind, von der Verbindlichkeit zur Sicherheitsleistung frei. Und selbst wenn sie, nachdem sie diese Zeit ohne zu zahlen vorüber gelassen haben, nun deshalb beklagt werden, haben sie demungeachtet nicht nöthig zu caviren, sobald sie nur mit Erbe angesessen sind [1]).

Die Größe der Buße bestimmt sich nicht nach dem Stande, Herkommen oder nach dem Geschlecht [2]), sondern danach, ob die Partei vollkommen ist an ihrem Recht oder nicht [3]). Aber auch unter denen, die unvollkommen an ihrem Rechte sind, wird den „onechten lüden unde spellüden" wenigstens dann, wenn sie „der stat ghesinde sin," gerade eben so viel Buße gezahlt wie dem Bürger [4]). Dagegen bekommen alle diejenigen, die des Diebes, Raubes, Meineides u. s. w. überführt sind, nur eine ganz geringe oder vielmehr gar keine Buße, denn die „tweue besmen unde ene schere," die sie erhalten sollen, sind ja nur eine Scheinbuße [5]). Was im übrigen von der Buße zu sagen ist, trifft zum Theil mit dem von der Wette Gesagten zusammen, denn ein Beklagter giebt mehreren Klägern in derselben Sache nur eine Buße wie eine Wette [6]), wenn sie nicht abgesondert klagen; wogegen von mehreren Beklagten jeder eine besondere Buße wie Wette giebt [7]). Und ebenso werden für mehrere Vergehen auch mehrere Bußen gegeben [8]). Die Zeit der Bezahlung der Buße ist ebenfalls vierzehn Tage, deren Rechuung aber, wenn das Recht auf die Buße gleichzeitig mit dem auf Wette entstanden ist, erst beginnt, nachdem die für die letztere gegebene Frist abgelaufen ist [9]). Einer Verpflichtung zu Caution wegen Bezahlung der Buße wird nicht gedacht.

Das Zweite, was als Gegensatz von Friedbruch genannt worden ist, sind Handlungen, die nur zum Schadenersatz, Besserung oder Wehrgeld verpflichten [10]). „Scaden" und „beteringhe" sind nur, wenn man die Begriffe ganz allgemein nimmt, entsprechende Begriffe, insofern der erstere durch das letztere wieder gut gemacht wird [11]). Häufiger ist die Verbindung von Besserung mit Wehrgeld, und darum ist dies von jedem andern Schadenersatze eben getrennt worden. Der Ausdruck „büßen" bezieht sich eigentlich nur auf das eben beschriebene Strafgeld. Nur ein einzigesmal wird in den Statuten gesagt „büßen mit Wehrgeld und Schaden büßen nach seinem Werthe" [12]).

1) s. oben pag. 85, 11—15. Daß dem Richter außer mit Gelde auch mit andern Dingen gewettet werden kann, ist schon oben p. 334 Note 12 und pag. 335 Note 1 gesagt worden. 2) s. oben pag. 85, 21. 22. 30—34. 3) s. die eben angeführte Stelle. 4) s. oben pag. 86, 1—4. 5) s. oben pag. 86, 5—10. 6) s. oben pag. 336 Note 9. 7) s. oben pag. 336 Note 10. 8) s. oben pag. 336 Note 11. 9) s. oben pag. 336 Note 12. 10) s. oben pag. 333 Note 10. 11) s. oben pag. 42, 13—19. 12) s. oben pag. 90, 14—21.

Die Verpflichtung zum Schadensersatze tritt in der Regel dann ein, wenn das allgemeine Erforderniß jedes Friedbruchs, der verbrecherische Wille, nicht vorhanden ist [1]). So ist ein Kind, das unter seinen Jahren, zwar unfähig sich einer wirklichen Friedbruchsstrafe schuldig zu machen, nicht aber befreit von der Verpflichtung einen Schaden nach seinem Werthe zu bessern. Der Vormund erlegt, was sich gebührt, aus des Kindes Vermögen, und kann nur etwa die Größe des Schadens durch einen für das Kind geschwornen Eid verringern [2]). Ebenso sind diejenigen, welche sich für einen gelobten Frieden verbürgt haben, wenn sie auch, im Fall der Frieden dann doch gebrochen wird, des Rathes oder der That nicht schuldig sind, dennoch zur Erlegung des Schadens verpflichtet [3]). Ebenso scheint für den Fall, da man jemand kurz vor oder nach einem „torney" verletzt, deshalb nur von der Erlegung eines Schadens die Rede zu sein, weil man unter diesen Umständen höchstens Unvorsichtigkeit, nicht aber verbrecherische Absicht annehmen kann [4]). Auch können hierher gerechnet werden die Bestimmungen über Schaden, welchen die Thiere jemandes angerichtet haben [5]). Derjenige, in dessen Obhut sich die Thiere befinden, muß den von ihnen verursachten Schaden ersetzen. Hierbei kommt es nicht darauf an, in wessen Obhut die Thiere zur Zeit des geschehenen Schadens gewesen sind, sobald nur der ursprüngliche Innehaber sich des Thieres entledigt hat, ehe die Sache übernächtich geworden ist, d. h. ehe der Tag wo sie geschehen und die folgende Nacht, oder wenn sie Nachts geschehen, ehe die Nacht und der darauf folgende Tag vorüber ist [6]). Behält der ursprüngliche Innehaber das Thier über Nacht, so haftet er jederzeit für den Schaden, außerdem muß der Kläger sich, um zu seinem Ersatz zu kommen, des Thieres unterwinden, wo es sich gerade befindet [7]). Namentlich wird auch von dem Fall geredet, da von zweien Thieren, welche in der Heerde unter des Hirten Hütung sind, eins dem andern Schaden thut. Durch eidliche Aussage des Hirten wird hier das schuldige Thier bezeichnet und dann dessen Herr zur Wiederherstellung des verwundeten Vieh's angehalten, und wenn es stirbt, zur Zahlung des Wehrgeldes desselben [8]). Dieser Ausdruck findet sonst nur auf Personen Anwendung [9]).

Wie ein Friedbruch nicht vorhanden ist, weil es an dem allgemeinen Erforderniß des verbrecherischen Willens fehlt, so kann es auch geschehen, daß deshalb von einer Friedbruchsstrafe nicht, sondern nur von einem Ersatz die Rede ist, weil nicht alle Erfor-

1) s. oben pag. 296. 2) s. oben pag. 248 Note 10. 11 und pag. 249 Note 1. 2. 3) s. oben pag. 297 Note 5. 12. 4) s. oben pag. 41, 37 — 42, 3. 5) s. oben pag. 43, 1—5. 6) s. oben pag. 47, 18—21. 7) s. oben pag. 43, 1—5, 34 — pag. 44, 4. 8) s. oben pag. 43, 21—26. 9) s. unten pag. 344 und folgende.

derniſſe, die zu einem einzelnen beſtimmten Friedbruch gehören, vorhanden ſind, mit andern Worten, weil der volle Thatbeſtand nicht vorliegt. Dahin gehören mehrere Fälle, wo das, was geſchehen iſt, dem Diebſtahl oder Raub verglichen werden kann. Wenn nämlich [1]) unter einem Bürger eines Gaſtes Gut mit Arreſt belegt worden iſt und der Gaſt ſelbſt oder ein anderer dennoch ſich dieſes Gutes „mit ghewalt oder düfliken" bemächtigt, ſo bleibt der, unter dem es mit Arreſt belegt worden war, ohne Schaden, alſo ohne zum Schadensersatz verpflichtet zu ſein, wenn er ſchwört, daß die Entfernung ohne ſeinen Willen und Rath geſchehen ſei. Er iſt dann nur verpflichtet den Dieb, wenn er ihn kennt, gerichtlich zu verfolgen, und dadurch dem, der den Arreſt erwirkt hatte, behülflich zu ſein. Aus dieſer Beſtimmung ergiebt ſich, daß wenn der, in deſſen Gewahrſam die Sache war, jenen Reinigungseid nicht zu ſchwören vermag, er für den Schadensersatz haftet, aber auch nicht für mehr, denn eines Friedbruchs macht er ſich nicht ſchuldig, wenigſtens wird er nicht als ein wirklicher Dieb oder auch nur als eigentlicher Diebesgehülfe in der Stelle bezeichnet. In einer andern Stelle [2]) heißt es, wenn einem etwas in ſeine Were gegeben wird, „to behaldene to truwer hant," alſo in Depoſitum, nämlich „ghewant oder buntwerk [3]) oder ander dingh" und er der Depoſitar nun das Depoſitum entfernt, ſo ſollen Vogt und Rath dem Kläger, alſo dem Deponenten, behülflich ſein, daß ihm der Schade wieder erſetzt werde. Insbeſondere ſoll der Depoſitar nicht des Vortheils des „inne sitten" genießen, ſondern ſich müſſen gefallen laſſen auf ſeiner Were, gleichviel ob es ſein eigenes Haus oder nur eine gemiethete Were iſt, in der er ſich befindet, daß er ausgepfändet oder gar perſönlich dem Kläger überantwortet werde. Hier ſieht man deutlicher als in dem vorigen Fall, daß kein eigentlicher Friedbruch vorhanden iſt, denn es fehlt an dem aus fremder Were Fortnehmen, was zum vollen Thatbeſtand des Diebſtahls nothwendig gehört [4]).

In einer dritten Stelle [5]) findet ſich gewiſſermaaßen eine weitere Ausführung deſſen, was in der eben erörterten Stelle ausgeſprochen worden iſt, denn es wird nicht nur beiſpielsweiſe vom Deponiren gerade darin geredet, ſondern auch außerdem noch ganz allgemein geſagt: „We emme wat bringht in sine were," mithin würde hierunter auch zu verſtehen ſein der Fall des Commodats [6]), womit auch die vom Commodat beſonders handelnde

1) ſ. oben pag. 67, 1—7. 2) ſ. oben pag. 77, 1—8. 3) ſ. Bremiſch-niederſächſiſches Lexicon unter „bunt." 4) Vergl. über die ganze in Note 2 angeführte Stelle Albrechts Gewere pag. 47 und über den Thatbeſtand des Diebſtahls oben pag. 308. 5) ſ. oben pag. 82, 26—34. 6) Vergl. auch Cropp in den criminaliſtiſchen Beiträgen pag. 70 Note 47.

Stelle [1]) nicht in Widerspruch steht, denn es wird ausdrücklich darin anerkannt, daß der Commodant den Commodatar, wenn ihm die geliehene Sache von irgend jemand vorenthalten werde, „dar umme sculdighen" könne. Unter der Voraussetzung nun, daß dem, dem die Sache in seine Were gegeben ist, dieselbe gestohlen oder geraubt [2]) würde, wird in unserer Stelle nicht bloß ein Reinigungseid, daß man an Rath oder That unschuldig sei, sondern auch, wenn dieser Vorwurf gar nicht gemacht wird, der positive Eid verlangt, daß man die gestohlne Sache wie seine eigene Sache gehütet habe. Natürlich wird, je nachdem der Kläger seine Klage einrichtet, nur einer von beiden Eiden verlangt. Welchen Eid aber auch der Beklagte verweigert, er ist dann zum Schadensersatz verpflichtet. Nur das Besondere ist von jenem Reinigungseid zu bemerken, daß das Recht, sich dadurch zu vertheidigen, nur dann stattfindet, wenn man mit der in die Were genommenen Sache nichts vorgenommen hat, „des eme nicht bevolen ne were" [3]), denn hat man dies gethan, so „mot" [4]), d. h. kann man sich mit jenem Eide nicht reinigen. Es sind also hiernach die Worte „he ne hedde dat over velt ghesaut" u. s. w. nicht in Verbindung zu setzen mit den Worten „so möste he den scaden irlecken" [5]), sondern mit „des mot he sich untscüldighen" [6]), und die in der Note gegebene Lesart [7]), die nur einer Handschrift angehört, würde zu verwerfen sein. Sie giebt einen ganz andern Sinn, nämlich den, daß der des Rathes und der That beschuldigte nur dann im Fall der Verweigerung des Schwurs den Schaden zu erlegen habe, wenn er zugleich noch in Behandlung der Sache seine Vollmacht überschritten habe.

Mit dieser Verpflichtung zum Schadensersatz wegen Handlungen, die dem Diebstahl und dem Raube nahe kommen, ist nicht zu vermischen die Verpflichtung dritter Personen, sich dem Anfang gestohlner und geraubter Sachen zu unterwerfen [8]), in Folge dessen sie ebenfalls einen Schaden erleiden, d. h. eben die Sache ohne Ersatz an den Kläger herausgeben oder ihm wohl gar den Werth der etwa untergegangenen Sache ersetzen müssen [9]). Dies letztere ist namentlich dann der Fall, wenn der Beklagte, um den Kläger von sich abzuweisen, „uppe manighen weren tüt" und später eingesteht, daß er hierbei „untruweliken oder unrechte" verfahren sei [10]). Dies hängt damit zusammen, daß es über-

1) s. oben pag. 82, 13—15. 98, 36—38 und pag. 311 Note 1.
2) s. oben pag. 82, 32 die eingeklammerten Worte. 3) s. oben pag. 82, 33. 4) s. oben pag. 82, 30. 5) s. oben pag. 82, 32. 33. 6) s. oben pag. 82, 30. 7) s. oben pag. 82 die Note zu Zeile 32. 8) s. oben pag. 310. 9) s. oben pag. 99, 10—15. 25—30. 100, 12—15. 10) s. oben pag. 99, 36—49 und überhaupt von dem Anfang unten §. 6.

haupt nicht gestattet werden kann, durch leichtsinnige Erregung von Processen dem andern zu schaden [1]). Daher muß der, der nicht zu leugnen vermag, daß er „to unrechte unde mit vrevele unde mit vorsate" verweigert habe vor Gericht zu kommen, „dat wederdon" d. h. den etwanigen Schaden ersetzen [2]). Daher muß man, wenn man jemandem „ware" gethan hat wegen angestellter Klage und sie hinterdrein dennoch noch bei einem andern Richter, als bei dem man die Klage schon anhängig gemacht hat, anstellen will „beteren alse recht is," d. h. den Schaden ersetzen [3]). Von zweifelhafter Bedeutung ist eine Stelle, in welcher unter der Voraussetzung, daß der Kläger die Klage nicht „vulvördert" von einem in Haft bleiben die Rede ist bis „he den bröke" gut gemacht hätte. Vermuthlich ist das „he" nicht auf den Kläger, sondern den Beklagten zu ziehen und dann gehört die Stelle nicht hierher [4]).

Andere Fälle der Verpflichtung zum Schadensersatz sind die, welche, sofern sie objectiv bedeutender wären oder unter erschwerenden Umständen stattgefunden hätten, als Friedbruch betrachtet oder doch mit Buße oder Wette bestraft werden würden, so der Fall des ganz unbedeutenden Diebstahls, dessen früher schon gedacht ist [5]), bei welchem zur Sicherung des Schadensersatzes ein Pfändungsrecht geübt werden kann. Auch kann man hierher rechnen, da jemand zwar rechtmäßigerweise überhaupt gepfändet hat, aber doch das Pfändungsrecht gemißbraucht hat, indem er für mehr gepfändet hat als man ihm schuldig war [6]). Im Fall eines noch größern Mißbrauchs des Pfändungsrechts macht sich die pfändende Person der Wette und Buße oder gar eines Friedbruchs schuldig [7]). Wenn ferner jemand der gesetzlichen Pflicht, die auf seinen Boden stehende Gränzmauer oder Gränzwand, wenn sie ganz oder theilweis eingestürzt ist, wiederherzustellen, trotz gerichtlicher Aufforderung es zu thun nicht nachkommt, so muß er den etwa erwachsenen Schaden ersetzen [8]). Aehnlicherweise muß der Nachbar, der mit seinem Gebäude nach unserm Luftraum herüberneigt, ersetzen, was dadurch an unserm Gebäude etwa „to broken" werden sollte [9]). Daß man auf diesen Schadensersatz ebenfalls erst dann einen Anspruch machen könne, wenn man ein gerichtliches Gebot bewirkt habe, wird nicht gesagt, und zwar deshalb nicht gesagt, weil hier die Verpflichtung aus dem Begriff des Grundeigenthums sich von selbst ergiebt [10]). In einer andern Stelle der Statuten [11]) wird, was hier nur unter

1) s. unten §. 6. 2) s. oben pag. 74, 16—19 und unten §. 6. 3) s. oben pag. 44, 12—18 und hierüber Krauts Vormundschaft p. 374 Note 12 und unten §. 6. 4) s. oben pag. 45, 11—23 und unten pag. 398 Note 2. 426 Note 5—7. 5) s. oben pag. 309 Note 2. 6) s. oben pag. 21, 24—29. 7) s. oben pag. 294 Note 5 und p. 234 Note 3. 8) s. oben pag. 179 Note 10. 9) s. oben pag. 24, 1—5. 10) s. oben pag. 179 Note 3. 11) s. oben pag. 90, 14—21.

ganz bestimmten Voraussetzungen gesagt wird, allgemeiner dahin ausgesprochen, daß jeder, dessen Gebäude Gefahr droht und der auf gerichtliches Gebot die Gefahr nicht entfernt, indem er das Gebäude wieder in Stand setzt, den hinterdrein erwachsenen Schaden nach seinem Werth zu ersetzen verpflichtet sei. Doch wird ausdrücklich hinzugefügt, daß in Ermangelung eines solchen gerichtlichen Gebots keine Ersatzverpflichtung vorhanden sei. In den eben angegebenen Fällen kommt der Verpflichtete besser davon, als wenn er auf gerichtliches Verbot einen Bau auf des Nachbars Boden fortsetzt, zu dem er nicht berechtigt ist, denn alsdann wird seine Handlung als Friedbruch angesehen [1]). Derjenige, der einem andern gedroht hat, ist zwar nicht Friedbrecher [2]), doch aber nicht bloß zu Wette und Buße [3]), sondern, falls er die Drohung ausführt, auch zum Ersatze des Schadens verpflichtet, denn der Kläger kann von ihm verlangen, daß, wenn er sich der Drohung nicht „afdon" will, er ihm wegen der Absicht „eme io scaden" zu wollen Sicherheit leiste [4]). Wenn der Vogt seine amtliche Gewalt mißbraucht, so kann hierin ein Friedbruch liegen [5]), es kann aber auch eine Verpflichtung nur zum Schadensersatz da sein. Dies ist der Fall, wenn der Vogt unrechtmäßiger Weise ohne Wissen des Rathes den Bürgern oder dem Gesinde der Bürger etwas „af scattet." Hier muß der Vogt auf Verlangen des Raths dies wieder ersetzen (wederdou), selbst dann, wenn er, nachdem der Rath davon erfahren hat, das Amt schon nicht mehr verwaltet. Ebenso ist es, wenn der Vogt heimlich ohne der „deghedinghes lüde" Willen „af scattet," wo dann entweder der Betheiligte selbst oder seine Verwandte oder auch der Rath von ihm den Ersatz verlangen können [6]).

Besonderheiten sind noch zu merken in Ansehung der Erben und des durch oder gegen Gesinde angerichteten Schadens. Zum Schadensersatze nämlich sind die Erben, auch wenn er durch Friedbruch entstanden ist und ohne daß es erst noch eines Vergleichs oder Urtheils bedürfte, verpflichtet [7]). Der Schaden, welcher durch Gesinde angerichtet ist, wird von dem Herrn wenigstens soweit getragen, als der Lohn reicht, sobald er sich nur von eigener Schuld dabei loszuschwören vermag [8]), so wie umgekehrt der Herr, wenn er durch Friedbrüche, die gegen sein Gesinde begangen werden, Schaden erleidet, den Ersatz desselben vom Friedbrecher begehren kann [9]). In Ansehung des Verhältnisses des Herrn zum Gesinde unmittelbar wird bestimmt, daß das Gesinde durch Un-

1) s. oben pag. 291 Note 3 und pag. 334 Note 6. 2) s. oben pag. 296 Note 4. 3) s. oben pag. 334 Note 5. 4) s. oben pag. 46, 21—25. 5) s. oben pag. 291 Note 5. 6) s. oben pag. 84, 9—18 und unten §. 6 und 11. 7) s. oben pag. 297 Note 4. 8) s. oben pag. 297 Note 6 und 12. 9) s. oben pag. 297 Note 7.

that das Recht auf die bedungene Lohnzeit verliere, ohne den dafür bestimmten Lohn verlangen zu können, wozu es im Fall willkührlicher Kündigung des Herrn berechtigt ist [1]). Für den Fall, da das Gesinde „mit motwillen sunder redelke sake" zu früh den Dienst verläßt [2]), muß es dem Herrn so viel Lohn bezahlen, als es von ihm bekommen haben würde, und im Fall der Lohn bereits vom Herrn entrichtet worden ist, denselben doppelt wieder zurückgeben. Zur Erlangung des Geldes soll im Nothfall der neue Dienstherr, zu dem sich das Gesinde begeben, behülflich sein. Dies ist zwar eigentlich ein Strafgeld, wird aber nicht als solches bezeichnet, wenn man nicht den Ausdruck „wandel" so verstehen will [4]), und soll dieses wohl mehr einen recht vollständigen Ersatz der Nachtheile gewähren, die dem Herrn aus unzeitigem Verlassen des Dienstes erwachsen. Im Fall gesetzliche Gründe [5]) das Verlassen des Dienstes rechtfertigen, verliert das Gesinde eben nur den Anspruch auf den künftigen noch nicht abverdienten Lohn, den es dann, sofern derselbe bereits gezahlt ist, nur einfach und also „ane wandel" wiedergiebt. Als solche gesetzliche Gründe [6]) werden bezeichnet Anfall einer Altersvormundschaft und für Frauen besonders auch noch Verheirathung und wenn sie sich in „godeshus" begeben. In Bezug auf ein dem Gesindeverhältniß ähnliches Verhältniß [7]) nämlich, da jemand um Lohn arbeitet, wird gesagt, der Herr brauche für den Schaden, welchen der Arbeiter ohne seinen Willen leide, nicht zu büßen. Inwiefern wenigstens eine Entschädigung verlangt werden könne, wird nicht bemerkt.

Ueber das Verhältniß der Friedbruchsstrafen, der in Buße und Wette bestehenden Strafe und der Verpflichtung zum Schadensersatz giebt es nur wenige allgemeinere Stellen. Aus dem ganzen Bisherigen aber ergiebt sich, daß wer der Friedbruchsstrafe unterliegt, auch Buße, Wette und Schaden bezahlen müsse, und daß wer, obwohl frei von der Friedbruchsstrafe, doch Buße und Wette zu bezahlen verpflichtet sei, auch den Schaden zu ersetzen habe. Wer dagegen Schadensersatz geben muß, ist deshalb noch nicht des Friedbruchs und der Wette und Buße schuldig. Dies wird einmal ganz allgemein ausgesprochen, indem es heißt, wer ohne Absicht Schaden an einem Gut thut, der muß ihn erlegen, aber er hat nicht nöthig Wette und Buße zu bezahlen [8]), und ein andermal wird Friedbruch und Schaden ganz allgemein einander gegenübergestellt [9]). Doch kann man zuweilen auch zweifelhaft sein, was für eine Art Nachtheil gemeint sei, der uns treffe. So heißt

1) s. oben pag. 101, 31 — 102, 4. 2) s. oben pag. 90, 28—35. 3) s. oben pag. 91, 4—8. 4) s. oben pag. 91, 13. 17. 5) s. oben pag. 91, 9—17. 6) s. oben pag. 246 Note 2 und pag. 260 Note 1. 7) s. oben pag. 47, 4—6. 8) s. oben pag. 40, 42. 43. 9) s. oben pag. 61, 23—26. Vgl. unter andern oben pag. 88, 27—33.

es von dem, der „ene truwelos hebbe ghekündiget" [1]), daß er nur im Fall er schwöre, recht gesprochen zu haben, „sunder wandel" bleibe, sonst aber zu „bessern" verpflichtet sei, in welchem Fall man ungewiß ist, ob man Wandel [2]) und Besserung für Buße oder Schadensersatz nehmen soll. Auch kommt der Ausdruck Schade in so allgemeiner Bedeutung vor, daß man selbst Friedbruch darunter zu verstehen hat, indem was ein Verfesteter gethan hat, „Schade" genannt wird [3]), so wie denn der Ausdruck überhaupt jeden Nachtheil bezeichnen kann [4]).

Weniger aus dem Gesichtspunkt eines Schadensersatzes als aus dem einer Privatstrafe ist die Verpflichtung zu dem, was vorzugsweise wenigstens Besserung genannt wird, zu betrachten [5]). Der Ausdruck Besserung nämlich heißt vorzugsweise das, was wegen Todtschlag und Verwundung bezahlt werden muß [6]). Doch wird das Wort außerdem auch noch, wie denn überhaupt jedes Wieder-gut-machen darunter verstanden wird [7]), mit andern Vergehen in Verbindung gesetzt. Von jedem Verfesteten, gleichviel weshalb er verfestet ist, wird gesagt, er müsse dafür bessern [8]). Wer Gesinde „sleyet oder anverdighet" muß eben diesem Gesinde oder den Erben desselben bessern [9]). Auch Hausfriedensbruch muß gebessert werden [10]). Statt bessern wird einmal auch der Ausdruck „büßen" gebraucht [11]), und „Sühne" wird gewöhnlich geradezu mit Besserung vertauscht, kommt jedoch auch in davon verschiedener Bedeutung vor, indem damit jede Geldsumme bezeichnet wird, die in Folge eines über einen Friedbruch oder doch über ein nicht ganz vollgültiges Geschäft geschlossenen Vertrages, der selber Sühne genannt wird, gezahlt werden soll [12]). Mit Sühne steht wieder in Verbindung der Ausdruck „veyde" oder „orveyde," womit jede Caution, etwas zu leisten, bezeichnet zu werden scheint [13]), die aber eine Besserung zu zahlen, vorzugsweise eben weil es, mindestens das Wort „orveyde," in mehreren Stellen mit Sühne zusammensteht mit der Verbindung durch „und" wie durch „oder" [14]). Daß die Urfede eine juratorische Caution gerade sei, erfährt man nur aus den Stellen, die sich auf Schuldverhältnisse beziehen, indem von jedem, der (sei es

1) s. oben pag. 46, 8—12. 2) Vgl. oben pag. 343 Note 4. 3) s. oben pag. 60, 14. 27. 4) s. unter andern oben pag. 47 41 bis 48, 3. 5) Die Lehre von der Besserung ist schon mehrmals berührt worden, s. oben pag. 147 Note 3—7. pag. 149 Note 3—7. pag. 254 Note 1—5. pag. 260 Note 10 bis pag. 261 Note 4. 6) Dies erhellt aus den in den folgenden Noten angeführten Stellen. 7) s. oben pag. 337 Note 11. 8) s. oben pag. 57, 40. 41. 9) s. oben pag. 33, 14—16. 46, 36—40. Vgl. oben pag. 146 Note 7. 10) s. oben pag. 50, 6. 7. 11) s. oben pag. 90, 14—21. 12) s. oben pag. 149 Note 5 und die folgende Note. 13) s. oben pag. 47, 37—40. 14) s. oben pag. 35, 24—26. 36, 7. 8. 78, 38—41. 94, 11—14.

in Folge dessen, daß er bereits in Overhöre gekündigt ist oder in Folge eines vollständig gerichtlichen Verfahrens) von der Gegenpartei in Arrest gehalten wird und durch Vergleich von diesem Arrest frei zu werden wünscht, verlangt wird, zu „swerен ene orveyde to holdene" [1]).

Die Voraussetzungen, unter welchen eine Besserung in dem vorhin bezeichneten Sinn, also Wehrgeld, bezahlt wird, sind etwa die, unter welchen ein Schade ersetzt werden muß. Der verbrecherische Wille nämlich, der die in Rede stehende Handlung erst zum Friedbruch macht, ist auch hier nicht erforderlich [2]). Es heißt vielmehr ausdrücklich, daß der Bürge, auch wenn er bei einem Todtschlag oder einer Verwundung des Rathes und der That nicht schuldig ist, dennoch des todten oder des verwundeten Mannes Wehrgeld bezahlen müsse [3]). Ebenso muß Wehrgeld auch aus des unter seinen Jahren befindlichen Kindes Vermögen bezahlt werden, wenn Todtschlag oder Verwundung von ihm geschehen sind [4]). Ferner muß auch derjenige, welcher selbsieben sich von absichtlicher Tödtung oder Verwundung reinigt, das Wehrgeld bezahlen, obwohl auch er von der öffentlichen Strafe frei ist [5]). Eben daher erklärt sich auch, daß derjenige, der ein baufälliges Gebäude troß gerichtlicher Aufforderung nicht herstellt, im Fall einer durch Einsturz bewirkten Tödtung oder Verwundung das Wehrgeld bezahlen muß, obwohl er von der eigentlichen Absicht zu tödten oder zu verwunden ganz frei ist [6]). Daher ist man denn auch noch viel weniger von der Bezahlung des Wehrgeldes frei, wenn man absichtlich getödtet oder verwundet hat, wenngleich man, da man aus Nothwehr handelte, keines Friedbruchs sich schuldig gemacht hat [7]). Doch fehlt es hier allerdings an einer allgemein gefaßten Stelle, denn die einzige Stelle, welche von diesem Fall redet, ist eine sehr specielle, indem in ihr nur der, welcher „enne hunt . . . oder hert oder enne ber oder beren" todtschlägt, als einer bezeichnet wird, der nichts zu erlegen brauche, wenn er eidlich, daß es Noth gethan habe, versichert [8]). In allen den bisher angeführten Stellen wird eigentlich die Besserung ganz wie jeder andere Schadensersatz behandelt. Nur in Ansehung der Erben zeigt sich der Unterschied. Während nämlich einerseits die Erben einen durch Friedbruch angerichteten Schaden allerdings ohne Weiteres zu bezahlen verpflichtet sind, so sind sie doch zur Bezahlung einer Besserung (eines Wehrgeldes) nur falls darüber

1) s. oben pag. 55, 35 — 56, 6. 56, 13—16. 70, 37—40. 2) s. oben pag. 338 Note 1. 3) s. oben pag. 40, 34—37. 4) s. oben pag. 42, 13—20. 5) s. oben pag. 41, 1—6 und hierüber Krauts Vormundschaft pag. 341 Note 7. 6) s. oben pag. 90, 14—21. 7) s. oben pag. 34, 35 — 35, 2. 8) s. oben pag. 43, 31—33 und pag. 89, 3. 4.

bereits ein Vertrag abgeschlossen worden ist, verbunden [1]), und hierin zeigt sich denn doch, daß diese Besserung mehr, als eine Strafe betrachtet wird. Es ist dann eben so gut, wie wenn jemand einen Frieden besonders gelobt hat und dann erst den Frieden bricht [2]), denn die Angelobung eines Friedens unterscheidet sich von der Sühne eben nur dadurch, daß dort das Versprechen zu bezahlen vorangeht, während es im letztern Fall nachfolgt. Durch ein solches besonderes Versprechen können auch selbst diejenigen sich den Vortheil einer Besserung oder eines Wehrgeldes sichern [3]), die an sich keinen Anspruch auf Wehrgeld machen können, nämlich unechte Leute, Spielleute und die ihr Recht mit Diebstahl, Raub, Meineid oder sonst verwirkt haben [4]). Zuletzt ist noch zu bemerken, daß wenn die Verpflichtung zur Besserung auf einem eigentlichen Friedbruch beruht, die Gehülfen nicht minder wie der Hauptthäter, die ja schon dieselbe öffentliche Strafe erhalten, dazu verbunden sind [5]).

Die Bedeutung der Besserung im engeren Sinn, des Wehrgeldes also, ist eben die einer Geldstrafe [6]). Die Größe dieser Geldstrafe ist jedoch zunächst verschieden nach der Größe des Verbrechens. Nur für Todtschlag wird das volle Wehrgeld bezahlt [7]). Für kampfwürdige Wunden dagegen oder da es sich um eine Lähmung, um Auge oder überhaupt um ein Glied handelt, wird nur das halbe Wehrgeld bezahlt [8]). Wie groß die Strafe sei bei noch geringeren Verletzungen wird nicht bemerkt. Ferner macht das Geschlecht einen Unterschied, denn Frauen und Jungfrauen giebt man immer nur höchstens ein halbes Wehrgeld [9]). Es ist endlich für die Bestimmung der Summe wichtig, ob man in Goslar Bürger ist, oder doch ob man daselbst geboren ist, denn diejenigen, die weder goslarische Bürger noch daselbst geboren sind, die etwa nur in Goslar dienen oder um Lohn arbeiten, bekommen ihr Wehrgeld nach dem Recht ihres Geburtsortes [10]). Bezahlt wird das Wehrgeld erst sechs Wochen nach der Zeit, daß es gewonnen wird, bis dahin aber kann der dazu Berechtigte Caution für die Bezahlung verlangen [11]). Jedoch wird wegen einer Sache nie mehr als ein Wehrgeld gezahlt [12]), so daß also auch für den Fall eines mit Gehülfen begangenen Friedbruchs, dessen vorhin gedacht worden ist, die volle Summe nur einmal entrichtet wird [13]).

1) s. oben pag. 6, 37—39. pag. 7, 9. 10. Vergl. auch oben pag. 149 Note 4—6. 2) s. oben pag. 47, 32—34. 3) s. oben pag. 47, 32—34. 4) s. oben pag. 86, 1—10. 5) s. oben pag. 47, 34—36 und pag. 297 Note 11. 6) s. oben pag. 85, 17. Vgl. hierüber Cropp in den criminalistischen Beiträgen pag. 357 Note 13. 14. 7) s. oben pag. 85, 17. 8) s. oben pag. 85, 23. 24. 305 Note 2. 3 5.
9) s. oben pag. 85, 21. 22 und Bruns in seinen Beiträgen p. 180 No. 3.
10) s. oben pag. 85, 30—34. 11) s. oben pag. 85, 18—20.
12) s. oben pag. 85, 28. 29. 13) s. oben Note 5.

Dadurch, daß man wehrgeldpflichtig ist, vermehrt sich übrigens nicht die Verpflichtung gegen den Richter, sondern man bezahlt ihm eben nur die gewöhnliche Wette [1]).

Ueber die Personen, welche das Recht haben das Wehrgeld zu erheben, ist schon bei andern Gelegenheiten geredet worden. Es sind außer dem eigentlich Verletzten seine Erben und namentlich auch die Ehefrau, desgleichen der Vogt [2]). Auch über das Verhältniß des Rechts auf Friedbruchsvormundschaft zu dem Recht auf Besserung ist schon früher das Genauere gesagt worden [3]).

Polizeiliche Geldstrafen sind nebst Schadensersatz und Besserung ein fernerer Gegensatz gegen die eigentlichen Friedbruchsstrafen. Dahin rechne ich die auf Zollfrevel gesetzte Strafe, die, außer in einer eigenthümlich bestimmten Wette an den Vogt, in dem Achtfachen des gewöhnlichen Zolls besteht [4]). Ferner gehört hierher die Stelle, die dem, der den andern mit Kampf anspricht, eine Strafe von „vif lodeghe mark" an den Rath auferlegt [5]), und die oben (Seite 295 Note 2) angeführte Stelle, nach welcher der, der den Büttel schlägt, sticht oder hauet, welcher ihn vorladet, diesem Büttel Buße und dem Rathe Strafe zahlt. Desgleichen ist als eine polizeiliche Strafe anzusehen, daß diejenigen, welche Gesinde aufnehmen, das dem bisherigen Herrn muthwillig entlaufen ist, gegen des letztern Willen und trotz eines gerichtlichen Verbotes, dem Rathe „eyne mark ane gnade" geben sollen [6]). Wem ein „gherende man oder wivesname" von einem Auswärtigen zugesandt wird, soll bei Strafe einer Mark an den Rath „vor de sande" nicht mehr als zwei Schilling goslarischer Pfennige bezahlen [7]). Dies fällt unter denselben Gesichtspunkt wie die zu Ende der dem Stadtrecht angeführten Hochzeitsordnung festgestellte Strafe für den bei Hochzeiten getriebenen Luxus, bestehend in „vif lodeghe mark," die ebenfalls dem Rath gezahlt werden sollen [8]).

Endlich ist außer Schadensersatz, Besserung und polizeilichen Strafen eine von der Friedbruchsstrafe verschiedene Folge die Rechtlosigkeit und die Ehrlosigkeit. Diese beiden Begriffe lassen sich nicht ohne den der Unechtheit deutlich machen, weil an diese ähnliche Nachtheile geknüpft sind wie an jene. Der Unterschied zwischen Rechtlosen und Ehrlosen einerseits, so wie Unechten, für die auch der Ausdruck Kebskinder einmal vorkommt [9]), andererseits ist, daß bei jenen die Ursache ihrer Verachtung in

1) s. oben pag. 85, 25—27. 2) s. oben pag. 146 Note 7. 147 Note 3—7. 260 Note 10. 261 Note 4. 173 Note 10. 11. 174 Note 3. 4. 3) s. oben pag. 254 Note 1—5. 4) s. oben pag. 40, 13—18. 75, 29—34. 5) s. oben pag. 49, 36—39. 311 Note 11. 6) s. oben pag. 90, 36 — 91, 8. Vgl. auch oben pag. 342 Note 2. 7) s. oben pag. 101, 13—17. 8) s. oben pag. 108, 19. 20. Vgl. oben pag. 271 Note 2. 9) s. oben pag. 93, 5.

Vergehen, deren sie sich schuldig gemacht haben, enthalten ist, bei diesen aber in der unehlichen Geburt [1]). Für beide Arten von Personen kommt der Ausdruck vor besprochene, bescholtene Leute [2]), so daß der Zusammenhang ergeben muß, welche Personen gemeint seien. Dagegen ist der Ausdruck anrüchtig, berüchtigt nur von den Rechtlosen zu verstehen [3]), und desgleichen das Wort mißthätige Leute [4]) und ebenso der nur in dem Privilegium Friedrichs des zweiten vorkommende Ausdruck „echlos," durch welchen die lateinischen Worte exlex vel infamis übersetzt werden [5]). Ob Rechtlose und Ehrlose von einander verschieden seien, erhellt nicht aus den Statuten, denn beide Worte werden meist neben einander gestellt [6]). Nur einigemal wird allein von Rechtlosen [7]) und ein einzigesmal allein von Verlust der Ehre geredet [8]). Personen, die weder recht- noch ehrlos genannt werden, sondern nur in einer ganz einzelnen Beziehung den unechten Personen gleichgestellt werden, sind die Spielleute [9]).

Die Ursachen der Rechtlosigkeit und Ehrlosigkeit sind das Verbrechen der Fälschung [10]) und zwar so, daß es ganz gleichgültig ist, ob die Friedbruchsstrafe abgelöst worden ist oder nicht [11]). Die Rechtlosigkeit und Ehrlosigkeit ist also keine Folge der Strafe. Dagegen giebt es allerdings Fälle, wo jene als Folge der erlittenen Strafe gerade bezeichnet werden. Wer Diebstahl oder Raub bereits gebüßt hat, wird nämlich zusammengestellt mit dem, der an seinem Recht bescholten ist [12]). Diebstahl aber und Raub haben gebüßt die mißthätigen Leute, denn von diesen wird gesagt, sie pflegten die Zeichen der Brandmarkung an sich zu haben, oder Daumen oder Ohren pflegten ihnen zu fehlen [13]). Indeß auch hier erscheint, daß die Strafe vollzogen sei, nicht als nothwendig, denn in einer andern Stelle wird dasselbe, was von den missethätigen Leuten in der eben angeführten gesagt wird, auch von nur Besprochenen oder Anrüchtigen behauptet [14]). Anrüchtig aber und besprochen ist noch nicht jeder, der als Innehaber gestohlner Sachen in Anspruch genommen worden ist, denn wenn der Beklagte gestattet, Nachsuchung zu halten, weil er nicht wüßte, ob er die Sache nicht doch vielleicht in seiner Were hätte, so schadet

1) Die Stellen, in welchen der Ausdruck echt für ehlich, zum Theil mit dem ausdrücklichen Gegensatz unecht für unehlich, vorkommt, sind oben pag. 8, 28. 13, 12—15. 21. 14, 34. 35. 15, 6. 7. 13. 29, 12. 20—22.
2) s. oben pag. 35, 17. 37, 13. 10, 17. 18. 40, 6—8. 96, 6.
3) s. oben pag. 38, 11. 102, 15—20. 4) s. oben pag. 36, 15—25. 37, 15—20. 88, 20. 5) s. oben pag. 114, 4. 6) s. unten die Noten 7) Rechtlosigkeit allein wird genannt oben pag. 76, 3—11 und 20, 8—11. 8) s. oben pag. 10, 12. 13. 9) s. oben pag. 86, 1. 10) s. oben pag. 38, 7. 8. 93, 10. 11. 114, 4. 5.
11) s. oben pag. 306 Note 8. 12) s. oben pag. 93, 5—7.
13) s. oben pag. 37, 15—20. 14) s. oben pag. 37, 11—14. 38, 10—13.

dies seiner Ehre und seinem Rechte nicht [1]). Besonders bezeichnet als Rechtlose oder doch in gleiche Stufe gesetzt mit den an ihrem Recht Bescholtenen, werden Meineidige, falsche Zeugen und ihrem Orden entlaufene Mönche [2]); bei diesen letzten wird bemerkt, daß die Rückkehr in den Orden den Fehler nicht wieder verbessere, wenn nicht etwa der Entlaufene zur Zeit seiner Flucht noch unter seinen Jahren gewesen wäre [3]). Auch die gerichtliche Lüge macht recht- und ehrlos [4]), und eine Frau büßt ihre Ehre (von Recht, welches sie verliere, wird nichts gesagt) ein durch Unkeuschheit [5]).

Die gemeinschaftlichen Folgen der Unechtheit, Recht- und Ehrlosigkeit sind Unfähigkeit zum Zeugniß, wie man nicht bloß aus den Stellen erkennt, die diese Fähigkeit den Unechten, Recht- und Ehrlosen geradezu absprechen [6]), sondern aus denen auch, welche positiv von den Eigenschaften der Zeugen sprechen [7]), wie es denn unter andern einmal heißt, des Vogtes Büttel und Knechte, wenn sie nur echt geboren und vollkommen an ihrem Rechte wären, könnten sehr wohl Zeugniß ablegen [8]). Eine fernere gemeinschaftliche Folge ist der Mangel eines Wehrgeldes [9]) und Unfähigkeit in eine Innung aufgenommen zu werden [10]). In Ansehung dieser letztern wird zwar hauptsächlich nur von der Ausschließung der Unechten gesprochen, indessen es heißt doch auch, daß der, dem man die Aufnahme verweigere, „sin echt unde sin recht bat beholden" müsse [11]) als die, die ihn darüber angreifen. Dagegen ist eine eigenthümliche Folge der Unechtheit die Ausschließung von der Erbfolge [12]), da bei Frauen, die durch Unkeuschheit ihre Ehre verlieren [13]), und bei Dieben, die ihren Leib verwirken, ausdrücklich gesagt wird, sie büßten ihre Erb- oder Vermögensrechte nicht ein [14]). Ein eigenthümlicher Nachtheil des Rechtlosen ist, daß er keinen Anspruch auf Buße hat, denn er erhält nur eine Scheinbuße [15]) und daß er nicht Vormund sein kann. Eine Ausnahme findet nur statt in Bezug auf seine Frau [16]) und seine Kinder [17]). Eigenthümlich ist ferner dem Rechtlosen, daß er, wenn er bereits irgend eines Friedbruchs sich schuldig gemacht hat, bei einem dann begangenen Diebstahl, auch wenn dieser ein kleiner Diebstahl ist, mit dem Tode bestraft wird [18]). In der betreffenden Stelle ist jedoch nur der Ausdruck „anrüchtig" und „be-

1) s. oben pag. 39, 34 — 40, 5. 2) s. oben pag. 93, 5—7. 96, 37—40. 3) s. oben pag. 94, 3—7. 4) s. oben pag. 94, 23—29. 5) s. oben pag. 10, 12. 13. 6) s. oben pag. 93, 5—7 und 93, 38 bis 94, 7. 7) Das Nähere unten in §. 8. 8) s. oben pag. 93, 18—22. 9) s. oben pag. 346 Note 4. 10) s. oben pag. 76, 11—38. 11) s. oben pag. 76, 19—21. 12) s. oben pag. 132 No. 1. 13) s. oben pag. 134 No. 2. 14) s. oben pag. 36, 1. 2. 15) s. oben pag. 337 Note 5. 16) s. oben pag. 260 Note 4. 17) s. oben pag. 281 Note 2. 18) s. oben pag. 309 Note 7.

sprochen" und nicht das Wort rechtlos gebraucht. Die mißthätigen Leute insbesondere werden auf eine eigenthümliche Weise der neuen Verbrechen, deren sie sich wiederum schuldig gemacht haben, überführt [1]), und derjenige, der sie in seinem Hause einmal ergriffen hat, ist verpflichtet, davon dem Vogt sofort Anzeige zu machen, widrigenfalls ist er Wette zu zahlen verbunden [2]).

Das, was die Spielleute mit den Unechten und Rechtlosen gemeinschaftlich haben, ist, daß sie ohne Wehrgeld sind, dagegen entbehren sie nicht wie die Rechtlosen der Buße, die sie vielmehr mit den Unechten und allen Uebrigen ganz gleich haben [3]). Von Spielleuten aber sowohl wie von Unechten und Rechtlosen gilt, daß niemand ungestraft sich gegen sie eines Verbrechens schuldig machen [4]) kann, denn über einen solchen, der an ihrer einem den Frieden bricht, wird nach Friedens Recht geurtheilt. Dieser Satz wird an einem andern Ort [5]) so ausgedrückt: man habe nicht nöthig, den Personen, die ohne Wehrgeld seien, Wehrgeld zu geben, sondern nur das, was etwa bei Gelobung eines besonderen Friedens versprochen sei. Demungeachtet aber werde, wenn man mit Rath oder That den Frieden an ihnen gebrochen habe, dies nach Friedens Rechte gebessert.

Aus dem bisher Gesagten erhellt, daß die Strafe der Ehrlosigkeit und Rechtlosigkeit theils eine solche ist, die eintritt, auch wenn ein Friedbruch gar nicht begangen worden ist, wie wenn jemand gerichtlich gelogen hat [6]), dann aber auch, daß im Fall eines begangenen Friedbruchs die Friedbruchsstrafe selbst ausfallen kann, die aber der Rechtlosigkeit und Ehrlosigkeit dennoch eintritt [7]), und endlich, daß beide eine rein secundäre Bedeutung haben können, d. h. neben der Friedbruchsstrafe den Verbrecher treffen können [8]). Es versteht sich auch von selbst, daß nach den Umständen alle bisher genannten Nachtheile vereinigt über den Verbrecher verhängt werden können, d. h. Friedbruchsstrafe, Wette, Buße, Schadensersatz, Rechtlosigkeit und Ehrlosigkeit, wobei denn auch erinnert werden mag, daß ebenfalls der Verlust des besonderen Friedens und namentlich des Hausfriedens bald in Verein mit den andern Nachtheilen, bald selbständig stattfinden kann [9]).

Dem Sachsenspiegel ist eigenthümlich, daß auf das Verhältniß zwischen Wette und Buße aufmerksam gemacht wird. Es wird als Regel ausgesprochen, „umme alle scult, dar de man sine bute gewint, dar hevet die richtere sin gewedde an" [10]). Dies wird so streng genommen, daß behauptet wird, allein deshalb sei die

1) s. oben pag. 36, 15—25 und unten §. 10. 2) s. oben pag. 335 Note 2. 3) s. oben pag. 337 Note 4 und pag. 86, 1—10. 4) s. oben pag. 86, 3. 4. 8—10. 5) s. oben pag. 346 Note 3 und pag. 47, 32—36. 6) s. oben pag. 349 Note 4. 7) s. oben pag. 348 Note 11. 8) s. oben pag. 348 Note 11. 9) s. oben pag. 316 Note 6. 10) S. I. 53, 1. III. 32, 10.

sonst so unbedeutende Buße unechter Leute eingeführt, damit nur ein Gewette des Richters darauf folgen könne [1]). Hierin ist enthalten, daß ein Gewette überhaupt nicht möglich sei ohne Buße. Ohne Ausnahmen ist dies nicht, denn wegen Ungebühr im Gerichte wird, ohne daß Buße genommen würde, doch Gewette bezahlt [2]). Die Stellen der Statuten, die nur der Buße gedenken, fehlen dem Sachsenspiegel [3]), und ebenso wird bei den Bestimmungen, daß das auf einen andern gezückte Schwerdt dem Richter gehöre, nicht erwähnt, wie man ihm außerdem auch noch Wette bezahlen müsse [4]). Bei dem Bruch der gelobten Gewere dagegen wird außer der Werbuße im Sachsenspiegel noch ausdrücklich der Wette, die man dem Richter zu zahlen hat, gedacht, während in den Statuten nur von dem Wetten des Fingers selbst gesprochen wird [5]). Daß nur zu einer Wette in den Statuten verpflichtet wird, wenn man einen Dieb wieder frei läßt oder einen mißthätigen Mann ohne Anzeige beim Richter über Nacht bei sich hält [6]), würde auch dem Princip jener Ausnahme gemäß [7]) im Sachsenspiegel stehen können, obwohl es in der That nicht darin steht, da ja hier nur der Richter als der Verletzte erscheint, denn eine verletzte Partei ist ja gar nicht vorhanden.

Dem Sachsenspiegel ist ferner eigenthümlich die Begränzung der Buße und Wette auf processualische Vergehen [8]), während diese in den Statuten nur unter andern zu den Vergehen gehören, die so bestraft werden [9]). Doch ist auch im Sachsenspiegel jene Begränzung nicht streng beobachtet, so wenig wie die, daß überall, wo Buße gefordert werden könne, auch Wette bezahlt werden müsse. Beispiele von Ausnahmen sind, daß der, der nach dreißig Tagen die Herausgabe von Herwede und Gerade verweigert, im Fall angestellter Klage wie in den Statuten zu Buße und Wette verpflichtet ist [10]), und daß der wenigstens zu Wette verbunden ist, der einen Verfesteten „herberget oder spiset wetenlike" [11]), worin die Statuten sogar einen Friedbruch finden [12]). Auch ist von Buße und Wette die Rede, wenn Gemeindeland durch ein Gemeindemitglied oder durch eine andere Bauerschaft beeinträchtigt wird [13]). Nicht jedoch kann zu diesen Ausnahmen gerechnet werden die Wettepflicht, welche im Fall eines aus Nothwehr Erschlagenen eintritt [14]). In diesem Fall muß nämlich das processualische Verfahren eigentlich beginnen mit dem Rufen des

1) S. III. 45, 10. 2) s. oben pag. 350 Note 10 und unten Note 11. 3) s. oben pag. 334 Note 6. 8. 4) S. I. 62, 2 und oben pag. 334 Note 12. 5) s. oben pag. 319 Note 2 und 335 Note 1. 6) s. oben pag. 335 Note 1. 2. 7) s. Note 2. 8) S. I. 53, 1. 9) s. oben pag. 335. 10) s. oben pag. 334 Note 7. S. III. 15, 2. 11) S. III. 23. Vgl. auch oben Note 2. 12) s. oben pag. 293 Note 3. 13) S. III. 86. Vgl. auch S. II. 28, 1. 2. II. 47. 14) S. II. 14, 1.

Gerüftes [1]). Wenn daher der Todtschläger nicht bei dem Todten zu bleiben wagt, um ihn mit Gerüfte vor den Richter zu bringen und über ihn richten zu lassen, so vergeht er sich gegen die Proceßvorschriften und muß daher dem Richter trotz dem, daß er von der peinlichen Strafe sich losmacht und im übrigen handelt, wie es erforderlich ist, doch das Gewette an den Richter bezahlen. Ferner ist aber allerdings als Ausnahme zu betrachten, daß derjenige zu Buße verpflichtet wird, der einem andern seine Sache, gleichviel ob sie viel oder wenig werth ist, gewaltsam oder doch ohne sein Wissen nimmt. Die Buße erscheint hier als eine besondere Strafe für ein Vergehen ohne bestimmten Charakter, denn als Raub oder Diebstahl wird die Wegnahme nicht bezeichnet [2]). Aehnlich verhält es sich mit dem Fall, da jemand einen andern „ane vleischwunde sleit oder beschilt logenuere" [3]), und da jemand einen andern an einem Gliede verwundet oder es ihm ganz und gar abhaut, für welches schon früher Wehrgeld bezahlt worden ist. In diesen beiden Fällen wird nämlich ebenfalls nur Buße gezahlt. Nach den Statuten würde das Letztere als Friedbruch bestraft werden [4]), während das Erstere auf gleiche Weise als eine Beschimpfung mit bloßem Scheltwort würde behandelt werden [5]). Ferner findet sich auch für eine früher bei der Lehre vom Wehrgelde besprochene Stelle der Statuten eine entsprechende Bestimmung des Sachsenspiegels. Es ist die von dem Gesinde, welches verletzt worden ist. Hier wird im Rechtsbuch der Ausdruck gebraucht, es solle Buße gegeben werden und zwar dem Herrn und dem Gesinde zugleich, während in den Statuten das Wort „bessern" gebraucht und auch nur auf das Gesinde selber bezogen ist. In Ansehung des Herrn ist überhaupt im Stadtrecht nur von Schadensersatz die Rede [6]). Endlich kann auch noch als Beispiel einer Ausnahme von jenem Princip dienen, daß wer Vieh des andern lähmt oder tödtet, nicht nur zum Schadensersatz, sondern auch zur Buße verpflichtet ist [8]). Die einzelnen Belege für die Regel des Sachsenspiegels, daß Wette und Buße die Folgen processualischer Fehler sind, wohin denn auch zu rechnen, wenn neben der Friedbruchsstrafe gewettet und gebüßt wird [9]), sind in den Statuten zum Theil aus dem Sachsenspiegel geschöpft [10]), und werden zur Vermeidung von Wiederholungen in der Lehre vom gerichtlichen Verfahren ihre Stelle finden [11])

1) S. II. 64 und unten §. 10. 2) S. III. 47, 1. S. jedoch Cropp in den criminalistischen Beiträgen von Hudtwalcker pag. 277.
3) S. II. 16, 8. 9. Vgl. oben pag. 299 Note 2. 4) s. oben pag. 295 Note 1. 5) s. oben pag. 331 Note 12. pag. 332 Note 1—3.
6) S. II. 34 und oben pag. 300 Note 12 und pag. 342 Note 9.
8) S. III. 48. 9) S. I. 53, 4 und oben pag. 336 Note 5.
10) s. oben pag. 335. 336. 11) s. unten §. 6.

Daß Wette und Buße Geldstrafen sind, ist Recht des Sachsenspiegels wie der Statuten. Doch ist die Lehre von deren Größe und von den dazu berechtigten Personen viel vollständiger als im Stadtrecht. Zweien Richtern zugleich kann man verpflichtet sein, sofern man den weltlichen und den geistlichen Richter zugleich verletzen kann [1]). In einem Artikel werden die verschiedenen Arten von Richtern mit ihrem Gewette [2]), und in einem andern die Personen aufgezählt, welche zur Buße und zu einer wie großen sie berechtigt sind [3]). Außer denen die ihr Recht mit Diebstahl, Raub oder sonst verwirkt haben, müssen mit einer Scheinbuße zufrieden sein die sich zu eigen geben, Kämpfer und ihre Kinder und Spielleute, welchen letztern die Statuten ausdrücklich eine wirkliche Buße zuschreiben [4]). Die Größe dieser ist im Sachsenspiegel (abweichend von den Statuten [5])) nach Herkommen, Stand, Geschlecht und ehlicher Geburt verschieden bestimmt [6]). Eigenthümlich sind ferner Bestimmungen über den Ort der Zahlung von Wette und Buße [7]) und über das Verfahren, wenn nicht zur rechten Zeit gezahlt wird [8]). Auch die Zeit selber, zu der man die Strafen leisten soll, ist anders festgestellt als in den Statuten [9]). Ueberhaupt unbekannt sind dem Rechtsbuch die Bestimmungen über Caution [10]) und die sich auf die Voraussetzung mehrerer Kläger, mehrerer Beklagten und mehrerer Vergehen beziehen [11]).

Der Ausdruck „bessern" hat in dem Sachsenspiegel keine besonders nahe Beziehung zum Wehrgeld, sondern entspricht eben überhaupt dem Begriff des Schadens, was ausnahmsweise auch von dem Worte „büßen" gilt [12]). Daß eine Verpflichtung zum Schadensersatz auch dann da sei, wenn es nur an der zum Begriff des Friedensbruchs erforderlichen verbrecherischen Absicht fehlt, ist ebenfalls Recht des Sachsenspiegels, wenn gleich sich nicht alle einzelnen Belege in ihm finden, die oben dafür angeführt sind [13]). Desgleichen ist auch im Rechtsbuch eine Verpflichtung zum Schadensersatz da, wenn es an einem Friedbruch fehlt, weil nicht der volle Thatbestand vorliegt [14]). Ueber die Verbindlichkeiten wegen

1) S. I. 53, 4. 2) s. Homeyers Glossar zum Sachsp. unter „gewedde". 3) S. III. 45. 4) s. oben pag. 337 Note 4.
5) s. oben pag. 337 Note 2 und 3. 6) S. III. 45 und Homeyers Glossar zum Sachsp. unter „Buße". 7) S. II. 5, 2 zu Ende.
8) S. I. 53, 3 II. 41, 1. 9) S. II. 5, 2 und oben pag. 336 Note 12 und 337 Note 9. 10) s. oben pag. 336 Note 13 und 337 Note 1. 11) s. oben pag. 336 Note 8—11 und 337 Note 6—8.
12) s. oben 337 Note 10—12. 344 Note 7 und Homeyers Glossar zum Sachs. unter „beteren" „büten" „wergeld". 13) s. oben pag. 338 Note 2 und die pag. 300 Note 2—4 und 8 angeführten Stellen des Sachsp. III. 9, 2. II. 38. III. 3. II. 65. Man vergleiche auch oben pag. 338 Note 5—8 mit S. III. 49. II. 62, 1. II. 47 und II. 40.
14) s. oben pag. 339 Note 1—6 und pag. 352 Note 2 und S. III. 4, 2.

leichtsinniger Erregung von Processen wird noch im folgenden Paragraphen gesprochen werden [1]). Von Fällen, die weil sie objectiv unbedeutend sind, nicht als Friedbrüche betrachtet werden, sondern nur zum Ersatz verbinden, ist früher schon einer angeführt worden [2]). Desgleichen ist oben schon ein Vergehen erwähnt worden, welches unter erschwerenden Umständen Friedbruch sein würde, ohne diese aber nur zum Schadenersatz und Wette und Buße verpflichtet [3]). Wegen der Besonderheiten in Ansehung der Erben und des durch oder gegen Gesinde angerichteten Schadens kann auch auf das Frühere verwiesen werden [4]).

Sowie der Ausdruck Besserung im Sachsenspiegel keine besondre Beziehung zu Wehrgeld hat [5]), so auch nicht der Ausdruck Sühne und Urfede, von welcher letztern indeß nach dem Rechtsbuch nicht gilt, daß sie nur iuratorisch gegeben werde [6]), denn es wird eben so gut gesagt „Urfede geloben" als Urfede schwören [7]). Die Verpflichtung zur Bezahlung des Wehrgeldes liegt auch nach dem Sachsenspiegel ob ganz ohne Rücksicht darauf ob die Tödtung oder Verwundung zugerechnet oder gerechtfertigt werden könne oder nicht [8]). Die Verpflichtung wird also auch in ihm ganz wie die zum Schadensersatz behandelt mit der einen auch bei dem Recht der Statuten erwähnten Ausnahme in Ansehung der Erben [9]). Wieviel Wehrgeld bezahlt werde, nämlich ob nur die halbe [10]) oder die ganze Summe, hängt auch im Rechtsbuch davon ab, ob nur verwundet oder gelähmt oder aber getödtet worden ist [11]), oder vom Geschlecht, insofern Frauen und Jungfrauen oder genauer für Frauen und Jungfrauen immer nur halbes Wehrgeld gegeben wird [12]). In Bezug auf diesen letztern Punkt ist dem Sachsenspiegel eigenthümlich die Angabe nach welchem g a n z e n Wehrgeld die Hälfte berechnet wird, bei Frauen nämlich nach dem Wehrgeld des Ehemanns, bei Jungfrauen nach dem Wehrgeld eines Mannes ihres Geburtsstandes [13]). Dieser Geburtsstand aber, nach welchem sich eines Mannes Wehrgeld bestimmt, begründet in dem Rechtsbuch, abweichend von den Statuten, mancherlei Abstufungen [14]). Das eine Wehrgeldsquantum, welches die Statuten angeben, entspricht dem, welches nach

1) s. oben pag. 340 Note 10—341 Note 4 und unten §. 6. 2) s. oben pag. 320 Note 1. 3) s. oben pag. 341 Note 5. pag. 342 Note 6 und pag. 299 Note 1. 351 Note 13. 4) s. oben pag. 342 Note 7 und pag. 300 Note 9 und Note 12 und S. II. 32 und 33. 5) s. oben 353 Note 12. 6) s. oben pag. 344 Note 6. 345 Note 1. 7) S. III. 41, 1. 8) S. II. 14, 1. II. 38. II. 65, 1. II. 40, 1. III. 9, 1 und oben pag. 345 Note 2—8 zu vergleichen. 9) s. oben pag. 149 Note 3 zu vergleichen mit oben pag. 346 Note 1. 10) Ueber eine noch geringere Quote S. II. 16, 6. 11) S. II. 16, 5. 7 und oben pag. 346 Note 8. 12) s. oben pag. 346 Note 9 und S. III. 45, 2. 13) S. III. 45, 2 und hierüber Krauts Vormundschaft pag. 179. 14) S. III. 45 und oben pag. 346 Note 10.

dem Sachsenspiegel für die schöffenbaren freien Leute gegeben wird [1]). Die Zeit, nach welches das Recht auf Wehrgeld geltend gemacht werden kann, ist die doppelte der Statuten [2]). Von einer Sicherheitsleistung, zu welcher man verpflichtet wäre, findet sich nichts, sondern nur die Bestimmung, daß wenn man überhaupt zu einer Sicherheitsleistung im Processe verbunden wäre, die Größe derselben sich bestimme nach der Größe des Wehrgelds des Cavirenden [3]). Daß wegen einer Sache immer nur ein Wehrgeld bezahlt werde, wird nicht ausdrücklich bemerkt [4]), kann aber vielleicht aus der Regel abgeleitet werden, daß mehrere Kläger, denen man zur Sicherheitsleistung verbunden ist, doch nur bis auf die Größe eines Wehrgeldes die Caution verlangen können [5]). Die zum Wehrgeld berechtigte Person ist regelmäßig nicht der Richter sondern der Kläger, wie im Sachsenspiegel, was in den Statuten nicht geschieht, ausdrücklich versichert wird [6]), so daß nicht einmal die im Stadtrecht vorkommende Ausname gilt, daß der Vogt das Wehrgeld erhalte, falls zur Klage auf das Wehrgeld von den sonst Berechtigten niemand vorhanden ist [7]). Wer aber außer dem Verletzten selber nach dem Sachsenspiegel zum Wehrgeld berechtigt sei, ist schon früher bemerkt worden [8]). Welche Personen des Rechts auf Wehrgeld überhaupt entbehren, wird weiter unten bei den Folgen der Rechtlosigkeit und Unechtheit erwähnt werden [9]).

Von polizeilichen Strafen findet sich auch hier nicht nur eine in dem Vierfachen bestehende Geldstrafe wegen Zollfrevel, sondern auch ein vollständiger Zolltarif. Mit Kampf ansprechen kann dagegen im Sachsenspiegel nicht mit Strafe bedroht sein, da der Kampf überhaupt noch zulässig ist [11]). Die übrigen oben angeführten Fälle polizeilicher Strafen sind dem Rechtsbuch ebenfalls unbekannt [12]), weil sie zum Theil wenigstens mit städtischen Einrichtungen zusammenhängen.

Die Begriffe Rechtlosigkeit und Ehrlosigkeit einerseits, sowie Unechtheit andrerseits finden sich im Sachsenspiegel zwar auch von einander unterschieden aber doch mindestens der Terminologie nach weniger wie in den Statuten [13]). Unecht, echtlos, rechtlos werden promiscue gebraucht und bezeichnen bald diesen bald jenen Begriff [14]). Sofern diese Ausdrücke aber einander entgegen-

1) s. oben pag. 85, 17 und S. III. 45, 1 zu Ende. Vgl. auch Cropp in den criminalistischen Beiträgen pag. 357 Note 13. 2) s. oben pag. 346 Note 11 und S. I. 65, 4. 3) S. II. 5, 1. 4) s. oben pag. 346 Note 12. 5) S. III. 12, 2. 6) S. III. 9, 1. 7) s. oben pag. 347 Note 2 und 175 Note 4. 8) s. oben pag. 146 Note 1 und 258 Note 1. 272 Note 6. 9) s. unten pag. 357 Note 1--13. 10) S. II. 27. 11) s. oben pag. 321 Note 8. 12) s. oben pag. 347 und namentlich Note 5—8. 13) s. oben pag. 347 Note 9. 348 Note 9. 14) Vgl. hierüber die Zusammenstellungen in Homeyers Glossar zum Sachsenspiegel unter den Worten: echt, echtlos, rechtlos, unecht und unehelich.

gesetzt werden, bezeichnen unecht und echtlos dasselbe, nämlich den Mangel der ehlichen Geburt [1]). Das Wort „unecht" also wird dann wenigstens ebenso gebraucht wie in den Statuten [2]), denn „echtlos" kommt in ihnen freilich überhaupt nicht sondern nur in einem kaiserlichen Privilegium und auch da in einer andern Bedeutung vor [3]). Rechtlos im Gegensatz gegen unecht und echtlos bedeutet dann ebenfalls was es auch in den Statuten bedeutet [4]). Der Ausdruck „besprochne, anrüchtige, berüchtigte, mißthätige" Leute, ist dem Sachsenspiegel fremd [5]), aber nicht „bescholten am Recht sein" [6]) eine Redensart, die indeß so gut doppeldeutig ist wie im Stadtrecht [7]). Inwiefern rechtlos und ehrlos verschieden, ist auch nach dem Rechtsbuch nicht ganz deutlich, obwohl die eine in den Statuten recipirte Stelle, in welcher das Wort „Ehre" gebraucht wird, bestimmter gefaßt ist, denn während es in unserm Stadtrecht nur heißt [8]): „En vrowe vorlüst mit irer unküsheyt ire ere, ir erve vorlüst se aver dar mede nicht" so heißt es im Sachsenspiegel [9]): „ire recht ne vorlüst se dar mede nicht noch ir erve". Dafür aber heißt es auch im Rechtsbuch ausdrücklich auch nur „ire wifliken ere," so daß der Ausdruck Ehre hier gar nicht für einen eigentlich iuristisch technischen angenommen werden kann. Die Personen, welche sonst noch als ehrlos allein bezeichnet werden, sind die, welche heerflüchtig oder überhaupt treulos sind [10]) oder welche die Lehnstreue verletzen dadurch, daß sie den Lehnsherrn oder Vasallen tödten [11]). Die Heerflüchtigen aber und überhaupt die Treulosen könnten wie es scheint eben so gut auch Rechtlose genannt werden, denn es wird einzig gesagt, sie verwirkten nur nicht grade ihr Leben. Ein Gleiches gilt auch von dem der den Herrn oder Vasallen tödtet, obwohl es scheinen könnte als wenn jeder andre Todtschläger höchstens etwa rechtlos werden, nicht aber den Verlust der Ehre erfahren könnte, denn der Erbe der den Erblasser erschlägt, dessen gleich nachher gedacht wird, wird nicht ehrlos gesagt, sondern es wird nur bemerkt, er verliere sein Erbrecht [12]). Dieß beweißt indeß nichts, da ja auch nicht gesagt ist, daß ein solcher Erbe sein Leben verwirkt und doch ist dieß entschieden der Fall [13]).

Die Ursachen der Rechtlosigkeit (und Ehrlosigkeit) sind im Wesentlichen dieselben, wie in den Statuten [14]). Eigenthümlich

1) S. I. 38, 1. I. 51, 1. 2) s. oben pag. 348 Note 1. 3) s. oben pag. 348 Note 5. 4) s. oben pag. 347 Note 8. 5) s. oben pag. 348 Note 2—5. 6) s. Homeyers Glossar zum Sachsenspiegel unter „bescelden." 7) s. oben pag. 348 Note 2. 8) s. oben pag. 348 Note 8. 9) S. I. 5, 2. 10) S. I. 40. 11) S. III. 84, 2. 12) Vgl. oben pag. 134 Note 4. 13) Vgl. unten die pag. 357 Note 1 angef. Stelle. 14) s. oben pag. 348 Note 10. bis pag. 349 Note 5. vgl. mit den in Homeyers Glossar unter „rechtlos" zusammengestellten Citaten.

ist, daß, was in den Statuten nur für einen einzelnen Fall ausgesprochen ist, in dem Sachsenspiegel als Princip sich findet, daß nämlich jeder der „lief oder hant ledeget, dat ime mit rechte verdelt is" rechtlos ist [1]). Die gemeinschaftlichen Folgen der Rechtlosigkeit und Unechtheit sind ebenfalls Unfähigkeit zum Zeugniß [2]) und Mangel eines Wehrgeldes [3]). Von der Unfähigkeit zu Innungen, weil diese nur eine städtische Einrichtung sind, wird natürlich nichts gesagt [4]). Den Unechten eigenthümlich ist auch hier die Unfähigkeit zu Familien- und Erbrechten [5]), nicht aber Buße zu empfangen, obwohl ihre Buße so gering ist, daß sie fast auch nur als eine Scheinbuße wie die der Rechtlosen betrachtet werden kann [6]). Von diesen letztern ist schon früher bemerkt worden, daß im Sachsenspiegel nicht besonders hervorgehoben werde, daß sie Vormünder ihrer Frauen und Kinder sein könnten [7]). Auch ist schon erwähnt worden, daß dem Sachsenspiegel eine größere Strafe des Diebstahls bereits anrüchtiger Personen unbekannt sei [8]), dafür trift Räuber und Diebe ein anderer dem Rechtsbuch eigenthümlicher Nachtheil, der nämlich, daß sie sich von einem zweiten Raub oder Diebstahl nicht mehr durch Eid, sondern nur durch Gottesgericht reinigen können [9]). Die Spielleute stimmen mit den gewöhnlichen Rechtlosen nicht nur wie in den Statuten darin überein, daß sie kein Wehrgeld haben, sondern sie sind wirklich rechtlose Personen und nur daraus erhellt überhaupt, daß sie kein Wehrgeld haben, denn ausdrücklicherweise wird es ihnen gar nicht abgesprochen [10]). Die Buße dagegen wird besonders erwähnt [11]), sie ist wie die aller Rechtlosen nur eine Scheinbuße. Sowie aber überhaupt nicht jeder Rechtlose Dieb's und Räubersgenosse grade ist, so ist es namentlich auch nicht der Spielmann [12]). Von allen Rechtlosen aber gilt, den Ausdruck im weitesten Sinne des Sachsenspiegels genommen, daß der Friede nicht ohne Strafe an ihnen gebrochen werden könne [13]).

Der vermehrte Sachsenspiegel hat aus dem Sachsenspiegel aufgenommen, was sich auf das Verhältniß zwischen Wette und Buße bezieht, denn es heißt auch hier „von rechtes wegen so wert allewege busse er gewonnen wan gewette, wanne wo der cleger busse an siner clage gewinnet, do fulget des richters gewette noch" [14]) und ebenso wird auch hier dieselbe Erklärung

1) s. oben pag. 348 Note 11 und S. I. 65, 2. 2) S. I. 6, 2. II. 36, 4. III. 28, 1. 3) S. III. 45, 11. 4) s. oben pag. 349 Note 10. 5) S. I. 51, 1. 6) s. oben pag. 351 Note 1. 7) s. oben pag. 272 Note 3 und 287 Note 5. 8) s. oben pag. 320 Note 7. 9) S. I. 39 vgl. mit oben pag. 350 Note 1 und unten §. 10. 10) S. I. 38, 1 und oben pag. 348 Note 9 und 350 Note 3. 11) S. III. 45, 9. 12) S. I. 50. §. 2. 13) S. III. 45, 11 und oben pag. 350 Note 4 und 5. 14) s. oben pag. 350 Note 10 und D. IV. 45, 19 = B. IV. 16, 15.

gegeben wie dort über die geringe Buße unechter Leute [1]). Demungeachtet fehlt es hier an der dort zu der Regel hinzugefügten Beschränkung, wenigstens insofern man die oben hierfür angezogene Stelle vermißt [2]). Von den Stellen der Statuten, welche nur der Buße und nicht zugleich des Gewettes gedenken, fehlt auch hier wenigstens die eine [3]), während die Erwähnung des Gewettes neben der Buße in den beiden andern Stellen den Statuten entlehnt ist [4]). Umgekehrt kennt der vermehrte Sachsenspiegel auch die oben angeführten Fälle einer bloßen Wettepflicht [5]). Die dem Sachsenspiegel eigenthümliche Beschränkung von Wette und Buße auf processualische Vergehen, findet sich hier nicht, vielmehr ist die Lehre von der so zu sagen reinen Wette und Buße hier noch mehr ausgebildet als in den Statuten, wie auch schon früher einmal angedeutet worden ist [6]). Das Buch des vermehrten Sachsenspiegels, in welchem mit ziemlicher Vollständigkeit von den Ungerichten gehandelt wird, beginnt mit den unbedeutendern Vergehen, von welchen es dann zu den eigentlichen Friedbrüchen aufsteigt [7]). Bei der reinen Wette und Buße (die gerichtlichen mögen auch dem folgenden Paragraphen aufbehalten bleiben [8])) wird in Ansehung der letztern unterschieden, zwischen schlechter Buße und Frevelbuße. Die Bedeutung dieses Unterschiedes zeigt sich indeß nicht etwa darin, daß jene in einer geringern Summe bestünde wie diese, sondern scheint darin zu liegen, daß mit der schlechten Buße die Sache abgethan ist, während n e b e n der Frevelbuße noch eine Sühne und auch nur neben ihr ein Gewette vorkommt, so daß diese letztere den Charakter einer reinen Strafe hat, während jene mehr aus dem Gesichtspunkt einer Vergeltung betrachtet wird. Zwei Stellen sind es, durch welche das eben Behauptete bewiesen wird, in der einen heißt es [9]): „Geschit ein blutrunst von u n g e s c h i c h t i g e n dingen undankez, tut er sinen eid darczu das ym leit sy gewest und noch leit sy, der lidet eine s l e c h t e busze und nicht f r e v e l z busze" die andere Stelle ist [10]): „Wer eynen mit f r e v e l slet d a n c k e s mit knutteln adder mit fusten, wert is zcu om bracht, he busset XXX schillinc dem cleger unde wettet; aber s u n r i c h t u n g e ist damit n i c h t vorebent. Slet eyner den andern u n d a n c k e s von u n g e s c h i c h t, daz her bewiset zcu den heyligen, das is ome leyt sy unde noch leyt sy, der sol ome sinen smerczen mit dryszig

1) s. oben pag. 351 Note 1 und D. IV. 32, 15 = B. IV. 2, 12.
2) s. oben pag. 351 Note 2. 3) s. oben pag. 351 die in Note 3 zuerst angeführte Stelle und pag. 301 Note 5. 4) s. oben pag. 351 die in Note 3 zuletzt angeführte Stelle und Note 4. 5. desgleichen D. IV. 35 = B. IV. 6. und oben pag. 351 Note 5 und 325 Note 9. 5) s. oben pag. 351 Note 6. 6) s. oben pag. 301 Note 8 und 9.
7) D. IV. 1 = B. III. 2. 8) Vgl. oben pag. 352 Note 11.
9) D. IV. 1, 3 = B. III. 2, 2. 10) D. IV. 4, 1. 2 = B. III. 3. pr. 1.

schillingen erlegen, unde umbe des eydes willen darf her deme gerichte nicht wetten. Hieraus würde folgendes sich ergeben: wer aus Versehen einen andern verletzt, ohne daß die Verletzung doch objectiv genommen bedeutend genug wäre, um für Friedbruch zu gelten [1]), kommt mit einem bloßen Schmerzensgeld davon; wer dagegen böswillig gehandelt hat, muß Wette und auch noch Sühne geben, d. h. ein Wehrgeld entrichten. Hierdurch ist also, was in den Statuten und im Sachsenspiegel vermißt wird, eben auch das Verhältniß des Wehrgeldes zur Buße angegeben für diese geringern Vergehen wenigstens, denn von den Vergehen, welche objectiv genommen Friedbrüche sein würden, und dem dann zu entrichtenden Wehrgeld wird weiter unten noch besonders geredet werden [2]). Daß ich aber die „sunrichtunge" auf das Wehrgeld beziehe, thue ich, weil Sühne (wovon ebenfalls noch weiter unten zu reden [3])) mit Wehrgeld so oft geradezu gleichbedeutend genommen wird [4]). Auch auf den Fall der aus Nothwehr dem andern zugefügten „blutrunst" ist Rücksicht genommen. Er ist dem Fall der „undanckes" geschehnen Blutrunst subsumirt, wird jedoch insofern vortheilhafter als der des „undankez von ungeschichtigen dingen" beurtheilt, als die gehörig bekannte und bewiesene Nothwehr den Thäter „ane wandel kegen deme cleger unde kegen deme gerichte" läßt [5]). Zwischen dem blutrünstig Schlagen und dem Schlagen „mit knutteln adder mit fusten" steht das „rouffen" und die „backenslege" [6]), die auch für den Fall, daß sie „in frevel" geschehen sind, doch nicht mehr als Buße und Wette nach sich ziehen. Von „sunrichtunge" ist hier nicht die Rede [7]). Außer den bisher genannten Fällen reiner Wette und Buße, die dem vermehrten Sachsenspiegel neben noch einigen mehr einzeln dastehenden [8]) allein angehören, theilt er mit den Statuten und dem Sachsenspiegel den einen oben [9]) angeführten Fall, aber nicht den andern an jenem Ort bezeichneten, in welchem der Sachsenspiegel allein nur Wette und Buße nimmt,

1) s. oben pag. 301 Note 7. 2) s. unten pag. 361 Note 12.
3) s. unten pag. 362 Note 6. 4) Vgl. oben pag. 344 Note 12 und D. IV. 4, 4 = B. III. 3, 3. wo gewiß sunlust dasselbe bedeutet was in der oben p. 358 N. 10 angeführten Stelle sunrichtunge bedeutet.
5) D. IV. 1, 2. 3 = B. III. 2, 1. 2. und vgl. oben pag. 303 Note 2. s. auch unten pag. 362 Note 12. 6) D. IV. 2, 3 = B. III. 2.
7) Es darf bei der vorhin versuchten Auslegung von sunrichtung nicht übersehen werden, daß der Böhmesche Text „sine berichtunghe" und ein andrer „sin richtunge" hat. In diesem letzten Text findet sich auch ein andermal statt „sunlust" „sin unlust" s. die pag. 488, 4 und pag. 489, 23 von Ortloff gegebenen Varianten. Die Bedeutung dieser Varianten dürfte etwa sein, daß im Fall der Frevelbuße dem Richter zustehe noch außer ihr und dem Gewette eine besondere Strafe zuzuerkennen.
8) s. oben pag. 329 Note 7 und 303 Note 10. 9) s. oben pag. 351 Note 10.

während ihn die beiden andern Quellen als Friedbruch behandeln [1]). Mit dem Sachsenspiegel allein gemeinschaftlich sind unserm Rechtsbuch einige andre vorhin angegebene Bestimmungen über Wette und Buße [2]), sowie auch solche da sind, in welchen er allein mit den Statuten übereinstimmt [3]). Endlich sind unter dem statutarischen Rechte Voraussetzungen für Wett- und Bußpflicht genannt, die nur in den Statuten vorkommend beiden Rechtsbüchern unbekannt sind [4]).

Die verschiedenen Arten der Wett- und Bußgelder werden ähnlich wie im Sachsenspiegel mit mehr Vollständigkeit aufgezählt [5]). Daß dieß nichts Zufälliges ist, vielmehr das Gegentheil in den Städten überhaupt, also auch in Goslar, wenigstens in Ansehung der Buße, darauf beruhen mochte, daß man absichtlicherweise ganz einfache Verhältnisse herbeiführte, sieht man aus einer Stelle des Rechtsbuchs, welche so lautet [6]): Summeliche lute sprechen, daz in wichbilde alle, dy in wichbilde schucz haben, mit eyme wergelde unde mit eyner busse begriffen sint; daz sal man haben vor wor an aller dy in rechter friger bord sten unde ores rechten unvorsprochen sint." Daß dieser letzte Theil der Stelle wenigstens nicht mit den goslarischen Statuten übereinstimmt, erhellt daraus, daß obwohl unechte Leute und Spielleute nicht unbesprochne Personen sind, sie dennoch keine bloße Scheinbuße oder sehr geringe Buße haben, sondern die volle Buße aller Bürger von Goslar [7]). In Ansehung der Bestimmung eines Orts findet sich hier nicht, was im Sachsenspiegel steht [8]), ebensowenig wie das über das Verfahren im Fall der Säumniß in der Zahlung [9]). Auch vermißt man was in den Statuten über den Fall mehrerer Kläger und Beklagten, und mehrerer Vergehen gesagt ist, so gut wie im Sachsenspiegel [10]). Dagegen finden sich Bestimmungen über die Zeit der Zahlung [11]) und über die Caution eines bußpflichtigen Gastes.

1) s. oben pag. 351 Note 12 und namentlich D. IV. 21, 16 = B. III. 19, 13. 2) s. oben pag. 351 Note 13 vgl. mit D. II. 10, 4 = B. II. 7, 2 pag. 352 Note 2 vgl. mit D. IV, 33a, 1 = B. IV. 3 pr. pag. 352 Note 3 vgl. mit D. IV. 5, 20 = B. III. 4, 18 und D. IV. 7, 7 = B. III. 6, 6. pag. 352 Note 6 vgl. mit D. IV. 36, 1 = B. IV. 7 pr. pag. 352 Note 8 vgl. mit D. IV. 33b = B. IV. 4. 3) s. oben pag. 334 Note 3 und D. II. 4, 10 = B. II. 1, 9 oben pag. 334 Note 5. 9. 4) s. oben pag. 331 Note 11. 12. 332 Note 4 333 Note 3. 4. 334 Note 6. Vgl. jedoch in Ansehung der hier angeführten Stelle ähnliche Bestimmungen D. II. 2, 1 = B. I. 45 pr. s. ferner oben pag. 334 Note 10. 5) s. oben pag. 353 Note 2. 3. Ueber das Gewette der Richter D. VI. 18, 19 = B. VI. 19. 20. Ueber die einzelnen Bußen D. IV. 32 = B. IV. 2. 6) s. in der in Note 8 zuletzt angeführten Stelle dist. 6. 7) s. oben pag. 337 Note 4. 8) s. oben pag. 353 Note 7. 9) s. oben pag. 353 Note 8. 10) s. oben pag. 353 Note 11. 11) s. oben pag. 336 Note 12 und 13. 337 Note 9.

Besserung und Wehrgeld sind den Statuten gemäß auch im vermehrten Sachsenspiegel besonders nah verwandt [1]), daher auch hier von beiden, was vom Schadensersatz zu sagen ist, getrennt werden mag. Die oben gegebenen vier Hauptfälle des Schadensersatzes [2]) finden sich in diesem Rechtsbuch im allgemeinen ebenso wie in den Statuten und im Sachsenspiegel. Dagegen lassen sich nicht alle einzelnen Belege, die unter jenen vier Hauptfällen gegeben sind, aus unserm Rechtsbuch beibringen. So ist schon früher da gewesen [3]), daß Bürgen durch ein Friedbruchsgelübde überall nicht hier vorkommen, so daß also auch nicht von dem Schadensersatz, zu welchem sie verpflichtet wären, die Rede sein kann. Auch des Schadens beim „torney" wird nicht gedacht [4]). Ferner vermißt man für alle beim zweiten Hauptfall angeführten Stellen die Paralelen und findet nur aus dem Sachsenspiegel etwas Entsprechendes aufgenommen [5]). Von den in unmittelbarer Verbindung mit dem gerichtlichen Verfahren stehenden Bestimmungen wird, wie vorhin schon beim Sachsenspiegel [6]) auf den folgenden Paragraphen verwiesen. Unter dem vierten Hauptfall ist den Statuten eigenthümlich die Erwähnung des Schadensersatzes wegen Mißbrauch der amtlichen Gewalt und des Pfändungsrechts, und ebenso eine allgemeiner gefaßte Stelle über Ersatz des Schadens durch Gebäude [7]). Dagegen ist die Verpflichtung aus einer Drohung aufgenommen, wiewohl die entsprechende Stelle etwas anders, d. h. allgemeiner lautet, denn dem gedroht ist muß der, welcher gedroht hat „vorborgen, daz her des ane nod vor ome blibe unde mit frede" [8]).

Von den Besonderheiten in Ansehung der Ersatzpflicht der Erben und des Gesindes, ist auch schon früher gesprochen [9]). Ueber dieses letztere fehlen die vom Verlassen des Dienstes und die darauf bezüglichen Stellen vom Schadensersatz und Lohn, obwohl der Sachsenspiegel und die Statuten sie mit einigen Abweichungen gemeinschaftlich haben [10]). Die über die Terminologie von „Wandel" und „Schade" zuletzt noch gemachten Citate gehören nur den Statuten an [11]).

Bessern wird, wie schon bemerkt, hauptsächlich auch hier gebraucht, für Vergehen wieder gut machen, durch welche eigentlich kein Vermögensschade angerichtet ist und also für Wehrgeld zahlen [12]). Die Bestimmung der Statuten, daß jeder Ver-

1) s. oben pag. 337 zu Ende und pag. 359 Note 4. 2) s. oben pag. 338—344 und pag. 353 Note 13. 3) s. oben pag. 303 Note 6. 338 Note 3. 4) s. oben pag. 338 Note 4. 5) s. oben pag. 339 Note 1. 340 Note 7. S. III. 47, 1 = D. IV. 33a, 1 = B. IV. 3 pr. 6) s. oben pag. 354 Note 1. 7) s. oben pag. 341 Note 6. 11. 342 Note 6. 8) s. oben pag. 303 Note 3 und 342 Note 4. 9) s. oben pag. 342 Note 7 und 149 Note 7. 303 Note 7. 10) s. oben pag. 343 Note 1—7. 11) s. oben pag. 343 Note 1—4. 12) s. oben Note 1.

festete für das zu bessern habe, wofür er verfestet sei [1]), wird in dem Rechtsbuch deutlicher, insofern die Worte „mit besserunge" oder „mit siner besserunge" [2]) gebraucht werden, denn hierin scheint zu liegen, daß das, wodurch hier gebessert werde, grade das Wehrgeld sei. Zwei andre Stellen vom Bessern des Schlagen, Anfertigen und Hausfriedensbruches fehlen dem vermehrten Sachsenspiegel [3]), denn obwohl sich eine Bestimmung, die der über den Bruch des Hausfriedens entspricht, findet [4]), so fehlt es doch darin an dem Worte „beteren". Daß das Wort Sühne mit Besserung öfter vertauscht werden könne, ist schon vorhin bemerkt worden [5]) und namentlich geschieht es, daß, wo in den Statuten der Ausdruck „sone" steht, in dem vermehrten Sachsenspiegel „besserunge" übersetzt wird [6]). Die Verbindung von Sühne mit Urfede haben alle drei Rechtsquellen [7]), und daß Urfede nicht allein iuratorische Caution sei, haben wenigstens die beiden Rechtsbücher gemeinschaftlich [8]). Die Verpflichtung zum Wehrgeld entsteht auch hier, wenn man von der schon erwähnten Ausname absieht [9]), ohne Rücksicht auf Verschuldung [10]), obwohl nicht grade alle oben angeführten einzelnen Stellen der Statuten sich im Rechtsbuch wiederfinden [11]), und insbesondre auch der Satz von der Verpflichtung zum Wehrgeld wegen eines in Nothwehr verübten Todtschlags nicht in den Worten der Statuten [12]), sondern in den wiewohl etwas veränderten des Sachsenspiegels wieder gegeben wird [13]). Ueber die Verpflichtung der Erben zum Wehrgeld ist schon gesprochen worden [14]).

Die Lehre von den einzelnen Arten des Wehrgeldes ist an mehrere Orte in dem Rechtsbuch vertheilt [15]). Die Unterscheidungen werden in der Hauptsache wie im Sachsenspiegel gemacht. Eigenthümlich ist die Erläuterung der Regel, daß Frauen und Jungfrauen nur halbes Wehrgeld haben, indem dieß, wie schon bemerkt, nur soviel heißt, als daß im Fall sie getötet werden, nur die Hälfte bezahlt wird; wenn dagegen ein Weib sich vergeht durch „icht ungerichtes an ymande, sy mus volle bus geben unde wergeld, also or man adder eyn ander man; unde ist lantrecht

1) s. oben pag. 344 Note 8. 2) D. IV. 21, 5. 6 = B. III. 19, 2. 3 und unten §. 7. 3) s. oben pag. 344 Note 9. 10. 4) s. oben pag. 329 Note 4. 5) s. oben pag. 359 Note 4 und pag. 344 Note 12. s. namentlich oben pag. 33, 16. 24. 31 und D. IV. 6 5. = B. III. 5, 3. 6) s. oben pag. 14, 37 und D. I. 41, 2 Zeile 22 = B. I. 34, 2. 7) s. oben pag. 344 Note 14. pag. 354 Note 6 und D. IV. 46, 9 = B. IV. 17, 7. 8) s. oben pag. 354 Note 6 und D. IV. 41, 2 = B. IV. 12, 1. 9) s. oben pag. 359 Note 1. 10) s. oben pag. 345 Note 3. 5. 6. 11) s. oben pag. 361 N. 3. 12) s. oben pag. 345 Note 8. 13) s. oben pag. 354 Note 8 und D. IV. 6, 1 = B. III. 5 pr. 14) s. oben pag. 149 Note 5. 6. 15) D. IV. 7 = B. III. 6. D. IV. 32 = B. IV. 2. D. IV. 45, 21—29 = B. IV. 16, 17—25.

unde wichbilde" [1]). Was die Zeit der Zahlung betrifft, so hat Ortloff in seinen Varianten schon bemerkt, daß der Spiegler die Zeiten umkehre und dem Kaiserrecht also etwa dem goslarischen die größere Frist zuschreibe, während diese doch dem Landrecht angehört [2]). Von einer Sicherheitsleistung findet sich nichts, wohl aber aus den Statuten die Bemerkung, daß immer nur ein Wehrgeld wegen einer Sache gezahlt werde, und die Rechte des Richters in Ansehung des Gewettes hierbei nicht größer als sonst seien [3]). Zu den zum Wehrgeld berechtigten Personen kann nach dem vermehrten Sachsenspiegel übereinstimmend mit den Statuten in Ermangelung anderer Berechtigter ebenfalls der Richter gehören [4]).

Von den polizeilichen Strafen, die oben genannt sind, finden sich in dem Rechtsbuch nur die zuletzt erwähnten, welche verderblichen Luxus verhüten sollen, und auch diese nicht völlig, so wie sie in den Statuten stehen [5]), sondern allgemeiner gefaßt [6]). Außerdem hat der vermehrte Sachsenspiegel voraus vor den Statuten und dem Sachsenspiegel Strafen, welche kraft der Polizei über die Gewerbeinnungen verhängt werden [7]). Eigenthümlich ist auch die Erwähnung einer Strafe für den der „obir gewunnen lant vert" [8]), denn der Sachsenspiegel, aus dem die hierher gehörige Stelle entlehnt ist, sagt nur, daß man wegen Fahrens über „ungewunnen land" ohne Wandel bleibe. Von Richtern, welche an einem Schöffen, von einem Rathmann, welcher an einem Richter und von Rathleuten, welche an einander sich vergreifen, heißt es, daß sie abgesehen von dem, was sie „kegen deme cleger vor gerichte liden dorumbe" auch noch von dem Rathe Wandel leiden müßten „umbe daz her den rat an siner werdickeyt gesmet had unde selb richter gewest ist; daz sted an orer kor unde an orer busse dy doruf gesaczt ist" [9]).

In der Lehre von der Rechtlosigkeit und Unechtheit folgt der vermehrte Sachsenspiegel mehr dem Sachsenspiegel als den Statuten. Die Terminologie ist insofern dieselbe als echtlos im Gegensatz gegen rechtlos, unehlich heißt [10]), insofern aber verschieden oder lieber genauer als statt unecht, was doch nach dem Sachsen-

1) D. IV. 45, 25 = B. IV. 16, 21. 2) D. IV. 45, 21 und vgl. die Varianten pag. 572 = B. IV. 45, 18. 3) s. oben pag. 346 Note 11. 347 Note 1. pag. 355 Note 4 und D. IV. 45, 28. 29 = B. IV. 16, 24. 25. Zu der dist. 28 muß man jedoch die Varianten von Ortloff vergleichen, wonach Zeile 145 für „nicht, sundern" zu lesen ist „und nicht." 4) s. oben pag. 347 Note 2 und 176 Note 3. Wegen der übrigen Personen s. pag. 147. 259 Note 8. 275 Note 9. 276 Note 1—4. 5) s. oben pag. 347 Note 6—8. 6) D. V. 33—26 = B. V. 23—26, daß das kämpfliche Ansprechen nicht bestraft werde s. oben pag. 328 Note 6. 7) s. z. B. D. V. 19. 20. = B. V. 19, 20. 8) D. II. 10, 10 = B. II. 7, 8. 9) D. IV. 5, 13 = B. III. 4, 11. 10) s. oben pag. 356 Note 1 und D. I. 21, 4 = B. I. 15, 5.

spiegel noch zweideutig ist, an den prägnanten Stellen grade „unehlich" steht [1]). Das Wort „misseletig" mit dem Zusatz „unde vorlumt" ist auch hier auf Rechtlose zu beziehen [2]). Der Gegensatz von „unvorsprochenen lüten" und die bescholten sind bei ihren Rechten, kann hier auch zweifelhaft sein, nämlich ob unehlich oder rechtlos gemeint ist [3]). Ueber den Unterschied zwischen Rechtlosen und Ehrlosen wird man auch im vermehrt. Sachsenspiegel nicht klarer, denn auch hier werden wie in den Statuten beide Worte neben einander gestellt und die eine aus dem Sachsenspiegel oben angeführte Stelle, die allein hier aufgenommen ist, hat auch keine deutlichere Fassung erhalten [4]) und von dem besondern Verlust der weiblichen Ehre wird überall nicht geredet [5]).

Die Ursachen der Rechtlosigkeit werden vollständiger als in den Statuten und im Sachsenspiegel in einem besondern Artikel aufgezählt [6]). Die Spielleute gelten so gut wie im Sachsenspiegel, abweichend von den Statuten, für rechtlos. Eigenthümlich ist, daß die Rechtlosigkeit als Folge der Nothzucht, des Ehebruchs, der Ketzerei und der Zauberei bezeichnet wird. Auch von Allen, dy oren rechten hern entsagen unvorclaget unde sy orlougen (mit Krieg überziehen?) heißt es, daß sie rechtlos seien, so wie von jedem der seinen rechten Herrn verräth oder tödtet. Daß die Tödtung des Herrn und ebenso die der Eltern, Kinder oder Geschwister besonders hervorgehoben wird, als mit Rechtlosigkeit bestraft, nimmt mich Wunder, denn dieß versteht sich wie von jeder Tödtung, sobald sie nur überhaupt strafbar ist von selbst, da ja in allen dreien Rechtsquellen übereinstimmend, in den Rechtsbüchern ganz allgemein in den Statuten wenigstens beispielsweise, gesagt wird „Welch man lip adder hand lediget, daz ome vor gericht vorteylt ist dy sint alle rechteloz." Dieß kann doch nur soviel heißen, als wenn sich auch solche Personen von der öffentlichen Strafe frei machen, so können sie doch damit ihre Ehre nicht retten. Vielleicht ist aber der Ausspruch so zu verstehen, daß bei diesen qualificirten Tödtungen, auch wenn durch Urtheil eine öffentliche Strafe nicht ausgesprochen werden kann, wie wenn sie aus Nothwehr begangen sind, dennoch die Rechtlosigkeit nicht ausbleibe. Diese Erklärung wird dadurch einigermaßen bestätigt, daß in einer früher schon angeführten Stelle der drei Rechtsquellen ausdrücklich hervorgehoben wird [7]), daß der Mörder des Vaters, Bruders oder Erblassers der sonst sein Erbrecht einbüße, doch im Fall der

1) s. oben pag. 355 Note 14 und D. IV. 32 Zeile 72 und 75 = B. IV. 2, 12. 2) s. oben pag. 348 Note 4 und D. IV. 9. Zeile 105 = B. III. 8, 8. 3) s. oben pag. 348 Note 2 und pag. 92, 6. 7. 93, 5—7 und D. IV. 46, 10—12 = B. IV. 17, 8—10. 4) s. oben pag. 356 Note 11 und D. I. 39, 3 4 = B. I. 32, 2. 3. 5) s. oben pag. 348 Note 8 und pag. 356 Note 9. 6) D. IV. 24 = B. VI. 2. 7) s. oben pag. 356 Note 12 und pag. 134 No. 3.

aus Nothwehr begangenen That, sein Erbrecht behalte, woraus man denn zu schließen geneigt sein könnte, daß er auch sein Recht überhaupt behalten würde [1]). Die Bemerkung der Statuten, daß die Auffindung der gestolnen Sache bei dem der die Nachsuchung freiwillig zulasse, seiner Ehre nichts schade, ist auch in den vermehrten Sachsenspiegel übergangen [2]). Auch die übrigen Stellen, welche die Voraussetzungen der Rechtlosigkeit enthalten, finden sich mit einer oben schon erwähnten Ausname in ihm [3]). Die Unfähigkeit zum Zeugniß und Wehrgeld sind auch hier der gemeinschaftliche Nachtheil der Unehlichen und Rechtlosen [4]). Das Erforderniß der Ehlichkeit und Vollkommenheit am Recht zur Aufnahme in Innungen liegt im vermehrten Sachsenspiegel in der allgemeinen Vorschrift, daß Unehliche und Rechtlose überhaupt kein Bürgerrecht erwerben können [5]). Für den eigenthümlichen Nachtheil des Unehlichen in Ansehung des Vermögens, ist schon in dem Vorherigen der Beweis enthalten [6]), und mit ihrer Buße verhält es sich nicht wie in den Statuten, sondern wie im Sachsenspiegel [7]). Wegen des Nachtheils des Rechtlosen nur seiner Frau und Kinder Vormund sein dürfen, ist die Vormundschaft [8]), wegen des Nachtheils strengerer Bestrafung ihrer Diebstähle, die Lehre von den einzelnen Verbrechen [9]) zu vergleichen. Die Stelle von der eigenthümlichen Ueberführung mißthätiger Leute, hat das Rechtsbuch nicht, wohl aber die von der Anzeige an den Vogt, daß man mißthätige Leute ergriffen habe [10]). Der Satz, daß gegen Unechte und Rechtlose nicht ungestraft der Friede gebrochen werden könne, findet sich in allen dreien Rechtsquellen [11]).

1) Vgl. oben pag. 349 Note 14. 2) s. oben pag. 349 Note 1. 3) s. oben pag. 349 Note 2—4. Wegen der in Note 5 daselbst citirten Stelle oben pag. 356 Note 9. Ueber noch andre Ursachen der Rechtlosigkeit, deren Erwähnung dem vermehrten Sachsenspiegel eigenthümlich ist, s. z. B. D. V. 15 Zeile 6 V 17 Zeile 11. V. 20 Zeile 23 = B. V. 15. 17 pr. 20, 3. 4) s. oben pag. 357 Note 2. 3. 5) D. V. 2, 1 = B. V. 2 pr. 6) s. oben pag. 363 Note 10. 7) s. oben pag. 357 Note 6. 8) s. 349 Note 16 und 17, oben pag. 258 Note 9. 259 Note 9 und 10. 275 Note 6. 9) s. oben pag. 326 Note 7. 10) s. oben pag. 350 Note 1. 2. 11) s. oben pag. 357 Note 13 und D. IV. 32, 16 = B. IV. 2, 12.

III.

Von dem gerichtlichen Verfahren.

---

§. 6. Von dem gerichtlichen Verfahren im allgemeinen.

In der Lehre vom gerichtlichen Verfahren werden zwei besonders wichtige Stücke mit besondrer Aufmerksamkeit behandelt werden, das Ungehorsamsverfahren [1]) nämlich und das Beweisverfahren [2]). Bei beiden wird dann zu unterscheiden sein das Verfahren in Friedbruchssachen von dem in allen übrigen Streitigkeiten. In dem gegenwärtigen Paragraphen dagegen sollen die Bestimmungen zusammengestellt werden, die auf alle Arten von Streitigkeiten eine Beziehung haben. Zu dem Ende will ich zunächst die verschiedenen Arten der Streitigkeiten selbst, die in den Statuten auseinander gehalten werden, etwas genauer bezeichnen. Dann sollen die einzelnen Arten der Gerichte und die Personen aus welchen sie gebildet werden und ihr Verhältniß zu einander angegeben werden. Für's dritte wird zu reden sein von den Parteien und den Personen, die in Bezug auf sie als Nebenpersonen betrachtet werden können, wie z. B. die Vorsprecher. Endlich viertens sollen die einzelnen gerichtlichen Handlungen durchgegangen werden, die das eigentliche Verfahren ausmachen, wie z. B. die Vorladung, die Klage, die Antwort darauf, das Urtheil u. s. w.

Die verschiedenen Arten der Streitigkeiten sich deutlich zu machen, ist processualisch nur wichtig, wegen der Verschiedenheit des Beweises, welche dadurch bestimmt wird, und es wird daher besser sein, Alles Einzelne hierüber bis auf das Beweisverfahren aufzuspaaren. Nur soviel wird schon hier gesagt werden müssen, daß eben wegen dieses Zusammenhanges mit den Beweisformen die bloß materielle Qualität eines Anspruchs keinen Maaßstab für das zu beobachtende Verfahren abgeben kann. Denn wenn gleich z. B. der Anspruch auf Wehrgeld materiell genommen immer eine Schuldsache und die Klage darauf eine Schuldklage ist, so ist demungeachtet das Verfahren im Fall des Streites nicht immer wenigstens von dem die eigentliche Friedbruchstrafe bezweckenden verschieden [3]). Es ist namentlich nur

1) s. unten den §. 7. 2) s. unten die §§. 8 — 10.
3) s. oben pag. 259 Note 4.

dann davon verschieden, wenn eine öffentliche Strafe überhaupt nicht zuerkannt werden kann, wegen Mangels einer Absicht zur That wie bei unmündigen und sinnlosen Personen [1]). Dagegen wird in jedem andern Fall, auch wenn eine Trennung des öffentlichen und des Privatverfahrens statt findet (wie ja die Friedbruchsvormundschaft andern Personen zustehen kann, als das Recht auf die Besserung [2])), das erstere nothwendigerweise die Grundlage für das letztere sein müssen, da ja die Verpflichtung zum Wehrgeld hier mit dem Beweis der Tödtung und der Verwundung genau zusammenhängt [3]). Aehnlich wie die Schuldklagen mit den Friedbruchsklagen zusammenfallen können, so auch, um diesen Ausdruck des römischen Systems zu brauchen, die dinglichen Klagen, der Anfang wenigstens wegen seines genauen Zusammenhangs mit der Lehre vom Raube und vom Diebstahl, denn es gilt ja die Regel, daß man nicht anfangen könne „denne vordüvet gut oder gherovet" [4]). Nur die Ansprache, d. h. wodurch unbewegliches Gut begehrt wird, ist dann eine rein dingliche Klage. Die letzte Art von Streitigkeiten ist die, welche sich beziehet auf persönliche Eigenschaften, wie die Eigenschaft eines begebenen Mannes, eines Rechtlosen und eines Unechten, von welchen ebenfalls ausführlicher erst in der Lehre vom Beweise gesprochen werden kann [5]).

Die verschiedenen Gerichte werden in dem Stadtrecht aus der Stelle erkannt in welcher von den verschiedenen Wetten die Rede ist [6]). Der Vogt schlechtweg wird unterschieden von dem Vogt in dem „lutteken richte" und neben beiden Vögten wird das Gewette des Schultheißen erwähnt. Hiernach gäbe es also drei Gerichte, das große Gericht, das kleine Gericht und das Schultheißengericht. In einer schon früher einmal angeführten Schrift wird mit Unrecht die mit dem Gesagten übereinstimmende Ansicht des Heineccius für unrichtig, und Vogt und Schultheiße für gleichbedeutend erklärt [7]). Außer daß hiergegen schon das besondere Gewette spricht, wird auch noch in dem dem Text der Statuten oben angehängtem besondern Aufsatze [8]) über des „schulteten ammechte" ganz ausdrücklich nicht nur überhaupt von des Schultheißen Gericht geredet, sondern auch dessen Competenz näher bestimmt [9]). Die Ursache des Mißverständnisses ist, daß der Schultheiß eine doppelte Stellung hat. Er erscheint nämlich

1) s. oben pag. 345 Note 2 und pag. 248 Note 10. 11. 2) s. oben pag. 259 Note 4. 3) s. unten §. 10. 4) s. unten §. 9.
5) s. unten §. 9. 6) s. oben pag 84, 25—29 und pag. 336 Note 8.
7) Georg Friedrich Hartmann de iure austregarum legalium liberae ac imperiali reip. Goslar. competente, Goslariae 1721 pag. 14 Note gg und Heineccii antiquitates Goslarienses ad a. 1219. s. oben pag. 215 Note 3. 8) s. oben pag. 110. 9) s. auch pag. 63, 28 wonach man vor den Schultheißen geboten werden kann.

einmal als Gehülfe des Vogtes, wenn dieser die eigentlich richterliche Thätigkeit hat, und dann eben als selbständiger Richter. Daß er Gehülfe des Vogtes ist, sieht man daraus, daß es heißt, der Kläger könne den Vogt bitten, er möge den Schultheißen zu dem beklagten Manne senden [1]), daß er ferner, wenn er „dinget under koninges banne" in Overhöre kündigt und in die Verfestung thut und dann doch die fälligen Wetten nicht erhält, welche vielmehr dem Vogt gezahlt werden [2]), daß ihm endlich die untergeordnete Thätigkeit obliegt, mit Arrest zu belegen, zu pfänden, Pfand aufzubieten, Frieden zu wirken und das echte Ding zu eröffnen [3]). Doch scheint es, als wenn der Schultheiß als Gehülfe bei diesen gerichtlichen Handlungen nur handelt für den großen Vogt, während der kleine Vogt dergleichen wenigstens in der Regel selber oder doch nur durch seinen Büttel vornimmt [4]). Daher wird denn auch die Vergleichung, die in jenem Aufsatze von des Schultheißen ammechte gemacht wird [5]), sich auf den kleinen Vogt beziehen und auf den Büttel des großen Gerichtes [6]), deren Verhältniß zu einander ein subsidiäres ist, indem der Vogt des kleinen und der Büttel des großen Gerichts eintreten, wenn der Schultheiß nicht zu haben ist; und daher kann auch, wie in der Hartmanschen Schrift geschieht [7]), die Identität des Schultheißen und kleinen Vogts nicht mit Stellen der Statuten bewiesen werden, in denen es heißt, der Vogt oder Schultheiße solle dieses oder jenes thun [8]), wie denn in der schon öfter angeführten Stelle ausdrücklich gesagt wird „Mochte me aver des schulteten nicht hebben, so mach de voget alle stukke richten unde handelen vulkomeliken alse de schultete." Daß der Schultheiß ein selbständiger Richter sein könne, sieht man aus dem ausdrücklichen Ausspruch, daß er über Haut und Haar [9])richten solle, und daraus, daß er einen jeden Gast und von Bürgern jeden, der „uppe der vluchtsalen were" auf Verlangen entweder „besetten" arretiren oder vor sein Gericht laden könne [10]).

Neben den bisher genannten Gerichten, wird jedoch auch gesprochen von den Gerichten „over deme watere" [11]) und von dem Gerichte „up deme hove" [12]) und von dem „up der Reperestraten" [13]). Das Gericht „up deme hove" wird sowohl den zuerst als dem zuletzt genannnten entgegengesetzt, und dürfte daher

1) s. oben pag. 52, 28. 29. 2) s. oben pag. 110, 10—12 vgl. mit oben pag. 56, 20—23. 3) s. oben pag. 65, 25. 26. 34. 35. 67, 37—39. 110, 13—21, 33—40. 184. 185. 4) s. oben pag. 65, 27—33 und weiter unten in diesem §. 5) s. oben 367 Note 8. 6) s. weiter unten in diesem §. 7) s. pag. 367 N. 7. 8) s. z. B. oben pag. 63, 28. 29. 9) s. oben pag. 110, 10. 11. 10) s. oben pag. 110, 13—15. 11) s. oben pag. 52, 16 und 65, 27. 12) s. oben pag. 52, 16. 17. 35, 23. 13) s. oben pag. 35, 22. 23.

gleichbedeutend sein mit dem Gericht des großen Vogtes, denn das große und das kleine Gericht scheidet sich „af iene sit der Aghetucht" [1]) also „over deme watere," so daß also mindestens eines von den Gerichten „over deme watere" das kleine Gericht ist. Da nun aber sowohl von Gerichten „over deme watere" als auch anderweitig von kleinen Gerichten und kleinen Vögten im Plural geredet wird [2]), so folgt, daß es mindestens zwei kleine Gerichte „over deme watere" giebt, deren eines das „up der Reperestraten" sein mag, wenn dieß nicht das Schultheißengericht ist. Hiernach gäbe es dann im Ganzen nicht nur drei sondern vier Gerichte.

Es ist in Ansehung dieser vier Gerichte zuletzt auch noch aufmerksam zu machen, wie sich die Bestimmungen der Statuten zu denen des Privilegii Friedrichs des zweiten verhalten. In diesem wird geredet von einem advocatus civitatis, der einem iudicio praesideat [3]), desgleichen von iudicibus civitatis [4]) und von einem causidicus [5]). Außerdem wird gesprochen von einem iudicium in palatio imperii [6]) und von einem venale forum [7]). Von dem Verhältniß dieses letzteren zu jenen richterlichen Personen erfährt man nur das, daß der advocatus civitatis darüber nichts verfügen dürfe, wenn er nicht durch die Bürger dazu veranlaßt werde. Dagegen ist soviel sicher, daß das iudicium in palatio gerade das Gericht ist, dem der advocatus civitatis präsidirt. Dieser ist also der Vogt des kaiserlichen Palatii, mithin der, welcher dem Reiche gehuldigt hat im Gegensatze dessen, der dieß nicht gethan [8]) und das ist der kleine Vogt [9]), mithin entspricht der advocatus civitatis oder kaiserliche Vogt dem großen Vogt der Statuten und das iudicium in palatio dem Gerichte up deme hove. Inwiefern unter dem vorhin erwähnten allgemeineren Ausdruck iudices civitatis die kleinen Vögte und der Schultheiß etwa zu begreifen, und unter causidicus insbesondre der Schultheiß, erhellt nicht, man müßte denn die Gleichheit dieser letzteren beiden Ausdrücke daraus abnehmen, daß in der angeführten Stelle der causidicus als eine dem advocatus civitatis untergeordnete Person erscheint [10]).

Aus dem Bisherigen erhellt schon, daß die vier richterlichen Behörden der Stadt untereinander in einem Verhältniß stehen, nach welchem sie einander bis zu einem gewissen Grade aushel-

1) s. oben pag. 82, 35. 36. 2) s. oben pag. 92, 16. vergl. jedoch die Variant. 27, 31. 40. 61, 30. 65, 37. 38. 3) s. oben pag. 114, 31—45. 4) s. oben pag. 114, 7. 19. 5) s. oben pag. 112, 15—18. 6) s. oben pag. 112, 15—18. 7) s. oben pag. 115, 18—21. 8) s. oben pag. 83, 8—10. 9) Vgl. mit der eben angeführten Stelle oben pag. 92, 16—18. 10) Vgl. wegen dieses Ausdrucks Eichhorns Aufsatz über den Ursprung der städtischen Verfassung in Deutschland in der Zeitschrift für geschichtliche Rechtswissenschaft. Band 1. pag. 221 Note 106, Gaupps deutsche Städtegründung pag. 194.

sen. Man übersieht dieß Verhältniß am Besten, wenn man die einzelnen Personen und welche Functionen ihnen obliegen genauer betrachtet. Die Bedeutung des Richters, dieß ist der allgemeine Ausdruck für beide Arten Vögte wie für den Schultheißen [1]), erkennt man darin, daß vor ihm die Klage angebracht wird [2]), daß von ihm die Ladung vor Gericht zu erscheinen ausgeht [3]), womit nicht gesagt ist, daß er grade in eigener Person vorladen müßte [4]). Nach geschehener Ladung kann der Richter ferner dafür sorgen, einmal daß der Beklagte auch in der That gehörigerweise antworte [5]), dann aber auch dafür, daß der Kläger seine Klage zu Ende führe [6]). Endlich zuletzt hat der Richter nach dem Urtheil zu fragen, nicht jedoch es zu finden oder das bereits gefundene zu schelten [7]). Kurz der Richter hat Alles zu thun was zur *Proceßleitung* gehört, er hat aber nicht die *Entscheidung* des Processes. In Vergleich mit den bisher bezeichneten Functionen der richterlichen Behörden erscheinen alle übrigen, außer dem Urtheil finden und schelten [8]), als untergeordnete [9]), so daß, wenn sie auch von dem eigentlichen Richter vorgenommen werden *können*, sie doch keinesweges nothwendiger Weise von ihm vorgenommen werden *müssen*. Es gehören zu diesen untergeordneten Functionen theils solche, die ein Ausfluß der freiwilligen Gerichtsbarkeit sind und daher nur insofern in den Proceß streitiger Sachen aufgenommen werden, als sie für den *Beweis* wichtig sind [10]), theils aber Funktionen, die sich unmittelbar auf den Streit beziehen, wie das Vorbieten und Maaßregeln, die entweder die Sicherung der Ausführung des künftigen Urtheils bezwecken, oder die Execution des bereits gefällten Urtheils bewirken sollen. Functionen der letztern Art sind das Pfänden und das Arretiren von Personen und Sachen, von denen nachher noch gesprochen werden soll [11]). Dieß geschieht regelmäßig in dem großen Gericht von dem Schultheißen [12]), der wie schon bemerkt die Qualität eines Gehülfen des großen Gerichts und eines Richters in einem besondern Gericht in sich vereinigt [13]). Dasselbe aber scheint, wie ebenfalls bereits angedeutet, auch zu gelten von dem kleinen Vogt oder vielmehr den beiden kleinen Vögten [14]), nämlich dieses, daß sie abgesehen von ihrer

1) s. z. B. oben pag. 83, 18—26 und vgl. oben pag. 64, 23. 24. 34 mit oben pag 110, 24—27. 2) s. oben pag. 73, 16. 17. 82, 1—7. 32, 30—37. 39, 1. 3) s. oben pag. 40, 24—29. 47, 12—17. 4) s. die vorige Note und unten pag. 371 Note 6. 5) s. oben pag. 69, 1. 74, 20—26. 6) s. oben pag. 45, 3—7. 63, 28—34. 66, 35—43. 7) s. oben pag. 86, 11—17. 114, 36—45. 8) s. weiter unten in diesem §. 9) s. hiervon oben pag. 368 Note 3. 10) s. unten §. 8 und pag. 183 Note 4. 184 Note 6. 8. 185 Note 1—4. 187 Note 3. 11) s. unten in diesem § und §. 7. 12) s. oben pag. 368 Note 3. 13) s. oben pag. 368 Note 1—10. 14) s. oben pag. 65, 25. 26. 110, 13. 14. 368 Note 6.

selbständigen richterlichen Thätigkeit, Gehülfen des großen Gerichts sind, so jedoch, daß man zu ihnen erst Zuflucht nimmt, wenn der Schultheiß nicht zu haben ist. Dieß muß man folgern, wenn man einerseits ließt, regelmäßig sei z. B. zu „besetten" Sache des Schultheißen [1]), ausnahmsweise aber könne ihn wie überhaupt so auch hierin der (kleine) Vogt vertreten [2]); und anderseits es heißt [3]) „in den richten over deme watere" aber sei umgekehrt zu „besetten" regelmäßig Sache des (kleinen) Vogtes und nur ausnahmsweise Sache des Schultheißen. Hieraus sieht man zugleich, daß der Schultheiß gewissermaßen auch Gehülfe in den kleinen Gerichten ist. In dem Vergleich der beiden eben angeführten Stellen liegt aber auch der Beweis von der vorhin aufgestellten Behauptung, daß die in dem Aufsatze von des „schulteten ammechte" durchgeführte Vergleichung zwischen Schultheiß und Vogt auf den kleinen Vogt zu beziehen sei [4]).

Verschieden von den bisher genannten richterlichen Personen ist der „bodel" der Büttel in dem Privilegium Friedrichs des zweiten „nuncius" genannt [5]). Er erscheint nur als Gehülfe, und hat gar keine selbständige richterliche Thätigkeit. Ihm liegt hauptsächlich in Folge des richterlichen Befehls das Vorbieten auf [6]). In welchem Verhältniß er stehe zu dem Schultheißen und zu dem kleinen Vogt, hängt ab davon, von welchem Gericht es sich handelt. Der Büttel des großen Gerichts soll von wegen des großen Gerichts nur in Ermangelung des Schultheißen „besetten," aber doch vor dem kleinen Vogt, dagegen der Büttel des kleinen Gerichts soll „besetten" nur in Ermangelung des kleinen Vogts, also seines Richters, aber doch vor dem Schultheißen [7]). Von einem Büttel des Schultheißengerichts wird nicht ausdrücklich geredet, wohl aber wird in dem großen Gericht auch dem Schultheißen zugemuthet, das regelmäßig dem Büttel dieses Gerichts obliegende Vorbieten vorzunehmen [8]). Außer dem Büttel werden auch noch Knechte oder Gesinde des Vogts erwähnt, ohne daß ihnen jedoch irgend eine besondere Function zugeschrieben würde [9]). Nur von dem „Upholden" overhöriger Leute durch den Vogt oder sein Gesinde und Knechte wird ge-

1) s. oben pag. 110, 41. 42 und 368 Note 8. 2) s. oben pag. 65, 27—33. 3) s. oben pag. 368 Note 11. 4) Vgl. auch über das Verhältniß der genannten Gerichte und Beamten Heineccii antiquitates Goslarienses pag. 24 und pag. 220, woselbst indeß, obwohl richtig das Schultheißengericht als ein besonderes bezeichnet wird, doch im übrigen das Verhältniß unrichtig angegeben ist s. oben pag. 367 Note 7 und unten pag 375. Vgl. pag. 380 N. 5. 5) s. oben pag. 370 Note 14 und auf dieser pag. Note 1—4. 6) s. oben pag. 63. 64. Wegen des „Veligheu" mit Boten oder Bütteln oben pag. 64, 12. 72, 29 und weiter unten in diesem §. 7) s. Note 4. 8) s. oben pag. 52, 31. 32. 63, 28—34. vgl. unten pag. 380 Note 5. 9) s. oben pag. 68, 12. 13. 93, 18—20.

sprochen [1]). Overhörige Leute aber kann die Partei auch selbst und sogar deren Gesinde aufhalten [2]), und bei einer andern Gelegenheit heißt es, dafür daß ein auf den Hals Angeklagter nicht entkomme, könne der Kläger, oder seine Verwandte oder des Richters Knechte oder irgend welche andere Personen denen der Richter es gestatte, Sorge tragen [3]).

Wichtiger als die bisher genannten Gehülfen sind für den Ausgang des Streites die Dingleute. Dieser Dingleute wird hauptsächlich gedacht, wenn davon die Rede ist, wie etwas mit Gerichte bewiesen werden soll [4]). Die Aussage des Richters allein ohne die Bestätigung der Dingleute hat noch keinen Glauben, hiermit hängt genau zusammen, daß von der Partei gesagt wird, sie habe nicht das Recht dem, was sie vor Gericht erklärt habe, zu widersprechen, wenn es vom Richter und von den Dingleuten gehört worden sei, woraus denn folgt, daß dem, was die Dingleute nicht mit gehört haben, allerdings widersprochen werden könne [5]). Diese Abhängigkeit des Richters wird auch darin erkannt, daß er, was er heimlich ohne der Dingleute Willen und Wissenschaft „afscattet," wieder zu geben verpflichtet ist [6]). Ferner kann auch der Richter nicht ohne der Dingleute Hülfe in die Verfestung bringen, denn beide, Richter wie Dingleute müssen mit ihren Fingern „upstippen to enem orkunde" daß der Beklagte mit Recht in die Veste gebracht sei [7]). Und wenn umgekehrt der Richter einen Verfesteten wieder in sein Recht bringen will, muß er ebenfalls „enne dingman an enem ordele vraghen" ob er das thun könne [8]). Dies letztere, ein Urtheil nämlich zu finden, ist die Hauptthätigkeit der Dingleute, obwohl dieß abgesehen von den besondern eben angeführten Stellen, nicht ausdrücklich ausgesprochen wird. Es heißt nur von dem echte Ding, daß jeder Hausbesitzer es besuchen, der Schultheiß mit einem Urtheilfragen es eröffnen [9]) und keiner überhaupt um ein Urtheil befragt werden solle, der für parteisch gelten müsse oder nicht Bürger oder Bürgers Gesinde sei [10]). Wieviel Dingleute zur Findung eines Urtheils erforderlich, und wonach sich bestimme, wer Dingmann sein solle für den Fall des gewöhnlich gehaltenen Gerichtstags, der also kein echte Ding ist, erfährt man nicht [11]).

Das was bisher von den Gerichten und deren Personal gesagt worden ist, bezog sich nur auf die vier regelmäßigen Ge-

1) s. oben pag. 53, 43. 54, 4. 10. 2) s. oben pag. 54, 3—6. 3) s. oben pag. 74, 34—38. 4) s. unter andern oben pag. 92 und unten §. 8. 5) s. oben pag. 69, 31—33. 6) s. oben pag. 84, 14—16. 342 Note 6. 7) s. oben pag. 57, 10—12. Vgl. oben pag. 184 Note 2. 8) s. oben pag. 58, 5—7. 9) s. oben pag. 73, 7—12. 10) s. oben pag. 86, 12—17 und weiter unten in diesem §. 11) s. unten pag. 385 u. folg.

richte, welche in den Statuten vorkommen. Daneben wird zunächst auch einer richterlichen Thätigkeit des Rathes gedacht, ohne daß er jedoch ein formirtes Gericht wäre. Hiervon wird theils bei den einzelnen gerichtlichen Handlungen [1]), theils unten in der Lehre von der Stadtverfassung geredet werden [2]). Dann aber wird auch der Gerichtsbarkeit des Lehnsherrn [3]) und geistlicher und auswärtiger Gerichte gedacht. Man kann zwei geistliche Gerichte unterscheiden für geistliche Sachen, und wenn ein Weltlicher einem „gheystliken prelaten horsam ghedan heft" [4]). Das erstere wird ohne genauere Bezeichnung einigemal erwähnt [5]) und ist ohne Frage mit dem im Privilegium Friedrichs des zweiten genannten Synodalgericht gleichbedeutend [6]). Wie denn auch Heineccius in seinen Antiquitäten zu diesem Ausdruck bei Erläuterung jenes Privilegii bemerkt, daß synodus zuweilen das geistliche Gericht genannt und damit das Gericht des goslarischen Archidiaconus gemeint werde [7]). Goslar gehörte nämlich theilweis wenigstens zu der Hildesheimischen Diöcese, und ein Hildesheimer Canonicus war goslarischer Archidiaconus [8]). Theilweis, sage ich deshalb, weil bei Heineccius eines Streites zwischen dem Erzbischof von Mainz und dem Bischof von Hildesheim gedacht wird über die Gränzen ihrer Diöcese, indem der erstere nur die Gose, die Goslar in zwei Stücke theilt, als Gränze anerkennen, und der letztere die ganze Stadt unter seine Jurisdiction nehmen wollte. Der Streit wurde unter der Autorität des Sohnes Friedrichs des zweiten, König Heinrichs, 1225 nur einstweilen durch Sanctionirung des Besitzstandes beigelegt. Das Simon- und Judas-Stift zu Goslar wurde indeß ausdrücklich von der Jurisdiction beider Bischöfe für eximirt erklärt [9]). Das Verhältniß dieses geistlichen Gerichts zu jenen regelmäßigen vier weltlichen wird eben durch die Qualität der Sache gegeben, d. h. Ehesachen und Gelübde gehören vor das geistliche Gericht, sowohl wenn es sich nur von sponsalia de futuro handelt, als wenn man die Nichtigkeit einer Ehe oder eines Gelübdes behauptet, oder wegen Ehebruch auf Scheidung geklagt wird [10]). Kloster- und Pfaffengut ist freilich insofern entschieden nur dem geistlichen Richter unterworfen, als nur er zunächst es „besetten" kann, insofern aber auch dem weltlichen Richter als dieser im Fall jener das „besetten" verweigert, ebenfalls dazu befugt ist [11]). Die Unterwer-

1) s. unten pag. 384. 2) s. unten §. 11, woselbst auch über den oben pag. 313 Note 1 erwähnten Landrichter. 3) s. oben pag. 217 Note 12. 4) s. oben pag. 69, 8—10. u. §. 11. 5) s. oben 15, 11. 130 N. 5. 133 Note 9. 65, 39—41. 69, 28. 77, 41—43. 94, 18—22. 6) s. oben pag. 113, 23. 24. s. oben pag. 260 Note 6. 7) Heineccii antiquitates. pag. 221 zu Ende. 8) a. a. O. pag. 400. 9) l. c. pag. 237. unten §. 11. 10) s. oben pag. 130 N. 5 133 Note 9. 260 Note 3 und Note 6. 11) s. oben pag. 65, 39—41. Vgl. oben pag. 193 Note 3.

fung der geistlichen Personen unter das geistliche Gericht, liegt theils darin, daß nur gesagt wird, keine weltliche Person solle regelmäßig vor dem geistlichen Richter belangt werden [1]), theils darin, daß in der Regel dem Büttel die Vorbietung irgend welcher Personen in einem Hause deshalb nicht zusteht, weil in dem Hause ein Pfaffe wohnt und darin Wirth ist [2]). Das Verhältniß auswärtiger Gerichte zu den einheimischen wird bereits in dem Privilegium Friedrichs des zweiten berührt, wonach kein goslarischer Bürger anderswo zu Recht zu stehn hat als in der Stadt selbst, selbst nicht vor einem auswärtigen kaiserlichen Gericht [3]). Nur im Fall ein beklagter Mitbürger ungehorsam gegen das einheimische Gericht sich gezeigt hat, steht es dem Kläger frei ihn zu belangen, wo er nur über ihn Recht bekommen kann [4]). Diese letztere Erlaubniß ist auch schon in der eben angeführten Stelle des Privilegii, aber nicht so deutlich als in einer der ganzen Bestimmung entsprechenden Stelle der Statuten gegeben [5]). Auch wenn das einheimische Gericht selbst „rechtes gheweigheret" hat, ist eine Belangung vor „utwendighen herren" straflos, während außerdem das Bürgerrecht durch Ziehen vor ein auswärtiges Gericht verloren geht). Inwiefern man mit auswärtigem Gericht Beweis führen kann, wird später noch gesagt werden [6]), dagegen mag hier noch auf ein Rechtserkenntniß aufmerksam gemacht werden, in welchem der Fall gesetzt wird, daß Güter in der Stadt belegen seien, die von auswärtigen Herrn zu Lehn gehen [7]). Sind diese gestorben und haben unmündige Kinder hinterlassen, so soll deren Vormund, sei es nun der Oberlehnsherr oder ein Schwerdtmagen das Gericht auf der Kinder Gut halten wenne bynnen bemurten steten und slozzen mak neyn herre lehen recht gesytze" und dieses Gericht soll aus sieben Mannen des Kindes zusammengesetzt werden, die dann nach Lehnrecht Urtheil finden sollen.

Soviel ließe sich von dem Verhältniß jener vier regelmäßigen Gerichte der Stadt zu geistlichen, Lehn- und auswärtigen Gerichten bemerken. Es bleibt noch übrig das Competenzverhältniß jener vier Gerichte unter einander festzustellen. Gewöhnlich wird in den Statuten, wenn es sich von der höheren richterlichen Thätigkeit handelt, nur des Vogtes gedacht, und unter diesem Ausdruck hat man nach Umständen bald den großen Vogt und bald

1) s. oben pag. 69, 24. 2) s. oben pag. 63, 18—27 pag. 226 N. 2. und pag. 314 Note 6—11 s. jedoch oben pag. 312 und unten §. 11. Vgl. auch Förstemanns Rechtserk. pag. 30 k. 3) s. oben pag. 114, 11—18. 4) s. oben pag. 82, 1—7. 106, 12—17. 5) s. die vorige Note unten §. 11 und vgl. oben pag. 234 Note 6. 6) s. unten §. 8. 7) s. Förstemanns Rechtserkenntnisse pag. 20 d.

der kleinen Vögte einen zu verstehen [1]). Beiden Arten von Vögten steht der Schultheiß gegenüber, von dem gewöhnlich nur bei den untergeordneten richterlichen Handlungen die Rede ist.

Von des Schultheißen Gericht ist schon vorhin bemerkt worden, daß gewisse Gegenstände und gewisse Personen seiner Gerichtsbarkeit unterworfen seien [2]). Wegen seines besonders nahen Verhältnisses zum großen Gericht, könnte man meinen, daß sein Gericht überhaupt nur eine Abtheilung gewissermaßen des großen Gerichts wäre, indem eben für gewisse im Bezirk des großen Gerichts vorkommende Fälle die Entscheidung des Schultheißen schon hinreichend wäre. Dieß ist aber nicht der Fall, vielmehr erhellt daraus, daß von einzelnen Stätten des Schultheißengerichts geredet wird, deutlich, daß dasselbe auch besondre Local-Gränzen hatte [3]). Vor dieses Gericht nun können alle kleineren Friedbruchsachen angebracht werden, wen sie auch angehen und alle Arten Schuldsachen, wenn Gäste die Beklagten sind und solche Bürger, die „uppe der vluchtsalen" sind [4]). Daß in allen Arten von Schuldsachen diese Personen vor dem Schultheißen belangt werden können, sieht man daraus, daß gar keine Beschränkung gemacht wird, vielmehr ausdrücklich noch bemerkt wird, es könnten die vor dem Schultheißengericht beklagten Personen im Fall des Ungehorsams sogar mit der Overhöre verfolgt werden [5]). Doch zeigt sich grade in diesem Punkt wieder eine Abhängigkeit von dem großen Vogt, dessen Gehülfe sonst der Schultheiß nur ist, indem nur der Vogt nicht aber der Schultheiß über die Overhöre Buch führen kann. Daher hat man sich an den Vogt auch wegen dieser Overhöre zu wenden, der sie dann in sein Buch einträgt und den Overhörigen aufhält, wie wenn er vor seinem eigenen Gericht verfolgt worden wäre [6]). Daß die Gerichtbarkeit des Schultheißen keine ausschließliche sei, erhellt schon aus dem Frühern, wo bereits darauf aufmerksam gemacht ist, daß für den Fall, wo der Schultheiß nicht zu haben ist, statt seiner der kleine Vogt competent ist [7]). Besteht jedoch die Ursache, daß der Schultheiß nicht Richter ist darin, daß er die Gerichtbarkeit, obwohl er

1) s. unten N. 6. pag. 376 Note 2. 2) s. oben pag. 368 Note 9. 10. 3) s. oben pag. 67, 37—39. 4) s. oben pag. 368 Note 10. 5) s. oben pag. 110, 28—32. 6) Es darf nicht befremden, daß in der in voriger Note angeführten Stelle der Ausdruck „Vogt" oben im Text für „großer Vogt" genommen ist, obwohl (oben pag 368 Note 6. pag. 371 Note 4) das Wort „Vogt" im übrigen in jenem Aufsatze von dem kleinen Vogt verstanden worden ist, da Vogt überhaupt zweideutig ist und daher immer aus dem Zusammenhang zu erklären ist. Da nun aber in diesem Zusammenhang der Schultheiß abhängig von dem Vogt erscheint, und diese Abhängigkeit sonst nur statt findet gegen den großen Vogt, so kann hier auch nur an den letzteren gedacht werden, s. auch über die Overhöre überhaupt unten §. 7. 7) s. oben pag. 368 Note 8. Vgl. auch unten pag. 380 Note 4.

da ist, zu üben verweigert, so tritt der große Vogt als Richter ein [1]). Die beschriebeue Gerichtbarkeit des Schultheißen ist die regelmäßige. Ausnahmsweise kann er in Folge besondern Auftrags Richter über den großen Vogt selber sein, dann nämlich, wenn der große Vogt beklagt wird und dieser ihn zu seinem Richter selber eingesetzt hat [2]).

Die Competenz des großen Vogtes im Gegensatz der beiden kleinen bestimmt sich schwerer wegen der schon mehrmals beredeten Zweideutigkeit des Wortes Vogt [3]). Daß die Gerichtbarkeit des großen von der des kleinen Vogtes [4]) durch locale Gränzen sich unterscheide, ist schon oben bemerkt worden [5]). Demungeachtet scheint weder der Umstand, wo die Sache, welche Gegenstand des Streites ist, belegen sei, noch der Umstand, wo die Parteien wohnen, oder eine Handlung vorgenommen ist, eine ausschließliche Competenz zu begründen. Auch die Qualität der Streitsache scheint nicht durchweg zu entscheiden. Die Regel scheint vielmehr die zu sein, daß jede Klage gleich gut angebracht werden könne bei dem großen wie bei dem kleinen Vogt. Dieß schließe ich aus dem Gebrauch der Ware. Dieses Wort darf nicht wie es in der Leibnitzischen Vorrede zu den goslarischen Statuten geschieht mit dem Ausdruck „Vare" in dem Privilegium Friedrichs des zweiten in Verbindung gesetzt werden [6]). Die Bedeutung dieses letztern Ausdrucks ist eine ganz allgemeine und wird hinreichend durch die Uebersetzung mit dem lateinischen Captio in dem Privilegium selbst erklärt. Demungeachtet hat auch Bruns in seinem Aufsatze über dieses Privilegium [7]) die Stellen der Statuten, die von der Ware handeln zur Erklärung von „Vare" angezogen und als Paralelen betrachtet, weshalb sie denn auch oben in den Noten zu dem Privilegium angegeben worden sind. Die Ware hat aber einen ganz speciellen processualischen Sinn und steht mit der Competenzfrage der Gerichte in genauer Verbindung. Man versteht nämlich unter Ware das dem Verklagten gegebene Versprechen, bei keinem andern Gericht als bei welchem er gegenwärtig seinen

1) s. oben pag. 65, 36. 37. 2) s. oben pag. 83, 20 — 26. Daß hier „Vogt" vom großen Vogt verstanden ist, rechtfertigt sich daraus, daß unmittelbar vorher gesagt wird, sein Gesinde könne der Vogt über sich nicht zum Richter setzen. Der Schultheiß aber, heißt es dann, könne über den Vogt richten. Man könnte nämlich das Gegentheil denken, weil der Schultheiß doch auch dem Vogt untergeben ist. 3) s. oben pag. 92, 8—18. 4) Der Singular wird, wie es auch in den Statuten selber geschieht, im weitern Verlauf des Textes immer gebraucht werden. Die beiden kleinen Vögte unter sich werden in den Statuten nie mit einander verglichen. 5) s. oben pag. 369 Note 1.
6) s. oben pag. 115, 6. 7. und Leibnitzii scriptores rerum Brunsvicensium. tom. 3 pag. 17. 7) Bruns, oratio qua comparatur privilegium ab imperatore Friderico II. anno MCCXIX Goslariae datum cum legibus huius civitatis antiquis. Helmstadii. 4to. 1805. pag. 20. 21.

Proceß führe, ihn anzubringen [1]). Hierauf allein ist regelmäßig die Ware gerichtet. Nur ein einziges Mal ist auch von einer Ware die Rede, daß auch kein anderer außer dem gegenwärtigen Kläger sich mit Recht zu der Vormundschaft dieser Klage ziehen werde [2]). Die Form in welcher die Ware den Beklagten gegeben wird, ist in der Regel ein eidliches Versprechen [3]). Daß es eidlich gegeben werde, erkennt man daraus, daß der Finger dabei gebraucht und im Fall des Bruchs gewettet wird [4]). Nur bei Gästen, welche gegen Bürger oder Bürgers Gesinde auftreten, muß die Erfüllung des Versprechens noch besonders sicher gestellt werden, dann wenigstens, wenn der Gast nicht in eigener Person den Proceß führt [5]). Die Wirkung der Ware ist jedoch niemals eine solche, daß sich der Kläger nun in keiner Art eines andern Gerichts bedienen könne, als bei welchem er Ware gethan habe. Zum Behufe des Beweises des Anspruches kann auch irgend ein anderes Gericht als Zeuge in das hiesige gezogen werden und namentlich kann ein in jenem andern Gerichte gethanes Bekenntniß durch die Aussage jenes Gerichts in dem hiesigen erwiesen werden [6]). Es hängt ferner die Würkung der Ware von dem Benehmen des Beklagten ab, denn wenn nach gethaner Ware der Beklagte gegen des Klägers und des Richters Willen vom Gericht entweicht, noch ehe er dem Kläger „dede dat recht were," so kann der Kläger nicht bloß die Verfestung erwirken, sondern er hat auch nun wieder das vor der Ware ihm zustehende Recht, „sine klaghe angripen" zu dürfen, wo er irgend Recht bekommen kann, ohne daß dieß als ein Bruch der Ware bestraft werden könnte [7]). Daß aber vor der Ware wirklich dem Kläger das Recht zusteht, ohne daß der Beklagte sich, wenn nicht etwa für ein Ungehorsamsverfahren Gründe da sind [8]), beschweren darf, das Gericht zu wechseln, wird in einer andern Stelle ausdrücklich gesagt, wonach man dem Verlangen des zweiten Richters, daß man die nunmehr bei ihm angestellte Klage „vulvörderede" d. h. durchführe, ohne bessern zu müssen folgen darf, wogegen, wenn in dem ersten Gerichte die Ware für die Klage bereits gethan ist, allerdings für die nochmalige Anstellung der Klage gebessert werden muß [9]). Worin diese Besserung bestehe ist schon an einem andern Orte gesagt worden [10]). Daß aber der Gebrauch der Ware in der That für die Gleichheit der Competenz der Gerichte

1) s. die in den folgenden Noten angef. Stellen und Krauts Vormundschaft pag. 374 und 375. 2) s. oben pag. 341 Note 4. 3) Dieß ergiebt sich aus dem Gegensatz gegen die in Note 5 enthaltene Ausname. 4) s. oben pag. 81, 31—33. 5) s. oben pag. 81, 34—39. 6) s. oben pag. 81, 26—30. 7) s. oben pag. 82, 1—7. 8) s. unten §. 7. 9) s. oben pag. 44, 12—18. 10) s. oben pag. 307 Note 8 und 341 Note 4 und oben Note 4.

beweise, liegt außer in dem Bisherigen namentlich auch darin, daß der Kläger dazu verpflichtet ist. Es ist ein Recht des Beklagten die Ware zu verlangen, wie man theils aus der Bestimmung sieht, daß man einem Gaste, nicht ehr zu antworten nöthig hat, als bis er jene besonders garantirte Ware gethan hat [1]), theils aber auch aus einem allgemeinen jener Bestimmung angeschloßnen Satz, daß der, welcher um die Ware gebeten so lange nicht zu antworten brauche, als der den er darum gebeten die Ware verweigere [2]). Außerdem aber wird die Ware ganz ausdrücklich mit der Competenzfrage in Ansehung des großen und kleinen Gerichts in Verbindung gebracht, denn die Worte „de ware tucht dat grote richte in dat lütteke, und dat lütteke in dat grote" können doch kaum eine andere Bedeutung haben als die, daß jedes Gericht durch die Ware erst ausschließlich competent werde [3]). Jedoch darf man bei dieser ganzen Competenzfrage nicht vergessen, daß hier immer nur von einem Recht oder einer Pflicht der Parteien die Rede ist, denn eine ganz andre Frage ist, inwiefern man ohne Wette an den Richter bezahlen zu müssen, den man bereits angegangen ist, diesen wieder verlassen dürfe. Die Regel ist hier, daß jeder Richter, wenn man einmal bei ihm geklagt hat, das Recht hat zu verlangen, daß man die Klage „vulvordere," [4]) wenn man nicht etwa mit dem Beklagten sich verglichen hat, und selbst ein Vergleich kann nur unter gewissen Voraussetzungen ohne des Richters Erlaubniß und ohne zur Wette zu verpflichten geschlossen werden [5]).

Obwohl nun nach dem Bisherigen schon die von der Ware redenden Stellen die allgemeine Regel von der gleichmäßigen Competenz des großen und des kleinen Gerichts darthun, so sollen auch die Belege durch einzelne Fälle, die in den Statuten vorkommen, gegeben werden, zumal als bei diesen sich dann doch zeigen wird, daß die Regel nicht ohne Ausname ist. Zwei Hauptfälle sind es, durch welche die Richtigkeit der Regel an einzelnen Beispielen sich erweißt. Der eine Hauptfall ist aus der Lehre von der Overhöre, der andre aus der Lehre von der Verfestung. Wer jemanden heißt es dort in dem großen oder kleinen Gerichte in Overhöre bringen will, obwohl derselbe in dem Gerichte wo dieß geschehen soll, nicht wohnhaft ist, der kann ihn zwar

1) s. oben pag. 81, 34 — 39. 2) s. oben pag. 81, 40 — 42. So wie die Stelle in den Statuteu lautet, ist sie nicht wohl verständlich: die Vergleichung mit dem vermehrten Sachsenspiegel giebt den obigen Sinn D. IV. 45, 5 = D. IV. 15, 3 und weiter unten in diesem §.
3) s. oben pag. 81, 22—25. 4) s. oben pag. 38, 35—39, 4. 44, 15—18. 23—25. 74, 31—33. „vulvörderen" heißt auch soviel als „beweisen" s. z. B. oben pag. 33, 18 und überhaupt unten §. 9 und 10.
5) s. oben pag. 64, 16—24 und weiter unten in diesem §. bei der Lehre von den einzelnen gerichtlichen Handlungen.

nicht „beerüeighen" aber er kann ihn doch „under der löven" in Overhöre kündigen [1]). Auch wird ferner geredet von jemandem der in dem großen oder kleinem Gerichte „in overhöre gheyt up en hus" das in dem andern Gerichte belegen ist [2]). Hieraus folgt, daß was vorhin gesagt worden ist, richtig ist, nämlich daß für die Competenz eines Gerichtes es einmal gleichgültig sei, wo die Parteien wohnen, und dann gleichgültig sei, wo die Sache belegen sei, an welcher man Rechte geltend machen wolle [3]). Der andere Hauptfall aus der Lehre von der Verfestung beweißt, daß in Friedbruchssachen keine ausschließliche Competenz eines Gerichts statt finde. Dieß folgt schon daraus allein, daß eine Person in mehreren Gerichten verfestet sein kann [4]) und daß der Overhöre analog für einen Verfesteten Bürgschaft geleistet werden kann durch ein Haus, welches in einem andern Gerichte liegt, als in welchem die Verfestung ausgesprochen worden ist [5]). Auch heißt es ganz allgemein von welchem Gerichte auch jemand „vreveliken gheyt," wenn er vor dasselbe beschieden worden ist, immer kann er darin und sonst in keinem andern Gerichte verfestet werden [6]). Es folgt also hieraus die Richtigkeit des vorhin Behaupteten, daß wie in allen Streitsachen, so auch in Friedbruchssachen dem Gutdünken des Klägers die Wahl zwischen dem großen und kleinem Gericht überlassen sei [7]). Nur in einer Stelle wird zur Beantwortung der Frage, unter welchen Voraussetzungen die Vögte „der veste staden" könnten, unterschieden zwischen großem und kleinen Vogt. Auf folgende Weise wird dabei gesondert. Begehrt ein „Utmann" wegen eines im auswärtigen Gerichte begangenen Friedbruchs die Verfestung, so soll der große oder kleine Vogt nicht „der veste staden sunder des rades orlof" [8]). Begehrt sie aber ein „utmann oder gast" wegen eines in einem der Stadtgerichte begangenen Friedbruchs [9]), so bedarf der (große oder kleine) Vogt, um die Verfestung auszusprechen, nicht der Erlaubniß des Rathes. Obwohl nun hiernach auch in dem Recht die Verfestung zu verhängen die beiden Vögte im allgemeinen gleichstehen, so ist doch eine doppelte Ausname bemerkbar [10]), denn erstlich ist es nicht einerlei, in welchem Gerichtsbezirk der Friedbruch begangen worden ist, und zweitens kommt es auf die Art der Verfestung an, welche ausgesprochen werden soll. Ist der Friedbruch in dem Bezirk des großen Gerichts begangen worden, so kann in dem kleinen Gericht der Verbrecher erst dann in die

1) s. oben pag. 52, 12—22 und unten §. 7.
2) s. oben pag. 53, 38. 39.
3) s. oben pag. 376 folg.
4) s. oben pag. 57, 26—32.
5) s. oben pag. 57, 26. 30.
6) s. oben pag. 75, 12—14.
7) s. oben pag. 376 folg.
8) s. oben pag. 61, 21. 22.
9) s. oben pag. 61, 23—26.
10) s. oben pag. 61, 30—36.

Verfestung gebracht werden, wenn die Verfestung zuvor in dem „(groten) richte over ghegan" ist [1]). Ist dagegen der Friedbruch in dem kleinen Gericht begangen, so kann die Verfestung, welche nicht eine bloße Ungehorsamsstrafe, sondern eine Strafe selbständiger Art ist [2]), überhaupt gar nicht von dem kleinen Vogt verfügt werden. Dieser hat nur das Recht wegen Ungehorsam gegen die von ihm an den Beklagten ergangene Ladung in die Verfestung zu thun [3]). Außer dieser Ausname in Ansehung der Verfestung ist noch eine andre von etwas umfassenderer Art zu merken, die nämlich, daß alles, was executive Gewalt ist zunächst wenigstens immer von dem Richter vorgenommen wird, in dessen Gerichte die Personen oder Gegenstände, gegen welche verfahren werden soll, sich befinden. Dieß ergiebt sich theils schon aus dem, was oben über das Verhältniß des Schultheißen zu dem kleinen Vogt gesagt worden ist [4]), theils fehlt es auch nicht an allgemeiner gefaßten Stellen. So heißt es in der Lehre vom „anevanghe" [5]), daß wenn man in dem kleinen Gericht wolle „anevanghen," d. h. hier nicht sowohl die Klage anstellen als die gestolne Sache zum Behuf der Klage festhalten, so solle man erst, wenn man den kleinen Vogt oder dessen Büttel nicht finden könne, zu dem großen Vogt oder zu dessen Büttel oder zum Schultheißen die Zuflucht nehmen. Doch scheint allerdings, nach dem Schlusse der betreffenden Stelle zu urtheilen, auch die Klage in diesem Falle bei dem Vogt der belegenen Sache angestellt werden zu müssen, wenigstens wenn man nicht Wette zu bezahlen Lust hat. Dieß erklärt sich wohl daraus, daß das Ergreifen der Sache schon eine iuristische Bedeutung hat und schon als Beginn des Processes betrachtet wird, so daß der Richter, in dessen Bezirk, gleichviel von wem „gheanevanghet" wird auf die Vulvorderung der Klage vor ihm ein Recht erhält. Dieses Recht des Richters aber ist von dem Recht des Beklagten, wie vorhin schon bemerkt ist [6]), ganz verschieden, und mithin ist auch in diesem Falle die Ware nicht überflüssig. In Bezug auf unbewegliche Sachen finden sich ähnliche Stellen. Hierher gehört die Bestimmung, daß, wenn gleich man von einem andern Richter als dem Richter des belegenen Grundstücks in Overhöre kündigen lassen

1) s. oben pag. 61, 30. 31. Daß hier an einen im großen Gericht begangenen Friedbruch gedacht ist, ergiebt theils der Gegensatz gegen das Folgende, theils die Variante zu Zeile 31. Vgl. auch über den Ausdruck overghegan bei der Verfestung oben pag. 57, 19—23. 2) Ueber die eigentliche Strafe der Verfestung im Gegensatz gegen die Verfestung, die nur ein Contumacialverfahren ist unten §. 7. 3) s. oben pag. 61, 34—36. Ueber den Zusatz „wente men dar nene klocken lut siehe den folgenden §. 4) s. oben pag. 371 Note 4. 5) s. oben pag. 98, 27—32 und Bruns in seinen Beiträgen pag. 226 No. II. 6) s. oben pag. 378 Note 4.

kann, man demungeachtet zum Behuf der Unterwindung, wenn es nun wirklich zur Execution kommt, die Sache an den Vogt bringen muß, in dessen Gerichte das Haus belegen ist [1]). Dieß hängt zusammen damit, daß man überhaupt Veräußerungen des Gutes, die ja ohne den Richter überall nicht geschehen können, in dem Gerichte vornimmt, wo das Gericht belegen ist [2]), und eben daher kommt auch auf die Lage des Gutes an, wer während der drei Tage Besittens die nach der gerichtlichen Auflassung zum vollständigen Erwerb erforderlich sind, den in das Gut Geführten wieder herunter weisen oder wieder in das Gut einführen könne, ob nämlich der Schultheiße oder der kleine Vogt [3]).

Zum Schluß der ganzen Lehre von der Competenz des großen und kleinen Gerichts ist auch darauf aufmerksam zu machen, daß die Anführung der Wettsumme bei einem einzeln Fall nicht beweise, daß nur der Richter, dem diese Wette gebühre, der competente sei, denn die 60 Schilling Wette des großen Vogtes werden öfters genannt bei Streitsachen, die nach dem Bisherigen wie ja überhaupt alle Sachen ebenso gut auch vor den kleinen Vogt gebracht werden können [4]). Es folgt aus diesem Umstande also nur, daß in der Regel in den Statuten an den großen Vogt gedacht wird, oder man müßte annehmen, daß das Gewette beider Vögte in späterer Zeit gleich gestellt worden ist. Dieß wird wahrscheinlich gemacht dadurch, daß in der Mehrzahl der Handschriften der Satz von der geringeren Wette des kleinen Vogtes ganz fehlt oder ausgestrichen und mit „vacat" bezeichnet worden ist [5]). Demungeachtet aber findet sich wenigstens die halbe Wette des kleinen Vogtes in einer Stelle der neueren Redaction wieder, in einem Falle wo die geringere Bedeutung des zu bestrafenden Vergehens die Ursache zu sein scheint, daß nur eine Quote der gewöhnlichen Wette bezahlt wird [6]), denn es wird auch nur von einem quoten Theil der in diesem Falle zu bezahlenden Buße geredet [7]).

Der gemeinschaftliche Name für Kläger und Beklagten ist der Ausdruck „sakwolde" [8]), der also dem Worte Partei ent-

1) s. oben pag. 53, 38—42. Etwas allgemeiner ist der Satz ausgesprochen oben pag. 73, 1—4. 2) s. oben pag. 24, 29—36 und vergl. oben pag. 242 Note 1. 3) s. oben pag. 27, 25—40 und 187 Note 3. 4) s. oben pag. 34, 30—34 56, 9—12. 58, 15—24. 30—32. 88, 36—38. 89, 15—21. 91, 29. 35. 5) s. oben pag. 84, 28. 29 und die Varianten hiezu. 6) s. oben pag. 91, 18—23 und pag. 336 Note 8. 7) s. oben pag. 91, 22. Bei dieser Gelegenheit mag bemerkt werden, daß auch der Satz von des sacwolden bute (oben pag. 84, 26 und die Varianten dazu) nur in der Handschrift A und auch in dieser nur durchstrichen sich findet, und daß ebenfalls demungeachtet in dieser Stelle der neueren Redaction nicht nur eine Quote, sondern auch das Ganze dieser Buße sich findet, s. oben pag. 91, 28. 29. 34. und vgl. oben pag. 89, 17. 18. 8) s. oben pag. 65, 16. 69,

spricht. In dem Privilegium Friedrichs des zweiten findet sich dafür „patronus causae." Vorzugsweise wird einmal Sachwalt gebraucht für den der den Proceß wirklich führt, im Gegensatz des Klägers (oder Beklagten), d. i. dessen, in dessen Name jener handelt, denn es wird von einem Kläger geredet, der der Klage „selven en sakwolde" ist [1]). Von den Klägern insbesondere ist zu merken, daß ihrer mehrere zugleich eine und dieselbe Klage anstellen können, die alsdann „ene samentklaghe" genannt wird. Hierdurch erlangen die Kläger den Vortheil nur in eine Wette und in eine Buße verurtheilt werden zu können, während wenn jeder „sunderliken" klagt auch jeder eine besondere Wette und Buße bezahlen muß [2]). Auf die Rechte der mehreren Kläger aber hat die Vereinigung zu einer Klage nur Einfluß, insofern der geltend zu machende Anspruch auch materiell genommen, ein gemeinschaftlicher ist. Hiermit deute ich auf eine Stelle hin [3]), in welcher von einem gemeinschaftlich empfangenen Versprechen die Rede ist. Wenn in diesem Fall einer der mehreren allein als Partei im Proceß auftritt, so wird man im Zweifel durch Leistung an diesen einen, zugleich auch von der Verbindlichkeit gegen die übrigen frei, mit andern Worten die mehreren Gläubiger sind correaliter berechtigt. Nur wenn es sie „alle ghelike an trit," d. h. wenn jeder eine pars quota fordern kann, muß man jedem gleich viel geben, und also das Ganze nur dann, wenn die mehreren Berechtigten zugleich klagen, es wäre denn etwa besonders ausgemacht worden, daß man an einen allein die Zahlung solle leisten dürfen. Bei dieser Gelegenheit mag auch eine andre Stelle, die von der Zahlung an mehrere Personen handelt, die einen „samentname ghenomen" haben, angezogen werden [4]). Derjenigen unter diesen mehreren Personen, der der Gebrauch dieses Namens (Firma) untersagt ist, darf dann überhaupt nicht gezahlt werden. Außerdem aber kann jedem der mehreren Genossen Zahlung geleistet werden und das Gezahlte wird dann unter sie „na marktale" vertheilt, wenn nicht ganz ausdrücklich dem Einzelnen „sunderliken mit underschede" gezahlt worden ist.

Von der Person der Beklagten ist ebenfalls zu merken, daß mehrere Personen zugleich Beklagte sein können, wodurch sie jedoch nicht den Vortheil erlangen, mit einer Wette oder einer Buße im Proceß davon zu kommen, sondern jeder von ihnen muß die ganze Wette und die ganze Buße entrichten [5]). Von diesem

26. 74, 25. 75, 5. 76, 44. 77, 26—31. 83, 15. 16. 84, 26. 86, 12. 13. 28. 114, 37.

1) s. oben pag. 81, 34—39. pag. 377 Note 5 und Krauts Vormundschaft pag. 375 Note 18. 2) s. oben pag. 84, 30—33. pag. 336 Note 9. 337 Note 6. 3) s. oben pag. 75, 35—38. 4) s. oben pag. 102, 10—14 vgl. oben pag. 181 Note 3 und 5. 5) s. oben pag. 84, 34—85, 2 und vgl. oben pag. 336 Note 10. 337 Note 7.

Fall mehrerer Beklagten ist verschieden, da eine Corporation, nämlich der Rath, belangt wird. Die Stelle welche von diesem Falle redet [1]), setzt voraus, daß ein Einzelner Schaden angerichtet hat „ut der stat" außerhalb der Stadt „ut enes mannes huse oder darin" gleichviel ob auf freiem Felde und offener Straße, oder nicht. Wird alsdann der Rath oder die Stadt beklagt, daß „se der sake an rade unde an dade" schuldig seien, so sollen sie sich von dieser Beschuldigung durch zwei Rathmannen losschwören und dem Thäter „volghen mit rechte," wenn sie ihn nicht gleich „to rechte setten" können. Wie nun die Stadt als solche die beklagte Person sein kann, so möchte man auch meinen, daß ein einzelnes Gebäude, bei dem oder in dem ein Schade angerichtet worden, Gegenstand eines Verfahrens sein könnte, dem sich etwa jeder, der dasselbe besäße, unterwerfen müßte. Dieß ist aber nicht der Fall „dar umme (um den Schaden) mach men dat hus nicht beswaren." Vielleicht ist hiermit nur das allgemeine Princip ausgesprochen, aus welchem die bei der Bestrafung der Nothzucht angeführte einzelne Bestimmung, daß die Gebäude, in welchen Nothzucht begangen ist, nicht gebrochen oder geschleift werden sollen, herzuleiten ist [3]).

Als Nebenpersonen im Vergleich zu den Parteien können angesehen werden die Vorsprecher und die Vormünder. Was zunächst die Vorsprecher betrifft, so ist schon bei einer andern Gelegenheit gesagt worden, daß ihre Bedeutung nur eine formelle sei [4]), d. h. der Vorsprecher bedient man sich im Gericht auch dann, wenn man selbst entweder gegenwärtig oder doch einen andern (den Sachwald im engeren Sinn des Worts) [5]) mit Führung des Processes beauftragt hat. Man bedient sich also der Vorsprecher, um die Handlung feierlicher, formeller zu machen. Besondre Qualitäten werden demungeachtet bei dem Vorsprecher nicht vorausgesetzt, jeder dingpflichtige Mann kann Vorsprecher sein. Daß man sich seiner bedienen müsse, wird nur bei der gerichtlichen Auflassung gesagt [6]), und regelmäßig scheint nichts entgegenzustehen, wenn die Partei selbst das Wort führen will, denn grade in der Hauptstelle der Statuten über die Vorsprecher heißt es, daß man dem, was man selber vor Gericht, so daß es Richter und Dingleute gehört hätten, geredet habe, nicht widersprechen dürfe. Was nur der Vorsprecher gesagt hat, kann dagegen, wenn es nur sofort geschieht, zurückgenommen werden, sobald es nur nicht bereits genehmigt worden ist. Aus dem Gesagten ergiebt sich, daß die Vorsprecher der aufmerksamen Partei nur Vortheil gewähren, da man ihren ungünstigen Aeußerungen

1) s. oben pag. 47, 41—48, 3. 2) s. oben pag. 43, 4. 5. 3) s. oben pag. 297 Note 10. 4) s. oben pag. 184 Note 1 und 192 Note 2—6. 5) s. oben pag. 382 Note 1. 6) s. Note 4.

widersprechen kann, aus ihren günstigen Reden dagegen alle Rechte herleiten mag, die man aus den eigenen Worten würde herleiten dürfen, wovon unten in der Lehre vom Schelten des Urtheils ein Beispiel gegeben werden wird [1]).

Von den Vormündern im Proceß ist theils schon oben in der Lehre von der Vormundschaft das Erforderliche gesagt worden [2]), theils wird noch davon geredet werden in der Lehre vom Beweisverfahren, wenn persönliche Eigenschaften der Partei streitig sind; der nächste Schwerdtmage nämlich eines Verstorbenen kann es übernehmen, statt seiner die bestrittene Echtheit seiner Geburt darzuthun [3]). Auch noch in einem andern Fall wird die Möglichkeit einer Vertretung durch Verwandte oder Gesinde genannt, in dem jedoch ebensowenig wie in dem eben genannten der Ausdruck Vormund oder Vormundschaft gebraucht wird. Wenn nämlich jemand von eines Mannes wegen vorgeboten wird, der in Angelegenheiten der Stadt außerhalb sich befindet, mit andern Worten im Fall der Abwesenheit des Klägers, können dessen Verwandte oder dessen Gesinde statt seiner die Klage fortsetzen, sofern der Kläger in des Reichs Diensten abwesend ist. Während jeder andern Abwesenheit in Angelegenheiten der Stadt bleibt die Sache liegen bis zur Rückkehr des Klägers und der Beklagte ist erst dann zur Antwort verpflichtet [4]). Dieß ist auch in dem umgekehrten Falle die Vorschrift, in dem Falle nämlich, wo ein Beklagter, nachdem er bereits vorgeboten ist, in Folge eines Auftrags des Rathes in Diensten des Reiches abwesend zu sein genöthigt ist, d. h. es bleibt die Sache bis zur Rückkehr des Beklagten liegen [5]).

Die ersten gerichtlichen Handlungen mit denen der Rechtsstreit beginnt, sind die Klage und die Vorladung. Welches von beiden das erste sei, hängt davon ab, ob man eine gerichtliche Vorladung erwirken oder sich mit einer Privatladung begnügen will. Die letztere Ladung, sobald nur der Beklagte ihr zu folgen sich willig erklärt hat „willköret vore to komende" [6]) hat ganz die Würkungen wie jene und unterscheidet sich auch nicht einmal darin von ihr, daß sie schwerer bewiesen werden oder mit andern Worten leichter geleugnet werden könnte, da keine Gerichtsperson, welche gerichtliche Handlungen vornimmt, allein schon vollen Glauben verdient. Vielmehr gilt die Regel, daß jede Vorbietung durch den einfachen Eid des angeblich Vorgebotenen abgeschworen werden kann, und zwar so, daß wenn man von mehreren Perso-

1) s. oben pag. 86, 39. 87, 2. 2) s. oben pag. 248 Note 7. 250 Note 6. 7. pag. 251. pag. 254. 3) s. oben pag. 76, 22—24. und unten §. 9. 4) s. oben pag. 65, 6—10. 5) s. oben pag. 65, 11—14. 6) s. oben pag. 52, 3—5. 64, 30—31.

nen also mehreren Klägern vorgeboten ist, man ihnen allen gegenüber durch einen Eid (recht) die Vorbietung ableugnen kann [1]). Davon also ob die Vorladung privatim oder ob sie gerichtlich geschieht, hängt ab, ob die Klage oder ob die Vorladung die erste gerichtliche Handlung sei. Dieß wird nirgends in den Statuten ausdrücklich gesagt, folgt aber von selbst daraus, daß eine gerichtliche Vorladung nicht ehr geschehen kann als bis durch ein Gesuch, d. h. durch eine Klage der richterlichen Thätigkeit der erste Anstoß gegeben worden ist, was bei der Privatvorladung zum mindestens nicht nothwendig ist. Man könnte es für nothwendig halten, da ja doch ein Termin, wann die Parteien erscheinen sollen, bezeichnet werden müsse. Dieß scheint aber deshalb nicht nöthig gewesen zu sein, weil theils drei regelmäßige feierliche Gerichtstage im Jahr waren, theils die Vögte jederzeit bereit sein mußten, Parteien anzuhören [2]). Dieß schließe ich einmal daraus, daß außer jenen echten Dingen keine besonderen Gerichtstage bezeichnet werden, daß ferner bei der Vorbietung nicht besonders ein Gerichtstag, an welchem der Vorgebotene zu erscheinen habe, angegeben zu werden braucht, denn es versteht sich von selbst, daß man entweder an demselben Tage der Vorladung folgt, oder doch am Tage darauf [3]); dann noch daraus, daß zwischen übernächtigen und nicht übernächtigen Klagen, d. h. sofort nach einem Friedbruch angestellten Klagen unterschieden wird [4]), endlich daraus, daß von dem Vogt ohne irgend eine besondre Veranlassung das Gericht „upgbeseghet" werden kann auch noch vor Eintreten des Zeitpuncts, bis zu welchem auf den Gegner gewartet werden müßte. Der Vogt hat dann nur, wenn der Gegner doch noch rechtzeitig erscheint, die andere Partei, die bereits da gewesen war, wieder herbeiholen zu lassen [5]). In diesem letztern scheint mir deshalb ein Beweis zu liegen, daß es außer den drei echten Dingen keine besonderen Gerichtstage gab, weil sonst nicht wohl wegen der in ihnen vermuthlich doch größern Förmlichkeit dürfte vorgekommen sein, daß der Vogt vor der gesetzlichen Zeit das Gericht geschlossen hätte. Dagegen ist dieß sehr gut denkbar, wenn man annimmt, daß eben immer Gericht gehalten wurde sobald Parteien da waren.

Wenn vorher gesagt ist, daß die Privatladung entweder

1) s. oben pag. 64, 13—15 und unten § 8 und 9. 2) Vgl. hierüber Georg Ludwig Maurers Geschichte des altgermanischen Gerichtsverfahrens. Heidelberg 1824. 4. Seite 158 Note 50. 207 Note 44.
3) s. oben pag. 65, 1—5. 4) s. oben pag. 47, 12—21. vgl. auch oben pag. 338 Note 6 und unten §. 10. 5) s. oben Note 3 und pag. 65, 1—5. Vgl. auch hierzu Maurer a. a. O. Die Stelle beweißt indessen nicht das wofür sie bei Maurer angeführt wird, daß die Geladenen das Gericht von Aufgang der Sonne an hätten erwarten müssen, denn wenn man nur überhaupt vor Mittag da ist, hat man keinen Nachtheil zu befürchten.

überhaupt der Klage vorangehe oder doch vorangehen könne, und namentlich in dem Falle, da eine Sache in dem echte Ding verhandelt werden soll, so erkennt man dieß Letztere aus der Stelle, in welcher die Eröffnung des echten Dinges beschrieben wird [1]). Der Schultheiß [2]), als der wichtigste Beistand des großen Vogtes eröffnet das Gericht mit der Frage an die Dingleute, ob es Zeit sei, daß er ein echtes Ding hege und Gericht sitze unter Königs Bann. Auf diese Frage wird dann jederzeit das Urtheil, daß es allerdings an der Zeit sei, gefunden, denn alles ist hier nur Form und die Dingleute würden nicht das Recht haben, ein ander Urtheil zu finden. Hierauf erklärt dann der Schultheiß, daß er nun da das Urtheil zu Recht gefunden sei ein echtes Ding unter Königs Bann hege und beim Königsbanne „al unrecht unde unlust" verbiete. Erst nachdem dieß geschehen, kann jeder fordern mit Recht was er zu fordern hat, also seine Klage anstellen. Dieß kann er um so leichter thun als fast jedermann die Pflicht hat, in dem echte Ding zu erscheinen, denn jeder Hausbesitzer muß die echten Dinge besuchen, ohne daß es bei ihm einer besondern Vorbietung bedürfte [3]). Die Vorbietung ist nur bei nicht dingpflichtigen Personen erforderlich, also z. B. bei Gesinde von Bürgern, und da die Klage für das echte Ding erst in diesem selbst geschehen kann, so muß alsdann eine Privatladung vorangehen. Auf eine solche vorangegangene Privatladung scheint eine Stelle hinzudeuten, die sich an die eben erörterte unmittelbar anschließt, und mit den Worten anfängt „Vormit sich en vor gherichte to komende" [4]). Soviel von dem Verhältniß der Vorladung zur Klage. Von jeder dieser gerichtlichen Handlungen ist noch etwas Besonderes zu sagen.

Die Vorladung kann nur von bestimmten Personen, nicht an jedem Orte, nicht zu jeder Zeit und nicht unter allen Umständen geschehen. Nur von bestimmten Personen, d. h. die Vorladung geschieht, je nachdem es ist, vom Büttel, Schultheißen, Vogt oder der Partei [5]). Nicht an jedem Orte. Vom Schultheißen wird gesagt, sie könnten Bürger und Bürgers Gesinde nur auf dem Markte vorbieten [6]). Dieß ist nicht so zu verstehen, als wenn der Schultheiß auch im Namen des großen Vogtes anderwärts nicht oder dann doch nur Gäste vorbieten dürfte, sondern nach jenem Aufsatze über das Schultheißenamt hat man hier an den Fall zu denken, da der Schultheiß in eigenem Namen vor sein eigenes Gericht vorbieten will [7]). Daher ist es auch ganz

1) s. oben pag. 73, 9—17. Vgl. auch hierzu Albrechts Gewere Note 254 und Maurer a. a. O. pag. 156 Note 28. 2) s. oben pag. 368 Note 3. 3) s. oben pag. 73, 8. 9. 372 Note 9. 4) s. oben pag 73, 18 — 25. 5) s. oben pag. 370 Note 4. pag. 371 Note 6 bis 9. 6) s. oben pag. 63, 7. 8. 7) Vgl. oben pag. 375 und pag. 110, 22. 23.

natürlich, daß von einer solchen Beschränkung beim Büttel nicht die Rede ist, obwohl er ein geringerer Gehülfe als der Schultheiß ist, denn da er überall kein eigenes Gericht hat, so handelt er auch immer nur im Namen eines Vogtes, und nie selbständig [1]). Die Orte an denen überhaupt nicht vorgeboten werden soll, sind einmal (mit Ausname der Straße, denn in ihr kann vorgeboten werden) [2]), die öffentlichen, die Bierhäuser und Tanzböden und dann die, auf welche die weltliche Gerichtbarkeit sich nicht erstreckt. In jenen ist man jedoch nur dann sicher, wenn man nicht darin wohnt und wenn die Vorbietung grade dann geschieht, wo der betreffende Ort dem öffentlichen Verkehr dient [3]). Diejenigen Personen, die in Bierhäusern, Tanzböden „ghemeynen stoven unde stofhusen" wohnen, müssen sich daselbst auch die Vorbietung gefallen lassen und zwar in allen Theilen des Hauses, wenn sie nicht erst nachdem „dat veyle ber worde to deme tappen" Wohnung darin genommen haben, wodurch sie denn aber freilich nur einstweilen geschützt sind, denn wenn dann wieder „des avendes . . . de gheste sin ghegan und am folgenden Tage von neuem „de rode to dem berhuse steket" gehören jene Personen nun schon zu denen „de dar vore inne wonende weren er dat veyle ber worde to deme tappen" [4]). Unter den Orten über welche die weltliche Gerichtbarkeit sich nicht erstreckt sind wie schon früher angegeben [5]) die Häuser der Pfaffen zu verstehen. Auch in ihnen jedoch können diejenigen Personen die darin wohnen, mit Ausname von „des papen brodede ghesinde" vorgeboten werden, so gut wie die Bewohner öffentlicher Häuser [6]). Aus dem Gesagten sieht man, daß das Recht gegen Vorbietung sicher zu sein unter umgekehrten Voraussetzungen statt finde, wie das Recht des Hausfriedens [7]), was deshalb nicht unnütz ist zu bemerken, weil die Bedeutung des Hausfriedens im übrigen grade auch die ist, von gewissen processualischen Handlungen frei zu sein [8]). Der Hausfriede schützt mithin nicht gegen das Vorbieten, so wenig, daß vielmehr grade da, wo Hausfriede gilt, hauptsächlich, und da wo er fehlt, nicht vorgeboten wird. Nur in einer Bestimmung vielleicht erkennt man auch in Ansehung der Vorbietung die Kraft des Hausfriedens in der nämlich, daß der Büttel, welcher vorbieten soll, nicht die verschloßne Thür aufklingen oder daran klopfen darf [9]). Er muß vielmehr, wenn er nicht etwa die Partei am

1) s. oben pag. 371 Note 6. 2) s. oben pag. 64, 5. 6.
2) s. oben pag. 64, 1. 2. 63, 12—17. Zu Zeile 17 muß man aus dem Vorhergehenden wohl ergänzen den der da wohnt „wur danz is."
4) s. oben pag. 63, 12—13, welche Stelle hier im Text in Verbindung gesetzt worden ist mit oben pag. 51, 13—17. 5) s. oben pag. 374 Note 2. 6) s. oben pag. 63, 18—27. 7) s. oben pag. 313 Note 11. pag. 314 Note 7. 8) s. oben pag. 315 zu Ende bis pag. 316 Note 5. 9) s. oben pag. 63, 9. 10.

Fenster, oder bei niedrigem Fenster durch das Fenster im Hause sieht [1]), abwarten ob irgend ein anderer die Thür öffnet oder anklopft, denn alsdann kann er mit ihn eintreten und vorbieten [2]).

Wenn es vorher noch hieß, es könne nicht zu jeder Zeit und nicht unter allen Umständen vorgeboten werden, so war damit zunächst gemeint, daß regelmäßig wenigstens nur vorgeboten werden solle zu einer für gerichtliche Geschäfte angemessenen Tageszeit, d. h. nicht allzufrühe und nicht allzuspät am Tage [3]). Nur Gäste kann man ohne Rücksicht auf früh oder spät vorladen [4]). Die Umstände, welche das Vorbieten verhindern sind einmal, da jemand für das allgemeine Beste plötzlich in Anspruch genommen wird, wie um die Stadt gegen feindlichen Angriff oder Feuersgefahr zu schützen [5]); ferner eine andre gerichtliche Handlung, da das Vorbieten nicht gelegentlich bei dieser geschehen darf, denn vielleicht ist die einzelne Bestimmung, daß der Büttel, der um in einem Hause etwas zu „besetten" die geschloßne Thür aufgeklinkt oder daran geklopft hat [6]), niemanden bei dieser Gelegenheit vorbieten dürfe, so allgemein zu verstehen [7]).

Die Würkung der Vorladung an sich, sofern nur das Factum derselben nicht abgeschworen werden kann [8]), ist unabhängig davon, ob man die Person wirklich ist, welche mit der Vorladung gemeint ist, denn obwohl man hinterher die Befugniß hat mit seinem Rechte also mit seinem Eide auch dieß, daß man der Richtige sei von sich abzulehnen, so ist man doch zunächst verpflichtet der Vorladung zu folgen [9]). In der Verpflichtung aber zur gesetzlichen Zeit vor dem Richter zu erscheinen, besteht grade die Würkung der Vorbietung und zwar nicht nur für den, welcher vorgeboten worden ist, sondern auch für den, welcher vorgeboten hat [10]). Von dieser gesetzlichen Zeit kann auch dann geredet werden, wenn bei einer Privatladung die Parteien selber einen besondern Termin verabredet haben [11]), denn die Stunde des Tages, um welche oder bis zu welcher man auch dann erscheinen soll, behält dennoch ihre Bedeutung. Diese Stunde richtet sich danach, zu welcher Tageszeit vorgeboten worden ist, wenigstens in dem Schultheißengericht [12]), denn vom Vogtgericht wird nur gesagt, man solle vor Mittag daselbst erscheinen [13]). Vielleicht hängt jenes damit zusammen, daß der Schultheiß gerade in seinem Gerichte nur

1) s. oben pag. 64, 3. 4. 7—9 und Maurer a. a. O. pag. 205 Note 20. 2) s. oben 63, 10. 11. 3) s. oben pag. 63, 1—4. 4) s. oben pag. 63, 5. 6. 5) s. oben pag. 65, 21—24. 6) Vergl. oben Note 12. 7) s. oben pag. 65, 18—20. 8) s. oben pag. 385 Note 1. 9) s. oben pag. 64, 10—12 und Maurer a. a. O. pag. 208 Note 52. 10) s. oben pag. 64, 33—35 und Maurer a. a. O. pag. 209 Note 72. 11) s. oben pag. 384 Note 6. 12) s. oben pag. 64, 24—29. 13) s. oben pag. 65, 1—5.

mit Gästen oder Bürgern „uppe der vluchtsalen" zu thun hat [1]), wo es jederzeit auf schleuniges Verfahren ankommt, denn heißt es doch von Gästen überhaupt, sie mögen nun vor das Schultheißengericht oder vor das Vogtgericht geboten sein, sogar daß sie sogleich wie sie vorgeboten würden, antworten könnten, also mit andern Worten sogleich mit vor das Gericht gehen könnten, wenn sie wollten. Das Gericht kann dann entweder selber die Antwort annehmen, oder zu dem Kläger senden und ihn in gehöriger Form, so daß er es nicht ableugnen kann, davon in Kenntniß setzen, daß der Gast sogleich zur Antwort bereit sei. Will der Kläger dann zur Annahme dieser Antwort sich doch nicht verstehen, so ist es so gut als wäre der Gast überhaupt noch gar nicht vorgeboten und er kann in aller Ruhe eine wiederholte Ladung abwarten [2]). Die Folge, wenn jemand nicht zur gesetzlichen Zeit erscheint, ist die Verpflichtung zur Wette, nicht aber zur Buße [3]). Der letzteren wird auch nicht einmal in Ansehung des Beklagten erwähnt, wie man schon ehr erwarten könnte, denn daß der Kläger dazu nicht verpflichtet ist, ergiebt sich von selbst aus der Lehre von der Ware, wonach der Kläger dem Beklagten eben erst nach geschehener Ware überhaupt irgendwie verbunden ist. Indessen selbst die Wettzahlung kann, sobald die beiden Parteien einig sind, trotz der Vorbietung doch nicht zu erscheinen, vermieden werden, oder mit andern Worten, die Parteien können sich ohne Wette zahlen zu müssen, vergleichen. Nur muß dieß geschehen vor der Gerichtszeit, zu welcher man erscheinen müßte und muß ferner der Richter vor der Gerichtszeit davon in Kenntniß gesetzt werden. Doch auch unter diesen Bedingungen vermeidet man die Wette durch den Vergleich nur wenn zum erstenmal wegen der betreffenden Sache vorgeboten worden war. Zum zweitenmal wegen derselben Sache vorbieten und dann wieder vergleichen und so noch öfter ist unzulässig ohne wettfällig zu werden [4]). Durch diesen Vergleich werden die nachtheiligen Würkungen der Vorbietung in Folge der Uebereinstimmung der Parteien und der ganze Proceß überhaupt aufgehoben [5]). Einseitig kann eine Partei regelmäßig sich nicht von der Pflicht im Termin zu erscheinen losmachen. Auch genügt man dieser Pflicht nicht schon dadurch, daß man im Gericht erscheint und wenn die Gegenpartei noch nicht gegenwärtig ist, das Gericht wieder verläßt [6]). Vielmehr ist man verpflichtet bis zu der gesetzmäßigen Zeit entweder im Gericht zu verharren oder aber sich gefallen zu lassen, daß man, nachdem man weggegangen und nun die andere Partei erschienen ist, von dem Richter wieder zu-

1) s. oben pag. 375 Note 4. 2) s. oben pag. 63, 28—34. vergl. auch oben pag. 68, 35—44. 3) s. oben pag. 335 Note 4. Wegen Schadensersatz s. oben pag. 341 Note 2. 4) s. oben pag. 378 Note 5. 5) s. oben pag. 64, 16 — 23 und Maurer a. a. O. pag. 117 Note 28. 6) s. oben pag. 64, 36 bis pag. 65, 5.

rückgerufen werde [1]). Dieß ist so nothwendig, daß der Beklagte auch nicht einmal dann, wenn er dem Richter die Schuld an den Kläger bekennt, sich dem Zusammentreffen mit dem Kläger selbst entziehen kann. Es hängt ganz davon ab, ob Richter und Kläger sich dieß wollen gefallen lassen [2]). Nur in einem Fall, dessen schon vorhin gedacht ist, scheint es allein bei dem Richter zu stehen, ob er die Antwort des nur allein gegenwärtigen beklagten Gastes annehmen wolle [3]). Mit dem Gesagten stimmt überein, daß der Richter für sich, ohne Willen des Betheiligten, der vorgebotenen Partei keine Fristen bewilligen kann. Nur dem Rath steht dieses Recht zu [4]). Ausnahmsweise ist auch jeder entschuldigt, welchen echte Noth zu erscheinen verhindert. Viererlei gilt für echte Noth Krankheit, Gefangenschaft, Wallfahrt außer Landes und Reichsdienst, zu dem unmittelbar oder von Raths wegen man aufgeboten wird [5]). Unter diesen vier Hindernissen entschuldigt jedoch die Wallfahrt nur dann, wenn man sich zu ihr bereits vor der Vorbietung entschlossen hat, nicht aber wenn man den Vorsatz dazu erst nachher gefaßt hat [6]). Dieß entschuldigt nur dann, wenn man die Zustimmung (des Richters und der Partei) dazu erlangt hat [7]). Ueberhaupt gilt die allgemeinere Beschränkung, daß man nicht „an dissen dinghen vreveliken hedde ghedan," d. h. daß man nicht in fraudem legis dabei handle [8]), und daß man, wenn irgend möglich einen Boten zu dem Richter sende und seine echte Noth „scheneghen" lasse [9]). Weder in diesem Falle jedoch noch auch dann, wenn er auch nicht einmal einen Boten zu schicken vermag, wird seiner Versicherung anders Glauben geschenkt, als wenn er hinterdrein auf Verlangen einen Eid thut, entweder über das Factum der echten Noth allein oder auch darüber, daß er nicht einmal einen Boten habe senden können [10]). Obwohl nach dem Bisherigen nur jene vier Sachen echte Noth sein sollen, so ließe sich doch auch noch an eine fünfte echte Noth denken, die freilich nicht diesen Namen aber doch eine gleiche Würkung hat, nämlich die Verfestung. In der Stelle [11]) aus welcher ich dieß entnehme, wird der Fall gesetzt, daß jemandes Erbgut durch Bekümmerung, Aufbietung oder Ansprache, also Klage angegriffen wird in einem Gerichte, in welchem er, weil er darin wegen einer andern Angelegenheit verfestet

1) s. oben pag. 385 Note 5. 2) s. oben pag. 64, 36—41. 3) s. oben pag. 63, 28—34. 4) s. oben pag. 61, 14. 15. 83, 14—17. 5) s. oben pag. 73, 26—28. Vgl. oben pag. 175 Note 1. 202 Note 5. 210 Note 4. und Maurer a. a. O. pag. 218 Note 5. 11. 6) s. oben pag. 73, 31—33. 7) s. oben 73, 33. 34. „mit vulbort" heißt es ohne Zusatz mit wessen vulbort. Zu „bedeghedinghe" vergl. die Variante. 8) s. oben pag. 73, 29. 30. 9) s. oben pag. 48. 6—12. 73, 18—20. Vgl. auch oben pag. 384 Note 4. 5. 10) s. oben pag. 73, 21—25. 11) s. oben pag. 62, 28—37.

ist, nicht erscheinen kann. Der Angegriffene soll dann den Vogt ersuchen, das Gericht an einen Ort anzusetzen, wo er erscheinen könne, also außerhalb des Gerichtssprengels, in welchem er verfestet worden ist. Weigert der Vogt diesem Gesuch nachzugeben, so kann dann nichts zum Nachtheil des Verfesteten geschehen, so lange er in der Verfestung ist. Es kommt uur darauf an, daß er die Verfestung und daß man sein Gesuch um Ansetzung des Gerichts außerhalb des Gerichtssprengels nicht berücksichtigt habe, gehörigermaßen beweise. Sobald indeß der Verfestete aus der Verfestung gekommen ist, muß er auch sogleich seine Rechte an jener Sache wahrnehmen, wenn er sie nicht einbüßen will [1]).

Die Klage wird in den Statuten nicht streng als eine einzelne abgeschlossene Handlung von den übrigen processualischen Handlungen des Klägers unterschieden. Es scheint überhaupt alles damit bezeichnet zu werden, was der Kläger thut um sein Recht vor dem Richter zu verfolgen. Daher kann man die Bitte des Klägers, die Gegenpartei vorzuladen, schon Klage nennen, eben so gut wie die vollständige Auseinandersetzung seines Anspruchs in dem Termin, auf welchem beide Parteien vor dem Richter gegenwärtig sind. Den Gebrauch des Wortes Klage in dem ersten Sinn finde ich in einer Stelle [2]), wo es sich davon handelt, wer von zwei Personen, die in Handgemenge mit einander gerathen sind, die erste Klage haben solle. Derjenige hat sie, der wegen dieses Friedbruchs bei dem Richter klagt, wo er ihn auch findet und wenn es in Kirchen oder auf Kirchhöfen wäre. Gewiß kann in diesem Falle nur an die Bitte um Vorladung nicht aber schon an eine vollständige Auseinandersetzung der Verletzung und der Rechte aus derselben gedacht werden. Den Gebrauch des Wortes Klage in dem zweiten Sinn finde ich unter andern in einer Stelle, nach welcher der Kläger um die Wiederklage des Beklagten zu vermeiden, seine Klage nicht „vorthogeu" soll [3]), und dann in einer schon früher benutzten Stelle, in welcher von der Ware um die Klage die Rede ist [4]). Im einzelnen ist von der Klage folgendes zu merken. In der Regel kann niemand zur Anstellung der Klage gezwungen werden [5]). Ausnahmsweise nur kann der Rath zur Klage nöthigen. Doch scheint sich

1) s. unten den §. 7 wegen der Verfestung und vergl. oben pag. 202 Note 5 und 210 Note 4. Wäre die Verfestung in jeder Beziehung der echten Noth gleichzusetzen, wofür sich aber zum mindesten in den Statuten keine Belege finden, so würde durch die p. 390 Note 11 angeführte Stelle die (oben pag. 202 Note 5) angeführte Ansicht Albrechts unterstützt werden, daß unmittelbar nach Aufhebung der echten Noth der Widerspruch gegen Veräußerung von Grundbesitz erhoben werden müsse, und daß also der Anfangspunct der Verjährung nicht durch echte Noth hinausgeschoben würde. 2) s. oben pag. 32, 30—37. 3) s. oben pag. 74, 7—11. 4) s. oben pag. 82, 1. 2. und vgl. oben pag. 377 Note 7. 5) s. oben pag. 83, 18. 19. 32. 33. 114, 19—21. unten 397 Note 2.

dieser Zwang nur auf Friedbruchsklagen zu beziehen, denn in einer der oben angeführten Stellen wird grade nur von Ungericht und Friedbruch gesprochen und hierauf bemerkt, daß man dem Verlangen des Rathes, eine Sache zu beklagen, wenn es ihm nöthig scheine, Folge leisten solle [1]). Daß der Vogt das Recht habe, die Fortführung einer Klage zu begehren, die unter seinem Vorfahren bereits anhängig gemacht worden ist [2]), ist nicht als Ausname zu betrachten, einmal weil hier eben nicht zur ersten Anstellung der Klage gezwungen wird, dann aber weil auch der Zwang zur Fortführung nur ein indirecter ist, d. h. im Fall die weitere Verfolgung doch nicht geschieht, nur Wette bezahlt wird. Von dieser Wette wird zwar in der eben angeführten Stelle nicht, wohl aber in alle denen geredet, die die „Vulvorderung" der Klage dem Richter gegenüber zur Pflicht machen und von dieser nur handelt es sich ja hier [3]), da der neue Vogt mit dem alten in Ansehung der richterlichen Qualität eine und dieselbe Person bildet. Dieß sieht man aus der Bestimmung [4]) über die pecuniären Vortheile, welche an ein Gericht kommen können, wie Wette [5]), erbloses Gut [6]) und namentlich erbloses Wehrgeld [7]), wie der dritte Theil des gestolnen Gutes, welchen der Bestolne dem Vogt überlassen [8]) und die zwei Drittel einer gefundenen Sache, die der Finder ihm abtreten muß [9]); wie endlich das Achtfache des gewöhnlichen Zolls, welches der Vogt wegen Zollfrevels erhält [10]). Diese pecuniären Vortheile werden indeß in der betreffenden Stelle nicht alle einzeln aufgezählt [11]). Nur von dem Gewette und ganz allgemein von dem was der Richter „broke oder anderes dinghes walt" oder wie es besser in einer Variante heißt „wat . . . van broken oder anderer dinghes valt" [12]) (an den Richter) wird gesagt, daß der abgegangene Vogt allein das was er bereits „in ghemanet heft" oder was er „binnen siner tyd in kricht" oder aber wofür er sich Caution hat stellen lassen, verlangen könne. Wenn man nun nicht annehmen will, daß außerdem jene Forderungen mit dem Abgang des Vogtes zum Besten des Verpflichteten ganz erlöschen (was doch namentlich von der Strafe für den Zollfrevel nicht wahrscheinlich ist), so folgt aus jener Bestimmung, daß sofern nicht besondere Gründe eintreten, nicht sowohl die veränderliche Person des Richters denn vielmehr das Gericht, als eine fortdauernde Behörde auf jene Gebühren und Vortheile ein Recht hat, und

1) s. oben pag. 83, 33—37 und vgl. oben pag. 252 Note 5 und weiter unten in diesem §. bei der Vergleichung mit dem vermehrten Sachsenspiegel. 2) s. oben pag. 83, 33. 34. 3) s. oben pag. 378 Note 4. Vgl. unten pag. 397 Note 2. 4) s. oben pag. 84, 19—24. 5) s. oben pag. 335. 6) s. oben pag. 173 Note 4—7. 7) s. oben pag. 173 Note 10. 11. 347 Note 2. 8) s. oben pag. 310 Note 1. 9) s. oben pag. 310 Note 2. 10) s. oben pag. 347 Note 4. 115, 8—11. 11) s. oben pag. 84, 19—24. 12) s. oben pag. 84, 21.

also der alte und neue Vogt iuristisch eigentlich dieselbe Person sind. So wenigstens in Ansehung der Rechte. Die Verpflichtungen des Vogtes aber gehen weder auf den Nachfolger über, noch erlöschen sie gegen den abgegangenen [1]).

Wie nun einerseits der Richter niemandem zur ersten Anstellung einer Klage zwingen kann, so kann er andrerseits auch Niemandes Klage zurückweisen [2]) und wenn sie gegen ihn selber gerichtet wäre. Doch darf er in dem letzteren Fall nicht selber der Richter sein, sondern er muß für diesen Fall einen besondern Richter einsetzen [3]). Dieß thut der Richter auch dann, wenn er selber klagbar werden möchte [4]). Bei der Bestellung eines solchen besondern Richters, ist nur zu beobachten, daß er ein Bürger sein müsse [5]) und nicht zum Gesinde des Bestellenden gehören dürfe [6]), zu welchem indeß der Schultheiß in Ansehung des großen Vogtes nicht gerechnet wird [7]). Umgekehrt kann aber auch der große Vogt des Schultheißen oder statt des Schultheißen Richter sein und zwar ohne besonders dazu von ihm bestellt zu sein [8]). Kann der Kläger von dem Vogt, dem großen oder dem kleinen, nicht erreichen, daß sie in der Sache wo sie Beklagter sind, einen besondern Richter einsetzen, oder weigern sie gegen andere eine Klage anzunehmen, so kann man nun den Rath angehen und also diesen zum Richter machen [9]). Es soll namentlich der Vogt auch nicht wegen Verwandtschaft „der stat gherichte **krenken**" sondern wenn ihm etwas einmal „to eschende" gebührt, so soll er dann auch der Stadt „ere recht ane vormunden" [10]). Diesen Ausdruck verstehe ich ganz allgemein davon, daß der Vogt eben unter allen Umständen Recht und Gerechtigkeit handhaben solle. Wodurch ihm jedoch nicht verwehrt wird, dasjenige einem Verwandten (und wohl überhaupt einem jeden) zu erlassen, was er für seine Person hätte verlangen können. Nur muß er auch hierbei so handeln, daß man erkennt, er erlasse nicht sowohl von Rechtswegen als aus verwandtschaftlicher Rücksicht [11]). Diese Bestimmung, daß der Richter die Annahme ei-

1) s. oben pag. 342 Note 6. 2) s. oben pag. 65, 36 — 38.
3) s. oben pag. 83, 20 — 22 und vergl. Förstemanns Rechterkenntnisse pag. 23 wo es heißt. Des reichs schulteyze sal gerichte sycze uff alle sache in dez reichz steten, ez en were dan ab der schulteyze selben wirde beclaget, so selde her den stab bevelle eyme der sich bewart hette unde der da czu techte." Unter des Reichs Schultheißen ist der große Vogt zu verstehen, s. die oben pag. 371 Note 2 angeführte Stelle aus Heineccius Antiquit. Goslar. 3) s. oben pag. 83, 27. 28.
4) s. oben pag. 83, 21. 22. 5) s. oben pag. 83, 24. 25.
6) s. oben pag. 376 Note 2. 7) s. oben pag. 376 Note 1.
8) s. oben pag. 65, 36—38. 83, 22—24. 30. 31. Wenn der Schultheiß weigert Richter zu sein in einer Sache, so tritt zunächst der große Vogt ein s. oben Note 7. 9) s. oben pag. 83, 38—84. 4.
10) s. oben pag. 84, 1—4.

ner Klage nicht verweigern darf, kann man in Verbindung setzen mit der jedem Bürger obliegenden Pflicht, sich zur Geltendmachung seiner Ansprüche immer der gerichtlichen Hülfe gerade zu bedienen, nie aber einen Mitbürger deshalb auf Kampf anzusprechen [1]).

Ein Laie darf seine Klage nicht bei dem geistlichen Gericht anbringen, sonst muß er nicht nur womit die Gegenpartei von dem geistlichen Gericht beschwert worden ist, wieder erstatten und dem Vogt Wette geben [2]), sondern er soll auch der Gegenpartei und dem Rath ersetzen was, wird nicht ausdrücklich bemerkt. Es ist also jeder Nachtheil gemeint, der ja für die Partei unter andern schon darin liegen kann, daß die Entscheidung der Sache sich durch die falsch angebrachte Klage hingezogen hat, und für den Rath schon darin, daß die betreffende Sache, etwa Grundbesitz, dadurch der Kirche gehörig erschienen und daher den städtischen Abgaben entzogen worden ist [3]). Wenn zwei Personen in dem Fall sind aus einer und derselben Thatsache zu klagen, so entscheidet darüber, wer die Rolle des Klägers im Proceß übernehmen dürfe, die Prävention [4]). Um sich dieses Vortheils der Vorklage zu versichern, kann man den Richter angehen, wo irgend man ihn findet [5]). Der Vortheil aber der Vorklage besteht eben darin, daß über sie zuerst entschieden wird [6]), denn die Regel ist überhaupt, daß der Beklagte mit seiner „wederklaghe" sich gedulden müsse bis er selbst von dem Kläger „mit rechte komen" ist [7]). Demungeachtet kann schon während des anhängigen Processes der Beklagte etwas für die Sicherung seiner Wiederklage thun. Er kann sofort wie er beklagt wird erklären, daß er eine Wiederklage gegen den Kläger habe [8]). In diesem Fall entsteht jedoch der Verdacht, daß hier nur eine vindictae cupido des Beklagten enthalten sei, wie Haltaus das Wort wederwrake in der betreffenden Stelle der Statuten übersetzt [9]), und daher muß der Beklagte „sin recht" seinen Eid darzuthun, daß es keine Wiederrache sei. Nur in der sofortigen Erklärung der Wiederklage liegt diese Vermuthung, denn sobald die Klage des Klägers bereits übernächtig geworden ist, d. h. seit der Anstellung der ersten Anrufung des Richters übernächtig ist, so bedarf es keines Eides mehr [10]), und es kann ohne weiteres „mit ordelen" erworben, d. h. in aller Form der

1) s. oben pag. 25, 25. 211 Note 7. 106, 8. 311 Note 10. 11. 2) s. oben pag. 335 Note 7. 374 Note 1. 3) s. oben pag. 115, 27. 28. vgl. mit 119, 1—11 und unten §. 11. vgl. auch oben pag. 193 Note 3. 4) s. oben pag. 32, 30. 69, 5. 5) s. oben pag. 32, 31—37 pag. 391 Note 2. 6) s. oben Note 4 pag. 35, 3—11 und unten §. 10. 7) s. oben pag. 73, 35.36 wegen „wederklaghe" oben pag. 74, 2. 8) s. oben pag. 74, 11—14. 9) s. oben pag. 74, 14 und Haltaus Glossarium unter Wiederrache. 10) s. oben pag. 74, 14. 15.

Ausspruch erwirkt werden, daß der Kläger oder sein Klagvormund [1]) nachher auf die Wiederklage des Beklagten antworten müsse [2]). Antwortet der Kläger ihm demungeachtet nachher nicht, so kann er behandelt werden, wie jeder der das Gericht verläßt, ehe er dazu berechtigt ist, d. h. er kann unter Umständen schon deshalb als Friedbrecher betrachtet werden [3]). Wenn ferner der Kläger, um nachher nicht antworten zu müssen, den laufenden Proceß, seine Klage „vortoghen" oder wie eine andre Handschrift liest „vortagen" will, d. h. hier wohl nicht nur aufschieben sondern gradezu fallen lassen will, so kann ihn der Beklagte gerichtlich zwingen, d. h. wohl nichts als gerichtlich ihn auffordern lassen, von ihm dem Beklagten Recht zu nehmen. Wenn der Kläger auch dieser Aufforderung nicht folgt, so kann ihn der Beklagte in der Rolle des Klägers zur Antwort auf die Wiederklage unmittelbar nöthigen [4]). Sowie aber der Kläger nicht um die Wiederklage zu vermeiden seine Klage ganz fallen lassen darf, so darf er sie auch nicht in die Länge ziehen, um die Wiederklage dadurch weiter hinauszuschieben [5]). Hinausschieben aber thut er die Wiederklage, wenn er mehrere Ansprüche an den Beklagten hat und diese statt sie an einem und demselben Tage geltend zu machen einzeln nach einander zu verschiedenen Tagen vorbringt, denn der Beklagte hat ein Recht das Erstere zu verlangen und zwar so, daß wenn der Kläger diesem Verlangen doch nicht nachkommt, der Beklagte nicht ehr auf die anfänglich verschwiegenen Ansprüche zu antworten braucht, als bis der Kläger ihm auf die Wiederklage Rede gestanden hat [6]).

In dieser letztern Bestimmung ist eine fernere Pflicht des Klägers eigentlich schon enthalten, diese nämlich genau anzugeben, die Ursache seiner Klage. Schuldforderung und Beschuldigung wegen Schaden wird unterschieden. Bei dem letztern ist gedacht an Schaden wie er früher schon in der Lehre vom Friedbruch genommen worden ist [7]). Hier muß man genau angeben „wur af dat si" an welchem Gegenstand also der Kläger Schaden durch den Beklagten erfahren habe [8]). Auch die Abschätzung des Schadens ist, wie man will, ein Recht oder eine Pflicht des Klägers [9]). Bei einer Schuldforderung muß der Kläger genau angeben „wurvore" der Beklagte ihm etwas schulde, mit andern Worten, er muß die causa debendi nennen. Er muß aber auch ferner sagen „wur af" die Schuld sei, d. h. den Gegenstand bezeichnen auf welchen die

1) s. oben pag. 252 Note 1. 2) s. oben pag. 73, 39 — 42. 3) s. oben pag. 293 Note 6 bis pag. 294 Note 3. 4) s. oben pag. 74, 7 — 11. 5) s. oben pag. 75, 2 zu dem Wort „lettede" die Variante „lenge." 6) s. oben pag. 73, 35 bis 74, 6. 7) s. oben pag. 338 und folg. 8) s. oben pag. 69, 21—23. 9) s. oben pag. 70, 3—7 und unten §. 8 und 9.

Forderung gerichtet ist [1]). Beide Angaben sind wichtig, wegen des Eides, durch welchen der Beklagte sich von dem Anspruch des Klägers in der Regel befreien kann [2]), und man kann jene Erfordernisse der Klage auch so ausdrücken: der Beklagte habe nicht nöthig einen unbestimmten Reinigungseid zu schwören, daß er dem Kläger nichts schulde. In diesem Zusammenhange sind jene Erfordernisse in den Statuten auch gedacht worden, denn die Bestimmung, daß der Beklagte mit seinem Eid (recht) der Schuld, die man ihm vor Gericht „ghist," sich entschuldigen könne, geht ihnen unmittelbar voran [3]).

Die wichtigste Würkung der Klage ist die Verpflichtung des Klägers sie zu vulvordern, d. h. die Sache bei dem Richter, bei welchem sie gegenwärtig angebracht worden ist, auch zu Ende zu führen. Insofern nun der Beweis des klägerischen Rechts hauptsächlich dazu gehört um die Klage zu Ende zu bringen, insofern wird auch vulvorderen von beweisen vorzüglich gebraucht [4]). Wie schon früher erwähnt worden, ist diese Verflichtung zur Durchführung der Klage eigentlich nur eine Verpflichtung dem Richter gegenüber, so lange noch die Ware nicht geleistet worden ist [5]). Ich sage eigentlich, denn freilich kann, sofern Gründe für ein Ungehorsamsverfahren da sind [6]), auch die beklagte Partei darauf bestehen, daß der Proceß in einer oder der andern Art zu Ende gebracht werde. Unter Ungehorsamsverfahren aber verstehe ich hier jedes Verfahren, welches dem Kläger Nachtheil und dem Beklagten Vortheil bringt, weil jener, was ihm gegen den Beklagten oblag, versäumt hat [7]). Gegen den Beklagten aber versäumt er niemals etwas, wenn (sobald nicht von Friedbruchsklagen die Rede ist [8]) nur die Klage erst angestellt und noch keine Vorbietung des Beklagten geschehen ist. Und selbst nach der Vorbietung liegt dem Kläger nur unter gewissen Umständen eine Pflicht gegen den Beklagten ob [9]). Wenn nämlich er die Ware gethan hat, wenn schon Termin zur Beweisführung angesetzt, wenn bereits Sachen des Beklagten mit Arrest belegt sind, und wenn der Kläger zur Zahlungs-Annahme nicht bereit ist. In dem ersten Fall wird dem Beklagten gebessert [10]), in dem zweiten Fall der Eid vom Beklagten troß des abwesenden Klägers doch geschworen und etwa Friede gewirkt [11]), in dem dritten Falle das mit Arrest belegte Gut des Beklagten, wenn der Kläger zur Annahme der Verantwortung nicht bereit ist, vom Arrest wieder frei gemacht [12])

1) s. oben pag. 69, 19. 20. 2) s. unten §. 8 und 9. 3) s. oben pag. 69, 17. 18. 4) s. oben pag. 378 Note 4 und 5 und unten §. 8. 5) s. oben pag. 378. 6) s. oben pag. 377 Note 8. 7) s. unten §. 7. 8) s. unten pag. 392 Note 2. 9) s. oben pag. 389 Note 3. 10) s. oben pag. 377 Note 9 und 10. 11) s. oben pag. 79, 7—10. 21—25 Bruns im Hercynischen Archiv p. 446 und unten §. 9. 12) s. obenpag. 66, 35—43. Die Stelle redet nur

und in dem letzten Fall die Zahlung auf des Klägers Rechnung an den Richter gethan [1]). Dieses alles aber ist eigentlich nicht die Würkung der Klage, sofern man darunter die erste Anrufung des Richters versteht, sondern es sind Folgen der fernern Stadien des Processes, von denen noch an ihrem Orte vollständiger geredet werden soll. Mit Friedbruchsklagen steht die Sache dagegen anders, deshalb nämlich, weil hier mit dem ersten Anruf des Richters für diesen die Pflicht entsteht gegen die Partei zu verfahren, was dort nicht der Fall ist. Diese Pflicht des Richters erkenne ich aus folgenden zwei Bestimmungen der Statuten, einmal aus der, welche von dem Vergleich der Parteien über den Friedbruch redet, und dann aus der, welche von der Möglichkeit auch den Kläger im Proceß zu verfesten spricht. Der Friedbrecher, heißt es [2]), der sich mit dem Kläger vergleicht, muß sich auch mit dem Vogt vergleichen. Nur so lange dem Vogt der Friedbruch noch nicht geklagt ist „ne darf men dat deme voghede nicht irleghen." An den schon früher erwähnten Vergleich nach der Vorbietung scheint hier nicht gedacht zu sein [3]), und nicht daher an die bloße Wette, die der Richter nicht aufzugeben brauche gegen seinen Willen, sondern an die öffentliche Strafe, denn sonst würde eben nicht der Ausdruck „. . . dat . . . irleghen" vielmehr eben das Wort Wette gebraucht sein. Es ist also von den Würkungen die Rede, die der bloße Anruf des Richters schon hat, welche sich bei Friedbruchssachen zeigen, so weit das öffentliche Interesse in Betracht kommt [4]). Dieß wird nicht nur als Princip in jener Stelle ausgesprochen, sondern kommt auch recht einleuchtend in einer einzelnen Anwendung vor, insofern dem Kläger wegen Diebstahl zwar frei gestellt wird, die gestolne Sache trotz der Klage unter der Hand wieder von dem Beklagten zurückzunehmen, nicht aber die Klage fallen zu lassen, die er vielmehr auf Verlangen des Vogtes „vulvören" muß [5]). Wenn demungeachtet der Kläger die Sache nicht fortsetzt, so besteht abgesehen von seiner Pflicht zu Wette und Buße und anderweitiger Strafe [6]), die Würkung dieser Versäumniß regelmäßig nicht darin, daß der Vogt gegen den Beklagten nun auf seine Hand verführe und demzufolge diesem auch nach den Umständen eine Strafe zuerkannt würde, sondern darin, daß der Beklagte das Recht und die Pflicht hat, sich dadurch von der Klage loszumachen, daß er sich förmlich von dem

von Gästen, beweißt aber um so mehr auch für Bürger, da es sich von Vortheilen des Beklagten handelt. S. auch weiter unten in diesem §.
1) s. oben pag. 58, 15—24. Die Stelle redet von Friedbruch, aber einem solchen, der mit einer Schuldsache in Verbindung steht. Vgl. oben pag. 293 Note 4. 2) s. oben pag. 47, 24—27. Die Folgen des bloßen Arretirens von Friedbrechern s. oben pag. 335 Note 2 und weiter unten. 3) s. oben pag. 389 Note 4. 4) Vgl. oben pag. 252 Note 5. 5) s. oben pag. 38, 35 bis 39, 4. Vgl. oben pag. 310. 6) s. oben p. 332–334.

Richter Frieden wirken läßt [1]). Nur unter sehr bestimmten Voraussetzungen kann auch ein förmliches Verfahren gegen den Beklagten statt finden. Diese Voraussetzungen finden sich in derselben Stelle, in welcher von der Möglichkeit den Kläger auch zu verfesten die Rede ist, und die eben deshalb eine genauere Interpretation verdient [2]). Wenn der um Friedbruch Beklagte arretirt ist, so ist der Vogt verpflichtet, entweder den Kläger selber auch fest zu setzen oder aber eine gehörige Caution für die Vulvorderung der Klage von ihm sich stellen zu lassen. Sollte der Kläger dann aus Furcht oder aus verwandtschaftlichen Rücksichten die Klage demungeachtet doch nicht fortsetzen wollen, und zwar auf wiederholte Mahnung nicht fortsetzen wollen, und man hätte ihn nicht in Person behalten und könnte ihn auch jetzt nicht mehr herbeischaffen, so sollte man ihn noch einmal in seiner jetzigen oder ehemaligen Wohnung „kündighen" (daß er die Klage fortsetze) und wenn auch dieß vergeblich ist ihn verfesten. Der Friedbrecher aber bleibt in seiner Haft, troß dem daß kein Kläger ist, nur muß durch Zeugen und Vogt oder Schultheiße erwiesen werden, daß die Klage wirklich bei dem Vogt angestellt worden ist. Der Friedbrecher bleibt in Haft bis er den „broke irleghet" hat. Dieß gilt natürlich nur unter der Voraussetzung, daß er sich nicht zu reinigen vermöchte durch einfachen oder von andern Personen noch unterstützten Eid [3]). Ist dagegen der Beweis der angestellten Klage nicht auf jene Weise zu führen, so muß der angebliche Friedbrecher ohne Weiteres aus der Haft entlassen werden, und außerdem muß der Vogt und die Personen, die bei der Verhaftung geholfen haben, eidlich versichern, daß sie als sie den Beklagten verhafteten, geglaubt hätten (vor dat hedden [4]), er habe einen solchen Friedbruch begangen, um den man jemanden in Haft bringen könnte. Der Beklagte selbst darf dann demungeachtet, daß er vermuthlich unschuldig in der Haft gesessen hat, niemanden wegen der Verhaftung beschuldigen. So verstanden, wie die angeführte Stelle eben erklärt worden ist, beweißt sie einmal, daß der Kläger nur dann verfestet werden kann, wenn der Beklagte dadurch, daß er wegen der Klage in Haft ist und noch länger bleibt, weil der Kläger die Klage nicht fortsetzt, besonders verletzt ist [5]), und dann beweißt die Stelle, daß zwar auch in Friedbruchssachen nicht ohne Weiteres ex officio vom Richter verfahren werden könne, doch aber zuweilen dann, wenn einmal die Klage angebracht worden ist.

Eine eigenthümliche Würkung der Klage findet statt, wenn sie schon die zweite oder dritte in derselben Sache ist, deshalb

1) s. oben pag. 48, 6—12. pag. 58, 21. 22. Vgl. oben pag. 397 Note 1.
2) s. oben pag. 45, 11—32. 3) s. unten §. 10. 4) s. oben pag. 45, 27. 5) s. unten §. 7.

nämlich die zweite oder dritte, weil der Richter sich über die erste den zur rechten Zeit noch geschlossenen Vergleich der Parteien darüber und zwar ohne deshalb Wette zu empfangen, hat gefallen lassen müssen. Wenn dann trotz dieses Vergleichs der Kläger wieder und wieder klagte und wieder und wieder sich verglich, so konnte dann die Wettezahlung damit nicht mehr vermieden werden [1]). Eine fernere Würkung der Klage ist die Vorbietung, wenn diese nicht schon vor der Klage geschehen oder überhaupt nicht nöthig ist [2]), und damit zusammenhängend die Aufforderung des Beklagten durch den Richter, zu antworten. Die Aufforderung ergeht in dem Gerichte selbst an den anwesenden Beklagten [3]). Es werden hierbei die Friedbruchsklagen von allen übrigen unterschieden. Während bei diesen nur dreimal der Beklagte zur Antwort aufgefordert, und wenn auch das drittemal vergeblich, zur Wette verurtheilt wird, so gut wie wenn er gar nicht im Termin erschienen wäre, so wird der Friedbrecher viermal aufgefordert, ohne jedoch dadurch nach der dritten vergeblichen Aufforderung von der Wettzahlung noch frei zu sein, denn ich wüßte nicht, wie man die Schlußworte der angeführten Stelle anders verstehen sollte. Diese Schlußworte scheinen sich auch auf den Anfang der Stelle zu beziehen, welche auch von andern als Friedbruchsklagen sprechen. Inwiefern mit Overhöre oder Verfestung gegen den im Termin selbst noch gegenwärtigen Ungehorsamen verfahren werden dürfe, wird in dieser Stelle nicht gesagt. Wohl aber heißt es in einer andern Stelle, daß der Beklagte, welcher „vrevelken" das Gericht nachdem er einmal erschienen war, verläßt, und so also sich der Antwort entzieht, nach Umständen in Overhöre oder in Verfestung gebracht werden könne [4]). Das Hauptresultat jener ersten Stelle ist, daß der wegen Friedbruch beklagte feierlicher zur Antwort aufgefordert, und daß jeder im Termin erschienene Beklagte zur Noth zur Antwort gezwungen wird. Unter gewissen Voraussetzungen braucht indessen der Beklagte überhaupt nicht zu antworten. Dahin rechne ich, wenn er der unrechte Beklagte ist, denn die Antwort besteht ja dann nur in einem Eide, daß er unrecht vorgeboten sei [5]), bezieht sich also nicht auf die Klage selber. In diesem Falle würde der Beklagte nicht einmal zu der eigentlichen Antwort berechtigt sein, dieß ist er aber schon dann, wenn unter ihm Gut eines andern mit Arrest belegt worden ist, denn es heißt von ihm alsdann „ne wel he dar nicht vorestan" worin dann liegt, daß wenn er wolle er „vore stan" könne [6]). Eine fernere Voraussetzung unter wel-

1) s. oben pag. 389 Note 4. 2) s. oben pag. 386 Note 1. 3) s. oben pag. 74, 20—26. Vgl. Maurer a. a. O. pag. 211 Note 91. 4) s. oben pag. 293 Note 6 und folg. und unten §. 7. 5) s. oben pag. 388 Note 9. 6) s. oben pag. 66, 6—10 und weiter unten

cher der Beklagte nicht zu antworten braucht ist, wenn der Kläger in demselben Gericht, in welchem er klagt, wegen einer andern Sache in Overhöre oder in Verfestung ist [1]). Der Bann dagegen, in welchem jemand sich befindet, soll diese Würkung nur dann haben, wenn der Rath den Kläger eben wegen des Bannes vorwist oder wie eine Handschrift besser ließt vorvestet hat [2]). Endlich braucht man dem nicht zu antworten der seine Ansprüche nicht genau genug und nicht alle bezeichnet und der troß Verlangen die Ware zu geben verweigert [3]).

Der Inhalt der Antwort des Beklagten besteht in Zugeben oder Leugnen [4]). Wie dieses Leugnen beschaffen sein müßte um den Beklagten von der Klage frei zu machen, wird besser in der Lehre vom Beweise erörtert [5]). Das Zugeben kann indeß verschieden sein, indem entweder ohne Weiteres der Klaggrund eingestanden wird oder indem zwar in der Hauptsache das Recht eingeräumt aber nicht völlig so eingeräumt wird, wie der Kläger es geltend machen will, da der beklagte Mann „mit underschede" bekennt [6]), oder endlich indem zwar die Schuld zugestanden, zugleich aber auch deren Tilgung behauptet wird [7]). Bei Friedbruch kann etwas ähnliches vorkommen, sofern man entweder Nothwehr oder doch Mangel eines verbrecherischen Willens behauptet, obwohl man die Thatsache selber nicht in Abrede stellen kann [8]).

Nach der Vertheidigung des Beklagten und nach dem vom Beklagten oder Kläger geführtem Beweise [9]) wird das Urtheil gefunden. Das Urtheil finden ist Sache der Dingleute und nicht des Richters [10]). Der Richter fragt nur die Dingleute nach dem Urtheile und eben wer nach dem Urtheil gefragt werden kann, ist Dingmann [11]). Dieß gilt allein von Bürgern und Bürgers Gesinde [12]). Nur darf der Richter weder sein Gesinde fragen, noch die Partei selber oder deren Gesinde [13]). In dem Privilegium Friedrichs des zweiten, aus welchem diese Bestimmungen über Urtheil finden in die Statuten übergegangen sind, wird außerdem auch noch von iudices geredet, die der advocatus eingesetzt habe

in diesem §. Vgl. auch oben pag. 39, 5—16 und 81, 10—12 und weiter unten §. 9.

1) s. oben pag. 61, 40 bis 62, 2 und 69, 14—16. Inwiefern der Beklagte das Recht der Antwort habe, wenn er seinerseits verfestet, oder in Overhöre ist, d. h. wegen anderer Ansprüche und wegen anderer Personen als um die es sich im gegenwärtigen Proceß handelt s. u. §. 7.
2) s. oben pag. 69, 11—13 und die Varianten dazu. s. auch unten §. 7.
3) s. oben pag. 378 Note 1 und 2. und pag. 395 Note 6. 8.
4) s. oben pag. 69, 6. 7.
5) s. unten §§. 8—10.
6) s. oben pag. 72, 19—27.
7) s. oben pag. 72, 13—18. Auch hierüber das Nähere unten in der Lehre vom Beweis.
8) s. unten §. 9.
9) s. unten die §§. 8—10.
10) s. oben pag. 37, 2. 86, 11. 114, 36—44 und Maurer a. a. O. pag. 120 Note 67. 101 Note 25. 229 Note 23.
11) s. oben pag. 372 Note 9—11.
12) s. oben pag. 86, 14. 15.
13) s. oben pag. 86, 16. 17.

und die er nicht um Urtheil fragen dürfe. Nur vier iudices heißt es, dürfe er unter sich haben, die also mit ihm, dem advocatus, der das Präsidium hat, das Gericht bilden [1]). Daß der Vogt nur vier iudices unter sich habe, scheint indessen dahin verstanden werden zu müssen, daß von den mehreren Richtern die ihm untergeben seien, allein vier von dem Vogt eingesetzt würden, denn bald nachher heißt es in dem Privilegium, daß vier iudices von den Bürgern gewählt und dafür sex marcas dem Vogt entrichtet würden [2]). Entschieden ist, daß die Einrichtung dieser iudices nicht mehr zur Zeit der Aufzeichnung der Statuten bestand, denn sonst würden ohnfehlbar unter den übrigen vom Urtheilfinden ausgenommenen Personen auch diese iudices mit aufgezählt sein. Bei der Findung des Urtheils entscheidet im Fall einer Meinungsverschiedenheit die Mehrzahl der Stimmen, die Minorität muß der Majorität folgen. Wenn der Umstand, daß über die Zahl der Dingleute keine Bestimmungen in den Statuten sich finden, beweißt, daß überhaupt keine Regel über deren Zahl vorhanden war, so beruhte, wenigstens in den nicht echten Dingen, die Größe der Mehrzahl auf der ganz zufälligen Thatsache, wieviel Personen grade gegenwärtig waren. Auch in dem Privilegium Friedrichs des zweiten wird nur ganz allgemein gesagt, daß die maior pars burgensium prävaliren solle [3]), und namentlich finden sich weder bei Heineccius noch bei Bondam, die das Privilegium haben abdrucken lassen, noch in dem Manuscript kaiserlicher Urkunden in Goslar [4]) statt der Worte Neminem . . . nisi unum ex burgensibus [5]), die Worte Neminem . . , nisi coram sex burgensibus wie in dem Abdruck bei Bruns steht, der das Privilegium doch nur wie es Heineccius hat, abdrucken lassen wollte [6]). Einer also von den anwesenden Bürgern wird um das Urtheil gefragt. Wenn dieser eine Gefragte das Urtheil gefunden, sei es nun, daß er es gefunden nach seiner Kenntniß des Rechts aus dem Leben oder indem er sich auf die Statuten beruft, so ist es entweder daß „vulbort dar over gheyt" [7]), d. h. daß die Anwesenden dem gefundenen Urtheil ihre Zustimmung geben, oder das Urtheil wird gescholten [8]). Dieß muß in der Regel sogleich geschehen und der, der das Urtheil gescholten, hat dann die Wahl zwischen zwei Wegen um zu einem „rechteren" Urtheil zu kom-

1) s. oben pag. 114, 36—45 vgl. auch oben pag. 369. Die Worte „Nec aliquem illorum in sua tenere debet procuratione" scheinen auf die Personen, welche der Vogt zu Richtern wählen wolle bezogen werden zu müssen, wonach dann der Vogt niemanden zum Richter nehmen dürfte, den er in sua procuratione hätte. 2) s. oben pag. 115, 22—24.
3) s. oben pag. 114, 43—45. Vgl. auch oben pag. 374 Note 8.
4) s. hierüber oben die Vorrede. 5) s. oben pag. 114, 40. 41.
6) s. die oben pag. 376 Note 7 angeführte Schrift pag. 18.
7) s. oben pag. 86, 35. 36. 8) s. oben pag. 86, 31—34.

men. Entweder nämlich er findet selber ein „rechter" Urtheil und dann kann eben der Fall eintreten da man „tweyet umme en ordel" indem man uneinig sein kann, ob man dem alten oder dem neuen Urtheil folgen soll, worüber dann die Mehrheit den Ausschlag giebt [1]); oder aber er zieht das gescholtene Urtheil vor den Rath. Der Rath wird also dann nach einem Urtheil gefragt [2]). Indeß selbst das Urtheil, welches nun der Rath giebt, braucht noch nicht so ohne Weiteres befolgt zu werden. Der Interessent kann vielmehr verlangen, daß die betreffende Stelle der Statuten nachgelesen werde [3]) und alsdann entscheiden die Worte der Statuten, jedoch so, daß wieder über deren Interpretation, wenn die Parteien verschieden auslegen sollten, der Rath den Ausschlag giebt, und zwar im Fall hierüber auch im Rathe selber Uneinigkeit wäre die Mehrheit des Rathes [4]). Findet sich nach diesem Verfahren vor dem Rathe daß das Urtheil mit Unrecht gescholten worden ist, oder wird sogleich von den Anwesenden das neue Urtheil durch Billigung des ersten verworfen, so muß der, der das Urtheil gescholten hat, welches niemals die Partei selber sein darf, da sie ja kein Urtheil finden kann und da doch der, welcher ein Urtheil schilt, eigentlich ein anderes finden muß, sowohl dem Vogte wetten wie der Gegenpartei, der zum Frommen das erste Urtheil gefunden worden ist, büßen [5]). Mit dem Schelten des zuerst gefunden Urtheils ist nicht zu verwechseln das „beworren" werden um ein Urtheil, das Angefochten werden um ein Urtheil. Ein Urtheil schelten ist nur möglich gleich im ersten Augenblick da es gefunden worden ist [6]). Eine Ausname findet nur statt, wenn gleich nach dem Finden des Urtheils der Vorsprecher „der achte biddet" denn alsdann ist auch, wenn man wieder von der Achte zurückkehrt noch Zeit das Urtheil zu schelten [7]). Ein Urtheil anfechten dagegen scheint auch später noch zulässig zu sein und nur von der Partei geschehen zu können, und der Rath spricht dann in zweiter Instanz, und mit diesem Urtheil muß dann der Vogt nicht minder, wie die Partei zufrieden sein [8]). Daß schon vorhin, als die Rede vom Schelten des Urtheils war, eine Stelle von der Anfechtung des Urtheils angezogen worden ist, ist nur geschehen um zu beweisen, daß man, um überhaupt ein Urtheil zu finden, auf die Worte der Statuten selber, auf das geschriebene Recht sich bezog [10]). Aus derselben Stelle, wo

1) s. oben pag. 401 Note 3. 2) s. oben pag. 86, 31—34. 3) s. oben pag. 87, 3. 4) s. oben pag. 87, 3—6. 5) s. oben pag. 87, 7—11. 6) s. oben pag. 86, 31—34 und 87, 15—18. 335 Note 6. 7) s. oben pag. 86, 31. 35—38. 8) s. oben pag. 86, 39 bis 87, 2. vgl. oben pag 384 Note 1 und weiter unten in diesem §. 9) s. oben pag 86, 26—28 und 87, 7—11. 10) s. oben Note 3 und 4 und vgl. oben pag. 73, 1—4.

von der Anfechtung des Urtheils die Rede, weil die Partei die Worte der Statuten anders verstünde und aus der auch schon benutzten, daß der „sakwolde" sich an dem Urtheil solle „ghenoghen" lassen [1]), schließe ich eben, daß das Anfechten des Urtheils nur eine Sache der Parteien sei. Der Rath also kann in doppelter Qualität ein Urtheil finden, einmal an der Stelle dessen der das Urtheil gescholten und es vor den Rath gezogen hat statt selber ein besseres Urtheil zu finden, und dann auch in zweiter Instanz. Es kann aber auch drittens der Rath dann ein Urtheil sprechen, wenn man überall gar kein Urtheil im Gericht zu finden im Stande ist, in welchem Fall also der Rath auch in erster Instanz entscheiden kann [2]). Ein solches Ziehen an den Rath ehe irgend ein Urtheil gefunden ist, ist aber freilich eben auch nur dann möglich, wenn man im Gericht gar kein Urtheil finden kann [3]), vorausgesetzt, daß nicht Gründe vorhanden sind, weshalb eine Sache überhaupt vor dem Rathe verhandelt werden muß [4]).

Wenn in der beim Richter anhängigen Sache das letzte Urtheil gesprochen ist, so ist noch übrig für die Ausführung des Urtheils zu sorgen. Von den Mitteln, deren man sich hierzu bedienen kann, soll daher zunächst noch etwas gesagt werden. Alles was hierüber in den Statuten sich findet, hängt mit dem Ungehorsamsverfahren zusammen. Denn um jemanden zur Erfüllung seiner processualischen Pflichten und namentlich des Urtheils zu nöthigen, kann man nach Umständen ihn in Verfestung oder in Overhöre bringen, oder ihn pfänden oder sofort Vermögensstücke zu Kauf oder in Eigenthum bringen, oder auch sonst zum Besten der Gläubiger darüber disponiren oder aber unmittelbar gegen die Person des Verpflichteten verfahren. Die Verfestung wendet man gegen Friedbrecher an, die Overhöre, Pfändung, Verkauf u. s. w. gegen Schuldner, und das Verfahren in Bezug auf die Person gegen die einen wie gegen die andern. Von Verfestung und Overhöre und ihrem Verhältniß zum Verfahren gegen die Person, wird im folgenden Paragraphen gesprochen werden, desgleichen auch von den materiellen Voraussetzungen zur Pfändung, denn je nachdem diese sind, ist man bald zur Kündigung in Overhöre bald zur Pfändung befugt, und daher kann man diese beiden Institute in der Darstellung nicht von einander trennen. Dagegen mögen die formellen Voraussetzungen für die Pfändung am passendsten an dieser Stelle gegeben werden und eben so auch das Verhältniß der Pfändung zum Verfahren gegen die Person. Etwas vereinzelt stehen die Stellen, welche von dem unmittelbaren Verkauf und Disponiren über die Vermögensstücke des Schuld-

1) s. oben pag. 402 Note 9. 2) s. oben pag. 86, 20. 21.
3) s. oben pag 86, 18. 19. 4) s. oben pag. 373 Note 1. 2. und pag. 402 Note 1—4 und unten §. 11.

ners sprechen, weshalb sie den auf die übrigen Verfahrungsarten sich beziehenden vorangeschickt werden.

Die Stellen, welche hier gemeint sind gehören theils in das Erb- und überhaupt Sachenrecht, theils in das Polizei- und Steuerrecht. Jene sind schon in der Lehre vom Erbe und Erbgut berücksichtigt. So die [1]) von der Unterwindung eines zinspflichtigen Gutes gegen den säumigen Zinszahler um das Eigenthum desselben dadurch zu erwerben. So die auf die Verpflichtung der Erben sich beziehenden Stellen. Diese haften nämlich für des Erblassers Schulden sowohl mit dem Erbgut wie mit der fahrenden Habe, können aber freilich dadurch aller Verbindlichkeit sich entziehen, daß sie auf die Erbschaft verzichten. Wollen sie weder die Schulden bezahlen, noch auf das Erbe und namentlich das Erbgut verzichten, so soll das letztere (wievielmehr also nicht auch die fahrende Habe) ohne Weiteres verkauft und das gelößte Kaufgeld verhältnißmäßig unter die Gläubiger vertheilt werden [2]), des Verkaufs der fahrenden Habe wird ausdrücklich erwähnt für den Fall, da der die Zahlung der Schulden verweigernde Erbe ein Gast ist [3]). Daß aber dieß sofortige Verkaufen etwas sehr singuläres ist [4]), sieht man aus dem Fall, da der Eigenthümer eines Grundstücks dieß verläßt und außerhalb der Stadt seine Wohnung nimmt, ohne seine Schulden bezahlt zu haben. Hier wird das Gut nicht verkauft, sondern nur in Beschlag genommen nnd zum Besten der Gläubiger so lange vermiethet, bis sie durch den Miethszins allmälig befriedigt worden sind [5]). Die Stellen die ich in das Polizei und Steuerrecht rechne, beziehen sich jene auf den Wassergang der Ghose oder Beke und diese auf die Verpflichtung zum Schoß und andern Abgaben. Die Erhaltung des regelmäßigen Wasserganges scheint eine Verpflichtung der anwohnenden Grundeigenthümer zu sein. Versäumen sie ihre Verpflichtung, so hält man sich an den, der grade „up der were sete" oder wenn überall niemand darauf wohnt, an die Nachbarn, die davon Schaden haben. Wer von diesen Personen die Ausgaben übernimmt, kann die Kosten auf das Erbe schlagen und sich aus dem ersten Zins (Miethszins?) bezahlt machen, so etwa, daß wenn er selbst Miether war, er dem Eigenthümer die Kosten von der Miethe abzieht oder wenn das Haus gar nicht bewohnt ist, es von den Nachbaren vermiethet wird [6]). Daß dieß etwas Besonderes ist, diese Art sich wegen seiner Ansprüche Befriedigung zu schaffen, erkennt man aus der unmittelbar an die

1) s. oben pag. 232 und 233. 2) s. oben pag. 148 Note 3. 156 Note 6 bis 157 Note 1. 3) s. oben pag. 136 Note 4 — 6. 4) s. jedoch unten pag. 405 Note 4 und 5. 5) s. oben pag. 226 Note 9. 6) s. oben pag. 23, 21—27. Vgl. über die Gose Munds Versuch einer Beschreibung Goslars pag. 93 und über die Beke ebend. pag. 97.

Bestimmung über den Wassergang sich anschließende Stelle über das „pipwater" über das Röhrwasser, über das Wasser nämlich, was durch Röhren aus der Ghose in die Häuser geleitet wird [1]). Diesem muß zum Besten der unterhalb belegenen Nachbaren der „ougangk" gesichert werden. Wer dieß versäumt, wird nachdem gegen ihn gerichtlich verfahren (denn etwas anderes wird das „mit ghericbte dwinghen" auch hier wohl nicht heißen) [2]) erst noch gepfändet, also es wird nicht unmittelbar über sein Vermögen zum Behuf der Erfüllung seiner Schuld disponirt [3]). Von der Execution wegen Erfüllung des Schoßes und anderer Abgaben spricht ein Rathsbeschluß von 1370. In diesem wird auf über drei Jahre den Bürgern verboten die Stadt Goslar als Wohnort aufzugeben und sich dadurch „al borgeres recbt, plicht und wonbeyt to donde" zu entziehen. Wer gegen dieses Verbot handelt, muß mit einem verhältnißmäßigen Antheil seines Gutes zu den Schulden der Stadt beitragen, und der Rath wird dieß an all seinem Gute, wo es auch belegen ist, auf jede mögliche Weise geltend machen [4]). Diese Beschränkung der Auswanderung war etwas neues, denn nach den Statuten selber steht es jedem frei seine Eigenschaft eines Bürgers aufzugeben, sobald es nur nicht in fraudem des Schoßes geschieht. Dieß ist aber dann der Fall, wenn man ein viertel Jahr vor der Schoßzeit die Bürgerschaft aufgeben will. Aber selbst dann steht diesem Aufgeben nichts entgegen, wenn man Sicherheit stellt, daß man zur Verfallzeit den ganzen Schoß zahlen wolle, wie wenn man bis dahin noch Bürger gewesen wäre. Erfüllt man diese Verpflichtung nicht, so hält der Rath sich wieder an das Erbe [5]).

Das Verhältniß der Pfändung zum Verfahren gegen die Person selber ist ein subsidiäres, d. h. jene tritt zuförderst ein und erst wenn sie ohne Erfolg ist die letztere. Doch findet freilich ein Verhältniß zwischen beiden überhaupt nur dann statt, wenn eine Pfändung einen Sinn haben kann. Dieß ist aber dann nicht der Fall, wenn die Verletzung nur darin besteht, daß der Gegner einen Besitz vorenthält den er einräumen müßte. Hier kann sogleich gegen den Besitzer selber verfahren werden, indem man je nach den Umständen selber entweder sich gewaltsam des Besitzes bemächtigt und also den Verpflichteten heraustreibt oder aber dieß mit richterlicher Hülfe thut [6]). Von jenem subsidiären Verhältniß der Pfändung zur Ueberantwortung der Person reden mehrere Stellen. Unter ihnen spricht eine allgemein und die übrigen geben einzelne Fälle der Anwendung. Wenn einer nicht vor Ge-

1) s. oben pag. 23, 28—32 und hierüber Mund a. a. O. pag. 94. 95. 2) s. oben pag. 7, 2. 3) s. unten §. 7. 4) s. oben pag. 109, 7—18. 5) s. oben pag. 106, 17—24. 107, 1—6. 6) s. oben pag. 186. 187. 381 Note 3.

richt gebracht werden kann [1]), heißt es in jener, wegen einer Sache „dar he nicht vor inne sitten ne mach," (es ist also zwar nicht von einem schon zum Urtheil gediehenen Proceß die Rede, was aber von einem Ungehorsam gegen die Vorladung gilt, gilt noch vielmehr von einem Ungehorsam gegen das Urtheil) so soll ihm der Vogt zu Haus und Hof vorladen vor Gericht zu kommen, denn die anhängige Sache sei keine, für welche man „inne sitten" könne [2]). Verweigert er auch hierauf noch zu erscheinen, so kehrt der Vogt nochmals wieder und dießmal von den Boten des Rathes begleitet und nimmt dem Beklagten von der Were soviel des Seinen, als nöthig ist, daß man die Klage „mede irlegke." Ist aber nicht soviel als erforderlich vorhanden, so nehmen jene ihn selber von der Were und bringen ihn dem Kläger „to rechtem antwarde." Dieß letztere bedeutet indeß nicht, daß man den Ungehorsamen nun zur Beantwortung der Klage noch nöthige (denn er ist ja bereits zu zahlen verpflichtet, da ja, wenn pfandbare Gegenstände da gewesen wären, diese, um daraus den Kläger bezahlt zu machen, weggenommen worden wären), sondern vielmehr daß man den Beklagten selbst dem Kläger in Haft gebe, ihn ihm überantworte. Dieß sieht man aus den Stellen, welche von diesem hier im allgemeinen beschriebenen Verfahren Beispiele der Anwendung geben. Wenn jemand [3]), dem etwas zu treuer Hand gethan ist, das ihm Anvertraute dem Deponenten entfernt, so sollen Vogt und Rath dem Kläger zu seinem Schadensersatz helfen, gleichviel ob der Beklagte sich in seinem eigenen Hause befindet oder zur Miethe wohnt. Zu seinem Schadensersatz sollen sie ihm helfen, d. h. sie sollen den Beklagten auspfänden und wenn sie nicht hinreichend Eigenes des Beklagten bei ihm finden, so sollen Rath und Vogt ihn selber von der Were „deme kleghere antwarden." Eben so deutlich ist in einer dritten Stelle [4]), daß mit diesem Antworten die Uebergabe zu persönlicher Haft bezeichnet ist. In dieser wird von dem, der verbriefte Schuld nicht zahlen will, gesagt, daß er dafür vom Vogt mit des Rathes Erlaubniß in seinem Haus gefändet, und wenn nichts Pfandbares darin vorhanden, dem Kläger überantwortet werden solle. In seinem Haus heißt nicht soviel als daß in diesem Fall verbriefter Schuld abweichend etwa von dem des Depositum, der Vogt nur auf eigener und nicht gemietheter Were des Beklagten pfänden und den Beklagten selbst arretiren dürfe, (der Ausdruck „in sinem hus" ist vielmehr gewiß ganz allgemein für jede Art Were hier zu nehmen) [5]) sondern daß jenes so wenig wie dieses vom Kläger

1) s. oben pag. 77, 13 — 23. Vgl. auch Albrechts Gewere pag. 46 und 47. 2) s. den folgenden §. 7. 3) s. oben pag. 77, 1 und vgl. Albrecht a. a. O. pag. 47, s. auch oben pag. 339 Note 2—4. 4) s. oben pag. 72, 1—12 und Albrecht a. a. O. Note 93. 5) Vgl. oben pag. 128 Note 6.

vorgenommen werden dürfe. Im Schluß der Stelle nämlich wird gesagt, daß der Kläger den Beklagten, wenn er ihn im Gebiet der Stadtgerichte auf der Straße begegnen würde, ohne des Richters Hülfe selbst arretiren und mit sich vor Gericht führen könne „to antworde" was ich wiederum verstehe von der Ueberantwortung, davon also daß auch dann erst noch der Richter die förmliche Ueberlieferung des Beklagten an den Kläger vornehmen müsse. Es ist also in unserer Stelle der Gegensatz von „in sinem hus" das „up der straten." Hiermit stimmt auch eine vierte Stelle gut überein [1]), in welcher von der eigenmächtig vorgenommenen Pfändung die Rede ist, welche dem Vermiether gegen den Miether wegen des Hauszinses zusteht. Kann diese nämlich nicht vorgenommen werden, eben weil sich nichts zu pfänden findet, so kann ein Upbolden des Schuldigen nicht ohne Richter und Nachbaren geschehen, nämlich ein Upbolden auf der Were selber. Dieß würde nur auf der Straße geschehen können. Der Erfolg nun der Arretirung scheint der zu sein, wie sich erwarten läßt, daß der Kläger den Beklagten so lange in seiner Privathaft hält, bis ihn der Beklagte befriedigt hat, denn einmal wird gesagt, daß der Verhaftete durch Entlaufen der Schuld nicht ledig werde [2]) und dann wird von einem Vergleiche geredet, den beide Personen mit einander schließen könnten [3]) und nach welchem der nun wieder Freigelassene eine Orveyde geloben müsse, eine Caution die sich nicht bloß zu beziehen scheint auf die Leistung des im Vergleich Versprochenen, sondern auch darauf, daß man an niemand wegen der Haft sich rächen wolle, denn nur hierauf doch können die Worte, daß man die Urfehde auch alle denen „de darmede begrepen sin" halten solle, bezogen werden, indem darunter etwa die zu verstehen sind, die mit zur Arretirung geholfen haben. Wie diese Privathaft sein solle, wird noch näher beschrieben. Man soll den Verhafteten an einen saubern Ort bringen [4]), ihn nicht zu kalt oder warm, und in Kost wie das Gesinde halten [5]). Diese Kost muß jedoch von dem Beköstigten ersetzt werden [6]). Zu fesseln ist erlaubt [7]), nicht aber den Verwandten den Zutritt zuversagen [8]). In des Gläubigers Abwesenheit sollen seine Frau oder sein Gesinde die Verwandten zu dem Verhafteten lassen. Für die jedesmalige Weigerung des Zutritts, denn er kann an jedem folgenden Tage wieder begehrt werden,

1) s. oben pag. 22, 8—11 vgl auch Wilda in Reyschers und Wildas Zeitschrift für das deutsche Recht Bd. 1. Heft 2 pag. 211 Note 91 und oben pag. 228 Note 4 2) s. oben pag. 54, 37—39. 70, 34—36.
3) s. oben pag 70, 37—40 und oben pag. 397 Note 3 und vgl. oben pag. 345 Note 1. 4) s. oben pag. 54, 42. 43. 71, 3. 4.
5) s. oben pag. 54, 33. 34 71, 30. 31. 6) s. oben pag. 54, 38. 39. 70, 35. 36. 7) s. oben pag. 54, 33. 70, 30. 8) s. oben pag. 54, 43 bis 55, 8. 71, 4—12. Vgl. oben pag. 334 Note 9.

wird von ihm selber oder seinem Weibe oder seinem Gesinde gewettet oder gebüßt. Stirbt der Verhaftete in der Haft oder wird er krank, so muß der Gläubiger sich eidlich von dem Verdacht schlechter Behandlung reinigen. Diese ganze Privathaft scheint erst nach dem Privilegium Friedrichs des zweiten entstanden zu sein [1]), oder vielmehr nicht nur nach sondern trotz desselben eingeführt worden zu sein, denn daß in der Stadt Goslar Niemand andere vincula und ergastula haben solle neben den publica oder regalia bei Strafe des Verlusts seines Processes und der Wette an den Vogt, kann doch nur eben diese Bedeutung haben.

Nach diesem Verhältniß der Pfändung zur persönlichen Arretirung ist noch übrig von den Formen der Pfändung, die bisher nur gelegentlich berührt sind, etwas zu sagen. Die Pfändung nämlich ist nicht immer nothwendig eine gerichtliche, sondern kann auch eine eigenmächtig vorgenommene sein, die nicht durch richterliche Auctorität unterstützt ist. Diese eigenmächtige Pfändung findet in zwei Fällen statt, wegen Zins nämlich und wegen Schadens, welcher angerichtet worden ist. Wegen Zins. Daß es verschiedene Arten von Zins gebe, ist schon in der Lehre vom Zinsgut gesagt worden. Miethszins, gekaufter Zins, oder was dasselbe sagt, gekaufte Rente, gutsherrlicher Zins und Wortzins kommen in den Statuten vor [2]). In Ansehung des Wortzinses wird nirgends in den Statuten einer Pfändung gedacht [3]), und dasselbe gilt, wenn man es streng nimmt, von dem gutsherrlichen Zins. Demungeachtet sind schon oben die ganz allgemein redenden Stellen von der Pfändung wegen gekaufter Rente auch auf den gutsherrlichen Zins bezogen worden, denn der Gutsherr muß doch mindestens ebensoviel Rechte haben als der Rentegläubiger [4]). Das Pfändungsrecht des Rentegläubigers aber tritt in den Statuten völlig mit derselben Bestimmtheit hervor, wie das des Vermiethers, ohne daß zwischen der älteren Redaction und der neueren Redaction hier sich ein Unterschied zeigte. Grade in dem Abschnitt der Statuten der „van hustinse" überschrieben ist, stimmen, wenn man von dem Ende desselben absieht und dieses betrifft einen ganz anderen Punkt, sämmtliche Handschriften vollständig überein. Ich sage dieß deshalb, weil in der Wildaschen Abhandlung über das Pfändungsrecht die Vermuthung ausgesprochen wird [5]), daß es Texte des goslarischen Stadtrechts geben

1) s. oben pag. 114, 27—30. 2) s. oben pag. 225 folgd. 3) s. oben pag. 235 und 236. 4) s. oben pag. 232 und 235 Note 1. 5) s. in der vorhin angeführten Zeitschrift für das deutsche Recht, Bd. 1. Heft 2 Seite 212 Note 92 und oben pag. 238. Die daselbst Note 12 bedachte Stelle des vermehrten Sachsenspiegels, wird auch in der Wildaschen Abhandlung eben wie in Albrechts Gewere pag. 159 Note 370 Nr. 1. auf den Rentengläubiger bezogen. Doch werden die betreffenden Worte D. II. 4, 7 Zeile 60 und 61 = B. II. 2, 6 bei Wilda für ein Glossem erklärt.

möge, worin das Pfändungsrecht des Rentegläubigers weniger bestimmt hervortrete, so daß hiernach das Pfändungsrecht des Vermiethers das ältere Recht sei, dem das des Rentegläubigers nur nachgebildet sei. Daher kann denn auch aus der im allgemeinen allerdings begründeten Ansicht Ortloffs [1]), daß dem Verfasser des Rechtsbuchs nach Distinctionen (also des vermehrten Sachsenspiegels) eine andere Redaction der Statuten vorgelegen habe, als bei Leibnitz abgedruckt sei [2]), nicht erklärt werden, daß die Hauptstellen, die nur vom Rentegläubiger verstanden werden können, in dem vermehrten Sachsenspiegel fehlen [3]). Zu diesen gehört namentlich auch die Stelle, welche von dem Recht den Pflichtigen zu entsetzen spricht [4]). Hierdurch wird der Zinsberechtigte unter Beobachtung der gehörigen Formen zuletzt Eigenthümer des pflichtigen Guts, und eben hierin liegt der Beweis, daß nicht ein Miethsverhältniß gemeint sein kann, da der Vermiether entweder schon Eigenthümer ist oder es wenigstens nur in Folge der Vermiethung nicht werden kann [5]).

Wegen Schadens, welcher angerichtet worden ist, ist der zweite Fall erlaubter eigenmächtiger Pfändung. Bei diesem mag wie bei Wilda [6]) zwischen Thier- und Personalpfändung unterschieden werden in dem Sinn, daß die letztere die ist, da der Schaden durch die Person, die man dabei begreift, die erstere die ist, da der Schade durch Thiere angerichtet ist. Von Personalpfändung kommt nur eine Stelle in den Statuten vor, die oben in der Lehre vom Diebstahl bereits angeführt worden ist. Wer einem nämlich „ene bordene holtes oder stöcke ut sinem holte uutdreghet" ist zwar nicht als Dieb wohl aber zum Schadensersatz verpflichtet, so daß man ihn bis zu einem Werth von sechs Pfennigen pfänden kann [7]), d. h. Gegenstände von diesem Werthe ihm fortnehmen kann, aber nicht von einem höheren. In dieser Werthangabe so wie darin, daß man im Fall ein wirklicher Diebstahl als Friedbruch vorläge, die Person hätte „upholden"

1) s. Ortloffs Ausgabe des verm. Sachsensp. die Vorrede pag. XXVII.
2) s. oben die Vorrede. 3) s. unten Note 5. 4) s. oben pag. 21, 1—10 und pag. 232 und 233 pag. 404 Note 1. 5) s. die vorige Note oben pag. 21, 8 und Albrechts Gewere Note 370 No. 3. Wilda a. a. O. pag. 211 Note 88 führt die Stelle für ein Miethsverhältniß an, womit jedoch nicht stimmt, daß in der Note 92 dieselbe Stelle unter denen genannt wird die nur vom Rentegläubiger verstanden werden könnten. Von den Stellen, die von einem Miethsverhältniß reden, ist eine (oben pag. 22, 8—11) in der bei Leibnitz abgedruckten Handschrift corrumpirt, und zwar dadurch, daß die Worte „de de denne" hineingekommen sind. Sie finden sich in keiner andern Handschrift und sind, da sie den Sinn des Textes nur verwirren und nicht ändern nicht einmal oben unter die Varianten aufgenommen worden. Wilda am a. O. pag. 211 Note 91 macht auf diese Corruption aufmerksam.
6) Wilda a. a. O. pag. 241 §. 3. 7) s. oben pag. 309 Note 2. 341 Note 5.

können liegt der Beweis, daß auch in diesem Fall des durch die Person selber angerichteten Schadens „sie pfänden" nicht heiße sie selber arretiren, sondern auch nur „ihr Sachen fortnehmen" [1]). Von Thierpfändung ist mehreremal die Rede. Es kann jemand Thiere (Vieh, Pferde, Schweine) in „sineme korne oder bechgrase" wo es ihm Schaden gethan hat, wiederum für sechs Pfennige pfänden. Dieß heißt hier nur soviel als der Schaden gilt bis zu einem Werthe von 6 Pfennigen bewiesen, so daß, wenn ein größerer Schaden nicht besonders dargethan wird, (und dieß kann nur im Wege eines förmlichen Processes geschehen), auch nicht mehr als sechs Pfennige bezahlt zu werden brauchen, um das gepfändete Thier wieder einzulösen [2]). In diesem Fall kann sogleich gepfändet werden, in einem andern dagegen erst dann, wenn nicht sowohl der Eigenthümer als der in dessen Huth die Thiere sich befinden, die irgend einen andern Schaden als in „korne oder becbgrase" angerichtet haben, flüchtig geworden ist, so daß man ihn nicht zur gerichtlichen Verantwortung bringen kann [3]). Hier kann man die Thiere oder den Wagen, vor welchen sie gespannt sind, „upholden ane gherichte vor den scaden" [4]), denn der Ausdruck pfänden wird nicht gebraucht, obwohl doch ohne Frage das, was sonst pfänden heißt hier gemeint ist, zumal als gleich nachher, wo von demselben Fall die Rede ist, der Ausdruck „bekomeren" statt „upholden" gebraucht wird [5]). Doch kommt freilich auch upholden grade unter einer ähnlichen Voraussetzung allein in dem Sinn vor, den Beklagten nur überhaupt zur Verantwortung, nicht aber zum Schadensersatz zu nöthigen [6]), dann nämlich, wenn die Thiere selber oder durch sie der Wagen den Schaden nicht angerichtet haben. Dieß findet statt, da gestolne Sachen auf einem mit Pferden bespannten Wagen auf den sie vielleicht der Dieb gelegt hatte, gefunden werden [7]). Von einer Beschränkung der Pfändung, so daß sie nur gegen geringe Schäden sicher stelle, ist in diesem Fall nicht die Rede, wie schon aus den vorhin angeführten Worten erhellt, nach welchen die Thiere ganz schlechtweg „vor den scaden" aufgehalten werden.

Auch in diesen Fällen indeß, die eben bezeichnet sind, kann man außer unter zweierlei Voraussetzungen dadurch, daß man zur gerichtlichen Verantwortung bereit ist die eigenmächtige Pfän-

1) s. Wilda a. a. O. pag. 241. 242. 246. 247 Note 161. 288 Note 81. und oben pag. 34, 9. 10. unten §. 10. 2) s. oben pag. 43, 6—9. 68, 31—34 und hierzu Wilda a. a. O. pag. 312 Note 352. und unten pag. 411 Note 3. 3) s oben pag. 40, 40. 41. 43, 34 bis 44, 11. 69, 3. 4. 4) s. oben pag. 43, 36. 37. 5) s. oben pag. 44, 7. 6) Vergl. hierüber Wilda a. a. O. 242 Note 145. 7) s. oben pag. 39, 5—16 und weiter unten in diesem §., s. auch über „bekomeren" oben pag. 241 Note 2. 59 Note 9.

dung noch vermeiden. Jene zweierlei Voraussetzungen, unter welchen dieß nicht möglich ist, sind der Fall der Personal- und ein Fall der Thierpfändung, in denen ein für allemal angenommen wird, daß der angerichtete Schaden mindestens den Werth von sechs Pfennigen betrage [1]). Dieß wird ein für allemal durch die Pfändung als bewiesen betrachtet und von einer gerichtlichen Verantwortung ist nur die Rede, wenn etwa ein größerer Schaden behauptet wird [2]). Ob alsdann, wenn der Gepfändete mit jenen sechs Pfennigen die gepfändeten Gegenstände einzulösen bereit ist, sie doch noch für den angeblich höheren Schaden bis zur richterlichen Entscheidung zurückbehalten werden können, erhellt nicht aus den betreffenden Stellen [3]). Anders verhält sich die Sache im Fall eines Schadens durch Thiere der nicht „in korne oder bechgrase" geschehen ist [4]). Hier ist ja überhaupt die Pfändung nur zulässig, nicht wenn der Hüter der Thiere nicht sogleich antwortet, sondern allein dann, wenn er sich überall der Verantwortung durch die Flucht entzieht [5]). Hierauf allein ist es zunächst abgesehen gesichert zu sein, falls es an einem Beklagten fehlt, denn werden die Thiere ebenfalls flüchtig oder werden auch überhaupt nur sie flüchtig und kommen auf der Flucht in eines andern Were, so können sie nun nicht mehr gepfändet, sondern nur der Innhaber beklagt werden, entweder, daß er die Thiere herausgebe, oder daß er den Schaden ersetze [6]). Zwischen diesen beiden Arten der Befriedigung des Klägers kann auch der ursprüngliche Innhaber wählen, der nämlich, unter dessen Huth der Schaden sich ereignet hat [7]). Das Recht dieser Wahl ist jedoch bedingt dadurch, daß sie geübt wird, sofort nachdem entweder der Schade angerichtet oder das Thier in die andere Were gekommen ist. Sofort, d. h. ehe der Schade oder der Besitz übernächtich wird. Wird dagegen eines von diesen beiden je nach den Umständen übernächtich, so muß der Beklagte den Schaden „na minnen oder na rechte" ersetzen, und kann sich dann nicht mehr durch Herausgabe der Thiere wenn er sie selber noch hat, oder dadurch befreien, daß er auf einen neuen Besitzer verweist [8]). Nach der Bezahlung des Schadens aber sind die Thiere vor jedem Anspruch sicher [9]). Dieß alles bezieht sich nur auf den Innhaber, nicht auf den Eigenthümer der Thiere. Dieser hat das Recht und die Pflicht, falls die Thiere (wenn der Hüter flüchtig geworden ist) „bekomeret," d. h. gepfändet worden sind, sie wieder zu „untweren." Wegen dessen, was er dem Pfänder hat bezahlen müssen, nimmt er seinen Regreß gegen den Hüter,

1) s. oben pag 409 Note 7. pag. 410 Note 1. 2. 2) s. oben pag 43, 8. 9. 37, 4. 5. 3) s. die vorige Note. 4) s. oben pag. 410 Note 3. 5) s. oben pag. 410 Note 4. 5. 6) s. oben pag. 410. 43, 34 bis 44, 4. 7) s. oben pag. 43, 1—5. 8) s. oben pag. 338 Note 6 und 7. 9) s. oben pag. 43, 4. 44, 4.

der sich aber allerdings entschuldigen, d. h. durch Eid seine Schuld, ohne welche er nicht verpflichtet wäre, ableugnen kann [1]). Es ist eben gesagt worden, jenes Wahlrecht höre auf, wenn der Schade oder der neue Besitz übernächtich werde. Dieß scheint auf den ersten Blick nicht in den vorhin angeführten Stellen der Statuten zu stehen, vielmehr dieses, daß es darauf ankomme, daß der Beklagte nach Anstellung der Klage die Thiere noch über Nacht behalte. Dieß sichert jedoch theils dem Verletzten nicht hinlänglich seine Befriedigung [2]), theils steht es in ausdrücklichem Widerspruch mit dem entsprechenden verm. Sachsensp., wenigstens mit der wichtigern sonst wörtlich aufgenommenen Stelle [3]), theils endlich kann die Stelle, wie sie in den Statuten sich findet, so interpungirt werden, wie es freilich oben nicht geschehen ist, daß der Widerspruch gehoben wird, indem nämlich (oben pag. 43 Zeile 1) ein Komma hinter „over nacht" gesetzt und nachher (Zeile 2) das Komma hinter „beklaghet is" gestrichen wird. Von der Pfändung wegen Zins wird ganz ausdrücklich gesagt, daß sie durch sofortige gerichtliche Verantwortung vermieden werde, und ist hierüber schon in der Lehre vom Zinsgut das Erforderliche gesagt worden [4]). Wenn bisher gesagt worden ist, es könne durch gerichtliche Verantwortung in gewissen Fällen die eigenmächtige Pfändung vermieden werden, so kann man dieß auch positiv als eine Bedingung für das Recht zur eigenmächtigen Pfändung bezeichnen. Eine solche Bedingung ist für die Pfändung wegen Schaden in „korn oder hechgras" auch, daß man den Hof und die Were, in welchem es sich befindet, gehörig umzäumt hat, denn außerdem hat man überhaupt keinen Schadensanspruch und mithin noch viel weniger ein Pfändungsrecht, das natürlich den Anspruch auf Schaden voraussetzt. Hievon ist nur eine Ausname, wenn die Plätze außerhalb der Stadt liegen [5]). Eine fernere Bedingung, die aber nur bei Pfändung wegen Zins und zwar auch nur bei der wegen Miethszins ausdrücklich erwähnt wird, ist, daß sie eigentlich von dem Vermiether selbst oder doch dessen Gesinde vorgenommen werden müsse. Aus-

1) s. oben pag. 44, 5 – 11. 2) Deshalb nämlich nicht, weil der Beklagte dann nur nöthig hätte, sobald die Klage angestellt würde, die Thiere fortzugeben an einen Dritten, denn die Worte (oben pag. 43, 3) „Let he aver dat ut sinen weren" lauten ganz allgemein und brauchen nicht dahin verstanden zu werden, daß der Beklagte die Thiere aus seiner Were grade in die Were des Klägers lasse. 3) Q. II. 8, 1 = B. II. 5 pr. „Welch tyh adder phert schaden tud, hilt man daz obir nacht, nochdeme is den schaden had getan, claget man daz zcu om, her musz den schaden irlegen." 4) s. oben pag. 228 Note 5. 6. Die dort angeführten Stellen reden freilich nur von Miethszins, finden aber gewiß Anwendung auch auf den gekauften Zins. 5) s. oben pag. 31, 11–14. Vgl. auch Wilda a. a. O. pag. 273 Note 223 und pag. 274 Note 225.

nahmsweise kann auch ein Verwandter gegen Sicherheitsleistung, daß es des Vermiethers Wille sei, pfänden, falls der Vermiether selber krank, gefangen, außer Landes oder ohne Gesinde ist [1]). Inwiefern es bedenklich sei, das Recht der Stellvertretung bei der Pfändung durch Gesinde, auszudehnen auch auf den Rentegläubiger dem zinspflichtigen Eigenthümer gegenüber, ist schon bei der Lehre vom Zinsgut gesagt worden [2]). Eine fernere Bedingung bei der Pfändung wegen Zins ist, daß sie nur gegen den Verpflichteten selbst gerichtet werden kann, nicht aber etwa gegen den Miteigenthümer, der nach Abgang eines Miethers, welcher dem andern Miteigenthümer Zins schuldig geblieben ist, in das Haus einzieht [3]). Als Ausnahme ist zu betrachten, daß der Vermiether wegen seines Miethszinses auch den Aftermiether pfänden könne. Dieß gilt nicht von dem Rentegläubiger, nämlich dieß, daß er irgend einen Miethsmann auf dem ihm pflichtigen Grundstück pfänden könne. Albrecht [4]) und Wilda [5]) sind anderer Meinung, indem beide die oben in der Lehre vom Zinsgut angeführten Stellen statt auf den Miethszins auf den gekauften Zins beziehen. Versteht man jene Stellen vom Miethszins, so ist auch vollständig die Unterscheidung begreiflich, welche gemacht wird zwischen dem Aftermiether, welcher das ganze Haus und dem, welcher nur einen Theil desselben gemiethet hat, denn es ist ein ganz natürlicher Grundsatz, daß der Aftermiether nur insoweit der Pfändung unterliegt, als er in die Stelle des ersten Miethers eingetreten ist [6]). Dafür ist nach einem Rechtserkenntniß dem Rentegläubiger eigenthümlich, daß er auch den die Sache besitzenden Pfandgläubiger wegen seiner Rente pfänden kann [7]). Eine fernere Bedingung ist, daß die Pfändung auf der Were des Berechtigten vorgenommen werde. Dieß ergiebt sich bei der Pfändung wegen Schaden eben daraus, daß der Pfändung gedacht wird als unmittelbar auf den Schaden folgend [8]). Nur in dem Fall scheint eine Ausname statt zu finden, da nicht Personalpfändung und nicht Pfändung wegen Schaden „in korn oder heebgrase" geschehen soll, denn dann scheint man die flüchtigen Thiere so lange ergreifen zu dürfen, als sie noch keine fremde Were erreicht haben, also noch auf der öffentlichen Straße, auch wenn sie die Were, wo der Schade geschehen, bereits verlassen haben [9]). Wegen Miethszins wird ausdrücklich bemerkt, daß man

1) s. oben pag. 227 Note 6 vgl. auch Wilda a. a. O. pag. 212 Note 92 und 268 Note 207. 2) s. oben pag. 233 Note 5 — 7 nnd 238 Note 13. 3) s. oben pag. 227 Note 3. 4) s. oben pag. 232 Note 3. 5) Wilda a. a. O. pag. 224 Note 116. Vgl. auch Donandt Geschichte des Bremischen Stadtrechts. Th. 2. pag. 323 Note 29. 6) s. oben pag. 227 Note 4. 5. 7) s. oben pag. 233 Note 2 und 242 Note 4. 8) s. oben pag. 409 Note 7 und pag. 410 Note 2. 9) s. oben pag. 43, 34 bis pag. 44, 4 vgl. jedoch Wilda a. a. O. pag. 283 Note 262.

seinethalben nur auf seiner Were pfänden könne [1]). Doch ist dieß nicht ohne Ausname, denn wenn der Miether troß eines gerichtlichen Verbots die pfandbaren Gegenstände mit sich von der Were genommen hat, so verliert der dann Verfestete sogar den Hausfrieden, und es können ihm jene Sachen auch noch jetzt, wo er sich auf der Were des Vermiethers nicht mehr befindet, ohne gerichtliche Concurrenz abgepfändet werden [2]), indessen ist dann freilich eine gerichtliche Verhandlung bereits wenigstens vorangegangen. Daß auch dem Rentegläubiger unter der angegebenen Voraussetzung eine eigenmächtige Pfändung außer seiner Were zustehe, wird nicht gesagt und ist nicht wahrscheinlich, da er für den Fall, daß er keine pfandbaren Gegenstände auf der Were findet, das viel stärkere Recht hat sich des zinspflichtigen Grundstücks selber zu unterwinden [3]). Stärker ist dieses Recht verglichen mit den Befugnissen des Vermiethers in doppelter Weise, einmal weil man nicht erst noch wieder seine Befriedigung an fahrender Habe suchen muß, dann aber auch, weil man, wenn es an dieser überhaupt fehlt, nicht erst noch durch Arretiren der Person zu seinem Zins zu kommen versuchen muß, wie der Vermiether genöthigt ist zu thun [4]), sondern man kann sich eben dessen, was unmittelbar schon die Befriedigung giebt bemächtigen, des Grundstücks nämlich [5]). Dieses wird so zu sagen statt der Person arretirt und in diesem Sinne sagte ich oben (Seite 233 Note 7) daß das Expulsionsrecht des Rentegläubigers nicht sowohl wie Albrecht wolle mit dem Rechte des Gutsherrn den säumigen Hintersassen zu vertreiben, verglichen werden könne, als vielmehr eine streng consequente Anwendung des ältern Schuldverfahrens sei [6]). Eben weil nun aber, im Fall auf der Were nichts Pfandbares ist, eine Pfändung überhaupt nicht mehr erforderlich ist, so paßt die ganze Unterscheidung zwischen Pfändung auf der Were welche ohne Gericht, und außer der Were, welche nur mit Gericht geschehen könne allein auf den Miethszins, womit indeß nicht gesagt sein soll, daß der Ausdruck Were nicht auch in Bezug auf das Recht des Rentegläubigers angewendet würde, vielmehr heißt es allerdings in der Eidesformel die zum Beweis der Rechte an Grundstücken gebraucht wird: Dat ik . . . dit ghelt . . . hebbe in mine were ghebracht [7]). Eine fernere Bedingung der Pfändung ist, daß pfandbare Gegenstände da seien. Pfandbare Gegenstände aber sind nicht nur eigene Sachen des

1) s. oben pag. 228 Note 3. 2) s. oben pag 228 Note 1. 2. 291 Note 5. 317 Note 1. 3) s. oben pag. 232 Note 4 bis 233 Note 1. 4) s. oben pag. 228 Note 4 und 233 Note 6. 5) s oben pag. 233 Note 1. 6) s. oben pag. 233 Note 7. 7) s. oben pag. 229 Note 7. Vergl. auch Donandts Versuch einer Geschichte des Bremischen Stadtrechts Th. 2. pag. 320 Note 20.

zu Pfändenden, sondern was er grade in Besitz hat. Doch braucht man dieß allerdings für die Fälle der Thierpfändung gar nicht besonders zu sagen, da in ihnen ja eben ein Thier gepfändet wird, weil es Schaden gethan hat; wer Eigenthümer sei, ist nur von Bedeutung wegen der Auslösung [1]). Bei der Personalpfändung folgt, daß es nur auf den Besitz ankömmt, daraus, daß man eben sofort wie jemand „holt unt dreghet" ihn pfänden also keine Untersuchung über sein Recht an den Sachen die er bei sich hat anstellen kann [2]). Für den Fall des Zinses giebt es eine besondre Stelle [3]), in welcher angenommen wird, daß ein Handwerker „de wert" der Miethsmann sei. Wenn dieser den Hauszins schuldig bleibt, so können „ghewant, buntwerk oder ander dingh" die ihm zur Verarbeitung gegen Lohn übergeben worden sind, insoweit gepfändet werden, als er Lohn daran verdient hat. Daß Sachen des Aftermiethers auch von dem ersten Vermiethег gepfändet werden können, ist bereits bemerkt worden [4]). Immer jedoch können nur bewegliche Sachen gepfändet werden, wie sich aus den Stellen ergiebt, die von den Executionsmitteln des Rentegläubigers handeln, der wenn die fahrende Habe ihn nicht befriedigt, nicht erst noch das Grundstück wieder pfändet, sondern sich desselben gleich ganz und gar unterwindet [5]). Endlich zuletzt ist eine Bedingung der Pfändung, daß die Personen, zu deren Nachtheil die Pfändung geschieht, nicht von der Pfändung eximirt sind. So sollen die Silvani in ihren Gütern regelmäßig überhaupt nicht gepfändet werden. Nur wegen der redditus imperii findet hier eine Ausname statt [6]). Dieß ist eine Bestimmung des Privilegii Friedrichs des zweiten, welche in die Statuten jedoch nicht unter Beibehaltung des Ausdrucks pfänden (pandare) übergegangen und auch sonst noch verändert worden ist [7]), indem nicht die Silvani (woltwerchten) selber von der Pfändung in ihrem Haus und Hof freigesprochen werden, sondern deren Werkleute und Kohlenmeister soll man nicht „besetten noch bekomeren." Hierin liegt natürlich eine extensive Interpretation des Privilegii und besetten und bekomeren ist wohl hier wie oben pfänden der Person nicht zu verstehen, von Arretiren der Person selber [8]) sondern von Wegnehmen der Sachen. Diese ganze Exemtion der Silvani von der Pfändung paßt nur auf den einen Fall da sie rentepflichtig sind, denn nur dann sind sie in suis bonis, nicht aber wenn sie

1) s. oben pag. 412 Note 1. 2) s. oben pag. 409 Note 7.
3) s. oben pag. 24, 42 bis 25, 4. Vgl. auch Albrechts Gewere Note 193.
4) s. oben pag. 413 Note 3—6. 5) s. oben pag. 414 Note 3.
6) s. oben pag. 115, 34 — 36. 216 Note 3 und unten §. 11.
7) s. oben pag. 66, 3—5 und unten §. 11. 8) s. oben pag. 410 Note 1 vergl. jedoch weiter unten in diesem §. und oben pag. 368 Note 10.

zur Miethe wohnen oder wenn von ihnen oder ihren Thieren Schaden geschieht. Endlich ist eine Bedingung der Pfändung, daß sie an keines Bürgers oder Silvanus Gütern geschehe pro beneficiis de advocatia solvendis" [1]). Dieß aber ist eine Bedingung, welche mit der eigenmächtigen Pfändung insbesondere nichts zu thun hat und bei der gerichtlichen Pfändung eben so gut genannt werden kann.

Die Würkungen der in den bezeichneten Fällen und unter den angegebenen Bedingungen gemachten Pfändung für den, welcher pfändet, sind Verpflichtungen in Ansehung der von ihm gepfändeten Gegenstände. Doch werden diese Verpflichtungen nur in Ansehung der gepfändeten Thiere beschrieben. Der Pfändende hat für den Unterhalt der Thiere zu sorgen, für Fütterung und Stallung. Versäumt er hierin etwas, so daß dem Thiere Schaden erwächst, so muß er Ersatz leisten. Doch ist der Gepfändete verbunden bei Einlösung des Thieres die Kost die der Pfändende gegeben hat zu erstatten [2]). Für zufälligen Schaden haftet der Pfänder nicht. Nur muß er erst eidlich versichern, daß er den Schaden nicht verursacht und das Thier gehöriger Weise in Pflege gehalten habe [3]). Wie nun eigentlich, falls der Gepfändete nicht von selbst die Sachen einlößt, der Pfänder zu seinem Gelde kommt, läßt sich nur aus den Stellen schließen, die ganz allgemein von Pfand an beweglichen Sachen, also auch von gesetztem und gerichtlichem Pfand reden [4]). Diese auch auf eigenmächtig genommenes Pfand anzuwenden ist man berechtigt, weil an sie unmitttelbar sich die vorhin angeführten Bestimmungen über Haltung gepfändeten Vieh's anschließen. Das Pfand wird gerichtlich aufgeboten, jedoch erfährt man natürlich, da von den eigenmächtig gepfändeten Sachen nicht besonders geredet wird, nicht, wie lange man bis man zu dieser Aufbietung schreiten dürfe zu warten habe. Eine Stelle nur etwa läßt sich anführen, aus welcher sich wenigstens ergiebt, daß die Verantwortung wegen des Pfandes, um die Aufbietung zu verhindern, nicht in jedem Falle willkührlich verzögert werden kann. Der Proceß kann vielmehr unter einer bestimmten Voraussetzung noch nicht einmal so weit hinnausgeschoben werden als es sonst gestattet wäre. Eine jede Frau nämlich die beklagt wird gewinnt, wenn sie erklärt, sich eines Vormundes im Processe bedienen zu wollen, um diesen Vormund herbeizuschaffen, sechs Wochen Zeit. Dieß ist die Regel. Ausnahmsweise wird ihr, auf diese Weise Zeit zu gewinnen, versagt, wenn sie ein Pfand, das man ihr um Hauszins oder um ander

1) s. oben pag. 115, 18—20 und unten §. 11. 2) s. oben pag. 43, 10 — 14 und 68, 26 — 30 und pag. 410. 3) s. oben pag. 68, 26 — 30. Vergl. auch Wilda a. a. O. pag. 312 Note 352.
4) s. oben pag. 67, 27 bis pag. 68, 34. Vergl. oben pag. 188 Note 3.

Ding abgenommen hat, vertheidigen will [1]). Der Ort der Aufbietung kann ein jeder sein außer Kirchen und geweihte Kirchhöfe [2]). Ist ein Gast der Schuldner [3]), so soll die Aufbietung geschehen in der Herberge, in welcher er einzukehren pflegt. Weiß man aber seine Herberge nicht, so geschieht die Aufbietung „under der löven alse men de klocken lut." Jedoch wird wohl vorausgesetzt, daß die Person des Gastes nicht zur Hand ist, denn sonst wüßte man nicht wie man diese Stelle damit, daß eben überall aufgeboten werden könne, vereinigen sollte. In Ansehung eines Bürgers wird auch ausdrücklich gesagt [4]), daß die Aufbietung nur wenn man ihn selber nicht finden könne in dem Hause und Hofe, wo er zu wohnen pflege, geschehen müsse. Diese Wohnung aber wird man bei einem Bürger immer wissen können, daher denn auch in diesem Falle von einem subsidiären Aufbieten „under der löven" nicht die Rede ist. Abgesehen hiervon aber ist es nicht nöthig an einem officiellen Ort und namentlich nicht erforderlich in der eigentlichen Gerichtsstatt aufzubieten dieß wird weder in des Schultheißen noch in einem der andern Gerichte verlangt. Doch scheint wie bei Allem, was executive Gewalt ist, zunächst wenigstens zu dieser Aufbietung nur der Richter competent zu sein, in dessen Gerichtsbezirk die gepfändeten Sachen sich befinden [5]). Wobei jedoch nicht zu übersehen ist, daß die Aufbietung wie auch einige andere gerichtliche Handlungen von dem Schultheißen als Gehülfen des Vogtes auch im großen Gericht vorgenommen werden [6]). Nachdem die Aufbietung geschehen ist, deren Form auch hier so wenig wie bei unbeweglichen Sachen [7]) genauer noch, als daß sie gerichtlich geschehe, beschrieben wird, muß der welcher die Aufbietung veranlaßt hat, drei Tage warten und kann erst alsdann sich Frieden wirken lassen. Beides ist ebenso bei Erbgütern an welchen durch Satzung ein Recht bestellt worden ist [8]). Unter gewissen Voraussetzungen ist der Pfänder, oder allgemeiner zu reden, der Pfandgläubiger bei beweglichen Sachen noch länger zu warten verpflichtet, ehe er sich den Frieden wirken lassen darf [9]), dann nämlich, wenn ein Gast einem Bürger, oder ein Bürger einem Gast, oder ein Jude einem Bürger oder Gaste Pfand aufbieten läßt. In den ersten beiden Fällen müssen der Friedenswirkung vierzehn Nächte, in dem letzten Fall sechs Wochen und drei Tage vorangehen. Die Bedeutung dieser Zeiten ist, daß während derselben noch eine Einlösung des Pfandes zulässig ist, wie der Ausdruck beweißt „dat scal he ime

1) s. oben pag. 251 Note 6. 2) s. oben pag. 67, 37 bis 39.
3) s. oben pag. 67, 40 — 43. 4) s. oben pag. 68, 17 — 21.
5) s. oben pag. 380 Note 4 nnd 5. 6) s. oben pag. 368 Note 3. 4. und 370 Note 12. 13. 375 Note 2 bis 376 Note 2. 7) s. oben pag. 242 zu Ende. 8) s. oben pag. 188 Note 1 und 2.
9) s. oben pag. 67, 30 — 36.

(dem Schuldner) holden" drei Tage oder vierzehn Nächte u. s. w. [1]) Die Folgen der Aufbietung und Friedenwirkung sind dann, daß der Schuldner aufhört ein Einlösungsrecht zu haben und die Sache nur dem Pfandgläubiger zugehört. Dies folgt eben daraus, daß der Pfandgläubiger sich selber Frieden wirken läßt. Von einer Herausgabe eines etwaigen Ueberschusses ist hier so wenig wie bei unbeweglichen Sachen die Rede [2]). Eines Pfandgeldes oder einer Buße die der Gepfändete bezahlen müßte, wodurch denn also das Einlösungsgeld noch erhöht würde, wird nicht gedacht [3]), denn daß der, welcher gepfändet werden sollte, wenn er durch sofortige gerichtliche Verantwortung die Pfändung vermied, hernach aber doch den Proceß verlor, Wette und Buße bezahlen müsse, und dann doch noch gepfändet werde, hängt mit der Pfändung als solcher nicht zusammen [4]), sondern ist eine Folge des verlornen Processes, welche unter allen Umständen für den Besiegten eintritt [5]).

Den Gegensatz gegen die eigenmächtig vorgenommene Pfändung bildet die gerichtliche Pfändung. Unter gerichtlicher Pfändung aber hat man nicht nur eine solche zu verstehen, die in Folge vorausgegangener vollständiger gerichtlicher Verhandlung und namentlich also auch in Folge eines schon gefundenen Urtheils geschieht, sondern jede, welche mit Zuziehung einer gerichtlichen Person geschieht, auch wenn noch keine Art von processualischer Handlung der Pfändung vorausgegangen ist. Dieß erhellt namentlich auch daraus, daß einmal gesagt wird [6]), wenn jemand pfände ohne dazu das Recht zn haben, so solle er dem Richter wetten und dem Kläger büßen, ohwohl er die Pfändung mit Gericht vorgenommen habe. Hier kann unmöglich gedacht sein an eine in Folge gerichtlicher Verhandlung vorgenommne, sondern eben an eine solche, da jemand ohne schon ein Urtheil, welches sein Recht unzweifelhaft gemacht hätte für sich zu haben, gepfändet hat. Nur insofern hängt gerichtliche Pfändung mit processualischer Verhandlung zusammen, als keine eigenmächtige Pfändung zulässig ist, um die Execution eines Urtheils zu bewerkstelligen, denn die Bestimmung, daß man im Fall eigenmächtige Pfändung durch gerichtliche Verantwortung einstweilen vermieden, der zu Pfändende aber den Proceß verloren hat, ihn dann doch wie wenn gar kein Proceß statt gehabt hätte, noch eigenmächtig pfänden dürfe, rechne ich nicht hierher, weil der Gegenstand des Processes ja grade war ob ein Recht eigenmächtiger Pfändung hier begründet sei oder nicht [7]). Eine gerichtliche Pfändung vor ge-

1) s. oben pag. 67, 28. 30. 31. 2) s. oben pag. 243 Note 2. 3) Vgl. im allgemeinen über diesen Punkt bei der Pfändung, Wilda a. a. O. pag. 303 bis 311. 4) s. oben pag. 228 Note 6. 5) Vgl. oben pag. 335. 6) s. oben pag. 228 Note 5. 7) s. oben pag. 228 Note 6.

führtem Proceß wird überhaupt nur da erwähnt, wo unter andern Umständen auch eine eigenmächtige Pfändung hätte vorgenommen werden können und auch da nur in Bezug auf den Hauszins, denn nur von ihm heißt es, der Schultheiße solle einem jedem dem es Noth thue, ihn helfen auspfänden [1]). Noth aber thut es dem Zinsberechtigten dann, wenn der Zinspflichtige irgendwie die Pfändung zu verhindern sucht, wie wenn er die pfandbaren Gegenstände aus der Were des Vermiethers bringt, da dieser außerhalb seiner Were ohne richterlichen Beistand nicht pfänden darf oder wenigstens nur dann es darf, wenn der Pflichtige jene Gegenstände troß eines gerichtlichen Verbots fortgeschafft hatte [2]). Noth thut es ferner, wenn der Pflichtige den gemietheten Raum verschließt, so daß deshalb nicht gepfändet werden kann [3]), oder wenn der Pflichtige gegen die eigenmächtige Pfändung des Berechtigten sich gradezu zur Were setzt [4]). In allen diesen Fällen bedarf man des Schultheißen, der jedoch wie überhaupt nie eine richterliche Person, nicht allein hinreichend ist, sondern unterstützt sein muß durch zwei Zeugen [5]). Außer den bisher angeführten Stellen von der Hülfe des Schultheißen zur Pfändung wegen Hauszins giebt es auch eine allgemeinere, wonach jede Pfändung von Gästen von ihm, ausnahmsweise aber auch vom Büttel geschieht [6]). In dieser Stelle ist gewiß nur an eine Pfändung in Folge einer gerichtlichen Verhandlung gedacht worden, denn Hauszins, im gewöhnlichen Sinn werden Gäste die ja in der Herberge wohnen überhaupt nicht wohl schuldig, und das was gesagt werden soll ist, daß obwohl sonst die Execution des Urtheils durch Pfändung von dem Vogt selber [7]), dessen Gehülfe der Schultheiß ist [8]), vorgenommen werde, doch in Ansehung der Gäste eine Ausnahme statt finde. Der Unterschied zwischen gerichtlicher Pfändung und eigenmächtiger Pfändung zeigt sich nur bei der Entstehung. Das Pfandverhältniß selbst ist nicht verschieden und alle Stellen die oben von den Würkungen der eigenmächtigen Pfändung angeführt sind, können auch hier wieder gebraucht werden.

Wenn bisher von gerichtlichen Handlungen geredet worden ist, so ist dieß geschehen, indem an den gewöhnlichen Verlauf eines Processes angeknüpft worden ist. Es bleibt noch übrig von einigen Handlungen zu reden, die eine processualische Bedeutung haben, ohne daß sie einem bestimmten Proceßstadium allein oder

1) s. oben pag. 110, 39. 40. vgl. oben pag. 368 Note 3 und pag. 370 Note 12. 13. 2) s. oben pag. 228 Note 1. 3) s. oben pag. 227 Note 7. 4) s. die vorige Note. 5) s. unten §. 8. 6) s. oben pag. 65, 25. 26. Vgl. auch Albrechts Gewere Note 294 und Berks Bremisches Güterrecht der Ehegatten Note 132. 7) s. oben pag. 406 Note 2—4. 8) s. oben pag. 370 Note 11.

vorzugsweise angehören und zuletzt zusammenzustellen was von processualischen Zeitbestimmungen in den Statuten sich findet.

Unter den processualischen Handlungen mag zunächst das „Besetten" genannt werden, da es am Nächsten mit dem Pfänden, von dem eben noch gesprochen worden ist, zusammenhängt. Besetzen heißt im allgemeinen Arretiren [1]), doch wird es eigenthümlich construirt, indem eine Person besetzen oder arretireu nicht sowohl heißt unmittelbar die Person selber in ihrer Freiheit beschränken als mittelbar dadurch, daß man sie über ihre Sachen zu verfügen verhindert. Dieß erkennt man daraus, daß in einer Reihe von Stellen, die vom Besetzen sprechen mit den Redensarten „einen Gast besetzen" und „eines Gastes Gut besetzen" abgewechselt wird [2]), und daß namentlich in einer Stelle des Aufsatzes von des Schultheißen Amt, die einem Satz der Statuten entspricht, gesagt wird „einen Bürger besetzen" während die Statuten sagen „ihm sein Gut besetzen" [3]). Es ist also hier ähnlich wie mit dem Wort pfänden [4]) und vielleicht aus demselben Grund, weil nämlich eventuell das Recht der persönlichen Arretirung in dem Recht die Sachen zu besetzen enthalten ist [5]). Das Besetzen nämlich scheint nur darin zu bestehen, einem angeblichen Schuldner nach Umständen durch den Vogt, Schultheißen oder Büttel (mit Zeugen [7]), wenn er nicht gegenwärtig und die Ankündigung nicht geleugnet werden soll), ankündigen zu lassen, daß er das Gut aus dem Orte, in welchem es sich bisher befunden, nicht entfernen dürfe, sei es nun, daß das Gut in der Were des Besetzten selber oder irgend einer andern Person sich befinde [8]). Wenn demungeachtet der Besetzte versucht, die besetzte Sache fortzubringen, so kann der Berechtigte die Person mit dem Gute anhalten. Doch scheint auch dann die Sache noch nicht in den Besitz des Arretirenden zu kommen, sondern nur etwa die Sache in die Were zurückgeführt zu werden, in der sie sich bisher befand. Mit andern Worten: durch das Besetzen erhält der Besetzende das Recht die Sache zu bewachen. Ich schließe dieß hauptsächlich aus zwei Stellen. In der einen heißt es [9]), daß wenn das Gut, was ein Gast in einem „wüsten" Hause habe, in dem kein Wirth sei, besetzt werde, er demselben so gut wie auf der Straße mit Recht folgen könne. Es soll also, wenn zur gehörigen Zeit nicht geantwortet wird, so gut sein, wie wenn die Sachen aus der Were auf die Straße gebracht würden wo man

1) s. oben pag. 368 Note 10. 2) s. oben pag. 65, 25 bis pag. 67, 26. 3) s. oben pag. 110, 13—21 vgl. mit pag. 67, 14 bis 23. 4) s. oben pag. 409 Note 6. 5) s. oben pag. 414 Note 4. 6) s. oben pag. 371 Note 1—4. 7) s. oben pag. 67, 8—13 und unten §. 9. 8) Vergl. jedoch Albrechts Gewere pag. 137—141. 9) s. oben pag. 66, 23—26.

sie ergreifen darf. Die andre Stelle [1]) verpflichtet denjenigen, unter dem fremdes Gut besetzt worden ist, wenn der, dem zum Nachtheil die Besetzung geschehen ist, das Gut gewaltsamer oder dieblicher Weise entfernt, zum Schadensersatz wenn es mit seinem Willen oder Rath geschehen ist, wo nicht, so soll er dem Besetzenden doch wenigstens behülflich sein, sein Recht gegen den Besetzten zu verfolgen. Eine dritte Stelle von welcher nachher noch zu reden unterstützt wenigstens die beiden eben angeführten, insofern sie beweißt, daß das Gut in der Were des Beklagten selber bleibt und gewiß nicht in der des Besetzenden sich befindet [2]). Die Voraussetzung unter welcher eine Besetzung zulässig ist, ist die der Unsicherheit des Schuldners. Diese wird aber nur darin gefunden, daß der Schuldner entweder überhaupt nur ein Gast ist oder doch es zu werden droht [3]). Dieß ist der Fall, wenn er sich anderswo niederläßt, so daß der Rath ihn nicht mehr als seinen Bürger „vordegbedinghet," nicht aber dann schon, wenn er die Stadt zwar verläßt, aber doch Weib und Kind noch zurück sind und er „Bürgers Recht" thut, so daß der Rath ihn noch als seinen Bürger anerkennt. Wenn überhaupt die Voraussetzung für die Besetzung da ist, so kann selbst in Ansehung von Erbgut etwas der Besetzung Aehnliches, während sie sich der Natur der Sache nach eigentlich nur auf fahrende Habe beziehen kann, vorkommen. Dann nämlich, wenn der Gast oder der des Abzugs verdächtige Bürger sein Erbgut verkaufen will, ohne doch aus dem Pretium seine Schulden zu bezahlen. „Des ne scal men nicht staden" d. h. eine solche Disposition ist unzulässig [4]). Ebenso verhält es sich auch, wenn jemand sein Gut bekümmert, also durch Satzung veräußert und dadurch, wenn er wegzieht, den Gläubigern entgehen will [5]). Man sagt von einem solchen Schuldner, daß er „uppe der vluchtsalen were" [6]), der also dann nicht bloß in Ansehung seiner fahrenden Habe besetzt, sondern auch in Ansehung seines Erbguts gehindert werden kann, daß er nicht in fraudem creditorum handle [7]). Daß die Sachen des Schuldners in seinem Besitze grade seien, um sie besetzen zu können, ist nicht erforderlich. Sie können unter jedem Bürger besetzt werden [8]), nicht aber scheint es unter einem andern Gast als dem schuldigen Gast, denn sonst bedürfte es ja nicht der besonderen

1) s. oben pag. 67, 1—7 vgl. oben pag. 339 Note 1. 2) s. oben pag. 66, 35—44. 3) s. oben pag. 65, 25. 26. 67, 14—26. 110, 13—21. 136 N. 4. 5. Albrechts Gewere N. 300. 4) s. 67, 17—23 vgl. auch oben pag. 404 Note 2. 3. 5) s. oben pag. 28, 33—39. 6) s. oben pag. 28, 38. 39. 110, 14 vgl. oben pag. 375 Note 4. 389 Note 1. Vgl. auch Haltaus Glossarium unter „Fluchtsal." 7) Man muß für die Bedeutung der Fluchtsal die beiden Stellen oben pag. 67, 14 — 23 und 110, 13 — 21 mit einander vergleichen. 8) s. oben pag. 67, 1—7 66 6—10.

Versicherung, daß man unter dem Meier eines Gastes des Herrn Gut besetzen könne [1]). Die nothdürftigsten Stücke scheinen indeß überall nicht besetzt werden zu können, zum mindesten wird ausdrücklich gesagt, daß man die Kleider einer Frau, die sie um und an hat, weder für ihres Mannes noch ihre eigene Schuld besetzen dürfe [2]). Eine fernere Beschränkung ist, daß es nicht gestattet ist, Pfänder, welche der Schuldner wegen seiner Forderungen an Dritte in Besitz hat, zu besetzen [3]). Außerdem sind von der Besetzung ähnlich wie von der Pfändung gewisse Personen eximirt [4]). Man kann dahin gewissermaaßen rechnen, daß Gäste von Gästen nur mit des Rathes Erlaubniß besetzt werden können [5]). Gewissermaßen nur, sage ich, weil dieß nicht sowohl eine Exemtion als eine Folge davon ist, daß es bei einem Gaste sich überhaupt nicht von selbst versteht, weder daß er in der Stadt alle Rechte hat, welche den Bürgern zustehen, noch daß er denselben Verpflichtungen wie diese unterworfen ist [6]). Eigentlicherweise gehört hierher, daß in eines „woltwerchten" Haus und Hof weder dessen Werkleute noch Kohlenmeister besetzt werden dürfen [7]). Doch läßt sich hierfür nicht wie bei der Pfändung auch auf das Privilegium Friedrichs des zweiten verweisen, denn in ihm ist eben nur vom Pfänden die Rede. Die Erwähnung auch der Besetzung findet sich nur in den Statuten [8]).

Die Würkung der Besetzung, abgesehen davon, daß der Gläubiger die besetzte Sache in der beschriebenen Weise bewachen darf [9]), ist vor allem die, daß der Verpflichtete den Vortheil des „inne silten" wenn er ihn ohne das würde gehabt haben, verliert [10]). Das will sagen, giebt der, unter welchem die Sache besetzt worden ist, innerhalb vierzehn Nächten entweder die besetzte Sache selber nicht heraus oder verantwortet er sich nicht während dieser Zeit, so muß er sich wie jeder Ungehorsame im Proceß, der den Vortheil des „inne silten" nicht hat, Execution durch richterliche Pfändung gefallen lassen. Eine Pfändung, welche dann nicht bloß die besetzte Sache, sondern jedweden pfandbaren Gegenstand treffen darf [11]). In der Regel aber wird kein andrer pfandbarer Gegenstand als die besetzte Sache selber vorhanden sein, denn der regelmäßige Fall der Besetzung ist der, wenn Gäste Schuldner sind [12]), und diese werden außer den besetzten Sachen keine Vermögensstücke in der Stadt haben. Ist die Pfändung geschehen,

1) s. oben pag. 66, 13—16.
2) s. oben pag. 66, 17—22 vgl. auch oben pag. 263 Note 4.
3) s. oben pag. 68, 8—10 Förstem. 35. Albrechts Gewere Note 192c.
4) s. oben pag. 415 Note 6.
5) s. oben pag. 66, 1. 2.
6) s. das Nähere unten §. 11.
7) s. oben pag. 66, 3 — 5.
8) s. oben pag. 415 Note 7.
9) s. oben pag. 420 Note 9.
10) s. oben pag. 66, 11. 12 Förstem. 31. 34
11) s. oben pag 415 Note 1 und unten §. 7.
12) s. oben pag. 421 Note 3.

so wird natürlich ganz wie bei jeder andern Pfändung verfahren, d. h. das Pfand aufgeboten und Frieden gewirkt [1]). Auf diese Formen beziehe ich eine Stelle der Statuten, in welcher von jemandem gesprochen wird, der von dem, unter welchem er eine Sache besetzt habe, dieselbe „nach der Stadt Recht" erworben habe [2]), denn erklärt wird sonst nicht was man sich in diesem Fall unter „der Stadt Recht" zu denken habe. Es ist vorhin gesagt worden, der Vortheil des „inne sitten" gehe verloren, wenn man nicht die besetzte Sache selber herausgebe oder sich verantworte. Dieß bezieht sich darauf, daß auch unter dem Nicht-Schuldner des Schuldners Sache besetzt werden kann [3]). Der bloße Innehaber der Sache ist natürlich nicht zur Verantwortung verpflichtet, wenn gleich berechtigt. Er kann jede Unbequemlichkeit von sich abhalten durch Herausgabe der Sache. Doch ist er auch hierzu nicht anders als mit dem Ablauf jener vierzehn Nächte verpflichtet, dann aber so daß im Fall der Säumniß er eben auch sich jener Pfändung unterwerfen muß. Nur wenn er bereit war die besetzte Sache herauszugeben, der aber welcher besetzt hat, die Annahme der Sache verweigert hat, und dessen durch Zeugen überführt wird, so hat er „keine Noth" darum zu leiden [4]). Daß der Schuldner selbst durch Herausgabe der Sache los komme, wird nicht gesagt, ist aber auch nicht zu glauben, weil die Besetzung nur eine Sicherheitsmaaßregel ist, die keinesweges immer ausreichend sein wird und eben daher ist, daß der Schuldner grade antworte erforderlich, denn alsdann kann zur Noth auch, falls die Pfändung nicht hinreichend wäre, doch auch noch persönliche Verhaftung folgen [5]). Sollte es geschehen sein, daß man unter dem schuldigen Gast eine Sache besetzt hätte, die ihm selber nicht, sondern einem andern Gast gehörte, in der Meinung sie sei Eigenthum des Schuldners, so schadet das jenem andern Gaste an seinem Rechte nichts, d. h. es ist nicht nöthig daß er innerhalb der genannten vierzehn Nächte grade nach der Besetzung die Sache schon „untworre," sondern er zieht sich zu seiner Sache, wenn er eben kommt [6]). Die Besetzung kann indeß auch ohne eine gehörige Verantwortung von Seiten des Schuldners aufgehoben werden [7]), dann nämlich, wenn der schuldige Gast sich zur Verantwortung erbietet und der Kläger die Antwort nicht annehmen will. Der Kläger soll alsdann durch Schultheiß oder Büttel vor Gericht geboten werden, und wenn er nicht erscheint, soll man den „besetzten" Gast wieder entsetzen [8]). Ist der Kläger nicht

1) s. oben pag. 416 und 417. 2) s. oben pag. 66, 26 — 34.
3) s. oben pag. 421 Note 8. 4) s. oben pag. 66, 6 — 10.
5) s. oben pag. 406 und 407. 6) s. oben pag. 66, 27 — 34.
7) s. oben pag. 66, 35 — 44. vgl. auch oben pag. 389 Note 2. Ueber die Bedeutung des Wortes „bi" oben pag. 66, 36. 37. s. Homeyers Glossar zu seiner Ausgabe des Sachsensp. unter „bi." 8) Ueber

zu finden, so soll ihm die Vorbietung zu Haus und Hof gekündigt werden, und wenn er dann nicht binnen Tag und Nacht vor Gericht erscheint, so soll wiederum das Gut entsetzt werden können, vorausgesetzt daß er nicht überhaupt abwesend ist, denn in diesem Fall soll bis zu seiner Rückkunft mit dem beschriebenen Verfahren gewartet werden, so wenigstens verstehe ich das „Ne were he hir to hus nicht, wanne he to hus queme."

Das Aufhalten, das Arretiren einer Person kann zu einem mehrfachen Zwecke geschehen. Es kann geschehen, um den Arretirten zur Privathaft zu bringen und bis zur Bezahlung einer Schuld darin zu behalten. Den Overhörigen kann man zu diesem Zweck ohne Weiteres mit sich führen und hiervon wird in dem folgenden Paragraphen noch mehr gesagt werden. Jeder andre Schuldner wird entweder überhaupt nur durch eine richterliche Person arretirt oder doch zum Behuf der förmlichen Ueberantwortnng erst noch vor den Richter gebracht. Hiervon ist bereits das Nähere gesagt worden [1]). Das Aufhalten geschieht ferner auch in Friedbruchsfällen und hier theils zu dem Zweck um nur überhaupt die Verantwortung von Seiten des Arretirten theils insbesondre um die Vollziehung der Strafe zu sichern [2]), oder um den Beweis des begangnen Friedbruchs zu erleichtern, oder gradezu dadurch schon zu führen, wie durch Aufhalten in handhafter That oder in der Verfestung, daher denn hiervon das Nähere in die Lehre vom Beweise und in die von der Verfestung gehört. Endlich aber kommt das Aufhalten auch vor um den Kläger zu verhindern, daß er die von ihm angestellte Friedbruchsklage wieder fallen lasse, worüber bei den Würkungen der Klagen schon gesprochen worden ist [3]). In diesen Friedbruchsfällen kann jedoch, so wenig wie in Schuldsachen, unter allen Umständen an jedwedem Orte und immer eigenmächtig von der Partei aufgehalten werden, sondern theils gilt die Regel, daß eine eigenmächtige Arretirung an befriedeten oder andern privilegirten Orten [4]) überhaupt nicht statt finden solle und auch außer diesen Orten nur im Fall der handhaften That, und im Fall die Strafe an den Hals geht, und daher namentlich auch dann, wenn der Friedbrecher in der Verfestung aufgehalten wird [5]). In allen übrigen Fällen kann die Aufhaltung nur unter Concurrenz einer gerichtlichen Person geschehen und selbst gegen eine solche Aufhaltung ist man in befriedeten Orten sicher, wenn der Rath sie nicht besonders gestattet hat, oder wenn der Friedbruch nicht

den Gegensatz von „besetten" und „entsetten" in der in voriger Note angeführten Stelle der Statuten s. Haltaus Glossarium unter „Entsetzen."

1) s. oben pag. 405—408. 70, 20—24. 430 N. 6. 2) s. unten pag. 426 Note 4 bis Note 6. 3) s. oben pag. 398. 4) s. oben pag. 315 zu Ende und pag. 316 Note 1—5. s. auch oben pag. 60, 3. 4. und unten §. 7. 5) s. oben pag. 48, 13—16 und unten §. 7 und §. 10.

grade in dem befriedeten Orte geschehen ist, in welchem man arretiren will [1]). Eine ganz einzeln stehende Ausname ist, daß den silvanis (woltwerchten) das Recht zusteht ihre servientes (kolmester, hüttelüde, schidere), welche ihnen das „pretium, quod vulgo wist vocatur" entführt haben, ohne gerichtliche Hülfe an jedem Orte zu ergreifen, wo sie sie finden, wenn der Rath dieselben nicht etwa „ghevelighet" hat [2]). Unter den Fällen der Arretirung von Verbrechern, die eben aufgezählt worden sind, sind mehrere an andre Orte wegen einer genaueren Erörterung verwiesen worden, die übrigen müssen hier bestimmter bezeichnet werden.

Es gehört hierher zunächst das Arretiren, um nur überhaupt die Verantwortung von Seiten des Arretirten zu sichern [3]). Die Regel hierbei ist diese. Niemand kann in irgend einer Weise aufgehalten werden, sobald er bereit ist sich zu verantworten, wenn es nicht in handhafter That oder Verfestung geschieht, alsdann aber geschieht die Aufhaltung aus einem ganz andern Gesichtspunkt wie der ist, von welchem hier die Rede [4]). Wenn demungeachtet in einer andern Stelle von Aufsuchen eines Beklagten in Haus oder Bude und von dem Aufhalten desselben die Rede ist, welches mit des Raths Erlaubniß vom Gericht oder ohne das Gericht vom Rathe selbst oder seinem Bevollmächtigten geschieht [5]), so muß vorausgesetzt werden, daß der Beklagte nicht antworten wollte, wie sich schon daraus ergiebt, daß es erforderlich ist, nach ihm zu suchen. Desgleichen muß auch in zwei noch andern Stellen supplirt werden [6]), daß der des Diebstahls oder der Verwundung Verdächtige deshalb aufgehalten wurde, weil er nicht zur Antwort bereit war. Dagegen ist als eine Beschränkung jener Regel zu betrachten, wenn es von dem im Termin bereits Erschienenen heißt, er müsse, falls die Klage an das Leben gehe, dafür daß er wieder zurückkehren werde entweder durch Bürgschaft Sicherheit leisten oder aber in der Haft bleiben, sei es nun daß er das Gericht um Zeugen zu schaffen verlassen wollte [7]) oder daß er die Sache an den Rath gezogen hatte [8]), oder daß er der Achte gebeten hatte [9]). Die Würkung des Aufhaltens ist regelmäßig nur die, daß man jemanden zur Antwort vor Gericht

1) s. die in Note 4 und 5 angeführten Stellen und pag. 49, 9—12.
2) s. oben pag. 115, 31—34. 46, 26—31. vgl. oben pag. 415 Note 7. Ueber den Ausdruck „wist" vgl. unten §. 11 und Heineccius Goslarische Antiquitäten in seinen Erklärungen zum Privilegium Friedrichs des 2ten von 1219. 3) s. oben pag. 424 Note 2. 4) s. Note 5 voriger Seite. 5) s. oben pag. 83, 4—7. 6) s. oben pag. 39, 22—25. 45, 33—40. Alle übrigen Stellen die hier zweifelhaft machen könnten reden von der handhaften That s. unten §. 10. 7) s. oben pag. 32, 15—23. 8) s. oben pag. 44, 26—30. 9) s. oben pag. 74, 26—30. 34—38

bringt [1]). Allein bei Cautionsverweigerung und Verbrechen, die an den Hals gehen, kann das Aufhalten zur Haft ausgedehnt werden, die auch hier wie bei Schuldsachen eine Privathaft sein kann [2]). Unter Aufhalten jedoch ist hier auch immer gemeint, sofern jemand, der sich bereits im Gericht befindet, zurückgehalten wird, von welchem Zurückhalten ausdrücklich auch gesagt wird, daß es nur geschehen dürfe, wenn die Klage an den Hals geht [3]). In diesen letztern Fällen hat das Arretiren nicht sowohl die Bedeutung die Verantwortung als vielmehr die Vollziehung der Strafe zu sichern [4]). Dieß ist um so wichtiger als bei Friedbrüchen, derentwegen aufgehalten worden ist und aufgehalten werden konnte, sogar dann eine Strafe zuerkannt werden darf, wenn der Kläger, wie er nicht durfte, seine Klage wieder hat fallen lassen [5]) Doch scheint allerdings die Strafe alsdann nach den Umständen statt der Strafe am Leben, eine arbiträre werden zu können [6]). Daß aber die Klage in dem angezogenen Fall eigentlich eine solche ist, die „an dat lif gheyt" schließe ich eben daraus, daß ausdrücklich hervorgehoben wird, der beklagte Friedbruch müsse ein solcher sein, dessentwegen man jemand in die Haft bringen könnte [7]).

Die eben angezogene Stelle ist zugleich die Hauptstelle für die Voraussetzungen unter welchen auch der Kläger aufgehalten werden kann. Diese Voraussetzungen sind, einmal [8]) wenn die Klage an den Hals geht, man wegen Fortsetzung der Klage keine Sicherheit hat und der Kläger auch keine Bürgen dafür stellen kann oder will; dann aber wenn in handhafter That aufgehalten worden ist und zwar der Verletzte von dem Friedbrecher selber, der den Verletzten mit sich vor Gericht führte [9]). Hier bleiben der klagende Friedbrecher und der Verletzte bis zum Urtheil in Haft.

Aehnlich wie ein Aufhalten von Personen vorkommt, kommt auch ein Aufhalten von Sachen vor, welches aber freilich mit dem Pfänden von Sachen um so weniger verwechselt werden darf, als es allerdings geschieht, daß der Ausdruck „upholden" auch dann gebraucht wird, wenn in der That die Pfändung gemeint ist [10]). Der Unterschied vom Aufhalten und Pfänden der Sache ist, daß dort sie lediglich den Beklagten zur Verantwortung zu bringen, nicht aber dem Kläger Befriedigung zu schaffen dienen soll. Jene Bedeutung des Aufhaltens ergiebt sich aus einer Stelle, die den Fall setzt, daß gestolne Sachen auf einen mit Pferden bespannten Wagen gelegt worden sind. Hier muß der Besitzer die Verantwortung übernehmen, und wenn er sich derselben durch die Flucht entzieht, wird er verfestet, Wagen und

1) s. oben pag. 424 Note 5. 2) s. oben pag. 45, 38. 425 Note 9. 3) s. pag. 425 Note 7—9. 4) s. oben pag. 424 Note 2. 5) s. oben pag. 398. 6) s. oben pag. 45, 23. 7) s. oben pag. 398. 8) s. oben pag. 44, 23—25. 9) s. oben pag. 44, 33—36. 10) s. oben pag. 410 Note 4 und 5.

Pferde aber werden dem, welcher sich dazu zieht, freigegeben [1]). In derselben Bedeutung wird das Aufhalten gebraucht sein, wenn von beklagte Sachen geredet wird, die in einem Haus oder Bude vermuthet und mit des Raths Erlaubniß gerichtlich, oder vom Rathe selbst ohne Gericht daselbst gesucht und gefunden werden [2]). Die Nothwendigkeit der Concurrenz einer öffentlichen Person in dem letztern Fall erklärt sich aus der Bedeutung des Hausfriedens [3]), während in jenem Falle die Aufhaltung von der Partei selber scheint geschehen zu dürfen, wie denn dann, wenn ein Wagen Schaden gethan hat oder ein „qnek" getreten hat, ausdrücklich gesagt wird, man könne den Wagen auf der Fahrt ohne Gericht aufhalten [4]). Welche Bedeutung das Aufhalten unter dieser Voraussetzung hat, bleibt zweifelhaft, da gar nichts besonders über die Folgen hier gesagt wird, sondern nur in jener Stelle von Aufhalten des Wagens wegen gestolner Sachen, daß man den Wagen und die Pferde nicht bekümmern könne, „wente se den scaden nicht ghedan ne hebbet" [5]).

Das bisher beschriebene Aufhalten von Personen oder Sachen ist eigentlich nur eine besondere Art von Caution, daher mag sich hieran am passendsten alles das anschließen was hierüber in den Statuten sich findet und zwar selbst das vom Vorwissenen (dieß ist der technische Ausdruck für Caviren) was nicht im Gebiet des Processes vorkommt, denn in dem durch die Statuten gebotenen System möchte sich auch für diese Fälle des Vorwissenens kaum ein besserer Platz ausmitteln lassen.

Von den processualischen Cautionen ist schon bei dem Aufhalten der Personen gesagt worden, daß bei Friedbrüchen die an das Leben gehen der Beklagte, der aus irgend einem Grunde das Gericht wieder verlassen will von der Haft nur durch gehörige Bürgschaft frei wird, und genügt namentlich nicht daß der Beklagte Hausbesitzer ist [6]). Bei allen andern Friedbruchsklagen gilt jemand der Haus und Hof hat, welches unbekümmert und nur mit den Wortpfennigen belastet ist, für vollkommen sicher [7]). Ohne Beschränkung ist dieß jedoch auch nicht, denn der gegen den schon die dritte (gleichzeitige?) Klage angestellt wird, gilt durch bloßen Grundbesitz nicht mehr für sicher. Hat ein Friedbrecher keinen Grundbesitz, so muß er unter allen Umständen Sicherheit leisten und der Unterschied zwischen Friedbrüchen, die an das Le-

1) s. oben pag. 410 N. 7. vgl. auch pag. 380 N. 5. 2) s. oben pag. 425 Note 5 und oben pag. 315 zu Ende bis 316 Note 5. 3) s. die vorige Note. 4) s. oben pag. 40, 40. 41. 69, 3. 4. Ueber die Bedeutung von „quek" s. das Idioticon Hamburgense von Michael Richey, Hamburg 1755 unter diesem Wort, wonach es junges Vieh von Rinder, Schafen, Schweinen u. dgl. heißen könnte. 5) s. oben pag. 39, 7—9. s. auch ein Fall des Aufhaltens von Sachen unten pag. 430 Note 2. 6) s. oben pag. 425 N. 7. 426 N. 8. 9. pag. 44, 31. 32. 73, 5. 6. 7) pag. 72, 34.

ben gehen und allen übrigen scheint dann nur der sein, daß die Sicherheit dort der Regel gemäß durch Bürgen geschehen muß, hier auch ohne das geschehen kann, etwa durch bloßes Versprechen, denn der Bürgen wird hier gar nicht gedacht [1]), und anderweitig der Grundsatz ausgesprochen, daß wenn ohne Noth Bürgschaft gefordert würde, man den Vogt oder den Kläger ober beide ebenso wie wenn sie jemanden ohne Noth in Haft halten [2]), deshalb zur Verantwortung ziehen könnte, denn mit Unrecht jemanden in Bürgen Hand bringen, verstehe ich von mit Unrecht geforderten Bürgen denen der, welcher sie stellen muß dadurch verpflichtet wird [3]). Dieser Grundsatz ist so allgemein gefaßt, daß er auch auf den Kläger angewandt werden muß, wenn man ihn ohne Noth zum Bürgen stellen (oder zur Haft), wegen Vollführung der Klage zwingt [4]). Ohne Noth wird auch er gezwungen bei gewöhnlicher Friedbruchsklage, wenn er Hausbesitzer ist, aber auch nur dann, denn wenn es heißt, es soll niemand „von gherichte gan" auf ein Haus, wenn die Klage an den Hals geht, so muß man das von Gericht gehen auf den Kläger grade ebenso gut beziehen, wie auf den Beklagten [5]). Welche Qualität der Bürge haben müsse um genügend zu sein, wird nur wenn er gegen Verfestung schützen soll ausdrücklich gesagt, wonach auch der Bürge ein unbekümmertes Erbe haben muß, welches nur mit dem Wortpfennig belastet ist [6]). In den bisher berührten Fällen ist der Innhalt der Sicherheit gleichviel ob Bürgschaft oder nicht geleistet worden ist, daß der, welcher die Sicherheit schaffen muß, vor Gericht erscheinen werde. Die Verpflichtung des Bürgen insbesondre ist entweder den Verbürgten selbst vorzubringen oder eidlich zu versichern, daß er den jetzigen Aufenthalt des Verbürgten nicht kenne und ihn also auch nicht vorbringen könne. Mit diesem Eide befreit sich jedoch der Bürge weder von Wette noch von Buße, noch von der Verpflichtung zur Zahlung einer besondern Geldsumme, wenn er eine solche gelobt hat [7]). Wohl aber ist er von aller Verpflichtung frei, wenn er die verbürgte Person auch nur todt vorbringt [8]). Aehnlich wie mit der Verpflichtung zur Herbeischaffung verbürgter Verbrecher, verhält es sich, wenn der Beklagte selber in Schuldsachen oder bei Anfang und Ansprache sich auf einen Geweren zieht diesen vorzubringen

1) s. oben pag. 45, 33 bis pag. 46, 3. 2) s. oben pag. 44, 36—40. 45, 3 — 7. Vergl. auch oben pag. 291 Note 5. 334 Note 10.
3) s. oben pag. 44, 41 bis 45, 2. 4) s. oben pag. 426 Note 8. 9.
5) s. oben pag. 44, 31. 32. 72, 34—37. 73, 5. 6. 6) s. oben pag. 427 Note 7. 57, 19 — 23 vgl. mit pag. 57, 33 — 36 und unten §. 11. 7) s. oben pag. 58, 30—37 und 89, 15—21. Vergl. auch oben pag. 44, 26—30. 8) s. oben pag. 40, 38. 39. 58, 38. 39. 89, 13. 14. Vgl. oben pag. 335 Note 8.

vorvissenet und dann nicht vorzubringen vermag, er muß alsdann wetten und büßen [1]). Dieser Fall der Verzögerung des Processes und des Vorwissenen, trotz der Verzögerung für die Vollendung des Processes Sorge zu tragen ist nur ein einzelnes Beispiel, denn in den unten bereits angezogenen Stellen wird ganz allgemein gesagt, daß wie auch die Klage „gheverstet" werde, so müsse auf Verlangen von beiden Seiten Sicherheit geleistet werden, daß man wieder in das Gericht zurückkehren werde. Dieß kann nöthig werden selbst dann, wenn der zunächst Beklagte der Sachwald seinen Geweren vorgebracht hat, sobald dieser wiederum seinerseits auf einen Geweren zieht, ferner dann, wenn man sich auf einen Vormund gezogen hat [2]) und endlich dann, wenn die Klage oder das Urtheil an den Rath gezogen wird [3]). In jenem Fall scheint der Cawirende selbst mit dem, für dessen Erscheinen er cawirt hat, wieder in das Gericht zurückkehren zu müssen, in diesem Fall bezieht sich die Caution überhaupt nur auf denselber, welcher die Sicherheit gegeben hat. Wodurch diese gegeben werde, wird nicht bestimmt. Daß aber auch hier nicht immer wenigstens an Bürgschaft grade zu denken sei, ergiebt die vom Vormund redende Stelle ganz deutlich, nach welcher die Würkung falls der Vormund nicht geschafft ist, nur ist, daß die Frau, welche sich auf einen Vormund gezogen hatte Wette und Buße zahlt und nur das Recht den Vormund zu brauchen, verliert. Wäre die Sicherheit durch Bürgen gethan, so würde von der Verpflichtung der Bürgen zur Wette und Buße die Rede sein [4]). Zu processualischen Cautionen gehören außer den bisher genannten die Ware des Klägers und die Caution der Ehefrau, wenn sie Klagen anstellt [5]); ferner wenn jemand wegen Drohungen verklagt worden eine Caution an den Kläger auf dessen Verlangen, wenn der Beklagte sich der Drohung nicht „afdon" will [6]). Zu den processualischen Cautionen rechne ich auch die, welche jemand leistet, der im Namen eines andern pfändet, für dessen Genehmigung zur Pfändung [7]), sowie die für Wette und bereits gewonnenes Wehrgeld [8]). Ebenso gehört hierher, daß der zur Zahlung verurtheilte Beklagte, wenn der Kläger die Zahlung nicht annehmen will, doch noch Bürgen für die Zahlung stellen und in einem gerichtlichen Termin dann den Zahlungsversuch wiederholen muß. Erscheint dann der Kläger nicht in diesem Termin oder

1) Vgl. die oben pag. 335 Note 9 angeführte Stelle der Statuten mit oben pag. 28, 11—14 und 87, 12—14. 2) s. oben pag. 77, 44—46. 78, 5—10. 3) s. Note 1. 4) s. oben pag. 251 überhaupt und namentlich auch über den Unterschied zwischen Frauen die Gäste und solchen die Bürgerinnen in Goslar sind. 5) s. oben pag. 262 Note 3. pag. 376 bis 378. 6) s. oben pag. 296 Note 4. 334, Note 5. 342 Note 4. 7) s. oben pag. 413 Note 1. 8) s. oben pag. 336 Note 13. 337 Note 1. 346 Note 11.

verweigert er auch dann die Annahme der Zahlung, so kann der Beklagte sich durch Zahlung an den Vogt für Rechnung des Klägers von der Verpflichtung befreien [1]). Als eine Caution wegen Zahlung oder besser wegen Erfüllung des Urtheils kann auch betrachtet werden, daß dem, welcher Gut durch Anfang verfolgt, Sicherheit wegen etwaiger Herausgabe der angefangenen Sache gegeben werden muß [2]). Weigert sich der Beklagte diese Sicherheit zu geben, so wird die Sache dem Kläger in die Were gebracht und er leistet dann seinerseits wegen etwaiger Wiederherausgabe Caution. Von dieser Cautionspflicht wird man indeß nicht etwa wie man von der für Herbeischaffung einer Person durch den Tod derselben befreit wird, so auch hier befreit durch den Tod der Thiere. Vielmehr muß dann statt derselben ihr Wehrt zur Zeit des Anfangs, oder wenn es zu einer bestimmten Geldsumme abgeschätzt worden war, diese vorgebracht werden. Daß auch bei gefundenen Sachen, die nach Ablauf von Jahr und Tag unter den Finder und Vogt vertheilt werden, Caution geleistet werden muß, dem welcher sich noch vor Ablauf dieser Zeit dazu ziehen werde, sie wieder herauszugeben, ist nur eine einzelne Anwendung der eben gegebenen Regeln [3]). Unter den Stellen, welche von processualischen Cautionen sprechen, mag endlich noch interpretirt werden, eine, welche von dem Verhältniß der Bürgschaft zur Sicherheit durch Pfand redet [4]). Wird einem Bürger, heißt es in dieser Stelle, sein Gut genommen, nämlich um als Pfand zu dienen ihm von Gerichtswegen zum Besten des Gläubigers genommen, so hat der Rath das Recht dem Gläubiger anzubefehlen das Pfand dem Schuldner gegen Bürgschaft (ut borghen) die er selber, der Rath, leistet oder gegen irgend eine andre vom Rath gegebene Sicherheit (lovede) auszuliefern. Ein Gericht ist hierzu „uye lövede" zu setzen nur befugt, wenn der Rath dazu Erlaubniß gegeben hat [5]). Wenn dann in jenem Falle der Schuldner nicht zahlt den Rath also nicht von seiner Verpflichtung befreit „den rat nicht af ne neme," so kann der Rath ohne dadurch das Gericht zu verletzen, selbst oder durch Bevollmächtigte des Mannes Gut oder Person, auf eigener oder fremder Were, arretiren [6]).

1) s. oben pag. 58, 15 — 24. Vgl. auch oben pag. 397 Note 1. 398 Note 1. Auch Wette und Buße wird in diesem Falle von dem Beklagten, weil er ja den Proceß verloren hat, bezahlt. Die Versäumniß des Klägers ändert an dieser Verpflichtung nichts. — Vgl. oben pag. 335 Note 4. 2) s. oben pag. 310 Note 2. 320 Note 10. 392 Note 9. 3) s. oben pag. 99, 20—30 und unten §. 9. 4) s. oben pag. 88, 4—8. 5) s. oben pag. 82, 37. 38. 6) s. oben pag. 427 Note 3. 4. 424 Note 1. Wegen des in der in Note 4. angeführten Stelle vorkommenden Wortes „ut borghen" s. Haltaus Glossarium unter „Ausburgen." Wegen der Bedeutung von „af nemen" ebenda unter „Abnemen."

Von nicht processualischen Cautionen erinnere ich zunächst an die von der Bürgschaft um Schuld ganz allgemein redenden Stellen, welche schon im Erbrecht benutzt sind [1]). Dasselbe gilt von den Cautionen, welche auswärtigen Erben, wegen der Bezahlung der Schuldeu des Erblassers abgefordert werden [2]) und von den Cautionen, die falls bestritten ist, ob man der nächste zur Succession sei, zu stellen sind [3]). Ferner kommen im Vormundschaftsrecht mehrere Cautionen vor, über welche ebenfalls auf das Frühere verwiesen werden kann [4]). Auf die auch schon angezogene Bestimmung über die Verpflichtung aus einem in Bezug auf eine Sühne gethanem Versprechen mache ich besonders aufmerksam, weil aus ihr das strenge Einrücken des Bürgen in die Verpflichtung des Hauptschuldners (sakwolde) hervorgeht, denn weder diesem noch jenem steht, falls die Schuld fällig geworden ist, das Recht zu dafür „inne zu sitzen" [5]). Bei Gelegenheit der Sühne wird auch einer besondern Form der Caution, der iuratorischen Caution nämlich gedacht [6]), welche in der Urfede enthalten ist [7]). Endlich werden auch noch zwei dem Rath zu leistenden Cautionen erwähnt. Eine derselben liegt dem Vogt ob, des Innhalts, daß er die ihm zur Verwaltung anvertrauten Lehne auch wirklich ausleihen wolle [8]), die andre ist eine Pflicht des ein Vierteljahr vor der Verfallzeit auswandernden Bürgers wegen Bezahlung des ganzen bis dahin fälligen Schoßes [9]).

Gewissermaßen gehört zur Lehre von den Cautionen auch das Veleghen, doch hat es eine viel allgemeinere Bedeutung als eine der bisher genannten processualischen oder nicht processualischen Cautionen. Das Veleghen ist eine Erklärung des Rathes oder Vogtes [9]), daß jemand der aus rechtlich anerkannter Ursache in seiner persönlichen Sicherheit gefährdet ist, demungeachtet ausnahmsweise vollen rechtlichen Schutz entweder überhaupt oder zu einem bestimmten Zwecke genießen solle. Der Rath giebt durch eine solche Erklärung sein „Vorwort" für jemand, denn diesen Ausdruck beziehe ich dem Zusammenhange nach in welchem die betreffende Stelle steht auf das Veleghen [10]). Ein im allgemeinen zugesicherter rechtlicher Schutz paßt nur auf Gäste. Denn bei Bürgern versteht sich, daß sie geschützt sind, als Regel von

1) s. oben pag. 151 Note 5. 6. 2) s. oben pag. 135 Note 6. 136 Note 4 bis pag. 137 zu Anfang. Vgl. auch pag. 159 Note 8.
3) s. oben pag. 14, 19—24. 144 Note 1. 160 Note 1. 166 Note 7. 169 Note 1. 4) s. oben pag. 246 Note 4—7. 248 Note 5. Vgl. auch hierneben pag. 195 Note 5. 6. 199 Note 1. 2. 5) s. oben pag. 47, 37 — 40. Vergl. auch Albrechts Gewere Note 93 und oben pag. 297 Note 5. 7. 345 Note 3. 6) s. oben pag. 344 Note 13 bis 345 Note 1. 7) s. oben pag. 214 Note 16 und unten § 11.
8) s. oben pag. 405 Note 5 und unten §. 11. 9) s. oben pag. 35, 15. 16 und die vorangehenden und nach folgenden Stellen.

selbst. Daher ist namentlich in Ansehung ihrer gleichbedeutend sie „veleghen" oder ihnen „Friede geben" [1]). Wer, nachdem ein Gast geveleghet ist, ihn mit Friedbruch oder anderweitig verletzt, der verliert im ersten Fall sogar den Frieden an befriedeten Orten und kann auch, wenn er ein Bürger ist, verfestet werden [2]); im zweiten Fall muß er dem der den Schutz durch die Velighung verliehen hat, wenigstens doch Buße geben [3]). Das Genauere von der Stellung der Gäste überhaupt soll unten in der Lehre von der Stadtverfassung gesagt werden [4]). Das Veleghen zu einem einzelnen bestimmten Zweck kann sich auf Bürger nicht minder wie Gäste beziehen. Die drei rechtlich anerkannten Ursachen aus welchen jedermanns persönliche Sicherheit gefährdet sein kann, sind Overhöre und Verfestung und handhafte That, denn der Overhörige wie der Verfestete ist, wenn er seine Were verläßt [5]), der auf handhafte That Verfolgte, so lange er auf der Flucht ist [6]) dem ausgesetzt, daß ihn der, welcher ihn in Overhöre oder Verfestung hat bringen lassen, oder auf handhafter That verfolgt, arretirt. Unter einer dieser Voraussetzungen aber arretirt zu werden ist von dem entschiedensten rechtlichen Nachtheil [7]). Wenn daher ein Overhöriger oder Verfesteter, um von diesen beiden zunächst zu reden, in einem andern Proceß, als wegen des er in Overhöre oder Verfestung ist, oder in diesem Processe selbst zu erscheinen hat oder erscheinen will, z. B. als Verkäufer, Verpfänder oder weil man sich sonst auf ihn als auf einen Geweren gezogen hat, damit er entwere [8]), oder weil er Zeugniß ablegen soll [9]), oder weil er sich gegen unrechte Vorbietung vertheidigen [10]), oder ein Pfand nicht wieder herausgeben will, weil es noch nicht eingelößt sei [11]), oder weil er überhaupt sich vertheidigen will gegen eine Friedbruchsklage oder Schuldklage, wegen der er verfestet oder in Overhöre ist oder wegen einer andern [12]), so kann er begehren geveleghet zu werden, damit sein Gegner, der ihn verfestet oder in Overhöre hat, nicht etwa die Gelegenheit wahr nehme ihn zu arretiren. Im Fall der handhaften That hat die Velighung nur Bedeutung sofern der zuerst Angegriffene aus Nothwehr den Angreifenden getödtet (oder verwundet) hat und nun Verfolgung und Ergreifung auf handhafter That befürchten muß. Diesem Verfolgen und Ergreifen entgeht er, wenn er sofort sich veleghen und zugleich die Anstellung und Vollführung einer Klage

1) s. oben 35, 36—40. 2) s. oben pag. 35, 12—14. 317 Note 6. 49, 23—29 und unten §. 7. 3) s. die 431 N. 9 angeführte Stelle und oben pag. 334 Note 8. 4) s. unten §. 11. 5) s. unten §. 7. 6) s. unten §. 10. 7) s. unten §. 7 und 10. 8) s. oben pag. 26, 43 bis 27, 5. 9) s. oben pag. 32, 15 — 22. 62, 38—40. 89, 10—12. 95, 39—96, 6. 96, 32—36 und unten §. 8. 10) s. oben pag. 64, 10—12. 11) s. oben pag. 68, 4—7. 12) s. oben pag. 52, 37 bis 53, 2. 55, 16—34. 27, 31—33.

seinerseits verheißen läßt [1]). Ganz einzeln steht die Velighung des Raths zum Besten der Kohlmeister, Hüttenleute u. s. w., die ohnedieß wegen „wist" Entführung überall von den „woltwerchteu" würden aufgehalten werden können [2]).

Wenn vorhin auch im allgemeinen gesagt worden ist, die Velighung könne vom Rath oder vom Vogt vorgenommen werden, so ist im einzelnen doch der Vogt nicht eben so leicht berechtigt wie der Rath und auch dieser nicht unter jeder Voraussetzung. Der Vogt kann nur Overhörige und gegen Ergreifung auf handhafter That velighen. Verfesteten und wie es scheint auch den Kohlenmeistern, Hüttenleuten u. s. w. gegen die „woltwerchten" kann er keinen Schutz verleihen [3]). Ebenso scheint die den Gästen zu ertheilende ganz allgemeine Velighung nicht Sache des Vogts zu sein [4]). Und selbst der Rath kann regelmäßig verfestete Personen nicht velighen. Nur ausnahmsweise falls es ihm nützlich scheint, kann er dem Verfesteten seinen Frieden wieder geben also eben velighen [5]). Indeß selbst dann soll nicht ohne Noth ohne Wissen des Klägers die Velighung erklärt werden, sondern nur wenn man nicht weiß wer der Kläger ist, der die betreffende Person in Verfestung gebracht hat, alsdann aber hat auch die Velighung ihre volle Würkung. Abgesehen indeß auch von dieser Ausname kann natürlich der Verfestete selbst sich erbieten sich aus der Verfestung zu ziehen, und wenn der Vogt oder die Partei ihm dann „rechtes" weigern, wiederum den Rath angehen, daß er ihm zu seinem Rechte helfe [6] . Treten dritte Personen klagend gegen den Verfesteten auf oder muß der Verfestete gegen sie klagen um seine Rechte wahr zu nehmen und es ist weder die Voraussetzung vorhanden unter welcher der Rath velighet noch der Verfestete im Stande sogleich sich aus der Verfestung zu ziehen, so kann entweder das Gericht außerhalb des Gerichtsbezirks in welchem er verfestet ist angesetzt werden, denn dort hat die hier erwürkte Verfestung keine Folge, oder es können Klage und Verantwortung ohne Nachtheil auch auf längere Zeit bis man sich aus der Verfestung gezogen hat, ausgesetzt bleiben [7]).

Die Frage, in welcher Form die Velighung gleichviel nun ob von Rath oder Vogt ausgesprochen, geschehen müsse, ist nicht mit Sicherheit zu beantworten. Es kann zur Erledigung dieser

1) s. oben pag. 33, 1—5. Vgl. auch über diese Stelle Haltaus Glossarium unter „Feiligen" und unten §. 10. 2) s. oben pag. 425 Note 2 und pag. 46, 26—31. 3) s. oben pag. 62, 38. 40. 72, 28 bis 30. 89, 10—12. 24, 29—36. 27, 4. 5. und den folgenden §. 7. Wegen der Velighung der Kohlenmeister u. s. w. oben pag. 46, 26—31. 4) s. oben pag. 49, 23—29 und unten §. 11. 5) s. oben pag. 61, 3—13. s. auch unten §. 11. 6) s. oben pag. 57, 37—39 und den folgenden §. 7. 7) s. oben pag. 54, 32—36. 62, 28—37. vgl. auch oben pag. 242 Note 1 und pag. 390 Note 11 und pag. 400 Note 1.

Frage eigentlich nur die oben schon gebrauchte Stelle benutzt werden, welche von dem Recht des Rathes redet, ausnahmsweise Verfestete zu velighen oder was dasselbe sagt, ihnen Frieden zu kündigen. Dieß soll geschehen „bi namen mit der klocken under der löven" [1]), also mit besonderer Feierlichkeit, welche hier aber nur beobachtet wird, weil man den, der in die Verfestung hat bringen lassen, nicht kennt. Das Allgemeine, was mir hieraus genommen werden zu müssen scheint, ist nur das „Friede kündigen." Dieß wird auch bestätigt dadurch, daß es anderwärts heißt gleich nachdem von der Velighung geredet, wer einen Overhörigen in dem ihm gegebenen oder gekündigten Frieden aufhalte, begehe, wenn er sich nicht mit Unwissenheit entschuldigen könne, Friedbruch [2]). Daß es vom Vogte in Bezug auf den Schützenden heißt, er könne ihn „vor sich velighen mit dem bodele" bezeichnet wohl nur die Art und Weise nicht wie der Schutz erklärt, sondern wie er gesichert wird [3]). Die Würkung der Velighung ist schon durch ihren Begriff und ihre Form gegeben und nur nachzuholen, daß sie durch handhafte That der Gevelighten wieder aufgehoben wird [4]), nicht aber durch jeden angeblichen Friedbruch, gegen den sich zu vertheidigen dem Beschuldigten vielmehr, wenn er deren bedarf, eine besondere Velighung gegeben werden kann [5]). Das Bekenntniß der ganzen Schuld oder eines Theils derselben gegen die durch die Velighung die Möglichkeit der Vertheidigung gegeben werden sollte, hebt ebenfalls die Würkung der Velighung auf [6]), und außerdem scheint die Würkung der vom Vogt ertheilten Velighung, wenigstens wenn sie wegen Overhöre gegeben werden muß, auf die Zeit von vierzehn Tagen beschränkt zu sein, nach deren Ablauf der Overhörige nach wie vor aufgehalten werden kann [7]). Im Gegensatz hiervon heißt es von der Velighung eines overhörigen Mannes durch den Rath „dat scal man stede holden" [8]).

Etwas „weren" hat eine doppelte Bedeutung, einmal heißt es einen andern, der in der Ausübung eines Rechts an einer Sache durch Anfang oder Ansprache angegriffen wird, gegen diesen Angriff im Proceß vertheidigen helfen, dann aber heißt es auch, dafür einstehen daß eine verkaufte Sache (ein verkauftes Pfand) gewisse Fehler nicht habe [9]). Sobald der Käufer daher die demungeachtet vorhandenen Fehler dem Verkäufer innerhalb einer bestimmten Zeit anzeigt, wobei es gar nicht darauf ankommt, ob der Verkäufer die Haftung hierfür besonders versprochen hat

1) s. oben pag. 61, 6. 7. 2) s. oben pag. 54, 22 — 28. 3) s. oben pag. 371 Note 6. 4) s. oben pag. 39, 16—21 und unten §. 10. 5) s. oben pag. 55, 16—34. 6) s. oben pag. 72, 31—33. 7) s. oben pag. 52, 37 bis 53, 2. 8) s. oben pag. 54, 22. 23. 9) s. oben pag. 80, 31 bis 81, 5. Vergl. auch Cropp in Hudtwalckers criminalistischen Beiträgen Bd. 2. pag. 307 Note 65.

oder nicht, muß er (der Verkäufer) das Pferd wieder nehmen und was er dafür empfangen hat dem Käufer zurückerstatten. Regelmäßig scheint es auch gleichgültig zu sein, ob der Verkäufer von dem Fehler wußte oder ob nicht. Nur „des vlammeres" an dem Pferde muß sich der Verkäufer „untsculdighen dat he des . . . . an dem perde nicht ne wiste do he dat vorkofte" [1]).

Was die zuerst bezeichnete Art des Werens angeht, so ist dazu ebenfalls der verpflichtet, der eine Sache verkauft hat, und außerdem wird auch noch der als Verpflichteter genannt, der eine Sache verpfändet oder vermiethet hat [2]). Weren müssen aber und weren können fällt natürlich nicht immer zusammen. So kann namentlich der Eigenthümer den Miether nicht in der Sache schützen gegen den Pfandgläubiger, wenn dieser die Sache aufbieten, sich darüber Frieden wirken läßt, und den Miether vertreibt, sobald die Verpfändung älter ist als die Vermiethung [3]). Außer dem Verkäufer, Verpfänder und Vermiether selber können auch alle Personen zum Weren verpflichtet sein, die es zu thun besonders versprochen haben und, insofern die Verpflichtung jener dadurch noch nicht aufgehoben wird, können sie dann als Bürgen für die Verpflichtung jener gedacht werden [4]). Inwiefern auch die Erben der ursprünglich Verpflichteten weren mußten, ist schon in der Lehre vom Erbe und vom Erbgut erörtert worden [5]). Die Art wie der, der sich durch einen andern weren lassen muß, verfährt ist, daß er vor Gericht sich auf den Weren zieht und verspricht ihn nach Ablauf von dreimal vierzehn Nächten vor das Gericht zu bringen [6]). Es steht ihm jedoch frei auch früher schon den Weren zu bringen, sobald er sich nur sofort darüber erklärt und dann die Zeit angiebt [7]). Bringt der Beklagte den Weren wirklich vor, so tritt dieser ganz in seine Stelle ein und jener ist von aller processualischen Pflicht frei, sobald er nicht „an rade oder an dat" schuldig ist [8]). Doch kann der vorgebrachte Were nun wieder auf einen andern Weren ziehen und dieser andre Were wieder auf einen dritten und so weiter fort [9]). Bringt dagegen der Beklagte den Weren nicht vor, wird ihm mit andern Worten „borst an sineme ghewereu," so muß er nicht nur die beklagte Sache dem Kläger herausgeben, sondern auch noch dazu büßen und wetten [10]). Der Innhalt aber der Verpflichtung des

1) s. oben pag. 81, 2. 3. 2) s. oben pag. 24, 19—28. 26, 43 bis 27, 10. 28, 18—27. 80, 32. 3) s. oben pag. 226 Note 4. 241 Note 7. 242 Note 1. 4) s. oben pag. 26, 43 bis 27, 10. vgl. oben pag. 201 Note 9. 5) s. oben pag. 80, 23. 24. 99, 43 — 100, 1. 150 Note 5 bis 151 Note 5. 6. pag. 200 Note 3 bis pag. 201 Note 8. 204 Note 9. 6) s. oben pag. 80, 25—27. 99, 13—15. 40—42. 7) s. die vorige Note. 8) s. oben pag. 100, 9—11. 28, 7 — 10. 18. 19. s. unten pag. 436 Note 2 9) s. oben pag. 28, 12. 99, 36 — 39. 100, 2 — 4. 10) s. oben pag. 335 Note 9. 80, 28—30 verglichen mit oben pag. 28, 9. 10.

Weren ist, daß er entweder dem Beklagten die Ausübung des bestrittenen Rechts sichere oder was er von dem Beklagten für die Sache erhalten hat ihm wiedererstatte oder überhaupt ihn entschädige, dem Richter die Wette und dem Kläger die Buße zahle [1]). Nur dann, wenn der Verkäufer ein Jude ist scheint er von Wette und Buße frei und lediglich zum Ersatz verpflichtet zu sein [2]). Außerdem kann jemand unter gewissen Voraussetzungen für nicht prästirte Gewere als Friedbrecher behandelt werden [3]).

Der Ausdruck „Acht" der einigemal in den Statuten vorkommt, ist nicht recht verständlich. In der einen Stelle in welcher er sich findet, heißt es ganz allgemein, der Kläger und auf den die Klage geht, also der Beklagte könnten um „iowelke rede der achte bidden" und man sollte sie ihnen geben, doch müsse der Beklagte, wenn die Klage an den Hals gehe, Caution leisten wieder von der „achte" vor Gericht zu kommen [4]). Bald nachher heißt es dann in einer andern Stelle, daß wenn der Beklagte in solchem Falle die Sicherheit verweigere, der Kläger oder seine Verwandte, oder irgend jemand auf des Richters Geheiß, den Beklagten bewachen könnten, daß er nicht entkomme [5]). Endlich enthält von der Regel um „iowelke rede der achte" zu bitten, eine dritte Stelle ein einzelnes Beispiel. Man kann nämlich auch nach gefundenem Urtheil noch der „achte" bitten und zwar so, daß man dadurch das Recht das Urtheil zu schelten noch hinausschieben kann, bis man von der „achte" zurückkehrt [6]). Aus alle diesem ergiebt sich, daß man in jedem Stadium des Processes, ehe man irgend eine entscheidende processualische Erklärung, denn so übersetze ich mir das Wort „rede" [7]), abgiebt, sich ausbitten kann, das Gericht verlassen zu dürfen „der Achte halber" nämlich um ein spatium deliberandi zu haben, wie Haltaus in seinem Glossarium mit Berufung auf die unten angeführten Stellen der Statuten übersetzt [8]), und so heißt denn die schon oben in der Lehre vom Urtheil benutzte Stelle nichts anders, als daß trotz der Regel sofort ein Urtheil schelten zu müssen, man doch im Fall man sich nur eine Bedenkzeit erbeten, auch noch später zum Schelten des Urtheils berechtigt sei [9]).

Wenn nach dem von der Acht Gesagten, die Acht nur eine im Proceß erbetene Frist ist, so schließt sich an sie nicht unpas-

1) s. oben pag. 28, 7—10. 18—27. Wegen Entschädigung des Miethers ist keine direct beweisende Stelle in den Statuten, mittelbar aber wird das Gesagte belegt durch die oben pag. 226 Note 7 angeführte Stelle.
2) s. oben pag. 81, 6—9. 100, 12—15. Vielleicht muß dann doch der Beklagte statt des Weren wetten und büßen. 3) s. oben pag. 336 Note 1—4. 4) s. oben pag. 74, 27—30 und pag. 425 Note 9. 5) s. oben pag. 74, 34 — 38 und pag. 425 Note 9. 6) s. oben pag. 86, 39 — 87, 2. vgl. auch oben pag. 384 Note 1. 402 Note 7. 7) s. Haltaus Glossarium unter „Rede." 8) s. Haltaus Glossarium unter „Acht." 9) s. oben 402 Note 7.

fend eine Ueberſicht über die gerichtlichen Friſten und Zeiten überhaupt an. Der größte iuriſtiſch wichtige Zeitraum der in den Statuten vorkommt iſt der von Jahr und Tag. Jahr und Tag aber iſt ein Zeitraum von einem Jahr ſechs Wochen und dreien Tagen [1]). Dieß iſt einmal die Verjährungsfriſt, nach deren Ablauf man die rechte Were an Grundſtücken erwirbt [2]), ferner die Friſt nach deren Ablauf der entferntere Erbe die Erbſchaft dem näheren Erben nicht mehr herauszugeben braucht [3]) und den Umſtänden nach ein Recht als erblos betrachtet werden kann [4]). Jahr und Tag lang geht man auch auf ein Haus in Overhöre [5]) und Jahr und Tag bleibt man in der Verfeſtung [6]). Jahr und Tag müſſen unter gewiſſen Vorausſetzungen hingehen, ehe ein Bürger, der die Bürgerſchaft einmal aufgegeben, dieſelbe wieder erwerben kann [7]). Der längſte Zeitraum nach dem von Jahr und Tag, der beſonders genannt wird, iſt der eines Jahres. Von dem Miethscontracte wird präſumirt, daß er auf ein Jahr eingegangen ſei, d. h. den Abſchluß für dieſen Zeitraum kann der Miether mit ſeinem alleinigen Eide beweiſen. Umgekehrt kann aber auch der Vermiether durch ſeinen alleinigen Eid ſchon beweiſen, daß er Anſpruch grade auf einen Jahreszins habe, ſobald er nur innerhalb eines Jahres, nachdem der Miether das Haus verlaſſen hat, ſeine Forderung auch geltend macht [8]). Von dieſem Fall, ſowie von der Jahresfriſt in noch andern Schuldverhältniſſen [9]), wird auch unten in der Lehre vom Beweiſe geredet werden [10]). Einigemal kommt auch der Zeitraum eines Vierteljahrs vor. Ein Vierteljahr muß der Zinsberechtigte warten, ehe er nach der unter Beiſtand des Richters geſchehenen Aufforderung zur Zinszahlung ſich des pflichtigen Gutes unterwinden kann [11]). Wer von Bürgern oder Bürgerinnen des Rathes „win halen" läßt, verliert die Befugniß des „inne sitten" wegen der dafür ſchuldigen Summe, wenn er nicht binnen Vierteljahresfriſt zahlt [12]). Ein Vierteljahr endlich vor der Schoßzeit kann man die Bürgerſchaft nicht anders aufgeben als wenn man Sicherheit ſtellt, daß man zur Verfallzeit den ganzen Schoß zahlen wolle, wie wenn man bis dahin noch Bürger geweſen wäre [13]). Bei weitem die gewöhnlichſten Friſten ſind vierzehn Nächte und Uebernächtigkeit. Der welcher in Overhöre gebracht werden ſoll, muß ſich von der Schuld

1) ſ. oben pag. 25, 24. 2) ſ. oben pag. 201 Note 10. 11. 3) ſ. oben pag. 144 Note 1. 166 Note 7. 4) ſ. oben pag. 173 Note 4. 9. 11. 5) ſ. oben pag. 53, 31 — 37 und unten §. 7. 6) ſ. oben pag. 33, 20—23 und unten §. 7. 7) ſ. oben pag. 107, 8—11 und unten §. 11. 8) ſ. oben pag. 226 Note 5. 9. 227 Note 1. 9) ſ. oben pag. 70, 13—16. 72, 19—27. 10) ſ. unten §. 9. 11) ſ. oben 21, 1 — 10 und pag. 233 Note 1. 12) ſ. oben pag. 101, 10 — 12 und unten §. 11. 13) ſ. oben pag. 405 Note 5. 431 Note 9. Wegen des Dreißigſten pag. 145 Note 1.

innerhalb vierzehn Nächten befreien [1]). Eben so muß man sich innerhalb dieser Zeit gegen die Besetzung vertheidigen [2]), und innerhalb dieser Frist Pfänder einlösen, Wette und Buße zahlen u. s. w. [3]). Unter Umständen werden jedoch diese vierzehn Nächte verdreifacht [4]), d. h. es kommt eine Frist von sechs Wochen vor. Einmal werden sechs Wochen und drei Tage genannt, ohne daß jedoch, wie ich glaube, damit etwas mehreres als mit jener Bezeichnung gesagt werden soll [5]). Ist schlechtweg von 6 Wochen die Rede, so werden nur die drei Termine, welche durch je vierzehn Nächte getrennt sind, nicht mitgezählt, und insofern ist sechs Wochen und drei Tage, oder was auch geschicht, dreimal vierzehn Nächte ein genauerer Ausdruck [6]), und namentlich sind jene drei Tage, die nach der Aufbietung eines Pfandes von Seiten eines Juden zu den sechs Wochen noch hinzugefügt werden ehe Friede gewirkt wird, nicht die drei Fristtage, welche man gewöhnlich nach der Aufbietung noch warten muß [7]), denn sonst wäre kein Grund sie nicht auch zu den vierzehn Nächten hinzuzuzählen, die man in andern Fällen der Friedewirkung muß vorangehen lassen [8]). Von dem Begriff des Uebernächtigen, des „over de dweren nacht" des „binnen daghe unde nacht" des „benachten laten" ist schon einigemal gesprochen worden und es genügt daher ihn eben nur in diesem Zusammenhang wieder zu nennen, zumal da Beispiele von der Anwendung dieser Zeitbestimmung noch späterhin vorkommen werden [9]). Eine Frist von dreien Tagen und dreien Nächten, während welcher man den in ein fremdes Haus geflohenen flüchtigen Verbrecher darin lassen muß, kommt auch bei Erwerb von Grundstücken und der Aufbietung vor [10]).

Unter einzelnen bestimmten Tagen sind zunächst die drei echten Dinge zu nennen, mit welchen vielleicht das „uppe sine dre daghe ghan" der Verfesteten und Overhörigen zusammenhängt [11]). Dann ist ferner zu merken der „Paschedagh" und „sanne Michaelis dagh," von welchen ab die vierzehn Nächte gerechnet werden,

1) s. oben pag. 52, 39. 53, 8. 432 Note 12 und unten §. 7.
2) s. oben pag. 422 Note 10. 423 Note 2.
3) s. oben pag. 417 Note 9. s. jedoch unten Note 8. 336 Note 12. 337 Note 9. Andre Belege für diese Frist sind z. B. 80, 33. 35.
4) Nur einigemal kommen vier und nur einmal drei Wochen vor s. oben pag. 80, 32. 36. pag. 434 Note 9. 106, 35. 43. unten §. 11.
5) s. oben pag. 78, 21. 251 Note 5. 85, 18. 346 Note 11.
6) s. oben pag. 67, 35. 417 Note 6 — 9.
7) s. oben pag. 67, 34 — 36 und pag. 417 Note 6 — 9.
8) s. oben pag. 418 Note 8. Vergl. auch im allgemeinen Albrechts Gewere pag. 115 und 116 und andre Belege für die verdreifachte Frist oben pag. 80, 25. 81, 19. 99, 14. 17. 40.
9) s. oben pag. 338 Note 6. 412 Note 2. 3. ferner oben pag. 32, 19. 23. 36. 57, 23. 66, 40. 36, 37. 38. 79, 4. und Haltaus unter „Quernacht."
10) s. oben Note 8. pag. 34, 13—19. 242 Note 8.
11) s. oben pag. 386 Note 2. 72, 40. 41. 75, 8 und unten §. 7.

innerhalb deren die Miether räumen müssen [1]). Und endlich sind wichtig die gebundenen Tage, von welchen in den Statuten die Definition gegeben wird, es seien die Tage an welchen man wegen Schuld keine Eide schwören könne [2]). Viererlei Zeiten dieser Art werden angegeben. Die erste gebundene Zeit beginnt mit dem Sonnabend vor Advent und dauert bis zum ersten Montag nach dem zwölften Tage, d. i. bis zum ersten Montag nach dem Feste der drei Könige [3]). Die zweite beginnt mit dem Sonnabend, bevor man „alleloia leghet," d. i. der Sonnabend vor dem Sonntag, da man in den Kirchen Alleluja zu singen aufhört. Dieß ist aber der Sonntag Septuagesimä [4]). Das Ende dieser zweiten Zeit ist der erste Montag nach der „pascheweken" der Osterwoche, d. i. der erste Montag nach Verlauf der ganzen Woche die mit dem Ostersonntag beginnt [5]). Die dritte gebundene Zeit beginnt mit dem Sonnabend vor der „crüceweken," d. i. nicht mit dem Sonnabend vor der Charfreitagswoche, denn dieser Tag ist schon in der zweiten gebundenen Zeit mit enthalten, sondern mit dem Sonnabend vor dem Sonntag Rogate [6]). Das Ende dieser dritten Zeit ist der Montag nach Pfingsten oder vielmehr wie eine Handschrift genauer angiebt, der Montag nach der Pfingstwoche [7]). Die vierte Art der gebundenen Zeiten besteht nicht in einem bestimmten Zeitraum, sondern es sind gewisse Tage, an denen zu keiner Zeit des Jahres geschworen werden kann, die Sonnabende nämlich und die heiligen Abende.

Die Regel, daß in diesen Zeiten keine Eide geschworen werden sollen, ist indeß nicht ohne Ausname, d. h. es wird dann der Eid „to haut" sogleich gethan, gleichviel ob man sich in der gebundenen Zeit befindet oder nicht. So wenn der Beklagte vom Kläger die Ware begehrt hat und dann um von der Schuld sich zu reinigen, zum Eide sich erbietet, so muß er auf Verlangen des Klägers den Eid sofort thun [8]). Dafür hat denn aber auch der Beklagte das Recht, so lange bis die von ihm verlangte Ware gethan ist, dem Kläger jede Antwort zu verweigern [9]). So ferner, wenn eine Sache vor Beginn der gebundenen Zeit klagbar gemacht ist, und sich nun in die gebundene Zeit hineinzieht, so können die Eide um die Sache zu enden, noch in der gebundenen Zeit gethan werden [10]). Ist dagegen wegen der klagbar gemachten Sache schon vor der gebundenen Zeit die Partei in die Verfestung gebracht worden, so kann sie sich innerhalb der gebundenen Zeit

1) s. oben pag. 24, 39—41 und 227 Note 7. 2) s. oben pag. 79, 29—36. 3) s. Haltaus Jahrzeitbuch der Deutschen in einer freien Uebersetzung pag. 64. 4) s. Haltaus Jahrzeitbuch pag. 192 bis 195. 5) s. Haltaus a. a. O. pag. 236. 237. 6) s. Haltaus a. a. O. pag. 245. 246. 7) s. oben pag. 79, 34. 8) s. oben 80, 1—4. 81, 16—18. 9) s. oben pag. 378 Note 2. 10) s. oben pag. 79, 26 — 28.

durch ihren Eid nicht mehr aus der Verfestung ziehen [1]). Wenn aber die Partei in die Verfestung erst während der gebundenen Tage gebracht worden ist, so ist sie auch befugt sich durch ihren Eid noch während dieser Zeit wieder daraus zu befreien [2]). Ferner wird jeder Zeugeneid und jeder Eid durch welchen man wegen einer Schuld „dach krighen" will, auch innerhalb der gebundenen Zeit geleistet [3]). Eine speciellere Ausname ist, wenn jemand wegen Kauf „umme rede ghelt" beklagt wird und ihn abschwören will. Er soll den Eid sogleich leisten, gleichviel ob gebundene Zeit ist oder nicht [4]). Ebenso ist es mit dem Eide durch welchen jemand ein Pfand für frei erklärt, weil er es schon eingelößt hätte [5]).

Zuletzt mögen noch zwei Einzelnheiten erwähnt werden. Zunächst diese, daß eine Bestätigung der Regel über die Leistung der Eide in der Bestimmung liegt, daß die innerhalb einer gebundenen Zeit vom Erblasser versprochenen Eide, nach dessen Tode, wenn er innerhalb jener Zeit sterben sollte, von dem Erben geleistet werden müssen, denn hierin liegt, daß auch, wenn Gefahr im Verzuge ist, die Eide nicht vor dem Ablauf der gebundenen Zeit geleistet würden [6]). Dann aber ist noch aufmerksam zu machen auf zwei Ausdrücke, die sich auf die gebundene Zeit beziehen. Auf den Ausdruck „eddagh" nämlich und auf das Wort „latere dagh." Der erstere Ausdruck kommt zweimal in den Statuten vor. Zuvörderst in der Stelle, die die einzelnen gebundenen Zeiten aufzählt. Hier wird der Tag, mit welchem nach Ablauf der ersten gebundenen Zeit die freie Zeit wieder beginnt, nämlich der erste Montag nach dem zwölften Tage der Eidtag [7]) oder nach einer Variante der „elsodagh" genannt. Der Name erklärt sich vielleicht daraus, daß eben mit diesem Tage wieder Eide geschworen werden können. Danach müßten eigentlich auch die übrigen Tage so genannt werden, mit denen nach Ablauf der andern gebundenen Zeiten die Befugniß zur Eidesleistung wieder beginnt, und also mehrere Eidtage im Jahre genannt werden. Demungeachtet läßt sich denken, warum der erste Montag nach dem zwölften Tage allein so genannt wird, denn dieser Tag ist der erste Tag im Jahre überhaupt, mit dem Eide geschworen werden können. Daher erklärt sich auch wohl, daß nach Haltaus Jahrzeitbuch [8]) an diesem Tage in andern Städten die obrigkeitlichen Personen und die Bürger beeidigt, und dieser Tag ebenfalls der Schwörtag, der geschworne Montag genannt wurde. In unsern Statuten wird

1) s. oben pag. 58, 25. 26 und unten §. 7. 2) s. oben pag. 58, 27. 29. 3) s. oben pag. 92, 19. 20. 70, 17—19. 4) s. oben pag. 80, 5—8. 5) s. oben pag. 80, 9. 10. 6) s. oben pag. 6, 20. 23. 156 Note 2. 7) s. oben pag. 79, 31 und oben pag. 439 Note 3. 8) Haltaus Jahrzeitbuch pag. 78.

wohl einmal in einer der neuern Redaction angehörigen Stelle des jährlichen dem Rathe zu leistenden Schwures der Bürger gedacht, und eben so in einem Rathsbeschluß von 1397, aber ohne genauere Bezeichnung des Tages, an welchem dieser Eid geschworen würde [1]). In der zweiten Stelle, in welcher das Wort Eidtag vorkommt, ist es in Verbindung gesetzt mit „latere dagh" das nur ein einzigesmal und eben hier sich in den Statuten findet [2]). Wer innerhalb der gebundenen Tage verfestet wird, heißt es hier, kann auch in den gebundenen Tagen Bürgen für sich stellen und sich aus der Verfestung ziehen „to deme eddaghe des lateren daghes" d. i. jeden Augenblick bis zu dem Eidtage hin, und wenn es noch der letzte [3]) Tag vor dem Eidtage wäre, denn dann möchte man meinen, könnte der Verfestete allenfalls auch noch bis zum Eidtag selber warten. Es wird in dieser Stelle der Eidtag wohl nur vorzugsweise genannt, als der mit dem die wichtigste gebundene Zeit zu Ende geht, so daß von den übrigen Anfangstagen der freien Zeiten dasselbe hätte gesagt werden können.

Der Sachsenspiegel stimmt insofern mit den Statuten überein als auch in ihm neben dem Gericht welchem jemand eigentlich unterworfen ist, auswärtige Gerichte erwähnt, und auch in ihm die Lehngerichte und geistlichen Gerichte von den übrigen unterschieden werden [4]). Auch darin ist eine Uebereinstimmung, daß ein großes Gericht in welchem unter Königsbann gerichtet wird nnter andern entgegengesetzt wird einem Schultheißengericht [5]).

Die Bedeutung der einzelnen richterlichen Personen ist im Wesentlichen im Sachsenspiegel dieselbe wie in den Statuten [6]) und namentlich hat der Schultheiße auch die doppelte Stellung, die nämlich eines Gehülfen in dem Gericht, in welchem unter Königsbann gerichtet wird [7]), und die eines selbständigen Richters in seinem Schultheißengericht [8]).

Die Competenz der geistlichen Gerichte in Ansehung der geistlichen Personen kann man im Sachsenspiegel aus einer Stelle herleiten, die fast wörtlich mit der hierfür aus den Statuten angeführten zusammenstimmt [9]). Von dem Verhältniß zu auswär-

1) s. oben pag. 16, 7. 8. 109, 19—22. 2) s. oben pag. 58, 27 bis 29 und pag. 440 Note 7. 3) Darüber daß „latere dagh" auch für Sonnabend gebraucht wird s. Haltaus Jahrzeitbuch pag. 48.
4) s. unten die Stellen Note 9 bis pag. 442 Note 7. 5) S. I. 2, 2 s. oben pag. 376 Note 6. 6) Vgl. das oben von der Thätigkeit des Richters Gesagte (pag. 370 Note 2—7) mit S. I. 59, 1. II. 25. I. 63, 5. III. 39, 3. I. 53, 1. I. 62, 1. III. 30, 2. I. 59, 2. Vom Büttel oder Frohnboten, so wie von des Richters Knechten ist zu vergleichen oben pag. 371 Note 6. 9. mit S. I. 62, 9. I. 63, 5. II. 12, 4. Ueber die Dingleute vgl. oben pag. 372 Note 4 bis 11. mit S. III. 88. II. 22, 1.
7) S. I. 59, 2 oben pag. 378 Note 1 — 3. 8) S. I. 2, 3. oben pag. 368 Note 10. 9) s. oben pag. 374 Note 1. S. III. 87, 1. In dieser Stelle wird wie in den Statuten Buße und Schadenersatz von

tigen Gerichten finden sich ebenfalls ähnliche Bestimmungen wie in den Statuten und namentlich die, daß man ein auswärtiges Gericht ausnahmsweise dann angehen könne, wenn das einheimische Gericht oder der Beklagte das Recht geweigert hat [1]). Von dem Lehngericht ist schon früher in der Lehre vom Lehngut geredet worden [2]).

Von des Schultheißen Gerichtbarkeit haben die Statuten aus dem Sachsenspiegel den Satz, daß der Schultheiße über den Richter richten könne [3]). Eine Caution um die Competenz eines Gerichtes zu sichern, wie die Ware in den Statuten ist [4]), findet sich im Sachsenspiegel nicht, sondern nur eine Gewere für die Klage, nach deren Leistung die Klage nicht mehr gebessert werden darf [5]) und der Kläger gegen einen neuen Kläger in derselben Sache den Beklagten vertreten muß [6]). In Ansehung dieses letztern Punktes findet eine Uebereinstimmung des Sachsenspiegels mit den Statuten statt, denn die Ware dieser letztern, daß niemand außer dem gegenwärtigen Kläger sich zu der Vormundschaft dieser Klage ziehen werde, hat eben diese Bedeutung [7]). Auch in den Würkungen der gebrochenen Gewere stimmen beide Rechtsquellen zusammen [8]).

Der in den Statuten gebräuchliche Ausdruck „Sachwald" für Partei ist dem Sachsenspiegel fremd, indem nur einmal das Wort „sakeweldige" gebraucht wird, indeß ohne daß man durch den Zusammenhang in welchem es steht genöthigt würde, es grade nur mit Kläger zu übersetzen [9]). Daß mehrere Kläger sich durch die Anstellung einer Samentklage den Vortheil verschaffen, eventualiter nur eine Wette und eine Buße zu zahlen, ist schon früher als eine Eigenthümlichkeit der Statuten herausgehoben [10]), denen dafür die Bestimmung des Sachsenspiegels fehlt, daß wenn mehrere Personen wegen (verschiedener) Ungerichte eines Mannes klagen, der Beklagte dem zweiten und folgendem nicht früher antwortet, als bis er von dem ersten Kläger frei ist [11]). Correaliter berechtigte Kläger oder Gläubiger kommen auch im Sachsenspiegel vor. Doch ist in der betreffenden Stelle [12]) nur von dem Fall

dem Laien begehrt der einen andern Laien vor dem geistlichen Gericht belangt. Vgl. oben pag 335 Note 7. 352 Note 11.

1) s. oben pag. 374 Note 4 5. S. III. 87, 2 — 4. 2) s oben pag. 220 Note 12. 3) s. oben pag. 376 Note 2 vgl. auch oben pag 393 Note 3 bis 9 und S. III. 52, 3. 4) s oben pag. 377 Note 1. 5) S. I. 63, 2 zu Ende. III. 14, 2. Eine Gewere die Klage durchführen zu wollen, finde ich in diesen Stellen nicht. s jedoch Homeier in seinem Glossar zum Sachsenspiegel pag. 327. 6) s. die Glosse zu S. III 14, 2 mit welcher S. II. 15, 2 zu vergleichen ist s. auch S II, 16, 2. 7) s. oben pag. 377 Note 2 8) s. oben pag. 351 N. 5. 377 Note 1. 9. Vgl. Donandt Geschichte des Bremischen Stadtrechts Th. 1. pag. 169 Note 254. S. II. 15. 9) s. oben pag. 381 Note 8 und S I. 7 zu Ende. Vgl. jedoch auch Homeyer in seinem Glossar zum Sachsenspiegel. 10) s. oben pag. 353 Note 11. 11) S. III. 12, 2. 12) S. III. 85, 2.

eines gemeinschaftlich empfangenen Versprechens die Rede, da einer der mehreren Berechtigten ausdrücklich für seine Person allein schon zur Annahme der ganzen Zahlung durch Vertrag berechtigt wird, während in der entsprechenden Stelle der Statuten [1]) zugleich auch enthalten ist, daß im Zweifel jedem der mehreren Gläubiger, wenn er klagt, das Ganze geleistet werden könne. Die Bestimmung der Statuten daß mehrere Beklagte nicht mit einer Wette und Buße davon kommen, ist schon früher als ihnen eigenthümlich bezeichnet worden [2]). Die Qualität eines Vorsprechers wird in dem Rechtsbuch etwas anders bestimmt. Während einerseits jeder an seinem Rechte Unbescholtene nach dem Sachsenspiegel im Lande zu Sachsen zu Landrecht Vorsprecher sein kann, also nicht bloß wie die Statuten feststellen dingpflichtige Personen, so werden andrerseits Pfaffen im Rechtsbuch ausdrücklich, Vorsprecher zu sein (wie dieß in den Statuten nicht geschieht) für unfähig erklärt [3]). Im Sachsenspiegel wird auch das besonders gesagt, was für das statutarische Recht oben nur vermuthet worden ist, daß man der Vorsprecher im Proceß sich nicht zu bedienen brauche [4]). Inwiefern man an die Erklärungen der Vorsprecher gebunden sei, wird ebenfalls im Sachsenspiegel wie in den Statuten beantwortet [5]). Die Stellen der Statuten über Vormünder im Proceß [6]), soweit sie nicht schon oben in der Lehre von der Vormundschaft des Sachsenspiegels angeführt sind [7]), fehlen dem Rechtsbuch.

Sofern unter Klage wie oben ein Gesuch verstanden wird, durch welches der richterlichen Thätigkeit der erste Anstoß gegeben wird [8]), scheint nach dem Sachsensp. jedes gerichtliche Verfahren mit einer Klage begonnen zu haben, denn einer Privatladung wird nicht erwähnt [9]). Für das Dasein beständiger Gerichte läßt sich aus dem Sachsenspiegel nur anführen, daß man auf handhafte That nicht nur klagen sondern auch gleich anderweit verfahren kann, also ehe der Friedbruch übernächtig geworden ist und eben deshalb erscheint die Pflicht des Richters, in diesem Fall zur Annahme der Klage bereit zu sein, nur als Ausname [10]). Die Regel scheint zu sein, daß außer auf den drei echten Dingen nur auf solchen Gerichtstagen, die auf Verlangen eines Klägers besonders und förmlich angesetzt werden, verhandelt wird [11]). Die

1) s. oben pag. 382 Note 3. 2) s. oben pag. 353 Note 11.
3) S. I. 61, 4. s. oben pag. 69, 30—36. 383 Note 4 bis 6. Ueber den Begriff der Dingpflichtigkeit nach den Statuten s. oben pag. 372 Note 9. 386 Note 3. 4) s. oben pag. 383 Note 6. S. I. 60, 1.
5) s. oben pag. 69, 31—36 und S. I. 61, 1. I. 62, 7. 11. III. 14, 1.
6) s. oben pag. 384 Note 2 bis 5. 7) s. oben pag. 255 bis 258.
8) s. oben pag. 385. 9) s. oben pag. 384 Note 6. 10) S. I. 70, 3 und unten §. 10. Vgl. auch Maurers altgermanisches Gerichtsverfahren pag. 208 Note 50. 11) S. I. 2, 2. II. 3, 1. II. 10, 5. I. 67. I. 47, 2.

Eröffnung des echten Dinges wird in der Hauptsache beschrieben wie in den Statuten [1]), nur fragt nicht der Schultheiße nach dem Urtheile, sondern er wird danach vom Richter gefragt. Wer pflichtig sei das echte Ding zu besuchen, bestimmt sich im Sachsenspiegel nach dem Stande, in den Statuten danach ob man Grundbesitzer ist [2]).

Die Vorladung geschieht im Sachsenspiegel wie in den Statuten vom Frohnboten oder Büttel [3]), und wenn der Vorgeladene nicht erscheint, muß er Wette zahlen [4]). Ob er auch zu Buße verflichtet sei ist auch hier zum mindesten zweifelhaft [5]). Die viererlei echte Noth entschuldigt das Ausbleiben auch nach dem Rechtsbuch, dessen Bestimmungen hierüber nur ein wenig mehr in den Statuten ausgeführt sind [6]). Von dem, was über die Verfestung als echte Noth oben bemerkt ist, wird noch im folgenden Paragraphen gesprochen werden [7]).

Die Klage scheint auch nach dem Sachsenspiegel nicht als eine einzelne abgeschloßne Handlung von den übrigen processualischen Handlungen des Klägers unterschieden zu werden [8]). Auch hier kann niemand zur Anstellung der Klage gezwungen werden [9]). Von welchem Princip auch nicht einmal eine ähnliche Abweichung aus dem Rechtsbuch angeführt werden kann, wie in den Statuten [10]). Der Richter darf aber ebenfalls hier wie dort Niemandes Klage abweisen [11]), und ähnlich wie in den Statuten der Rath in des pflichtvergeßnen Richters Stelle eintritt, tritt nach dem Sachsenspiegel der König ein [12]). Von den Folgen einer vor dem geistlichen Gericht mit Unrecht angebrachten Klage, ist schon bei der Competenz der Gerichte gesprochen worden [13]). Unter mehreren Klagen giebt der Sachsenspiegel der „eren klage" ebenfalls wie die Statuten den Vorzug [14]), und die Folge ist auch dieselbe, die nämlich, daß die erste Klage erst vollständig erledigt sein müsse, ehe die Wiederklage verhandelt wird [15]). Auch darin ist eine Uebereinstimmung, daß das Princip ausgesprochen

1) s. oben pag. 386 Note 1. S. I. 59, 2. 2) S. I. 2, 2. oben pag. 386 Note 5 3) s. oben pag. 386 Note 5. S. I. 62, 9. I. 63, 5 und Homeyers Glossar unter Bodel und Frohnbote. 4) S. I. 53, 1. 5) s. oben pag. 389 Note 3. 350 Note 10. 351 Note 11. Wegen anderweitiges Folgen als Wette und Buße S. II. 9. II. 24. III. 5, 1 und unten §. 7. 6) s. oben pag. 390 Note 5 — 10. S. I. 28. I. 38, 2. II. 7. Vgl. auch oben pag. 207 Note 2—5. 7) s. oben pag. 390 Note 11. 8) s. oben pag. 391 Note 2 — 4 und die in Homeyers Glossar unter Kläger und Klage angeführten Stellen.

9) s oben pag. 391 Note 5 und S. I. 62, 1. 10) s. oben pag. 392 Note 1. 11) s. oben pag. 393 Note 2 und S. III. 16, 1.

12) s. oben pag. 393 Note 9 und S. II. 25, 2. Von dem oben pag. 394 Note 1 erwähnten kämpflichen Ansprechen s. oben pag. 321 Note 8.

13) s. oben pag. 441 Note 9. 14) s. oben pag. 394 Note 4. S. I. 61, 2. 15) s. oben pag. 394 Note 7. S. III. 12, 1.

wird „Svar die man recht vorderet, dar sal he rechtes plegen unde helpen,“ denn dieß paßt auch auf den Wiederbeklagten, der sich hiernach, wo er klagt, auch auf die Wiederklage einlassen muß [1]). Noch deutlicher ist das Princip in den Worten enthalten „Svar die man klaget, dar mut he antwerden, of man up ine klaget“ [2]). Der Kläger ist auch verpflichtet die causa debendi seiner Klage anzugeben, denn er soll dem Beklagten auf seine Frage „durch recht seggen, weder het von gelovede scüldich si, oder von erve dat he untvangen hebbe“ [3]). Die Würkung der Klage zeigt sich hier wie dort in der Verpflichtung, die Klage durchzuführen [4]) oder widrigenfalls an den Richter Wette zu bezahlen [5]). In Bezug auf Friedbruchsklagen findet sich auch bestimmt, daß im Fall sie nicht fortgesetzt würden, der Kläger außer anderer Strafe Wette und Buße zahlen und der Beklagte ausdrücklich durch Urtheil „der klage ledich“ erklärt werden solle [6]). Von der Antwort des Beklagten findet sich im Sachsenspiegel eine ähnliche Stelle wie in den Statuten [7]), daß er nämlich dreimal vom Richter aufgefordert werden soll zu antworten. Nach jedesmaliger Aufforderung wird der Beklagte wetthaft und nicht erst wie in den Statuten nach der dritten Aufforderung [8]). Nach dieser letzten gilt der auch dann noch ungehorsame Beklagte für der Schuld überführt, während die Statuten auch dann erst noch von „angripen . . . unde dwinghen . . to rechteme antwarde“ sprechen [9]). Ein Unterschied zwischen dem Beklagten wegen Friedbruchs und dem wegen Schuld, wird nicht wie es doch in den Statuten geschieht [10]), gemacht. Auch scheint es als wenn der angezogene Artikel überall nur Schuldklagen vor Augen hätte, denn des Friedbruchs schon überführt sein nur wegen nicht geschehener Antwort, stimmt mit andern Stellen, die nach dreimaliger vergeblicher Vorladung von Friedbrechern oder dann, wenn der des Ungerichts Beklagte dingflüchtig wird, erst noch die Verfestung eintreten lassen, nicht zusammen [11]). Diese letztere Art des Ungehorsams des Beklagten wird auch in den Statuten erwähnt, doch gilt wiederum auch der wegen Schuld Beklagte dann noch nicht sofort für überführt, sondern wird nur in Overhöre gekündigt [12]). Einem Verfesteten ist der Beklagte auch nach dem Sachsenspiegel keine Antwort schuldig [13]). Einem der nur in

1) s. oben pag. 395 Note 1. 2. S. I. 60, 3. 2) S. III. 79, 3. 3) s. oben pag. 396 Note 1. S. III. 41, 4. 4) s. oben pag. 396 Note 5. S. I. 62, 1. 5) s. oben pag. 378 Note 5. S. I. 53, 1. 6) s. oben pag. 397 Note 6 und 398 Note 1. S. I. 50, 1. I. 69. II. 8. vgl. auch oben pag. 352 Note 9. 7) s. oben pag. 399 Note 3. S. III. 39, 3. 8) s. oben pag. 399. 9) s. oben pag. 74, 25. 26. 10) s. oben pag. 399 Note 3. 11) S. I. 67, 1. II. 45 unten §. 7. 12) s. oben pag. 399 Note 4. S. II. 45 und unten §. 7. 13) s. oben pag. 400 Note 1. S. II. 60, 2.

dem Banne ist muß dagegen so lange geantwortet werden bis ähnlich wie in den Statuten des Rathes so hier des Königs Acht dem Banne gefolgt ist [1]). Der Inhalt der Antwort des Beklagten ist ebenfalls bekennen oder leugnen [2]).

Das Urtheil finden ist auch hier nicht Sache des Richters [3]). Nur die Dingpflichtigen finden Urtheil [4]). Hierin weichen die Statuten vom Sachsenspiegel ab, da auch Gesinde von Bürgern um Urtheil gefragt werden kann, obwohl Gesinde nicht dingpflichtig ist [5]). Der Richter fragt auch hier nur nach dem Urtheil [6]). Der Bestimmung daß man über Angehörige wenigstens in wichtigen Sachen nicht Urtheil finden solle, correspondirt eine ähnliche Bestimmung der Statuten [7]). Einer findet das Urtheil [8]), und nur wenn das Urtheil nicht gescholten wird, kann der „vulbort" gefragt werden, oder wie die Statuten es ausdrücken „gheyt vulbort dar over" [9]). Soweit stimmen beide Rechtsquellen überein. Darin aber ist das Rechtsbuch von den Statuten verschieden, daß auch nach gefundenem neuem Urtheil nicht vor dem Gericht, vor welchem bisher verhandelt worden war, über das alte oder neue Urtheil entschieden wird [10]). Vielmehr muß der, welcher das erste Urtheil gescholten und eben deshalb auch das zweite gefunden hat [11]), dasselbe entweder noch vor ein höheres Gericht oder an seine rechte Hand ziehen. In jenem Fall hält er dadurch das neue Urtheil aufrecht, daß er durch seinen Eid es vor dem höheren Richter bekräftigt [12]), in diesem Fall dadurch, daß er selbsieben im Kampf für das Urtheil siegt [13]). Daß der welcher das erste Urtheil gescholten hat, statt selber ein neues zu finden und zu bekräftigen, von dem höheren Gericht ein solches könnte finden lassen, ähnlich wie er dieß nach den Statuten dem Rath überlassen kann [14]), wird nirgends im Sachsenspiegel gesagt, dem auch unbekannt ist, das Fragen eines Urtheils bei einem höheren Gericht, wenn die zunächst gefragten Personen überall kein Urtheil finden zu können eidlich versichern [15]). Statt dessen muß man „enen anderen vragen, dar na den dridden unde den vierden; die leste gewint is dach . . . [16]). Aehnlich wie in den Statuten der mit Unrecht ein Urtheil schilt, Wette und Buße zahlen muß, ist auch im Sachsenspiegel der welcher das Urtheil

1) s. oben pag. 400 Note 2. S. III. 63, 2. 2) s. oben pag. 400 Note 4. S. I. 6. §. 3. 5. II. 3, 3. II. 10, 5. 3) s. oben pag. 400 Note 10. S. III. 30, 2. 4) S. II. 22, 1. 5) s. oben pag. 400 Note 12 und pag. 386 Note 3. 6) S. I. 62, 7. oben pag. 400 Note 11. 7) s. oben pag. 400 Note 13. S. II. 12, 1. 8) s. oben pag. 401 Note 6. S. II. 12, 3. 9) s. oben pag. 401 Note 7. 8. S. II. 12, 14. 10) s. oben pag 402 Note 1. 11) S. II. 12, 13. III. 69, 3. oben pag. 402 Note 1. 12) S. II. 12, 14. III. 69, 3. 13) S. I. 18, 3. II. 12, 8. 14) s. oben pag. 402 Note 2. 15) s. oben pag. 403 Note 2. 16) S. II. 12, 7.

schilt und die Findung und Bekräftigung eines neuen Urtheils nicht in obiger Weise durchsetzt zu Wette und Buße verpflichtet [1]). Die Form des Urtheil Schelten ist insofern in beiden Rechtsquellen dieselbe, als sie gleich nach der Findung des Urtheils geschehen soll [2]). Von dem Schelten des Urtheils wird im Sachsenspiegel unterschieden das einem Urtheil Widersprechen. Dieß letztere muß auch sogleich geschehen [3]), hat nichts Gemeinschaftliches mit der Anfechtung des Urtheils nach den Statuten [4]) und ist nicht nur der Form nach von dem Schelten verschieden [5]), sondern auch einmal darin, daß über das nach dem bloßen Widerspruch neu zu findende Urtheil und das bereits vorhandene in demselben Gerichte abgestimmt und durch Stimmenmehrheit der Vorzug des einen oder andern bestimmt wird; dann aber auch darin, daß keiner, weder der Widersprechende noch dem widersprochen worden ist, Wette bezahlt [6]). Abgesehen von diesem letztern Punkt hat der beschriebene Widerspruch die Folgen, welche regelmäßig in den Statuten das Schelten hat [7]).

Die oben (Seite 404, 405) gegebenen Bestimmungen der Statuten sind entweder schon in der Lehre vom Erbe, Erbgut und Zinsgut mit dem Sachsenspiegel verglichen worden [8]), oder gestatten keine Vergleichung, weil sie sich auf die besondern städtischen Verhältnisse und Localitäten beziehen. Ich kann mich daher gleich dazu wenden, von den Executionsmitteln der persönlichen Haft und Pfändung zu reden. Das Verhältniß dieser beiden Executionsmittel zu einander ist anders bestimmt als in den Statuten. Nicht nur subsidiär [9]) wird der Schuldner dem Gläubiger in die Haft gegeben, sondern jederzeit wenn der Schuldner auf die Klage vor Gericht zwar erschienen und schuldig befunden ist, aber weder zahlen noch Bürgen stellen kann [10]). Hierbei scheint es nicht darauf anzukommen, ob der Beklagte schuldig befunden worden ist, weil er wirklich überführt ist oder weil er, obwohl im Gerichte erschienen, wegen mehrmaliger vergeblicher Aufforderung zu antworten für überführt gehalten wird [11]). Wenn dagegen der Beklagte vor Gericht gar nicht erschienen ist, so wird er gepfändet, wobei ihm noch frei steht Bürgen an die Stelle des Pfandes zu

1) s. oben 402 Note 5. S. II. 12, 5. 2) s. oben pag. 402 Note 6. S. II. 12, 13. vgl. auch S. II. 6, 4. 3) S. II. 6, 4 s. die vorige Note. 4) s. oben pag. 402 Note 8 bis 403 Note 1. 5) S. II. 12, 10. 11. 6) S. II. 12, 10. 7) s. oben pag. 402 Note 1. 5. 8) Vgl. namentlich zu oben pag. 405 Note 6. pag. 189 Note 4 und S. I. 70, 1. 9) s. oben pag. 406. 407. 10) S. III, 39, 1. 2.

11) S. III. 39, 3 s. auch oben pag. 445 Note 7. Es ließe sich auch eine Stelle der Statuten für das oben im Text Gesagte anführen, die also insofern eine Paralele mit den angezognen Stellen des Sachsenspiegels sein würde, wenn diese nicht in eine andre Lehre, nämlich in die von der Overhöre gehörte s. oben pag. 70, 20—24 und unten §. 7.

setzen [1]). Wie man verfahre, falls es an pfandbaren Gegenständen fehlt, wird nicht bemerkt, wenn man dahin nicht rechnen will, daß einmal gesagt wird, man könne über den überall klagen, der seine Schuld nicht bezahle und den man von Gerichtswegen mit Pfand, d. h. mit Pfändung nicht zwingen könne [2]). Die Bestimmung der Statuten über die Art der Haft und deren Würkungen ist aus dem Rechtsbuch in der Hauptsache entlehnt [3]).

Der Unterschied zwischen eigenmächtiger und gerichtlicher Pfändung findet sich auch im Sachsenspiegel. Erstere geschieht ebenfalls vom Gutsherrn wegen Zins [4]) und überhaupt wegen angerichteten Schadens. Wegen Schadens kann wiederum auch Personalpfändung [5]) und Thierpfändung unterschieden werden. Bei der letzteren wird auch unterschieden Pfändung wegen Schadens der auf Acker u. s. w. angerichtet ist [6]), von jedem andern durch Thier oder Wagen gethanen Schaden [7]). Weder bei der Thier- noch Personalpfändung, jedoch ist in der Summe, welche angegeben wird, der Schadensersatz ganz oder theilweise wie in den Statuten enthalten, sondern nur eine neben dem Ersatz zu leistende Buße, die den Statuten in diesem Falle überhaupt unbekannt ist [8]). Die Bestimmung, daß der Ersatz des Schadens durch Thiere von deren fortdauernden Besitz abhängt, wenn gleich nicht das Zeitmaaß der Uebernächtigkeit dabei, rührt aus dem Sachsenspiegel her; und ebenso das Recht sich zunächst an den Hüter der Thiere zu halten [9]). Die Einhegung von Land ist auch in dem Rechtsbuch von Bedeutung für das Pfändungsrecht [10]).

1) S. I. 70, 2. Vgl. auch wegen der Pfändung um Buße und Wette S. I. 83, 13. 2) S. III. 87, 4. Von dem Fall der Befrohnung des Gutes, wenn die Pfändung der Gutseinkünfte nicht hinreicht s. unten §. 7. 3) s. oben pag. 407 Note 2 bis pag. 408 Note 1. S. III. 39, 1. 2. 4) s. oben pag. 408 Note 2. 237 Note 17. S. I. 54, 4. und hierüber Wilda's Pfändungsrecht pag. 210 Note 86. 5) s. oben pag. 406 Note 6. S. III. 20, 2. Wilda a. a. O. pag. 180 Note 16. S. II. 27, 4. Wilda a. a. O. pag. 243 Note 149. 270 Note 211. 306 Note 330. S. II. 28, 2. Wilda a. a. O. pag. 242 Note 144. pag. 307 Note 332. Die zuletzt angeführte Stelle des Sachsenspiegels entspricht etwa der Stelle der Statuten, auf welche oben pag. 409 Note 7 Bezug genommen worden ist, und beweißt deutlicher als die Statutenstelle daß Pfänden nicht Arretiren der Person heißt, denn es wird alternativ neben einander gestellt „panden oder uphalden." 6) s. oben pag. 410 Note 2. S. II. 47, 1—4. Wilda a. a. O. pag. 230 Note 121. 234 Note 132. 307 Note 331. 311 Note 348. 312 Note 352. 7) s. oben pag. 410 Note 4. S. II. 40, 4. wo ebenfalls wie in den Statuten nicht von pfänden der Thiere und des Wagens die Rede ist, sondern von „bestedegen" und „uphalden" derselben. 8) s. oben pag. 409 Note 7. 410 Note 2. 418 Note 3. S. II. 27, 4. II. 28, 1. 2. vgl. auch oben pag. 315 Note 13. 9) s. oben pag. 411 Note 8. pag. 43, 1—5. 89, 37—41. S. II. 40, 1. 2. vgl. auch oben pag. 354 Note 8. s. oben pag. 412 Note 1. S. II. 40, 4. 10) s. oben pag. 412 Note 5. S. II. 47, 5. Wilda a. a. O. pag. 270 Note 212.

Daß eigenmächtige Pfändung nur auf der Were des Pfändenden geschehe, ergiebt sich aus den in den Noten bereits angeführten Stellen, und läßt sich auch hier eine den Statuten entsprechende Ausname angeben [1]). Daß nicht alle Sachen Gegenstand der Pfändung, gilt auch hier [2]). Von den Wirkungen der Pfändung läßt sich nur ein Artikel des Sachsenspiegels als correspondirend anführen, in welchem von dem Verfahren mit dem Pfand um den Gläubiger zu befriedigen, die Rede ist [3]). Dieß besteht aber weder in Aufbieten noch in Friedewirken zum Besten dessen der aufbieten läßt [4]), sondern in der Regel in einer mehrmaligen gerichtlichen Aufforderung zu zahlen oder Bürgen zu stellen [5]), und wenn dieß vergeblich ist in Verkauf oder Weiterverpfändung der Sache. Auch darin ist ein Unterschied von den Statuten, daß ausdrücklich die Herausgabe des Ueberschusses über die Schuld an den Schuldner erwähnt wird [6]). Der Begriff der gerichtlichen Pfändung ist anders bestimmt, insofern als ohne ein vorangegangenes förmliches gerichtliches Verfahren von dem Frohnboten nicht gepfändet werden darf [7]), denn es heißt „Nicht ne mut ok de vrone bode panden, he ne werde mit ordelen dar to gewunnen" [8]) und ein andermal „So hevet die vrone bode gewalt, dat he panden . . . mut . . . dar he mit ordelem to gegeven wert" [9]).

Die Lehre vom Besetzen ist den Statuten eigenthümlich [10]), denn es ließen sich nur etwa die Stellen des Sachsenspiegels hier anführen, die von Bestedegen und Aufhalten reden, und diese gehören entweder in die Lehre von der Pfändung [11]) oder zu den Bestimmungen, die oben (Seite 424 bis 427) unter dem Titel des Aufhaltens in einem von Besetzung und Pfändung noch verschiedenem Sinn vorgetragen worden sind. Indeß auch für diese Art des Aufhaltens findet sich wenig den Statuten Entsprechendes in dem Sachsenspiegel. Sowohl der Kläger wie der Beklagte um Ungericht können auch hier in Ermangelung anderweitiger Sicherheit „bestedeget" oder „upgehalden" werden, jener damit man der Fortsetzung der Klage, dieser damit man der Verantwortung sicher sein könne [12]). Von dem Kläger sowohl wie dem Frohnbote wird gesagt, daß sie „bestedegen" könnten, von dem letzteren heißt es jedoch wie bei der Pfändung, daß er es nur thun könne, wenn er mit „ordelen to gegewen wert" [13]). Von

1) s. oben pag. 413 Note 9. S. II. 40, 4. 2) S. II. 40, 5. Wilda a. a. O. pag. 235 Note 132. S. II. 47, 3. Wilda a. a O. pag. 234 Note 132. 311 Note 348. 3) S. I. 70, 2. 4) s. oben pag. 416 Note 4 bis pag. 418 Note 1. 5) Eine Ausname s. S. I. 53, 3. 6) s. oben pag. 418 Note 2. S. I. 70, 2. 7) s. oben pag. 418 Note 6. 8) S. I. 53, 3. 9) S. III. 56, 2. 10) s. oben pag. 420 bis 424. 11) S. II. 40, 4. s. oben Note 4. 12) s. oben pag. 425 Note 4 bis 9. 426 Note 8. 9. S. I. 61, 1. III. 13. 13) s. oben pag. 424 Note 5. 425 Note 1 und S. I. 61, 1. III. 13. III. 56, 3. s. oben Note 9.

der Arretirung in handhafter That und in Verfestung [1]) wird besser später noch gehandelt [2]).

Die Aufhaltung in Ungerichtssachen tritt in Ermangelung anderweitiger Sicherheit ein. Diese aber wird im Sachsenspiegel noch mehr wie in den Statuten gefunden, darin daß man angesessen ist, denn die betreffenden Stellen reden allgemein von Ungericht und nicht bloß von dem das nicht an das Leben geht [3]). Die Verpflichtung wird vollständig mit dem Vorbringen des Verbürgten, sei er todt oder lebendig, erfüllt, außerdem muß ebenfalls sowohl Besserung und namentlich Wehrgeld als Wette bezahlt werden [4]). Dafür daß wenn „de klage mit ordelen geverst" wird, irgend eine Sicherheit für das Erscheinen im nächsten Termin geleistet werden müsse, läßt sich eine Stelle des Sachsenspiegels anführen [5]). Abweichend ist die Bestimmung der Statuten, daß selbst dem die Zahlungsannahme weigernden Kläger noch Bürgen vom Gegner gestellt werden müssen, da der Sachsenspiegel in diesem Fall sogar von der schon geleisteten Sicherheit des „inridenes" frei spricht, wenn gleich nicht von der Schuld selber [6]). Das Verhältniß der Bürgschaft zum Pfand ist im Sachsenspiegel insofern ein anderes als für Regel gilt, was in den Statuten nur Ausnahme ist, daß für Pfand Bürgen genommen werden müssen [7]). Demjenigen was oben Veleghen genannt und mit Friede geben auch übersetzt worden ist, entspricht daß dem welcher sich aus der Verfestung ziehen will auf Begehren vom Richter Friede gewirkt wird, damit er vorkommen könne [8]). Der Ausdruck „veilig sin" findet sich in der Homeyerschen Ausgabe als Variante zu einer Stelle in der von den Voraussetzungen die Rede, unter welchen man von Geleit und Zoll frei sei [9]). In Ansehung der Geweren im Proceß ist schon früher auf das Recht des Sachsenspie-

1) s. oben pag. 425 Note 4. Von Aufhalten wegen Sicherheit des Schadensersatzes oben pag. 449 Note 11. Vgl. im allgemeinen auch Homeyers Glossar zu seiner Ausgabe des Sachsenspiegels unter „Bestedegen" und „Uphalden." 2) s. unten §. 7. 10. 3) s. oben pag 427 Note 6. 7. S. II. 5, 1. Nur der in handhafter That Gefangene kommt nicht einmal gegen Bürgen los S. II. 9, 3 und unten § 10. 4) s. oben pag 428 Note 7. 8. S. III. 9, 1. III. 10, 1. vgl auch oben pag. 352 Note 11. 5) s. oben pag. 429 Note 1—3. S. II. 9, 3 und oben pag 443 Note 7. Vgl. zu oben pag. 429 Note 4, pag. 257 Note 3. 4. Zu 429 Note 5, pag. 442 Note 4—8 und 272 Note 10. Zu pag. 429 Note 8, 353 Note 10. 355 Note 3—5. 6) s. oben pag. 430 Note 1. S. II. 11, 3. Vgl. zu oben pag. 430 Note 2 und 3, 320 Note 8—10. 7) s. oben pag. 430 Note 4—6 und oben pag. 448 Note 1. Ueber nicht processualische Cautionen (oben pag. 431 Note 1. 4) des Sachsenspiegels ist zu vergleichen oben pag. 151 Note 6 und 152 Note 1. 255 Note 10. Zu oben pag. 431 Note 5, pag. 300 Note 8. 353 Note 13. Zu oben pag. 431 Note 6, pag. 354 Note 6 7. 8) s. oben pag. 431 folg. namentlich pag. 432 Note 1. 12 und unten §. 7. S. II. 4, 1. III. 34. 9) S. II. 27, 2 Note v.

gels Rücksicht genommen [1]). Der Gewehren auf welchen der Beklagte zieht tritt auch hier ganz in dessen Stelle, und es soll ihm sogar, was in den Statuten nicht ausgesprochen ist, das beklagte Gut „to behaldene unde to verliesene" übergeben werden [2]). Der Beklagte hat jedoch nicht nöthig den Gewehren, wenn bewegliche Sachen beklagt werden, herbeizuschaffen, wie die Statuten es verlangen [3]). Vielmehr ist der Kläger verpflichtet ihm dahin zu folgen „over virteinnacht, svar he tiüt, ane over sceprike water" [4]). Der Gewere auf welchen man gezogen, kann dann ebenfalls wie in den Statuten auf einen andern, und dieser wieder auf einen dritten ziehen [5]). Wenn dem Beklagten „an sime geweren burst" wird, so muß er auch das Gut mit Wette und Buße lassen [6]).

Der Ausdruck „Acht" [7]) kommt nur ein einzigesmal in dem Sachsenspiegel vor [8]) und wird von Homeyer der Glosse gemäß ausgelegt für eine Berathung der Urtheilfinder außerhalb Gerichts [9]). Diese Bedeutung weicht von der der Statuten einmal darin ab, daß die Berathung selber so genannt wird und nicht die Frist zur Berathung [10]); dann darin, daß nicht die Partei berathschlagt [11]), sondern die Urtheilfinder. Entsprechender in der Sache wenigstens ist, wenn es im Sachsenspiegel anderweitig heißt „Beide klegere unde uppe den die klage gat, die muten wol gespreke hebben umme jewelke rede dries, also lange wente se de vrone bode weder in lade" [12]). „Rede" wird in gleicher Weise wie in den Statuten gebraucht [13]).

Die gebundenen Tage [14]) selbst werden anders als in den

1) s. oben pag. 450 Note 5, pag. 205 Note 11 bis pag. 206 Note 4. Vgl. auch oben pag. 148 Note 1, 155 Note 4. und S. III. 4, 2.
2) s. oben pag. 435 Note 8. S. II. 36, 5. III. 83, 3. 3) s. oben pag. 435 Note 6 und vgl. oben pag. 429 Note 1. 4) S. II. 36, 5. Anders bei unbeweglichen Sachen S. II. 42, 1. 5) s. oben pag. 435 Note 9. S. II. 36, 6. 6) s. oben pag. 435 Note 10. S. I. 15, 1. II, 36, 5. 7. II. 42, 4. vgl. jedoch oben pag. 206 Note 3. 7) s. oben pag. 436 Note 4—9. 8) S. I. 58, 1. 9) s. den von Homeyer zu S. I. 58, 1 gegebenen Auszug der Glosse und das Glossar zu seiner Ausgabe unter „Acht." 10) s. oben pag. 436 Note 8. 11) s. oben pag. 436 Note 9 12) s. oben pag. 436 Note 4. S. I. 62, 9. Vgl. auch eben da §. 11. 13) s. oben pag. 436 Note 4.
14) s. oben pag 439. Von den übrigen gerichtlichen Zeiten s. oben pag. 437 Note 2. 3. 6. 9 und pag. 207 Note 5—10. 175 Note 1. 2. S. I. 38, 2. III. 34, 3. oben pag. 238 Note 2. Wegen des oben pag. 437 Note 14 angezogenen Dreißigsten oben pag. 144 Note 11 bis 145 Note 7 175 Note 3. Ueber die vierzehn Nächte und deren Verpielfachung, sowie über die Uebernächtichkeit des Sachsenspiegels s. Homeyers Glossar unter „Viertein nacht." „Woche." „Tver nacht." „Ubernächtig." Vergl. auch oben pag. 438 Note 1 bis 9. Wegen der drei Tage vor einem Haus in welches der Friedbrecher geflohen vgl. mit oben pag 438 N. 25. S. II. 71, 4. Wegen der drei Tage beim Eigenthumserwerb oben pag. 188 Note 6. Wegen der drei Tage nach der Aufbietung oben pag. 449 Note 4. Ueber die drei echten Dinge oben pag. 434 Note 11 und unter andern S. I. 2, 2.

Statuten angegeben [1]) und ihre Bedeutung ist auch umfassender. Letzteres ist insofern der Fall als nicht nur keine Eidesleistungen [2]), sondern überhaupt keine gerichtliche Handlungen regelmäßig an ihnen vorgenommen werden sollen. Auf gebundene Tage soll überhaupt kein Gericht gelegt werden, weder das echte noch irgend ein anderes Ding [3]). In Ungerichtssachen, wenn nicht handhafte That vorliegt, soll auch keine Art Urtheil ergehen in gebundenen Tagen, wohl aber ist dies zulässig in andern Sachen, wenn der Beklagte grade gegenwärtig ist und also ohne Hegung eines förmlichen Gerichts [4]). Arretirt werden dürfen an gebundenen Tagen nur verfestete Personen und Friedbrecher [5]).

Dasjenige was oben von den verschiedenen Arten der Gerichte, die in den Statuten sich fänden, gesagt worden ist, ist soweit es mit den besonderen städtischen Verhältnissen Goslars zusammenhängt in den vermehrten Sachsenspiegel nicht übergegangen, dessen Verfasser vielmehr selbst da wo er die dahin gehörigen einzelnen Stellen aufgenommen hat, jene Eigenthümlichkeiten durch allgemeinere Ausdrücke gehoben hat [6]). Dagegen finden sich im vermehrten Sachsenspiegel ebenso gut die verschiedenen Gerichte der beiden andern Quellen, welche mit der Verschiedenheit der rechtlichen Verhältnisse überhaupt zusammenhängen, also Lehn- und geistliche Gerichte [7]), Gerichte unter Königsbann und Schultheißengerichte [8]). Nur auswärtige Gerichte werden nicht genannt und wie es scheint absichtlich nicht genannt, denn der Verfasser des Rechtsbuchs läßt den Richter in seinem Eid sagen: ich swer gote myme hern deme konige, ab hers von om enphangen had, adder wy der nu ist, oder stat, daz ich an deme gerichte wel getruwe sin, glich gewer unde recht sin deme armen also dem richen, wettewen unde weysen des unrechten zcu schucczen, unde richten deme **g a s t e** also deme ingesessen, . . . [9])

Unter den einzelnen richterlichen Personen hat wieder der Schultheiß dieselbe Bedeutung [10]). Frohnbote und Büttel werden ausdrücklich einander gleichgestellt, jene seien „in lantrechte," heißt es, und diese „in wichbilde" [11]). Eigenthümlich dem verm. Sachsp. ist eine besondre Gerichtsperson, „dy an deme gerichte schribe unde in kuntschaft brenge, waz man an deme gerichte handele, getruelich unde erlich," [12]) auf welche Obliegenheit denn

1) S. II. 66, 2. 2) S. II. 10, 6. 3) S. III. 61, 1. II. 10, 5. II. 11, 4. 4) S. II. 10, 1. 3. 5. 5) S. II. 10, 1. 4.
6) s. die Paralelen zu den oben pag. 367 bis 369 angeführten Stellen der Statuten und vergleiche z. B. oben pag 52, 3—5 mit D. III. 3, 1 = B. II. 10 pr. 7) s. oben pag. 225 Note 3—5. 453 N. 4.
8) D. VI. 9, 7. 8 = B. VI. 11, 3. 4 vgl. mit D. VI. 24. 25 = B. VI. 25. 26. 9) D. III. 1, 1 = B. II. 8, 1. und IV. 45 = IV. 16.
10) s. oben Note 8 und 453 Note 1. 11) D. III. 1, 3 = B. II. 8, 4.
12) D. III. 1, 4 = B. II. 8, 3.

auch der Eid gestellt wird. Die verschiedenen Eide der gerichtlichen Personen belehren überhaupt über ihre verschiedenen Thätigkeiten und namentlich auch über die Verschiedenheit des Richters von den Schöffen [1]). Daß von diesen letztern eine bestimmte Zahl angegeben wird, geschieht nur hier [2]), während dieß in Ansehung der Dingmänner die mit Schöffen im allgemeinen ja gleichbedeutend sind in den Statuten und die auch in dem vermehrten Sachsenspiegel ausdrücklich neben sie gestellt werden, nicht geschieht [3]).

Die Competenz der geistlichen Gerichte bestimmt sich durch die Stellen der Statuten, die wörtlich oder doch dem Sinn nach aufgenommen sind, deren eine indeß außer der Ehe als einer dem geistlichen Gericht unterworfenen Sache auch noch nennt „eyne rechte bescheydunge rechtes selgeretes" [4]). Die Ware oder wie sie im vermehrten Sachsenspiegel heißt die Gewere, um die Competenz des Gerichts fest zu halten und den Beklagten vor einem neuen Kläger zu schützen, ist aus den Statuten aufgenommen [5]). Die Stelle welche von der Form der Gewere spricht für den Fall da ein Gast klagt, hat eine allgemeinere Fassung erhalten. Jeder der nicht in dem Gericht, wo er klagt, angesessen ist (gleichviel ob er in eigener Person oder durch Stellvertreter klagt) muß die Gewer durch eine Caution von angesessenen Leuten verstärken [6]). Daß die Bedeutung der Ware von dem Benehmen des Beklagten abhänge, wird namentlich wiederholt und die Stelle mit den Worten geschlossen „Unde ist keyserwichbilde. Aber in lantrechte unde in unseme wichbilde mus eyn man dry ding siner clage folgen, . . . Diese Worte möchte ich nicht sowohl auf die letzte Stelle als auf das ganze Capitel beziehen, indem ich die Worte „eyn man" mit Beklagter übersetze, der nach Landrecht „siner clage," d. h. der gegen ihn angestellten Klage eben folge müsse durch drei Gerichtstage ohne ein Recht auf Cautionsstellung des Klägers zu haben [7]). Die ausdrückliche Stelle von der vollkommnen Freiheit der Wahl zwischen verschiedenen Gerichten dem Beklagten gegenüber, fehlt in dem Rechts-

1) D. III. 1. IV. 45 = B. II. 8. IV. 16. 2) D. III. 1, 2 = B. II. 8, 2. 3) s. oben pag. 372 Note 11. vgl namentlich die oben pag. 372 N. 7 angeführte Stelle (57, 10) mit D. IV. 21, 6 Zeile 24. 25 = B. III. 19 pr s. auch oben 441 Note 6. 4) s. oben pag. 373 Note 4. 10. 11 bis pag. 374 Note 2 und namentlich D. III. 8. IV. 16 = B. II. 15. III. 14, 3. Vgl auch oben pag. 153 Note 2. 5) s. die Parallelen zu den in pag. 377 und 378 angeführten Stellen und oben pag. 253 Note 5 und 259 Note 8. 6) s. oben pag. 377 Note 5 und D. IV. 44, 4 = B. IV. 15, 2 und die Varianten bei Ortloff hinzu, der auch zu vergleichen ist über die Veränderung der Stelle die oben pag. 377 Note 6 angeführt ist unter den Varianten zu Dist. 3. 7) s. oben pag. 377 Note 7. D. IV. 44, 6 = B. IV. 15, 4. vgl. oben pag. 442 Note 5.

buch, ohne daß deshalb das Princip vermißt würde, denn die Verpflichtung des Klägers auf Begehren die Ware zu leisten wird noch deutlicher als in den Statuten ausgesprochen [1]) und wird ebenfalls gesagt, daß man den, welcher die Were gelobt habe „vorczuget von eyme gerichte in daz ander" [2]).

Den Ausdruck „sakwolde" oder „sakeweldige" vermißt man im vermehrten Sachsenspiegel. Von den Stellen in welchen diese Worte vorkommen, sind zwar einige aufgenommen, aber entweder sind die Worte mit Kläger vertauscht oder die Stelle ist überhaupt verändert worden [3]). In Ansehung der Vorsprecher redet der vermehrte Sachsenspiegel nicht mit den Worten der Statuten, sondern mit denen des Rechtsbuchs [4]). Von den Vormündern im Proceß nach dem vermehrten Sachsenspiegel ist theils schon in der Vormundschaftslehre gesprochen worden [5]), theils ist nur zu bemerken, daß die betreffenden Stellen in dem Rechtsbuch entweder ganz fehlen [6]), oder doch nicht mehr von Vertretern im Proceß sprechen [7]). Dieß letztere gilt von den Stellen der Statuten, welche von dem doppelten Fall der Abwesenheit des Klägers und der des Beklagten reden. Das Rechtsbuch hat nur den letzten Fall berücksichtigt, indem es nur heißt „Wert eme vorgeboten, der von der stat wegen usse ist, daz en kan deme clegere noch gerichte nicht zcu hulffe komen. Ist om adder vor ingeboten, er be in deme dinste waz, undernempt daz nicht der rad, so mag der cleger unde daz gerichte volgen, waz recht ist" [8]).

Das Verhältniß der beiden ersten gerichtlichen Handlungen mit welchen der Rechtsstreit beginnt, ist nicht das der Statuten, da eine Privatladung dem verm. Sachsp. unbekannt ist, denn

1) s. oben pag. 378 Note 2 und O. IV. 4, 5 = B. IV. 15, 3.
2) s. oben pag. 378 Note 3 und auch über die Veränderung dieser Stelle Ortloff in den Varianten zu IV. 44, 3 = B. IV. 15, 2. 3) s. oben pag. 381 Note 8. 382 Note 1. 442 Note 9 und namentlich zu 83, 15 und 84, 26. O. IV. 45, 8. 16 = B. IV. 26, 4. 11 und O. IV. 43, 1 = B. IV. 14 pr. Daß auch die Stelle, wie mehrere Beklagte nicht mit einer Wette und Buße davon kämen, hier so gut wie im Sachsenspiegel fehle s. oben pag. 442 Note 10. 443 Note 2. 360 Note 10. Dagegen ist sowol die Stelle von der Samentklage, wiewohl nicht mit diesem Worte aus den Statuten (oben pag. 84, 30—33 = O. IV. 45, 17 B. IV. 16, 12. 13), als die Stelle von mehreren Klägern wegen Ungericht, (nicht aber die von correaliter berechtigten Klägern oder Gläubigern) aus dem Sachsenspiegel aufgenommen worden; s. oben pag. 442 Note 11. O. IV 39, 2 = B. IV. 10, 1 und oben pag. 442 Note 12. Auch die oben pag. 443 Note 1 angezogene Stelle der Statuten fehlt; vgl. auch oben pag. 183 Note 2 und O. III. 12, 9—11 = B. II. 16, 14—16. 4) s. oben pag. 443 Note 3 und O. IV. 26 = B. IV. 4, namentlich dort die distinctio 8 hier dist. 7. vgl. oben pag. 189 Note 8. 5) s. oben pag 259. 6) s. oben pag 384 Note 3. 7) s. oben pag. 384 Note 4. 5. 8) O. III. 3, 5 = B. II 10, 5. Die letzteren Worte lauten im Text bei Ortloff etwas anders, vgl. jedoch ebenda die Varianten.

obwohl die betreffenden Stellen der Statuten aufgenommen sind, sind sie doch grade soweit sie hiervon redeten verändert worden [1]). Ein Gleiches gilt von den andern Stellen, welche als Belege für die Behauptung, daß die Gerichte beständige gewesen seien, oben angeführt worden sind [2]). Das jederzeit mögliche Verfahren auf handhafter That, erscheint daher, wie im Sachsenspiegel, nur als Ausname [3]). Die Beschreibung der feierlichen Eröffnung des echten Dinges findet sich hier nicht [4]). Die Pflicht das echte Ding zu besuchen, bestimmt sich hier wie im Sachsenspiegel nach dem Stande [5]). Doch bedarf es ungeachtet dieser Pflicht „in wichbilde" einer besondern Vorbietung auch zum echten Dinge, wenn der Kläger zur Verantwortung daselbst verbunden sein soll [6]).

Die Stellen der Statuten von der Form und Wirkung der Vorladung finden sich fast alle, wenigstens dem Sinne nach, aufgenommen [7]). Der Buße wegen Nichterscheinens wird auch hier nicht gedacht, denn in der einen Stelle, in welcher dieß Wort vorkommt, ist es dem Zusammenhange nach mit Wette zu übersetzen [8]). Insbesondre ist hervorzuheben, daß die Stelle aus welcher neben den gewöhnlichen vier echten Nöthen eine fünfte oben hergeleitet ist, recipirt worden ist [9]). Der unbestimmte Gebrauch des Wortes Klage kann mit fast den nämlichen Stellen belegt werden wie in den Statuten [10]). Unter den übrigen in den vermehrten Sachsenspiegel übergegangnen Sätzen hebe ich hauptsächlich hervor, daß der Rath unter Umständen das Recht hat zur Anstellung einer Klage zu zwingen. Während nach den Statuten jedoch noch gezweifelt werden könnte, ob wirklich nur zu einer Ungerichtsklage genöthigt werden könnte, so ist dieß nach dem Rechtsbuch deshalb deutlicher, weil ausdrücklich das öffentliche Interesse hervorgehoben wird, denn der Rath soll die Leute zur Klage zwingen, wenn sie „sache wulden vordulden, dy eyner gan-

1) s. die Paralelen, welche bei den Stellen angegeben sind, die oben pag. 384 Note 6 und 386 Note 4 angeführt worden sind, vgl. auch S. III. 7, 1 Zeile 9—11 = B. II. 14 pr. 2) s. die Paralelen zu oben pag. 385 Note 3 und Note 5. 3) s. oben pag. 443 Note 10. 11. D. IV. 28 = B. VI. 6. D. III. 5 = B. II. 12. D. III. 9, 1 = B. II. 16 pr. 4) s. oben pag. 386 Note 1. 444 Note 1. vgl. auch oben pag. 452 Note 10. 5) D. III 5, 1 = B. II. 12 pr. D. IV. 32, 7 = B. IV. 2, 6 und D. VI. 24, 4 = B. VI. 25, 3. oben pag. 444 Note 2. 6) s. oben pag. 386 Note 3 und die in voriger Note zuerst angeführte Stelle. 7) s. oben pag. 386 Note 5 bis 391 Note 1 und die Paralelen zu den daselbst angeführten Stellen.
8) s. oben pag. 389 Note 3. 444 Note 5. 358 Note 8. und D. III. 3, 2 = B. II. 10, 1. Unter den Varianten zu dieser Stelle bei Ortloff findet sich auch „wette" statt „busse." Von den Wirkungen des Vergleichs unten pag. 456 Note 7. 9) s. oben pag. 390 Note 11 und 444 Note 7. 10) s. oben pag. 391 Note 2. 4. vgl. auch oben pag. 444 Note 8.

czen gemeyne obel bequemen unde unfugsam were unde schaden brechte" [1]). Die Worte, durch welche oben bewiesen worden ist, daß der Richter auch wenn er selber Kläger sein wolle, einen Andern als Richter in seine Stelle setzen könne, finden sich nicht [2]).

Die Bestimmungen der Statuten über Prävention, welche einer von mehreren Klagen den Vorzug sichern und die über die Wiederklage kehren hier wieder [3]). Nur ist hier kein Eid vorgeschrieben, daß die Wiederklage keine „wederwrake" sei [4]), wenn gleich in einer Stelle von einer sofortigen Erklärung einer Wiederklage die Rede ist [5]). Für die Verpflichtung zur Durchführung der Klage sind die Beweisstellen spärlicher, wenn gleich nicht weniger entscheidend [6]); obwohl sich keine Stelle beibringen läßt, aus welcher die Verpflichtung des Richters sich ergäbe, die angebrachte Friedbruchssache, auch wenn der Kläger sie fallen ließe wenigstens insoweit zu Ende zu führen, daß der Beklagte „der klage ledich" erklärt oder was dasselbe heißt, daß dem Beklagten Friede gewirkt werde [7]). In Ansehung der Antwort des Beklagten auf die Klage wird Landrecht und Weichbild einerseits, dem Kaiserweichbild andrerseits entgegengestellt. Das Recht jener sei, daß nach dreimaliger vergeblicher Aufforderung der Beklagte für überwunden gelte, nach diesem „wer is eyn fredebruch unde man mochte on dorumbe vorvesten." Hiervon steht in der entsprechenden Stelle der Statuten selber nichts, und außerdem scheint es auch als wenn hierin der Unterschied der Statuten von Landrecht in Bezug auf diese Stelle gar nicht läge [8]). In der Lehre vom Urtheil finden folgt das Rechtsbuch dem Sachsenspie-

1) s. oben pag. 392 Note 1 und Donandts Versuch einer Geschichte des Bremischen Stadtrechts Bd. 1. pag. 176 Note 268. vergl. auch oben pag. 444 Note 10. 2) s. oben pag. 393 Note 4. 3) s. oben pag. 394 Note 4 bis 395 Note 6. 444 Note 14. 15. D. IV. 26, 5 = B. VI. 4, 4. D. IV. 39, 1 = B. IV. 10 pr. 4) s. oben pag. 394 Note 8. 5) D. III. 15, 1. 2. = B. II. 19 pr. 1. Die Stelle vom „vortoghen" der Klage ist den Statuten ebenfalls eigenthümlich s. oben pag. 395 Note 4. 6) s. oben pag. 396 Note 6 und die oben pag. 378 Note 4 zuerst angeführte Stelle. 445 Note 4. vgl. auch oben pag. 453 Note 5 und D. IV. 45, 20 = B. IV. 16, 16. „Eyn iczlicher richter ab eyn gast vor ome teydingene hat, der mag woile vorborgen der clage volbort unde umme sine busze." Vgl. auch oben pag. 358 Note 8. 7) s. oben pag. 445 Note 6 und 398 N. 1. Die Unzuläßigkeit eines Vergleichs ohne Erlaubniß des Richters, wenn über ein Ungericht das Gerüfte erhoben worden ist, also mit andern Worten, wenn darüber Klage erhoben ist (denn das Gerüfte ist der Anfang der Klage D IV. 31, 1 = B. VI. 9 pr.) ist auch hier ausgesprochen, indem eine allgemeiner lautende Stelle der Statuten bei der Aufnahme verändert worden ist; s. oben pag. 397 Note 3. 389 Note 4. 378 Note 5. 399 Note 1. 397 Note 5. 8) s. oben pag. 399 Note 3. 4. 445 Note 7—11. Wegen der übrigen Bestimmungen für die Antwort des Beklagten s. oben pag. 399 Note 5 bis 400 Note 8.

gel [1]). Nur für den Fall, da in einem Gerichte überall kein Urtheil gefunden werden kann, heißt es entsprechend einer Bestimmung in den Statuten „daz sal man in wicbbilde vor den rad czin" [2]). Ebenso ist den Statuten entnommen, daß man, wenngleich die Regel gilt, ein Urtheil müsse sofort gescholten werden, doch „zcu stund gesprechės beten mag, czu hand wedder in czu komen" [3]).

Von den Executionsmitteln sind auch hier nur die Pfändung und persönliche Haft zu betrachten [4]). Ueber das Verhältniß dieser beiden Mittel zu einander findet man nicht alle Stellen der Statuten, die oben benutzt sind, wieder, da sie zum Theil mit der Lehre von der Overhöre in Verbindung stehen [5]). Demungeachtet erkennt man schon aus der in den vermehrten Sachsenspiegel aufgenommenen Stelle, welche vom Verfahren auf verbriefte Schuld handelt, daß die Haft erst in Subsidium eintritt [6]). Die Haft selber wird ebenso beschrieben, wie in den Statuten [7]), und außerdem werden noch eine Anzahl Bestimmungen hinzugefügt, inwiefern Frauen in persönliche Haft gebracht werden könnten [8]). Von der eigenmächtigen Pfändung wegen Zins ist theils oben in der Lehre von der Pfändung, theils in der vom Zinsgut schon der vermehrte Sachsenspiegel verglichen worden [9]). Wegen der Pfändung um Schaden kann zum Theil auch auf eine frühere Lehre verwiesen werden [10]). Von den Stellen, in welchen einer Verpflichtung zur Buße neben der zum Schadensersatz in dem Sachsenspiegel gedacht wird, findet man einige aufgenommen [11]), und die Einhegung des Landes wird auch hier vorgeschrieben [12]). In Ansehung des Verfahrens mit dem Pfande [13]) folgt das Rechtsbuch insofern dem Sachsenspiegel, als der Ueberschuß über die Schuld dem Schuldner herausgegeben werden muß [14]). Hiervon

1) D. IV. 25. = B. VI, 3. und oben pag. 446 und 447. Unter den daselbst angeführten Stellen namentlich S. II. 12. 2) s. oben pag. 446 Note 14 bis 16 und D. IV. 25, 10. 19 = B. VI. 3, 10. 18. 3) s. oben pag. 402 Note 8. D. IV. 25, 20. 4) s. oben pag. 447 Note 8. 5) s. oben pag. 403. 6) s. oben pag. 406 Note 4. vgl. auch D. III. 9, 3 Zeile 16—18 = B. II. 16, 2. und oben pag. 447 Note 9 bis 448 Note 3. 7) s. oben pag. 407 Note 4—8. 448 Note 3. 8) D. III, 9, 6—24 = B. II. 16, 5—13. 9) s. oben pag 408 Note 5 bis 409 Note 5. 412 Note 4. 413 Note 1—6. 414 Note 1—7. 415 Note 3. 4. und oben pag. 238 Note 6 bis 239 N. 4. 10) s. oben pag. 409 Note 7. 326 Note 5. 361 Note 7. vgl. auch zu den Stellen oben pag. 410 Note 2. 3. 4. 7. 412 Note 2. 3 die Paralelen. Die Stelle der Statuten 69, 3. 4. ist nicht aufgenommen. 11) s. oben pag. 448 Note 8. 10. D. II. 10 = B. II. 7. 12) s. oben pag. 448 Note 10. D. II. 10, 1 = B. II. 7 pr. 13) Wegen der Wirkungen der Pfändung die Paralelen zu den oben pag. 416 Note 2 und 3, und namentlich auch zu oben pag. 68, 22—25. 14) s. oben pag. 418 Note 2 u. pag. 449 Note 6. D. III. 14, 1 = B. II. 18 pr.

ist auch bereits in der Lehre von der Satzung oder Verpfändung unbeweglicher Sachen geredet worden [1]). Auch darin ist eine Uebereinstimmung mit dem Sachsenspiegel, daß auf die Klage um das Geld zunächst eine vierzehntägige Zahlungsfrist angesetzt [2]), dann aber ein weiterer Versatz oder Verkauf des Pfandes versucht wird [3]). Daß zwischen diesen beiden Handlungen eine Aufbietung statt finden müsse, ist den Statuten entlehnt [4]), und eigenthümlich dem Rechtsbuch, daß, falls die Aufbietung vergeblich gewesen, erst noch einmal feierlich die Sache dem Schuldner zur Einlösung angeboten wird [5]), bevor zum weitern Versatz oder Verkauf geschritten wird. Sind auch diese vergeblich, so behält der Gläubiger die Sachen selber [6]). Es wird jedoch keines Friedewirkens in dieser Beziehung gedacht [7]). Eigenthümlich ist noch die Bemerkung, daß man des Gerichtes nur bedarf, wenn man wegen des Pfandes klagbar wird [8]), und wenn das Pfand nicht durch eigenmächtige Pfändung entstanden [9]), deren Gegensatz die gerichtliche Pfändung ist, gerichtlich in dem Sinne, wie es in den Statuten vorkommt [10]). Von dem Besetzen handelt hier, den Statuten entlehnt, ein ganzes Capitel [11]). Im allgemeinen ist hierin die ganze Lehre unverändert aufgenommen worden. Nur was die Wirkungen angeht, sind zwei Stellen der Statuten sehr verändert worden [12]). Sie sind bei Ortloff in eine zusammengezogen worden, in der, wie in den Statuten, von dem Falle geredet wird, da unter einem andern, als dem Schuldner selber, dessen Gut besetzt worden ist [13]). Während indeß in den Statuten nur von dem Verhältniß des Innhabers zu dem Kläger geredet wird, so wird in dem vermehrten Sachsenspiegel dieß auch zwar berührt, hauptsächlich aber doch von den Verpflichtungen gesprochen gegen den Schuldner. Diesem muß er kund thun, daß er wegen der besetzten Sache beklagt sei, und dazu werden ihm vierzehn Tage

1) s. oben pag. 244 Note 4. 2) s. oben pag. 449 Note 5. O. III. 14, 1 Zeile 1—3 = B. II. 18 pr. 3) O. am angeführten Ort Zeile 6—10. 4) s. oben 416. 417 und O. am angeführten Ort Zeile 3. 4. 24. 5) O. am angeführten Ort Zeile 5. 6. 24.
6) O. am angeführten Orte Zeile 16. 7) s. oben pag. 417 Note 8. 9.
8) O. III. 14, 3 = B. II. 18, 2. 9) O. III. 14, 7 = B. II. 18, 5. vgl auch oben pag. 419 gegen Ende der Seite 10) s. oben pag. 418 und 419 und zu pag. 21, 35 bis 23, 13 die Paralele. Der Erklärung, welche für die oben pag. 419 Note 6 angeführte Stelle gegeben ist, bedarf man für die entsprechende Stelle des vermehrten Sachsensp. nicht, da sie nur von Besetzen und nicht auch von Pfänden redet. Dagegen muß die eine aus dem Sachsenspiegel oben pag. 449 Note 13 citirte, und bei O. VI. 21, 4 Zeile 29—33 = B. VI. 22, 3. aufgenommene Stelle mit den übrigen Statutenstellen, die sich auf diesen Punkt beziehen, in Uebereinstimmung gebracht werden; s. auch unten pag. 460 Note 2.
11) s. oben pag. 420 bis 424 und O. III. 4 = B. II. 11.
12) s. oben pag. 422 Note 10 und 423 Note 4. 13) O. III. 4, 4 = B. II. 11, 3.

Zeit gegeben. Diese Zeit wird verlängert, wenn der Schuldner nicht im Lande ist; und wenn man ihn nicht ausfindig machen kann, soll man sein Weib und seine Erben benachrichtigen. Ist Alles vergeblich, „so antwort man es (das Gut) ome (dem Kläger) mit orteyln unde mit gerichtes geheyssen. So ist her (der Innehaber) ledigk in deme gerichte unde in allen gerichten, ab on iener (der Schuldner) umbe sin gud anderswo wolde ansprechen, wen he mit gerichte erczugen mag, daz hers mit orteyln deme cleger muste antworten" [1]). Von dem Verlust des Vortheils des „inne sitten" kann nicht die Rede sein, da überhaupt dieser Vortheil der Schuldner dem vermehrten Sachsenspiegel unbekannt ist [2]). Die Regel, daß man nur den, der sich nicht verantworten will, selber oder dessen Sachen aufhalten könne, findet sich auch hier ausgesprochen [3]), und auch hier kann das Aufhalten oder Behalten durch Vorwissenen vertreten werden [4]). Doch läßt sich statt der mehreren aus den Statuten citirten Stellen nur eine derselben hier anführen [5]]. Zwei andere sind aus dem Sachsenspiegel entlehnt, und deren eine ist zugleich ein Beleg, daß auch nach dem vermehrten Sachsenspiegel Kläger sowohl als Beklagter von den bei Friedbruchssachen erforderlichen Cautionen überhaupt frei seien, wenn sie Grundbesitz haben [6]). Daß die Bürgen selber, deren man sich, in Ermangelung von Grundbesitz, bedienen muß, „beerbet und besessen" sein müssen, wird in der Lehre von der Verfestung mit einer den Statuten entsprechenden Stelle gesagt [7]). Dagegen wird die Wirkung der Bürgschaft für das Vorbringen einer Person vor Gericht mit den Worten des Sachsenspiegels beschrieben [8]). Die Stelle der Statuten und des Sachsenspiegels, welche von dem Fall verweigerter Zahlungsannahme von Seiten des Klägers redet, fehlt dem vermehrten Sachsenspiegel [9]). Daß man von der Cautionspflicht, durch Anfang beklagte Thiere vorzubringen, durch den Tod derselben **nicht** befreit werde, wie die Statuten bestimmen, findet sich hier nicht, vielmehr statt dessen eine Stelle des Sachsenspiegels,

1) S. a. a. O. Zeile 27 bis 33. 2) s. den folgenden §. 7.
3) s. oben pag. 424—427. Vgl. auch oben pag. 494 Note 12 und oben pag. 458 Note 10. S. III. 4, 1 = B II. 11 pr. Wegen der scheinbaren und wirklichen Beschränkung dieser Regel s. die Paralele zu den oben pag. 425 Note 5 bis 7 und 421 Note 5 angeführten Stellen.
4) s. oben pag. 427—431. 5) s. oben pag. 425. Note 7.
6) s. oben pag. 450 Note 3. S. IV. 21, 32 c = B. III. 19, 31. S. IV. 26, 10 = B. VI. 4, 8. 10. Wegen Mißbrauchs des Aufhaltens s. oben pag. 428 Note 2 und S. III. 4, 1 Zeile 11—15 = B. II. 11 pr.
7) s. oben pag. 428 Note 6. Vgl. auch oben pag. 238 Note 6.
8) s. oben pag. 450 Note 4 und S. IV. 38 = B. IV. 9. 9) s. oben pag. 430 Note 1 und pag. 450 Note 6. Wegen der Caution, wenn die Klage irgendwie „glieverstet" wird, oben pag. 429 Note 1 450, 5 und S. I. 46, 8 = B. I. 39, 7.

wonach ein Bürge für Vorbringen von Thieren, durch Vorbringen der Haut befreit wird [1]). Daß man Pfand mit Bürgen vertauschen müsse überhaupt, wie der Sachsenspiegel, oder doch ausnahmsweise wie die Statuten vorschreiben, wird hier nicht gesagt [2]).

Vom Veleghen handelt ein besonderes Capitel des vermehrten Sachsenspiegels [3]). Statt dieses Ausdrucks aber wird „geleiten" oder „sicheren" oder „Friede geben" gebraucht. Zwischen Rath und Richter wird in Ansehung der Berechtigung zur Geleitsertheilung nicht unterschieden [4]). Daher heißt es auch von Verfesteten, daß weder ein Gericht noch ein Rath ihnen Geleite ertheilen könnten ohne des Klägers Willen (Wissen?) [5]). Hiervon wird auch nicht die Ausname gemacht, welche die Statuten haben [6]), wohl aber ist eine Stelle derselben, welche von der Unzulässigkeit redet, zum Behuf der Zeugnißablage Verfestete zu veleghen, dahin verändert worden, daß wenn die Partei selber, welche sich von dem Verbrechen eines Todtschlags oder einer kampfbaren Wunde reinigen wolle, verfestet sei, der Richter auf ihr Verlangen ihr hierzu Geleit allerdings ertheilen könne [7]). Von der Form der Geleitsertheilung erfährt man nur, daß man soll „daz geleite affenbaren allen luten, daz sy sich bewaren mogen" [8]).

Die Lehre vom Weren im Proceß ist ebenfalls aus den Statuten genommen [9]). Die Stelle, in welcher „des vlammeres" sich entschuldigen, oben verstanden worden ist, von einem einzelnen Fehler, von dem der Verkäufer nichts gewußt habe, redet von „gebrechen" überhaupt, deren Nichtkenntniß eidlich bekräftigt werden muß [10]). Daß der Gewere ganz in die Stelle des Beklagten eintrete, wird mit einer Stelle der Statuten und mit einer des Sachsenspiegels gesagt [11]). Für den Fall, da der Beklagte den Weren nicht vorbringt, treten dieselben Folgen ein, wie nach jenen beiden Rechtsquellen, wie man aus der Aufnahme der Stellen des Sachsenspiegels ersieht [12]). Auch hier kann endlich, den

1) s. oben pag. 430 Note 2 und 3 und pag. 450 Note 6. 2) s. oben pag. 450 Note 7 und 430 Note 6. 3) O. IV. 19 = B. III. 17. 4) s. oben pag. 433. Vgl. namentlich unter den daselbst in den Noten citirten Stellen oben pag. 27, 4. 5. mit O. I. 46, 1. Zeile 6—10 = B. I. 39 pr. Ferner oben pag. 61, 3. 4. mit O. IV. 21, 23 = B. III. 19, 20. 5) s. die in voriger Note zuletzt angeführte Stelle. 6) s oben pag. 433 Note 5. 7) s. die oben pag. 432 Note 9 angeführten Stellen oben pag. 62, 38—40. 89, 10—12 und O. IV. 21, 36 = B. V. 37, 37. 8) O. IV. 19, 1. Zeile 5, 6. = B. III. 17 pr. Wegen Wiederaufhebung der Velighung (oben pag. 434 Note 4). Vgl. O. IV. 19, 4 = B. III. 17, 3. 9) s. oben pag. 434—436. 1) s. oben pag. 435 Note 1. 11) s. oben pag. 435 Note 8 die Stelle pag. 28, 18. 19. und O. I. 46, 11 = B. I. 39, 10. Ferner oben pag. 451 Note 2 und O. IV. 9, 4 Zeile 55—57 = B. III. 8, 3.

Statuten gemäß, unter gewissen Voraussetzungen der, welcher die Gewere nicht zu prästiren vermag, als Friedbrecher behandelt wer- werden [1]). Das Wort Acht kommt weder in dem besondern Sinne der Statuten [2]), noch in dem des Sachsenspiegels [3]), in dem vermehrten Sachsenspiegel vor. Die einzige Paralele, die sich etwa hier anführen ließe, ist schon oben, in der Lehre vom Urtheil finden, gegeben worden [4]). Von den gerichtlichen Zeiten, die oben zusammengestellt worden sind, braucht hier nur etwas über die gebundenen Tage gesagt zu werden [5]), da die übrigen Bestimmungen in andern Rechtsmaterien wiederkehren, auf welche oben bereits verwiesen worden ist. Die Angabe dieser gebundenen Zeit findet sich an verschiedenen Orten des Rechtsbuchs mit der Statutenstelle [6]) und mit dem Artikel des Sachsenspiegels [7]). Für die Bedeutung dieser Zeit sind nur einige Bestimmungen der entsprechenden Artikel des Sachsenspiegels aufgenommen [8]), sonst findet man nur die der Statuten, und auch diese nicht alle [9]). Eigenthümlich ist hier, daß von einem der drei großen Gerichtstage, dem nach Ostern nämlich, gesagt wird, man solle ihn „ussewendig den gebundenen tagen" ansetzen.

---

§. 7. Von dem Ungehorsamsverfahren insbesondere.

Das Verfahren gegen im Proceß ungehorsame Personen ist verschieden gegen Friedbrecher und verschieden gegen Schuldner. Die erstern werden in die Verfestung gebracht, diese aber gepfändet oder in Overhöre gekündigt. Jeder, der nicht in Overhöre gekündigt werden kann, wird gepfändet, daher sind die positiven Bedingungen für die Overhöre die negativen Erfordernisse für die

1) s. oben pag. 436 Note 3 O. IV. 42, 25 Zeile 184 bis 189 und O. IV. 9, 4 Zeile 56—58 = B. III. 8, 3. 2) s. oben pag. 436 Note 4 und O. I. 6, 10 = B. I. 39, 9. Vgl. auch oben pag. 358. Note 8. 3) s. oben pag. 436 Note 4—9 und oben pag. 451 Note 8—13. 4) s. oben pag. 457 Note 3. 5) s. oben pag. 439 Note 2. Die letzten Zeilen jedoch der daselbst angeführten Stelle fehlen dem vermehrten Sachsenspiegel. 6) s. oben pag. 439 Note 2 O. VI. 2 = B. V. 32. 7) s. oben pag. 451 N. 14 — 452 N. 5. u. S. II. 10 §. 1 S. II. 11, 4 = O. IV. 21, 34 = B. V. 37 und O. IV. 25, 5 = B. VI. 3, 4. 8) s. oben pag. 440. die in Note 3 zuerst angeführte Stelle und oben die Note 4 und 6. Die in Note 5 angeführte Stelle hat nur gewissermaaßen eine Paralele. Ob das Pfand in gebundenen Tagen eidlich gelöset werden dürfe, soll abhängen davon, ob die Bestellung des Pfandes außerhalb der gebundenen Tage geschehen sei. 9) O. III. 5, 1 Zeile 23 = B. II. 12 pr.

Pfändung, und können diese beiden Punkte in der Darstellung nicht von einander getrennt werden [1]).

Von dem Verfahren gegen ungehorsame Schuldner, also von der Overhöre soll zunächst, in einem zweiten Absatz dann von der Verfestung gehandelt werden [2]).

In der Lehre von der Overhöre [3]) beantworte ich die vier Fragen: 1) unter welchen Voraussetzungen kann in Overhöre gekündigt werden? 2) welches ist das Verfahren bei der Kündigung in Overhöre? 3) welches sind die Wirkungen der Overhöre? 4) wie hören die Wirkungen der Overhöre wieder auf?

1) Unter welchen Voraussetzungen kann in Overhöre gekündigt werden? Hierbei mögen wieder unterschieden werden die positiven Voraussetzungen von den negativen, oder mit andern Worten: es sollen nach den positiven Voraussetzungen, die Schuldverhältnisse aufgezählt werden, derentwegen überall nicht in Overhöre gekündigt werden kann.

Zunächst wird vorausgesetzt eine in gehöriger Form ergangne vergebliche Vorladung vor das Gericht, oder unzeitiges Verlassen des Gerichts, wenn man bereits in demselben erschienen war [4]). Ferner wird erfordert eine Klage, die nicht Friedbruchsklage ist und nicht Anfang oder Ansprache [5]). Bei Friedbruchsanklage tritt Verfestung [6]), bei Anfang oder Ansprache unmittelbare Besitzergreifung der beklagten Sachen ein [7]). Daß der in Overhöre zu Kündigende Grundbesitz habe, oder genauer, daß er Eigenthümer eines Grundstücks sei, ist nicht erforderlich; denn die Overhöre an sich hängt mit dem Grundbesitz gar nicht zusammen [8]). Dieß erhellt

1) Vgl. oben pag. 403. 2) In einem in Bruns Beiträgen abgedruckten Rechtserkenntniß (pag. 187 No. 17) wird das Wort „overtal" für Verfestung sowohl als für Overhöre gebraucht, denn es heißt daselbst: „Ok dat eyn stunde vor gerichte unde wolde eynen in overtal bringen .... Des wettet, trede de sake uppe schuld, so mochte me one borgen ....; trede aver de sake an vredebrake, so mochte me one aver borgen .... Vgl. auch Albrechts Gewere Note 87, und in Haltaus Glossarium unter Overtale und hierzu Johann Friedrich Klotzsch das Verzellen. Dreßden 1765. 8. pag. 56 Note 9. 3) Vgl. über diese ganze Lehre Albrechts Gewere pag. 44—56. Maurers altgermanisches Gerichtsverfahren pag. 246 Note 29. Haltaus Glossarium unter „uberhore", wo es mit obauditio übersetzt wird. 4) s. oben pag 52, 3. 5. 26. 27. 64, 30. 31. 65, 16. 17. 75, 20. 23. Bruns in seinen Beiträgen pag. 186 No. 17: „Aver umme den eid mochte he one likewol laten vorbeden, queme he denne nicht vor gerichte, so mochte he one darumme in overhöre bringen". Vergl. oben pag. 294 Note 1. 293. Note 9. 399 Note 4. 5) Vergl. oben pag. 366 Note 3 bis 367 Note 5. 6) s. den zweiten Absatz dieses §. und die in der vorigen Note angeführten Stellen. 7) s. oben pag. 405 Note 6 und vgl. Albrechts Gewere Note 76a und 76b. 120c. 121.

8) Vgl. jedoch Albrecht a. a. O, der stillschweigend die Möglichkeit, das Gut des Overhörigen vertheilen zu können (und diese setzt ja das Eigenthum des Schuldners voraus) annimmt.

am deutlichsten daraus, daß die Overhöre auch Anwendung findet auf Gäste, die nur in einer Herberge sich befinden [1]) Ferner aber auch daraus, daß der Nachdruck auf das Wohnen gelegt wird. Das Kreuz, wodurch die Overhöre angezeigt wird, soll gesteckt werden „up dat hus . . . dar he pleghet to wonende, wenn man nicht in dem Gericht wohnt, in dem man in Overhöre gebracht werden soll, so ist die Form der Kündigung in Overhöre eine andere [2]). Hiermit ist jedoch nicht gesagt, daß wenn jemand in Overhöre gekündigt wird, es gleichgültig sei, ob er Grundeigenthümer sei oder nicht. Die Overhöre ist alsdann in ihren Wirkungen eine gelindere [3]).

Die negativen Voraussetzungen, oder mit andern Worten, die Schuldverhältnisse, derentwegen nicht in Overhöre gekündigt werden kann, sind nicht bloß einzelne, etwa wegen der materiellen Beschaffenheit der Schuld, sondern unter gewissen Voraussetzungen kann überhaupt wegen keiner Schuld in Overhöre gekündigt werden, oder mit andern Worten hat der Schuldner nicht das Recht, das gelindere Executionsmittel, welches in der Kündigung in Overhöre liegt, zu verlangen, und welches, wie noch unter No. 3 ausführlicher zu sagen, in Hausarrest besteht, wonach man also, statt vom Schuldner in dessen Wohnung zur Haft geführt zu werden, in seiner eigenen Wohnung bewacht wird, „inne sitten" darf [4]). Jene Voraussetzungen aber sind einmal, wenn die in Rede stehende Schuld eine vererbte ist. Denn obwohl nicht nur die Regel gilt, daß der Erbe nicht „inne sitten" dürfe, wenn der Erblasser nicht hätte „inne sitten" können, sondern demgemäß auch umgekehrt die Regel, daß der Erbe, wenn der Erblasser den Vortheil der Overhöre hätte begehren mögen, ihn auch begehren darf, so findet doch diese letztere Regel auf erbende Verwandte, welche ferner stehen als Schwester und Bruder, keine Anwendung, die sich dann also des Vortheils des Innesittens nicht zu erfreuen haben [5]). Diejenigen Personen dagegen, welche für den Schuldner gebürgt haben, scheinen immer so gut wie dieser innesitten zu können, denn es wird ganz allgemein gesagt, wenn der Schuldner es nicht dürfte, so dürften auch sie es nicht, woraus ich denn den umgekehrten Satz folgere [6]). Hiermit hängt zusammen, daß auch auf die Regreßklage der Bürgen gegen den Hauptschuldner, dieser nicht ein-

1) s. oben 52, 23—25. 33. 34. Die erstere Stelle ist zwar von Albrecht a. a. O. auch angeführt worden, aber nur mit ihren letzten Worten. Die Erwähnung des Gastes findet sich im ersten Theile der Stelle.
2) s. oben pag. 52, 12—22. Vergl. auch Albrecht Note 84 und oben pag. 379 Note 1. 3) s. weiter unten bei Beantwortung der dritten Frage. 4) Vergl Albrechts Gewere Note 91. 5) s. oben pag. 77, 24. 25. 7, 3—5 und oben pag. 136 Note 6. 147 Note 1.
6) s. oben pag. 47, 37—40 und 431 Note 5. Vergl. Albrecht a. a. O. Note 93.

sitzen kann, wenn er es gegen den eigentlichen Gläubiger auch nicht gekonnt hätte [1]). Eine zweite Voraussetzung, die das Innesitten verhindert, ist, daß unter dem Schuldner Sachen besetzt worden sind [2]). Eine dritte Voraussetzung ist, wenn die Schuld verbrieft oder laut Zeugniß des Vogtes bereits gerichtlich zugestanden ist [3]). Die einzelnen Verpflichtungen, derentwegen der Schuldner nicht innesitten kann, sind folgende. Die Verpflichtung des Besitzers nach dem Dreißigsten Erbe, Herwede und Gerade herauszugeben [4]). Die Verpflichtung des Aftervermiethers (wert) dem Aftermiether zu ersetzen, was ihm von dem ersten Vermiether zu viel abgepfändet worden ist [5]). Die Verpflichtung, den Gang des Röhrwassers in Stand zu halten [6]). Die Verpflichtung aus einem Versprechen, das in Bezug auf eine Sühne gethan worden ist [7]). Die Verpflichtung, die Ansprache zu beweisen, oder Wette und Buße zu bezahlen [8]). Die Verpflichtung des Geweren im Proceß gegen Anfang und Ansprache [9]). Die Verpflichtung, sich einer durch zwei Rathmannen ausgesprochenen (schiedsrichterlichen) Entscheidung zu fügen [10]). Die Verpflichtung wenn man des geistliche statt des weltlichen Gerichts angegangen hat, dem Rathe und der Partei Ersatz zu leisten [11]). Die Verpflichtung, Zeugniß abzulegen [12]). Die Verpflichtung, binnen Vierteljahresfrist des Rathes Wein, den man hat holen lassen, zu bezahlen [13]). Die Verpflichtung des Pfandgläubigers, das ihm gesetzte Pfand wieder einlösen zu lassen, so lange er es noch nicht nach der Stadt Recht [14]) zum Eigenthum erworben hat [15]), oder die Verpflichtung, das bereits eingelöste Pfand zurückzugeben [16]). Die Verpflichtung des Depositars, wenn er dem Deponenten die deponirte Sache entfernt hat [17]). Die Verpflichtung zur Bezahlung eines Kaufpreises [18]). Es scheint jedoch, als wenn man bei allen vertragsmäßigen Verpflichtungen, in denen man nach dem Bisherigen an und für sich nicht den Vortheil des Innesitzens in Anspruch

1) s. oben pag. 77, 26—31. 2) s. oben pag. 66, 11. 12. und 422 Note 10. 3) s. oben pag. 72, 1—6 und 406 Note 4. Vergl. Albrecht a. a. O. Note 93. 4) s. oben pag. 5, 22—24. 145 Note 1. 167 Note 7. 5) s. oben pag. 21, 26—29. 227 Note 4. 5. 413 Note 6. 6) s. oben pag. 23, 28—31. 405 Note 2. 3.
7) s. oben pag. 47, 37—40. und pag. 463 Note 6. 8) s. oben pag. 26, 10—15. 335 Note 3. 396 Note 4 unten §. 9. 9) s. oben pag. 26, 43. 27, 3. 6—9. und pag. 435 Note 2. Vergl. Albrecht Note 93. 10) s. oben pag. 77, 32—38 und unten §. 11.
11) s. oben pag. 69, 25—27 und pag. 394 Note 2. 3. 12) s. oben pag. 97, 8—12 unten § 8. 13) s. oben pag. 101, 10—12. 437 Note 12. 14) Vergl. wegen dieses Ausdrucks oben pag. 423 Note 2.
15) s. oben pag. 68, 1—3. 16) s. oben pag. 68, 4—7. Vergl. auch Albrechts Gewere Note 92. 17) s. oben pag. 77, 1—4. 339 Note 2. 4. 406 Note 3. Vergl. auch 319 Note 6. 18) s. oben pag. 77, 9—12 und Albrechts Gewere pag. 47.

nehmen kann, darauf doch ein Recht hätte, wenn man sich diesen Vortheil eventualiter im Vertrage vorbehalten hätte. Es scheint nur so zu sein, weil es nur bei einer vertragsmäßigen Verpflichtung ausdrücklich gesagt wird. Von der Verpflichtung zu geweren nämlich heißt es, daß man nicht dafür einsitzen könne, „it ne were in dem kope bescheden, des men mochte vullenkomen" [1]).

2) Welches ist das Verfahren bei der Kündigung in Overhöre?

Erscheint der vor Gericht Beschiedene nicht [2]), so begiebt sich der Kläger mit einer Gerichtsperson, die ihm auf sein Gesuch vom Richter beigegeben wird, in die Wohnung des Beklagten, und erklärt ihm vor zweien oder dreien Zeugen, daß er um die und die Schuld beklagt sei und derentwegen in Overhöre gebracht werden solle. Nach dieser Erklärung, oder wenn er nicht gegenwärtig wäre nach seiner Rückkehr [3]), hat der Beklagte vierzehn Nächte Zeit, sich von der Schuld ganz oder theilweis zu reinigen. Im Fall ihn echte Noth zu erscheinen verhindert, verbleibt ihm das Recht der Vertheidigung bis zur Beseitigung der echten Noth wie es scheint jedoch so, daß er sofort mit dem Aufhören der echten Noth sich zu vertheidigen verpflichtet ist [4]). Der Richter ist auch verpflichtet, falls es nöthig sein sollte, ihn zum Behuf der Erscheinung vor Gericht zu veleghen [5]). Nöthig aber ist es schon dann, wenn er nur von einem Theil der Schuld sich reinigen will oder kann, damit er wegen des andern Theils sicher in seine Wohnung, um die Overhöre zu leiden, zurückkehren könne [6]). Ist jene Erklärung ohne Erfolg gewesen, und dieß ist auch dann der Fall, wenn der Beklagte zwar zur Antwort sich erboten, aber doch nicht sofort bei der nächsten Gerichtszeit Rede gestanden hat [7]), so wird, daß der Schuldner in seiner Wohnung Arrest habe, regelmäßig in doppelter Weise zur öffentlichen Kunde gebracht. Durch die Bekreuzigung nämlich und durch eine Erklärung im Gericht. Jenes besteht darin, daß der Büttel auf Geheiß des Richters, dem Gesuch des Klägers gemäß, ein Kreuz auf das Haus steckt, in dem der Beklagte wohnt [8]). Dieses geschieht in dem Gericht, nachdem die Gerichtsglocke [9]) geläutet worden ist, „uuder der löven" oder

1) s. oben pag. 27, 9. 10. und pag. 435 Note 4. 2) s. oben pag. 52, 26—53, 9. 438 Note 1. 3) s. oben pag. 53, 6—9. 4) s. oben pag. 53, 5. 6. vgl. oben pag. 390. Note 5. 5) s. oben pag. 52, 37—40 u. vgl. 432 Note 12. 434 Note 7. 8. 6) s. oben pag. 53, 1. 2. 7) s. oben pag. 56, 20—27. 8) s. oben pag. 52, 6—25. Vergl. Maurers altgermanisches Gerichtsverfahren pag. 246 Note 29. Grimms Rechtsalterthümer pag. 173. Albrechts Gewere Note 84. 9) s. oben pag. 52, 10. 15. 24. 56, 24. Gerichtsglocke sage ich zum Unterschied von der Meßglocke, mit welcher die Berechtigung zum Vorbieten beginnt und zu Ende geht, s. oben pag. 388 Note 3. Vgl. über das Läuten zum Gericht Maurer a. a. O. pag. 203.

vor der „dingbank" durch einen (in dem großen Gericht wenigstens) vom Schultheißen gethanen [1]) Ausspruch, in Gegenwart des Klägers selbst oder eines Mandatars oder eines Verwandten von ihm und zweier oder dreier Zeugen [2]). Die Bekreuzigung fällt fort und die Erklärung im Gericht allein ist hinreichend bei Gästen [3]), wo sie auch in Herberge liegen und bei denjenigen Personen, die in dem Gerichtsbezirk, wo man sie belangt hat, nicht wohnhaft sind [4]). Nach einem Rechtserkenntniß [5]), dem aber keine Stelle der Statuten selber, wiewohl eine analoge Bestimmung in der Lehre von der Verfestung entspricht [6]), kann der Beklagte trotz aller Voraussetzungen für die Kündigung in die Overhöre durch Stellung von Bürgen, die mit Eigen und Erben angesessen sind auch gegen den Willen des Klägers, die Overhöre noch von sich abwenden.

3) Welches sind die Wirkungen der Overhöre?

Die Wirkungen der Overhöre zeigen sich überhaupt nur in dem Gericht, vor welchem die Kündigung in Overhöre geschehen ist [7]), daher man sehr wohl in mehreren Overhören sich befinden kann [8]). Die Wirkungen werden aber in der Hauptsache durch das Wort „insitzen" bezeichnet [9]). Der Schuldner erhält nämlich durch die Kündigung in Overhöre Hausarrest, und hierin gerade liegt der Vortheil, gegen die von der Overhöre ausgenommenen Fälle, in denen man unter der Voraussetzung des Ungehorsams zunächst zwar nur die Pfändung zu fürchten hat, doch aber, wenn diese kein Resultat giebt, sofort sich in die Wohnung des Gläubigers muß führen lassen und in ihr in Haft bleiben muß [10]). Dafür, daß dieser Hausarrest beobachtet werde, zu sorgen, ist, wie es scheint, eine Pflicht des Richters, die er indeß auch durch seine Knechte üben kann [11]), und ein Recht des Klägers und

1) s. oben pag. 368. Note 2. 2) s. oben pag. 52, 10 11. 3) s. oben pag. 52, 23—25. 4) s. oben pag. 52, 10—22 und pag. 379 Note 1. Inwiefern zwischen der vom Schultheißen in seinem eigenen Gerichte gekündigten Overhöre und der in dem großen Vogtgericht ein Unterschied 375 Note 6 unten § 9. 5) Bruns in seinen Beiträgen pag. 187 Zeile 8—16 von oben. 6) s. den zweiten Absatz dieses §. Vgl. auch oben pag. 428. Note 6. 7) s. oben pag. 61, 40 — 62, 2 69, 14—16. 400 Note 1. 8) s. oben pag 54. 10—13. Vergl. auch oben pag. 379 Note 1. 9) s oben pag. 463 Note 4. 10) s. oben pag. 406 Note 1. Eben daher scheint mir angenommen werden zu müssen, daß oben die Stelle pag. 70, 20—24 in die Lehre von der Overhöre gehöre, weil darin der, welcher nicht bezahlen will, ohne daß erst noch von einem Pfändungsversuch die Rede ist, wenn er vor Gericht sich befindet, dem Gläubiger vom Richter in Arrest überantwortet wird. s. oben pag. 447. Note 11. Man müßte denn etwa annehmen, daß stillschweigend ein vergeblich geschehener Pfändungsversuch vorausgesetzt werde. s. oben pag. 424 Note 1. 11) s. oben pag. 53, 43. 44 54, 10—13. 372 Note 1.

seines Gesindes [1]). Denn sobald der Overhörige seine Wohnung verläßt [2]), und sich dann nicht etwa an besonders befriedeten Orten befindet, oder das Haus verläßt, um einer der Stadt drohenden Gefahr entgegen zu gehen, muß oder kann er von jenen Personen aufgehalten werden [3]). Im Fall der Aufhaltung durch den Richter darf er ohne Willen des Klägers nicht wieder frei gelassen, sondern muß ihm zur Haft übergeben werden [4]), und alsdann ist das Verhältniß des Overhörigen dasselbe, wie wenn er gleich vom Kläger selbst arretirt und unmittelbar von ihm zur Haft abgeführt worden wäre [5]). Dieß Recht hat der Kläger selbst dann, wenn er ein Gast ist, nur darf er den Beklagten nicht mit sich zur Stadt hinaus, sondern nur etwa in seine Herberge führen [6]). Widersetzt sich der Overhörige der Aufhaltung, so kann man sich von irgend jemand helfen lassen [7]) und Gewalt brauchen, und sofern in der Widersetzlichkeit ein Friedbruch liegt [8]), kann der Overhörige dann überall und selbst in seinem eigenen Hause, wohin er etwa sich geflüchtet hat, aufgehalten werden, und soll hierzu der Richter oder in seiner Ermangelung der Rath dem Kläger nöthigenfalls behülflich sein [9]). Die Verantwortung vor Gericht wird durch das Aufhalten zum Vortheil des Klägers über-

1) s. oben pag. 54, 3 — 6. 372. Note 2. Albrechts Gewere pag. 49.
2) In seiner Wohnung hat der Overhörige Friede seine rechte Zeit s. oben pag. 60, 5. 6. Ueber diese rechte Zeit vgl. unten pag. 469 N. 2. 5 und über die Stelle überhaupt oben pag. 316 Note 1. Albrechts Gewere pag. 51. 3) Solche besonders befriedete Orte sind Kirchen und Kirchhöfe. s. oben pag. 317 Note 2. 3. und 54, 20. 21. Desgleichen der Hausfriede anderer Personen. Dieß schließe ich daraus daß, obwohl dem Kläger im allgemeinen zugestanden wird, in Wirthshäusern und sonstigen öffentlichen Orten an den Stellen derselben, welche dem öffentlichen Verkehr dienen („binnen den ver wenden .... unde vor deme tappen") overhörige Personen so gut wie auf der Straße aufzuhalten, dennoch in den übrigen Theilen der „tavernen" zum Aufhalten die Erlaubniß des Raths erforderlich ist, der ja überhaupt den Hausfrieden aufheben kann. Als Ausname ist zu betrachten, daß wenn an jenen öffentlichen Orten besondre öffentliche Vergnügungen stattfinden („wur danz is"), obwohl ein Hausfriede sonst nicht da ist, overhörige Personen doch nicht aufgehalten werden können. Des Raths Erlaubniß würde gewiß die Aufhaltung auch hier rechtfertigen. Ob aber die Aufhaltung dann gerade mit Zuziehung richterlicher Personen geschehen müsse erhellt nicht, denn gesagt wird dieß nur von verfesteten Personen. s. oben pag. 54, 18. 19. 60, 3. 4. 59, 26 — 60, 2. und unten den zweiten Absatz dieses §. Vgl. auch Albrechts Gewere Note 94 und oben pag. 313 Note 11 — pag. 314 Note 4. 387 Note 7. 8. Wegen der Unzulässigkeit bei gemeinsamer Gefahr aufzuhalten oben pag. 65, 21 — 24. 388 Note 5. 4) s. oben pag. 54, 7—15 und pag. 466 Note 11. 5) s. oben pag. 407 N. 2. 408 Note 1. Vergl. auch wegen der Art der Haft ein Rechtserkenntniß in Bruns Beiträgen pag. 250. 6) s. oben pag. 55, 9 — 15.
7) s. oben pag. 54, 1. 2. 372 Note 2. 8) s. oben pag. 55, 16 — 56, 5. 317 Note 5. 345 Note 1. 432 Note 12. 9) s. oben pag. 55, 29 — 33 und oben Note 3.

flüssig, denn der in der Overhöre Aufgehaltene gilt für überführt und außerdem ist er wettpflichtig [1]). Der Beklagte bleibt daher so lange in der Haft des Gläubigers, bis er vollständig dem an ihn gemachten Anspruch genügt hat [2]). Dieses Aufhaltungsrecht des Klägers unterliegt jedoch einer Beschränkung, wenn der in Overhöre Gekündigte schon ehe er von dem Kläger zu dem gegenwärtigen Proceß vorgeboten wurde, ein Eigen in aller Form Rechtens unbeschränkt in seine Were gebracht hatte [3]). Alsdann nämlich ist sein Hausarrest nicht so strenger Art, wie in allen übrigen Fällen, denn er kann dann ohne Befürchtung der Aufhaltung und der daraus hervorgehenden rechtlichen Nachtheile das Eigen verlassen, sobald er es nur dem Richter und dem Kläger mit zweien Zeugen zu wissen thut [4]). Diese Freiheit, das Haus zu verlassen, kann er dann namentlich benutzen, um in anderweitigen Processen sich zu verantworten. Von solcher Verantwortung dieser Art Overhöriger in andern Processen verstehe ich mehrere Stellen der Statuten. In deren einer [5]) wird gesagt, der Sachwald (der neue Kläger) könne von dem durch jemand anders in Overhöre Gekündigten verlangen, daß er ihm die Schuld angebe, derentwegen er in Overhöre sei. In einer andern Stelle [6]) heißt's, wenn jemand in Overhöre bereits ist und, um (wegen eines andern Anspruchs) sich zu verantworten, sich auf Eigen beruft, das er habe (so daß er also eben nicht aufgehalten werden könne), daß er in Overhöre bleibe, auch wenn er ohnedieß durch Verantwortung sich davon schon befreit hätte, sobald man ihn überführen könne, daß er ein solches Eigne gar nicht besitze. Doch hat auch das Recht in dieser Art in Overhöre zu sein, sehr bestimmte Gränzen, indem man sich diesen Zustand nie länger als Jahr und Tag gefallen zu lassen braucht, oder mit andern Worten nie länger als einen Zeitranm, in welchen die drei echten Dingtage fallen [7]). Unter gewissen Voraussetzungen braucht sich der Gläubiger nicht einmal so lange zu gedulden, dann nämlich nicht, wenn der Overhörige wegen anderer Ansprüche sich zu verantworten in das Gericht kommt, und er (der Gläubiger, dem ja das Verlassen des Grundstücks zn diesem Behuf angezeigt werden muß) [8]) gegenwärtig ist. Will er dann seinen Anspruch gleich bei dieser Gelegenheit wieder geltend machen, so ist er dazu und also auch wohl zum Anhalten wieder befugt [9]). Inwiefern die Redensart „up en hus uppe sine dre daghe gan" mit jener Bestimmung zusammen hängt, wird sich besser in dem zweiten Absatz in der Lehre

1) s. oben pag. 53, 2—5. Albrechts Gewere pag. 56. und oben pag. 56, 9—11. 91, 18. 2) s. oben pag. 467 Note 5. 3) s. oben pag. 53, 12. 15. 4) s. oben pag. 53, 10—12. 5) s. oben pag. 53, 16—18. 6) s. oben pag. 53, 19—22. 7) s. oben pag. 53, 25—37. 75, 1—6. 8) s. oben pag. N. 4. 9) s. N. 7.

von der Verfestung sagen lassen [1]). Nach Ablauf von Jahr und Tag unterwindet sich der Richter des Eigen oder Hauses, auf welches bisher der Schuldner in dieser Art in Overhöre gegangen ist [2]). Ist das Haus in einem andern Gericht belegen als da die Kündigung in Overhöre geschehen ist, so muß zum Behuf der Unterwindung der Richter angegangen werden, in dessen Gericht es belegen ist [3]). Von dem Werth des Grundstücks wird dann der Kläger bezahlt. Ist der Werh des Grundstücks größer als die Schuld, so erhält der Richter von dem Werthbetrag die ihm gebührende Wette. Ist das Haus weniger werth als die Schuld, so ist nur bis zum Werth des Grundstücks getilgt. Wegen des Restes der Schuld scheint der Beklagte in Overhöre zu bleiben, so jedoch, daß er sicher den Vortheil verliert, auf irgend ein ander Haus, was er etwa noch hat, in Overhöre zu gehen. Er muß sich also nun den gewöhnlichen Folgen der Overhöre unterwerfen. Diese aber sind eben, daß der Overhörige sich gar nicht außer Hause blicken lassen darf, wenn er nicht aufgehalten werden will [4]). Wenn hierin eine härtere Behandlung des Schuldners liegt als in jenem Fall, so scheint doch darin eine Erleichterung für ihn enthalten zu sein, daß er durch keinen Ablauf von Zeit sein Einsitzungsrecht verliert [5]), so daß wenn er es vermöchte, sich immer einzuhalten, er dadurch den Gläubiger indirect um seine Forderung bringen könnte. Hiermit würde er aber auch in der That fast auf seine ganze Rechtsfähigkeit verzichten, denn einem Overhörigen braucht niemand zu Recht zu stehen [6]), und da er sich nicht aus dem Hause wagen darf, kann er sich auch gegen keine neue Klagen, und namentlich auch nicht gegen Friedbruchsklagen vertheidigen, wodurch er sich dann der Kündigung in Overhöre auch in andern Gerichten und der Verfestung aussetzt. Daß es hiervon jedoch auch Ausnahmen gebe, insofern overhörige Personen sich eine besondere Veligung vom Richter oder Rath erwirken können, ist schon früher gesagt worden [7]). Eine einzeln stehende Wirkung der Overhöre ist, daß der Overhörige nicht in den Rath aufgenommen werden kann [8]). Ebenso daß der Schuldner, wenigstens wenn er nicht nur überhaupt in Overhöre war, sondern in Overhöre auf ein Haus ging, das Recht verliert, durch bloßen Eid „dach" zu „beholden." Er kann den „dach" nicht anders als mit Gericht und Dingleuten darthun [9]). Wenn nach dem Gesagten die Wirkung der Overhöre in der Hauptsache in dem Haus-

1) s. oben pag. 438 Note 12. 2) s. oben pag 53, 31—37. 437 Note 5. 3) s. oben pag. 53, 38—42. 379 Note 2. 4) s. oben pag 467 Note 3. 5) Das „seine rechte Zeit" oben pag. 467 N. 2 bezieht sich daher nur auf das in Overhöre auf ein Eigen gehen.
6) s. oben pag. 61, 40 — 62, 2. 400 Note 1. 7) s. oben pag. 432 Note 5 folg. und unter der 4ten Frage hier. 8) s. oben pag. 56, 17—19. unten §. 11. 9) s. oben pag. 56, 10—12. unten §. 9.

arreste des Schuldners besteht, so kann man dieß auch so ausdrücken, daß durch die Overhöre der Gläubiger das Recht erhalte, den Schuldner in seinem Hause zu bewachen und alsdann hat die Overhöre zur persönlichen Haft ungefähr das Verhältniß, welches das Besetzen einer Sache zur Pfändung derselben hat. Wie hier das Recht, die Sache zu ergreifen und dann als Pfandgut zur Befriedigung aufbieten zu lassen, erst eintritt, wenn die Sache aus dem Ort gebracht wird, in welchem sie besetzt worden war; so kann auch dort der Overhörige erst, wenn er den Hausarrest verlassen, zum Behuf der Befriedigung aufgehalten und in Haft gebracht werden [1]).

4) Wie hören die Wirkungen der Overhöre auf?

Die Wirkung der Overhöre hört auf, sobald der Overhörige antwortet. Da er aber nicht vor Gericht erscheinen kann, wenn er sich nicht dem Arretiren aussetzen und dann für überführt gehalten werden will, so bedarf er eben hierzu einer besondern Beleghung. Indeß selbst wenn der Overhörige bereits aufgehalten worden ist, kann er dennoch den Nachtheil, für überführt zu gelten, von sich abwenden, wenn er nachweist, daß ihn echte Noth zu erscheinen verhindert hat [2]). Doch kann umgekehrt auch die Overhöre noch fortdauern, obwohl sich der Overhörige bereits davon befreit hatte. Dann nämlich, wenn er, um sich anderweit verantworten zu können, ein Eigen zu haben fälschlich vorgab, auf welches er dann in Overhöre ging. Er bleibt dann wie es scheint noch länger, etwa bis zum Ablauf von Jahr und Tag, in der Overhöre, obwohl diese dann die Bedeutung eines Ungehorsamsverfahrens verloren hat, und muß außerdem wetten und büßen [3]). Die Wirkung der Overhöre kann ferner auch nach der Aufhaltung noch durch einen besondern Vergleich gehoben werden, insofern als dadurch der Arrest im Hause des Gläubigers vermieden werden soll [4]).

Der Sachsenspiegel kennt von dieser ganzen Lehre nur ein Verfahren, welches nicht **neben** der Pfändung vorkommt, sondern statt deren eintritt [5]). Der Richter läßt nämlich wegen seines Gewettes, wenn er nicht auspfänden kann, durch den Frohnboten das Eigen bekreuzigen. Hierdurch erfährt der Schuldner an seiner persönlichen Freiheit keine Art von Beschränkung. Es liegt hierin nur eine provisorische Beschlagnahme des **Gutes**, die aber nach Jahr und Tag eine definitive Vertheilung werden kann.

Der vermehrte Sachsenspiegel kennt weder die Overhöre der Statuten noch die Bekreuzigung des Sachsenspiegels. Jenes wird

1) s. oben pag. 422 Note 9—11. 2) s. oben pag. 53, 2—6 und Albrechts Gewere pag. 56. Ueber die echte Noth oben pag. 390. 3) s. oben pag. 53, 19—22 und pag. 465 Note 4. Vergl. auch oben pag. 91, 18. 19. und Albrecht pag. 56. 4) s. oben pag. 345 Note 1. 407 Note 3. 5) S. II. 41, 1. 2 und Albrechts Gewere Note 89.

besonders deutlich darin erkannt, daß in denjenigen der oben angeführten Stellen, welche von dem Einsitzen reden und in das Rechtsbuch aufgenommen sind, die Worte „unde ne mach der vore nicht inne sitten" oder wie sie sonst genauer in jedem einzelnen Fall heißen, fortgelassen worden sind [1]).

Die Verfestung kommt in den Statuten vor als selbständige Strafe und als ein Verfahren gegen Ungehorsame. Zunächst soll von der Verfestung geredet werden in dem letztern Sinn, welches der gewöhnliche ist [2]). Hierbei sollen dieselben vier Fragen aufgestellt und beantwortet werden, wie bei der Overhöre. Eine fünfte Frage wird das Verhältniß der Verfestung zum Bann betreffen.

1) Unter welchen Voraussetzungen kann man jemand in die Verfestung bringen?

Vergebliche Vorladung oder unzeitiges Verlassen des Gerichts und überhaupt wenn jemand im Proceß nicht Rede stehen will, ist hier wie bei der Overhöre die Voraussetzung [3]). Wie dort aber eine Schuld erfordert wird, so hier ein Friedbruch [4]). Als Ausnahme von dieser Regel könnte man höchstens betrachten, daß auch der Kläger, der die Friedbruchsklage angestellt hat, unter Umständen in die Verfestung gebracht werden kann, wenn er seine Klage fallen läßt [5]). Es hindert jedoch nichts gerade in diesem Fallenlassen einer Friedbruchsklage einen Friedbruch zu finden, und somit auch die Verfestung des Klägers unter jene Regel zu bringen [6]). Jeder Friedbruch an sich ist aber auch schon hinreichend, um mit Verfestung gegen den Friedbrecher zu verfahren, es braucht nicht handhafte That gerade vorhanden zu sein, weder die volle handhafte That, noch auch nur die, über welche wenigstens das Gerüfte erhoben worden ist, wenn auch die Ergreifung

1) s. oben pag. 5, 22—23. pag. 464 Note 4 oben pag. 26, 10—15. pag. 464 Note 8. O. I. 43, 7 = B. I. 36, 5. 26, 43 — 27, 3. pag 464 N. 9. 2) Vgl. oben pag. 298 N. 1 380, 1. 3) s. oben pag. 39, 13. 14. 40, 28. 29. 47, 16. 17. 56, 28. 89, 31. 62, 10 — 12. 75, 9 — 25. 88, 12 — 15. 36, 1 — 4 45, 18. 19.
4) s. oben pag. 56, 30. 31. Bruns Beiträge pag. 187. No. 17.
5) s. oben 45, 11—32. 398 Note 2. Die Stelle oben pag. 62, 13—18 kann hierfür nicht angeführt werden, denn sie redet von dem Fall da der Kläger, welcher hat verfesten lassen, in einer andern Sache beklagt und hier als Beklagter verfestet wird; vergl. oben pag. 253 Note 7.
6) Hierfür berufe ich mich nur auf den allgemeinen Begriff des Friedbruchs, den die Statuten aufstellen; s. oben pag. 291 Note 1.

selbst des Verbrechers nicht gelungen sein sollte [1]). Bei dem Worte Gerüfte aber denke ich nur an das Gerüfte, welches eine von dem Bringen in die Verfestung verschiedene Handlung ist, die dem Friedbruch eben noch vor Beginn des Verfestungsverfahrens einen eigenthümlichen Charakter giebt. Denn das Gerüfte, sofern es eine rein processualische Form ist, gehört allerdings immer zu der Verfestung, d. h. wenn einmal der zur Verfestung an sich vollkommen geeignete Friedbruch vorhanden ist, so beginnt nun das Verfahren der Verfestung selber mit einem Gerüfte. Dieß aber gehört zur Beantwortung der zweiten Frage [2]).

2) Welches ist das Verfahren, um jemanden in die Verfestung zu bringen?

Das Verfahren unterscheidet sich von dem der Overhöre einmal dadurch, daß Alles, was geschieht, nur im Gerichte selbst geschieht, und dann dadurch, daß es einen noch mehr formellen Charakter haben muß, denn es besteht das Ganze in einem Scheinproceß, durch welchen Alles, was bisher geschehen ist, kurz recapitulirt wird. So beginnt das ganze Verfahren mit einer Bitte der Partei, den Friedbrecher beschreien zu dürfen. Der Richter ertheilt hierzu die Erlaubniß, die er indeß gar nicht versagen dürfte, und die Partei erhebt ein dreimaliges Geschrei [3]). Hierdurch wird die erste Anrufung der richterlichen Hülfe und insofern die Klage bezeichnet, in der jedoch auch schon der Name des Friedbrechers ausdrücklich genannt werden muß [4]). Denn die Verfestung eines Ungenannten ist überhaupt unzulässig, woraus sich das seltsame Resultat ergiebt, daß der flüchtig gewordene Verbrecher eben weil man in der Regel seinen Namen nicht kennen wird, obwohl gerade bei ihm die Verfestung besonders wünschenswerth wäre, nicht verfestet werden kann [5]). Hierauf fährt die

1) Es ist namentlich nicht nöthig, daß ein Friedbruch, der zu Hals und Hand bestraft wird, vorliegt. Dieß sage ich gegen eine Stelle der Krautschen Vormundschaft, in welcher pag. 383 Note 37 hierfür neben Stellen der Rechtsbücher auch eine Statutenstelle (oben pag. 56, 30 — 57, 18) angeführt wird. Denn einmal steht dieselbe Stelle sogar entgegen, indem es ausdrücklich heißt, daß erst nach der Verfestung als Folge derselben der Kläger „bi dem halse . . vrede . . hebben" solle; und dann außerdem eine Anzahl oben schon in der Lehre von den Verbrechen angeführter Stellen s. oben pag. 291 Note 2—5. 293 Note 4 und folgende Noten. 294 Note 6. In der Stelle oben pag. 61, 25 ist im Gegensatz gegen „scaden" unter „broke" Friedbruch überhaupt zu verstehen. Wegen der handhaften That s. unten §. 10. 2) Das Gerüfte, von welchem oben pag. 293 zu Ende und 294 zu Anfang geredet worden ist, gehört der Form der Verfestung an; s. auch unten pag. 473 Note 10.
3) s. oben pag. 56, 30—33. 4) s. oben pag. 56, 29. 32. 33.
5) Es erhält dadurch die Aufhaltung, welche auch noch nicht Verfestete, wenn sie die Verantwortung verweigern, sich gefallen lassen müssen, eine besondere Wichtigkeit; s. oben 425 Note 5. 6. Es läßt sich namentlich hierfür anführen oben pag. 48, 12 — 16 und Krauts Vormundschaft pag. 382 Note 36.

Partei damit fort, daß sie sich einen Vorsprecher erbittet [1]). Dieß ist wohl nichts nothwendiges, denn auch im wirklichen Proceß, der hier doch nur nachgeahmt werden soll, sind die Vorsprecher nichts Nothwendiges, sondern nur Nützliches [2]). Dieser Vorsprecher fragt [3]), wie die Partei in dem vorliegenden Friedbruch, den er näher zu bezeichnen hat [4]), zu verfahren habe, worauf die Antwort erfolgt, daß man den Friedbrecher zur Verantwortung vorzuladen habe [5]), eben wie im wirklichen Proceß die Bitte um Vorladung mit zur Klage gehört [6]). Dreimal, heißt es, soll vorgeladen werden [7]). Also zu drei verschiedenen Terminen soll der Friedbrecher citirt werden. Hieraus muß man schließen, daß auch im wirklichen Proceß dreimalige vergebliche Vorladung vorgekommen sein müsse, aber freilich auch nur hieraus, denn sonst findet sich hierüber in den Statuten nichts, weder Etwas, wodurch es bestätigt würde, noch etwas Widersprechendes, denn eine früher schon vollständig erörterte Stelle redet nicht von dem Fall, da die Partei überall nicht erschienen ist, sondern von dem, da sie bereits im Gericht gegenwärtig, dasselbe wiederum freventlich verlassen hat [8]). Hier kann bei Friedbrüchen, die an den Hals gehen sofort, bei geringen Friedbrüchen am folgenden Tage schon verfestet werden [9]). Die Stelle enthält auch noch eine andere Singularität, die nämlich, daß zwischen dem formellen Gerüfte, mit der das Verfestungsverfahren beginnt und den folgenden Handlungen, durch welche das Verfahren beendigt wird, ein Zwischenraum von einem Tage liegen **kann**, den der zu Verfestende noch zur Antwort und mithin znr Vermeidung der Verfestung benutzen kann. Thut er dieß nicht oder erscheint er nach jener dreimaligeu Vorladung nicht vor dem Gericht, weder er selbst noch ein anderer für ihn, der für ihn antwortet oder echte Noth beweist [10]) (dieß Alles muß im wirklichen Proceß sich ereignet haben und wird ebenfalls hier nur gewissermaßen wiederholt), so fragt man wieder feierlich, wie man ferner zu verfahren habe, und die Antwort ist, daß man den Friedbrecher auffordern soll, Bürgschaft für die Verantwortung zu leisten [11]). Auch diese Aufforderung soll dreimal geschehen [12]). Hiermit ist jedoch wohl nur, was den **wirklichen** Proceß betrifft, ausgedrückt, daß in jedem zur Vorladung angesetzten Termin der Friedbrecher das Gericht wieder gegen Bürgschaft

1) s. oben pag. 56, 33. 2) s. oben pag. 383 Note 4 — 384 N. 1. 3) s. oben pag. 56, 33—36. 4) s. oben pag. 56, 35. Diese Verpflichtung folgt aus der überhaupt anerkannten Obliegenheit, den Klagegrund gehörig anzugeben; s. oben pag. 395 Note 7 — 396 Note 3. 5) s. oben pag. 56, 36. 6) Vergl. oben pag. 384. 385. 7) s. oben pag. 57, 1. 8) s. oben pag. 293. 9) s. oben pag. 294 zu Anfang. 10) s. oben pag. 57, 1—5, vgl. auch oben pag. 390 Note 9. 11) s. oben pag. 57, 5. 12) s. oben pag. 57, 6.

zur weitern Verantwortung zurückzukehren verlassen könne [1]). Erscheint dann kein Bürge, so findet man zu Recht, daß die Partei verfestet werde [2]), und der Richter fragt dann noch über dieses Urtheil besonders nach der Vulbort der Dingleute, die mit „upstippen" der Finger, daß der Mann in die Veste gebracht sei, beurkunden [3]). Die dann noch folgenden Fragen und Urtheile dienen dazu, auf eine feierliche Art die Folgen der Veste auszusprechen, von denen unter Nr. 3. noch ausführlich geredet werden wird [4]). Dieser ganze Scheinproceß, wie er hier beschrieben ist, hat jedoch insofern auch noch eine materielle Bedeutung, als er noch immer durch wirkliche Verantwortung unterbrochen und so die Verfestung noch abgewehrt werden kann, obwohl eigentlich alle Voraussetzungen zur Verfestung bereits vorhanden sind. Namentlich erkennt man dieß aus der Aufforderung, Bürgschaft zu leisten, durch welche, sobald sie nur noch „er dat laste ordel over gan si" [5]), also ehe das letzte jener Scheinurtheile gesprochen worden ist, geschieht die Verfestung vermieden wird, wenn der Bürge verspricht „over de dweren nacht" [6]) den Friedbrecher vorzubringen [7]). Hieraus erhellt, daß die ganze bisher erörterte Stelle der Statuten nur von dem Fall redet, da selbst in dem letzten Termine der Friedbrecher noch nicht erschienen ist. Nur in einem Rechtserkenntnisse wird auch von dem Falle gesprochen, da der Friedbrecher in diesem letzten Termin zwar gegenwärtig ist, aber doch nicht antworten will. Es wird dann, wie es scheint, ganz dasselbe Verfahren wie vorhin beschrieben beobachtet [8]). Nur wird dem fortdauernd Ungehorsamen auch gegen Bürgschaft nicht gestattet, frei aus dem Gericht zu gehen, sondern die Verfestung, wenn der Gegner es verlangt, nur vermieden, wenn außer durch Bürgschaft das Wiedererscheinen auch noch durch Haft bei dem Vogt gesichert wird [9]). Vielleicht sind auch von diesem Verfahren die Worte

1) s. oben pag. 427 Note 6. 2) s. oben pag. 57, 6—9. 3) s. oben pag. 57, 10—12. 184 Note 2. 372 Note 7. 4) s. oben pag. 57, 12—18. 5) s. oben pag. 57, 19—23. 380 Note 1. 6) Ueber den Begriff des „over de dweren nacht" oben pag. 438. N. 9. und über die Qualität der Bürgen oben pag. 428 N. 6. 7) Ueber die Wirkung der Bürgschaft oben pag. 428. Note 7. 8. Bruns Beiträge pag 248. 8) s. Bruns Beiträge pag. 187 „Ok dat eyn stunde vor gerichte unde wolde eynen in overtal bringen umme eyne sake welkerleye de were unde dat were komen also verne dat men ene to borge bode." Diese letztern Worte deuten an, daß man jenen Scheinproceß auch gegen den Gegenwärtigen, ihn zu verfesten, anwandte, und heißen so viel als: wenn man in dem Verfestungsverfahren bis zur Bürgenaufforderung gekommen ist. 9) Das vorhin angeführte Rechtserkenntniß fährt so fort,: „icht men dene mochte borgen one des sakwolden willen oder nicht. Des wetet, trede de sake uppe schuld, so mochte me one borgen, trede aver de sake an vredebrake, so mochte me one aver borgen ane des sakwolden willen, so one de voget beheilde in siner hechte, also dat men siner mechtig were weder vor

der Statutenstelle zu verstehen, welche dem Richter oder der Partei, oder auf Geheiß des Richters noch andern Leuten den viermal in demselben Termin zur Antwort aufgeforderten Friedbrecher gestatten zu „dwingen to rechteme antwarde“[1]). Zum Schluß bei dem Verfahren mag noch bemerkt werden, daß man hier nicht wie bei der Overhöre, grade „alse men de klocken lut“ in die Verfestung bringen muß, vielleicht eben deshalb, weil ein vollständiger, wenngleich nur zum Schein geführter Proceß, also eine schon eröffnete Gerichtssitzung vorausgesetzt wird, und vielleicht sind die Worte einer früher schon einmal angezogenen Stelle „wente man dar nene klocken lut“ auf diese Weise zu verstehen[2]).

3) Welches sind die Wirkungen der Verfestung?

Die Wirkung der Verfestung zeigt sich wie die der Overhöre nur in dem Gericht, vor welchem sie ausgesprochen worden ist[3]), daher jemand wie in mehreren Overhören so auch in mehreren Verfestungen sein kann[4]). Daß demungeachtet die kleinen Vögte von der im großen Gericht verhängten Verfestung in gewisser Art abhängig seien, ist schon früher bemerkt worden[5]). Nur darin zeigt sich eine ausgedehntere Wirkung der Verfestung, daß ein Verfesteter, wo er auch verfestet sei, immer auch „not liden“ müsse vor dem Rath[6]). Der Ausdruck Einsitzen für die wichtigste Wirkung der Overhöre wird nicht auf den Verfesteten angewandt[7]), obwohl er der Sache nach angewandt werden könnte, da der Verfestete wie er einerseits in seiner Wohnung vor jedem Angriff des Gegners sicher ist[8]), so andererseits gleich dem Overhörigen, sobald er seine Wohnung verläßt, von dem Richter[9]), dem Gegner oder seinen Verwandten aufgehalten werden kann[10]). Auch hier jedoch ist der Verfestete in schlimmerer Lage als der

gerichte to bringende.“ Daß an ein Verfestungsverfahren gegen den gegenwärtigen Friedbrecher hier gedacht ist, wird auch durch den folgenden Gegensatz deutlich: „Were ok dat men enen wolde vorvesten umme vredebrake, de nicht iegenwordich en were.“ Vgl. oben pag. 399 und 427 Note 6.

1) s. oben pag. 399 Note 3. 2) s. oben pag. 61, 35. 379 N. 10. 380 Note 1. s. auch unten No. 4. 3) s. oben pag. 59, 25. 26 und pag 466 Note 7. 60, 7. 8. 61, 40 — 62, 2. Vergl. Albrechts Gewere Note 81. 4) s. oben pag. 57, 26—31. 61, 18—20. 397 Note 4. 5. und pag. 466 Note 8. 5) s. oben pag. 379 Note 10. 380 Note 1. 6) s. oben pag. 60, 7. 8. unten §. 11. 7) s. oben pag. 466 Note 9. 8) s. oben pag. 60, 5. 6. 186 Note 5. 228 Note 2. 281 Note 8. 314 Note 8. Albrechts Gewere pag. 51.

9) s. oben pag. 54, 7—9. 10) s. oben pag. 57, 14—16. Das Recht, in eigener Person oder durch seine Verwandten aufzuhalten, wird in dem feierlichen Scheinproceß, durch welchen die Verfestung überhaupt erbeten und erwirkt wird, noch besonders erbeten und ertheilt; s. oben pag. 474 Note 4. Albrechts Gewere pag. 49 und in seiner ersten Abhandlung de probationibus pag. 56.

Overhörige, insofern er zwar nicht geradezu aus dem Hausfrieden anderer Personen weggeführt werden, doch aber von diesen verlangt werden kann, daß sie bei Gefahr als Mitschuldige des Verbrechens angesehen zu werden, den Verfesteten vor das Gericht schaffen [1]). Gegen das gerichtlich zu stellende Begehren, den Verfesteten vorzubringen, kann man sich entweder durch eidliche Abläugnung, daß man den Vefesteten gar nicht auf der Were habe, auch überhaupt nicht wisse, wo er sich befinde, oder dadurch vertheidigen, daß man Nachsuchung zu halten gestattet [2]). Dieß Verfahren findet auch dann statt, wenn der Verfestete sich innerhalb des Hausfriedens befinden sollte, wo Tanz ist, denn auch hier heißt es, man solle ihn nicht aufhalten, „men ne vare dar bi alse recht is" [3]). Nur wenn zwischen dem Verfesteten und dem, in dessen Were er sich befindet, ein Verhältniß statt findet, vermöge dessen die Were des letztern eigentlich auch die seinige ist, kann die Auslieferung so lange dieß Verhältniß dauert überhaupt nicht begehrt werden. So, wenn jemand einen andern vor dem „scaden", dessentwegen er in die Verfestung gebracht worden ist, zum Gesindedienste oder sonst durch Vertrag zum Wohnen in seine Were aufgenommen hat. Auf so lange dann der Vertrag lautete, so lange dauert auch die Sicherheit des Verfesteten in dieser Were [4])' Ebenso kann jemand seine Kinder, die von ihm noch nicht separirt sind, auf seinem Eigen oder Erbzinsgut oder Leibzucht oder auch in dem nur gemietheten Orte sicher behalten, sobald er die Were nur vor der Verfestung bereits gehabt hat [5]). Auf die Zeit des begangnen Friedbruchs kommt es hier nicht an, der Verfestete ist aber auch in seiner Were nicht einmal unter allen Umständen (wie doch der Overhörige, wenn er nicht überhaupt den Hausfrieden verscherzt) sicher vor dem Aufhalten. Er ist nicht sicher auf dem Eigen, welches er erst, nachdem der Friedbruch begangen worden ist, erworben hat [6]). Wenn er dagegen ein vollständig vorher bereits erworbenes Eigen einem andern (durch Satzung) übergeben hat und dann „alse ime dat

1) s. oben pag. 59, 29—31. 281 Note 10. 293 Note 2. 297 N. 11. oben pag. 36, 31—41. 88, 16—21. 335 Note 2. Donandts Versuch einer Geschichte des Bremischen Stadtrechts Th. 2 pag. 298 Note 3. 4. und unten im Vergleich mit dem verm. Sachsp. Vergl. auch Bruns in seinen Beiträgen pag. 236 No. 19. Wegen des Overhörigen s. oben pag. 467 Note 3. 2) s. oben pag. 59, 32 — 60, 2. 316 Note 3. Ueber die Veränderung, welche die den Statuten entsprechende Privilegienstelle erfahren (113, 11—16) unten §. 10. Vgl. auch Albrechts Gewere pag. 49 zu Ende. 3) s. oben pag. 54, 18. 19. 60, 2. 3. pag. 467 Note 3. Vergl. Albrechts Gewere Note 94. 4) s. oben pag. 60, 12—15. 315 Note 1. Albrechts Gewere Note 98. Ueber den Gebrauch des Wortes „scaden" für Friedbruch s. oben pag. 344 Note 3. 4.
5) s. oben pag. 60, 16—24. 281 Note 7. 315 Note 2. Albrechts Gewere Note 98. Krauts Vormundschaft pag. 388 N. 48. 6) s. oben pag. 60, 25—28. Vgl. oben pag. 310 Note 5.

ledich wert" zum wohnen darauf zieht, so genießt er den Hausfrieden daselbst [1]). Wenn umgekehrt einer zu der Zeit des Friedbruchs bereits in einem ihm zum Pfande gesetzten Hause wohnt, so hat er auch so lange den Hausfrieden darin, als es noch nicht wieder eingelöst ist, aber auch nur so lange [2]). Daß der Verfestete überall also an allen sonst befriedeten Orten den Frieden einbüße, wenn er einen Friedbruch begehe, wird hier noch allgemeiner als in Ansehung des Overhörigen ausgesprochen [3]); und auf der Straße scheint er nicht einmal, wenn er sie betritt, um in allgemeiner Noth Hülfe zu leisten, vor dem Aufhalten sicher zu sein, während der Overhörige der Gefahr des Aufhaltens entschieden dann nicht unterworfen ist [4]). Die nächste Wirkung dieser Aufhaltung ist Gefangenschaft bei dem Vogte [5]), denn von einer Wegführung in die Behausung der Partei ist hier natürlich keine Rede, da es sich hier nicht von einer zu entrichtenden Privatschuld, sondern von Erleidung einer öffentlichen Strafe handelt. Nur insofern zeigt sich auch hier ein besonderes Recht der Partei, als der Arretirte ohne ihren Willen nicht wieder entlassen werden darf [6]). Die entferntere Wirkung der Aufhaltung ist wieder wie bei der Overhöre, daß der Verfestete für überführt gilt selbst dann, wenn er mit Unrecht, d. h. vielleicht ohne gehörige Beobachtung der Form, in die Verfestung gebracht worden ist [7]). Nur dann gilt der Aufgehaltene nicht für überführt, wenn er sich hatte aus der Verfestung ziehen wollen, und ihm erweislich hierzu die richterliche Hülfe versagt worden ist [8]). Gilt indeß der Regel gemäß der Aufgehaltene für überführt, so ist eine zweite Folge der Aufhaltung die Strafe an den Hals, wie gering auch der Friedbruch ist, wegen dessen geklagt worden ist [9]). Zu dieser Aufhaltung scheint der Kläger oder Richter sogar in der eigenen Were des Verfesteten berechtigt zu sein nach Ablauf von Jahr und Tag, ähnlich wie der Vogt sich des Hauses des Overhörigen nach Ablauf dieses Zeitraums unterwinden kann [10]). Dieß schließe ich daraus, daß von dem Verfesteten wie von dem Overhörigen gesagt wird, sie hätten auf ihrer eigenen Were [11]) Frieden ihre rechte Zeit [12]). Daß diese rechte Zeit auch für den Verfesteten

1) s. die vorige Note. 2) s. oben pag. 60, 29—33. 242 Note 4.
3) s. oben pag. 60, 34—36. 317 Note 4. pag. 467 Note 9.
4) s. oben pag. 467 Note 3. Von dem Verfesteten wird es wenigstens nirgends ausdrücklich gesagt. 5) s. oben 54, 14. 15. 61, 16—20.
6) s. die vorige Note. 7) s. oben pag. 468 Note 1. pag. 57, 14. 59, 8—13. Albrechts 1ste Abhandlung de probationibus pag. 58. Dessen Gewere pag. 52. 8) s. oben pag. 59, 12—15 und unter No. 4.
9) Auch diese Wirkung wird schon in dem Scheinproceß beim Verfestungsverfahren erbeten und verwilligt; s. oben pag. 474 Note 4. pag. 57. 12—14. 59, 10. Vergl. auch oben pag. 298 Note 4 und 305 Note 7.
10) s. oben pag. 469 Note 2. 11) s. unten pag. 478 Note 7.
12) s. oben pag. 60, 5. 6. Vgl. auch pag. 438 Note 11 und pag. 467 Note 2.

gerade Jahr und Tag sei, ist aber nicht hinlänglich klar. Man kann dafür anführen, daß in dem einzelnen Fall, da jemand wegen Todtschlags angeklagt und verfestet worden ist, ausdrücklich bestimmt wird, die Verfestung solle Jahr und Tag dauern [1]). Dieß kann einen doppelten Sinn haben. Einmal den, daß vor Ablauf dieser Zeit der Verfestete sich nicht aus der Verfestung ziehen dürfe, und dieß ist etwas Besonderes, denn abgesehen von diesem einzelnen Fall steht dem Verfesteten das Ausziehungsrecht jederzeit zu [2]). Dann kann aber auch die Bestimmung den Sinn haben, daß in der Regel spätestens mit Ablauf dieser Zeit [3]) die Schonung aufhöre, die man dem Verfesteten noch gewähre, und vermöge deren er vor dem Aufhalten und dessen Folgen sicher ist. Beides finde ich in dieser Stelle ausgesprochen. Jenes ist das, wovon die Stelle explicite redet, dieses, was sie nur implicite enthält, und das ist es, was gerade hierher gehört. Mit diesem Sichersein des Verfesteten in seiner eigenen Were währeud Jahr und Tag setze ich die Redensart „uppe sine dre daghe" auf ein Haus gehen in Verbindung, denn die drei Tage lege ich mir aus für die drei echten Dingtage, die in jedem Jahre gehalten werden müssen, und verstehe darunter nach dem Vorgange von Albrecht den Zeitraum von Jahr und Tag [4]). Hierzu berechtigt mich freilich nur, daß das auf seine drei Tage Gehen immer zusammengestellt wird mit dem in Overhöre Gehen, und daß namentlich von dem Hause, auf welches man in Overhöre geht, gesagt wird, man könne darauf nicht auch noch in demselben Gerichte, in welchem es liege, auf seine drei Tage gehen, sondern nur in einem andern Gerichte [5]). Auf diese Zusammenstellung kann man deshalb Gewicht legen, weil Overhöre und Verfestung so durchgehends mit einander verglichen werden [6]). Wenn jedoch auch nach dem Bisherigen ein Verfesteter, der eine eigene Were hat (denn daß es eigene Were sei, ist durchaus erforderlich) [7]), mit

1) s. oben pag. 174 Note 4. 437 Note 6. 2) s. unter No. 4.

3) „In der Regel spätestens" sage ich, denn ausnahmsweise kann die Schonung sowohl länger dauern, als umgekehrt früher aufhören. Jenes ist der Fall z. B., wenn der Verfestete vermöge eines Miethcontracts auf einer Were sitzt, der auf mhrere Jahre lautet und kurz vor der Verfestung geschlossen ist; s. oben pag. 476 Note 4. Dieses ist der Fall z. B., wenn der Verfestete einen Friedbruch begeht, oder wenn die Miethszeit früher zu Ende geht; s. oben pag. 477 Note 3.

4) s. Albrechts Gewere Note 79 und O. IV. 20, 1 = B. III. 8, 1.

5) s. oben pag. 469 Note 1. 53, 13—15. 23. 24. 75, 7. 8. Vergl. auch 72, 38—42 und oben 379 Note 6. 6) s. hierüber Albrechts Gewere Note 87. 7) s. oben pag. 53, 13—15 vergl. mit oben pag. 60, 25—28 und pag. 468 Note 3. Die zuerst angeführte Stelle sagt daß der, welcher auf seine drei Tage gehen wolle, das Haus ledig und und los in seine Were gebracht haben müsse, bevor ihn der Büttel vorbiete, und die zweite Stelle, daß der Verfestete nur auf dem Eigen wohnen bleiben, also Frieden haben könne, welches er schon, bevor er den

dem Overhörigen, der auf ein Haus geht, das gemein hat, daß er auf dieser Were Jahr und Tag sicher ist, so folgt daraus weder, daß er auch zum Behuf der gerichtlichen Verantwortung gegen Dritte vor Gericht erscheinen könne, ohne aufgehalten zu werden [1]), wie es doch der Overhörige kann, der auf ein Haus geht [2]), noch daß der Verfestete, der kein Eigen hat, auf den Weren, wo er sonst noch Frieden genießt, eben wie der Overhörige für immer sicher wäre, sofern er es nur vermöchte sich immer einzuhalten [3]). Hier kommt vielmehr alles auf die Verträge und die besondern Verhältnisse an, welche Ursache des Friedens sind, den er noch genießt [4]). Was insbesondere die Verträge betrifft, so scheint ein Verfesteter (was vom Overhörigen nicht gilt) überhaupt keinen gültigen Vertrag schließen zu können, und zwar so wenig, daß die Verfestung sogar auf die Verträge zurückwirkt, welche zwar vor der Verfestung aber doch nach dem Friedbruch, wegen dessen die Verfestung eingetreten ist, geschlossen worden sind [5]). Damit hängt auch zusammen, daß man dem Verfesteten noch weniger gerichtliche Hülfe giebt wie dem Overhörigen. Denn nicht bloß, daß

„scaden" gethan, mit allem Rechte gehabt habe. Rügt man diese Verschiedenheit streng (statt in beiden Stellen nur die Bestimmung zu finden, daß der Beklagte schon vor Beginn des Processes Eigenthümer gewesen sein müsse), so würde daraus die Unmöglichkeit der Identität dessen, der auf seine drei Tage geht, und des Verfesteten folgen, und dann überhaupt eine andere Erklärung für den erstern Ausdruck gesucht werden müssen. Vielleicht daß dann der Ausdruck in die Lehre von den processualischen Cautionen gehört. In dieser ist einer Stelle erwähnt worden, nach welcher der, gegen den schon die dritte Klage angestellt wird (pag. 427 Note 7), durch bloßen Grundbesitz nicht mehr für sicher gilt, nicht mehr darauf gehen kann. Versteht man hier unter dritter Klage den dritten gerichtlichen Termin desselben Processes, so heißt die Stelle so viel als: bis zum dritten Termin gilt man wegen seiner Proceßpflichten durch Grundbesitz für sicher; von da an wird man entweder in Haft gehalten oder zur Bürgenstellung verpflichtet (s. oben pag. 427. 428.). Es ließe sich hiernach auch denken, daß „auf seine drei Tage gehen" gleichbedeutend wäre mit „bis zum dritten gerichtlichen Termin durch ein Haus frei von Haft und Bürgenstellung sein." Hierfür könnte sogar angeführt werden, daß gleich darauf in den Statuten von dem auf seine drei Tage Gehen geredet wird (s. oben pag. 478 Note 5. Vergl. auch oben pag. 453 Note 7.).

1) Denn dieß wird nirgend von dem Verfesteten gesagt. Es wird im Gegentheil ausdrücklich in Abrede gestellt, daß er zu diesem Behuf geveligt werden könne (s. oben pag. 433 Note 4. 5. 434 Note 1); während der Overhörige selbst, wenn er nicht auf ein Haus in Overhöre geht, wenigstens durch die Velighung, ohne Aufhaltung fürchten zu müssen, die Möglichkeit der Vertheidigung erhalten kann (s. oben pag. 469 N. 7).
2) s. oben pag. 468 N. 4. 3) s. oben pag. 469 N. 5. 4) s. oben pag. 476 N. 4 — 477 N. 2. 5) s. oben pag. 34, 20 — 24. Hiernach würde dann wohl der Verfestete nicht bloß nicht sicher sein auf dem nach dem Friedbruch erlangten Eigen, sondern er würde auch überhaupt gar kein Recht daran erwerben können; s. oben pag. 476 Note 6.

der Verfestete nicht klagen kann [1]), er kann eigentlich auch nicht einmal als Beklagter sich vertheidigen [2]). Eigentlich nicht, weil die Vertheidigung wenigstens in dem Gericht, in welchem er verfestet worden ist, nicht geschehen kann. Die Härte, die hierin liegt, wird dadurch gemildert, daß der Verfestete die Ansetzung eines gerichtlichen Termins begehren kann an einem Orte, wo er sicher erscheinen kann [3]). Dieß kann, zum mindesten wenn der Verfestete sich gegen Friedbruch vertheidigen will, sein eigenes Haus oder wohl überhaupt die Were sein, auf welcher er wohnt und deshalb Frieden daselbst hat [4]). Gewissermaßen kann dahin auch gerechnet werden, daß der Verfestete auch dann eine Sühne zahlen muß, wenn weder der Verletzte selbst noch seine Verwandten klagend auftreten. Der Vogt kann die Sühne alsdann statt jener Personen von dem Verfesteten verlangen [5]). Von dem entzogenen Klagrecht insbesondere ist zu sagen, daß dieß wegen Friedbrüche, die gegen den Verfesteten begangen werden, nicht einmal seinen Verwandten zusteht [6]). Nur ausnahmsweise, wenn der Friedbruch schon vor der Verfestung begangen und der Verletzte schon vor seiner Verfestung die Friedbruchsklage begonnen hat, kann sein nächster Schwerdtmage die Klage wenigstens fortsetzen [7]). Der Verfestete ist auch unfähig, Zeugniß abzulegen [8]). Endlich ist als eine eigenthümliche Wirkung der Verfestung einer Person zu bezeichnen, daß man selbst allen bis jetzt noch unbekannten Mitschuldigen, wenn man von ihnen noch vernehmen sollte (vreschede), auch mit der Veste (mit rechte) folgen könne [9]).

4) Wie hören die Wirkungen der Verfestung wider auf?

Die Wirkungen der Verfestung können nur auf eine ähnliche feierliche Weise gehoben werden wie sie entstanden sind [10]). Die erste Bedingung ist, daß der Verfestete sich auszieht aus der Verfestung. Ausziehen aus der Verfestung heißt in dem Gericht erscheinen und auf die Klage [11]) antworten, und namentlich auch beweisen, daß man mit Unrecht in die Veste gebracht ist [12]). Der

1) s. oben pag. 469 N. 6. 61, 40 — 62, 2. 69, 14—16. 400 N. 1.
2) s. oben pag. 24, 29—36. 62, 28—37. 3) s. oben pag. 242 Note 1. 390 Note 11 — 391 Note 1. 433 Note 3—7. 4) s. oben pag. 62, 19—27 5) s. oben pag. 174 Note 3. 4. Vergl. auch pag. 154 Note 1—5. 6) s. oben pag. 59, 1—3. 8. 9. In dieser Stelle ist stillschweigend ausgesprochen, daß wenn ausnahmsweise auch die Verletzung eines Verfesteten ein Friedbruch ist (wie dieß der Fall ist, wenn er auf der Were verletzt wird, wo er noch Frieden hat), zum mindesten seine Verwandten auftreten können; s. oben pag. 253 Note 5.
7) s. oben pag. 62, 13—18. 253 Note 7. 8) s. oben pag. 62, 3. 4. 38—40 und unten §. 8. 9) s. oben pag. 57, 16—18. Auch diese Folge wird gleich bei dem feierlichen Verfestungsverfahren erbeten und bewilligt; s. oben pag 474 Note 4. 10) Von einer feierlichen Loskündigung aus der Overhöre wird nirgend geredet; s. oben pag. 470 Note 2—4. 11) s. oben pag. 57, 33—36. 58, 13. 14. 12) s. ein Rechtserkenntniß in Bruns Beiträgen pag. 184 No. 15. Vergl. auch Albrechts Gewere Note 426 und weiter unten in diesem §.

bloßen Erklärung aber des Verfesteten dieß thun zu wollen, wird noch kein Glauben geschenkt. Er muß Bürgen, die mit freiem Grundeigenthum angesessen sind bestellen, welche versprechen ihn „over de dweren nacht" vorzubringen [1]). Die Bürgen haben also dieselbe Verpflichtung wie wenn sie noch zuletzt die Verfestung, die schon ausgesprochen werden soll, abzuwenden Willens sind [2]). Hat das Vergehen, dessentwegen der Verfestete als Friedbrecher beklagt ist nur die Folge, daß an den Kläger etwas gezahlt werden muß, wie etwa der Hauszins oder wie ein Sühngeld, so hat es der Verfestete bequemer, indem er dem Kläger eben nur die Zahlung leistet [3]). Nur wenn der Kläger die Zahlungsannahme weigert, muß jener doch noch wieder vor das Gericht und muß dann auch in diesem Fall Bürgen stellen. Der Inhalt der Bürgenverpflichtung wird hierbei nicht besonders wiederholt. Die Obliegenheit aber des Beklagten in dem Gericht zur Noth statt an den Kläger selbst an den Vogt auf des Klägers Rechnung zu zahlen, läßt vermuthen (und so ist die Stelle auch schon in der Lehre von den Cautionen verstanden worden [4])), daß die Bürgen hier nicht bloß wegen des Vorbringens sondern auch wegen der Zahlung haften. Verweigert der Kläger in dem Gericht, wo der Verfestete sich ausziehen will zu erscheinen, so kann der Vogt das weitere Verfahren auch ohne seine Gegenwart vornehmen lassen [5]). Verweigert dagegen der Vogt dem Verfesteten den Zutritt in das Gericht, so kann dieser den Rath angehen [6]). Wie der Verfestete hierbei zu verfahren habe wird in einem Rechtserkenntniß für den besondern Fall genauer beschrieben, da der Verfestete behauptet, mit Unrecht in die Veste gebracht zu sein [7]). Dem Vogt der sich weigert wird die Auszichung zu gestatten durch Mitglieder des Rathes, die ihm zugesandt werden, anbefohlen, und wenn er auf seiner Weigerung beharrt, wird ein anderer Richter an seine Stelle gesetzt. Für den Fall, da man den Kläger von dem Vorhaben des Beklagten gar nicht in Kenntniß setzen kann, ist überhaupt der Vogt nicht die competente Behörde, sondern nur der Rath [8]). Hat sich der Beklagte den eben angege-

1) s. oben pag. 57, 35. 36. Diese Stelle wird mit Unrecht in Krauts Vormundschaft pag. 383 Note 43 neben andern Stellen aus andern Rechtsquellen und namentlich aus dem Sachsenspiegel (II. 4, 1) dafür angeführt, daß das sich Ziehen aus der Verfestung bestanden habe in einem Schwur des Verfesteten, daß er jetzt zu Recht stehen wolle und in einer Caution, daß er in den nächsten drei Gerichtstagen erscheinen und dem Kläger antworten wolle. Vergl. auch Albrechts Gewere Note 105 und dessen erste Abhandlung de probationibus pag. 53. s. auch oben 428 Note 6. 2) s. oben pag. 474 Note 4. 3) s. oben pag. 57, 40. 65, 5. 6. 59, 15 — 24. 4) Vergl. oben pag. 430 Note 1. 5) s. oben pag. 59, 19—22. 6) s. oben pag. 57, 37—39. 433 N. 6. 7) Bruns Beiträge pag. 184 No 15. Vergl. auch unten in dem Abschnitt: von der Verfestung als Strafe. 8) s. oben pag. 61, 3—13. 433 Note 5. 434 Note 1.

benen Vorschriften gemäß ausgezogen, so wird er nun von dem Richter wieder in sein Recht gebracht [1]). Dieß kann überall, nur nicht in Kirchen und geweihten Kirchhöfen geschehen. Es müssen Dingmänner gegenwärtig sein, deren einen man nach einem Urtheil fragt, ob der Verfestete wohl wieder in sein Recht gebracht werden könne [2]). Auf die bejahende Antwort wird er feierlich in sein Recht erklärt und jedermann verboten ihn anders als mit rechter Klage anzugreifen. Der Befreite (sakwolde) bezahlt dann dem Richter einen Friedeschilling. Ist jemand in mehreren Gerichten verfestet, so muß er in jedem derselben das gleiche Verfahren beobachten [3]). Inwiefern gebundene Tage dem Bürgestellen und Ausziehen der Verfesteten hinderlich sein können ist schon früher gesagt worden [4]).

Von einer Verwandlung der Verfestung in die Acht wird in den Statuten nirgend geredet. In einem Rechtserkenntniß aber wird die Anfrage beantwortet, wie ein Bürger der einen Gast in die Achte gebracht hätte „vor dez reichz stulo" die Kündigung der Acht, die der Gast abläugne, zu beweisen habe [5]).

5) Wie verhält sich die Verfestung zum Bann?

Der Bann, d. h. die Acht der Kirche scheint in den weltlichen Gerichten gar keine nachtheilige Wirkung zu haben, denn es wird ganz allgemein gesagt, daß man dem der in dem Bann sei, doch vor Gericht antworten müsse, wenn der Rath ihn nicht des Bannes wegen verfestet hätte [6]). Aus diesem letztern scheint hervorzugehen, daß wenn eben nur der Bann die Ursache der Verfestung war, der Rath allein die letztere verhängen lassen konnte [7]). Dieß hindert natürlich nicht die gewöhnliche Kündigung in die Verfestung wegen eines Friedbruchs, der ganz abgesehn von dem bereits ausgesprochnen Bann, die Verfestung nach sich ziehen kann. Dieß wird in einem Rechtserkenntniß mit folgenden Worten gesagt [8]): „wie eynen vredebruch tut, und da czu bannes vorschuldet met eyner dot, die muz dar um den ban lyden, und dar czu wertlich gerichte, da die tat ist geschen." Erwähnt wird auch noch der Excommunication in dem Privilegium Friedrichs des 2ten, die man in Bezug auf jemanden, der bei seinen Lebzeiten nicht excommunicirt worden war, nicht noch nach seinem Tode denuntiiren dürfe [9]).

Es ist noch übrig von der Verfestung zu reden, inwiefern sie eine selbständige Strafe ist. Diesen Charakter scheint mir die

1) s. oben pag. 57, 40—58, 12. 2) Vgl. auch oben pag. 372 Note 8 und Klenze's Lehrbuch des Strafverfahrens pag. 20. 3) s. oben pag. 57, 31. 32. 4) s. oben pag. 441 Note 2. 5) Förstemanns Rechtserkenntnisse pag. 19, b und 21e s. auch unten §. 8. 6) s. oben pag. 69, 11—13. 400 Note 2. 7) s. unten §. 11. Ueber die Wirkung einer solchen Verfestung unten pag. 483 Note 3. 8) Förstemann pag. 28, b. Vgl. Heineccius pag. 304. 9) s. oben pag. 113, 19—22.

Verfestung zu haben, wenn sie vom Rath gegen einen Bürger „umme dat he in **wederstrevich** is" erwirkt wird [1]), denn es heißt, daß ein solcher Bürger, nachdem ein Rathmann oder sonst Beauftragter vor dem **großen** [2]) Gericht das Verfestungsverfahren eingeleitet hat „umme den **bröke**" in die Verfestung gebracht werden solle. Das Verfahren liegt hier in dem Ungehorsam gegen den Rath, nicht aber in einem Ungehorsam gegen das Gericht, daher zeigen sich auch die Wirkungen dieser Verfestung nicht bloß in dem Gericht, welches sie ausgesprochen hat, sondern **überall** wo man nicht der **Stadt** Hausfrieden halten muß [3]). Ein einzelnes Beispiel des Ungehorsams eines Bürgens gegen den Rath ist die Weigerung Schoß zu zahlen, welche in Ermangelung von Vermögen, aus welchem der Schoß im Wege der Execution genommen werden könnte, eben mit der Verfestung bestraft wird [4]).

Den Charakter der Strafe hat ferner die Verfestung von hundert Jahren, welche der Rath über einen Bürger, der einen andern Bürger oder einen vom Rath geveleghten Gast erschlagen hat, durch das Gericht verhängen läßt, wenn er sich durch die Flucht der Todesstrafe entzogen hat [5]). Dieselbe Strafe soll einen Gast treffen der einen Bürger erschlägt, natürlich auch wieder nur dann, wenn man seiner nicht habhaft werden kann [6]). Besteht unter gleichen Voraussetzungen der Friedbruch nur in Lähmung oder „kampordighen" Wunden, so ist die Strafe der Verfestung auf **zwanzig** Jahre beschränkt [7]). Diese Bestimmungen finden auch Anwendung, wenn die betreffenden Personen Gesinde der Bürger sind [8]). Die Wirkung der Verfestung wegen Todtschlag oder Verwundung zeigt sich ebensogut überall, außer wo der Stadt Hausfriede ist, wie die wegen Ungehorsams gegen den Rath, denn die vorhin angeführte Stelle redet ganz allgemein von des Rathes verfestetem Mann [9]).

In Ansehung der Erfordernisse der Verfestung nach dem Sachsenspiegel besteht die Verschiedenheit von den Statuten nicht darin, daß nur wegen einer nicht übernächtigen Klage die an das Leben oder die Hand geht verfestet werden und aller übrigen geringern Friedbrüche halber überhaupt keine Verfestung statt finden könne [10]), sondern darin, daß in dem erstern Falle die Verfestung **sogleich** [11]), in dem letztern erst dann eintritt, wenn der Beklagte auch zu dem zum drittenmal angesetzten Gerichtstag nicht

1) s. oben pag. 60, 37 — 61, 2. 2) s. oben pag. 380 Note 2. 3) s. oben pag. 59, 4—7. 315 Note 3. 4) s. oben pag. 106, 23—25. 107, 6—8. vgl. auch oben pag. 405 Note 5. 5) s. oben pag. 49, 17—22. 25—29. vgl. oben pag. 298 Note 9. 305 Note 7. 432 Note 2. 6) s. oben pag. 49, 23—25. 7) s. oben pag. 49, 30—33. 8) s. oben pag. 49, 34. 35. 9) s. oben Note 3 und 59, 4. 10) s. oben pag. 298 N. 11. 11) S. I. 68, I. I. 70, 3.

erschienen ist [1]), wie dieß in den Statuten immer der Fall ist [2]), ausgenommen wenn jemand verfestet wird, weil er freventlich das Gericht, in welchem er bereits erschienen war, wieder verläßt [3]). Unter dieser Voraussetzung findet auch im Rechtsbuch bei jedem Friedbruch sofortige Verfestung statt [4]). Namentliche Verfestung ist nicht nothwendig aber in ihren Wirkungen stärker als die ohne Namensbezeichnung geschehene, insofern nur jene an das Leben geht [5]). Doch wird natürlich überhaupt auch hier vorausgesetzt, daß der Verfestete in der Verfestung begriffen worden ist [6]). Diese Ergreifung kann auch zu befriedeten Zeiten geschehen [7]). Inwiefern an befriedeten Orten und namentlich auch andern Personen gegenüber auf deren Were sich der Verfestete befindet, die Aufhaltung geschehen könne, erfährt man nicht [8]). Eine bedeutende Verschiedenheit zeigt sich darin, daß der in der Verfestung Aufgehaltene deshalb noch nicht für überführt gilt, sondern der Kläger muß außer dem Beweis für die Verfestung auch noch den für die That führen, derenthalben der Beklagte verfestet worden ist [9]). Die Ausziehung aus der Verfestung hat darin etwas Eigenthümliches, daß zum Behuf derselben von dem Richter dem Verfesteten auf Begehren derer die es „von sinent halven" verlangen, ausdrücklich Friede gewirkt wird [10]). Ein feierliches Einbringen in das Recht muß auch hier auf die Ausziehung folgen.

Der vermehrte Sachsenspiegel bezeichnete den Unterschied der Verfestung auf handhafte That von der in Folge eines förmlichen gerichtlichen Verfahrens durch die Ausdrücke „umbe di untad" und „in der sache" verfestet sein [11]). Andre aber, als namentliche Verfestung, kennt der vermehrte Sachsenspiegel so wenig wie die Statuten [12]), denen dieses Rechtsbuch auch in der Lehre

1) S. I. 67. 2) s oben pag. 472 Note 1. 3) s. oben pag. 473 Note 8. 4) S II. 45. 5) s. oben pag. 472 Note 5. S. I. 66, 3. Von der Form der Verfestung oben pag. 57, 10—12 und pag. 474 Note 3. S. II. 4, 1. 6) s oben pag. 59, 9. 10 = S. III. 63, 3 bis zu den Worten „dar binnen" inclusive. Vgl. wegen der übrigen Wirkungen oben pag. 59, 25. 26. pag. 475 Note 3 mit S. III. 24, 1. s. ferner oben pag. 477 Note 9. S. III. 63, 3. 7) S. II. 10, 1. II. 66, 2. vergl. auch oben pag 322 Note 3. 452 Note 5. 8) s. oben pag. 476 Note 1. 9) s. oben pag. 59, 14. 15. pag. 477 Note 7. S. I. 66, 2. I. 68, 5. III. 18. III. 8, 2. s. auch unten § 10. 10) s. oben pag. 408 Note 11. S. II. 4, 1. Wegen einer andern Eigenthümlichkeit oben Note 5. Wegen des Orts der Ausziehung vergl. oben pag. 58, 2. 3. pag. 482 Note 2 mit S. III. 17, 1. Von Verwandlung der Verfestung in die Acht oben pag. 482 Note 5. S. I. 71. III. 34. Wegen des Verhältnisses von Bann zur Acht oben pag. 446 Note 2 pag. 482 Note 6. S. I. 53, 4. oben pag. 353 Note 2 Die oben pag. 483 Note 1—9 angeführten Stellen der Statuten von der Verfestung als Strafe finden sich im Sachsenspiegel nicht 11) D. IV. 20, 1 Zeile 6. 11. s. auch dist. 4. = B. III. 18 pr. 1. 5. oben pag 483 Note 4. 12) s. die Paralele zu oben pag. 472 Note 11.

von den Wirkungen der Verfestung und deren Wiederaufhebung [1]) folgt. Hiervon finden sich jedoch folgende Ausnamen. Das Gesinde ist von dem Augenblick der Verfestung an nicht mehr sicher bei der Herrschaft [2]). Der Vater kann von dem Augenblick der Verfestung an auch das ungesonderte Kind nicht mehr in seiner Were behalten [3]), denn es soll überhaupt der Verfestete auf niemandes Were Frieden haben in dem Gericht, in welchem er verfestet ist [4]). Aus dieser letztern Bestimmung darf man jedoch nicht folgern, daß der Verfestete, wo er einen selbständigen Hausfrieden habe, aufgehalten werden könne. In diesem und wo Tanz ist soll aus Schonung „der menige der lute und frowen und iuncfrowen" wenigstens nicht anders als mit Gericht aufgehalten werden [5]). Die Stellen welche von dem auf seine drei Tage gehen reden, finden sich nicht, wohl aber die Bestimmung, daß nur Verfestung eines Todtschlägers Jahr und Tag dauern solle [6]).

Von dem Beweisverfahren insbesondre.

§. 8. Einleitung.

Von den Beweismitteln.

In der Lehre vom Beweise das Wort in seiner gegenwärtigen Bedeutung genommen, ist der Beweis von Friedbrüchen zu trennen von dem Beweise jeder andern Thatsache, von welcher Schuldforderungen oder Anfang und Ansprache oder persönliche Eigenschaften abhängen [7]). Als Einleitung zu beiden Arten von Beweisen wird etwas von den Beweismitteln zu sagen sein.

Außer dem alleinigen Eide der Parteien, von welchem sich etwas Allgemeines nicht sagen läßt, sind die Beweismittel Zeugen und schriftliche Urkunde. Als Zeugen können sowohl öffentliche Personen als Privatpersonen dienen. Der Beweis

1) Hierüber liegen die Beweise in den Paralelen die die Noten zu dem Text der Statuten in dem Abschnitt von der Verfestung geben. 2) s. oben pag. 476 Note 4. D. IV. 21, 19 = B. III. 19, 16. 3) s. oben pag. 476 Note 5. 289 Note 10. 4) D. IV. 21, 21 = B. III. 19, 18. vgl. auch Albrechts Gewere Note 98. 5) D. IV. 21, 9. 18. = B. III. 19, 6. 15. Albrechts Gewere pag. 49. 6) s. oben pag. 176. Wegen Verwandlung der Verfestung in die Acht D. IV. 20 = B. III. 18. Vom Verhältniß der Verfestung zum Bann oben pag. 453 Note 4. Die Stellen der Statuten über die Verfestung als Strafe finden sich nicht aufgenommen. Von einer ganzen Stadt „echter" wird geredet s. oben pag. 59, 4—7. D. IV. 21, 10 = B. III. 19, 7. 7) s. oben pag. 366 Note 3 — 367 Note 5.

durch öffentliche Personen unterscheidet sich dadurch von dem durch Privatpersonen, daß er die Partei von der eidlichen Versicherung befreit, während die eidliche Aussage von je nach den Umständen zwei oder sechs oder vier Privatpersonen die Stelle des Eides der Partei nicht ersetzt, sondern nur unterstützt [1]). Die öffentlichen Personen, deren man sich bedienen kann, sind Gerichtspersonen oder der Rath [2]). Will man den Beweis durch den Rath führen, so wird entweder die ganze Sache vor den Rath gezogen und so durch seine Aussage und Urtheil entschieden [3]); oder es genügen die Aussagen der beiden Rathmänner, welche schiedsrichterlich früher zwischen den Parteien in Auftrag des Rathes entschieden haben [4]), und diese können ihre Aussage auch im Gericht abgeben. Die Gegenpartei hat indeß das Recht einmal den Rath zu fragen, ob jene beiden Rathmänner auch wirklich vom Rath beauftragt gewesen seien [5]), und dann auch noch eine eidliche Bekräftigung von den beiden Rathmännern zu verlangen, daß ihre Aussagen wahr seien [6]). Die richterliche Person durch welche man einen Beweis führen will, kann sowohl der eigentliche Richter als der Schultheiße und der Büttel sein. Doch genügt die alleinige Aussage dieser Personen niemals, vielmehr muß sie entweder durch zwei Dingleute oder irgend welche zwei andre Privatpersonen noch unterstützt werden [7]). Ein andres Erforderniß ist, daß Richter und Dingleute grade in ihrer öffentlichen Qualität müssen gehandelt haben, und daß Privatpersonen von dem Richter besonders zur Zeugnißhülfe müssen aufgefordert werden. Dieß scheint jedoch nur soviel zu heißen, als der Richter habe die Pflicht, die bei einer gerichtlichen Handlung gegenwärtigen Personen zur Aufmerksamkeit und zum Behalten dessen, was geschieht, aufzufordern und dereinst die Aufgeforderten vorzugsweise zum Zeugniß zu brauchen; denn in einer andern Stelle wird ausdrücklich gesagt, daß jeder der die Verhandlung gesehen und gehört habe auch wenn an ihn keine Aufforderung zur Aufmerksamkeit gerichtet worden sein sollte, Zeugniß ablegen könne [8]).

1) s. oben pag. 7, 13. 32, 11. 76, 19. 71, 33. 34. 13, 5 — 7.
2) Ueber einen zureichenden Beweis durch alleinige Aussage des Hirten oben pag 338 Note 8.
3) s. oben pag. 82, 8 — 10. Förstemanns Rechtserkenntnisse pag. 388. Dieß kann selbst dann geschehen, wenn der Kläger bereits die Ware gethan hat. Vergl. oben pag. 373 Note 1. 2. 377 Note 1. 403 Note 4 und unten §. 11.
4) s. oben pag. 97, 21—39. 98, 3—10. 82, 10—12 unten §. 11.
5) s. oben pag. 97, 40 — 98, 1.
6) s. oben pag. 98, 11—14.
7) s. oben pag. 92, 1—5. pag. 179 Note 9. 10. 405 N. 6. 185, 6. 186, 7. 316 N. 8. 381 Note 3. 228 Note 3. 4. 232 Note 7. Förstemanns Rechtserk. pag. 36 b. oben 21, 1—10 und 233 Note 1. 291 N. 2. 3. 314 N. 5. 334 Note 6 341 Note 11. 370 Note 9. 10. 11. 371 Note 8. 372 Note 4. 7. 8. 384 Note 6. 398 Note 2. 419 Note 5. 420 Note 7. 8. 423 Note 8. 427 Note 3.
8) s. oben pag. 92, 6 — 28. vgl. mit oben 95, 25—31.

Mit dem geistlichen Richter kann man vor dem weltlichen Gericht nur in geistlichen Dingen und namentlich in Ehesachen beweisen [1]) das Zeugniß auswärtiger Gerichte kann gegen einen goslarischen Bürger nicht gebraucht werden, wenn das was gegen ihn zu beweisen, nicht etwa geschehen ist, ehe er die Bürgerschaft erworben hat [2]). Dem Vogt (nicht aber dem geistlichen Richter) müssen schon nach dem Privilegium Friedrichs des 2ten [3]) „pro reliquiis et causidico" [4]) fünf Solidi gegeben werden, mit andern Worten: es müssen ihm und seinen Gehülfen Gebühren gegeben werden. Diese Gebühren werden jedoch nicht erst gezahlt für die Zeugnißablage, sondern sogleich bei dem gerichtlichen Act, für den man dereinst durch die Aussage des Richters den Beweis führen zu können hofft. In diesem Sinn verstehe ich eine Stelle der Statuten [5]), welche offenbar aus der Stelle des Privilegii hervorgegangen ist. Darin heißt's nämlich, daß der Richter auch, wenn man ihm keine „orkunde" gleich bei dem gerichtlichen Act gegeben hätte [6]), dennoch seine Zeugnißablage späterhin nicht verweigern dürfe. Aber allerdings müßten dann die fünf kleinen Schillinge Gebühren (darin eben besteht die orkunde) dem Vogt, d. h. eben jenem selben Richter noch nachgezahlt werden. Nur insofern wird auch für die Zeugnißablage selbst etwas entrichtet, denn hat der Interessent schon „uppe de s a k e sin orkunde" gegeben, so hat er hinterdrin nichts mehr zu zahlen. Stirbt eine von den Personen auf deren Zeugniß man sich verläßt, so kann man mit Hülfe der noch lebenden Zeugen das Zeugniß „vornyen unde meren" erneuern und vermehren, indem man von ihnen, was sie selbst gesehen oder gehört haben, vor neuen Zeugen wiederholen läßt [7]). Es genügt wenn diese neuen Zeugen nur zur Zeit der Wiederholung schon zu ihren Jahren gekommen sind [8]).

Ein allgemeines Erforderniß aller der Personen welche Zeugniß ablegen sollen ist, daß sie vollkommen an ihrem Rechte sind. Daher sind alle unechten recht- und ehrlosen Personen Zeugnißunfähig [9]). Dasselbe gilt von verfesteten Personen [10]). Pfaffen und Mönche, auch wenn gegen ihr Ruf nichts zu sagen ist, werden im weltlichen Gerichte doch nur aus Noth zum Zeugniß zu-

1) s. oben pag. 94, 18—22. 335 Note 7. 373 Note 10. 394 Note 2. 2) s. oben pag. 76, 3—11. 374 Note 6. 348 Note 9. 3) s. oben pag. 112, 15—19. 4) s. oben pag. 369 Note 3. 5. 5) s. oben pag. 94, 30—35. 6) In Bruns Comparatio privilegii mit den Statuten pag. VIII. wird orkunde unrichtig übersetzt mit documentum, während es so viel heißt wie Urkundepfennig, s. hierüber die oben zu der Statutenstelle angeführte Parallele des vermehrten Sachsp. und Haltaus Glossarium unter Urkunde. Vgl. oben pag. 185 Note 7. 7) s. oben pag. 95, 16 — 96, 24. 59, 19 — 24. 97, 13 — 15. 8) s. oben pag. 93, 33—37. 9) s. oben pag. 349 Note 6. 7. 10) s. oben pag. 62, 2. 4 und pag. 480 Note 8.

gelassen [1]). Auch Frauen, Kinder unter ihren Jahren, Blödsinnige und Wahnsinnige können kein Zeugniß ablegen [2]). Daß Frauen indeß nicht durchweg ausgeschlossen sind vom Zeugniß, erhellt aus der Stelle nach welcher die Lebensfähigkeit eines neugebornen Kindes mit vier Frauen bewiesen wird [3]). Gesinde kann der Herrschaft nicht zeugen helfen, wohl aber der welcher nur jemandes „bewissede man" ist, oder nur Wochenpfennige von ihm erhält oder der für Geld sein Kostgänger ist [4]). Ebenso können die Knechte des Vogtes ihm im Zeugniß beistehen, wenn sie nur nicht zugleich sein Gesinde sind [5]). Wenn es in einer Stelle heißt, Juden könnten nicht Zeugen sein [6]), so ist dies einer andern Stelle nach nur zu verstehen von dem Fall, da sie Gehülfen eines Christen grade sein sollen. Dieser darf sich nicht in seiner eidlichen Aussage durch Juden unterstützen lassen. Gesagt wird dieß ausdrücklich von dem Richter, dessen sich ein Jude zum gerichtlichen Zeugniß bedienen will. Die zwei Personen, die außer dem Richter dann noch erforderlich sind, müssen auch Christen sein [7]). Daß außerdem ein Jude mit Juden Beweis führen könne nicht nur, sondern sogar müsse, wird, im Fall er sich von einem Friedbruch zu reinigen habe, durch eine besondre Stelle außer Zweifel gesetzt [8]) und ist auch eigentlich schon enthalten darin, daß die Form des Judeneides eigenthümlich ist [9]) und bei einem Privatzeugniß doch die Partei grade in ihrem Eide unterstützt werden soll. Anders verhält es sich nach einem Rechtserkenntniß, wenn positive Thatsachen zu beweisen sind [10]).

Außer den Zeugen sind noch Beweismittel schriftliche Urkunden. Bei diesem kann wiederum die vom Richter ausgestellte Urkunde gesondert werden von dem Privatdocument. Es wird gedacht der offenen Briefe, welche entweder überhaupt der Sicherheit halber über Schuldforderungen oder geschehene Veräußerungen von Grundstücken ausgestellt werden [11]), oder weil der Richter, vor welchem die Sache verhandelt worden ist, nicht mehr in der Stadt ist, und man ihn also nicht mehr persönlich in das Gericht bringen kann [12]), oder weil die betreffende Handlung selbst vor einem auswärtigen Gerichte geschehen ist [13]), oder weil sonst eine Thatsache bewiesen werden soll, von welcher nur die auswärtige Obrigkeit (eine Stadt oder ein Herr) Kenntniß haben

1) s. oben pag. 93, 36 — 94, 3. Vergl. aber pag. 349 Note 2. 2) s. oben pag. 93, 8. 9. Vgl. oben pag. 248 Note 7. 8. 3) s. oben pag. 13, 5—7 und 137 Note 1. 4) s. oben pag. 93, 12—17. 5) s. oben pag. 93, 15—20. 6) s. oben pag. 93, 9. 7) s. oben pag. 95, 8—10. 8) s. oben pag. 40, 6—8. 9) s. oben pag 78, 27—35. Bruns Beiträge pag. 245 No. 34. 10) s. die vorige Note und unten §§. 9. 10. 11) s. oben pag. 30, 9—24. Vgl. auch Bruns Beiträge pag. 181 No. 4. 188 No. 19. oben pag. 72, 1—12. 12) s. oben pag. 92, 29 — 93, 2. 13) s. oben 76, 3—11.

kann [1]). Von den offnen Briefen über veräußerte Grundstücke wird bemerkt, daß sie regelmäßig nur vom Vogt, vom Rathe aber lediglich insoweit die Sache ihn selbst beträfe, angefertigt werden könnten [2]). Außer diesen offnen Briefen wird auch noch eines Stadtbuchs gedacht, in welches die Overhörigen und die Verfesteten eingetragen werden und welches eben zum Beweis, daß jemand in Overhöre oder Verfestung gekündigt sei, dienen soll. Die Eintragung in dieses Buch kann von dem Schultheißen selbst dann nicht geschehen, wenn die Kündigung in seinem eigenen Gerichte geschehen ist. Er ist vielmehr in dieser Beziehung auch für das eigene Gericht von dem großen Vogt abhängig [3]). Auch die Privaturkunden heißen Briefe [4]). Nur einmal in den Statuten könnte auch das Wort Urkunde ein schriftliches Document bezeichnen sollen, wenn nicht zwei Rechtserkenntnisse, die sich auf die betreffende Stelle beziehen veranlaßten den Ausdruck auch hier nicht sowohl mit Document als mit Zeuge zu übersetzen [5]).

Das Verhältniß der genannten Beweismittel zu einander ist im allgemeinen dieses, daß der alleinige Eid der Partei durch die übrigen Beweismittel verhindert werden kann [6]). Doch ist in dieser Beziehung die ältere Redaction der Statuten von der neueren verschieden, insofern sie regelmäßig in den weltlichen Gerichten nur in den Fällen, in welchen es auf den Beweis reiner Thatsachen ankommt im Gegensatz iuristischer Geschäfte oder Handlungen dem Privatzeugniß (und von diesem allein kann ja beim Beweise reiner Thatsachen die Rede sein) gleiche Kraft wie sonst nur dem Zeugniß öffentlicher Personen beilegt [7]). Als Ausnahme erscheint es daher im ältern Recht, wenn mit des Rathes Erlaubniß alle möglichen Rechtsgeschäfte auswärtigen Personen gegenüber [8]), und Sühne und Urfehde [9]) und Morgengabe [10]) auch gegen den Ableugnungseid Einheimischer vertheidigt werden können. Die neuere Redaction hat den Unterschied zwischen Privatzeugniß und öffentlichem Zeugniß (der in den geistlichen Ge-

1) s. oben pag. 76, 36—38. 2) Vgl. oben pag. 185 Note 1. 193 Note 4. 9. 235 Note 3. 239 Note 10. 3) s. oben pag. 375 N. 5. 6. 59, 19—24. 4) s. oben pag. 71, 22—38. Vgl. Bruns Beiträge pag. 226. No. 3. 5) s. oben pag. 13, 1—3. Förstemanns Rechtserkenntnisse pag. 34c. vgl. oben pag. 488 Note 11. Bruns in seinen Beiträgen pag. 193 No. 29 Zeile 13. 14 von oben 6) s. oben pag. 28, 26. 27. 56, 37. 38. 70, 15. 16. 25—27. 71, 30—34. 72, 13—18. 78, 38 bis 40. 79, 11. 12. Albrechts erste Abhandlung de probationibus pag. 6. 8. Note 6 und pag. 23. s. oben pag. 81, 18. 19. 27. 28. 92, 1. 2. 94, 27—29. 97, 21. 22. Bruns Beiträge pag. 183 No. 12. 193. oben pag. 199 Note 3. 203 Note 6. 7) s. oben pag. 150 Note 4. 154 Note 3. 4 und das Nähere unten §. 9. 10 8) s. oben pag. 36, 9—14. 79, 13—18. 9) s. oben pag. 35, 24—26. 36, 7. 8. 78, 40, 41. 92, 3—5. 94, 13. 14. Vgl. oben pag. 344 Note 14. 10) s. oben pag. 8, 20—24. 95, 1—5. Vgl. oben pag. 270 Note 8.

richten der Stadt niemals statt gefunden zu haben scheint [1])) überhaupt aufgehoben [2]), sofern man von den Handlungen absieht, die ihrer Natur nach grade Handlungen richterlicher Personen sein sollen, wie z. B. die Kündigung in die Verfestung. und das Zurückbringen des Verfesteten in sein Recht [3]). Welches Verhältniß des Urkundenbeweises zu dem Zeugenbeweise statt habe, wird besser bei den Einzelheiten erörtert [4]).

Alleiniger Eid, Zeugen und Briefe [5]) sind auch im Sachsp. die Beweismittel. Von den Zeugen gilt ebenfalls, daß sie richterliche und Privatpersonen sein können. Daß in jenem Fall die Partei nicht mitschwöre, ist als Regel um so sicherer anzunehmen als sie einmal ausdrücklich ausgesprochen wird [6]) und als auch ausnahmsweise im Fall gegen den Richter mit gerichtlichem Zeugniß bewiesen werden soll, an seine Stelle die Partei selber treten kann [7]). Das Verhältniß des alleinigen Eides zu dem Zeugenbeweis ist fast das nämliche wie nach der ältern Redaction der Statuten, d. h. es gilt als Regel, daß man nur gegen gerichtliches Zeugniß iuristischer Geschäfte oder Handlungen sich nicht losschwören könne [7a]). Die Ausnamen von dieser Regel sind auch zum Theil dieselben [8]). Aber auch nur zum Theil, denn daß der Beweis einer gezahlten Schuld selbdritt geführt werden könne, wird in den Statuten ausdrücklich in Abrede gestellt, obwohl es Landrecht sei [9]). Die neuere Redaction weicht dann überhaupt im Princip ab und es mag besonders darauf aufmerksam gemacht werden, daß die abändernde Stelle der Statuten zunächst grade vom Beweise gegen die Erben redet und in einem Rechtserkenntniß mit der Stelle des Sachsenspiegels verglichen wird, welche gegen die Erben zwei und siebzig Zeugen verlangt [10]).

Der vermehrte Sachsenspiegel hat über das Verhältniß des öffentlichen zum Privatzeugniß unter andern Stellen der beiden Quellen auch die vom Beweise bereits gezahlter Schuld aufgenommen, so jedoch, daß er in dem den Statuten entsprechenden Orte [11]) die Möglichkeit durch Privatzeugen und durch Richter zu beweisen alternativ schlechtweg neben einander stellt, ohne zu bemerken, daß das eine Kaiserweichbild und das andre Landrecht sei,

1) s. oben pag. 94, 20—22 und Bruns Beiträge pag. 249 No. 38 zu Ende. 2) s. oben pag. 7, 11—14. Bruns Beiträge pag. 249 No. 38. 233 No. 15 zu Ende. 3) s. oben pag. 56, 30 — 57, 18. 59, 19—24. 58, 5—12 und pag. 474 Note 3. 4) s. unten §. 9. 10. 5) S. III. 34, 1. Wegen „orkunde" s. Homeyers Glossar. 6) S. I. 7. III. 88, 2. 7) S. II. 22, 1. III. 88, 5. 7a) S. I 18, 2. 8) s. oben pag. 489 Note 9—10 und S I. 8, 3. I. 20, 6. 9. 9) s. oben pag. 71, 30—34. 72, 13—18. S. I. 54, 3. I. 65, 4. II. 6, 2. Albrechts 2te Abhandlung de probationibus Note 80. 10) s. oben Note 2. S. I. 6, 2. Bruns Beiträge pag. 249. Vgl. oben pag. 148 Note 4 — 149 Note 1. 11) s. oben pag. 489 Note 9 und D. III. 11, 2 f. B. Zu dem Worte Louckent in Zeile 12 ist die Variante

wie es bei andern Verschiedenheiten sonst oft genug geschicht. Die Regel nur mit Gericht beweisen zu können, findet sich auch im vermehrten Sachsenspiegel der also hierin mit dem Sachsenspiegel 1) und der ältern Redaction der Statuten zusammenstimmt.

§. 9. Von dem Beweise in Bezug auf persönliche und Vermögens-Verhältnisse.

Inwiefern man zu dem Beweise persönlicher Eigenschaften rechnen will, daß jemand verfestet sei, ist davon schon in dem vorigen § geredet worden. Der Beweis wird entweder durch das Stadtbuch geführt oder den allgemeinen Regeln gemäß durch den Richter und zweien andern Zeugen. Ein gleiches gilt von dem Beweise, daß jemand overhörig sei. Die Zeugen haben hier die Eigenschaft reiner Zeugen und nicht die von Consacramentalen 2). Aehnlich verhält es sich mit dem Beweis der Rechtlosigkeit, welche ein Gericht über jemanden ausgesprochen hat, d. h. Richter und Dingleute sagen darüber aus. Ist das Gericht ein auswärtiges, so reicht ein von ihnen den zugesendeten Erkundigungsboten ausgestellter offner Brief hin. Doch kann ein solcher Beweis mit auswärtigem Gericht überhaupt nur gegen Gäste und gegen solche Bürger geführt werden, welche zur Zeit da die Rechtlosigkeit ausgesprochen worden ist, noch Gäste waren. Die Zahl der Dingleute wird nicht angegeben, braucht aber nach den allgemeinen Regeln nicht größer als zwei zu sein 3). Die Rechtlosigkeit kann jedoch auch so gut wie die Unechtheit durch Privatpersonen bewiesen werden 4). Derjenige aber, dem sie vorgeworfen wird, hat im Beweise den Vorzug vor dem der ihn beschuldigt, denn sobald er selbsieben sich von jenem Vorwurf zu reinigen bereit ist, verhindert er das gleiche Zeugniß des Geg-

Bekennet. s. auch O. III. 13, 1 = B. II. 17 pr. vgl. Albrechts 2te zweite Abhandlung de probationibus Note 79.

1) s. oben pag. 490 Note 7a und O. IV. 43, 1 = B. IV. 14 pr. Vgl. auch Kropp in Hudtwalckers criminalistischen Beiträgen pag. 405. N 91. und Albrechts erste Abhandlung de probationibus pag. 6 zu Ende. Vom Beweis der Sühne und Urfehde Albrechts zweite Abhandl. de probat. Note 82. Wegen der von Richter oder Rath auszustellenden Briefe oben pag. 193 Note 9. Wegen des Worts Urkunde (oben pag. 489 N. 5) ist bemerkenswerth, daß es in den Pölmannschen Distinctionen in der entsprechenden Stelle mit „zeugnis" übersetzt wird s. zu O. I. 24. Zeile 2 die Variante. 2) s. oben pag. 474 Note 3 und 69, 19—24. 110, 28—32. Vgl. Homeyers Glossar pag. 401. A. 3) s. oben pag. 76, 3—11 vgl. oben pag. 486 Note 7. pag. 488 Note 13 und Abrechts 2te Abhandl. de prob. Note 135. 4) s. oben pag. 76, 12 — 14. Vgl. oben pag. 349 Note 11.

ners [1]). Dieß wird jedoch wohl schwerlich auch dann gelten, wenn die Rechtlosigkeit im Gericht ausgesprochen ist, und mit diesem bewiesen werden kann. Wird ein bereits Verstorbener auf diese Weise angegriffen, so kann sein nächster Schwerdtmagen an seiner Stelle den Reinigungsbeweis führen [2]). Die Zeugen werden mit dem Wort Kundschaft bezeichnet, welche man an dem Orte wo die betreffende Person geboren oder erzogen ist, aufsuchen solle. In diesem Worte finde ich den Beweis, daß auch in diesem Falle die Zeugen den Charakter reiner Zeugen und nicht den der Consacramentalen haben, denn theils wird Kundschaft sonst in den Statuten gebraucht von Fällen, wo es auf ein Wissen der Zeugen ankommt [3]), theils wird gleich nach den eben erörterten Stellen die wahrhaftige Kundschaft, womit auf die eben beschriebene zurückgewiesen wird, entgegengestellt zweien Zeugen mit deren Hülfe jemand für den besondern Fall, da er in eine Gilde treten wolle, schon seine Echtheit darthun könne [4]). Diese zwei Zeugen scheinen allerdings den Charakter von Consacramentalen zu haben. Eine andre Erleichterung des Beweises in diesem besondern Fall ist, daß auch offne Briefe einer Stadt oder eines Herrn hierüber zugelassen werden, wenn sie dem Rathe hinreichend zu sein scheinen [5]). Vermag der Gegner den von ihm übernommnen Beweis nicht zu führen, so muß er büßen und wetten [6]). In etwas weicht von dem hier regelmäßig selbsieben zu führendem Beweise ab der Fall, da von dem Beweise der Mönchseigenschaft geredet wird. Diesen führt man entweder durch die Mönche, deren Zahl nicht bezeichnet wird, oder mit sieben andern Personen. Ob die Partei mit unter diesen sieben schon enthalten sei, erkennt man aus der Stelle nicht [7]). Zuletzt muß noch zum Beweis persönlicher Eigenschaften gerechnet werden, daß die Ehe auch durch geistliche Gerichte [8]) und die Lebensfähigkeit eines Kindes durch vier Frauen dargethan wird, welche der Mutter in ihren Nöthen beigestanden und das Geschrei des Kindes gehört haben [9]). In diesen letzten drei Fällen ist ebenfalls die Qualität der Zeugen als reiner Zeugen unzweifelhaft.

Im Sachsenspiegel findet sich über den Beweis der Rechtlosigkeit wegen Geburt oder Gewerbe der Hauptsache nach dieselbe Stelle wie in den Statnten [10]). Vom Beweise einer ge-

1) Vergl. Albrechts 2te Abhandl. de probationibus Note 137. 164.
2) s. oben pag. 384 Note 3. 3) s. oben pag. 97, 8—12. 30, 28 bis 43 und weiter unten s. Haltaus Glossarium unter „Kundschaft.“
4) s oben pag. 76, 25 — 38. 5) s. oben pag. 489 Note 1.
6) s. oben pag. 76, 6—9. 12—16. vgl. 335 Note 3. 7) s. oben pag. 10, 1—11. 131 Note 1—6. 8) s. oben pag. 94, 18. 19 und pag. 487 Note 1. 9) s. oben pag. 486 Note 1. pag. 488 Note 3. 137 Note 1. 10) S. III. 28, 1.

richtlich ausgesprochnen Rechtlosigkeit heißt es ausdrücklich, er könne nur vom Richter selbsieben geführt werden [1]).

Im vermehrten Sachsenspiegel findet sich nur der Beweis der Verfestung durch Stadtbuch oder Tafel erwähnt. Desgleichen der Beweis der Mönchseigenschaft, der indeß nach einer Lesart schon mit zwei Personen geführt wird [2]). Die Stelle über Lebensfähigkeit ist nicht aus den Statuten, sondern aus dem Sachsenspiegel entlehnt [3]).

Bei dem Beweise, der sich auf Vermögensverhältnisse bezieht ist das Verfahren in Schuldverhältnissen zu sondern von dem da Rechte an Sachen streitig sind.

Wer eine Schuld einklagen will ist nicht genöthigt mit dem einfachen Leugnen des Beklagten schon sich zurückweisen zu lassen. Er kann vielmehr entweder begehren daß die Schuld wenigstens eidlich abgeleugnet werde, oder aber seinerseits zu einem Zeugenbeweis sich bereit erklären. Dies Wahlrecht findet sich deutlich genug ausgesprochen in den Worten einer Statutenstelle. „Wilköret oder vulbordet," heißt es, der Kläger einen Eid zu nehmen, so kann er sich nachher nicht mehr des Zeugnisses bedienen [4]). Die Stelle erklärt dann das Verhältniß noch genauer. Sollte der Beklagte im Termin, noch ehe der Kläger den Eid gefordert hätte, schon durch einfaches Leugnen die Forderung in Abrede gestellt haben, so hat der Kläger zu seiner Wahl bis „over de dweren nacht" Bedenkzeit, vorausgesetzt, daß die Ware noch nicht gethan ist. Ist diese bereits geleistet, so muß er sich auch in diesem mißlichen Falle sofort im ersten Termine über seine Wahl erklären [5]). Dem entspricht auch die Verpflichtung des Beklagten nach der Ware den Eid zu dem er sich erboten ebenfalls sofort zu leisten [6]). Hieraus ergiebt sich daß der Beklagte diese Pflicht nicht jederzeit hat. Das Recht dagegen sofort seinen Eid zu leisten scheint er allerdings immer zu haben, denn es heißt einmal ausdrücklich, daß wenn ein Eid „gheverstet" sei, der Kläger doch sobald jener ihn leisten wolle, ihn annehmen

1) S. III. 28, 2. I. 8, 1. III. 82, 1. Nach der letztern Stelle bedarf es von Seiten auswärtiger Gerichte nur einer mündlichen nicht aber schriftlichen Erklärung an die Boten. Wegen des Beweises der Mönchseigenschaft oben pag. 131. Wegen des Beweises der Lebensfähigkeit oben pag. 137 Note 1. Wegen der Zeugenqualität Homeyers Glossar pag. 402 unter No. 3. b. 2) s. die Varianten zu D. I. 19, 3 Zeile 21 Albrechts 2te Abhandl. de prob. Note 143. 3) S. I. 33. D. I. 21, 1 = B. I. 15 pr. und 1. 4) s. oben pag. 79, 1—5. Vgl. auch oben pag. 396 Note 2. 3. Nur wer gegen den Herrn auf Lohn klagt hat das Wahlrecht nicht s. oben pag. 79, 19. 20. Vgl. auch Albrecht 1ste Abh. de prob. Note 13. Bruns Beiträge pag. 244 No. 34. 5) Vgl. über die Ware überhaupt oben 376 folgende und pag. 79, 4.5. in Verbindung mit 81, 15—21. 6) s. oben pag. 80, 1—4. 81, 14—18. 439 Note 8.

oder ihn „ledich laten" müsse [1]). Hierin ist schon der allgemeine Grundsatz enthalten, daß wenn der Kläger in Ansehung der Eidesabnahme etwas versäumt, dem Beklagten daraus kein Nachtheil erwachse, wie dieß anderweitig noch vollständiger ausgesprochen wird [2]). Aus dem Vergleich mit den zuletzt angeführten Stellen ergiebt sich, daß das vorhin erwähnte „ledich laten" nicht soviel heiße wie der Beklagte werde frei von der Eidesleistung, als vielmehr, er werde durch Erlaß des Eides von Seiten des Klägers ebenso gut von der Schuld frei, wie wenn er den Eid trotz dem daß der Kläger nicht gegenwärtig sei vor Gericht leiste [3]). Vor Gericht sage ich, nicht, weil die außergerichtliche Ableistung in einer streitigen Sache ungültig wäre, (selbst wenn sie ohne Erlaubniß des Richters geschieht, ist doch die Folge nur, daß die Parteien wettpflichtig werden [4])), sondern weil in Ermangelung des Klägers außer Gericht begreiflicherweise niemand da ist, der den Eid annehmen kann. Die Möglichkeit aber, auch wenn der Kläger abwesend ist, den Eid zu leisten, ist für den Beklagten um so wichtiger, als jener nur durch die Wahl des Eides noch nicht das Recht, doch noch Zeugen zu bringen einbüßt, sondern erst wenn der Eid bereits vom Beklagten geleistet ist [5]). Daher erklärt sich denn auch, daß es dem Kläger frei steht echte Noth als Ursache seines Ausbleibens darzuthun [6]). Ob er damit nun die Befugniß erhält durch Mandatare in dem Termin die Eidesleistung zu verhindern, oder auch das Recht den bereits geleisteten Eid durch Zeugen wieder zu entkräften, ist nicht ganz deutlich, aber nach andern Stellen von dem Beweise der echten Noth wahrscheinlich [7]).

Schon im Erbrecht ist davon geredet worden, daß das Recht und die Verpflichtung der Eidesleistung auch übergehe auf den Erben des Beklagten [8]). Doch wird allerdings vorausgesetzt, daß der Erbe Wissenschaft um die Sache habe, denn sofern er diese in Abrede stellt, ist der Kläger verpflichtet statt durch den Eid des Beklagten durch seine eigenen Zeugen zu beweisen [9]). Die Ab-

1) s. oben pag. 78, 36. 37. Albrechts 1ste Abhandl. de prob. pag. 8. Note 6. Von den Voraussetzungen unter welchen man überhaupt einen Eid „to hant" leisten kann oder muß s. oben 439 Note 8. 440 Note 5.
2) s. oben pag. 79, 8—10. 21—25. Albrecht a. a. O. pag. 9 Note 8. oben pag. 396 Note 11.
3) s. jedoch die oben Note 1 angeführte Stelle der Albrechtschen Schrift.
4) s. oben pag. 80, 16—22. Ebenso verhält es sich wenn außergerichtlich der Eid erlassen wird. Albrecht a. a O. pag. 8 Note 6. Vergl. oben pag. 335 Note 4.
5) s. oben pag. 79, 1. 2 in Verbindung mit 6 — 8.
6) s. oben pag. 79, 10. 21—23.
7) s. oben pag. 390 Note 10. Vgl. jedoch unten pag. 495 Note 6. 470 Note 2.
8) s. oben pag. 149 Note 1. 156 Note 2. pag. 490 Note 10. Vergl. auch Bruns Beiträge pag. 253 den zweiten Absatz von No. 50, welcher kein goslarisches Recht giebt. Vgl. deshalb den von Laßbergschen Schwabenspiegel. Tübingen 1840. §. 5.
9) s. oben pag. 7, 11—14. Bruns Beiträge pag. 249. No. 38.

lehnung des Eides scheint jedoch auch dann nur ein Recht des Erben zu sein [1]), so daß eine eigentliche Verpflichtung [2]) nur für den Fall vorhanden ist, wo der Erblasser selber sich zur Eidesleistung schon bereit erklärt hatte [3]).

Zieht der Kläger den Beweis durch Zeugen vor, so steht ihm nach der neuern Redaction der Statuten frei, durch Privatpersonen oder richterliche Personen oder durch den Rath seinen Beweis zu führen. Wäre der neuern Redaction gemäß consequent überall geändert worden, so hätten auch die sechs Zeugen für Sühne und Urfehde durch zwei ersetzt werden müssen [4]), und ebenso hätte in den Stellen, wo vom Beweise der Morgengabe die Rede ist, die Beschränkung fortfallen müssen, daß mit einem Privatzeugniß nur die Brautleute gegen einander Beweis führen dürften [5]). Die Zeugenaussagen deren sich der Kläger bedienen will, müssen, wenn nicht echte Noth verhindert, „over drye verteyn nacht" können aber auch früher und selbst an gebundenen Tagen beigebracht werden [6]). Die Personen, welche der Kläger zum Zeugniß auffordert, sind zur Zeugnißablage verpflichtet, wenn sie nicht eidlich ihre Wissenschaft um die Sache zu leugnen vermögen [7]). Dieß ist ein Beleg dafür, daß die Zeugen hier jederzeit wirkliche Zeugen seien [8]). Der Gegner kann an diesen Zeugen seine Ausstellungen machen. Doch hat der Kläger das Recht, so lange die Aussagen noch nicht gemacht sind, statt der zurückgewiesenen Zeugen andre vorzuschlagen [9]). Vermag der Kläger überhaupt keine Zeugen oder nicht zur gehörigen Zeit zu schaffen, oder hatte er die Zeugen zur Aussage gedungen, so hat er seinen Proceß verloren und muß wetten und büßen [10]). Die Beweisführung durch briefliche Aussage des Richters und seiner Mitzeugen hat vollkommen dieselbe Kraft wie die durch ihre mündlichen Aussagen [11]). Daher findet ein eigenthümlicher Beweis durch

1) s. oben pag. 94, 23—29. 250 Note 2. 151 Note 1. 2) s. oben pag. 156 Note 2. 3) Als Beispiele der Anwendung der Beweisführung durch den Ableugnungseid des Beklagten mögen noch dienen: oben pag. 37, 5—7. 43, 6—9. 46, 32—35. 68, 4—7. 22—25. 31—34. 80, 5—8. Bruns Beiträge pag. 232 No. 13 zu Ende. 156 Note 1. 165 Note 7. 8. 168 Note 4. 5. 171 Note 6. 203 Note 6. 227 N. 1. 248 Note 7. 250 Note 6. 7. 267 Note 6. 309 Note 2. 338 Note 2. 341 Note 5. 342 Note 8. 383 Note 1—3. 385 Note 1. 388 Note 8. 411 Note 2. 412 Note 1. 4) s. oben pag. 489 Note 9. 5) s. oben pag. 489 Note 10. Vergl. Albrechts Gewere Note 765 und desselben 2te Abhandlung de probat. pag. 30. 31. oben pag. 270 Note 8. 6) s. oben pag. 81, 18—21. 95, 6. 7. 11—13. Vergl. oben pag. 440 Note 3. 7) s. oben pag. 96, 31—36. 95, 39 — 96, 30. 97, 8—12. 8) s. auch oben pag. 492 Note 9. 9) s. oben pag. 96, 41 — 97, 7. 10) s. oben pag. 95, 6. 7. 11—15. 96, 37 — 97, 3. Vgl. auch Albrechts 2te Abhandl. de prob. Note 150. Vgl. oben pag. 335 Note 3. 11) s. oben pag. 72, 1—12. vgl. 464 Note 3.

Briefe eigentlich nur statt, sofern sie allein von dem Schuldner ausgestellt worden sind, der sofern er nur das Siegel des Briefs für das seine anerkennt, auch durch ihn schon überführt wird. Das Ableugnen des Siegels aber kann man verhindern oder unschädlich machen durch Beibringen und Vergleichen anderweitiger untersiegelter Briefe des Schuldners [1]).

Bisher ist nur von dem Beweise des Klägers geredet worden, denn auch wenn er den Gegner schwören läßt, führt er den Beweis. In mehrern Stellen wird indeß auch von einem Gegenbeweise des Beklagten gesprochen. Dahin gehört gewissermaßen, wenn der Beklagte zwar überhaupt zugiebt schuldig zu sein, doch aber einwendet, daß die Schuld noch nicht fällig sei. Der Beweis dieses Einwandes ist besonders leicht zu führen, wenn der Beklagte sich nur auf die Zahlungsfrist eines Jahres beruft. Hier genügt die einfache eidliche Versicherung [2]), die da sie auf eine positive Thatsache sich bezieht, nicht mit der eidlichen Ableugnung des Rechts in Folge der Aufforderung des Klägers zu verwechseln ist. Nimmt der Beklagte eine längere Frist in Anspruch, so muß er die Wahrheit seines Einwandes nach den gewöhnlichen Regeln des Zeugenbeweises darthun [3]). Und dieß gilt auch als Regel für den Beweis jeder andern Exceptio, denn die Worte „ich bekenne des mit dissem n u d e r s c h e d e" [4]) sind wohl grade nur auf jenen begünstigten Fall zu beziehen, der aber allerdings nicht die einzige Ausname macht [5]). Außer diesem indirecten Gegenbeweise wird auch eines solchen gedacht, der den bereits vom Kläger vollständig geführten Beweis direct widerlegt [6]).

Dem Sachsenspiegel ist eine Wahl des Klägers zwischen dem Eide des Beklagten und einem andern Beweise als Regel unbekannt. Nur unter der Voraussetzung, daß man gegen den Erben klagt, scheint man das Recht zu haben, entweder mit zwei und siebenzig Consacramentalen ihn zu überführen, oder ihn der Wissenschaft um den Gegenstand des Streits zu beschuldigen und hierüber den Eid des Erben zu begehren [7]). Der einzelne Fall in welchem das Wahlrecht auch in den Statuten nicht statt findet, nämlich der da das Gesinde auf Lohn klagt, kommt auch im Sachsenspiegel vor. Doch erscheint hier im Gegensatz gegen die Sta-

1) s. oben pag. 71, 22—26. 35—37. 72, 1—3. 2) s. oben pag. 70, 12—19. 72, 19—27. Vgl. oben pag. 437 Note 9. 10. 440 Note 3. 469 Note 9. Albrechts 1ste Abhandl. de prob. pag. 19. 3) s. oben pag. 70, 16. 17. 71, 30—34. pag. 495 Note 6. 72, 24. 25. 4) s. oben pag. 72, 20. Vergl. pag. 400 Note 6. 5) s. z. B. oben pag. 437 Note 8. 197 Note 2. 3. 202 Note 4—6. 203 Note 6. 263 Note 2. 338 Note 2. 390 Note 10. pag. 494 Note 7. 6) s. oben pag. 69, 39 — 70, 2. Vgl. Albrechts 2te Abhandl. de prob. pag. 49. oben pag. 71, 26—30. pag. 486 Note 7. Vgl. auch über den Beweis einer Replik oben pag. 72, 21—23. 7) s. oben pag. 494 Note 9. S. I. 6, 2. 3. Wegen des vom Erblasser bereits gelobten Eides S. III. 11.

tuten das Gesinde bevorzugt, indem ihm gestattet wird den Lohn statt mit Hülfe von Zeugen schon durch den alleinigen Behauptungseid zu beweisen [1]). Daß der Beklagte auch wenn der Kläger nicht zum Empfang des Eides im Termin erschienen ist, den Eid leisten müsse, ist nur goslarisches Recht [2]). Unter den einzelnen Fällen des Zeugenbeweises stimmt der der Morgengabe insofern mit der älteren Redaction der Statuten zusammen, als es keines gerichtlichen Zeugnisses bedarf, insofern aber ist eine Verschiedenheit als nach dem Sachsenspiegel überall gar keine Zeugen gefordert werden. Dabei ist aber nicht zu übersehen, daß die Uebereinstimmung im Beweis der Morgengabe in beiden Quellen überhaupt nur sich bezieht auf den obligatorischen Vertrag, durch welchen sie versprochen ist, nicht aber auf die Uebertragung des Besitzes [3]). Daß das Vorrecht im Beweise nur dem Mann oder der Frau gegenüber gelte wird nicht bemerkt [4]). Die Verpflichtung Zeugniß im Fall der Wissenschaft abzulegen, hat auch der Sachsenspiegel [5]).

Der vermehrte Sachsenspiegel gestattet mit den Statutenstellen dem Kläger zwischen dem Eide des Beklagten und eigenem Zeugniß zu wählen. Er enthält auch eine Bestimmung für den Fall da der Kläger nicht in dem Eidestermine erscheint, in welcher das Landrecht und Kaiserweichbildrecht mit einander verglichen wird [6]). „Queme ouch der cleger nicht vor, wenne man denne ome deu eyt tun sal, man teylet dissen ledig uff eyne helfferede, dy he mit ehaffter nod bewiset, der dene eyd nemen sal." Die unterstrichnen Worte beziehe ich auf einander, so daß der Sinn des Satzes wäre: der Kläger ist nicht wett- oder bußfällig, wenn er durch echte Noth sein Nichterscheinen rechtfertigt. „Bewiset her dy ehafte nod also recht is, so ist yener des eydes nicht loz." Dieß ist die zweite Folge der bewiesenen echten Noth, daß der Beklagte den Eid noch nicht leisten darf. „Unde ist lantrecht unde wichbilde." Landrecht ist diese Bestimmung nach dem früher angeführten Artikel des Sachsenspiegels [7]) nur implicite, denn erwähnt wird der Möglichkeit, durch Beweis der echten Noth das Nichterscheinen unschädlich zu machen, nicht. Aber doch implicite, daher besteht der Unterschied zwischen Landrecht und Kaiserweichbildrecht nur darin, daß wenn der Kläger unentschuldigterweise fortbleibt dort der Eid nicht, hier aber

1) S. I. 22, 2. oben pag. 493 Note 4. 2) S. II. 11, 2. 3) S. I. 22, 6. 9. Albrechts Gewere Note 728. 4) s. oben pag. 495 Note 5. 5) S. II. 18, 2. II. 22, 5. Ueber die Qualität der Zeugen Homeyers Glossar pag. 402. Folgen des nicht gelungenen Beweises S. II. 22, 5. Wegen des Gegenbeweises vgl. oben pag. 490 Note 9. 6) s oben pag. 494 Note 3. D. IV. 43, 6 = B. IV. 14, 4. Hiezu die Varianten bei Ortloff nnd Albrechts 1ste Abhandlung de probat. Note 7. 8. 7) s. oben pag. Note 2.

allerdings noch geleistet werden muß. Der Verfasser des vermehrten Sachsenspiegels findet einen Nebenunterschied noch darin, daß nach Kaiserweichbild der Kläger, wenn er erst nach abgehaltenem Termin die echte Noth zu beweisen im Stande sei, gegen den einmal geleisteten Eid nichts mehr ausrichten könne; während (dieß ist stillschweigend hierin enthalten) nach Landrecht eben, weil der Eid überhaupt nicht geleistet werde, auch dann noch der Beweis der echten Noth nütze. Inwiefern dieß in den Statutenstellen ausgesprochen sei, ist schon oben bemerkt worden [1]). Von der Morgengabe sind die Stellen des Sachsenspiegels und der Statuten aufgenommen [2]).

In der Lehre vom Beweise der Rechte an Sachen ist wieder zu sondern das Verfahren, wenn bewegliche Sachen Gegenstand des Streits sind, von dem da Ansprüche auf Grundstücke geltend gemacht werden. Von dem Anfang, welcher Ausdruck vorzugsweise von Klagen auf bewegliche Sachen gebraucht wird, soll zunächst geredet werden [3]).

Das Beweisverfahren zur Begründung des Anfangs ist nicht zu verwechseln mit dem, wodurch ein Anspruch auf Schadenersatz [4]) oder ein den Beklagten selbst treffender Verdacht des Diebstahls oder Raubes gerechtfertigt werden soll [5]). Mit Anfang kann eine Sache nur gegen den verfolgt werden, der sie besitzt, daher kommt es zunächst darauf an den Beweis für den Besitz zu führen. Zu dem Ende wird die Erklärung des Beklagten gefordert, ob er besitze oder nicht. Läugnet er den Besitz, so hat man nicht nöthig sich dabei zu beruhigen, sondern ist befugt, wie dieß in den Statuten nur angedeutet in einem Rechtserkenntniß ausführlicher gesagt wird, den Rath anzugehen und Nachsuchung in des Beklagten Behausung halten zu lassen [6]). Findet

1) s. oben pag. 494 Note 6. Wegen des vom Erblasser bereits gelobten Eides oben pag. 495 Note 2. O. IV. 38, 9 = B. IV. 9 pr.

2) O. I. 13, 2 = B. I. 9, 3. Albrechts Gewere Note 728. O. I. 14, 3 = B. I. 9, 9. Albrechts 2te Abhandl. de probat. pag. 29. 30. O. IV. 47, 5. 6 = B. IV. 17, 18. 19.

3) s. oben pag. 98 — 100. Ausnahmsweise kommt „anfangen" auch vor für das Verfolgen von Rechten an unbeweglichen Sachen s. z. B. oben pag 100, 9 — 11.

4) Ein solcher Anspruch gehört in die Lehre vom Beweise der Schuldforderungen s. daher oben pag 495 Note 3. Außerdem ist davon auch schon gehandelt worden oben pag. 339. 340.

5) Hierüber das Nähere nnten §. 10. Vgl. Albrechts Gewere und Gaupp in Reyschers und Wildas Zeitschrift für deutsches Recht. Bd. 1. pag. 112 Note 175.

6) s. oben pag. 100, 23—27. Bruns Beiträge pag. 194. No. 32. Vgl. oben pag 316 Note 5. 427 Note 2 der Ausdruck „in enes weren wat bewisen" (oben pag. 81, 13. 14.) kann verstanden werden sowohl von einer Ocularinspection, wenn eine Nachsuchung vorgenommen wird, wie von dem Zugeständniß des Beklagten, daß er die Sache habe und dafür Rede stehen wolle. Mit dieser Stelle ist in unmittelbare Verbindung gesetzt, daß der, welcher Gut in seiner Were habe „billiker" dafür

man dann die Sache oder hat der Beklagte gleich nach Befragung den Besitz der Sache zugestanden, so beginnt nun eigentlich erst der Anfangsproceß [1]), d. h. es muß der doppelte Beweis geführt werden einmal, daß die Sache dem Kläger durch Diebstahl oder Raub aus dem Besitz gekommen sei [2]), und dann daß die Sache sein (des Klägers) gewesen sei und noch sei. Der erste Beweis ist schon dadurch geführt, daß der Beklagte den Besitz fälschlich geleugnet hat, denn dann gilt er selber für einen Dieb. Außerdem aber gilt jederzeit die Sache für gestolen oder geraubt, wenn der Beklagte nicht anzugeben vermag, wie er zu der Sache gekommen sei [3]). Giebt er einen Gewеren an, von welchem er die Sache erhalten habe, so ist dann der Proceß gegen ihn einstweilen geendet, denn nun muß der Gewere die Ursache seines Besitzes angeben und dessen Gewere wieder u. s. w. [4]). So wird man denn endlich entweder an eine Person kommen, die keinen weitern Gewеren bezeichnen kann und dann gilt natürlich die Sache ebenso gut für gestolen oder geraubt wie sie es gegolten hätte, wenn gleich der erste Beklagte einen Gewеren nicht hätte anführen können; oder man gelangt an jemand, der die Sache auf originäre Weise, d. h. ohne Uebertragung erworben zu

Rede stehen müsse, als der welcher der Were darvet (oben pag. 81, 10 bis 12). Hiermit ist nur gesagt, daß der Beklagte eben weil er besitze Rede stehen müsse und nicht das Recht habe den Kläger zunächst von sich ab und etwa an den zu weisen, der die Sache gestolen oder geraubt habe; vgl. auch oben pag. 410 Note 7. pag. 427 Note 1. Diese Verpflichtung Rede stehen zu müssen, dauert aber auch nur so lange als der Besitz dauert. Hat man diesen aufgegeben, bevor der Kläger durch irgend eine processualische Handlung die Verfolgung der Sache begonnen hat, so hat man nicht nöthig sich auf die Klage einzulassen, außer etwa um sich von dem Verdacht zu reinigen, daß man darum gewußt habe, daß die Sache eine gestolne oder geraubte sei; s. oben pag. 87, 34—39.

1) Inwiefern der Proceß mit einem Ergreifen der Sache beginnen kann und inwiefern für die rechtzeitige Vorbringung der Sache cavirt werden muß oben pag. 380 Note 5. 6. 430 Note 2. 3. 2) s. oben 98, 15. 16. Vgl. Cropp in Hudtwalckers criminalistischen Beiträgen pag. 68 Note 42. 296 N. 47. Albrechts Gewere N. 160, s. auch die unten 501 N. 2 citirte Schrift von Budde pag. 60. 3) Dahin gehört auch, wenn er durch einen Mißgriff anstatt seine Sache zu nehmen die des Klägers genommen hat, denn dieß ist kein Erwerbungsgrund, obwohl der Irrthum den Beklagten natürlich gegen den seiner Person etwa gemachten Vorwurf des Diebstahls entschädigt s. oben pag. 308 Note 5. 310 Note 6. die Worte der betreffenden Stelle (oben pag. 100, 31) „so blift he des ane schaden" gehen eben darauf, daß der Beklagte nicht als Dieb betrachtet werden könne, denn daß er doch die Sache „irleghen" müsse sagt der Schluß der Stelle ausdrücklich. Es gehört ferner dahin, wenn der Beklagte zwar behauptet die Sache gekauft zu haben, den Käufer aber nicht mehr nennen kann, s. oben pag. 99, 10 — 20. Vergl. auch oben pag. 311 Note 6. Nach einem Rechtserkenntniß gehört auch dahin, wenn der Schuldner die Sachen, die er zwar verpfändet aber in Besitz behalten hat, verkauft hat Bruns Beiträge pag. 242 No. 32 zu Ende. oben pag. 241 Note 3. 4) s. oben pag. 435 Note 6. 9.

haben behauptet und dieß mit zweien Zeugen „den dat witlik si" darthut [1]). In diesem letzten Fall muß der Kläger abgewiesen werden [2]) ohne zu dem zweiten Beweise zugelassen zu werden, während er ihn in dem erstren Fall zu führen berechtigt ist. Es geschieß dieß dadurch, daß er schwört, daß das Gut sein gewesen sei und noch sei, und daß hierauf zwei Zeugen nachschwören, daß der Eid „reyne si unde ummenedich;" die Zeugen sind also in diesem Falle Consacramentalen [3]).

Es ist bis jetzt angenommen worden, daß man bei der Angabe des Erwerbgrundes auf einen Weren komme, der weder einen andern Weren noch originären Erwerb nachzuweisen im Stande sei. Eigenthümlich ist der Fall, da man zwar einen Weren aber einen solchen angiebt, der dann wieder auf den Kläger selber sein Recht zurückführt. Hat der Gewere von dem Kläger die Sache durch ein Commodat erhalten, so kann der Kläger sie selbst dann nicht als eine ihm gestolne betrachten, wenn der Commodatar sie treuloserweise selbst, dem Beklagten oder einem andern, von welchem dieser sie dann wieder erhalten, veräußert hat [4]). Der Fall da der Commodatar selbst vom Commodanten belangt wird, gehört nicht hierher, denn gegen ihn wird die Contractsklage aber nicht der Anfang angestellt [5]). Nur unter einer Voraussetzung nimmt auch hier der Proceß den Character des Anfangsprocesses an, dann nämlich, wenn der angebliche Commodatar den Leihcontract in Abrede stellt und von dem Kläger selbst zum Eigenthümer der Sache gemacht zu sein behauptet. Von diesem Fall redet ein Rechtserkenntniß. Hier wechseln die Parteien gewissermaßen die Rollen, der Beklagte ist es dann der sich zur Sache zieht, denn er beruft sich auf das Recht an der Sache, der Kläger nur auf den Contract, und daher fällt die Beweislast nur auf den Beklagten, jetzt Kläger. Es versteht sich jedoch von selbst, daß der Beweis hier der sein muß, der sonst nur zur Begründung von Schuldforderungen gebraucht wird, denn da der Commodant hier selbst Auctor ist, so kann von dem Ziehen auf die Geweren, worin doch die Eigenthümlichkeit des Anfangsprocesses

1) s. oben pag. 100, 2—8. Bruns Beiträge pag. 240 No. 28. Albrechts Gewere pag. 84. 2) Ueber die Folgen der Abweisung s. oben pag. 335 Note 3. 3) s. oben pag. 98, 17—23. Bruns Beiträge pag. 226 No. 2 zu Ende. 230 No. 10. Albrechts 2te Abhandlung de probat. Note 154. 170. dessen Gewere Note 174. Vgl. über das „sin were unde noch sin si" oben pag. 128 Note 8 und die folgende Note. 4) s. oben pag. 308 Note 6. 311 Note 1. 319 Note 5. Darüber, daß der Commodatar, wenn ihm die Sache gestolen, Anfang habe s. oben pag. 309, Note 1. Hierin würde liegen, daß das „sin were unde noch sin si" in dem Eide des Klägers nicht soviel heiße, als Eigenthümer sein, sondern nur irgend einen rechtmäßigen Besitzstand bezeichne 5) s. oben pag. 82, 13—15. 98, 36—38. Albrechts Gewere Note 185. Cropp a. a. O. pag. 68 Note 43. 298 Note 51.

besteht, nicht die Rede sein. Daher erklärt sich, daß der angebliche Commodatar wie bei Schuldverhältnissen wählen kann zwischen dem Eid dessen, der nun als Beklagter erscheint, und zwischen seinem eigenen Zeugenbeweis [1]). Wenn der Gewere die Sache von dem Kläger im Wege eines Depositum erhalten hat, so gilt die Sache, wenn der Depositar selber sie veräußert hat oder doch, wenn sein Gesinde dieß gethan hat, in dem Sinn für gestolen, daß der Kläger zu jenem Eide mit Consacramentalen zugelassen wird [2]). Ebenso verhält es sich, wenn der Beklagte Gesinde als seinen Geweren angiebt, dem das angefangene Gut von seiner Herrschaft anvertraut und von welchem es veruntreut worden war [3]).

Die Folgen des bewiesenen Diebstahls oder Raubes und jenes Eides mit Consacramentalen sind, daß der beklagte Besitzer die Sache oder deren Werth (wenn sie untergegangen ist), gleichviel ob er für seine Person des Diebstahls schuldig oder nicht schuldig erachtet wird, dem Kläger herausgeben muß, ohne einen Anspruch auf Erstattung dessen zu haben, was er für die Sache gegeben hat [4]). Nur Juden sind bevorzugt insofern sie von dem Kläger Ersatz dessen verlangen können, was sie für die Sache gegeben haben [5]).

Gewissermaßen in der Mitte zwischen dem Beweisverfahren im Anfangsproceß und dem in Schuldsachen liegt, wie man Schuldforderungen die durch Faustpfand sicher gestellt sind, zu beweisen habe. In der Mitte liegt es, weil der Besitz des Pfandes die allgemeinen Beweisregeln bei Schuldforderungen modificirt. Es wird dabei vorausgesetzt, daß die jetzige oder frühere Qualität der Sache als eines Pfandes unbestritten ist. In diesem Sinne verstehe ich eine Stelle, welche mit den Worten beginnt „En paut dat en (der Pfandgläubiger) in sinen weren heft" [6]). Wenn dann der Schuldner, gegen welchen auf Bezah-

1) s. Bruns Beiträge pag. 228 No. 5 zu Ende. Vgl. Albrechts 2te Abhandl. de prob. pag 13. 2) s. oben pag. 310 Note 4. 319 Note 6. Die hier angeführte Stelle (oben pag 99, 5—9) wird mit Albrecht auch von Gaupp (a. a. O pag. 132 Note 48) interpretirt, als wenn der Eigenthümer selber dem Depositar die Sache gestolen hätte. Gaupp hat die Stelle indeß nicht aus den Statuten, sondern aus dem vermehrten Sachsensp. abdrucken lassen. Vergl. auch Budde de vindicatione rerum mobilium germanica. Bonn 1837 pag. 58. 3) s. oben pag. 310 Note 4 und Gaupp a. a. O. pag. 114, wo die betreffende Stelle der Statuten nach der Redaction des verm. Sachsp. abgedruckt ist. Wird der Depositar selbst beklagt und läugnet er das Depositum, so verhält sich die Sache wie oben Note 1. 4) s oben pag. 99, 10—30. 100, 24—32. Bruns Beiträge pag. 194. No. 32. oben 87, 29—33. 340 Note 8. 9. 430 Note 2. Vergl. auch Cropp a. a. O. pag. 283 Note 26. 5) s. oben pag. 81, 6—9. 100, 12—21. 436 Note 2 nnd Albrechts Gewere Note 197. 6) s. oben pag 68, 11—16 vgl. jedoch Albrechts 1ste Abhandl. de prob. pag. 14. und dessen 2te Abhandl.

lung der Schuld geklagt wird, zwar zugiebt die Sache überhaupt zu Pfand gegeben zu haben, aber doch nicht für die in Rede stehende Schuld grade, so hat der Gläubiger das doppelte Recht einmal die Richtigkeit der Schuld selber durch einfachen Behauptungseid darzuthun und dann, daß ihm das (die Sache) „dar vore" grade, d. h. eben für diese Schuld zu Pfand gegeben sei. Im umgekehrten Fall [1]), d. h. wenn der Schuldner sich wieder in Besitz des Pfandes befindet, hat er die Präsumption für sich, d. h. fordert alsdann der Gläubiger die Schuld oder das Pfand, und behauptet der Schuldner jene schon bezahlt zu haben oder mit andern Worten das Pfand schon gelößt zu haben, so hat er nicht nöthig den Beweis der Zahlung, wie es die Regel mit sich bringt, selbdritt zu führen, sondern kommt mit dem einfachen Behauptungseid davon.

Der Sachsenspiegel stimmt mit den Statuten insofern zusammen als der Anfangsproceß Besitz in der Person des Beklagten voraussetzt und daß die betreffende Sache dem Kläger gestolen oder geraubt worden sei [2]). Darin aber ist ein Unterschied, daß die Voraussetzungen unter welchen die Sache (zum Behuf des Anfangs) für gestolen gilt, nicht dieselben sind wie in den Statuten [3]). Eigenthümlich ist auch dem Sachsenspiegel, daß ausdrücklich gesagt wird, der Diebstahl könne mit zwei Zeugen „die dat weten dat it ime düflike oder roflike geleset si" von dem Kläger erwiesen werden [4]). Dieser eigentliche Zeugenbeweis darf aber nicht mit dem verwechselt werden, der auch im Sachsenspiegel dem Kläger nicht erspart wird, durch welchen sich der Kläger zur Sache zieht, also den ehemaligen rechtmäßigen Besitz darthut [5]). Da indeß der Sachsenspiegel gar nichts über die Form des letzten Beweises sagt, so läßt sich auch aus ihm nicht bestimmen, ob die Zeugen dann Consacramentalen seien oder nicht [6]).

Der vermehrte Sachsenspiegel hat, wie schon oben [7]) be-

de prob. Note 53a. Vgl. auch Budde de vindicatione rerum mobilium germanica. Bonn 1837 pag. 51.

1) s. oben pag. 80, 9. 10. vergl. oben pag. 445 Note 5 und pag. 495 Note 3. War der Schuldner demselben Gläubiger mehrfach schuldig, so kann er was er bezahlt hat nach Willkühr grade auf die Schuld anrechnen, für welche das Pfand gesetzt war, denn die Wahl des Schuldners entscheidet überhaupt in solchem Fall s. oben pag. 71, 16. 17.

2) s. oben pag. 319—321 451 Note 1—4. S. II. 36. II. 60. III. 22 und hierüber außer der in Homeyers Ausgabe des Sachsenspiegels gegebenen Literatur Gaupp a. a. O. pag. 117, 130, 141 Note 50 und Budde a. a. O. pag. 47 und §. 8.

3) s. oben pag. 321 Note 1—4.

4) S. II. 36, 4. In den Statuten ergiebt sich dieß nur aus den allgemeinen Regeln über den Beweis überhaupt s. oben §. 8.

5) S. II. 36, 7.

6) Vgl. Homeyers Glossar zum Sachsenspiegel pag. 402 No. 2. s. unten pag. 503 Note 1. Wegen des Vorrechts der Juden nur gegen Erstattung des Gezahlten die Sache herzuheben S. III. 74, 4.

7) s. oben pag. 326 Note 1—4. 460 Note 9—12.

merkt worden ist, auch in dieser Lehre beide Rechtsquellen benutzt. Auf diesen Umstand kann man sich berufen, wenn man auch im Sachsenspiegel die Zeugen für die Rechtmäßigkeit des klägerischen Anspruchs als Consacramentalen betrachten will, denn es findet sich sowohl die Stelle des Sachsenspiegels als die wenngleich etwas veränderte Stelle der Statuten, ohne daß, wie es sonst doch geschieht, auf eine Verschiedenheit zwischen Landrecht und Kaiserweichbildrecht aufmerksam gemacht würde, so daß also die Stelle des Sachsenspiegels, in der der Eid nicht genauer bezeichnet wird nur als die weniger genaue im Vergleich mit der der Statuten erscheint [1]).

Derjenige, der mit **Ansprache** [2]) ein Recht auf **Grundstücke** geltend machen will, muß es sich gefallen lassen durch einen einfachen Behauptungseid des Beklagten zurückgewiesen zu werden [2]). Der Inhalt dieses Eides ist theils, daß man in Folge gerichtlicher Auflassung und aller dazu gehörigen Formen oder kraft Erbrechts in den Besitz seines Rechts an dem Grundstücke gekommen sei, theils daß man dieses Recht darnach auch Jahr und Tag in seiner Gewere gehabt habe. Kann der Beklagte dieses letztere noch nicht beschwören, so muß er angeben von wem er das Recht an dem Grundstücke übertragen bekommen habe, er muß mit andern Worten seinen Geweren angeben [3]). Alsdann wendet sich wie bei dem Anfang der Proceß gegen den Geweren, der sich dann wieder auf dieselbe Art wie der zunächst Beklagte vertheidigen darf. Kann der Beklagte keinen Geweren angeben oder kann der Gewere ihn nicht schützen, so ist nun der Kläger berechtigt seinerseits den Beweis seiner Ansprache zu führen [4]). Er kann sich hier denn, wie der Beklagte es konnte, entweder auf Erbrecht berufen oder auf gerichtliche Auflassung [5]). Ist ihm nicht möglich das eine oder andre darzuthun, so kann er sich auf die Kundschaft berufen, d. h. auf die dem besprochnen Grundstücke benachbarten Grundbesitzer oder auf solche Grundbesitzer, von denen man aus irgend welchen andern Gründen als denen der Nachbarschaft vermuthet, daß sie von dem bestrittenen Recht Kenntniß hätten. Außer dem Grundbesitz ist, um zur Kundschaft zu gehören, noch nöthig, daß man Bürger sei [6]). Die auf Be-

1) D. IV. 9, 4 Zeile 66—67 = B. III. 8, 3 und D. IV. 42, 3 Zeile 20—23 = B. IV. 13, 2. Wegen der Stelle der Statuten (oben pag. 500 Note 3) s. D. III. 14, 5 = B. II. 18, 4. 2) s. oben pag. 203 Note 9. 336 Note 4. 3) s. oben pag. 25, 28 — 26, 4. 183 Note 3. 4. 192 Note 1. 193 Note 6. 195 Note 1—4. 196 Note 2. 204 Note 2. 211 Note 6 — 212 Note 8. 229 Note 7. 230 Note 1. 2. 240 Note 3. Förstemanns Rechtserkenntnisse pag. 23. s. jedoch Albrechts 2te Abhandl. de probat. pag 23. 24. und unten Note 12. 4) s oben pag. 28, 6—10. 5) s. oben pag. 28, 9. 10. 26, 11. 12. 435. 436. 6) s. oben pag. 30, 28. 29. 7) s. oben pag. 30, 3—35, 94, 36—40.

gehren eidlich zu machende Aussage dieser Kundschaft (darüber welche Partei als berechtigt bisher *gegolten* habe) giebt den Ausschlag für Kläger oder Beklagten [1]). Sind die mehrern Personen, welche gefragt werden uneins, so entscheidet Stiumenmehrheit [2]). Eine solche Kundschaft entscheidet wie es scheint überhaupt bei Grundbesitzverhältnissen, wie wenn über die hergebrachte Größe des Miethszins [3]), oder über Berechtigung der Nachbaren gegen einander ein Beweis geführt werden soll [4]). In dem zuletzt genannten Fall wird auch auf die Möglichkeit Rücksicht genommen, daß die Kundschaft keine Kenntniß von dem Verhältniß habe, wo dann in Zukunft beide Parteien das streitige Recht gleichmäßig sollen gebrauchen dürfen [5]). Der Beweis mit offnen Briefen hat hier wieder nichts Eigenthümliches, insofern die Briefe nur die mündliche Erklärung des Richters und der Zeugen darüber, daß eine gerichtliche Auflassung vorgenommen sei, vertreten [6]).

Der Sachsenspiegel giebt nicht unter jeder Voraussetzung dem Beklagten das Recht mit seinem Eide vor dem Kläger deu Beweis zu führen, sondern unterscheidet in dieser Beziehung zwischen ererbtem und gekauftem Eigen. Derjenige der kraft Erbrechts das Eigen anspricht wird immer zunächst zum Beweise zugelassen, gleichviel ob er Kläger oder Beklagter ist [7]). Außerdem macht es auch einen Unterschied, was für ein Recht jede der Parteien behauptet, denn wer nur Lehn zu haben behauptet, muß dem andern den *Vorzug* Eigen zu beweisen gönnen [8]). Und zwar ist in diesem Fall der Beweis schon mit zweier Schöffen Aussage geführt, während sonst der Zeugenbeweis entweder durch den Richter mit sechs Urtheilfindern [9]), oder wenn auch von der Partei doch mit sechs schöffenbaren freien Männern geführt werden muß [10]). Diese Unterschiede können jedoch natürlich nur dann

96, 28—31. 151 Note 1. 205 Note 1. 2. 199 Note 7. Albrechts 2te Abhandl. de prob. Note 67.

1) s. oben pag. 30, 31. 32. 97, 8—12. 2) s. oben pag. 30, 30. 31. 3) s. oben pag. 20, 31—33. 226 Note 6. 4) s. oben pag. 30, 36—43. Vgl. oben pag. 179 Note 8. 5) s. oben pag. 30, 42. 43. 6) s. oben pag 30, 9—24. 185 Note 1. 193 Note 4. 9. 239 Note 10. pag. 495 Note 11. Das Rechtserkenntniß in Bruns Beiträge pag. 181 scheint corrumpirt zu sein, insofern die Worte „Mach he aver der ver en hebben" im Gegensatz gegen die Stelle der Statuten aus der sie offenbar hervorgegangen sind, so verstanden werden könnten als genügte schon der Richter allein, oder die Dingleute allein, oder zwei Rathmännern allein (vgl oben pag. 503 Note 2) und als könnte überhaupt nur dann, wenn man diese Personen zu Zeugen zu bringen vermöchte von den Beklagten der Behauptungseid geschworen werden. Vgl. auch Albrechts 2te Abhandl. de prob. pag. 18. Note 61 und dessen Gewere Note 364. 7) s. oben pag. 178 Note 1. S. II. 43, 2. Vgl. nuch oben pag 213 Note 1. 8) S. II. 43, 1. 9) S. I. 8, 1. 10) S. II. 44, 3. Ueber das Verfahren, wenn auf den Geweren gezogen wird oben pag. 451 Note 1—6.

gemacht werden, wenn die Gewere beider Parteien „gelike were" ist [1]), denn der welcher sich auf eine rechte Gewere berufen kann, ist jederzeit auch in dieser Beziehung im Vortheil [2]). Sind keine Gründe eine der Parteien zu bevorzugen, so werden beide zum Gebrauch ihrer Beweismittel gelassen und entscheidet ebenfalls (obwohl dieser Ausdruck nicht gebraucht wird) die Majorität der Kundschaft der angesessenen Leute und kann ebenfalls zur Noth eine Theilung des Rechts statt finden [3]).

Der vermehrte Sachsenspiegel schiebt in die oben angeführte Hauptstelle der Statuten für Beweis am Eigen einen Satz ein [4]), der gewiß durch die vorhin berücksichtigten Stellen des Sachsenspiegel, die anderweit in dem vermehrten Sachsenspiegel auch noch wörtlich sich finden [5]), veranlaßt ist. „Wo eyn man eyn . . . eygen anspricht . . . daz behilt her mit sines eyns hand . . . dywile her nicht len unde gewer beluth. Beluth her gewer, dy musz her selbsybende behalden; beluth her len, daz musz her selbdritte behalden; noch wichbilde unde lantrechte. Czuth sich der man an daz gerichte, het her denn den richter unde zwene schepphen, so en darf her keyn eyd thun; . . ." Eine andre Stelle der Statuten ist dadurch verändert worden, daß sie mit einer folgenden zusammengezogen ist. Hierdurch ist die ausdrückliche Versicherung aus welcher vorhin hergeleitet ist, daß der Kläger mit seinem Beweis eintrete, wenn der Beklagte von seinem Gewere nicht geschützt werde, fortgefallen [6]).

---

§. 10. Von dem Beweise in Friedbruchssachen.

Wenn jemand eines Friedbruchs angeklagt wird, so gilt dieselbe Regel, welche bei allen andern Klagen gilt; der Angeklagte kann sich mit einfachem Eide von der Beschuldigung reinigen. Nur wenn jemand eines Todtschlags oder einer kampfwürdigen Wunde beschuldigt wird und im Fall der handhaften That und auf den „misdedigen man" findet die Regel keine Anwendung. Eigenthümlich ist auch das Verfahren, wenn jemand die angeblich

1) S. II. 43, 1. 2) S. II. 42, 2. Wegen offner Briefe zum Beweis des Rechts an Grundstücken S. II. 42, 3. 3) S. III. 21. Aushülflich kann auch „mit enem water ordele" entschieden werden.
4) s. oben pag. 503 Note 2. Vgl. auch oben pag. 238 Note 15.
5) s die vorige Seite pr. D. I. 33, 1—3. 5 = B. I. 27, pr. —3. 5.
6) s. oben pag. 503 Note 4. D. I. 46, 8 = B. I. 39, 7. Aus der Stelle oben pag. 503 Note 5. fehlen im verm. Sachsenspiegel die Worte „oder mit gherichte.".

verbrecherische Thatsache zwar nicht läugnen kann, doch aber die Strafe von sich abwenden will [1]).

Die Reinigung durch einfachen Eid wird von beiden Parteien verlangt, wenn sie sich gegenseitig Friedbruchs beschuldigen [2]). Mehrere Personen wegen Verwundung zu beschuldigen, wenn nur eine Wunde zugefügt worden ist, ist unzulässig. Man kann dann nur von einem den Reinigungseid deshalb begehren, die übrigen können nur „umme den rat" zur Verantwortung gezogen worden [3]). Im Fall mehrerer Wunden können auch mehrere beschuldigt und zum Reinigungseid auch gegen die Verwundung selbst genöthigt werden [4]). Eine durch die Natur der Sache gebotene Modification ist, daß wenn Rath oder Stadt als solche eines Friedbruchs beschuldigt werden, der Reinigungseid durch zwei hiezu beauftragte Rathmänner im Namen der juristischen Person geschworen wird [5]). Ist Termin zur Leistung des Reinigungseides angesetzt worden und der Kläger nicht erschienen, so hat der Beklagte nicht nöthig wie in Civilsachen den Eid dennoch zu leisten, sondern nur sich von dem Richter Frieden wirken zu lassen. Doch findet auch hier dieselbe Ausname wie im Civilproceß statt. Der Kläger kann eidlich echte Noth als Ursache seines Ausbleibens versichern [6]) Sowie hiernach wegen Nachlässigkeit des Klägers der Beklagte nicht nöthig hat den Eid zu leisten um von der Beschuldigung frei zu sein, so giebt es auch Voraussetzungen, unter welchen er wegen (aus Nachlässigkeit oder bösem Willen) unrichtiger Antwort auf die Anfragen des Klägers gar nicht zum Eide zugelassen und für des Verbrechens überführt gehalten wird, indem er entweder als alleiniger Thäter oder doch als Gehülfe des Friedbruchs gilt. Dieß ist der Fall, wenn er läugnet Diebe oder gestolne Sachen oder verfestete Personen auf seiner Were zu haben, die sich nachher bei angestellter Nachsuchung dennoch darin finden [7]). Doch kann allerdings diese Nach-

1) s. oben pag. 400 Note 8. 2) s. oben pag. 41, 21 — 27. Bruns Beiträge pag. 184. Rechtserkenntniß No. 14. Vergl. auch oben pag. 426 Note 9. 3) s. oben pag. 32, 13. 14. 4) s. oben pag. 32, 10 — 12. 5) s. oben pag. 47, 41 — 48, 3. 383 Note 1. Bruns Beiträge pag. 235 No. 18. Absatz 2. 6) s. oben pag. 48, 6 — 12. 398 Note 1 — 5. pag. 494 Note 6. Als Beispiele der Anwendung des einfachen Reinigungseides in Friedbruchssachen mögen noch dienen: oben pag. 31, 19. 20. 33, 28. 29. 46, 8 — 12. 45, 35. 36. 425 Note 6. 47, 34 — 36 (40, 13 — 18. 344 Note 1. 347 Note 4 sprechen nur von einem Eid um von Buße oder polizeilicher Strafe sich frei zu halten) 87, 26 — 39. 331 Note 1. 248 Note 9. 294 Note 2. 3 296 Note 8. 297 Note 12. 306 Note 6. 316 Note 3. pag. 498 Note 6. 339 Note 1. 340 Note 2 — 7. 342 Note 8. 398 Note 4. 408 Note 1. 113, 32. 39. Bruns Beiträge pag. 234 No. 16 zu E.
7) oben 476 Note 2. 293 Note 3. 281 Note 10. 39, 34 — 40, 5. Albrechts erste Abhandl. de prob. pag. 43. oben 59, 29 — 34. Bruns Beiträge pag. 236. No. 19. oben pag. 498 Note 6. pag. 499 Note 3.

suchung durch eidliche Versicherung, daß man jene Sachen oder Personen nicht beherberge oder doch nicht wisse, daß man sie beherberge, vermieden werden, sofern nicht der Rath die Nachsuchung dennoch gestattet [1]).

Im Fall eines Todtschlags und kampfwürdiger Wunden bedarf der Angeklagte außer seines eigenen Eides noch des Eides sechs anderer Personen [2]). Unter kampfwürdigen Wunden verstehen die Statuten nicht solche, derentwegen noch gegenwärtig zu Kampf angesprochen werden kann (denn zu Kampf anzusprechen ist statutenwidrig [3])), sondern solche derentwegen etwa vor der ausdrücklichen Bestimmung der Statuten zu Kampf angesprochen wurde. Solche Wunden sind die „nagheles dep" und „ledes lang" sind [4]). Diese Beschaffenheit der Wunde hat der Kläger regelmäßig durch die eidliche und gerichtliche Aussage des Arztes, welcher ihn verbunden hat, darzuthun [5]). Die Aussage einer Frau, welche den Verband gemacht hat, entscheidet nicht [6]), wohl aber ist es zulässig überhaupt nur durch Vorzeigung der Wunde vor Gericht den Beweis zu führen und zwar in dem Grade, daß man dadurch sogar die Aussage des Arztes, daß die Wunde nicht kampfwürdig sei wiederlegen und ihn so meineidig und rechtlos machen kann [7]). Werden mehrere des Todtschlags beschuldigt oder sind mehrere kampfwürdige Wunden zugefügt worden und werden zugleich dieserhalb mehrere Personen beschuldigt, so muß jeder der Angeklagten sich selbsieben losschwören [8]). Diese Helfer zum Eide scheinen Consacramentalen zu sein und müssen von dem wegen Todtschlag Vorgeladenen sogleich mit in das Gericht gebracht werden, denn „des ne mach he sich na nicht irhalen" [9]). Im Fall der Vorladung um eine kampfwürdige Wunde, hat der Beschuldigte, wenn er noch nicht wußte daß die Wunde von dieser Beschaffenheit sei und erst im Gericht ihm dieß dargethan wird, zur Vorbringung seiner Zeugen noch bis „over de dweren nacht" Zeit. Bis dahin muß er entweder genügende Caution dafür leisten oder selbst in Haft bleiben. Hat er bis Mittag des Tages „over de dweren nacht" sich mit seinen Zeugen nicht gereinigt, so

1) s. oben pag. 316 Note 5. Die einfache eidliche Versicherung, daß man nicht beherberge oder doch nicht davon wisse (oben pag. 476 Note 2) genügt nach dem Privilegium Friedrichs des 2ten nicht, sondern nur die durch zwei Bürger unterstützte, oben pag. 113, 11—16. Wegen des in der Verfestung Aufgehaltenen s. pag. 477 Note 7. 2) s. oben pag. 31, 15—21. 32, 41. 42. 88, 40. 115, 4. 5. 3) s. oben pag. 312 N. 11. 394 Note 1. 4) s. oben pag. 31, 22. 334 Note 2—7. 346 Note 8. Albrechts erste Abhandl. de prob. pag. 46. Klenzes Lehrbuch des gemeinen Strafrechts pag. 120 und dessen Lehrbuch des Strafverfahrens pag. 77. 5) s. oben pag. 31, 23—26. 6) s. oben pag. 90, 1. 2. 7) s. oben pag. 31, 26 — 32, 9. Vergl. oben pag. 349 Note 2. 8) s. oben pag. 32, 10—12. Bruns Beiträge pag. 243. No. 33. 9) s. oben pag. 32, 26—29.

gilt er für überführt, wenn man ihm nicht etwa das Gehör geweigert hat [1]). Bedürfen die Zeugen in jenem oder in diesem Fall einer Velighung, so soll der Vogt sie, wenn sie nicht etwa verfestet sind ertheilen [2]). Mit dem bisherigen scheint eine Stelle der Statuten nicht wohl zu vereinigen die von einem Concurs des Hausfriedensbruchs und des Todtschlags redet [3]). Wenn einer vor seinem Wohnhaus, heißt es darin, auf der Straße todt bleibe, so könne jede der mehrern Personen, welche man beschuldige, daß sie den Erschlagenen aus dem Hause gezogen und so einen Hausfriedensbruch begangen, sich mit einfachem Eide entschuldigen. Wenn aber jemand in seinem Hause todt oder verwundet bleibe, so könnten die des Hausfriedensbruchs Beschuldigten sich jeder nur selbsieben reinigen. Diese Stelle reime ich mir mit den frühern auf folgende Weise zusammen. Von mehreren die jemanden angegriffen haben, der nachher todt oder verwundet geblieben ist, braucht nicht jeder, Urheber des Todes oder der Wunde grade zu sein. Wohl aber wird die Verletzung des Hausfriedens unter den gegebenen Voraussetzungen alle gleich gut treffen, und vom Hausfriedensbruch als solchem kann man sich regelmäßig allerdings schon durch einfachen Eid reinigen. Daher besteht das Eigenthümliche der betreffenden Stelle nicht darin, daß man sich ausnahmsweise gegen einen Todtschlag mit einfachem Eide reinigen könne, sondern darin, daß man sich ausnahmsweise selbst von bloßen Hausfriedensbruch selbsieben reinigen müsse.

Das Beweisverfahren ist ferner eigenthümlich im Fall der handhaften That. Die handhafte That setzt nothwendig das Gerüfte voraus [4]), d. h. ein Geschrei des Verletzten oder eines seiner bei der Verletzung gegenwärtigen Verwandten oder irgend jemandes, der grade als der Friedbruch geschah anwesend war. Der Zweck desselben ist, Personen (ihrer zwei) zum Zeugniß der Thatsache herbeizuschaffen [5]). Gelingt dieß, so hat das Gerüfte selbst dann auf den Beweis Einfluß, wenn man (und

1) s. oben pag. 32, 15—24. vgl. auch oben pag. 425 Note 7. 438 N. 9.
2) s. oben pag. 62, 38—40. 89, 10—12. vgl. oben pag. 432 Note 9. 433 Note 3. 480 Note 8. pag 487 Note 10. 3) s. oben pag. 33, 35 — 34, 4. Vgl. auch oben pag. 311 Note 8. Die von Albrecht in seiner 1sten Abhandl. de prob. pag. 34 in der Note gegebene Erklärung reicht nicht aus, eben weil man gegen einen Todtschlag ganz ohne Rücksicht auf erschwerende Umstände sich jederzeit selbsieben vertheidigen muß. 4) Daß das Gerüfte nicht allein in die Lehre von den Friedbrüchen gehört, oben pag. 43, 15 — 20. 294 Note 4. 5) s. oben pag 35, 3—11. In dieser Stelle wird einer Voraussetzung gedacht, unter welcher der Mangel des Gerüftes nachgesehen wird. Es ist, wenn der Angegriffne so verletzt ist, daß er nicht rufen kann. Sind dann nur zufällige Zeugen vorhanden gewesen, so genügen auch diese. S. ferner oben pag. 35, 16—23. 62, 8—9. 75, 9—11. 92, 6. 7. Bruns Beiträge pag. 241 No. 30. Albrechts 1ste Abhandl. de prob. pag. 64. oben pag. 35, 30

dieß ist das zweite nothwendige Erforderniß der handhaften That [1]) den Verbrecher auch nicht auf der That selbst oder noch auf der Flucht zu ergreifen und sofort vor Gericht zu bringen vermag. Diesen Einfluß hat das bloße Gerüft dann, wenn Zeugen dadurch herbeigezogen sind, zum mindesten bei dem wegen Nothzucht Beschrieenen, wenn auch nicht Ergriffenen, denn freilich wird nur von ihm ausdrücklich gesagt, daß er sich dann, nicht wie es die Regel mit sich bringen würde, mit einfachem Eide losschwören könne, sondern nur selbsieben [2]). Hat das Gerüfte nicht den Erfolg gehabt Zeugen herbeizuziehen, so kommt es auf die Beschaffenheit des Friedbruchs an. Ist er geschehen mit „wunden unde wartscare unde blotrone" mit andern Worten hat er sichtbare Wirkungen an dem Körper des Verletzten zurückgelassen, so daß man durch Augenschein ihn darthun, ihn „bewisen" kann und ist dann der Verbrecher sofort ergriffen und vor Gericht gebracht, so ist volle handhafte That so gut vorhanden wie wenn auf das Gerüfte Zeugen herbeigeeilt und dann der Verbrecher sofort ergriffen und vor Gericht gebracht wäre, und die Wirkung einer solchen ist, daß der Friedbrecher sich überhaupt gar nicht mehr reinigen kann, nnd jederzeit, wie gering der Friedbruch auch ist, am Halse gestraft wird. Ist dagegen das Gerüfte bei Friedbrüchen „sunder wunden unde wartscare unde blotronne" ohne Erfolg gerufen worden, so wird dem Friedbrecher, selbst wenn der Verletzte ihn sofort ergriffen und mit sich vor Gericht geführt hat, wie immer gestattet, sich durch einfachen Eid los zu schwören [3]).

bis 35. Wegen der Vergehens leichtsinnig erhobenen Gerüftes oben pag. 331 Note 11.

1) s. oben pag. 34, 9. 10. Auf der Flucht wird einer auch dann noch ergriffen, wenn er in ein fremdes Haus flieht und daselbst nach dreien Tagen und dreien Nächten noch ergriffen wird; oben pag. 34, 13 — 19. 438 Note 10. Daß man den Friedbrecher sofort auch vor Gericht bringen müsse, d. h. ehe die That übernächtig wird oben pag. 62,19—27. 438 Note 9. 2) s. oben pag.42,20—28. Vgl. Albrechts 1ste Abhandl. de prob. pag. 30. Klenzes Lehrbuch des gem. Strafr. pag. 215. Vgl. o. p. 115, 40. 41. 3) „bewisen" und „betüghen" werden ineinander entgegengesetzt s. oben pag. 31, 15—21. Albrechts 1ste Abhandl. de probat. pag. 59. oben pag. 32, 24—26. 34, 2—12. Albrechts 1ste Abhandl. de prob. pag. 26. 27. Klenze a. a. O. pag. 103. 145 zu Ende. oben pag. 36, 12. 13. 79, 15. 16. Albrecht a. a. O. pag. 25. oben pag. 39, 16—21. 41, 11—20. Albrecht a. a. O. pag. 59. 61. oben pag. 42, 20—28. 45, 40 — 46, 3. 49, 17—22. 50, 8—13. Albrecht a. a. O. pag. 61. oben pag. 55, 16—34. Vgl. auch Albrecht a. a. O. pag. 64. oben pag. 62, 19—27. Von dem Falle, da keine Art von handhafter That vorhanden ist, reden die Stellen, die ausdrücklich versichern, daß man, auch wenn die Klage übernächtig geworden, den Entflohenen doch (wie gewöhnlich) vorladen und im Fall des Ungehorsams verfesten und dann dieserhalb aufhalten könne; s. oben pag. 40, 24 — 29. 47, 11—17. Albrecht a. a. O. pag. 52. pag. 55 Note 33. oben pag. 424 Note 5. 425 Note 4.

Eigenthümlich ist ferner das Verfahren gegen einen „misdedigen man“ [1]). Dieser wird wegen seiner Bescholtenheit überhaupt nie zu einem Reinigungseide zugelassen. Daher ändert sich in diesem Falle das ganze Beweisverfahren dahin um, daß jederzeit der Kläger seinerseits mit Behauptungszeugen den Friedbruch darthut. Der Beschuldigte wird gleichviel, ob handhafte That vorliegt oder nicht, gebunden mit Geschrei vor Gericht gebracht und der Schuld beklagt. Das Geschrei ist hier also nicht mit dem wirklichen Gerüfte zu verwechseln, sondern eine reine Form. Dann wird der „sattinghe“ gebeten, und wenn der Verbrecher gesetzt ist, von dem Kläger die Beschuldigung beschworen und dessen Eid von sechs Consacramentalen, von denen je drei zugleich schwören bekräftigt ist. Eine feierliche Frage, wie man richten und eine Antwort, daß man nach der Schuld richten solle, schließen das Verfahren. Todesstrafe aber trifft den so Beschuldigten immer („also alse he to rechte sin lif vorwarcht hebbe“), so daß die Antwort nur in Ansehung der Art der Todesstrafe verschieden ausfallen kann.

Kann jemand die verbrecherische Thatsache', welche ihm vorgeworfen wird, nicht abläugnen, will aber dennoch die Strafe von sich abwenden, so kann dieß nur durch Berufung auf Nothwehr oder Zurechnungslosigkeit geschehen. Die Nothwehr kann nicht anders erwiesen werden als vermöge durch Gerüfte herbeigerufener Zeugen, die dann die doppelte Bedeutung haben, einerseits den Beklagten von der Strafe zu befreien und andrerseits, sofern er sich als Kläger nun gegen den Angreifer wendet, diesem die Vertheidigung zu erschweren nach den vorhin gegebenen Regeln. In diesem Sinne ist hauptsächlich von dem Beweis einer Anfertigung in den Statuten die Rede und kann wegen der Bedeutung des Gerüftes hierfür zum Theil auf alle die früher schon angeführten Stellen verwiesen werden [2]). Von der Zurechnung einer Tödtung oder Verwundung macht man sich selbsieben frei, gradeso wie man die ganze Thatsache von sich abweißt [3]).

Nach dem Sachsenspiegel reinigt sich regelmäßig der Beklagte ebenfalls durch einfachen Eid oder durch (den Statuten unbekanntes) Gottesurtheil und namentlich Kampf [4]). Daß der eines Verbrechens Beschädigte sich mit Gehülfen im Eide wehren könne,

1) s. oben pag. 36, 15—25. In welchem Verhältniß ein solcher zum Rechtlosen stehe, oben pag. 348 Note 2. 12—14. 350 Note 1. 2. Vgl. Klenzes Lehrbuch des Strafverfahrens pag. 51. Albrechts 2te Abhandl. de prob. Note 154 zu Ende. Ueber die „sattinghe“ Homeyers Glossar unter „setten.“ 2) s. oben pag. 509 Note 3. Bruns Beiträge pag. 235 No. 18 und oben pag. 34, 35 — 35, 11. 17—23. 30—40. 49, 17—22. Vgl. oben pag. 174 Note 2. 295 Note 6. 89, 4. 345 Note 7. 8. 433 Note 7. 3) s. oben pag. 41, 1—6. 296 Note 7. 345 Note 5. 4) s. hierüber Homeyers Register pag. 401.

wird nirgend im Sachsenspiegel gesagt [1]). Der Ausdruck handhafte That wird nicht bloß für Ergreifen des Verbrechers auf der That und sofortiges Wegführen desselben in das Gericht gebraucht [2]). Sofern indeß der Ausdruck genommen wird in dem Sinne, wie er allein in den Statuten vorkommt [3]), scheint das Gerüfte dieselbe Bedeutung wie in ihnen zu haben, d. h. dazu dienen zu sollen, Zeugen im eigentlichen Sinne herbeizurufen, die dann über das Factum der handhaften That aussagen. Die Verschiedenheit von den Statuten in dieser Beziehung würde daher nur darin liegen, daß diese Zeugen (hier ihrer sechs) nicht nur über die Thatsache, sondern auch über die Reinheit des klägerischen Eides aussagten, mithin zugleich auch Consacramentalen wären [4]). Die Wirkung solcher handhaften That ist auch Unmöglichkeit des Gegenbeweises [5]), aber nicht strengere Strafe [6]). Nothwehr und unabsichtliche Tödtung befreien auch hier von der Strafe [7]). Des Beweises wird nur in Ansehung der erstern gedacht [8]). Die Satzung als ein Ritus bei Ueberführung eines Verbrechens ist dem Sachsenspiegel ebenfalls bekannt [9]).

1) s. die vorige Note und über den Begriff kampfwürdiger Wunden S. I. 68, 3. 2) s. über die „schinbare" handhafte That S. II. 64, 3. oben pag. 351 Note 1. und außerdem Homeyers Register unter „Hanthafte That." Vgl. auch oben pag. 322 Note 4. 452 Note 4.
3) s. oben pag. 509 Note 1. 4) Die wichtigsten Beweisstellen hierfür sind S. II. 64, 2. II. 71, 5. III. 9, 5. In der letztern Stelle namentlich die Worte „of man ine in der hanthanften dat gesen hevet unde bescriet mit deme gerüchte, unde man dat getügen mach." S. III. 88, 2—5. Hier wird die Ueberführung eines Verfesteten mit der eines auf handhafter That Ergriffenen verglichen. Das Factum der Verfestung wird ganz selbständig bewiesen durch Richter und Dingleute, und dann die Beschuldigung durch „saltunge" mit Hülfe von sechs Consacramentalen. Ebenso heißt es dann „. . . sal ok die klegere unde sin getüch sveren up enen unvorvesten man, die um ungerichte in der hanthaften dat gevangen wert, unde vor gerichte gebracht unde mit ordelen gesat . . ." 5) S. III. 35, 2. vgl. mit I. 64, wonach der auf handhafter That Ergriffne sich auch nicht einmal mehr durch Kampf vertheidigen kann. Die letztere Stelle sagt nur, daß dies Verfesteten nicht zustehe, beweißt aber doch, weil (s. die vorige Note) Ueberführung Verfesteter und auf handhafter That Ergriffner auf gleiche Weise geschieht. Das „Beweisen" der Spuren einer Mißhandlung „in der versehen dat" ohne Gerüfte und Ergreifung entzieht so wenig wie in den Statuten dem Verbrecher das Recht „sik to untredene;" S. I. 68, 2.
6) S. III. 37, 1. oben pag. 299 Note 2. Vergl. auch oben pag. 323 Note 8. 7) oben pag. 351 Note 14. 352 Note 1. 354 Note 8. S. III. 78, 6. 8) S. II. 64, 1. III. 78, 6 (S. II. 62, 2 gehört nicht in die Lehre vom Friedbruch). Der Beweis der Nothwehr ist jedoch, abweichend von den Statuten, nur ehe man beklagt ist (S. II. 14, 1) möglich, würde also namentlich auch nicht gegen handhafte That zulässig sein, und eben darum bedarf es auch noch des Consacramentaleneides der durch Gerüft herbeigerufenen Zeugen. 9) s. oben pag. 510 Note 1. Vgl. auch wegen des „misdedigen man" die Glosse zu S. I. 64.

Der vermehrte Sachsenspiegel hat die Grundsätze beider Rechtsquellen mit einander verschmolzen, indem er theils auch den Kampf als Beweismittel kennt [1]) und das regelmäßige Ueberführen des Beklagten durch des Klägers und sechs anderer Personen Eid, theils auch die Ableugnung des Beklagten nicht nur durch alleinigen, sondern ebenfalls von andern Personen unterstützten Eid, daher denn solche Ausdrücke vorkommen wie „man mag on bas oberczugen selbsobende, wen er es engen muge selbsobende" [2]). Ob ein Entgehen oder ein Ueberführen statt finde, richtet sich z. B. darnach, ob der Verbrecher besprochen ist, denn für diesen Fall geht die Ueberführung vor [3]). Hierin liegt vielleicht nur eine Umwandlung der einzelnen Bestimmung der Statuten vom „misdedighen man" in ein Princip [4]). So ist es ferner im Fall der handhaften That. Auch hier wird der Beklagte nicht zugelassen zum Entgehen, sondern der Kläger zur Ueberführung [5]). Der Begriff der handhaften That ist der weitere des Sachsenspiegels [6]). Die Bedeutung des Gerüftes ist dieselbe wie in beiden Quellen [7]). Strengere Bestrafung jeder handhaften That ist auch dem vermehrten Sachsenspiegel unbekannt [8]). Von dem Beweise der Nothwehr finden sich die Stellen der Statuten mit dem besondern Vermerk, daß dieß weder Landrecht noch Weichbildrecht, sondern nur Kaiserweichbildrecht sei [9]).

1) s. oben pag. 328 Note 7. 2) D. IV. 4, 6 und 5, 12. 15 = B. III. 3, 5 u. 4, 11. 13 und D. IV. 21, 32a = B. III. 19, 29. Vgl. auch oben pag. 303 N. 13. 3) D. IV. 5, 12 = B. III. 4, 11. und D. IV. 10, 3 Zeile 25 = B. III. 9, 2 oben pag. 364 Note 3. 4) s. oben pag. 365 Note 10. 5) D. IV. 5, 15 Zeile 93—96 = B. III. 4, 13 und D. IV. 6, 8 = B. III. 5, 7. Vergl. oben pag. 329 Note 7. Albrecht an den in folgender Note angef. D. pag. 33. 39. 6) D. IV. 6, 6. 7. = B. III. 5, 4—6. Albrechts 1ste Abhandl. de prob. pag. 34. 44. Cropp in Hudtwalkers criminalistischen Beiträgen pag. 380 Note 43. s. ferner D. IV. 10, 6 = B. III. 9, 5. Wegen der „schinbaren hanthafftige tad" D. IV, 11, 2 = B. III. 10, 1. Albrecht a. a. D. pag. 41. 7) s. vorige Note und S. II. 71, 5 = D. VI. 6 = B. V. 36. S. III. 9, 5 = D. IV. 37 = B. IV. 8. 8) Vgl. oben pag. 323 Note 8 und S. III. 37, 1 = D. IV. 40, 2 = B. IV, 11, 1. Wegen handhaften Raubes s. oben pag. 327 Note 10 vgl. mit D. IV. 12, 1 = B. III. 11 pr. 9) D. IV. 18. 19 = B. III. 16. 17. und oben 302 Note 10. 303 Note 2. 362 Note 12. 13. Vergl. auch Albrecht a. a. D. pag. 24. 26. 64. dessen Gewere Note 95.

IV.

Von der Stadtverfassung und der Polizei.

§. 11.

Die höchste Gewalt in der Stadt wird geübt von dem Rathe und den gewerbtreibenden Genossenschaften, d. i. von den Kaufleuten, den Waldwerken und Bergleuten und den Gilden, das sind alle übrigen, von denen die der monetarii, der Krämer, der Schmiede gelegentlich besonders genannt werden [1]). Die Ausübung aber der höchsten Gewalt zeigt sich in der statuarischen Gesetzgebung, wie dieß vor Allem aus der Vorrede zu den Statuten selbst erhellt [2]). In dieser wird nicht nur gesagt, daß die Statuten von Rath und Genossenschaften aufgesetzt wären, sondern auch daß der Rath eidlich zu verpflichten sei, nicht ohne die Genossenschaften die statuarischen Bestimmungen zu ändern [3]).

1) Das Privilegium Friedrichs des 2ten verbietet jede Innung oder Gilde außer der der monetarii s. oben pag. 114, 46. Vgl. oben pag. 306 Note 5 und die dazu citirten Paralelen der Statuten, desgleichen oben pag. 109, 1. 20. Heineccius bemerkt hiezu in seinen goslarischen Antiquitäten pag. 222 Note X. „Saepius mutata res est" und verweißt auf ein Privilegium Rudolphs des Habsburgers von 1290, das pag. 304 und 305 seiner Antiquitäten abgedruckt ist. Vgl. auch in der Zeitschrift für geschichtliche Rechtswissenschaft Eichhorns Aufsatz über den Ursprung der städtischen Verfassung. Band 2. pag. 167 Note 156. 218 Note 247. pag. 232. Von den Kaufleuten (mercatores) insbesondre s. oben pag. 114, 22. Von den Waldwerken und Bergleuten (silvani) oben 115, 31—39. 415 Note 6. 7. 422 Note 4. 7. 425 Note 2 und im Hercynischen Archiv die Abhandlung des Zehntners Meyer über goslarsche Bergwerksverfassung und Bergrechte im vierzehnten Jahrhundert pag. 209 Note 30 und ebenda von Dohm, Goslar seine Bergwerke, Forsten und schutzherrliche Verhältnisse pag. 385. Leibnitz scriptores rerum brunsvicensium tom. III. pag. 17. Ueber die Aufnahme in die Gilden und über den Gildenvormund oben pag. 76, 26 — 35. 251 Note 8. 280 Note 8. 349 Note 10. 357 Note 4. pag. 491 Note 4. Von der Krämergilde oben pag. 103, 10 und von der Schmiedegilde oben pag. 104, 28. 2) s. oben pag. 1—20. Bruns Beiträge pag. 169. 170. Heineccius a. a. O. pag. 362. Riccius zuverlässiger Entwurf von Stadtgesetzen pag. 56. Munds Beschreibung der Stadt Goslar pag. 239. Vgl. außer der Vorrede noch oben pag. 107, 15—24 und pag. 109, 1—6. 19—22. 138 Note 6. 3) s. oben pag. 1, 5—8.

Zweien Rathmännern ist das Statutenbuch anvertraut und sie sollen verhindern, daß ohne Prüfung der oben genannten Personen etwas Neues in dasselbe eingetragen werde [1]). Diese Prüfung ist nicht nur wegen der Gerechtsame des Rathes oder der Genossenschaften erforderlich, sondern auch um die Rechte Einzelner zu wahren, denen zum Schaden ebenso wenig etwas verändert werden darf [2]). Die abändernden Bestimmungen sollen an der betreffenden Stelle des Statutenbuchs eingeschaltet werden [3]). Eine Einsicht in das Stadtbuch und namentlich Abschrift einzelner Stellen soll niemandem und insbesondre nicht Gästen ohne des Rathes Erlaubniß gestattet werden [4]).

Der Rath bildet jedoch nicht nur den Gegensatz gegen die Genossenschaften, sondern auch gegen die burgenses Goslariae, die universi cives [5]) oder gegen die universitas [6]), das commune [7]) „de meynheyt" [8]) und wird schon im Jahr 1252 in einer kaiserlichen Urkunde mit dem Wort concilium bezeichnet [9]). In spätern Urkunden kommen die einzelnen Mitglieder dieses concilium unter dem Namen consules vor [10]). Die Stadt selbst heißt civitas Goslariensis [11]). Der Rath wurde, wie aus den Statuten selbst erhellt, durch Wahl eingesetzt [12]). Doch scheint die betreffende Stelle von der Wahl zu einem engeren Rathe zu reden, denn es heißt, es solle wenn man den Rath wähle, die Minderzahl der Mehrzahl folgen; für den Fall aber da drei Personen den einen und drei andere Personen den andern wählten also für den Fall der Stimmengleichheit sollten sie ihre „wisesten" (prudentes) zu sich nehmen und der durch sie gebildeten Majorität folgen. Hieraus folgt, daß der wählenden Personen überhaupt nur sechs Personen waren, die sich selbst, wenn einer von ihnen ausschied, ergänzten und nur im Nothfall andern Personen, d. h. den übrigen consules eine Theilnahme an dieser Ergänzung gestatteten. Dieser Consuln sind Urkunden zufolge zwanzig und darüber [13]), und man kann sie hiernach jenen Sechsmannen als einen grö-

1) s. oben pag. 1, 13—17. 2) s. oben pag. 1, 8—11. 3) s. oben pag. 1, 11. 12. Dieß ist auch regelmäßig in den Handschriften beobachtet s. die Vorrede. 4) s. oben pag. 1, 17. 20. 5) s. oben pag. 7, 31. 112, 2. 113, 5. 116, 13. 117, 8. 121, 19. 215 Note 5. 6) s. oben pag. 117, 26 und Eichhorn a. a. O. pag. 167 Note 157. 7) s. oben pag. 120, 3. 8) s. oben pag. 109, 20. 23. Eine alte goslarsche Bürgerrolle s. Hercyn. Archiv pag. 141—144. 9) s. oben pag. 116, 13. vgl. auch pag. 120, 3. 10) In frühern und spätern Urkunden heißen diese Rathsmitglieder boni viri, optimi cives, nominatissimi cives s. oben pag. 118, 5. 21. 119, 2. 19. 164 Note 4. Eichhorn a. a. O. pag. 168 Note 158—160. Gaupp deutsche Städtegründung pag. 93 Note 26. 11) s. oben pag. 111, 33. 112, 6. 113, 19. 34. 114, 20 und öfter. 12) s. oben pag. 101, 1—5. 13) s. Eichhorn a. a. O. pag. 168 Note 160 und Heineccius a. a. O. pag. 359. Ueber die spätere Zahl Mund pag. 243. Moser, Reichsstättisches Handbuch pag. 802.

ßern Rath entgegensetzen [1]). Von ihnen sind noch verschieden die zu Ende des vierzehnten Jahrhunderts in einem Wenzelschen Privilegium zuerst erwähnten magistri consulum [2]). Die Unterscheidung zwischen altem und neuem Rathe [3]) scheint sich nur auf das, was oben engerer Rath genannt worden ist, zu beziehen und nicht die Bedeutung zu haben, daß unter dem altem Rathe überhaupt nur der ehmalige verstanden wird, der nach seinem Abgang unter die gewöhnlichen Consules zurückkehrt. Der alte Rath bleibt vielmehr als eine Corporation fortbestehen und nimmt als solcher noch in irgend einer Art an der Regierung Theil [4]), so daß der neue Rath (der sitzende Rath) [5]) nur der *regelmäßig* administrirende ist, der nach Ablauf eines Jahres [6]) abtritt und dann eben der alte Rath genannt wird. Hiernach tritt die vorhin erwähnte Wahl mit Ablauf eines Jahres lediglich insofern ein, als der nun zur Regierung zu lassende neue Rath nicht mehr aus sechs Personen besteht. Der jährlich (um Weihnachten) von den Gilden und der Gemeinheit zu leistende Schwur scheint nur dem neuen Rathe gethan zu werden [7]).

Das Verhältniß der Stadt zum Reich wird in kaiserlichen Urkunden durch die Worte „nostri cives et *imperii*" bezeichnet [8]), und durch die Stellung des Reichsvogtes (des Reichsschultheißen, des großen Vogts, des advocatus civitatis, der das Präsidium des kaiserlichen Pfalzgerichtes hat [9]). Die Stellung dieses kaiserlichen Vogtes ist nicht nur nach dem Privilegium Friedrichs des zweiten, sondern auch noch nach einer Urkunde König Heinrichs von 1237 die eines Vorstandes der Stadt [10]). Selbst noch später findet man in dem Privilegium des Königs Wilhelm, in welchem bereits das concilium genannt wird, von dem Vogt ge-

1) o. 216 N. 1. Ueber die spätere Bedeutung dieser Sechsmannen ist nachzusehen Mund u. Moser a. a. O. 2) Heineccius a. a. O. pag. 358. 359. 3) s. oben pag. 101, 7. 109, 1. Wenn Rath im Plural vorkommt, hat man an beide Räthe zu denken s. oben pag. 109, 7. 4) s. die in voriger Note angef. Stellen. 5) s. oben pag. 97, 23. 6) s. folgende Note. 7) s. oben pag. 16, 7. 8. 109, 20. 21. 123, 23—26. 441 Note 1. Vgl. auch über den alten und neuen Rath späterer Zeit Mund u. Moser a. a. O. 8) s. oben pag. 118, 11. 12. 22. 121, 16. 17. 215 Note 5. Daher wird auch die Verheißung gegeben die Stadt nicht zu *veräußern* oben pag. 116, 31. 120. 123, 15—22. 9) s. oben pag. 216 Note 25. 369 Note 8. 393 Note 3 und S. III. 62, 1 „Vif stede die palenze heten licgen in, me lande to sassen, das die koning echte hove hebben sal. Die irste is gruna; die andere *werle*, die is to *goslere* geleget;" D. III. 16, 1 = B. VI. 17 pr. Ueber die Lage der alten Pfalz Werla, Holzmann im Hercynischen Archiv pag. 300 — 320. In Urkunden nennt sich der Vogt selbst „Ich der hoverichter mins Heren des Künges" Heineccius a. a. O. pag. 303. 304. 10) s. oben pag. 114, 36—45 und 115, 22—24. 401 Note 1. 2. Eichhorn a. a. O. pag. 167 Note 157. Vergl. auch Heineccius a. a. O. pag. 215. 221. 274. 337. 338. 349. s. oben pag. 235 Note 8. 236 Note 1—4.

sagt „quem prefecerimus ipsi loco [1]). Nach den Statuten erscheint der Vogt jedoch bereits durchaus als dem Rathe untergeordnet, obwohl er noch immer dem Reiche huldigt [2]). Diese Veränderung scheint nicht plötzlich und namentlich nicht durch ein einzelnes kaiserliches Privilegium entstanden zu sein, sondern allmälig sich gemacht zu haben und vielleicht hat dazu beigetragen, daß durch kaiserliche Verleihungen die Einkünfte des Reichsvogtes verringert und somit wenigstens factisch sein Ansehen schon ziemlich früh geschwächt wurde [3]). Die Belege für die Abhängigkeit des Reichsvogts vom Rath sind folgende: der Vogt wird von dem Rathe eingesetzt und muß Sicherheit leisten den Aussprüchen desselben zu gehorchen, kann auch von ihm genöthigt werden als Beklagter einer Partei Rede zu stehen [4]). Der Rath rügt den Mißbrauch der vogteilicheu Gewalt und kann namentlich das durch Mißbrauch derselben Erworbene in Ermangelung anderer dem Vogt wieder abfordern [5]). Die ihm zur Verwaltung anver-

1) s. oben pag. 116, 38. s. auch unten Note 3. 2) s. oben pag. 83, 8—10. 91, 11. 12. 369 Note 8. 9. 3) Wegen der verringerten Einkünfte oben pag. 216 Note 3—9 und hierüber Hartmann de iure austregarum pag. 14. Daß die Reichsvoigtei durch ein Privilegium des Kaisers Rudolphs des Habsburgers von 1290 der Stadt Goslar zu Lehn gegeben worden sei, wie Mund a. a. O. pag. 232 behauptet, ist ungegründet Mund giebt keinen Beleg für seine Behauptung an. Vermuthlich hat er ein Privilegium im Sinne, welches zwar nirgend abgedruckt wohl aber in der Handschrift enthalten ist, aus welcher auch die oben im Anhange zu den Statuten abgedruckten Privilegien entlehnt sind. Die pertinenten Worte dieses Privilegii, das aber nicht mit abgedruckt ist, weil der Mangel an Zeit mir nicht vergönnte eine vollständige Abschrift zu nehmen, sind diese: Volumus etiam ut, si quis advocatus pro tempore eidem civitati prefectus fuerit, cives infeodatos ab imperio de feodis suis prout de iure tenetur debeat expedire. Preterea ipsis civibus ad augmentum amplioris gratie concedimus et liberaliter indulgemus, ut cives ipsius civitatis feoda illa que tenentur ab imperio que etiam ab ipsa civitate ministrantur, per modum empcienis ipsis vendicare valeant, dummodo hec recognoscant, ab imperio in feodum se tenere. In quorum omnium testimonium et evidenciam firmiorem presentis scripturae exinde conscribi et nostre maiestatis sigillo fecimus communiri. Datum Erffordie Nonas Aprilis indictione tertia anno domini M.CC. nonagesimo, regni vero nostri anno septimo decimo. Vgl. hiezu oben pag. 216 Note 6. Gegründeter ist die Behauptung, daß Wenzelschen Privilegieh zu Folge seit dem Ende des vierzehnten Jahrhunderts die Reichsvoigtei selbst in dem Sinne aufhörte, in welchem sie in den Statuten noch vorkommt, s. oben pag. 121, 12 und Zehntner Meyer a. a. O. pag. 189. von Dohm im Hercynischen Archiv pag. 381. Nur der Name scheint fortdauernd geblieben zu sein. So heißt es in einer bei Heineccius pag. 24 abgedruckten Urkunde von 1415: Ek Sivert van Rothinghe to desser tyd richter undt voget des romischen koninges, van privilegien weghen des radhes to Goslere. 4) s. oben pag. 83, 20—24. 84, 9—11. 393 Note 5. 5) s. oben pag. 84, 14—18. 342 Note 6. 41, 37—40. 291 Note 5. 342 Note 5. 428 Note 2.

trauten Lehne auch wirklich ausleihen zu wollen, muß er ebenfalls dem Rathe Sicherheit leisten [1]). Mit des Rath's Genehmigung kann der Vogt die Sühne eines Mannes nehmen [2]). Der Rath kann dem Vogt die Freilassung der wegen Diebstahl Aufgehaltenen verbieten [3]). Der Rath hilft, wenn der Vogt die Verfestung verweigert oder dem Verfesteten nicht gestatten will sich aus der Verfestung zu ziehen [4]). Der Rath entscheidet und nicht der Vogt, ob ein Gebannter auch verfestet vor den weltlichen Gerichten sein solle [5]) und ebenso ist bei Gestattung der Verfestung in Ansehung von Gästen der Vogt unter gewissen Voraussetzungen an des Rathes Erlaubniß gebunden [6]). Die gerichtliche Pfändung kann der Vogt nicht ohne Genehmigung des Rathes vornehmen [7]). „Nye lövede" kann nur mit des Rathes Genehmigung von den Gerichten gesetzt werden [8]). Vor den Rath kann man eine Sache von dem Vogt zum Urtheil ziehen [9]). Wegen unnütz geforderter Bürgschaft kann der Rath Rechenschaft fordern[10]). Der Rath allein kann Fristen im Proceß bewilligen und zur Klage zwingen [11]).

Der kaiserliche Landrichter in Goslar (iudex provincialis) der in einigen Urkunden vorkommt, ist nicht mit dem Reichsvogt zu verwechseln. Doch steht er zu dem letztern in einer gewissen Beziehung, indem er mit dem Abnehmen der Gewalt des Vogtes aushülflich in dessen Stelle trat. Als Beweis hierfür habe ich mir von einem Privilegium Adolphs von Nassau, dessen vollständige Copirung mir der Mangel an Zeit nicht gestattete, folgende Schlußworte angemerkt: „Volentes et precise mandantes, ut iudex provincialis, quicunque a nobis in partibus illis pro tempore fuerit constitutus . . . eidem advocato (imperii) prorsus faciat iustitie complementum. Datum Northusen v. idus Januarii indictione octava anno domini M.CC. nonagesimo quinto regni vero nostri anno tertio." Vollständiger findet man von diesem Landrichter in einem spätern Wenzelschen Privilegium geredet, welches zum Theil wenigstens in der Hartmannschen Schrift abgedruckt ist [12]). „Wir Wentzlaw van Gotes Genaden Romischer

1) s. oben pag. 84, 9. 10. 214 Note 16. 431 Note 7. 115, 18—20. 416 Note 1. 116, 38—40. 216 Note 5 und oben pag. 516 Note 3. In den zuletzt angeführten Stellen ist es noch der Kaiser unmittelbar der dem Vogt die Administration der Reichslehne anbefiehlt. 2) s. oben pag. 33, 23. 24. 172 Note 4. 173 Note 1. 3) s. oben pag. 36, 29. 30. 83, 11—13. Vgl. auch oben pag. 39, 40. 4) pag. 61, 28—30. pag. 57, 37—39. unten pag. 520 Note 5. 5) s. oben pag. 69, 11—13. 400 Note 2. Vgl. jedoch eine Urkunde bei Heineccius a. a. O. pag 304. 6) s. oben pag. 48, 38. 61, 21 — 26. 379, 8. 9. 7) s. oben pag. 72, 5. 6. 77, 17. 18. 406 Note 2. 8) s. oben pag. 82, 37. 38. 430 Note 5. 9) s. oben pag. 44, 19—22. 86, 20—25. 31—38. 87, 3—14. pag. 400 — 402. 10) s. oben pag. 44, 41 — 45, 2. 428 Note 3. 11) s. oben pag. 83, 13—19. 390 Note 4. 392 Note 1. 12) Hartmann a. a. O. pag. 22. 23.

Küning zu allen tziten Mehrer des Reichs und Künig zu Behemi, bekennen und thun kunth offentlichen myd diesem brieve, dazt wir durch merkliche Nohtdorft der Bürger und Ghemeyne der Stadt zu Goslern, der wir unterwiset seyn, myd wolbedachten mote unde guden rate de gnade ghetan haben, und thun ene de mid kraft dieses brieves, rechter wissen un römischer kuniglicher mechte, datz se sampt den erwerdigen bischeffen zu Hildensem, van uns wegen einen landrichter kiesen und setzen möghen, de uff unsern und des richs pallasze zu Goslern alle sachen, de den landfride anrören, richten sülle unde möge, von unsern und des reichs wegen, . . . gheben zu Prage nach Christus gheburt MCCCLXXXIV am negesten mittwochen nech sant Philippus unde sünt Jacobs tag unsz reichs u. s. w." Hiernach richtet also ein von Goslar und Hildesheim von Reichswegen gewählter Landrichter auf dem kaiserlichen Pallast, der sonstigen Gerichtsstätte des Reichsvogts, in allen Landfriedensbruchsachen. In einem andern in derselben Schrift abgedruckten Wenzelschen Privilegium wird noch besonders bemerkt, daß „diese . . . meinung un gesetze den vorgenanten landfriede zu Westphalen und den freyen stülen daselbst unschedlich syn" solle [1]). Dieses Landgericht ist nach dem Gesagten durchaus verschieden von der durch besondere Vereinbarungen begründeten Austrägalinstanz für bestimmte Civil-Streitigkeiten und Parteien [2]).

Sowohl von dem Reichsvogt als Landrichter sind die Fürsten zu unterscheiden deren Schutz oder Vogtei sich hin und wieder im Fall eines besondern Bedürfnisses die Stadt vertragsmäßig unterwarf. In den betreffenden Verträgen wird jederzeit bemerkt, wie eine solche Unterwerfung aus freier Wahl der Stadt und unbeschadet ihrer Freiheiten und ihrer Verhältnisse zu Kaiser und Reich geschehn [3]).

Von den einzelnen Rechten des Rathes den Bürgern gegenüber ist bereits an dem betreffenden Ort geredet worden [4]) und

1) Hartmann a. a. O. pag. 24—26. Vgl auch oben pag. 313 Note 1. 373 Note 2. 2) s. oben pag. 312 Note 3—6 und Hartmann a. a. O pag. 26. 27. 3) s. hierüber von Dohm a. a. O. pag. 390. 425. Hierselbst werden die Namen der Vögte dieser Art aufgezählt; pag. 430 bis 440 ist eine solche Urkunde über einen solchen Vertrag von 1552 zwischen Goslar und Herzog Heinrich dem Jüngern von Braunschweig abgedruckt. Vgl. auch oben pag. 121, 31—44. Nur unter der advocatia Goslariensis, welche Kaiser Philipp dem Herzog Heinrich Palatinus 1204 übertrug, hat man sich wohl die eigentliche Reichsvoigtei zu denken, vgl. Leibnitz in seiner Vorrede a. a. O pag. 17 und Heineccius a. a. O. pag. 204. vgl. auch Samml. vermischter Nachrichten zur sächsischen Gesch. Bd. 11. pag. 346. Wegen der beiden kleinen Vögte oben pag. 369 Note 2. 4) s. oben pag. 3, 22. 4, 20. 108, 13. 7, 24 — 8, 6. 9, 18. 122, 20—34. 14, 22. 15, 41. 16, 5. 32. 17, 14. 17. 18, 28. 19, 4. 25, 35. 26, 19. 27, 17. 110, 38. 26, 34. 29, 39. 79, 11. 86, 7. 97, 21. 22. 30, 14. 115, 25—30. 35, 12. 14. 37, 21. 41, 6. 42, 40. 46, 26.

soll hier nur noch im Zusammenhange von den Gästen und ihrem Verhältnisse zum Rathe, und von einzeln stehenden polizeilichen Bestimmungen geredet werden.

Gäste (utlüde, extranei, advenae) sind alle diejenigen, welche keinen Schoß geben [1]). Dadurch, daß ein Gast seine Wohnung in Goslar nimmt, hört er nicht auf Gast zu sein, obwohl der Jahr und Tag ungestörte Aufenthalt daselbst ihn frei macht, wenn er bei seinem Einzug unfrei war [2]). Auch der Erwerb von Grundstücken, der mit Genehmignng des Rathes und dem Stadtrecht gemäß möglich ist, macht den Gast noch nicht zum Bürger [3]). Die iuristische Stellung eines Gastes ist im Vergleich mit Bürgern und Gesinde von Bürgern [4]) in mehrfacher Beziehung nachtheilig. Er ist beschränkt in dem Erwerb und der Ausübung einzelner Rechte, insofern er weder Grundstücke noch Erbschaften noch Herwede, Gerade oder Vormundschaften und Gewerbe anders als unter gewissen Bedingungen und Voraussetzungen erwerben und treiben kann [5]). Er ist ferner insofern in einer rechtlich nachtheiligern Stellung, als er wegen der geringen Sicherheit, die er für Erfüllung seiner Verpflichtungen bietet, zu jeder Zeit vorgeladen, besetzt wegen Wette zur Caution angehalten und wenigstens mit Erlaubniß des Rathes leichter überführt werden kann [6]). Abgesehen von diesen Ausnamen ist der Gast, sofern er zu Bürgern oder andern Gästen innerhalb des Gebietes der städtischen Gerichte in iuristische Verhältnisse tritt, vollkommen rechtsfähig, so daß sogar zwischen Gästen, die ihr Recht durch Verbrechen verloren haben, und die an ihrem Rechte vollkommen sind, unterschie-

47, 41 — 48, 3. 123, 6—14. 48, 22. 49, 6. 21. 27. 32. 37. 54, 22. 55, 25. 56, 17. 59, 6. 60, 37. 65, 6—14. 67, 14—27. 69, 26. 73, 26. 77, 1. 10. 32. 82, 8. 88, 27. 34. 35. 91, 36. 110, 4. 5. 97, 23 — 98, 14. 102, 7. 105, 30—38. 106, 10 — 107, 24. 114, 7. 50, 19—28. 83, 1—17.

1) s. oben pag. 101, 26. 36, 14. 112, 10. 114, 33. 122, 22. Vgl. Bruns Beiträge pag. 238. No. 14. 2) s. oben pag. 13, 30—39. 112, 10—14. 3) s. oben pag. 30, 17—20. 25—27. 28, 33. 4) Die Stellen, welche sich auf das Gesinde beziehen und am gehörigen Orte schon berücksichtigt sind, sind folgende: oben pag. 9, 31. 16, 15. 34, 20. 46, 32. 48, 22. 49, 34. 51, 24. 54, 5. 55, 9. 60, 12. 63, 24. 71, 11. 79, 19. 82, 18. 83, 25. 85, 11. 30. 89, 27. 90, 25 — 91, 17. 93, 12. 20. 99, 1. 6. 101, 19. 25. 31. 102, 5. Ueber die besondern Verhältnisse der Juden 39, 26. 36. 40, 6. 78, 30. 81, 6. 93, 9. 95, 8. 100, 12. 16. 116, 20. 117, 17. 33. 5) s. die vorige Note und pag. 16, 33. 18, 11. 20, 7. 10. 102, 34. 103, 1. 5. 104, 19. 6) s. oben pag. 63, 5. 6. 24. 66, 1. 2. 65, 26. 66, 6. 13. 20. 27. 35. 67, 1. 110, 13. 85, 9. 36, 13. 14. Daß der Gast gegen Bürger nicht Zeuge sein könne ist nur Recht des Privilegii Friedrichs des 2ten aber nicht der Statuten, in welchen nur das Zeugniß auswärtiger Gerichte gegen Bürger nicht zugelassen wird s. oben pag. 102, 42—45. 76, 3—11.

den wird [1]). In jenem Fall kann die Rechtlosigkeit auf besondre Weise dargethan werden [2]). Er tritt als Kläger und als Beklagter auf [3]). Er läßt in Overhöre kündigen und wird in Overhöre gekündigt. Im ersten Fall kann er wie jeder Bürger den overhörigen Bürger in seinen Privatarrest nehmen [4]). Ebenso ist es mit der Verfestung, die auch der Gast wegen gegen ihn begangner Verbrechen unter den regelmäßigen Voraussetzungen begehren kann [5]). Sobald dagegen der Gast außerhalb des Gebietes der städtischen Gerichte von einem Bürger oder einem andern Gast verlezt wird, müssen ganz besondere Voraussetzungen vorhanden sein, wenn ihm die städtischen Gerichte Recht verschaffen sollen. Entweder nämlich muß er geseliget sein oder er muß durch den besonders geschwornen Frieden mit ergriffen werden, oder er muß mit einem Bürger in verwandtschaftlichem oder anderweitigem nahen Verhältnisse stehen [6]).

Einzelne Rechtssätze und polizeiliche Bestimmungen mögen den Schluß machen.

Drei Rechtsmassen werden einander entgegengestellt, Landrecht, Lehnrecht, Weichbildrecht oder Stadtrecht [7]). Wegen der Anwendung der darin enthaltenen Rechtsgrundsätze wird für den Erwerb von Erbgut die Regel gegeben, daß jeder „inkomen man" es in Goslar empfange, nicht nach dem Rechte des Ortes seiner Geburt, sondern nach dem Rechte der Stadt Goslar [8]). Hiermit kann ein anderes Princip in Verbindung gesetzt werden des Inhalts, daß jeder der des Rechts der Stadt „ghenüth" es auch wirklich „ghebruken" solle [9]) „it si wedewe" oder wer es sei [10]). In dem Privilegium Friedrichs des zweiten wird dieß so ausgedrückt, es solle niemandem das Recht gestattet werden, dessen sich die Bürger erfreuten, der nicht auch seinerseits das Recht derselben beobachte [11]). Eine Ausname von dem ersten Princip ist, daß Gesinde, welches die Bürgerschaft nicht erworben hat, obwohl in fast allen übrigen rechtlichen Verhältnissen den Bürgern gleichgestellt, Wehrgeld nach dem Ort seiner Geburt erhält [12]). Als ein

1) s. oben pag. 37, 40 — 38, 6. 307 Note 1. 2) s. oben pag. 76, 3—11. 3) s. oben pag. 63, 28—34. 67, 34. 68, 39. 40. 115, 6. 7. 70, 10. 40, 24—29. 47, 11 — 17. 4) s. oben pag. 52, 23—25. 55, 9—15. 67, 32. 81, 34. 5) s. oben pag. 61, 23—26. und vgl. oben pag. 88, 1 — 3. Vgl. auch Bruns Beiträge pag. 247 No. 35. 6) s. oben pag. 61, 21. 22. 48, 31 — 40. 49, 23 — 29. 32. 33. (483 Note 6). 34, 25 — 29. 66, 1. 2. 35, 36—40. Vgl. auch S. III. 25, 3. Wegen des verm. Sachs. oben pag. 452 Note 9. 7) s. oben pag. 10, 7—11. 24, 13. 23. 27, 43. 71, 32. 33. Krauts Grundriß zu Vorlesungen über das deutsche Privatrecht pag. 56. No. 51. 8) s. oben pag. 30, 25—27. Sachs. I. 30 und oben pag. 194 Note 1. 2, woselbst auch auf die Veränderung der betreffenden Stelle im vermehrten Sachsp. aufmerksam gemacht ist. 9) s. oben pag. 77, 39. 40. Vgl. auch Bruns Beiträge pag. 192. No. 28. 10) Vgl. oben 314 Note 6. 11) s. oben pag. 113, 34. 35. 12) s. oben pag. 81, 30—34.

allgemeines Princip wird auch ausgesprochen, daß alles Recht in der Stadt „absque captione" gegen Bürger wie Gäste gehandhabt werden solle [1]).

Zu den polizeilichen Bestimmungen rechne ich die über die Erhebung des Zolls und über Zollfrevel, desgleichen die über den Werth des Goldes und die über die Verletzung der Gildenrechte. Ueber diese Punkte enthalten namentlich auch die Privilegien einige Vorschriften [2]). Aus einem polizeilichen Gesichtspunkt ist auch die dem Stadtrecht angehängte Hochzeitsordnung zu betrachten [3]). Ferner, daß jemand für Zinswucher büßen muß, obwohl er dadurch nicht rechtlos wird und nicht sein Gildenrecht verliert, sondern nur in schlechtem Ruf geräth [4]). Die Stelle vom Ausweichen der Wagen ist aus dem Sachsenspiegel aufgenommen [5]). Der Rath nimmt sich der Kinder hingerichteter Verbrecher an [6]). Personen die hingerichtet werden sollen, darf man zwar die Beichte, nicht aber das Abendmahl und die letzte Oelung gestatten, denn alsdann kann man nicht mehr über sie richten. Dem Vogt aber und dem Kläger steht es frei auf ihre Rechte gegen den Verbrecher zu verzichten und dadurch ihm auch den Genuß der beiden letzt genannten Sacramente zu verschaffen [7]). Glücksspiele sind zwar nicht verboten doch aber in Ansehung des Werths, um welchen man spielt, beschränkt [8]).

Auf die wenigen Stellen des Sachsenspiegels die den Bestimmungen dieses letzten Abschnitts correspondiren, ist schon an den betreffenden Stellen vorhin verwiesen worden. Von dem vermehrten Sachsenspiegel ist nachzuholen, daß der Unterschied zwischen Gästen und denen die in einem Gerichtsbezirk einheimisch sind viel weniger als in den Statuten hervortritt [9]).

1) s. oben pag. 115, 6. 7. 376 Note 6. 2) s. oben pag. 40, 13—23. 75, 26—34. 101, 27. 28. 102, 26 — 105, 38 111, 4—14. 114, 9. 10. 115, 8—17. 116, 24—27. Materialien zur Geschichte des Goslarschen Handels hat Holzmann im Hercynischen Archiv gesammelt pag. 321—343. 3) s. oben pag. 107, 25 — 108, 20. Vgl. auch hiezu pag. 101, 13—20. 4) s. oben pag. 102, 21. 23. 5) s. oben pag. 101, 29. 30. S. II. 59, 3. D. V. 32 = B. V. 30. 6) s. oben pag. 90, 2—8. 7) s. oben pag. 90, 8—13. 8) s. oben pag. 76, 39—44. Wegen einer andern polizeilichen Bestimmung Bruns im Hercyn. Archiv pag. 447. No. 39. Kamptz pag. 346. No. 40. Wegen wandernder Frauen Bruns Beiträge pag. 239. No. 26.
9) s. oben pag. 520 Note 6 die zuerst daselbst angef. Stellen fehlen dem verm. Sachsp. und oben pag. 66, 1. 2. 35, 36—40 sind verallgemeinert worden. Von der Besetzung oben pag. 458 Note 11 — 459 Note 2 und überhaupt von den oben genannten Eigenthümlichkeiten der Gäste die Lehren, zu welchen ihrem materiellen Bestande nach die Bestimmungen gehören.

Tabellarische Uebersicht
der Stellen der benutzten Rechtsquellen.

In der ersten Rubrik bedeutet die voranstehende Zahl, die **Seite** des Textes; die nachfolgenden Zahlen bezeichnen die **Zeilen** der Seite. In der dritten Rubrik ist das Citat nach der Ortloffschen Ausgabe des vermehrten Sachsenspiegels voran und die Böhmesche Ausgabe in die Parenthese gestellt. In der vierten Rubrik sind unter B. die Rechtserkenntnisse zu verstehen, welche in Bruns Beiträgen abgedruckt sind. Unter F. sind die bei Förstemann, unter H. die im Hercynischen Archiv und unter K. die in Kamptz Provincialrechten abgedruckten Rechtserkenntnisse gemeint. In der fünften Rubrik bezeichnet die erste Zahl die Seite, die zweite die Note.

Statuten.	Sachsenspiegel. Homeyer.	Vermehrter Sachsenspiegel.	Rechtserkenntnisse.	Systematische Zusammenstellung.
1, 1—4	— —	— —	— —	513, 2.
1, 5—12	— —	— —	— —	513, 2. 3. 514, 2. 3.
1, 13—20	— —	— —	— —	513, 2. 514, 1. 4.
2, 1	— —	— —	— —	138, 3.
2, 2—5	— —	I. 6, 1	B. 241, 30	138, 4. 142, 7. 144, 5.
		(I. 4, pr.)		156, 4. 160, 4, 161, 1.
			— —	163, 4. 164, 5. 169, 7.
				212, 9. 213, 4. 214, 2. 5.
				219, 3. 220, 3. 235, 2.
				237, 6. 286, 1. 3.
2, 6—7	— —	I. 6, 2	— —	138, 7. 141, 2. 8. 142, 1.
(6—18)		(I. 4, 1)		282, 2. 289, 12.
2, 19	— —	— —	— —	138, 4.
2, 20. 21	— —	I. 6, 4	F. 72	140, 2.
		(I. 4, 2)		
2, 22—24	I. 3. 3.	I. 6, 5	B. 233	144, 6.
		(I. 4, 3)		
2, 25—29	— —	I. 6, 6—8	F. 30	139, 1. 140, 2.
		(I. 4, 4—5)		
2, 30. 31	— —	I. 7, 7	— —	135, 1.
		(I. 5, 5)		
2, 32. 33	— —	I. 6, 9—11	— —	139, 3. 140, 3. 244, 6.
3, 1. 2		(I. 4, 6. 7)		248, 8. 249, 13.
3, 3—6	— —	I. 6, 10	— —	140, 5. 248, 8. 249, 13.

Statuten.	Sachsenspiegel. Homeyer.	Vermehrter Sachsenspiegel.	Rechtserkenntnisse.	Systematische Zusammenstellung.
3, 7—11	— —	I. 6, 11	F. 19	139, 4. 140, 4. 248, 8. 249, 13.
3, 12—17	— —	I. 8, 2. 3. (I. 6, 1)	B. 180, 2	159, 11. 168, 4. 169, 2.4. 170, 1. 245, 4.5.9. 248, 8. 249, 13. 251, 1. 255, 8. 280, 9.
3, 18—24	— —	— —	— —	168, 4. 245, 5. 248, 8. 249, 13. 518, 4.
3, 25—40 4, 1—3	I. 22, 4	I. 8, 1 (I. 6, pr.)	— —	167, 10. 168, 2.4. 171, 4. 6. 8. 9. 248, 8. 249, 13. 495, 3.
4, 4—11	— —	I. 9, 2 (I. 7, 3. 4) I. 17, 3 (I. 11, 1)	— —	142, 3. 160, 1. 2. 6. 9.11. 162, 7.9. 163, 2.4. 164, 5. 431, 3.
4, 12—21	— —	— —	— —	160, 1. 7. 8. 161, 1. 2. 6. 162, 7. 163, 2. 214, 11. 431, 3. 518, 4.
4, 22—27	— —	I. 9, 2 (I. 7, 3—5)	B. 180, 25 182, 7 227, 4	160, 1. 7. 162, 7. 163, 2. 214, 11. 431, 3.
4, 28—37	— —	I. 9, 1 (I. 7, pr.)	B. 227, 5	158, 2. 3. 160, 1. 162, 7. 163, 2. 164, 1.9. 431, 13.
5, 1—3	I. 24	I. 9, 1 (I. 7, pr.)	— —	160, 1. 162, 7. 163, 2. 165, 4. 7. 8. 166, 2. 3. 4. 171, 7. 431, 3. 495, 3.
5, 4—9	— —	I. 9, 3 (I. 7, 6) I. 17, 8 (I. 11 pr.)	— —	160, 1. 162, 7. 163, 2. 164, 7. 166, 5. 171, 6. 431, 3. 495, 3.
5, 10—15 (4, 6—9)	— —	I. 17, 3 (I. 11, 1) I. 9, 2 (I. 7, 3. 4)	— —	160, 1. 162, 7. 9. 163, 2. 169, 1. 431, 3.
5, 16—19	— —	I. 9, 4 (I. 7, 7)	— —	165, 7. 166, 4. 171, 8. 495, 3.
5, 20—21	— —	I. 17, 2 (I. 11, 1)	— —	165, 2. 3. 171, 9.
5, 22—30	— —	I. 17, 4 (I. 11. 2) I. 17, 5. (I. 11, 3)	— —	145, 1. 156, 1. 167, 7. 241, 3. 334, 7. 351, 10. 358, 9. 437, 13. 464, 4. 471, 1. 495, 3.
5, 31—37	— —	I. 17, 6 (I. 11, 4)	— —	144, 1. 164, 6. 166, 7. 8. 212, 1.3.7. 213, 2. 214, 2. 268, 4. 431, 3. 437, 3.
5, 38 6, 1—3	— —	I. 17, 17 (I. 11, 5)	— —	241, 3.

Statuten.	Sachsenspiegel. Homeyer.	Vermehrter Sachsenspiegel.	Rechtserkenntnisse.	Systematische Zusammenstellung.
6, 4. 5	— —	I. 17, 8 (II. 11, 5)	B. 252, 45	128, 1. 500, 3. 4.
6, 6—19	— —	— —	— —	147, 9. 148, 6.7.8.9.10. 149, 1. 197, 4. 268, 9.
6, 20—23	— —	— —	— —	146, 2. 211, 4. 156, 2. 440, 6. 494, 8.
6, 24—26	— —	I. 17, 10 (I. 11, 6)	— —	128, 9. 156, 2. 159, 3. 167, 5. 172, 1. 271, 3. 4.
6, 27—32	— —	— —	— —	144, 2. 148, 3. 156, 3. 268, 4. 404, 2. 421, 4.
6, 33—35	— —	— —	— —	156, 6. 404, 2. 421, 4.
6, 36—38	— —	— —	— —	149, 4. 5. 297, 4. 303, 5. 342, 7. 344, 5. 12. 13. 346, 1. 354, 4. 9. 359, 4. 361, 1. 9. 12. 362, 5. 14.
6, 39 7, 1. 2	— —	— —	— —	144, 10. 156, 7.8. 404, 1. 405, 2.
7, 3—14	— —	— —	B. 249, 38 233, 15	136, 6. 146, 5. 147, 1. 9. 148, 2. 149, 4. 7. 156, 8. 211, 3. 297, 2.4.11. 302, 5. 342, 7. 344, 5. 346, 1. 354, 4. 9. 361, 1. 9. 12. 404, 2. 3. 421, 4. 463, 6. 486, 1. 490, 2. 492, 9. 494, 9. 496, 7.
7, 15—17	— —	— —	— —	151, 5. 431, 1.
7, 18—21	— —	I. 17, 10 (I. 11, 7)	— —	135, 6. 149, 2. 431, 2.
7, 22—36 8, 1—8	— —	I. 17, 10 (I. 11, 7)	— —	135, 7.8. 136, 4.8. 149, 2. 514, 5. 518, 4. 159, 5. 404, 3. 421, 3.4. 422, 12. 431, 2. 518, 4.
8, 9—19	— —	— —	— —	136, 5.8. 148, 1.3. 149, 2. 159, 9. 176, 4. 404, 2. 3. 421, 3. 4. 422, 12.
8, 20—26	— —	I. 14, 3 (I. 9, 9) IV. 47, 5. 6 (IV. 17, 18. 19)	B. 225, 1 F. 23 h.	135, 1. 214, 14. 217, 7.10. 218, 6.7.8. 220, 4. 221, 8. 270, 6. 7. 489, 10.
8, 27—31	— —	I. 16, 1 (I. 10, pr.)	F. 27	128, 2. 129, 5. 133, 1. 141, 1. 217, 5. 280, 7. 289, 2. 290, 3. 348, 1. 356, 2.

Statuten.	Sachsenspiegel-Homeyer.	Vermehrter Sachsenspiegel.	Rechtserkenntnisse.	Systematische Zusammenstellung.
8, 32—34	— —	— —	K. 43 H. 42 F. 30. k. 31. b. 35. b.	142, 5.6. 162, 1. 171, 2. 214, 13. 286, 8. 288, 6.
8, 35—38,	III. 15, 1	I. 20, 1 (I. 14, pr.)	— —	156, 5.
9, 1—5	I. 28	I. 20, 2 (I. 14, 1)	— —	132, 9. 165, 9. 172, 2. 173,3.9. 175,5. 212,6.7. 220, 10. 437, 4.
9, 6—10	— —	I. 20, 3. 4 (I. 14, 2. 3)	B. 182,8. 11	152, 2. 153, 4.
9, 11—13	— —	— —	— —	142, 6. 162, 1. 171, 2. 193, 3. 209, 1. 229, 5. 6. 230, 1. 232, 1. 239, 8. 286, 8. 288, 6. 394, 3.
9, 14—18 14—23	— —	I. 20, 5 (I. 14, 4)	F. 29, 30	152, 4. 153, 2. 176, 4. 193, 3. 209, 1. 229, 5. 230, 1. 232, 1. 239, 8. 241, 6. 243, 3. 373, 11. 394, 3. 518, 4.
9, 24—27	— —	I. 20, 4 (I. 14, 3)	F. 30. g.	152, 5. 155, 4. 165, 6. 8. 211, 2.
9, 28—30 9, 31—36	— —	— —	— —	132, 6. 145, 3. 146, 6. 266, 9. 271, 5. 362, 2. 519, 4.
9, 37—40	— —	— —	— —	132, 6. 146, 6. 362, 2.
10, 1—11	I. 25, 2—5	I. 19, 2—4 (I. 13, 1—2)	K. 41 H. 40	130,3.5.6. 131,2. 132,4. 135, 2. 214, 14. 260, 7. 265, 4. 272, 5. 273, 4. 373, 5.10. 492, 7. 520,7.
10, 12—14	— —	I. 40, 2, 2. 3 (I. 33, 1. 2)	F. 59	129, 7. 134, 4. 318, 3. 348, 8. 349, 5. 356, 8. 12. 14. 364, 5.7. 365, 3.
10, 15. 16	— —	— —	— —	128, 4. 211, 2. 214, 8. 299, 12.
10, 17. 18	— —	— —	B. 228, 6	133, 4. 268, 3. 348, 2. 356, 5. 7. 364, 3.
10, 19—23	I. 4	I. 5, 10 (I. 3, 9)	— —	137, 3.
10, 24—31	I. 12	I. 20, 6—8 (I. 14, 5. 7) I. 42, 1 (I. 35, pr.)	— —	157, 3. 176, 4. 181, 2. 4. 182, 1. 2. 214, 5. 225, 5. 267, 4. 5.

Statuten.	Sachsenspiegel. Homeyer.	Vermehrter Sachsenspiegel.	Rechtserkenntnisse.	Systematische Zusammenstellung.
10, 32—38	— —	I. 22, 1 (I. 16, pr.)	— —	265, 6. 9. 266, 1. 273, 7. 277, 4. 282, 3. 289, 12.
11, 1—5 1—19	— —	I. 23, 4 (I. 17, 3)	— —	177, 5. 266, 1. 2. 10. 268, 2. 271, 3. 4. 277, 4. 5. 282, 3. 289, 12.
11, 20—25	— —	I. 23, 5 (I. 17, 4)	— —	145, 2. 7. 157, 8. 239, 6. 266, 1. 6. 9. 268, 5. 6. 8. 271, 5. 273, 6. 277, 4. 282, 3. 289, 12.
11, 26—33	I. 31, 1	I. 20, 16 (I. 14, 15)	— —	176, 5. 178, 2. 202, 4. 5. 203, 3. 4. 207, 6. 210, 1. 3. 4. 261, 6. 264, 1. 7. 266, 4. 275, 1. 390, 5. 391, 1. 495, 6.
11, 34—37	— —	I. 23, 6 (I. 17, 5)	— —	145, 6. 7. 157, 8. 239, 6. 266, 1. 6. 9. 268, 6. 8. 271, 5. 273, 6. 277, 4. 282, 3. 289, 2.
11, 38—40	— —	— —	— —	134, 7.
12, 1—4	— —	I. 23, 7 (I. 17, 6)	— —	177, 5. 269, 7. 270, 1.
12, 5—10 5—40	— —	I. 23, 8 (I. 17, 7)	F. 34. c. B. 192, 29	141, 2. 7. 142, 2. 4. 6. 143, 1. 162, 1. 163, 4. 171, 2. 213, 6. 214, 2. 268, 5. 7. 10. 271, 5. 284, 4. 285, 3. 7. 286, 8. 288, 6. 289, 12.
12, 41. 42.	— —	— —	— —	254, 3. 261, 1. 344, 5. 347, 3.
13, 1—3 1—4	— —	I. 24, 1 (I. 18, pr.)	B. 192, 29 F. 34. c.	176, 4. 267, 6. 495, 3.
13, 5—7	— —	— —	F. 57	131, 3. 137, 1. 486, 1. 488, 3. 489, 5.
13, 8—11	— —	I. 24, 2 (I. 18, 1)	— —	214, 15. 215, 2. 219, 5. 220, 4. 5. 11.
13, 12—15	— —	I. 24, 3 (I. 18, 2)	— —	133, 5. 220, 4. 269, 2. 289, 2. 290, 3. 348, 1. 356, 2.
13, 16—21	— —	I. 25, 3—5 (I. 19, 2—4)	F. 20. d. 21. f.	156, 3. 170, 4. 176, 4. 212, 9. 213, 4. 6. 214, 2. 5. 214, 15. 217, 12. 218, 1. 9. 11. 219, 2. 4. 220, 3. 11. 221, 2. 225, 5. 6. 234, 3. 235, 2. 245, 5. 286, 1. 3. 348, 1. 356, 2. 373, 3.

Statuten.	Sachsenspiegel. Homeyer.	Vermehrter Sachsenspiegel.	Rechtserkenntnisse.	Systematische Zusammenstellung.
13, 22—29	— —	I. 24, 4 (I. 18, 3)	— —	141, 2. 170, 4. 286, 5. 9. 290, 2.
13, 30—39	— —	I. 25, 1. 2 (I. 19. pr. 1)	— —	135, 9. 136, 1. 2. 162, 3. 519, 2.
14, 1—3	— —	I. 30, 2 (I. 24, 1)	F. 39. c. B. 190, 24	177, 4. 214, 12. 225, 8. 229, 1. 193, 3. 229, 5. 6. 230, 1. 239, 5. 239, 8. 240, 9. 241, 5. 6. 243, 3. 263, 5. 264, 1. 266, 5. 373, 11. 394, 3.
14, 4—11	— —	I. 31 (I. 25)	—	183, 5. 184, 1. 2. 3. 189, 6. 8. 192, 5. 193, 3. 229, 5. 6. 230, 1. 232, 1. 239, 8. 241, 6. 243, 3. 372, 7. 373, 11. 394, 3.
14, 12—18	— —	I. 31 (I. 25)	— —	191, 9. 192, 3. 6. 204, 9. 193, 3. 229, 5. 6. 230, 1. 232, 1. 239, 8. 241, 4. 6. 243, 3. 373, 11. 383, 4. 6. 394, 3.
14, 19—24	— —	I. 28, 1 (I. 22, pr.)	— —	166, 7. 212, 1. 3. 213, 2. 214, 2. 193, 3. 229, 5. 6. 230, 1. 232, 1. 239, 8. 241, 6. 243, 3. 373, 11. 394, 3. 431, 3. 518, 4.
14, 25—29	— —	I. 28, 2 (I. 27, 1)	— —	135, 10. 193. 229, 5. 6. 230, 1. 232, 1. 239, 8. 241, 6. 243, 3. 373, 11. 394, 3.
14, 30—38 30—40	— —	I. 41, 2 (I. 34, 2)	B. 189, 22 F. 34. d.	147, 4. 193, 3. 229, 5. 6. 230, 1. 232, 1. 239, 8. 241, 6. 243, 3. 245, 7. 252, 2. 4. 253, 1. 2. 6. 10. 254, 2. 5. 260, 11. 12. 13. 267, 3. 268, 5. 272, 5. 276, 3. 281, 11. 282, 3. 289, 12. 296, 3. 344, 5. 347, 2. 3. 348, 1. 355, 7. 8. 356, 2. 362, 6. 363, 4. 373, 11. 392, 7. 394, 3.
15, 1—4	— —	I. 41, 3 (I. 34, 3)	— —	137, 6. 193, 3. 229, 5. 6. 230, 1. 232, 1. 239, 8. 241, 6. 243, 3. 331, 8. 373, 11. 394, 3.

Statuten.	Sachsenspiegel. Homeyer.	Vermehrter Sachsenspiegel.	Rechtserkenntnisse.	Systematische Zusammenstellung.
15, 5—7	— —	— —	— —	133, 7. 193, 3. 229, 5. 6. 230, 1. 232, 1. 239, 8. 241, 6. 243, 3. 265, 2. 306, 2. 348, 1. 356, 2. 373, 11. 394, 3.
15, 8—13	— —	I. 22, 2 (I. 16, 1)	— —	133, 7. 9. 193, 3. 229, 5. 6. 230, 1. 232, 1. 239, 8. 241, 6. 243, 3. 265, 2. 306, 2. 348, 1. 356, 2. 373, 5. 10. 11. 394, 3.
15, 14—18	— —	I. 28, 3 (I. 22, 2)	— —	149, 9. 10. 150, 2. 152, 2. 193, 3. 229, 5. 6. 230, 1. 232, 1. 239, 8. 241, 6. 243, 3. 373, 11. 394, 3.
15, 19—24	— —	I. 29, 1 (I. 23 pr.)	— —	141, 4. 193, 3. 229, 5. 6. 230, 1. 232, 1. 239, 8. 241, 6. 243, 3. 282, 5. 283, 1. 285, 2. 289, 13. 373, 11. 394, 3.
15, 25—31	— —	I. 29, 2 (I. 23, 1)	B. 182, 11	141, 2. 193, 3. 229, 5. 6. 230, 1. 232, 1. 239, 8. 241, 6. 243, 3. 267, 7. 284, 3. 373, 11. 394, 3.
15, 32—37	— —	I. 30, 1 (I. 24, pr.)	— —	141, 8. 147, 2. 176, 4. 193, 3. 229, 5. 6. 230, 1. 232, 1. 239, 8. 240, 5. 241, 6. 243, 3. 264, 2. 277, 2. 373, 11. 394, 3.
15, 38—42 16, 1—6	— —	— —	— —	130, 4. 135, 4. 141, 8. 176, 4. 193, 3. 229, 5. 6. 230, 1. 232, 1. 239, 8. 241, 6. 243, 3. 373, 11. 394, 3. 518, 4.
16, 7. 8.	— —	— —	— —	441, 1. 515, 7.
16, 9—14	— —	— —	— —	176, 4. 193, 3. 229, 5. 6. 230, 1. 232, 1. 239, 8. 241, 6. 243, 3. 246, 7. 285, 4. 373, 11. 394, 3. 431, 4.
16, 15—22	— —	— —	— —	128, 3. 132, 6. 7. 135, 5. 7. 159, 2. 168, 4. 169, 3. 215, 4. 193, 3. 229, 5. 6. 230, 1. 232, 1. 239, 8. 241, 6. 243, 3. 373, 11. 394, 3. 519, 4.

Statuten.	Sachsen-spiegel. Homeyer.	Vermehrter Sachsenspiegel.	Rechts-erkennt-nisse.	Systematische Zusammen-stellung.
16, 23. 24	— —	I. 49, 3	— —	193, 3. 229, 5. 6. 230, 1. 232, 1. 239, 8. 241, 6. 243, 3. 280, 4. 285, 4. 289, 3. 373, 11. 394, 3.
16, 25—28	— —	— —	B. 192, 29	141, 2. 193, 3. 229, 5. 6. 230, 1. 232, 1. 239, 8. 241, 6. 243, 3. 267, 2. 276, 7. 282, 3. 289, 12. 373, 11. 394, 3.
16, 29—35	— —	— —	— —	176, 8. 193, 3. 195, 7. 229, 5. 6. 230, 1. 232, 1. 239, 8. 241, 6, 243, 3. 246, 1. 5. 248, 1. 249, 13. 255, 8. 10. 258, 10, 264, 8. 284, 5. 285, 5. 6. 373, 11. 394, 3. 431, 4. 518, 4. 519, 5.
16, 36—38	— —	— —	— —	142, 1. 176, 8. 195, 7. 193, 3. 229, 5. 6. 230, 1. 232, 1. 239, 8. 241, 6. 243, 3. 270, 2. 282, 2. 3. 289, 12. 373, 11. 394, 3.
17, 1—5	— —	— —	— —	193, 3. 229, 5. 6. 230, 1. 232, 1. 239, 8. 241, 6. 243, 3. 268, 1. 280, 5. 282, 4. 7. 285, 7. 289, 12. 373, 11. 394, 3.
17, 6. 7.	— —	— —	— —	141, 2. 5. 6. 7. 142, 1. 144, 3. 193, 3. 229, 5. 6. 230, 1. 232, 1. 239, 8. 241, 6. 243, 3. 267, 3. 268, 4. 282, 2. 289, 12. 373, 11. 394, 3. 441, 1.
17, 8—11	— —	I. 8, 2 (I. 6, 1)	— —	169, 2. 4. 170, 1. 193, 3. 229, 5. 6. 230, 1. 239, 8. 241, 6. 243, 3. 245, 4. 9. 280, 9. 373, 11. 394, 3. 441, 1.
17, 12—18	— —	I. 49, 7 (I. 42, 5)	— —	193, 3. 229, 5. 6. 230, 1. 232, 1. 239, 8. 241, 6. 243, 3. 245, 10. 246, 4. 248, 1. 255, 10. 12. 258, 6. 373, 11. 394, 3. 431, 4. 518, 4.

Statuten.	Sachsenspiegel. Homeyer.	Vermehrter Sachsenspiegel.	Rechtserkenntnisse.	Systematische Zusammenstellung.
17, 19—26	— —	I. 49, 6 (I. 42, 4)	— —	193, 3. 229, 5. 6. 230, 1. 232, 1. 239, 8. 241, 6. 243, 3. 245, 6. 246, 4. 247, 1. 2. 249, 10. 12. 19. 255,10.12. 373,11. 394,3. 431, 4.
17, 27—34	— —	I. 49, 8 (I. 42, 6)	— —	176, 4. 181, 3. 215, 1. 215,3. 219,6. 220,4.5.11. 224,5.6. 193,3. 229,5.6. 230, 1. 232, 1. 239, 8. 241, 6. 243, 3. 367, 7. 368, 7. 370, 13. 371, 4. 373, 11. 380, 4. 382, 4. 386, 5. 387, 5. 394, 3. 417, 5. 420, 6.
17, 35—37	— —	I. 49, 9 (I. 42, 7)	— —	193, 3. 229, 5. 6. 230, 1. 232, 1. 239, 8. 241, 6. 243, 3. 248, 7. 249, 13. 250, 6. 256, 12. 259, 5. 373, 11. 384, 2. 394, 3. 495, 3.
18, 1—3	— —	I. 49, 10 (I. 42, 8)	— —	193, 3. 229, 5. 6. 230, 1. 232, 1. 239, 8. 241, 6. 243, 3. 249, 8. 250, 3. 251, 2. 373, 11. 394, 3.
18, 4. 5.	— —	— —	— —	193, 3. 229, 5. 6. 230, 1. 232, 1. 239, 8. 241, 6. 243, 3. 249, 5. 260, 2. 265, 3. 284, 2. 306, 2. 373, 11. 394, 3.
18, 6—8	— —	— —	— —	131, 3. 206, 10. 193, 3. 229, 5. 6. 230, 1. 232, 1. 239, 8. 241, 6. 243, 3. 245, 1.2. 255, 2. 258, 4. 373, 11. 394, 3.
18, 9—15	I. 46. 47	I. 49, 11 — 12 (I. 42, 9—10)	— —	193, 3. 229, 5. 6. 230, 1. 232, 1. 239, 8. 241, 6. 243, 3. 250, 7. 250, 8. 251, 7. 257, 4. 259. 5. 6. 365, 8. 373, 11. 384, 2. 394, 3. 495, 3. 519, 5.
18, 16—20	— —	I. 50, 1 (I. 43, pr.)	— —	193, 3. 229, 5. 6. 230, 1. 232, 1. 239, 8. 241, 6. 243, 3. 247, 8. 373, 11. 394, 3.

Statuten.	Sachsenspiegel. Homeyer.	Vermehrter Sachsenspiegel.	Rechtserkenntnisse.	Systematische Zusammenstellung.
18, 21—29	— —	I. 50, 2. 3. (I. 43, 1. 2)	— —	195, 5. 199, 1. 204, 8. 208, 8. 218, 2.5. 193, 3. 229, 5. 6. 230, 1. 232, 1. 239,8. 240,9. 241,3.5.6. 243,3. 246,6. 248, 4.5.6. 249,11.13. 284,1. 286,9. 373, 11. 394, 3. 431, 4. 518, 4.
18, 30—38	— —	I. 50, 4 (I. 43, 3)	— —	150, 1. 152, 1. 164, 6. 176, 4. 193, 3. 229, 5. 6. 230, 1. 232, 1. 239, 8. 241, 6. 243, 3. 247, 5. 7. 373, 11. 394, 3. 518, 4.
18, 39. 40. 19, 1—9	— —	I. 50, 5 (I. 43, 4)	F. 20. d.	193, 3. 229, 5. 6. 230, 1. 232, 1. 239, 8. 241, 6. 243, 3. 245, 4. 247, 4. 249,11.12. 259,2. 280,9. 373, 11. 394, 3.
19, 10—14	— —	I. 50, 6 (I. 43, 5)	— —	193, 3. 229, 5. 6. 230, 1. 232, 1. 239, 8. 241, 6. 243, 3. 249, 12. 373, 11. 394, 3.
19, 15—20	— —	I. 50, 7 (I. 43, 6)	— —	193, 3. 229, 5. 6. 230, 1. 232, 1. 239, 8. 241, 6. 243, 3. 247, 3. 248, 2. 249, 13. 259, 2. 373, 11. 394, 3.
19, 21—37	— —	I. 50, 8 (I. 43, 7)	— —	203, 2. 204, 10. 207, 10. 208, 8. 210, 5. 193, 3. 229, 5. 6. 230, 1. 232, 1. 239, 8. 241, 6. 243, 3. 249, 13. 280, 5. 282, 1. 283, 2. 3. 284, 1. 285, 8. 286,7.9. 289,13. 373,11. 394, 3.
19, 38—40 20, 1—3	— —	I. 50, 9 (I. 43, 8)	— —	225, 10. 193, 3. 229,5.6. 230, 1. 232, 1. 239, 8. 241, 6. 243, 3. 246, 3. 250, 1. 255, 10. 256, 7. 282, 6. 373, 11. 394, 3. 431, 4.
20, 4—7	— —	I. 50, 10 (I. 43, 9)	— —	147, 3. 225, 10. 193, 3. 229, 5. 6. 230, 1. 232, 1. 236, 5. 239, 8. 241, 6. 243, 3. 245, 6. 246, 7. 344, 5. 347, 2. 355, 7. 363, 4. 373, 11. 392, 7. 394, 3. 431, 4.

Statuten.	Sachsenspiegel. Homeyer.	Vermehrter Sachsenspiegel.	Rechtserkenntnisse.	Systematische Zusammenstellung.
20, 8—11	— —	I. 50, 11 (I. 43, 10)	K. 39 H. 38	225, 10. 193, 3. 229, 5.6. 230, 1. 232, 1. 236, 5. 239, 8. 241, 6. 243, 3. 245, 8. 246, 7. 259, 10. 260, 4. 280, 4. 281, 2. 289,6. 348,7. 349,16.17. 365, 8. 373, 11. 394, 3. 431, 4. 519, 5.
20, 12—18	— —	— —	B. 181, 4 228, 6	225, 10. 226, 1.5. 193,3. 229, 5.6. 230, 1. 232, 1. 236, 5. 239, 8. 241, 6. 243, 3. 373, 11. 394, 3.
20, 19—20	— —	— —	— —	180,4. 225,10. 226,1.5.7. 227, 1. 193, 3. 229, 5.6. 230, 1. 232, 1. 236, 5. 238, 1.2.5. 239,8. 241,6. 243, 3. 373, 11. 394, 3. 435, 3. 436, 1.
20, 21—26	— —	— —	— —	225, 10. 226, 9. 193, 3. 229, 5.6. 230, 1. 232, 1. 236, 5. 239, 8. 241, 6. 243, 3. 373, 11. 394, 3. 404, 5. 437, 8.
20, 27—30	— —	II. 4, 3 (II. 2, 2)	— —	180, 4. 225, 10. 227, 1. 193, 3. 229, 5.6. 230, 1. 232, 1. 236, 5. 238, 2. 239, 8. 241, 6. 243, 3. 373, 11. 394, 3. 437, 8. 495, 3. 496, 5.
20, 31—33	— —	— —	— —	225, 10. 193, 3. 229, 5.6. 230, 1. 232, 1. 236, 5. 239, 8. 241, 6. 243, 3. 373, 11. 394, 3. 504, 3.
20, 34—38	— —	— —	B. 190, 24	225, 10. 193, 3. 229, 5.6. 230, 1. 232, 1.5.6. 236, 5. 239, 8. 241, 6. 243, 3. 373, 11. 394, 3. 437, 11.
21, 1—10	— —	— —	F. 39. d.	177, 8. 178, 6. 183, 4.5. 185, 1.8. 193, 3.9. 195, 1. 207, 11. 209, 1. 225, 10. 229, 5.6.7. 230, 1. 232, 1. 233, 1. 236, 5. 239, 8. 241, 6. 243, 3. 370, 10. 373, 11. 394, 3. 409, 4.5. 486, 7.

Statuten.	Sachsenspiegel. Homeyer.	Vermehrter Sachsenspiegel.	Rechtserkenntnisse.	Systematische Zusammenstellung.
21, 11—17	— —	— —	B.230,11	225, 10. 193,3. 229,5.6. 230, 1. 232, 1. 233, 8. 236, 5. 239, 8. 241, 6. 243, 3. 373, 11. 394, 3.
21, 18—20	— —	— —	— —	180, 6. 181, 1. 183, 1. 225, 10. 227, 3. 193, 3. 229, 5.6. 230,1. 232, 1. 235, 1. 236, 5. 239, 8. 241, 6. 243, 3. 373, 11. 394, 3. 408, 4. 413, 3. 415, 4.
21, 21—23	— —	— —	— —	180, 6. 225, 10. 227, 2. 193, 3. 229, 5. 6. 230, 1. 232, 1. 235, 1. 236, 5. 239, 8. 241, 6. 243, 3. 373, 11. 394, 3. 408, 4. 496, 5.
21, 24—29	— —	— —	— —	225,10. 226,2. 227,4.5. 193, 3. 229, 5. 6. 230, 1. 232, 1. 235, 1. 236, 5. 239, 8. 241, 6. 243, 3. 253, 4. 341, 6. 361, 7. 373, 11. 374, 2. 394, 3. 408, 4. 413, 6. 415, 4. 464, 5.
21, 30—34	— —	— —	— —	177, 6. 225, 10. 227, 4. 193, 3. 229, 5. 6. 230, 1. 232, 1. 235, 1. 236, 5. 239, 8. 241, 6. 243, 3. 373, 11. 394, 3. 413, 6.
21, 35—38	— —	II. 4, 4 (II. 2, 3)	— —	178, 6. 8. 225, 8. 9. 10. 229, 3. 193, 3. 229, 5. 6. 230, 1. 232,1.4. 234,1.4. 236, 5. 237, 16. 239, 3.8. 241, 6. 243, 3. 373, 11. 394, 3. 414, 3. 415, 8.
21, 39—42	— —	II. 4, 5 (II. 2, 4)	— —	225,10. 226,4.5. 193, 3. 229, 5.6. 230, 1. 232, 1. 236, 5. 238, 3. 239, 8. 241, 6.7. 243, 3. 373,11. 394, 3. 437, 8. 496, 5.

Statuten.	Sachsenspiegel. Homeyer.	Vermehrter Sachsenspiegel.	Rechtserkenntnisse.	Systematische Zusammenstellung.
22, 1	— —	II. 4, 6 (II. 2, 5)	— —	225, 10. 228, 3. 193, 3. 229, 5. 6. 230, 1. 232, 1. 236, 5. 237, 17. 239, 8. 241, 6. 243, 3. 294, 4. 317, 1. 330, 3. 334, 3. 341, 7. 360, 3. 373, 11. 394, 3. 414, 1. 2.
22, 2—7	— —	II. 4, 6 (II. 2, 5)	— —	225, 10. 227, 7. 193, 3. 229, 5. 6. 230, 1. 232, 1. 236, 5. 238, 15. 239, 8. 240, 3. 241, 6. 243, 3. 291, 2. 316, 6. 7. 9. 317, 1. 330, 2. 330, 3. 350, 9. 373, 11. 394, 3. 414, 2. 419, 3. 4. 472, 1.
22, 8—11	— —	II. 4, 6 (II. 2, 5)	— —	225, 10. 226, 2. 228, 4. 193, 3. 229, 5. 6. 230, 1. 232, 1. 233, 4. 236, 5. 239, 8. 241, 6. 243, 3. 253, 4. 373, 11. 374, 2. 394, 3. 407, 1. 409, 5. 414, 4. 420, 14.
22, 12—15	— —	II. 4, 7 (II. 2, 6)	— —	225, 10. 227, 6. 193, 3. 229, 5. 6. 230, 1. 232, 1. 233, 5. 235. 1. 236, 5. 238, 12. 13. 239, 8. 241, 6. 243, 3. 373, 11. 394, 3. 408, 4. 413, 1. 2. 415, 4. 429, 7.
22, 16—19	— —	II. 4, 8 (II. 2, 7)	— —	225, 10. 227, 7. 193, 3. 229, 5. 6. 230, 1. 232, 1. 236, 5. 238, 15. 239, 8. 240, 3. 241, 6. 243, 3. 291, 2. 316, 9. 317, 1. 330, 3. 373, 11. 394, 3. 414, 2. 419, 3. 4. 472, 1.
22, 20—22	— —	II. 4, 9 (II. 2, 8)	— —	225, 10. 193, 3. 229, 5. 6. 230, 1. 232, 1. 236, 5. 239, 8. 241, 6. 243, 3. 334, 3. 341, 7. 360, 3. 373, 11. 394, 3. 412, 4. 418, 6.

Statuten.	Sachsenspiegel. Homeyer.	Vermehrter Sachsenspiegel.	Rechtserkenntnisse.	Systematische Zusammenstellung.
22, 23—29	— —	II. 4, 10 (II. 2, 9)	— —	225,9.10. 228,5.6. 193,3. 229, 5.6. 230, 1. 232, 1. 236, 5. 239, 8. 241, 6. 243, 3. 373, 11. 394, 3. 412, 4. 418, 4.7. 427, 1.
22, 30—35	— —	II. 4, 11 (II. 2, 10)	— —	225, 10. 228, 1. 193, 3. 229, 5.6. 230, 1. 232, 1. 236, 5. 239, 8. 241, 6. 243, 3. 293, 4. 317, 1. 330, 3. 373, 11. 394, 3. 397, 1. 398, 1. 414, 2. 419, 2. 430, 1. 472, 1.
22, 36—38	— —	II. 4, 12 (II. 2, 11)	— —	225, 10. 193, 3. 229, 5.6. 230, 1. 232, 1. 236, 5. 239, 8. 241, 6. 243, 3. 262, 4. 272, 10. 373, 11. 394, 3.
22, 39—45	— —	II. 4, 13 (II. 2, 12)	— —	225, 10. 193, 3. 229,5.6. 230, 1. 232, 1. 234, 2. 5. 236, 5. 237, 16. 238, 7. 239, 8. 241. 6. 243, 3. 373, 11. 394, 3.
22, 46 23, 1—3	— —	II. 3, 3 (II. 1, 2)	B.185,15	178, 6.7. 180, 3. 225, 10. 193, 3. 229, 5. 5. 230, 1. 232, 1. 235, 5. 236, 5. 237, 8. 239, 8. 241, 6. 243, 3. 316, 6.7. 330, 2.3. 350, 9. 373, 11. 394, 3.
23, 4—6	— —	II. 4, 14 (II. 2, 13)	— —	177, 2. 180, 3. 5. 182, 7. 225, 10. 236, 5. 373, 11. 394, 3.
23, 7—13	— —	II. 4, 15 (II. 2, 14)	B.185,16	177, 2. 180, 1. 2. 181, 1. 197, 6. 199, 6. 203, 6. 208, 4.5. 210, 3. 225, 10. 236, 5. 240, 9. 241, 5. 373, 11. 394, 3. 495, 6.
23, 14. 15.	— —	— —	— —	179, 6. 225, 10. 236, 5. 373, 11. 394, 3.
23, 16—21	— —	— —	— —	179, 10. 225, 10. 236, 5. 341, 8. 373, 11. 394, 3.
23, 22—27	— —	— —	— —	225, 10. 236, 5. 373, 11. 394, 3. 404, 6.

Statuten.	Sachsenspiegel. Homeyer.	Vermehrter Sachsenspiegel.	Rechtserkenntnisse.	Systematische Zusammenstellung.
23, 28—32	— —	— —	— —	225, 10. 236, 5. 373, 11. 394, 3. 405, 1.
23, 33—35	— —	II. 6, 1 (II. 3, 3)	— —	177, 7. 193, 3. 209, 1. 225,8.10. 229,5.6. 230,1. 232, 1. 236, 5. 239, 8. 241, 6. 243, 3. 373, 11. 394, 3.
23, 36—38	— —	— —	— —	177, 6. 179, 1. 225, 10. 236, 5. 291, 3. 301, 5. 334, 6.11. 342, 1. 351, 3. 358, 3. 360, 4. 373, 11. 394, 3. 472, 1.
23, 39. 40	— —	— —	— —	177,6. 179,2.11. 225,10. 236, 5. 373, 11. 394, 3.
23, 41—44	— —	II. 2, 8. 9 (I. 45, 8. 9)	— —	179, 3. 225, 10. 236, 5. 341, 10. 373, 11. 394, 3.
24, 1—5	— —	— —	— —	177,6. 179,3.11. 225,8.10. 236, 5. 341, 9. 10.
24, 6—10	— —	II. 4, 16 (II. 2, 15)	— —	181, 1. 225, 10. 228, 8. 236, 5.
24, 11—18	— —	II. 4, 17 (II. 2, 56)	— —	177, 3. 178, 6. 181, 1. 190, 3. 203, 5. 210, 3. 225, 8.10. 230, 4. 232, 5. 236, 5. 242, 8. 243, 11. 438, 10. 520, 7.
24, 19—28	— —	II. 4, 18 (II. 2, 17)	— —	181, 1. 185, 8. 186, 3. 190, 3. 4. 203, 5. 210, 3. 225, 8.10. 226, 4. 229, 4. 236, 5. 238, 3. 240, 8. 241, 1. 3. 7. 242, 1. 7. 243, 1. 435, 2. 438, 10. 520, 7.
24, 29—36	— —	— —	— —	181, 1. 183, 5. 225, 10. 229, 4. 236, 5. 242, 1. 243, 10. 381, 2. 433, 3. 435, 3. 480, 2. 3.
24, 37. 38	— —	— —	— —	225, 10. 236, 5.
24, 39—41	— —	— —	— —	225, 10. 227, 7. 236, 5. 238, 15. 240, 3. 316, 9. 317, 1. 330, 3. 414, 2. 419, 3. 4. 439, 1.
24, 42 25, 1—4	— —	— —	— —	225, 10. 236, 5. 415, 3.

Statuten.	Sachsenspiegel-Homeyer.	Vermehrter Sachsenspiegel.	Rechtserkenntnisse.	Systematische Zusammenstellung.
25, 5. 6.	— —	— —	— —	225, 10. 231, 5. 236, 5. 242, 5.
25, 7—13	— —	— —	— —	225, 10. 231, 5. 236, 5. 242, 5.
25, 14—17	— —	— —	F. 38. b.	177, 6. 225, 10. 231, 5. 236, 5. 242, 5.
25, 18—21	— —	I. 42, 2 (I. 35, 1)	F. 23	183, 5. 202, 3. 209, 15. 212, 4. 225, 10. 231, 5. 235, 2. 236, 5. 241, 6. 243, 8.
25, 22. 23	— —	I. 34, 1 (I. 28, pr.)	— —	202, 3. 209, 15. 225, 10. 235, 2. 236, 5.
25, 24	— —	I. 34, 2 (I. 28, 1)	— —	201, 11. 206, 10. 209, 12. 225, 10. 236, 5. 437, 1. 2.
25, 25—27	— —	I. 43, 1 (I. 36, pr.)	K. 38 H. 37 F. 60	177, 6. 185, 7. 188, 7. 189, 4. 203, 7. 209, 14. 210, 7. 225, 10. 236, 5. 394, 1.
25, 28—40 26, 1—4	— —	I. 43, 2. 3 (I. 36, 1. 2)	K. 38 H. 37 F. 23 B. 181, 4	176, 6. 7. 177, 6. 8. 9. 178, 5. 183, 5. 184, 1. 185, 4. 5. 187, 7. 8. 189, 8. 190, 5. 192, 1. 192, 5. 193, 6. 204, 2. 207, 1. 11. 209, 14. 210, 10. 211, 6. 213, 1. 3. 214, 2. 225, 10. 229, 7. 236, 5. 275, 1. 370, 10. 383, 4. 6. 473, 2. 503, 3. 518, 4.
26, 5—9	— —	I. 43, 5 (I. 36, 3)	F. 25—27	202, 2. 3. 5. 203, 3. 7. 209, 15. 210, 3. 4. 7. 212, 4. 235, 3. 240, 1. 390, 5. 391, 1. 496, 5.
26, 10—16	— —	I. 43, 6—8 (I. 36, 4—6)	— —	291, 4. 299, 1. 334, 1. 336, 4. 436, 3. 471, 1. 472, 1. 503, 5.
26, 17—19	— —	I. 44, 1 (I. 37, pr.)	— —	184, 1. 4. 185, 4. 5. 186, 2. 189, 1. 8. 9. 10. 192, 5. 193, 6. 203, 5. 301, 5. 370, 10. 383, 4. 6. 473, 2. 518, 4.
26, 20—22	— —	I. 44, 2 (I. 37, 1)	— —	152, 2. 203, 7. 210, 7.
26, 23. 24	— —	— —	— —	203, 7.
26, 25—29	— —	I. 44, 3 (I. 37, 2)	— —	191, 8. 195, 3. 196, 4. 200, 2. 204, 3. 6. 210, 10. 212, 2. 231, 2.

Statuten.	Sachsenspiegel. Homeyer.	Vermehrter Sachsenspiegel.	Rechtserkenntnisse.	Systematische Zusammenstellung.
26, 30—32	— —	I. 44, 4 (I. 37, 3)	— —	199, 1. 248, 3.6. 249, 13. 431, 4.
26, 33. 34	— —	I. 45, 1 (I, 38, pr.)	— —	183, 5. 185, 1. 193, 4. 9. 209, 1. 235, 3. 370, 10. 489, 2. 518, 1.
26, 35. 36	— —	I. 45, 2 (I. 38, 1)	— —	152, 2. 176, 7. 195, 5. 199, 1. 431, 4.
26, 37—42	— —	I. 45, 3 (I. 38, 1)	— —	150, 5. 152, 5. 157, 1. 183, 5. 195, 5. 196, 7. 9. 197, 2.4. 199, 1, 2. 199, 5. 203, 2. 204, 8.10. 207, 10. 208, 3. 8. 210, 5. 241, 6. 243, 3.4. 248, 6. 249, 13. 421, 4. 431, 4. 496, 5.
26, 43 27, 1—5	— —	I. 46, 1 (I. 39, pr.)	— —	157, 1. 177, 4. 9. 197, 5. 200, 1. 201, 3.9. 209, 7.14. 214, 12. 218, 3. 239, 5. 241, 3. 421, 4. 432, 8. 433, 3. 435, 2. 4. 464, 9.
27, 6—10	— —	I. 46, 2 (I. 39, 1)	— —	150, 6.8. 152, 6.8. 177, 4. 201, 3. 9. 202, 1. 209, 6. 7, 14. 214, 12. 218, 3. 239, 5. 435, 2. 4. 464, 9. 465, 1.
27, 11—14	— —	I. 46, 3 (I. 39, 2)	— —	202, 3.5. 203, 3. 209, 15. 210, 3. 4. 212, 4. 235, 2. 241, 6. 242, 3. 243, 3. 390, 5. 391, 1. 496, 5.
27, 15—24	— —	I. 46, 4 (I. 39, 3)	— —	177, 9. 178, 5. 185, 5. 187, 7. 8. 188, 7. 190, 5. 207, 11. 218, 3. 240, 7. 518, 4.
27, 25—40	— —	I. 46, 6 (I. 39, 6)	— —	176, 6. 7. 183, 5. 185, 9. 275, 1. 369, 2. 381, 3. 405, 6. 432, 12.
27, 41—43 28, 1—6	— —	I. 46, 7 (I. 39, 6)	F. 37. b.	177, 3. 178, 6. 184, 1. 190, 3. 203, 5. 210, 3. 225, 8. 230, 4. 232, 5. 242, 7. 243, 11. 270, 5. 438, 10. 520, 7.
28, 7—10	— —	I. 46, 8 (I. 39, 7)	— —	190, 3. 201, 8. 209, 6. 270, 5. 436, 1. 503, 4. 5.
28, 11—15	— —	— —	— —	146, 4. 211, 3. 270, 5. 297, 2. 429, 1.3. 435, 9.

Statuten.	Sachsenspiegel. Homeyer.	Vermehrter Sachsenspiegel.	Rechtserkenntnisse.	Systematische Zusammenstellung.
28, 16. 17	— —	I. 46, 9. 14 (I. 39, 8. 13)	— —	176, 7. 211, 7. 270, 5. 333, 9. 335, 3. 394, 1.
28, 18—22	— —	I. 46, 11 (I. 39, 10)	— —	201, 1. 8. 202, 1. 206, 3. 209, 6. 218, 3. 270, 5. 336, 1. 2. 435, 2. 8. 436, 1. 3.
28, 23—27	— —	I. 46, 12 (I. 39, 11)	F. 25—27	151, 2. 200, 3. 201, 2. 5. 6. 7. 205, 10. 11. 206, 1. 2. 209, 2. 209, 3. 211, 5. 213, 3. 214, 2. 218, 3. 241, 6. 243, 3. 270, 5. 435, 2. 436, 1. 489, 6.
28, 28—32	— —	I. 46, 13 (I. 39, 12)	— —	198, 2. 3. 6. 200, 1. 204, 5. 205, 6. 207, 10. 208, 7. 241, 6. 270, 5.
28, 33—39	— —	I. 46, 15 (I. 39, 14)	— —	241, 2. 270, 5. 410, 7. 421, 5. 6. 427, 1. 519, 3.
28, 40. 41	— —	I. 47, 1 (I. 40, pr.)	— —	261, 6. 262, 5. 266, 5. 269, 8. 270, 5. 272, 10.
28, 42. 43 29, 1. 2	— —	I. 47, 2 (I. 40, 1)	— —	240, 4. 265, 11. 266, 3. 269, 8. 270, 5. 274, 2.
29, 3. 4	— —	I. 47, 3 (I. 40, 2)	— —	270, 2. 5.
29, 5—7	— —	I. 47, 4 (I. 40, 3)	— —	176, 8. 195, 7. 264, 8. 270, 2. 4. 5.
29, 8—10	— —	I. 47, 5 (I. 40, 4)	— —	270, 3. 5. 279, 4.
29, 11—19	— —	I. 47, 6 (I. 40, 5)	F. 37. c.	241, 3. 262, 12. 264, 5. 6. 265, 1. 269, 4. 5. 270, 5. 273, 3. 284, 1. 286, 6. 9. 288, 6. 348, 1. 356, 2.
29, 20—26	— —	I. 47, 7 (I. 40, 6)	— —	133, 5. 177, 4. 9. 214, 12. 239, 5. 241, 3. 269, 1. 2. 269, 8. 270, 5. 348, 1. 356, 2.
29, 27—34	— —	I. 47, 8 (I. 40, 7)	K. 42 H. 41	177, 4. 9. 183, 5. 214, 12. 225, 6. 234, 3. 237, 7. 239, 5. 240, 2. 241, 3. 261, 6. 262, 1. 262, 7. 266, 5. 272, 10. 276, 8.
29, 35—44	— —	I. 47, 9. 10 (I. 40, 8. 9)	F. 34. c.	176, 4. 261, 5. 262, 6. 7. 8. 10. 263, 3. 272, 7. 10. 276, 9. 277, 1. 518, 4.

Statuten.	Sachsenspiegel. Homeyer.	Vermehrter Sachsenspiegel.	Rechtserkenntnisse.	Systematische Zusammenstellung.
29, 45—47	— —	I. 47, 11	F.25—27	197,3. 262,9.11. 263,2.5.
30, 1.2		(I. 40, 10)	B. 181, 6	264, 4. 266, 5. 272, 10. 496, 5.
30, 3—5	— —	I. 48, 1 (I. 41 pr.)	— —	178, 6. 239, 7.
30, 6—8	— —	I. 48, 2 (I. 41, 1)	— —	176, 5. 178, 2. 240, 4. 266, 3. 274, 2. 275, 1.
30, 9—16	— —	I. 48, 3 (I. 41, 2)	B. 181,4 188,19	147, 2. 155, 5. 177, 8. 178,6. 183, 5. 193,2.3.4. 194, 5. 194, 7. 200, 5. 204, 7. 205, 9. 209, 1. 225, 8. 229, 5. 6. 230, 1. 232,1. 239,8.10. 241,2.6. 243, 3. 373, 11. 394, 3. 410, 7. 413, 4. 415, 4. 427, 1. 488, 11. 504, 6.
30, 17—20	— —	I. 48, 4 (I. 41, 3)	B. 181,5 K. 41 H. 40	185, 1, 193, 2. 209, 1. 225, 8. 229, 5. 6. 230, 1. 232, 1.3. 241, 6. 370, 10. 373, 11. 413, 4. 415, 4. 488, 11. 504, 6.
30, 21—24	— —	I. 48, 5 (I. 41, 4)	B. 181,4 188,19	185, 1. 193, 4.9. 209, 1. 370, 10. 383, 4. 488, 11.
30, 25—27	— —	I. 48, 6 (I. 41, 5)	— —	194, 1. 504, 6. 520, 8.
30, 28—32	III. 21,1	I. 48, 7 (I. 41, 6)	— —	151, 1. 199, 7. 205, 1. 492, 3. 503,6.7. 504,1.2.
30, 33—35	— —	— —	— —	151, 1. 199, 7. 205, 1. 492, 3. 503, 7.
30, 36—43	— —	— —	— —	178, 6. 179, 8. 492, 3. 504, 4. 5.
31, 1—3	— —	— —	— —	179, 7. 8. 305, 3.
31, 4—7	— —	— —	— —	177, 6. 179, 9.
31, 8—10	— —	— —	— —	177, 6. 179, 4. 341, 10.
31, 11—14	— —	— —	— —	412, 5.
31, 15—21	— —	— —	— —	305, 4. 346, 8. 506, 6. 507, 2.4. 509, 3. 519, 3.
31, 22—28	— —	IV. 5, 1	— —	254, 2. 344, 5. 346, 8.
32, 1—9		(III. 4, pr.)		347, 3. 507, 5. 7. 519, 3.
32, 10—12	— —	IV. 5, 8 (III. 4, 7)	B.243,33	254, 2. 344, 5. 347, 3. 486, 1. 506, 4. 507, 8.
32, 13. 14	III. 46, 2	IV. 5, 9 (III. 4, 8)	— —	254, 2. 344, 5. 347, 3. 506, 3.
32, 15—29	— —	IV. 5, 15 (III. 4, 13)	— —	151, 1. 254, 2. 344, 5. 347, 3. 425, 7. 426, 3. 427, 6. 432, 9. 474, 6. 507, 9. 508, 1. 509, 3.

Statuten.	Sachsenspiegel. Homeyer.	Vermehrter Sachsenspiegel.	Rechtserkenntnisse.	Systematische Zusammenstellung.
32, 30	— —	— —	— —	151, 1. 370, 2. 391, 2. 394, 4. 6.
32, 31—37	— —	IV. 5, 16—19 (III. 4,14—17)	— —	151, 1. 370, 2. 390, 2. 394, 5. 438, 9.
32, 38—40	— —	IV. 5, 16—19 (III. 4,14—17)	— —	147, 4. 245, 7. 252, 2. 4. 253,1.5.10. 344,5. 347,2. 355, 7. 363, 4. 370, 2. 392, 7. 480, 6.
32, 41. 42	— —	— —	F. 18. h.	252, 2. 305, 4. 346, 8. 507, 2.
33, 1—5	— —	IV. 6, 2 (III. 5, 1)	— —	252, 2. 433, 1.
33, 6—9	— —	I. 41, 1 (I. 34, pr.)	— —	252, 2. 260, 11. 261, 1. 272, 6. 344, 5. 347, 3.
33, 10—13	— —	IV. 6, 3 (III. 5, 2)	— —	174, 1. 252, 2. 8. 254, 4. 344, 5. 347, 3.
33, 14—16	— —	IV. 6, 4 (III. 5, 3)	— —	146, 7. 147, 5. 173, 10. 252, 2. 254, 1. 4. 296, 3. 344, 5.9. 347, 2.3. 355,7. 362, 3. 363, 4. 392, 7. 437, 4.
33, 17—29	— —	IV. 6, 5 (III. 5, 3)	— —	172, 4. 173, 10. 252, 2. 344, 5. 347, 2. 355, 7. 362, 5. 363, 4. 378, 4. 380, 6. 392, 7. 396, 4. 437, 4. 6. 478, 1. 480, 5. 506, 6. 517, 2.
33, 30—34	— —	— —	— —	147, 7. 173, 11. 252, 2. 261, 2. 4. 276, 4. 344, 5. 347, 2. 355, 7. 362, 5. 363, 4. 392, 7. 437, 4.
33, 35—42	— —	— —	— —	296, 3. 508, 3.
34, 1—4	— —	— —	— —	509, 3.
34, 5—8	— —	— —	— —	296, 3. 298, 4. 305, 6.
34, 9. 10	— —	— —	— —	296, 3. 415, 8. 509, 1.
34, 11. 12	— —	— —	— —	509, 3.
34, 13—19	— —	— —	— —	410,1. 411,1. 438,10. 509,1
34, 20—24	— —	— —	— —	410,1. 411,1. 479,5. 519,4.
34, 25—29	— —	— —	— —	317,6. 330,7. 432,2. 520,6.
34, 30—34	I. 62, 2 3—5	IV. 35 (IV. 6)	B. 251, 43	299, 5. 300, 5. 303, 4. 332, 1. 334, 12. 337, 1. 350, 4. 352, 5. 358, 4. 381, 4. 429, 8.
34, 35—38 35, 1. 2	— —	IV. 18 (III. 16)	B. 235, 18	345, 7. 354, 8. 362, 13. 510, 2.

Statuten.	Sachsenspiegel. Homeyer.	Vermehrter Sachsenspiegel.	Rechtserkenntnisse.	Systematische Zusammenstellung.
35, 3—11	— —	IV. 18 (III. 16)	— —	295, 7. 394, 6. 508, 5. 510, 2.
35, 12—14	— —	IV. 19, 1 (III. 17, pr.)	— —	317, 6. 330, 8. 432, 2. 518, 4.
35, 15. 16	— —	IV. 19, 2 (III. 17, 1)	— —	334, 8.11. 351, 3. 358, 4. 431, 9. 432, 3. 437, 13.
35, 17—23	— —	— —	B.241,30	296, 2. 348, 2. 356, 5. 7. 364, 3. 368, 12. 368, 13. 419, 1. 508, 5. 510, 2.
35, 24—26	I. 8, 3	— —	— —	296, 2. 344, 14. 362, 7. 368, 12. 370, 13. 431, 6. 489, 9.
35, 27—29	— —	IV. 19, 3 (III. 17, 2)	— —	293, 2. 296, 2.
35, 30—35	— —	— —	— —	508, 5. 510, 2.
35, 36—40	— —	IV. 19, 4 (III. 17, 3	B.241,30	432, 1. 520, 6. 521, 9.
36, 1—4	— —	— —	— —	298, 4. 309, 8. 349, 14. 365, 1. 471, 3.
36, 5—8	— —	— —	— —	344, 14. 362, 7. 431, 6. 489, 9.
36, 9—14	— —	— —	— —	129, 7. 299, 12. 318, 3. 489, 8. 509, 3. 519, 1. 519, 6.
36, 15—25	— —	— —	— —	348, 4. 350, 1. 356, 5. 357, 9. 364, 2. 365, 10. 510, 1.
36, 26—28	— —	IV. 9, 8 (III. 8, 7)		
36, 29. 30	— —	— —	— —	517, 3.
36, 31—35	— —	IV. 9, 6. 7 (III. 8, 5. 6)	— —	335, 2. 350, 2. 358, 5. 365, 10. 397, 2. 476, 1.
36, 36—38	— —	— —	— —	335, 2. 350, 2. 358, 5. 365, 10. 397, 2. 438, 9. 476, 1.
36, 39—41	— —	— —	— —	476, 1.
37, 1. 2	— —	IV. 9, 11 (III. 8, 11)	— —	308, 2. 311, 2. 325, 10. 327, 12. 400, 10. 495, 3.
37, 3—10	— —	IV. 9, 12 (III. 8, 18)	— —	308, 2. 309, 2. 325, 10. 326, 5. 341, 5. 354, 3. 409, 7. 411, 1.2. 413, 8. 415, 2. 495, 3.
37, 11—14	II. 13, 1	IV. 9, 2 (III. 8, 1)	— —	298, 8. 309, 5. 326, 9. 348, 2.14. 349, 18. 356, 5. 356, 7. 14. 364, 3.

Statuten.	Sachsenspiegel. Homeyer.	Vermehrter Sachsenspiegel.	Rechtserkenntnisse.	Systematische Zusammenstellung.
37, 15—20	— —	IV. 9, 9 (III. 8, 8)	— —	298, 8. 307, 2. 309, 7. 325,7.8. 326,9. 348,4.13. 349,18. 356,5.14. 364,2. 402, 6.
37, 21. 22	— —	— —	— —	307, 2. 325, 7. 8. 518, 4.
37, 23—32	II. 26	IV. 17, 9 (III. 15, 8)	— —	306, 6.
37, 33—39	— —	— —	— —	298, 7. 306, 6.7. 307, 7.
37, 40. 41	II. 26	IV. 17, 8 (III. 15, 7)	— —	306, 6. 307, 1. 520, 1.
38, 1—6	II. 26	IV. 17, 7 (III. 15, 6)	— —	298, 7. 306, 6. 307, 1. 7. 520, 1.
38, 7. 8	II. 26	IV. 17, 10 (III. 15, 9)	— —	254, 3. 298, 7. 306, 6. 8. 307, 7. 324, 5. 325, 1. 348, 10. 11. 350, 7. 8. 356, 14. 357, 1. 358, 4.5.
38, 9—30	II. 26 II. 13, 7	IV. 17, 13 (III. 15, 12) IV. 13, 1 (III. 12, pr.) IV. 10, 5 (III. 9, 4) IV. 14, 1 (III. 13, pr.) IV. 14, 4 (III. 13, 3)	B.193,30	129,8. 292,1.3.7. 297,11. 298, 1. 2. 5.6. 8. 299, 6. 7. 304,6. 304,7.9. 305,8.10. 306,4. 309,3.5.7. 311,3.4. 313, 7. 317, 7. 8. 9. 10. 318, 2. 320, 2. 322, 5. 9. 323,1.5. 324,2.3.4. 326,5. 327, 8. 328, 1. 4. 330, 3. 330,10.11. 331,2. 346,5.9. 348,3.14. 349,18. 351,12. 356, 5. 14. 360, 1.
38, 31—33	— —	IV. 14, 3 (III. 13, 2) I. 40, 3 (I. 33, 2)	— —	129, 8. 304, 8. 318, 2. 323, 5.
38, 34	— —	— —	— —	378, 4.
38, 35 39, 1—4	— —	IV. 9, 13. 14. (III. 8, 13. 14)	— —	370, 2. 378, 4. 380, 6. 392, 3. 396, 4. 397, 5.
39, 5—16	— —	IV. 9, 13. 14. (III. 8, 13. 14)	— —	399, 6. 410, 7. 427, 1. 5. 471, 3.
39, 17—21	— —	— —	— —	296,3. 311,5. 434,4. 509,3.
39, 22—25	— —	IV. 9, 15 (III. 8, 15)	— —	297, 9. 311, 5. 425, 6. 472, 5.
39, 26—33	— —	— —	— —	519, 4.
39, 34—40 40, 1—5	— —	IV. 9, 16 (III. 8, 16)	— —	349, 1. 356, 14. 365, 2. 506, 6. 517, 3.

Statuten.	Sachsenspiegel. Homeyer.	Vermehrter Sachsenspiegel.	Rechtserkenntnisse.	Systematische Zusammenstellung.
40, 6—8	— —	— —	— —	348, 2. 356, 5. 7. 364, 3. 519, 4.
40, 9—12	— —	— —	— —	292, 5. 8. 317, 3. 488, 8.
40, 13—18	— —	— —	— —	347, 4. 392, 10. 521, 2.
40, 19—21	— —	— —	— —	521, 2.
40, 22. 23				
40, 24—29	— —	— —	— —	296, 8. 370, 3. 4. 386, 5. 471, 2. 509, 3. 520, 3.
40, 30—37	— —	— —	— —	292, 6. 296, 8. 9. 297, 5. 298, 5. 305, 1. 311, 9. 338, 3. 344, 5. 345, 3. 354, 8. 361, 3. 362, 10. 13. 431, 5.
40, 38. 39	III. 10, 1	— —	— —	296, 8. 344, 5. 428, 8. 474, 7.
40, 40, 41	— —	— —	— —	296, 8. 410, 3. 411, 4. 427, 4. 430, 6.
40, 42. 43	— —	— —	— —	296, 7. 8. 303, 1. 305, 1. 332, 1. 343, 8. 352, 5.
41, 1—6	— —	— —	— —	296, 7. 8. 298, 4. 303, 1. 332, 1. 345, 5. 352, 5. 354, 8. 362, 10. 13. 510, 3. 518, 4.
41, 7—10	— —	— —	— —	295, 2. 336, 5. 352, 9.
41, 11—20	— —	— —	— —	295, 1. 7. 352, 4. 509, 3.
41, 21—27	— —	— —	B. 184, 14	506, 2.
41, 28—31	— —	— —	F. 76	296, 8. 332, 1. 352, 5.
41, 32—36	— —	— —	— —	296, 8. 332, 1. 352, 5.
41, 37—39	— —	— —	— —	296, 8. 332, 1. 338, 4. 516, 5.
42, 1—3				352, 5. 361, 4.
42, 4—7	II. 65	— —	— —	249, 4. 256, 2. 287, 10. 294, 6. 295, 7.
42, 8—12	— —	IV. 14, 5 (III. 13, 4)	B. 234, 16	248, 9. 10. 249, 13. 254, 6. 256, 2. 258, 2. 259, 9. 287, 10. 296, 6. 298, 4. 302, 1. 332, 1. 338, 2. 350, 5. 353, 12. 13. 361, 2. 365, 8. 367, 1. 495, 3. 496, 5.
42, 13—19	II. 65	IV. 15, 1 (III. 14, pr.)	F. 36. 37	248, 10. 11. 249, 2. 249, 13. 256, 2. 287, 7. 10. 296, 6. 302, 1. 332, 1. 337, 11. 338, 2. 344, 7. 345, 4. 352, 5. 353, 13. 354, 5. 8. 361, 2. 362, 13. 367, 1. 495, 3. 496, 5.

Statuten.	Sachsenspiegel. Homeyer.	Vermehrter Sachsenspiegel.	Rechtserkenntnisse.	Systematische Zusammenstellung.
42, 20—28	— —	IV. 10, 3 (III. 9, 2)	— —	305, 8. 502, 9.
42, 29	— —	IV. 10, 2 (III. 9, 1)	— —	305, 9.
42, 30—33	— —	IV. 10, 4 (III. 9, 3)	— —	297, 8. 10. 11. 300, 7. 318, 8. 330, 3. 346, 5. 9. 360, 1. 383, 3. 495, 3.
42, 34—40	— —	— —	F. 32	297,10. 300,7. 305,8.11. 306, 1. 318, 8. 323, 12. 383, 3. 518, 4.
43, 1—5	— —	II. 8, 1 (II. 5, pr.)	— —	338,5.7. 353, 13. 361, 2. 411, 7.9. 412, 2. 438, 9.
43, 6—9	— —	II. 8, 2 (II. 5, 1)	— —	410, 2. 411,1.2.8. 413,8. 495, 3.
43, 10—14	— —	II. 8, 3 (II. 5, 2)	— —	416, 2.
43, 15—30	II. 54	II. 7, 4—7 (II. 4, 3. 4.)	— —	338, 8. 353, 13. 361, 2. 486, 2. 508, 4.
43, 31—33	— —	— —	— —	345,8. 354,8. 362,12.13.
43, 34—39 44, 1—4	II. 40. 4	II. 8, 4 (II. 5, 3)	— —	338, 7. 353, 13. 361, 2. 410, 3. 4. 411, 5. 6. 8. 9. 413, 9. 426, 10.
44, 5—11	— —	II. 8, 5 (II. 5, 4)	— —	410, 5. 411, 5. 412, 1. 422, 11. 426, 10. 495, 3.
44, 12—18	— —	— —	— —	341, 4. 354, 1. 361, 6. 377, 1. 2. 9. 10. 378, 4. 380, 6. 392, 3. 396,4.10.
44, 19—22	— —	— —	— —	517, 9.
44, 23—25	— —	— —	— —	378, 4. 380, 6. 392, 3. 396, 4. 426, 6. 8. 427, 6. 428, 4.
44, 26—30	— —	— —	— —	298, 4. 296, 6. 332, 1. 425, 8. 426, 3. 428, 7.
44, 31. 32	— —	— —	— —	298, 4. 296, 6. 332, 1. 427, 6. 428, 5. 474, 1.
44, 33—36	— —	— —	— —	426, 9. 427, 6. 428, 2. 4.
44, 37—40	— —	— —	— —	291, 5. 342, 5. 358, 3. 414, 2. 428, 2. 472, 1.
44, 41 45, 1. 2	— —	— —	— —	428, 3. 517, 10.
45, 3—7	— —	— —	B. 249, 40	370, 6. 428, 2.

Statuten.	Sachsenspiegel. Homeyer.	Vermehrter Sachsenspiegel.	Rechtserkenntnisse.	Systematische Zusammenstellung.
45, 8—10	— —	— —	— —	298, 4.
45, 11—31	— —	— —	— —	341, 3. 354, 1. 361, 6. 398, 2. 4. 471, 3. 5.
45, 32—41	— —	— —	— —	398, 2. 425, 6. 426, 2.
46, 1—3				428, 1. 472, 5. 506, 6. 509, 3.
46, 4—7	— —	— —	B. 248, 36	293, 1. 332, 2. 352, 2.
46, 8—12	— —	— —	— —	344, 1. 506, 6.
46, 13—15	— —	— —	— —	311, 10. 328, 6. 363, 6. 394, 1.
46, 16—18				
46, 19. 20	— —	IV. 12, 1 (III. 11, pr.)	B. 238, 23	296, 4. 302, 7. 303, 3. 12. 332, 1. 334, 5. 342, 2. 3. 347, 6. 352, 5. 355, 12. 360, 3. 361, 8. 429, 6.
46, 21—25	— —	IV. 12, 2 (III. 11, 1)	— —	296, 4. 302, 7. 303, 3. 12. 332, 1. 334, 5. 342, 2. 3. 4. 347, 6. 352, 5. 361, 8. 429, 6.
46, 26—31	— —	— —	— —	425, 2. 433, 2. 3. 518, 4.
46, 32—35	— —	IV. 36, 3 (IV. 27, 2)	— —	297, 12. 300, 11. 338, 3. 342, 8. 495, 3. 519, 4.
46, 36—40	— —	— —	— —	146, 7. 147, 5. 173, 10. 297, 7. 300, 12. 342, 9. 344, 9. 347, 2. 352, 6. 355, 7. 362, 3. 363, 4. 392, 7. 431, 5.
46, 41—43	— —	— —	— —	296, 9. 332, 1. 352, 1.
47, 1—3				
47, 4—6	— —	— —	— —	343, 7. 361, 10.
47, 7—11	— —	— —	— —	294, 5. 334, 4. 341, 7.
47, 12—17	— —	— —	— —	370, 3. 4. 385, 4. 386, 5. 471, 3. 509, 3. 520, 3.
47, 18—21	— —	— —	— —	338, 6. 353, 13. 361, 2. 385, 4. 411, 8. 438, 9.
47, 22. 23	— —	— —	— —	509, 3.
47, 24—27	— —	— —	— —	397, 2.
47, 28—31	— —	— —	B. 244, 34	296, 6. 9. 303, 1. 312, 3. 331, 11. 332, 1. 333, 6. 352, 1. 360, 4.
47, 32—36	— —	— —	— —	296, 9. 297, 11. 312, 3. 330, 3. 346, 2. 3. 5. 13. 350, 5. 357, 13. 360, 1. 365, 11. 506, 6.

Statuten.	Sachsenspiegel. Homeyer.	Vermehrter Sachsenspiegel.	Rechtserkenntnisse.	Systematische Zusammenstellung.
47, 37—40	— —	— —	— —	296, 9. 312, 3. 332, 1. 344,13. 359,4. 361,1.12. 362, 5. 431, 5. 431, 6. 463, 6. 464, 7.
47, 41—44	— —	— —	B.253,18	344, 4. 383, 1. 495, 3.
48, 1—3				506, 5. 518, 4.
48, 4. 5	— —	— —	— —	383, 2. 495. 3.
48, 6—12	— —	— —	— —	390, 9. 398, 1. 430, 1. 506, 6.
48, 13—16	— —	— —	— —	424, 5. 425, 4. 426, 1. 472, 5.
48, 17—21	— —	— —	— —	308, 8. 309, 1. 319, 8. 325, 13. 500, 4.
48, 22—30	— —	— —	— —	249, 3. 281, 6. 289, 8. 294, 6. 295, 7. 472, 1. 518, 4. 519, 4.
48, 31—40	— —	— —	— —	517, 6. 520, 6.
49, 1—5	— —	— —	B.248,36	265, 2. 292, 10. 298, 4. 299, 9. 306, 2. 322, 12.
49, 6—16	— —	— —	— —	295, 3. 298, 9. 336, 5. 352, 9. 425, 1. 518, 4.
49, 17—22	— —	— —	— —	305, 7. 323, 8. 483, 5. 509, 3. 510, 2. 518, 4.
49, 23—29	— —	— —	— —	432, 2. 433, 4. 479, 1. 483, 5. 6. 518, 4. 520, 6.
49, 30—35	— —	— —	— —	298, 9. 305, 7. 323, 8. 483, 7. 518, 4. 519, 4. 520, 6.
49, 36—38	— —	— —	— —	294, 6. 295, 7. 311, 11. 328, 6. 347, 5. 355, 12. 363,6. 394,1. 472,1. 518,4.
50, 1—3	— —	— —	— —	313, 9.
50, 4. 5	— —	— —	— —	186, 5. 226, 3. 228, 2. 281, 8. 313, 9. 314, 10. 315, 2. 316,6.7.9. 317,1. 330, 2. 3. 350, 9. 374, 2. 414, 2.
50, 6. 7	— —	II. 3, 3 (II. 1, 2)	— —	186, 6. 313, 9. 314, 10. 316, 6. 7. 8. 330, 2. 3. 344, 10. 350, 9. 362, 3.
50, 8—13	— —	— —	— —	313, 9. 509, 3.
50, 14. 15	— —	— —	— —	313,9.11. 314,3. 316,2.7. 330, 3. 387, 7. 424, 4.
50, 16. 17	— —	— —	— —	313, 9.
50, 18—21	— —	— —	— —	313, 9. 518, 4.

Statuten.	Sachsenspiegel. Homeyer.	Vermehrter Sachsenspiegel.	Rechtserkenntnisse.	Systematische Zusammenstellung.
50, 22—24	— —	— —	— —	313, 9. 518, 4.
50, 25—28	— —	— —	— —	313,9. 316,3.4.5.7. 330,3. 387, 8. 424, 4. 427, 2. 3. 430, 6. 518,4.
50, 29. 30	— —	— —	— —	313, 9. 314, 1. 330, 4.
50, 31—34	— —	— —	— —	313, 9. 314, 3. 330, 4.
50, 35—37	— —	— —	— —	313, 9. 314, 11.
50, 38	— —	— —	— —	313, 9. 314, 11. 374, 2.
51, 1. 2				
51, 3—8	— —	— —	— —	313, 9. 314, 5. 330, 4.
51, 9—12	— —	— —	— —	313, 9. 314, 5. 330, 4.
51, 13—17	— —	— —	— —	313, 9. 314,3.4.5. 330,4. 387, 4.
51, 18—20	— —	— —	— —	313, 9.
51, 21—23	— —	— —	— —	313, 9.
51, 24—26	— —	— —	— —	186, 6. 226, 3. 313, 9. 314, 10. 315, 1. 316, 8. 330, 3. 519, 4.
51, 27—30	— —	— —	— —	313, 9. 315, 5.
51, 31. 32	— —	— —	— —	313, 9. 316, 1. 7. 330, 3. 424, 4.
51, 33—36	— —	— —	— —	313, 9. 314, 6. 315, 4. 330, 4. 374, 2. 387, 5.
51, 37 52, 1. 2	— —	— —	— —	179, 1. 291, 3. 313, 9. 314, 6. 317, 2. 330, 4. 334, 6. 342, 1. 351, 3. 358, 3. 360, 4. 374, 2. 387, 5.
52, 3—5	— —	IV. 3, 1 (III. 10, pr.)	— —	313, 9. 317, 2. 384, 6. 388, 11. 462, 4.
52, 6—11	— —	— —	— —	313, 9. 317, 2. 465, 8. 9. 466, 2. 4.
52, 12—15	— —	— —	— —	313, 9. 317, 2. 379, 1. 465, 8. 9. 466, 4.
52, 16—22	— —	— —	— —	313,9. 317,2. 368,11.12. 370, 13. 371, 3.5. 379,1. 419, 1. 420, 6. 463, 2. 465, 8. 466, 4.
52, 23—25	— —	— —	— —	313, 9. 317, 2. 379, 1. 463, 1. 465, 8. 9. 466, 3. 520, 4.
52, 26—40 53, 1—9	— —	— —	— —	313, 9. 317, 2. 368, 1. 370, 13. 371, 8. 386, 5. 417, 6. 419, 1. 432, 12. 434, 7. 8. 438, 1. 462, 4. 463, 1. 465, 2. 4. 5. 6. 468, 1. 470, 2.

Statuten.	Sachsenspiegel. Homeyer.	Vermehrter Sachsenspiegel.	Rechtserkenntnisse.	Systematische Zusammenstellung.
53, 10—12	— —	— —	— —	317, 2. 465, 3. 468, 4.
53, 13—15	— —	— —	— —	317, 2. 468, 3. 478, 5. 7.
53, 16—18	— —	— —	— —	317, 2. 468, 5.
53, 19—22	— —	— —	— —	177, 7. 317, 2. 468, 6. 470, 3.
53, 23. 24	— —	— —	— —	317, 2. 478, 5.
53, 25—30	— —	— —	— —	177, 7. 317, 2. 468, 7.
53, 31—37	— —	— —	— —	317, 2. 437, 5. 469, 2.
53, 38—42	— —	— —	— —	317, 2. 379, 2. 381, 1. 469, 3.
53, 43. 44	— —	— —	— —	317, 2. 372, 1. 466, 11.
54, 1. 2	— —	— —	— —	317, 2. 467, 7.
54, 3. 4	— —	— —	— —	317, 2. 372, 1. 2. 467, 1. 7.
54, 5. 6	— —	— —	— —	233, 6. 317, 2. 372, 2. 413, 2. 414, 4. 420, 4. 467, 1. 7. 519, 4.
54, 7—9	— —	— —	— —	317, 2. 467, 3.
54, 10—13	— —	— —	— —	317, 2. 372, 1. 466, 8. 11. 467, 3.
54, 14. 15	— —	— —	— —	317, 2. 467, 3. 477, 5.
54, 16. 17	— —	— —	— —	317, 2.
54, 18. 19	— —	— —	— —	314, 2. 317, 2. 330, 4. 467, 3. 476, 3.
54, 20. 21	— —	— —	— —	314, 2. 317, 2. 330, 4. 467, 3.
54, 22. 23	— —	— —	— —	317, 2. 434, 2. 434, 8. 518, 4.
54, 24—28	— —	— —	— —	295, 4. 302, 11. 317, 2.
54, 29. 30	— —	— —	— —	317, 2.
54, 31—39	III. 39, 1. 2	III. 9, 3 (II. 16, 2)	B. 249, 40	317, 2. 407, 2. 4. 5. 6. 7. 8. 433, 7. 467, 7.
54, 40—43 55, 1—8	— —	III. 9, 4 (II. 16, 3)	— —	260, 9. 317, 2. 334, 9. 360, 3. 407, 2. 8.
55, 9—12	— —	III. 9, 5 (II. 16, 4)	— —	317, 2. 467, 6. 519, 4. 520, 4.
55, 13—15	— —	III. 9, 5 (II. 16, 4)	— —	317, 2. 467, 6. 520, 4.
55, 16—34	— —	— —	— —	317, 2. 5. 330, 6. 432, 12. 434, 5. 467, 8. 9. 509, 3. 518, 4.
55, 35—40 56, 1—5	— —	— —	— —	296, 9. 317, 2. 332, 1. 345, 1. 352, 5. 362, 7. 8. 431, 6. 467, 8. 470, 4.

Statuten.	Sachsenspiegel. Homeyer.	Vermehrter Sachsenspiegel.	Rechtserkenntnisse.	Systematische Zusammenstellung.
56, 6—8	— —	— —	— —	317, 2.
56, 9—12	— —	— —	— —	317, 2. 381, 4. 468, 1. 469, 9.
56, 13—16	— —	— —	— —	317. 2. 345, 1. 431, 6. 470, 4.
56, 17—19	— —	— —	— —	317, 2. 469, 8. 518, 4.
56, 20—27	— —	— —	— —	317, 2. 335, 4. 368, 2. 370, 13. 389, 3. 396, 9. 417, 6. 419, 1. 430, 1. 465, 7. 9. 466, 1. 4.
56, 28	— —	IV. 21, 1 (III. 19, 1)	— —	317, 2. 471, 3. 476, 6.
56, 29	— —	IV. 20, 3 (III. 18, 4)	— —	317, 2. 472, 4.
56, 30—36 57, 1—18	— —	IV. 21, 2 (III. 19, pr.)	— —	183, 2. 293, 5. 298, 4. 317, 2. 372, 7. 471, 4. 472,1.3.4. 472,4. 473,1. 3.4.5.7.9.10.11. 474,2. 3.4. 475, 10. 477, 7. 9. 480, 9. 489, 6. 490, 3.
57, 19—23	— —	IV. 21, 3 (III. 19, 1)	— —	317, 2. 380, 1. 428, 6. 438, 9. 466, 6. 474, 5. 6.
57, 24. 25	— —	IV. 21, 4 (III. 19, 2)	— —	317, 2.
57, 26—30	— —	IV. 21, 5 (III. 19, 2)	— —	317, 2. 379, 4. 5. 475, 4.
57, 31. 32	— —	— —	F. 19. b. 21 e.	317, 2. 379, 4. 482, 3.
57, 33—36	— —	— —	— —	225, 10. 235, 5. 241, 2. 317, 2. 410, 7. 427, 1. 428, 6. 466, 6. 474, 6. 480, 11. 481, 1.
57, 37—39	— —	— —	B. 184, 15	317, 2. 433, 6. 481, 6. 517, 4.
57, 40. 41 58, 1—4	III. 17, 1	IV. 21, 6 (III. 19, 3)	— —	317, 2. 344, 8. 362, 1. 481, 3. 482, 1.
58, 5—12	— —	IV. 21, 7 (III. 19, 4)	— —	317, 2. 372, 8. 482, 1. 2. 490, 3.
58, 13. 14	— —	— —	— —	317, 2. 480, 11.
58, 15—24	— —	— —	— —	317, 2. 381, 4. 397, 1. 398, 1. 430, 1.
58, 25. 26	— —	IV. 21, 8 (III. 19, 5)	— —	317, 2. 398, 1. 440, 1.

Statuten.	Sachsenspiegel. Homeyer.	Vermehrter Sachsenspiegel.	Rechtserkenntnisse.	Systematische Zusammenstellung.
58, 27—29	— —	IV. 21, 8 (III. 19, 5)	— —	317, 2. 440, 2. 441, 2. 482, 2.
58, 30—37	— —	— —	— —	317, 2. 335, 8. 381, 4. 428, 7. 8. 474, 7.
58, 38. 39	III. 10,1	— —	— —	317, 2. 428, 8. 474, 7.
59, 1—3	— —	IV. 21, 9 (III. 19, 6)	— —	295, 7. 317, 2. 480, 6.
59, 4—7	— —	IV. 21, 10 (III. 19, 7)	— —	315, 3. 317, 2. 330, 9. 483, 3. 9. 518, 4.
59, 8. 9	— —	— —	— —	317, 2. 475, 9. 477, 7. 480, 6.
59, 10—13	— —	IV. 21, 12 (III. 19, 9)	B. 184, 15	317, 2. 477, 7. 9.
59, 14—18	— —	IV. 21, 13 (III. 19, 10)	— —	317, 2. 477, 8. 481, 2.
59, 19—24	— —	IV. 21, 14 (III. 19, 11)	— —	317, 2. 481, 3. 5. 487, 7. 489, 3. 490, 3. 491, 2.
59, 25. 26	— —	IV. 21, 15 (III. 19, 12)	— —	317, 2. 467, 3. 475, 3.
59, 27—28	— —	— —	— —	293, 2. 317, 2. 467, 3.
59, 29—31	— —	IV. 21, 16 (III. 19, 13)	B. 236, 19	281, 10. 293, 2. 315, 2. 317, 2. 467, 3. 476, 1. 506, 7.
59, 32—34	— —	— —	— —	316, 3. 4. 5. 7. 317, 2. 330, 3. 387, 8. 424, 4. 427, 2. 3. 430, 6. 467, 3. 476, 2. 506, 7.
59, 35—41 60, 1. 2	— —	IV. 21, 17 (III. 19, 14)	— —	317, 2. 467, 3. 476, 2. 3.
60, 3. 4	— —	IV. 21, 18 (III. 19, 15)	— —	317, 2. 4. 330, 5. 424, 4. 467, 3. 476, 3.
60, 5. 6	— —	— —	— —	186, 5. 228, 2. 281, 8. 315, 2. 317, 1. 2. 4. 330, 5. 414, 2. 467, 2. 3. 469, 5. 475, 8. 477, 12.
60, 7—11	— —	— —	B. 194, 34	317, 2. 475, 3.
60, 12—15	— —	IV. 21, 19 (III. 19, 16)	— —	317, 2. 344, 3. 476, 4. 478, 3. 519, 4.
60, 16—24	— —	IV. 21, 20. 21 (III. 19, 17. 18)	— —	177, 6. 225, 7. 234, 3. 281, 7. 287, 8. 315, 2. 317, 2. 344, 3. 476, 5.

Statuten.	Sachsenspiegel-Homeyer.	Vermehrter Sachsenspiegel.	Rechtserkenntnisse.	Systematische Zusammenstellung.
60, 25—28	— —	— —	— —	317, 2. 344, 3. 478, 7. 479, 5.
60, 29—33	— —	— —	F. 93. c.	242, 4. 317, 2. 413, 7. 477, 1.
60, 34—36	— —	IV. 21, 22 (III. 19, 19)	— —	317, 2. 4. 477, 3. 478, 3.
60, 37—41 61, 1. 2	— —	— —	— —	296, 9. 317, 2. 483, 1. 518, 4.
61, 3—13	— —	IV. 21, 23 (III. 19, 20)	— —	295, 4. 302, 11. 317, 2. 433, 5. 434, 1. 479, 1. 481, 8.
61, 14. 15	— —	IV. 45, 8 (IV. 16, 4)	— —	317, 2. 390, 4.
61, 16. 17	— —	IV. 21, 24 (III. 19, 21)	— —	317, 2. 477, 5.
61, 18—20	— —	— —	— —	317, 2. 475, 4. 477, 5.
61, 21. 22	— —	— —	— —	317, 2. 379, 8. 507, 6. 520, 6.
61, 23—26	— —	IV. 21. 25 (III. 19, 22)	— —	317, 2. 343, 9. 379, 9. 472, 1. 517, 6. 520, 5.
61, 27—29	— —	— —	— —	317, 2. 517, 4.
61, 30—36	— —	— —	— —	317, 2. 369, 2. 379, 10. 380, 1. 3. 475, 2.
61, 37—39	— —	IV. 21, 26 (III. 19, 23)	— —	317, 2.
61, 40 62, 1. 2	— —	IV. 21, 27 (III. 19, 24)	— —	317, 2. 400, 1. 466, 7. 469, 6. 475, 3. 480, 1. 487, 7.
62, 3. 4	— —	IV. 21, 28 (III. 19, 25)	— —	317, 2. 480, 8. 487, 7.
62, 5. 6	— —	— —	— —	317, 2.
62, 7—9	— —	IV. 21, 29 (III. 19, 26)	B. 241, 30	317, 2. 508, 5.
62, 10—12	— —	— —	— —	317, 2. 471, 3.
62, 13—18	— —	IV. 21, 30 (III. 19, 27)	— —	253, 7. 317, 2. 471, 5. 480, 7.
62, 19—27	— —	IV. 21, 31-32a (III. 19, 28. 29)	— —	317, 2. 480, 4. 509, 1. 3.
62, 28—37	— —	IV. 21, 33 (V. 37, 34)	— —	241, 2. 317, 2. 370, 6. 390, 11. 391, 1. 410, 7. 427, 1. 433, 7. 480, 2.
62, 38—40	— —	IV. 21, 36 (V. 37, 37)	— —	305, 2. 317, 2. 346, 8. 432, 9. 433, 3. 480, 8. 508, 2.

Statuten.	Sachsenspiegel. Homeyer.	Vermehrter Sachsenspiegel.	Rechtserkenntnisse.	Systematische Zusammenstellung.
63, 1—4	— —	— —	— —	388, 3. 465, 9.
63, 5. 6	— —	— —	— —	388, 4. 519, 6.
63, 7.8	— —	— —	— —	386, 6.
63, 9—11	— —	— —	— —	387, 11. 388, 2.
63, 12—14	— —	III. 2, 2 (II. 9, 1)	— —	387, 3. 4. 6. 439, 9.
63, 15. 16	— —	— —	— —	387, 3. 6. 439, 9.
63, 17	— —	III. 2, 3 (II. 9, 2)	— —	387, 3. 439, 9.
63, 18. 19	— —	III. 2, 5 (II. 9, 4)	F. 30 k.	374, 2. 387, 5.
63, 20—27	— —	III. 2, 5 (II. 9, 4)	— —	374, 2. 387, 5. 519, 4. 6.
63, 28—34	— —	— —	— —	367, 9. 368, 8. 370, 13. 371, 1. 8. 374, 2. 375, 7. 386, 5. 389, 2. 390, 3. 417, 6. 419, 1. 420, 6. 423, 7. 520, 3.
64, 1. 2	— —	III. 2, 4 (II. 9, 3)	— —	387, 3. 439, 9.
64, 3. 4	— —	III. 2, 9 (II. 9, 8)	— —	388, 1.
64, 5. 6	— —	III. 2, 9 (II. 9, 8)	— —	387, 2.
64, 7—9	— —	— —	— —	495, 3.
64, 10—12	— —	III. 3, 2 (II. 10, 1)	— —	371, 6. 386, 5. 387, 1. 5. 388, 9. 399, 5. 432, 10.
64, 13—15	— —	III. 3, 3 (II. 10, 2)	— —	385, 1. 5. 388, 8. 495, 3.
64, 19—19	— —	III. 3, 4 (II. 10, 3)	— —	335, 5. 378, 5. 396, 4. 397, 3. 399, 1. 407, 3.
64, 20—23	— —	III. 3, 4 (II. 10, 4)	— —	335, 5. 370, 2. 378, 5. 389, 4. 5. 396, 4. 397, 3. 399, 1. 407, 3.
64, 24—29	— —	— —	— —	370, 1. 378, 5. 388, 12. 389, 4. 396, 4. 397, 3. 407, 3.
64, 30—32	— —	III. 3, 1 (II. 10, pr.)	— —	335, 4. 384, 6. 388, 11. 396, 9. 430, 1. 462, 4.
64, 33—35	— —	III. 3, 6 (II. 10, 6)	— —	335, 4. 370, 1. 388, 10. 396, 9. 430, 1.
64, 36—41	— —	— —	— —	389, 6. 390, 2.

Statuten.	Sachsenspiegel. Homeyer.	Vermehrter Sachsenspiegel.	Rechtserkenntnisse.	Systematische Zusammenstellung.
65, 1—5	— —	III. 3, 7 (II. 10, 7)	— —	385, 3.5. 388, 13. 389, 6. 390, 1. 481, 2.
65, 6—10	— —	III. 3, 5 (II. 10, 5)	— —	384, 4. 390, 9. 481, 2.
65, 14—11	— —	III. 3, 5 (II. 10, 5)	— —	384, 5. 390, 9. 518, 4.
65, 15—17	— —	— —	— —	462, 4. 518, 4.
65, 18—20	— —	— —	— —	388, 7.
65, 21—24	— —	III. 3, 8 (II. 10, 8)	— —	388, 5. 467, 3.
65, 25. 26,	— —	III. 4, 1 (II. 11, pr.)	— —	368, 3. 370, 9. 12. 13. 14. 371, 5. 386, 2. 417, 6. 418, 1. 419, 6. 420, 2. 431, 3. 422, 12. 438, 11. 519, 6.
65, 27—33	— —	III. 4, 1 (II. 11, pr.)	— —	368, 4.11. 370, 13. 371, 2. 3. 5. 419, 1. 420, 2. 6.
65, 34. 35	— —	— —	— —	189, 9. 368, 3. 370, 9. 12. 13. 386, 2. 417, 6. 418, 1. 420, 2. 438, 11.
65, 36—38	— —	— —	— —	369, 2. 376, 1. 393, 2.7.8. 420, 2.
65, 39—41	— —	III. 4, 2 (II. 4, 1)	— —	193, 3. 209, 1. 229, 5. 6. 230, 1. 232, 1. 239, 8. 241, 6. 243, 3. 373, 5. 10. 11. 394, 3. 420, 2.
66, 1. 2	— —	III. 4, 3. (II. 11, 2)	— —	420, 2. 422, 5. 519, 6. 520, 6. 521, 9.
66, 3—5	— —	— —	— —	415, 7. 420, 2. 422, 7. 8. 425, 2.
66, 6—10	— —	III. 4, 4 (II. 11, 3)	— —	399, 6. 420, 2. 421, 8. 423, 3. 4. 519, 6.
66, 11. 12	— —	III. 4, 4 (II. 11, 3)	F. 31. 34	420, 2. 422, 10. 438, 2. 464, 2.
66, 13—16	— —	III. 4, 5—11 (II. 11, 4—10)	— —	420, 2. 422, 1. 519, 6.
66, 17—22	— —	— —	— —	263, 4. 420, 2. 422, 2. 519, 6.
66, 23—26	— —	— —	— —	313, 10. 314, 9. 374, 2. 420, 2. 9. 422, 9.
66, 27—34	— —	— —	— —	188, 3. 420, 2. 423, 3. 6. 438, 2. 519, 6.

Statuten.	Sachsenspiegel. Homeyer.	Vermehrter Sachsenspiegel.	Rechtserkenntnisse.	Systematische Zusammenstellung.
66, 35—43	— —	— —	— —	188, 3. 370, 6. 396, 12. 420, 2. 421, 2. 423, 7.8. 438, 9. 474, 6. 519, 6.
67, 1—7	— —	— —	— —	308, 2. 339, 1. 353, 14. 391, 5. 420, 2. 421, 1. 8. 423, 3. 519, 6.
67, 8—13	— —	— —	— —	420, 2. 7.
67, 14—23	— —	— —	— —	225, 8. 226, 9. 404, 5. 420, 2. 3. 421, 3. 4. 7. 422, 12. 518, 4.
67, 24—26	— —	— —	— —	190, 3. 203, 5. 210, 3. 242, 7. 420, 2. 421, 3. 422, 14.
67, 37—29	— —	— —	— —	190, 3. 188, 3. 203, 5. 210, 3. 241, 3. 242, 7. 386, 2. 416, 4. 417, 6. 418, 1. 420, 2. 438, 8.10.
67, 30. 31	— —	— —	— —	190, 3. 188, 3. 203, 5. 210, 3. 241, 3. 242, 7. 386, 2. 416, 4. 417, 6. 9. 418, 1. 438, 8. 10.
67, 32. 33	— —	— —	— —	190, 3. 188, 3. 203, 5. 210, 3. 241, 3. 242, 7. 386, 2. 416, 4. 417, 6. 9. 438, 3. 10. 520, 4.
67, 34—36	— —	— —	— —	190, 3. 188, 3. 203, 5. 210, 3. 241, 3. 242, 7. 416, 4. 438, 3. 6. 7. 10. 520, 3.
67, 37—39	— —	— —	— —	190, 3. 203, 5. 210, 3. 242, 7. 314, 7. 330, 4. 368, 3. 370, 9.12. 370, 13. 374, 2. 375, 3. 387, 5. 7. 416, 4. 417, 2. 6. 419, 1. 438, 3. 10.
67, 40—43	— —	— —	— —	190, 3. 203, 5. 210, 3. 242, 7. 416, 4. 417, 3.
68, 1—3	— —	— —	— —	416, 4. 464, 15.
68, 4—7	— —	— —	— —	416, 4. 432, 11. 468, 16. 495, 3.
68, 8—10	— —	— —	F. 35	241, 2. 416, 4. 422, 3.
68, 11—13	— —	— —	— —	371, 9. 416, 4. 501, 6.

Statuten.	Sachsenspiegel. Homeyer.	Vermehrter Sachsenspiegel.	Rechtserkenntnisse.	Systematische Zusammenstellung.
68, 14—16	— —	— —	— —	416, 4. 501, 6.
68, 17—21	— —	— —	— —	416, 4. 417, 4.
68, 22—25	— —	— —	— —	416, 4. 495, 3.
68, 26—30	— —	II. 8, 3 (II. 5, 2.)	K. 43 H. 42	416, 2. 3. 4.
68, 31—34	I. 60,1	II. 8, 2 (II. 5, 1)	— —	410, 2. 411, 1. 3. 413, 8. 416, 4. 495, 3.
68, 35—38	— —	— —	— —	296, 9. 332, 1. 352, 5. 389, 2. 423, 7. 8.
68, 39. 40 69, 1. 2	— —	III. 4, 15 (II. 11, 14)	— —	370, 5. 520, 3.
69, 3. 4.	— —	— —	— —	410, 3. 411, 5. 427, 4. 430, 6.
69, 5.	— —	— —	— —	394, 4. 6.
69, 6. 7	— —	— —	— —	146, 3. 211, 4. 297, 2. 400, 4.
69, 8—10	— —	III. 8, 1 (II. 15, pr.)	— —	146, 3. 211, 4. 297, 2. 373, 4.
69, 11—13	III. 63, 2	III. 8, 3 (II. 15, 2)	F. 28. b.	146, 3. 211, 4. 297, 2. 400, 2. 482, 6. 517, 5.
69, 14—16	— —	IV. 21, 27 (III. 19, 24)	— —	146, 3. 211, 4. 297, 2. 400, 1. 466, 7. 480, 1.
69, 17. 18	— —	— —	— —	146, 3. 211, 4. 297, 2. 396, 3.
69, 19. 20	— —	— —	— —	146, 3. 211, 4. 297, 2. 396, 1.
69, 21—23	— —	— —	— —	146, 3. 211, 4 297, 2. 395, 8.
69, 24—29	III. 87, 1	III. 8, 2 (II. 15, 1)	— —	146, 3. 211, 4. 297, 2. 335, 7. 373, 5. 374, 1. 381, 8. 394, 2. 464, 11. 518, 4.
69, 30	— —	— —	— —	146, 3. 211, 4. 297, 2.
69, 31—36	— —	— —	B.253,49	146, 3. 211, 4. 297, 2. 372, 5.
69, 37. 38	— —	— —	— —	146, 3. 211, 4. 297, 2.
69, 39. 70, 1. 2	— —	— —	— —	146, 3. 211, 4. 297, 2. 496, 6.
70, 3—7	— —	III. 10, 2	— —	146, 3. 211, 4. 297, 2. 395, 9.
70, 8—12	— —	III. 10, 3. 4	— —	146, 3. 211, 4. 251, 10. 259, 7. 297, 2. 520, 3.

Statuten.	Sachsenspiegel. Homeyer.	Vermehrter Sachsenspiegel.	Rechtserkenntnisse.	Systematische Zusammenstellung.
70, 13—16	— —	III. 10, 5	— —	146, 3. 211, 4. 297, 2. 437, 9. 489, 6. 496, 2.
70, 17—19	— —	III. 10, 5	— —	146, 3. 211, 4. 297, 2. 440, 3. 496, 2. 3.
70, 20—24	— —	III. 10, 6	— —	146, 3. 211, 4. 297, 2. 424, 1. 430, 6. 447, 11. 466, 10.
70, 25—27	— —	III. 10, 7	— —	146, 3. 211, 4. 297, 2.
70, 28—36	III. 39, 1. 2	III. 9, 3 (II. 16, 2)	B. 249, 40	146, 3. 211, 4. 297, 2. 407, 3. 6. 7.
70, 37—40	— —	— —	— —	146, 3. 211, 4. 297, 2. 345, 1. 431, 6. 470, 4.
71, 1—12	— —	III. 9, 3 (II. 16, 2)	— —	146, 3. 211, 4. 297, 2. 334, 9. 407, 4. 8. 519, 4.
71, 13—15	— —	III. 10, 8. 9	— —	146, 3. 211, 4. 297, 2.
71, 16—18	— —	III. 12, 1—4	— —	151, 5. 146, 3. 211, 4. 297, 2. 431, 1. 502, 1.
71, 19—21	— —	— —	B. 248, 37	151, 6. 146, 3. 211, 4. 297, 2. 431, 1.
71, 22—38	I. 54, 3 65, 4 II. 6, 2	III. 11, 1. 2	B. 226, 3	146, 3. 211, 4. 297, 2. 407, 5. 486, 1. 7. 489, 4. 6. 496, 1. 3. 6. 520, 7.
72, 1—12	— —	III. 11, 3	— —	146, 3. 211, 4. 297, 2. 406, 4. 419, 7. 464, 3. 495, 11. 496, 1. 517, 7.
72, 13—18	— —	III. 13, 1 (II. 17, pr.)	B. 193, 31 F. 29	146, 3. 211, 4. 297, 2. 489, 6.
72, 19—27	— —	III. 13, 2 (II. 17, 1)	— —	146, 3. 211, 4. 297, 2. 400, 6. 437, 9. 496, 2. 3. 4. 6.
72, 28—30	— —	— —	— —	371, 6. 386, 5. 387, 1. 5. 433, 3.
72, 31—33	— —	— —	— —	434, 6.
72, 34—37	— —	— —	— —	225, 10. 235, 5. 241, 2. 410, 7. 427, 1. 7. 428, 5. 6.
72, 38—42 73, 1—4	— —	— —	— —	381, 1. 402, 10. 438, 11. 469, 1. 478, 5.
73, 5. 6	— —	— —	— —	298, 4. 427, 6. 428, 5. 474, 1.
73, 7. 8	— —	— —	— —	372, 9. 386, 3.
73, 9—17	I. 59, 2	— —	— —	370, 2. 9. 386, 1. 3. 399, 2. 400, 11.

Statuten.	Sachsenspiegel-Homeyer.	Vermehrter Sachsenspiegel.	Rechtserkenntnisse.	Systematische Zusammenstellung.
73, 18—25	— —	III. 7, 1 (II. 14, pr.)	— —	386, 4. 390, 9. 10. 496, 5.
73, 26—30	I. 28 II. 7	III. 7, 1 (II. 14, 2)	— —	175, 1. 202, 5. 207, 3. 5. 210, 3. 390, 5. 8. 391, 1. 518, 4.
73, 31—34	— —	III. 7, 1. 4 (II. 14, pr. 3)	— —	390, 6. 7.
73, 35—38 74, 1—6	III. 12	III. 13, 4 (II. 17, 3) III. 15, 1 (II. 19, pr.) IV. 39, 1 (IV. 10, pr.)	— —	394, 7. 395, 6. 400, 3.
74, 7—11	— —	— —	— —	252, 1. 391, 3. 394, 8. 395, 1. 4.
74, 12—15	— —	— —	— —	394, 8. 9. 10.
74, 16—19	— —	— —	— —	296, 9. 332, 1. 341, 2. 352, 5. 354, 1. 361, 6. 389, 3. 396, 9.
74, 20—26	— —	IV. 45, 18 (III. 16, 14)	— —	335, 4. 370, 5. 381, 8. 389, 3. 396, 9. 399, 3. 430, 1. 475, 1.
74, 27—30	— —	— —	— —	298, 3. 425, 9. 426, 2. 3. 436, 4.
74, 31—33	— —	— —	— —	378, 4. 380, 6. 392, 3. 396, 4.
74, 34—38	— —	— —	— —	146, 4. 211, 3. 297, 2. 372, 3. 425, 9. 426, 2. 3. 436, 5.
74, 39—42	— —	III. 15, 3 (II. 19, 2)	— —	395, 2
75, 1—6	— —	— —	— —	146, 4. 211, 3. 297, 2. 381, 8. 395, 5. 400, 3. 468, 7.
75, 7. 8.	— —	— —	— —	438, 11. 469, 1. 478, 5.
75, 9—11	— —	— —	B. 241, 30	293, 6. 395, 3. 399, 4. 471, 3. 473, 8. 508, 5.
75, 12—14	— —	— —	— —	293, 6. 379, 6. 395, 3. 399, 4. 471, 3. 473, 8.
75, 15—25	— —	III. 15, 4 (II. 19, 3)	B. 186, 17	151, 5. 293, 7. 8. 9. 10. 395, 3. 462, 4.
75, 26—28	— —	— —	— —	521, 2.
75, 29—34	— —	— —	— —	347, 4. 392, 10. 521, 2.

Statuten.	Sachsenspiegel. Homeyer.	Vermehrter Sachsenspiegel.	Rechtserkenntnisse.	Systematische Zusammenstellung.
75, 35—38	III. 85, 2	— —	— —	382, 3.
75, 39—42				
76, 1. 2.				
76, 3—11	— —	— —	— —	333, 3. 348, 7. 349, 10. 360, 4. 487, 2. 491, 3. 492, 6. 519, 6. 520, 2.
76, 12—16	— —	— —	— —	280, 8. 287, 1. 288, 1. 333, 4. 349, 10. 357, 4. 360, 4. 491, 3. 492, 6.
76, 17—24	III. 28	— —	— —	280, 8. 287, 1. 288, 1. 349,10.11. 357,4. 384,3. 486, 1.
76, 25—38	— —	— —	B.192,28	280, 8. 287, 1. 288, 1. 349, 10. 357, 4. 489, 1. 492, 4. 513, 1.
76, 39—44	— —	— —	B.129,25 239,26 H. p. 443 u. No. 39 K. 40	334, 10. 360, 4. 381, 8. 428, 2. 521, 8.
77, 1—8	— —	— —	— —	177, 5. 178, 3. 339, 2. 4. 353, 14. 406, 3. 419, 7. 464, 17. 518, 4.
77, 9—12	— —	— —	— —	464, 18. 517, 7. 518, 4.
77, 13—23	— —	— —	— —	251, 4. 406, 1. 466, 10.
77, 24. 25	— —	— —	— —	147, 1. 251, 4. 463, 5.
77, 26—31	— —	— —	— —	381, 8. 464, 1.
77, 32—38	— —	— —	— —	464, 10.
77, 39. 40	— —	— —	B.192,28	520, 9.
77, 41—43	— —	— —	— —	260, 3. 275, 6. 365, 8. 373, 5. 10.
77, 44—46	— —	— —	— —	251, 5. 257, 4. 429, 2.
78, 1—4	— —	— —	— —	262, 3. 272, 10. 276, 10. 429, 5.
78, 5—10	— —	— —	— —	251, 8. 257, 4. 429, 2.
78, 11—17	— —	IV. 43, 16 (III. 14, 14)		
78, 18—22	— —	— —	— —	251, 5. 6. 257, 4. 417, 1. 438, 5.
78, 23—26	— —	— —	— —	251, 5. 257, 4. 417, 1.
78, 27—29	— —	— —	B.245,34	488, 9.
78, 30—35	— —	III. 17, 46 (III. 1, 46)	— —	519, 4.

Statuten.	Sachsenspiegel. Homeyer.	Vermehrter Sachsenspiegel.	Rechtserkenntnisse.	Systematische Zusammenstellung.
78, 36. 37	— —	IV. 43, 3 (III. 14, 2)	— —	494, 1.
78, 38—41	— —	— —	— —	344, 14. 362, 7. 431, 6. 489, 6. 9.
79, 1—5	— —	IV. 43, 4 (III. 14, 3)	— —	438, 9. 474, 6. 493, 4. 5. 494, 5.
79, 6—10	I. 11, 2	IV. 43, 5. 6 (IV. 14, 4)	K. 38 H. 37	396, 11. 494, 2. 5.
79, 11. 12	— —	IV. 43, 2 (IV. 14, 1)	— —	185, 1. 193, 4. 9. 209, 1. 370, 10. 383, 4. 489, 9. 494, 6. 518, 4.
79, 13—18	— —	— —	— —	297, 1. 351, 12. 489, 8.
79, 19. 20	— —	— —	B. 244, 34	493, 4. 519, 4.
79, 21—25	— —	IV. 43, 5. 6 (IV. 14, 4)	K. 38 H. 27	396, 11. 494, 2. 6.
79, 26—28	— —	III. 6, 2 (II. 13, 1)	— —	439, 10.
79, 29—36	— —	III. 6, 1 (II. 13, pr.)	— —	439, 2. 7. 440, 7.
80, 1—4	— —	IV. 43, 7 (IV. 14, 5)	— —	435, 1. 439, 8. 493, 6.
80, 5—8	— —	— —	B. 232, 13	440, 4. 495, 3.
80, 9. 10	— —	III. 14, 5 (II. 18, 4)	F. 38. d.	440, 5. 502, 1.
80, 11—15	— —	— —	— —	335, 4. 389, 3. 396, 9. 430, 1. 494, 4.
80, 16—22	— —	IV. 43, 8 (IV. 14, 6)	— —	335, 4. 389, 3. 430, 1. 494, 4.
80, 23. 24	— —	IV. 42, 12 (IV. 13, 11)	K. 36 H. 35	151, 3. 435, 5.
80, 25—27	— —	IV. 42, 8 (IV. 13, 7)	— —	438, 8.
80, 28—30	— —	— —	— —	335, 9. 429, 1. 3. 435, 6. 10.
80, 31—33	— —	IV. 42, 23. 24 (IV. 13, 19. 20)	— —	434, 9. 435, 2. 438, 4.
80, 34—36 81, 1—5	— —	IV. 42, 23. 24 (IV. 13, 19. 20)	— —	317, 4. 330, 5. 434, 9. 438, 3. 4.
81, 6—9	III. 74, 4	IV. 42, 22 (IV. 13, 18)	— —	436, 2. 500, 5. 519, 4.
81, 10—12	— —	— —	— —	399, 6. 498, 6.
81, 13. 14	— —	— —	— —	498, 6
81, 15—21	— —	IV. 44, 1 (III. 15, pr.)	— —	439, 8. 489, 6. 493, 5. 6.

Statuten.	Sachsenspiegel. Homeyer.	Vermehrter Sachsenspiegel.	Rechtserkenntnisse.	Systematische Zusammenstellung.
81, 22—25	— —	IV. 44, 2 (IV. 15, 1)	— —	298, 7. 307, 7. 8. 325, 9. 335, 1. 337, 1. 351, 5. 6. 377, 10. 378, 3. 396, 10. 429, 8.
81, 26—30	— —	IV. 44, 3 (IV. 15, 2)	— —	307, 8. 325, 9. 335, 1. 337, 1. 351, 5. 6. 377, 6. 377, 10. 396, 10. 429, 8. 489, 6.
81, 31—33	— —	IV. 44. 2 (IV. 15, 1)	— —	184, 2. 298, 7. 307, 7. 8. 325, 9. 335, 1. 337, 1. 351, 5. 6. 372, 7. 377, 1. 4. 10. 396, 10. 429, 8. 520, 12.
81, 34—39	— —	III. 44, 3 (IV. 15, 2)	— —	377, 5. (3). 378, 1. 382, 1. 383, 5. 400, 3. 473, 2. 520, 4.
81, 40—42	— —	IV. 44, 5 (IV. 15, 3)	— —	378, 2. 400, 3.
82, 1—7	— —	IV. 44, 6 (IV. 15, 4)	— —	370, 2. 374, 4. 5. 377, 7. 391, 4.
82, 8—12	— —	— —	— —	486, 3. 4. 518, 4.
82, 13—15	— —	IV. 42, 5 (IV. 13, 4)	— —	340, 1. 500, 5.
82, 16. 17				
82, 18—21	— —	IV. 42, 4 (IV. 13, 3)	— —	310, 3. 311, 7. 319, 6. 326, 1. 327, 1. 6. 9. 340, 1. 438, 8. 495, 6. 519, 4.
82, 22—25	— —	IV. 42, 6 (IV. 13, 5)	— —	310, 3. 311, 7. 319, 6. 326, 1. 327, 1. 6. 9. 340, 1.
82, 26—34	— —	— —	— —	177, 7. 311, 5. 339, 5. 340, 2. 3. 4. 5. 6. 353, 14. 353, 14. 361, 5.
82, 35. 36	— —	— —	— —	369, 1. 376, 5.
82, 37. 38	— —	— —	— —	430, 5. 517, 8.
83, 1—3	— —	— —	— —	518, 4.
83, 4—7	— —	IV. 45, 4 (IV. 16, 2)	— —	425, 5. 427, 2. 430, 6. 472, 5. 518, 4.
83, 8—10	— —	IV. 45, 2 (IV. 16, 1)	— —	369, 8. 9. 516, 2. 518, 4.
83, 11—13	— —	— —	— —	517, 3. 517, 11. 518, 4.
83, 14. 15	— —	IV. 45, 8 (IV. 16, 4)	— —	381, 8. 390, 4. 517, 11. 518, 4.

Statuten.	Sachsenspiegel. Homeyer.	Vermehrter Sachsenspiegel.	Rechtserkenntnisse.	Systematische Zusammenstellung.
83, 16. 17	— —	— —	— —	381, 8. 390, 4, 518, 4.
83, 18. 19	I. 62, 1	IV. 45, 9 (IV. 16, 5)	B.184,14	370, 1. 391, 5.
83, 20—26	III. 52, 3	IV. 45, 10 (IV. 16, 6)	F. 23	370, 1. 376, 2. 393, 3. 4. 5. 6. 8. 417, 6. 516, 4. 519, 4.
83, 27—31	— —	IV. 45, 10 (IV. 16, 6)	— —	393, 3. 8.
83, 32—37	— —	IV. 45, 12 (IV. 16, 8)	— —	252, 5. 292, 2. 391. 5. 392, 1. 2. 396, 8. 397, 4. 430, 2.
83, 38—40 84, 1—4	— —	IV. 45, 13 (IV. 16, 9)	— —	393, 9. 10.
84, 5—8	— —	IV. 45, 14 (IV. 16, 8)	— —	517, 1.
84, 9—18	— —	— —	— —	214, 16. 220, 6. 225, 4. 277, 8. 342, 6. 354, 3. 361, 7. 372, 6. 393, 1. 431, 7. 516, 4. 5. 517, 1.
84, 19—24	— —	IV. 45, 15 (IV. 16, 10)	— —	392, 4. 11. 12.
84, 25—29	— —	IV. 45, 16 (IV. 16, 11)	B.252,47 F. 35. c.	336,6.8. 353,11. 360,10. 367, 6. 381, 5. 6. 7. 8.
84, 30—33	— —	IV. 45, 17 (IV. 16, 12.13)	— —	336, 9. 337, 6. 353, 11. 360, 10. 382, 2. 454, 3.
84, 34 85, 1. 2	— —	— —	— —	336, 10. 337, 7. 353, 11. 360, 10. 382, 5.
85, 3—5	— —	IV. 45, 19 (IV. 16, 15)	— —	336, 12. 337, 9. 353, 9. 360, 11. 438, 3.
85, 6—8	— —	— —	— —	336, 11. 337, 8. 353, 11. 360, 10.
85, 9. 10	— —	IV. 45, 20 (IV. 16, 16)	— —	336, 13. 353,10. 360,11. 429, 8. 519, 6.
85, 11—15	— —	— —	— —	337, 11. 353, 10. 429, 8. 519, 4.
85, 16. 17	— —	IV. 45, 21 (IV. 16, 17)	— —	346, 7. 355, 1. 381, 8.
85, 18—20	— —	IV. 45, 22 (IV. 16, 18)	— —	174, 3. 254, 1. 344, 5. 346, 11. 347, 2. 3. 355, 2. 7. 356, 5. 363, 3. 392, 7. 429, 8. 438, 5.

Statuten.	Sachsenspiegel. Homeyer.	Vermehrter Sachsenspiegel.	Rechtserkenntnisse.	Systematische Zusammenstellung.
85, 21. 22	III. 45	IV. 45, 24 (IV. 16, 20) IV. 32, 3. 4 (IV. 2, 3. 4)	B. 180, 3	337, 2. 346, 8. 9. 353, 5. 354, 12.
85, 23. 24	— —	IV. 45, 26 (IV. 16, 22)	— —	305, 5. 354, 11.
85, 25—27	— —	IV. 45, 29 (IV. 16, 25)	— —	174, 3. 254, 1. 344, 5. 347, 1.2.3. 355, 7. 363, 3. 392, 7.
85, 28. 29	— —	IV. 45, 28 (IV. 16, 24)	— —	346, 12. 363, 3.
85, 31—34	— —	— —	— —	132, 6. 337, 2.3. 346, 10. 353, 5. 354, 14. 519, 4.
86, 1—4	— —	— —	— —	173, 2. 337, 4. 346, 4. 348, 9. 349, 9. 350, 3. 4. 353, 4. 357, 10.13. 360, 7. 365, 11.
86, 5—10	— —	— —	— —	337, 5. 346, 4. 349, 15. 350, 3. 4. 357, 10. 13. 365, 11. 518, 4.
86, 11	— —	— —	— —	370, 7. 400, 10.
86, 12. 13	— —	— —	— —	370, 7. 372, 10. 381, 8. 400, 11.
86, 14. 15	— —	— —	— —	370, 7. 372, 10. 400, 11.12.
86, 16. 17	— —	— —	— —	370, 7. 372, 10. 400, 11.12.
86, 18. 19	— —	— —	— —	403, 3.
86, 20. 21	— —	— —	— —	403, 2. 517, 9.
86, 22—25	— —	— —	— —	517, 9.
86, 26—28	— —	— —	— —	381, 8. 402, 9. 403, 1.
86, 29. 30	— —	— —	— —	402, 2.
86, 31—34	— —	— —	— —	401, 8. 402, 2.6.7. 403.4, 517, 9.
86, 35—38	— —	— —	— —	401, 7. 402, 7. 517, 9.
86, 39 87, 1. 2	— —	— —	— —	384, 1. 402, 7. 8. 436. 6. 473, 2.
87, 3—6	— —	— —	— —	402, 3. 4. 5. 10. 403, 4. 473, 2. 517, 9.
87, 7—11	— —	— —	— —	402, 5. 9. 403, 1. 517, 9.
87, 12—14	— —	— —	— —	429, 1. 3. 517, 9.

Statuten.	Sachsenspiegel-Homeyer.	Vermehrter Sachsenspiegel.	Rechtserkenntnisse.	Systematische Zusammenstellung.
87, 15—18	— —	— —	— —	335, 6. 402, 6.
87, 19—22	— —	— —	— —	332, 2.
87, 23—25	— —	— —	— —	311, 10. 328, 6. 363, 6. 394, 1.
87, 26—28	— —	— —	B.234,16	332, 4. 360, 4. 506, 6.
87, 29—33	— —	— —	B.191,32	501, 4. 506, 6.
87, 34—39	— —	IV. 42, 21 (III. 13, 17)	— —	311, 5. 398, 6.
87, 40—42	— —	— —	— —	333, 1.
88, 1—3	— —	— —	B.247,35	520, 5.
88, 4—8	— —	— —	— —	430, 4.
88, 9—11	— —	IV. 9, 8 (III. 8, 7)		
88, 12—15	— —	— —	— —	129, 7. 298, 4. 299, 12. 309, 8. 318, 3. 471, 3.
88, 16—20	— —	IV. 9, 6 (IV. 8, 5)	— —	335, 2. 348, 4. 350. 2, 351, 6. 358, 5. 364, 2. 365, 10. 397, 2. 476, 1.
88, 21—23	— —	IV. 9, 7 (IV. 8, 6)	— —	335, 2. 350, 2. 351, 6. 365, 10. 397, 2.
88, 24—26	— —	— —	— —	335, 2.
88, 27—33	— —	— —	— —	307, 3. 325, 7. 8. 343, 9. 518, 4.
88, 34. 35	— —	— —	— —	307, 2. 325, 7. 8. 518, 4.
88, 36—38	— —	— —	— —	334, 12. 337, 1. 350, 4. 358, 4. 381, 4. 429, 8.
88, 39	— —	— —	— —	378, 4.
88, 40—42	— —	— —	— —	507, 2.
89, 1. 2	— —	— —	— —	296, 4. 302, 7. 303, 3. 12. 332, 1. 334, 5. 342, 2. 3. 347, 6. 352, 5. 355, 12. 360, 3. 361, 7. 429, 6.
89, 3. 4	— —	— —	— —	345, 8. 354, 8. 362, 12. 13. 510, 2.
89, 5—9	— —	IV. 14, 5 (III. 13, 4)	— —	254, 6. 256, 2. 287, 10. 296, 6. 298, 4. 303, 1. 332, 1. 352, 5. 365, 8.
89, 10—12	— —	IV 21, 36 (V. 37, 37)	— —	305, 2. 346, 8. 432, 9. 433, 3. 508, 2.
89, 13. 14	III. 10, 1	— —	— —	335, 8. 428, 8. 474, 7.
89, 15—21	— —	— —	— —	335, 8. 381, 4. 7. 428, 7. 8. 474, 7.
89, 22—24	— —	— —	— —	428, 8.

Statuten.	Sachsenspiegel. Homeyer.	Vermehrter Sachsenspiegel.	Rechtserkenntnisse.	Systematische Zusammenstellung.
89, 25. 26	— —	— —	— —	293, 2.
89, 27—30	— —	— —	— —	297, 7.12. 300,11. 338,3. 342, 8. 9. 352, 6. 431, 5. 495, 3. 519, 4.
89, 31	— —	— —	— —	471, 3.
89, 22. 33	— —	— —	— —	509, 3.
89, 34—36	— —	— —	— —	317, 4.
89, 37—41	— —	II. 8, 1 (II. 5, pr.)	— —	412, 2.
90, 1. 2	— —	— —	— —	507, 6.
90, 3—7	— —	IV. 14, 4 (III. 13, 3)	— —	298, 3. 8. 521, 6.
90, 8—13	— —	— —	— —	521, 7.
90, 14—21	— —	— —	— —	337, 12. 341, 11. 344,11. 345, 6. 353, 12. 354, 5.8. 361, 7. 362, 10. 13.
90, 22—24	— —	— —	— —	422, 3.
90, 25—27	— —	— —	— —	132, 6. 297, 6. 300,9.10. 342, 8. 361, 3. 495, 3. 519, 4.
90, 28—30	— —	— —	— —	132, 6. 343, 2. 361,10.11. 519, 4.
90, 31—35	— —	— —	— —	132, 6. 343,2. 361,10.11. 519, 4.
90, 36. 37. 91, 1—8	— —	— —	— —	132, 6. 343, 3. 347, 6. 355,12. 361,10.11. 363,5. 519, 4.
91, 9—13	— —	— —	— —	132, 6. 246, 2. 255, 9. 258, 7. 260, 5. 272, 5. 275, 7. 280, 1. 343, 5. 6. 361, 10.11. 516,2. 519,4.
91, 14—17	— —	— —	— —	132, 6. 260, 5. 272, 5. 275, 7. 280, 1. 293, 1. 343, 4. 5. 344, 1. 352, 2. 361, 10. 11. 519, 4.
91, 18—23	— —	— —	B. 247,35 K. 43 H. 44	293, 1. 296, 9. 331, 12. 336, 8. 352, 5. 353, 11. 360,4.10. 367,6. 381,6.7. 468, 1. 470, 3.
91, 24—29	— —	— —	— —	293, 1. 294, 3. 296, 9. 331, 12. 332, 1. 336, 8. 352, 5. 353, 11. 360, 18. 367, 6. 381,4.6.7. 395,3.

Statuten.	Sachsenspiegel. Homeyer.	Vermehrter Sachsenspiegel.	Rechtserkenntnisse.	Systematische Zusammenstellung.
91, 30—36	— —	— —	— —	293, 1. 331, 12. 336, 8. 352, 5. 353, 11. 360, 10. 367, 6. 381,4.6.7. 518,4.
92, 1. 2	— —	IV. 46, 1 (IV. 17, pr.)	F. 36. b.	486, 7. 489, 6.
92, 3—5	— —	IV. 46, 9 (IV. 17, 7)	— —	486, 7. 489, 9.
92, 6. 7	— —	IV. 46, 10 (IV. 17, 8)	B.141,30	295, 7. 364, 3. 486, 8. 508, 5.
92, 8—15	— —	IV. 46, 2. 4 (IV. 17, 1.2)	— —	324, 5. 376, 3. 486, 8.
92, 16—18	— —	— —	— —	369, 2.9. 376, 3. 486, 8.
92, 19. 20	— —	— —	— —	440, 3. 486, 8.
92, 21. 22	— —	IV. 46, 5 (IV. 17, 3)	— —	486, 8.
92, 23. 28	— —	IV. 46, 6 (IV. 17, 4)	— —	486, 8.
92, 29. 30. 93, 1. 2	— —	IV. 46, 8 (IV. 17, 6)	— —	488, 12.
93, 3. 4	— —	IV. 46, 11 (IV. 17, 9)	— —	349, 6.
93, 5—7	— —	IV. 46, 12 (IV. 17, 10)	— —	347, 9. 343, 12. 349, 2. 355, 12. 356, 14. 363, 5. 364, 3. 365, 3.
93, 8. 9	— —	IV. 46, 12 (IV. 17, 10)	— —	243, 8. 249, 13. 488, 6. 519, 4.
93, 10. 11	— —	IV. 46, 12 (IV. 17, 10)	— —	298, 7. 306, 8. 307, 7. 325, 1. 348, 10. 11. 350, 7. 8. 356, 14. 357, 1. 358, 4. 5.
93, 12—14	— —	IV. 46, 12 (IV. 17, 10)	— —	488, 4. 519, 4.
93, 15—17	— —	IV. 46, 12 (IV. 17, 10)	— —	488, 4.
93, 18—21	— —	IV. 46, 12 (IV. 17, 10)	— —	349, 8. 371, 9. 488, 5. 519, 4.
93, 21. 22	— —	IV. 46, 13 (IV. 17, 11)	— —	349, 8.
93, 23—32	— —	IV. 47, 1 (IV. 17, 15)	— —	380, 5. 386, 5.
93, 33—37	— —	IV. 46, 16 (IV. 17, 14)	— —	248, 8. 488, 1.

Statuten.	Sachsenspiegel. Homeyer.	Vermehrter Sachsenspiegel.	Rechtserkenntnisse.	Systematische Zusammenstellung.
93, 38. 39	— —	IV. 46, 15	— —	349, 3. 6. 356,14. 365,3.
94, 1—7		(IV. 17, 13)		488, 1.
94, 8. 9	— —	IV. 46, 14	— —	488, 2.
		(IV. 17, 12		
94, 10				
94, 11—14	I. 7	IV. 43, 1	— —	344, 14. 362, 7. 431, 6.
		(IV. 14, pr.)		489, 9.
94, 15—17	— —	— —	— —	496, 6.
94, 18. 19	— —	IV. 47, 10	— —	373, 5. 487, 1. 492, 8.
		(IV. 17, 26)'		
94, 20. 22	— —	IV. 77, 10	B.249,38	373, 5. 487, 1. 490, 1.
		(IV. 17, 26)		
94, 23—29	— —	IV. 47, 11	— —	250, 2. 256, 7. 281, 2.
		(IV. 17, 27)		287, 6. 349, 4. 350, 6.
				356, 14. 365, 3. 489, 6.
				495, 1.
94, 30—35	— —	IV. 47, 8. 9	— —	185, 7. 188, 7. 487, 5.
		(IV. 17, 24.25)		
94, 36—40	— —	IV. 47, 4	— —	503, 7.
		(IV. 17, 16)		
95, 1—5	— —	I. 14, 3	— —	270, 6. 489, 10.
		(I. 9, 9)		
		IV. 47, 5. 6		
		(IV. 17, 17-19)		
95, 6. 7	— —	IV. 47, 3. 7	— —	495, 6. 10.
		(IV. 17, 16.20)		
95, 8—10	— —	IV. 47, 3	— —	488, 7. 519, 4.
		(IV. 17, 16)		
95, 11—13	— —	IV. 47, 3	B.240,29	333, 2. 335, 3. 495,6.10.
		(IV. 17, 16)	F. 35 c.	
95, 14. 15	— —	IV. 47, 3	— —	495, 10.
		(IV. 17, 16)		
95, 16—21	— —	IV. 47, 1. 2	— —	487, 7.
		(IV. 17, 15)		
95, 22—31	— —	IV. 47, 1. 2	— —	487, 7.
		(IV. 17, 15)		
95, 32—38	— —	IV. 47, 1. 2	— —	486, 8. 487, 7. 495, 7.
		(IV. 17, 15)		
95, 39. 40	— —	IV. 47, 1. 2	— —	348, 2. 356, 5. 7. 364, 3.
96, 1—6		(IV. 17, 15		432, 9. 487, 7. 495, 7.
96, 7—13	— —	IV. 47, 1. 2	— —	487, 8. 495, 7.
		(IV. 17, 15)		

Statuten.	Sachsenspiegel. Homeyer.	Vermehrter Sachsenspiegel.	Rechtserkenntnisse.	Systematische Zusammenstellung.
96, 14—24	— —	IV. 47, 1. 2 (IV. 17, 15)	— —	487, 7. 495, 7.
96, 25—31	— —	IV. 47, 4 (IV. 17, 17)	— —	495, 7. 504, 1.
96, 32—36	— —	IV. 47, 12 (IV. 17, 28)	— —	432, 9. 495, 7.
96, 37—40	— —	IV. 47, 13 (IV. 17, 29)	— —	307, 9. 308, 1. 349, 2. 356, 14. 365, 3. 495, 9. 10.
96, 41 97, 1—7	— —	— —	— —	495, 9. 10.
97, 8—12	— —	— —	— —	464, 12. 492, 3. 495, 7. 504, 1.
97, 13—15	— —	— —	— —	487, 7.
97, 16—20	— —	— —	— —	466, 10.
97, 21. 22	— —	IV. 43, 2 (IV. 14, 1)	B. 183, 12	486, 4. 489, 7. 518, 4.
97, 23—26	— —	IV. 47, 20 (IV. 17, 36)	— —	486, 4. 515, 5. 518, 4.
97, 27—30	— —	— —	— —	486, 4. 518, 4.
97, 31—39	— —	— —	— —	486, 4. 518, 4.
97, 40—42 98, 1. 2	— —	— —	— —	486, 4. 5. 518, 4.
98, 3—10	— —	— —	— —	518, 4.
98, 11—14	— —	IV. 47, 19 (IV. 17, 35)	— —	486, 6. 518, 4.
98, 15. 16	— —	IV. 42, 1 (IV. 13, pr.)	— —	311, 6. 499, 1.
98, 17. 18	— —	IV. 42, 2 (IV. 13, 1)	B. 242, 32 B. 226, 3 B. 230, 10	500, 3.
98, 19—23	— —	IV. 42, 2 (IV. 13, 1)	B. 226, 2 B. 230, 10	500, 3.
98, 24—26	— —	— —	— —	380, 5.
98, 27—32	— —	IV. 42, 2 (IV. 13, 1)	— —	146, 4. 211, 3. 297, 2. 380, 5. 417, 5. 420, 6. 427, 1.
98, 33—35	— —	— —	— —	310, 1. 4. 311, 6. 327, 1. 6. 392, 8.
98, 36—38	— —	IV. 42, 5 (IV. 13, 4)	B. 228, 5	308, 6. 311, 1. 319, 6. 326, 1, 340, 1. 500, 5. 501, 1.

Statuten.	Sachsenspiegel. Homeyer.	Vermehrter Sachsenspiegel.	Rechtserkenntnisse.	Systematische Zusammenstellung.
99, 1—4	— —	IV. 42, 4 (IV. 13, 3)	— —	310, 3. 311 7. 319, 6. 327, 2.6.9. 340,1. 519,4.
99, 5—9	— —	IV. 42, 6 (IV. 13, 5)	— —	310, 3. 311, 7. 319, 6. 326, 1. 327, 2.6.9. 340,1. 501, 2. 519, 4.
99, 10—15	— —	IV. 42, 7. 8 (IV. 13, 6. 7)	B.194,32	310, 3. 311, 7. 319,6.11. 326,3. 327,2.6.9. 340,1.9. 435, 6. 7. 438, 8. 499, 3. 501, 4.
99, 16—20	— —	IV. 42, 9 (IV. 13, 8)	— —	430, 3. 499, 3. 501, 4.
99, 21—24	— —	IV. 42, 10 (IV. 13, 9)	— —	430, 3. 501, 4.
99, 25—30	— —	— —	— —	340, 9. 430, 3. 501, 4.
99, 31—35	— —	— —	— —	334, 2.
99, 36—39	— —	IV. 42, 11 (IV. 13, 10)	— —	340, 10. 354, 1. 361, 6. 435, 9.
99, 40—42	— —	IV. 42, 8 (IV. 13, 7)	— —	340, 10. 354, 1. 361, 6. 433, 6. 7. 438, 8.
99, 43. 44	— —	IV. 42, 12 (IV. 13, 11)	— —	151, 3. 340, 10. 354, 1. 435, 5.
100, 1	— —	— —	— —	151, 3. 435, 5.
100, 2—8	— —	— —	B.240,28	435, 9. 500, 1.
100, 9—15	III. 74, 4	IV. 42, 22 (IV. 13, 19)	— —	340, 9. 435, 8. 436, 2. 498, 3. 501, 5. 519, 4.
100, 16—22	III. 74, 4	III. 17, 5 (III. 1, 5)	— —	501, 5. 519, 4.
100, 23—27	— —	— —	B.194,32	308, 5. 6. 311, 5. 498, 6. 501, 4.
100, 28—32	— —	— —	— —	308, 5. 310, 6. 326, 4. 499, 3. 501, 4.
101, 1—5	— —	— —	— —	514, 12.
101, 6—9	— —	— —	— —	515, 3.
101, 10—12	— —	— —	— —	437, 12. 464, 13.
101, 13—17	— —	— —	— —	347, 7. 355, 12. 363, 5. 521, 3.
101, 18—20	— —	— —	— —	519, 4.
101, 21—25	— —	— —	— —	312, 1. 328, 8. 519, 4.
101, 26	— —	— —	— —	519, 1.
101, 27. 28	— —	— —	— —	519, 4. 521, 2.
101, 29. 30	II. 59,3	V. 32 (V. 30)	— —	521, 5.

Statuten.	Sachsenspiegel. Homeyer.	Vermehrter Sachsenspiegel	Rechtserkenntnisse.	Systematische Zusammenstellung.
101, 31. 32	— —	— —	— —	343,1. 361,10.11. 519,4.
102, 1—4				
102, 5. 6	— —	— —	— —	529, 4.
102, 7—9	— —	— —	— —	518, 4.
102, 10—14	— —	— —	— —	181, 3. 382, 4.
102, 15—20	— —	— —	— —	151, 4. 281, 3. 287, 6. 289, 5. 346, 3. 356, 5.
102, 21—23	— —	— —	— —	521, 4.
102, 24. 25	— —	— —	— —	249, 5. 260, 2. 265, 3. 284, 2. 306, 2.
102, 26. 27	— —	— —	— —	521, 2.
102, 28—32	— —	V. 10, 1 (V. 10, pr.)	— —	521, 2.
102, 33. 34	— —	— —	— —	519, 5.
103, 1—4	— —	— —	— —	519, 5.
103, 5—7	— —	V. 9, 23 (V. 9, 20)	— —	519, 5.
103, 8. 9.	— —	— —	— —	
103, 10—15	— —	V. 9, 5 (V. 9, 2)	— —	513, 1.
103, 16—19	— —	V. 9, 6 (V. 9, 3)	— —	521, 2.
103, 20. 21	— —	V. 9, 8 (V. 9, 5)	— —	
103, 22	— —	V. 9, 9 (V. 9, 6)	— —	
103, 23. 24	— —	V. 9, 10 (V. 9, 7)	— —	
103, 25. 26	— —	V. 9, 10 (V. 9, 7)	— —	
103, 27—29	— —	V. 9, 11 (V. 9, 8)	— —	
103, 30—32	— —	V. 9, 12 (V. 9, 9)	— —	
103, 33—35	— —	V. 9, 13 (V. 9, 10)	— —	
103, 36. 37	— —	V. 9, 14 (V. 9, 11)	— —	
103, 38. 39				
103, 40. 41				

Statuten.	Sachsenspiegel. Homeyer.	Vermehrter Sachsenspiegel.	Rechtserkenntnisse.	Systematische Zusammenstellung.
104, 1. 2	— —	V. 9, 15 (V. 9, 12)		
104, 3. 4	— —	V. 9, 16 (V. 9, 13)		
104, 5. 6	— —	V. 9, 17 (V. 9, 14)		
104, 7. 8	— —	V. 9, 18 (V. 9, 15)		
104, 9. 10	— —	V. 9, 19 (V. 9, 16)		
104, 11. 12	— —	V. 9, 20 (V. 9, 17)		
104, 13. 14	— —	— —		
104, 15. 16	— —	— —		
104, 17. 18	— —	— —		
104, 19. 20	— —	V. 3, 1. 2 (V. 3, pr. 1)	— —	519, 5.
104, 21—24	— —	V. 3, 1. 2 (V. 3, pr. 1)		
104, 25—27	— —	V. 3, 1. 2 (V. 3, pr. 1)		
104, 28—39 105, 1—17 105, 18—21 105, 22—29	— —	V. 11 (V. 11)	— —	513, 1.
105, 30—38	— —	— —	— —	518, 4.
105, 39—43 106, 1—6	— —	— —	B. 194, 34	310, 2. 320, 10. 326, 4. 392, 9. 430, 2.
106, 7—17	— —	— —	— —	374, 4.5. 394, 1. 405, 5. 518, 4.
106, 18—28	— —	— —	K. 37 H. 36	405, 5. 431, 8. 437, 13. 483, 4. 518, 4.
106, 29—45 107, 1—14	— —	— —	— —	405, 5. 431, 8. 437, 7. 13. 438, 4. 483, 4. 518, 4.
107, 15—24	— —	V. 1, 13 (V. 1, 7)	— —	142, 2. 143, 1. 513, 2. 518, 4.
107, 25—28	— —	V. 23, 1 (V. 23)	— —	271, 2. 347, 8. 355, 12. 363, 5. 521, 3.
107, 29. 30	— —	V. 23, 1 (V. 23)	— —	271, 2. 347, 8. 355, 12. 363, 5. 521, 3.
107, 31. 32	— —	V. 23, 1 (V. 23)	— —	271, 2. 347, 8. 355, 12. 363, 5. 521, 3.

Statuten.	Sachsenspiegel. Homeyer.	Vermehrter Sachsenspiegel.	Rechtserkenntnisse.	Systematische Zusammenstellung.
108, 1—5	— —	V. 23, 1 (V. 23)	— —	271, 2. 347, 8. 355, 12. 356, 4. 363, 5. 521, 3.
108, 6—12	— —	V. 24 (V. 24)	— —	271, 1.2. 347, 8. 355, 12. 356, 4. 363, 5. 521, 3.
108, 13. 14	— —	V. 23, 2 (V. 23)	— —	271, 2. 347, 8. 355, 12. 356, 4. 363, 5. 521, 3.
108, 15. 16	— —	V. 23, 2 (V. 23)	— —	271, 2. 347, 8. 355, 12. 356, 4. 363, 5. 521, 3.
108, 17. 18	— —	— —	— —	266, 1. 271, 2. 347, 8. 355, 12. 356, 4. 363, 5. 521, 3.
108, 19. 20	— —	— —	— —	271, 2. 347, 8. 355, 12. 356, 4. 363, 5. 521, 3.

Anhang.

Anhang.	Systematische Zusammenstellung.
109, 1 — 6	255, 1. 513, 1. 2. 515, 3.
109, 7 — 18	405, 4.
109, 19	131, 5. 135, 3.
	155, 5. 193, 3. 194, 7.
109, 19 — 110, 5	200, 5. 204, 7. 205, 9. 209, 1. 229, 5.6. 230, 1. 232, 1. 239, 8. 241, 6. 243, 3. 373, 11. 441, 1. 513, 1. 2. 514, 8. 515, 7.
110.	184, 6. 367, 8. 368, 5. 370, 10. 417, 6. 419, 1. 518, 4.
110, 10	298, 8.
110, 10. 11	368, 9. 370, 13. 375, 2. 419, 1.
110, 10 — 12	368, 2. 370, 13. 417, 6. 419, 1. 466, 1.
110, 13. 14	370, 14. 519, 6.
110, 13 — 15	389, 1. 415, 8. 417, 6. 368, 10. 370, 13. 375, 4. 421, 6. 419, 1. 420, 1.
110, 13 — 21	420, 3. 421, 3. 7. 422, 12. 438, 11.
110, 14 — 21	421, 6.
110, 22. 23	386, 7.
110, 24 — 27	370, 1,
110, 28 — 32	375, 5. 491, 2.
110, 31. 32	185, 1. 193, 4. 9. 209, 1. 383, 4.
110, 33. 34	189, 9. 190, 3. 242, 7.

Anhang.	Systematische Zusammenstellung.
110, 35	183, 5. 184, 7. 193, 5. 229, 6.
110,13—21.33—40	368, 3. 370, 9. 13. 386, 2. 417, 6. 419, 1.
110, 37. 38	185, 1. 193, 4. 518, 4.
110, 39. 40	419, 1.
110, 41. 42	184, 8. 371, 1. 5. 426, 6.
111, 4 — 14. 33	312, 6. 514, 11. 521, 2.
112, 2. 6.	514, 5. 11.
112, 10 — 14	136, 2. 374, 2. 519, 1.
112, 15 — 18	369, 5. 6. 487, 3.
112, 18	313, 4.
112, 20. 21	308, 1.
112, 22 — 26	245, 1. 248, 3. 249, 13.
112, 27 — 29	241, 4.
112, 34. 35	183, 4. 185, 1. 193, 9. 195, 1. 207, 11. 209, 1. 229, 7. 370, 10.
113, 5	514, 5.
113, 10 — 18	314, 8. 321, 11. 330, 4. 374, 2. 387, 5. 507, 1.
113, 19	514, 11.
113, 23. 24	260, 6. 272, 2. 275, 7. 373, 6. 10. 482, 9.
113, 25	265, 12.
113, 25. 26	265, 2. 306, 2.
113, 27 — 29	249, 6. 260, 2. 281, 4. 284, 2.
113, 30 — 33	282, 7.
113, 34. 35	520, 11.
113, 23 — 114, 10	306, 5. 513, 1. 521, 2.
114, 4	348, 5. 356, 3. 5.
114, 4. 5	348, 10. 356, 14.
114, 7 — 9	369, 4. 518, 4.
114, 11 — 18	374, 3.
114, 19 — 21	391, 5. 514, 11.
114, 27 — 30	408, 1. 467, 5. 513, 1.
114, 31 — 35	129, 6. 132, 8. 172, 3. 173, 1. 8. 519, 1.
114, 36 — 45	515, 10.
114, 37	381, 8.
114, 40. 41	401, 5.
114, 36 — 44	400, 10.
114, 36 — 45	401, 1.
114, 31 — 45	369, 3.
114, 36 — 45	370, 7.
114, 43 — 45	401, 3. 402, 1. 403, 4.

Anhang.	Systematische Zusammenstellung.
114, 46 — 115, 2	306, 5. 513, 1.
115, 6. 7	376, 6. 520, 3. 521, 1.
115, 8 — 11	392, 10. 521, 2.
115, 17. 18	214, 9. 521, 2.
115, 18—20	416, 1.
115, 18 — 21	369, 7. 517, 1.
115, 22 — 24	401, 2. 515, 10.
115, 25. 26	193, 1. 209, 1. 518, 4.
115, 27. 28	193, 3. 229, 5. 6. 230, 1. 232, 1. 241, 6. 243, 3. 373, 11. 394, 3. 518, 4.
125, 31 — 34	425, 2. 513, 1.
115, 35	216, 3.
115, 34 — 36	415, 6. 422, 4.
116, 13 — 20	514, 5. 9. 519, 4.
116, 24 — 27	521, 2.
116, 31 — 37	312, 5. 515, 8.
116, 38 — 40	216, 5. 516, 1. 517, 1.
116, 39	214, 10.
117, 8. 17. 26. 33	514, 5. 6. 519, 4.
118, 4—9.11.12.22	312, 4. 515, 8.
119, 2	514, 10.
119, 10. 11. 19.	394, 3. 514, 10.
120, 3	514, 3. 9. 515, 8.
121, 5 — 36	312, 6.
121, 10 — 17	216, 3. 415, 6. 515, 8.
121, 11 — 14	216, 6. 516, 3.
122, 12	296, 1.
122, 19. 21. 22	159, 7. 514, 5. 519, 1.
122, 20 — 32	136, 7.
122, 32	153, 2. 194, 5.
122, 31 — 34	153, 1. 2. 193, 3. 209, 1. 229, 5. 230, 1. 239, 8. 241, 6. 243, 3. 373, 11. 394, 3. 518, 3. 4.
122, 41	225, 8.
122, 41 — 123, 5	231, 4.
123, 1 — 5	225, 10.
123, 4	177, 6.
123, 15 — 22	515, 8.
123, 23 — 26	515, 7.

Verzeichniß

der

in diesem Werke benutzten Schriften.

(Nur die wiederholt angeführten Schriften sind angegeben.)

Albrecht. Doctrinae de probationibus secundum ius germanicum medii aevi adumbratio. Pars 1. 1825. Pars 2. 1827. Regiomont. 8.

Derselbe. Die Gewere als Grundlage des ältern deutschen Sachenrechts. Königsberg 1828. 8.

Appelius. Ueber den Rechtssatz „Hand muß Hand wahren" im Rheinischen Museum. Bd. 4. S. 52 folgd.

Berck. Ueber das Bremische Güterrecht der Ehegatten. Bremen 1832. 8.

Beseler. Die Vergabungen von Todeswegen. Göttingen 1835. 8.

Böhme (J. E.) Diplomatische Beiträge zur Untersuchung der Schlesischen Rechte und Geschichte. 6 Thle. oder 2 Bände. Berlin 1774. 1775. 4. Darin unter dem Titel „Schlesisches Landrecht" der vermehrte Sachsenspiegel Bd. 1. Thl. 1. S. 34 bis 48. Thl. 2. S. 39—52. Thl. 3. S. 27—41. Thl. 4. S. 1 bis 104. Bd. 2. Thl. 1. S. 1—61.

Bremisch-Niedersächsischen Wörterbuchs (Versuch eines), worin nicht nur die in und um Bremen, sondern auch fast in ganz Niedersachsen gebräuchliche eigenthümliche Mundart u. s. w. Herausgegeben von der Bremisch-Deutschen Gesellschaft. 5 Thle. Bremen 1767. 1771. 8.

Bruns. Beiträge zu den deutschen Rechten des Mittelalters. Helmstädt 1799. 8. Darin Goslarische Rechtserkenntnisse. S. 178—196. 225—255. Berichtigter Text des goslarischen Stadtrechts S. 346—358.

Bruns. Goslarische Rechtserkenntnisse in Holzmanns Hercynischem Archiv, im ersten und einzigen Bande. Halle 1808. 8. S. 441—450.

Derselbe. Oratio qua comparatur privilegium ab imperatore Friderico II. anno 1219 Goslariae datum cum legibus huius civitatis antiquis. Helmstadii. 4to. 1805.

Budde. De vindicatione rerum mobilium germanica. Bonn 1837. 8.

Cropp. Ueber den Diebstahl nach ältern Recht in Hudtwalckers und Trummers criminalistischen Beiträgen. Bd. 2.

Derselbe. Mehrere Abhandlungen in Heise und Cropps juristischen Abhandlungen. Bd. 1. 1827. Bd. 2. 1830. Hamburg. 8.

v. Dohm. Ueber Goslar, seine Bergwerke, Forsten und schutzherrlichen Verhältnisse im Hercynischen Archiv. S. 340—377.

Donandt. Geschichte des Bremischen Stadtrechts. 2 Theile. Bremen 1830. 8.

Dunckers. Lehre von den Reallasten. Marburg 1837. 8.

Eichhorn. Deutsche Staats- und Rechtsgeschichte. 4 Theile, vierte Ausgabe. 1834—1836. 8.

Derselbe. Einleitung in das deutsche Privatrecht. Göttingen 1836. 8.

Derselbe. Grundsätze des Kirchenrechts. 2 Bde. Göttingen 1831. 33. 8.

Derselbe. Ueber den Ursprung der städtischen Verfassung in Deutschland, in der Zeitschrift für geschichtliche Rechtswissenschaft. Bd. 1. S. 147—247. Bd. 2. S. 165—237.

Eisenhardt. Anmerkungen zu den Goslarischen Rechtserkenntnissen in Bruns Beiträgen.

Finsler. De obligatione uxoris circa solvenda mariti debita. Götting. 1822. 8.

Förstemann (C. Ed.). Neue Mittheilungen aus dem Gebiete historisch antiquitarischer Forschungen im Namen des thüringisch-sächsischen Vereins. Bd. 1. Heft 3. S. 13—82. Hier finden sich unter dem Titel Weisthümer für den Rath der Stadt Nordhausen und von demselben eine Anzahl weder bei Bruns noch bei v. Kamptz abgedruckter goslarischen Rechtserkenntnisse.

Gaupp. Kritische Untersuchungen über die Gewere des deutschen Rechts, in der Zeitschrift für deutsches Recht. Bd. 1. S. 86—143.

Gaupp. Ueber deutsche Städtegründung, Stadtverfassung und Weichbild im Mittelalter. Jena 1824. 8.

Derselbe. Das alte Magdeburgische und Hallische Recht. Breslau 1826. 8.

Grefe. Leitfaden zum Studium des hannoverschen Privatrechts. 1ster Theil. Göttingen 1838. 8.

Grimm. Deutsche Rechtsalterthümer. Göttingen 1828. 8.

Grupen. De uxore theotisca (Von der deutschen Frau) mit einer Präliminar-Dissertation. Göttingen 1748. 4.

Haltaus. Glossarium germanicum medii aevi. Lips. 1758. fol.

Derselbe. Jahrzeitbuch der Deutschen des Mittelalters. In einer freien Uebersetzung mit vielen Zusätzen u. s. w. (von Scheffer) Erlangen 1797. 4.

Hartmann (G. F.). Specimen iuris publici Goslariensis de iure Austregarum legalium liberae ac imperiali reipublicae Goslariensi competente. Goslariae 1721. 4.

Heineccius (Joh. Mich.) Antiquitatum Goslariensium libri sex in seinen und Leuckfeldi scriptores rerum germanicarum in unum volumen collecti. Francof. ad M. 1707. fol.

Holzmann. Hercynisches Archiv. Einziger Band. 1stes bis 4tes Stück. Halle 1805. 8. Darin außer den bereits angeführten oder noch anzuführenden Aufsätzen: Alte Goslarische Bürgerrolle S. 138—146. Pütters Irrthum in Betreff alter Goslarischer Stadtrechte S. 152. 153. Ueber die Lage der alten Pfalz Werla. S. 300—320. Materialien zur Geschichte des Goslarischen Handels S. 343—346. Altenburg verpflichtet sich die Rechte und Gewohnheiten Goslars auf ewig anzunehmen.

Homeyer. Des Sachsenspiegels erster Theil oder das sächsische Landrecht. Berlin 1835. 8. (Aus Versehen ist zuweilen statt „Homeyers Register“ „Homeyers Glossar“ citirt worden.)

Derselbe. Verzeichniß deutscher Rechtsbücher des Mittelalters und ihrer Handschriften. Berlin 1836. 8.

v. Kamptz. Beschreibung einer Handschrift des Goslarischen Stadtrechts und Abdruck der darin befindlichen Goslarischen Rechtserkenntnisse (es sind dieselben, welche Bruns im Hercynischen Archiv hat abdrucken lassen) in den provincial- und statutarischen Rechten der preußischen Monarchie. Thl. 1. S. 369 folgende.

Klenze. Lehrbuch des gemeinen Strafrechts. Berlin 1833. 8.

Derselbe. Lehrbuch des Strafverfahrens. Berlin 1836. 8.

Kraut. Grundriß zu Vorlesungen über das deutsche Privatrecht mit Einschluß des Lehn- und Handelsrechts nebst beigefügten Quellen. 2te Ausgabe. Göttingen 1839. 8.

Derselbe. Die Vormundschaft nach den Grundsätzen des deutschen Rechts. 1ster Theil. Göttingen 1835. 8.

Leuckfeld (Joh. Georg). Antiquitates historicae selectiores in duo volumina congestae a. M. T. Eckhardo. Wolfenb. 1728. 4. Darin 4ter Appendix zu dem Antiquitates. **Poeldenses.**

Leibnitz. **Scriptorum Brunsvicensia illustrantium Tomus III. Hannoverae 1711** fol.

Lichtenstein (Joach. Died.). Abhandlung von des kaiserlichen freien unmittelbaren Stifts der Heiligen Simon und Judas in Goslar Gerichtsbarkeit. Braunschweig 1714. 4.

Maurer. Geschichte des altgermanischen und namentlich altbairischen öffentlich-mündlichen Gerichtsverfahrens. Heidelberg 1824. 4.

Meckbach. Anmerkungen über den Sachsenspiegel in welchen der Text aus denen Capitularibus und andern echten und reinen Quellen (den chursächsischen Constitutiones, Stadischen und Goslarischen Statuten) erläutert worden ist. Jena 1764. 4. Der Titel dieses Buches verführt, daß man sich recht viel Belehrung erwartet. Ich habe genau die Stellen in welchen auf das goslarische Recht Bezug genommen ist (und es sind deren nicht wenige) nachgesehen, aber nicht eine gefunden, die zur Erklärung der Statuten etwas beitrüge.

Meyer (Zehntner). Goslarische Bergwerksverfassung und Bergrechte im vierzehnten Jahrhundert, im Hercynischen Archiv. S. 186—238.

(Möschell). Kurze diplomatische und gründliche Geschichte von dem Kaiserlichen unmittelbaren Reichsstifte auf dem Petersberge vor und in Goslar. Hildesheim 1757. 4.

Moser (Joh. Jak.) Reichsstädtisches Handbuch. 1ster Theil. Tübingen 1732. 8. S. 794—823.

Mund. Versuch einer typographisch-statistischen Beschreibung der Kaiserlichen freien Reichsstadt Goslar. Goslar 1800. 8.

Ortloff. Das Rechtsbuch nach Distinctionen (Vermehrter Sachsenspiegel). Jena 1836. 8.

Philips. Grundsätze des gemeinen deutschen Privatrechts. Bd. 2. Berlin 1829. 8.

Pauli (Carl Wilh.) Abhandlungen aus dem Lübischen Recht (bis jetzt 2 Theile) 1ster Theil, Darstellung des Rechts der Erbgüter nach älteren Lübischem Recht. Lübeck 1837. 8. 2ter Thl., die ehlichen Erbrechte nach Lübischem Recht. Lübeck 1840. 8. Letzteres ist erst nach Vollendung der betreffenden Lehren in meiner Arbeit erschienen, daher ist nachzuholen zu oben pag. 284 Note 4 und 490 Note 10, Pauli S. 101 Note 6 und 182 Note 211.

Riccius. Zuverlässiger Entwurf von Stadtgesetzen. Frankf. und Leipzig 1740. 4. S. 55. 56.

Richey. Idioticon Hamburgense. Hamburg 1755. 8.

Rudorff. Recht der Vormundschaft. 3 Bde. Berlin 1832 bis 1834. 8.

Schilter. Codex iuris alemannici feudalis. Argentorati 1697. 4. Darin das Sächsische Lehnrecht.

Senckenberg. Corpus iuris feudalis germanici. Giess. 1740. 8. (Gewöhnlich ist das sächsische Lehnrecht nach Senckenberg citirt).

Derselbe. Corpus iuris germanici publici ac privati curavit Koenig de Koenigsthal. 2 tomi. Frankf. 1760—65. fol. (Hiernach ist der Richtsteig des Landrechts und das Schwäbische Landrecht citirt).

v. Sydow. Darstellung des Erbrechts nach den Grundsätzen des Sachsenspiegels. Berlin 1828. 8.

Weiske. Grundsätze des deutschen Privatrechts nach dem Sachsenspiegel mit Berücksichtigung und Vergleichung des Schwabenspiegels, vermehrten Sachsenspiegels und Sächsischen Weichbilds. Leipzig 1826. 8.

Wilda. Das Pfändungsrecht in der Zeitschrift für das Deutsche Recht von Reyscher und Wilda. Leipzig 1839. 8. Band 1. S. 167—320.

Berichtigungen und Zusätze.

Pag. 9. In den Varianten ist statt Zeile 17 anzuführen Zeile 18.

— 10. In Zeile 12 ist statt vor lüst zu lesen vorlüst.

— 13. Zu bescreven in Zeile 19 ist die Variante bescheden D hinzuzufügen.

— 14. Zu Were dere ok bis uppe sinen neysten ist in den Varianten f. D. hinzuzufügen.

— 24. Zu ghelost in Zeile 21 ist die Variante ghekost D. hinzuzufügen.

— 66. In Zeile 42 ist statt ne zu lesen he.

— 81. — — 6 — — Wart zu lesen Wat.

— 87. — — 16 — — wedde. nunde zu lesen wedden unde.

— 88. — — 10 — — bringhon zu lesen bringhen.

— 129. — Note 7 — — 36, 12 zu lesen 36, 2.

— 135. — Zeile 21. 22 ist statt Gewißheit verschaffe zu lesen Sicherheit stelle.

— — — Note 1 ist statt 8, 25 26 zu lesen 8, 27. 28 und zu streichen 2, 30 31

— — — Note 2 hinzuzufügen das Citat 2, 30. 31.

— 141. — — 8 ist statt 15, 36—38 zu lesen 16, 36—38.

— 143. — — 6 ist statt I. 11 zu lesen I. 10.

— 144. — — 1 ist hinzuzufügen 14, 19—24.

— 147. — — 8 ist hinzuzufügen f. unten pag. 257 Note 8.

— 150. — Zeile 20 ist statt wenn es mit etwas belastet „beworen" zu lesen wenn es angefochten „beworen" wird.

— 153. — Note 2 ist hinter die Worte die Erben ein Seelgeräth nicht anfechten hinzuzufügen d. h. nicht anfechten nur weil es dem Rathe nicht übergeben sei, denn anzufechten, weil sie (die Erben) nicht eingewilligt haben, wird ihnen grade in jenem Rechtserkenntniß ausdrücklich gestattet. S. auch unten pag. 208 Note 1.

— 159. — Note 4 ist hinzuzufügen f. jedoch oben pag. 108 Zeile 2 von unten.

— 165. — Note 5 ist hinzuzufügen oben pag. 5, 38 — 6, 3.

— 166. — Zeile 1 ist zu streichen gewiß.

— 183. — — 17 ist statt besetten zu lesen besitten.

— — — Note 3 ist hinzuzufügen §. 6.

— — — — 4 ist statt 131 No. 1. zu lesen 230 No. 11.

— 191. — Zeile 18 ist zu streichen allein.

— — — Note 8 ist hinzuzufügen D. I. 44, 3 = B. I. 37, 2. Albrechts Gewere pag. 103.

— 194. — Note 1 ist statt §. 3 zu lesen §. 11.

— 202. — — 5 ist hinzuzufügen f. unten pag. 391 Note 1.

Pag. 213.	In Note	5	ist statt pag. 000 Note 0 zu lesen pag. 212 Note 2.
— 233.	— —	1	ist hinzuzufügen oben pag. 21, 1—10.
— 235.	— —	1	ist statt 227 Note 2—6 zu lesen 232 233.
— 237.	— —	16	ist hinzuzufügen s. jedoch pag. 147 Note 7.
— 243.	— Zeile	5	ist statt worden zu lesen werden.
— 244.	— Note	4	ist statt D. III. 4, 1. zu lesen D. III. 14, 1.
— 246.	— —	4	ist statt 19, 45 zu lesen 19, 4. 5.
— 250.	— —	6	ist hinzuzufügen vgl. oben pag. 48, 25—30.
— 251.	— —	9	ist hinzuzufügen vgl. oben pag. 216 Note 1.
— 252.	— —	2	ist hinzuzufügen vgl. auch unten pag. 384 Note 3. 492 Note 2.
— 253.	— —	9	ist statt 000 Note 0 zu lesen 252 Note 4.
— 256.	— —	10	ist statt S. I. 42, 12 zu lesen S. I. 42, 1 2 und zu Kraut pag. 145 hinzuzufügen pag. 19 flgd. pag. 138 Note 21.
— 260.	— Zeile	4	ist statt welches ohnfehlbar zu lesen welches in Ermangelung eines andern Vormundes ohnfehlbar.
— —	— —	5	ist zu streichen er und vor hatte hinzuzufügen statt.
— —	— Note	4	ist hinzuzufügen s. auch oben pag. 101, 21—25.
— 268.	— —	9	ist statt pag. 6 zu lesen pag. 2.
— 288.	— —	9	ist hinzuzufügen dazu Homeyers Varianten.
— —	— —	10	ist zu streichen dazu Homeyers Varianten.
— 291.	— Zeile	9	ist hinter machen hinzuzufügen oder nur den besondern Frieden entziehen (unten pag. 317 Note 4—6)
— —	— Note	4	ist hinzuzufügen Vgl. auch oben pag. 28, 17—22.
— 300.	— —	2	ist statt S. III. 9, 3 zu lesen S. III. 9, 2.
— —	— —	4	ist statt S. III. 9, 3 zu lesen S. III. 3. II. 65.
— 307.	— —	1	ist hinzuzufügen s. unten pag. 349 Note 18.
— 310.	— —	1	ist hinzuzufügen 38, 35 — 39, 4.
— 319.	— —	6	ist statt §. 6 zu lesen §. 9.
— 322.	— Zeile	10	ist statt Gerichtete zu lesen Geächtete.
— —	— Note	3	ist statt 62 zu lesen 66.
— 329.	— Zeile	15	ist statt erns zu lesen erus.
— 332.	— —	21	ist zu streichen das eine up.
— 335.	— Note	4	ist vor 56 hinzuzufügen 52, 3—5. 53, 19—22.
— 336.	— —	10	ist statt 333 zu lesen 331.
— —	— —	11	ist hinzuzufügen 110, 28—32.
— 340.	— —	10	ist statt 49 zu lesen 39.
— —	— —	10	ist statt §. 6 zu lesen §. 9.
— 347.	— —	4	ist hinzuzufügen 115, 8—11.
— 348.	— —	2	ist statt 96 zu lesen 93.
— 350. 351			ist in der Seitenüberschrift u. s. w. zu setzen hinter Buße.
— 360.	In Zeile	28	ist zu streichen Kläger und
— —	— Note	6	ist statt Note 8 zu lesen Note 5.
— 366.	— —	3	ist statt 259 zu lesen 254.
— 367.	— —	9	ist hinzuzufügen s. pag. 148 Note 6.

Pag. 371. In Note 9 ist statt 68 zu lesen 86.

— 377. — — 2 ist statt 341 Note 4 zu lesen 253 Note 5.

— 378. — — 2 ist statt D. IV. 45,5 = D. zu lesen D. IV. 45,5 = W.

— — — — 2 ist statt D. IV. 45,2 = D. zu lesen D. IV. 44,5 = W.

— 383. — Zeile 16 fehlt hinter beswaren die Notenzahl 2.

— — — Note 4 ist hinzuzufügen 69, 30.

— 387. Die Notenzahl 2 ist umzuändern in 3.

— 388. In Zeile 3 ist statt ihn zu lesen ihm.

— — — Note 6 ist statt Note 12 zu lesen 387 Note 9.

— — — — 6 ist statt 12 zu lesen 2.

— 394. — Zeile 29 ist statt hier zu lesen hierin.

— 396. — Note 8 ist statt §. 9 zu lesen §. 10.

— — — — 10 ist statt 37 zu lesen 57.

— 401. — — 13 ist statt 374 Note 8 zu lesen 372 Note 11.

— 402. Im Text ist statt der Notenzahl 7 zu lesen 8 und statt der Notenzahl 8 zu lesen 9. In den Noten ist die Notenzahl 7 zu streichen.

— 411. In Note 7 ist hinzuzufügen 89, 37—41.

— 416. — — 2 ist hinzuzufügen oben pag. 228 Note 6.

— — — — 3 ist statt 26—30 zu lesen 22—25.

— 423. — — 2 ist hinzuzufügen 68, 3 unten §. 7.

— 425. — — 8 ist statt 26 zu lesen 19.

— 430. Sind die Noten 2 und 3 mit einander zu vertauschen.

— 431. Ist die Notenzahl im Text von 6 an jedesmal um eins zu verringern.

— — In Zeile 28 ist hinter Vogt die Notenzahl zu streichen.

— 432. — Note 12 ist statt 27 zu lesen 72.

— 438. — — 8 ist statt Note 8 zu lesen Note 1.

— 440. — — 7 ist statt Note 3 zu lesen Note 2.

— 443. — — 4 ist statt S. I. 61, 1 zu lesen S. I. 60, 1.

— 445. — — 13 ist statt S. I. 60, 2 zu lesen S. I. 63, 2.

— 447. — — 11 ist hinzuzufügen 97, 16—20.

— 449. — Zeile 21 ist statt ordelem zu lesen ordelen.

— 454. — — 3 und 5 ist statt 8. 9 zu lesen 1. 2.

— 469. — Note 11 ist statt Note 12 zu lesen Note 11.

— 497. — — 7 ist zu streichen pag.

— 503. — — 3 ist statt unten Note 12 zu lesen unten Note 5.

— 505. — — 5 pr. zu streichen.

— 515. — — 9 ist statt in me zu lesen in'me und statt das zu lesen dar.

— 518 — — 3 ist statt solche Urkunde zu lesen Urkunde.

— 519. — — 6 ist statt 102 zu lesen 112.

In der Einleitung pag. XI. ist Zeile 29 statt Pergament zu lesen Pergamentcodex.

Kolibri 360 GmbH
Ferdinand-Jühlke-Straße 7
99095 Erfurt, Deutschland
produktsicherheit@kolibri360.de